ISBN 978-0-332-24179-1
PIBN 11214432

FB &c Ltd, Dalton House, 60 Windsor Avenue, London, SW19 2RR.
Company number 08720141. Registered in England and Wales.

For support please visit www.forgottenbooks.com

LES ORIGINES

DU

PARLEMENT DE PARIS

ET

LA JUSTICE

AUX XIIIe ET XIVe SIÈCLES

COULOMMIERS
Imprimerie Paul Brodard.

LES ORIGINES

DU

ARLEMENT DE PARIS

ET

LA JUSTICE

AUX XIIIe ET XIVe SIÈCLES

PAR

Gustave DUCOUDRAY

PARIS

LIBRAIRIE HACHETTE ET Cie

79, BOULEVARD SAINT-GERMAIN, 79

1902

PRÉFACE

Le plus grave des écrivains du XVIIIe siècle, Montesquieu, s'essayant, sous la légèreté apparente des *Lettres persanes*, à traiter les sujets sérieux, a dit : « Les Parlements ressemblent à ces ruines que l'on foule aux pieds mais qui rappellent toujours l'idée de quelque temple fameux par l'ancienne religion des peuples. Ils ne se mêlent guère plus que de rendre la justice; et leur autorité est toujours languissante à moins que quelque conjoncture imprévue ne vienne lui rendre la force et la vie. Ces grands corps ont suivi le destin des choses humaines : ils ont cédé au temps qui détruit tout, à la corruption des mœurs qui a tout affaibli, à l'autorité suprême qui a tout abattu [1]. » Les voyant de trop près, Montesquieu n'a pu juger de la perspective même de ces ruines. Voltaire, dans son *Histoire du Parlement*, œuvre de polémique et superficielle, a satisfait aux passions de l'époque plus qu'à la vérité. De nos jours seulement, grâce au recul du temps; grâce aux sciences historiques et juridiques, à la quantité de documents mis au jour par de sagaces archivistes et aux belles publications de Beugnot, de Boutaric, de Grün, aux dissertations érudites de Klimrath et de H. Lot, pour ne parler ici que des morts ; grâce aux recherches et aux études de détail que leur exemple a suscitées, il est possible peut-être d'aborder l'histoire générale du Parlement de Paris.

1. *Lettres persanes*, lettre XCII.

Aussi l'Académie des Sciences morales et politiques crut-elle le moment opportun de comprendre cette question dans les sujets choisis pour ses concours. Profitant de la création d'un prix exceptionnel dû à la générosité délicate de MM. Aucoc et Georges Picot, elle traça, en 1888, pour un concours de l'année 1892, prorogé ensuite à l'année 1896, un programme très vaste quoiqu'il se bornât aux débuts de l'histoire du Parlement : « *Le Parlement de Paris depuis l'avènement de saint Louis jusqu'à l'avènement de Charles VII.* » Elle accompagnait ce programme de ces instructions : « Après avoir résumé rapidement les origines, les concurrents devront s'attacher aux premiers arrêts (*Olim*) et suivre, depuis le milieu du XIIIe siècle jusqu'au milieu du XVe, l'action du Parlement de Paris sur le développement et la constitution du Droit français. Sans négliger l'influence politique du Parlement, ils étudieront surtout, à l'aide des monuments inédits, les tendances de jurisprudence, l'action exercée par les arrêts sur les personnes, sur les biens et sur les mœurs, ce que les magistrats ont emprunté au Droit romain ou au Droit coutumier, en quoi ils ont préparé les grandes Ordonnances du XIVe siècle, comment ils les ont interprétées, quelle part ils ont prise à l'administration et à la police du royaume, dans quelle mesure enfin ils ont servi par ce travail persévérant le pouvoir royal et l'unité française. »

J'avais déjà commencé, de 1867 à 1870, à me préoccuper de l'histoire du Parlement. J'avais dû interrompre ces travaux de longue haleine, je les repris afin de tâcher de répondre au programme de l'Académie. Quoique je lui eusse présenté un mémoire fort incomplet et insuffisant, l'Académie voulut bien m'encourager en m'attribuant, en 1897, le prix Aucoc et Picot. Je ne voulus voir dans sa bienveillance qu'une obligation pour moi de rendre mon travail plus digne de ses suffrages. Comme le sujet était trop étendu, j'ai divisé le Mémoire primitif en deux volumes : l'un consacré à l'organisation de la *Justice*, l'autre à l'*action administrative et politique* du Parlement.

J'offre aujourd'hui au public le premier volume où j'ai cherché à retracer les origines du Parlement, sa constitution, la réunion de ses sessions en une seule qui forma l'année judiciaire; à recomposer son personnel de nobles, grands seigneurs et prélats, de légistes; à grouper autour de lui son armée d'auxiliaires, avocats, procureurs, greffiers; à marquer par quelle évolution furent substituées à la procédure jusque-là orale et belliqueuse l'enquête paisible et la procédure écrite; ce qui m'a conduit à développer les diverses péripéties du procès civil, du procès criminel, les conditions de l'appel; à présenter un essai de géographie judiciaire au XIIIe et au XIVe siècle, à montrer la Cour suprême contenant, réformant, dominant toutes les justices inférieures, seigneuriales, ecclésiastiques et royales. Les *Olim* et les autres séries des registres du Parlement m'ont fourni une quantité de faits qui nous rendent quasi présente la société de ce temps. Je n'ai eu en réalité qu'à suivre cet incomparable et inépuisable Journal du Palais si régulièrement tenu depuis 1254. Il était difficile, et je ne me flatte pas d'y avoir réussi, de déterminer, comme l'avait demandé l'Académie des Sciences morales, l'influence du Parlement sur la formation du Droit français. Mais il y avait là, pour les professeurs d'histoire, une indication précieuse que je n'ai eu garde de négliger. Le défaut de notre Enseignement supérieur est de cantonner les élèves en des études trop spéciales. L'École de Droit, la Sorbonne, l'École Normale, l'École des Chartes, l'École des Hautes-Études gagneraient, je le crois, à se montrer chacune moins exclusive. Puissé-je n'avoir pas été trop téméraire pour avoir essayé d'accorder l'Histoire et le Droit qui s'éclairent l'un l'autre.

Bien des fois, en m'absorbant dans les documents relatifs à la société du XIIIe et du XIVe siècle, je me suis demandé si je ne m'égarais pas dans une antiquité séduisante pour les seuls érudits. Après mûre réflexion, je me suis convaincu que, malgré les nouveaux horizons ouverts à l'activité humaine depuis un siècle, l'histoire du Parlement de Paris offre un intérêt d'actualité, car, si les institutions périssent, survivent les idées et les besoins auxquels elles ont répondu. Le Parlement de Paris a été, en France, sous l'ancienne monarchie, à la fois l'organe de la Justice et de la liberté politique. Rechercher ses origines, suivre ses progrès, constater ses défaillances, n'est-ce pas retracer notre histoire intérieure? Les liens qui rattachent la société actuelle à l'ancienne n'ont pas été, quoiqu'on veuille bien dire, rompus par la Révolution de 1789. La France qui inaugure le XXe siècle en pleine démocratie, n'a pas, que je sache, résolu tous les problèmes de l'organisation de la justice et de la liberté. Bien plus, le Palais d'aujourd'hui, sans parler de l'édifice, reproduit assez fidèlement de nos jours l'aspect du Palais d'autrefois. C'est le même mouvement, ce sont presque les mêmes costumes, les mêmes usages et la même langue spéciale qu'on y retrouve. Juges et avocats modernes sont les héritiers des juges et des avocats du Parlement. A ce titre il ne leur sera sans doute pas indifférent de remonter à la source de leurs traditions qu'ils conservent avec une fierté jalouse.

Je me reprocherais de ne pas exprimer ici toute ma reconnaissance envers l'Académie des sciences morales dont le programme m'a si sûrement guidé dans une voie nouvelle, et, en même temps, aux savants MM. Léopold Delisle, Paul Viollet, E. Glasson, Beaune, Tanon, Luchaire, Guilhiermoz, De Lachenal, Ch.-V. Langlois, pour ne nommer que les principaux, dont les travaux empreints de l'esprit critique qui fait l'honneur de l'érudition moderne, ont singulièrement facilité ma tâche. J'ai pris soin d'ailleurs de reporter à chacun la part qui lui revient. Puissé-je, de mon côté, avoir fourni une contribution utile au monument que mérite la glorieuse histoire du Parlement de Paris.

G. D.

BIBLIOGRAPHIE SOMMAIRE

§ I. Manuscrits.

REGISTRES DU PARLEMENT [1] :

Olim (Archives nationales, X^{1a}, 1-4 [1254-1318]).
Jugés (ibid., X^{1a}, 5-156 [1319-1515]).
Lettres et Arrêts.
Conseil et Plaidoiries (ibid., X^{1a}, 1469-1477 [1364-1394]).
Conseil (ibid., id., 1472-4779 [1400-1776]).
Plaidoiries, Matinées (ibid., 4784-5033 [1395-1571]).
Plaidoiries, après-dîners (ibid., 8300-8386 [1372-1570]).

EXTRAITS DES REGISTRES DU PARLEMENT [2] :

Collection *Lenain* (Bibliothèque de la Chambre des Députés).
— *Boissy d'Anglas* (Biblioth. du Sénat).
— *Gilbert de Voysins* (Archives).
— *Lamoignon* (Biblioth. nationale).
— *Fouquet*, puis *Leragois de Bretonvilliers* et *Lefebvre de Caumartin* (Biblioth. nationale).
— *Louis de Vienne* (Biblioth. Ste-Geneviève).
— *Penthièvre* (Biblioth. de l'Ordre des avocats), etc.

EXTRAITS DES REGISTRES DU PARLEMENT ET RÉPERTOIRES :

Bibliothèque nationale, fonds français. *Ségur* (16 424).
— — *Du Bouchet, St-Victor* (23 825-23 827).
— — *Harlay* (16 404-16 411).
— *Séguier* (18 340-18 344).
— *Petitpied*, Sorbonne (21 384).
fonds latin. Registrum curiæ (9988-9990).
— Registre des enquesteurs de St-Louis dans la sénéchaussée de Carcassonne (9996).

1. Nous n'indiquons ici que les séries se rapportant aux époques dont l'histoire est retracée dans le volume. Voir pour l'ensemble des collections des Registres du Parlement notre chapitre X, p. 262-284.

2. Consulter H. Omont, *Inventaire sommaire des collections du Parlement conservées à la Bibliothèque nationale*, Paris, Larose et Forcel, 1891, in-8°, et Ch.-V. Langlois et H. Stein : *Les Archives de l'Histoire de France.*

Bibliothèque nationale, fonds français. Fragment d'un registre des enquesteurs de St-Louis (16 471).
— Pièces sur le règne de St Louis (9016-9018).
— Inventaire du Trésor de la Sainte-Chapelle en 1480 (9941).
— Actes originaux de la Sainte-Chapelle, venus de Gaignières (17 108).

Voir aussi fonds Colbert, Sérilly, Moreau etc., *Inventaire des Manuscrits* de la Bibliothèque nationale, tome II (jurisprudence, sciences et arts).

Bibliothèque de l'Arsenal. Extraits de 1364 à 1418, ms. 2389, 2390, etc.

§ II. Imprimés. Ouvrages anciens [1].

Jean de Montaigne, *Tractatus celebris de auctoritate et preeminentia sacri magni concilii et Parlamentorum regni Francie.* Paris, 1512, in-8°.

Guillaume Budée, *Œuvres complètes. Forensia, art. Curia* (édition de Paris, 1536, in-f°).

Johannes Lucius, *Placitorum Summæ apud Gallos curiæ libri XII*, 1559, in-4°.

Laloupe (Vincent de), *Livre des dignités, magistrats et offices du royaume de France*, traduit du latin de Vincent Lupanus (ou de Laloupe), Paris, 1564, in-8°.

Fauchet (Cl.), *Origine des dignités des magistrats de France.* Paris, 1600, in-8°.

Fauchet, *Antiquités et histoires gauloises.* Genève, 1611, in-4°.

Boyer (Philibert), *Le Style de la cour de Parlement et forme de procéder en toutes les cours souveraines de France.* Paris, 1602, in-8°.

Pasquier (Etienne), *Les Recherches de la France* (Livre II); plusieurs éditions de 1560 à 1611 ; dernière édition du vivant de l'auteur, Paris, 1611, in-4°.

Louis d'Orléans, *Les ouvertures des Parlements de France.* Paris, Guill des Rues, 1612, in-4°.

Cavet (Etienne), *Annotation au Stile de la Cour de Parlement de Paris.* Paris, 1615, in-16.

La Roche-Flavin, *Treize livres des Parlements de France*, 1617, in-f°.

De Miraulmont (Pierre), *De l'origine et établissement du Parlement.* Paris, 1612, in-8°.

Du Tillet, *Recueil des rois de France, leur couronne et leur maison.* 1618, in-4°.

De l'Hermite-Souliers et Blanchard (François), *Les éloges de tous les Premiers Présidents de Paris.* Paris, 1645, in-f°.

Blanchard, *Les Présidents au mortier du Parlement de Paris.* Paris, 1647, 1 vol. in-f°.

Chevillard, *Les noms, qualités, armes et blasons de tous les Premiers Présidents au Parlement de Paris de 1344 à 1712.* 6 feuillets in-f°.

E. Girard, *Des offices de France*, ouvrage revu par Jacques Joly. Paris, Aug. Courbe, 1647, in-f°.

1. Nous avons adopté, pour cette liste forcément très sommaire (car une bibliographie complète nécessiterait un volume), l'ordre chronologique, afin de donner un aperçu des progrès des travaux historiques relatifs au Parlement et aux origines du Droit français. Les notes bibliographiques qui accompagnent chaque page compléteront d'ailleurs ces indications générales.

PIERRE PICAULT, *Traité des Parlements ou États Généraux*. Cologne, 1679, in-16.

DUCHESNE (Fr., fils d'André), *Histoire des chanceliers et gardes des sceaux de France*. Paris, 1680, in-f° (avec des blasons).

DU BRUEIL, *Ancien Style du Parlement* (*Stilus antiquus supremæ curiæ amplissimi ordinis Parlamenti parisiensis*). Œuvres complètes de Dumoulin. Paris, 1681 (II° volume). Nouvelle édition par Henri Lot, 1878, in-f°.

DUCANGE, *Dissertation XIV sur l'histoire de Joinville* (Supplément du Glossaire), in-4°.

TESSEREAU (A.), *Histoire chronologique de la grande chancellerie de France*. Paris, 1706-10, 2 vol. in-f°.

ANSELME (le père), *Histoire de la maison royale de France et des grands officiers de la Couronne*. 1712, 2 vol. in-f°.

BOULAINVILLIERS, *Histoire de l'ancien gouvernement de la France et lettres historiques sur les Parlements*. La Haye, 1727, 3 vol. petit in-8°.

DE NOINVILLE, *Histoire du conseil et des maîtres des Requêtes de l'hôtel du roi*, Académie des inscriptions, Mémoires (ancienne série), tome XXVII, p. 190.

DU BUAT, *Les origines ou l'ancien gouvernement de la France*. Académie des inscriptions, Mémoires (ancienne série), tome XXX, p. 587.

GIBERT, *Recherches historiques sur les cours qui exerçaient la justice de nos rois*. Académie des inscriptions, Mémoires (ancienne série), tome XXX, p. 596.

LEPAIGE, *Lettres historiques sur les fonctions essentielles du Parlement*. Amsterdam (sans nom d'auteur, mais œuvre de Lepaige), 1753-54, 2 vol. in-4°.

LE LABOUREUR, *Histoire de la pairie de France et du Parlement de Paris*, 1740, in-12.

CANTALAUZE (Michel), *Dissertation sur l'origine et les fonctions essentielles du Parlement, sur la pairie*, etc. Amsterdam, 1764, 2 tomes en 1 vol. in-12.

LOYSEL, *Dialogue des avocats* (édition Dupin, 1844, in-8°).

LE CHANTEUR, *Dissertation historique et critique sur la Chambre des Comptes*, Paris, 1765, in-4°.

MAYER, *Des États généraux et autres assemblées nationales* (collection recueillie et publiée par Ch. Jos. de Mayer). La Haye et Paris, 1788-89, 18 vol. in-8°.

CLOS (Cl. Jos.), *Histoire de l'ancienne cour de justice de la maison de nos rois*. Paris, 1790, in-4°.

§ III. Imprimés. Ouvrages modernes.

KLIMRATH, *Mémoires sur les* OLIM *et le Parlement*. 1837, in-8°.

H. GÉRAUD, *Les Parlements et cours souveraines*. Annuaire historique de la société de l'histoire de France, 1839.

BEUGNOT (le comte), Édition des *Olim* (documents inédits de l'Histoire de France, 3 tomes en 4 volumes, avec préfaces et notes savantes). 1839-1848, in-4°.

PILLOT, *Esquisse sur les Requêtes du Parlement de Paris*. Rouen, 1844, in-8°.

AUBENAS (J.-A.), *Histoire du Parlement de Paris*. Paris (chez l'auteur), 1847, tome I (se borne aux assemblées des deux premières races et n'aborde pas le sujet; n'a pas été continué).

DELISLE (L.), *Mémoire sur les baillis du Cotentin*, mémoires de la Société des antiquaires de Normandie, 2e série, tome IX (1851).

BATAILLARD (Ch.), *Tableau des principaux abus existant dans le monde judiciaire au XVIe siècle*, extrait du tome XXIII des Mémoires de la Société des antiquaires de France, Paris, Lahure, 1857, in-8°.

BASTARD D'ESTANG (le Vicomte de), *Les Parlements de France. Essai historique sur leurs usages, leur organisation et leur autorité.* Paris, 1857, 2 vol. in-8°.

SIMONNET, *Les Parlements sous l'ancienne monarchie.* Paris, A. Durand, 1858, in-8° (extrait de la Revue historique du droit français et étranger).

RAYNAL (avocat général à la Cour de Cassation), *Discours de rentrée. Les Olim du Parlement de Paris* (Moniteur officiel du 4 novembre 1858).

LOT (H.), *De l'authenticité des Olim*, thèse soutenue à l'école des Chartes. Paris, 1858, in-8°.

DESMAZE (Charles). *Le Parlement de Paris; son organisation, ses premiers présidents et procureurs généraux*, avec une notice sur les autres Parlements de France. Paris, 1860, in-8°.

— *Le Châtelet de Paris; son organisation, ses privilèges.* Paris, 1870, in-12.

— *Trésor judiciaire de la France; curiosités et anciennes justices*, d'après leurs registres, Paris, 1867, 8°.

GAUDRY, *Histoire du barreau de Paris.* 2 vol. in-8°, 1867.

BOUTARIC (E.), *La France sous Philippe le Bel.* 1861, in-8°.

— *Saint-Louis et Alphonse de Poitiers*, étude sur la réunion des provinces du midi et de l'ouest à la couronne. 1870, in-8°.

— *Actes du Parlement de Paris* (inventaires et documents publiés par ordre de l'Empereur sous la direction du comte de Laborde), précédé d'une notice sur les archives du Parlement par A. Grün et d'une brillante préface du comte de Laborde. Paris, Plon, 1863-1867, 2 vol. in-4°.

Au premier volume est joint l'*Essai de restitution d'un volume perdu des Olim*, par M. Léopold Delisle.

Cette publication si précieuse de l'analyse sommaire des registres du Parlement n'a malheureusement pas été continuée et s'arrête à l'année 1328.

MERILHOU (F.), *Les Parlements de France, leur caractère politique depuis Philippe le Bel jusqu'en 1789.* Paris, 1863, in-8°.

LOT (H.), *Des frais de justice au XIVe siècle*, Bibliothèque de l'école des Chartes, tome XXXIII, p. 217 et 558, tome XXXIV, p. 204.

BARDOUX (A.), *Les légistes au moyen âge; leur influence sur la société française.* Paris, Germer-Baillière, 1 vol. in-8°.

DELISLE (L.), *Fragments inédits dans lequel Nicolas de Chartres avait consigné les actes du Parlement de 1265 à 1298.* Paris, 1872, in-4°.

— *Fragment d'un registre des enquêteurs de Saint-Louis.* Paris, 1890, H. Champion, in-8°.

LONGNON (A.), *Rôles des fiefs du comté de Champagne sous le règne de Thibaut le chansonnier* (1245-1252), publiés d'après les minutes conservées au Trésor des Chartes, Paris, 1877, in-8°.

LUCHAIRE (A.), *Histoire des Institutions monarchiques de la France sous les premiers Capétiens* (987-1180). Imprimerie Nationale, 1883, 2 vol. gr. in-8°.

— *Manuel des Institutions françaises.* Paris, Hachette, 1892, in-8°.

PICOT (G.), *Rapport sur le concours relatif à l'histoire de la Pairie à l'Académie des sciences morales et politiques*, le 1er juillet 1882 (extrait du compte rendu de l'Académie des sciences morales et politiques).

Fayard, *Aperçu historique sur le Parlement de Paris*. 1876, 3 vol. in-8°.

Callery, *Histoire des attributions du Parlement, de la cour des Aydes et de la chambre des Comptes*, depuis la Révolution, jusqu'à la féodalité. Paris, 1880, in-8°.

Bataillard (Ch.), *Les origines de l'histoire des procureurs et des avoués jusqu'au XVe siècle*. Paris, 1868, in-8°.

Bataillard et Nusse, *Histoire des procureurs et des avoués* (1483-1816). Paris, 1882, 2 vol. in-8°.

Longnon (Auguste), *Atlas historique de la France*, texte explicatif, librairie Hachette, 1884, gr. in-8°.

Aubert (Félix), *Note sur la date du Stylus Parlamenti de G. du Brueil*, nouvelle Revue historique du droit français et étranger, tome VIII, 1884 (p. 355).

Delachenal, *Histoire des avocats au Parlement de Paris* (1300-1600). Paris, Plon, 1885, in-8°.

Molinier (Aug.), *Correspondance administrative d'Alphonse de Poitiers*. Paris (Collection des documents inédits de l'Histoire de France).

Flach (Jacques), *Les origines de l'ancienne France*. Paris, Larose, 1886, 2 vol. in-8°.

Aubert (Félix), *Le Parlement de Paris, de Philippe le Bel à Charles VII* (1314-1422). Paris, R. Picard, 1887, in-8°.

— Autre édition, *ibid.*, 2 vol., 1894 (tome Ier : compétence, attributions; tome II : procédure).

Gauthier (Léon), *La Chevalerie*. Lib. Fréchoz, 1896. Paris, gr. in-8°.

Ch. V. Langlois, *De monumentis ad priorem regiæ curiæ judiciariæ historiam pertinentibus*. Thèse, Paris, Hachette, 1887, in-8°.

— *Le Règne de Philippe le Hardi*, libr. Hachette, 1887, in-8°.

— *Textes relatifs à l'histoire du Parlement, depuis les origines jusqu'à 1314*. (Collection de textes pour servir à l'étude de l'Histoire). Paris, A. Picard, 1888.)

— *Les origines du Parlement de Paris*. Revue historique (Monod), janvier 1890. p. 74-114.

Viollet (P.), *Histoire des institutions politiques et administratives de la France*, tome I et II, Larose, 1890-1898.

Coville, *L'Ordonnance cabochienne*. Paris, Picard, 1891, in-8°.

Guilhiermoz (Paul), *Enquêtes et procès*, étude sur la procédure et le fonctionnement du Parlement au XIVe siècle. Paris, A. Picard, 1892, in-4°.

Lehugeur (Paul), *Histoire de Philippe le Long*, tome I. Paris, libr. Hachette, 1897, in-8°.

Bonvalot, *Histoire du droit public et privé dans la Lorraine et les trois évêchés, depuis le traité de Verdun jusqu'en 1789*. Paris, Cotillon-Pichon, 1895, in-8°.

Dognon (Paul), *Les institutions politiques et administratives du pays de Languedoc, du XIIIe siècle aux guerres de religion*. Thèse, Toulouse et Paris, A. Picard, 1895, in-8°.

Munier-Jolain, *La plaidoirie dans la langue française*. Paris, Chevalier-Marescq, 1892, in-8°.

Cruppi (J.), *La Cour d'assises*. Paris, C. Lévy, 1897, in-8°.

MOREL (O.), *La Grande Chancellerie Royale et l'expédition des actes royaux*. Paris, A. Picard, 1900.

HALPHEN (L.), *Les institutions françaises en France au XIe siècle* (région angevine). Revue historique (Monod), tome 77, novembre, décembre 1901, p. 279.

§ IV. Imprimés. Juridiction et Droit.

LA THAUMASSIÈRE (G. Thaumas de), *Maximes du droit coutumier pour servir à l'explication et réformation de la nouvelle coutume de Berry*. Bourges, 1691, in-4°.

BRUSSEL, *Nouvel examen de l'usage général des fiefs en France, pendant le XIe, le XIIe, le XIIIe et le XIVe siècle, etc., pour servir à l'intelligence des plus anciens titres du domaine*. Paris, 1727 (2 vol. in-4°).

MAILLARD (Adrien), *Coutumes générales d'Artois*, 2e édition. Paris, 1739, in-f°.

BRODEAU, *Coutumes notoires du Châtelet et décisions de J. Desmares*, publiées par Brodeau à la suite de son traité sur la coutume de Paris, 1658 et 1669, 2 vol. in-f°.

LOISEL (Ant.), *Institutes coutumières* ou manuel de plusieurs règles, sentences et proverbes du Droit coutumier et plus ordinairement de France. Paris, s. d., 2 vol. in-8°. Nouvelle édition par Dupin et Laboulaye. Paris, 1846, 2 vol.

BOUTILLIER (Jehan), *La Somme rural*. Bruges, 1479, grand in-f°. Abbeville, Gérard, 1486, in-f°. Paris, 1488, in-f°.

DE SAVIGNY, *Histoire du Droit romain au moyen âge*, traduit de l'allemand, par M. Charles Guenoux. Paris, 1839, 4 tomes et 3 vol. in-8°.

MARNIER (A.-J.), *Établissements et coutumes, assises et arrêts de l'Échiquier de Normandie au XIIIe siècle* (1207-1245). Paris, 1839, in-8°.

MARNIER, *Coutume, style et usage du temps des Échiquiers de Normandie*. Mémoires de la Société des Antiquaires de Normandie. 2e série, tome VIII.

LABOULAYE (Édouard), *Études sur les Coutumes du moyen âge*. Revue de législation, tome II, 1840.

KLIMRATH, *Travaux sur l'histoire du Droit français*, publiés par Warnkœnig. Paris et Strasbourg, 1843.

Philippe de BEAUMANOIR, *Coutumes du Beauvaisis*, publiées par le comte Beugnot, 2 vol. in-8°, 1842 (Société de l'Histoire de France).

— Nouveau texte critique publié par Am. Salmon (collection de Textes pour servir à l'enseignement de l'histoire). Paris, Picard, 2 vol. in-8°, 1899-1900.

GIRAUD (Charles), *Essai sur l'histoire du Droit français au moyen âge*. 2 vol. in-8°. Précis de l'ancien Droit coutumier français, 1852, in-8°.

PASQUIER (Etienne), *Interprétation des Institutes de Justinien*, édition Giraud. Paris, 1847, in-8°.

PARDESSUS, *Essai historique sur l'organisation judiciaire et l'administration de de la justice depuis Hugues Capet jusqu'à Louis XII*. Paris, Durand, 1851, in-8°.

HUC (Théophile), *Influence du Droit canonique sur la constitution juridique de la famille*. Revue de législation, 1856, tome IX, 6e année, p. 224.

FLOQUET, *Histoire du Parlement de Normandie*, 1849, in-8°.

LÉCHAUDÉ d'ANISY, *Magni rotuli scaccarii Normannie*, Mémoires de la Société des Antiq. de Normandie, tomes XV et XVI.

HOUARD, *Dict. du Droit normand* (mot : ÉCHIQUIER).

CAILLEMER, *Le Droit civil dans les provinces anglo-normandes au XII° siècle*, 1883, in-8°.

LA FERRIÈRE, *Essai sur l'histoire du Droit français*, 1845-1858, 6 vol. Paris, Marescq aîné, in-8°, 2° édition.

WALTER (Ferdinand), *Manuel du Droit ecclésiastique*, traduit de l'allemand par A. de Roquemont. Paris, Poussielgue-Rusand, 1840.

BORDIER, *Recueil de textes antérieurs au XVI° siècle, relatifs aux coutumes de Paris et de l'Ile-de-France*. Paris, 1845, in-8°.

MARNIER, *Le Conseil de Pierre de Fontaines*. Paris, 1846, in-8°.

WARNKŒNIG et STEIN, *Histoire du Droit public et privé de la France*. Bâle, 1848, 3 vol. in-8°.

D'ESPINAY, *De l'influence du Droit canonique sur la législation française*. Paris, Cotillon, 1856, in-8°.

BRUNNER, *La parole et la forme dans l'ancienne procédure française* (reproduction en français, par Hecquet de Roquemont). *Revue Critique de législation et de jurisprudence*. 2° série, tome I, p. 22, 158, 230, 470, 536. (Ce travail a paru en allemand dans le tome LVII des comptes rendus de l'Académie des Sciences de Vienne, classe de philosophie et d'histoire, sous le titre de *Wort und Form im alt französischen Process*).

L. DELISLE, *Mémoire sur le recueil de jugements rendus par l'Echiquier de Normandie, sous les règnes de Philippe-Auguste, de Louis VIII et de Saint-Louis*. (Recueil de Mémoires de l'Académie des Inscriptions, tome XXIV, 2° série, p. 343.)

— *Livre des enquêtes de Nicolas de Chartres, 1269-1298*, dans *Notices et Extraits des manuscrits* de la Bibliothèque nationale, tome XXVIII, 2° partie.

BEAUTEMPS-BEAUPRÉ, *Livre des droits et des commandements d'office de justice*, 2 vol., Larose, 1865, in-8°.

LABOULAYE (Ed.) et DARESTE (R.), *Le grand Coutumier de France*, nouv. édit. avec notes et préface, 1868, in-8°.

DU BOYS (Albert), *Histoire du Droit criminel des peuples européens*, 1860-1874, 6 vol. in-8°.

REGISTRE CRIMINEL DU CHATELET DE PARIS (1389-1392), publié par la Société des Bibliophiles français, 1861, 2 vol. in-8°.

BEAUTEMPS-BEAUPRÉ, *Coutumes et institutions du Maine et de l'Anjou*. Paris, Larose, 4 vol. in-8° (1877-1875).

GIDE P., *Études sur la condition privée de la femme dans le Droit ancien et moderne et en particulier sur le sénatus-consulte Velléien*, 2° édit. avec des additions et des notes, par A. Esmein.

ANDRÉ (l'Abbé), *Cours alphébétique de Droit canonique*, 1884, 2 vol. in-8°.

TANON (L.), *Registre criminel de la justice de Saint-Martin-des-Champs à Paris au XIV° siècle*. Paris, Williams, 1877, in-8°.

— *Histoire des justices, des anciennes églises et communautés ecclésiastiques de Paris*. Paris, Larose, 1883, in-8°.

— *Histoire des tribunaux de l'inquisition en France*. Ibid., 1893, in-8°.

SUMNER MAINE, *L'ancien Droit considéré dans les rapports avec l'histoire de la société primitive et avec les idées modernes*. Traduit sur la 4e édition anglaise par J. Courcelle-Seneuil, 1874, in-8°.

BONVALOT, *Les plus principales et générales coutumes du duché de Lorraine* (1519). Paris, Durand, 1878, in-8°.

FOURNIER (Paul), *Les officialités au moyen âge* : étude sur l'organisation, la compétence et la procédure des tribunaux ecclésiastiques ordinaires en France de 1180 à 1328. Paris, Plon, 1880, in-8°.

BEAUNE (H.), *Introduction à l'étude historique du Droit coutumier*. Paris, Larose, 1880, in-8°.
— *La condition des personnes*. Ibid., 1882.
— *La condition des biens*. Ibid., 1886.
— *Les contrats*. Ibid., 1889.

ESMEIN, *Histoire de la procédure criminelle en France*. Paris, Larose, 1881, in-8°.
— *Études sur les Contrats dans le très ancien Droit français* (1882).

GLASSON (E.), *Le mariage civil et le divorce*. Paris, 2e édition, 1880. (Tome Ier des Études de législation comparée).
— *Histoire du Droit français*. Paris, tomes I à VII, in-8°.
— *Les sources de la procédure civile française*. 1882, in-8°. Extrait de la Revue historique du Droit.
— *Étude historique sur la clameur de Haro*. 1882, in-8°.
— *Les origines du costume de la magistrature*. 1884.
— *Le droit de succession au moyen âge*. 1893, in-8.
— *Le Châtelet de Paris et les actes de sa procédure aux XIVe et XVe siècles*. Paris, 1893, in-8°; extrait des séances et travaux de l'Académie des Sciences morales.
— *Grande Encyclopédie*, article PARLEMENT.
— *Le Parlement de Paris*, son rôle politique depuis Charles VII jusqu'à la Révolution. Hachette, 1901, 2 vol in-8°.

VIOLLET (P.), *Les Établissements de saint Louis*. Société de l'Histoire de France, 1881, 4 vol. in-8.
— *Histoire du Droit civil français* (droit privé), 2e édition. Paris, Larose, 1893.
— *Registres judiciaires de quelques établissements religieux du Parisis au XIIIe et au XIVe siècle*. Bibliothèque de l'École des Chartes, tome XXXIV, p. 317.

GIRY, *Les Établissements de Rouen*. Paris, 1883-1885, 2 vol. in-8°.

FAGNIEZ, *Fragment d'un répertoire de jurisprudence parisienne au XVe siècle*, Mémoires de la Société de l'Histoire de Paris, tome XVII, 1890.

FOURNIER (Marcel), *Essai sur l'histoire du droit d'appel*, suivi d'une étude sur la réforme de l'appel, 348 p. Paris, Pedone-Lauriel, 1881, in-8°.

TARDIF (Adolphe), *Histoire des sources du Droit canon*. 1887, in-8°.
— *Histoire des sources du Droit français. Origines romaines*. 1890, in-8°, br.
— *Le droit privé au XIIIe siècle*, d'après les coutumes de Toulouse et de Montpellier. Picard, 1886, 1 vol. in-8°.
— *La procédure civile et criminelle aux XIIIe et XIVe siècles ou procédure de transition*. 1885, 1 vol. in-8°.
— Recueil de textes pour servir à l'enseignement de l'histoire du Droit, Picard, Paris :
— *Coutumier d'Artois*, publié d'après les manuscrits 5248 et 5249, fonds latin, de la Bibliothèque nationale, *ibid.*, 1883, in-8°.
— *Coutumes de Toulouse*, publiées d'après les manuscrits 9187 et 9993, fonds latin, de la Bibliothèque nationale, *ibid.*, 1884, in-8°.

TARDIF (Ad.), *Coutumes de Lorris*, publiées d'après le registre original du Parlement de Paris, 1885, in-8°.

TARDIF (Ern.-Joseph), *Coutumiers de Normandie*, Paris, Picard (1882), in-8°.
— *Les auteurs présumés du Grand Coutumier de Normandie*, in-8°.

TARDIF (J.), *La date et le caractère de l'ordonnance de saint Louis sur le duel judiciaire*, Nouvelle Revue historique du Droit français, tome II, 1887.

GUILHIERMOZ (P.), *De la persistance du caractère oral dans la procédure civile française*, Nouvelle Revue historique du Droit français, tome XIII, 1889.

E. DE ROZIÈRES, *L'assise du bailliage de Senlis en 1340 et 1341*, Nouvelle Revue historique du Droit, tome XV, 1891, p. 714.

JARRIAND (Émile), *Histoire de la Novelle 118 dans les pays de Droit écrit*, thèse pour le doctorat (chap. XIII, p. 254 et suiv., géographie coutumière des pays de Droit écrit).
— *La succession coutumière dans les pays de Droit civil suivie d'un tableau des coutumes des pays de Droit écrit*, Nouvelle Revue historique du Droit, 1890, p. 30 et suiv., 222 et suiv.

MORTET (Ch.), *Les constitutions du Châtelet* (publiées par de Laurière, à la suite de son commentaire sur la coutume de Paris).
— Nouvelle édition par *Ch. Mortet*. Extrait des Mémoires de la Société de l'Histoire de Paris et de l'Ile-de-France, tome X.

CHAISEMARTIN (A.), *Proverbes et maximes du Droit germanique* étudiés en eux-mêmes, et dans leur rapport avec le Droit français. Paris, Larose, 1895, in-8°.

BATIFOL, *Le Châtelet*. Revue historique (Monod), tome 62, 1896, septembre-décembre, p. 225 ; tome 63, 1897, janvier-avril, p. 46 et 266.

FOURNIER (Marcel), *Histoire de la science du Droit en France* (tome III seul paru : Les Universités en France et l'enseignement du Droit au moyen âge). Larose, 1892, in-8°.

GAVET, *Sources de l'histoire des Institutions et du Droit français*. Manuel de bibliographie historique. Larose, 1899, in-8°.

PICARD (Edm.), *L'Évolution historique du Droit civil français*. Revue historique du Droit, 1899, n° 3.

TESTAUD (G.), *Des juridictions municipales en France*. Paris, Larose, 1901.

LE
PARLEMENT DE PARIS
ET
LA JUSTICE AUX XIIIe ET XIVe SIÈCLES

LIVRE I
LES ORIGINES DU PARLEMENT

CHAPITRE I
LE PALAIS DE JUSTICE

I. — Le Palais de saint Louis.

Dans l'île de la Cité, berceau de Paris, à l'ouest et à cinq cents pas de la cathédrale de Notre-Dame, près du pont au Change, une tour quadrangulaire, surmontée d'un beffroi, commande trois autres tours rondes coiffées de toits en poivrière, qui profilent sur le quai de l'Horloge leur silhouette du moyen âge. Leur relief vigoureux se dégage d'un assemblage de bâtiments disparates qui s'étendent jusqu'au quai des Orfèvres : elles marquent la partie primitive et la plus pittoresque du Palais de Justice. Quatre fois dévasté par l'incendie (1618, 1737, 1776, 1871), toujours rebâti et remanié, jamais terminé, ce monument, moitié féodal et moitié moderne, le plus ancien à la fois et le plus neuf de Paris, a traversé tous les âges de l'histoire de France. Il l'a gardée, pour ainsi dire, écrite dans les styles divers de ses constructions, imposantes quoique confuses, que relève la flèche dorée de la Sainte-Chapelle.

Les murs de cet édifice reposent sur des assises remontant aux Romains [1]. Ils ont certainement bravé les attaques des Normands, car, au IXe siècle, les comtes de Paris, ancêtres des Capétiens, avaient là leur château fort. Les premiers successeurs de Hugues Capet, le bon roi Robert [2], Henri Ier, Philippe Ier, commencèrent à transformer en palais la vieille forteresse, ses hangars et ses écuries. Les rues de la Cité étaient d'affreux chemins défoncés par des charrois. Quoique Louis VI [3] eût perdu son fils aîné renversé de cheval par un pourceau dans une de ces voies semées d'immondices [4], ni lui ni son successeur Louis VII ne songèrent à les améliorer. Philippe-Auguste les fit paver. Le même prince laissait les salles de sa demeure jonchées de paille et décida que cette paille, lorsqu'on la renouvelait, reviendrait à l'Hôtel-Dieu [5]. Il n'agrandit point la résidence royale, préoccupé qu'il était de reculer les murailles de Paris et de bâtir, plus à l'ouest, sur la rive droite de la Seine, la tour du Louvre. Ce fut son petit fils, saint Louis, qui entreprit de reconstruire et créa vraiment le Palais.

Le sentiment qu'il avait de sa dignité porta Louis IX à mettre dans son logis une note d'art. Elles sont certainement de son temps les immenses et belles salles qui supportent la salle dite des Pas-Perdus [6] : elles ont reçu son nom. Si l'on pénètre par le quai du nord et par la porte de la Conciergerie, on se trouve d'abord, au bout d'une petite cour, dans la salle dite *des Gardes* où des colonnes massives

1. Des débris de monuments et de murs romains ont été trouvés, en 1784, lors de la reconstruction de parties du palais détruites par l'incendie de 1776. D'autres fragments d'architecture ont été découverts, en 1848, auprès de la cour de la Sainte-Chapelle; ils datent des derniers temps de la domination romaine. (Voir Lenoir, *Statistique monumentale de Paris*, p. 12-14, Documents inédits de l'Hist. de Fr.).

2. Robert (996-1031); Henri Ier (1031-1060); Philippe Ier (1060-1108).

3. Louis VI (1108-1137); Louis VII (1137-1180); Philippe-Auguste (1180-1223).

4. Le 13 octobre 1131. *Vie de Louis le Gros*, par l'abbé Suger, p. 58-59.

5. Cartulaire de l'Hôtel-Dieu, n° 90. Léopold Delisle, *Catalogue des actes de Philippe-Auguste*, n° 1114 (mars 1209) et *Archives de l'Hôtel Dieu* (1157-1300), publication de Léon Brièle achevée par Ernest Coyecque. (Documents inédits, 1894.) Voir aussi *L'Hôtel-Dieu*, par E. Coyecque. (Champion éditeur, 1891.)

6. *Salles basses du Palais*. — « Nous ne connaissons rien de plus pittoresque dans les monuments du vieux Paris, a écrit de Guilhermy, rien qui réponde mieux à l'idée qu'on peut se faire d'un royal manoir du moyen âge, que les salles immenses dont les piles et les voûtes portent la salle des Pas-Perdus ou les longues et sombres galeries de la Conciergerie. On peut traverser le Palais dans toute sa largeur, pour aller du quai de l'Horloge à la rue de Jérusalem ; dans le trajet, on remarque, à chaque pas, des constructions gothiques; derrière l'épais grillage des ouvertures, l'œil découvre, à des profondeurs mystérieuses, ici la colonne du XIIIe siècle avec son chapiteau feuillagé, ailleurs quelque voûte croisée de vigoureuses nervures... » (De Guilhermy, *Itinéraire archéologique de Paris*, p. 303.)

soutiennent des voûtes ogivales[1]. Les chapiteaux y sont très ornés; la fantaisie licencieuse d'architectes qui les décorèrent, sans doute bien après le règne du saint roi, y a reproduit l'histoire d'Abélard et d'Héloïse. On arrive ensuite à la magnifique salle dénommée de *Saint-Louis*, juste au dessous de celle des Pas-Perdus; quatre nefs la divisent, chacune de dix piliers, d'où partent les arcs de voûtes datant bien du XIIIe siècle. Dans ces longues et larges nefs pouvaient manger à l'aise les chevaliers et les serviteurs du roi. Au nord, et communiquant par une galerie, se trouvaient les non moins élégantes *cuisines*. Du moins c'est le nom que la tradition et les architectes ont conservé à une salle rectangulaire où, de neuf piliers, s'épanouit un bouquet de nervures gracieuses. Aux quatre coins, on a restauré les quatre cheminées gigantesques où des arbres pouvaient être embrasés et où l'on faisait rôtir moutons et bœufs entiers. Il n'y a rien là d'étrange si l'on songe que saint Louis était tenu d'héberger tout un monde.

1. Nous disons « voûtes ogivales, arcades ogivales ». On a cependant fait remarquer que ces expressions étaient défectueuses et inconnues des architectes du Moyen-âge et de la Renaissance. Ce serait une erreur de confondre les arcs ogives ou arcs diagonaux avec les arcs en tiers point (formés par la rencontre de deux segments de cercle de même rayon tracés de centres différents). Cette confusion ne daterait que du XVIIIe siècle et de l'archéologue Millin qui la répandit. (*Histoire générale*, par Lavisse et Rambaud, tome II, p. 580, note.)

Il vaudrait mieux sans doute appeler cette architecture, si improprement dénommée *gothique* et dont l'*ogive* n'est qu'une partie, *architecture française*. N'est-elle pas née dans l'Ile-de-France?

Du reste pour toutes ces questions techniques, on pourra se reporter au travail de J.-B. Lassus : *Album de Villard de Honnecourt* (étude sur un architecte cambrésien du XIIIe siècle); au mémoire de Jules Quicherat, l'un de nos plus célèbres érudits : *De l'Ogive et de l'Architecture ogivale* (*Revue archéologique*, t. VII, p. 65); au *Dictionnaire d'Architecture* de Viollet-le-Duc, tome IV (CONSTRUCTION) et à la *Monographie de la cathédrale de Noyon*, par Vitet. (Documents inédits de l'Hist. de Fr.)

2. Viollet-le-Duc pensait néanmoins que ces fameuses cuisines étaient postérieures au règne de saint Louis. « On voit encore, dit-il, dans les constructions anciennes du Palais de Justice de Paris, une salle voûtée sur un quinconce de colonnes avec quatre larges cheminées aux angles. Cette salle, qui donne sur le quai du nord, à côté de la tour de l'Horloge, est connue sous le nom de Cuisines de saint Louis. Cependant cette construction appartient à la fin du XIIIe siècle ou au commencement du XIVe, et est contemporaine des ouvrages élevés sous Philippe le Bel. Les manteaux des quatre cheminées forment, en projection horizontale, un angle obtus et leur clef est contre-butée par une façon d'étrésillon en pierre. L'examen des localités nous a fait supposer que cette cuisine avait deux étages. La cuisine basse, celle qui existe encore entière, était probablement réservée aux familiers, et la cuisine du premier étage au service de la table du roi. » (*Dictionn. d'Architecture*, t. IV, p. 475.) — Voir aussi *Paris à travers les âges*, livraison du *Palais de Justice* rédigée par Édouard Fournier. In-folio. Libr. Didot (1875).

On a organisé (1900) dans cette splendide salle une sorte de Musée où se trouvent réunies les pierres et fragments des statues retrouvées dans les travaux du Palais aux diverses époques.

Louis IX avait conservé les cadres et l'encombrement des officiers de tout rang honorés de servir le roi, comme les leudes francs dans les villas mérovingiennes. Son *Hôtel*, en 1231, ne comprenait pas moins de quarante-trois chevaliers et de vingt-sept clercs[1]; en 1261 il était partagé en *six* départements ou « métiers »[2]. Quoique aimant la solitude pour ses austérités, Louis IX avait quatre chambellans commandant aux valets de la *chambre* royale[3]. Lui si sobre que Joinville ne l'entendit jamais « deviser de nulle viande et qui mangeait patiemment ce qu'on mettait devant lui »[4], devait pourvoir à l'entretien d'une *Paneterie*, maîtres et clercs de la Paneterie, sommeliers des nappes, *l'oubloier* (celui qui faisait les oublies); d'une *Échansonnerie* avec sommeliers, barilliers, un charretier des boues (des lies), un potier pour le service des pots, deux porteurs d'eau; d'une *Cuisine* comprenant trois cuisiniers (queux), des aides de cuisine, quatorze hasteurs ou rôtisseurs, treize pages de cuisine, deux saussiers, un officier chargé des écuelles[5], un furonneur (qui avait soin des furets), le préposé au poulailler, le pêcheur, l'oiseleur, le pâtissier; enfin d'une *Fruiterie* avec un fruiteur, des charrettes pour le transport des fruits. Si l'abondance des provisions que suppose un tel luxe de table, ne profitait pas au roi, elle n'était point perdue, car les chevaliers et conseillers qui l'accompagnaient « mangeaient à cour. » Sans cesse à cheval et en voyage, Louis IX appréciait mieux les

1. *L'Hôtel du roi.* — « La plus ancienne Ordonnance (sur l'hôtel du roi) que nous connaissions est celle de saint Louis en 1261. Elle est en latin et a été donnée par Ducange dans ses Notes sur Joinville. (Édit. de 1668, in-folio, p. 108.) Elle se trouve aussi, et même plus complète, dans les manuscrits de Clairambault. On peut faire remonter cet établissement de l'hôtel un peu plus haut. Clairambault a indiqué en effet un document précieux : *Pallia militum, clericorum, aliorumque* (sic) *gentium Hospitii domini regis Ludovici, ad terminum Pentecostes*, 1232. (Bibl. Nat., Clair., VII, vol. 60). » (V. Douët d'Arcq; *Les Comptes de l'hôtel des rois de France aux XIV° et XV° siècles*. Notice p. II. Société de l'Histoire de France, 1865.)

2. Il faut néanmoins observer que ce mot de « mestier » ne se trouve pas dans l'Ordonnance de 1261; il n'apparaît que dans les ordonnances postérieures. (Douët d'Arcq.)

3. On remarquait pour cette chambre des « guettes » (veilleurs) sans nombre fixe, et un barbier. (*Ibidem*.)

4. « De la bouche fu il si sobres, que onques jour de ma vie je ne li oy devisier nulles viandes, aussi comme maint riche homme font: ainçois manjoit pacientment ce que ses queus li appareilloit et mettoit on devant li. » (Joinville édition de Wailly, page 7.)

5. Ici Clairambault place l'aumônier, l'usage étant constamment observé alors de donner aux pauvres la desserte des tables. De là la mention si fréquente dans les comptes et inventaires du « pot de l'aumosne. » (Douët d'Arcq, *loc. cit.*, p. IV.)

avantages du sixième office : l'*Écurie* et la *Fourrière*. Les écuyers et les maréchaux étaient les plus considérés dans l'hôtel du roi. Ils l'étaient moins pourtant que les chapelains, car saint Louis ne regardait point à la dépense pour sa chapelle dans laquelle figuraient des dignitaires[1], le trésorier de l'église de Tours, le doyen de Saint-Aignan d'Orléans.

Du XIIIe siècle datent les deux tours jumelles dites de *César* et d'*Argent*, qui semblent avoir marqué l'entrée primitive de la Conciergerie. Plus loin à l'ouest, une autre tour à laquelle on a laissé les fleurons de sa couronne de créneaux, porta longtemps le nom de *saint-Louis*. C'est à ces trois tours que s'appuyait le logis du pieux roi : l'emplacement en est indiqué aujourd'hui par une galerie peinte que des tableaux de Merson et une statue polychrôme, due à M. Guillaume, ont transformée en sanctuaire dédié à la mémoire de saint Louis. C'est de ce côté que se trouvait la chambre où, selon le témoignage de Joinville, le bon roi, assis au pied de son lit, faisait venir ceux que ses conseillers n'avaient pu accorder, et dont il s'efforçait de régler les différends. Justice familière et paternelle que saint Louis rendait, l'été dans son jardin, ou, selon le récit charmant de Joinville connu des enfants eux-mêmes, assis sous un chêne au bois de Vincennes. Non loin de la chambre royale se trouvait la vaste salle spécialement affectée aux jugements ou *plaids*[2], reconstruite plus tard par Louis XII, et qui demeura, jusqu'à la fin de l'ancien régime, la Grand'Chambre du Parlement : il n'en reste plus que le pignon, qu'on aperçoit entre les deux tours de César et d'Argent et au-dessous duquel s'ouvraient deux fenêtres superposées du style ogival fleuri[3]. Le logis royal donnait à l'ouest sur un jardin ou plutôt

1. « A la suite de ces six offices se trouvent : les chapelains et les clercs de la Chapelle, le trésorier de Tours et le doyen de Saint-Aignan, des huissiers, des portiers et des valets de porte, la lavandière du roi, le charretier de la Chambre, les sommeliers de la Chambre aux deniers, des Écritures, de la Fruiterie et de la Chapelle. Enfin (et seulement dans l'ordonnance latine) le chapelain de Saint-Michel (du Palais), le chapelain de Saint-Barthélemy, la veuve de Jean le Tailleur, vingt-quatre convers (conversi). » (Douet d'Arcq. *Comptes de l'Hôtel des rois*. Notice p. v.)

2. « ... Quant il revint de parler aux prelas, il vint à nous qui l'attendiens en la Chambre aux plaiz. » (*Joinville*, CXXXVI, p. 242.)

3. Ces deux tours subsistent encore et ont été respectées. On a essayé, de ce côté, de conserver l'ancienne physionomie féodale. La restauration du Palais de Justice n'a été décidée et entreprise qu'en 1837, sous le gouvernement de Louis-Philippe. Elle fut confiée au talent de Duban, puis de Lassus et de Viollet-le-Duc : les travaux

un verger, qui occupait la pointe de l'île de la Cité, beaucoup plus courte qu'aujourd'hui, car on y rattacha successivement plusieurs autres petites îles. La vue s'étendait libre sur la rive gauche vers la tour de Nesle, à droite sur l'abbaye de Saint-Germain d'Auxerre, la tour du Louvre et la campagne[1].

Si Louis IX entendait maintenir sa cour dignement, il s'effaçait toutefois devant le Souverain des rois : selon sa volonté, la Sainte-Chapelle fut la partie principale et excellente du Palais. Il appela pour l'édifier l'architecte Pierre de Montereau, qui la commença en 1245. En 1248, le 25 avril, le légat Eudes de Châteauroux consacrait solennellement cette église que nous admirons encore, restaurée par Lassus et Viollet-le-Duc avec une science qui tient du génie. Une et double tout à la fois, divisée en chapelle basse et en chapelle haute[2], elle ne trahit point à l'extérieur cette distinction : son vaisseau s'élance d'un seul jet. Elle est bâtie en pierres dures, consolidée par des agrafes de fer et de puissants contreforts ornés de clochetons. Long de 36 mètres, large de 17, l'édifice, bien proportionné, se dresse, en forme de châsse élégante, car il abritait la châsse où Louis IX avait déposé les saintes reliques acquises de l'empereur Beaudoin de Constantinople. Sans le clocher qui plus tard remplaça une primitive aiguille, le toit, à une hauteur de 42 mètres, dépassait la masse du Palais.

ne commencèrent avec ensemble qu'en 1842. Après douze années employées aux travaux les plus urgents, Lassus demeura seul chargé de mener l'œuvre à son terme. On ne doit pas oublier son nom. Tous ces travaux, dans l'ordre où ils ont été exécutés sous le règne de Louis-Philippe, durant la République de 1848 et sous le second Empire, ont été résumés dans les tableaux insérés dans la publication officielle : *Documents relatifs aux travaux du Palais de Justice*, annexe 4 (1858).

1. Le Palais a été tant de fois remanié et bouleversé qu'il est presque impossible de déterminer quelle était sa distribution à l'époque de saint Louis. Le logis royal était sans doute sur l'emplacement de la galerie-musée actuelle qui longe la chambre criminelle de la Cour de cassation et s'ouvre en face de la Cour d'appel. Derrière ces bâtiments, dans l'angle formé avec l'extrémité des constructions où fu aménagée la grande salle par Philippe le Bel, subsista longtemps (jusqu'au milieu du XVIIIe siècle) un énorme donjon, isolé, qui reçut, sous Charles IX, le nom de tou de *Montgommery* parce que l'auteur involontaire de la mort de Henri II y fu enfermé. On croit, mais sans preuve certaine, que ce donjon massif datait d saint Louis. Il se trouvait dans une cour allant au porche de la Sainte-Chapelle La vue cavalière que Viollet-le-Duc a insérée dans son article PALAIS (*Dictionnaire* t. 7, fig. 3) donne un aperçu aussi exact que possible de l'ensemble imposan et artistique de la demeure royale au XIIIe siècle.

2. Viollet-le-Duc a fait observer que cette disposition de chapelle double e hauteur demeura traditionnelle pendant les premiers siècles du moyen âge comm le prouvent les cryptes (*Dict. d'Archit.*, t. 2, p. 425.)

Deux porches symétriques, avec des arcs en ogive, précèdent l'entrée des deux chapelles dont les absides, selon l'usage, regardent l'orient[1]. Les voûtes de la chapelle basse[2] n'avaient pas été surélevées pour que le plancher de la chapelle haute restât de plain pied avec le premier étage du logis royal. Au contraire, dans cette dernière, les colonnes montèrent, légères, aériennes. Les quinze fenêtres, très rapprochées les unes des autres, divisées par des meneaux et des roses en pierre, semblent ne former à l'intérieur qu'un mur continu de verrières historiées. Au-dessous des fenêtres court une arcature à doubles ogives soutenue par des

1. *La Sainte-Chapelle.* — On montait autrefois à la Chapelle haute par un escalier de 44 degrés, monument de la structure la plus charmante attribué à Joconde (Giocondo). Détruit depuis longtemps, il avait été remplacé, sous le premier empire, par un perron moderne de style quasi égyptien qui a lui-même disparu. La disposition actuelle est la même qui existait dans le principe : on accédait à la Chapelle haute par les galeries du Palais. (Voir *la Sainte-Chapelle*, par Calliat, préface historique par de Guilhermy, 1837, in-folio.) (Voir aussi l'article consacré par Viollet-le-Duc à la Sainte-Chapelle dans son *Dictionnaire d'Architecture*, t. 2.)

2. « Huit colonnes sont placées dans les ébrasures à la porte de la chapelle basse. Le bas-relief de la mort de la Vierge, sculpté dans le tympan, n'existe plus. Une statue de la Vierge s'adossait aussi contre le trumeau.... Au stylobate, des losanges galonnées contenaient jadis des tours de Castille, en l'honneur de la reine Blanche, mère de saint Louis, et les fleurs de lis du blason de France. A la porte de la chapelle haute, les colonnes s'ajustent en même nombre qu'à la porte basse; des roses et des rinceaux sont sculptés entre les fûts. La Révolution a détruit entièrement le Jugement dernier du tympan, le Christ du trumeau qui bénissait d'une main et tenait de l'autre le globe du monde, les lis et les châteaux héraldiques, les vingt bas-reliefs du soubassement qui représentaient des figures symboliques, des prophètes et des scènes de l'Ancien Testament, entre autres l'histoire de Jonas. Des balustrades trilobées environnent et surmontent le porche supérieur. Un événement dont les circonstances ne nous sont pas connues, rendit nécessaire, sous le règne de Charles VIII, la reconstruction de la grande rose, de la balustrade placée au-dessus et des deux clochetons qui accompagnent le pignon. La rose est à meneaux flamboyants d'une exécution habile, mais d'un dessin tourmenté. Au milieu de la balustrade découpée en fleurs de lis, deux anges couronnent le chiffre du roi Charles. Aux pointes des clochetons la couronne de France s'abaisse humblement sous la couronne d'épines de Jésus-Christ... » (Calliat et de Guilhermy, ouv. cit., p. 2.)

La chapelle basse laisse voir de nombreuses traces de peintures du XIIIe siècle. A l'autel figuraient quatre tableaux reproduisant des scènes de la vie de saint Louis. M. Auguste Longnon a signalé la copie de ces tableaux dans le volume X des manuscrits de Peiresc conservés à la bibliothèque de Carpentras. « Les quatre scènes qui y sont représentées : Saint Louis captif, saint Louis lavant les pieds aux pauvres, saint Louis recevant la discipline des mains de son confesseur, saint Louis donnant à manger à un religieux lépreux, formaient aussi le sujet, traité presque exactement de même, des tableaux de la vie peinte aux Cordelières. Le dessinateur, qui exécuta pour Peiresc la copie des peintures de la Sainte-Chapelle, n'était pas un artiste aussi habile sans doute que le Flamand ou l'Allemand auquel on doit le croquis des Cordelières, mais il a plus que celui-ci le sentiment archéologique, et l'on doit reconnaître chez lui l'intention de suivre fidèlement son modèle, bien qu'il ait donné une physionomie bien moderne (au sens artistique s'entend) à plusieurs des personnages en face desquels se trouve saint Louis. » (A. Longnon, *Documents Parisiens sur l'Iconographie de saint Louis*, p. 3. Paris, Champion, 1882, in-8°).

colonnes dont les chapiteaux reproduisent des feuillages variés : de chaque côté s'espacent six grandes statues des apôtres[1]. Colonnes, arcades, nervures, voûtes sont peintes ou incrustées de verre émaillé. Au fond de la chapelle, dans une fine arcature à jour et à sept travées ogivales, un baldaquin, également ogival, marque la place où était jadis exposée la châsse étincelante des saintes reliques : deux escaliers de bois, à claire-voie, conduisent à la plate-forme d'où saint Louis montrait lui-même au peuple le bois de la vraie croix et la couronne d'épines. La hardiesse et l'harmonie du vaisseau tout entier, la grâce des nervures et des colonnettes, la couleur des vitraux tamisant le soleil sur les peintures d'or et d'azur, la lumière douce et mystérieuse qui ravit les yeux, expliquent l'enthousiasme d'un auteur du XIVe siècle qui s'imaginait être emporté vers la clarté céleste « d'une des plus belles chambres du Paradis[2]. »

Saint Louis attacha à cette église, dont la chapelle basse servait de paroisse aux gens du Palais, un collège de cinq prêtres ou chapelains : l'un d'eux couchait dans la chapelle haute pour la garde des reliques. Philippe V porta à treize le nombre des chapelains.

1. « D'après les rites suivis pour la consécration solennelle d'une église, le prélat officiant trace, sur les murs ou les colonnes, douze croix, que le peintre ou le sculteur viennent ensuite reproduire d'une manière durable, pour conserver la mémoire de la cérémonie. A la Sainte-Chapelle, ces croix sont portées par les statues des douze Apôtres, placées sur des consoles qui s'ajustent dans les piliers. Il serait difficile de trouver des figures plus nobles que celles-ci, mieux drapées, dessinées avec plus de correction. Nous avons été plus d'une fois témoin de l'étonnement causé, par la vue de ces chefs-d'œuvre, à des gens, comme il en existe encore en si [illegible] nombre, qui veulent bien admettre que le XIIIe siècle savait construire, ma[illegible] se refusent à croire qu'il fut en même temps capable de peindre et de scul[illegible] Les 4e, 5e et 6e apôtres, placés au nord, les 3e, 4e et 5e au midi sont les mên[illegible] que la Sainte-Chapelle possédait autrefois. » (Calliat et de Guilhermy, *La Sainte-Chapelle*, p. 3.)

2. Nous reproduisons ici la description enthousiaste de Jean de Jandun : « Sed et illa formosissima capellarum, capella regis, infra menia mansionis regie decentissime situata, integerrimis et indissolubilibus solidissimorum lapidum gaudet structuris. Picturarum colores electissimi, ymaginum deauratio preciosa, vitrearum circumquaque rutilantium decora pervictas, altarium venustissima paramenta, sanctuariorum virtutes mirifice, capsularum figurationes extranee gemmis adornate fulgentibus, tantam utique illi orationis domui largiuntur decoris yperbolem ut, in eam subingrediens, quasi raptus ad cælum, se non immerito unam de Paradisi potissimis cameris putet intrare. » Jean de Jandun, *Traité des Louanges de Paris*, livre II, chap. I, p. 46, dans *Paris et ses historiens*, par Leroux de Lincy et Tisserand (*Histoire générale de la Ville de Paris*, in-4°, 1867). Cette publication, commencée, sous le second Empire, par les chefs du bureau historique Ch. Read et Tisserand, a été reprise et continuée par le Conseil municipal de Paris, et forme déjà une importante collection.

principaux, à trente-trois celui des supérieurs, assistés de treize clercs. Leur chef, après 1270, reçut le titre de trésorier et en 1379 le pape Clément VII en fit un prélat qui portait la mître et l'anneau, non la crosse[1]. Dès 1319 avait été créé l'office de chantre[2], qu'un poème de Boileau devait plus tard rendre fameux. Si les chapelains ne purent composer un collège égal aux chapitres des cathédrales, ils étaient du moins exempts de la juridiction de l'évêque de Paris. Charles VI leur accorda des aumusses « de petit gris fourrées de menu vair[3]. » Pour leurs terres ils n'étaient justiciables que du Parlement, et ils avaient, deux fois la semaine, audience privilégiée au Châtelet pour l'expédition de leurs affaires[4].

On ne saurait trop regretter qu'après l'incendie de 1776 on eût remplacé par des galeries vulgaires un petit édifice qui longeait au nord et répétait, quoique moins haut, la Sainte-Chapelle[5]. Il contenait, au premier et au deuxième étages, une sacristie pour chacune des deux églises et un riche trésor de reliques et d'objets précieux[6]. Les rois, en certaines cérémonies, s'arrêtaient dans la

1. Dom Félibien, *Histoire de Paris*, t. I, livre VII, p. 297-98-99-301-302.

2. Philippe le Long créa (1319) dans la Sainte-Chapelle un office de chantre « auquel il donna la charge de veiller sur ce qui concernait le chant, la lecture et la bienséance qui doit être gardée à l'office divin; de reprendre tous les chapelains et clercs qu'il trouverait négligents, tièdes ou désobéissants et de les denoncer au trésorier pour être punis. (Dom Félibien, t. I, p. 201.)

3. Lettres de 1409. Dom Félibien, t. I, p. 303.

4. Ordonnances, t. V, ann. 1367. Ord., t. VIII, p. 181, ann. 1398.

A ces particularités il faut ajouter celle que M. F. de Mély a signalée à l'Académie des Inscriptions, la pancarte du cierge pascal de la Sainte-Chapelle de l'année 1327 (reproduite par Morand, *Hist. de la Sainte-Chapelle*). Ces tableaux, qu'on suspendait le jour du « feu nouveau », mentionnaient les anniversaires locaux et les fêtes spéciales aux sanctuaires où ils étaient affichés. Par cette pancarte, M. [illegible]ély fixe à 1248 l'apport du troisième envoi des reliques de Constantinople [illegible] par Beaudoin à saint Louis, à 1240 la pose de la première pierre de la Sainte-C[illegible]lle. Elle permet de discuter la date de la translation de reliques de saint Lo[illegible] de Monreale à Paris vers 1378, qui est rapportée par les *Chroniques de Sicile*; enfin de fixer à janvier 1295 la naissance du roi Charles IV le Bel. (*Bulletin de l'Académie des Inscrip.*, séance du 6 janvier 1899.)

5. *Le Trésor des Chartes*. — Voir *Documents relatifs aux travaux du Palais de Justice* (1858), annexe n° 5. — Viollet-le-Duc, *Dict. d'archit.*, t. 2, p. 428.

« Plus tard, des échoppes, avec un premier étage, furent construites en adossement tant à la Sainte-Chapelle qu'au Trésor, et les nouvelles constructions s'étendirent encore au nord jusque vers l'axe actuel de la cour du Mai. Cet état de choses subsista jusqu'à l'année 1776, époque du second incendie du Palais, où le Tresorier des Chartres fut démoli pour faire place aux deux ailes du Palais et à la façade monumentale telle que la cour du Mai la présente aujourd'hui au spectateur ». (Rapport de MM. Duc et Dommey architectes du Palais, 1849, *Documents relat. aux trav.*)

6. L'inventaire des reliquaires, livres et ornements de la Sainte-Chapelle, dressé en 1573, a été publié par Douët d'Arcq dans la *Revue archéologique* (annee 1848,

sacristie de la chapelle haute pour signer des Ordonnances religieuses, comme l'indique la mention finale : « rendues en la Sainte Chapelle. » On ne se figure pas ce travail accompli près de l'autel, mais il pouvait fort bien l'être dans le Trésor, partie intégrante de la Sainte-Chapelle. En 1322, on ajouta à la quantité considérable des coffrets vénérés quelques reliques du saint fondateur recueillies dans un château de l'un de ses plus fidèles serviteurs, Pierre de Chambly[1]. On admirait aussi le buste de saint Louis en argent doré repoussé, œuvre d'un habile orfèvre, G. Juliani, du commencement du XIVe siècle[2]. On gardait enfin des livres rares, enluminés et reliés avec art, des Bibles, des Evangéliaires, des Psautiers[3] et d'autres manuscrits qui paraissent avoir formé la première bibliothèque des rois, transférée au Louvre par Charles V.

Au troisième étage de ce sanctuaire, Louis IX et ses successeurs firent déposer leurs chartes et actes authentiques qu'ils considéraient comme un autre trésor et dont la collection a gardé le nom de *Trésor des Chartes*[4]. Les parchemins, placés d'abord dans des armoires et des layettes, s'accumulèrent tellement par la suite des

p. 80). Dans ce travail, « l'inventaire des croix, reliques, joyaux et vaisseaux tant d'or que d'argent, estant es grandes armoires seans au tresor d'en haut de ladite chapelle, que l'on appelle le Revestiaire, et de la pierrerie en iceux, occupe 25 pages ». (*Paris et ses Historiens*, p. 535, note 4.)

1. Un arrêt du Parlement (1322) déclare que le trésorier de la Sainte-Chapelle reconnaît avoir reçu des reliques de saint Louis trouvées au château de Quatremares après le décès de Pierre Chambly, desquelles reliques le Parlement avait ordonné le dépôt à la Sainte-Chapelle. En réalité ce n'étaient guère que des objets précieux, cercles, images, croix, avec « une jointe de saint Louis en cristal enserrée en or et en argent » et des « cheveux de saint Louis en or et en argent enchassez et en cristal ». (Boutaric, *Actes du Parlem.*, t. II, p. 449, n° 6799.)

2. La châsse fut fondue à la Révolution. « La Bibliothèque nationale reçut pour sa part le célèbre camée antique de l'apothéose d'Auguste, le buste d'empereur en agate qui surmontait le bâton du chantre et quelques autres objets précieux. Le *chef* de saint Louis ne s'est pas retrouvé ; il avait été transféré à la Sainte-Chapelle le mardi d'après l'Ascension de l'année 1306 avec une pompe extraordinaire par le roi Philippe le Bel et l'orfèvre Guillaume Juliani en avait exécuté le reliquaire en argent doré. Le buste du saint roi était de grandeur naturelle; quatre anges le soutenaient; vingt-huit figures royales, environnaient le socle, dont les angles reposaient sur le dos de quatre lions. » (Calliat, ouv. cit. p. 5.)

3. La Bibliothèque nationale possède un Evangéliaire (ms. fonds latin 17,326) et un Psautier (10,525), qu'on croit avoir appartenu à saint Louis. Voir sur les livres de la Sainte-Chapelle, L. Delisle, *Le Cabinet des manuscrits*, t. II, chap. XIV, p. 263, et aussi t. I, p. 9. (*Hist. génér. de Paris.*)

4. Voir sur cet ancien Tresor des Chartes : Piganiol de la Force, *Description de Paris*, édit. de 1765, t. II, p. 30; *Notice sur le Trésor des Chartes*, par Dupuy, reproduite dans le *Traité des droits du roi* (édit. de 1655, p. 1005), et l'article qui résume toute cette question : *Les Travaux de Dupuy sur le Trésor des Chartes*, par H. François Delaborde (*Biblioth. de l'École des Chartes*, t. LVIII, janvier-avril 1897). Voir surtout Teulet, *Notice préliminaire* de l'Inventaire du Trésor des Chartes.

siècles qu'il fallut les loger sous les combles. Au XVIIe siècle, ils se trouvaient dans un extrême désordre : les savants Dupuy et Théodore Godefroy essayèrent alors un classement devenu impossible, faute de place, et, à la fin du XVIIIe siècle, on transporta les chartes dans une autre partie du Palais jusqu'au jour où elles émigrèrent, après la Révolution, pour constituer l'un des fonds le plus religieusement conservés aux Archives nationales.

II. — Le Palais sous Philippe le Bel.

Philippe le Hardi continua les travaux de saint Louis. Il fit célébrer (août 1274) son mariage avec Marie de Brabant dans la magnifique église du Palais, trop étroite néanmoins pour ces cérémonies qui ne s'y reproduisirent point. Sous Philippe le Bel, le Palais se compléta et acheva de se dessiner dans son majestueux ensemble.

Saint Louis avait surtout songé à honorer Dieu. Philippe le Bel se préoccupa des plaideurs : il fit construire pour eux la Grande Salle[1]. Parallèlement à la Sainte-Chapelle, au nord, en laissant l'intervalle d'une vaste cour, plus tard appelée la cour du *Mai*, Philippe fit élever sur les constructions ogivales de saint Louis une immense nef, détruite lors de l'incendie de 1618 et dont la salle actuelle des Pas-Perdus a gardé l'ampleur, sinon la beauté. Sept piliers soutenaient et dédoublaient la voûte. De fines nervures partaient en gerbes et s'entrecroisaient de chaque côté en deux berceaux lambrissés et dorés sur fond d'azur. Les statues des rois de France[2] étaient rangées autour de la salle, elles-mêmes

1. *La Grand'Salle* — « Le dernier des chevaliers, dit Léon Gautier, peut voir un donjon, le plus humble des seigneurs peut avoir un château; mais le *Palais* est la « maison royale ou suzeraine ». C'est le lieu où le suzerain rend la justice, et tous les seigneurs suzerains possèdent, dans la capitale de leur seigneurie, un palais « dont la partie essentielle est toujours la *Grand'Salle*.... Or, le palais est surtout un Palais de justice et il faut bien comprendre le sens auguste de ces trois mots. » (Léon Gautier, *la Chevalerie*, p. 518 et 519, ancienne librairie Fréchoz.) Pour la salle du Palais, voir le travail technique et précis de Viollet-le-Duc (*Dict. d'Archit.*, t. VIII, p. 82 et suiv.) Viollet-le-Duc en a donné (p. 81) un plan détaillé d'après les anciens documents, les dessins de Pélerin (qui a publié, sous le nom latin de *Viator*, un *Traité de la Perspective artificielle*), et d'après l'estampe d'Androuet du Cerceau, dont on n'a qu'un très petit nombre d'épreuves, mais qui a été vulgarisée par les publications modernes.

2. « Pro inclite vero recordationis honore ydola cunctorum regum Francie, qui hactenùs precesserunt, sunt ibidem, adèo perfecte representationis proprietate for-

enluminées et « d'une ressemblance si expressive, disait un vieil et naïf auteur, Jean de Jandun, qu'on les croirait vivantes. Elles avaient, selon Corrozet, « les unes les mains hautes, les autres les mains basses, pour diversifier et faire connaître celles qui effigient les infortunés et les fainéants d'avec les autres valeureux et vertueux qui ont eu toujours les mains et les âmes tendues au ciel[1]. » L'érudition moderne eût singulièrement trouvé à redire à cette galerie historique qui commençait au problématique Pharamond, ne tenait compte que des Mérovingiens rois de Paris, omettait des princes morts sur le trône, en ajoutait qui étaient morts avant d'avoir régné et troublait si bien les chiffres dynastiques que Louis IX devenait le huitième et Philippe IV le Bel le cinquième du nom[2]. La Grande Salle, longue de soixante-dix mètres, sur vingt-sept de large, était éclairée par quatre fenêtres s'ouvrant dans les quatre pignons et par des fenêtres latérales pourvues de meneaux. Quatre cheminées servaient à la chauffer. Dans les renfoncements formés par les allèges des fenêtres, des bancs s'offraient aux plaideurs, aux procureurs et aux avocats. Le pavé était de marbre blanc et noir. Du côté du levant, un autel servait à la messe matinale. Au couchant se trouvait la fameuse table de marbre[3] « du

mata ut primitus inspiciens ipsa fere judicet quasi viva. » (Jean de Jandun, *Tr. des Louanges de Paris*, 2e part., chap. II, p. 49.)

Guillebert de Metz dit : « La salle du Palais a de long six vingt piés et de large cinquante piés; il y a huit colombes (colonnes); la est la table de marbre de neuf pièces; là, sont les ymages des rois qui ont regné en France... la sont procureurs de Parlement et advocas. » *Descript. de Paris sous Charles VI.* Paris et ses historiens, p. 158.

1. Gilles Corrozet, *Antiquités, chroniques et singularités de Paris* (édit. de 1581), p. 141. Sa liste de rois est p. 141, 142. — J. du Breuil, au XVIIe siècle, a repris et développé la description sommaire de Corrozet. (*Théâtre des Antiquités de Paris*, 1639, p. 171.) C'est la description de Du Breuil que Victor Hugo a suivie pas à pas dans le tableau de la Grande Salle du Palais par lequel il ouvre son célèbre roman de *Notre-Dame de Paris*. Il l'a seulement animée par la vivacité de son style, et c'est certainement la peinture la plus fidèle au point de vue historique qu'on rencontre dans son livre.

2. Cette erreur de chiffres dynastiques venait de l'omission du dernier Carolingien, Louis V, et de l'addition d'un fils de Louis le Gros, Philippe, mort du vivant de son père, mais désigné d'avance comme héritier et que nous ne comptons pas.

3. « Sed et marmorea mensa sue politissime planitiei uniformitate refulgens sub occidentalium vitrearum lumine fixa, sic tamen quod ad oriens respiciunt convivantes, tante profecto magnitudinis existit, quod si mensuram ejus absque probatione proponerem, timerem michi non credi. » (Jean de Jandun, *ouv. cité*, IIe partie, chap. II.)

Il ne faut pas confondre cette table de marbre avec une autre table de marbre située extérieurement, au haut des degrés de la cour du Mai. C'était à cette dernière table que les sergents du roi ajournaient les grands vassaux à comparaître au Parlement. (Voir *Ordonn.*, t. III, p. 347, note de Secousse.)

plus brillant poli, disposée de telle sorte que les convives étaient tournés vers l'Orient. » et si grande que Jean de Jandun craignait d'exciter l'incrédulité en indiquant sa mesure. Aux piliers étaient accostées des boutiques de « merciers », ou marchands qui se pressèrent bientôt nombreuses dans une galerie voisine, dite la galerie *mercière*, perpendiculaire à la Grande Salle, et formant un des côtés de la cour du Mai. Il y a peu de temps encore, dans celle qui l'a remplacée, on pouvait voir les boutiques des costumiers, derniers vestiges de l'antique et bruyant commerce du Palais.

Dans la Grande Salle, près de la table de marbre, s'ouvrait une porte pratiquée dans le mur du nord : elle donnait accès dans une vaste et belle chambre « isolée, dit encore Jean de Jandun [1], parce que les affaires qui s'y traitent exigent une plus grande tranquillité, une plus complète retraite. Là siégeaient des hommes d'une habileté éprouvée, les maîtres du Parlement. » C'était l'ancienne *Chambre des plaids*, devenue la *Grand'Chambre* et que Louis XII, nous l'avons dit, reconstruisit avec magnificence, l'adossant aux deux tours de la Conciergerie qui, du dehors, semblaient sa garde d'honneur.

Philippe le Bel augmenta le nombre des tours du Palais. Dur à tout le monde, il craignait tout le monde. Il voulut envelopper sa demeure entière d'une enceinte fortifiée. Il acheta et démolit des maisons qui enserraient le Palais, puis le moulin de Chantereine, sur le bras droit de la Seine [2]. Précisément en 1297 le grand pont, qui datait de Charles le Chauve, s'était écroulé [3]. Philippe le Bel le fit reconstruire plus en amont et, à la place du moulin de Chantereine, éleva des bâtiments nouveaux qui longeaient la Grande Salle. Il les termina par une tour protectrice, plus tard dite de l'Horloge. Cette tour, non plus ronde, mais quadrangulaire,

1. « In camera vero spatiosa et speciosa, ad quod hostium (ostium), in boreali palatii muro constructum, ingressum præbet, que pro negotiorum arduitatibus majoris eget tranquillitate secreti, sedent pro tribunalibus oculate peritie viri, vocati magistri Parlamentorum... » (J. de Jandun, 2e partie, chap. II, p. 48.)

2. Boutaric a donné les actes d'expropriation (*Mémoires de la Société des Antiquaires de France*, t. 27 (3e série 7), pages 20 et suivantes). — (Voir aussi Expropriations pour le Palais (1298-1313) : A. Vuitry, *Le gouvernement royal et l'administration des finances sous Philippe le Bel*, p. 35, note 4.)

3. Voir l'étude du savant A. Berty « Recherches sur l'origine et la situation du Grand-Pont de Paris, du Pont aux Changeurs, du Pont aux Meuniers et de celui de Charles le Chauve (*Revue archéol.*, 1855, p. 193).

massive, sans ornementation, se divisait en cinq étages éclairés par d'étroites ouvertures, ni symétriques, ni semblables[1]. Au sommet une salle voûtée faisait saillie en forme de beffroi : là veillait le guetteur, qui sonnait une cloche en cas d'alarme, d'incendie et à l'heure du couvre-feu. Cette fortification commandait le nouveau grand pont bordé de maisons où s'intallèrent les *changeurs*, et, en aval, un pont de bois presque contigu qui reliait les moulins établis sur la Seine même : le *pont aux Meuniers*. L'enceinte du Palais se replia, face au levant; deux portes, flanquées chacune de deux tourelles, fermèrent la cour du Mai et celle de la Sainte-Chapelle. Les murs, surchargés de logis, se continuaient, englobant l'église ancienne Saint-Michel[2] qui donna son nom au pont de la rive gauche. L'enceinte tournait alors le long de cette rive, face au midi, mais à une certaine distance, car il y avait là un petit bras de la Seine qui fut comblé dans la suite pour former le quai des Orfèvres[3]. La muraille enfin enveloppait, face à l'ouest, la pointe de la Cité où était la « maison des étuves » et le jardin du roi, à la hauteur où le Palais finit encore aujourd'hui[4]. A l'extrémité

1. Voir Troche, *Mémoire sur la Tour de l'Horloge*, *Revue archéol.* (octobre 1849).

2. *L'enceinte du Palais.* — « La chapelle Saint-Michel, située entre la rue de la Barillerie et la cour de la Sainte-Chapelle, sur laquelle elle avait son entrée, existait avant Philippe-Auguste... D'abord en dehors de l'enceinte du Palais, elle y fut comprise à l'époque où l'on reconstruisit la clôture et Charles VI l'unit, en 1385, à la Trésorerie de la Sainte-Chapelle. Elle a disparu à la fin du siècle dernier, lors de l'élargissement de la rue de la Barillerie. » (*Paris et ses historiens*, p. 157, note 5.)

3. « Ce qui prouve invinciblement l'existence d'un bras de la Seine aujourd'hui comblé, entre la Sainte-Chapelle et le quai actuel des Orfèvres, c'est qu'on a trouvé les fondations du mur d'enceinte du Palais et d'un quai parallèles à la Seine à une assez grande distance de la rivière, à 80 mètres environ. » (Boutaric, *Mém. cité*, p. 18.)

4. Corrozet, en termes pompeux, mais trop vagues, décrit le Palais tel qu'il le voyait au XVIe siècle. « Philippe le Bel fit édifier le très somptueux et magnifique ouvrage, le grand palais royal près de la Saincte-Chapelle et du petit palais dit la salle Saint-Loys et de la petite salle : et fut conducteur de l'œuvre Messire Enguerrand de Marigny chevalier, comte de Longueville et général de ses finances. Lequel palais, pour la grandeur d'iceluy, disposition des lieux, tours, salles, chambres, galeries, courts et jardins, est estimé le bâtiment le plus durable et le plus accomply de France. Les murs d'iceluy, garnis de tours et de tourelles, contiennent depuis le pont aux Muniers où est l'horloge jusqu'au pont Sainct-Michel, environnantz des deux costez de la rivière tant ledit Palais jusques à la poincte de l'isle de la cité de Paris, où est la maison des estuves et jardin du roy, à l'endroict duquel jardin passait jadis un petit bras de Seine, séparant une petite ile d'avec la grande, laquelle nous y avons veu joindre (en) remplissant le canal de l'eau des vuidanges de la ville. » (Gilles Corrozet, *Antiquités, chroniques et singularitéz de Paris*, édition augmentée par M. Bonfons, in-12, p. 139, 1581).

L'ouvrage primitif de Corrozet : *La Fleur des antiquitéz, singularités et excellences de Paris*, et datant de 1532, est très rare. Il a été édité à nouveau par le bibliophile Jacob (1874). Collection de Documents relatifs à l'hist. de Paris.

actuelle de la Cité se voyaient deux îles allongées et deux autres petits îlots qui furent successivement réunis pour constituer plus tard le quartier de la place Dauphine et le terre-plein du Pont-Neuf[1]. C'est dans l'un de ces îlots, celui de Buci, que furent brûlés, sur l'ordre subit de Philippe le Bel, le 18 mars 1313, Jacques Molay, grand maître des Templiers, et le maître de Normandie.

L'élargissement si considérable du Palais bouleversa quelque peu les vieilles rues de la Cité : il assura une communication directe entre le pont aux Changeurs et le pont Saint-Michel, par une voie qui garda sans doute les noms divers de rue *Saint-Barthélemy* et de rue de la *Barillerie*, mais ne devait, dans la suite, porter que ce dernier nom. Dans la rue Saint-Barthélemy, en face de la Grande Salle du Palais, se trouvait l'église Saint-Barthélemy, sur l'emplacement de laquelle on a pu voir, au XIXe siècle, un théâtre, un bal (le Prado), et a été construit, en 1863, le Tribunal de Commerce. La rue de la Barillerie commençait à la première porte du Palais : là, selon Guillebert de Metz, devant le Palais, demeurait « un potier d'étain, bon ouvrier de merveilleux vaisseaux d'estain; et il tenait des rossignols qui chantaient en hiver »[2]. La rue subsista même après 1776 lorsqu'une grille dorée remplaça l'ancienne porte : elle existait encore, assez étroite, en 1860 et a été balayée lors de la percée du boulevard Saint Michel[3]. Avec les vastes casernes, l'Hôtel-Dieu, les places

1. Ces petites îles sont très nettement indiquées sur le meilleur plan de restitution que nous ayons et qui a été dressé par A. Leloir et Berty : elles portent les noms d'île aux Juifs, d'île de Buci. Sur ce plan les constructions et délimitations du Palais à l'époque de saint Louis sont sans doute tracées d'une façon hypothétique, mais l'ensemble des agrandissements successifs du Palais au XIVe, au XVe et au XVIe siècle donne une idée très claire de ce dédale de bâtiments. Ce plan est la planche coloriée de l'Atlas joint à la publication administrative déjà citée : *Documents sur les travaux du Palais de Justice.*

2. Guillebert de Metz, *Description de Paris sous Charles VI* (*Paris et ses Historiens*, p. 158, collect. de l'*Hist. gén. de Paris.*) L'éditeur, dans sa notice, dit en parlant de ce passage singulier (p. 124) : « Guillebert n'aurait-il pas voulu désigner ainsi un marchand de jouets d'enfants? »

3. Le *Livre de la Taille de Paris en 1292*, qu'a publié Géraud, peut nous donner un aperçu de la physionomie de la Cité sous Philippe le Bel. (Nous respectons les variantes de l'orthographe diverse de mêmes noms de rues). — 1° Paroisse Saint-Barthélemy : place Saint-Michel, rue de la Qualandre, rue de la Barillerie, rue devant la Court-le-Roy, rue de la Peleterie, rue de la Rivière Jehan le Cras, la maison du Temple sur le Grand-Pont. — 2° Paroisse Saint-Père-des-Arsis : rue de la Vieille-Draperie, rue Gervèse-Loharenc (Gervais-Laurent). — 3° Paroisse Sainte-Croix : rue de la Lanterne, rue Gervèse-Loharenc, ruelle Sainte-Croix. — 4° Paroisse Saint-Macias (Saint-Mathias, Saint-Martial) : rue de la Ganterie, rue aux Fèves, rue de la

désertes qui occupent l'espace entre le Palais et Notre-Dame, on ne saurait se faire une idée de la quantité de rues sinueuses, obscures, qui constituaient les onze paroisses de la Cité. La rue de la *Calandre*, la plus longue, serpentait de la rue de la Barillerie au parvis Notre-Dame. Avec elle s'entrecroisaient des rues non moins tortueuses, désignées sous les noms anciens de la *Pelleterie*, la *Vieille-Draperie*, la *Savaterie*, la *Ganterie*, la rue *aux Fèves*, *aux Obloiers*, *aux Oies*, la rue *Saint-Pierre aux Bœufs*, du *Marché Palu*, etc. C'est à peine si aujourd'hui il reste quelques pâtés de vieilles maisons au nord de Notre-Dame, mais la rue *Chanoinesse*, celle des *Ursins* et la rue de la *Colombe* peuvent aider le Parisien à reconstruire celles qui environnaient le Palais, à lui seul une cité dans la Cité.

III. — Le Palais sous Charles V.

Si vaste que fût cette résidence agrandie, la cour déjà fastueuse des Valois s'y trouva mal à l'aise. Les six métiers ou offices de l'Hôtel du roi formaient de petites armées de valets de chambre, valets tranchants, valets de vin, valets serveurs de l'écuelle, sommeliers, charretiers, fauconniers et valets des faucons, veneurs, sans parler des archers, des arbalétriers, des huissiers d'armes et des

Juierie. — 5° Paroisse Saint-Germain-le-Vieil : la Jeuerie, le porche Pierre la Pie, ruelle Porte-Buche, rue de la Calendre jusqu'à la place Saint-Michel, rue de l'Orberie (l'Herberie), chiez Simon du Four l'Évêque. — 6° Paroisse de la Madeleine : rue des Oubloiers (plus tard de la Licorne), rue de la Juerie. — 7° Paroisse Saint-Denis de la Chartre : ruelle des Planches de Mibrai, place Saint-Denis, porche aux Moines, au Chevet Saint-Denis de la Chartre, rue de Glatigny. — 8° Paroisse Saint-Landri : c'est sur l'eau (quai de la cité) : rue de Glatigny, rue de l'Image-Sainte-Catherine, rue Saint-Landri, rue de Colombe. — 9° Paroisse Saint-Pierre-aux-Bues (aux Bœufs) : rue Saint-Pierre-aux-Bœufs, cour Ferri, commencement de Sainte-Marine. — 10° Paroisse Saint-Christofle : rue de Charrori, rue Saint-Christophe, rue aux Oez, rue Neuve-Notre-Dame, rue du Sablon. — 11° Paroisse Sainte-Geneviève-la-Petite : rue du Marché-Palu, rue aux Obloiers, porche Sainte-Geneviève, carrefour du Marché-Palu, rue Neuve-Notre-Dame, ruelle aux Coulons, petit Pont, rue du Sablon. (Géraud, *Le Livre de la Taille de Paris en 1292*, Doc. inéd. de l'Hist. de Fr.)

On retrouve les mêmes noms à peu près dans la description de Guillebert de Metz avec les rues nouvelles de la Saveterie, des Marmousets, de la Pelleterie, etc.

Gilles Corrozet donne (édit. citée, p. 312) une énumération presque identique au milieu du XVIe siècle. (Voir pour tous ces détails : *Paris et ses historiens*. Les notes des éditeurs, très développées, fournissent une infinité de renseignements sur les rues, les variations de leurs noms, leur destinée.)

Voir aussi la publication importante, avec planches, de H. Legrand : *Paris en 1380*, Collect. de l'*Hist. générale de Paris*.

sergents. Dans le Palais se pressait donc, bien à l'étroit, tout un monde très fier, remuant, querelleur, à côté des groupes très graves des juges, des avocats et des procureurs. Philippe VI et Jean le Bon, néanmoins, trop occupés des guerres avec les Anglais, ne modifièrent que peu la demeure royale. Le dauphin Charles n'oublia jamais qu'il avait été assailli jusque dans sa chambre par les bandes furieuses d'Etienne Marcel. Il y avait été prisonnier trop longtemps et se plaisait davantage dans sa tour de la librairie, au Louvre, ou dans l'hôtel Saint-Pol qu'il fit construire, sur la rive droite de la Seine, à l'est de Paris. Là au moins, entre les divers corps de logis qui constituaient une série d'hôtels, s'étendaient des jardins « ornés de treilles posées sur des berceaux en charpente ou en menuiserie suivant le goût du temps : on y voyait, en outre, des bassins alimentés par des puits, des arbres fruitiers et des parterres émaillés de couleurs obtenues par la disposition variée des herbes et des plantes, art qui fut alors poussé assez loin[1] ». Charles V aussi allait résider au château de Vincennes, dont il construisit l'élégante chapelle, ou au château de Beauté, à Nogent, dans une île de la Marne.

Néanmoins ce prince, grand bâtisseur, qui élargit, sur la rive droite, l'enceinte de Paris, ne négligea point le Palais. Dès son avènement, il ordonnait que les reliquats de comptes fussent employés aux réparations[2]. Il fit revêtir la chambre royale de « bois d'Irlande », et acheva la construction d'un étage supérieur commencé par Jean le Bon, chambres qu'on appelait « à galathas », expression d'origine inconnue qui a subsisté dans le mot *galetas*[3]. Lettré et justicier, Charles V sacrifia pour ses clercs,

1. H. Legrand, *Paris en 1380*, p. 13, note 1.
2. Ordonnance du 20 nov. 1364, *Ordonn.*, t. IV, p. 503.
3. Charles V, en 1378, logea l'empereur Charles IV en la chambre « faite de bois d'Irlande qui est coste la chambre vert, et regarde d'une part sur les jardins du Palais et d'autre part à la Sainte-Chapelle, et toutes les autres chambres derrière laissa pour l'empereur; et pour son fils le roi des Romains laissa et fit ordenner les chambres de dessous où souloient se retraire les roynes de France. Et prist et se logea le roy es hautes chambres à galathas, que fit faire le roi Jehan son père. » (*Grandes Chron. de Fr.*, édit. de P. Paris, t. VI, p. 376.) Boutaric, qui fait cette citation, ajoute que le nom de galathas paraît dans un acte de 1358 où on lit : « Edictum in camera compotorum superius ad galathas, ubi erant domini de Montemorenciaco, etc. » Il cite une quittance du 1er mars 1400 (1401) donnée pour travaux faits à des fenêtres du galathas (comptes de l'huissier du Parlement). Notre mot actuel galetas vient évidemment de cette expression ancienne, dont on ne peut expliquer l'origine. (V. Boutaric, *Mémoire cité*, pp. 29-30.)

secrétaires et notaires une chambre de l'Échansonnerie[1]. Il acheva surtout le couronnement de la tour quadrangulaire et y installa plusieurs cloches de la sonnerie d'une horloge merveilleuse pour l'époque, réglée par Henri de Vic, mécanicien allemand ou Lorrain, qui eut un logement dans la tour[2]. Le cadran de cette horloge, peint et doré, se trouvait au dehors, sur le mur, à la place qu'occupe encore le cadran Renaissance de Charles IX. Dans le beffroi, Charles V fit suspendre une grosse cloche, fondue en 1371 par Jehan Jouvente et appelée tocsin du Palais : sa sonorité très claire la fit surnommer la cloche d'argent, mais on ne la faisait entendre que dans les occasions solennelles.

Sous le règne si troublé de Charles VI, qui d'ailleurs ne séjourna pour ainsi dire plus au Palais, mais à l'hôtel Saint-Pol, ce fut le Parlement qui se trouva obligé de prendre en mains les réparations et les embellissements du Palais. Des fragments de comptes nous permettent d'entrevoir qu'il y occupait maçons, charpentiers, peintres, fripier, tapissier, nattier, ferron et serrurier[3].

1. Lettres du 29 nov. 1370 par lesquelles le roi accorde à ses clercs, secrétaires et notaires, une chambre dans le Palais « assise au coing de la grand'sale du Palais, du costé du Grand Pont en laquelle on tient et fait nostre Eschansonnerie et en laquelle nos amez et feaux conseillers les Gens des Requestes de nostre Hostel ont accoutumé à tenir et tiennent aucunes fois les requêtes et les placets, quand ils échéent : laquelle chambre nos dits clercs feront appareiller de fenestres, verrières, bancs et autres choses à ce nécessaires et convenables. » (*Ord.*, t. V, p. 367.)

2. *La Tour de l'Horloge* — « La voûte vers le quai est percée d'un large œillard par où montait la cloche du beffroi qui était sur la plate-forme. Cette cloche que l'on sonnait en cas d'alarme ou pour le couvre-feu, servait aussi à la sentinelle ou au guetteur pour figurer l'heure, avant que la tour eût été pourvue d'une horloge. Dans les études de la restauration exécutée de 1845 à 1848, les architectes ont cru reconnaître trois époques de construction dans les divers étages de cette tour, dont les travaux, peut-être interrompus par les circonstances des temps, auraient en effet pu être repris ou modifiés sous les rois Louis le Hutin, Philippe le Long, Charles le Bel, Philippe de Valois et Jean le Bon. On pourrait présumer que cet usage de sonner la cloche ou de piquer l'heure que marquaient les clepsydres, a été postérieur à Philippe le Bel et à ses successeurs, jusqu'aux rois Jean ou Charles V, parce que souvent alors la cloche était remplacée par un cornet ou oliphant, ou par la trompette. Au-dessous du comble et du clocher, on voit percées, comme dans un attique, les fenêtres nombreuses de la salle de la Guette, dont l'aire était vraisemblablement autrefois la plate-forme crénelée de la tour. Les étages ordinaires étaient réservés au mécanicien horloger et aux gens de son service. A droite, sur la partie de la plate-forme que laissait libre l'ancien clocher, régnait à sa base une grande logette dont la lucarne à baie cintrée avec écoinçons, surmontée d'un petit fronton, indiquait l'époque de François Ier. Cet édicule renfermait jadis un carillon qui faisait entendre sa mélodie dans les fêtes publiques ou lorsque des princes étrangers visitaient le Palais... » (A. Troche, La Tour de l'Horloge, *Revue archéologique*, 1849-1850, pp. 419 et suiv.)

3. Voir *Journal de Nicolas de Baye* (édit. Tuetey, Société de l'histoire de France, t. I, pp. 85, 88, 287, t. II, p. 290.)

Colart de Laon, « peintre et bourgeois de Paris » repeignit, en 1405, l'enchâssement du calendrier du Parlement[1]. Hugues Foubert, enlumineur, fournit un tableau de bois, « écriture, peinture et enluminure ». Girard de Vreis, hucher, livra un tableau de bois d'Irlande que peignit Jehan Virelay, enlumineur, et qui fut mis dans la Chambre des Enquêtes. Le même Jean Virelay fournit un autre tableau de bois d'Irlande avec une peau de parchemin sur laquelle était écrit « l'évangile selon saint Jean » et peint un crucifix avec la sainte Vierge et saint Jean; tableau qui fut placé en la Grand'Chambre[2].

Par suite des absences prolongées des rois, le Parlement ornait lui-même ses salles et s'habituait à regarder le Palais comme sa maison. Il l'animait de sa vie de plus en plus active, de son bruit, de ses discussions, de ses cérémonies, et, quoiqu'il ait disparu, sa majesté semble le remplir encore.

1. *Comptes de l'huissier du Parlement* (fol. 101, 79, 163, et suiv.). dans *Mémoire cité* de Boutaric.

2. Voir pour ces tableaux *Mémoire cité* de Boutaric. Nicolas de Baye donne quelques renseignements mais bien vagues :

« Jeudi xiiij^{e} jour de janvier 1406. Ce dit jour, Colart de Laon, peintre, a promiz de parfaire le tableau et ouvrage qui est ou parquet de Parlement, dedans le mi-caresme, parce que J. de la Cloche, bourgoiz de Paris, qui avoit donné le dit tableau, outre ce que le dit Colart avait eu de lui, lui a délivré et baillié xii frans, l'entention toutevoie dudit Colart est que, se il aura plus desservi qu'il n'a eu, que les commissaires à oïr les parties lui facent raison. » (*Matinées*, V, X^{1a}, 4787, fol. 268 v°.) *Journ. de Nicolas de Baye*, t. I, p. 146.

Dans son *Journal* (14 mars 1415), Nicolas de Baye fait encore mention d'un tableau placé dans la chambre des Enquêtes dont n'a point parlé Boutaric, comme le fait remarquer l'éditeur M. Tuetey. (Tuetey, t. II, p. 211.)

Dans son *Mémorial* en latin ou Journal personnel, Nicolas de Baye indique quelques particularités sur le tableau de la Chambre du Parlement : « 14 janvier 1405 (1406) fuit tabulla Camere Parlamenti cum ymaginibus ac ceteris adjacenciis perfecta, in qua auctoritates tam prophetarum quam circa sedes philosophorum et poetarum et quorundam metropum *per me factorum* de condicionibus quas debent habere consiliarii qui incipiunt libare consiliis, etc., apponi, curavi, studui et feci ad animandum omnes cujuscumque statûs ad eandem Parlamenti Curiam versantes... » (Tuetey, t. II, p. 290.)

Un triptyque, faussement attribué à Jean Van Eyck de Bruges, l'inventeur de la peinture à l'huile, se trouvait, aussi au xve siècle, dans la Chambre du Parlement. Il a seul été conservé. Le sujet est également un Christ en croix au-dessus duquel sont représentées les deux autres personnes de la Sainte-Trinité. A droite se tiennent les saintes femmes, à gauche saint Jean l'Evangéliste. Les compartiments de gauche et de droite se terminent par Charlemagne et saint Louis. On remarque aussi le martyre de saint Denis, une vue de Jérusalem et une vue des deux rives de la Seine, entre l'hôtel de Nesle et le Louvre. Ce tableau précieux, qui date certainement du xve siècle, a été placé dans la salle neuve, très richement décorée, de la première chambre de la Cour d'appel. Voir sur ce tableau : Taillandier, *Mémoire sur le tableau provenant du Parlement. Mémoires de la Société des antiquaires de France*, 2e série, t. VII.

IV. — Le Parlement.

Par une analogie singulière, le Parlement, comme ce Palais, théâtre de ses travaux, s'était formé et renouvelé de siècle en siècle. De même que l'aspect du monument est incohérent dans sa noblesse, l'histoire de ce corps célèbre est confuse quoique imposante. Elle a donné lieu aux débats les plus passionnés, qu'explique la diversité des rôles en apparence inconciliables et conciliés par le Parlement de Paris.

Peuplé de magistrats éminents en savoir, ce tribunal suprême, avec ses Chambres multiples, son cortège de procureurs, d'avocats et de clercs, paraissait voué à une mission unique, celle de juger. Or il ne cessa de se mêler aux luttes politiques. Sorti d'une cour féodale, il travailla à détruire la féodalité dont nul pourtant ne conserva plus longtemps l'empreinte. Ferme soutien des rois qui l'avaient organisé, il essaya ensuite de les contenir, trop faible alors contre la puissance qu'il avait secondée, et méconnu dès qu'il eut servi. Ennemi et parfois instrument du despotisme, il réclama des libertés pour la nation, quoique ses arrêts fussent souvent hostiles à ces libertés. Lui qui condamnait les rebelles, il en vint à être rebelle. Néanmoins, cinq siècles durant, il porta, non sans dignité, le poids de ses contradictions : il se maintint vénéré dans une situation fausse et périlleuse, s'appuyant sur des traditions quand les droits lui manquaient, établissant la légalité de ses actes par ses arrêts mêmes, profitant de l'incertitude de ses origines pour revendiquer la plus haute et s'arrogeant des titres qui ne valaient que par ses vertus. Malgré ses attributions indécises, ses ambitions toujours trompées sans être lassées, son égoïsme de caste, ses intolérances, ses rigueurs et ses faiblesses, le Parlement, interprète des lois, fut le défenseur de la société, le créateur du droit français. Sa gravité rappelait celle du Sénat romain [1],

Miror deindè patres, Romani more Senatûs,
Quem primo instituit fundator Romulus urbis ;
In numero centum ; quibus est commissa potestas
Jura ministrandi contra quoscumque, vel ipsum
Francorum regem, minimo cuicumque faventes.
Quorum justiciæ tanta est vulgata per orbem
Fama, ut non solum cultores Regis Olimpi

auquel il aimait à se comparer, et en Europe, où ne manquaient point les cours de justice, nul n'obtint les respects, la gloire du Parlement de Paris, renommé comme la personnification de la justice.

Dans sa longue histoire on peut distinguer plusieurs périodes. Le Parlement, au XIIIe et au XIVe siècle, fut une *cour féodale*. Jusqu'à la fin, il conserva la marque de son origine. Au XVe et au XVIe siècle, il devint *monarchique* et le grand instrument de règne des souverains. Il se recruta lui-même au XVIIe siècle, si bien qu'il se montra *indépendant* et *frondeur*. Puis ses ambitions déçues le ramenèrent à sa mission judiciaire, non sans qu'il souffrît et protestât jusqu'à son dernier jour : ce fut alors le Parlement *sujet*.

Au début n'apparaissait nullement la contradiction qui éclata plus tard entre ses services et ses résistances, entre ses prétentions et ses faiblesses. Son œuvre principale, l'organisation de la justice, dominait et constituait en réalité son action politique. Aussi nous y attacherons-nous exclusivement en ce présent volume. Nous rechercherons seulement comment s'est développé le Parlement, sa compétence, sa jurisprudence, son influence sur la formation du droit français. Peut-être l'étude des milliers d'arrêts de ces époques lointaines nous permettra-t-elle de mieux comprendre la vie judiciaire, c'est-à-dire la vie intime de la société du XIIIe et du XIVe siècle. C'est au Palais qu'elle venait se refléter comme dans un vaste et fidèle miroir.

Quem colimus, causas cunctis ex partibus orbis,
Verùm etiam vanos divos divasque colentes,
Quorum restat adhuc in magno copia mundo,
Interdum mittunt noscendas patribus illis,
Judiciumque suum vereantur Numinis instar.

(Poème d'Astesan, de 1451, dans *Paris et ses historiens*, p. 542.)

CHAPITRE II

LA COUR DU ROI ET LES PARLEMENTS FÉODAUX

I. — La Cour du roi. — Les Parlements.

Qu'un roi comme Louis VI ou Philippe-Auguste résidât en son Palais de la Cité ou partît en guerre, il était entouré de vassaux qui l'accompagnaient, comme jadis les leudes des rois francs. Selon le devoir féodal, ils l'aidaient, aux champs et dans sa cour, de leur glaive ou de leurs conseils. Ils jugeaient avec lui comme ils combattaient et, au besoin, mouraient pour lui. Les plus assidus et les plus fidèles s'appelaient, sous les premiers successeurs de Hugues Capet, du nom impérial de *palatins*, qui, en France, tomba en désuétude, mais survécut en Allemagne[1]. Les plus fiers et les plus riches de ces vassaux s'honoraient d'exercer des charges domestiques, celles de *chambrier*, de *bouteiller*, de *connétable*, de *sénéchal*, de *maréchal*. Ils trouvaient d'ailleurs profit à présider, sous ces différents titres, aux offices ou métiers de l'hôtel du roi, car ils exerçaient sur les métiers analogues du domaine royal un droit de surveillance. Au bas des actes des pre-

1. Ce serait trop nous écarter de notre sujet que de traiter ici toutes les questions relatives aux palatins et aux grands officiers. Elles ont été élucidées d'après les textes et avec l'érudition la plus sûre par M. Luchaire : *Histoire des institutions monarchiques sous les Capétiens directs*, t. I, pp. 160, 174, 181, 182, etc. V. aussi Petit-Dutaillis, *Etude sur la vie et le règne de Louis VIII*, in-8° (1894), pp. 335 et suiv.

miers Capétiens on retrouve sans cesse le nom de ces palatins, de ces grands officiers de la couronne, témoignage de leur crédit. A côté d'eux siégeaient des dignitaires ecclésiastiques, le plus souvent remplacés par les chapelains, par les simples clercs de la chapelle royale, scribes zélés qui aidaient le chancelier chargé de l'expédition des lettres et des diplômes. Telle aux XIe et XIIe siècles apparaît la *Cour du roi*[1].

Bien que sous les Mérovingiens et les Carolingiens le roi eût, comme l'a démontré Fustel de Coulanges, conservé le droit personnel de juger, hérité des empereurs, l'éminent historien n'en a pas moins reconnu la persistance des coutumes germaniques, l'assistance ordinaire de nobles, de princes, d'évêques aux jugements rendus sous les deux premières races[2] : c'était la tradition vivace

1. *La Cour des rois Capétiens.* — Quoique les travaux modernes aient singulièrement diminué le crédit des anciennes dissertations trop vagues du comte Beugnot et de Pardessus, il serait injuste d'oublier que l'un dans son Introduction aux arrêts des *Olim*, l'autre dans la préface du tome XXI des *Ordonnances des rois de France*, avaient entrevu le caractère de la cour du roi avant l'époque de saint Louis. Ainsi d'après Beugnot, les arrêts qui furent rendus par la Cour de France pendant la première moitié du XIIe siècle, c'est-à-dire sous le règne de Louis VI et de Louis VII, ne diffèrent pas, quant à leur forme et quant à la qualité des juges qui y concoururent, des arrêts dont la date est plus ancienne... « Le roi, quand il visitait ses domaines, marchait accompagné de prélats, de seigneurs et d'officiers qui formaient son conseil ordinaire. Si pendant son voyage on venait lui demander justice et que le procès, à cause de son importance ou du rang élevé des parties, semblât appeler une décision immédiate, alors il s'arrêtait, déployait son autorité de grand justicier et donnait à la réunion des personnes qui l'entouraient et qu'il appelait à l'éclairer dans le jugement de l'affaire, le caractère de la cour de justice, *Curia.* » (Introduction aux *Olim*, t. Ier, p. 33.)

Pardessus, faisant l'historique de la Cour du roi depuis Hugues Capet, cite des procès de 993, de 1016, de 1027, de 1063, de 1067, et il ajoute que les personnages dont le roi est assisté, sont appelés *principes*, *optimates*, *proceres*, *nobiles*, *milites*, *fideles*, *clientes*... Il dit encore plus loin : « Quelques personnes choisies par le roi parmi ses vassaux, sur les lumières, l'assiduité, la fidélité desquelles il pouvait le mieux compter, formaient auprès de lui un conseil habituel qui, presque toujours, l'accompagnait dans ses voyages. Il n'y a pas un diplôme, pas un acte d'administration qui ne constate l'assistance ou la signature d'évêques, de barons, de grands officiers de la maison du roi, tels que chancelier, connétable, sénéchal, bouteiller, chambellan, connus sous le nom de *ministeriales hospitii domini regis*. (Préface du tome XXI des *Ordonn.*, p. 11 et suiv.)

2. Dans une des notes du livre IV de l'*Histoire des institutions politiques*, Fustel de Coulanges cite des textes importants : « Voyez dans les *Diplomata* un arrêt de Clovis III de l'année 692 qui mentionne 4 évêques, 3 optimates, 2 grafions, 2 sénéchaux et le comes palatii. Un arrêt de 693 est rendu par un tribunal composé de 51 personnes, dont 12 évêques, 12 optimates, 8 comites, 8 grafions, 4 domestici, 4 référendaires, 2 sénéchaux et le comte du palais. — Cf. *Formules*, n°s 442, 454 : « Cum optimatibus nostris, majore domus illo, ducibus illis, patriciis illis, referendariis, domesticis, cubiculariis et comite palatii... » (*Hist. des Instit. polit. de l'anc. Fr.*, 1re partie (1875), liv. IV, chap. IV, p. 453.)

Nous ne pouvons comprendre qu'à la même page où il cite ces textes si précis, Fustel ait pu écrire : « Tous ces hommes étaient des agents du prince qui les avait

du jugement par les pairs (ou égaux) de l'accusé. En ces temps primitifs on ne distinguait ni les besognes, ni les pouvoirs. Tous ceux qui prenaient part au conseil pouvaient assister aux plaids[1]. La Cour du roi, à certains jours, était une cour de juges.

Comme elle suivait le prince, elle rendait ses sentences aussi bien à Laon, à Soissons qu'à Paris : beaucoup d'arrêts sont datés de Melun, d'Orléans, de Compiègne, de Bourges. C'était une cour nomade.

Le nombre des juges ne semblait pas plus fixe que leur résidence. Les diplômes contenant les arrêts portent des mentions vagues : « en présence de tous, avec l'assistance de beaucoup (*coram omnibus, multis adstantibus*). » La Cour se tenait plus ou moins imposante suivant que l'affaire intéressait plus ou moins les seigneurs. Le chiffre et la qualité des juges variaient sans cesse : c'était une Cour vraiment mobile.

Le prince n'ayant qu'une fraction du royaume et une fraction d'autorité, sa Cour peu occupée ne siégeait que d'une façon intermittente.

Les vassaux, grands et petits, avaient, dans leurs fiefs, chacun leur tribunal. La Cour du roi ne pouvait en réalité connaître que des conflits[2] s'élevant entre les juridictions diverses, entre les hauts

nommés et qui pouvait les faire rentrer dans le néant. Une telle assistance pouvait bien aider le roi dans ses fonctions de juge; elle n'était pas de nature à lui enlever son pouvoir judiciaire. » Hâtons-nous d'ajouter que, dans une autre étude sur l'organisation judiciaire au moyen âge, l'éminent historien s'est moins laissé entraîner par l'esprit de système et a très clairement expliqué le rôle des jurys et leur décadence. (*Revue des Deux Mondes*, 15 août 1871.)

1. Fustel de Coulanges a lui-même, malgré les opinions émises dans le chapitre de son *Histoire des institutions* relatif à la justice sous les Mérovingiens, reconnu formellement le jugement par les pairs : « La loi du jugement par les pairs, dit-il, s'imposait au roi comme à tous les seigneurs. Les historiens mentionnent fréquemment un haut tribunal composé de grands vasseaux et qu'ils appelaient spécialement la cour des pairs; mais tous les tribunaux où le roi rendait la justice par lui-même ou par ses représentants, tous, depuis la cour de baronnie jusqu'aux cours de villages, étaient des cours des pairs; car tous devaient être formés de la réunion des justiciables de même rang et de même condition sociale que l'accusé. Le seigneur présidait, mais c'étaient les égaux et les pairs de l'accusé qui prononçaient. »

Ces jugements par assemblées ne continuaient-ils pas en réalité ceux des Mérovingiens? Fustel aurait bien pu le reconnaitre et il est plus dans la vérité dans les pages si claires et si intéressantes consacrées à la justice royale au moyen âge. (*Revue des Deux Mondes*, 15 août 1871.)

2. M. Luchaire a traité d'une manière complète et décisive ce qui regarde la compétence et l'action de la cour primitive des rois capétiens. Il relate des procès criminels, des procès d'églises, des procès de communes. Les notes et documents cités jettent une vive lumière sur cette période de l'histoire monarchique et expli-

barons et les églises, les abbayes placées spécialement sous la sauvegarde du roi. Sa compétence se limitait à l'arbitrage d'un suzerain entre ses vassaux, eux-mêmes puissants suzerains.

La procédure, sommaire, se bornait à quelques formules d'assignations. La preuve était souvent faite par le duel auquel étaient provoqués ou l'adversaire ou les juges dont on attaquait et « faussait » la sentence. Aussi Montesquieu a-t-il pu dire avec une grande force qu'alors « juger c'était combattre »[1].

Les érudits ont relevé néanmoins d'importants procès jugés par la Cour de Louis VII et par celle de Philippe-Auguste. « Dès le règne de Louis VII, dit M. Luchaire, on voit se dessiner l'organisation régulière et puissante d'où sortira bientôt le Parlement de Paris »[2]. Philippe-Auguste, avant de partir pour la troisième croisade, confia la régence à sa mère Alix de Champagne et à son oncle Guillaume, archevêque de Reims, et leur prescrivit, dans un règlement publié en guise de testament (1190), de tenir tous les quatre mois une cour dans laquelle ils rendraient la justice. Dès cette époque, évêques, chapitres, comtes, abbés s'adressent à la Cour du roi, ou sont cités devant elle pour des questions de domaines, de régale, d'héritage, de juridictions, pour des violences, des débats relatifs aux péages, aux métiers, etc. La Cour ordonne déjà des enquêtes[3]. Elle juge les hauts barons et, en 1203, cita, condamna par défaut le plus puissant des vassaux, Jean-sans-Terre.

Non pas qu'en cette circonstance fameuse les pairs de l'accusé,

quent le développement ultérieur des institutions bien plus semblables à elles-mêmes qu'on ne l'a cru. (*Hist. des Instit. monarch.*, t. I, p. 271 et suiv.) J'en dirai autant pour la procédure (p. 315 et suiv.).

1. « Je cite ceci pour faire sentir le devoir des vassaux, combattre et juger, et ce devoir était même tel que juger c'était combattre. » (Montesquieu, *Esprit des Lois*, l. XXVIII, chap. XXVII.

2. Luchaire, *Hist. des inst. monarch.*, t. I, chap. II. *Organisation de la cour du roi*, p. 295 et suiv.

3. *Ordonn.*, t. I, p. 18, art. 3.

Boutaric, qui avait commencé la publication de l'*Inventaire des Actes du Parlement*, publication officielle malheureusement interrompue depuis 1870, a fait précéder sa précieuse analyse des *Olim* de 40 arrêts, enquêtes, accords antérieurs à ces registres et remontant aux premières années du XIIIe siècle. (*Actes du Parlem.*, p. 150.)

M. Luchaire, dans ses Notes et Appendices de l'*Hist. des inst. monarch.*, a donné une liste de 84 procès soumis à la Cour du roi de 1137 à 1180 (pp. 308-315).

Ces exemples prouvent qu'il n'y eut pas un changement brusque, mais un progrès lent, continu, presque insensible.

les grands vassaux, fussent seuls présents. La théorie spécieuse d'un tribunal distinct des *pairs*, jadis accréditée, s'est évanouie devant les textes que nous rappellerons plus loin. La Cour royale cependant n'exerce pas encore une autorité reconnue de tous. Les barons, s'ils se sentent assez forts, refusent, comme Jean-sans-Terre, de comparaître [1].

La Cour du roi était donc encore, au début du XIIIe siècle, d'une compétence restreinte, irrégulière pour le nombre des juges, et l'époque de ses réunions, souvent errante. Elle ressemblait, la supériorité en plus, à celle des ducs, des comtes, des barons, en un mot, à toutes les curs féodales.

II. — Les parlements féodaux.

Le *plaid* royal se tenait en même temps que les assemblées générales des vassaux. Il s'en distinguait et s'y confondait tour à tour. Les familiers du prince représentaient le plus souvent aux procès toute l'assemblée des seigneurs occupés à d'autres affaires et incapables de longue attention. De là une singulière variété de réunions et de dénominations : la cour (*curia*), le conseil (*concilium*), l'assemblée (*conventus*, *collegium*), la cour solennelle ou générale (*solemnis curia*, *curia generalis*, *ingens*), le grand et nombreux conseil (*concilium celebre*, *magnum*) [2] etc. On cite parmi les

1. Voir pour les pairs, le jugement de Jean-sans-Terre et les discussions récentes qu'il a soulevées, plus loin page 310, note 3.

2. *Les assemblées capétiennes*. — « Les rois, dit Pardessus, s'entouraient aussi de leurs vassaux dans des réunions plus nombreuses et moins habituelles où ils prenaient leur avis, quelquefois leur consentement. Les Assemblées générales des hommes libres et des fidèles qui avaient lieu au printemps et à l'automne sous les deux premières races, et dans lesquelles les rois faisaient des capitulaires ou les soumettaient à l'acceptation du peuple, n'étaient plus possibles d'après la nouvelle forme de gouvernement qu'avait produite la révolution de 987. La lettre de Hugues Capet à l'archevêque de Sens (citée par Gerbert) contenait ces expressions remarquables : « Regali potentiâ in nullo abuti volentes, omnia negotia reipublicæ in consultatione et sententiâ fidelium nostrorum disposuimus ». Une charte du roi Robert de 1008 nous apprend que de son temps ces réunions solennelles se faisaient à Noël, à l'Epiphanie, à Pâques et à la Pentecôte. Les rois profitèrent de ces circonstances qui attiraient auprès d'eux non seulement leurs vassaux directs, mais encore les grands vassaux de la couronne, pour concerter avec eux les mesures législatives et celles de haute administration qui avaient besoin de leur assentiment. Les documents et les chroniques des Xe, XIe et XIIe siècles désignent ces réunions par les mots *concilium*, *congregatio*, *conventus*, *curia plena*, *coronata*, *solennis*.

plus grandes assemblées celle de 1137 à Bourges pour le couronnement de Louis VII, celle de 1173 à Paris pour la conclusion de l'alliance avec le fils aîné du roi d'Angleterre[1]. En dehors de ces réunions extraordinaires qui avaient lieu lors des expéditions ou des croisades, le roi convoquait d'habitude ses vassaux à l'époque des principales fêtes religieuses, trois ou quatre fois l'an. Ces assemblées étaient ordinaires en Europe où elles s'appelaient : en Allemagne le *Reichstag*, en Danemark et en Suède le *Riksdag*, en Norvège le *Storthing*, dans les royaumes espagnols et en Portugal les *Cortès*. En Angleterre et en France elles portaient un nom qui s'explique de lui-même, puisque les réunions sont faites pour parler : le Parlement (*Parlamentum*).

Ces assemblées féodales eurent, malgré leur communauté d'origine, des destinées différentes selon les pays. En Allemagne elles constituèrent des *Diètes* qui maintinrent, à travers les siècles, le régime fédératif sous l'unité apparente du Saint-Empire romain. Dans les États scandinaves et en Espagne, elles constituèrent une représentation plus ou moins régulière de la nation. En Angleterre, dès le début du XIIIe siècle, elles dictèrent des lois à la royauté et commencèrent à assurer les libertés publiques. En France, elles se transformèrent sans doute en *États Généraux* qui représentèrent aussi le pays, mais accidentellement et à intervalles éloignés. Puis, par une singularité spéciale, elles donnèrent naissance à une autre institution qui garda le nom de *Parlement* sans conserver ni le caractère ni le rôle du Parlement d'Angleterre, non pas sans en nourrir les ambitions[2].

Au XIIIe siècle on commença à remplacer ces dénominations par celle de *parlamentum*. » (Pardessus, *Essai sur l'organisation judiciaire de la France*. Préface du tome XXI des *Ordonnances*.)

M. Luchaire a consacré aux assemblées capétiennes tout un chapitre où il résume les travaux antérieurs, en y ajoutant le résultat de ses recherches personnelles.

1. « L'acte par lequel on convoque et réunit une assemblée s'exprime habituellement par les termes *convocare*, *evocare*, *adunare* ou *coadunare*, *aggregare* ou *congregare*. Le mot employé d'ordinaire pour désigner l'ordre général de convocation est *edictum* ou *publicum edictum*. Mais chacun des hauts feudataires était personnellement *semons* (*submonitus*) par un avis appelé *commonitorium* ou *commonitoriæ litteræ* » Luchaire, ouv. cité, t. I, p. 251.

Louis VIII réunit une dizaine de ces assemblées (Petit-Dutaillis, *Hist. de Louis VIII*, p. 344).

2. Pour cette comparaison sur laquelle nous reviendrons dans un autre volume, on lira avec fruit ce qu'en dit M. V. Ch. Langlois dans son article : *les Origines du Parlement de Paris*. Revue Historique. Janvier 1890, p. 82.

Très ancien et très répandu, ce mot de *Parlement*[1] s'appliquait aussi bien à la cour de justice d'un duc de Normandie ou d'un duc de Bretagne. L'auditoire où le prévôt des marchands de Paris rendait la justice, c'était le *Parloir aux Bourgeois*. Les réunions dans les monastères se faisaient au *Parloir*[2]. Les Assises de Jérusalem, et les vieux praticiens du droit nomment les avocats *amparliers* ou *avant-parliers*. Le nom de Parlement s'attacha aussi bien à la cour de justice royale qu'à l'assemblée générale des vassaux qui, d'ailleurs, pouvaient tous être juges. Le travail judiciaire en France fut, au contraire de ce qui se passa en Angleterre, la principale occupation des assemblées : les sessions du Parlement devinrent presque exclusivement des sessions judiciaires. La Cour du roi ne siégeant pas en dehors des temps de Parlement, ce dernier nom s'identifia avec le sien. Le Parlement ne parut plus qu'une cour de justice, sans se résigner, nous ne cesserons de le répéter, à n'être plus l'assemblée générale de la nation.

III. — La royauté française et la société du xiiie siècle.

Cette évolution des Parlements féodaux fut principalement due en France aux progrès de l'ordre qui marquent le xiiie siècle, à l'action d'une royauté forte, à un sentiment déjà très éveillé de la justice, première préoccupation d'un roi qui fut un saint, Louis IX.

La féodalité triomphait en Europe. L'Allemagne, après la querelle du Sacerdoce et de l'Empire, tombait dans l'anarchie de *l'interrègne* (1250-1273). Les souverains espagnols ménageaient les

1. Ducange le définit ainsi : « Colloquium quod vulgo dicitur Parlamentum ». Il cite divers textes et ajoute : « Maximè verò Parlamentum sumitur pro solenni aliquo colloquio de re quapiam alicujus momenti deliberandi causâ habito ». Il rappelle un passage de Geoffroy de Villehardoin : « Lendemain quant il orent la messe oïe, s'assemblerent à Parlament et fu li Parlemens à cheval emmi le champ etc... ». Il cite Jean Villani (lib. 6 cap. 83) « Ordinaro di far Parlamento ad Empoli por reformare le Stato di parte Gibellina in Toscana, etc. » Ce mot signifie aussi *oratio*, harangue. (Voir Ducange, *Glossaire*, mot Parlamentum.)

2. « Locus colloquiis destinatus in monasteriis, vulgo *Parloir*... Parlatorium appellant, in Italia et Lombardia præsertim, locum, seu cameram, ubi de rebus seriis civitatis cujuspiam disceptatur... Ita et Parisiis le *Parloir aux Bourgeois* vocabant locum quemdam, in quo examinabantur et discutiebantur articuli usaticorum et consuetudinis ejusdem civitatis coràm Præposito mercatorum et scabinis... » — Locus ubi judices litigantes audiunt. (Charta anno circa 1130 ex Chartul. Stirp.) etc. (Du Cange, *Glossaire*, mot Parlatorium.)

nobles dont ils avaient besoin pour continuer la lutte contre les Maures, reprise avec enthousiasme depuis l'heureuse et décisive journée de Las Navas da Tolosa (1212). L'Italie, ivre de sa liberté, la compromettait par les luttes souvent tragiques de ses princes et de ses républiques. Les lords anglais avaient tenu captif le roi Henri III (1264) et n'étaient désarmés que par les concessions prudentes d'Édouard I (1272-1307). En France, au contraire, la féodalité, rudement frappée avec l'Allemagne et l'Angleterre à la journée de Bouvines (1214), déclinait; une monarchie puissante se constituait sous trois souverains, Philippe Auguste, saint Louis, Philippe le Bel.

Autour de l'*Ile de France*, centre du bassin de la Seine, de l'*Orléanais*, centre du bassin de la Loire, Philippe Auguste (1180-1223) avait groupé sous sa domination les vallons fertiles et le littoral de la *Normandie*, la *Touraine*, le *Maine* et l'*Anjou*, le *Poitou*. Sous Louis VIII (1223-1226), Louis IX (1226-1270), Philippe III le Hardi (1270-1285), la royauté avait pris pied dans les sénéchaussées de *Beaucaire* et de *Carcassonne*, c'est-à-dire dans le midi du bassin ensoleillé du Rhône et dans le comté de *Toulouse*. A son avènement (1285), Philippe IV le Bel avait reculé la frontière vers l'est de toute l'étendue des plaines de la *Champagne*. Il avait ensuite conquis le territoire de *Lille* et une partie de l'industrieuse *Flandre* (1304); pris possession de *Lyon*, la capitale antique de la Gaule (1312). S'il avait échoué du côté de la Guyenne, à sa mort l'unité territoriale n'en était pas moins dessinée, le roi de France était obéi dans les quatre principales vallées de la Seine, de la Loire, de la Garonne, du Rhône qui devaient ne former qu'un royaume.

L'unité politique s'esquissait en même temps. Philippe Auguste établit quatre grands baillis au-dessus des prévôts qui existaient déjà[1]. Louis IX et Philippe le Bel multiplièrent, dans les pays « d'obéissance le roi », ces baillis et ces prévôts, officiers et juges, agents

1. Aucun texte ne prouve l'existence de prévôts sous le règne de Hugues Capet. Il semble même que le premier Capétien soit resté dans la tradition carolingienne en déléguant à l'un de ses vassaux, le comte Bouchard, ses pouvoirs sur Paris avec le titre de *comes regalis*. Mais, sous Robert II, il est déjà question du « prévot » (*præpositus*) de Sens et de celui d'Étampes. Depuis le règne de Henri Ier jusqu'à l'institution des *bailliages*, on ne voit plus d'autres agents directs de l'autorité capétienne que les prévôts et leurs subordonnés. C'est à eux que sont adressés

d'une volonté centrale. Par les armes et par les lois, la royauté diminua les grandes et les petites royautés féodales. Non pas que Philippe Auguste et saint Louis songent à détruire la féodalité : ils ne conçoivent pas une autre forme de gouvernement. Ils s'efforcent naïvement d'y introduire les idées de règle et de justice, sans se douter qu'elles condamnaient une société fondée sur l'usurpation, la violence et la servitude.

D'autre part, durant le XIIIe siècle en France, l'humeur belliqueuse de la noblesse se corrige, sans que son courage diminue, car, au milieu des épreuves des croisades, a brillé la vaillance chevaleresque. Au sein de l'Église, trop rivée à la terre, les Ordres mendiants paraissent et leur pauvreté compense ses richesses. Dans les villes, l'industrie développée, le commerce rassuré enrichissent les bourgeois, et les Communes profitent de leurs libertés jusqu'à l'abus. La culture améliore les campagnes moins ravagées, de nombreux affranchissements y font reculer la servitude. Chacun semble respirer plus à l'aise, l'artisan protégé par les règlements de sa corporation qu'il ne trouve pas encore étroits, égayé par les fêtes de ses confréries, le marchand moins pillé s'il délie sa bourse à chaque péage, le serf moins misérable dans sa chaumière où luit l'espoir d'une liberté prochaine. Entre les tours massives de ses châteaux le seigneur aménage un logis orné de fenêtres en ogives; il fait peindre et dorer les poutres de ses vastes salles. Il s'assied dans des chaires sculptées et recherche pour le service de sa table les aiguières, les coupes ciselées. Le moine, dans son cloître qu'encadrent de légères colonnettes, copie

formellement les mandements royaux. L'origine première de l'institution prévôtale sera difficilement élucidée. Il est possible cependant que les Capétiens (et à leur exemple les hauts feudataires) l'aient empruntée aux communautés ecclésiastiques qui désignaient de toute ancienneté, sous le nom de *prevôts*, les officiers chargés de gérer les possessions éloignées de l'abbaye ». (Luchaire, *Manuel des Institutions françaises*, pp. 539, 540.)

« ... Une réforme s'imposait donc : elle s'accomplit sous le règne de Philippe Auguste, période d'agrandissements matériels et de concentration administrative, et consista essentiellement dans l'institution des baillis (*baillivi*, quelquefois *baillivi capitales* ou *magni*) c'est-à-dire d'officiers non féodaux, véritablement et purement fonctionnaires, nommés, salariés, surveillés de près, transférés et révoqués par l'autorité centrale. Le nom n'était pas nouveau, mais la chose l'était : car il s'agissait de créer des agents d'ordre supérieur, hiérarchiquement placés au-dessus des prévôts, et chargés de représenter la royauté dans une circonscription beaucoup plus étendue que le ressort de la prévôté. » (Luchaire, *Manuel des Institutions françaises*, p. 544.)

et enlumine de précieux manuscrits. L'évêque comte ou duc, mais plus versé qu'autrefois dans les Saintes Écritures, se plaît à orner les églises ou à augmenter la hauteur et la magnificence de sa cathédrale. Il achève ou la façade de Notre-Dame de Paris ou la dentelle de pierre du portail de Reims, ou la nef d'Amiens, ou les clochers de Chartres, ou la flèche élancée de Strasbourg. Un art, improprement appelé Gothique, puisqu'il n'avait rien de barbare, exprimait la foi d'une société chrétienne qui, ne pouvant plus combattre pour la religion, reportait son ardeur sur les temples et qui, d'une poussée vigoureuse, projetait vers le ciel des monuments sublimes ou gracieux de la prière.

Le treizième siècle ne prie pas seulement, il chante. Il raisonne aussi, il discute. Sans doute ses poètes n'ont plus le souffle épique de ceux qui célébraient dans les Chansons de Geste la folie des grands coups d'épée[1]; les remanieurs ne font qu'allonger, altérer les romans des Cycles de l'*Antiquité*, de *la Table Ronde*. Ils se plaisent surtout dans les froides allégories du *Roman de la Rose*, où le continuateur de Guillaume de Lorris, Jehan de Meung[2], transformait un roman d'amour en une encyclopédie confuse. Mais

1. *La Littérature au XIIIe siècle.* — Voir, sur tous ces points, qui nous écarteraient trop de notre sujet, l'*Histoire littéraire de la France* (Académie des inscriptions), t. XVI.

Pour la question spéciale des *Chansons de Geste*, voir le grand ouvrage de Léon Gautier, les *Epopées françaises* (4 vol., 2e édit., 1878-1894). Les meilleurs de ces anciens poèmes ont été publiés par la Société des Anciens textes français, 2 vol. (1886).

A lire aussi P. Meyer, *Alexandre le Grand dans la littérature française au moyen âge*, 2 vol. (1886), et les articles de M. Gaston Pâris dans *Histoire littér. de la Fr.*, t. XXX (1888).

Chrétien de Troyes, l'auteur du Roman de la *Table Ronde* que remplissent de leur vaillance les chevaliers du roi breton légendaire, Arthur, égalé à Alexandre et à Charlemagne, écrivait dans la seconde moitié du XIIe siècle. Mais il eut des continuateurs qui travaillèrent au *Perceval* (63 000 vers), entre autres Robert de Boron (XIIIe siècle), et aux romans mystiques du *Saint-Graal*.

2. Guillaume de Lorris écrivait les 4669 premiers vers du roman de la Rose dans le premier tiers du XIIIe siècle, les 17 518 autres ont été écrits par Jean de Meung vers 1277... « Malgré tout, dit M. Lanson, Guillaume de Lorris est plus poète qu'orateur, et plus peintre que moraliste. Deux hommes ont certainement eu grande influence sur lui, Ovide et Chrétien de Troyes : de cette double influence s'est dégagée son originalité. Il y a, dans ses descriptions du jardin d'Amour, dans ce mélange d'abstractions morales de mythologie païenne et de mièvres paysages, il y a je ne sais quelle sincérité de joie physique, une allègre et fine volupté. A travers beaucoup de prolixité et de fadeurs, à travers ses interminables énumérations d'arbres et de plantes, et le monotone défilé de ses dames, toutes si parfaitement belles et blondes et généreuses qu'on ne saurait les distinguer, il y a dans Guillaume de Lorris quelque chose de plus que dans Chrétien de Troyes. Celui-là a aimé la lumière, les eaux, les fleurs, les ombrages... » (Lanson, ouv. cit. p. 125.)

L'action allégorique que Guillaume de Lorris avait entrepris de déduire, devient

le midi a ses troubadours véhéments, ses *tensons*[1], ses disputes d'amour, le nord a ses *trouvères* dont l'un porte une couronne comtale, Thibaut IV de Champagne[2]. Si la poésie s'élève moins haut que jadis, elle devient critique et satirique. Jehan de Meung exerça son humeur maligne contre les puissances de la noblesse et du clergé. Plus hardi, Rutebeuf[3] représente, sous la figure d'animaux, une parodie de la société. Son rire est divertissant comme

entre les mains de Jean de Meung, « une sorte de roman à tiroirs roman philosophique, mythologique, scientifique, universitaire ou, pour parler plus justement, roman encyclopédique : car cette seconde partie du Roman de la Rose est en effet une encyclopédie, une *Somme*, comme on disait alors, des connaissances et des idées de l'auteur sur l'univers, la vie, la religion et la morale. »

« Jean de Meung, écrit encore M. Lanson, l'un de nos plus distingués critiques, est un original et hardi penseur, qui s'est servi de la science de l'école avec indépendance : son *Roman de la Rose* enferme un système complet de philosophie, et cette philosophie est tout émancipée déjà de la théologie ; ce n'est pas la langue seulement, c'est la pensée qui est laïque dans ce poème... Pour lui le critérium universel et infaillible est la nature : la raison n'en connaît pas d'autre. La Nature n'a pas fait les rois... La nature n'a pas fait davantage une hiérarchie sociale : selon la nature, la noblesse n'existe pas. Ou plutôt elle existe, elle est personnelle. La noblesse, la seule noblesse, c'est la vertu, c'est le mérite... Jean de Meung n'aperçoit pas que sa pensée le met hors de l'Église et en ruine les fondements. Il est croyant et pieux comme Rutebeuf, si l'on ne regardait que l'élan du cœur, je dirais presque qu'il l'est comme Joinville... C'est pour purifier la religion qu'il fait une si rude guerre à la corruption de l'Eglise, aux vices des ordres monastiques... » (Lanson, *Hist. de la litt. fr.*, pp. 125, 126, 130, 132, *passim*, lib. Hachette.)

1. Le *tenson* ou le *jeu parti* était un dialogue entre deux troubadours, une sorte de tournoi poétique. V. Fr. Diez, *La poésie des troubadours*, traduction du baron F. du Roisin (1845); — Raynouard, *Choix des poésies originales des troubadours*; — P. Meyer, *Derniers troubadours de la Provence*.

2. Thibaut IV, comte de Champagne et roi de Navarre (1201-1253), celui qu'une légende justement contestée représente comme ayant été inspiré dans quelques-uns de ses vers par son amour pour Blanche de Castille. Néanmoins Thibaut IV, qui imite les gracieuses compositions des troubadours, a du sentiment :

Au revenir que je fis de Provence,
S'émut mon cœur, un petit de chanter;
Quand j'approchais de la terre de France
Où celle maint (demeure) que ne puis oublier...

P. Paris (*Le Romancero français*, p. 178 (1833) a surtout contribué à répandre la légende selon laquelle les vers suivants s'appliqueraient à la reine Blanche :

Celle que j'aime est de tel seignorie
Que sa beauté me fit outrequider;
Quand je la vois je ne sais que je die,
Si suis surpris que ne l'ose prier....

Voir Demogeot, *Hist. de la littérat. fr.*, p. 140; Lanson, *Hist. de la littér. fr.*, p. 85; Tarbé, *les Chansonniers de Champagne*, Reims, 1850, in-8°, *Chansons de Thibaut IV*, Reims, 1851, in-8°; Arthur Dinaux, *Trouvères, jongleurs et ménestrels du nord de la France et du midi de la Belgique*, 4 vol in-8° (1837-1863).

3. *Œuvres complètes de Rutebeuf*, publiées par Achille Jubinal (1874) et notice par Paulin Paris, *Hist. littér. de Fr.*, t. XX, p. 719; Ch. Lenient, *La Satire en France au moyen âge*, ouvrage devenu classique; *Rutebeuf*, par Léon Clédat (1891) (Collection des grands écrivains français. Hachette.)

Rutebeuf, contemporain de saint Louis et Philippe le Hardi, pauvre ménestrel, « sans cotte, sans vivres, sans lit, toussant de froid, bâillant de faim ; il n'est si

celui des fabliaux trop licencieux qui s'égayent, sans songer à les corriger, des vices et des travers du temps[1]. Ce qui démontre bien comment l'esprit recherche aussi l'observation de la nature c'est la fantaisie des rimeurs qui, en des poèmes insipides (bestiaires et lapidaires[2]), décrivent les animaux et les pierres, ou se jettent dans d'interminables amplifications de morale (Images, Miroirs, Trésors du monde)[3]. Les prosateurs, plus encore que ces faux

pauvre que lui de Paris à Senlis. » Dans son épopée burlesque, « le renard, le loup, le lion, l'âne devinrent une vivante image, une satire complète et piquante de toute la société humaine et surtout des nobles et du clergé. Les branches du Renard se multiplièrent à l'infini. Au vieux roman de *Goulpil le Renard* déjà composé en 1236, se joignirent le *Couronnement du Renard*, et *Renard le Nouvel* et *Renard contrefait*. puis *Renard le Bestourné*. La collection complète formerait plus de 80 000 vers... La tendance générale de ce poème c'est la négation de l'esprit chevaleresque, principe vital du moyen âge : c'est la ruse triomphant partout du droit et de la force. On voit le renard traverser toute la société féodale, sans jeter sur elle ni ridicule ni malédiction; il se contente de la confisquer à son profit. Justice seigneuriale, combats en champ clos, sièges de châteaux forts, batailles, hommages liges, monastères, pèlerinages, tout passe sous nos yeux sans autre dérision que le travestissement des personnages et l'éternel succès des intrigues de Renard, tour à tour jongleur, pèlerin, mire (médecin), chevalier, empereur et toujours fripon. Il vieillit paisible et honoré dans son château de Maupertuis : sa mort même est une ruse. Ainsi se manifestait, même dans la période la plus florissante du moyen âge, le principe de négation qui devait le détruire. Chaque époque porte nsad ses flancs une force dissolvante. C'est là, comme dit Schelling, « la véritable Némésis, l'invisible puissance ennemie du présent, en tant qu'il s'oppose à la naissance de l'avenir. » (Demogeot, *Hist. de la littér. fr.*, pp. 130, 131.)

1. A. de Montaiglon et G. Raynaud ont publié un *Recueil général des Fabliaux des XIIIe et XIVe siècles*, 6 vol. in-8° (1872-1890). Voir Gaston Paris, *Les Contes orientaux dans la littérature fançaise au moyen âge*, 1877, in-8°. — J. Bédier. *Les Fabliaux* (1893).

2. Ce sont des compilations de récits merveilleux et puérils sur les pierres précieuses, les animaux, science fantastique où l'auteur ne cherche qu'à tirer de la nature des leçons morales. Le plus ancien de ces livres est celui de Philippe de Thaon (XIIe siècle). Le *Bestiaire divin* (ou morale théologique) de Guillaume Le Clerc date de 1210 environ. On cite encore les *Bestiaires* de Gervaise et de Pierre, qui sont de véritables traités religieux; de Richard de Fournival, qui écrivit un *Bestiaire d'amour*. Le *Bestiaire* de Gervaise a été publié par M. Paul Meyer, *Romania*, t. I, 420-444, celui de Pierre, dans Cahier, *Mélanges d'archéologie*, t. II à IV. Paris 1851; le *Bestiaire divin* de Guillaume Le Clerc par Ch. Hippeau (Caen, 1852), qui a également édité celui de Richard de Fournival (Paris 1859).

M. Léopold Pannier a publié les *Lapidaires français* du moyen âge avec une notice préliminaire de M. Gaston Pâris (*Biblioth. de l'École des Hautes Études*, fascicule 52, 1882).

3. « On retrouve des bestiaires et des lapidaires dans les vastes encyclopédies qui parurent nombreuses au XIIIe siècle sous les titres d'*Image du monde*, de *Mappemonde*, de *Miroir du monde*, de *Petite Philosophie*, de *Lumière des laïques*, de *Nature des choses* et de *Propriétés des choses*. Ces ouvrages, en latin et en prose, théologiques, philosophiques, géographiques, scientifiques, sont en général des compilations sans originalité, dont les matériaux sont puisés a droite et à gauche, chez les auteurs sacrés et profanes : Aristote, Pline, Solin, Isidore de Séville, Honorius d'Autun, l'Ancien et le Nouveau Testament, les Pères de l'Église, le Physiologus, Palladius, Isaac, Jacques de Vitry, etc. » (*Histoire de la littérature française*, publiée sous la direction du regretté Petit de Julleville, t. II, p. 174.)

Sur l'*Image du monde* (probablement par Gauthier de Metz), voir P. Meyer. *Notices et extraits des manuscrits*, publ. par l'Acad. des inscript., t. XXXIV (1re part.)

poètes, accumulent dans leurs encyclopédies tout ce qu'ils peuvent de morale, de rhétorique et de politique. Brunetto Latini, Italien qui a écrit en français le plus lisible de ces Trésors du Monde, compare lui-même son œuvre « à une bresche (un rayon) de miel[1] cueillie de diverses flors ». Philippe de Navarre a suivi les *Quatre âges* de l'homme[2]; le frère Lorens, à la demande de Philippe le Hardi, a composé la *Somme des Vices et des Vertus*. Partout dans les *Châtiments*[3], dans la *Bible* de Guiot de Provins[4], comme dans les *Dits et Contes* de Beaudouin de Condé[5], comme dans les recueils des sermonnaires, une préoccupation constante s'affirme de prêcher et d'améliorer les hommes, des tableaux de mœurs se déroulent

1. « Et si ne di-je pas que cist livres soit extrais de mon poure sens ne de ma nue science; mais il est autressi comme une bresche de miel cueillie de diverses flors: car cist livres est compilés seulement de merveilleus diz des autors qui devant notre temps ont traitié de philosophie, chascun selonc ce qu'il en savoit partie. » *Li Livres dou Tresor*, liv. I. part. I, chap. I, p. 3, publié par P. Chabaille. (Documents inedits de l'hist. de France, Paris 1863.)

2. Le traité moral de Phillippe de Navarre (ou Novare), les *Quatre âges de l'homme*, a été publié par M. Marcel de Fréville, Paris, 1888 (Société des anciens textes français).

3. « Les *Quatre âges de l'homme* sont ce qu'on appelait au moyen âge un *Doctrinal*, un *Chastiement* ou *Enseignement* : c'est un traité d'éducation et de morale qui s'applique aux hommes et aux femmes, aux jeunes et aux vieux. Les ouvrages en vers sur le même sujet sont nombreux. Mais ils ne s'adressent, le plus souvent qu'à une catégorie spéciale de personnes : aux chevaliers, par exemple, aux femmes, aux enfants, aux serviteurs. Ils entrent alors, trop rarement à notre gré, dans des détails pratiques et précis, qui en font tout l'intérêt. Quelques-uns cependant ont la prétention de « chastier » tout le monde en général et sont remplis de lieux communs. Tel est, entre autres, le Doctrinal d'un rimeur nommé Sauvage — d'où le titre de *Doctrinal Sauvage* — qui « enseigne et chastie le siècle » et qui n'est que banal et confus. Le *Chastiement des dames* de Robert de Blois est beaucoup plus intéressant... Le *Chastiment d'un père à son fils* est une traduction de la *Disciplina clericalis* de Pierre Alphonse, juif espagnol converti au christianisme. Tout l'intérêt de cet ouvrage du XIIe siècle, dans lequel un père entreprend l'éducation de son fils, réside dans les contes arabes dont il est rempli... (*Histoire de la littér. fr.*, s. la dir. de Petit de Julleville, p. 185 et suiv.).

4. « ...Guiot de Provins, d'abord menestrel, puis bénédictin, compose un poème qu'il intitule *Bible*, non pas, comme ses confrères, « pour prêcher le siècle », mais « por poindre et por aguilloner ». Il « point » en effet tout le monde, sans oublier ni ménager personne.... Ces injures désordonnées et par là même divertissantes ont fait de nos jours tout le succès de la Bible de Guiot de Provins, beaucoup plus que sa valeur littéraire, qui est médiocre... Guillaume Le Clerc, de Normandie, l'auteur du *Bestiaire divin*, a écrit aussi le *Besant de Dieu*. Guillaume Le Clerc est un vrai poète, à la vive imagination, aux idées généreuses et enthousiastes, — bien éloigné des excès d'un Guiot de Provins, dont la langue, remarquablement claire et limpide, est souvent d'une admirable énergie. Il raconte bien. Son *Besant* est un des plus beaux poèmes moraux que nous ait laissés le moyen âge: tout au plus pourrait-on lui reprocher un plan quelque peu incohérent. Il date de 1227 et compte [illegible] vers... » (*Ibid.*, pp. [illegible]-198.

Pour la *Somme des vices et des vertus*, voir M. P. Meyer dans le *Bulletin* de la Société des anciens textes français, 1892, et *Romania*, t. XXIII, 449. Les *Dits et Contes de Baudouin de Condé* ont été publiés par Aug. Scheler (Bruxelles, 1866).

analogues à ceux que nous fourniront les arrêts du Parlement.

Brunetto Latini avait déclaré déjà la langue française « la plus délitable »[1]. Cette réputation est justifiée par son livre et par les œuvres vraiment charmantes de Villehardouin et de Joinville[2], prosateurs plus pittoresques que les poètes du temps. Hommes de guerre pleins d'imagination et de sentiment, tous deux restent chroniqueurs sans doute, puisqu'ils ne cherchent point la raison des choses, mais leurs récits animés et vivants sont déjà de l'histoire, car l'histoire n'est elle pas la résurrection des temps et des hommes?

C'est le latin toutefois qui demeure la langue de l'érudition, de la philosophie et de la théologie : langue universelle, il relie alors les peuples comme il a rattaché entre eux les siècles; langue de l'Église qui était un lien plus fort encore, quoique déjà affaibli par le schisme oriental. L'Église, dépositaire de la science sacrée, avait conservé, même à travers les temps barbares, la science profane. En ses studieuses abbayes, comme en ses laborieuses universités, les docteurs abondent, dont plusieurs ont mérité une légitime renommée : Guillaume, évêque de Paris, Albert le Grand d'Allemagne; saint Thomas d'Aquin d'Italie, l'oracle des Dominicains et dont la *Somme* est le plus vaste répertoire où les théologiens modernes puisent encore; saint Bonaventure, l'oracle des Franciscains; Vincent de Beauvais[3], l'auteur du *Speculum Majus*, où il cherchait à réunir toutes les connaissances humaines, de l'astrologie à la musique, de la grammaire à l'architecture, de l'histoire aux mathématiques, à la botanique, à la zoologie. Dans les limites que lui traçait la foi, la philosophie essayait de faire la part du raisonnement, si bien que, modelant sa dialectique sur celle d'Aristote, elle s'égarait dans les subtilités de la scolastique. On

1. « Et si aucuns demandoit por quoi cist livres est escriz en romans, selonc le langage des Francois, puisque nous somes Ytaliens, je diroie que ce est por ij raisons : l'une, car nos somes en France, et l'autre porce que la parleure est plus delitable et plus commune à toutes gens. » (*Li livres dou Trésor*, liv. I, part. I, chap. I, p. 3. Documents inédits, 1863.)

2. Villehardoin, mort vers 1212-1213.

Joinville, 1224-1319. Voir, sur la composition du livre de Joinville les renseignements et les conclusions neuves de M. Gaston Paris, *Romania*, 1894, p. 108 et suiv.

3. Guillaume d'Auvergne évêque de Paris, mort en 1248; Albert le Grand (de Souabe) mort en 1248; saint Thomas d'Aquin (de Rocca-Secca, près d'Aquino), mort en 1276; saint Bonaventure, mort en 1274; Vincent de Beauvais, mort en 1264.

peut dire, toutefois, avec le savant Hauréau, que le XIIIe siècle « est philosophe et même, à proprement parler, idéologue[1] ».

De tous les points de la France et de l'Europe venait s'entasser à Paris, dans les étroites rues du Fouarre et Galande, ou dans les collèges des Anglais, des Danois, des Bons-Enfants, des Bernardins, des Carmes et dans le récent collège de Sorbon, une population d'écoliers, orgueil et souvent embarras de l'Université. Les écoliers suivaient les lectures (ou leçons) de la Faculté de Théologie ou de la Faculté des Arts qui enseignait le *Trivium*[2] (grammaire, dialectique, rhétorique) et le *Quadrivium* (arithmétique, géométrie, astronomie et musique). En la Faculté de Décret les clercs apprenaient les règles du droit ecclésiastique ou *droit canon* précisées par le *Décret* du moine Gratien au XIIe siècle, complétées au XIIIe siècle par les *Décrétales* d'Innocent III, de Grégoire IX, le *Sexte* de Boniface VIII. Des glossateurs et des commentateurs s'attachaient à éclaircir chacune de ces parties différentes qui constituèrent successivement le corps du Droit canon : les plus fameux étaient alors Tancrède, archidiacre de Bologne, et Guillaume Durant, honneur de l'Italie où il enseigna, et de la France où il naquit.

En même temps le droit romain, longtemps oublié et comme

1. « Comme on l'a remarqué, la philosophie fut, au XIIIe siècle, la science qui remplit le rôle principal parmi les autres sciences d'origine profane. C'est une juste remarque qui sera confirmée par beaucoup de preuves. Voici donc le caractère particulier du XIIIe siècle en ce qui regarde la direction des études et l'éducation des esprits : il est philosophe, il est même, à proprement parler, idéologue : sa méthode inquisitive est la spéculation, sa methode démonstrative est l'argumentation et, dans l'usage qu'il fait de l'une et de l'autre, il n'a pas encore été surpassé. C'est pourquoi l'ère vraiment glorieuse de l'enseignement scolastique commence et finit avec le XIIIe siècle. » (Hauréau, *Histoire de la philosophie scolastique*, 2e partie, t. I, p. 12. Paris, Pedone-Lauriel, 1880, 3 vol. in-8°.)

2. Hauréau a donné cette division des sciences telle qu'elle se trouve dans la *Somme* de Lambert d'Auxerre (2 manuscrits, Bibl. nat., 1797 Sorbonne, aujourd'hui n° 16617; 7392 ancien fonds du roi) : « Ut novi artium auditores plenius intelligant ea quæ in summulis edocentur, valdè utilis est cognitio dicendorum. In primis quæritur quare artista dicitur audire de artibus et non de arte. Ad hoc dicendum est quod septem sunt artes liberales, quarum tres vocantur *trivium*, quæ sunt grammatica, logica, rhetorica. Et dicuntur trivium quasi tres viæ in unum, scilicet in sermonem...

...Aliæ quatuor vocantur *quadrurium* et hæ sunt mathematicæ, quæ sunt geometria, arismetica (arithmetica), astrologia et musica. Dicuntur autem quadruvium quod quatuor viæ sunt in unum, scilicet in quantitate (quantitatem). Omnes quadruviales sunt de quantitate, sed differunt. Alio modo possunt dici triviales trivium, quasi tres viæ in unum, scilicet in eloquentiam, quia reddunt hominem eloquentem; quadruviales dicuntur quadruvium, quia quatuor viæ in unum, scilicet in sapientiam, quia reddent hominem sapientem. » Ms. de Sorbonne, aujourd'hui 16617. Hauréau, ouvr. cité, 2e partie, t. I, p. 189.)

perdu, avait été remis en crédit au XIIe siècle, en Italie par Irnerius, en France, par Placentin qui professa à Montpellier. Les leçons du célèbre Azo, successeur de Placentin, la glose d'Accurse créèrent, au XIIIe siècle, la science du droit civil[1]. En dépit de quelques résistances du pape Honorius III (1119)[2], et d'un des conciles de Latran (1139), le droit civil resta dans les études des clercs uni au droit canonique. Le *Speculum Judiciale* de Guillaume Durand est composé de l'un et de l'autre droit. Au XIVe siècle, la Faculté de Décret réclamait elle-même de ses candidats cette double science, car, disait-elle, « un légiste sait et entend mieux les décrétales qu'un simple canoniste ». Toutefois il n'y avait point de Faculté spéciale de droit civil à l'Université de Paris : ses plus florissantes écoles étaient à Montpellier, son berceau, à Toulouse, Angers et Orléans. Quelque peu ardu, il semblait alors un utile auxiliaire de la scolastique : légistes et décrétistes en comprenaient peu la philosophie, ils n'y voyaient qu'une autre source de définitions, de distinctions, de subtilités, d'arguties; cette science leur plut en quelque sorte par ses épines.

En apparaissant au milieu des coutumes variées et indécises qui tenaient lieu de lois, le droit romain, par ses formules précises où il distingue le juste de l'injuste, suscita des admirateurs pressés de le prendre pour modèle. Sans doute Pierre de Fontaines et l'auteur anonyme du *Livre de Jostice et de Plet*, défigurèrent ce droit qu'ils traduisaient à leur guise. Mais le célèbre Coutumier dit des *Établissements de saint Louis*[2] se dégagea plus heureusement de cette confusion avec le droit romain. Philippe de Beaumanoir, en sa *Coutume du Beauvaisis*, fut plus qu'un légiste, un jurisconsulte. Il compare, il choisit, il corrige. « C'est une lumière de son temps, dit Montesquieu, et une grande lumière. »

1. Irnerius, mort entre 1138 et 1150. — Placentin, mort en 1192. — Azo, mort vers 1230, Accurse, vers 1260; Guillaume Durand, en 1296. Nous ne rappelons ici que quelques noms, nous réservant d'entrer dans plus de détails en parlant de la formation du Droit français.

2. On place la rédaction du *Conseil* de Pierre de Fontaines entre 1253 et 1258, celle du *Livre de Jostice et de Plet* vers 1259, des *Établissements de saint Louis* vers 1272, des *Coutumes du Beauvaisis* entre 1279 et 1283. Voir le *Précis de l'Histoire du Droit français* de M. Paul Viollet, p. 150 et suiv. Cet ouvrage, devenu classique, joint à la brièveté et à la netteté de l'exposition la profondeur des recherches personnelles : c'est à la fois une œuvre de haute érudition et de rapide vulgarisation.

Beaumanoir non seulement sait penser mais s'applique à écrire; malgré l'aridité du sujet, il égale dans son livre la grâce de l'historien de saint Louis : c'est le Joinville du droit.

Dans les autres pays de l'Europe régnait la même ardeur pour les études juridiques. L'empereur Frédéric II avait donné à la Sicile ses fameuses Constitutions[1] et l'Allemagne, à l'instar des Miroirs du monde, composait les *Miroirs du droit* : en Saxe (Sachsenspiegel, entre 1215 et 1235); en Souabe (Schwabenspiegel, vers 1300)[2]. En Castille, Alphonse X avait publié (1256-1263) le code des Six Parties (las Siete Partidas)[3]. En Angleterre les recueils de *Bracton*, puis de *Britton* ressemblaient à ceux des légistes français[4]. Partout s'affirmait la science du droit.

Ces mérites sérieux de la société du XIIIe siècle ne sauraient faire oublier d'affligeantes contradictions. Grossière, violente, cruelle, bien qu'elle produisît des âmes délicates; naïve en dépit de son esprit; ignorante malgré ses éminents docteurs; déréglée sous l'empire de lois et d'une religion sévères; enthousiaste et railleuse; pleine de candeur et de malice, cette société était d'une foi si innocente qu'elle mêlait, sans rougir, aux cérémonies saintes d'indignes bouffonneries. Nous n'avons pour le moment qu'à constater ses progrès. Elle pressentait, au milieu du morcellement, l'unité; au-dessus des intérêts particuliers, des lois générales. Elle atteignait le beau, au moins dans l'art. A lire les traités des docteurs et les poèmes des trouvères, à contempler les majestueuses cathédrales, au spectacle des roturiers qui s'affranchissent et des nobles qui s'humanisent, des rois qui se soucient des améliorations matérielles et morales, d'un saint Louis, exemple de tous, on ne peut s'empêcher de voir à cette époque, dans la nuit déjà moins sombre, poindre l'aube des temps modernes.

1. Constitutions de Sicile promulguées à Melfi (1231). (Huillard-Bréholles, *Historia diplomatica Frederici secundi*, t. IV.)

2. Le *Sachsenspiegel* a été édité, en deux parties, par Homeyer. Berlin (1827-1861). Voir pour ces ouvrages du vieux droit allemand les indications bibliographiques données par Schulte, *Histoire du droit et des institutions de l'Allemagne*, pp. 165, 166. — Après la mort de Frédéric II et après le Miroir de Souabe, on publia aussi le Miroir des Gens allemands, *Spiegel deutscher Leute* (édité par Jul. Ficker, 1859).

3. Code édité par l'Académie d'Histoire de Madrid, 1807, 3 vol.

4. Henry de Bracton, chief-justice de Henri III, a composé un vaste ouvrage *De Legibus et consuetudinibus Angliæ* sur le plan des Institutes de Justinien. — Son nom se trouve aussi écrit Bratton et Bretton, ce qui lui a fait attribuer (entre autres par Selden) les ouvrages postérieurs du temps d'Edouard Ier et publiés sous le nom de Britton.

Le réveil des études juridiques attestait un profond sentiment de la justice, premier besoin d'une société à peine sortie de la barbarie. Les Sermonnaires la prêchent, les poètes et les *dits* populaires la célèbrent, des légistes tels que Pierre de Fontaines et Beaumanoir la définissent, la vantent et la pratiquent. Les chevaliers s'engagent par leur serment à la protéger. Le roi, en France, selon la croyance du temps, est le sergent de Dieu : il a pour mission de « tenir droite justice et mettre en avant la loi[1]. »

Louis IX fut vraiment ce sergent de Dieu. Fils d'une mère impérieuse pour les grands et bonne pour les pauvres serfs, il avait été élevé par Blanche de Castille dans les principes d'une piété rigide. Dur pour son propre corps qu'il traitait en ascète, mais âme tendre et douce, Louis IX patient, gai, aimable, comme nous le montre Joinville, donnait l'exemple d'une touchante charité. Modèle du chevalier, parce qu'il était celui du chrétien, par la même raison il fut celui du roi. Il ne demandait qu'à sa conscience scrupuleuse la règle de sa conduite. Il ne prit les armes que pour combattre un vassal indocile ou les infidèles. Il aimait mieux rester en deçà de son droit que le dépasser, comme il le prouva en rendant au roi d'Angleterre, Henri III, des provinces qu'il aurait pu garder. Non pas qu'il eût crainte des princes étrangers : nul n'eut plus de souci de la dignité de sa couronne et ne tint un plus fier langage à un redoutable empereur d'Allemagne, Frédéric II. Sa bravoure brilla à Taillebourg, à Damiette, à Mansourah et s'affirma plus encore devant les menaces de mort proférées par des émirs furieux qui venaient de tuer leur sultan. Dans sa loyauté imperturbable, il fit rendre aux Sarrasins les sommes que subtilement on avait distraites de sa rançon. Incapable du moindre égoïsme, il refusa, en quittant l'île de Chypre, d'abandonner son navire en péril parce qu'on ne voulait sauver que lui et sa famille. Servant les pauvres de ses royales mains, il soignait jusqu'aux lépreux que tout le monde fuyait. Laborieux et

1. Jean Bodel d'Arras, ménestrel, parlant de Philippe-Auguste, dit :

Le premier roi de France fist Diex par son commant
Coroner à ses angles (anges) dignement en chantant;
Puis le commanda estre an terro son serjant,
Tenir droite justice et la loi metre avant.

(Chanson de Geste de Guiteclin de Sassoigne ou de Saisnes, I, p. 2. *Histoire littér.*, t. XX.)

attentif à tous ses devoirs, il exerçait sur ses officiers et sur ses barons une surveillance sévère, aussi ferme que bon et toujours préoccupé de la justice. De toutes ses vertus c'est celle-là qui le rendit le plus populaire et qui, sur son front, rayonna souriante à travers les siècles.

Saint Louis[1] recherchait et mérita le beau nom « d'apaiseur ». Aux plaideurs qu'il écoutait dans sa chambre, ou dans son jardin du Palais, ou au bois de Vincennes, il demandait : « Pourquoi ne prenez-vous pas ce que nos gens vous offrent? » Or ils disaient : « Sire, ils nous offrent peu. » Et il disait : « Vous devriez bien le prendre. » Et se travaillait ainsi le saint homme, ajoute Joinville, « de tout son pouvoir comment il les mettrait en droite voie et raisonnable[2] ». Renaut de Trie réclamait un comté qui, selon une lettre du roi, lui avait été donné avant la croisade. Il produisait la lettre dont le sceau était brisé, si bien que l'on ne voyait plus que les jambes de l'image du roi. Le conseil déclara que cette pièce ne pouvait être reconnue authentique. Louis IX alors envoya chercher d'autres actes; il compara le sceau dont il se servait avant la croisade avec le sceau brisé; la concordance lui sembla parfaite et il rendit le comté à Renaut de Trie[3]. Le prévôt de Paris avait pris, hors des murs, dans la terre de Sainte-Magloire, un homme soupçonné de meurtre; il prétendait que la justice appartenait au roi. L'enquête n'ayant pas été très affirmative, Louis IX voulut que l'homme fût remis à l'abbé chargé de le justicier[4]. Hugues de la Motte avait, sur la plainte de Lucas,

1. Voir les pages remarquables de Fustel de Coulanges sur la justice au moyen âge. « Il semble, dit-il, qu'en ce temps-là l'autorité des rois consiste tout entière dans l'exercice de la justice; guerre, politique, finances, administration, tout cela est relégué au second plan. C'est par la justice qu'ils règnent; c'est par elle qu'ils se font craindre et aimer, c'est par elle surtout qu'ils prennent racine dans le cœur de la nation et qu'ils fondent leur dynastie. Le roi qui fit le plus pour la grandeur de la royauté est certainement saint Louis; or saint Louis, aux yeux de ses contemporains, était avant tout le grand justicier. Dans la légende populaire, saint Louis est l'homme qui, assis auprès d'un chêne, juge les procès. Dans les siècles antérieurs, l'opinion publique n'eût pas admis facilement qu'un roi jugeât en personne sans être assisté d'un jury; elle acceptait cette grande innovation au temps de saint Louis. Elle ne demandait en effet qu'une seule chose au souverain, c'était précisément de juger; cette société avait soif de justice; être « bon et roide justicier » « était le meilleur moyen de se rendre populaire ». (Fustel de Coulanges, L'organisation judiciaire au moyen âge, *Revue des Deux Mondes*, 1er oct. 1871.)

2. Joinville, chap. XII, p. 21.

3. Joinville, chap. XIV, p. 24.

4. *Olim*. t. I, p. 768, II, (1269).

emprisonné, puis relâché un voleur. Celui-ci, délivré, va brûler la maison de Lucas qui intente une action contre Hugues. La Cour du roi accepte les explications du seigneur et ne croit pas qu'il soit tenu à des dommages et intérêts envers le plaignant. Louis décide qu'on le dédommagera [1]. Le comte de Joigny avait gardé en ses prisons, malgré ses protestations d'innocence, un bourgeois qui y était mort. Saint Louis envoya le comte de Joigny au Châtelet [2]. Le comte d'Anjou, pour se venger d'un appel porté contre une sentence de sa cour, avait emprisonné un chevalier. Le roi rabroua fort son frère et l'obligea à relâcher le prisonnier [3]. Elle est connue de tous la fermeté de saint Louis résistant à tout le baronnage qui protégeait Enguerrand de Coucy. Enguerrand avait, sans merci, pour un délit de chasse, fait pendre trois jeunes étrangers. Les barons durent recourir à la prière pour fléchir Louis IX; l'un d'eux ayant murmuré: « Le roi devrait faire pendre tous ses barons! » Louis repartit : « Non, je ne ferai point pendre mes barons, mais je les châtierai s'ils méfont [4]! »

Ce zèle pour la justice inspira à Louis IX ses plus belles Ordonnances, puis, (ce n'est pas là un de ses moindres titres de gloire), le roi pénétra si bien sa Cour de son sentiment qu'il en fit pour des siècles un tribunal suprême, auguste et révéré, le Parlement. On ne peut dire que saint Louis créa cette institution, puisqu'elle était ancienne; mais, sous son règne, elle devint toute nouvelle. Il l'anima d'une vie qui se prolongea aussi longtemps que celle de la royauté même.

III. — La cour de parlement.

Au retour de la croisade d'Égypte, où il fut si malheureux et où il parut si grand, saint Louis retrancha le luxe qu'il s'était jusqu'alors permis; il redoubla d'austérités et d'ardeur dans l'accom-

1. *Olim*. I, p. 265, II (1267). — Voir encore un autre jugement de saint Louis. *Olim*. I, p. 712, XXXVIII (1267).
2. *Vie de saint Louis* par le conf. de la reine Marguerite; *Histor. de Fr.*, t. XX. p. 118.
3. *Ibidem*.
4. *Vie de saint Louis* par le confesseur de la reine Marguerite, *Histor. de Fr.*, t. XX, p. 113-115. On n'a point la date exacte de ce procès qui ne figure pas aux *Olim*, et que Mathieu de Westminster rapporte à l'an 1259.
On lira avec plaisir une monographie de *Marius Sepet*, très substantielle, *Saint-Louis*, Paris, V. Lecoffre, in-8°, 1898.

plissement de ses devoirs de roi. Durant les quatre années qu'il avait passées en Palestine, après sa captivité, moins occupé à guerroyer qu'à gouverner, il avait vu appliquer les lois féodales connues sous le nom d'*Assises de Jérusalem*. Il avait accueilli dans son intimité Jean d'Ibelin, comte de Jaffa, l'un des rédacteurs ou plutôt des restaurateurs de ce code ancien perdu en 1189. De plus, débarqué au port d'Hyères en Provence, le premier sermon que le roi entend de la bouche d'un cordelier fougueux lui rappelle que les royaumes périssent « par défaut de droit »[1]. « Or se garde le roi, ajoute le moine hardi, qu'il fasse telle droiture à son peuple qu'il en obtienne l'amour de Dieu et que Dieu ne lui enlève pas son royaume. » Il n'est pas jusqu'au malin sénéchal de Champagne, qui ne stimule cette conscience déjà chatouilleuse. L'abbé de Cluny était venu offrir deux palefrois pour le voyage et solliciter une audience pour le lendemain. L'audience parut longue au sire de Joinville[2] : « Je veux vous demander, dit-il à son royal ami, si vous avez écouté plus débonnairement l'abbé de Cluny pour ce qu'il vous donna hier ces deux palefrois ». Louis IX réfléchit et se repentit : « Vraiment oui, dit-il ». Et Joinville de reprendre : « Sire, savez-vous pourquoi je vous ai fait cette demande? » — « Pourquoi? » fit-il. — « Pour ce, sire, que je vous conseille de défendre à tous vos gens de ne rien prendre de ceux qui auront à faire par devant vous, car soyez assuré, s'ils prennent, ils écouteront plus volontiers et plus diligemment ceux qui leur donneront, comme vous avez fait à l'abbé de Cluny. » Le roi rentra quelques semaines après à Paris, le 6 septembre 1254. Il y convoqua le Parlement et là rendit « un général établissement sur ses sujets pour tout le royaume[3] ». C'est l'Ordonnance que Joinville inséra dans son texte et qui prescrit aux baillis, prévôts, vicomtes, de faire droit « aussi bien aux plus

1. Joinville, chap. CXXXII, p. 235, 236.
2. Joinville, chap. CXXXI, p. 234.
3. Joinville, chap. CXL, p. 249.
Selon l'éditeur de Joinville, Natalis de Wailly, le chapitre CXL où le sénéchal parle de l'administration de saint Louis, est emprunté tout entier à la Vie de saint Louis par Guillaume de Nangis, et les éléments s'en retrouvent dans plusieurs autres compilations, sans parler du *Recueil des Ordonnances des rois de France* (tome Ier, p. 65-81). Voir Éclaircissements 9, p. 300-301. Nous reparlons de ces Ordonnances aux chapitres où leur analyse trouvera sa place.

petits qu'aux plus grands » et de ne recevoir ni dons ni présents, ainsi que l'avait demandé le sénéchal.

Saint Louis, dans les années suivantes, réitéra la défense des *Guerres Privées* (1257), puis fit élaborer un *Règlement pour la procédure au Châtelet de Paris*, où il descendit dans les détails de l'action judiciaire : enfin la fameuse Ordonnance « sur les *gages* de bataille » substitua (1258 ou 1260) au duel judiciaire la preuve par *enquête*. Dans son zèle pour la morale, saint Louis accomplissait une révolution dont nous aurons à déduire les conséquences. Il augmentait aussi la puissance de sa Cour, auxiliaire de ces bienfaisantes réformes.

La Cour du roi paraît mieux organisée dès le retour d'Égypte. Le notaire Jean de Montluçon recopie, après les audiences, les arrêts sur des registres, analyse les enquêtes, en extrait la substance : il fait œuvre de légiste autant que de greffier. D'ailleurs, depuis le commencement du XIIIe siècle, les sentences rendues à l'Échiquier de Normandie[1] étaient déjà recueillies. Dans le Palais même, à Paris, les gens des comptes tenaient des notes régulières, car les anciens Mémoriaux (aujourd'hui perdus) remontaient 1137. Nous savons que saint Louis fit rédiger par Étienne de Boileau le Livre des Métiers[2]. Le voyer de Paris avait son registre[3]. Le roi désira sans doute que sa Cour eût, comme en avaient déjà

1. M. Léopold Delisle, ce maître éminent de l'érudition moderne, que toute l'Europe savante vénère et admire, a publié sur une foule de questions des mémoires lumineux auxquels nous aurons sans cesse recours. Il a analysé les Jugements de l'Echiquier de Normandie de 1207 à 1243 (*Mémoires de l'Académie des Inscript.*, t. XX, 2e partie, 1864, p. 343) et publié les textes (*Notices et Extraits des manuscrits*, t. XX; 2e partie, 1862, p. 238).

On trouve aussi des sommaires des décisions de l'Échiquier de Normandie de l'année 1234 et autres, à la Biblioth. nat., manuscrits, collection Decamps, n° 32 (fol. 291 et suiv., 303 et suiv., 346 et suiv.). Ces registres de l'Echiquier sont comme un essai des *Olim*.

2. Publié dans la Collection des *Documents inédits*, par Depping, et dans l'*Hist. génér. de Paris*, par De l'Espinasse et Bonnardot (1879).

3. Dom Félibien mentionne des registres qu'aurait tenus Jean Sarrazin pour la voirie : « C'est la copie du registre que Jehan Sarrazin, jadis voyer de Paris, fist escrire en l'an de grâce de N. S. M.CCLXX. Nostre sire le roy de France a à Paris la voirie. » (*Hist. de Paris*, t. IV, p. 309 *a*, *b*.)

Beaucoup de justices féodales avaient leurs registres. Voir Notice sur les registres des petites justices du Parisis par M. Viollet (*Bibl. de l'Ecole des Chartes*, t. XXXIV). — Tanon : *Histoire des justices des anciennes églises de Paris* (1883).

Les Sentences du *Parloir aux bourgeois* (1268-1325) ont été publiées par Le Roux de Lincy dans l'*Histoire de l'Hôtel de Ville de Paris* (1846) 2e partie, p. 97.

Les plaids de l'*Échevinage de Reims* commencent en 1248. (Varin, *Archives administratives de Reims*. Docum. inédits de l'hist. de Fr., t. I, 2e partie.)

bien des justices féodales, des registres. Comme le mouvement prouve la vie, ces premiers registres vénérés sous le nom célèbre, quoique singulier, d'*Olim*, attestent l'existence d'un tribunal organisé, assidu, laborieux. On ne saurait se tromper en prenant la date de leurs premiers arrêts (1254) comme la vraie date du Parlement.

D'après les itinéraires qui nous ont été laissés [1], nous voyons, à cette époque, saint Louis se déplacer sans cesse : en 1255 il va de Paris à Chartres (20 février); à Tours (5-28 mars); il revient à Melun, à Vincennes; se rend à Senlis (4 mai); à Bresles en Beauvaisis (7 mai); à Beauvais (8 mai); reparaît à Villeneuve-Saint-Georges (4 juin). Puis, toujours en route, malgré les chaleurs de l'été ou les froids de l'hiver, il s'en va à Trappes (3 août); à Montereau (26 août); dans l'Orléanais (7 octobre); retourne dans le Beauvaisis, à Saint-Just (7 novembre); passe en Picardie, à Corbie (10 novembre), en Artois (13 décembre); revient dans le Laonnais, au mois de décembre (Laon, Corbigny); puis rentre par Reims (20 décembre) et Châlons, etc. Il en est ainsi presque chaque année. Louis IX visite les seigneuries, les villes, écoute sur place les plaintes, règle bien des différends, sème partout des fondations pieuses, les maisons Dieu, les aumônes, soulage les pauvres, visite les malades. Or, pendant ce temps, sa Cour demeure au Palais. Elle ordonne ou vérifie les enquêtes, entend des témoins et des plaideurs, reçoit les comptes qu'apportent les baillis, traite de toutes les affaires que les prélats et les barons lui soumettaient de gré ou de force. Ce n'est plus, les *Olim* le prouvent, une Cour nomade : elle est sédentaire.

Que le roi fût en voyage ou non, les Parlements se tenaient à la Saint-Martin d'hiver (2 novembre), à la Purification de la Vierge (2 février), à Pâques et à la Pentecôte, fêtes mobiles. La Cour ne jugeait que pendant ces périodes, mais les sessions tendent à se rejoindre : la Cour siége quasi sans interruption jusqu'à huit ou neuf mois de suite. Elle n'est plus périodique, mais annuelle ou plutôt permanente.

Parmi les conseillers, les grands officiers de la couronne, les

1. Voir, pour le détail des voyages de saint Louis : Le Nain de Tillemont, *Vie de saint Louis*, t. IV, p. 52 et suiv. et les itinéraires publiés dans l'Histor. de Fr., XXI, p. 406. — Voir aussi L. Delisle, *Les Voyages de saint Louis en Normandie*, Mémoires de la Société des antiquaires de Normandie, 2e série, t. X (1853).

prélats et les barons des Parlements féodaux, saint Louis désigne et retient ceux qu'il estime les plus capables de remplir une tâche déjà ardue. Lorsque le Parlement s'ouvre, le prince dresse la liste de ces élus. Pour un travail quotidien l'assiduité des mêmes personnages devient nécessaire, au moins durant un Parlement. A une réunion nombreuse, ouverte à tous les vassaux, se substitua un groupe de seigneurs et de clercs, versés dans le droit civil ou dans le droit canon, souvent dans l'un et l'autre droit, *pairs* cependant ou égaux des personnages cités devant eux. Ces seigneurs, ces grands officiers, ces dignitaires ecclésiastiques ne forment certes point un corps de juges : ils n'en sont pas moins pour un an, même pour une série d'années, des juges. La Cour a son personnel.

L'Ordonnance sur les gages de bataille et l'introduction de la nouvelle procédure accrurent naturellement le travail et l'influence de la Cour du roi. Sans doute les appels montèrent de cour en cour, selon les degrés de la hiérarchie féodale et beaucoup s'arrêtèrent à celle des ducs et des comtes. Mais un grand nombre aussi (il y a toujours des mécontents) allèrent encore du suzerain au suzerain de tous, au roi. La Cour s'encombra d'affaires affluant de toutes les seigneuries. Grâce aux appels, elle devint la Cour générale du royaume.

Ses sentences antérieures aux *Olim*[1] ne nous sont parvenues que sous leur forme exécutoire, c'est-à-dire comme chartes ou mandements du roi. C'était le roi, qui, de l'avis des barons, des « optimates », accordait, refusait, décidait, frappait. Le recueil des *Olim* est au contraire une série d'arrêts où la Cour juge, ordonne, condamne. Sans doute la formule exécutoire est maintenue au nom du roi, principe et source de la justice. Mais la Cour se montre revêtue d'une autorité qui se confond avec celle du prince. Elle l'affirme par son langage propre, ses expressions, son Style (*consuetudo*). Sa majesté personnelle apparaît constamment derrière la majesté royale. La Cour est vraiment souveraine.

La souveraineté, l'universalité, la fixité, la permanence, l'assi-

1. Voir Pardessus, *Essai sur l'organisation judiciaire*, Préface du tome XXI des *Ordonn.*, p. LV, et Boutaric, *Actes du Parlem. de Paris*; arrêts antérieurs aux *Olim*, p. 292.

duité des mêmes juges, la tenue de registres réguliers font que la Cour du roi semble toute transformée. Autrefois les érudits voulaient n'y reconnaître qu'une section judiciaire du Parlement. On a renoncé à cette erreur. La composition de ce tribunal montre bien qu'il était le Parlement lui-même.

La *Cour du roi* est donc le *Parlement*, et le Parlement la *Cour du roi*. Aussi, par une association des deux mots qui devient habituelle, disait-on déjà et dira-t-on à travers les siècles : *la Cour de Parlement*.

Glorifiée pendant cinq cent trente-six ans (1254-1790) comme la cour capitale et souveraine du royaume, la Cour de Parlement rappelait néanmoins les anciennes assemblées où se démenaient à la fois les besognes judiciaires et les besognes politiques. Dans un prochain volume nous détaillerons son rôle administratif et politique. Ici nous nous attacherons seulement à sa mission judiciaire. Mais l'examen approfondi de son organisation et de sa composition ne cessera de nous démontrer la double origine du Parlement et de nous expliquer pourquoi sa compétence fut universelle. Le Parlement a touché à tout parce que, dès le début, il eut le droit se mêler de tout.

LIVRE II

L'ORGANISATION DU PARLEMENT

CHAPITRE III

LES SESSIONS DU PARLEMENT. L'ANNÉE JUDICIAIRE

Grâce aux registres *Olim*, nous tenons en mains la gazette officielle du Palais au XIIIe siècle[1]. Si donc nous étions, le samedi 9 avril 1261, entrés dans la Chambre des Plaids[2], nous aurions vu rangés autour de la salle, sur de hauts bancs : deux prélats, l'archevêque de Rouen *Eudes Rigaud*, l'évêque d'Evreux *Raoul*, puis quatre abbés ou dignitaires de l'Église, véritables prélats : *Mathieu*, abbé de Saint-Denis, le doyen et le trésorier de l'église de Tours, le doyen de Saint-Aignan d'Orléans; le connétable de France,

1. Publication des *Olim* par le comte Beugnot et *Actes du Parlement de Paris*, par Boutaric. — Reprenant le travail du comte Beugnot, le consciencieux et sagace archiviste Boutaric, chargé par le comte de Laborde de l'analyse des premiers registres du Parlement, a suivi non plus l'ordre de ces registres, mais l'*ordre chronologique*. Ce surcroît de besogne qu'il s'est imposé, lui a permis de combler des lacunes et d'intercaler beaucoup d'actes qui manquent dans l'édition de Beugnot. Sa classification a en outre l'avantage de nous offrir, jour par jour, le tableau des occupations du Parlement et le mélange des procès. Nous y recourons donc généralement, sans pour cela négliger l'édition du comte Beugnot, qui nous fournit non des analyses sommaires, mais les textes eux-mêmes.

Fidèle à sa méthode, Boutaric a fait précéder les arrêts tirés des Olim de quatre arrêts rendus, à la fin de 1254, à Orléans, à Pontoise, de sorte que ses numéros ne cadrent plus avec ceux de Beugnot. Les intercalations d'actes nouveaux rendaient d'ailleurs impossible cette harmonie.

2. L'arrêt dont nous nous servons ici, est du samedi après *Lætare Jerusalem*, 9 avril 1261. Boutaric, *Actes du Parl.*, n° 541. Il renvoie au registre des Archives Olim I, fol. 22 v°. — Dans l'édition de Beugnot il se trouve, avec la date de 1260 (vieux style), au tome I, p. 503, n° XXX).

Gilles le Brun; cinq seigneurs : *Jean comte de Soissons*, messire *Pierre de Fontaines*, messire *Gervais de Sérans*, messire *Julien de Péronne*, messire *Mathieu de Beaune*, plus un autre noble, *Thibaud de Montliard*, maître des arbalétriers; cinq personnages qualifiés de maîtres : *Pierre de la Châtre*, chancelier de Chartres, *Eudes de Lorris*, *Jean d'Ully*, *G. de Chartres*, prêtre, *G. de Mont-Germond*; enfin, *Jean de Montluçon*, notaire, « celui qui a écrit », en tout *vingt-deux* juges. La cause à débattre ne répondait guère à la composition de l'auguste assemblée. Des religieux réclamaient une partie du bois de Vincennes entourée de vieux fossés : ils invoquaient et représentaient une ancienne donation dont l'authenticité ne fut sans doute pas démontrée : la Cour décida que le roi avait le droit de disposer du bois. Le bon saint Louis pouvait là, comme ailleurs, choisir le chêne sous lequel il tenait ses modestes et paternelles assises.

Joinville[1], de son côté, nous introduit également dans la Chambre des Plaids. Les moines de Saint-Urbain avaient élu deux abbés : l'évêque de Châlons les chassa tous deux et en nomma un troisième. Joinville ne le voulut agréer : il mit l'abbaye en sa main et fit tant que son candidat « emporta la crosse ». L'abbé excommunia le sénéchal de Champagne. « Dont il y eut, raconte-t-il, à un parlement qui fut à Paris, grand « tribouil » (querelle) de moi et de l'évêque Pierre de Châlons et de la comtesse Marguerite de Flandre et de l'archevêque de Reims, qu'elle démentit ». Au Parlement suivant » les prélats prièrent le roi de venir parler à eux tout seuls.... » « Quant il revint de parler aux prélats, poursuit Joinville, il vint à nous, qui l'attendions *dans la Chambre des Plaids*, et nous dit tout en riant le tourment qu'il avait eu avec ces prélats ». L'archevêque avait réclamé pour la garde de l'abbaye de Saint-Remi, l'évêque de Chartres pour quelques terres. Puis, « fit le roi, l'évêque de Châlons me dit : « Sire, que me ferez-vous du seigneur de Joinville qui enleva à ce povre moine l'abbaye de Saint-Urbain? » — « Sire évêque, fit le roi, entre vous avez établi que l'on ne doit « entendre nul excommunié en cour laie; et j'ai vu par des lettres scellées de trente-deux sceaux que vous êtes

1. Joinville, p.p. 242, 243, 244.

excommunié : « donc je ne vous écouterai jusque à tant que vous soyez absous. »

Cette affaire terminée, Joinville en eut une autre. L'abbé qu'il avait fait élire à Saint-Urbain, lui rendit « mal pour bien » et lui intenta un procès, se réclamant de la garde du roi. Joinville demanda une enquête. « Lors me dit le roi : « Disent-ils vrai que la garde de l'abbaye est mienne? » — « Certes, sire, non, mais « elle est mienne. » Lors dit le roi : « Il peut bien être que l'hé-« ritage est vôtre, mais en la garde de votre abbaye n'avez vous « rien. » Puis, s'adressant à l'abbé, saint Louis dit : « Non, je ne laisserai pas, pour chose que vous en dites, d'en faire savoir la vérité, car, si je le mettais en plaid ordonné je ferais tort à lui qui est mon homme, en mettant son droit en plaid (discussion) lorsqu'il offre à faire savoir la vérité clairement. » « Après l'enquête, ajoute Joinville, il me délivra la garde de l'abbaye et m'en bailla les lettres[1]. »

Les récits de Joinville complètent ce qu'a nécessairement de froid et d'aride le procès verbal des *Olim*, ils nous montrent les audiences de la Cour primitive encore mouvementées, intimes, simples et familières. On y retrouve la confusion des anciens parlements, tandis que dans le procès du bois de Vincennes nous assistons à une séance calme d'un vrai tribunal.

Telle une audience, telles les autres séances qui se succédaient, plus ou moins intéressantes, suivant l'affaire en cause et la qualité

1. Joinville n'a pas jugé à propos de nous mettre au courant de toutes les affaires qu'il a eues au Parlement. Mais, grâce aux *Olim*, nous en sommes informés. En 1257 il a un procès qu'on lui intente parce qu'il a saisi les biens de deux habitants de Joinville qui ont quitté le pays pour se faire bourgeois du roi. L'enquête prouva son bon droit. (Boutaric, *Act. du Parl.*, n° 119. — Beugnot, t. I, p. 17, III.)

En 1627, pour l'affaire de Saint-Urbain il est renvoyé à la cour de Champagne (*Olim*, Beugnot, t. I, p. 667, VI.)

En 1277 il se porte caution de deux gardes des foires de Champagne qu'on avait emprisonnés au Châtelet et qui furent mis en liberté. (*Ibidem.*, II, p. 101, XI, 2097.) — *Act. du Parl.*, n° 2097.)

En 1279 les moines de Saint-Jean de Laon prétendaient que leur prieuré de Ragecourt (diocèse de Toul) était sous la garde du roi. Un arrêt les renvoie à la cour du comte de Champagne pour obtenir justice du sire de Joinville, sénéchal de Champagne. (*Olim*. II, p. 137, XXIV. — *Act. du Parlem.*, n° 2207.)

En 1285, procès entre Jean, seigneur de Joinville, sénéchal, et qui gardait la terre de Champagne pour le roi (Philippe le Bel) quand il était en Aragon avec son père et Guillaume du Châtelet. (Langlois, *Textes pour servir à l'histoire du Parlem.*, p. 122, XC. Tiré de : *Li droiz et li coustumes de Champagne et de Brie*, édité par M. B. de Richebourg, Coutumier général, III, p. 219.)

En 1290, Joinville est encore caution de Jean de Chappes pour l'exécution d'un arrêt de la Cour (*Act. du Parl.*, n° 2708).

des personnages. Ce n'est pas encore le moment de passer en revue l'immense travail du Parlement. Disons seulement que, malgré les lacunes des premiers registres, c'est par centaines qu'il faut compter les procès examinés et vidés dans les sessions d'une même année.

Telle une session, telles se suivaient les autres sessions, d'abord sans règles fixes, suivant l'antique usage, aux fêtes solennelles de la Purification, de la Pentecôte, de la Toussaint, ou bien, rares exceptions, à l'Assomption, à la Nativité de la sainte Vierge. Durant les seize années que Louis IX consacra, entre ses deux croisades, à l'active et intelligente administration de son royaume, il tint généralement trois ou quatre Parlements, comme le démontre le tableau ci-joint. De ces Parlements déjà bien occupés il nous reste environ 1600 actes ou mentions d'actes[1].

1. **Les sessions du Parlement sous Saint Louis** * (d'après les Olim).

ANNÉES	DATES DE L'OUVERTURE DES PARLEMENTS	ACTES CONSERVÉS
1255.	Purification (ou la Chandeleur). 2 février. Durée incertaine.	46
1256.	Id. 2 février	14
1257.	Purification. 2 février.	21
	Pentecôte. 27 mai.	34
	Nativité de la Sainte-Vierge, tenu à Melun. 8 septembre. .	20
	Saint-Martin d'hiver. 11 novembre.	55
1258.	Pentecôte. 12 mai.	34
	Octave de la Nativité de la Sainte-Vierge. 15 septembre. . .	18
	Saint-Martin d'hiver. 11 novembre.	1
1259.	Octave de la Chandeleur. 9 février.	30
	Pentecôte. 1er juin.	23
	Nativité et octave de la Nativité de la Sainte-Vierge (8, 15 sept.).	24
	Toussaint et Saint-Martin. 1er et 11 novembre.	25
1260.	La Chandeleur et Octave. 2 et 9 février.	24
	L'Ascension. 13 mai	41
	Octave de la Nativité de la Sainte-Vierge. 15 septembre. . .	22
	Saint-Martin. 8 novembre.	26
1261.	Octave de la Chandeleur. 9 février	43
	Pentecôte. 12 juin	25
	Octave de la Nativité de la Sainte-Vierge. 15 septembre . .	21
	Parl. de la Saint-Martin. 11 novembre.	26
1262.	Octave de la Chandeleur. 9 février.	28
	Point de Parlement à la Pentecôte à cause du mariage de Philippe, fils du roi, célébré à Clermont.	

*. Ce tableau et les tableaux suivants ont été ébauchés par Klimrath, Boutaric et par M. Langlois. (*Textes du Parlement*, p. 229, appendice.) Nous les avons repris et complétés autant qu'il nous a été possible, nous aidant de l'*Inventaire* de Boutaric, des *Olim* de Beugnot, et de l'*Essai de restitution d'un volume des Olim* de M. Léopold Delisle.

Le nombre des actes conservés des Parlements de saint Louis est d'environ 1560. Pour les années 1269 et 1270 il faut ajouter les 100 premiers numéros de l'*Essai de restitution*, de sorte que le chiffre de 1600 se trouve dépassé.

Sous le règne de Philippe le Hardi, paisible pourtant et marqué seulement par deux expéditions en Espagne, les convocations du Parlement deviennent irrégulières. Les rivalités intérieures dans l'entourage du roi, les luttes des divers conseillers qui se disputaient l'influence, trahissaient bien l'indécision du roi, sa volonté flottante. Au milieu des dérogations fréquentes aux traditions anciennes, se manifesta l'habitude de ne plus réunir que *deux* Parlements, celui de la Toussaint et celui de la Pentecôte. Encore est-ce le premier qui subit le moins d'interruptions et, qui, pour ainsi dire, effaça les autres. En ajoutant les actes des registres à ceux que, par un effort admirable d'érudition, a reconstitués M. Léopold Delisle, dans son *Essai de restitution d'un volume des Olim*[1],

ANNÉES	DATES DE L'OUVERTURE DES PARLEMENTS	ACTES CONSERVÉS
	Octave de l'Assomption. 22 août	17
	Octave de la Toussaint. 8 novembre	37
1263.	Octave de la Chandeleur. 9 février	31
	Pentecôte. 20 mai	25
	Saint-Martin. 11 novembre	42
1264.	Octave de la Chandeleur. 9 février	22
	Pentecôte. 8 juin	36
	Octave de la Toussaint. 8 novembre	38
1265.	Octave de la Chandeleur. 9 février	20
	Pentecôte. 24 mai	38
	Octave de la Toussaint. 8 novembre	34
1266.	Octave de la Chandeleur. 9 février	39
	Pentecôte. 16 mai	23
	Octave de la Toussaint. 8 novembre	32
1267.	Octave de la Chandeleur. 9 février	18
	Octave de la Pentecôte. 12 juin	37
	Octave de la Toussaint. 8 novembre	45
1268.	Octave de la Chandeleur. 9 février	40
	Pentecôte. 27 mai	30
	Octave de la Toussaint. 8 novembre	44
1269.	Octave de la Chandeleur. 9 février	40
	Pentecôte. 12 juin	46
	Toussaint. 1er novembre	56
1270.	Chandeleur. 2 février	40
	Pentecôte. 1er juin	52

1. Un volume des *Olim* a été perdu. M. Léopold Delisle a cherché et réussi à combler cette lacune. Il a, en compulsant les manuscrits et les documents imprimés, retrouvé des mentions, des extraits, souvent des textes, des jugements rendus sur enquêtes de 1273 à 1298 et qui composaient le « Livre Pelu Noir » de Nicolas de Chartres. Effort immense d'érudition qui n'a peut-être pas été apprécié comme il mérite de l'être, mais auquel rendront hommage tous ceux qui, comme nous, auront à faire des recherches sur les premiers temps du Parlement. Cet *Essai de restitution*, qui ne comprend pas moins de 935 numéros, a été joint avec justice à la publication officielle des Actes du Parlement et au premier volume de l'Inventaire de Boutaric (p. 297).

on obtient environ 1500 actes conservés pour le règne assez court de Philippe le Hardi [1].

D'ordinaire, c'est à la fin de chaque Parlement qu'est indiquée la date où doit s'ouvrir le Parlement suivant. Il était de raison qu'il en fût ainsi, puisque les délais pour la clôture des enquêtes et pour les assignations expiraient à cette date. On savait d'avance quand recommenceraient les sessions de la Cour de Justice et, s'il y avait mécompte, c'était plutôt par retard, sans préjudice

1. **Les sessions du Parlement sous Philippe le Hardi.**

ANNÉES	DATES DE L'OUVERTURE DES PARLEMENTS	ACTES CONSERVÉS
1270.	Parl. de la Toussaint. 1er novembre. Le roi absent. . .	18
	Parl. de la Saint-Martin, 11 novembre. Le roi absent. .	54
1271.	Parl. de la Chandeleur. 2 février.	49
	Parl. de la Pentecôte. 24 mai	43
	Parl. de l'octave de la Toussaint. 8 novembre	61 + 29 E. R. *.
1272.	Point de Parl. à la Chandeleur et à la Pentecôte à cause de l'expédition contre le comte de Foix. On a cependant un acte d'un Parl. de l'Ascension.	
	Parl. de l'octave de la Toussaint. 8 novembre	112
1273.	Parl. de la Pentecôte. 28 mai.	46 + 38 E. R.
	Parl. de l'Assomption. 15 août	1
	Parl. de la Toussaint. 1er novembre.	1 + 23 id.
1274.	Parl. de l'Assomption. 15 août	2 + 18 id.
1275.	Parl. de la Chandeleur. 2 février	22 + 18 id.
	Parl. de la Pentecôte. 2 juin.	8 + 13 id.
	Parl. de la Toussaint. 1er novembre.	12 + 23 id.
1276.	Parl. de la Pentecôte. 24 mai.	19 + 19 id.
1277.	Parl. de la Chandeleur. 2 février.	35 + 4 id.
	Parl. de la Madeleine. 22 juillet.	33 + 13 id.
1278.	Parl. de l'Épiphanie. 6 janvier.	34 + 39 id.
	Parl. de la Toussaint. 1er novembre	64 + 24 id.
1279.	Parl. de la Pentecôte. 21 mai	37 + 29 id.
	Parl. de la Toussaint. 1er novembre	40 + 23 id.
1280.	Parl. de la Pentecôte. 9 juin.	46 + 23 id.
	Parl. de la Toussaint. 1er novembre.	1
1281.	Parl. de la Pentecôte. 1er juin.	53 + 29 id.
	Parl. de la Toussaint. 1er novembre	31 + 15 id.
1282.	Parl. de l'octave de Saint-Martin. 18 novembre.	
	Parl. de la Pentecôte. 17 mai.	18 + 10 id.
	Parl. de la Toussaint et de la Saint-Martin. 1er-18 nov. .	46 + 32 id.
1283.	Parl. de la Pentecôte. 6 juin.	15 + 12 id.
	Parl. de la Toussaint. 1er novembre.	14 + 20 id.
1284.	Parl. de la Pentecôte. 28 mai	17 + 10 id.
	Parl. de la Toussaint. 1er novembre.	• + 5 id.
1285.	Parl. de la Pentecôte. 13 mai.	20 + 19 id.
	Sous Philippe le Hardi nous comptons environ 986 actes et 522 que donne l'*Essai de restitution*.	

*. Nombres indiqués par l'*Essai de restitution*, pp. 102-131.

pour les plaideurs autre que la prolongation de l'attente. Mais, sous Philippe le Bel, l'organisation du Parlement a déjà fait de tels progrès qu'on sent le besoin d'édicter des mesures générales. Aussi, parmi les premières Ordonnances qui concernent le Parlement, ou du moins qui nous ont été conservées, « il est ordonné qu'en temps de guerre le roi fera un Parlement en l'année », à l'octave de la Toussaint. En temps de paix, il tiendra *deux* Parlements, l'un à l'octave de la Toussaint, l'autre dans les trois semaines de Pâques. Une autre Ordonnance (probablement de 1307) rappelle cette règle des deux Parlements annuels. Les registres la confirment. D'un tableau qu'ils nous ont aidés à dresser, il ressort également que la seconde session, ouverte après Pâques ou à la Pentecôte, est souvent supprimée par les expéditions ou entreprises de Philippe le Bel. Reste presque immuable la session de la Toussaint, à l'entrée de l'hiver : elle se prolonge jusqu'au printemps, au mois d'avril, puis jusque dans l'été (mois de juillet et d'août), quelquefois plus tard. Le nombre des procès croît sans cesse : le chiffre de 2150 actes auquel on arrive pour le règne de Philippe le Bel, est certainement inférieur au chiffre réel, puisque nous avons perdu beaucoup de documents.

Le Parlement siège déjà les trois quarts de l'année, disons l'année tout entière. Même dans les mois de repos, quelques membres, au lieu d'aller aux champs, demeurent à « rubricher » les enquêtes, à rendre des arrêts : c'est ce que nous appellerons la *Chambre des Vacations* [1].

[1] **Les sessions du Parlement sous Philippe le Bel.**

ANNÉES	DATES DE L'OUVERTURE DES PARLEMENTS	ACTES CONSERVÉS
1285.	Parl. de la Toussaint. 1er novembre.	14 + 10 E. R.
1286.	On n'a du Parl. de la Pentecôte (2 juin) que quelques arrêts pour le roi d'Angleterre	14
	Parl. de la Toussaint. 1er novembre.	14 + 20 id.
1287.	Parl. de la Pentecôte. 22 mai.	21 + 31 id.
	Parl. de la Toussaint. 1er novembre.	30 + 22 id.
1288.	Parl. de la Pentecôte. 16 mai.	15 + 22 id.
	Parl. de la Toussaint. 1er novembre.	15 + 20 id.
1289.	Parl. de la Toussaint et de la Saint-Martin. 1er et 11 nov.	17 + 8 id.
1290.	Parl. de la Pentecôte. 21 mai.	32 + 32 id.

Sous les fils de Philippe le Bel, la *session unique* se dessine nettement. Elle ne commence plus à la Toussaint, mais après l'octave de cette fête, à la Saint-Martin d'hiver (11 novembre). Quoique le culte de saint Denis fût devenu prépondérant sous les

ANNÉES	DATES DE L'OUVERTURE DES PARLEMENTS	ACTES CONSERVÉS
1291.	Parl. de la quinzaine de la Chandeleur. 16 février . . .	36 + 30 id.
	Parl. de la Toussaint. 1er novembre.	38 + 17 id.
1292.	Parl. de la Toussaint. 1er novembre.	40 + 17 id.
1293.	Parl. de la Toussaint. 1er novembre.	66 + 6 id.
1294.	Parl. de la Toussaint. 1er novembre.	33 + 6 id.
1295.	Parl. de la Toussaint. 1er novembre.	23 + 19 id.
1296.	Parl. de la Toussaint. 1er novembre.	35 + 21 id.
1297.	Pas de Parlement.	
1298.	Parl. de la Toussaint. 1er novembre.	32 + 19 id.
1299.	Parl. de la Toussaint. 1er novembre.	
	Arrêts jusqu'en septembre 1300.	86
1300.	Parl. de la Toussaint. 1er novembre.	
	Arrêts jusqu'en mars 1301.	43 + 16 des vacations
1301.	Parl. de la Toussaint. 1er novembre.	
	Arrêts jusqu'en avril 1302.	80
1302.	10 avril. Premiers ÉTATS-GÉNÉRAUX.	
	11 juillet. Défaite de Courtrai. Expédition d'automne contre la Flandre.	
	Pas de Parlement à la Toussaint.	
1303.	Parl. de l'octave de la Chandeleur. 9 février	13
	Assemblée du Louvre (mars). Lutte contre Boniface VIII.	
	Pas de Parl. à la Toussaint.	39 des vac. de 1303 et 1304
1304.	Expédition de Flandre.	
	14 août. Victoire de Mons en Pevèle.	
	Parl. de la Toussaint. 1er novembre.	
1305.	Arrêts jusqu'en mars 1305 quelques-uns en juin, octobre	46
	Pas de Parl. à la Toussaint.	
1306.	Parl. de l'octave de Pâques. 10 avril	56
	Parl. de l'octave de la Toussaint. 8 novembre	58
1307.	Parl. de la Toussaint. 1er novembre.	69
1308.	Parl. de la Toussaint prorogé à l'octave de Noël.	
	Arrêts jusqu'en mai 1309.	150
1309.	Parl. de la Saint-André. 30 novembre. Arrêts jusqu'en avril 1310.	115 + 7 de vac.
1310.	Parl. de la Toussaint. 1er nov. Arrêts jusqu'en nov. 1311.	142
1311.	Parl. de l'octave des Brandons (1er dim. de carême). . .	85
1312.	Parl. de l'octave de la Saint-Martin.	132
1313.	Arrêts jusqu'en avril 1313.	
	Vacations (avril-novembre).	47
	Commencement des registres criminels.	47 de vac.
	Parl. de l'octave de Saint-Martin. 18 novembre	163
1314.	Arrêts jusqu'en août et septembre 1314.	

Sous Philippe le Bel, environ 1800 actes et 350 de l'*Essai de restitution*.

Capétiens, celui de saint Martin, si populaire sous les Mérovingiens et les Carolingiens, avait conservé beaucoup d'éclat. Ce fut sous le patronage de l'évêque de Tours, du grand apôtre des Gaules, que s'ouvrit dès lors (et jusqu'à la fin de l'ancien régime) la session du Parlement. Elle se continuait, plus au moins longue, jusqu'en juillet, en août, en septembre de l'année suivante et parfois les vacations étaient fort courtes [1].

Ainsi de l'année civile, qui commençait alors à Pâques, se distingua une *année judiciaire*, de la Saint-Martin d'hiver à l'autre,

1. **Les sessions du Parlement sous les fils de Philippe le Bel.**

RÈGNES	ANNÉES	DATES DE L'OUVERTURE DES PARLEMENTS	ACTES CONSERVÉS
Louis X le	1314.	Parl. de la Toussaint. (Novembre, décembre,	117
Hutin.	1315.	janvier, février, mars, avril, mai, juin, juillet.)	
		Pas de Parl. à la Saint-Martin. (Vacations.)	
	1316.	Vacations. (Février, mars, avril, mai, juin). .	
Jean Ier		Parlement tenu par le Régent (juillet) on n'a	
Régence.		que la liste des juges.	
Philippe V		Parl. de la Toussaint. (Novembre, décembre.	
le Long.	1317.	Janvier, septembre, octobre, novembre). . .	390
		Parl. du lendemain de la Saint-André. 1er déc.	
	1318.	Se prolonge en 1318 de janvier à octobre. .	482
		Parl. du lundi après la Saint-Martin.	
		13 novembre, se prolonge jusqu'à décembre.	
	1319.	Janvier jusqu'à octobre 1319.	300
		Parl. de la Saint-Martin. 12 novembre, se prolonge jusqu'à juin 1320.	238 + 47 de vac.
	1320.	Parl. de la Saint-Martin. 12 novembre, se prolonge jusqu'en mai 1321.	254 + 86 de vac.
	1321.	Parl. de la Saint-Martin. 13 novembre, se prolonge jusqu'en mai 1322	417 + 115 de vac.
Charles IV le Bel.	1322.	Parl. de la Saint-Martin. 12 novembre, se prolonge jusqu'en juin 1323	318 + 63 de vac.
	1323.	Parl. de la Saint-Martin. 14 novembre, se prolonge jusqu'en mai 1324	376 + 116 de vac.
	1324.	Point de Parlement à la Saint-Martin.	
		Arrêts de vacations (jusqu'à octobre 1325). .	111
	1325.	Parl. de la Saint-Martin. 12 novembre, se prolonge jusqu'en mai 1326.	153 + 133 de vac.
	1326.	Point de Parlement à la Saint-Martin.	
		Arrêts de vacations, novembre, décembre.	
	1327.	Arrêts de vacations. Janvier, octobre 131.	
		Parl. de la Saint-Martin. 12 novembre. . . .	Arrêts perdus.
		Se poursuit durant une partie de l'année 1328.	

A partir de 1328, les sessions se succèdent régulièrement, sauf quelques interruptions causées par les guerres.
Il devient inutile de prolonger ce tableau.

de novembre à novembre, et portant, pour chaque partie, deux millésimes différents. Cette année judiciaire a survécu aux changements de l'année civile : elle est encore la nôtre [1].

1. Jusqu'à ces dernières années, la rentrée des cours et tribunaux avait lieu le 2 novembre. Par le décret du 4 juillet 1885, on l'a avancée seulement d'une quinzaine de jours, au 15 octobre. Il n'est pas jusqu'aux vacances de Pâques et de la Pentecôte qui ne rappellent les primitives interruptions des sessions du Palais.

CHAPITRE IV

LES ORDONNANCES CONSTITUTIVES DU PARLEMENT

I. — Les ordonnances de Philippe le Hardi et de Philippe le Bel.

Il nous a fallu compter l'une après l'autre les sessions du Parlement pour montrer comment s'était établie leur unité. Les rois et leurs conseillers se laissaient guider, quasi au jour le jour, par les affaires plutôt qu'ils ne les conduisaient. Sous le règne de Philippe le Hardi, toutefois, nous rencontrons des Ordonnances spéciales sur le Parlement. Ce prince, figure si effacée dans l'histoire générale, mérite cependant de retenir notre attention.

Philippe le Hardi fut un continuateur pieux, quoique faible, de saint Louis, C'était un prince vigoureux, « hardi de corps », dit un poète; de là peut-être vient son surnom qu'il n'a pas justifié. D'un esprit médiocre et étroit, il pratiqua les austérités de saint Louis sans avoir la largeur de ses vues. Dans la première partie de son règne, il combla de biens un favori, Pierre de la Brosse (ou Broce), qu'il fit ensuite mener au gibet (1278); dans la seconde, il abandonna l'influence à sa mère, Marguerite de Provence, et à la nouvelle reine, Marie de Brabant : il y avait au Palais rivalités entre Provençaux et Brabançons. Philippe le Hardi, malgré son humeur pacifique, ne laissa pas de montrer quelque activité guerrière. Il recueillit, lance en mains, la succession de son oncle Alphonse de Poitiers, le riche comté de Toulouse; il avertit les seigneurs du midi, par le châtiment des comtes de Foix et d'Armagnac, qu'ayant perdu leur suzerain ils venaient de passer sous l'autorité d'un suzerain plus redoutable. A peine voisin de l'Espagne, il inaugura avec ce pays nos luttes aussi longues que stériles. Pour affirmer les droits des jeunes infants de La Cerda, ses neveux, au trône de Castille, Philippe se dirigea, en 1276, vers les Pyrénées, avec une chevalerie si nombreuse « que tous les champs étaient couverts de gens ». Mais, arrivé à Sauveterre, en Béarn, il dut s'arrêter; les seigneurs, dit une chronique, « tinrent Parlement et attendirent le charroi et les sommiers ». Ils se lassèrent d'attendre, car on n'avait pourvu à rien. Philippe, parti avec imprévoyance, revint sans gloire[1]. Indifférent, il s'en consolait en « chassant par ses forêts, et, quand il se fut esbatu grant pièce parmi sa terre, il s'en retourna au bois de Vincennes »[2]. De même qu'il n'avait osé, en 1273, profiter des désordres de l'Allemagne, ni saisir la couronne impériale qui tomba sur la tête d'un petit seigneur de Habsbourg, de même il ne sut soutenir en Italie le royaume français de son oncle Charles d'Anjou. Il frémit pourtant en apprenant l'horrible massacre des Français à Palerme, les sanglantes Vêpres siciliennes (1282). Deux ans il se prépare à faire expier à l'Aragon les fureurs de la Sicile. En 1286 « eut un moult grand Parlement à Paris », et le roi de France reçut du légat du Saint-Siège le royaume d'Aragon pour son second fils Charles de Valois. Philippe entra en Roussillon, sur les terres du roi de Majorque, son allié (1286), puis cette fois franchit les montagnes tandis qu'une flotte suivait les côtes : il s'empara d'Elne, usa ses forces à la prise de Girone et se trouva, à l'automne, maître de quelques places, « lorsqu'il avait cru, dit Nangis, prendre tout Aragon et toute Espagne ». Sa flotte était battue, son armée détruite par les maladies, et il se vit obligé de la ramener à travers les montagnes sous des pluies torrentielles. Lui-même, après avoir à peine touché le seuil de la terre qui lui avait été promise, ne put rentrer

1. Voir pour le règne de Philippe le Hardi le travail si complet et si documenté de M. Ch. V. Langlois, *Histoire du règne de Philippe le Hardi*. (Paris, Hachette, 1887).

2. Après son échec de Sauveterre, « il revint parmi son royaume, chaçant par ses forès comme cil qui moult en amoit le déduit, et quand il se fut esbatu grant piece parmi sa terre, il s'en revint au bois de Vincenne de lez Paris ». Chronique anonyme, p. 92. *Histor. de Fr.*, XXI, 94.

en son royaume, et il mourut à quarante ans, à Perpignan, dans les domaines du roi de Majorque, sans revoir ni ses forêts, ni le bois de Vincennes.

Les quinze années de son règne, toutefois, ne furent pas sans assurer à la royauté la force que donne une administration plus régulière. Tandis qu'il « s'esbatait parmi sa terre », ses conseillers, au Palais, jugeaient, légiféraient, mettaient un peu d'ordre dans les recettes et les dépenses, déjà considérables sous un roi plus luxueux que Louis IX. Non seulement ils reprenaient et complètaient les règlements de saint Louis, mais ils en formulaient d'autres sur les sergents royaux, la monnaie, l'expulsion des marchands lombards, l'amortissement des biens acquis par les églises, les joutes, les tournois, etc. En 1278, ils firent signer à Philippe le Hardi une Ordonnance sur le Parlement, que nous analysons plus loin. Avec les actes de sa Cour, très occupée, ce règlement témoigne plus en faveur de Philippe que les chroniques si discrètes (et pour cause) sur ses exploits; son administration préparait celle de Philippe le Bel.

Philippe le Hardi avait, dès le début de son règne, craint de ne point vivre longtemps : en 1271, il avait fixé à quatorze ans la majorité de son fils aîné. Ce fils, Philippe IV le Bel, chevalier à quinze ans, époux à seize d'une princesse plus jeune encore, fut roi à dix-sept ans. Il ceignit la couronne presque aussitôt que l'épée, déjà capable de frapper avec l'une et de porter l'autre. Plus encore que son père, il était doué d'avantages physiques alors singulièrement estimés [1] : une belle figure qui lui valut son surnom, une rare vigueur, car, s'appuyant sur deux hommes, chaque main sur une épaule, il les forçait à plier [2]. L'intelligence éclairait, mais aucun sentiment, si ce n'est parfois la colère, ne venait animer son visage froid et dur. Le regard sans expression troublait par sa fixité ceux qui osaient le soutenir. C'était, a dit un de ses ennemis, « le regard du duc, le plus beau, mais le plus vil des oiseaux [3] ».

1. Guillaume l'Écossais, moine de Saint-Denis, en a tracé dans sa Chronique un portrait trop flatté. *Histor. de Fr.*, t. XXI, p. 201.

2. Chronique anonyme. Bibl. nat. 5689 G (citée par Boutaric).

3. C'est Bernard de Saisset qui faisait cette comparaison. (Dupuy, *Preuves du différend de Philippe le Bel et de Boniface VIII*, p. 644. — Voir sur Philippe le Bel l'ouvrage si savant et malheureusement trop analytique de Boutaric.

Disciple d'un maître en théologie, le fameux Gilles de Rome, qui écrivit pour lui le livre *Du gouvernement des princes*, Philippe avait étudié la *Politique* d'Aristote et Jean de Meung traduisit à son intention la *Consolation philosophique* de Boèce : c'étaient moins les malheurs que les discussions du philosophe, lointain précurseur de la scolastique, moins ses idées morales que ses syllogismes qui avaient appelé sa préférence. Philippe, sans doute, se glorifiait de son aïeul qu'il fit canoniser (1297), mais il n'imita que ses pratiques religieuses, non sa charité, ni ses scrupules. Brutal comme les guerriers, subtil comme les docteurs du temps, rusé et perfide, vif et raisonneur, audacieux et prudent, Philippe le Bel, caractère inexpliqué et peut-être inexplicable, mêla l'ardeur à la dissimulation, le calcul à l'emportement et garda l'énergie sans la franchise et la loyauté du chevalier. Il annonçait le XIVe siècle, où il aura tant d'imitateurs parmi les seigneurs et les princes.

L'orgueil fut le vice principal de Philippe le Bel. Fier d'un royaume que pourtant il partageait avec des milliers de vassaux, bercé par les légistes au bruit flatteur des maximes romaines, il se croyait un empereur quand il n'était qu'un suzerain. Aussi voulut-il dominer seul l'Église de France, saisir la Flandre et la Guyenne, discipliner les seigneurs indociles. Pour de vastes desseins il a peu de ressources : une armée qui se disperse aussitôt que réunie, des nobles qui lui marchandent le temps, sinon la bravoure, et desquels il ne peut exiger d'argent. Or l'argent lui est nécessaire pour solder ses baillis et ses prévôts qu'il a multipliés, pour punir ou récompenser, pour négocier ou combattre, pour lutter contre le pape, auquel il dispute précisément les richesses d'Église. Celles-ci mêmes ne lui suffiront pas, car il lui faudra encore les dépouilles des Templiers, des tailles écrasantes pour les roturiers et les honteux profits de l'altération des monnaies. L'argent sera à la fois le nerf et le but de sa politique, quelquefois la cause de ses revers. Ses exactions poussèrent les Flamands vaincus à la révolte et lui valurent le désastre de *Courtrai* (1302) qu'il ne répara qu'à moitié à *Mons en Pevèle* (1304). Trop habile pour n'être que violent, trop emporté pour ne pas perdre le fruit de ses ruses, Philippe le Bel se distingua surtout des autres princes en ce qu'il mêla la procédure aux combats. Il avait compris les avantages du nouveau système judiciaire qui s'était développé : ses légistes appréhendèrent au corps et le comte de Flandre, Gui de Dampierre, et jusqu'au pape Boniface VIII, qui ne les arrêta ni par le prestige de sa vieillesse ni par l'appareil de ses ornements sacrés. Philippe s'acharna après lui jusqu'à vouloir imposer au pape Clément V un procès contre la mémoire d'un pape. Puis il engagea et conduisit le trop fameux procès des Templiers. Michelet, avec sa vive imagination, l'a justement défini un « procureur en cuirasse ». Mais cet historien trop passionné lui a prêté des idées de notre époque. Philippe le Bel, en son armure de fer, bataille autant qu'il plaide, brusque les arrêts ou s'en passe. Vrai baron du Moyen-Age, il ne songe ni à ébranler l'Église dont il insulte le chef, ni à détruire la féodalité dont il garde les préjugés et les mœurs. Il ne cherche qu'à faire craindre son autorité et à arracher de l'argent. Souple et despote, c'est un prince qui se débat au milieu de liens multiples qu'il n'avait ni la volonté ni la force de rompre. Philippe le Bel ne fut pas, comme on l'a dit, un roi moderne ennemi des traditions ecclésiastiques et seigneuriales, mais un roi féodal aux prises avec des difficultés administratives, déjà modernes, qu'augmentait une ambition de tous les temps.

Ce qui, en réalité, a rehaussé ce règne parfois si sombre de vingt-neuf ans, c'est que le gouvernement monarchique s'affermit en dépit des troubles : il apparut dessiné selon les grandes lignes qui devaient rester les siennes jusqu'en 1789. L'esquisse, commencée depuis Louis VI, se précisa. La royauté française se révéla la plus puissante qu'il y eût en Europe, avec une armée d'officiers et de sergents zélés, avec le Parlement, son appui, avec les États généraux, son contrôle illusoire.

En fermant la session du Parlement, on indiquait l'ouverture de la session prochaine. Il est probable que de bonne heure à cette désignation des dates furent jointes quelques dispositions particulières. C'est pour cette raison sans doute qu'avant le règne de Philippe le Hardi nous ne rencontrons pas d'Ordonnances générales sur le Parlement. Ces règlements, renouvelés sous saint Louis jusqu'à quatre fois par an, ne paraissaient pas de nature à être conservés au Trésor des Chartes. Les greffiers les négligèrent dans la confection de leurs registres d'abord sommaires.

On peut donc, à vrai dire, considérer l'Ordonnance de 1278 comme la première, puisque l'érudition moderne n'a rien pu trouver qui infirmât cette primauté. En ses 29 articles, elle nous offre le dessin des Ordonnances générales qui se succéderont de règne en règne, se complétant ou se contredisant. Ce statut de janvier 1278[1] (n. st.) avait pour but « l'abrègement des Parlements » parce que les sessions déjà tendaient à se rejoindre. Il règle la présentation des parties, que les « clercs des arrêts » désigneront et que les « huissiers » appelleront. Il recommande au demandeur la brièveté dans sa plainte et au défendeur dans sa réponse. Il oblige à « mettre en écrit » le « fait proposé ou nié » et démontre le progrès de la procédure écrite. Nous pénétrons quasi dans la Chambre des Plaids : « les parties entreront par la porte de la salle et sortiront, quand elles auront plaidé, par la porte donnant sur le jardin ». Les avocats ne doivent pas alléguer le « droit écrit » pour les « pays de droit coutumier ». Aucun procureur clerc ne peut plaider pour autrui, si ce n'est pour son église ou ses parents, car il faut que le procureur soit justiciable de « la justice séculière ». Les avocats se garderont bien, quand ils seront deux pour un plaideur, de refaire le même discours. Les Juges, « ceux qui seront du conseil », mettront grand soin à retenir ce que l'on proposera; « ils écouteront » en paix les plaidoiries, « ils rendront les arrêts le jour même ou le lendemain au plus tard (bien vaine prescription.) Quelques-uns des maîtres entendront les requêtes dans la salle et enverront au roi celles qui demanderaient des grâces. La « terre gouvernée par droit écrit » aura ses procès jugés par des *auditeurs* de la Cour. Les enquêtes

1. L'Ordonnance du 7 janvier 1277 v. st. (1278) a été publiée d'abord par Gibert dans le tome XXX (p. 624) des *Mémoires* de l'ancienne Académie des inscriptions, puis dans le *Recueil des ordonnances*, tome XI, p. 354. M. Ch. V. Langlois (*Hist. de Philippe le Hardi*, Appendice, p. 429, et *Textes du Parlement*, p. 95, LXXII) en a fait une nouvelle publication, ainsi que M. Guilhiermoz (*Enquêtes et procès*, p. 600).

D'après les notes très détaillées fournies par M. Guilhiermoz, nous n'avons pas l'original de cette Ordonnance, mais des traductions. Elles se trouvent dans un recueil de du Tillet (manuscrit), Bibl. nat. ms. français 16199-16201, folio 225, et 21192-193, fol. 242 ; 532-533, folio 126, de la collection Dupuy. Les Archives en ont une, mss U. 438-439 (f. 88). C'est d'après ce manuscrit (traduction A) que M. Guilhiermoz a établi le texte qu'il a donné, le comparant avec une autre traduction (trad. B) que M. Ch.-V. Langlois a empruntée à deux manuscrits des Établissements de saint Louis.

Il y a encore une autre traduction (trad. C) au début de l'*Abrégé champenois des Établissements* que M. Guilhiermoz met en regard des autres (Appendice, IV, p. 604.)

seront examinées par des *regardeurs entendeurs* et des maîtres choisis par la Cour. Dans les délibérations, il ne faut pas interrompre celui qui parle, ni recommencer ce qui aurait été dit. Tant que les affaires du premier bailliage ne sont pas terminées, on ne passera pas à celles du second, et ainsi de suite. Nul, après les termes de son bailliage, ne doit être admis à rien réclamer. Si l'une des parties, quand la demande est faite, sollicite jour de conseil, on le lui accordera : alors elles viendront toutes deux le lendemain « bien matin » pour qu'elles puissent être expédiées avant toutes les autres. En la Chambre des Plaids, il y aura toujours un clerc pour les lettres de sang (le criminel) et un autre clerc pour les autres lettres. Le plaideur qui aura intenté une action « de défaute de droit » ou appelé « de faux jugement », s'il perd, « sera puni de grande peine ». Puis le roi ajoute : « Que les chevaliers et les clers soient toujours attentifs à faire les choses qui appartiennent à la délivrance du Parlement, viennent tous bien matin et ne s'en partent avant le terme ». Enfin, pour diminuer le nombre des causes apportées au Parlement, il attribue aux baillis la connaissance des questions « de nouvelle dessaisine » (relatives à un trouble de possession) et aussi des plaintes adressées contre les prévôts et les sergents. Telle est, en sa forme naïve, cette Ordonnance première, confuse et simple tout à la fois, que nous avons tenu à analyser pour nous dispenser de détailler celles qui suivirent et dont nous serons obligés de distribuer les articles selon les matières que nous aurons à étudier.

Philippe le Bel rendit huit Ordonnances touchant le Parlement, (du moins c'est le nombre de celles qui ont été retrouvées). En 1291 [1], il désigne des conseillers pour recevoir les requêtes, d'autres pour juger les enquêtes ; il établit le principe fondamental que les juges ne peuvent siéger dans les affaires de leurs parents ; il réédite les prescriptions relatives aux avocats. En 1296, une Ordonnance dont on ne garantit point la date, mais plus développée que les autres, détermine les sessions telles que nous les avons indiquées, publie la liste des membres de la Chambre des Plaids, écarte les baillis, détermine les règles des jugements, oblige les

1. *Ord.* t. I, p. 320. — Langlois, *Textes relatifs au Parlement*, p. 156.

juges à l'assiduité, assure les distributions des besognes : requêtes, enquêtes, auditoire du droit écrit, Échiquier de Normandie, Jours de Troyes. L'Ordonnance célèbre de 1303, publiée après la réunion des États-Généraux, la première de ces grandes Ordonnances de réformation, tant de fois répétées, qui ne changèrent rien en promettant d'améliorer tout, contenait, au milieu de ses 92 articles, six ou sept prescriptions relatives au Parlement : privilèges accordés aux prélats pour leurs causes, recommandations contre les lenteurs de la procédure, exclusion des baillis, qui ne pouvaient être juges et parties; souveraineté du Parlement[1]. L'Ordonnance de 1307 (ou du moins celle qu'on rapporte à cette date), donne des listes qui nous montrent la composition du Parlement. Celle de 1310, que M. Charles-V. Langlois a signalée[2], plus importante, est relative aux enquêtes et à l'impartialité. Enfin, après une liste de 1313, la Cour elle-même, en 1314, par quelques décisions secondaires, prouve qu'elle est en pleine possession de son autorité et fixe sa procédure.

Ce dernier règlement toutefois appartient au règne du successeur de Philippe le Bel. Ce prince, en effet, était mort au mois de septembre 1314, à quarante-six ans. Il lassait, outre sa fille Isabelle, mariée au roi d'Angleterre Édouard II, trois fils, Louis, Philippe, Charles, florissants de jeunesse; ils régnèrent et moururent tous trois dans l'espace de quatorze ans.

Louis X (1314-1316), surnommé le Hutin ou le Querelleur, eut à peine le temps de céder aux réclamations des nobles de Normandie, de Bourgogne. de Champagne et d'abandonner bien des avantages obtenus par son père.

Philippe V, que sa haute taille fit surnommer le Long, avait hérité de quelques-unes des vues de son père. En six ans (1315-1322), il publia de nombreuses Ordonnances et nous en avons trois relatives au Parlement : en 1316, listes de la Grand'-Chambre, des Enquêtes, des Requêtes, qui révèlent une distribution très précise des besognes et des juges ; en 1318, réglements de détail pour les causes et de principes pour la dignité et l'impartialité des maîtres; en 1320, autres règlements pour les appels, l'assi-

1. Ord. de 1303. *Ordonn.* I, 357; II, 453. — Langlois. *Textes*, p. 172, CXXI.
2. Langlois. *Textes*, p. 183, CXXVI.

duité, les amendes, et le nombre des juges assignés à chacune des Chambres.

Charles IV (1322-1328) mérita, comme son père, le surnom de *bel* (beau). Mais, quoiqu'il eût, lui aussi, essayé de contenir la réaction féodale, les quatre années de son règne ne répondirent pas à la vigueur qu'avait montrée Philippe le Long. Le Parlement sans doute travaillait pour le roi, mais nous ne savons pas que le roi Charles IV ait rien fait pour le Parlement [1].

1. TABLEAU DES ORDONNANCES CONSTITUTIVES DU PARLEMENT

Philippe le Hardi, Philippe le Bel et ses fils.

RÈGNES	DATES	SOURCES	OBJET
Philippe le Hardi 1270-1285.	1274 22 octobre.	Delachenal, *Hist. des avocats*, XIX, note 2.	Ordonnance sur les avocats.
	1277 (1278). (janvier).	La première qu'on possède. Elle est ajoutée à l'un des manuscrits des Etablissements de Saint-Louis sous le nom d'*Etablissements du roi Philippe*. Bibl. Nationale, fonds français, 5899, f° 98. A été publiée par Gibert, *Mém. Académ. Inscriptions* (anciennes séries, t. XXX, p. 625). Recueil des Ord., t. XI, p. 360. Texte corrigé par M. Ch. V. Langlois. *Le règne de Philippe le Hardi*, p. 429 et *Textes relatifs au Parlement*, p. 95, n° LXXII. Texte également corrigé par M. Guilhiermoz. *Enquêtes et procès*, p. 604.	Règlement des causes. Ordre de présentation des parties. Requêtes, enquêtes, avocats.
	1278.	Arrêts de règlement de la sénéchaussée de Carcassonne. Copie. Bibliot. nat., fonds latin, 11016, f° 75. Ménard, *Hist. de Nîmes*, t. I, première partie, p. 104. Biblioth. de l'Éc. des Ch., 1887, p. 186. Langlois. *Textes*, p. 100, LXXIII.	Dépositions de témoins. Citations.
	1281.	Ordonnance faite par le Parlement. Archiv. nat., *Olim*, II, f° 57 v°; Beugnot, *Olim*, t. II, p. 188, L.	Pouvoirs des enquesteurs délégués pour examiner la conduite des prévôts, des sergents, des forestiers. Ils ne peuvent prononcer de condamnation et envoient leurs enquêtes au Parlement.

II. — Les ordonnances des Valois.

La brusque disparition des trois fils de Philippe le Bel amena un changement de famille. Aucun d'eux n'avait laissé d'héritier

RÈGNES	DATES	SOURCES	OBJET
Philippe le Bel 1285-1314.	1291.	Arch. Nat., JJ. XXXIII, n° 59, f° 44 v° (vol. perdu). JJ. XXXIV, f° 44, v°.	Désignation des membres pour les Requêtes et les Enquêtes.
		Recueil des Ord., t. I, p. 320. Langlois, *Textes*, p. 156, n° CXI.	Parenté des juges et des plaideurs. Avocats.
	1296.	Date incertaine. Arch. JJ. XXXIV, f° 49, v°. Bibl. nat., coll. Dupuy, 533, f° 205 r°. Gibert, *Mém. de l'Académie des Inscriptions*, XXX, 627. Recueil des Ord., XII, p. 353. Langlois, *Textes*, p. 161, CXV.	Sessions. Liste des membres. Notaires. Causes, règlement pour le travail. Assiduité. Auditoire du droit écrit. Requêtes, enquêtes, échiquier.
	1303.	Fragment de l'Ordonnance de réformation du royaume à la suite des États-Généraux. Ord., t. I, p. 357, II, 453. Langlois, *Textes*, p. 172, CXXI.	Art. 6, 7, 12, 16, 17, 56, 57, relatifs au Parlement. Privilèges accordés aux prélats pour leurs causes. — Les arrêts du Parlement sont sans appel. Prescriptions contre les retards, les lenteurs; exclusion des baillis. — Interdiction de recevoir des pensions.
	1307.	Date incertaine. Pasquier, *Recherches de la France*, II, ch. 3. Ord., t. I, p. 547; XII, p. 353, note. Boutaric. *La France sous Philippe le Bel*, pp. 201 et suiv. Langlois, *Textes*, p. 178, CXXIV.	Listes de la Grand'-Chambre, des Enquêtes et des Requêtes.
	1308.	Arch., JJ XLII, fol. 127. Boutaric, *Actes du Parlement de Paris*, II, n° 3489 A. Langlois, *Textes*, p. 181, CXXV.	Prorogation du Parlement de la Toussaint à l'Octave de Noël.
	1310.	Copie British Museum Julius E, 1, f° 276^{2} (Ordonnance inédite publiée par Langlois. *Textes*, p. 183, CXXVI).	Citations au Parlement. Présentations, défauts, délais. Les requêtes, les enquêtes, la présence du roi, recommandation d'impartialité.
	1313.	Min. arch. X^{1a}. Criminel, I, fol. 2, v°. Boutaric, *Actes du Parlement de Paris*, t. II, n° 4136. Langlois, *Textes*, p. 198, CXXIX.	Liste pour les enquêtes.

mâle. Bien qu'aucune loi n'interdît la succession des femmes, que le droit féodal reconnaissait souveraines de duchés et de comtés, Philippe écarta la fille de Louis X, Charles les quatre filles de Philippe et, à sa mort, comme lui-même ne laissait qu'une fille, une troisième application de la prétendue loi salique donna la couronne à un neveu de Philippe le Bel, Philippe VI de Valois. Du tronc de la famille des Capétiens se détacha une première branche, dite des *Valois*.

Depuis Louis VI, les Capétiens avaient été, quoi qu'on pût penser de chacun d'eux, de vrais chevaliers et des rois. Leur bravoure s'était affirmée et sous les murs du Puiset, et en Asie-Mineure, et à Bouvines, et à Taillebourg, et à Mons en Pevèle. De père en fils, ils s'étaient légué une politique suivie avec plus ou moins de bonheur, mais dont le résultat avait été de reconstruire le domaine et de rétablir le pouvoir de la royauté. La France, en 1328, appa-

RÈGNES	DATES	SOURCES	OBJET
Louis X 1314-1316.	1314 (déc.).	Min. arch. X[1a] 3, fol. 141, r°. *Olim* (Beugnot), t. II, 613, n° II. Langlois. *Textes*, p. 201, CXXXIII.	Procédures, commissions et productions de témoins.
Régence.	1316 (juin).	Reg. LVII du Trésor des Chartes, fol. 64, v° et fol. 66. Boutaric, *Actes du Parl.*, t. II, n° 4482 A.	Listes de la Grand'-Chambre, des Enquêtes, des Requêtes. Séparation nette des Chambres.
Philippe V Le Long 1316-1322.	1316 (2 déc.).	Reg. LVII du Trésor des Chartes, fol. 64 et fol. 66. Boutaric. *Actes du Parl.*, t. II, n° 4490 A et B.	Règlement du travail. — Présidents. — Amendes. — Compétence de la Chambre des enquêtes.
	1318 (17 nov.).	Recueil des Ord., t. I, p. 673.	Présence du roi; règlement pour les causes, l'impartialité, la dignité des juges.
	1319 (3 déc.).	Rôle des membres du Parlement. Boutaric. *Actes*, t. II, n° 5899 A.	
	1320.	Recueil des Ord., t. I, p. 727.	Assiduité. — Jours pour les arrêts, détails du travail. — Amendes. — Chambre des enquêtes. Chambre des requêtes.
Charles IV Le Bel 1322-1328.	»		

raissait comme l'État le plus solidement organisé de l'Europe. Les deux premiers Valois compromirent comme à plaisir cette situation. Ils poussèrent l'ardeur chevaleresque jusqu'à la folie et ne rêvèrent que combats sans savoir faire la guerre. Non pas qu'ils se jetassent en des ambitions ruineuses : ils eurent au contraire peine à se défendre contre les rois d'Angleterre qui réclamaient le royaume de France. Mais, si la cause pour laquelle Philippe et Jean le Bon (le brave) rassemblaient et virent tomber les plus belles armées de seigneurs, était nationale, leur témérité, leur aveuglement amenèrent des désastres. Philippe VI ne put se relever de celui de *Crécy* (1346). Jean le Bon fut vaincu et pris à *Poitiers* (1356). La guerre civile aggrava la guerre étrangère. La France semblait perdue. Charles V la releva, réparant, à force de sagesse, les fautes de l'orgueil.

Certes, en de telles circonstances, on ne s'attendrait pas à ce qu'un sérieux travail législatif eût été poursuivi. C'est pourtant sous Philippe VI de Valois, presque à la veille de Crécy, que fut rendue, après plusieurs autres (1331-1337-1343), une Ordonnance fondamentale (11 mars 1345), qui renouvelait les anciennes prescriptions. C'est une vraie charte du Parlement. Elle prouve que les institutions des Capétiens avaient été maintenues par les Valois. La besogne s'était accrue, car l'Ordonnance de 1345 fixe un nombre plus considérable de membres pour chacune des Chambres. Les frais de justice sont diminués, la régularité, la continuité du travail des audiences est assurée, l'autorité des présidents déterminée, la discrétion imposée. Chaque Chambre a ses dispositions spéciales. D'autres règlements, insérés dans l'Ordonnance, résument les devoirs des avocats, les minuties de la procédure. Nous serons obligés de nous reporter sans cesse à cette Ordonnance, type de celles qui la rappelèrent, la modifièrent ou la complétèrent sous Jean le Bon et ses successeurs.

Contraint par ses prodigalités et ses guerres à s'entourer d'assemblées féodales plus nombreuses que le Parlement, Jean le Bon satisfit aux plaintes qui lui arrivaient de toutes parts (États et Ordonnance de 1351; États de la langue d'oïl et Ordonnance de 1355.)

Ces Ordonnances furent renouvelées et augmentées par celle de mars 1357, dont les 6 articles répondirent aux principales demandes des États de 1356 [1]. Elles portaient remède aux lenteurs déjà interminables d'une justice qui, par ses délais infinis,

1. **Ordonnances des premiers Valois.**

RÈGNES	DATES	SOURCES	OBJET
Philippe VI de Valois 1328-1350.	1331	Ordon. t. II, p. 80.	Compétence. Procédure. Amendes.
	1337	Ord. t. XII, p. 38.	Subside que doivent payer les officiers du roi. Suspension (art. 4) des gages du Parlem. pendant un an.
	1342 (1343) (3 avril).	Ord. t. II, p. 173.	(Art. 7) relatif au Parlement. Présentation au roi des membres à nommer. Réduction de la Chambre des Enquêtes.
	1344 (1345) (11 mars).	Ord. t. II, p. 219 et suivantes.	Grande Ord. constitutive du Parlement. Listes des diverses Chambres (au total 78). Examen préalable des conseillers à nommer. Règlements pour les commissaires, les requêtes, enquêtes, audiences, l'assiduité, les Présidents. A la suite, ordn. sur les huissiers, les avocats, sur les procureurs,
	1345 (oct.).	Ord. t. II, p. 235 et suiv.	Suppression des gages pendant un an.
	6 février 1348 (1349).	Arch. $X^{1a}5$, fol. 108, Aubert, *Parl.* Pièces justific., p. 336.	Ordonnance relative aux audiences et présentations. Ordre des causes selon les bailliages.
	1351 (5 oct.). (à la suite des États Génér.	Ord. t. II, p. 450.	Art. 6, 7, 12, 13. Affaires des prélats. Souveraineté du Parl. Lenteurs abrégées.
Jean le Bon 1350-1364.	1354 (1355) (28 déc., à la suite des États de 1355).	Ord. t. IV, p. 311. Ord. III, p. 19.	Règlement sur les appels. Ord. reproduite en partie dans les suivantes.
	1356 (1357). (mars) à la suite des États de 1356).	Ord. t. III, p. 121. Georges Picot, *Hist. des Etats Généraux*, t. I, p. 88, tableau.	Art. 7, 10, 11, 12. Lenteurs. Ordre des procès. Commissaires.
	1358 (18 oct.).	Ord. t. III, p. 723, 724 et t. IV, p. 723, supplément.	Jugements pendant l'interruption du Parlement.
	Janvier 1358 (1359).	Ord. t. III, p. 310.	La Conciergerie du Palais.
	1359 (28 mai).	Ord. t. III, p. 345.	Rétablissement dans leurs offices des membres du Parlement, suspendus par l'Ord. de mars 1357.
	1359 (1360) (27 janvier).	Ord. t. III, p. 386.	Réorganisation du Parlement. Les Chambres. Nomination par le roi.
	1361 (7 avr.) après Pâques.	Ord. t. III, p. 482.	Réglement pour les gages. membres du Parlement.
	1363 (déc.).	Ord. t. III, p. 647 et suiv.	22 art. sur la compétence, les appels, la procédure, les avocats.

détruisait la justice même. Elles cherchaient à mettre dans le travail une méthode qui ne se précisera qu'avec les siècles. Les troubles qui accompagnèrent la tenue des États-Généraux de 1356-1357, révélèrent l'hostilité de la grande assemblée contre son image réduite, le Parlement. Charles, dauphin, rentré à Paris, après le meurtre d'Étienne Marcel et l'extermination des Jacques, rétablit dans leurs offices (18 octobre 1358) ses conseillers proscrits. Il proclamait le Parlement « la lumière et la splendeur de la Justice, la cour souveraine, capitale de tout royaume ».

Durant son règne de seize ans (1364-1380), le dauphin, devenu le roi Charles V, rendit huit Ordonnances touchant la procédure, les appels, les huissiers, les gages, le greffe, les amendes. Il acheva d'assurer au Parlement la compétence, la prépondérance que celui-ci conservera. L'impulsion donnée sera tellement forte que, malgré la guerre civile, elle continuera sous le règne de Charles VI (1380-1422)[1]. Vingt-six Ordonnances, plus ou moins

1. **Ordonnances de Charles V et Charles VI.**

RÈGNES	DATES	SOURCES	OBJET
	1364 (28 avr.).	Ord. t. IV, p. 418-419.	Lettres confirmant les membres du Parlement en fonctions à l'avènement de Charles V. Listes.
Charles V 1364-1380.	1364 (nov.).	Ord. t. IV, p. 506.	Règlement pour les Requêtes du Palais.
	1364 (16 déc.).	Ord. t. IV, p. 511.	Procédure.
	1365 (18 nov.).	Ord. t. IV, p. 599.	Appels au Parlement.
	1365 (1366) (Janvier).	Ord. t. IV, p. 603.	Huissiers. Gages.
	1367 (24 avril).	Aubert, *Pièces justificatives*, p. 338, IX.	Ordre des plaidoiries.
	1368 (16 sept.).	Ord. t. V, p. 138.	Gages.
	1370 (22 juil.).	Ord. t. V, p. 323.	Le roi ne viendra plus au Parlement pour les petites affaires.
	1372 (1373) (28 janv.).	Ord. t. V, p. 579.	Gages. Greffe.
	1373 (28 mai).	Ord. t. V, p. 613.	Amendes et gages.
Charles VI 1380-1422.	1388 (1389) (21 janv.).	Ord. t. VII, p. 218.	Exclusion du Parlement des abbés et prieurs de religieux.
	1389 (9 juil.).	Ord. t. VII, p. 288.	Exceptions à l'ordon. précédente.
	1388 (1389) (5 févr.).	Ord. t. VII, p. 223.	Nouvelle organisation des Chambres. Conseillers. Droit de présentation.
	1389 (15 août).	Ord. t. VII, p. 290.	Souveraineté du Parlement. Abus d'influences.
	(4 mars).	Ord. t. VIII, p. 181.	Exemptions et privilèges.

contradictoires, poursuivront, sous ce roi fou, l'organisation développée par le roi sage. Le Parlement sera assez puissant, dès lors, pour survivre à la crise d'anarchie où il n'aurait pu, d'ailleurs, périr qu'avec la royauté même, tant il s'était identifié avec elle.

RÈGNES	DATES	SOURCES	OBJET
Charles VI 1380-1422 (*Suite*).	1395.	Arch. X[1a] 1477, f° 562. Aubert, *Pièces justific.*, p. 338, X.	Ordonn. du Parl. pour les Grands Jours de Troyes.
	1397 (1398).	Ord. t. VIII, p. 181.	Privilèges.
	1398 (1399).	Ord. t. VIII, p. 315.	*Idem.*
	1400 (1401) (7 janv.).	Ord. t. VIII, p. 409.	Réduction du nombre des officiers. Art. 12 et 18. Élections au Parlement.
	1403 (13 nov.).	Ord. t. VIII, p. 617.	Des commissaires du Parl. diminueront le nombre des procureurs.
	1403 (1404) (6 févr.).	Ord. t. VIII, p. 631.	Huissiers. Exemptions.
	1403 (1404) (Fév.).	Ord. t. VIII, p. 632.	Compétence des Requêtes du Palais.
	1404 (26 mai).	Ord. t. IX, p. 4.	Exemptions et privilèges.
	1405 (24 août).	Ord. t. IX, p. 86.	Service des vacations.
	1406 (30 sept.).	Ord. t. IX, p. 141.	Exemptions et privilèges.
	1406 (19 sept.).	Ord. t. IX, p. 138 et suiv.	Juridiction des maîtres des Requêtes de l'hôtel.
	1407 (1408) (7 janv.).	Ord. t. IX, p. 138.	Art. 20 relatif aux gages à vie qui sont supprimés.
	1408 (8 mai).	Ord. t. IX, p. 327.	Élections des membres du Parl.
	1408 (13 déc.).	Ord. t. IX, p. 400.	Gages à vie. Exceptions.
	1409 (23 déc.).	Ord. t. IX, p. 487.	Gages à vie. Exceptions.
	1411 (17 oct.).	Ord. t. IX, p. 642.	Bénéfices ecclésiastiques accordés aux membres du Parlement.
	1411 (6 déc.).	Ord. t. IX, p. 661. Du Tillet, *Recueil des rois de France*, p. 60.	Exemptions du service de l'ost. Articles relatifs au Parlement.
	1413 (26 mai).	Ord. t. X, p. 140. (ord. cabochienne). Biblioth. nat., ms. fr. 5273, publiée par A. Coville, *Les Cabochiens et l'ord. de 1413.*	Réforme des abus. Rappels des anciennes ordonnances.
	1414 (25 août).	Ord. t. X, p. 218.	Exemption d'un décime du clergé accordée aux clercs du Parl.
	1414 (2 oct.).	Ord. t. X, p. 223.	Service des vacations.
	1414 (14 oct.)	Ord. t. X, p. 224.	Privilèges. Lettres sur l'indult relatif aux bénéfices ecclésiastiques.
	1414 (9 déc.).	Ord. t. X, p. 225.	Privilèges.
	1415 (1416) (18 mars).	Ord. t. XII, p. 255 et 256.	Exemptions des impôts nouvellement décrétés.
	1416 (1417) (10 mars).	Ord. t. X, p. 394.	Exemptions.

Ainsi, au début du XIIIe siècle, le roi, dans son Palais de la Cité, vivait entouré de chevaliers, ses familiers, ses grands officiers, et de vassaux qui formaient tantôt son conseil, tantôt son tribunal, et, pour de petites expéditions, son armée. A la fin du XIVe siècle, son royaume s'est étendu et sa cour a changé. Les chevaliers, les écuyers et la troupe de varlets de son hôtel ont émigré avec lui dans les pavillons de Saint-Pol aux jardins treillagés et fleuris. Au Palais sont restés les seigneurs et maîtres qui continuent de tenir le Parlement d'autrefois. Une centaine de personnages siègent d'habitude, répartis en groupes ou Chambres des Requêtes, des Enquêtes, de la Grand'Chambre. Ces seigneurs et maîtres de la Cour de Parlement contrôlent les nominations aux offices, enregistrent les Ordonnances, connaissent des questions d'impôts et de finances, sont mêlés en réalité à toute la vie politique du royaume. Ils jugent surtout et les grands et les petits et les juges eux-mêmes. Toutes les affaires arrivent entre leurs mains, parce qu'alors toutes se tournaient en procès. Ils sont, comme jadis, le Conseil, en dépit d'un *Grand Conseil* spécial; ils sont, comme jadis, le conseil financier, malgré l'existence d'une *Chambre des Comptes*. En considérant leur nombre, leurs occupations, leur assiduité, leurs longues audiences, leurs enquêtes, leurs discussions, leurs arrêts, leurs gages, on comprend qu'une évolution lente a dégagé des anciennes assemblées une Cour judiciaire et administrative, aidant le prince contre la féodalité dont elle sortait. Le Parlement des seigneurs est devenu le Parlement du roi, et le roi lui cède son Palais qui devient le Palais du Parlement.

CHAPITRE V

LES CHAMBRES DU PARLEMENT
REQUÊTES. — ENQUÊTES. — GRAND'CHAMBRE

I. — L'Hôtel du roi. — Les Requêtes de l'Hôtel.

Dès que les cloches des onze paroisses de la Cité sonnaient l'office de Prime (six heures du matin), les rues s'animaient, le Palais s'emplissait de bruit. D'une part s'agitaient, dans les salles et dans les cours, les maîtres de l'hôtel du roi, chambellans, panetiers, échansons, écuyers, fourriers, qui commandaient aux aides de la panneterie et de la cuisine, de la fruiterie, de l'écurie, armée de plus de trois cent personnes[1]. Le commun des gens de l'hôtel

1. *L'Hôtel de Philippe de Valois.* — Au début du règne de Philippe de Valois, l'Hôtel du roi compte : 100 membres du *Parlement*, 26 gens *des Comptes*, 35 *notaires*, 8 *maîtres des forêts.* Puis viennent : 1 *grand maître de l'hôtel*, 13 *maîtres de l'hôtel* et *chambellans*, 7 *chapelains* et clercs, 2 *maîtres des Requêtes de l'hôtel*, 5 *panetiers*, 5 *échansons* avec 16 *aides*. La *cuisine*, outre 8 officiers ou écuyers, emploie 23 *aides*, la *fruiterie* 9; l'*écurie* 6 *écuyers*, « maîtres d'écurie », et 46 personnes environ; la *fourrière*, 3 *fourriers* et 14 aides. Il faut ajouter 7 *valets tranchants*, 3 *valets de chambre*, 4 *huissiers*, 4 *portiers*, 18 *valets de l'écuelle*, 13 *valets du vin*, 18 *charretiers*, 12 *sommeliers*, 2 *chauffecires*, 1 « *lavandière du chief* (des bonnets du roy), 1 *porteur de l'arbalète* du roi, 1 *roi des ribauds*, 2 *guettes* (guetteurs), plus 1 cordonnier, 2 ménétriers, 1 garde des petits chiens du roi, 1 charpentier, 1 maçon; 5 archers avec 4 valets, 1 lormier avec 3 valets; 11 fauconniers, 12 valets des faucons, 6 veneurs et 1 aide, 7 valets des chiens et 6 pages des chiens; 1 *maître des arbalétriers*, 15 arbalétriers, 19 sergents sans arbalètes (sergents d'armes).

Ces nombres variaient sans cesse au gré des caprices ou plutôt selon l'état des finances du roi. Une Ordonnance de 1350 mentionne 1 chirurgien et « maître Jehan le fol » avec le valet du confesseur, 1 valet d'aumônes, 2 frères de Saint-Augustin qui mangeaient en salle en même temps que 3 ménétriers de Tournay. Il nous reste trop peu de documents précis et complets pour qu'on puisse donner des

allait assister aux messes chantées dans la chapelle basse du Palais; le roi avec ses principaux chevaliers faisait ses dévotions dans la chapelle haute. Dans les cours piaffaient les chevaux tenus en main par les écuyers, aboyaient les chiens retenus par leurs valets et leurs pages, arrivaient les charrettes, portant les provisions de viandes, de poissons, de fruits, etc. Des messagers partaient, d'autres entraient, couverts de poussière ou de boue. Le roi, au sortir de la Sainte-Chapelle, se retirait en ses salles, où venaient le trouver ses conseillers, ses clercs du secret, ses notaires. Il conférait avec son maître de la Chambre des deniers qui gardait la bourse, son argentier, son aumônier chargé des largesses aux pauvres. Ensuite il tenait ou son conseil intime et *étroit* ou son *Grand Conseil*. Pour se distraire, Philippe VI de Valois, avait « maître Jean le fou », sans parler de ses petits chiens, pour lesquels il payait un valet spécial. Si le roi partait en chasse, il emmenait ses veneurs, ses fauconniers, ses valets et ses chiens, ses archers, ses arbalétriers. La plupart des officiers de l'hôtel mangeaient au Palais; en 1350, après les désastres de Crécy et la peste noire, Philippe VI, malgré ses besoins d'économie, en nourrit encore soixante-deux, sans parler des valets, qu'il fallait nécessairement nombreux pour servir tous ces serviteurs du roi.

Un des chevaliers et un des clercs de l'hôtel s'occupent, dès le matin, de recevoir les *requêtes* qu'on adresse au roi. Sous saint Louis, Philippe le Hardi et Philippe le Bel, c'est ce qu'on appelle tenir les *plaids de la porte* [1]. Geoffroy de Villette, Pierre de Fontaine, Joinville écoutent quelquefois ces plaids sous le règne du pieux roi. En 1286, cet office est rempli par Messire *Pierre de*

chiffres exacts pour une date déterminée. Les débris de comptes qui ont été publiés par M. J. Viard, d'après les manuscrits de la Bibliothèque nationale et des Archives, permettent de se représenter les cadres généraux de l'hôtel du roi, cadres qui se développeront plus tard avec les ressources et le luxe des princes, mais qui marquent le point de départ de cette fameuse maison du roi si coûteuse sous l'ancienne monarchie. En 1330, les dépenses de l'hôtel du roi et celles de l'hôtel de la reine montaient à 265,873 livres parisis « sans les gros dons et les grosses messageries que le roi paie hors les dis comptes des hostiex et de l'escurie et de l'argenterie ». En 1335, la dépense (toujours sans les comptes de l'argenterie et de l'écurie) s'élevait à 271,933 livres parisis. (Voir l'important travail de M. J. Viard : *L'Hôtel de Philippe de Valois* [d'après les Ordonnances de 1328 et 1322]. Extrait de la *Bibliothèque de l'École des chartes*, t. LV, 1894.)

1. Pour les *plaids de la porte*, voir la dissertation de Du Cange dans les *Observations sur l'Histoire de saint Louis*, p. 10.

Sargines, *Giles de Compiègne*, *Jean Maillière* [1]. Ce sont toujours des personnages qu'on charge de cette mission [2] : en 1316, *Michel de Mauconduit*, chanoine de Paris; *Pierre Bertrand*, qui devint évêque d'Autun et cardinal; *Pierre de Chappes*, plus tard chancelier de France et cardinal; *Jean d'Arablay*, dont le fils fut chancelier [3]. Sous Philippe le Long, quoiqu'il y eût six chevaliers et clercs de l'hôtel désignés pour entendre ces requêtes, deux seulement étaient en fonctions simultanément, un clerc et un laïque, de telle façon que l'un pût contrôler l'autre. Ces maîtres n'exerçaient qu'un office temporaire, intermittent; ils ne cessaient de figurer parmi les chevaliers et clercs de l'hôtel avec lesquels ils « mangeaient à cour ». Comme eux ils avaient des « livraisons pour leurs chevaux et, pour eux, quantité de bois et de chan-

1. V. Boutaric, *Hist. du règne de Philippe le Bel.* — V. aussi Extraits d'une Ordonnance de janvier 1286 sur l'hôtel du roi, publiés par Langlois (*Textes*, pp. 129, 130).

2. *Les chevaliers et* les *clercs de l'hôtel.* — M. Paul Lehugeur, dans une thèse latine, a donné sur l'Hôtel du roi et le *secret Conseil* à l'époque de Philippe le Long, quelques détails qui permettent de préciser ce qu'on savait sur les chevaliers de l'Hôtel ou « chevaliers poursuivans monseigneur pour li compaignier et pour conseil. » Ils étaient au nombre de 18 en 1316 : le *comte de Forez*; le seigneur *Milon de Noyers*, maréchal; *Anseau de Joinville* (fils du sire de Joinville); *Herpin d'Erquery*, grand panetier; les deux maréchaux *Jean de Beaumont* et *Jean de Grez*; *Mathieu de Trie* (l'ancien), qui fut grand-maître de France; *Hugues de Vienne*. *Mignot de Vieux-Pont*. Ce sont les plus marquants. Les autres s'appellent *Goujon de Baucay*, *Guillaume de la Charité*, *Sausset de Boussay*, *Pierre de Bauffremont*, *Pierre de Garancières*, *Simon de Menou*, *Jean de Gaillon*, *le Borgne des Barres*. (Lehugeur, *De Hospitio regis*, p. 10, 1897.)

Dans les années suivantes, de nouveaux noms s'ajoutent aux précédents : le comte de Boulogne, *Robert VII*; le comte de Blois, *Gui de Châtillon*; le sire de *Saint-Palais*, *Hugues d'Augeron*, *Aymard de Poitiers*, *Hugues de Châlons*, *Bertrand de Durfort*, *Erard de Montmorency*, etc. (Ibid., p. 11.)

Les *clercs de l'hôtel* étaient également, en 1316, au nombre de 18 : l'aumônier, le confesseur, un clerc des requêtes, puis des dignitaires d'églises : *Pierre de Châlons*, archidiacre d'Autun; *Etienne de Borret*, écolâtre de Poitiers, puis doyen de Chartres; *Jean Paste*, archidiacre de Laon; *Pierre Rodier*, chanoine de Limoges, puis de Paris; *Jean Cherchemont*, doyen de Poitiers; *Aycelin de Montaigu*, évêque de Clermont; *Gui* « de Broce », évêque du Puy, puis de Meaux; *Pierre de Beaujeu*, prieur de la Charite, (Ibid., p. 16-19.) Un des principaux maîtres des requêtes fut Philippe de Villepierre, connu sous le nom de *Philippe Convers*, seigneur d'Héry, fils d'un portier de Philippe III et très en faveur sous Philippe le Bel et ses fils.

3. Lehug. ouv. cit., p. 30. — Il n'a pas échappé à M. Lehugeur que la plupart de ces noms appartiennent au Parlement : « Quos omnes constat non quidem splendidissimis, sed honestis natalibus ortos esse, plerosque, quinque scilicet inter sex; forsan universos, in albo Cameræ magnæ, vel in albo Inquestarum inscriptos esse, ita ut in Parlamento et diutius quâ in Hospitio sedeant, quemadmodùm ministri in Hospitio, sic judices in Parlamento. » M. Lehugeur indique encore comme ayant tenu les requêtes de l'hôtel en 1320 : *Michel de Mauconduit*, *Amis d'Orléans*, archidiacre d'Orléans, auparavant clerc du secret; *Thomas de Savoie*, chanoine d'Amiens; *Jean d'Argillières* (de Arzilleriis), archidiacre de Dijon; puis les chevaliers *Jean Robert*, *Jean d'Arablay* (p. 31). Pour le règne de Charles IV il cite : *Philippe Convers*, *Albert de Roye*, *Michel de Mauconduit*, le *Chantre de Clermont*, *André de Florence* (p. 32, note 7). V. aussi Aubert, *Le Parlement de Paris, son organisation*, p. 29.

delles[1] ». Intermédiaires entre le prince et ses sujets, ils accueillaient ou rejetaient les plaintes formulées contre les gens de l'hôtel du roi, puis les demandes d'offices. Le désordre était tel que le prince accordait quelquefois des offices déjà octroyés, si bien qu'en 1318, Philippe le Long prescrivit de tenir des notes exactes[2]. A ces maîtres des requêtes une foule de gens apportaient des pétitions, sollicitant la récompense de leurs services, la concession de fiefs, de privilèges, de sauvegardes, des affranchissements, des anoblissements, des lettres de rémission, des recours contre les arrêts rendus en Parlement[3]. Aux *maîtres des Requêtes de l'hôtel* d'examiner quelles pétitions méritaient d'être transmises au roi, quelles recommandations les appuyaient. A eux de vérifier les lettres octroyées et de les revêtir du sceau royal[4], surtout

1. *Les Requêtes de l'hôtel.* — De ceux qui suivront le roy pour les requestes, aura toujours à court un clerc et un lay, et se ils sont plus, ils ne prendront riens se ils ne sont mandez, et mangeront à court et seront hebergiez ensemble. Et s'ils ne viennent manger à court, ils n'auront nulle livraison, et prendront chascun trois provendes d'avoine et trente-deux deniers de gaiges chascun pour leurs varlets... Et se les deux gisent en un hostel, ils auront une mole de busche et livraison de chandelle, chascun deux quayers et douze menues; et au temps qu'ils seront en parlement auront douze sols de gaiges et ne prandront nulle autre chose à court... » (Ord. 17 nov. 1317, d'après le reg. de la Ch. des comptes *Noster*; citée par Du Cange, *Dissertation sur les Plaids de la Porte*, p. 10).

2. Ordonnance de 1318 : « Pour ce que nous ne voudrions que nulle couleur de inconstance ne de variation peust estre trouvée en nous, nous ordenons que li dit poursuivant, especiaument li cler, ayant enregistré par devers eus tous les offices que nous donnons et les noms des personnes à qui ils seront donnez, si que se aucuns les demandoit, nous en puissions estre avisez. » (*Ord.*, 10 novembre 1318, t. I, p. 670, art. 5, citée par Lehugeur, p. 28).

3. M. Lehugeur, d'après des textes des Archives auxquels il renvoie, résume ainsi les fonctions des maîtres des requêtes de l'hôtel : « His autem Prosequentibus de quibus agitur, licet, rege de maximis rebus consulto, terras concedere, annua fundare, jura, potestates, remissiones, immunitates, privilegia, patrocinia (vulgo salvas gardias), aliaque ejusdem modi beneficia in privatos, regios ministros aut officiarios, universitates vel fabrorum societates (vulgo fratrias), urbes, domus Dei, ecclesias, capellanos, episcopos, Sorbonum conferre, stipendia statuere, servos manumittere aut ignobiles « nobilitare », pœnas remittere, legatorum inquisitorum decreta aut dominorum pacta confirmare.

« Testes quoque et quasi sponsores, sive soli, sive majoribus consiliariis additi, solennibus iidem adsunt, regis etiam nonnunquam monitores et suasores (utpota Petrus Bertrandus de rebus Burgundiæ consultus).

« Hoc vero iis proprie datur negotium ut, sive amissas aut obsoletas, sive corruptas aut deletas, regis, regalium, principum dominorumque litteras, recognitione facta, studiosissime, chartophylacum more, redintegrent; quæ curatio inter subtilissimas est, ne fallantur. »

« Multos denique ministros, castellanos videlicet, castrorum regiarumque domorum custodes, portuum, silvarum aut monetarum procuratores, regios Quæsitores, imo baillivos, creant ipsi, aut ad ipsorum relationem creat rex. Quam quidem potestatem penes paucissimos esse patet. » (p. 24, 25).

4. « Majorem etiam magistratum gerunt. Quot enim litteræ sigillo majore muniendæ sunt (sivè ab Hospitio, sive a stricto consilio, sive etiam a Parlemento, Camera

d'examiner les lettres vieillies et douteuses. A eux enfin de nommer à quelques postes dans les châteaux royaux, dans les ports, dans les forêts.

La plupart du temps ils exerçaient une juridiction sommaire, officieuse, en toutes les querelles que provoquaient là fierté et l'avidité du monde remuant des serviteurs du roi. Juges de l'hôtel, ils avaient tendance à empièter sur le pouvoir des juges du Parlement. A plusieurs reprises, des Ordonnances (1345-1357) durent les enfermer en leur mission, qu'ils estimaient trop limitée[1]. Investis de la confiance du souverain, ces maîtres d'ailleurs pouvaient siéger au Parlement : leurs noms se retrouvent dans ses listes. Selon l'Ordonnance de 1406[2], « ils étaient tous nourris en fait de Justice et membres de la Cour de Parlement. » On ne saurait toutefois confondre les maîtres des Requêtes de l'hôtel avec les *maîtres des Requêtes du Parlement*, ou *du Palais*.

II. — Les Requêtes du Palais. — La Chambre des Requêtes.

En même temps que l'hôtel du roi entrait en activité et en rumeur, affluaient au Palais, par les rues de la Cité, par le pont aux Changeurs, par le pont Saint-Michel, les plaideurs, les avocats, les procureurs, les juges et enfin les marchands. A

computorum, baillivis aut præposito Parisiensi profecta), tot acta ambo oculis cernunt ac diligenter inspiciunt ita ut jure intercedendi pro virili parte utantur, cum, etsi a proceribus et ministris summis dictatæ, non plus valeant litteræ quàm membranea pagina, usque eo donec, sinentibus « Prosequentibus » ad ultimum sigillo munitæ, quasi ad vitam adducantur. (P. 26, 27.)

1. « Comme plusieurs de nos subgiez se soient doluz de ce que ils sont souvent travailliez par devers les maistres de nos Requestes, nous ordenons que les maîtres des Requêtes de nostre hostel n'aient pouoir de nul faire adjourner par devant euls, ne en tenir court, ne cognoissance, se ce n'est pour cause d'aucun office donné par nous, duquel soit débat entre partie, ou que l'en fit aucunes demandes pures personnelles contre aucun de nostre hostel. » Ord. du 15 février 1345, article 6; (*Ord.*, t. 2, pp. 238-239). Voir pour les maîtres des Requêtes de l'hôtel les Ordonn. de 1333 (*Ord.*, t. 2, p. 77), de 1342 (t. 2, p. 173) et de 1345 (t. 2, p. 218), de 1356 (57), (t. 3, p. 121), article 23.

2. A la faveur du désordre qui régnait pendant la démence du roi Charles VI, les écuyers s'étaient fait attribuer la juridiction sur les valets d'écurie. Il y avait eu comme un démembrement de la juridiction des maîtres des Requêtes de l'hôtel. Des lettres du 19 sept. 1406 révoquèrent celles que les écuyers avaient obtenues et maintinrent dans son intégrité la juridiction des maîtres des Requêtes de l'hôtel (*Ord.*, t. IX, p. 138 et suiv.).

l'extrémité de la double nef de la Grande Salle, au levant, sur un autel portatif consacré à saint Nicolas [1], une messe était, dès la première heure, célébrée pour cette foule pieusement agenouillée. Un moine des ordres mendiants la chantait, même quand au xve siècle l'autel portatif eut été remplacé par une chapelle dotée d'un chapelain. Les marchands ensuite, autour des piliers et dans leur galerie, installaient leurs boutiques, où ils vendirent d'abord des feuilles de parchemin, des « quenivets » (petits canifs), des couteaux, des écritoires, puis des vêtements vieux ou neufs, des objets de luxe et de fantaisie, bijoux et pierres précieuses [2]. Les

1. *La messe du Palais.* — V. Delachenal, *Histoire des avocats*, p. 38. Aux pièces justificatives (VIII, p. 408), lettres de Philippe de Valois : « Avons octroyé à nos dits conseillers, qu'en nostre dit palais ils puissent faire chanter (messe) sur un autel portatif, sans qu'il soit attaché en pierre, ne en plastre, en nostre dit palais, en la forme et manière qu'ils nous ont requis, et que les dits cent solz, pour ladite entrée, soient tournez et convertis pour le vivre du chappelain, qui audit autel desservira, et autres choses à ce convenables et nécessaires. » (Vincennes, 22 avril 1340.)

Par d'autres lettres du 4 janvier 1340 (1341), le roi ordonne que cette messe sera dite « per fratres quatuor ordinum mendicanorum, anno quolibet, per unum ordinem successive ».

Par d'autres lettres du 22 avril 1341, sur la requête des conseillers de la Chambre des Enquêtes, il leur fut accordé « qu'ils puissent prendre partie de la nef dudit Palais à faire le dit autel à ce qu'il soit enfermé en telle manière qu'il n'apparoisse qu'il n'y ait autel, ni chappelle, fors que quand l'on chantera... » (Biblioth. du Palais-Bourbon. Extraits des registres du Parlem., collect. Lenain, t. 23, 7, fos 1 et suiv.).

Le service divin était également assuré par des prélèvements faits sur les amendes. Ord. du 16 déc. 1364, art. 4. (*Ord.*, t. IV, p. 514.)

A ces renseignements que donne M. Delachenal, nous pouvons ajouter que le service divin était aussi assuré par des fondations : En 1406, Roland Bellier, chapelain de la chapelle de la Grand'Salle du Palais, plaide au Parlement contre Laurent Lamy, au sujet d'un héritage d'enfants mineurs. La Cour déclare « les biens et héritages, lesquels destiennent lesdits enfants, estre affectez et chargez de la somme de 32 livres parisis de rente annuelle et perpétuelle à moitié pour fondation de la dicte chapelle et a icelle rente asseoir et admortir... Et quant aux ornements d'icelle chapelle les parties sont contraires, si feront leurs faicts et escritures... » (4 septembre 1406). Extraits des Registres du Parlement, Collection Sainte-Geneviève. Ff. 17[2], tome I, fol. 210.)

Le Journal de Nicolas de Baye mentionne un legs fait par maître Pierre du Périer, notaire, secrétaire du roi et du duc de Bourgogne « à la chappelle assise au bout de la grant salle du Palaiz pour le divin service et salut de l'âme dudit Perier, une chasuble de boudequin (riche drap de soie) de quatre soies, garnie d'estoles, fanon, une aube de toile de lin parée dudit boudequin, IIII nappes d'autel de toile de lin, dont l'une est parée dudit boudequin et frangée de fine soye, un estuy à corporaux avec les corporaux de fine toile, et sur ladite chasuble sont assis deux escussons de broderie; un eau benoitier (bénitier) et une clochette avec deux francs pour dire une messe à note en ladite chapelle... » (Matinées V, X[1a] 4787, folio 186 v°). *Journ. de Nic. de Baye*, t. I, p. 92.

2. *Le Commerce du Palais.* — Le poème latin d'Antoine Astesan consacre tout un développement à ce commerce du Palais : « On y rencontre encore des vêtements vieux ou neufs, ouvrages qu'on dirait façonnés par une élève de Pallas ou sortis des mains de cette industrieuse Arachné qui, jadis, ayant osé se mettre au-dessus

procureurs s'établissaient à leurs bancs et conféraient avec leurs clients, qui entouraient aussi les avocats les plus renommés. Les plaideurs de qualité sollicitaient les seigneurs, les prélats, les maîtres du Parlement; ils leur présentaient des lettres, des recommandations, les happant au passage quand ceux-ci se rendaient dans leurs salles respectives.

Tout procès débute naturellement par un acte introductif d'instance : on ne pouvait, dans le principe, appeler une personne en justice qu'avec la permission du juge : de là une *requête* afin d'obtenir le droit d'ajourner (de citer) la partie adverse. L'affluence et les assauts des plaideurs étaient devenus tels, dès le temps de Philippe le Hardi, que les membres du Parlement déléguèrent (1278)[1] dans la Grande Salle plusieurs d'entre eux pour ces préliminaires obligatoires du procès. Il y en eut d'abord *deux*, puis *trois* (1291)[2], puis *quatre* (1296)[3], enfin *six* (1307-

d'une déesse, fut condamnée, pour son orgueil, à vivre désormais sous la forme d'une araignée suspendue aux solives desséchées. Pour être bref, je dirai que dans chaque genre vous croiriez voir des servantes de Pallas vendre ici leurs superbes tissus, tant on y débite de laine et de fil. Il n'y manque ni soie, ni pourpre éclatante, ni rien de ce qui peut servir à parer les jeunes filles, les mères ou les jeunes femmes, les enfants et les hommes. On y voit des objets d'argent, d'autres plus précieux en or, d'autres de cuivre, de fer ou de tout autre métal, des fourrures et des peaux d'animaux appropriées à une infinité d'usages. On y trouve encore des pierres précieuses et les divers livres qui ont rapport aux diverses professions. Enfin, tout ce qui peut apporter quelque joie aux malheureux mortels se vend dans cette salle. Il n'y manque ni échecs, ni dés ou autres jeux de hasard, tous façonnés par la main d'un maître habile. On y trouve, présents si doux pour les petites filles, de belles poupées qui sont des merveilles de travail et d'habillement. Il y a tout ce qu'on peut désirer comme jeux et amusements, soit pour les hommes, soit pour les belles jeunes filles... » *Description de Paris sous Charles VII*, par Antoine Astesan, page 153, publiée dans *Paris et ses historiens* (*Histoire générale de Paris*).

1. Ordonn. citée de 1278. (*Ord.*, t. XI, p. 354; Langlois, *Textes*; Guilhiermoz, *Enquêtes et Procès*.)

2. *Chambre des Requêtes.* — Ord. t. I, p. 320. Retenons les premiers noms de cette Chambre des Requêtes, que donne l'ordonnance :

> *Jean Dentis*,
> *Guillaume de la Charité*,
> *Etienne de Péage* (Stephanum de Pedagio), chevalier;
> Plus le notaire *Richer*.

Les requêtes des pays de droit écrit sont examinées à part ainsi que les causes. Il y a un *auditoire du droit écrit* : « Pour les causes et les requêtes des sénéchaussées et des pays régis par le droit écrit, siègeront les vendredi, samedi et dimanche et tous les autres jours qu'il leur paraîtra utile, chaque semaine, quatre ou cinq personnes du conseil. A cet office nous déléguons le *chantre de Bayeux*, les maîtres *Jean de la Ferté*, *Egidius Camelin*, maître *Geoffroy de Villebraine*, et comme notaire le *doyen de Verberie*. » (*Ord.*, t. I, p. 320, et Langlois, *Textes*, p. 156.)

3. Ord. de 1294 ou 1296. « A oïr les requêtes, seront deux clercs et deux lais et auront un saing (signet) et délivreront ce qu'ils pourront par eux, et le chancelier

1318)[1], nombre qui ne fut pas dépassé durant le xive siècle[2]. Assis sur de hauts sièges dans un coin de la salle, accessibles à tous[3], ces maîtres délivraient les lettres de justice nécessaires pour les citations et pour les appels, acceptaient ou rejetaient les oppositions formées contre ceux-ci ou contre celles-là. Assistés de deux notaires, ayant leur sceau particulier, ils délivraient les lettres qu'il fallait ensuite porter à la chancellerie. Ils déterminaient donc les causes qui, par leur gravité ou la qualité des personnages, méritaient d'être soumises au Parlement; dans les cas embarrassants ils lui demandaient avis. Ils étaient tenus de siéger jusqu'à midi. Ces maîtres des Requêtes du Palais devinrent juges de première instance des personnages auxquels on reconnaissait le privilège de porter directement leurs causes à la Cour du roi[4]. Ils liquidaient tout de suite les affaires qui pouvaient se terminer sur un simple exposé et sur requête. Souvent ils remplissaient l'office de *Chambre des Vacations*. Même les rois évoquèrent devant eux

devra le sceller; et ce qu'ils ne pourront délivrer, ils rapporteront à ceux de la Chambre ». Comme nous avons indiqué les sources de ces Ordonnances au chapitre précédent, nous ne répéterons pas ces mentions à chaque ordonnance que nous aurons à citer.

1. Aux Requestes de la langue française seront :

Mestre *Raoul de Mellent*,
Messire *P. de Saint-Avez*,
Mestre *G. du Buisson*,
Mestre *Lambert de Voissy*,
G. de Vui,
Le châtelain *de Nesle*.

Ord. dite de 1307. (*Ord.*, t. XII, p. 353.) V. aussi Ord. de 1318 (t. I, p. 673).
En 1320 il n'y a que 5 membres, 3 clercs et 2 lais. L'Ordonnance leur défend d'entrer dans la Chambre du Parlement, sinon pour affaire urgente et, en ce cas, sitôt qu'ils auront parlé, « ils s'en iront et iront faire leurs offices. » — « Si aucunes requêtes avaient été baillées à ceux des Requêtes, laquelle ils ne pussent pas bonnement dépêcher, ils en parleront aux gens du Parlement *quand midi sera sonné*. Et si la requête était si pressante qu'il en convenait avoir greigneur délibération, ils en parleront quand on sera aux arrêts... » (*Ord.*, t. I, p. 727.)

2. Il y en avait cependant 8 en 1345 (Ord. du 11 mars 1344 (1345), *Ord.*, t. II, p. 219). Mais en 1364 Charles V ne nomme que 6 maîtres des Requêtes (*Ord.*, t. IV, p. 418). Le règlement du travail de la Chambre des Requêtes est de novembre 1364. Ord. t. IV, pp. 506 et suiv.). Le nombre des membres de cette chambre ne sera pas modifié avant 1454. (V. Aubert, p. 31, note.)

3. « Super patentes lateralium sedium altitudines hujus aule cunctis fere diebus insident viri politici, quorum hii quidem magistri requestarum... » (Jean de Jandun, ouvr. cité p. 48).

4. V. F. Aubert, *Le Parlement de Paris*, p. 32, où se trouvent les indications des sources pour ces détails de la compétence de la Chambre des Requêtes.

les procès qu'ils voulaient soustraire aux barons et aux prélats[1]. Charles V fit aménager pour ces six maîtres, mal installés au milieu de la cohue des plaideurs, une salle particulière dans la Grande Salle du Palais : ils avaient déjà un Greffier[2]. Ils étaient considérés comme une division, une Chambre du Parlement[3] : la *Chambre des Requêtes*, titre dont le souvenir est resté dans celui d'une des Chambres de la Cour de cassation.

III. — La Chambre des Enquêtes.

Dans les premiers temps du Moyen-Age, la procédure était orale et belliqueuse. Au XIIIe siècle, le progrès des mœurs et des études la corrigea par le calme et la longueur des écritures. L'*enquête* devint la colonne du procès, ou, en réalité, le procès lui-même. Écrites sur des feuilles de parchemin ou de papier qui étaient cousues ou collées les unes aux autres, ces enquêtes formaient des rouleaux parfois considérables. C'était un travail fastidieux que de dérouler ces feuilles couvertes de lettres gothiques, de les déchiffrer, analyser et, comme on disait, « rubricher ». Les membres du Parlement le confièrent d'abord (1278)[4] à des « regardeurs-entendeurs ».

1. En 1390, la chambre des Requêtes fut chargée de recevoir les plaintes qui s'étaient élevées contre l'administration du prévôt de Paris, Audoin Chauveron. (F. Aubert, *Le Parl. de Paris*, p. 34.)

2. « Le 16 mai 1379, Jean de Lépine est qualifié de greffier des Requêtes du Palais (Arch. Nat., X[1a] 28, f. 57 v°). Il avait succédé, avant le 7 février 1351, à son père, appelé aussi Jean. Il ne prenait alors que le titre de clerc des requêtes du Palais. » (Aubert. p. 31, note.)

3. « Et est notre entente qu'ils soient payés de leurs gages par notre Trésorier en la manière que nos gens du Parlement et des enquêtes dessus dites. » (Ordonn. de 1320 citée plus haut.) Charles V fixa ces gages à dix sous parisis par jour.

Le *Style du Parlement* de Du Breuil définit ainsi les maîtres des requêtes : « Illi qui tenent cameram requestarum palatii sunt judices commissarii delegati a principe et non habent aliquam ordinariam cognitionem, nisi de causis sibi commissis, et ab eis appellatur ad parlamentum (*Style du Parl.*, Ch. I, dans les Œuvres de Du Moulin, t. II, p. 470).

4. *La Chambre des Enquêtes*. — Les premiers textes qui établissent l'origine de la Chambre des Enquêtes remontent au règne de Philippe le Hardi. Il n'y a d'abord que des commissaires chargés d'examiner les enquêtes. L'ordonnance de 1278 dit (art. 18) : « Les regardeurs-antandeurs [des anquestes, les anquestes recevront de] certaines personnes et esleues de la court, et par eux et par les regardeurs-antandeurs seront devisiées, si elles ne sont teles que elles soient de grans choses ou autre grans personnes que l'on conviengne porter au commun conseil por leur difficulté. » Nous citons le texte rétabli par M. Langlois (*Textes du Parl.*, p. 95, n° LXXII).

En 1291, *quatre* maîtres (deux clercs, deux lays)[1] furent désignés pour « entendre et décider les enquêtes »; besogne si compliquée qu'on leur permettait d'emporter les rouleaux dans leurs maisons[2]. Un greffier, Pierre de Bourges, nous a laissé seize inventaires de pièces ainsi confiées à des maîtres et dont beaucoup furent perdues[3]. Les enquêtes faites dans les divers pays (car on ne pouvait astreindre les témoins au voyage de Paris), devenaient de plus en plus volumineuses et nombreuses. Il fallut tout un monde pour les dépouiller. Au début du XIVe siècle, à une date qu'on ne saurait préciser, il y eut *huit maîtres des Enquêtes*[4]. En 1313 un

1. « Pour entendre et décider les enquêtes, il y aura 4 personnes du conseil qui ne seront pas baillis, lesquelles s'assembleront chaque semaine, le lundi et le mardi et d'autres aussi au nombre de quatre, le mercredi et le jeudi... » (*Ord.*, t. Ier, p. 320.) Ainsi il y a, au début, deux séries. (Langlois, *Textes*. p. 156.)

I. Le *doyen de Tours*,	II. Le *doyen de Sens*,
L'archidiacre de Saintonges,	*L'archidiacre d'Orléans*,
Le *châtelain de Nesle*,	*Anselme seigneur de Hallecourt*, chevalier.
Robert de Resignies, chevalier.	*Mathieu de Trie*, chevalier.

2. « Ceux qui seront commis pour voir les enquêtes, les liront exactement chez eux et les rapporteront fidèlement, et ils ne viendront en la Chambre des plaids que quand ils y seront mandez. » (Ord. de 1291.)

En 1296, l'organisation est encore indécise. « A examiner les enquêtes, deux clercs seront esleu très bien lettrés qui ensemble les rubricheront et es granz enquestes examiner, sera li uns de ceux de la Chambre au moins et seront vérifiées les rubriches en regart de ceux qui les jugeront. Et cil de la Chambre qui n'iront à l'Eschiquier ne aux Jours de Troyes, ou tens que li autre entendront à ces deux choses, se assembleront à Paris avant le Parlement, si comme il est dessus dit, pour concorder les jugements des enquestes; et les jugements qu'ils accorderont, ils recorderont devant les autres de la Chambre qui n'i auront point été présents, et si la chose était grant il la verront et débatront, mais elle ne sera accordée fors que en plein Parlement, en la présence de touz. » (*Ord.*, t. XII, art. 30, p. 333.)

3. V. Grünn, *Notice sur les Archives du Parlement*, p. LXXVIII. — M. Langlois a donné un Extrait de ce *Mémorial* de Pierre de Bourges (*Textes*, p. 202); M. Guilhiermoz a publié également les « Evangiles » ou extraits des Listes de Pierre de Bourges et de Jean du Temple. (*Enquêtes et Procès*. Appendice II, p. 349.)

L'Ordonnance générale de réformation de 1303, en confirmant les anciennes dispositions au sujet des enquêtes, disait : « Et volumus quod inqueste et probationes, postquam fuerint transmisse ad curiam, judicentur infrà biennium ad tardius, postquàm, ut premittitur, fuerint ad curiam reportate. » (*Ord.*, t. I, p. 357, art. 13. — Langlois, *Textes*, p. 172.)

4. L'Ordonnance dite de 1307 nomme huit membres du Parlement chargés des enquêtes :

L'évêque de Coutances,	Maître Jacques de Saint-Albert,
L'évêque de Soissons,	Maître P. de Moucy,
Le chantre de Paris,	Maître Goulard de May,
Maître Courrart de Crespy.	Maître Pierre de Blarru.

« Et est à entendre que ils delivreront toutes les enquestes qui ne toucheront honneur de corps ou d'héritage; et de ce mesme prendront il bien leur conseil et leur avis ensemble; mes ançois que il les délivrent, il en auront le conseil de ceux qui tiendront le parlement... » (*Ord.*, t. I, p. 547; t. XII, p. 353 [note]; Boutaric, *La France sous Philippe le Bel*, pp. 201, 204-205; Langlois, *Textes*, p. 178.)

registre officiel en nomme *treize*[1]; en 1316 *vingt-neuf*[2]; en 1320[3] et en 1345, *quarante*[4]. Il y eut dès lors une véritable *Chambre des Enquêtes*.

Ce n'était pas trop de quarante savants personnages pour débrouiller ces amas de rouleaux qui arrivaient à chaque session. Quoique son travail ingrat et silencieux semblât secondaire, la Chambre des Enquêtes fut peut-être celle qui contribua le plus à la renommée et à la puissance du Parlement. Muette, son mystère même la rendait redoutable. Comme la plupart des enquêtes permettaient de décider la question en litige, les maîtres rendirent sur pièces des arrêts qui, pourtant (et cela dura plusieurs siècles), étaient prononcés à la Grand'Chambre[5]. Ils lui envoyaient d'ailleurs les affaires les plus contestées et celles, dit une Ordonnance, « qui touchaient honneur de corps ou héritage ». Mais nous serions entraîné trop loin si nous analysions les attributions de cette Chambre qui assura pourtant, plus que les autres, la régularité de la procédure. Les maîtres des Enquêtes se divisèrent (1319) en *rapporteurs* et *jugeurs*[6]. Distinction qu'on estima bientôt gênante,

1. Boutaric a donné, d'après les registres criminels, les noms de 13 membres du Parlement désignés pour juger les enquêtes hors le Parlement, liste dressée à Poissy le 26 avril 1363 (Criminel I, fol. 2 r°. — Boutaric, *Actes du Parlement*, tome II, p. 109). Cette liste a été reproduite par Langlois (*Textes*, p. 198).

2. 16 maîtres rapporteurs, 13 prélats, clercs et lays jugeurs. (Boutaric, *Actes du Parl.*, t. 2, p. 145.)

3. 20 clercs et 20 laïques, dont 16 jugeurs. Ces membres travaillaient même hors le temps de Parlement. « Et durera la Chambre des Enquêtes sur tout l'an en Parlement et hors. » (*Ord.*, t. I, p. 702 et p. 727.)

4. 24 clercs et 16 laïques. (Ord. du 11 mars 1344 (45) *Ord.*, t. II, p. 219.)

5. Suivant certains auteurs, entre autres M. Sée dans sa thèse *De judiciariis inquestis*, on aurait plaidé à la Chambre des Enquêtes dès l'origine. M. Guilhiermoz ne le pense pas. Il réfute cette assertion. (*Enquêtes et Procès*. Introduction, pp. VIII et IX.)

« Cette Chambre, dit-il, n'est en aucune façon une Chambre où l'on plaide, mais exclusivement une Chambre de conseil. » Dès lors un mot de Boutillier sur les maîtres de la Chambre des Enquêtes, au premier abord assez énigmatique : « Ne savent pour qui ils jugent » (*Somme rural*, édit. in-4° de Charondas, p. 854) devient fort clair et les autres obscurités que nous avions signalées en commençant, disparaissent entièrement. Rien de plus naturel en effet si les arrêts et autres actes de la Cour ne nomment pas la Chambre des Enquêtes, puisque son rôle, d'ordre tout à fait intérieur, ne commence qu'après que l'instruction d'une affaire a été close et que les parties ont été, comme on disait dans les juridictions inférieures, « appointées à ouïr droit », puisqu'elle n'agit qu'en vertu d'une délégation de la Grand'Chambre et que les arrêts faits par elle sont prononcés à la Grand'Chambre. » (Guilhiermoz, ouvr. cité, p. XI.)

6. Ordonn. de 1319 et de 1320 (*Ord.*, t. I, p. 702, 727).

Ce sectionnement fut supprimé dans l'ordonnance de 1345. V. Félix Aubert, *Le Parlement de Paris*, p. 23. M. Aubert a consacré des chapitres très détaillés aux différentes Chambres du Parlement.

car Philippe VI de Valois ne la maintint point dans son Ordonnance de 1345, où les quarante maîtres sont tous juges. Les conseillers des Enquêtes, quoique cédant le pas aux maîtres de la Grand'Chambre, les égalaient en réalité. Quelques froissements qui aient pu se produire, dans la suite, entre les Chambres sœurs, la Chambre des Enquêtes n'en était pas moins une représentation et ses arrêts furent des arrêts du Parlement.

IV. — La Grand'Chambre.

Les principaux des seigneurs et des prélats du Parlement se tenaient toujours dans l'ancienne Chambre des Plaids. En 1296, alors que la division des Requêtes et des Enquêtes n'est pas bien marquée, nous y trouvons, sous la présidence d'un *duc de Bourgogne*, du *connétable*, du *comte de Saint-Pol* et de l'*archevêque de Narbonne*, de l'*évêque de Paris*, de l'*évêque de Thérouanne*, *dix-neuf* seigneurs et chevaliers et *dix-sept* dignitaires d'églises [1]. L'Ordonnance les désignait formellement à l'exclusion de tous autres. Seuls pouvaient, sans figurer sur la liste, entrer à la Chambre des Plaids les prélats ou barons qui étaient du conseil, ceux qui accompagnaient le roi, ceux que les présidents avaient délégués pour l'auditoire du droit écrit, ou les requêtes, enfin des privilégiés tels que les abbés de Citeaux, de Saint-Germain, de Compiègne, de Moustier la Celle, le trésorier de Saint-Martin de Tours, le prévôt de Lille, le prévôt de Normandie. Ceux-là avaient la faculté, quand il leur plaisait, d'être en la chambre des Plaids [2]. Ainsi, en dehors des membres nommés pour composer la Chambre, d'autres y viennent, s'ils le veulent,

1. Ordonn. de 1296 (art. 7, 8 et 9).

2. *La Grand'Chambre.* — « Item, il est ordené que li autre qui sont dou conseil, clerc ou lay, ne seront au jugemenz de la Chambre, se ne sont ou prelat ou baron qui soient dou conseil, ou se ne sont cil dou conseil qui sont establi d'aler avec le roy, ou se ne sont cil qui seront establi par les presidenz à oïr la langue qui se gouverne par droit escrit, ou se ne sont ceux cil du conseil qui orront les requestes par l'ordenance des presidenz, ou se n'estaient li abbe de Citeaus, de Saint-Germain, de Compiegne et de Moustier-la-Celle, ou li tresoriers de Saint-Martin de Tours, ou li prevoz de Lille, ou li prevoz de Normendie; car tuit ci porront, quant il leur plaira, estre en la Chambre des Plez, et au pledier, et quand l'en aura conseil sus les arrez et à rendre les arrez; et leur conseil en sera requis comme des autres. » (Ord., 1296, art. 11, texte corrigé par M. Langlois, *Textes du Parl.*, p. 161.)

en raison de leurs dignités. On maintenait par là l'ancienne tradition des Parlements, jadis ouverts à tous les vassaux. Le prince n'ose les renvoyer tous : il en choisit un petit nombre et laisse accès libre à quelques autres. Le chiffre des membres (*vingt-deux* en 1307)[1], paraît fixé à *trente*[2] durant tout le XIVe siècle, toujours sous une réserve qu'on n'exprime plus, car elle est de coutume jusqu'à la fin de l'ancien régime. A côté, au dessus des juges, viendront s'asseoir des princes, des seigneurs, des prélats, juges en quelque sorte nés. C'est la *Grand'Chambre*[3]. Comme la primitive Chambre des Plaids qu'elle continue, elle n'est, en dépit d'un proverbe, ni ouverte ni fermée.

C'est devant la Grand'Chambre que commencent tous les procès et c'est devant elle que tous finissent. A l'entrée se tiennent *six* huissiers : deux à la première porte, deux pour les guichets du parc (on appelait ainsi l'espace resté libre devant les bancs des juges et que nous nommons le prétoire); les deux autres, derrière les bancs des procureurs et des avocats, étaient chargés d'empêcher le désordre, d'exécuter les commandements de la Cour. A la porte de la Chambre, dans la Grande Salle, se pressent les parties, selon l'ordre des présentations, et attendant, avec leur conseil, qu'on les appelle. Aux présidents appartient le soin de les faire introduire avec les avocats, auxquels ils recommandent de « plaider brièvement, justentieusement et honnêtement ». Le demandeur propose son fait : le défendeur répond. Le fait proposé est, « par avis des maîtres, mis en écrit pour ôter la discorde » qui pourrait s'élever, à ce sujet[4]. Une certaine régularité s'établit dans le

1. Ordonnance dite de 1307 (Langlois, *Textes*, p. 178).

2. Rôle de 1316 (Boutaric, *Actes du Parl.*, t. II, p. 143).

L'Ordonnance de 1320 n'en désigne que 20 (*Ord.*, t. I, p. 727).

L'Ordonnance de 1345 en nomme 30 outre les 3 présidents (*Ord.*, t. II, p. 235).

La liste des membres du Parlement confirmés par Charles V à son avènement, en désigne 30 (y compris les présidents). (*Ord.*, t. IV, p. 418.)

L'Ordonnance du 5 février 1388 (1389) fixe le nombre des membres de la Grand'-Chambre à 30 (non compris les présidents). (*Ord.*, t. VII, p. 213.)

3. C'est de la Grand'Chambre que parle Jean de Jandun dans son latin ampoulé ; « ... Sedent pro tribunalibus oculate peritie viri, vocati magistri Parlamentorum : a quorum infallibilibus jurium et consuetudinum prudentiis, discussis hinc inde cum omni maturitate ac mansuetudine causis, irrefragabilia progrediuntur fulmina sententiarum, per quas justis et innoxiis hominibus letitie tripudia, partibus et muneribus prorsus exclusis, solo Dei et juris intuitu largiuntur. Iniqui vero et impii, juxta sue iniquitatis mensuram, afflictione et miseria saturantur... » (*Éloge de Paris*, liv. II, ch. II, p. 48, *Paris et ses historiens*.)

4. Ordonnance de 1278, plusieurs fois citée.

travail de la Chambre. En 1320, les premiers jours de la semaine sont consacrés aux plaidoiries, le jeudi on rend les arrêts et, si le jeudi ne suffit pas, on y emploie le vendredi, puis le samedi[1]. A des séances intimes, secrètes, en *conseil*, se discutent les décisions à prendre. Mais qu'on ne s'y attarde pas trop, « car quelquefois par le long temps mis à conseiller les arrêts, on a oublié les plaidoyers et il a fallu rappeler les avocats. » Aveu naïf qui nous montre les tâtonnements de ces juges encore inexpérimentés et lents à se tracer une méthode de travail. Quand on conseille les arrêts, nulle personne étrangère n'entrera, ni nul ne sortira si ce n'est par mandement spécial[2], afin que le secret soit bien gardé. Les huissiers mêmes n'entrent point : ils parlent de la porte; s'il faut qu'ils pénètrent « que ce soit le moins de temps possible afin d'éviter tout soupçon de surprendre les avis du Conseil. »

Les baillis, les sénéchaux peuvent bien, durant la séance publique, aller entretenir les maîtres, mais non pénétrer au conseil[3]. Du reste ces baillis et ces sénéchaux doivent, trois jours avant la date de leurs présentations, conférer avec les maîtres sur les causes qu'ils apportent[4] : de ce rapide examen résultent souvent des décisions sommaires. L'ordre des bailliages commençait toujours par celui du Vermandois[5] : on joignait quelquefois aux affaires ordinaires de ce pays des causes extraordinaires d'autres régions auxquelles on voulait donner un tour de faveur.

1. *Le Conseil.* — « Que l'on sera le jeudi aux arrêts et jugera l'on les causes qui auront été plaidoyées. Et au conseiller et juger les dites causes on fera vider la Chambre de notaires et de tout autres gens et n'y demeureront pas tant seulement ceux qui sont ordonnés pour tenir le Parlement. Et si le jeudi ne suffisait pour tout ce faire, l'on i serait le vendredi après ensuivant et encore le samedi si mestier est jusqu'à tant que les causes plaidoiées fussent conseillées et jugées, si ce n'était aucune cause spéciale qui fût réservée pour avoir greigneur conseil. Car il est advenu aucunes fois que par la longue demeure de conseiller les arrêts, l'on a oublié les plaidoiez et les raisons qui avaient été plaidoiées, dont l'on a moins suffisamment jugé, dont il est advenu aucunes fois qu'il fallait rappeler les avocats, quand on jugeait les arrêts pour recorder leurs plaidoieries qu'on avait oubliées. » (Ord. de 1320. *Ord.*, t. I, p. 727.)

2. Ord. de 1320 (art. 7).

3. Ord. de 1320 (art. 12).

4. Ord. de 1320 (art. 3).

5. Voir l'ordre des Bailliages pour les sessions du Parlement dans Boutaric, *Actes du Parlem.*, t. II, p. 294. Ces règlements de l'ordre des causes et des bailliages se faisaient généralement à la fin des sessions : on y suit les efforts, très souvent vains, du Parlement, pour assurer une meilleure distribution du travail.

En ce temps de privilèges, il est presque impossible de maintenir l'ordre du rôle dans chaque bailliage; des prescriptions toujours renouvelées, parce qu'elles étaient sans cesse enfreintes, établissent un roulement toujours modifié. On devra plaider d'abord les causes d'appel, et celles où le procureur du roi est principale partie : des jours seront assignés aux pairs de France pour leurs causes; après, on expédiera les causes des églises, et ainsi de suite selon le rang des plaideurs[1]. Les causes extraordinaires qui encombraient le rôle du bailliage de Vermandois étaient devenues si nombreuses, en 1378, que la Cour « pour le bien de justice » les renvoya à chacun de leurs bailliages[2]. Mais les princes faisaient toujours passer avant toutes autres les affaires de leurs duchés. Ils viennent aussi recommander publiquement les procès qu'ils ont à soutenir et prier la Cour, avec force éloges, de les hâter[3].

Les audiences ne laissaient pas d'être bruyantes, car les huissiers

1. *Ordre des procès.* — Règlement de 1372... « Item le Roy et sa Cour ordonnent qu'au Parlement prochain à venir, quand l'en plaidera d'aucun bailliage, prévosté ou sénéchaussée que premier seront plaidoyées et ouïes les causes d'appel et les causes touchant le procureur du roy... et seront donnez et assignez certains jours à chascun Pair de France pour ouïr leurs raisons (causes) et ne seront ouyes aucunes autres causes jusqu'à tant que des causes dessus dites et par l'ordre qui dit est en sera ordonné... La Cour enjoint aux procureurs par leur serment et aussy aux parties qui se présenteront qu'ils mettent et expriment en leurs présentations si c'est cause d'appel ou contre Pair de France ou régale ou principalement contre le procureur du roy, et les dites causes délivrées, la Cour ouïra des autres causes, premièrement des Eglises et autres qui viennent de leur droit en parlement et après par ordre de roole, tant que l'en pourra durant les jours de bailliage tant seulement... » (Reg. du Parl., Collect. Sainte-Genev., Ff. 13, t. I, fol. 135.)

2. « Pour ce que la Cour a entendu que par impétrations et importunités de plusieurs des parties tant de causes extraordinaires y sont introduites à ces premiers jours de ce bailliage de Vermandois que les causes ordinaires dudit bailliage ne pourraient être expédiées, se pourveu n'estoit de remède, la Cour, pour le bien de justice, et afin que les causes dudit bailliage puissent être délivrées et expédiées... a renvoyé toutes les causes civiles extraordinaires... chascune aux jours de son bailliage... » (*Ibidem*, Ff. 13, t. I, fol. 305.)

3. « Ce jour (6 mai 1370), Monsieur Louis de France, aisné fils du roy et duc d'Anjou, fut en Parlement pour les causes de son duché ouïr plaidoier, et premièrement a faict lire un privilège faict du temps du roy Philippes, l'an 1341, et requis qu'il soit registré en Parlement, le procureur du roi proteste que ce ne l'y face prejudice et le duc proteste du contraire; lettres des protestations... » (Reg. du Parl., collect. Sainte-Genev. Ff. 17, t. I, fol. 46.) « Ce jour (4 mai 1406 (1407) est venu ceans au conseil le Roy de Sicille, duc d'Anjou, comte du Maine, de Provence et de Coussy, accompagné de plusieurs prélats et chevaliers, lequel, après ce qu'il a recommandé (loué) la Cour grandement et sagement de justice d'entre toutes les cours du monde, car par icelle cour le royaume se soustenoit et soutient comme disoit, et sans laquelle ne se pourroit soustenir, et pour ce avoit en icelle singulière fiance et espérance... » Il recommande à la Cour plusieurs procès qu'il a à soutenir. (Regist. du Parl., collect. Sainte-Genev. Ff. 17[2], t. I, fol. 220.)

reçoivent l'injonction de mener en prison ceux qui causeront du tumulte et « empescheront l'audience ». Ces huissiers ont surtout à surveiller les clercs des avocats et des procureurs, à leur défendre de faire leurs écritures en la Chambre du Parlement, principalement à réprimer la turbulence des procureurs qui se tiennent derrière les avocats et que vise un article spécial. Les juges doivent d'ailleurs donner l'exemple de la dignité, arriver « à soleil levant[1] » et ne point partir avant midi. « Celui qui ne viendra à l'heure dite perdra ses gages pour chaque jour qu'il manquera, s'il n'a loyale excusacion[2]. » Il est interdit aux maîtres de s'occuper de leurs propres besognes; « de tenir leurs conseils en la Chambre du Parlement, d'aller parler avec d'autres de quelconque besogne, ce n'estoit la besogne de la Cour, ni ne fassent venir à eux aucunes personnes grandes ou petites, pour parler ou conseiller avec elles[3] ». Qu'ils se gardent « de demander nouvelles et esbattements, et si aucune en veut demander ou raconter, il le pourra faire quand midi sera sonné[4] ». On ne leur permet de se lever de leur siège qu'une fois en la matinée, excepté les prélats et les barons qui président[5]. L'Ordonnance, passablement sévère de 1345, admoneste les seigneurs qui vont « tournéant et s'esbatissant par la salle du Palais ». S'ils ont à parler à quelqu'un, ils doivent « prendre l'heure et lieu de parler et de besogner après dîsner. » Ou bien ils pourraient « parler à ceux à qui ils auraient à faire, au matin, au Palais et lieux plus secrets. » « Mais, la Cour séant, souvent sont venus plusieurs des seigneurs piétoiant (piétitinant) par la salle du Palais, dont c'est blâme et déshonnête chose pour eux et pour la Cour[6]. » L'exactitude faiblissait aussi au

1. *Règlement pour les audiences*. — Ordonn. de 1316 (*Actes du Parlem.*, t. II, p. 145). L'Ordonn. de 1296 avait déjà dit : « Ils s'assembleront bien matin et tenront leur consistoire jusqu'à midi ». L'Ordonnance de 1320 dit : « vendront en la Chambre du Parlement à l'heure que l'on chante la première messe en notre chapelle basse. »

2. *Ibidem*. — L'Ordonnance était plus sevère que celle de 1296, où il était dit seulement : « Chacun par son serment sera tenu à venir au Parlement chacun jour s'il n'a essoine (excuse) et s'il en a, il s'excusera le premier jour qu'il viendra. »

3. Ord. de 1318 (*Ord.*, t. I, p. 673).

4. Ord. de 1320 (*Ord.*, t. I, p. 727).

5. ... « Par ce que les seigneurs se lièvent si souvent, ce empesche moult et retarde le Parlement, si doit suffire et suffise soi lever une foiz en la matinée, pour une personne, exceptez les prélats et les barons qui tiennent l'honneur du siège. » Ord. de 1345 (art. 16).

6. Ord. de 1345 (article 8).

XIVe siècle. La même Ordonnance blâme les maîtres « qui souvent trop tard viennent et trop tôt partent. »

On ne saurait dire si, dès cette époque, les membres du Parlement avaient une buvette; il y en avait une depuis longtemps en 1404. Des valets, des étrangers s'y introduisaient, et « pouvaient percevoir les secrets de la Cour. » Les deux Chambres assemblées, Grand'Chambre et Chambre des Enquêtes, pour empêcher « les grandes buveries auxquelles on occupait le temps que l'on devait employer à conseiller, » diminuèrent la dépense, taxée dès lors à huit sols parisis. « Quiconque, ajoute le règlement, en fera le contraire encourra l'indignation de la Cour et sera grièvement puni[1]. »

C'est à la Grand'Chambre que les princes siègent dans les occasions solennelles. C'est à la Grand'Chambre que se reçoivent les hommages des vassaux, que sont prêtés les serments de ceux qui sont revêtus de hautes charges. C'est à la Grand'Chambre que se fait l'ouverture des Parlements.

Au XIVe siècle, la cérémonie était simple. La messe du Saint-Esprit, chantée entre six et sept heures du matin[2], à l'autel de la salle du Palais, n'était que la première des messes quotidiennes de la session. Le chancelier, ouvrant l'audience de la Grand'-Chambre, adressait à l'assemblée un discours sur un thème qui variait peu, mais capable d'inspirer de sages réflexions : « Aimez la justice, vous qui jugez la terre[3] », « Aimez la lumière de la jus-

1. « Du mercredi IIIIe juin 1404. Ce dict jour pour ce que esclande estoit sur ce que pour boire a matin en la Chambre des Enquestes plusieurs vallets et gens estrangers se boutoient ez Chambres du conseil de ceans et pouvaient percevoir les secrets de la Cour, in periculum et scandalum curiæ et faisoit l'en trop grandes beuveries et y occupoit l'en le temps que l'en devoit employer à conseiller et si faisoit l'on trop excessive despence pour autre cause qui ont meu la Cour, icelle, les deux Chambres assemblées, a ordonné que doresnavant pour boire au matin en la Chambre des Enquestes dessus dictes ne sera despendu plus hault de huit sols parisis. et quiconques en fera le contraire encourrera l'indignation d'icelle Cour et sera grievement puni. » *Regist. du Parlem.* (Collect. Sainte-Geneviève, Ff. 17, t. I, fol. 190.)

2. *Ouverture du Parlement.* — « Ce jour (12 novembre 1405), à l'ouverture du Parlement furent présents : Messire Arnault de Corbie, chevalier, chancelier de France, qui tint le Parlement auquel après ce que la Messe du Saint-Esprit fut dicte solennellement en la salle du Palais au matin entre six et sept heures... » (Reg. du Parl. Collect. Sainte-Genev., Ff. 17, t. I, p. 198).

Mention analogue l'année suivante (12 nov. 1406) : « Après ce que la Messe du Saint-Esprit fut dicte et chantée solennellement à chant et deschant par les frères Mineurs en la salle du Palais au matin entre six et sept heures... » (*Ibidem*, fol. 216.)

3. Le cardinal de Beauvais, 12 nov. 1371 (Reg. du Parlem. Collect. Sainte-Genev.,

tice, vous qui êtes les chefs du peuple[1] ». C'est le texte qui revient le plus souvent. Telles furent les origines de ces discours d'inauguration, de ces mercuriales, qui, dans les siècles littéraires, devaient fournir de belles occasions à la rhétorique plutôt qu'à l'éloquence. Après le discours, étaient lues « à huis-clos » les Ordonnances relatives aux membres du Parlement, puis on admettait les huissiers, auxquels on lisait leurs règlements; enfin les avocats et les procureurs, qui entendaient également la lecture de leurs obligations. Alors étaient les portes ouvertes pour la publication des Ordonnances concernant les parties. Les avocats, les procureurs défilaient pour prêter le serment accoutumé.

V. — Chambre criminelle. — Chambres réunies. Le roi au parlement.

Il n'y a pas encore au XIII° et au XIV° siècle de Chambre distincte, dite *criminelle*. En 1312 pourtant commence la série des registres du criminel[2]. Cela signifie seulement que les « clers » ne pouvant

Ff. 13, t. I, fol. 120.) En 1372 Guillaume de Dormans commença son propos sur ce thème : « Utinàm sustineritis mecum » etc. (*Ep. 2 ad Corinth.*, 3 cap.) et à la recommandation du Parlement et de la Chambre où il (le discours) est tenu, prit ce thème : « Justicia habitavit in eâ » (Isaïe, 1 c.). (*Ibidem*, Ff. 13, t. I, fol. 139.)

1. Messire Pierre de Giac (12 nov. 1383). (Reg. du Parl. Biblioth. nat., collect. Lamoignon. Conseil et Plaidoiries, t 42, fol. 3.)

Le 2 janvier 1387 (1388) le même chancelier, parce que le Parlement avait été prorogé à cause d'une épidémie « propter mortalitatem » prit pour thème : « Revertar in domum undè exivi... » (*Ibidem*. t 43, fol. 57.)

« Le Mercredy 12 novembre (1376), Messire Arnault de Corbie, premier président du Parlement, tint le Parlement et lors furent leues les ordonnances royaux touchant le dit Parlement; et premièrement les ordonnances qui touchent les seigneurs du dit Parlement, des Enquestes et des Requestes du Palais furent leues à huys clos et aussi ceux des huissiers en leur présence, et après ceux qui touchent les advocats et procureurs en leur présence; et après ce furent les huys ouverts et furent leues les ordonnances touchant les parties, et tantôt après les advocats et procureurs firent le serment accoutumé. » (Reg. du Parlem. Collect. Sainte-Genev., Ff. 13, t. I, fol. 230.)

Par ce procès-verbal on voit que le huis-clos était déjà ordonné. Il en était de même pour certains procès : « La Cour a réservé à demain à *huis-clos* la cause d'entre le procureur du roy nostre sire et le comte de Lisle... lundi 30 août 1389. » (Reg. du Parlem. Collect. Lamoignon, t. 40 (43), fol. 352.)

2. *La Chambre criminelle*. — « Il n'existait pas, dans la cour du roi, de Chambre chargée spécialement d'administrer la justice criminelle. La cour prononçait sur les affaires de tout genre; seulement quand un procès pouvait entraîner peine de sang, les ecclésiastiques qui siégeaient dans le Parlement s'abstenaient, par respect pour ce principe si en honneur au moyen âge : *Ecclesia abhorret a sanguine*. Mais ils prenaient part sans difficulté aux jugements criminels qui ne devaient amener que

prononcer, selon le droit canon, de sentences capitales, les « lays » se séparent d'eux pour examiner « les causes de sang ». Ils vont travailler en la Tournelle[1], d'où viendra le nom rendu tristement fameux plus tard par la Chambre Criminelle quand elle aura son existence propre, son autonomie.

Dans la période que nous étudions, on ne constate l'existence que de la *Chambre des Requêtes*, de la *Chambre des Enquêtes* et de la *Grand'Chambre*, non point tribunaux isolés, mais parties indivises d'un même tribunal. Pour la diversité des besognes, se sont constitués des groupes auxiliaires, mais la Grand'Chambre, à elle seule, résume, représente le Parlement, dont seule elle porte le titre.

Quelquefois les Chambres siègent ensemble dans la même salle. Les registres mentionnent des causes jugées par « Messieurs du Parlement et des Enquêtes[2] ». Même la Chambre des Requêtes se joint aux deux autres[3]. En certaines occasions, le Parlement est reconstitué, toutes Chambres réunies, dans sa plénitude.

l'application de l'amende ou de la prison; et comme on a pu le voir dans les Olim, des violences, des homicides et des meurtres n'étaient souvent punis que de ces peines légères. » (Beugnot, *Olim*, t. III, notes p. 1516, note 10.)

1. ... « Comme les maîtres (chargés des jugements criminels) ne pouvaient siéger dans la salle où se plaidaient les affaires civiles, ils allaient délibérer dans la tour Saint-Louis, dite de la Tournelle. La première mention qu'on trouve d'une audience criminelle tenue dans ce local remonte à 1341 : « Présents le IVe jour d'août, l'an 41, en la Tournelle, derrière la Chambre du Parlement, messieurs... » (Criminel, V, fol. 44.) (Grünn. *Notice sur les Archives du Parlement*, p. 222.)

C'est seulement en 1515 que les magistrats prononçant sur des affaires criminelles formèrent une Chambre permanente appelée la Chambre criminelle ou la Tournelle.

2. *Chambres réunies.* — Le 11 décembre 1364 « furent au conseil tous Messieurs du Parlement et des Enquêtes à consulter la cause entre Jacques Mouton et les communs pauvres de Tournay d'autre part... » (Reg. Collect. Sainte-Genev. Ff. 13[2], t. I, II, III, fol. 7.)

Le 14 décembre « furent au conseil Messieurs... et tous Messieurs les chevaliers et autres lais des deux Chambres à conseiller la cause d'appel entre les habitants de Châteaudun d'une part et Messire Simon d'Orgemont, chevalier, d'autre part... » *Ibidem.*

Le 27 janvier 1366-1367 « furent au conseil les deux Chambres du Parlement et des Enquêtes et plusieurs prélats évesques et dix-sept personnes à conseiller l'arrest entre l'archevêque de Sens comme exécuteur de feu messire Philippe de Melun son oncle d'une part et messire Hutin de Vamelles et la dame de Sully, d'autre part... » (*Ibidem*, fol. 54.)

Il est inutile de multiplier ces citations. Indiquons seulement quelques dates où nous trouvons les deux Chambres (Grand'Chambre et Enquêtes) réunies : 16 mai 1368 (*Ibidem*, fol. 72), 1er juillet 1368 (fol. 74), 21 juillet 1368 (fol. 76), 29 août 1368 (fol. 79), 1 et 2 décembre 1368 (fol. 83); 13 mars 1369 (1370) (fol. 103); 21 mai 1371 (fol. 118), etc.

3. Le 20 février 1366 (1367) toutes les Chambres sont réunies; même s'y joignent les maîtres des Requêtes de l'hôtel : « Présens toutes les Chambres, le chancelier,

Si le souverain laissait sa Cour juger, il n'en résultait pas qu'il ne fût plus personnellement juge. Au XIIIe et au XIVe siècle, les rois font plaider devant eux certains procès[1]. A mesure qu'elles devinrent plus rares, les visites du prince furent plus remarquées. Le roi, accompagné du chancelier, des grands officiers, des seigneurs et prélats de son conseil, arrive dans la Grand'Chambre[2], où a été élevée une chaire sur une estrade tendue de tapisseries fleurdelisées : un ciel de lit[3] est dressé au dessus de sa tête; de là l'expression souvent usitée de *Lit de justice*. Le trône royal est placé dans un angle de la salle et un large espace vide est laissé devant lui[4]. Toutes les affaires ont été suspendues[5]. L'assemblée, qui, par suite de la place occupée par le trône, est disposée en losange, ne s'occupe que de la cause intéressant le roi. Ce jour là, grâce à l'affluence des pairs, des prélats, des barons qui prennent rang

l'Evesque de Noyon, l'Evesque de Meaux, l'Evesque d'Autun, le comte de Salebruch, le comte de Brienne, plusieurs conseillers et les maîtres des Requêtes de l'ostel du Roy... à conseiller l'arrest entre le sire de Craon, le maréchal Boucicaut et leurs consorts d'une part et le sire d'Arthenaise, comme ayant le bail de sa fille d'autre part... » (*Ibidem*, fol. 55.)

1. *Le roi au Parlement.* — En 1314 le Parlement est tenu à Vincennes. — « Anno Domini millesimo trecentesimo decimo quarto, die lune ante festum Nativitatis Domini, apud Vicenas, ubi dominus Rex ad dictam diem, ex causa, suum mandavit teneri parlamentum, dicto parlamento ibidem, in ipsius domini Regis presentia existente... » (*Olim* II, p. 613, 614, II.)

En 1318, révocation d'un droit jadis accordé sur l'entrée et la vente des vins à Compiègne. « Lecta in Camera, presente domino Rege et consenciente. » (*Olim*, II, p. 677, III, 1318.)

On peut voir le relevé des audiences présidées par le roi, soit pour juger des procès, soit pour des raisons politiques, de 1317 a 1363, dans le manuscrit Séguier. Voir 931, p. 123. (Note de Grünn dans *Notice sur les Arch. du Parlement*, p. CLXIX.)

Ajoutons encore cette mention : « Ce jour (13 nov. 1365) fut en la présence du Roy en Parlement, plaidoyée la cause criminelle entre le sire de Saint-Dizier, d'une part, et Messire Hubert de Bulilneuille, chevalier, d'autre part... » (Reg. Collect. Sainte-Genev. Ff. 17², t. I.)

2. La Grand'Chambre se trouvait à l'endroit où siège aujourd'hui la première Chambre du Tribunal de première instance de la Seine; mais cette salle, quoique très belle, n'a plus les dimensions de l'ancienne (détruite en 1871) et qui allait jusqu'au quai. L'ancien triptyque qui ornait la Grand'Chambre, se trouve, aujourd'hui, nous l'avons dit, dans la première Chambre de la Cour d'appel.

3. « Ce jour (23 juillet 1366) Guillaume de Foilloy, varlet de chambre du roy, apporta au Parlement de par le roy un ciel, une couverture, un chevecier avec quatre reillers tout neufs de velud (velours) semez de fleurs de lis d'or aux armes de France, pour tendre et asseoir en la Chambre du Parlement quand il plaira au roy d'y venir, toutes lesquelles choses ont été baillies à Alfonds (Alphonse) le clerc huissier du Parlement pour les visiter et tendre quant mestier sera. » (Reg. Collect. Sainte-Genev. Ff. 17², t. I, fol. 23.)

4. Or de 1318 (article 12), (*Ord.*, t. I, p. 673).

5. « Que le jour que le Roi viendra à Paris pour oïr les causes qu'il se sera réservées pour oïr devant lui, le Parlement de toutes autres querelles cessera. » (Ord. de 1318, art. 10.)

au-dessus des maîtres, la Grand'Chambre retrouve sa confusion féodale, mais aussi la majesté des anciens Parlements.

Lorsque le roi aura abandonné le Palais, il viendra moins souvent encore. Charles V avertit (ordon. de 1370) qu'il ne se déplacera plus pour les petites affaires [1]. C'est le Parlement qui le plus souvent ira à lui, soit au Louvre, soit à l'hôtel Saint-Pol. En 1365 il se rend à l'hôtel Saint-Pol pour les plaidoiries d'une cause, pourtant ordinaire, d'un chevalier de Sully [2], ou bien pour une revendication de terrains à Cany faite par l'abbé de Fécamp [3]. Sans étonnement et sans murmure, le Parlement se transporte avec ses procureurs, ses avocats, ses greffiers à la demeure royale, car n'est-il pas lui-même la véritable cour? Ses principaux personnages ne font-ils point partie de l'hôtel du roi? De ces habitudes attestant l'antique simplicité, les rois absolus tireront plus tard des conséquences humiliantes pour ces juges qui, au XIVe siècle, ne se croient ni déconsidérés, ni asservis : ils vont, sans façon, retrouver le prince dans un nouveau château comme ils le suivaient jadis à Soissons ou à Compiègne. Si les rois ne craignent pas de rappeler au Parlement les traditions qui faisaient sa faiblesse, le Parlement saura bien proclamer celles qui faisaient sa force. Force et faiblesse qui lui vinrent également de ses hommes, des Juges.

1. Ord. t. V, p. 323.

2. 1364 (1365) 8 janvier. (Reg. Collect. Sainte-Genev., Ff. 13[2], t. I, II et III réunis.)

3. 1365 21 février (1366). — Il y a encore plaidoiries devant le roi, discussions sur la prescription de quatre ans, de quinze ans. (*Ibidem.*)

1369 24 avril « furent au conseil que le roy tint à Saint-Paul et luy assistèrent le cardinal de Beauvais, l'archevesque de Sens, les évesques d'Orléans, etc... Messire Simon de Bucy, etc..., pour conseiller l'arrest entre Messire Gui de Chauvigny, chevalier, d'une part, et le procureur du roi d'autre part pour cause du chastel de Foisy (ou Soisy)... » (*Ibidem*, t. I, fol. 88.)

Autres déplacements : 12 mars 1364 (1365). (*Ibidem*, fol. 13), 7 mai 1365 « à Saint-Paul en la présence du roy pour la besogne de l'Église de Paris. » (*Ibidem*, fol. 15, etc.)

LIVRE III

LES JUGES

CHAPITRE VI

LE CLERGÉ ET LA NOBLESSE AU PARLEMENT. LES LÉGISTES.

I. — Les Clercs.

Dans la salle du Palais les Juges qui passent ou se promènent, « s'esbatissant et tournéant » sont des prélats, des seigneurs et des *magistri* ou *maîtres*. Ils sont aussi nombreux que considérables. Deux listes de 1261 contiennent une trentaine de noms : sous Philippe le Bel et ses fils elles en comptent de soixante-deux à quatre-vingt-neuf. Ce chiffre ne sera guère dépassé et il faudra y comprendre les greffiers, les procureurs et les avocats du roi pour parachever le nombre de *cent*[1] qu'au xve siècle on regardait

1. *Nombre des membres du Parlement.* — « Les noms de ceux qui font le Parlement de France trouveras ou livre du conseil de ceste année, ou commencement. » (Arch. nat. X[1a] 4788, fol. 363, 12 nov. 1410), cité par M. Delachenal, *Hist. des avocats*, p. 120. Mais il y a un texte antérieur (1408) : « Ci après s'ensuit la table des *cent* seigneurs qui à ce present jour estoient du conseil du Roy nostre dit seigneur au Parlement et qui faisoient le parlement ». *Journal de Nicolas de Baye* (édité par Tuetey), t. I, p. 246.

Le Premier Président, Henri de Marle, dans une harangue prononcée à un lit de justice que tint en 1412 le dauphin, duc de Guyenne, reproduit presque la table du greffier, en y ajoutant la comparaison avec le Sénat romain : « ... Comme la cité de Romme avait esté non pas seulement édifiée de édifices, mais fondée pour faire justice de cent vaillans hommes appelez senateurs, aussy avoit esté cette Court ordonnée et establie pour faire justice par cent personnes qui font le Parlement, c'est à savoir xii pers, vi prélaz et vi lays, viii maistres des Requestes de l'ostel et le remenant estoit en iii chambres, c'est assavoir vi en la Chambre des Requestes du Palaiz, xv clers et xv laiz en la Grand'Chambre et xxiiii lais en la Chambre des

comme traditionnel par un souvenir mal interprété du Sénat romain.

Les listes de saint Louis mêlent les clercs avec les laïques. Un texte de Philippe le Hardi (1284) les distingue. Sous Philippe le Bel, dans les Chambres déjà séparées, sont indiqués aussi les bancs des clercs et des laïques. Les clercs ont le pas sur les autres et sont nommés les premiers.

Les prélats sont : l'archevêque de *Sens*, métropolitain de Paris; l'archevêque de *Reims*, qui sacrait les rois de France; l'archevêque de *Rouen*, primat de la Normandie récemment conquise : ils s'appellent *Henri II Cornut*[1], réputé un « grand ami de la justice »[2]; *Pierre Barbet*, le chancelier[3]; *Eudes Rigaud*, qui a laissé un précieux registre de ses visites pastorales[4]. Ou bien on voit siéger *Simon de Beaulieu*, archevêque de *Bourges*, cardinal[5]; *Raoul de Grosparmie*, évêque *d'Évreux*, cardinal, mort à Tunis en 1270[6]; *Guy Foucault*, évêque *du Puy*, archevêque *de Narbonne*, cardinal, pape sous le nom de Clément IV (1265-1268)[7]; *Guil-*

Enquestes et XVI clers qui font en nombre C personnes ordonnées pour la justice capitale du royaume... » *Matinées* VII [X[1a] 4789], fol. 206 v°. *Journal de Nicolas de Baye*, édité par Tuetey, t. II, p. 41, 42.

1. *Prélats et clercs du Parlement.* — Henri II Cornut, neveu de Gilles Ier Cornut, (1254-1257).

2. C'est l'éloge que fait de lui l'inscription de son tombeau :

> Hic jacet Henricus Presul Senonis, *amicus Justitiæ*, cultor sanctorum, criminis ultor, etc.

(*Gallia christiana*, XII, p. 65), et P. Quesvers (*Inscriptions de Sens*, Paris, Picard, in-4° (1898), p. 397), qui a reproduit la tombe d'après les dessins de Gaignières (Estampes. Pe 1 m fol. 63 et Pe II a, f° 58). Henri Cornut serait mort empoisonné par un de ses cuisiniers qu'avaient corrompu des usuriers excommuniés par l'archevêque.

3. Pierre Barbet, archidiacre de Châteaudun en l'église de Chartres, archevêque de Reims (1274-1298), 29° chancelier de France (en 1271). (V. P. Anselme, t. VI, p. 237.)

4. Eudes Rigaud, archevêque de Rouen (1247-1275). Il tint pendant vingt et un ans un journal régulier de ses visites pastorales (*Regist. visitation. Archiepiscop. Rotom.*, édité par Bonnin, Rouen, 1852, in-4°. Le ms. original est à la Bibl. nat. fonds lat.). Voir Notice développée *Hist. littér. de la France*, t. XXI, p. 616.

5. Simon de Beaulieu, de l'ordre de Citeaux, archidiacre de Poitiers, de Chartres, chanoine de Saint-Martin de Tours, de Bourges, archevêque de Bourges (1281-1295), cardinal, auteur d'ouvrages de théologie, droit canonique, etc., mort à Orvieto (1297). (Voir Notice *Hist. littér.*, t. XXI, p. 20.)

6. Raoul de Grosparmie, trésorier de Saint-Frambaud de Senlis, doyen de Tours, évêque d'Albano, évêque d'Evreux (1259), garde du sceau royal (1258), (P. Anselme, t. VI, p. 272), cardinal et légat du Saint-Siège, mort à Tunis (1270). Il est désigné dans Joinville sous le titre d'archidiacre de Nicosie. M. Léopold Delisle a établi que cet archidiacre était Raoul de Grosparmie. (Voir Eclaircissements à la suite de l'édition de Joinville par N. de Wailly, éclairc. 9.)

7. Guy Foucault (Fulcodi), évêque du Puy, archevêque de Narbonne, cardinal, chancelier ou du moins garde du sceau royal. Il occupa trois ans le siège de saint

laume de Mâcon, évêque d'*Amiens*, casuiste célèbre[1]; *Simon de Brie*, trésorier (c'était le titre de l'abbé) de *Saint-Martin de Tours*, cardinal, pape sous le nom de Martin IV (1281-1285)[2]; l'illustre abbé de *Saint-Denis*, *Mathieu de Vendôme*, conseiller fidèle de saint Louis et de Philippe le Hardi, régent de France en 1269[3]. Apparaissent souvent les évêques de *Paris*, de *Laon*, de *Noyon*, de *Beauvais*, de *Soissons*, de *Senlis*, d'*Orléans*, villes du domaine royal primitif. A mesure que les listes du Parlement s'allongent, elles comprennent les abbés de *Saint-Germain des Prés*, de *Saint-Martin des Champs*, de *Sainte-Geneviève*, de *Cîteaux*, de *Cluny* et de moindres abbayes que tirait pour un moment de leur obscurité le crédit de leur titulaire. Avec eux figurent quantité de clercs savants, dignitaires d'églises, archidiacres, doyens de chapitres, chantres, chanoines, dont nous mentionnerons les plus connus parmi les maîtres légistes.

L'Église était trop intimement mêlée à la vie sociale et politique pour qu'on pût s'étonner de la voir appelée dans un tribunal souverain où se débattaient tant d'intérêts des évêchés, des chapitres, des couvents. Évêques ou abbés, ou même simples bénéficiers, les clercs exerçaient, en dehors de leur pouvoir spirituel, une autorité temporelle dans de vastes domaines. Comme les seigneurs, ils avaient leurs vassaux, leurs hommes d'armes, leurs finances, leur justice. Comme eux ils étaient astreints envers le roi aux devoirs « d'ost et de plaid ». Comme eux ils avaient pris

Pierre (1265-1268). Guy passait pour un des plus savants jurisconsultes de son siècle, « grand clerc en droit et bon avocat, le meilleur de la terre. Il avait, de plus, renom d'estre loiaus homme, ce que n'avaient pas souvent des gens de son mestier ». (*Continuat. de Guillaume de Tyr*, l. XXVI, ch. 7).

1. Guillaume de Mâcon, ancien secrétaire de Simon de Brie, mort en 1308. (V. Notice *Hist. litt.*, p. 380.)

2. De la famille des Poillechien. Longtemps légat en France et cardinal du titre de Sainte-Cécile; tout dévoué au duc d'Anjou, qui le fit élire pape le 18 janvier 1281. (V. Langlois, *Hist. de Philippe le Hardi*, p. 124.)

3. Mathieu de Vendôme était le 46ᵉ abbé de Saint-Denis (1258-1286). Confesseur de Louis IX et l'un de ses principaux conseillers. C'est lui qui acheva la construction de la basilique de Saint-Denis. Il fut aussi l'exécuteur testamentaire de Philippe III. (V. notice *Hist. litt.*, t. XX, p. 1.)

Comme les abbés de Saint-Denis figurent tous au Parlement, nous indiquons tout de suite les successeurs de Mathieu de Vendôme pour la fin du XIIIᵉ siècle et le XIVᵉ siècle : 47ᵉ Renaud Giffard; 48ᵉ Guy (Iᵉʳ) de Castre; 49ᵉ Gilles (Iᵉʳ) de Pontoise; 50ᵉ Gautier (II) de Pontoise; 51ᵉ Gilles (II) Rigaud; 52ᵉ Pierre (II) de la Forest; 53ᵉ Robert (IV) de Fontenay; 54ᵉ Guy (II) de Monceaux; 55ᵉ Philippe (Iᵉʳ) de Villette; 56ᵉ Jean (Iᵉʳ) de Bourbon; 57ᵉ Guillaume (III) Farrechal; 58ᵉ Philippe (II) de Guamaches. — (Doublet, *Hist. de l'abbaye de Saint-Denis*, in-folio, p. 1193.)

part à toutes les assemblées féodales : comme eux ils furent les premiers juges du Parlement[1].

L'influence ecclésiastique est même prépondérante sous saint

1. **Le Clergé au Parlement sous les règnes de saint Louis et de Philippe le Hardi.**

ARCHEVÊQUES		ABBÉS-PRÉLATS	
De Sens. . . .	Henri II Cornut (liste de 1255 [v. st.]).	Saint-Martin de Tours. (2 listes de 1261, n. st.). .	Simon de Brie, pape en 1281.
De Rouen. . .	Eudes Rigaud (listes de 1261).	Saint-Denis (en France)	Mathieu de Vendôme.
De Reims. . . .	Pierre Barbet (1284).	(listes de 1261, n. st. et 1278, 1279, 1281, 1282, 1283, 1284).	
De Narbonne. .	Pierre (1284).		
De Bourges. . .	Simon de Beaulieu (1284), cardinal (1295).		

ÉVÊQUES		ÉVÊQUES	
De Senlis . . .	(1255) (v. st.)	D'Amiens . . .	Guillaume de Mâcon (1279, 1284).
De Cambrai. .	(1255).	De Beauvais . .	Thomas (1284).
D'Évreux . . .	Raoul de Grosparmie (1259, 1261).	De Langres . .	Guy de Genève (1284).
Du Puy	Guy Foucault (1259), pape en 1265.		

DIGNITAIRES D'ÉGLISES

Sur les listes on rencontre 18 dignitaires d'églises, archidiacres, doyens de chapitres, chantres, chanoines des églises de *Saint-Aignan d'Orléans*, de *Rouen*, *d'Angers*, de *Chartres*, de *Bayeux*, de *Tours*, de *Blois*, de *Reims*, de *Meaux*. Nous les classons parmi les Maîtres ou Légistes.

Pour cette période, les listes, rares, ne peuvent donner au vrai l'importance de la représentation du clergé au Parlement. Des archevêques et des évêques n'y figurent pas qui certainement prirent part aux délibérations du Parlement, comme les archevêques de Reims : *Thomas de Beaumes* (1249-1262), *Jean de Courtenay* (1265-1270), mort à Tunis; les archevêques de Sens : *Guillaume III de Brosse* (1258-1267), *Pierre de Charny* (1267-1274); les évêques d'Auxerre : *Gui de Mello* (mort en 1270); d'Évreux, *Nicolas*, d'abord trésorier de Senlis et chargé de nombreuses missions sous Philippe le Hardi; de Paris, *Renaut de Corbeil* (1250-1268), *Étienne Tempier* (1268-1279). (V. Notice, *Histoire littér.*, t. XIX, p. 350); *Ranulfe de Humblières*, professeur célèbre (1280-1288). (V. Notice, *Histoire littér.*, t. XX, p. 13).

Si l'on réunit les débris de listes que nous possédons et qu'on tente de faire un relevé numérique des différentes catégories de personnages siégeant au Parlement, sous saint Louis et Philippe le Hardi, on trouve 25 archevêques ou évêques, 42 clercs, au total 67 pour l'Ordre du clergé; nombre, encore une fois, qui ne saurait être qu'approximatif puisque les documents sont très incomplets.

Louis et Philippe le Hardi. Avec de simples débris de listes on arrive, pour ces deux règnes, à un total de soixante-sept prélats, dignitaires et clercs présents au Parlement. Un autre témoignage, aussi naïf que probant, nous est fourni par une lettre de Jean de Ribemont au maire et aux jurés de Saint-Quentin. Il leur explique qu'ils ont pu gagner autrefois leurs procès contre les églises de Saint-Quentin alors que « la cour et le roi se gouvernaient par grant gens lays et en grant estat ». Or maintenant c'est le contraire. Aussi ne feront-ils que sage de terminer leurs différends devant le bailli ou le prévôt du roi à Saint-Quentin, « car le clergé en la cour du roi est au-dessus, leur dit-il, et vous y êtes au-dessous. » Il les blâme ne n'avoir pas suivi ses conseils : il refuse de se charger de leur cause, car il ne veut pas, ajoute-t-il, « boire au hanap de la confusion où vous boirez prochainement... Vous envoyez votre braillard Gobert le drapier : vous croyez gagner par braire et par crier; il n'en est pas ainsi, car vous avez affaire à gens qui ont toute la faveur de la Cour »[1]. Les listes toutefois attestent, sous Philippe le Hardi, la préoccupation de tenir en quelque sorte la balance égale entre les « clers » et les « lays », même dans les désignations des conseillers aux Requêtes et aux Enquêtes. Toujours, dans les délégations, on observe la parité des commissaires enquesteurs, un ou deux clercs associés à un ou deux laïques. S'il est indéniable que le caractère du prince ait fait prévaloir tantôt l'une tantôt l'autre influence, la concorde règne au moins en apparence au XIIIe siècle. Rien n'est modifié à cet égard sous Philippe le Bel.

Aussi croit-on rêver lorsqu'on lit cette phrase de Michelet, répétée par ses imitateurs : « Philippe le Bel rendit le Parlement tout laïque[2] ». Exact quand il le voulait et familiarisé avec les archives, Michelet aurait pu aisément s'éclairer s'il ne s'était laisser entraîner par ses préjugés et n'avait pas pris ses désirs pour des réalités. Il interprétait faussement une Ordonnance de 1287

1. Lettre de Jean de Ribemont, clerc, au maire et aux jurés de Saint-Quentin (Archives communales de Saint-Quentin, A 21), publiée par Eug. Janin dans *Bibliothèque de l'Ecole des Chartes*, 3e série, t. III (1846), p. 157. — V. aussi E. Lemaire, *Archives anciennes de Saint-Quentin*, p. 121; Langlois a de nouveau publié cette lettre en sa forme assez difficile, que nous ne pouvons reproduire ici, faute de place, *Textes du Parl.*, p. 126, XCIV.

2. Michelet, *Histoire de France*, t. III, p. 29 (édit. de 1861).

par laquelle Philippe le Bel ou plutôt le Parlement lui-même (car l'Ordonnnance se trouve mêlée aux arrêts des *Olim*) prescrit aux seigneurs de n'employer que des laïques pour baillis, prévôts ou procureurs, de telle sorte qu'il fût plus facile de réprimer les fautes de ces lieutenants[1]. Archevêques, évêques, abbés gardaient leurs justices et leurs sièges au Parlement. Trois ans après cette Ordonnance, une affaire est jugée (1290), en présence du roi, non seulement par des seigneurs, mais par l'archevêque de Rouen, les évêques de Paris, d'Orléans, de Térouanne, de Senlis, l'abbé de Moissac et plusieurs autres archidiacres et dignitaires d'Églises[2]. L'Ordonnance de 1296 partage la présidence du Parlement en spécifiant que, sur les trois prélats et les trois seigneurs désignés pour se relayer, il faut qu'il y ait toujours deux présidents, un prélat et un baron[3]. La liste nomme dix-sept clercs et seize lays. L'Ordonnance de réforme de 1303 prescrit de faire passer avant les autres, au Parlement, les affaires des prélats et des ecclésiastiques[4]. La liste de 1307[5] égalise les bancs : onze clercs et onze lays à la Grand'Chambre. Deux évêques, ceux de Coutances et de Soissons, vont, ainsi que le chantre de Paris, travailler dans la Chambre des Enquêtes; le prieur de Saint-Martin écoute les requêtes de la langue d'oc. L'évêque de Nevers, celui de Soissons, le chantre d'Orléans vont, avec les laïques, tenir les Grands Jours de Troyes. Au total, pour le règne de Philippe le Bel seul, on constate, malgré des listes fort incomplètes, vingt-six prélats et soixante-neuf dignitaires d'églises ou clercs siégeant au

1. *Olim* (Beugnot, t. II, p. 269).

2. « Huic judicio presentes fuerunt dominus rex, archiepiscopus Rothomagensis; Parisiensis, Aurelianensis, Morinensis episcopi, electus Silvanectensis; dux Burgundiæ, comes Pontivi, abbas Moysiacensis, *plures archidiaconi et alii clerici* pariter et dignitates habentes, et plures alii *clerici*, barones, milites, et alii de consilio regis usque ad *sexaginta* et plus... » (*Olim*, Beugn., II, p. 300, 36, et Langlois, *Textes*, p. 150.)

3. « Il est ordonné que en temps de Parlement seront en la chambre des plaids : le souverain ou président, certain baron et certain prélat; c'est assavoir des barons le duc de Bourgogne, le connétable, le comte de Saint-Pol; item des prélats l'archevêque de Narbonne, l'évêque de Paris, l'évêque de Térouane, et li (les) prélats des comptes lorsqu'ils y pourront entendre, et seront tenus a estre au Parlement continument au moins un des prélats et un des barons et départiront leur temps si que il ne peuvent tuit estre, au moins y en ait deux présents toujours au Parlement, c'est assavoir un prélat et un baron... » (Ordonn. de 1296.)

4. Ordonnance de 1303. (*Ord.*, t. XII, p. 353.)

5. Ord. de 1307. (*Ord.*, t. XII, p. 353, note.)

Parlement[1]. Les déclamations tombent devant les faits et les chiffres.

Philippe V le Long pourrait, avec plus d'apparence de raison, être soupçonné d'avoir voulu exclure le clergé du Parlement. En 1319 il décida qu'il « n'y aurait nuls prélats en Parlement », car le roi se fait conscience de « les empêcher au gouvernement de leurs spirituautés »; il veut avoir des gens qui puissent entendre « continuement aux besognes sans être occupés d'autres grandes occupations ». Mais, tout de suite, le roi fait une exception pour les prélats de son conseil; la liste de 1319, outre deux des présidents clercs, contient huit clercs et douze lays[2]. Une Ordonnance qui avait précédé celle-ci, en 1316, nous en fait comprendre la véritable portée : elle enjoignait au contraire aux chanoines de Paris qui suivaient le Parlement » de ne point le laisser pour leurs prébendes et de venir à l'heure exacte[3] ». Il était plus aisé de morigéner et de frapper d'amendes des chanoines que des évêques. Le prince

Le Clergé au Parlement sous Philippe le Bel.

ARCHEVÊQUES	ÉVÊQUES		ABBÉS-PRÉLATS
De Sens.	De Châlons.	De Troyes.	De Saint-Denis en France.
De Rouen.	D'Auxerre.	De Carcassonne.	Le grand maître de l'Hôpital.
De Narbonne.	D'Orléans.	D'Amiens.	Le visiteur du Temple.
	De Tournay.	De Noyon.	
	De Coutances.	De Nevers.	DIGNITAIRES
			Églises de Noyon, de Saint-Aignan d'Orléans, de Saint-Quentin, de Dol, de Paris, d'Amiens, d'Arras, Sens, de Bourges, de Bayeux.

2. « Il est ordené par le Roy en son grant Conseil sus l'estat de son Parlement en la manière qui s'ensuit : « Premièrement, il n'aura nulz prelaz en Parlement, quar le Roy fait conscience de euls empescher ou gouvernement de leur experituautez : et li Roys veut avoir en son Parlement genz qui y puissent entendre continuelment sanz en partir et qui ne soient occupez d'autres granz occupacions.

« Toutevoies l'entente du Roy n'est mie que les prelaz qui sont de son conseil en soient pour ce hors, ançois est s'entente que il demeurent de son conseil et il les appellera à ses autres grans besongnes... » (Ord. 3 déc. 1319. *Ord.*, t. I, p. 702. — Boutaric, *Act. du Parlem.*, n° 5899 A). V. aussi P. Lehugeur, *Hist. de Philippe le Long*, p. 331.

3. « Item, li chanoine de Paris qui suivront le Pallement, ne le lesseront pour leur provendes de Paris et vendront à heure, si comme dessus est dit. » Ord. de 1316 (Bout., *Act. du Parl.*, t. II, n° 4490 A).

s'inquiétait exclusivement de l'assiduité des juges et sa décision de 1319 resta d'ailleurs sans nul effet[1].

Sous les premiers Valois, les prélats et les clercs abondent au Parlement. Sous Philippe le Bel, selon un document curieux, un compte du XIVe siècle[2], il n'y avait à la *Grand'Chambre* que *dix* clercs; sous Philippe de Valois il y en eut *quarante*. Aux *Enquêtes* on ne gageait que *seize* clercs, aux *Requêtes du Palais* que *trois* clercs; sous Philippe de Valois, *quarante-huit* clercs prenaient gages dans la Chambre des *Enquêtes* et *onze* dans celle des *Requêtes*[3]. Sous Charles V, sous

1. **Le Clergé au Parlement sous les fils de Philippe le Bel.**

ÉVÊQUES	ABBÉS	DIGNITAIRES
D'Auxerre. D'Amiens. De Saint-Malo. De Saint Brieuc. De Mende. De Noyon. De Soissons.	De Saint-Denis en France. De Saint-Martin de Tours. De Saint-Germain des Prés. De Sainte-Geneviève. De Charroux.	3 de l'église de Soissons. 3 de l'église de Saint-Quentin. 2 de l'église d'Amiens. 1 des églises de Paris, Poitiers, Lisieux, Reims, Coutances, Sens, Clermont, Nevers, Saint-Front de Périgueux, etc.

Le relevé des listes fournit pour cette période relativement courte 32 prélats et abbés, 142 clercs, au total 174 ecclésiastiques.

2. « Item, il y a XL clercs prenans gages de V. 5 S. p. par jour et X l. pour mantiaux par an... et n'y souloit avoir ou temps du roy Philippe le Bel que X clercs....
Item il y a, en la chambre des enquestes XLVIII clercs prenant gages.... et n'y souloit avoir que XVI clercs ou temps du roy Philippe le Bel... »
Item il a es requestes du Palais à Paris XI clers... et il n'y souloit avoir ou temps du roy Philippe le Bel que III clercs... » *Comparaison des dépenses et de la composition du Parlement en 1343 et sous Philippe le Bel.* (Langlois, *Textes*, p. 218, d'après ms. Biblioth. de Rouen, fonds Leber VIII, fol. 57, et *Biblioth. de l'Éc. des Ch.*, 1887, p. 391 (article de H. Moranvillé.)

3. **Le Clergé au Parlement sous les premiers Valois.**

I. *Philippe VI de Valois et Jean le Bon.*

ARCHEVÊQUES	ÉVÊQUES		ABBÉS-PRÉLATS
SENS. AUCH. REIMS.	Laon. Beauvais. Châlons. Noyon. Autun.	Arras. Comminges. Senlis. Poitiers. Bayeux.	Saint-Denis en France. Saint-Martin de Tours. Cluny. Corbie. Vendôme.

Le relevé des listes fournit 31 prélats et 204 clercs, total 235.

Charles VI, la composition du Parlement n'est point modifiée. Les prélats siègent toujours : c'est un des signes et une des charges de leur faveur que d'être contraints à consacrer de longues matinées, bientôt des après-dîners, aux débats de procès même vulgaires.

Une première dérogation à une tradition antique et persistante se remarque pourtant à la fin du XIVe siècle. Une Ordonnance de Charles VI (1389), sous le ministère des *Marmousets*, prescrit aux présidents du Parlement de ne plus admettre les prieurs de Saint-Martin des Champs et de Saint-Pierre le Moustier et généralement « *tous abbés et prieurs quelconques*, excepté seulement ceux qui seraient du Grand Conseil[1] ». Cette exclusion des religieux, pro-

II. *Charles V.*

ARCHEVÊQUES	listes	ÉVÊQUES	listes		ABBÉS
SENS.....	4	Paris	5	Autun.	Saint-Denis en France.
REIMS....	3	Lisieux	6	Bayeux.	Sainte-Geneviève (Paris).
LYON.....	2	Arras.......	3	Chartres.	Saint-Jacques (Provins).
BESANÇON.	2	Meaux	4	Coutances.	Saint-Jean (Laon).
BOURGES.		Thérouanne.	3	Alet.	Saint-Éloi (Noyon).
ROUEN.		Beauvais....	2	Nantes.	Fécamp.
		Angers......	2	Verdun.	Vézelay.
		Amiens.	2	Châlons.	Cluny.
		Pamiers	2	Troyes.	Saint-Jean en Vallée.
		Noyon	4	Clermont.	Flavigny.
		Laon	2	Saint-Brieuc.	Prémontré.
		Nevers......	2	Langres.	Saint-Waast (Arras).
		Auxerre.			Bourgueil.
					Saint-Maixent.
					Saint-Cyprien.
					Sainte-Colombe.
					Lagny.

Le relevé des listes fournit 76 prélats, 58 clercs, total 134, nombre inexact, car les listes donnent le chiffre considérable de 417 maîtres sans désignation, dont on peut compter au moins la moitié comme clercs; de sorte qu'on ne se tromperait point en évaluant à plus de 300 le nombre des clercs du Parlement sous Charles V.

1. « Pour certaines causes qui à ce nous meuvent, nous vous mandons et commandons que les Prieurs de Saint-Martin-des-Champs lez Paris et de Saint-Pierre-le-Moustier et généralement tous abbés et autres prieurs quelconques, excepté tant seulement ceulz qui seront de nostre Grand Conseil, dont il vous aparra par nos lettres, vos ne recevez d'orenavant à nos consaulx en nostre dit Parlement avecques nous; mais yceux en faictes départir tantôt et sans délai, ces lettres veues et sans autre mandement attendre... (21 janv. 1388-1389, *Ord.*, t. VII, p. 218.)

Exception pour les abbés de Saint-Denis. « Comme nostre amé et féal conseillier l'abbé de Saint-Denys en France et ses prédécesseurs abbés, ayent de tout temps accoustumé, si tost qu'ils ont été abbez, d'estre nos conseilliers et estre en nos consaulx et séoir en nostre Parlement avec noz autres conseilliers quand il leur a plu... » (Lettres du 9 juillet 1389. *Ord.*, t. VII, p. 288.)

bablement due à la jalousie des prélats, émut fort les moines. Mais seuls les abbés de Saint-Denis obtinrent le maintien de leur privilège. L'Église, au fond, ne parut ni atteinte ni même menacée. La présence des prélats, des doyens de chapitres, des archidiacres et d'une quantité de dignitaires ecclésiastiques lui assurait une puissance presque prépondérante[1]. Le pape même essaya de transformer le Parlement (on était alors en plein schisme) en une assemblée toute ecclésiastique. Il accorda au roi le pouvoir de

1. **Le Clergé au Parlement sous Charles VI.**

ARCHEVÊQUES	ÉVÊQUES	listes		listes	ABBÉS	listes
PATRIARCHE D'ANTIOCHE (2 listes).	Paris	10	Saintes	8	De Saint-Denis en France	4
Seguin d'Anton, archevêque de Tours (testament de 1375, index Tuetey, p. 255).	Châlons	4	Arras	2	De Saint-Éloi (Noyon)	10
PATRIARCHE D'ALEXANDRIE (7 listes).	Noyon	12	Le Mans	2	De Vézelay	2
Simon de Cramaud, cardinal, archevêque de Reims, un des hommes les plus renommés de son temps, mort en 1429.	Meaux	11	Béziers	3	De Saint-Maur des Fossés	2
Archevêques D'AUCH (6 listes).	Langres	10	Uzès	2	De Ferrières	2
REIMS (6).	Beauvais	3	Lisieux	2	De Saint-Magloire (Paris)	5
ROUEN (6).	Bayeux	9	Clermont	3	De Fécamp	3
SENS (2).	Thérouanne	12	Séez	3	De Saint-Taurin (Évreux)	3
TOURS (2).	Le Puy	8	Alet	2	De Saint-Martin (Troyes)	7
TOULOUSE.	Poitiers	6	Limoges.		Du Mont Saint-Michel	2
	Amiens	7	Autun.		De la Sainte-Trinité de Tiron (Eure-et-Loir)	3
	Auxerre	9	Orléans.		De Saint-Germain d'Auxerre	2
	Evreux	2	Avranches.		De Lagny	51
	Chartres	9	Nevers.		De Barbet (Seine-et-Marne)	4
	Lodève	7	Maguelonne.		De Saint-Jean (Laon).	
	Tournay	7	Pampelune.		De Saint-Bénigne (Dijon).	

Le relevé des listes fournit 138 Prélats, 84 clercs (total 222), nombre auquel il faut ajouter au moins la moitié des 494 maitres qui sont cités sans désignation et qui devaient contenir la même proportion de clercs que précédemment. On peut donc, sans se tromper, évaluer à plus de 500 le chiffre des ecclésiastiques au Parlement sous Charles VI.

concéder à tous les membres du Parlement (aux laïques comme aux clercs) des bénéfices ecclésiastiques[1]. Les maîtres ne refusèrent pas ce présent. Le clergé, dans la suite, pourra être exclu du Parlement, les bénéfices demeureront. Quoi qu'il en soit, on peut donc affirmer cette vérité : au Parlement, pendant des siècles, la moitié des juges furent des juges d'Église.

II. — Les Lays. — Les Seigneurs.

A côté ou plutôt en face des hommes d'Église s'asseoient les hommes d'épée. Les plus puissants seigneurs quittent leurs châteaux forts pour le Palais de la Cité. Les maîtres de provinces entières, eux-mêmes présidents de cours de justice, viennent siéger au Parlement de Paris. Déposant les hauberts, les brassards et les cuissards de fer, ils paraissent en cottes longues et en surcots de draps variés ou de soie brillante, plus tard, à la fin du XIVe siècle, en habits courts. Au lieu du heaume ils portent le chapeau à plumes de paon : leur rang se marque par la richesse de leurs manteaux. Ils n'assistent pas seulement aux réunions solennelles; les arrêts témoignent qu'ils prennent part aux moindres procès. Ils sont juges de naissance. Ils remplissent une fonction, un devoir de vassal du roi. Ils sont tenus de « garder sa droiture » comme au champ de bataille son corps[2]. Ils sont aptes à ce rôle de juges, car ils ont étudié et de bonne heure se sont familiarisés avec les Coutumes qu'ils sont obligés de connaître pour diriger leurs propres assises. Quelques-uns sont pairs de France; d'autres titulaires des hautes charges de l'hôtel du roi ou grands officiers de la couronne. Tous s'enorgueillissent de leurs riches domaines et de leurs nombreux vassaux.

1. Ordonn. de 1414. Ord., t. X, p. 224. M. Aubert a publié la bulle même du pape Jean XXIII (*Hist. du Parlement*, 1887), Pièces justificatives, p. 326.

2. Pierre de Fontaines insiste sur ce devoir de juger qui appartient aux seigneurs. « Ce n'est mie loïautez ne reisons que li homme de ta cort dient qu'il ne jugeront mie, se tuit ti hommes n'i sont au jugier ou la graindre partie... car chascuns est tenuz endroit soi de fère vers toi et vers ta cort ce qu'il doit, sanz prendre garde à cels qui ne font mie ce qu'il doivent. Car se tu n'avoies que quatre homes, si convendroit il qu'ils jugassent; ne il n'est nus qui osast dire que se le sire ioit (était) entrepris en une bataille, que si (ses) homme ne li deussent aider, encore n'i soient il mie tot, ne la moitié. Et *autresi sont il tenu de garder sa droiture comme son cors*. Mès bien apartient au seignor, et à l'oneur de sa cort qu'il, à son jugement fère ait de ses plus riches homes et de ses plus sages. » (Conseil, ch. 21. § 30.)

Voici venir les compagnons de saint Louis[1], dont beaucoup restèrent en faveur sous Philippe le Hardi : *Humbert* (ou *Imbert*) *de Beaujeu*, connétable de France, puis son neveu, du même nom, également connétable, *Gilles le Brun*, *Jean d'Acre* le bouteiller, *Pierre de Nemours* ou *Pierre le chambellan*, compagnon de saint Louis dans ses deux croisades, « le plus loyal des hommes, dit Joinville, et le plus droiturier que je visse oncques en l'hôtel du roi » et qui, selon du Tillet « fut enterré à Saint-Denis aux pieds de son maître en la manière que de son vivant il gisait à ses pieds ». Voici *Robert duc de Bourgogne*, *Gui comte de Flandre*, *Thibault comte de Bar*, *Jean de Falvi comte de Ponthieu*, *Jean II de Nesle*, comte de Soissons, le cousin de Joinville, *Simon de Nesle*, régent de France en 1269 avec *Mathieu de Vendôme*, *Jean seigneur d'Harcourt*, dit le *Prud'homme*,

1. **La Noblesse au Parlement sous saint Louis et Philippe le Hardi.**

SEIGNEURS		OFFICIERS DE LA COURONNE	
Jean II de Nesle.	comte de Soissons (de 1237 à 1270) (liste de 1261, n. st.).	Gilles le Brun.	seigneur de Trasignies (2 listes de 1261), 16e connétable.
Simon de Nesle (de Clermont II).	seigneur de Nesle et d'Ailly (l. 1259, 1261, 1269, 1279, 1281, 1284).	Humbert V, sire de Beaujeu.	(15e connétable).
Jean de Falvi.	comte de Ponthieu (l. 1261-1284).	Humbert de Beaujeu, neveu du précédent.	seigneur de Montpensier, d'Aigueperse (17e connétable), (l. 1278-1284).
Robert.	duc de Bourgogne (l. 1279-1284).		
Thibault II.	comte de Bar (l. 1284).	Pierre le Chambellan.	(de Villebeon, seigneur de Baigneaux, chambellan (l. 1261).
Gui.	comte de Flandre (l. 1284).		
Jean Ier d'Harcourt.	sire de Harcourt, d'Elbeuf, vicomte de St-Sauveur (l. 1284).	Gervais d'Escraines (de Serannis).	maître queux (l. 1261).
Eustache de Conflans.	(l. 1284).	Jean de Brienne.	dit d'Acre, bouteiller.
		Raoul de Sores.	dit d'Estrées, maréchal (l. 1282).
		Guillaume Crespin V.	seigneur du Bec-Crespin, maréch. (l. 1284).
		Thibaud de Montliard.	maître des arbalétriers (l. 1261-1279).
		Fourrier ou Ferry.	de Verneuil, maréch., échanson (l. 1284).

Le relevé des listes, fort incomplètes, fournit 36 seigneurs et officiers de la couronne, auxquels il convient d'ajouter des baillis et des chevaliers légistes.

compagnon de saint Louis dans la croisade d'Égypte. Voici encore les maréchaux *Raoul d'Estrées*, *Guillaume Crespin*, et le maître-queux *Gervais d'Escraines*, *Ferry de Verneuil*, maréchal; *Thibaud de Montliard*, maître des arbalétriers, etc.

Philippe le Bel et ses fils[1] ne s'entourent pas d'hommes de

1. **La Noblesse au Parlement sous Philippe le Bel et ses fils.**

SEIGNEURS		OFFICIERS DE LA COURONNE	
Le duc de Bourgogne.	(liste de 1290).	Raoul de Clermont II.	seigneur de Nesle et de Brion, chambellan (18e connétable), tué à Courtrai (l. 1302).
Le comte de Ponthieu.	(l. 1290).	Anselme de Chevreuse.	(l. 1298), queux de France, porte oriflamme, tué à Mons-en-Pevèle en 1304.
Gui de Châtillon.	comte de Blois, seigneur d'Avesnes (l. 1296-1303).	Robert de Tancarville.	chambellan de Normandie (l. 1298), tué à Courtrai.
Gui de Châtillon.	comte de Blois et de Dunois, seigneur d'Avesnes (l. 1316 et 1319).	Pierre II de Chambly	seigneur de Viarmes, chambellan (l. 1298, 1302).
Jean, comte d'Eu.	(l. 1302), tué à Courtrai.	Hugues de Bouville.	chambellan, tué à Mons-en-Pevèle.
Simon de Melun.	(l. 1298), tué à Courtrai.	Hugues de Bouville (II).	(l. 1311). . . . . . .
Hugues de la Celle.	(l. 1306-1311).	Adam de Meulent.	panetier du roi.
Philip. de Bléneau.	(l. 1311).	Mathieu de Trie (I).	panetier, puis chambellan (l. 1298).
G. de Courteheuse.	(l. 1311).	Mathieu de Trie (II).	(28e maréchal).
Charles, comte de Valois.	frère de Philippe le Bel (l. 1319).	Renaud de Trie (II).	seigneur du Plessis-Billebaut et de Mareuil, maréchal.
Bernard, comte de Comminges. . . .	(l. 1318-1319).	Raoul Herpin. . .	seigneur d'Erquery, panetier, porte-oriflamme (en 1315).
Le comte de Boulogne	(l. 1316-1319), président en 1319.	Guillaume de Eschilleuses. . . .	(l. 1316) maître de l'hôtel du roi.
Le seigneur de Noyers.	(l. 1319).	Gaucher de Châtillon (Châtillon-sur-Marne). . . .	comte de Porcien (l. 1316), connétable.
Hugues de St-Pol.	(maison de Châtillon-Blois-Saint-Pol) (l. 1319).		
Robert d'Artois. .	(l. 1285), le vainqueur de Furnes, tué à Courtrai.		
Guillaume Flotte. .	Fils du fameux Pierre Flotte, seigneur de Revel (l. 1316, 17, 19, 22).		

Le relevé des listes fournit 32 seigneurs pour le règne de Philippe le Bel et 82 pour celui de ses fils : total 114.

Aux noms que nous avons cités, on peut ajouter, comme ayant fait partie de l'hôtel du roi et de ses conseils : Anseau, sénéchal de Champagne, fils du sire de Join-

moindre noblesse : *le duc de Bourgogne*, *le comte de Ponthieu*, *Raoul de Clermont II*, seigneur de Nesles et de Brion, chambellan puis connétable; *Pierre de Chambly*, seigneur de Viarnes, chambellan; *Jean comte d'Eu*; *Simon* de la vieille maison de Melun; les *de Trie*, — le premier, *Mathieu*, seigneur de Fontenoy et de Plaiseville, panetier de France; — le second, *Renaud de Trie*, seigneur du Plessis-Bilbaut et de Mareuil, maréchal; — puis *Guy de Châtillon*, *comte de Blois* et seigneur d'Avesnes, dont la faveur et les services se prolongèrent sous le règne de Philippe VI de Valois [1]; *Robert de Tancarville*, le chambellan de Normandie;

ville, sire de Rynel; Guillaume, sire de Chaudenay; le sire de la Sauchay ou Sauchoye; Hugues de Vissac, seigneur d'Arlempdes, Hugues de Chalon, sire d'Arlay; Jean de Vienne, sire de Mirebel; Eudes de Montferrand; Erard de Montmorency, échanson; Guichard de Beaujeu; Jean Robert, vicomte de Corbeil; Pierre de Beaufremont, seigneur de Remouville; le seigneur de Garancières; Robert Bertrand, seigneur de Brisebec; de Bonnemares; Pons de Mortagne, vicomte d'Aunay, gouverneur de Navarre; Robert de Milly, gardien de la comté de Bourgogne (V. Lehugeur, *Hist. de Philippe le Long*, p. 296 *et passim*).

1. **La Noblesse au Parlement sous les premiers Valois.**

Charles (II) duc d'Alençon.	2° fils de Charles de Valois et neveu de Philippe VI (liste de 1331), tué à Crécy.
Le comte de Forez	(l. 1331, 1340).
Le duc de Lorraine	(l. 1331), tué à Crécy.
Le comte de Flandre . . .	(l. 1331), tué à Crécy.
Gaston II comte de Foix. .	(l. 1331), servit sous Philippe VI de Valois et Alphonse XI de Castille.
Le roi Jean de Bohême (de la maison de Luxembourg).	(l. 1331), tué à Crécy.
Le comte d'Auxerre. . . .	(l. 1331), tué à Crécy.
Edouard (Ier), comte de Bar.	(l. 1331).
Henri (IV), fils du comte de Bar	(l. 1331).
Jean de Hainaut.	(l. 1331).
Jean de France	Dauphin, fils du roi (1331).
Louis Ier de Bourbon. . . .	comte de Clermont et de la Marche, 1331. Combattit à Furnes, Courtrai, au Mont-Cassel.
Pierre d'Aragon	(l. 1331).
Gaucher de Châtillon . . .	comte de Porcien, fils de Gaucher le connétable, l. 1331.
Le comte de Roucy	(l. 1331).
Louis de Châtillon.	comte de Blois et de Dunois, fils de Gui Ier de Châtillon le beau-frère de Philippe de Valois (l. 1331), tué à Crécy.
Le comte de Vendôme. . .	(l. 1331).
Jean Ier vicomte de Melun.	(l. 1331), fils aîné d'Adam IV. Chambellan de France.
Gui (II) de Chastillon . . .	(l. 1331, 1340), 3° fils de Louis Ier comte de Blois.
Guillaume Flotte.	(l. 1331, 1332, 1345, 1346), chancelier de France.
Le comte de Nemours. . .	(l. 1328).
Miles (VI) de Noyers. . . .	(l. 1335), seigneur de Noyers et de Vendeuvre, maréchal, porta l'oriflamme aux batailles de Cassel et de Crécy.

Anselme de Chevreuse, queux de France : *Raoul Herpin, seigneur d'Erquery*, panetier de France; *Hugues de Bouville*, chambellan. Le frère de Philippe le Bel siège au Parlement comme *comte de Valois*. Les listes nous fournissent encore les noms du *comte de Comminges*, de *Gaucher de Châtillon, comte de Porcien*, du *comte de Boulogne*, du *seigneur de Noyers*, *d'Anselme*, sénéchal de Champagne, fils de Joinville, de *Guillaume d'Eschilleuses*, de *Guillaume de Chaudenay*, etc.

Avec la même aisance, et nous le croyons, avec plus de joie, ces seigneurs passaient du Palais au champ de bataille. Dans les prairies marécageuses de Courtrai (1302) se firent tuer le fougueux *Robert de Tancarville*, le comte d'*Aumale*, *Renaud de Trie*, grand maître des arbalétriers, *le comte d'Eu*, *Simon de Melun* et le vieux connétable *Raoul de Nesles*, qui chercha la mort pour ne pas survivre à son expérience méprisée et aux insultes du téméraire Robert d'Artois. *Hugues de Bouville* succomba à Mons en Pevèle (1304) avec *Anselme de Chevreuse* qui portait l'oriflamme[1]. Les listes du Parlement sous Philippe de Valois et Jean le Bon se trouvent en quelque sorte reproduites dans les listes funèbres de Crécy et de Poitiers où fut moissonnée la fleur de la noblesse

Gaucher de Châtillon	(1350), seigneur de la Ferté en Ponthieu (de la maison de Châtillon-Blois-Saint-Pol.
Le seigneur de Traynel . .	(l. 1350).
Le seigneur de Préaux. . .	(l. 1350).
Amaury de Meullent . . .	(l. 1350).
Le vicomte de Lautrec. . .	(l. 1340).
Le sire de Garencières. . .	(l. 1331).
Le sire de Fiennes.	(l. 1331).
Le grand prieur de France.	(l. 1331), tué à Crécy.
Le comte de Comminges. .	(l. 1331).
Le comte de Dreux	(l. 1340).
Le seigneur de Parthenay .	(l. 1331, 1340).
Jean de Châtillon	(l. 1341).
Chambellan de Tancarville.	(l. 1350).

Le relevé des listes donne 44 seigneurs, chiffre bien inexact, car nous n'avons qu'un petit nombre de listes. Nous ne comprenons pas, bien entendu, les nobles ou chevaliers classés parmi les maîtres et qualifiés comme tels.

1. Contin. de Nangis, *Rec. des Hist. de Fr.*, t. XX, p. 591. *Chronique* de Girard de Frachet (*Recueil des Histor. de France*, t. XXI, p. 20. — V. aussi *Chronique* attribuée à Jean Desnouelles (*Ibidem*, p. 185.)
Les registres XXXV et XXXVI du Trésor des Chartes contiennent les listes des combattants à Mons-en-Pevèle; les listes des chevaliers ayant pris part à la guerre de Flandre se trouvent aussi dans les Comptes (*Recueil des Histor. de France*, t. XXII).

française. *Charles*, comte d'Alençon, cousin du roi Philippe VI, *Louis de Blois*, neveu du roi, *le comte de Flandre*, le *duc de Lorraine*, le *comte d'Auxerre*, le *comte de Sancerre* et une foule d'autres qui avaient siégé au Palais, restèrent dans les champs de Crécy (1346). Il avait, lui aussi, figuré sur les listes, ce vaillant roi de Bohême, *Charles de Luxembourg*, qui, aveugle, apprenant que la bataille était mal engagée, n'en voulut pas moins frapper un coup d'épée. Ses chevaliers lièrent leurs chevaux au sien et le menèrent si avant au milieu des Anglais qu'aucun ne revint. Le lendemain on les retrouva tous morts avec leurs chevaux liés ensemble[1]. *Jean de Hainaut*, qui accompagna avec quatre autres chevaliers l'infortuné roi Philippe dans sa fuite, après le désastre, fut aussi un des seigneurs du Parlement. Ceux qu'avait épargnés Crécy, tombèrent à Poitiers (1356) : *Pierre* duc de Bourbon, *Gauthier VI*, comte de Brienne, duc d'Athènes, connétable, les sires de *Beaujeu*, de *Nesles*, de *Ribemont*, de la *Tour d'Auvergne*, *Geoffroi de Charni* et tant d'autres[2]. Il n'est pas extraordinaire qu'ainsi décimée la haute noblesse fût plus rare sur la liste de Charles V[3]

1. *Chroniques* de Froissart (édit. de la Soc. de l'Hist. de France, t. III, p. 177, § 279.) — Voir la liste des morts de Crécy dans les Variantes, notes, p. 431.
2. Voir listes dans Froissart, édition Buchon, notes.

3. **La noblesse au Parlement sous Charles V.**

Philippe le Hardi.	duc de Bourgogne, frère de Charles V (liste de 1366).
Robert d'Alençon.	4e fils de Charles II d'Alençon, neveu de Philippe VI, comte du Perche (l. 1366).
Louis II duc de Bourbon. .	dit le Bon, ôtage pour la délivrance du roi Jean. Prit part à toutes les guerres de Charles V, servit aussi sous Charles VI (l. 1373-74).
Jean Ier de Bourbon comte de la Marche.	compagnon de Du Guesclin. C'était le fils du Bourbon qui avait péri à Brignais en 1362 (l. 1366-1374).
Le comte de Boulogne. . . .	(l. 1365-1366).
Le sire d'Albret.	(l. 1374).
Le comte d'Étampes.	(l. 1366).
Le sire de Beaujeu.	(l. 1374).
Le vicomte de Narbonne. .	(l. 1374).
Robert, sire de Fiennes. . .	Robert dit Moreau, châtelain de Bourbourg, sire de Tingry, servit sous Philippe VI, Jean, Charles V, connétable de 1356 à 1370 (l. 1366).
Jean II de Melun.	fils de Jean Ier, vicomte de Melun, comte de Tancarville, chambellan (l. 1366), réformateur des eaux et forêts.
Le sire de Chastillon. . . .	sans doute Guy de Chastillon Leuze, un de ceux qui avaient accompagné Charles de France lorsqu'il alla prendre possession du Dauphiné (l. 1366).

où nous voyons pourtant : le *comte de Boulogne*, le *sire de Coucy*, le *duc Philippe le Hardi de Bourgogne*, les *comtes d'Étampes*,

Jean (VI) d'Harcourt. . . .	Fils de Jean V décapité à Rouen par ordre de Jean le Bon; fidèle au roi Jean et à Charles V, ôtage du traité de Brétigny. Prit part à toutes les guerres sous Charles V et Charles VI (l. 1372).
Le comte de Saint-Pol. . . .	sans doute Louis II, comte de Blois et de Dunois. Gui de Châtillon, comte de Saint-Pol, était mort, ôtage en Angleterre en 1360, sans laisser d'enfant (l. 1366).
Le maréchal de Boucicaut. .	Jean le Meingre (I), dit Boucicaud, maréchal. Prit part à presque tous les combats de la 1re période de la guerre de Cent Ans, défendit Paris en 1360, fut un des négociateurs du traité de Brétigny, assista à la prise de Mantes et de Meulan en 1364 (l. 1366).
Raoul de Raevnal (de Rainenal).	sire de Raineval, de Pierrepont, etc., servit sous Jean, Charles V et Charles VI. Panetier de France (1358), réformateur du royaume (1360), membre du Grand Conseil (1363), grand panetier sous Charles VI (l. 1366, 1371).
Amaury de Craon.	(l. 1366, 1372, 1374).
Comte Jean de Maison. . . .	(l. 1371-1372).
Jacques de Vienne.	(l. 1366).
Pierre de Chevreuse.	(l. 1366).
Le sire de Lespy.	(l. 1374).
Pierre Davoir, sire de Châteaufromont.	(l. 1366).
Louis de Poitiers, comte de Valentinois.	(l. 1366).
Enguerrand VII, sire de Coucy.	un des otages envoyés en Angleterre pour la délivrance du roi Jean, y épouse la 2e fille d'Édouard III et devient comte de Bedford. Nombreuses missions et négociations, grand bouteiller. Prisonnier à Nicopolis (l. 1365, 1372, 1396). V. Notice Tuetey (*Testaments*, p. 279).
Le sire de Campremy. . . .	(l. 1366).
Pierre d'Aumont.	dit Hutin, premier chambellan sous Charles VI (l. 1366).
Le sire de Vivay.	(l. 1366).
Le sire de la Tour.	(l. 1374).
Gilles (II) de Soicourt (Soyecourt).	fils de Gilles de Soyecourt qui avait été tué à Crécy (l. 1366).
Le comte Dalphin.	probablement Guichard Dauphin, 1er seigneur de Jaligny, échanson de France (1380), maître des arbalétriers, mort en 1403 (l. 1374).
Philippe de Savoisy.	(l. 1366), concierge du Palais.
Charles de Poitiers.	(l. 1366).
Jean II. comte de Sarrebruck.	sire de Commercy, du Conseil secret et du Grand Conseil, combattit à Brignais, bouteiller de France, Premier Président des Comptes (l. 1373).
Le comte de Tancarville. . .	probablement Jean III de Melun, comte de Tancarville, seigneur de Warenquebec et de Montreuil-Belley, chambellan et connétable héréditaire de Normandie, chambellan de France, mort en 1385 (l. 1366).

Le relevé des listes, par le retour de certains noms, donne un chiffre de 54 seigneurs, chiffre pour lequel nous faisons les mêmes réserves que précédemment.

d'Alençon, de la Marche, de Tancarville, de Saint-Pol, de Valentinois, le *sire de Fiennes*, connétable qui transmit l'épée de France à Du Guesclin, le *sire de Châtillon*, le *maréchal de Boucicaut*, *Raoul de Raneval*, panetier de France, *Pierre d'Aumont*, *Philippe de Savoisy*, *Pierre de Chevreuse*, etc.

Sous Charles VI[1] avaient eu le temps de pousser d'autres rejetons de la noblesse française; on voit revenir, à chaque liste pour ainsi dire, les noms des seigneurs de *Châtillon*, du *duc de Bourbon*, du *sire de Craon*, du vicomte *de Melun*, du vicomte d'*Amiens*, du *maréchal de Blainville*, de *Jean de Montagu*, du *comte de Sancerre*, de *Philippe de Savoisy*, du *vicomte d'Acy*, etc., et une foule d'autres au-dessus desquels prennent séance parfois le propre frère du roi, *le duc d'Orléans*; ses oncles, les *ducs de Bour-*

1. **La noblesse au Parlement sous Charles VI.**

Le duc de Bourgogne (Philippe le Hardi).	oncle de Charles VI (l. 1392).
Jean, duc de Berry.	oncle de Charles VI (l. 1392-1413).
Louis, duc d'Orléans. . . .	frère de Charles VI (l. 1392).
Charles, duc d'Orléans. . .	neveu de Charles VI (l. 1413).
Louis le Barbu, duc en Bavière.	frère de la reine Isabeau (l. 1413).
Louis, duc d'Anjou.	oncle de Charles VI (l. 1381).
Louis de Sicile.	cousin de Charles VI) (l. 1413).
Le duc de Bretagne.	(l. 1408).
Louis II, duc de Bourbon. .	avait déjà glorieusement servi Charles V, commanda l'arrière-garde à Roosebecque (1382), fit des expéditions à Tunis, à Naples (l. 1392-1408).
Jean Ier de Bourbon.	fils de Louis de Bourbon, servit le parti d'Orléans, commandait l'avant-garde à Azincourt et fut fait prisonnier (l. 1413).
Pierre de Navarre, comte de Mortain.	cousin de Charles VI, fils de Charles le Mauvais (l. 1392-1408).
Charles Ier, sire d'Albret. .	comte de Dreux, vicomte de Tartas. (30e) connétable (l. 1403-1408), tué à Azincourt (1415).
Le comte de Sancerre (Louis II)	(l. 1392).
Le maréchal Louis de Sancerre.	fils du précédent, maréchal en 1369, (29e) connétable en 1397 (l. 1392).
Guillaume IV de Melun. . .	2e fils de Jean II, vicomte de Melun, comte de Tancarville. C'est sans doute Guillaume IV qui est désigné dans la liste de 1408 sous le nom de comte de Tancarville. Guillaume IV était 1er chambellan du roi, connétable et chambellan héréditaire de Normandie, grand bouteiller de France; tué à Azincourt.
Jean de Montagu.	vidame de Laon, seigneur de Montagu près de Poissy, de Marcoussis, etc. Secrétaire de Charles V; favori de Charles VI, souverain maître de l'hôtel; s'attira la haine des princes et fut décapité aux halles (l. 1408, 1409).

gogne, de Berry, d'Anjou. Azincourt fauche encore toute cette noblesse (1415) : le connétable *Charles d'Albret*, *Jacques de Châtillon II*, seigneur de Dampierre, amiral de France, le seigneur *de Rambures*, maître des arbalétriers, *Guillaume IV de Melun*, le *comte de Clermont*, le *seigneur de Raneval*, *Jean Ier comte d'Alençon*, *Robert III de Bar*, comte de Marle, et tant d'autres. On estimait à 100 et 120 le chiffre des seigneurs portant bannière, à 10 000 celui des chevaliers et écuyers qui jonchaient le champ

Jacques de Chastillon II, amiral de France.	seigneur de Dampierre, conseiller, chambellan, amiral de France (l. 1390, 1392, 1401). Tué à Azincourt.
Le comte de Clermont et de Dammartin.	probablement Guy de Neele (III), seigneur d'Offemont et de Mellon, conseiller, chambellan, grand maître de la maison d'Isabeau, un des 12 seigneurs choisis en 1410 pour gouverner le royaume (l. 1408). Tué à Azincourt.
Guillaume des Bordes. . . .	chambellan, porte-oriflamme (l. 1392). Tué à Nicopolis.
Pierre d'Aumont.	chevalier, premier chambellan du roi. (Testament de 1412, index Tuetey, p. 262.)
Sire Nichole de Mauregart.	(l. 1394-1395).
Le vicomte d'Acy.	Jean de la Personne, vicomte d'Acy, chambellan. (Testament de 1403, index Tuetey, p. 257) [l. 1394-1395].)
Le vicomte d'Amiens. . . .	(l. 1403).
Le seigneur de Raineval. . .	(l. 1389, 1390). Tué à Azincourt.
Le maréchal de Blainville. .	(l. 1389, 1390).
Le seigneur de Cousant . .	(l. 1383, 84, 85).
Le comte de Vertus.	Philippe d'Orléans, fils de Louis d'Orléans, comte de Vertus (l. 1413).
Jean de Trie, seigneur de Lattainville	chambellan du roi et duc d'Orléans (testament de 1401 publié par Tuetey, VI, p. 301).
Le comte d'Alençon (Jean Ier).	(l. 1408). Tué à Azincourt.
Le comte de Saint-Pol. . . .	Waleran de Luxembourg, connétable en 1411-1413 (l. 1408).
Henri (V) de Bar.	fils de Robert, duc de Bar; qualifié (1389) de cousin du roi (l. 1392). Mort à la croisade de Nicopolis.
Robert III de Bar.	comte de Marle et de Soissons, grand bouteiller. Premier Président de la Chambre des comptes (l. 1413). Tué à Azincourt.
Le comte d'Eu.	Charles d'Artois. Le comté d'Eu avait été confisqué sur le connétable Raoul de Brienne (1350), et donné à Jean d'Artois par le roi Jean (l. 1413).
Le seigneur de Rambures. .	maître des arbalétriers (l. 1393, 1394). Tué à Azincourt.
Louis de Bourbon, comte de Vendôme.	(l. 1413).

En dehors de ces 35 hauts seigneurs, les listes, très incomplètes et rendues plus confuses par les troubles de la guerre civile, ne permettent pas de donner un chiffre précis. Le Parlement est bien constitué avec ses conseillers en titre et les grands seigneurs ne siègent déjà plus que dans les assemblées solennelles. Les maîtres, les conseillers pourvus d'office dominent.

de bataille d'Azincourt et qui, malgré leur défaite, ont laissé à la France, ainsi que les morts de Crécy et de Poitiers, un précieux patrimoine d'honneur, un renom de bravoure capable encore, après tant de siècles, de nous émouvoir et de nous enhardir.

Ces guerres acharnées, plus tard lointaines, ne contribuèrent pas peu à écarter du Palais le haut baronage et les grands seigneurs. Les périls les attiraient et ils aimaient mieux monter sur leurs chevaux bardés de fer, se lancer au milieu des mêlées terribles que demeurer assis sur les bancs de la Grand'-Chambre ou dans la compagnie des maîtres des Enquêtes et des Requêtes. Leurs droits néanmoins ne furent point périmés. Le Parlement resta, dans les cinq siècles de son existence, ouvert aux princes et aux grands seigneurs. Toujours ils tinrent à honneur de siéger avec des magistrats qu'ils ne se faisaient pourtant point faute de dédaigner. Le Parlement pouvait vraiment, à certains jours, se croire le représentant de la noblesse française.

III. — Les Légistes. — Les Maîtres.
École de saint Louis; école de Philippe le Bel.

Si assidus que fussent les seigneurs et les prélats désignés pour le Parlement, la plus grande partie de la besogne n'en était pas moins faite par les bénéficiers ecclésiastiques et de simples chevaliers qualifiés de *maîtres* ou *magistri*. Ce titre indiquait à lui seul qu'ils avaient pris leurs degrés dans la Faculté des arts ou de théologie, ou de décret, ou dans les Écoles de droit romain d'Orléans, d'Angers, de Toulouse, de Montpellier. C'était le titre universitaire qui suivait le licencié ou le docteur dans quelque situation qu'il occupât. Loin d'être inconciliable avec les dignités ecclésiastiques ou les fonctions publiques, il les rehaussait, au contraire; sa brièveté le faisait préférer, dans la pratique, à des dénominations plus pompeuses, mais plus longues. Les listes du Parlement ne mentionnent beaucoup de personnages que sous ce nom de *maîtres*, ajoutant parfois leurs qualités de dignitaires d'Églises, d'anciens baillis, sénéchaux ou prévôts. Certains sont cités, dans les arrêts, comme docteurs ès lois, professeurs ès lois : ils s'étaient élevés par l'étude spéciale des lois et des Coutumes. Grâce à eux surtout, la science anima et recommanda le Parlement : c'étaient les *légistes*[1].

Il y a longtemps déjà qu'on a fait bonne justice du tableau fantaisiste, tracé par l'orgueilleux duc et pair Saint-Simon, de ces premiers légistes. Il les représente aux pieds des seigneurs « pour être à portée d'en être consultés en se baissant à eux et ne disant leur avis qu'à l'oreille du seigneur ». Sortis de la roture, ces hommes que leur esprit et leur industrie « éleva au-dessus de l'agriculture et des arts mécaniques, dit-il, s'appliquèrent aux coutumes locales, à savoir les Ordonnances et le droit romain qui demeura en usage dans plusieurs provinces après la conquête des Gaules et y a été depuis toujours pratiqué. Ces gens-là se multiplièrent avec les procès, s'en firent une étude, devinrent le conseil des familles. De leur application aux lois dont ils se firent un métier, ils furent appelés *légistes* et saint Louis en appela aux Parlements pour s'asseoir sur le marchepied des bancs des juges... La nécessité de vider les procès fit donner (à ces légistes) voix délibérative en l'absence des vrais juges, auxquels la nécessité les faisait suppléer ; ils usèrent des temps et obtinrent voix délibérative avec eux, mais néanmoins toujours séants à leurs pieds sur le marchepied de leurs bancs. Voilà comme de simples souffleurs et consultés à pure volonté, et sans (avoir la) parole qu'à l'oreille des juges seigneurs, ces légistes devinrent juges eux-mêmes avec eux. De là, comme on l'a dit, cette humble séance leur devenant fâcheuse, ils usurpèrent de mettre un dossier entre les pieds des seigneurs et leur dos, puis d'élever un peu ce marchepied du banc des seigneurs qui leur servait de siège et d'en former doucement un banc[2]. »

Sans insister plus qu'il ne convient sur l'explication, singuliè-

1. ***Les légistes**; **les dédains de Saint-Simon.*** — Le terme de *légiste* était usité sous saint Louis. « Cilz ne fu mie bons légistes ne bien sachanz les costumes dou pais, qui te juga... » (P. de Fontaines, chap. xxi, § 37). Le titre de *magister* était d'abord celui des professeurs de droit canonique. Innocent III leur conféra ensuite celui de *Doctor Decretorum*. V. Tardif, *Histoire des sources du droit canon*, p. 287-291.

2. ***Mémoires*** de Saint-Simon (édit. Lahure, t. VII, p. 189 et suiv. passim. V. aussi chap. xix, p. 227 et suiv.).

A cette histoire fantaisiste de Saint-Simon, il convient d'opposer les conclusions de l'érudition moderne, formulées de la façon la plus précise par Fustel de Coulanges : « La naissance de cette classe de légistes, dit-il, et ses progrès sont des faits bien plus simples et plus naturels qu'on ne le croit généralement. A mesure que la plupart des hommes s'affranchissaient du devoir de juger, s'éloignaient des plaids et des cours féodales, et laissaient transformer le service de justice en une amende et en impôt, il se trouva quelques hommes qui, par goût ou par intérêt,

rement puérile, d'un marchepied auquel on ajoute un dossier (lequel dossier aurait fort empêché les seigneurs de poser leurs pieds), il suffit, pour réfuter ces assertions imaginaires dues aux rivalités de castes, d'ouvrir les arrêts des *Olim*. Les premières listes montrent les *maîtres* entremêlés avec les *seigneurs* et les *prélats*. Pour le règne de saint Louis et de Philippe le Hardi, malgré les lacunes des documents, nous avons pu relever quatre-vingt-quatre maîtres ayant siégé au Parlement et, parmi ces maîtres, trente dignitaires d'Églises, vingt-cinq chevaliers et anciens baillis. Voilà les soi-disant souffleurs de Saint-Simon.

Dès les premiers temps, les légistes sont juges au même titre que les barons et les évêques. Il ne leur a pas fallu user de ruse pour hausser leurs bancs, car les rangs dépendent, au Parlement comme en dehors, des dignités et des fiefs. Les maîtres vont et viennent en qualité de commissaires enquêteurs et réformateurs. Ils sont les auxiliaires les plus actifs de saint Louis, qui les

firent exception à l'insousiance générale et prirent à cœur de juger les procès et d'appliquer les lois. Ils furent assidus aux plaids et aux assises, ils gravèrent dans leur mémoire les coutumes du pays et les arrêts des cours; ils prirent la peine de lire et d'étudier les recueils de lois qui existaient alors, c'est-à-dire les lois romaines et les lois ecclésiastiques. On appela ces hommes des légistes. Le mot ne désignait nullement des fonctionnaires et n'était pas synonyme de magistrats; il marquait seulement que l'homme à qui l'on donnait ce titre avait la connaissance des lois et se plaisait à les étudier. Être légiste n'était ni une dignité, ni même une profession; c'était un goût, une aptitude, un certain tour d'esprit joint à une certaine application. On était légiste à peu près comme on est docteur en droit. Quelquefois on méritait ce titre par un examen subi dans les écoles; quelquefois aussi on était réputé légiste par cela seul qu'on savait les coutumes et qu'on remplissait le devoir de justice avec plus d'assiduité et plus de soin que la foule. Qu'on fût d'ailleurs laïque ou ecclésiastique, bourgeois ou gentilhomme, c'était de peu de conséquence; il n'était pas nécessaire non plus de porter une certaine robe. On pouvait être légiste et homme d'épée tout à la fois, le sire de Joinville était un légiste.

« Les premiers légistes furent des prêtres. Durant tout le moyen âge, le clergé fut fort attentif à étudier les lois romaines, à rédiger ses propres lois, à observer même les lois féodales. Il appliquait tour à tour les unes et les autres dans ses « cours de chrétienté » et dans ses cours séculières. » Beaucoup de gentilshommes aussi se firent légistes... Au moyen âge les chroniques mentionnent fréquemment tel homme noble « qui était savant en droit »; on lit plus d'une fois dans les chartes ces mots appliqués au même personnage : « chevalier et docteur en lois ». Froissart parle d'un vaillant homme et de grande prud'homie, chevalier en lois et en armes ». Et la manière dont il en parle montre que cette union de deux genres de mérite lui paraissait toute naturelle et n'avait rien qui étonnât; ce n'était ni une exception, ni une rareté. On trouve au XIe siècle un fils d'un comte d'Evreux qui écrivit un livre de droit canonique, comme on trouve au XIVe siècle un Talleyrand-Périgord qui se fit connaître par des études sur la jurisprudence... Après les ecclésiastiques et les gentilshommes, des bourgeois à leur tour étudièrent le droit. N'étaient-ils pas appelés à juger eux aussi, soit dans les plaids d'échevinage, soit dans les assises... » (Fustel de Coulanges, La justice au moyen âge, *Revue des Deux Mondes*, 1er août 1871).

choisit justes comme lui, de Philippe le Bel, qui recherche les plus subtils et les plus retors.

Les prélats que nous avons nommés, *Guy Foucaud*, *Simon de Brie*, *Mathieu de Vendôme*, *Simon de Beaulieu*, *Eudes Rigaud*, *Raoul Grosparmie* avaient grandi comme légistes. C'étaient les chefs de ce que nous pourrions appeler l'école de saint Louis [1] où l'on remarquait : *Eudes de Lorris*, chevecier (trésorier)

1. **Les maîtres ou légistes sous saint Louis et Philippe le Hardi.**

CLERCS

Jean de Flainville.	chanoine de Rouen (liste de 1256, n. st.).
Eudes de Lorris	chevecier d'Orléans (l. 1259, 1261).
Michel.	chantre d'Angers (l. 1259).
Étienne de Montfort.	doyen de Saint-Aignan d'Orléans (listes de 1261).
Henri de Vergelley (alias Verdelet)	doyen de Saint-Aignan d'Orléans (l. 1268).
Pierre de la Châtre.	chancelier de l'église de Chartres (l. 1261).
Gui de Néaufle.	doyen de Saint-Martin de Tours (l. 1259, 1261).
Henri de Vézelay.	clerc de saint Louis, chapelain de Philippe III, archidiacre de Bayeux (30°) chancelier de France (listes de 1267, 1278, 1279).
Pierre.	doyen de Saint-Martin de Tours (l. 1279, 1284).
Egidius de Bonval.	(ou Bonneval), doyen de Tours (l. 1273).
Pierre Vigier.	archidiacre de Saintonge (l. 1273).
Thibaut de Poncy.	doyen de Bayeux (l. 1279).
Guillaume de Neuville. . .	clerc du roi, chanoine de Chartres, archidiacre de Blois (l. 1281, 1282, 1284).
Gauthier de Chambli. . . .	archidiacre de Meaux, puis de Coutances (l. 1279, 1281, 1282, 1283, 1284).
Guillaume.	prévôt (du doyenné) de l'Isle (Insulensis), diocèse de Cambrai (l. 1284).
Guy de Boiac.	chanoine de Reims (l. 1284).
Étienne.	archidiacre de Bayeux (l. 1284).
Pierre de Sologne.	(archidiacre), l. 1284.
Jean de Montluçon.	notaire du roi 1er, greffier (listes de 1255, 1261, 1269).
G. de Chartres.	prêtre (l. 1261).
Regnauld d'Evre.	clerc du roi (l. 1269).
Jean d'Ully.	clerc du roi (listes de 1256, 61).
Nicolas de Verneuil.	(l. 1267).
G. (Giraud) de Maumont. . .	(l. 1278. 1279, 1298).
Foulques de Laon.	clerc du roi (l. 1278), archidiacre de Ponthieu dans l'église d'Amiens.
Nicolas de Chartres.	2e greffier (l. 1279).
Frère Jean.	trésorier du Temple (l. 1284).
Frère Arnoul de Wisemale.	chevalier du Temple (l. 1284), souverain maître de l'hôtel de Philippe le Hardi.

On peut ajouter, quoique ne figurant pas sur les listes :

Geoffroi du Temple.	(1276-1278). (V. Langlois, p. 42, note.)
Guillaume d'Ercuis.	chapelain de Philippe III, a laissé des Mémoires sur le règne de Philippe le Bel. (V. Langlois, p. 42, note.)

d'Orléans[1]; *Michel*, chantre d'Angers; *Étienne de Montfort*, doyen de Saint-Aignan d'Orléans; *Pierre de la Châtre*, chancelier de Chartres; *Guy de Neaufle*, doyen de Saint-Martin de Tours, et plusieurs autres doyens qui lui succédèrent; *Henri de Vézelay*, clerc de saint Louis, chapelain de Philippe III, archidiacre de Bayeux et (30e) chancelier de France[2]; *Guillaume de Neuville*, chanoine de Chartres, archidiacre de Blois; *Foulques de Laon*[3], employé à

LAYS	
Pierre de Fontaines.	bailli de Vermandois (1253). Listes de 1255, 1259, 1261): auteur du célèbre coutumier le *Conseil à un ami.* (Notice, *Hist. littér.*, t. XIX, p. 131. et t. XXI, p. 544).
Étienne Tastesaveur	bailli de Sens (liste de 1256).
Robert de Pontoise.	bailli de Caen (l. 1256).
Gautier de Villiers.	bailli de Caux (l. 1256).
Guillaume de Voisins. . . .	bailli de Rouen (l. 1256).
Renaut Barbou.	bailli de Rouen (l. 1279, 1281, 1282).
Gautier Bardin.	bailli de Vermandois (l. 1282).
Gautier de Villette.	bailli de Tours (l. 1269).
Pierre d'Harcourt.	chevalier et maître (l. 1255).
Philippe de Nemours. . . .	chevalier (l. 1255).
Pierre d'Esnencourt (de Senanques)	chevalier (l. 1256).
Étienne de la Porte.	chevalier (l. 1256).
Julien de Péronne.	chevalier (l. 1259, 1261, 1269).
Mathieu de Beaune.	dominus (l. 1261).
Jean de Quarrois.	dominus (l. 1261).
Guillaume de Chevry. . . .	chevalier (l. 1267).
Guy le Bas.	chevalier (l. 1279, 1282, 1284).
Jean de Beaumont.	chevalier (l. 1284).
Robert-sans-Avoir.	chevalier (l. 1282).
Gui de Tornebu.	chevalier (l. 1284).
Guillaume de Prenay. . . .	chevalier (l. 1284).
Egidius de Brion.	chevalier (l. 1284).
On peut ajouter, quoique ne figurant pas sur les listes :	
Étienne Boileau.	prévôt de Paris (de 1254 à 1269); enquêtes faites par lui (1263, 64, 65, 67).
Philippe de Beaumanoir. . .	bailli de Vermandois, auteur du célèbre ouvrage les *Coutumes de Beauvaisis.* (Notice, *Hist. littér.*, t. XX, p. 357-408).
Pierre de la Brosse.	chambellan de saint Louis, principal conseiller de Philippe le Hardi, pendu en 1278.
Il faut ajouter encore 29 autres *magistri* sans désignation précise.	

1. Saint Louis (lettres de 1266) fit don à Eudes de Lorris de la maison de Corpelay à condition d'hommage, et lui concéda la faculté de chasser à l'oiseau et aux petites bêtes dans la garenne de Lorris (P. Anselme, t. II, p. 413).

2. V. P. Anselme, t. VI, p. 273. Langlois. *Philippe le Hardi*, p. 42, note. Voir pour les détails Chérest. *Étude historique sur Vézelay*, t. II, p. 151. Henri de Vézelay avait été élu évêque, mais le pape refusa d'approuver son élection parce qu'il était borgne.

3. Philippe III refusa en Italie la seigneurie de Milan (1271). « Il le fit, dit la *Chronique de Primat*, par la bouche de M. Foulques de Laon, homme très bien

des missions politiques et « beau parleur »; *Gautier de Chambli*, archidiacre de Meaux, puis de Coutances; des dignitaires de l'Ordre encore puissant du Temple, frère *Jean*, le trésorier, frère *Arnoul de Wisemale*; puis le clerc *Jean de Montluçon*, notaire, le premier greffier; *Nicolas de Chartres*, le deuxième greffier.

En tête des laïques nous placerons naturellement le fameux légiste *Pierre de Fontaines*, bailli de Vermandois, juge savant, mais assez rude. Les bourgeois de Namur plaidaient contre leur suzeraine, Marie de Brienne, impératrice de Constantinople, qui voulait venger le meurtre d'un sien bailli. « Certes, leur dit Pierre de Fontaines, je vous dirai ce que vous ferez. Vous en irez en arrière prendre, chacun bourgeois de Namur, une hart et la liera autour de son col, puis irez devant l'empereis et direz : « Dame, voici vos meurtriers, faites en ce qu'il vous plaist. » Les bourgeois restèrent ébahis. Saint Louis les vit tous muets : « Messire Pierre, dit-il, vous ne parlez pas bien ni par conseil. Que les bourgeois s'en retournent vers leur dame et fassent paix, si feront que sage. » Les bourgeois « se partirent de cour, ajoute le chroniqueur, comme ceux qui depuis n'orent talent (envie) de revenir[1] ». Pierre de Fontaines, entre temps, écrivait, sous le titre de *Conseil à un ami*, les Coutumes de Vermandois, tout en les mélangeant d'emprunts aux lois romaines. C'étaient des légistes que tous ces baillis de Sens, *Étienne Tastesaveur*; de Caen, *Robert de Pontoise*; de Caux, *Gautier de Villiers*; de Rouen, *Guillaume de Voisins* et *Renaut Barbou*[2]; de Tours, *Gauthier de Villette*. C'était un légiste qu'*Étienne Boileau*, que sa charge de prévôt de Paris amenait souvent au Parlement; « il maintint et garda si bien la prévôté que nul malfaiteur, ni larron, ni meurtrier n'osa demeurer à

enraisonné et très beau parleur, qui montra aux habitants pourquoi le roi ne voulait pas les satisfaire, si bien que les seigneurs de la ville s'en tinrent pour contents ». *Histor. de Fr.*, XXIII, p. 87. — Cité par Langlois, *H. de Ph. le Hardi*, p. 54.

1. *Chronique de Reims*, publiée par Louis Pâris (1837), pp. 228, 229. — Saint Louis aimait beaucoup P. de Fontaines auquel il fit une donation d'une rente de cinquante livres parisis payable chaque année au Temple, à Paris, le jour de la Toussaint. (*Arch.*, J, 396, n° 7. *Trésor des Chartes*, Musée des Archives, p. 143, n° 260).

2. *Renaut Barbou*, bailli de Rouen, prévôt de Paris en 1270. Il avait une maison près du Palais de la Cité. V. Langlois, *Hist. de Philippe le Hardi*, p. 44.

C'est de lui qu'il est question dans l'article XII de l'Ordonn. de 1278 : « Es causes à oïr parlera tant seulement le bailli de Rouen, se il n'avient que a lui devoiant soit nécessaire amendement de son recort. » (Guilhiermoz, *Enquêtes et Procès*, p. 607 et note.)

Paris, qui tantôt ne fût pendu ou détruit; ni parent, ni lignage, ni or, ni argent ne le put garantir[1] ». Enfin le plus célèbre de ces hommes de loi, *Philippe de Beaumanoir*, grand bailli du Beauvaisis, conseiller d'un fils de saint Louis, Robert de Clermont, nous apprend lui-même qu'il avait siégé au Parlement. Son livre, *les Coutumes du Beauvaisis*, œuvre bien personnelle, le montre plein de droiture et de probité. Aux qualités qu'il exige du bailli : sagesse et amour de Dieu, douceur et patience, vigueur, générosité, courtoisie, dévouement à son seigneur, science, application et par-dessus tout loyauté, on peut reconnaître son propre portrait qu'il retraçait à son insu, car n'est-ce point déjà atteindre à la perfection que de l'aimer et de la désirer?

Philippe le Hardi garda et écouta les conseillers de son père[2]. *Mathieu de Vendôme*, durant tout le règne, siégea au Parlement avec d'autres légistes : *Pierre*, doyen de Saint-Martin de Tours, *Geoffroi du Temple*, *Nicolas d'Auteuil*, *Pierre de Condé*, *Érart de Valeri* « le prud'homme » selon l'expression de Joinville. Mais déjà, parmi les conseillers de Philippe le Hardi, se montrent des hommes peu scrupuleux, comme *Pierre de la Brosse*, que perdirent sa cupidité trop effrontée et son ambition insatiable; un clerc, *Giraud de Maulmont*, très violent, exclu du conseil royal en 1284[3] :

1. Joinville, *Hist. de saint Louis* (édit. de Wailly), p. 256.

2. M. Ch. V. Langlois a bien fait ressortir l'importance des personnages qui étaient employés par Philippe le Hardi comme baillis : « ... Les offices de bailliage furent occupés pendant ce règne par des administrateurs fort habiles, les Eustache de Beaumarchais à Toulouse, les Philippe de Beaumanoir à Poitiers; d'autres encore ont laissé le souvenir d'hommes d'action et d'hommes d'Etat, tels que Jean de Villette, Etienne Tâtesavor, G. de Pontchevron qui avaient commencé leur carrière sous Louis IX; et Pierre Saymel, Oudart de Neuville en Hez, Gautier Bardins qui prolongèrent la leur sous Philippe le Bel. » (*Hist. de Phil. III le Hardi*, p. 336).

M. Langlois a fait aussi de judicieuses observations sur ces premiers hommes du Parlement : « Les conseillers de Philippe le Bel ont été des Languedociens ou des Normands : les Flotte, les Plasian, les Nogaret, les Marciac, les Dubois, les Marigny venaient des pays de droit ou de chicane : ils avaient été nourris d'abord des subtilités de la loi romaine ou dans la pratique rigoureuse des cours coutumières : de là sans doute le caractère processif et impitoyable de leur politique; au contraire les conseillers de Philippe le Hardi ont été en majorité des hommes du Nord et du Centre, naturellement adaptés à la politique traditionnelle de la dynastie toute française des Capétiens : de là leur modération... » (*Ibidem*, p. 46). Pourquoi ne pas attribuer aussi et surtout cette modération à la tradition de saint Louis et à un esprit religieux plus sincère?

3. *Giraud de Maumont*, exclu du conseil royal (*Hist. de Fr.*, t. XXI, p. 759). Néanmoins les tablettes de cire attestent qu'il reçut cette année-là ses gages de Pâques (*Hist. de Fr.*, XXII, 471 j.). Il recevait une pension de 300 livres tournois de Robert d'Artois (Arch. du Pas-de-Calais, A. 28 n° 12). — V. Nadaud, *Nobiliaire du diocèse de Limoges*, III, 208. — Langlois, *Hist. de Phil. III le Hardi*, p. 42, note.

ils annoncent, ainsi que plusieurs autres, l'école de Philippe le Bel[1].

Le chef de cette école animé d'un esprit tout différent de la

[1]. **Les maîtres ou légistes sous Philippe le Bel.**

LAÏQUES	
Guillaume de Nogaret. . . .	chevalier, juge-mage de Nîmes, docteur ès lois, seigneur de Calvisson, chargé de nombreuses missions, surtout en Italie (39e chancelier), mort en 1313. (Listes et actes de 1294, 1302, 1303, 1307, 1308, 1309).
Pierre Flotte.	chevalier, seigneur de Revel, nombreuses missions (liste de 1296) (34e chancelier), tué à Courtrai.
Guillaume de Plasian (ou Plaisians).	originaire du Languedoc, juge-mage de Nîmes, sénéchal de Beaucaire et de Nîmes, conduisit avec Nogaret le procès contre la mémoire de Boniface VIII. Actes de 1308, 1309, 1311, 1312, 1313.
Raoul (Ier) de Presles. . . .	le premier des légistes de ce nom, clerc d'abord, puis marié et conseiller du roi, seigneur de Lizy, jurisconsulte, avocat du roi. Compromis dans la réaction qui suivit la mort de Philippe le Bel, il revint en faveur sous Philippe le Long qui l'anoblit (l. 1316, 1319, 1322).
Enguerrand de Marigny . .	chambellan, comte de Longueville, surintendant des finances, capitaine du Louvre, victime de la réaction à la mort de Philippe le Bel.
Pierre du Boys.	publiciste de Philippe le Bel, jurisconsulte, avocat des causes royales à Coutances, assiste Philippe le Bel dans sa lutte contre Boniface VIII (l. 1319).
Guillaume de Hanghest. . .	bailli de Chaumont, prévôt de Paris (l. 1296).
Guillaume de Hanghest (le jeune).	bailli de Vermandois, puis de Sens (l. 1301), conseiller du roi (1313).
Pierre de Hanghest.	bailli de Gisors, puis de Rouen (l. 1309).
Hugues de la Celle (dominus).	sénéchal d'Angoulême, figure sur les listes de 1306, 1311 et sous les fils de Philippe le Bel.
Robert de Melun.	(l. 1298), 5e fils d'Adam III de Melun.
Geoffroi Cocatrix.	bourgeois de Paris, maître général des ports et passages (l. 1305).
Philippe de Saint-Verain. .	chevalier, enquêteur, réformateur en 1311.
Guillaume Bernard.	bourgeois de Paris; commissaire pour la répartition des biens des Templiers en 1312.
Philippe de Blenelle	chevalier du roi, commissaire enquêteur en 1313.
Jean de Montigny.	(l. 1296).
J. de Voissy (dominus). . .	(l. 1311).
Adam de Meulent.	panetier du roi en 1309.
Robert de Pontoise.	(l. 1296).
Jean Robert.	chevalier, enquêteur (l. 1312, 1313).
Eudes de Neuville	(l. 1298).
Renaut Barbou.	(l. 1296), juge à l'Échiquier (1306, figure encore sur les listes sous les fils de Philippe le Bel (l. 1315, 1316, 1318).
Bertrand Jourdain (dominus).	(l. 1298).
R. de Breuilly.	(l. 1298).

piété sincère du xııı^e^ siècle, est *Guillaume de Nogaret*, ce « grand

CLERCS

P. de Latilly	clerc du roi, chanoine de Soissons et de Paris; trésorier de l'église d'Angers en 1306; evêque comte de Châlons; (41e) chancelier (1313).
Pierre de Mornay.	clerc du roi, evêque d'Orléans, puis d'Auxerre, savant jurisconsulte, mort en 1306 (36e chancelier).
Gilles Aycelin de Montaigu.	archevêque de Narbonne, puis de Rouen, (40e) chancelier (1309).
Pierre de Belleperche. . . .	un des jurisconsultes les plus renommés (l. 1296, 1298), évêque d'Auxerre (37e) chancel. (1306); mort en 1307.
Pierre de Corbeil.	dit des Grez, chantre de Paris, (38e) chancelier (1307).
Bernard de Saint-Denis. . .	maître en théologie, évêque d'Orléans, mort en 1307.
Guillaume de Crespy. . . .	doyen de Saint-Aignan d'Orléans (1288), trésorier de Saint-Quentin, archidiacre de Paris (33e) chancelier.
Geoffroy du Temple.	custos (gardien) de Saint-Quentin (acte de 1288).
Hugues Cuiller.	chanoine de Saint-Quentin; rapporteur d'enquêtes (liste de P. de Bourges).
Raoul Rousselet.	clerc du roi, chanoine de Dol (l. 1299, 1300), évêque de Saint-Malo, puis de Laon (l. 1316-1322).
Raoul de Meulent.	chanoine de Paris, maître et officier de la chapelle de Philippe le Bel (l. 1298, 1307).
R. des Fossés.	chanoine d'Amiens.
André Porcheron.	chanoine d'Arras (l. 1310, 1313, 1316).
Denis.	doyen de Sens, chapelain du roi, exécuteur testamentaire de Philippe IV (l. 1291, 1307, 1311); figure encore souvent sous les fils de Philippe le Bel.
Pierre d'Arrablay.	archidiacre de Bourbon dans l'Église de Bourges, enquêteur (1310); (43e) chancelier sous Phil. le Long.
Guillaume des Buissons. . .	clerc du roi, chanoine de Bourges (l. 1311).
Jean d'Auchy.	chanoine d'Orléans (l. 1311).
Jean du Temple.	clerc du roi, enquêteur (l. 1314).
Richard Thibotot.	(liste de P. de Bourges, l. 1316).
Philippe Convers.	chanoine de Paris, archidiacre d'Eu, trésorier de Reims (l. 1298, 1307).
Robert de Fouilloy.	(l. 307), plus tard évêque d'Amiens.
Guillaume Boncelli.	condamné pour corruption en 1314.
Hugues de Besançon	chantre de Paris (l. 1296, 1307), évêque de Paris en 1326
Étienne de Barré.	sous-doyen de Poitiers (l. 1311).
Raoul Grosparmie (II). . .	doyen, puis évêque d'Orléans en 1308.
Héli de Maumont.	neveu de Giraut de Maumont, chanoine de Bourges (l. 1298).
Guillaume de Nevers. . . .	clerc, commissaire du roi (l. 1312).
Geoffroy du Plessis.	protonotaire de France.
Pierre de Laon.	(l. 1307).
Richard Leneveu (Nepotis) .	(l. 1298), enquêteur dans l'aff. de Bernard de Saisset, évêque de Béziers (1305).
J. de Forest	(l. 1298).
J. Ducis.	(l. 1298, 1307, 1311).
Nicolas de Chartres.	(l. 1296), greffier.
Robert de la Marche. . . .	(l. 1288-1291), clerc et greffier avec Nicolas de Chartres.
Jacques de Jassènes.	enquêteur (l. 1314).
Jean de Reims.	enquêteur (l. 1314).
Yves (ou Yvon) de Laon. . .	enquêteur, réformateur en Périgord (l. 1312, 1313).
Étienne de Limours.	(l. 1296).
Jean de Roy, etc. etc. . . .	enquêteur, chanoine de Lille (l. 1311).

personnage, selon Pasquier, qui, faisant un même atelier des armes et de la justice[1], prit le pape Boniface VIII ». Originaire du Languedoc, d'une famille peut-être albigeoise, noble certainement, Guillaume de Nogaret, seigneur de Calvisson, d'abord juge-mage de Nîmes docteur ès lois, puis chevalier du roi, employé dans les plus diverses et les plus difficiles missions, enquêteur, réformateur, même rédacteur des Coutumes de Figeac, est resté surtout fameux par le rôle politique que nous ne pouvons exposer ici. Orateur et homme d'action, casuiste, formaliste et néanmoins guerrier; souple à la fois et audacieux, cauteleux et impudent; habile à conduire les assemblées aussi bien que des bandes d'aventuriers, à prolonger des procédures comme à brusquer des coups de main: protégeant le pape qu'il arrachait à ses insulteurs après le leur avoir livré; arrêtant le gantelet de Colonna après l'avoir guidé; organisant le procès contre la mémoire de Boniface VIII tandis qu'il sollicitait du pape Clément V sa propre absolution; excommunié et resté tout puissant, désavoué et comblé de faveurs; présidant enfin à la ténébreuse et cruelle inquisition contre les Templiers, Guillaume de Nogaret ne survécut pas à ses victimes, car il mourut en 1313, précédant au tombeau son maître qu'il avait si fidèlement ou plutôt si funestement servi[2].

Guillaume de Nogaret était assisté d'autres légistes, non moins renommés : *Guillaume de Plasian*[3], son principal auxiliaire, orateur insidieux, « rusé chevalier », dit un chroniqueur[3]; *Raoul*

1. Pasquier, *Rech. de la France*, liv. II, ch. III.

2. V. sur Nogaret P. Anselme, t. VI, p. 299, et la *Notice* très développée de E. Renan dans l'*Histoire littéraire de la France*, t. XXVII, p. 233 et suiv. C'est un chapitre complet de l'histoire de Philippe le Bel écrit avec un plus grand souci de l'exactitude que le chapitre de Michelet. Renan, quoique partageant les idées de Michelet, s'est tenu plus près des textes et l'érudition l'a rapproché de la vérite.

3. *Guillaume de Plasian* (ou *Plaisians*). — On lit dans le Continuateur de Nangis : « Qui siquidem (G. de Nogaret) ad assignatam diem, domini G. de Plaissiaco, *astuti militis et discreti* aliorumque potenti comitivâ vallatus Avinioni comparens, tàm appellationem contrà papam Bonifacium factam..., etc. ». Contin. de Nangis, *Hist. de France*, t. XX, p. 599. — Arrêts où est nomme Guill. de Plasian. *Actes du Parlem.*, t. II, pp. 85. 80, 104, 94. *Olim.* (Beugnot), t. III, 346, XCI, et p. 686, L. — Renan, dans sa Notice sur Nogaret, a consacré une page à Guillaume de Plasian (*Hist. littér.*, t. XXVII, p. 314). — V. aussi Abel Henry, *Guillaume de Plasians*, positions de thèses de l'École des Chartes, étude publiée dans le *Moyen-âge* (année 1892).

3. V. sur *Raoul de Presles Ier* une notice détaillée dans *Paris et ses historiens* (*Description de Paris sous Charles V*, p. 84 et suiv. (*Histoire générale de Paris.*) Les renseignements donnés par les éditeurs de *Paris et ses historiens* sont extraits en partie des recherches de Lancelot (*Mémoires de l'Academie des Inscript. et B.-L.*,

de Presles, clerc d'abord, puis marié, seigneur, chef d'une vraie dynastie de légistes du même nom qui grandissent encore sous le règne des premiers Valois; *Pierre du Boys* ou *Dubois*, conseiller et publiciste de Philippe le Bel, qu'il excitait à supprimer l'Ordre des Templiers[1]; *Pierre Flotte*[2], seigneur de Revel, chancelier, que le pape appelait « l'homme plein de fiel et de vinaigre » et encore un « prélat borgne de corps, aveugle d'esprit[3] »; *Enguerrand de Marigny*[4], plus occupé comme surintendant des finances dans la Chambre des Comptes que dans la Chambre des Plaids, mais le plus influent ministre de Philippe le Bel, le constructeur du Palais où il avait fait mettre son effigie; *Geoffroi Cocatrix*, nommé, en 1305, maître général des ports et passages; *Pierre de Dicy*, *Pierre et Guillaume de Hanghest*, d'une famille de légistes souvent cités[5]; *Hugues de la Celle*, chevalier, qui préside les jours de Troyes en 1306, sénéchal d'Angoulême en 1311, un des commissaires enquêteurs les plus actifs de Philippe le Bel[6]; *Adam de Meulent*, panetier du roi (1309); les chevaliers du roi, *Philippe de Blenelle* et *Philippe de Saint-Verain*; et un simple bourgeois de Paris, *Guillaume Bernard*[7].

Les clercs se compromirent moins que les laïques dans des luttes où ils se trouvaient singulièrement gênés par leur double sujétion. C'était généralement parmi eux que le roi choisissait les chanceliers, chefs de la justice et du Parlement. En 1296, *Guillaume de Crespy*, doyen de Saint-Aignan d'Orléans, puis trésorier de Saint-Quentin, archidiacre de Paris, se démit de sa haute

t. XIII, ancienne série (1740.) — V. aussi Lehugeur, *Hist. de Philippe le Long*, pp. 20, 21. Arrêts où est nommé Raoul de Presles : *Olim*, t. III, p. 687. *Olim*, t. III, p. 967 et *Actes du Parlem.*, t. II, n° 4391. — *Olim*, t. III, p. 1148 et *Act.* n° 4912. — *Olim* III, p. 1198 et *Actes* n° 5124. — *Actes* n°s 5124, 5647, 6282, 6538, 6547.

1. *Pierre du Boys*, articles de E. Renan, *Revue des Deux Mondes*, 15 février et 1er mars 1871 et *Hist. littér.*, t. XXVI, p. 471 et suiv. — Notices de Boutaric sur ses traités : *Notices et Extraits des Mémoires de l'Académie des Inscript.*, t. XX, 2e partie, p. 175 et suiv.

2. *Pierre Flotte*. V. P. Anselme, t. VI, p. 274. *Hist. littér.*, t. XXVII, p. 371 et suiv.

3. Dupuy, Preuves du *Différend de Philippe le Bel*, p. 65. — Sur Pierre Flotte en Flandre, V. Kervyn de Lettenhove (*Hist. de Fl.*, t. II, p. 442.)

4. *Enguerrand de Marigny*. V. P. Clément, *Trois drames de l'Histoire de France* et *Notice sur Jean d'Asnières*, par Hauréau, *Hist. littér.*, t. XXVIII, p. 457. — V. aussi *Chronique métrique de Geoffroy de Paris*, édit. Buchon, p. 239.

5. V. P. Anselme, t. VI, p. 737.

6. V. Lehugeur, *Hist. de Philippe le Long*, p. 286, note 11.

7. *Guillaume Bernard*, qualifié de citoyen de Paris, est commissaire pour la distribution des biens des Templiers (*Olim* III, p. 750, xxxiv.)

charge « à cause des trop grandes besognes du royaume[1] ». Mais un chevalier, *Pierre Flotte*, porte le sceau du roi quand les hostilités commencent avec le pape Boniface VIII (1300-1302). Un archidiacre de Flandre, *Étienne de Suizy*, lui succéda (1302 à 1304) et seconda Guillaume de Nogaret. *Pierre de Mornay*, archidiacre de Sologne en l'Église de Chartres, évêque d'Orléans, puis d'Auxerre, joua également un rôle qui paraît avoir été celui d'un conciliateur entre le roi et le pape : il devint chancelier en 1305, mais mourut un an après. Il fut remplacé par *Pierre de Belleperche*[2], docteur régent en droit civil à Orléans, doyen de l'Église de Paris, conseiller au Parlement, chargé de nombreuses missions non seulement dans les provinces, mais en Angleterre, en Italie, évêque d'Auxerre en même temps que chancelier; très renommé juriste, disent les chroniqueurs, auteur de leçons et de commentaires sur les *Institutes*, le *Digeste* et le *Code* et que son épitaphe pompeuse citée par Pasquier, appelait « un autre Justinien ». *Pierre de Mornay*[3] avait été l'un de ces clercs fastueux qui profitaient et abusaient des bénéfices. Transféré de l'évêché d'Orléans à celui d'Auxerre, il avait, pendant les six jours de sa retraite au monastère de Saint-Germain d'Auxerre, épuisé le trésor des moines par ses folles dépenses, si bien que le pape obligea l'évêque à payer des dédommagements. Belleperche, au contraire, se recommanda

1. *Guillaume de Crespy*. — Ordonn. de 1296. « Cum M. Guillaume de Crespi eust prié le roi que il le descharjat du fes du seel pour les tres granz besoignes du reaume qui chacun jour se mouteploient, lesqueles li estoient mout greveuses à porter... il est accordé qu'il sera deschargeez du scel, mes il demorra devers le roy quant il le porra; et sera des residenz au pallement et sera au contes quant il pourra entendre (*Ord.*, t. XII, p. 353, § 9, et Langlois, *Textes du Parlement*, p. 161.)
V. aussi P. Anselme, t. VI, p. 237.

2. *Belleperche*. « Bien vous diray-je que Petrus a Bella Pertica acquit un grand bruit. Car non content d'avoir longuement enseigné le Droit à Orléans, il voulut passer les monts et dedans la ville de Boulogne il le voulut renvier sur François Accurse. — Et depuis ayant fait surseance de ce mestier, fut honoré de plusieurs belles dignitez en l'Eglise, comme nous tesmoigne son épitaphe. » (Pasquier, *Rech.*, l. IX, ch. xxxvii).
Nous ne citerons de cette épitaphe que les trois vers énumérant les qualités de Belleperche :

... perplacidus verbis, factis quoque fidus,
Mitis, veridicus, prudens, humilisque, pudicus,
Legalis, plenus, velut alter Justinianus....

V. aussi Félibien, *Hist. de Paris*, t. I, p. cxxix. — Notice très détaillée dans l'*Hist. littér.*, t. XXV, p. 351 et suiv.

3. *Pierre de Mornay*. V. P. Anselme, t. VI, p. 278 et Notice par Guessard, *Biblioth. de l'Ecole des ch.*, t. V.

par sa modération et ne réclama même point tous ses droits. Pierre de Mornay n'avait pas manqué de se conformer au cérémonial qui obligeait quatre seigneurs à porter l'évêque d'Auxerre de l'abbaye de Saint-Germain à sa cathédrale. Pierre de Belleperche fut plus favorisé sans le vouloir. Le roi lui-même, qui se trouvait alors à Auxerre, arrêta que le cérémonial serait négligé cette fois, sans préjudice pour les évêques à venir, et fit au savant légiste l'honneur de l'accompagner et de l'installer. C'est encore un légiste qui remplace Pierre de Belleperche : *Pierre de Corbeil*, dit des Grez, chantre de l'Église de Paris, chancelier en 1307 et prédécesseur de Guillaume de Nogaret qui garda cette haute charge deux ans. Les sceaux furent ensuite confiés à un autre membre du Parlement, à un prélat, *Gilles Aycelin de Montaigu*, archevêque de Narbonne, puis de Rouen[1]. Un des conseillers les plus connus de Philippe le Bel, *Pierre de Latilly*, chanoine de Soissons et de Paris, trésorier d'Angers, archidiacre, puis évêque de Châlons, chancelier de 1313 à 1314, fut mêlé à toutes les entreprises de Philippe le Bel et si compromis qu'il faillit périr, après la mort de son maître, victime de la réaction aristocratique : il résista aux tourments et fut absous, puis revint en faveur sous Philippe le Long et Charles le Bel[2]. Il faut ajouter à ces clercs *Geoffroy du Plessis*, archidiacre de Vire en l'église de Coutances, chancelier de l'église de Tours et dénommé aussi *protonotaire de France*, l'un des plus actifs intermédiaires entre Philippe le Bel et Boniface VIII, puis Clément V; plus souvent, à vrai dire, sur les chemins que dans l'hôtel du roi, n'emmenant avec lui, dans ses voyages à Rome ou à Avignon, pas moins de cinq valets à cheval et de treize valets à pied, demeuré puissant jusqu'à l'avènement des Valois, époque où il se retira dans un monastère, et survivant à sa renommée par la fondation d'un des collèges de l'Université Parisienne, le collège *Du Plessis*[3]. Pour-

1. *Gilles Aycelin de Montagu*. V. P. Anselme, t. VI, p. 301. C'est lui qui fonda le collège de Montagu à Paris (1314). Il fut le 40e chancelier et mourut en 1318.

2. *Pierre de Latilly*. P. Anselme, t. VI, p. 305. Il fut persécuté après Philippe le Bel, mais triompha de toutes les procédures. Charles le Bel le dédommagea par ses libéralités. Latilly mourut en 1328.

3. *Geoffroi du Plessis* dresse avec Gilles Remin le procès-verbal de l'assemblée tenue au Louvre en 1297 au sujet des affaires de Flandre, va à Rome en 1298, retourne en Italie en 1304 et est l'ouvrier principal des négociations de Pérouse

quoi faut-il, après ces noms, mentionner celui de *Guichard*, évêque de Troyes, dont le procès obscur et mystérieux a laissé un pénible souvenir [1]; de *Guillaume Boncelli* [2] juge accusé de malversations et révoqué de son office? C'est au moins une preuve qu'en ces temps où l'absence de toute publicité aurait pu permettre le silence, la corruption et la fraude encouraient la réprobation des légistes même de Philippe le Bel.

D'autres conseillers sont moins connus, sinon moins qualifiés : *Raoul Rousselet*, chanoine de Dol, l'un des compagnons de Geoffroi du Plessis, délégué par lui (1304) pour la réforme des notaires dans les pays de droit écrit [3]; *Bernard de Saint-Denis*, théologien renommé, évêque d'Orléans; *Philippe Convers*, chanoine de Paris, l'un des plus assidus au Parlement; *André Porcheron*, juge non moins laborieux, chanoine d'Arras; *Geoffroy du Temple*, « custode » (gardien) de Saint-Quentin; *Denis*, doyen de Sens; *Guillaume des Buissons*, chanoine de Bourges, conseiller et souvent enquêteur; *Jean d'Auchy*, chanoine d'Orléans; *Hugues Cuiller*, chanoine de Saint-Quentin; *Robert de la Marche*, chanoine de Noyon; *Pierre d'Arrablay*, dignitaire de l'Église de Bourges, plus tard chancelier; *Hugues de Besançon*, chantre, puis évêque de Paris en 1326. Presque tous ces maîtres continuèrent leurs ser-

qui amenent l'election de Clément V. Il figure dans les Tablettes de cire de l'hôtel du roi en octobre 1301 pour 90 jours de présence et en novembre 1303 pour 140 jours. M. Ch. Langlois qui a consacré à ce légiste une notice très détaillée et tres documentée, ne s'explique pas le titre de protonotaire de France, charge qui n'existait pas et qui, dit-il. aurait été créée pour lui. C'était une dignité ecclésiastique. Geoffroi du Plessis est qualifié lui-même, M. Langlois le constate, de notaire de l'Église de Rome. Il était donc *notaire apostolique* et fut nommé protonotaire de France (c'est-à-dire pour la France). La dignité de protonotaire existe encore dans l'Église. Geoffroi du Plessis était déjà moine de Marmoutiers en 1330 lorsqu'il eut avec Louis de Melun et le procureur du roi un procès à propos de la chanterie de l'Eglise de Chartres. Son testament (publié par dom Félibien, t. III, p. 192) est de 1332 et donne de précieuses indications sur sa bibliothèque. — (Ch.-V. Langlois, *Revue historique*, 1896, mai-juin, p. 67 et suiv.).

1. A lire l'étude si complète et si intéressante de M. Abel Rigaud : *Le Procès de Guichard, évêque de Troyes* (Société de l'Ecole des Chartes, A. Picard, 1896).

2. *Guillaume Boncelli*. V. Arrêts. *Olim*. Beugnot, t. II, p. 590, 1313 (14). — *Act. du Parl.*, n° 4221.

3. V. Notice de Ch.-V. Langlois, sur Geoffroi du Plessis, p. 74, note 2.

Rappelons que comme l'a sagement dit J. Havet (*Bib. de l Ec. des Ch.*, 1884, p. 288), il est téméraire, dans l'état actuel des documents, de réunir et de coordonner des renseignements positifs sur chacun des personnages célèbres de cette époque. On a cependant quelques notices biographiques telles que celles dont nous avons parlé d'*Henri de Vézelay*, de *Guillaume de Plaisians*, de *Guichard*, évêque de Troyes et aussi de *Pons d'Aumelas*. (Voir Bio-bibliographie d'Ulysse Chevalier).

vices et accrurent leur fortune sous les fils de Philippe le Bel [1].

Au temps de Louis X, de Philippe le Long, de Charles IV le

1. **Les maîtres ou légistes sous les fils de Philippe le Bel.**

CLERCS	
Étienne de Mornay.	neveu de Pierre de Mornay, chanoine d'Auxerre, doyen de Tours, (42°) chancelier (listes de 1316, 1318, 1322). Plus souvent à la Chambre des Comptes.
Philippe de Mornay.	frère d'Étienne de Mornay, archidiacre de Soissons (l. 1316, 1317, 1318, 1319, 1322, 1325).
Pierre de Chappes	chanoine de Reims et d'Amiens, trésorier de Laon (1316, 1318), évêque d'Arras, puis de Chartres, cardinal en 1327.
Pierre Fauvel.	trésorier de Nevers (l. 1316, 1319, 1320).
Guillaume de la Brosse. . .	3° fils de Pierre de la Brosse (l. 1316, 1322).
Amy.	archidiacre d'Orléans, clerc du secret (l. 1291, 1296, 1318, 1319).
Guillaume de Mâcon (II). . .	grand archidiacre de l'église d'Amiens (l. 1321).
Pierre Rodier.	chanoine de Limoges (l. 1319), évêque de Carcassonne en 1324.
Pierre Bertrand.	archidiacre de Billom, évêque de Nevers (l. 1316, 1318, 1319).
Michel Mauconduit.	chantre de l'église de Paris (l. 1316, 1318, 1319, 1325).
Jean de Halles.	chanoine de Saint-Quentin (l. 1316, 1318, 1319, 1321, 1322, 1325).
Hugues de Chalençon. . . .	chantre de l'église de Clermont (l. 1316, 1317, 1318, 1319, 1322).
Gilles de Pontoise.	abbé de Saint-Denis (l. 1316, 1317, 1319, 1322).
J. de Cherchemont.	trésorier de Laon (45°) chancelier), évêque d'Amiens (l. 1320. 1316, 1319, 1322).
Pierre de Beaujeu	prieur de la Charité (l. 1316, 1319).
Dreux de la Charité, ...	archidiacre de Soissons (l. 1316, 1317, 1318, 1319).
Jean Paste.	archidiacre de Thiérache en l'église de Laon, doyen de Chartres, évêque d'Arras en 1326 (l. 1316, 1317, 1322).
Jean de Gouy.	chanoine de Saint-Quentin (l. 1316, 1322, 1325).
Jean d'Argillières.	archidiacre de Dijon, clerc du secret, chapelain de la reine, maître de la Chambre aux deniers.
Pierre de Chalon.	archidiacre d'Autun, surintendant des ports.
Jean Maudevilain.	syndic des écoles de Nevers (l. 1319, 1320, 1322, 1325).
Jean Maillard.	chanoine de Tournay (l. 1322).
Pierre Dreux (Droconis). . .	(l. 1316, 1317, 1318, 1322, 1325).
Alphonse d'Espagne.	fils d'Alphonse de la Cerda; archidiacre et chanoine de l'Eglise de Paris (l. 1319, 1322). Abandonna les ordres, fut fait chevalier et se maria.
Bertrand Boniface	(l. 1319, 1322, 1325).
Pierre de Bourges.	greffier et conseiller (l. 1315, 1316, 1317, 1318, 1319, 1322).
Guy de Percon.	jugeur d'Enquêtes (l. 1316, 1318, 1319, 1322).
Simon Mordret.	jugeur d'Enquêtes (l. 1317).
Jean de Dijon.	(l. 1313, 1315, 1316, 1318, 1319).
Bernard d'Alby.	(l. 1316, 1318, 1319).
Renoul du Bois.	chanoine de Coutances (l. 1315, 1316, 1319).
Robert de Manneville (ou Maigneville.	(l. 1319, 1322).
Etc., etc.	

Bel, les maîtres laïques n'étaient pas moins importants[1]. On relève sur les listes des noms de seigneurs comme *Guillaume de Courteheuse*, *Gaucelin de Champagne*, *Jean d'Arrablay*, réformateur dans la sénéchaussée de Carcassonne, gouverneur de la sénéchaussée de

1. M. Lehugeur a recherché les hommes qui servaient sous Philippe le Long et furent anoblis par lui : « Il suffira de citer, dit-il, parmi les clercs, Philippe Convers, clerc des requêtes de l'Hôtel, qui est non seulement clerc, mais prêtre (il est alors trésorier de l'église de Reims), et le célèbre Raoul de Presles, clerc du secret de l'Hôtel, qui n'est pas prêtre (il est marié et sa femme est anoblie avec lui. JJ. 53, n° 314); parmi les laïques, le valet du roi, Pierre des Essars, bourgeois de Paris et parent de Martin des Essars; Jean de Goujeul, gendre de Martin des Essars; les sergents d'armes du roi, Arnald de Portal et Eustache Favre; les trésoriers, Garin de Senlis et Guillaume du Bois; le maître de la Chambre des Comptes et « conseiller du roi », Giraut Gueite; l'argentier, Geoffroy Fleury... », etc. (P. Lehugeur, *Hist. de Philippe le Long*, p. 324.)

	CLERCS (*suite*)
Pierre Boel (Boiau).	(l. 1316, 1323).
Hélie d'Orly	(l. 1316, 1321).
Yves de Loigny.	(l. 1315).
Jean de l'Hôpital.	(l. 1315).
Etc., etc.	
	LAÏQUES
Guillaume de Courteheuse. .	chevalier (listes de 1311, 1316, 1318, 1319, 1321).
Mouton de Blainville. . . .	l. 1316.
Gaucelin de Champagne. . .	chevalier du roi, l. 1328.
Jean d'Arrablay.	chevalier; réformateur (l. 1316, 1322, 1323).
Hugues de Wissac	(l. 1316, 1319, 1322).
Erart d'Alement	conseiller du roi (l. 1319, 1320, 1322, 1325).
Philippe de Pesselières. . .	chevalier (l. 1318, 1319, 1322, 1323).
Guillaume de Marcilly. . . .	surintendant des ports et passages (l. 1316, 1319, 1322).
Thomas de Marfontaine. . .	chevalier (l. 1316, 1317, 1318, 1319, 1322).
Bertrand de Roque-Négade.	(dominus) (l. 1317, 1318, 1320).
Gilles de Chaudenay	seigneur (l. 1316, 1319).
Guichard de Marcy.	seigneur (l. 1316, 1318).
Ferri de Villepeske	seigneur de Villepeke (l. 1316, 1318, 1319, 1320).
Pierre de Dicy	seigneur de Villefranche en Gâtinais (l. 1311, 1316, 1318).
Pons d'Homelas (de Ourmelois, d'Aumelas)	chevalier, conseiller (l. 1315, 1316).
Pierre de Nogaret.	Sans doute frère de Guillaume de Nogaret (l. 1316).
Pierre de Moucy.	(l. 1316, 1318).
Robert de Saint-Benoit . . .	(l. 1319, 1322).
Jean de Venoise (ou Vernoyse).	conseiller du roi (l. 1319, 1322).
Pierre Remy.	(l. 1316), trésorier de Charles le Bel, pendu en 1328.
Henri d'Avaugour.	seigneur (l. 1318).
Guillaume de Buchot. . . .	seigneur (l. 1316).
Guillaume de Colombier (ou de Colmiers).	maître (l. 1319, 1322).
J. de Dammartin.	(l. 1315).
Gui Florent.	(l. 1315, 1316).
Giraut Guete (Gueite ou Gaitte)	Trésorier de Philippe le Long (mort en prison 1322).
Guillaume de Dicy	(l. 1319, 1320).
Bernard d'Aubigny.	maître (l. 1319, 1320, 1322, 1325).
Jean de Foz	seigneur, conseiller (l. 1319, 1322).
Etc., etc.	

Beaucaire; de *Ferri, sire de Villepeske*; de *Guichard de Marcy*; de *Gilles de Chaudenay*; de *Bertrand de Roque Négade*; de *Thomas de Marfontaine* commissaire envoyé pour informer sur les troubles de

LAÏQUES (*suite*)

Pierre Cassart	maître (l. 1319, 1322).
Pierre Maillart.	(l. 1319, 1322).
Guillaume de la Madeleine.	(l. 1319, 1322).
Henri de Mès (de Mœs.). . .	(l. 1316).
J. Ploiebaut.	(l. 1315).
Raoul Challo.	chevalier, conseiller (l. 1322, 1323, 1324).
Hugues Dangeron.	(l. 1315).
Pierre Roc ou Roige.	(l. 1319, 1320, 1322, 1325).
Jean de Paire.	(l. 1319).
Jean Boucher (ou le Bouchier).	conseiller (l. 1316, 1318, 1319).
Pierre de Macheu.	chevalier du roi (l. 1323).
Pierre le Féron.	(l. 1316).
Thomas de Nonancourt . . .	maître (l. 1319).
Philippe de Joolières. . . .	seigneur (l. 1316).
Jean Recuchon.	seigneur (l. 1322).
Obry de Noys.	(l. 1316).
Vincent du Chastel.	(l. 1319, 1322).
Simon de Montigny.	maître, jugeur d'enquêtes (l. 1316).
André de Charrolays. . . .	chevalier (l. 1319, 1322).
Raoul de Jouy	seigneur (l. 1319).
G. Morel.	chevalier (l. 1319).
Jean Morel.	maître (l. 1316).
Pierre Mulet.	seigneur (l. 1319, 1322).
Adam Boulli.	seigneur (l. 1319).
Jean de Varènes.	(l. 1318).
Jean Mallet.	conseiller du roi (l. 1322, 1323).
Jean de Jouy.	(l. 1316).
Pierre Raoul.	maître (l. 1319).
Bibouart.	(l. 1315).
Guillaume du Rochet. . . .	(l. 1316).
Bénard Caudier.	maître (l. 1319).
Hugues Giraut	seigneur (l. 1319).
Aubert de Roye.	seigneur (l. 1316).
Guy de Viri.	maître (l. 1316).
Guy de Prunoy.	seigneur (l. 1322).
Jean du Châtel.	seigneur (l. 1322).
Villain de Beausemblant. .	seigneur (l. 1316).
Béraut de Solignac.	seigneur (l. 1322).
Pierre Sucre.	maître (l. 1319).
Raymbaut de Rechignevoisin.	maître (l. 1316).
Roger de Tours.	(l. 1319).
Jacques le Monier.	(l. 1321).
Raoul Mallet.	maître (l. 1316).
Guérin.	receveur (l. 1315).
G. de Gisors	(l. 1318).
Raoul de Percaus.	maître (l. 1316).
Aymeri de Briguel.	maître (l. 1322).
Guillaume d'Albussac. . . .	maître (1322).
Guillaume de Ferrières. . .	maître (l. 1316).
Pierre de Laigue.	maître (l. 1319).
Etc., etc.	

la commune de Rouen; de *Guillaume de Marcilly*, surintendant des ports et passages, de *Philippe de Pesselières*; d'*Érart* d'*Alement*; d'*Hugues de Wissac*; de *Bernard d'Aubigny*; de *Jean de Foz*; de *Pons* d'*Homelas*, l'un des plus actifs conseillers de Louis X; de *Pierre de Dicy*, seigneur de Villefranche en Gâtinais, très souvent cité avec *Guillaume de Dicy*; de *Jean Recuchon*, et d'une foule d'autres, dont nous ne détacherons que deux nouveaux exemples de faveur et de disgrâce : *Giraut Guete*, « né de Clermont en Auvergne, dit la chronique de Saint-Denis, par sa soubtile malice de petit estat était venu en si grand que il fut trésorier de Philippe le Long. Mais commune renommée était que trop présomptueux était et orgueilleux en oubliant son premier estat et en faisant assez de molestés et griefs et inconvénients au peuple et aux nobles hommes ». Aussi le successeur de Philippe, Charles le Bel, le fit-il arrêter, mettre « en geynes diverses[1]. » Giraut Guete mourut dans sa prison au Louvre. *Pierre Rémy*, qui le remplaça, ne fut pas plus heureux ni peut-être plus coupable. C'était lui aussi un bourgeois qui avait joui de toute la confiance de Charles le Bel et réalisé une grosse fortune. Dès l'avénement de Philippe de Valois, ses ennemis l'accusèrent « d'avoir fait par le royaume la cherté de toutes les denrées », d'avoir reçu et retenu par devers lui les gages « des pauvres gentilshommes qui avaient servi dans les guerres ». Malgré la prière de la reine Jeanne d'Évreux, il fut pendu, même avec des raffinements de cruauté. Amené aux pieds d'un gibet, « qui neuf était de pierre, il reconnut sa trahison envers le roi et les royaux »; alors il fut descendu du gibet neuf, conduit au vieux gibet « et de là fut traîné jusqu'au gibet neuf, qu'il avait fait faire et auquel il fut pendu[2] ».

IV. — La Noblesse de Robe. Les légistes sous les Valois.

Ces chutes retentissantes prouvent que les hommes de « petit état » pouvaient alors s'élever à de hautes charges. D'habitude ils y arrivaient par la cléricature. Si aisément qu'elle s'accommodât de la

1. Continuation anonyme de la Chronique de Saint-Victor. *Hist. de France*, t. XXI, p. 678.
2. *Hist. de France*, t. XXI, p. 689.

hiérarchie féodale qui la tenait asservie, l'Église demeurait fidèle à son esprit démocratique. Elle se recrutait beaucoup, au moyen âge, parmi les humbles, auxquels elle procurait liberté, richesse, honneurs. Pour juger dans les hautes cours (la raison le voulait aussi bien que la tradition), il fallait être noble, puisque le plus souvent on avait à juger des nobles [1]. La possession de fiefs ecclésiastiques mettait les dignitaires du clergé au rang des gentilshommes. Or les offices confiés à des bourgeois n'avaient point la même efficacité. La volonté royale, déjà toute puissante, y suppléa. Les anoblissements de vilains commencèrent sous Philippe le Hardi, qui le premier, comme on l'a dit sans preuve certaine, aurait conféré la noblesse à Raoul l'Orfèvre en 1272 [2]. Les légistes qui ne devenaient point, comme clercs, des bénéficiers ecclésiastiques, reçurent des fiefs et l'ordre de chevalerie [3]. La science et la pratique des lois amenaient ainsi la formation d'une noblesse de *robe longue* ou, comme on dira plus tard simplement,

1. *Les légistes et la noblesse.* — « La coutume de Touraine-Anjou, dit M. Viollet, semble exclure des fonctions de juge tout vilain, ou au moins tout vilain non possesseur de fief. » (*Etablissements de saint Louis*, t. Iᵉʳ, introduction, p. 212.)

2. L'anoblissement de Raoul l'Orfèvre est révoqué en doute par M. Ch.-V. Langlois (V. ses raisons, *Hist. du Règne de Philippe le Hardi*, p. 204.)

Selon l'érudit si distingué, M. Anatole de Barthélemy, qui a profondément étudié ces questions, et dont l'opinion fait autorité, le premier anoblissement qui soit consigné dans les registres du Trésor est celui de Gilles de Concevreux après 1284. (A. de Barthélemy, *Etude sur les lettres d'anoblissement*, p. 11.)

3. Fustel de Coulanges a fait sur ces anoblissements de légistes des remarques très justes : « La société du moyen âge témoignait un grand respect à ces légistes; la pratique des lois, en ce temps-là, honorait autant que celle des armes. Aussitôt qu'un bourgeois s'était fait connaître et apprécier comme légiste, on le regardait comme au-dessus de la classe ordinaire et l'on trouvait juste et naturel d'en faire un noble. Non seulement les rois anoblirent par lettres spéciales quelques légistes, mais il arriva même que ces anoblissements individuels ne semblaient plus nécessaires et il devint de règle qu'un légiste fût noble de plein droit. « Or sachez, dit un jurisconsulte du moyen âge, que le fait d'avocasserie est tenu et compté pour chevalerie, car tout ainsi comme les chevaliers sont tenus de combattre à l'espée pour le droict, ainsi son tenus les avocats de combattre et de soutenir le droict par leur pratique et science, et pour ce ils sont appelés chevaliers-ès-lois et ils peuvent porter d'or comme les chevaliers. » (Bouteiller. *Somme rural*, l. II, tit. II.) Ce n'était pas la faveur ou la politique des rois qui les anoblissait, c'était l'opinion publique... » (Fustel de Coulanges, *Rev. des Deux Mondes*, 1ᵉʳ août 1871.)

Il ne faudrait cependant point attribuer à ce texte de Bouteiller (ou Boutillier) autant d'importance que lui en donne Fustel de Coulanges. M Delachenal a démontré (*Hist. des Avocats*, p. 137) que ce texte n'était qu'une traduction et une interprétation très libre d'un passage du Code de Justinien que nous retrouverons au chapitre des avocats. C'est toujours l'adaptation fausse de termes féodaux à des expressions latines. On peut néanmoins retenir ce passage de Bouteiller comme une indication de la haute opinion qu'on avait des légistes, mais rien de plus. L'anoblissement devait être conféré individuellement par le roi.

quand les seigneurs auront adopté les habits courts, la *noblesse de robe*.

Sous les règnes des premiers Valois, les légistes, par centaines, peuplent le Parlement [1]. Ils le dirigent. Ils le président. Tel en 1336 le fameux *Pierre de Cugnières*, celui qui, dans la grande discussion sur les juridictions ecclésiastiques, présidée par l'archevêque de Sens, porta la parole contre le cardinal Bertrand d'Autun. Pierre de Cugnières avait déjà exercé plusieurs offices et siégé au Parlement sous les fils de Philippe le Bel [2]. Tels encore : *Simon de Bucy* [3]; *Jacques de la Vache* (en 1345), président en 1344; *Pierre de Demeville* (1345) [4]; *Jean de Hanghest*, qui continuait les services de sa famille déjà ancienne dans les charges publiques; *Guillaume Flotte*, chevalier, seigneur de Revel, chancelier en 1339 [5]; *Jean Hanière*, qui débuta comme avocat, chevalier, conseiller à la Grand'Chambre [6]; *Firmin de Coquerel*,

1. *Légistes du XIVe siècle.* — En dehors des maîtres clercs (235) et des maîtres lais (208) il y en a encore beaucoup sans désignation précise sous Philippe de Valois et Jean le Bon. Sous Charles V ce nombre de maîtres sans désignation s'élève à 417 et sous Charles VI à 494. Force nous est donc de renoncer à insérer ici des tableaux comme nous l'avons fait pour les prélats et pour les seigneurs.

2. Sur *Pierre de Cugnières*, v. F. Aubert, Notes pour servir à la biographie de P. de Cugnières, *Bulletin de la Société de l'Histoire de Paris* (sept.-octobre 1884, p. 134-137; 1885, p. 50 et suiv.). — Vicomte de Caix de Saint-Amour : *Causeries du Besacier*, 1re série 1892, p. 231 et suiv. — La Bibliothèque de Troyes possède dans un recueil manuscrit in-4° sur papier la discussion de Pierre de Cugnières et du cardinal Bertrand d'Autun (c'est le n° 2 du manuscrit 1475). P. de Cugnières est cité comme commissaire d'enquête dès 1322, 1323, 1324. Mention de lui est faite dans *Actes du Parlem.* (Boutaric), n°s 7008, 7214, 7637. — Il était 2e président du Parlem. en 1324, 1er en 1336. (Aubert, *Hist. du Parlem.*, t. I, p. 385.)

3. *Simon de Bucy*, procureur du roi en 1333. Président au Parlement (1339), Premier Président en 1345, il acheta, en 1350, la porte Saint-Germain où aboutissait la rue qui porte aujourd'hui son nom. Il fut tué en 1358. V. Siméon Luce, *Lecture à l'Académie des Inscr.*, 21 mai 1880.

Simon de Bucy avait déjà failli périr en 1341. Un de ses serviteurs avait été blessé en sa présence tandis qu'il venait de sa maison de Vaugirard au Parlement. Les malfaiteurs, arrêtés par les sergents du roi et les gens de Saint-Germain des Prés, avaient été délivrés par Denys Larcher, chevalier, Pierre de Bourselle et un écuyer. Ces ennemis de Simon l'outragèrent même au tribunal en présence de l'avocat et du procureur du roi. Les coupables échappèrent d'abord à la justice royale par la protection de Pierre de Bourbon; mais le Parlement donna l'ordre d'arrêter Denis Larcher et ses complices et d'instruire leur procès. V. Registres criminels (collect. Lamoignon, vol. 324, p. 565, reg. VI de la Tournelle, fol. 50.)

Il ne faut pas le confondre avec un autre Simon de Bucy, Président du Parlement en 1365.

4. *Pierre de Demeville* (ou de Meneville), Président en 1345.

5. *Guillaume Flotte* (registres 1331-1332), fils de Pierre Flotte, (53°) chancelier (1339), se démit de sa charge en 1347.

6. *Jean Hanière*, ou *Hannière*, ou *Hennière* (ou d'*Asnières*), etc., fut d'abord avocat et porta la parole contre Enguerrand de Marigny. Il fut chevalier, conseiller du

remarqué sous les règnes précédents, maître des Requêtes de l'hôtel, doyen de Paris, chancelier en 1347, puis évêque de Noyon [1]; *Pierre de la Forest*, professeur en droit civil et en droit canon aux Universités d'Orléans et d'Angers d'abord avocat au Parlement, puis évêque de Tournay, chancelier (1349), archevêque de Rouen, cardinal [2]; *Hugues Fabrefort*, avocat, puis conseiller lai à la Grand'Chambre [3] et cité dans le style de Du Breuil; *Jean de Fourcy*, avocat, puis avocat du roi, conseiller, maître des Requêtes de l'hôtel du roi [4]; *Guillaume de Séris*, président en 1369 [5]; *Étienne de la Grange*, en 1372, très influent sous les deux règnes de Charles V et de Charles VI [6]; *Jean de la Grange*, religieux bénédictin, évêque d'Amiens, cardinal; *Philibert Paillard* [7], *Jacques d'Andrie* [8], cités parmi les présidents; *Jean de Dormans*, chancelier [9] (1360) et *Guillaume de Dormans*, également chancelier (1371) [10]; *Pierre d'Orgemont*, Premier Président (1372), chancelier (1373) [11]; *Jean Pastourel*, avocat, avocat du roi (1361),

roi. Il figure sur les listes du Parlement, 1364, 1365, 1372. Hauréau lui a consacré une Notice, *Hist. litt. de la France*, t. XXVIII, p. 455-461. V. aussi notice par Delachenal, *Hist. des Avocats*, p. 356.

1. *Firmin de Coquerel* fut le 54e chancelier. Evêque de Noyon en 1348, il mourut en 1349. (V. P. Anselme, t. VI, p. 329.)

2. *Pierre de la Forest* fut le 55e chancelier. Il fut privé de sa charge par les États de 1357, rétabli en 1359 et mourut en 1361. (P. Anselme, t. VI, p. 330. V. notice par Delachenal, *Hist. des Avocats*, p. 353.)

3. Anobli par Philippe de Valois (1331). (V. notice par Delachenal, p. 350.)

4. *Jean de Fourcy*, avocat, puis avocat du roi, fidèle à la royauté au moment des troubles de 1356-1358. Mort vers 1380 (Delachenal, p. 354.)

5. *Guillaume de Séris*, mort en 1373, « trespassa à Lion sur le Rhône au retour de la cour de Rome où il était allé pour le Roy le dimanche 23 jour d'octobre. » (Registres, Collect. Sainte-Genev., Ff. 13, t. I, fol. 168.)

6. *Etienne de la Grange* succéda à Guillaume de Séris comme président. On le retrouve sur les listes de 1373 à 1388.

7. *Philibert Paillart*, l'un des conseillers et des présidents du Parlement les plus actifs de 1372 à 1387. Il remplit de nombreuses missions. En 1384 il vient prendre congé de la Cour pour « aller en légation à Luxembourg en Allemagne ». (Collect. Lamoignon, vol. 42, fol. 73.) Il mourut en 1387, victime d'une épidémie qui désola Paris et força d'ajourner l'ouverture du Parlement du mois de novembre au mois de janvier.

8. *Jacques d'Andrie*, d'abord avocat (Delachenal, p. 336), président au Parlement (1365), garda cette haute situation sous Charles V jusqu'à sa mort (1372).

9. *Jean de Dormans*, avocat, chancelier de Charles le Dauphin en 1357, (57e) chancelier de France (après la mort de Pierre la Forest), évêque de Beauvais (1360), cardinal, mort en 1373. (P. Anselme, t. VI, p. 332. Delachenal, p. 348.)

10. *Guillaume de Dormans*, frère de Jean; avocat, anobli en 1350, maître de la Chambre des comptes, chevalier (1370), (58e) chancelier (1371), mort en 1373 (P. Ans., t. VI, p. 336, Delachenal, p. 348.)

11. *Pierre d'Orgemont*, d'abord avocat, conseiller au Parlement (1347), révoqué par les États de 1356, rétabli par le régent Charles dont il demeura l'un des plus fidèles conseillers; Premier Président du Parlement (1372), (59e) chancelier de France (1373),

maître des Requêtes de l'hôtel (1373), maître des comptes, réformateur des eaux et forêts, délégué aussi pour châtier les séditieux de Rouen et qui, dans ses derniers jours, se fit moine à l'abbaye de Saint-Victor (1392)[1]; *Arnault de Corbie*, l'un des principaux conseillers de Charles V et qui sut garder pendant vingt-cinq ans la dignité de chancelier sous le règne de Charles VI[2]; enfin les présidents que nous voyons se succéder sous Charles VI : *Guillaume de Sens*[3], *Simon Foison*[4], *Pierre Boschet*[5], *Jean de Montagu*[6], *Henri de Marle*[7], etc., sans parler des simples conseillers comme *Jean de Germonville*[8]; le fameux et l'infortuné *Jean des*

donna sa démission en 1380 par suite de son grand âge. Mort en 1386. (P. Ans., t. VI, p. 337. Delachenal, p. 370.)

1. *Jean Pastorel* (ou Pastourel), avocat, anobli par Philippe de Valois (1336), avocat du roi (1361), voisin et bailli du monastère de Saint-Denis (1353), gardien du château de Montjoie Saint-Denis (1358-1359), réputé comme jurisconsulte et le meilleur feudiste de son temps. Maître des requêtes de l'hôtel (1373), conseiller au Parlement, maître des comptes (1374); réformateur des eaux et forêts. Il fut chargé, en 1382, avec Jean le Mercier, sire de Nouvion, de la répression de la sédition de Rouen. Pastourel devint ensuite Président de la Chambre des comptes, mais en 1392 se retira à l'abbaye de Saint-Victor de Paris où il prit l'habit des religieux et mourut en 1395. (V. Notice Delachenal, p. 371.)

2. *Arnaud de Corbie*, fils de Robert de Corbie, conseiller clerc au Parlement, 1er Président (1373), créé chevalier à cette occasion, (62°) chancelier de France en 1388, charge qu'il garda vingt-cinq ans. Arnaud de Corbie remplit de nombreuses missions diplomatiques en Flandre, en Angleterre. Froissart l'a qualifié de « moult vaillant homme durement et moult imaginatif » (Kervin de Lettenhove, *Chronique de Froissart*, t. XV, p. 184). Arnaud de Corbie fut, une année, concierge du Palais (1384-1385). Il reçut des rois Charles V et Charles VI beaucoup de libéralités : il possédait la terre de Saint-Aubin-en-Bray, un hôtel à Paris (rue de la Verrerie, au coin de la rue Entre-deux-Portes). Destitué de sa charge par la faction cabochienne (1413), il ne put être réélu ensuite à cause de son grand âge (88 ans), malgré lequel il obtint encore 18 suffrages. Il mourut le 24 mars 1414. Son *Testament*, daté du 18 février 1399, a été publié dans les Testaments enregistrés au Parlement par M. Tuetey, p. 285, IV. (Voir, même page, la notice par M. Tuetey.)

3. *Guillaume de Sens*, Premier Président (1371-1373). Son neveu, appelé aussi Guillaume de Sens, d'abord avocat, puis avocat du roi, devint aussi Président du Parlement et siégea jusqu'en 1399, année de sa mort. (V. Notice Delachenal, p. 381.)

4. *Simon Foison* (ou Frison). Figure sur les listes de 1372 à 1390. Il fut président en 1389. (V. Aubert, p. 385, notes.)

5. *Pierre Boschet*. Originaire de Poitiers, avocat (1370), réformateur des officiers royaux (1374), docteur ès lois et en décret (1382), président au Parlement (1389), ne put, en 1403, obtenir la première présidence, donnée à Henri de Marle. — Mort le 4 février 1411. Son Testament, daté du 12 juin 1403 a été publié dans les Testaments de M. Tuetey, p. 352, XII. (V. la Notice même page et Notice Delachenal, p. 339.)

6. *Jean de Montagu*. Figure sur les listes de 1365 à 1389. Président en 1388. Ce n'est pas le même que Jean de Montagu, grand-maître de l'hôtel, décapité en 1409. Ne pas le confondre non plus avec Jean de Montagu, archevêque de Sens.

7. *Henri de Marle*, avocat (1378-1391); conseiller au parlement; Président, puis Premier Président (1402), un moment chancelier de France (1413), fidèle au parti d'Orléans, prisonnier des Bourguignons, périt avec son fils Jean de Marle, évêque de Coutances, dans le Massacre du 19 mai 1418.

8. *Jean de Germonville*, avocat (1363), conseiller au Parlement, figure sur les listes

Marès, victime des princes sous Charles VI[1]; *Jean de Saint-Verain*[2]; le jurisconsulte *Jean le Cocq*[3]; *Jean de Popincourt*[4] qui fut seigneur de Liancourt et de Sarcelles, conseiller au Châtelet puis au Parlement, où il devint Premier Président (1400); *Oudard des Moulins*, encore un avocat devenu Premier Président (1388) puis Président de la Chambre des comptes[5]; *Pierre l'Orfèvre*, également avocat, pensionnaire du duc de Bourgogne, Philippe le Hardi, puis conseiller du Parlement[6]; *Jean du Drac*, président des Requêtes, puis président à la Grand'Chambre (1411)[7]; *Pierre de Marigny*, un des amis et exécuteurs testamentaires de *Jean de Popincourt*, dont il avait épousé la nièce, avocat du roi, prévôt de Paris, maître des Requêtes de l'hôtel[8]; le célèbre *Jean de Jouvenel* ou *Juvénal des Ursins*, qui débuta sous Charles V et joua un grand

de 1387 à 1390, quoique M. Delachenal ne le donne comme conseiller qu'en 1391. (Delachenal, p. 355.)

1. Voir plus loin, chapitre IX, p. 225.

2. *Jean de Saint-Verain* figure sur les listes de 1380 à 1403. Il fut président des Enquêtes au Parlement : c'était un chanoine de Notre-Dame de Paris : il fut remplacé en 1415 comme président, par suite de son état de maladie. (V. Tuetey. *Testaments*, p. 589). Le testament de Saint-Verain (ou Vrain) était de 1409, 1418, 1420. (index chronologique des Testaments, p. 260.)

3. Voir plus loin, chapitre IX, p. 223.

4. *Jean de Popincourt*, né en Picardie, à Beuvraignes, village voisin de Popincourt. Seigneur de Liancourt et de Sarcelles, avocat (1379), conseiller et visiteur des procès du Châtelet (1390), Premier Président au Parlement (1400-1403), chargé de nombreuses missions et négociations. Nicolas de Baye, greffier, juge sévèrement dans son Mémorial personnel, sa conduite privée. Mentionnant sa mort à la suite d'une maladie de vessie, il écrit : « Hic ex excoriacione decessit, ut dicitur, quam receperat in diebus Trecensibus, cotidièque, licet uxoratus fuisset, dicunt ipsum fornicasse, etatis erat tempore mortis LX annorum vel eo circiter. (*Nic. de Baye*, t. 2, p. 286). Dans le *Journal du Conseil*, Nicolas de Baye raconte néanmoins que sa fin fut chrétienne : « lequel a finé ses derrains jours sancte atque catholicè, comme par relation des assistans a sa fin a esté relaté » (Conseil XII, X[1a] 1478, fol. II r°, *Nic. de Baye*, t. I, p. 62.)

Le testament de Jean de Popincourt est inséré dans les Testaments de Tuetey, p. 335, avec une Notice. V. aussi Notice par Delachenal, p. 375.

5. *Oudart des Moulins*, avocat, puis avocat du roi, Premier Président au Parlement (1388), Président de la Chambre des comptes. (Delachenal, p. 368.)

6. *Pierre l'Orfèvre*, avocat (1370), avocat du roi (1384); conseiller du roi, chancelier du duc d'Orléans : il avait aussi été avocat pensionnaire du duc de Bourgogne (Delachenal, p. 370.)

7. *Jean du Drac*, fils de Barthélemy du Drac qui avait été trésorier des guerres. Il fut d'abord avocat (1377), conseiller, président des requêtes (1403), quatrième président du Parlement (1411); mort en 1413 (Delachenal, p. 349). Jean du Drac était seigneur de Champagne-sur-Oise. Son testament du 28 février 1413 a été publié par Tuetey, p. 563, XXXVIII, avec Notice.

8. *Pierre de Marigny*, avocat, pensionnaire de Philippe le Hardi, un des exécuteurs testamentaires de Jean de Popincourt dont il était neveu par alliance; avocat du roi, puis conseiller, prévôt de Paris, maître des requêtes de l'hôtel pendant la domination anglaise (Delachenal, p. 364.)

rôle sous Charles VI, d'abord avocat pensionnaire de Philippe de Bourgogne, puis avocat et conseiller du duc d'Orléans, prévôt des marchands (1388), avocat du roi (1400), concierge du Palais, fidèle au parti de Charles VII et au roi de Bourges, mort Président du Parlement français de Poitiers (1431)[1]. Tous ces noms reparaîtront plus d'une fois, quand nous apprécierons le rôle politique du Parlement de Paris.

V. — Les premières familles parlementaires.

On est frappé de voir revenir les mêmes noms qui ne désignent pas les mêmes personnages, car les prénoms et les dates diffèrent. Ainsi les trois *Raoul de Presles*[2], dont le premier florissait sous Philippe le Bel et le troisième sous Charles V, l'auteur d'une traduction de la *Cité de Dieu* et peut-être du *Songe du Verger*; — les *Guillaume* et *Jean Bescot*, sous Philippe de Valois et Jean le Bon[3]; — les *Guillaume de Sens*, l'un Premier Président en 1371, l'autre, son neveu, qui, malgré sa passion pour le jeu, n'en devint pas moins Premier Président à la place d'*Arnaud de Corbie*[4] (1389); — les *Pierre*, *Louis*, *Jean Blanchet*[5]; — les *Simon de Bucy*[6], l'un qui dirigea le Parlement au milieu des troubles de 1356-1357, l'autre sous Charles V, puis *Regnault de Bucy* (1372); — les *Montagu*[7] :

1. *Jean Jouvenel* (dit aussi Juvénal des Ursins), avocat, conseiller au Châtelet, pensionnaire de Philippe le Hardi, puis conseiller du duc d'Orléans, avocat du roi (1400), chancelier de Guyenne (1413); concierge du Palais; prévôt des marchands de 1388 à 1400, reçut de la ville de Paris l'hôtel des Ursins d'où il tira son surnom. Il resta fidèle à la cause royale et mourut président du Parlement de Poitiers (1431). (Delachenal, p. 358). Dans le testament de Jean de Noyers, chapelain de Notre-Dame, son cousin, Jean Jouvenel, est qualifié de protonotaire du pape (Tuetey, *Testaments*, p. 568.)

2. *Les familles parlementaires.* — Voir sur cette famille la *Notice* déjà indiquée dans *Paris et ses historiens* (*Description de Paris sous Charles V*). (*Hist. générale de Paris.*)

3. On rencontre sur les listes plusieurs *Guillaume Bescot*, depuis 1338 jusqu'en 1374, et *Jean le Bescot* de 1365 à 1372.

4. *Guillaume de Sens* (I), Premier Président (1371-1373).
Guillaume de Sens (II), figure sur les listes depuis 1384; avocat, avocat général, 3e président, puis 1er Président, malgré sa passion pour le jeu. Mort en 1399. (V. Delachenal, p. 381.)

5. *Pierre Blanchet* (I), maître des requêtes de l'hôtel (1392), *Jean Blanchet* (II), sur les listes de 1373 à 1394, (III) *Louis Blanchet*, premier secrétaire du roi (1403).

6. *Simon de Bucy* (I), Président au Parlement (1339), tué en 1358.
Simon de Bucy (II), Président (1365).
Regnault de Bucy (III), sur les listes de 1372 à 1403.

7. Un *Gérard de Montagu*, prêtre, chanoine, est avocat du roi en 1332 (Delachenal, p. 367). Mais la maison de *Montagu* ou *Montaigu*, est issue de *Gérard*, seigneur de Montagu, notaire et secrétaire du roi, anobli par Jean le Bon (1363), trésorier et garde des Chartes, maître des comptes, mort en 1391. Gérard eut six enfants, dont

Jean de Montagu, conseiller de Charles VI, son frère, *Jean de Montaigu*, archevêque de Sens, *Gérard de Montaigu*, évêque de Paris, tous deux conseillers au Parlement, et puis présidents de la Chambre des Comptes : — les *du Bosc*[1] : *Nicolas et Tristan*, conseillers sous Charles V et Charles VI ; — les *Chanteprime*, qui tiraient leur nom d'une terre située près de Sens : *Adam* sous Charles V, *François et Pierre* sous Charles V, *Jean* sous Charles VI; ils furent officiers très actifs des rois, trésoriers des guerres[2]; — les *d'Orgemont* : *Pierre*, seigneur de Méry-sur-Oise et de Chantilly, président sous Philippe de Valois et Jean le Bon, chancelier en 1373 sous Charles V, dont il avait été nommé l'un des exécuteurs testamentaires, *Amaury d'Orgemont* et encore d'autres du même nom, conseillers sous Charles VI[3]; — les *Boschet* : *Pierre*, docteur en droit, Premier Président (1389), *Guillaume*, puis *Simon Boschet*[4]; — les *de Boissy*[5]; — les *de Sacy*[6]; — les

Jean (I), *seigneur de Montagu*, favori de Charles VI et décapité en 1409, *Jean* (II) *de Montagu*, conseiller au Parlement, Premier Président de la Chambre des Comptes, (64°) chancelier, archevêque de Sens (1406), tué à Azincourt (P. Anselme, t. VI, p. 377.)

Un autre *Jean* (III) *de Montagu* figure sur les listes de 1365 à 1389.

Gérard (II) *de Montaigu*, successeur de son père (Gérard I) comme grand trésorier et garde des Chartes, chanoine, archidiacre de Cambrai, maître des Comptes, conseiller au Grand Conseil, évêque de Poitiers, puis de Paris (1469), Premier Président de la Chambre des Comptes après son frère, l'archevêque de Sens, dépossédé de cette charge par les Bourguignons (1418), mort (1420).

1. *Nicole* (I) et *Tristan du Bosc* (II) (ou *du Bos*) figurent sur les listes de Charles V.

Tristan du Bos (I), maître des requêtes de l'hôtel, prévôt de l'église d'Arras. — Son testament est mentionné par Tuetey, p. 258.

Mathieu du Bosc (III), conseiller au Parlement, trésorier de Bayeux (Tuetey, p. 248.)

2. *Adam Chanteprime* (I) (1352-1372.)

François Chanteprime (II), receveur général des aides (1374), maître des comptes, possesseur de nombreuses seigneuries dans le Sénonais (V. Quesvers, *Inscriptions de Sens*, in-4°, p. 684.)

Pierre Chanteprime (III), élu de Sens (1362), trésorier des guerres, conseiller au Parlement (1379), mort en 1413.

Guillaume Chanteprime (IV), conseiller (1403).

Jean Chanteprime (V), trésorier des guerres sous Charles VI. (P. Ans., t. 5, p. 133.) Listes de 1391-1403. (Mentionné comme conseiller du Parlement dans un testament de 1408 (Tuetey, p. 474.)

3. *Pierre d'Orgemont* (I) (v. plus haut, p. 134, note 11), (Delachenal, p. 370.)

Amaury d'Orgemont (II), sur les listes de Charles VI et d'autres conseillers *N.* ou *M. d'Orgemont.*

4. Le président *Pierre Boschet* (I) (v. plus haut, p. 135, note 5), *G. Boschet* (II) (1387-1388), *Simon Boschet* (III) (1389-1390).

5. *Imbert de Boissy*, né au village de Boissy en Forez, fils d'un sergent d'armes du roi, neveu du président Etienne de la Grange, docteur ès lois, chevalier (1385), marié à Marie de Cramailles, conseiller au Parlement (1379). On créa pour lui une nouvelle charge de président (1394). Il tenait d'habitude l'Echiquier de Normandie ; il mourut en 1409. Son Testament, inséré dans le recueil de Tuetey, est du 11 sept. 1408 (V. *Testament et Notice*, Tuetey, p. 470). On trouve encore sur les listes des J. de Boissy.

6. *Jean de Sacy* (I) (1372), *P. de Sacy* (II) (1380).

Dormans [1] : *Jean et Guillaume*, *Jean*, évêque et comte de Beauvais, chancelier, cardinal, l'un des principaux personnages du règne de Charles V, *Guillaume* qui avait, comme son frère, exercé l'office d'avocat au Parlement, chancelier de Normandie en 1362, enfin chancelier de France (1373) ; — les *Le Coq* [2] (ou *Le Cocq*) : le fameux *Robert Le Coq*, évêque de Laon, l'orateur du clergé aux États de 1356, *Oudard Le Coq* son frère, conseiller au Parlement, puis les *Jean Le Coq*, *Jean*, premier du nom, maître de la Chambre aux deniers du dauphin Charles en 1358, anobli en 1363, seigneur d'Esprenay en Brie ; *Jean II Le Coq* (ou *Jean Galli*), conseiller en 1366, avocat général (1392), jurisconsulte éminent qui a laissé un très précieux recueil d'arrêts (*Quæstiones Joannis Galli*) ; *Hugues Le Coq*, conseiller au Parlement, prévôt des marchands de Paris sous Charles VI ; — les *de Marle* [3] : *Aubert* sous Charles V, *Guillaume* et surtout *Henri de Marle*, président en 1402, chancelier en 1413 et victime du terrible massacre des Armagnacs en 1418.

Ne voit-on pas là se dessiner les premières lignées de ces familles parlementaires qui prenaient pied au Palais? Frères, fils, neveux, cousins de conseillers, nés dans la poudre du greffe, ils s'y plaisent, ils en vivent, ils en tirent profits et honneurs. Ils se recrutent déjà par l'élection. Ils transmettent quasi héréditairement les charges comme les traditions. Ils ont l'oreille des rois qui pour eux ouvrent libéralement leurs mains. Ils constituent cette nouvelle noblesse de robe qui chercha à s'égaler à la noblesse d'épée. Les seigneurs, toujours puissants, ne les jalousent pas encore, s'ils les dédaignent. Ils ne comprennent pas, eux qui ont reçu leurs titres teints du sang de leurs ancêtres ou même du leur, qu'on puisse en ramasser de semblables dans les écritoires. Mais les légistes ont le sentiment de leur valeur intellectuelle ; s'ils témoignent un profond respect aux guerriers, ils ne se croient pas leurs inférieurs ; ils font sonner bien haut leur science,

1. *Jean de Dormans* (I), évêque de Beauvais, chancelier, cardinal, mort en 1373. *Guillaume de Dormans* (II), fils de Jean de Dormans, procureur au Parlement, successeur de son frère comme chancelier en 1371. (Delachenal, p. 348.)

2. Les *Lecoq*. (V. P. Anselme, t. 2, p. 105.)

3. *Aubert de Marle* (I) (1372).
Guillaume de Marle (II) (1403).
Le président Henri de Marle (III) (1402), chancelier (1413) (v. plus haut, p. 135, note 7).

leurs services et ne croient pas que la noblesse de la naissance puisse au fond être comparée à la noblesse de l'esprit[1].

Quoiqu'il en soit de ces rivalités emportées par le vent égalitaire du XIXe siècle, nous n'en devrons pas moins en tenir un grand compte dans l'histoire du passé. Nulle part plus que dans le Parlement, cette jalousie des deux noblesses ne persistera, funeste et cause d'irrémédiable faiblesse pour ce grand corps divisé contre lui-même, bien que tous ses membres parussent unis dans un même orgueil.

Saint-Simon, qui contribua tant, à son époque, à entretenir et à exciter ces divisions, se trompait donc étrangement, comme on

1. Dans l'impossibilité de citer tous les noms qui reviennent fréquemment sur les listes au temps de Charles V et de Charles VI, nous nous contenterons d'en ajouter encore quelques-uns qui peuvent compter parmi les plus importants : les la Grange : *Jean de la Grange*, évêque d'Amiens et cardinal (Testament de 1403, index, Tuetey, p. 257), *Étienne de la Grange* (1372-1388); — *Pierre Dreux*, doyen en 1336-1337 de la Chambre des Enquêtes. M. Guilhiermoz le croit l'auteur du *Style des Enquêtes* (Guilherm., *Enq. et Procès*, p. XXI); — *Jean de Hanghest* qui continuait (listes de 1344 à 1365) cette famille de juristes et de baillis; — *Pierre de l'Esclat* (1387-1390); — *Pierre Lefèvre* (1383-1403); — *Robert d'Acquigny* (1384-1403); — *Jean de Longueil* (1380-1403); — *Philippe de Boisgillon* (1383-1403); — *Robert Waguet*, chanoine de Cambrai, président de la Chambre des Enquêtes (Testament de 1399, index Tuetey, p. 256); — *Renaud de Bucy*, conseiller (Testament de 1398, index Tuetey, p. 255); — *Guillaume de Lirois*, conseiller (Testament de 1392, publié par Tuetey, I, 267); — *Adam de Baudribosc*, chanoine de Rouen et de Bayeux, président des Enquêtes (Testament de 1418, publié par Tuetey, XLIII, p. 589); — *Robert Mauger*, maître ès arts, licencié en droit civil et canon, conseiller et président près de trente ans (Testament de 1418, publié par Tuetey, XLIV, p. 596); — *Eustache de l'Aistre*, avocat, conseiller au Châtelet, maître des requêtes de l'hôtel, président de la Chambre des comptes, chancelier de la faction cabochienne (1413), revint en 1418 présider le Parlement comme chancelier, mort en 1420 évêque élu de Beauvais (quoique ayant été marié). (Testament de 1420, publié par Tuetey, XLVI, p. 620); — *Pierre de Giac*, chancelier (Testament de 1399, index Tuetey, p. 256); — *Jean d'Ailly*, conseiller au Parlement (Testament de 1406, index Tuetey, p. 258); — *Jean d'Arcies*, conseiller (testament de 1407, index Tuetey, p. 259); — *Robert de Maule*, conseiller aux Requêtes (Testament de 1410, index Tuetey, p. 261); — *Jean Caudel*, conseiller aux Requêtes (Testament de 1413, index Tuetey, p. 262); — *Quentin de Moy*, licencié ès lois, conseiller (Testament de 1414, index Tuetey, n° 263); — *Guillaume de Gaudiac*, doyen de Saint-Germain l'Auxerrois, conseiller (Testament de 1414, index Tuetey, p. 263); — *Pierre d'Arcies*, licencié ès lois, conseiller (Testament de 1414, index Tuetey, p. 263); — *Denis de Pacy*, conseiller (Testament de 1415, index Tuetey, p. 263); — *Renaud de Sens*, conseiller (Testament de 1416, index Tuetey, p. 264); — *Renaut Rabay*, conseiller (Testament de 1418, index Tuetey, p. 264); — *Raoul de Béry*, conseiller (Testament de 1418, index Tuetey, p. 264); — *Mathieu du Bosc*, trésorier de Bayeux, conseiller (Testament de 1418, index Tuetey, p. 265); — *Hugues de Moreuil*, conseiller (Testament de 1418, index Tuetey, p. 265; — *Jean de la Marche*, conseiller, maître des requêtes de l'hôtel (Testament de 1418, index Tuetey, p. 265); — *Simon Gudin*, conseiller aux requêtes (Testament de 1421, index Tuetey, p. 266); — *Jean Vipart*, professeur à la Faculté de Droit, conseiller (Testament de 1421, index Tuetey, p. 266); — *Renaud du Mont-Saint-Eloy*, conseiller (Testament de 1421, index Tuetey, p. 266), etc., etc.

vient de le voir, en voulant réduire la première condition des légistes à un rôle bas et infime. Dès l'origine du Parlement les légistes jugeaient avec les barons; ils les débordèrent bientôt. Ils étaient les ouvriers actifs, assidus, infatigables en même temps que les lumières de la Cour suprême. Ils siégeaient non aux pieds, mais souvent au-dessus des seigneurs comme présidents ou comme chanceliers. En réalité, non seulement beaucoup de seigneurs, au XIIIe et au XIVe siècle, étaient légistes, mais les légistes étaient ou devenaient seigneurs. On aura beau railler ces chevaliers-ès-lois : la noblesse leur communiquait son prestige et aussi sa fierté.

Ces légistes devaient leur fortune à la science puisée dans les Universités. Ils s'en souvenaient si bien qu'ils gardèrent leur nom de *magistri*. Ils se paraient de ce titre. Ils lui donnèrent, par leur travail persévérant, leur curiosité constante du droit, une acception nouvelle, un plus grand lustre. Les maîtres devinrent des *magistrats*.

La plupart de ces légistes étaient des dignitaires ecclésiastiques. Ils apportèrent, mîtrés ou non, au Palais, la procédure, les habitudes, le langage, le costume et jusqu'à la circonspection de l'Église. Le prêtre façonna le juge jusqu'à ce que le juge écartât le prêtre.

Ainsi des *maîtres* ou *magistrats* élevés par leurs mérites au rang des nobles; des *nobles* de naissance, voire de hauts barons, des *prêtres*, à la fois seigneurs et docteurs, voilà quels furent les premiers juges du Parlement. Peut-on s'étonner que la vieille magistrature française ait obtenu, à travers les siècles, tant de renommée malgré ses faiblesses? N'avait-elle pas quelque droit de se vanter de ses origines, puisqu'en y remontant elle y trouvait la dignité de la noblesse, l'amour de la science, l'esprit religieux et qu'elle leur fut toujours fidèle.

CHAPITRE VII

LA NOMINATION DES JUGES. — LES ÉLECTIONS

I. — La Nomination des Juges. — Les Élections.

Les rois avaient pris l'habitude de retenir auprès d'eux, à leurs Parlements, ceux de leurs vassaux qu'ils préféraient ou qu'ils estimaient les plus capables de vaquer à la besogne des procès. Chaque année, à partir de saint Louis, ils en arrêtèrent ou en renouvelèrent la liste. Les rois, de cette façon, nommaient comme juges des hommes que leur naissance ou leur dignité seule faisait juges.

Il ne s'agissait point de grâce ou de privilège, mais de charge. Loin de nier le pouvoir des vassaux, le roi leur imposait l'obligation de l'exercer. Loin de porter atteinte à leurs droits, il les confirmait.

Au temps de Saint-Louis, un texte d'Eudes Rigaud[1] montre les

1. « ... Post hœc, de consilio fratrum nostrorum prædictorum, statuimus et prœcepimus quod illi qui non vellent ire Parisius ad parlamentum coram domino rege Franciæ ad *Isti sunt Dies* assignatum (dimanche de la Passion), audituri quæ ad parlamentum istud essent ordinata et statuta, eligerent omnes et per patentes litteras constituerent personas idoneas et honestas, quæ pro eisdem ad dictum parlamentum apud Parisius personaliter interessent, ad audiendum, concedendum et eis referendum quæ in illo parlamento essent ordinata et statuta. Qui omnes et singuli de diocesi nostra nosmetipsos et similiter quælibet diocœsis suum dyocesianum episcopum super hoc habito consilio, unanimiter elegerunt, promittentes omnes et singuli quod quidquid a nobis et venerabilibus nostris fratribus, suffraganeis predictis, eisdem omnibus et singulis recordatum fuerit et de statutis quibuscumque illius parlamenti firmiter observabunt, et facient super dictis statutis quidquid nos et dicti suffraganei nostri eis duxerimus injungendum... » (Journal d'Eudes Rigaud, avril 1261. *Histor. de France*, t. XXI).

ecclésiastiques de la province de Normandie déléguant, par une sorte d'élection, les uns leur archevêque, les autres leur évêque pour se rendre au Parlement. C'était bien là le caractère des primitives assemblées féodales, qui peu à peu s'altéra, car le roi, en réalité, demeure maître des listes. Il ne paraissait point tenir plus que de raison à cette nomination : il consultait son chancelier et ses conseillers. A *Jean le Vicomte* (1336) Philippe VI écrit : « Pour le bon témoignage que nous avons eu de vous, nous vous avons député à estre en notre Chambre des Enquestes de Paris[1] ». L'Ordonnance du 8 avril 1343 (n. st.) stipule qu'à la fin de chaque session le Chancelier, les trois présidents et dix personnes du Conseil arrêteront pour le Parlement suivant la liste des membres de la Grand'Chambre, des Enquêtes et des Requêtes. « Ils jureront par leur serment qu'ils nous nommeront les plus suffisants[2] ». Le roi déjà ne nomme plus que sur *présentation*.

Depuis 1303, les baillis sont exclus tant qu'ils sont en charge, car on ne voulait pas qu'ils fussent juges et parties[3]. L'Ordonnance du 11 mars 1345 (n. st.)[4] rend plus rigoureuse la présentation[5] :

C'est de cette façon que se recrutent les Parlements durant les règnes de Philippe VI de Valois, Jean le Bon, Charles V. Sous ce dernier prince, il est déjà question d'élections, au moins pour

1. *Arch. nat.* X[1a] 8146, fol. 165, cité par Aubert, *Le Parlem. de Par., de Philippe le Bel à Charles VII*, p. 4.

2. Ord. 8 avril 1342 (1343) (art. 7), *Ord.*, t. II, p. 173.

3. *Exclusion des baillis.* — Déjà l'Ordonnance de 1296 disait : « Il est ordonné que nul sénéchal, ni bailli, ni juge de sénéchaussée ne demeure aux arrêts s'ils ne sont spécialement appelés par des présidents ».

L'Ordonnance de 1303, art. 15, dit formellement : « Les sénéchaux et les baillis ne pourront être du conseil du roi tant qu'ils sont sénéchaux ou baillis ».

L'Ordonnance du 8 avril 1342 (1343) sur les notaires et les maîtres des requêtes confirme et étend cette exclusion : « Qu'aucuns sénéchaux, gouverneurs et baillis ne seront dorénavant maîtres des requêtes de notre dit Hôtel ni de notre dit Parlement, ne ne seront en nostre dit Parlement comme maîtres ». (Ord. 8 avril 1342 (1343). Art. 10, *Ord.*, t. II, p. 173.)

4. Cette Ordonnance est capitale. Elle montre le roi dégageant de l'ancienne assemblée féodale un tribunal fixe : « Et combien que moult grant nombre de personnes aient été et soient es dessus dits Etats, par ce même conseil, les *personnes ci-dessous nommées* sont élues à demeurer pour exercer et continuer les dits Etats aux charges accoutumées. Et toutefois s'il plait aux autres venir es dits Estats et offices, il plaît bien au roi qu'ils y exercent, mais ils ne prendront gaiges jusqu'à tant qu'ils soient mis au lieu des susdits nommés élus. » (Ord. 11 mars 1344 (1345), art. 4. *Ord.*, t. II, p. 219.)

5. « Le Roy, par ce même conseil, a ordené que nul ne soient mis au lieu et nombre de l'un desdits Eslus, quand il vaquera, s'il n'est témoigné au roi par le Chancelier et par le Parlement être suffisant à exercer ledit office et être mis audit nombre et lieu. » (*Ibidem.* Art. 5.)

les présidents. *Jacques d'Andrie* est *élu* pour remplacer Jacques de la Vache (1366)[1]; *Guillaume le Bescot* pour remplacer Jacques d'Andrie (1372)[2]. Quelques jours auparavant, pour le choix d'un chancelier, le 21 février 1372, Charles V avait assemblé en son hôtel Saint-Pol tout son Conseil jusqu'au nombre de deux cents personnes. A la place de Jean de Dormans, cardinal de Beauvais, qui donnait sa démission, fut « par voie de scrutin élu et créé Monsieur *Guillaume de Dormans*, chevalier, frère du dit cardinal ». Guillaume, par sa nomination, laissait libre une autre charge, celle de chancelier du Dauphiné. « Par ce même *scrutin* fut eslu et créé chancelier du Dauphiné maître *Pierre d'Orgemont*, second président du Parlement[3] ». L'année suivante, le même *Pierre d'Orgemont* fut élu, avec plus de solennité encore, Chancelier de France (20 novembre 1373)[4]. Ce même scrutin désigna *Regnault de Corbie* comme Premier Président.

Les charges de conseillers néanmoins sont encore données par le roi. *Pierre Beauble* présente à l'enregistrement des lettres qui lui confèrent un office de la Chambre des Enquêtes, occupé par Guillaume de Baudreuille alors absent. Celui-ci, averti, proteste par procureur (21 mars 1384, v. st.)[5]. Beauble n'en est pas moins

1. *Arch. nat.*, X[1a] 1469, fol. 162 v° et 424 v° (Aubert, p. 50.)

2. Jacques d'Andrie « mourut de douleur de gravelle et de pierre ». Alors se fit l'élection de son successeur en présence du roi à Saint-Pol : « fust esleu maistre Guillaume le Bescot en lieu de feu maître Jacques Dandrie. » 3 mars 1371 (1372). (*Reg. du Parlem.* Coll. Sainte-Genev., Ff. 17, t. I, fol. 55). — *Arch. U.*, 77, ann. 1371 (1372). (Aubert, p. 50.)

3. Collect. Sainte-Genev. Ff. 17, t. I, fol. 54.

4. « Ce jour (dimanche 20 nov. 1373), le Roy nostre sire tint son grand et general Conseil au Louvre de prélats, de princes de son lignage et autres nobles des seigneurs de Parlement, des Requestes de son hostel, des Comptes, autres conseillers jusques au nombre de six vingt dix (130) personnes ou environ pour eslire chancelier de France. » (On remarque que c'est toujours le principe et la confusion des anciennes assemblées féodales).

Le Registre entre dans le détail de la manière dont on procéda à l'élection : « Tout haut dit le roy nostre sire devant tous ceux qui là estaient..., que par cette cause avoit-il fait assembler son dict conseil et puis fit tous aller dehors et après par voie de scrutin fit chacun de ceux de son conseil venir à luy et par serment jurer aux saincts Evangiles de Dieu que tous touchèrent, prélats et autres, de luy nommer et conseiller selon leur advis et eslire la plus suffisante personne qu'ils sauraient nommer, fust d'Eglise ou autre pour estre chancelier de France, et furent les noms et les dépositions de tous escripts par moy, M. de Villamar, a ce ordonné par le Roy et en sa présence où estoit avec M. Pierre Blanchet son secrétaire tant seulement; et tout ouy et escrit fust trouvé que maître Pierre d'Orgemont, paravant Premier Président de Parlement, né de Lagny-sur-Marne, par le trop plus grand nombre des Eslisans fut nommé et esleu Chancelier de France, c'est à sçavoir par cent et cinq des dicts Eslisans. » (Collect. Sainte-Genev., Ff. 17, t. I, fol. 70.)

5. « Ce jour (vendredi 21 mai 1384) maître Jean Vary, procureur de maistre

reçu quelques mois plus tard (17 juin). Seulement il promet à la Cour que si maître Guillaume revenait avant la Saint-Martin d'hiver, il lui rendrait le dit office. Il semble déjà que les charges soient une propriété.

D'ailleurs la présentation ne conduisait-elle pas à l'élection? L'Ordonnance du 5 février 1389 dit positivement que si plusieurs requéraient l'office vacant, on prendrait et élirait le plus suffisant[1]. Lenain, l'auteur d'une des plus curieuses collections de registres du Parlement, cite un premier exemple d'élection en 1398[2], mais on en a trouvé un autre plus ancien, de 1396[3]. En tout cas l'Ordonnance du 7 janvier 1401 (n. st.) est formelle. Lorsqu'il y a lieu de pourvoir aux vacances de sièges de présidents ou de conseillers du Parlement, « ceux qui y seront mis seront pris et mis par eleccion ». Suivant le cérémonial déterminé, le chancelier se rend au Parlement, l'élection se fait en sa présence; à lui de veiller à ce qu'on choisisse « de bonnes personnes, sages, lettrées, expertes et notables » et cela « sans aucune faveur ou accepcion de personnes ». On devra toutefois donner la préférence aux nobles, puis (il y avait là, une pensée vraiment politique), « choisir, si faire se peut, de tous les pays du royaume pour ce que les coutumes des lieux sont diverses afin que de chacun pays ait gens en nostre dite court qui cognaissent les coutumes des lieux et y soient experts[4] ». Cette Ordonnance et d'autres de 1406, 1408[5] consacraient le changement qui donnait

Guillaume de Baudreuille, conseiller du Roy nostre sire en la Chambre des Enquestes, s'est opposé contre l'entérinement d'aucunes lettres empetrées par maistre Pierre Beauble pour cause du lieu et office des Enquestes du dit maistre Guillaume que le dict maistre Pierre dit a lui estre donné par le Roy nostre sire pour l'absence dudit maistre Guillaume. » (*Reg.*, Biblioth. nat. Collect. Lamoignon, Conseil et Plaidoiries, I, t. 42, fol. 185 (21 mai 1384). — Réception de maître Beauble, 17 juin (fol. 246.)

1. *Ord.*, t. VII, p. 223 (art. 5). Cette Ordonnance renouvelait celle de 1360.

2. Lenain, *Grande-Table*, t. VI, fol. 1.

3. M. Aubert cite ce fait en donnant ce détail que le procureur général lui-même signifia qu'il fallait se conformer aux Ordonnances royales, c'est-à-dire procéder au scrutin (*Hist. du Parlem.*, p. 51).

4. Ord. du 7 janv. 1401 (art. 18). *Ord.*, t. VIII, p. 409-416.

5. *Ord.*, t. IX, p. 188 et p. 327. Pasquier parle d'Ordonnances de 1388 et de 1404 (1405) auxquelles il rapporte l'établissement des élections : « Voilà, dit-il, le plus solennel édict qui ait esté pour la distribution des offices tant de judicature qu'autres. Et depuis je voy les Elections avoir esté fort frequentes tant au Parlement que Chambre des Comptes, combien qu'en tout le demeurant les affaires de France fussent infiniment brouillées. » (*Recherches de la France*, l. IV, p. 400-402.)

à la Cour une quasi autonomie[1]. L'Ordonnance Cabochienne de 1413 (presque aussitôt abolie que rendue) allait jusqu'à organiser (art. 164) une commission chargée d'examiner les candidats conseillers[2]. Nous ne la mentionnons que comme indice de l'esprit de l'époque.

Les élections entraînaient naturellement débats et compétitions. En 1401, plusieurs candidats briguaient la place de Guillaume Liroiz « trépassé ». Deux surtout étaient en ligne : *Geoffroy de Perusse*, de la nation d'Aquitaine, maître des Requêtes de l'hôtel du duc de Berry, et maître *Guillaume de Launoy*, de la nation de Normandie, neveu de l'évêque de Meaux, archidiacre de Brie en l'église de Meaux, tous deux licenciés, Launoy en droit civil, Perusse en droit civil et en droit canon (*in utroque jure*)[3]. Un concurrent, *Guillaume de Gy*, avocat au Parlement, s'opposait à ce que les lettres des candidats fussent enregistrées; sa protestation n'eut aucun succès (23 février 1402, n. st.). Le 25, Guillaume de Launoy était reçu conseiller en la Chambre des Enquêtes : plusieurs membres du Grand Conseil étaient venus au Parlement témoigner en faveur du candidat agréable au roi[4].

Le prince, en effet, loin de se désintéresser des élections, s'en préoccupe plus qu'au jour où lui-même dressait sa liste. Il ne veut plus choisir les conseillers, en réalité il les impose. Sans doute il met tout le monde à l'aise car il autorise beaucoup de candidatures. A la mort de Renaud d'Amiens, huit ou neuf concurrents se disputent l'office de conseiller à la Chambre des Enquêtes. *Guillaume de Gy* persiste dans sa candidature déjà ancienne. Le 13 novembre 1402, on avait lu les lettres des candidats; le 24, le

1. Les lettres de Charles VI, en 1400, ordonnent au chancelier (Arnaud de Corbie) de pourvoir des offices vacants au Parlement ceux qui ont été *élus* pour les dits offices à la pluralité des voix. « Comme par certaines nos Ordonnances, nous ayons voulu que doresnavant quand aucun office de Parlement ou aultre de Judicature vaquera, il y soit pourvu par élection... » (Lettres du 3 janvier 1409 (1410). *Ord.*, t. XII. p. 231.)

2. L'article 164 decide que la commission sera composée de membres du Grand Conseil, de 4 conseillers de la Grand'Chambre, de 4 conseillers des Enquêtes, de 2 maitres des Requêtes de l'hôtel, de 2 maîtres de la Chambre des Comptes et d'autres personnes choisies par eux pour examiner les jeunes conseillers et éliminer ceux qui n'auraient ni l'âge ni les connaissances voulues. (*Ord.*, t. X, p. 140.) V. aussi les publications de A. Coville : *Ordonnance cabochienne* (collection de Textes, lib. A. Picard), et *Les Cabochiens et l'Ordonn. de 1413* (lib. Hachette).

3. V. *Journal du Conseil*, par Nicolas de Baye (édit. Tuetey), t. I, p. 12 (13 sept.).

4. *Ibidem*, p. 28. — Pour ces élections primitives, voir l'article de Siméon Luce : De l'élection de deux chanceliers sous Charles V. *Revue historique* t. XVI, p. 96.

Chancelier se rend au Parlement : il entend les votes de quelques membres à part dans la Tournelle criminelle « et ce fait, fut temps d'aller disner et la chose différée à un autre jour[1] ». Il y avait probablement une autre raison que l'heure du dîner car l'élection ne fut reprise que le vendredi 1er décembre. L'avocat Guillaume de Gy, qui ne s'était pas découragé, recueillit le plus grand nombre des voix; *Renaut de Bussy*, des Enquêtes, passa à la Grand'Chambre et *Gy* le remplaça aux Enquêtes. Si l'on en croit une note marginale du greffier, la protection de la reine Isabeau n'avait pas été étrangère à cette décision si disputée[2].

Une agitation plus vive émut le Parlement quand il fallut pourvoir (1403) au remplacement de messire Jean de Popincourt, Premier Président du Parlement. Le roi (ou plutôt le duc d'Orléans) avait donné l'office à *Henri de Marle*, troisième Président, par-dessus la tête de Pierre Boschet, deuxième Président et plus ancien. Une assemblée solennelle de cinquante-trois maîtres et de vingt prélats se tint le 22 mai[3]. Pierre Boschet et Henri de Marle se retirèrent hors de la Chambre. Les seigneurs du Parlement hésitaient à énoncer publiquement leur opinion. Le Chancelier eut recours au vote secret : « vint un chascun au giron[4] dudit monseigneur le Chancellier et, par maniere d'election, dire *votum* et *oppinionem suam*, telement que le dit Marle eut plus de voix[5] ». On rappela Henri de Marle et Boschet. Le Chancelier fort habilement exposa que le dit Boschet était bien âgé, faible et maladif, le dit Marle fort et laborieux; aussi était-il élu par la plus grande partie; « nonobstant (ajoutait-il pour amortir le coup) que toute la Court eust moult pour recommendée la personne du dit Boschet, attendue ses suffisances de science, de vertus et autres graces, pour quoy seroit recommendez au Roy... ». La comédie était jouée : on installa Henri de Marle au siège de Premier Président.

1. *Journal de Nicolas de Baye* (Tuetey), t. I, p. 49.
2. *Ibidem*, p. 51.
3. « Maiz afin que les Ordonnances de ceans par lesquelles l'en doit venir par election au dit lieu, ne fussent blessées, (Henri de Marle) avoit dit au Roy en le remerciant qu'il voloit bien être au dict lieu *cùm benignitate et bene placito curiæ*. » *Registres*. Collect. Sainte-Genev., Ff. 17, t. 1, fol. 182 et suiv. — *Archives*, Conseil XII (X1a 1478, fol. 112 v°), *Journal de Nicolas de Baye* (Tuetey), t. I, p. 63.
4. *Giron*, habillement, sein, poitrine. Aujourd'hui on dirait : parler à l'oreille.
5. *Journ. de Nic. de Baye*, t. I, pp. 63, 64.

Le Chancelier, sa mission remplie, se hâte de quitter l'assemblée sous prétexte de se rendre au Conseil à l'hôtel Saint-Pol. Il laisse les membres du Parlement pourvoir au remplacement de Henri de Marle comme troisième Président; cela ne l'intéresse plus. La majorité des voix se porta sur maître *Robert Mauger*. Néanmoins le roi donna l'office à *Jacques de Ruilly* (22 mai). Aussi, quand il fallut installer le nouvel élu (26 mai), le Chancelier, fort gêné, assura les membres du Parlement qu'il avait bien défendu la cause de la Cour, mais le roi lui avait commandé de sceller la lettre de Jacques de Ruilly[1]. Le greffier ne peut laisser passer cet ordre sans une courte réflexion écrite en marge : « le roi est au-dessus de l'élection[2] ».

Pour les simples charges de conseiller la liberté est plus grande. Le même jour, maître *Jean du Drac* remplaça, comme président des Requêtes, Jacques de Ruilly; maître *Luillier* remplaça Jean du Drac. L'accord cessa quand il fallut donner un successeur à Luillier. L'élection fut renvoyée au 28 mai : il y eut partage des voix entre *Étienne Joffroy* et *Guillaume Benoist*, qui obtinrent chacun vingt-deux suffrages. Le Chancelier départagea l'assemblée en donnant sa voix à Joffroy « attendu qu'il avait don du roi »[3]. Le 12 novembre, élection de maître J. Mangin, qui, des Enquêtes, monta à la Grand'Chambre[4]. Au mois d'avril 1404, succession disputée de *Robert d'Acquigny*, huit candidatures, deux tours de scrutin à deux jours différents, enfin réception de *Hector de Brouffignac*, qui venait au troisième rang par le nombre de voix, mais qui bénéficia de l'empêchement des concurrents nommés avant lui. On enjoignit au greffier de bien enregistrer le nombre des voix « parce qu'aucuns auraient ymagination que l'en l'eust receu en faveur du conte d'Armignac qui, avec autres seigneurs,

1. Reg. Collect. Sainte-Genev., Ff. 17, t. I, fol. 184. *Archives*, Conseil XII (X[1a], 1478, fol. 112 v° et 113 r°). — *Journal de Nicolas de Baye* (Tuetey), t. I, pp. 64, 65, 66.

2. « Rex est supra electionem ». *Nicolas de Baye* (Tuetey), t. I, p. 64, note.

3. Conseil XII (X[1a], 1478, fol. 113 v°). — *Nicolas de Baye* (Tuetey), t. I, p. 67.

4. « Ce jour-là (12 nov. 1403), après lecture des Ordonnances, les huis ouvertes, on ferma les portes et on procéda à l'élection d'un conseiller à la Grand'Chambre, maistre J. Mangin, des Enquestes, fut élu contre quatre concurrents en remplacement de maistre Thomas Daunoy qui alla à la Chambre des Comptes. » Collect. Sainte-Genev., Ff. 17, t. I, fol. 186. Mangin, le même jour, fut remplacé par maistre Julien Hue. — *Archives*, X[1a] 4786, fol. 196 r°; 1478, fol. 133 r°; 1479, fol. 126 v°; 4790, fol. 33. — *Nicolas de Baye* (Tuetey), t. I, p. 74. (V. Aubert, p. 58, note 3.)

avoient été en la Court à recommender le dit Hector [1] ». Les bons conseillers l'oubliaient : qui veut trop prouver ne prouve rien.

Malgré l'égalité des droits entre les membres du Parlement, une primauté d'honneur appartient à la Grand'Chambre. Toujours quand une place y devient vacante, elle est attribuée à un membre de la Chambre des Enquêtes et de droit au plus ancien. La faveur, qui contrarie souvent le droit, se heurte sans cesse à des protestations. *Guillaume de Celsoy* (1404) ne peut empêcher la réception de maître *Pierre Buffière* à la Grand'Chambre en vertu d'un mandement royal, mais il fait constater que par ordre d'ancienneté il le précédait [2]. Protestations vaines qui, répétées, n'en rendaient pas moins la faveur plus difficile. La Cour, dans la période si troublée de la rivalité des Armagnacs et des Bourguignons, subit l'intervention du roi ou plutôt de la reine Isabeau et des princes : contre son gré, elle reçoit *Jean Taranne*, protégé de la reine (1408) [3], *Jean de Marle*, fils du Premier Président, comme maître des Requêtes de l'hôtel (1409) [4], *Jean de Mailly*, comme conseiller aux Enquêtes (1411) [5]. Cette dernière réception souleva bien des murmures; le Chancelier dut montrer « une cédule contenant trois lignes écrites de la main du roi ». Il avait fallu établir la preuve matérielle que Charles VI possédait alors son jugement et sa volonté [6]. Les membres du Parlement obéissent mais tiennent

1. Conseil XII (X^{1a} 1478, fol. 149 v°). — *Nicolas de Baye* (Tuetey), t. I, pp. 84, 85.

2. Conseil XII (X^{1a} 1478, fol. 160 r°). — *Nicolas de Baye*, t. I, p. 92 (jeudi 19 juin 1404.)

3. V. A. Longnon. *Paris pendant la domination anglaise*, p. 173; — Tuetey, *Journal d'un bourgeois de Paris*, p. 109, note 4.

4. Plusieurs seigneurs, prélats et autres de l'hôtel du duc de Berry vinrent requérir du Parlement que maître J. de Marle, fils du Premier Président, fût reçu maître des Requestes de l'hôtel au lieu de Pierre Troussel (devenu évêque de Poitiers). — Philippe de Boisgillou dit que quoique le roi lui eût donné ledit office, il ne feroit pas opposition... *Matinées* VI (X^{1a} 4788), fol. 382 v°. *Nicolas de Baye*, t. I, p. 302.

5. Tuetey. *Journal d'un bourgeois de Paris*, p. 275.

6. Nicolas de Baye dans le Journal du Conseil dit expressément : « et pour ce que estoit contre les ordonnances royaulx par lesquelles l'en devoit eslire es offices de conseiller ceans », la Cour refuse d'obéir (séance du 22 avril 1411.) — Dans la séance du 24, le chancelier montra une cédule « contenant iij lignes escriptes de la main du Roy comment il voloit que le dit Mailly fust receu oudit lieu, pour eschiver l'indignation du Roy et considéré que ledit Mailly estoit bien renommé en meurs et avoit esté à Orléans de bonne conversation, et si estoit de noble lignage, et que autres fois et maintenant le Roy avoit volu et voloit qu'il fust ceans conseiller, a esté esleu par les iij Chambres, pluseurs du Grant Conseil presens, non pas par voie de scrutine, mais en Conseil... » *Conseil*, XIII (X^{1a} 1479), fol. 157 v°. — *Nicolas de Baye*, t. II, pp. 6, 8.

à dire pourquoi ils obéissent. En 1412, ils reçoivent *Thiébaut de Vitry* « pour la grande prière plusieurs fois faite tant de la reine que de Mgr de Guyenne, fils aîné du roi, âgé de seize ans et disant que c'était la première requête par lui faite[1] ». En 1413 (9 août), quand Henri de Marle, Premier Président, fut nommé chancelier de France, les trois autres présidents montèrent d'un rang. Le roi voulait accorder la quatrième présidence à *J. de Vailly*, avocat, chancelier du duc de Guyenne. Les conseillers, néanmoins, donnèrent la majorité à maître P. Buffière. Le greffier, Nicolas de Baye, alla porter au roi à l'hôtel Saint-Pol le résultat du scrutin. Le roi et les princes tinrent bon pour Jean de Vailly. Comme celui-ci n'avait eu que trois voix de moins que Buffière, les princes dirent qu'ils lui donnaient leurs suffrages, ils lui assuraient de cette façon la majorité[2].

Les candidats n'ont pas toujours de tels protecteurs. Le plus souvent les mutations s'accomplissent par scrutin[3], qu'il s'agisse

1. « ... Pour la grant priere plusieurs fois faicte, tant de la Royne que de monseigneur de Guienne, ainsné filz du Roy, *etatis* de xvj ans ou environ. disans que c'estoit la première requeste que ceans avoit faicte.... délibéré par la plus grant partie des seigneurs desd. Chambres, excedent l'autre partie *in duobus*, que, sans faire scrutine, en obtemperant à la requeste dudit duc, l'en pranroit maistre Thiebaut de Vitri, licencié en droit canon, comme l'en dit, et né de Paris... » *Conseil* XIII (X^{1a} 1479), fol. 223 v°. — *Nicolas de Baye*, 26 nov. 1412, t. II, p. 93.

2. Conseil XIII (X^{1a} 1479, fol. 258 v°, 259 r°), 14 août 1413. *Nicolas de Baye*, t. II, p. 135.

3. On voit beaucoup d'élections régulières. Le 15 nov. 1404, réunion des trois Chambres pour l'élection d'un conseiller en remplacement de maître J. Bouju ; maître *J. Romain* fut élu malgré une grande dispersion des voix. (*Nic. de Baye*, t. I, p. 117.)

Le 14 février 1414, *Pierre de Villiers* est élu « par voie de scrutine » en la Chambre des Enquêtes en remplacement de maître Aymery de Maignac. « Et a esté le scrutine publié en la Chambre, combien que ce n'eust pas été acoustumé, mais estoit acoustumé de reporter le scrutine au chancelier, ou cas qu'il n'avoit esté presens, ou au Grant Conseil, et puis me commendoit l'en la lettre. Et a esté ce fait pour ce que pluseurs se plaignoient de ce que l'en ne publioit ceans les élections qui y estoient faictes, et en parloient aucuns *sinistrè* et contre les présidens et contre le graphier... » Conseil XIII (X^{1a} 1479, fol. 285 r°). *Nic. de Baye*, t. II, p. 168.

Le 25 avril 1414, *Arnauld de Marle* (2e fils du chancelier H. de Marle), conseiller aux Enquêtes, devient maître des Requêtes de l'hôtel. A sa place « a esté esleu *en tourbe* en la Chambre, les ij Chambres assemblées, maistre Guillaume Aymeri, advocat escoutant céans... » Nicolas de Baye ajoute cependant : « A la requête du duc de Berry. » Conseil XIII (X^{1a} 1479, fol. 292 v°). *Nic. de. Baye*, t. II, p. 182.

Le 9 mai 1414, après la mort de Guillaume de Gaudiac, docteur *in utroque*, *Guillaume de Marle*, des Enquêtes, monte à la Grand'Chambre et « alors fust esleu par voie de scrutine maistre Berthelemin Hamelin, licencié *in utroque* et advocat escoutant ceans... (*Nic. de Baye*, t. II, p. 185.)

Le 23 mai, *Guillaume de Bèze* monte de la Chambre des Enquêtes à la Grand'-Chambre. Il est remplacé, par élection, par maître *J. de S.-Romain*. (*Nic. de Baye*, t. II, p. 185.)

Les changements de Chambre sont fréquents. *Guillaume le Clerc*, des Enquêtes,

de conseillers, ou d'avocats du roi, ou de procureurs du roi[1], ou des présidents. Si puissante que soit l'intervention des rois et des princes, les services, le mérite tendent à devenir les titres nécessaires pour figurer au rang des maîtres de la Cour. Le Parlement se recrute lui-même.

II. — Les Résignations. Le Cumul. L'Inamovibilité.

La Cour admet les résignations de charge. *Jean de Saulx*, conseiller à la Grand'Chambre, résigne sa charge en faveur de Guillaume de Bèze (1404)[2]. *Jean de Chanteprime*, doyen de Paris, cède sa charge de la Chambre des Enquêtes à un sien neveu (1406)[3]. Après trente-six ans d'exercice, *Jean d'Arcies* souhaite d'avoir son fils *Pierre d'Arcies* pour successeur : son désir est agréé par le roi et par la Cour (1407)[4]. *Germain Paillard*, nommé à l'évêché de Luçon, abandonne sa charge à *N. Potin* : il n'y a pas d'élection[5]. Le Parlement, toutefois, dans ces cas, fait une enquête sur la science, l'honorabilité du candidat, la sincérité de la résignation. *Hébert l'Escrivain* s'est démis de sa charge en faveur de *Guillaume le Duc*, son parent; la résignation a été spontanée, sans pacte illicite : la Cour reçoit Guillaume le Duc[6]. On exige aussi que le caractère de l'office ne soit pas modifié : un siège de clerc est donné à un clerc, de lay à un lay. Il y avait cependant tendance à confusion et à désordre. *Gilles de Clamecy*, neveu de Chanteprime, était conseiller clerc aux Enquêtes quoique marié. Jean de Chanteprime profita d'une vacance dans

passe à la Chambre des Comptes (13 août 1410). Il est remplacé aux Enquêtes, par scrutin, par maître *Robert Piedefert*, avocat au Châtelet.

Philippe de Boisgillon (ou *Boisgillou*), conseiller clerc en la Grand'Chambre, passe à la Chambre des Comptes : il est remplacé à la Grand'Chambre par *M. du Bos*, des Enquêtes, lui-même remplacé, sur l'ordre du roi, par maître *Philippe de Ruilly*, licencié ès lois, fils de l'ancien président Jacques de Ruilly. (*Nic. de Baye*, t, I, p. 329).

1. V. élection d'un procureur général, 4 mars 1413. (*Nic. de Baye*, t. II, p. 104.)
2. *Archives* (X^{1a} 4786, fol. 324 v°).
3. Conseil XII (X^{1a} 1478, fol. 283 r° et v°). *Nicol. de Baye*, t. I, p. 167.
4. Matinées V (X^{1a} 4787, fol. 473 r°). *Nic. de Baye*, t. I, p. 184.
5. « Ex resignatione sine electione ». *Arch.* (X^{1a} 1479, fol. 21), cité par Aubert, p. 64, note 3.
6. Conseil XIII (X^{1a} 1479, fol. 289 r° et v°, 28 mars 1414). *Nic. de Baye*, t. II, p. 177.

les conseillers lays pour faire régulariser la situation de Gilles de Clamecy (1409)[1].

Il résultait toutefois de ces résignations un inconvénient grave, car la fonction de rendre la justice eût pu devenir l'apanage de quelques familles. On y obvia par une Ordonnance du 25 mai 1413 : il ne pourrait y avoir, au Parlement, plus de trois membres de la même famille parents jusqu'au troisième degré selon la computation du droit canonique[2]. Précaution qui, à elle seule, montrait combien de familles parlementaires se formaient.

Le cumul des charges du Parlement avec d'autres fonctions était interdit par une Ordonnance de 1360[3]. En 1407 (3 juin) un arrêt intervient entre *Geoffroy de Peyrusse* et *J. de Longueil.* Admis parmi les généraux des *aides*, Longueil choisira entre cet office et son siège au Parlement. S'il opte pour le Parlement, Peyrusse alors obtiendra l'office de général des *aides*, en laissant celui de maître des Requêtes de l'hôtel[4]. *Jean de la Marche*, avocat au Parlement, visiteur des lettres à la chancellerie, se démet de cet office pour être élu à la Chambre des Requêtes (1409)[5]. Le roi, en ce cas comme en une foule d'autres, peut accorder des dispenses[6]. Jamais la faveur ne perdait ses droits.

Les préférences rendaient même certains conseillers inamovibles : les gages leur étaient donnés « à vie ». Les princes, durant la folie de Charles VI, pour être plus à même de placer leurs créatures, voulurent supprimer ces gages à vie, sauf pour les conseillers qui comptaient déjà vingt années d'exercice. Robert Mauger prit la parole au nom des deux Chambres. D'un texte latin emprunté aux Épîtres de saint Paul et qui n'avait aucun rapport avec la cause, il déduisit un raisonnement qui s'éleva bientôt à une véhémente protestation contre l'Ordonnance royale, « fausse,

1. Conseil XIII (X^{1a} 1479, fol. 97 r° et 99 r°). *Nic. de Baye*, t. I, pp. 304, 308. Ajoutons encore maître Bureau Boucher, élu par les deux Chambres, « non pas par scrutine » comme conseiller en la Chambre des Enquêtes. Il y avait eu résignation en sa faveur par Jacques Gelu, promu archevêque de Tours (24 nov. 1414). (*Nicolas de Baye*, t. II, p. 203.)
2. Ord. du 25 mai 1413. (Art. 163. *Ordonn.*, t. X.)
3. Ord. du 27 janvier 1360 (N. st.) Ordonn., t. III.
4. « L'intention de la Cour est en cette matière que aucune des deux parties ne tienne deux offices ensemble ». Reg. Collect. Sainte-Genev., Ff. 17^2, t. I, fol. 226.
5. X^{1a} 1479, fol. 95 et 96 v°, cité par Aubert, p. 72.
6. Lenain, *Grande table*, t. I, fol. 82, t. XV, fol. 348 et Aubert, p. 72.

subreptice, inique ». Les Présidents, ajouta-t-il, ne sont que des membres de la Cour, ils ne peuvent ni suspendre ni priver le moindre procureur; la Cour seule a ce pouvoir. A plus forte raison ne pouvaient-ils suspendre les conseillers de leurs offices. « Attendu aussi l'autorité, noblesse et prééminence des dits conseillers et l'autorité souveraine de cette Cour, communément nommée fontaine de justice, on doit avoir et tenir les dits conseillers en grande révérence et honneur et non pas les manier ou démener comme enfants d'école, serfs ou serviteurs; car même le roi en ses Ordonnances, lettres ou mandements, les honore grandement les appelant maîtres de son Parlement et tous autres seigneurs »[1]. Les Présidents, d'ailleurs, refusaient d'user des pouvoirs qu'on leur voulait conférer. Bref, la Cour ordonna que la lettre royale serait corrigée et refaite. Il resta ainsi au Parlement des juges à vie, des juges inamovibles.

III. — Les Présidents.

Un langage si hardi, tenu par un Président, nous indiquerait à lui seul la haute autorité dont jouissaient ceux qui étaient appelés à conduire les délibérations du Parlement et à parler en son nom. Dès l'origine il y eut deux Présidents parce qu'il y avait deux groupes de juges distincts et rivaux[2] : cette distinction des Présidents clercs et laïques se maintint jusqu'au milieu du xive siècle. Dans la seconde moitié, elle n'est plus observée. Sans doute de grands prélats ou des princes, de puissants seigneurs continuent, dans les assemblées solennelles, à siéger au-dessus des Présidents, mais on voit ceux-ci investis d'une charge qui devient de plus en plus fixe car les mêmes noms reparaissent sans cesse. En 1336, on trouve *trois* Présidents, nombre fixé par l'Ordonnance de 1345. Sous le roi Jean, un quatrième Président fut nommé. Charles V qui, régent, avait d'abord paru vouloir revenir au chiffre de trois, consacra l'usage de *quatre* Présidents. Un moment, en 1394, il y en eut un cinquième, mais cette charge ne fut pas maintenue.

1. Conseil XII (X[1a] 1478, fol. 254 r°). *Nicolas de Baye*, 17 février 1406, t. I, p. 151-153.
2. Ordonn. de 1296, de 1316, plusieurs fois citées.

D'habitude les Présidents étaient chevaliers[1]. Le 2 janvier 1374 (n. st.) Arnault de Corbie, auparavant conseiller clerc, ne fut reçu Premier Président qu'après avoir été créé chevalier par Charles V avec Pierre d'Orgemont « et fut différée la chose, dit le greffier, jusqu'à ce que les dits seigneurs fussent faits chevaliers ». Les listes, cependant, disons-le, donnent des noms de présidents sans que ceux-ci soient qualifiés de chevaliers[2].

Les Présidents remplacent le roi. Dès le temps de Philippe le Bel, ils dressent les listes, retenant les uns en la Chambre, envoyant les autres au droit écrit, les autres aux Requêtes communes. Ils exerçaient une autorité absolue dans l'audience, déterminant la façon dont les parties devaient être entendues, et modérant la faconde des avocats[3]. Ils sont souvent importunés par les solliciteurs contre lesquels cherche à les protéger l'Ordonnance de 1345 : « On grève moult, dit-elle, par espécial, le président au jour du Conseil, quand il a conçu les plaidoiries pour rapporter au Conseil et on l'empêche et enbesoigne en autres choses[4] ». Les Présidents signaient les commissions données aux membres de la Cour et les vérifications de comptes. Ils accordaient les congés. Le Premier Président tenait la feuille des bénéfices ecclésiastiques distribués aux conseillers. Il affirmait la tutelle du Parlement sur la ville de Paris en procédant à l'installation du prévôt de Paris. Il avait la garde des privilèges de la Cour et nous venons de voir même que, dans les temps de crise, il ne les

1. « Ce jour (lundi 2 janvier 1373 (1374) fut reçeu premier président en parlement Messire *Arnault de Corbie*, lequel fut faict chevalier au Louvre par le Roy nostre sire le jour de Noël dernièrement passé, avec monsieur *Pierre d'Orgemont* à présent chancelier de France. et lequel Messire Arnault estoit paravant des conseillers clercs du Roy en son Parlement... » Il avait été élu le 20 novembre mais l'installation avait été différée « jusqu'à ce que les dicts seigneurs fussent faicts chevaliers comme dict est... » Reg. Collect. Sainte-Genev., Ff. 17, t. I, fol. 72. — V. aussi indications des registres des Archives. Aubert, *Parlement*, p. 84, note 2.

2. « Au xive siècle, dit M. F. Aubert, aucun texte n'oblige à croire que le titre de chevalier fût nécessaire aux présidents. Guillaume de Séris, successeur de Simon de Bucy en 1369, ne fut fait chevalier qu'en 1371 (X[1a] 1469, fol. 480); Jacques de Ruilly, quatrième président en 1403 (22 mai), ne fut fait chevalier qu'en 1405. Enfin d'autres présidents, Guillaume de Sens, Simon Foison, successeur d'Étienne de la Grange et qui devint second président, Guillaume le Bescot, Pierre Lefèvre, Robert Mauger, Guillaume le Duc, Robert Piedefer ne sont jamais appelés chevaliers par les greffiers du Parlement. » (*Le Parlem.*, page 110.)

3. (Ord. 11 mars 1344 (1345), article 11.)

4. *Ibidem*, art. 10.

laissait point attaquer. Avec le chancelier, le Premier Président est, après les princes, le plus haut personnage du royaume.

Aussi son installation se faisait-elle avec beaucoup d'apparat. Le 6 juin 1371 « Messire *Guillaume de Séris*, chevalier, né au pays de Saintonge, fut créé Premier Président et institué « au lieu et aux gages de feu messire Simon de Bucy. Le chancelier de Dormans prit ce thème : « Félicitez-moi, car j'avais perdu ma brebis et je l'ai retrouvée ». Il faisait allusion sans doute à une absence de Guillaume de Séris, éloigné pendant un temps du Parlement. Puis, s'adressant à chacun des seigneurs, il dit : « Ton frère était mort, le voilà ressuscité, il avait été perdu, le voilà retrouvé ». Il développa ces textes empruntés à l'évangile de Saint-Luc. Guillaume lui répondit, en prenant un autre thème « qu'il démena moult sagement[1] ». Ne voit-on pas commencer les discours solennels qui se continueront jusque dans la magistrature nouvelle? C'est déjà quasi le même cérémonial, sauf le caractère des harangues.

En outre les plus grands honneurs sont rendus aux Présidents à leur mort. Comme on devait emmener le corps du Premier Président *J. de Popincourt* à Roye en Picardie, « allèrent messeigneurs de la Court convoier à cheval le corps et le convoièrent jusques hors la porte Saint-Deniz[2]. »

Dans le désordre du règne de Charles VI, un fait singulier se produisit. A l'ouverture du Parlement, le 12 novembre 1407, par le chancelier Arnault de Corbie, quoiqu'il y eût à ce moment-là cinq Présidents, aucun ne se trouva pour tenir l'audience « au grand deshonneur et esclande du roy, de sa justice souveraine et de sa Cour, dont a eu grand murmure ». Des cinq, il n'y en avait qu'un sérieusement excusé, le Premier Président Henri de Marle occupé au service du roi, à l'Échiquier de Rouen; les autres remplissaient des commissions pour les princes; Pierre Boschet « était en son pays de Poitou ». Le chancelier désigna Jean de

1. ... Monsieur Jean de Dormans, cardinal de Rome et chancelier, prit ce thème : « Congratulamini mihi quia inveni ovem meam quam perdideram » et, après, adressa sa parole à chacun des seigneurs du Parlement en disant : « Frater tuus erat mortuus et resurrexit, perierat et inventus, hoc totum sumitur Lucæ X^{bo} (c'est la parabole de l'Enfant Prodigue), et après la desduction Messire Guillaume prist un theme qu'il demena moult sagement... » Regist. Collect. Sainte-Genev., Ff. 17, t. I, fol. 51. Arch. X^{1a} 1469, f. 457, mardi 17 juin 1371.

2. Conseil XII (X^{1a} 1478), fol. 113 r°, Journ. de Nic. de Baye, t. I, p. 65.

Drac, Président des Requêtes, pour diriger la Grand'Chambre, non sans exciter le mécontentement des maîtres des Requêtes de l'hôtel qui réclamèrent de leur côté, et des conseillers qui prétendirent qu'en ce cas il fallait faire appel au plus ancien d'entre eux[1].

Quoiqu'il en soit de cet incident, le Parlement n'en est pas moins, au commencement du xve siècle, un tribunal organisé, avec ses présidents[2], quelques membres inamovibles, des conseillers avançant par degrés, par ancienneté, de la Chambre des Enquêtes ou des Requêtes à la Grand'Chambre. Les offices de conseillers clercs restent distincts des offices de conseillers laïques. Les résignations de charges tendent à assimiler celles-ci à des propriétés. Les élections, fréquentes dans une assemblée aussi nombreuse, violentées quelquefois par le roi et les princes, sont la plupart du temps régulières et sincères. En laissant de côté les barons, les prélats toujours puissants, en ne considérant que les *magistri*, les simples conseillers, on reconnaît en eux des

1. Conseil XIII (X[1a] 1479), fol. I r°, Journ. de Nic. de Baye, t. I, p. 202.

2. **Présidents du Parlement jusqu'au milieu du XIVe siècle.**

	CLERCS	LAÏQUES
1255.	L'évêque de Senlis.	
1256.	H. Cornut, archevêque de Sens.	
1259.	Guy Foucaut, évêque du Puy.	
1261.	Eudes Rigaut, archev. de Rouen.	
1268.	L'évêque d'Évreux.	
1269.	....	Simon de Nesle.
1273.	L'abbé de Saint-Denis.	Simon de Nesle.
1280.	L'évêque d'Amiens.	Le duc de Bourgogne.
1283.	L'abbé de Saint-Denis.	
1284.	L'archevêque de Reims.	Robert, duc de Bourgogne.
1285.	L'évêque de Senlis.	Simon de Nesle.
1290.	L'archevêque de Rouen.	Le duc de Bourgogne.
1296.	L'archevêque de Narbonne.	Le duc de Bourgogne.
1298.	L'archevêque de Sens.	Le comte de Dreux.
1307.	L'archevêque de Narbonne.	Le comte de Dreux.
1316.	L'évêque d'Amiens.	Le comte de Boulogne.
1330.	Hugues de Cruzy.	
1331.	L'archevêque de Reims. L'archevêque de Sens.	Le roi de Bohême. Jean de France (dauphin).
1340.	L'évêque de Meaux. L'abbé de Saint-Denis.	
1341.	L'évêque de Térouanne. L'abbé de Saint-Denis.	Pierre de Cugnières. J. de Chastillon (de Chastelier Simon de Bucy.

juges dévoués sans doute, mais dignes et fiers dans l'obéissance. Ils tiennent obstinément aux moindres apparences de leur autonomie, sachant bien qu'une des formes de la liberté, si vaine qu'elle soit, entraîne bientôt avec elle la liberté même[1].

1. Présidents du Parlement (deuxième moitié du XIVe siècle et début du XVe [1]).

1345.	1er (Président). Simon de Bucy.	1390.	1er. Simon Frison.
	2e. Jacques la Vache.		2e. Pierre Boschet.
	3e. P. de Menneville (ou Demeville).	1392.	1er. Guillaume de Sens.
	1er. Guillaume Flotte.		2e. Pierre Boschet.
	2e. Guillaume Bertrand.	1400.	1er. Jean de Popincourt.
	3e. Jean de Chastelier.		2e. Pierre Boschet.
1364.	1er. Simon de Bucy.		3e. Henri de Marle.
	2e. Jacques la Vache.		4e. Ymbert de Boissy.
	3e. Pierre de Demeville.	1401.	Arnaud de Corbie (chancelier).
	4e. Pierre d'Orgemont.		1er. J. de Popincourt.
1365.	1er. Simon de Bucy.		2e. P. Boschet.
	2e. J. la Vache.		3e. H. de Marle.
	3e. P. de Demevile.	1402.	1er. H. de Marle (intérimaire).
1366.	1er. Simon de Bucy.		2e. Y. de Boissy.
	2e. P. de Demeville.	1403.	1er. Pierre Boschet (intérimaire).
	3e. Jacques d'Andrie.		2e. H. de Marle.
	1er. Simon de Bucy.		1er. J. de Popincourt.
	2e. P. de Demeville.		2e. P. Boschet.
	3e. P. d'Orgemont.		3e. Y. de Boissy.
	4e. Jacques d'Andrie.	1404.	1er. H. de Marle.
1367.	1er. P. de Demeville.		2e. J. de Ruilly (intérimaire).
	2e. J. d'Andrie.	1405.	Arnaud de Corbie (chancelier).
	1er. D'Orgemont.		1er. H. de Marle.
	2e. Jacques d'Andrie.		3e. Y. de Boissy.
	3e. Philibert Paillart.	1406.	Arnaud de Corbie.
1371.	Guillaume de Sériis.		2e. Pierre Boschet.
1372.	1er. Philibert Paillart.		3e. Y. de Boissy.
	2e. G. le Bescot.		1er. H. de Marle.
1373.	Pierre d'Orgemont.		2e. P. Boschet.
1377.	Étienne de la Grange (chancelier).		3e. Y. de Boissy.
1383.	Pierre de Giac (chancelier).	1408.	1er. H. de Marle.
1386.	1er. Étienne de la Grange.		2e. P. Boschet.
	2e. Arnaud de Corbie.		3e. Y. de Boissy.
1387.	1er. Arnaud de Corbie.		4e. J. de Ruilly.
	2e. Étienne de la Grange.	1414.	1er. Mauger.
1388.	3e. Guillaume de Sens.		2e. P. Lefèvre.
	4e. Jean de Montaigu.		3e. J. de Vailly.
1389.	1er. Arnaud de Corbie.		Etc., etc.
	2e. Guillaume de Sens.		

1. Blanchard commence ses listes à partir de 1331. — V. les Présidents au mortier du Parlement de Paris (*Paris chez Cardin Besongne, au Palais, au haut de la montée de la Sainte-Chapelle, aux Roses vermeilles*, 1647, in-fol.). Ses listes sont très incomplètes. Nous avons essayé de les refaire avec nos débris de listes, sans nous dissimuler que les nôtres sont également défectueuses, vu les trop grandes lacunes qu'il y a dans les documents. (Voir aussi quelques listes de M. Aubert, dont nous avons tenu compte. *Hist. du Parl.* (édit. 1894), t. I, p. 385.)

CHAPITRE VIII

LES GAGES, LES COSTUMES DES JUGES

I. — Les Gages.

Les membres du Parlement faisaient partie de l'hôtel du roi. A ce titre, ils recevaient des gages. Les vassaux s'honoraient sans doute de servir le prince : ils n'entendaient point le faire à leurs dépens. A Saint-Jean-d'Acre, Joinville débat franchement avec saint Louis la somme qu'il demande pour rester avec lui. Le roi, d'abord effrayé, lui reprochait « d'être dur ». Joinville dut entrer dans le détail, énumérant tous les frais auxquels il devait pourvoir afin d'entretenir un nombre déterminé de chevaliers. Saint Louis compta sur ses doigts et finit par trouver la demande de 2000 livres raisonnable[1]. Cette naïve et familière discussion d'intérêts jette un jour très clair sur les rapports d'un roi féodal avec ses vassaux. Il en était du service de plaid comme de celui d'ost. Le roi ne pouvait retenir des mois entiers ses vassaux au Parlement pour les procès, sans les payer. Les juges ne se croyaient pas plus humiliés que les chevaliers parce qu'ils acceptaient des gages.

Le chancelier, sous saint Louis, « prenait pour soi, ses chevaux et valets à cheval, 7 sous par jour » (8 fr. 86 c.[2]); en outre sur les

1. Joinville, *Hist. de saint Louis*, pp. 156-157.

2. P. Anselme, t. VI, p. 261.

Nous suivons pour les évaluations les tableaux de M. de Wailly. Sans entrer ici dans des discussions qui ne seraient pas à leur place, rappelons seulement quelques-uns des principes bien établis aujourd'hui d'après lesquels on peut se faire une idée des monnaies de ce temps. Le *sou* qui revient si souvent, n'a aucun rapport avec le *sou*, monnaie de bronze, d'aujourd'hui. Le *sou* valait 12 deniers. Au temps de saint Louis, le *sou*, *monnaie d'argent*, représentait un poids d'argent

lettres qui devaient 60 sous « pour le scel, » il en percevait 10 pour lui (12 fr. 66), sans parler d'autres profits et de distributions communes à tous ceux qui faisaient partie de l'hôtel : en 1316, « dix soudées de pain, trois septiers de vin, quatre pièces de chair, quatre pièces de poulailles et au jour de poisson à l'avenant »[1]. Pour ses chevaux il ne recevait que six provendes d'avoine[2]. Le connétable, « quand il est à court », touche 25 sous tournois (25 fr. 33) et il est probable que les grands officiers avaient gages semblables.

de 4 gr. 5. C'est donc notre *franc* qui équivaut à peu près au *sou* du moyen âge. 20 *sous* faisaient *une livre tournois* ou une *livre parisis* selon qu'eux-mêmes étaient ou *tournois* ou *parisis*. Selon les tableaux autorisés de M. de Wailly la *livre tournois*, en 1258, valait 20 fr. 26, la *livre parisis* 25 fr. 33. Le *sou parisis* aurait donc valu 1 fr. 26.

Pour se rendre un compte exact des sommes que représentaient les chiffres cités, il faut, en outre, faire entrer en ligne le *pouvoir de l'argent* qui, à une époque où les métaux précieux étaient rares, n'était certes point le même que de nos jours où ils sont de plus en plus abondants. D'après une échelle dressée par M. d'Avenel, on indique le pouvoir de l'argent au XIIIe siècle par 4, le pouvoir actuel étant représenté par 1; il baisse ensuite, au XIVe, à 3 1/2, à 3 même pour se relever, en 1400, à 4. Pour comparer les gages, les salaires, les revenus de ces temps, il faut donc d'abord réduire les monnaies anciennes en monnaies actuelles, puis multiplier ces chiffres par 4, ou 3 1/2 ou 3. *Sept sous* égalaient environ *sept* de nos *francs*. Mais en réalité, en les comparant selon la puissance actuelle de l'argent, ils avaient la valeur de *vingt-huit francs*. Celui qui recevait sept sous se trouvait aussi riche que celui qui recevrait aujourd'hui vingt-huit francs.

Nous ne pouvons, à chaque instant, faire cette comparaison. Nous nous bornons, dans l'indication des nombres, à la réduction en monnaies actuelles, sous la réserve expresse qu'il faut toujours songer à la différence de ce pouvoir de l'argent aux différentes époques si l'on veut comparer le XIIIe et le XIVe siècle à nos jours. Voir les six tableaux (principalement le cinquième) dressés par *M. de Wailly* (*Mém. de l'Acad. des Inscript.*, t. XXI, 2e partie). Ce sont encore les plus savamment étudiés et les plus dignes de foi, malgré l'ouvrage plus récent de M. d'Avenel, *Histoire économique de la propriété*, 3 vol., publication du Comité des travaux historiques (1894), qui, malgré son grand mérite, a soulevé beaucoup de discussions. Voir aussi les *Études* d'un ancien et éminent Président du Conseil d'État, *A. Vuitry*, *sur le régime financier à l'époque de Philippe le Bel et sous les Valois*. Ces ouvrages ont singulièrement éclairci toutes ces questions et dépassé le livre de *Leber*, *Essai sur l'appréciation de la fortune privée au moyen âge* (1847). On lira surtout avec intérêt le lumineux rapport fait par M. Levasseur, l'un des maîtres de la science économique, sur le concours pour le prix *Rossi* en 1892. (Comptes rendus des séances de l'Académie des sciences morales et politiques, 2e semestre, p. 349-419.)

Nous nous plaisons à reconnaître ici le concours gracieux d'un mathématicien de nos amis, M. Jules Selve, qui a bien voulu vérifier, avec les documents, tous nos calculs.

1. Le P. Anselme donne ces détails d'après une cédule du *Mémorial de la Chambre des Comptes*... « Et quand li rois prenoit gîtes, il avoit cil chancelier ses manteaux, si comme li autres clercs du roi et livrée de chandelle comme il en convenoit pour sa chambre et pour les notaires à écrire : et quant li rois voloit, il donnoit palefroy pour soy et cheval pour son clerc et sommier pour le registre. Item, des lettres qui devoient soixante sols pour scel, li chancelier prenoit dix sols pour soy et la portion de la commune chancellerie, ainsi comme li autres clers le roi et quand cils chanceliers étoit en abbayes ou autres lieux, là où il ne dépendoit rien pour chevaux, ce li étoit rabatu de ses gages. » (P. Anselme, t. VI, p. 271.)

2. Ordonnance de Philippe le Long, citée par le P. Anselme, t. VI, p. 209.

Le bouteiller *Jean d'Acre* a été, du 10 février 1256 (v. st.) au 8 novembre 1257, payé de cent soixante-sept jours de gages (à raison de 25 sous tournois par jour, il a reçu 208 liv. 15 s., soit 4229 fr. 27). L'archevêque de Bourges a reçu 8 livres pour quatre jours en livres tournois (162 fr. 11)[1].

Si, d'après quelques débris de comptes, on peut évaluer à 23 livres par jour la dépense du Parlement de saint Louis[2], on obtient, en livres tournois 466 fr. 06, en livre parisis 582 fr. 57. Mais le Parlement, à cette époque, était encore intermittent. Point de travail, point de gages : ce n'étaient là que des indemnités.

Philippe le Bel altéra tellement les monnaies[3] que la livre tournois, de 1291 à 1300, tomba à 16 fr., puis graduellement à 6 fr. 15 en 1305, pour remonter brusquement en 1306 à 17 fr. 63. Aussi le roi s'était-il trouvé obligé d'élever les gages des clercs du Parlement. Il avouait lui-même les résultats de ses opérations financières : « Les clercs qui prenaient 5 sols par jour, à la forte monnaie, en prendront 10 jusqu'à ce que la monnaie qui à présent a cours soit ramenée au point de l'ancienne monnaie[4] ». Les simples lays qui prenaient 10 sous en eurent 15. En 1314 les gages du Parlement, des gens des Comptes, de l'Échiquier étaient fixés à 10 000 livres parisis qu'il faudrait évaluer à 229,673 francs[5].

L'augmentation équitable accordée par l'Ordonnance de 1307 ne paraît pas avoir été maintenue sous les règnes des fils de Philippe le Bel qui, pourtant, firent encore subir aux monnaies des écarts considérables. Les maîtres *Jean de Bourbon*, *Guillaume de Dreux*,

1. V. pour ces chiffres : De Wailly, *Dissertation sur les dépenses et les recettes de saint Louis* (Recueil des Histor. de Fr., t. XXI, p. 404 et 513-515). Cette dissertation a été faite d'après les Tablettes de Jean Sarrasin, contrôlées par un compte de J. Lissi.

2. *Ibidem.*

3. Voir la *Dissertation et le cinquième tableau* de M. de Wailly, *Mém. de l'Acad. des Inscript.*, t. XXI.

4. Ordonn. de 1307. Langlois, *Textes*, p. 181. La date de 1307 est incertaine et la variation des monnaies dont il est question ici prouverait que cette date n'est pas la vraie. Sans doute M. Langlois l'a déduite de la nomination de Guillaume de Nogaret comme chancelier, mais il est clair que le roi n'aurait pas eu besoin de doubler les gages des maîtres du Parlement si l'Ordonnance eût été de 1307, puisqu'à cette époque la livre tournois, après une dépréciation exagérée, avait été ramenée par une nouvelle refonte à 17 fr. 63.

5. Dans l'Ordonnance du budget du 19 janvier 1314 on trouve aux dépenses cet article : « Et pour gaiges de parlements, des comptes et despens de l'échiquier, 10 000 livres parisis ». (Boutaric, *La France sous Philippe le Bel.*) — En 1314, la livre parisis s'était relevée et valait 22 fr. 96 ; c'est sur ce chiffre que nous fondons cette évaluation.

Pierre de Dreux, dans un compte de 1322, sont mentionnés comme en recevant que 5 sous par jour[1]. Les grands personnages recevaient davantage. *Étienne de Mornay* était taxé à 33 sous 3 deniers par jour, en tournois, 22 fr. 84; en parisis, 28 fr. 55. La quantité de ses bénéfices et de ses occupations l'empêchait d'être très assidu. En 1322, de 357 jours il fallut déduire 92 qu'il avait passés à Avignon dans une ambassade auprès du pape Jean XXII et qui lui avait sans doute été très largement payée, plus 207 jours pendant lesquels il avait accompagné le roi en divers lieux. Il ne restait que 58 jours de service effectifs au Parlement, pour lequel Étienne a dû toucher la somme de 97 livres parisis, soit 1666 francs[2].

Un autre compte renferme le *budget* du Parlement sous Philippe de Valois en 1332. Le Chancelier reçoit 2000 livres parisis de gages[3] (la livre parisis valait alors, après bien des fluctuations, 22 fr. 90[4]); ses gages montaient donc pour l'année à 45 800 francs. *Pierre de Cugnières* et *Hugues de Crusy*, présidents, touchent 500 l. p. (11 450 francs). La Cour se compose de 27 lays (Grand' Chambre, Enquêtes, Requêtes) qui ont coûté de la Saint-Martin d'hiver (11 nov.) jusqu'à la Nativité de saint Jean-Baptiste (24 juin), au prix de 13 livres 10 sous parisis par jour, la somme

1. *Extraits de Comptes* tirés des Archives KK. 1, fol. 82, et cités par Guilhiermoz, *Enquêtes et procès*, p. XX, note 4.

2. Arch. K., f° 282, cité par Guessard, *Étude sur Étienne de Mornay*. Bibl. de l'Éc. des Ch., 3e série, t. V, p. 389. (Nous avons rectifié les évaluations de Guessard. A 33 sous, 3 deniers par jour (d'après la valeur donnée par des tableaux de M. de Wailly), la somme touchée par Étienne de Mornay ne pouvait être de 107 livres parisis, elle n'était que de 97 livres.

3. « Cy après s'ensuient les gages du chancelier et des gens du Parlement, c'est assavoir : pour le chancelier II^{m} l. p.; pour Mons Pierre de Cugnières et Mons Hugues de Crusy, pour chascun V^{c} l. p. et pour autres XXVII lays tant du parlement (c.-à-d. Grand'Chambre), des requestes et des enquestes, à chascun X sp. par jour, qui montent de la Saint-Martin d'Yver (11 nov.) jusqu'à la nativité de saint Jean-Baptiste (24 juin) pour II^{c} XXIIII jours au fuer (prix) de XIII l. X sp. par jour; pour les XXVII lays dessus dis III^{m} XXIII l. p...

« Et pour LXXV clers tant du dit Parlement comme des requestes et enquestes, pour chascun V s. p. par jour, montent pour les II^{c} XXIIII jours au fuer de XVIII l XV s. p. par jour, pour les diz LXXV clers, IIII^{m} II^{c} l. p.

« Et ainsi appert que montent les gages du chancellier et des gens du Parlement, des requestes et des enquestes, *sans ceux de l'hostel du Roy*, par le temps dessus dit X^{m} II^{c} XXIIII l. p. » — (*L'Hôtel de Philippe de Valois*, par J. Viard; d'après des Ordonnances de 1330 à 1350, retrouvées Bibl. nat. dans les manuscrits Clairambault, et manuscrit français, n° 7855, *Bibl. de l'École des Chartes*, t. 55, 1894, p. 609.) (Tirage à part, p. 34.)

4. En 1332 la livre tournois atteignait son plus haut cours, soit 18 fr. 32, depuis le mois d'avril 1330 jusqu'en février 1337. La livre parisis valait à cette date 22 fr. 90 c.

de 3 024 livres parisis (69 244 francs). Les clercs, beaucoup plus nombreux (75), taxés à 5 sous par jour, ont coûté, pour le même temps, la somme de 4 200 livres parisis (96 180 francs). Au total, les gages du Parlement s'élevaient à 10 224 livres, ce qui, au taux de l'époque, représente 234 129 francs. Ces chiffres sont confirmés par un compte de 1343 tiré d'une autre source[1]. Les gages quotidiens se trouvent analogues pour les Présidents, pour les clercs, pour les lays qui sont mieux rétribués et reçoivent, en outre, quand ils sont chevaliers, des dons de manteaux. Les monnaies ont encore varié et singulièrement[2]; en adoptant une valeur moyenne de 13 fr. 09 pour la livre parisis on obtient : 6 935 l. p. pour les Présidents et les lays (90 779 francs). A la Chambre des Enquêtes, les gages montent à 9 635 l. p. (126 122 francs); à la Chambre des Requêtes à 2 460 l. p. (32 201 fr.). Le *budget* du Parlement entier, en 1343, se chiffre par 23 750 livres tournois (à 11 fr. 27 : 267 662 fr.). Le comptable qui nous a laissé ces indications, assez embrouillées par suite des changements d'unité monétaire, nous instruit fort en comparant ces dépenses avec celles qui se faisaient au temps de Philippe le Bel; elles n'atteignaient que la somme de 5177 livres

1. *Comparaison des dépenses de la composition du Parlement en 1343 et sous Philippe le Bel.* Bibl. de Rouen, fonds Leber VIII, f° 57 copie, document édité par H. Moranvillé, *Bibl. Éc. des Ch.*, 1887, p. 391, et par Ch. Langlois, *Textes*, p. 218, cxxxv. Nous ne citerons que quelques lignes pour faire connaître l'esprit critique de l'auteur, assez curieux pour l'époque.

« En parlement a III présidents dont les deux prennent chacun, chacun an, V^{c} l. p... et le tiers prent II^{c} XL l. p.; et au temps du roy Philippe le Bel n'en y avoit que II qui prenoient par an chacun IIII^{c} l. p.

« Item, il y a XL clercs prenans gages de V s. p. par jour et X l. t. pour mantiaux par an...; et n'y souloit avoir ou temps du roy Philippe le Bel que X clers.

« Item, il y a, outre les présidens, XIX lais prenans gaiges de X s. par jour... et pour les mantiaux de XVII chevaliers qui sont contenus et compris ou nombre desdis laiz, chacun X l. p. par an...; et n'y souloit avoir que VIII laiz ou temps du roy Philippe le Bel.

« Somme des gages des clercs, des laiz du Parlement et de leurs mantiaux VI^{m} IX^{c} XXXV l. p. et ilz ne souloient monter ou temps du roi Philippe le Bel II^{m} VI^{c} LXIX l. p. » (Suivent Chambres des Enquêtes et des Requêtes.)

« ... Somme toute des gages et mantiaux desdites chambres de Parlement, des enquestes, des requestes, tant de clercs comme de laiz pour les IX mois et pour un an aux requestes pour l'année finissant en août 1343 : XXIII^{m} VII^{c} L l. t. par an; qui ne souloient monter ou temps du roy Philippe le Bel por les parties cy dessus que V^{m} VIII^{xx} XVII l. XVI s. p. qui valent VI^{m} IIII^{c} LXXII l. V s. t. Ainsi montent plus les gages de maintenant que il se souloient monter ou temps du roy Philippe le Bel XVII^{m} II^{c} LXXVII l. XV s. t. par an... »

2. En 1343 la livre tournois avait été abaissée à 6 fr. 32, au mois de septembre et elle avait été brusquement reportée à 16 fr. 22 le 28 octobre. De telles oscillations rendent les calculs presque impossibles et devaient profondément troubler les relations commerciales.

parisis valant 6 472 livres tournois et par conséquent (en prenant 11 fr. 47 pour valeur moyenne de la livre tournois) 74 233 francs. Lui-même, par ce simple renseignement, nous édifie sur l'importance qu'avait prise le Parlement en moins d'un demi-siècle.

Sans même tenir compte du pouvoir commercial de l'argent, quatre fois plus fort qu'aujourd'hui, ces sommes étaient considérables pour l'époque où, avec des ressources très restreintes, il fallait faire face à la guerre contre les Anglais. Les conseillers du Parlement eurent, comme tout le monde, à souffrir de la difficulté des temps. Déjà, en février 1333 (v. st.), Philippe VI avait supprimé les augmentations de gages obtenues depuis le règne de Philippe le Bel. En dépit des variations de la monnaie, Philippe VI ramenait le salaire des membres du Parlement aux taux anciens : « desquels gages prendre tant seulement nous voulons qu'ils soient contents[1] ». Contents est bientôt dit, mais cela dépassait la puissance du roi de les rendre tels par cette mesure. En 1345, les gages furent supprimés pendant un an[2]. Et l'on n'est encore qu'à la veille de Crécy!

C'est bien autre chose sous Jean le Bon. On ne compte pas, en neuf ans (1351-1360), moins de 72 variations de la livre tournois oscillant entre 13 fr. 59 et 3 fr. 22 pour revenir, dans les dernières années de la régence du Dauphin et sous Charles V, presque à 11 francs (10 fr. 83). Durant le règne de Charles VI la crise financière recommença. De 11 francs, la livre tournois tomba à 9 francs (1389-1411), puis à 8, à 6 et 5 francs (1417), à 3 francs (1419). Or les chiffres des gages quotidiens ne changent pas, soit 30 ou 24 sous

1. « *Réductions et suppressions des gages.* — Que si aucuns d'iceux ou autres officiers de notre royaume ont eu grâce de croissance de gages octroyée par nous ou par nos prédécesseurs, au temps passé, à volonté, depuis le temps de notre cher oncle de bonne mémoire Philippe le Bel, Nous désorendroit ladite grâce rappelons et icelle croissance de gage à quelque personne qu'elle soit faite, reprenons et retenons devers nous dores en avant, depuis le dit temps et iceux remettons ès gages ordinaires des offices qu'ils tiennent. Desquels prendre tant seulement *nous voulons qu'ils soient contents...* » Ord. du 22 février 1333 (34); *Ord.*, t. II, p. 97.

2. « Avons ordené et ordonnons que nostre chancelier et vous nos dites gens des Comptes et Trésoriers et tous nos autres conseillers, quiex qu'ils soient, tous les gens de nostre Parlement, comme des Requestes de nostre Hostel et du Palais et de notre Chambre des Enquêtes, nos notaires, nos clercs, sergens d'armes... cessez par l'espace d'un an à venir, à compter du premier jour de ce présent mois d'octobre, à prendre lesdits gaiges et pensions ». Ord. du 2 octobre 1345 (*Ord.*, II, p. 236-236). Voir pour les gages, 1361 (*Ord.*, t. III, p. 482); 1364 et 1366 (*Ord.*, t. IV, p. 419); 1368 (t. V, p. 138); 1372 (t. V, p. 579); 1373 (t. V, p. 613); 1400 (t. IX, p. 400).

par jour. Les notaires n'ont que 6 sous (au temps de la plus faible monnaie, tournois 0 fr. 97, parisis 1 fr. 20). En 1380-81, pour 243 jours, *Guillaume Blondel*, chevalier des Requêtes [1], toucha la somme de 364 livres 10 s. p. (4898 fr. 88, la livre parisis valant à cette époque 13 fr. 44); *Pierre de Rosny*, clerc des Requêtes, pour 123 jours, reçoit 147 livres 12 s. p. (1983 fr. 74); maître *Arnaud de Dormans*, pour 120 jours, 144 livres p. (1935 fr. 36) [2].

Si encore ces gages eussent été régulièrement payés! Il s'en fallait, même sous l'économe Charles V. Le Parlement est alors réduit à batailler contre les argentiers du roi et contre le roi. L'argentier *Tadelin* est bien malheureux entre une caisse vide et les réclamations des membres du Parlement. Le 17 novembre 1367, il vient par devant ces Messieurs de la Cour, dans la Chambre du Conseil, leur promettre [3] « par la foy de son corps » que, dans huit jours après la Saint-André (30 novembre), il paierait les gages des mois d'août, de septembre et d'octobre, puis, à la fin de décembre, les gages de novembre, à la fin de janvier ceux de décembre et ainsi de suite : il n'y aurait guère qu'un mois de retard. Tadelin est si sûr de son fait qu'il consent à payer sur ses biens cinq cents francs pour chaque mois de retard. Le bon billet qu'avait le Parlement! En mars 1368, les mois de novembre et de décembre n'étaient pas encore payés. Tadelin reparut toujours confiant : il s'acquittera à la mi-avril, puis, à la fin de mai, il se libérera des mois de janvier et de février. Il fait de cette dette « sa propre et privée dette envers tous et chacun d'eux ». Il s'oblige cette fois, en cas de défaut, à « tenir prison fermée [4]. » Mais à quoi servirait d'emprisonner le pauvre Tadelin? Le Parlement est plus pratique. Tadelin ne perçoit-il pas les amendes et le prix des exploits? Où passe donc cet argent qui doit d'abord revenir aux juges? Le Parlement,

1. Voir Douët d'Arcq, *Comptes de l'hôtel des rois de France aux XIVe et XVe siècles*; Société de l'Histoire de France (1865), p. 17, 19, 21, 22.

2. Douët d'Arcq, p. 17. — Pierre de Rosny touche encore, en 1383, pour 28 jours (à 24 sous par jour) 33 l. 12 s. p.; maître *Thomas d'Estouteville* a touché 73 l. 8 s. p.; le secrétaire *Loys Blanchet* (6 sous par jour) a touché, pour 177 jours, 53 l. 2 s., et « pour la creue de ses gaiges de secrétaire qu'il a servi comme dessus le dit temps, 12 s. parisis par jour, argent, 106 l. 4 s. p.; *Hugues Blanchet*, notaire, 54 l. 6 s. p. et pour la creue de ses gaiges comme secrétaire, 108 l. 12 s. p., etc. » (Douët d'Arcq, p. 201, 1383.)

3. Reg. du Parl. (Collect. Ste-Genev., Ff 17, t. I, f° 31, 17 nov. 1367).

4. Reg. du Parl. (Collect. Ste-Genev., Ff 17, t. I, f° 32, 14 mars 1367 [1368]).

le 4 avril 1368, défend à Tadelin de recevoir ces amendes; puis, le 27 avril, n'en autorise la perception qu'à la condition qu'elles seront « premièrement et avant tout œuvre, converties en paiement des gages de Messieurs[1] ». Pour plus de sûreté, à l'argentier, on adjoint *Nicolas Flament* qui aura copie des amendes et exploits.

Ces mesures eurent un succès certain, mais peu durable. De nouveau, au mois de janvier 1369, les difficultés recommencèrent. Le Parlement se fâcha. Au conseil « les seigneurs des deux Chambres parlèrent de leurs gages dont ils ne pouvaient être payés ». On s'arrêta à une résolution grave. Le 7, le 13, le 17 janvier et jours suivants, la Cour suspendit ses audiences : « elle vaqua, dit le registre, par défaut de gages et de paiement[2] ». Pas d'argent, pas de juges! Cette grève si singulière ne paraît point avoir indigné Charles V. Il sentait bien qu'il n'avait point le droit de demander à ces seigneurs, à ces bénéficiers ecclésiastiques, en réalité indépendants, de consacrer leur temps aux procès. Il a recours aux prières. Le 19 février, l'archevêque de Sens, et le chancelier Guillaume de Dormans viennent en son nom « requérir aux seigneurs du Parlement qu'ils voulussent bien servir sans gages ce Parlement; le roi les satisferait plus tard. » Les messagers attendent la réponse. Les dits seigneurs se consultent « par manière de scrutin. » Ils protestent de leur dévouement, sont prêts à faire le service du roi « au mieux qu'ils pourront mais ne pourraient bonnement servir sans gages[3]. » Le roi se le tint pour dit. Il trouva sans doute quelques ressources, car, le 8 mars, Tadelin promit à ces messieurs du Parlement de leur payer dans les huit jours leurs gages de novembre[4]. Durant toute la fin du règne, ces tiraillements et ces grèves partielles continuèrent : en mars 1372 notamment, une grève dura onze jours[5]. En juillet 1373, le

1. Reg. du Parlem., f° 33. — Arch., X[1a] 1467, f° 276 v°, 277.

2. *Irrégularités des paiements. Grèves de juges.* — Reg. du Parl. (Collect. Ste-Genev., Ff 17, t. I, f° 44, 7 janvier 1369.)

3. *Ibid.*, 19 février 1369, f° 44. — Arch., X[1a] 1469, f° 445 v°, 449 v°, 448 v°. — Voir sur les difficultés financières, Siméon Luce, *De l'élection de deux chanceliers sous Charles V* (*Revue historique*, t. XVI, p. 93 à 96).

4. 8 mars 1369. — Arch., [1a] 1469, f° 397 et f° 476.

5. 1er mars 1372. « Ce jour de Caresme prenant la Cour cessa pour défault de payement de gaiges, aussi tous les jours ensuivants jusques *au vendredi onzième jour de mars.* » — Reg. Parl. (Collect. Ste-Genev., Ff 17, t. I, f° 57.)

On avisa le Parlement que les gages allaient être payés : « Du jeudi X mars 1372, ce jour messire Pierre de Chevreuse, chevalier et conseiller du roy, et Jean Le Mur

receveur des aides, *Jean le Mire*, vint prendre une date déterminée pour les paiements, espacer les délais[1]. En 1380, au début du règne de Charles VI, comparution identique de *Regnault de Cornisel*, receveur d'Auxerre, qui s'engage aussi, comme avait fait Tadelin, à acquitter régulièrement ce qui est dû au Parlement « sur l'obligation de son corps à tenir prison fermée et de tous ses biens meubles et héritages[2]. » Les troubles du règne de Charles VI perpétuèrent cette situation car nous retrouvons des mentions de délais dans les registres de 1403[3]. Les conseillers, d'ailleurs ne sont pas égoïstes. Ils prennent fait et cause pour leurs huissiers. Le 18 mai 1403, le receveur de Paris vient devant la Cour s'excuser humblement, à genoux, « de n'avoir pas eu si grant révérence à la dite Cour comme appartient, car cela *lui venait d'ignorance*; il paiera les huissiers le mieux et le plus tôt qu'il pourra[4]. » La doctrine du Parlement que les amendes devaient être la garantie des gages, paraît d'ailleurs avoir triom-

(Le Mire) vinrent en parlement... le dict Le Mur du commandement du Roy jura et promit par la foy de son corps que decy en avant ce parlement seeant jusques à la venue de l'esleu d'Amiens il payera et rendra en mains de Pierre de Landes changeur du Trésor, dedans le deuxième jour de chacun mois à venir, la somme de mil francs pour tourner et convertir au paiement des gages de Messieurs du Parlement, des Enquestes et des Requestes du Palais et à ce s'obligera le dict Jean par la manière que dit est, en la main de la Cour, et ce jour mesme le dict Messire Pierre dit que par l'ordonnance du Roy et de messieurs les généraux les amandes du parlement seront dicy en avant baillées à Edouard Tadelin. » — Reg. du Parl. (Collect. Ste-Genev., Ff 17, t. 1, f° 68. — Arch., X[1a] 1470, f° 24 v°, 15).

1. Nouvelle promesse, 13 juillet : « Ce jour (mercredi 13 juillet 1373), Jehan le Mire, receveur des aides à Ausseurre (Auxerre), a promis en la main de la court que dedans le XXIe jour de ce mois il baudra mil francs en la main de Pierre de Landes pour le paiement des gages de messeigneurs du parlement pour le moy de may dernier passé, et dedans le IIe jour d'aoust autres mil francs pour le moy de juin, et dedans le IIe jour de septembre autres mil francs pour le moy de juillet, et dedans le IIe jour de octobre autres mil francs pour le mois de aoust et à ce s'est obligez et ses biens. » (Collect. Ste-Genev., Ff. 13, t. I, f° 160. — Arch. X[1a], 1470, f° 25 v°.)

2. Reg. du Parl. (Collect. Ste-Genev., Ff 13, t. I, f° 378.)

En 1383 un huissier reçoit l'ordre de saisir les biens du vicomte de Falaise qui n'avait pas versé 400 livres parisis, moitié de la somme qu'il devait prélever sur les revenus de la vicomté pour le paiement des gages. (Arch., X[1a] 32, f° 44. M. Aubert, qui signale cet incident [*Parlement de Paris*, p. 130], indique encore 2 mentions de délibérations du Parlement relativement aux gages. (X[1a], 1474, f° 9, samedi 9 février 1387; X[1a] 1477, f° 419, 4 juillet 1394.)

3. 19 septembre 1403 : « Ce dit jour a esté donné délay au receveur de Gisors de payer les gaiges de messeigneurs de céans des mois de juillet et d'aoust jusques à VIII jours avant la Saint-Martin prouchainement venant et à paier le mois de septembre jusqu'à la Saint-André en suivant. » (Conseil XII, X[1a] 1478, f° 129 v°. — Tuetey, *Journal de Nicolas de Baye*, t. I, p. 173.)

4. Arch. (Conseil XII, X[1a] 1478, f° 111 v°.) — Tuetey, *Journal de Nicolas de Baye*, t. I. p. 61.

phé. C'est sur les amendes que le greffier est payé; sur ces amendes sont assignés les gages de 12 seigneurs du Parlement, du procureur général et de ses deux avocats qui ont accompagné le roi, en 1409, dans un voyage à Chartres. Il a été « par la Cour dit et ordonné que des deniers des dictes amendes ne sera distribué ailleurs nulle part, jusques à ce que de leurs dits gages et salaires ils soient parpayés[1]. » En 1412, le greffier a ordre de ne point délivrer au receveur les amendes qui venaient d'être prononcées : elles devaient rester à la Cour pour payer d'abord « les officiers de cette Cour[2] ». Une quittance de 1411, de quinze mille livres pour les gages d'une année, prouve que ces gages étaient encore pris un peu partout, c'est-à-dire là où on avait de l'argent[3]. Les conseillers, néanmoins, comme nous l'avons vu, tiennent bon pour la garantie des amendes. Ils se paient eux-mêmes au besoin[4]. Ces tracas ne seront pas une des moindres causes qui détermineront plus tard les rois à ériger ces exceptions en principes. Ils expliquent pourquoi on sera amené à permettre au Parlement de se recruter puisqu'on le laissera se payer lui-même.

II. — Les épices.

Les *Épices* d'ailleurs apparaissent déjà. Ce mot est courant, au XIVe siècle, dans les registres du Parlement. Pasquier en donne une étymologie qui paraît probable : « présents de confitures ou

1. 27 juillet 1409. (Conseil XIII, X[1a] 1479, f° 85 v°.) — Tuetey, *Journal de Nicolas de Baye*, t. I, p. 281.

2. 17 septembre 1412. (Conseil XIII, X[1a] 1479, f° 215 v°.) — Nic. de Baye, t. II, p. 89.

3. « Jeudi X[e] jour de décembre, la Court de Parlement a eu et receu de Alexandre le Boursier, receveur general des aydes ordenez pour la guerre, seze decharges de lui données le Ve jour de ce present moiz de decembre, montans à la somme de XV[m] libvres tournois, levées icelles decharges sur plusieurs receveurs et granetiers desdiz aydes, faisans mention par maistre Nycaise Bougis, secretaire du Roy nostre sire, pour les gages de messeigneurs de Parlement de ceste presente année, commençant le premier jour d'octobre derrain passé, dont le dit Alexandre a eu mandement du Roy nostre dit seigneur, donné le XXVe jour de novembre derrain passé, vérifié par les commissaires ordonnez sur le fait des finances desdiz aides. Et de ce lui faut avoir quittance dudit maistre Nycaise selon ledit mandement d'icelle somme, laquelle quittance ladicte Court fera bailler au dit Alexandre par ledit maistre Nycaise de la dicte somme de XV[m] libvres, ou lui rendre les dites charges ou la dite somme. » (Matinées VII, X[1a] 4789, f° 205 v°.) — Tuetey, *Journal de Nicolas de Baye*, t. II, p. 39.

4. Défense au greffier de remettre au receveur des amendes l'argent de ces amendes avant le paiement intégral des gages arriérés. (Samedi 27 juillet 1409, X[1a] 1479, f° 85; mardi 17 sept. 1412, X[1a] 1479, f° 215 v°. — Aubert, *Parl. de Par.*, p. 131.)

autres desserts [1], » mais ces dons en nature, s'ils ont persisté à travers les âges, n'étaient sans doute que secondaires. Le mot *épices* désigne généralement des émoluments extraordinaires accordés à des rapporteurs de procès, ou à des conseillers qui taxaient les dommages et les dépens. Si le greffier les mentionne, c'est qu'ils constituèrent longtemps une dérogation aux usages de la Cour. Le sire de Tournon, « par la tolérance et la permission de la Cour, a baillé 20 francs d'or pour *espices* [2] aux seigneurs qui visiteront son procès » (1369). En 1371, « par commandement et ordonnance de la Cour, maître Pierre Hure, conseiller, eut 12 francs (128 fr. 40) pour rapporter un procès [3]. » Un plaideur, en 1379, reconnaît devoir à deux conseillers la « somme de 6 francs, pour leur salaire d'avoir taxé certaines despens (64 fr. 20) [4]. » L'habitude se généralisa si bien, qu'en 1403 la Cour recherche seulement si les *espices* doivent entrer dans la taxation des dépens. Cette contribution lui semble encore facultative : « elle ne doit point venir en taxation [5]. » Les procureurs extorquent de grosses sommes aux plaideurs, sous prétexte qu'ils doivent donner des *épices* aux juges, la Cour leur défend de rien exiger, sans la permission du Parlement : quelquefois, « quand les procès sont gros et touchent grandes parties, la Cour donne donne bien congié de prendre et de donner deux ou trois layettes (boîtes)

1. *Les Epices*. — ... « Car les Espices que nous donnons maintenant ne se donnoient anciennement que par nécessité. Mais celuy qui avoit obtenu gain de cause par forme de recognoissance ou de regraciement de la justice qu'on lui avait gardée, faisoit present à ses juges de quelques dragées et confitures : car le mot d'Espices par nos anciens estoit pris pour confitures et dragées... » (Pasquier, *Recherches de la France*, l. II, chap. IV. — Voir aussi, sur les « Espices », l'article de H. Lot dans le *Dictionnaire historique de la France* de Lalanne.)

2. Reg. du Parl. (Collect. Ste-Genev., Ff. 13, t. I, f° 95, 11 mars 1369.) Voir texte Aubert, *Parlem. de Par.*, p. 135. — Le franc d'or valait 1 livre tournois, évaluée à ce moment à 10 fr. 69.

3. Reg. du Parl. Collect. Ste-Genev., Ff 17, t. I, f° 51.

4. *Ibid.* Ff. 13, t. I, f° 336. Jeudi 4 août 1379. — De même l'année précédente, 20 août 1378. « Raoulin Brienne a confessé qu'il est tenu et doit à Me Raoul de Bausillon et Me Simon Frison, conseillers du Roy nostre sire, et à chascun d'eulx la somme de trois francs (somme six francs) pour leurs gages deservis en la taxation de certains dommages et interests taxez au profit du dit Brienne contre l'évesque de Chaalons, dont lettre a moy Jouvence... » *Ibid.*, Ff. 13, t. I, f° 311.

5. Jeudi 17 mai 1403. « Ce dit jour, fu question en la Court à savoir se en taxation de despens faicte par commissaires en la Court doie venir la despense faicte en *espices* données aux visiteurs des procès de céans, *quant ladicte Court donne congié de donner et pranre les dites espices*. Sur quoy a esté respondu par la Court que la dicte dépense d'espices ne doit point venir en taxation. » Arch. (Conseil XII, X1a 1478, f° III v°). — Tuetey, *Journal de Nicolas de Baye*. t. I, p. 61).

d'*épices*, » expression qui nous reporte aux cadeaux en nature [1].

Un curieux document nous permet de saisir sur le vif ce singulier trafic qui semble être déjà passé dans les mœurs. C'est le compte d'un envoyé de la ville de Lyon [2], chargé (1384) de presser, à Paris, plusieurs affaires pendantes au Parlement. Jean de Durche part de Lyon le 9 avril après avoir touché à la caisse de Guillaume Cuizel, receveur des deniers de la ville, la somme de 40 francs, soit (la livre tournois valant 10 fr. 725) 429 francs pour ses frais de voyage et de séjour. Le 20 il est arrivé à Paris. Aussitôt il va voir l'avocat et le procureur des consuls de Lyon auxquels il remet leur salaire d'une année 10 francs (107 fr. 25). Puis il s'attaque aux clercs des personnages qu'il faut stimuler : à Jacquin, clerc de Mᵉ Jean Jouvence, 4 francs (42 fr. 90), au clerc de Mᵉ Jean

1. « A esté défendu ausdiz procureurs que decy en avant, à peinne de privation de leurs offices et d'estre réputez pour parjures, ne exigent quelque chose, sinon par la permission et licence d'icelle court, que aucune foiz, quand les procès sont gros et que touchent grans parties, donne bien congié de pranre et donner ij ou iij laiettes d'espices. » (Conseil XII, X¹ᵃ 1478, fᵒ 112 vᵒ. — Tuetey, *Journal de Nicolas de Baye*, t. I, fᵒ 62.)

2. *Un délégué de la ville de Lyon à Paris pour un procès au Parlement*, par Edouard Philippon. (Compte de dépenses conservé aux Archives de la ville de Lyon, CC 378, année 1384, *Lyon-Revue*, 4ᵉ année, avril 1883.)

Nous ne citerons que quelques articles de ce compte naïf qui, en même temps, nous donne une idée de la langue usitée à Lyon, français mêlé de langue d'oc :

« ... à Jacquin le clerc de maitre Jean Jouvence pour sorchier l'arrest qui eret de la villa et de maistre Maudri pour lo fait des latrines I franc. — Item pour grosser et seigner l'arrest ou appointement II fr. — Item par le commandement de maître Jean Jouvence, present maitre Jean de Bechisi, pour faire revisiter le procès des ecclesiasticos VIII fr. — Item pour qu'il mist ledit procès en bonnes mains por visiter IIII fr. ... VI livres de confitures que ju achetay chiez dit appellez Doucet qui demoret ou cuyn de la Rue de la Calandre pour donner à Guillaume de Sens (XVIII avril) IIII fr. — IIII livres chez le dist espicier donnez à mestre Pierre l'Orfevre pour so qu'il fust plus diligent de preier maistre Guillaume de Sens pour faire revisiter les procès de la ville, XLIII s. de Paris valant II fr. III quarts. — A Jean le Charron (pour l'expédition d'une lettre du roi) XX s. p. — Au notaire qui signa par IIII veis (fois) les dictes lettres pour III flacons de vin qu'il voulut avoir, VIII s. — à M. Johan de Montaguz et Johan Barreaux qui sont des seigneurs des requestes... 2 boites de 2 livres de dyacitron prises chez dit Doucet XXIIII s. parisis. — 1 cleer de 1 seigneur des Enquêtes qui me fit assavoir les noms de ceux qui visiteront le procès des ecclésiastiques, 1 franc d'or. — 3 seigneurs des Enquêtes pour qu'il fusiant plus diligent et chasseciant plus fort la besoigne XVIII livres de confitures preises (le 27 mai) chez l'espicier du Petit-Pont qui demoret aranda 1 ferralier qui vant ferramenta vielli, XII fr. — ... Item pour VI livres de confitures prises chez l'espicier du Petit-Pont (9 juillet) et les portay à messire Philibert IIII fr. — Item, la veille de la mi-ost (août) que jus pris chez un espicier qui demore vers St. Innocent pour donner a maitre Jean Jouvence quar il n'avait adont point chez l'espicier du Petit-Pont, pour le fait de la ville, pour VI livres de confitures, IIII fr. etc... Item VI veis (fois) que ju ay ita beyre avoy Jaquin et avoy otres compagnons qui eront avec lui XXIII s. paris., etc. (Compte cité, p. 204-207.)

Canart et à celui de Mᵉ Pierre l'Orfèvre (chacun 3 sous parisis 2 fr.). Ces clercs veilleront à ce que les avocats s'occupent avec diligence de gros procès engagés par la ville contre l'Église de Lyon et contre l'abbaye de Clairvaux. Mᵉ Robert le Cerf et son clerc, pour une petite somme 20 sous (40 fr. 13) ne laisseront enregistrer aucune ordonnance rendue contre la ville sans en transmettre la copie au consulat. Le roi venait d'octroyer à Lyon le droit de lever une imposition foraine. Alors visite de Jean de Durche à Mᵉ Hugues, secrétaire des généraux des aides, pour le prier de hâter l'expédition des lettres patentes. C'est ici qu'on reconnaît l'exactitude de la définition donnée, par Pasquier, du mot *épices*. Jean de Durche a eu soin de se munir de deux livres de *confitures*. Ces présents paraissent réservés à ceux auxquels on n'ose offrir de l'argent. En effet Jean se rend chez son fournisseur « l'épicier du Petit-Pont », il y prend 18 livres de confitures qu'il court distribuer aux conseillers qui lui ont été désignés, « pour qu'ils soient plus diligents et chassent plus fort la besogne ». Il épuise la provision de son épicier du Petit-Pont et est obligé d'aller chez un autre, appelé Doucet, demeurant au coin de la rue de la Calandre, pour acheter 6 livres de confitures qu'il donne à Guillaume de Sens; puis 4 livres portées à Mᵉ Pierre l'Orfèvre pour qu'il mette plus de zèle à prier maître Guillaume de Sens « de faire revisiter les procès de la ville. » Jean est encore obligé, la veille de la mi-août, de changer de boutique : il va chez un autre épicier, vers St-Innocent, pour donner 6 livres de confitures à maître Jean Jouvence. Les plus importants personnages, monseigneur d'Évreux, messire Philibert, messieurs Jean de Montagu, Jean Barreaux, acceptent ces gracieusetés. Jean de Durche leur offre aussi « des boîtes de dyacitron [1] » prises chez Doucet, déjà nommé. Quant aux petits clercs il y a une autre source de dépenses. Jean de Durche va boire avec eux et fait figurer à son compte 23 sous parisis (15 fr. 41), car il a été six fois boire avec Jacquin, le clerc de Jean Jouvence et d'autres compagnons. Il lui a fallu, en outre, pour mettre le procès de Clairvaux, un sac qui lui a coûté 8 deniers parisis (0 fr. 44), une boîte pour porter les lettres qu'il envoyait aux conseillers. Ajoutons beau-

1. Probablement le diachyton (en grec διαχυτὸν), espèce de vin cuit.

coup de menues dépenses ou gratifications de 1, 2 francs pour les expéditions de lettres, copies des *libelli*, requêtes, etc. Un notaire reçut 3 flacons de vin. Bref, Jean de Durche, qui n'avait pas distribué moins de 40 livres de confitures et avait eu beaucoup à payer, avait été contraint de réclamer des fonds aux consuls de Lyon qui lui envoyèrent 120 francs (1287 fr.) : il les toucha chez Robinet de la Playe, banquier. Il put ainsi liquider toutes ses dépenses et se payer lui-même car il n'oublie pas ses propres gages (du 9 avril au 30 septembre), 58 francs 5 sous parisis (625 fr. 42). Par cet exemple, que sans doute suivaient d'autres villes et des seigneurs, on peut voir que si la justice n'était pas encore, du moins elle tendait à devenir marchande.

III. — Privilèges et bénéfices.

Un profit qui semble tout naturel aux conseillers du Parlement, c'est l'exemption des péages et taxes d'entrée pour les récoltes, les fruits provenant de leurs terres[1]. Ils échappent, comme les grands seigneurs, pour leurs approvisionnements, aux impôts indirects dits les *aides*[2]. Faveur tantôt personnelle, tantôt générale. Après la croisade désastreuse de Nicopolis (1396) on leva une taxe spéciale pour le rachat des prisonniers. Les gens du Parlement en furent dispensés[3]. A des menaces d'invasion de Henri de Lancastre il avait fallu répondre par des préparatifs qui nécessitèrent un surcroît d'aides. Le Parlement en fut affranchi[4]. Lors des guerres civiles (1411), les seigneurs du Parlement sont exemptés d'une con-

1. 12 mars 1347, Philippe VI accorde à maître Nevelon de Chaalis, clerc, l'exemption de tous droits pour les grains et les vins provenant de ses bénéfices et nécessaires à son alimentation (Arch., X^{1a} 12, f° 12 v°). Aubert, *Parl. de Paris*, p. 336. — Voir aussi Ord. 28 mars 1364 (1365) (*Ord.*, t. IV, p. 419). — Le 8 mars 1367 (1368), « la Cour signifie à tous péageurs et seigneurs qui leveraient ou s'efforceraient de lever decy en avant peages ou travers des vivres des gens et officiers du Roy dessus nommez, que dorernavant elle les condamnera en amende au Roy et à partie et es despens de partie, sans aucune espargne. » Reg. du Parl. (Collect. Ste-Genev., Ff 13², t. I-III, f° 67.)

2. 4 mars 1397 (1398), Lettres portant que les fruits provenant des terres appartenant aux gens du Parlement et par eux vendus, ne seront point sujets aux droits d'aides; lettres confirmées par celles du 12 août 1400 (*Ord.*, t. VIII, p. 181 et p. 394).

3. 13 février 1398 (1399) (*Ord.*, t. VIII, p. 315).

4. Lettres du 26 mai 1404 (*Ord.*, t. IX. p. 4).

vocation pour l'armée[1]. Les dangers cependant deviendront tels que cette exemption ne sera pas maintenue. Mais les privilèges pécuniaires subsistent : ils peuvent entrer en ligne de compte pour la rétribution des Juges, favorisés, en outre, d'autres avantages assez singuliers.

Dans le désordre du grand schisme, le pape d'Avignon Jean XXIII, afin de se concilier le Parlement, accorda aux conseillers lais le droit de posséder des *bénéfices ecclésiastiques*[2]. Deux Ordonnances réitérées (1411, 1414)[3] réglèrent l'usage que le roi ferait de cet *indult* (indulta facultas) qui lui avait été octroyé, de concéder des canonicats et des prébendes d'églises « à ses chers fidèles gens du Parlement[4] ». Cette faveur pouvait même s'étendre aux fils, frères, neveux des seigneurs du Parlement. Nicolas de Baye, greffier, est nominativement désigné dans l'acte de concession comme assimilé aux dits seigneurs. Aussi ne manque-t-il point, dans ses notes du *Journal du Conseil*, de marquer les distributions de bénéfices ecclésiastiques qui se faisaient par les soins du Premier Président. Fort considérés, les juges du Parlement, reçoivent donc de l'Église, des plaideurs, du Roi, autant dire de toutes mains. Un devoir de vassaux est devenu un office qui a son prix.

1. 6 Déc. 1411 (*Ord.*, t. IX. p. 661).

2. « Jeudi, treizième jour d'avril derrain passé fu plaidé ce qui s'ensuyt moy estant en la Tournelle pour le faict des nominations de Messeigneurs à certains bénéfices par vertu de la grace faicte par nostre Sainct Père le Pape au Roy nostre sire. » Reg. du Parlem. (Collect. Lamoignon, t. XL (43), f° 468, mercredi 25 mai 1390).

3. Ord. 17 oct. 1411 (*Ord.*, t. IX, p. 642); 14 oct. 1414 (*Ord.*, t. X, p. 224).

4. La bulle de Jean XXIII, assez longue, a été imprimée par Aubert (*Parlem. de Paris* (éd. de 1887), p. 326, aux Pièces Justificatives). Elle est datée de Bologne 12 déc. 1414 et se trouve aux Archives (X[1a] 8603, f° 7 v°) sous le titre : *Prerogative Parlamenti per papam Johannem XXIII concesse*. Nous n'en citerons que quelques lignes :... « .... Paterna consideratione dijudicans precum summam instanciam carissimi in Christo filii Caroli regis Francorum illustris pro infrascriptis gentibus tenentibus suum regium parlamentum Parisius, et pro aliis, in eorum supplicationibus denotatis, ac studia fructuosa que gentes parlamentum ipsum regium Parisius tenentes pro statu et honore sancte Matris Ecclesie et Sue Sanctitatis assidua vigilancia impenderunt et impendere jugiter non tepescunt : volens eosdem apostolicis graciis, prerogativis et favoribus specialibus confovere, declaravit, statuit et ordinavit quod hac vice duntaxat ipsis gentibus actu tenentibus parlamentum regium Parisius, quorum nomina inferius denotantur, in assecutione beneficii seu beneficiorum, etc.... » — « et hanc prerogativam idem dominus noster eciam extendi voluit ad filios, fratres ac nepotes infra scriptorum laicorum tenencium parlamentum hujusmodi quorum nomina inferius denotantur, salvo et expresso reservato... ».

A la bulle est jointe une longue liste de membres du Parlement gratifiés de bénéfices : elle a été également publiée par Aubert (p. 326-336).

IV. — Les robes et manteaux. Les roses.

Les membres du Parlement participent en outre aux gratifications périodiques des gens de l'hôtel du roi. Cet hôtel constituait une immense famille. Le roi nourrissait ceux qui le servaient et l'assistaient de leurs conseils. Il les habillait aussi. Lorsque, aux grandes fêtes de l'année, le tailleur de l'hôtel parait le roi de robes neuves et de manteaux neufs, celui-ci ne voulait pas que ses fils, ses frères, ses grands officiers, ses chevaliers et ses clercs fussent humiliés par l'éclat des vêtements royaux. Eux aussi recevaient des *robes*, c'est-à-dire dans le sens qu'avait alors ce mot, des costumes complets[1] et des manteaux[2]. A Pâques, à la Pentecôte, à Noël, se faisaient des distributions de vêtements *livrés* aux seigneurs qui recherchaient cette marque de la faveur royale. Saint Louis, si l'on en croit un chroniqueur, aurait même profité d'une de ces livrées, au jour de Noël 1245, pour augmenter le nombre des soldats de sa croisade. Sur les manteaux qui devaient être distribués, il fit secrètement broder, en fils d'or, une croix à l'endroit de l'épaule[3]. Les chevaliers reçurent les manteaux, à la première heure de la matinée de Noël, avant le jour. Ils se rendirent, avec le roi, à la chapelle pour l'office : à la lueur des cierges

1. « Un habillement complet s'appelait *robe*. La robe d'un homme se composait d'une *cotte*, d'un *surcot*, d'une *cotardie* et d'une *chape* ou d'un autre surtout, soit *manteau*, soit *housse* ou *tabard*, pour mettre à la place de la cotardie suivant les circonstances ou les saisons » (Quicherat, *Histoire du costume*, Hachette, p. 196).

La *cotardie*, expression qui revient souvent dans les documents, était un surcot muni de longues ailes pendant derrière les bras, ou bien de courts et amples mancherons. La cotardie était « orthographiée plus souvent cotte hardie et rendue en latin par *tunica audax*, probablement par suite d'une méprise sur l'étymologie du mot. Ducange cite un exemple de cotardie posée directement sur la cote et cela a dû arriver maintes fois. La nature du vêtement se prêtait a cet emploi. Nous faisons quelque chose de pareil, quand nous mettons un paletot sans habit dessous ». (Quicherat, *Hist. du cost.*, p. 195).

2. Nous avons déjà indiqué le document précieux trouvé par Clairambault : *Pallia militum, clericorum hospitii domini regis Ludovici*, 1231 (Clairambault, VII, vol. 60). (Voir Douet d'Arcq, *Comptes de l'hôtel des rois de France aux XIVe et XVe siècles* (notice.)

3. « .... Comme il leur semblait peu convenable, honteux et même indigne de rejeter ces habits de croisés, ils se mirent à rire mais sans se moquer, en versant des larmes abondantes et joyeuses et ils appelèrent le seigneur roi de France, à cause de ce stratagème, chasseur de pèlerins et nouveau pêcheur d'hommes. » Du Cange, *Dissertations sur l'histoire de Joinville*, V^e, p. 160; — *Chronique de Mathieu Paris*, p. 669.

Pour les manteaux sous Philipe le Bel, Voir *Comptes de la maison du roi* des années 1287, 1288, 1289 et 1313, publiés en Allemagne par Ludwig (Ludwig, *Reliquiæ manuscriptorum*, t. XII, p. 14 à 18, Halæ, 1741.)

chacun aperçut la croix sur l'épaule de son voisin. Les chevaliers comprirent le désir ou plutôt l'ordre du roi. Ils gardèrent le manteau et accomplirent vaillamment le vœu. Les princes, les ducs, les comtes honoraient de semblables livrées leurs familiers. Des chevaliers, des clercs dignitaires d'églises étaient dits « des robes » de la maison d'un duc d'Anjou, d'un comte de Bretagne, d'un comte de Flandre, d'un duc de Bourgogne.

Au milieu du XIVe siècle, d'après les comptes de l'hôtel de Philippe de Valois, les manteaux sont distribués au connétable, aux grands officiers de la couronne, aux principaux seigneurs [1]. Le connétable a droit [2] à 20 livres pour manteau (en parisis 250 fr. 75, en tournois 200 fr. 60); les principaux clercs de l'hôtel, les chapelains, les clers de chapelle, les notaires [3] touchent 10 livres (en parisis 125 fr. 40, en tournois 100 fr. 30). Aux inférieurs, valets tranchants, valets de chambre, huissiers des salles, portiers, valets de vin, valets servants de l'écuelle, sommeliers, trompeurs (menétriers), fauconniers, veneurs, archers, arbalétriers, sergents, huissiers d'armes, etc..., on donne « pour robe » ou costume la valeur de *cent* sous [4] (en parisis 62 fr. 70, en tournois 50 fr. 15). Cela ne veut pas dire que les seigneurs ne reçoivent aussi des costumes entiers. Des comptes de 1378 mentionnent des draps de première qualité, pour les robes des maîtres d'hôtel et des secrétaires du roi. Ces vêtements étaient ornés de fourrure de façon à ce

1 Les robes attachées aux grandes maisons, ces clients de la féodalité que l'on disait être « aux robes » de tel ou tel, [illegible] ceux dont ils subissaient le patronage, [illegible] de vêtements, [illegible] pas leurs armoiries sur leur corps. Ils portaient [illegible] aux frais du maître et assorties aux couleurs qu'il préférait. Un tel uniforme [illegible] que la livraison s'en faisait [illegible] fois par an. » Quicherat, *Histoire du costume*, p. 179.

2 [illegible] Raoul, comte d'Eu, connétable, XX livres par an pour manteau. — Mahieu de Trie, Robert Bertran, [illegible], Bouchart de Montmorenci, Renaut de Trie, [illegible] d'Usages, [illegible] de [illegible], X livres par an. — Nous prenons ici comme base [illegible] la valeur moyenne, sous Philippe de Valois, de la livre tournois [illegible] de la livre parisis à 12 fr. 54.

[illegible] encore une [illegible] Bouchart de Montmorenci qui, comme panetier [illegible] des gages et X livres par an pour manteau; de [illegible] Ansseau de Grenville [illegible] *Philippe VI*, [illegible] Extrait de la B[illegible] de l'École des Chartes [illegible].

3 [illegible] Guy Baudet, chancelier en [illegible] de Langres [illegible] Raimond [illegible] de [illegible] X livres par an pour manteau [illegible] les clercs de chapelle et pour [illegible] est de X livres.

4 *Idem*, p. 23.

que ces officiers fussent « plus honnestement au service dudit seigneur[1] ». Les princes de sang royal, les frères de Charles VI, les grands officiers reçoivent (1387), au nombre de 26, des houppelandes magnifiques et des chaperons « de deux draps verts » de Bruxelles, car les Flandres étaient alors la grande fabrique de l'Europe[2]. Dans les listes que nous fournissent ces fragments de comptes, on retrouve beaucoup de noms qui figurent sur les listes du Parlement[3]. Tous n'ont pas droit à ces manteaux, mais seulement ceux qui appartiennent à l'hôtel du roi. Le manteau reste un privilège; quand on règlera le costume des membres du Parlement, il sera réservé aux Présidents. La *livrée* ne subsista plus tard que dans les derniers rangs des gens de l'hôtel. C'est là ce qui explique qu'aujourd'hui, dans les maisons opulentes, elle n'est plus conser-

1. « Escarlates vermeilles de Bruxelles (de xxiiij aulnes) pour faire robes à 4 maîtres d'ostel du roi... demie escarlate vermeille de Bruxelles pour faire robe pour messire Guy de Cousant, chevalier, grant maistre d'ostel du Roy... iiij escarlates vermeilles de Bruxelles pour faire robes à huit des maistres d'ostel du Roi nostre sire.... Un drap sanguin entier de Bruxelles contenant xxiiij aulnes pour faire robes pour maistre Jehan de Montagu et maistre Jehan Hue, secrétaires du roi... et à chascun viij pennes de gros vair pour fourrer leurs dictes robes à eulz vestir et estre plus honnestement ou service dudit seigneur. » — « Un drap entier sanguin de Bruxelles pour faire robes pour maistre Ligier d'Engiennes, secrétaire du Roy, et pour Jehan de Condé, varlet de chambre dudit seigneur, un 1/2 drap sanguin de Bruxelles (xij aulnes) pour faire robe entiere pour maistre Guillaume de la Fons, secrétaire du roi... etc. » (Compte de Guillaume Brunel [1378], Douët d'Arcq, *Nouveaux comptes de l'argenterie des rois de France*. p. 241, 249, 250.)

2. « Audit Aubelet Buignet, pour deniers à lui paiez, qui deubz lui estoient pour la vante et délivrance des parties de draps qui s'ensuivent, prins et achattés de li et baillés à Guillaume Climence, tailleur et varlet de chambre du Roy nostre sire, pour faire xxvj houppelandes et xxvj chapperons de deux draps vers, que le Roy nostre sire a ordonné estre faictes le premier jour de May, pour lui et pour les seigneurs qui cy après ensuyvent : c'est assavoir le Roy nostre dit seigneur, monseigneur le duc de Thouraine, nosseigneurs les ducs de Berry, de Bourgogne et de Bourbon, le comte de Nevers, messire Charles de Labrest (d'Albret), le connétable de France, le comte de Sanssoire, le mareschal de Cencessere (Sancerre), monseigneur de la Rivière, messire Guy de la Trémoille, le vicomte de Melun, messire Hutin d'Omont, Le Bègue de Villaines, messire Guillaume de Montferrat, le sire de Raineval, messire Guillaume des Bordes, messire Jehan de Bueil, messire Hervé le Coq, messire Guillaume de la Trémoille, le seigneur de Labrest, le comte de St-Pol, le sire de Coucy et le comte de la Marche. C'est assavoir, pour deux draps vers sur le brun de Bruxelles, de grant moison, achattés de lui le xij[e] jour d'avril ccc iiij[xx] vii après Pâques pour mettre et emploier en la façon des dites xxvj houppelandes et chapperons pour les diz seigneurs, pour ledit premier jour de May au pris de 48 l. p. la pièce, valent 96 l. p. etc... » *Ibid.*, page 120.

3. Compte de 1380. « Guillaume Blondel, 2 manteaux (il est, plus loin, qualifié de chevalier des requêtes).

Clercs des Requêtes : Pierre de Rosny, 2 manteaux; puis figurent des maîtres des comptes, clercs des comptes, etc. (Douët d'Arcq, *Comptes de l'Hôtel des rois de France au XIVe et au XVe siècles* [1er compte de Charles VI, manteaux de chevaliers et de clercs], 1380, p. 27.)

vée que pour honorer celui qui la donne, non ceux qui la portent.

Au premier mai, suivant un usage dont il est impossible de retrouver l'origine, les personnages du Parlement, recevaient, avec les manteaux, des chapeaux de roses. Ils n'étaient point les seuls d'ailleurs, car le voyer de Paris avait droit à ce tribut fleuri de chaque chapelier[1]. Ces cadeaux singuliers autant que gracieux étaient faits aussi par des plaideurs. Le maire et les échevins d'Amiens envoyèrent (1406) quatre chapeaux de roses à quatre conseillers du Parlement qui s'étaient occupés d'un de leurs procès[2]. Les pairs de France, privilégiés dans l'appel de leurs causes[3], présentaient à la fois leurs rôles et des roses. Ils en offraient aussi lors de leur réception à la pairie. « Les fleurs, dit La Roche-Flavin, ont été toujours un honneur qu'on a fait aux grands. Ce qui se faisait aux rois et empereurs, notre ancien usage de France le fait à ceux qui représentent immédiatement ses rois en l'administration de sa justice souveraine. Car la présentation que les princes, pairs, et autres pairs de France, archevêques et évêques, font des roses, couronnes et bouquets de fleurs aux cours du Parlement, c'est pour honorer le roi et son lit de justice[4]. »

1. « Il appartient au voyer de faire cueillir chacun an, de chacun chappelier ung chapel de Roses, environ l'Ascension. Et chacun chappelier qui a Rosier ou Rosiers est ou sont tenus d'apporter au voyer plain panier de panpas (pétales) des Roses à faire eaue rose. » (Brussel, *Traité des fiefs*, t. II, p. 746.)

2. Aubert, *Parl. de Paris*, p. 135, note I. Il renvoie à une *Étude historique sur la ville d'Amiens* par M. Duseval, Mémoires lus à la Sorbonne, congrès de 1864, p. 261, note 2.

3. « A l'appel des dits rooles les dits Pairs lays sont receus à présenter au dit Parlement des roses. » (Du Tillet, *Recueil des Rois de France*, p. 376, édit. de 1618.) « ... et que suivant telle observance autrefois fut le débat intervenu entre nos dits cousins les ducs de Montpensier et de Nevers pour la distribution des roses. » (Du Tillet, *Recueil des Rangs des Grands de France*, p. 95.)

4. La Roche-Flavin, *Les Treize Parlements de France*, liv. X. — Voir aussi un article de M. Georges Gibault : *Les Couronnes de fleurs et les chapeaux de roses dans l'antiquité et au moyen âge*. Revue Horticole, année 1896, p. 454. — Voir aussi un article de F. Sacase : *La baillée des roses au Parlement de Toulouse*, Revue de l'Académie de Toulouse, tome IV, 1857, pp. 5-15.

Bien que postérieure à notre période, la citation suivante de Sauval peut trouver ici sa place. « A Marguerite la mercière, marchande de roses et autres fleurs, pour avoir quis et livré quatre douzaines et demie de bouquets de girouflées au prix de 12 sols parisis pour la douzaine, avec sept bouquets escripts de girouflées de cinq sols parisis la pièce, et un grand plein bassin de violette, de roses blanches de quatre sols, qu'il a convenu avoir parce qu'il n'était encore nulles roses vermeilles, qui valent ensemble 4 livres 13 sols parisis; lesquels ont été distribués à MM. les Présidents et conseillers de la Cour de Parlement et autres officiers du roi, la veille de la feste de la Pentecôte dernière passée, qui estoient au dit Chastelet de Paris pour la délivrance des prisonniers qui estoient au dit Chastelet, *comme d'ancienneté a été accoutumé de faire*. » (D'après un Compte du Domaine de Paris. année 1496. *Histoire et recherches des antiquités de Paris*, par H. Sauval, 1724, t. III.)

VI. — Le costume des membres du parlement.

Quand ils avaient déposé le harnais métallique de guerre, les seigneurs, dans les salles de leurs châteaux ou dans celles du Palais du roi, se mettaient à l'aise en des vêtements souples de drap ou de soie : à l'époque de saint Louis, la *cotte*, sorte de tunique longue à manches ajustées, le *surcot*, dépourvu de manches et laissant voir celles de la cotte. Ces robes et ces surcots d'étoffes riches, le plus souvent d'écarlate (ce mot désignait une qualité supérieure de drap [1]) étaient ou bleues, ou rouges, ou vertes suivant la couleur préférée du baron ou plutôt du champ de ses armes. Elles étaient aussi mi-parties (de plusieurs couleurs) et même *échiquetées*. Sur les vitraux de Chartres, *Jean de Bretagne*, fils de Pierre Mauclerc, est représenté avec une cotte ou robe demi-longue et des manches rouges, à bordure rouge et carreaux bleu et jaune disposés en échiquier [2] : au-dessous de l'épaule gauche une pièce d'armoiries [3]. Dans les groupes de personnages qui remplissent certaines miniatures, les robes sont rouges avec bordure blanche, ou vertes avec bordure brune, ou bleues avec bordure brune. Les coiffures sont aussi decouleurs différentes qui, loin de se compléter les unes les autres, se heurtent plutôt. Quoique les artistes fussent arrivés à l'harmonie de tons dans les vitraux, le goût ne paraît point s'en ressentir dans les costumes. On tenait surtout à l'éclat et à la

1. « L'étoffe dominante au XIIIe siècle fut le drap. On en fabriquait partout et de tous les prix. Le plus estimé était celui des manufactures du Nord. Il y avait telle qualité, l'*écarlate* par exemple, dont l'aune valait 150 à 200 fr. de notre monnaie. Le *vert* n'était guère moins dispendieux. Le goût était toujours aux tissus mélangés de plusieurs couleurs. On ne s'en tenait plus à la combinaison qui produisait des rayures. Il y eut des draps *échiquetés* ou à carreaux de couleurs alternées, des *marbrés*, des *mêlés* ou *chinés*, des *papillonnés*. Les petits lainages se prêtent aux mêmes dessins.... » (J. Quicherat, *Hist. du cost.*, p. 180.)

2. *Recueil de Gaignières*. Bibl. nat. Estampes, t. II, p. 10, in-f°. Jean de Bretagne, armé chevalier par saint Louis (1239), l'accompagna à Tunis (1270); mort en 1286.

3. « On faisait des habits armoriés en étoffe de la couleur du champ de l'écu. Les emblèmes héraldiques étaient figurés dessus par un procédé d'impression appelé *batture*. Il y eut des robes parties et écartelées, c'est-à-dire dont chaque face représentait l'accouplement de deux et de quatre blasons. Jamais décoration n'avait produit autant d'effet. On la rendit tout à fait somptueuse en substituant à la batture la broderie d'or, d'argent et de soie de couleur. (Quicherat, ouv. cité, p. 179.)

richesse. Philippe le Hardi donna l'exemple du luxe et Joinville, avec sa familiarité, osa l'en reprendre[1].

La robe de dessous se voyant peu, le luxe se déploya dans le *surcot*, dans le *manteau* ample et flottant comme la *cape*, ou ajusté comme le *peliçon* (la pelisse); plus tard la *houppelande*. Hommes et femmes, nobles ou bourgeois se parent de peliçons à formes très variées : les uns à manches fendues, longues ou courtes, les jupes traînant à terre, les autres fendus par devant, de haut en bas, avec une simple ouverture pour passer les bras. Les peliçons deviennent plus larges à mesure qu'on avance dans le xive siècle et on y adapte une ceinture pour les retenir autour du corps. Les fourrures de « gris », de « vair », ornent ces manteaux-pelisses et en relèvent le prix.

Souvent le manteau restait ouvert sur le côté et agrafé sur l'épaule gauche. Les princes du sang royal le portaient, comme le roi lui-même, bleu, semé de fleurs de lys d'or. La qualité de cadets était indiquée par la brisure héraldique de gueules (rouge) traversant en biais tout le manteau : le bas était, avec les poignets, garni de fourrure blanche et une large bordure d'or courait sur le côté droit. Un collier d'or attestait la prééminence. Dans la miniature bien connue du procès de Robert d'Artois, les comtes et barons sont figurés en robe longue, bleue, à grandes manches, à replis autour du cou avec doublure d'hermine[2]. Dans une miniature représentant un hommage rendu entre les mains de Charles V[3], le roi siège en manteau bleu à fleurs de lys d'or avec un large

1. « Il (saint Louis) disoit que l'on devoit son cors vestir et armer en tel manière, que li preudome de cest siècle ne deissent que il en feist trop, ne que li joene home ne deissent que il feist pou. Et ceste chose ramentije le père (Philippe III) le roy qui orendroit est (Philippe IV), pour les cotes brodées à armer que on fait hui et le jour; et li disoie que onques en la voie d'outremer là où je fu. je n'i vi cottes brodees, ne les roy, ne les autrui. Et il me dist qu'il avoit tiex atours brodez de ses armes, qui li avoient coustéi huit cenz livres de parisis. Et je li diz que il les eust miex emploiés se il les eust donnez pour Dieu, et eust fait ses atours de bon cendal enforcié de ses armes, si comme ses pères faisoit. » (Joinville, *Hist. de saint Louis*, p. 8.)

2. Gaignières, t. III, p. 32. — Voir aussi le savant et intéressant mémoire de M. Glasson sur les *Origines du costume de la Magistrature* (lu à la séance publique annuelle des cinq Académies le 21 octobre 1882). Paris, Larose et Forcel, 1884.

3. Gaignières, t. IV, p. 8. Hommage entre les mains de Charles V; mss de la Chambre des Comptes. — Le roi porte manteau bleu à fleurs de lys d'or avec collet et gorgerin d'hermine mouchetée autour du cou, auquel est attaché un chaperon, cheveux longs, moustache et un peu de barbe au menton, couronne en tête (à 6 bas fleurons). Il siège sous un ciel de lit à fond rouge avec rideaux bleus, lambrequin vert et blanc.

collet d'hermine mouchetée; devant lui le duc de Bourbon prête hommage en tunique bleue fleurdelisée avec grosse ceinture arrêtée par un fermail. A gauche, derrière la chaise du roi, on aperçoit debout le dauphin Charles (Charles VI) avec la robe écartelée de France et une figure de dauphin, puis le duc d'Orléans, son frère, avec la robe bleue également fleurdelisée, enfin les trois frères du roi avec des robes bleues dont les bordures varient, argent, rouge, suivant les armes de leur maison. La robe bleue fleurdelisée du chambellan, *Jean d'Artois*, comte d'Eu, est traversée par la brisure des cadets, dite *lambel*, avec des pendants. En bas de l'estrade, le connétable *Bertrand Du Guesclin*, comte de Longueville, porte une robe grise; sur sa cotte, ses armoiries, l'aigle à deux têtes couronnées; puis la cottice de gueules qui broche sur le tout: il tient une grande baguette, signe de sa juridiction. Sur les robes des autres seigneurs, maréchal *Louis de Sancerre*, maréchal *Mouton de Blainville*, *Hugues de Châtillon*, grand-maître des arbalétriers, *Jean de Vienne*, amiral de France, *Édouard de Beaujeu*, *Chaumont*, cadet de la maison de Chaumont en Vexin, sont également brodées leurs armoiries, les unes d'azur à croix d'argent, les autres avec des fasces (bandes) ou le lambel. *Gilles de Nedonchel*, chambellan du duc de Bourbon, est signalé sur sa robe d'azur par une bande d'argent; *Regnault de Trie*, seigneur du Plessis, porte d'or à la bande de gueules surchargée d'une autre bande composée d'argent et d'azur avec une merlette[1]. Dans les assemblées de seigneurs et, par conséquent, dans les réunions solennelles du Parlement, sur le bleu, le rouge, le vert, le jaune des manteaux se détachent aussi les *métaux* des armoiries, or et argent, les *pièces*

1. Voici le détail que donne Gaignières : « Le maréchal Louis de Sancerre robe bleue, armoiries des deux cottices contrepotencées avec le lambel de gueules pour brisure. — Mouton de Blainville, robe bleue, armoiries d'azur à la croix d'argent accompagnée de croisettes enhendées d'or, avec une cottice de gueules sur le tout. — Hugues de Châtillon, seigneur de Dampierre, robe bleue avec ornements variés, armoiries brisées de deux lionceaux affrontez en chef. — Jean de Vienne, robe de gueules et l'aigle à deux têtes d'or. — Édouard de Beaujeu, robe jaune, armoiries d'un lion de sable avec un lambel de gueules. — Chaumont, fasces de gueules et lambel d'azur.

« Gilles de Nedonchel, chambellan du duc de Bourbon, élève sur un bâton les clefs d'un chasteau de la comté de Clermont. Il a sa robe d'azur à une bande d'argent. — Regnauld de Trie, seigneur du Plessis, porte d'or à la bande de gueules, surchargée d'une autre bande composée d'argent et d'azur pour brisure avec une merlette,... etc. » (Gaignières, Recueil cité.)

(fasces, pal, bande, barre, etc.), et surtout les *meubles* : lions isolés ou affrontés, aigles à une tête ou à deux têtes, léopards, animaux plus ou moins fantastiques, dont les pattes se contournent ou les figures grimacent; tours, têtes de Maures, clefs, merlettes, croix et croisettes. Images parlantes pour les hommes de ce temps qui lisaient jusque sur le costume l'illustration héréditaire de ces comtes, de ces ducs, souverains et guerriers, toujours prêts à justifier, la lance au poing, la gloire de leur maison dessinée au plein de leurs manteaux.

On apercevait peu, sous ces vêtements amples, les *chausses* collantes de couleurs variées[1], mais on voyait les souliers à bec, dont les pointes s'allongèrent d'une façon ridicule, « à la poulaine », sous le règne de Charles VI, ou bien les *estivaux* (souliers d'été) faits de velours ou de brocart[2].

Les coiffures changent souvent de mode. Saint Louis portait des chapeaux en plumes de paon. Son fils, *Pierre d'Alençon*, est figuré avec une sorte de *toque* ou chapeau rond[3]. Beaucoup de seigneurs ceignaient leur chevelure d'un *chapeau-guirlande* ou *chapelet* d'orfèvrerie, marque distinctive des chevaliers[4]. *Robert de France*, comte

1. « Les *chausses*, qui complétaient le vêtement des jambes et qui se plaçaient sous les braies, correspondaient aux bas dont on se sert aujourd'hui. Si l'on s'en rapporte à un dessin du XIIIe siècle, elles ressemblaient exactement à nos pantalons à pied. Elles étaient faites de plusieurs pièces rapportées, et tenaient sur la jambe par un cordon placé au-dessus des braies. A Paris les chausses devaient être cousues de fil blanc et noir, afin qu'on pût suivre le fil et vérifier si la couture était bien faite. (Louandre, *les Arts somptuaires. Histoire du costume et de l'ameublement*, t. I, p. 125 [2 volumes de planches]; Paris, chez Hanguard-Maugé, 1857-1858, in-4.)

2. « Les *souliers à bec*, considérablement allongés sous le nom de souliers à la poulaine, étaient toujours pointus quoiqu'en restant stationnaires quant à la longueur de leurs pointes. Cette pointe forme le signe caracteristique des souliers de l'époque; mais les espèces n'en étaient pas moins variées. On connaît les *heuses*, *houses* ou houséaulx, qui étaient fendus d'un bout à l'autre sur le devant et se fermaient sur le cou-de-pied avec des boucles ou des courroies. (Louandre, p. 133.)

« Les *estivaux* (estivalia) étaient, comme leur nom l'indique, des chaussures d'été portées par ceux qui se distinguaient dans leur toilette. Aussi les estivaux étaient faits de velours, de brocart, ou de quelque autre riche étoffe.

« Les *souliers*, *subtalares*, *solearii*, portaient des boucles faites de laiton, d'archal et de cuivre. On les mettait à l'aide d'un chausse-pied nommé trainelle. Les *bottes* ou bottines étaient d'un usage très fréquent et souvent d'une grande élégance. Les moines comme les laïques se servaient de cette chaussure. (Louandre, p. 134.)

3. Pierre de France, comte d'Alençon, fils de saint Louis, mort en 1283. Gaignières a reproduit son portrait pris sur un vieux pastel (t. II, p. 7).

4. Dans la miniature, citée plus haut, d'un hommage à Charles V, le duc de Bourbon, qui prête hommage, porte sur la tête le chapelet de chevalerie. Des guirlandes de roses se voient sur plusieurs représentations analogues. Le chancelier, qui se tient derrière la chaise du roi, a le chapelet de chevalerie. (Gaignières, t. IV, p. 8.) — Voir également une belle figure de Louis Ier, duc de Bourbon, mort

de Clermont, fils de saint Louis, est représenté avec un *chapeau de feutre* au bord relevé sur le front avec un ornement en rosace ; le fond du chapeau est rouge, les bords sont gris[1]. Ou bien, à la place du chapelet d'orfèvrerie, les seigneurs portent un *chapeau de roses*, guirlande de fleurs qui se remarque sur la tête des personnages de tout rang dans les cérémonies. Aux XIIIe et XIVe siècles on emprisonne aussi la chevelure dans une *coiffe* serre-tête, sorte de béguin d'enfant avec bride[2]. Des portraits de *Jean le Bon*, de *Charles V*[3] nous les montrent avec ces coiffes singulières qui ne cadrent guère avec la robe bleue fleurdelisée, mais qui, d'habitude, étaient dissimulées sous le chapeau. Le *chaperon* dispensait de cette coiffe : c'est lui, d'ailleurs, qui domine au XIVe siècle. Ses combinaisons multiples varièrent souvent en ces époques où les goûts étaient pourtant moins changeants qu'aujourd'hui[4].

en 1342, prise sur un armorial d'Auvergne. Le duc, qui porte un grand manteau bleu, flottant, échancré, à fleurs de lys d'or, avec une grande brisure de gueules en travers et doublé d'hermine tachetée, des hauts de chausses et des chausses rouges, a sur la tête un chapelet d'orfèvrerie. (Gaignières, t. III, p. 43.)

1. Figure prise sur un Armorial d'Auvergne. (Gaignières, t. III, p. 12.)

2. « C'était une coiffe d'un nouveau genre, dont la mode commença pour les hommes dans les dernières années du XIIe siècle. Elle s'éloignait de tous points de la coiffe adoptée par les femmes au temps de saint Louis, car elle s'attachait par des pattes sous le menton et elle fut toujours blanche : en toile pour les bonnes gens, en linon et en gaze pour les élégantes. Un éloge en vers du commerce de la mercerie nous apprend que, pour charmer les belles, les damoiseaux mettaient des coiffes d'une exquise transparence, brodées d'oisillons et de bouquets. Charles V en portait encore. Leur plus beau moment fut le règne de Philippe le Bel. Les conseillers de ce prince et de ses fils, les seigneurs de toutes les cours contemporaines se montrent invariablement coiffés de la sorte dans les miniatures des manuscrits.... » (Quicherat, *Hist. du Cost.*, p. 193.)

3. Gaignières reproduit un portrait de Jean le Bon d'après un tableau qui était au-dessus de la porte de la sacristie dans la Sainte-Chapelle. Le roi portait une grande robe bleue, avec une pèlerine bleue, des chausses rouges, des souliers ornés, une collerette à deux larges pattes et une coiffe (*bonnet*). Il était figuré avec des moustaches (t. III, p. 85).

Une miniature de Jean de Bruges, peintre du roi, représente, en 1371, Charles V, à l'âge de trente-cinq ans, enveloppé d'une longue robe avec pèlerine retombant sur les manches et faisant des replis autour du cou ; tête nue avec coiffe serrant les cheveux. (Gaignières, t. IV, p. 5.)

4. « Le chaperon, dit Monet, est un habillement de teste des vieux François, façonné de drap, à la testière serrée en guise de capuchon, terminé en bourrelet vers le derrière de la teste, auquel bourrelet pendoit une longue et estroite manche qui s'entortilloit au col. Il y avait au milieu de la testière une longue creste de drap qui se couchoit sur l'une des oreilles contre le chaud et le vent. Le chaperon du roy estoit parsemé d'orfèvreries ou diapré de pierreries. » Plus un personnage était important, plus il donnait d'ampleur à son chaperon, plus il le surchargeait de fourrures. Les personnes sans titre le portaient étroit et sans aucune ornementation. (Louandre, t. I, p. 127.)

Les *chapeaux* étaient usités dès le temps de saint Louis. Dans le Livre des Métiers d'Étienne Boileau figure la mention de chapeliers de fleurs, de chapeliers

En général, les cheveux restent longs et bouclés, les figures, imberbes au XIIe siècle, reparaissent avec la barbe [1]. On a quelques représentations de saint Louis avec la barbe [2], qui, du reste, ne fut généralement adoptée qu'au milieu du XIVe siècle.

de feutre, de chapeliers de coton, de chapeliers de paon, de fourreurs de chapeaux et de *faiseresses* de chapeaux d'orfroi. Les chapeaux de feutre étaient de formes très variées. Il y en avait de pointus, de cylindriques, d'hémisphériques et le feutre en était de loutre, de poil de chèvre, de bourre; les chapeaux de coton paraissent n'avoir été que de simples calottes comme les chapeaux de fleurs n'étaient que de simples couronnes. (Louandre, t. I, p. 129.)

1. « Raccourcie chez Louis VI, dit M. Demay (*le Costume au moyen âge d'après les sceaux*, p. 79), la barbe paraît rasée chez Louis VII, l'est complètement chez Philippe Auguste et tous les autres souverains jusqu'à l'avènement de Henri II. (Longnon, *Iconographie de saint Louis*, p. 5, n. 2. Cf. Quicherat, *Hist. du cost.*, p. 192.)

2. Il s'agit des peintures qu'on remarquait à l'autel de l'église basse dans la Sainte Chapelle et dont nous avons déjà parlé (p. 7). « Les costumes, dit le savant Longnon, ne permettent pas de croire ces peintures postérieures au XIVe siècle, et si la barbe que portent saint Louis et quelques autres personnes, fait tout d'abord songer au milieu de cette période, on est bientôt forcé de reconnaître que la courte barbe du saint roi n'est pas une adaptation à la figure de ce prince de la barbe portée par les contemporains du roi Jean. Et, en effet, dès les vingt premières années du XIVe siècle, c'est-à-dire au temps de Philippe le Bel et de son fils, on représentait ordinairement saint Louis avec une barbe courte : or, la mode n'étant pas telle alors, l'auteur n'a pu, dans l'espèce, être influencé par elle; d'autre part les personnes qui avaient intimement connu saint Louis, et il en existait encore un certain nombre au temps de Louis le Hutin et de Philippe le Long, se seraient certainement récriées à la vue d'un travestissement aussi grave de la figure royale. On est ainsi amené à voir dans le saint Louis barbu un type traditionnel accepté dès l'année 1316, type inspiré probablement par le souvenir du saint Louis d'entre les deux croisades, de 1254 à 1270 : peut-être Louis IX, qui consacrait un temps assez long aux pratiques d'une piété sincère, avait-il renoncé à se faire raser journellement; peut-être portait-il déjà la barbe en Egypte et en Syrie, dans ces contrées d'Orient où elle a toujours été fort en honneur. Au reste les tableaux de l'église basse de la Ste Chapelle représentent saint Louis dans les dernières années de sa vie, alors, comme le dit M. G. Le Breton, parlant d'autres monuments, « alors que les souffrances et les années avaient altéré les traits de son visage, modifié encore par la barbe qu'il aurait laissé croître. » (Longnon, *Iconographie de saint Louis*, p. 3 et suiv.)

Ajoutons que les documents recueillis par Gaignières ne nous fournissent pas d'éclaircissements à l'appui de ces renseignements tirés d'anciennes peintures. Gaignières a reproduit plusieurs figures de saint Louis d'après les vitraux de Poissy et Chartres : 1° sacre de saint Louis (Poissy), robe rouge et manteau bleu; 2° Saint Louis offrant un reliquaire (Chartres). Son costume est sévère : robe rouge, robe de dessus verte à manches, collerette à plis de même couleur avec pan retombant, tête nue, cheveux longs, *pas de barbe*; 3° Saint Louis en armure, cotte de mailles, heaume fermé, gambeson vert : il tient à la main une bannière bleue à fleurs de lys d'or et de l'autre un écu bleu à fleurs de lys d'or. Ici on ne voit pas le visage; on ne peut rien conclure (t. I, p. 53-57).

Le continuateur de Guillaume de Nangis rapporte à l'année 1340 la mode générale des barbes longues : « Barbas longas omnes viri, ut in pluribus, nutrire ceperunt » (édit. Géraud, t. II, p. 185). Cette mode nouvelle coïncida avec celle des vêtements et des cheveux courts; mais, selon Viollet-le-Duc, cette mode ne fut pas de longue durée, ni suivie par toute la noblesse. Les barbes étaient pointues, coupées ras des tempes au coin de la bouche, les moustaches courtes et se mariant avec la barbe. » (Viollet-le-Duc, *Dictionn. du Mobilier*, t. III, p. 218. Cf. Jules Qui-

Vers la fin de cette période, une révolution complète s'opéra dans le costume des seigneurs comme des bourgeois. On rejeta la cotte longue : ce fut le règne des vêtements courts, ajustés, dessinant les formes du corps avec tant de naturalisme que bientôt les prédicateurs tonnèrent contre l'indécence des modes nouvelles. Il n'entre point dans notre sujet de détailler ces justaucorps boutonnés, ces longues chausses collantes dont l'une était rouge et l'autre bleue, ces vestons très courts, ces manteaux circulaires et flottants ou à manches pendantes, ces souliers à la poulaine. Le luxe, sous Charles VI, se développe autant que le mauvais goût. Les oncles du roi, le duc de Berry, le duc de Bourgogne, son frère surtout, le duc d'Orléans, rivalisent de faste et de richesse, si bien que les moines chroniqueurs ne manqueront pas de présenter comme un châtiment des mœurs, les désastres de ce temps[1]. Le roi, à cause de sa dignité, conserve les vêtements longs[2]; les princes et les seigneurs gardent aussi pour les cérémonies, même en plein triomphe, des habits courts, la robe longue, pourpre ou bleue, avec le manteau-cape violet doublé d'hermine. Au Parlement les nobles siègent en robes longues, peliçons ou houppelandes très amples, serrées par une ceinture à laquelle pendaient, suspendues à des baudriers ornés, l'épée et la dague, sans parler de l'aumônière.

A plus forte raison la robe demeure le costume des prélats et du clergé. L'Église, qui venait de fixer d'une façon définitive les vêtements liturgiques, laissait aux évêques et aux clercs la liberté pour les vêtements civils, se bornant à leur prêcher la simplicité. La robe des clercs, longue, enveloppe tout le corps; d'abord elle

cherat, *Hist. du cost.*, p. 228. — Longnon, *Iconographie de saint Louis*, p. 4, n. 1. Voir sur cette question de la barbe, outre les *Recherches sur la barbe* du P. Oudin (1673-1752), la *Pogonologie* ou *Histoire philosophique de la barbe*, par Dulaure, etc. Voir aussi un Mémoire court et précis d'Édouard Deligand : *Les gens de robe peuvent-ils porter moustache?* (*Bulletin de la Société archéologique de Sens*, 1876.)

1. Comme modèle d'habits courts dans Gaignières, on peut citer la figure de Jean Vaudetar, valet de chambre de Charles V, d'après une miniature de 1371. L'habit court dessine la taille, sorte de justaucorps, et descend jusqu'en haut des cuisses : il est boutonné (28 à 30 boutons) avec une courte échancrure sur le côté et 3 boutons : les hauts de chausses sont collants, les chaussures ont la pointe longue. A la ceinture placée au bas du ventre pendent les clefs et la dague. (Gaignières, t. IV, p. 6.)

2. Il ne s'agit point ici du costume d'apparat qui fut pour tous les rois du moyen âge la dalmatique et la chlamyde, mais des amples surcots et manteaux maintenus dans leur coupe d'autrefois. Cela composait une mise d'apparence sévère, religieuse plutôt que mondaine. Christine de Pisan l'a caractérisée par la double épithète de royale et pontificale. (J. Quicherat, *Hist. du cost.*, p. 229.)

n'était point ouverte sur le devant; elle fut serrée par une ceinture avec des manches tantôt larges, tantôt ajustées. Les prélats la portaient en étoffe riche, ou blanche avec bande de pourpre, ou bleue, ou rouge, ou verte. On ne leur avait pas encore attribué exclusivement le violet[1]. Les cardinaux eux-mêmes ne se distinguaient point par la robe rouge. C'est Boniface VIII, croit-on, qui la leur imposa. Par-dessus la robe se passe souvent une autre robe, ouverte sur les côtés pour les bras et garnie d'un capuchon ample doublé d'hermine. Le manteau des prélats est une *chape* ou *cape*, close et munie d'un vaste chaperon fourré[2]. Ce chaperon retombe sur les épaules en forme de pèlerine. Le *camail* en est venu; plus tard on le détacha du manteau et on en fit un des ornements des dignitaires ecclésiastiques, ainsi que de l'*aumusse* des chanoines, sorte de grand capuchon qui couvrait également les épaules[3]. Quand on ne se coiffait point de l'aumusse on la portait sur le bras, la fourrure en dehors. Les chapeaux des prélats, ronds, avaient de légers bords, et ceux des cardinaux des bords plus larges, avec des cordons si longs que, même noués sur la poitrine, ils descendaient jusqu'aux pieds. Les évêques sont aussi représentés avec de hauts bonnets ou le chaperon.

Les maîtres clercs[4] portent la même robe que les prélats, d'étoffe

1. Pour tous ces détails, voir Quicherat, *Hist. du cost.*, p. 318.

2. « Dans l'origine, les capes qui enveloppaient le corps tout entier, *capa*, suivant Isidore de Séville, quia totum hominem capit, n'avaient point de manches. Ce fut vers la fin du XIIe siècle et au commencement du XIIIe que les ecclésiastiques commencèrent à mettre des manches à leurs capes. Le seizième canon du concile de Latran, de l'an 1215, leur en défendit l'usage, et, pendant tout un siècle, cette défense fut répétée par les synodes et les constitutions des évêques. Exclue par l'Église du costume usuel des prêtres, la cape fut adoptée pour leur costume officiel; mais, suivant dom Claude de Vert, juge irrécusable en ces matières, on ne peut fixer l'époque où l'on commença à distinguer les capes ou les *chapes* de chœur, (*capæ chorales*) de celles qui servaient dans la vie civile... ... Comme ce vêtement enveloppait le corps d'une manière parfaite et qu'il était le plus souvent en poil de chèvre, on s'en servait surtout comme d'un habit de campagne ou de voyage.... » (Louandre, *Hist. du cost. et de l'ameubl.*, t. I, p. 122.)

3. « L'aumusse, autre coiffure d'origine ecclésiastique, faillit un moment détrôner le chaperon. Elle consistait en une pièce de drap ou de velours oblongue et fourrée. A l'une des extrémités, on avait ramené l'un contre l'autre les deux coins et fait une couture d'où résultait une poche pointue. On mettait cette poche sur la tête, le reste de l'étoffe pendant sur le dos. Lorsqu'on ôtait son aumusse on la mettait sur un bras. Les dames portèrent l'aumusse jusqu'à l'avènement des Valois. Depuis ors, cette coiffure resta affectée exclusivement aux chanoines des chapitres séculiers. » (Quicherat, *Hist. du cost.*, p. 192. — Cf. Racinet, *le Costume historique*, in-f°, t. III [Firmin-Didot, 1888], Viollet-le-Duc, *Dict. du mobilier*, t. IV, p. 275.)

4. « Les clercs portaient alors des robes relativement élégantes et souvent aussi doublées de fourrures. Un maître-clerc est vêtu d'une très ample robe bleue, à

moins riche; les parements, les fourrures dépendent des rangs ainsi que la couleur des robes, bleu, vert, gris. Les simples clercs, gradués seulement en théologie et en droit canon, sont revêtus de robes gris brun à camail et capuchon, serrées à la taille par une ceinture à laquelle est attachée l'aumônière[1]. Les robes ne sont plus de drap, mais de laine et se rapprochent du froc monastique. Nous pouvons nous représenter les costumes d'autrefois par ceux des moines de notre temps, car les ordres religieux avaient pris le costume le plus simple de leur époque : ils s'en firent une règle qui a traversé les siècles; la robe, le manteau d'un Dominicain peuvent faire comprendre quel était alors le costume du clergé, même séculier. Les légistes laïques, qui, comme les clercs, sortaient des universités et qui eux-mêmes souvent avaient reçu les ordres mineurs, portaient, au Parlement comme au dehors, la robe ecclésiastique et un ample manteau[2]. Les habits courts, réputés mondains, frivoles, même inconvenants, pénétrèrent avec la foule dans la Grande Salle du Palais, mais ni les conseillers du Parlement, ni les avocats, ni tous ceux qui touchaient à la justice ou à l'administration, n'abandonnèrent leur costume plus sévère, plus conforme à leur caractère[3]. Avant qu'il y eût des règlements, la tradition distingua les juges par la robe. Les légistes paraissent tous affublés du chaperon qui enveloppait la tête, formant des plis et des replis disposés par chacun à sa guise[4]. En haut, une sorte

larges manches, avec pattes d'hermine et capuchon doublé de même. Il est coiffé d'un bonnet gris pourpre avec agréments d'or. (Viollet-le-Duc, *Dict. du mobilier*, t. IV, p. 274 et fig. 33.) La figure 34 montre un autre clerc plus modestement vêtu d'une robe fendue par devant, juste à la taille et aux manches, avec camail et capuchon. »

1. Viollet-le-Duc, *Diction. du mobil.*, t. IV, p. 281, d'après un ms. français de la Bibl. nat., *Miroir historial.*

2. Un très précieux manuscrit, conservé à la Bibliothèque de l'Arsenal, la *Bible de Charles V* (n° 590) peut nous aider à nous faire une idée exacte des costumes de l'époque. Dans ses très intéressantes miniatures (au nombre de 82), c'est la robe longue qui enveloppe les personnages figurés de l'Ecriture sainte et par-dessus la robe longue se trouve souvent le manteau flottant drapé autour du corps et dont les plis sont retenus par la main. Voir spécialement les miniatures des f° 43 r°, Incipit du Lévitique; 55 r°, Incipit des Nombres; 72 r°, Incipit du Deutéronome. La miniature de l'Incipit du livre de Ruth (f° 108 r°) présente au contraire un modèle de cotte courte, mais vêtement commun et de voyage. Il s'agit du départ de la famille d'Elimelech et de Noémi. — L'Incipit du livre de Néhémias (f° 195 v°) montre un personnage vêtu d'une simple robe longue avec le cou nu. Les amis de Job (f° 224 v°) portent la robe longue et le manteau ouvert. A l'Incipit du livre d'Osée (f° 381 v°) on remarque une vraie robe de moine, etc.

3. Voir Glasson, *Origines du costume de la magistrature*, p. 8.

4. Nous avons déjà parlé du chaperon, mais cette coiffure était si générale que

de crête de drap se couchait sur l'une des oreilles pour garantir du vent. Derrière pendait une longue et étroite manche qui s'entortillait au cou. Ces chaperons, en hiver, étaient fourrés; les personnages considérables les amplifiaient, les ornaient, les chargeaient même d'orfèvrerie. Dans les assemblées, le chaperon était d'ordinaire rabattu. Quand l'usage s'en perdit, les légistes le rappelèrent en conservant la manche pendant sur l'épaule, origine de l'*épitoge*.

Mais les légistes, les docteurs en théologie se coiffaient aussi de hauts *bonnets*[1] en velours, en drap, souples et de formes variées, quelquefois bizarres, qu'on pouvait plier : c'était la *barrette* des gens d'Église, elle devint le bonnet des juges[2].

Quelques miniatures nous permettent de nous représenter d'une façon à peu près précise des juges à la fin du XIVe siècle[3] : *grande robe longue*, violet pâle, à ceinture, bordure de *fourrure* en bas, aux manches, et à la poitrine, ou bien une robe ample et flottante également violette, ou bien une grande *houppelande* marron à

nous ne saurions trop y insister. « Le chaperon, dit Quicherat, fut une coiffure commune aux deux sexes. Les hommes le portèrent d'abord sous le chapeau, ensuite sans le chapeau; après 1300 ils eurent une manière de le mettre qui n'était qu'à eux. L'idée était venue de se fourrer la tête dans la visagère, on obtint par ce moyen une casquette étoffée que les plis ramassés du guleron débordaient à l'instar d'une crête. La cornette retombait de l'autre côté. La ressource de tirer deux sortes de coiffure d'un seul bonnet assura la durée de cette mode. » (Quicherat, *Hist. du cost.*, p. 193.)

1. « Les bonnets, qui paraissent au XIIe et au XIIIe siècle, furent ainsi nommés, d'après dom Claude de Vert, de l'étoffe dont ils étaient faits (drap vert ou *bonnete*). — Les *bonnets carrés* (*tutupia*), sont mentionnés dans un statut synodal de l'église d'Angers de l'année 1265. On y voit qu'à cette date les bonnets carrés étaient à l'usage des clercs mariés ou des clercs célibataires qui devaient s'en coiffer pour venir à l'église et les ôter quand ils étaient en présence de l'évêque, de l'archiprêtre et du doyen. — Les gradués en droit portaient aussi, à ce qu'il parait, à cette date, un bonnet particulier nommé *birretum*. » (Louandre, t. I, p. 131.)

2. « La *barette*, dit Quicherat, empruntée par les laïques aux gens d'église, mais exagérée dans sa façon, nous représente un haut bonnet de velours et de drap, qui tantôt s'en allait en pointe, tantôt s'amortissait comme le fond d'un sac. Presque tous les portraits que nous avons de Jean Sans-Peur le représentent avec une barrette noire pointue ». (Quicherat, *Hist. du cost.*, t. I, p. 255.)

3. « Gaignières nous fait connaître, dit M. Glasson, un certain nombre de personnages du XIVe et XVe siècles et nous les présente sous des costumes empruntés à des peintures du temps où ces personnages vivaient : un conseiller du roi Charles V, en *robe lie de vin*, avec chaperon de même couleur et culotte rouge; Alain, forestier, maître ès-arts et licencié en décret; Nicolas de Plancy, maître des comptes; Guillaume le Perdrier, maître en la chambre aux deniers; Guart de Bruyères, notaire, secrétaire et garde du roi; Brochier, clerc du trésor du roi; Guillaume Hue, lieutenant de sénéchal; Morelet conseiller du roi au pays de Caux et bailli d'Eu; Raguier, trésorier des guerres et conseiller de la reine. tous ces personnages sont gens de robe longue, sauf le dernier; les uns portent le manteau, les autres en sont dépourvus; ceux qui appartiennent à l'ordre judiciaire sont ornés du chaperon. » (Glasson, *Orig. du cost. de la magist.*, p. 9.)

manches, fendue sur le côté droit et bordée de fourrure; *chausses* noires avec pointes; *chapeau de feutre* gris à bord relevé sur le côté droit. Un conseiller du Parlement est figuré sur sa tombe, quoiqu'il eût été marié, en *robe longue* avec *aumusse* longue à manches longues et très large capuchon[1].

La miniature du procès de Robert d'Artois, quoique très instructive, est évidemment trop symétrique pour être exacte : elle ne s'accorde pas, sur bien des points, avec les documents. Nous ne possédons point de représentation directe d'une séance du Parlement avant l'œuvre de Jehan Foucquet, peintre de Charles VII, et nous ne pouvons nous en servir pour notre période. Mais une grande miniature, reproduite par Gaignières, nous montre un moine offrant un livre à Charles V au milieu d'une magnifique

1. C'est Mile, conseiller du roi au Parlement, mort le 17 août 1372 (d'après une tombe, détruite, de la cathédrale de Sens). Ce conseiller était marié, mais le costume est plutôt celui d'un clerc. Gaignières a joint le portrait de la femme gravé sur la même tombe. (Gaignières, t. IV, p. 32.)

Un ministre d'État (1372) a la tête coiffée du bonnet, et la barbe entière. Sa cotte est *longue*, bleue, à manches, ouverte dans le bas; son manteau forme des plis relevés par les mouvements des bras; son chaperon est rabattu; ses chausses sont grises et ses souliers pointus. (*Ibid.*, p. 58.)

Un autre conseiller de Charles V porte un grand manteau rouge pâle avec pèlerine, manches dégagées, et qui laisse voir une cotte bleu pâle. Il tient un gant dans une main. Le chaperon est rabattu, la tête coiffée d'une barrette; la barbe entière. (*Ibid.*, p. 60.)

Un juge (1372) est assis dans une chaire, enveloppé tout entier d'un manteau ample et rouge à larges manches et qui laisse voir les manches également rouges de la cotte : sur la tête une barrette, le chaperon rabattu et enveloppant le cou; les cheveux et la barbe entière frisés. Les hauts-de-chausses sont gris, les chausses noires et pointues.

Comme contraste on peut voir dans Gaignières des seigneurs, des capitaines de villes en habits courts. A l'exécution de Guillaume de Pommiers, à Bordeaux (1375), figure un gentilhomme avec des hauts-de-chausses collants, rouge pâle, des chausses noires pointues, une *cotte* mordorée *très courte*, un *surcot* vert échancré aux manches. Ces deux vêtements dépassent très peu la ceinture, qui est conservée et qui soutient l'épée. Le gentilhomme est coiffé d'une *toque* bouffante, violette. A côté on remarque un costume analogue vu de dos avec chapeau bleu. (*Ibid.*, p. 47.)

En regard, précisément, un des juges qui assistent à l'exécution porte une grande *robe longue*, couleur violet pâle, à ceinture; robe bordée de *fourrure* en bas et aux manches, à la poitrine. Un *chaperon* noir enveloppe la tête et le cou avec *pan* retombant jusqu'à la ceinture. Les chausses sont noires et pointues. Un autre juge est représenté avec une robe ample et flottante (également violette), sorte de houppelande avec col relevé. (*Ibid.*, p. 44.)

Une expression injurieuse est sans doute venue du nom d'une des sortes de robe portées par les docteurs et les juges : les robes dites *ganaches*, très longues, fermées jusqu'au cou, à manches en façon de pèlerine. Le nom du vêtement fut employé pour désigner les personnes mêmes. La malignité ne tarda pas à le prendre en mauvaise part quand on voulait désigner des gens peu dignes de porter la dite robe. Par une de ces bizarreries du langage qu'on observe si souvent, furent dans la suite appelés *ganaches* (primitivement *savants*) ceux qui, au contraire, n'étaient rien moins que doctes et intelligents.

chambrée qui a tout l'aspect d'une séance de Parlement[1]. Il y a, dans la salle, un parquet sur deux faces, un guichet ni plus ni moins qu'à la Grand'Chambre. Le roi est assis sous un dais, comme en un lit de justice, ayant devant lui le connétable et le chancelier; le connétable en armure de fer et *cotte rouge*, *surcot vert*; le chancelier en *robe longue*, *rouge* avec cinq *bandes blanches* aux manches. A droite du roi, on voit : 1° deux bancs, l'un de seigneurs avec des *surcots* bleus, verts, rouges, bruns et *chapelet d'orfèverie* sur la tête, l'autre, de personnages avec des *robes longues*, également de couleurs disparates : bleu, rouge, marron, la tête nue, sauf un coiffé d'une *barrette* rouge; 2° en face du roi, deux autres rangées de personnages aux *chapeaux* rouges, noirs, bruns, ornés de plumes; 3° à gauche du roi, encore un double banc; les personnages de l'un ont la tête enveloppée d'un *chaperon blanc* avec des *collets* variés, bleu, rouge, bordure blanche; ceux de l'autre ont des robes rouges, bleues, vertes, têtes nues, sauf de ci de là une *calotte*, un *haut bonnet rouge*, un *bonnet vert*, une *barrette*. En dehors du parquet, se tient, assis sur un escabeau, près du guichet, l'huissier avec sa masse d'armes : son *surcot* bleu laisse passer les manches de la *cotte*. On ne se tromperait pas beaucoup en prenant l'image de cette solennelle assemblée comme un tableau du Parlement de l'époque, brillant par la variété des couleurs, la richesse des costumes des seigneurs et des prélats.

En réalité, le Parlement n'a pas encore de costume qui lui soit spécial, non plus qu'il n'a de ressources propres. Difficilement payés par le roi, les juges ne demandent qu'à se rétribuer eux-mêmes aux dépens des plaideurs. Ils sont dévoués, mais non jusqu'à la complète abnégation. Ils sont fiers de leur noblesse ou de leurs dignités. Les seigneurs étalent, au Palais, leurs manteaux armoriés. Les robes, les chapeaux des prélats et des cardinaux y tranchent sur les costumes gris ou bruns de la foule des clercs. Les maîtres laïques ne diffèrent guère de ces derniers. Mais, comme ceux-ci dominent, les couleurs sombres remplaceront de plus en plus les couleurs éclatantes. La robe du prêtre deviendra la robe du juge.

1. Gaignières, t. IV, p. 9, d'après un ms. fr. 22532, f° 1.

LIVRE IV

LES AUXILIAIRES DU PARLEMENT

CHAPITRE IX

LES PROCUREURS ET LES AVOCATS

I. — Les procureurs.

Dans la Grande Salle du Palais, la foule se renouvelait sans cesse. Mais une population attitrée (en dehors de celle des marchands) y stationnait comme en sa demeure propre : c'étaient des légistes qui, sans faire partie de la Cour, y tenaient de près, auxiliaires du Parlement, non moins utiles aux juges qu'aux plaideurs : les *procureurs* et les *avocats*.

Lorsque l'on combattait au lieu de plaider, il fallait bien se présenter en personne. Les femmes et les invalides avaient seuls la faculté de choisir un champion qui entrât pour eux dans la lice. Lorsque l'on plaida au lieu de combattre, il fut plus aisé de déléguer à sa place une autre personne avec mandat de suivre les péripéties du procès : *le procureur*. Mesure inévitable pour les abbayes et les villes engagées dans des procès longs et dispendieux. Un ou plusieurs moines, un ou plusieurs bourgeois représentaient leur cité ou leur couvent. Les hauts barons réclamèrent et obtinrent pareil privilège. Au XIIIe siècle néanmoins reste vraie la maxime que « nul, hors le roi, ne plaide par procureur. » Les *Établissements* de saint Louis disent « qu'en cour laie aucun procureur n'est reçu, si ce n'est de personne authentique » (c'est-à-dire ayant un sceau authentique), baron, évêque, chapitre, ville, cité, université[1]. Les nobles, les clercs, les religieux, les femmes peuvent se faire représenter en justice par un mandataire, mais seulement quand ils sont défendeurs[2]. Les vilains ne le peuvent, ni comme défendeurs, ni comme demandeurs[3]. Il leur faut donc, dans les deux cas, ainsi qu'aux nobles et aux clercs dans un seul cas, solliciter l'autorisation royale.

Un chevalier était parti en Italie, après avoir engagé contre l'abbé et le couvent de la Chaise-Dieu, devant le bailli de Senlis, un procès qui fut ensuite évoqué au Parlement. Le chevalier voulait le poursuivre par procureur. Les adversaires s'y opposaient. On soumit le cas à saint Louis, et la Cour décida que le chevalier ne serait pas admis à plaider par procureur[4] (1265).

D'autre part, le comte de Sancerre refusait au couvent de Saint-Germain d'Auxerre le droit de plaider par procureur. Il fut débouté de cette exception[5]. Jean d'Estouteville et sa femme plaident pour

1. « ... Selon l'usage de la cort laie en cort de baronnie, nus procurators n'est receüz en cort laie, se ce n'est de persone autantique, de baron ou d'evesque ou de chapitre, ou se ce n'est por cause de commun porfit de cité ou de vile, ou d'université, ou se ce n'est dou consantement des parties. » (*Établiss.*, liv. II, chap. IX, édit. Viollet, t. II, p. 348.)

Selon le commentaire de Laurière reproduit par M. Viollet (t. IV, p. 222 et suiv., n. 181), dans l'ancien droit romain on ne pouvait agir pour un autre qu'en trois cas, savoir : *pro populo, pro libertate, pro tutela*. Ce droit fut suivi sous la 2e et la 3e race.

L'abbé de Saint-Martin a noté que dans le VIIe livre des *Capitulaires*, tit. 334, il était fait mention expresse des procureurs. Il ajoute qu'on ne sait pas quand les procureurs furent reconnus comme personnes publiques et quand ils furent établis en corps et communauté. « Par des lettres de Philippe VI, du mois de février 1327 (1328), il paroit qu'il y en avoit pour le Châtelet en particulier, et en 1431 on trouve l'institution d'une confrairie que formèrent entre eux les procureurs au Parlement au nombre de vingt-sept. Cependant leur institution doit se rapporter, à ce que je crois, beaucoup plus haut. » (Abbé de Saint-Martin cité par M. Viollet, *Établissements*, t. IV, p. 224.)

2. « Chascuns par la coutume de Beauvoisins, en soi *defendant*, puet envoier procureeur et puet fere li procureres, s'il a bonne procuracion, autant en la cause comme ses sires feroit s'il i étoit présent. Mess en *demandant* nus n'est oïs par procurueur si ne sont persones privilégiees, si comme églises, ou personnes qui soient embesoigniees par le commandement du roi ou du comte, si que il ne pueent entendre a leurs besoignes, car a ceus puet bien estre fete grace par le souverain qu'ils soient oï par procurueur en *demandant*. » (Beaumanoir, *Cout. du Beauv.*, chap. IV, n° 137, texte rectifié par Am. Salmon, t. I, p. 75. Libr. Picard, 1899. — V. Tardif, *Procédure civile et criminelle au* XIIIe *siècle*, p. 25.)

3. « Nous n'avons pas acoustumé qu'hons de poosté face procureeur en nul cas. » (Baumanoir, édit. Salmon, chap. IV, t. I, p. 86, n° 168.)

4. *Olim*, t. I, p. 642, XX, 1265. Voir encore *Jugés*, I, f° 170 (1321). *Actes du Parl.*, n° 6653.

5. *Ibid.*, t. I, p. 678, VII, 1267.

une terre contre deux chevaliers; leur procureur est admis, mais, s'il y a lieu de prêter serment, la partie sera tenue de jurer et non le procureur[1] (1270). Le comte de Poitiers et les Templiers de cette ville, dans une question de propriété, prétendent que le procureur du prieur et du couvent de Saint-Porcien ne pouvait être entendu, car la procuration ne portait pas le sceau de l'abbé. Le procureur répondait que, représentant un prieuré conventuel, il avait l'habitude d'être admis sur la seule production de ses lettres : il fut admis[2]. Le seigneur des Ursins avait constitué procureur par des lettres de sa mère. La Cour s'en remet à la partie adverse qui le recevra si elle veut, mais elle n'y est pas tenue[3] (1254). Le maire et les jurés de Soissons ont fait ajourner devant le Parlement le doyen et le chapitre de Soissons. Le procureur du Chapitre dénie à ses adversaires, demandeurs, le droit d'avoir un procureur. La ville répondit qu'elle était une communauté et sa théorie fut approuvée[4] (1267). Mais il faut que les titres d'une commune soient réels, car seuls ils la constituent en individualité juridique. En matière criminelle, on ne peut agir par procureur[5].

En cas d'appel, les juges devaient répondre de leurs sentences. Or la cour du comte de Saint-Pol avait rendu un jugement contre la ville d'Arras qui appela au Parlement. Force était aux hommes du comte de Saint-Pol de se défendre et de venir à Paris. Ils constituèrent six d'entre eux comme procureurs. Les échevins d'Arras, pour mieux tracasser leurs adversaires, soutinrent que les six délégués ne répondaient que pour leurs personnes, mais qu'on devait donner défaut contre les autres. Le Parlement comprit le motif et l'absurdité de la prétention. Il repoussa l'exception, attendu « qu'en cas où il y aurait eu gages de bataille, le combat

1. *Olim*, t. I, p. 833, XLV, 1270.
2. *Ibid.*, t. I, p. 741, VII, 1268.
3. *Ibid.*, t. I, p. 426, XIII, 1254.
4. *Ibid.*, t. I, p. 694, L, 1267. — Voir encore *Ol.*, t. I, p. 567, V; p. 694, I; p. 741, VII. — Dans un procès des habitants de Lyon contre le chapitre, celui-ci refusait à ceux-là le droit de plaider par procureur, notamment parce que Lyon ne formait ni une *commune*, ni une *université*, ni un *collegium*. Le Parlement ne s'arrêta pas à ce moyen (assez singulier quand il s'agissait d'une cité aussi importante que Lyon), mais il refusa d'admettre le représentant de la ville en raison de la teneur et de la forme de la procuration, scellée d'un sceau nouveau que les Lyonnais s'étaient donné de leur autorité propre, au préjudice de l'archevêque, pendant leurs luttes contre ce prélat leur seigneur. (*Ol.*, t. I, p. 933, XXIV, 1273).
5. *Ibid.*, I, p. 742, VIII, 1268. — Beaumanoir (édit. Salmon) chap. IV, n° 154.

devait être affronté par un seul, non par tous[1] (1265). L'évêque de Saint-Brieuc avait été admis jadis à plaider sans procuration par l'intermédiaire d'un des familliers de sa maison. Le roi, en 1316, confirme pour Alain, évêque de Saint-Brieuc, et pour tous les cas, ce privilège encore rare[2]. Ce n'est pas le moment de faire ressortir la subtilité et la mauvaise foi qui se donnaient carrière à propos de ces exceptions fréquentes de procureurs. Nous ne retenons de ces exemples que la nécessité pour les plaideurs de se munir, pour plaider par procureur, de *lettres de grâce*[3]. Ces lettres le roi les accorde volontiers en les faisant payer : c'est une faveur, il la vend.

Dès qu'à beaux deniers comptants on put se dispenser des voyages nécessités par un procès, on sollicita ces lettres avec empressement. La plupart des plaideurs eurent leurs procureurs, ne fût-ce que pour les guider à la chancellerie, à l'audience, et pour leur éviter les périls que faisait courir l'omission de formalités minutieuses[4].

Le roi d'Angleterre, duc de Guyenne, le comte de Flandre, les ducs de Bourgogne, le duc d'Anjou et beaucoup de hauts personnages avaient leurs procureurs à demeure à la Cour du roi. Comme eux, les grandes cités en pensionnaient. Les bourgeois dès lors en eurent aussi ou de *particuliers* pour une cause, ou de *généraux*

1. *Olim*, t. I, p. 567, 1265.
2. *Ibid.*, t. II, p. 628, II, 1316.
3. La défense de plaider par procureur sans avoir obtenu de lettres spéciales est encore renouvelée par une Ordonnance du 3 nov. 1400 (*Ord.*, t. VIII, p. 396.)
4. Quoique n'étant pas rédigée en vue d'un procès au Parlement, la formule de procuration que nous donne Beaumanoir, n'en est pas moins un modèle précieux du soin et du sens juridique avec lequel étaient déjà rédigés ces actes : « A tous ceus qui ces presentes lettres verront ou orront, li baillis de Clermont, salut. Sachent tuit que, en nostre presence, pour ce establis, Pierres de tel lieu a establi Jehan de tel lieu, son procureur general et especial en toutes causes meues et a mouvoir, tant pour li comme contre li, contre quelconques persones, tant d'eglises comme seculieres, tant en demandant comme en défendant, par devant quelconques juges ordinaires, delegas, subdelegas, arbitres, conservateurs, auditeurs, enquesteurs, baillis, prevos, maieurs, eschevins et autres quelsconques juges, tant d'eglise comme séculiers et les serjans d'iceux qui avront leur pouoir. Et donna à celi Jehan pleniere poosté et especial mandement de fere pour li, de li défendre, de convenir, de reconvenir, de repliquier, de dupliquier, de terpliquier, de oïr interlocutoires et sentences desfinitives, d'apeler, de poursuir son apel, de jurer en l'ame de li de quelconques manieres de serement, de fere posicions, de recevoir ce qui serait adjugié pour li, de requerre seconde producion ou d'amener tesmoins avec la solempnité de droit et de fere icele solempnité; et de fere pour li toutes choses que le dis Pierres feroit ou pourroit fere s'il estoit présens, et en cause d'héritage, de muebles et de chateux. » (Beaumanoir, [Salmon], chap. IV, n° 140.)

pour toutes leurs causes[1]. Il n'y eut donc point autant de procureurs que de procès puisqu'un mandataire se chargeait d'une ou de plusieurs affaires. En dehors des procureurs accidentels, venus des divers pays, un certain nombre de procureurs prenaient pied au Palais et y élisaient quasi domicile. Ils étaient connus, agréés du Parlement, de même que d'autres postulaient spécialement au Châtelet ou devant diverses juridictions[2].

Les procureurs du Parlement bénéficiaient de l'autorité et du prestige de la Cour. Ils coûtaient moins cher que les procureurs choisis dans les divers pays, car il fallait payer à ces derniers des frais de voyage et de séjour. Malgré leur petit équipage, un cheval et un valet, ces derniers n'en demandaient pas moins 10 à 12 sous par jour; si le mandat durait, comme parfois, trente-sept semaines, les dépenses étaient considérables[3]. D'autant que ces procureurs

1. Voir aussi acte de procuration générale de Jeanne de Flandre en faveur de Guillaume de la Haye, publié par Boutaric. *Actes du Parlement*, n° 6643 (janvier 1322). Les textes que le savant H. Lot cite dans son important *Mémoire sur les Frais de Justice*, pour être postérieurs, n'en sont pas moins intéressants : « Dient que il est son procureur en plusieurs causes... » (1347, p. 30). — « Le procureur est de la pension du dit évêque... » (1348). — « Maistre Couillart estoit leur procureur et pençionnaire au Parlement... (1350), — il a ballé sa procuracion general en toutes causes... (1382, *ibid.*). » (H. Lot, *les Frais de Justice*, p. 30; extrait de la Biblioth. de l'Ec. des Chartes, 1873.)

On peut ajouter à tous ces textes l'art. 3 de l'Ordonnance sur les Procureurs jointe à la grande Ordonnance de 1345 : « Et est sciendum quod nullus procurator generalis Parlamenti admittetur ad officium Procuratoris exercendum, nisi sit juratus et in rotulis procuratorum generalium scriptus. » (*Ord.*, t. II, p. 225.)

2. « Ainsi, quand on parle de procureurs au XIV° siècle, il faut distinguer deux classes de personnes : les procureurs acceptés par les tribunaux pour postuler ordinairement auprès d'eux (analogues à nos agréés de commerce), et les procureurs qu'on pourrait appeler de province ou de pays. On comprend que les procureurs de pays, tant à raison de la nature de leurs services qu'à cause du moindre développement de leur instruction juridique, ne jouissaient pas d'une autorité égale à celle de leurs confrères de Paris; leurs émoluments étaient en conséquence évalués à un taux fort inférieur et leur traitement, quand ils étaient pensionnaires, ne dépassait pas un chiffre relativement minime. » (H. Lot, ouv. cité, p. 24.)

3. Les frais sont généralement calculés à raison de dix sous par jour : « ...il devoit seuffire d'un procureur qui eust gaagnié pour sa journée X sols » (1345). D'ordinaire l'équipage consiste en un valet et un cheval ou deux loués à cet effet... « Poursuit par l'espace de XXXVII semaines ledit procureur et despendi à chascun jour, luy et son cheval, XII sols par. par jour valant VII[xx] XV livres VIII sols tournois. La taxe fut : « Habeat XX libvres parisiensium » (1353, p. 28). A la valeur moyenne de 54 fr. 12, cela faisait 250 fr. 80 c. — Autre exemple : « Pro expensis nuncii et roncini, in itinere per octo dies, scilicet qualibet die X sol. tur. valent IIII lib. turn. Taxe : Habeat XXIIII sol. par. » (1346, p. 228), soit 21 fr. 54. Le fragment d'où est extrait cette dernière citation fournit l'échantillon le plus remarquable et, on peut le dire, le plus amusant des demandes de dépens. On y voit le procureur porter au compte de ses frais la ferrure d'un cheval, le coût de bottes et de trois paires de chaussures : « pro ferratura equi IIII sol. tur.; pro

de pays ne se faisaient point faute de faire entrer dans les comptes de leurs frais la ferrure d'un cheval, le prix de leurs bottes et de leurs chaussures. Les démarches à Paris étaient encore autant de prétextes pour enfler une note que les clients finirent par soumettre au Parlement, très occupé dès lors à taxer les frais des procureurs[1]. La plupart de ces abus étaient évités quand on prenait des procureurs accrédités au Palais.

Le métier sans doute était lucratif, car le nombre des procureurs au Parlement n'étant point limité[2], il alla sans cesse en croissant. La Cour dut intervenir pour réprimer les abus[3]. Suivant une Ordonnance de 1403, le Palais avait été envahi par une foule de jeunes gens, « de scribes peu instruits, ignorants du Style et des Ordonnances de la Cour[3] ». Des prêtres même négligeaient leur ministère sacré pour remplir l'office de procureurs; d'autres s'employaient au service des gens riches et puissants. Ces mauvais procureurs, fort négligents, se rendent coupables d'irrégularités dans la procédure; ils se font en outre craindre en abusant de leurs privilèges pour traduire les pauvres gens devant les maîtres des Requêtes. Effrontément, ils se placent sur les degrés qui conduisent à la Grand'Salle, abordent les clients, les circonviennent, les flattent, les trompent et se font confier des affaires. Si la Chancellerie déchire ou corrige leurs pièces défectueuses, ils ne comprennent pas les corrections, ils commettent de nouvelles bévues pires que

caligis dict. procuratoris VIII sol. par. ; » à peine est-il besoin d'ajouter qu'en face de ces articles le taxateur marque : « Habeat nichil ». (H. Lot, ouv. cité, p. 29.)

1. « A Paris les procureurs s'abouchaient ou étaient réputés s'aboucher avec des procureurs et des avocats au Parlement, choisissaient ceux qui leur paraissaient le plus propres à bien conduire l'affaire dont ils avaient d'abord eu la direction et ne regardaient leur mission comme terminée que lorsqu'ils avaient arrêté et accrédité ces nouveaux conseils. C'était pour eux l'occasion et le motif de dernières vacations; vacations que le taxateur repoussait d'ailleurs habituellement, attendu ou que la partie était venue elle-même à Paris ou qu'il eût suffi d'y envoyer un valet, un commissionnaire chargé de la procuration de ladite partie. (H. Lot, ouv. cité, p. 26.)

2. On avait essayé de limiter le nombre des procureurs au Châtelet, mais il y eut des protestations, et Charles VI, en 1393, abolit l'Ordonnance de 1378 qui avait fixé le chiffre de 40. Le roi donne comme raison que le Châtelet se réglait sur la cour de Parlement, « capitale et souveraine de nostre royaume et exemple des autres, en laquelle court *n'a aucune restrinccion ne nombre limité de Procureurs*. » (Ord. du 19 nov. 1393; *Ord.* t. VII, p. 584.)

3. « Nihilominùs a paucis annis citrà se impudenter ingerere non expavit quorumdam juvenum et ineruditorum scribencium vix in litterarum primordiis imbutorum, stilum et ordinationes curiæ prorsùs ignorantium, excessiva multitudo, quorum aliqui, proh pudor! sacerdotes existunt ». (Ord. du 13 nov. 1403; *Ord.*, t. VIII, p. 617.)

les premières. De là embarras des juges, retards pour les arrêts, ennuis pour les avocats[1]. Les bons procureurs se dégoûtent du métier, les hommes savants s'en éloignent. Aussi l'Ordonnance de 1403 avait-elle été publiée, comme celle de 1400, pour relever une profession qu'une liberté illimitée tendait à déconsidérer. Comme les lettres de grâce, nécessaires pour plaider par procureur, ne se refusaient point, les procureurs ne les sollicitaient même plus, mais néanmoins les faisaient payer aux clients. On leur rappela l'obligation de retirer en réalité à la Chancellerie des lettres qui rapportaient chacune 6 sous[2]. En outre ils se servaient, pour plaider, d'arrêts du Parlement non scellés du grand sceau, encore un profit enlevé à la Chancellerie et une exaction pour le client. Ces prescriptions paraissaient si importantes que ces Ordonnances furent lues au Parlement[3].

Suivant les termes mêmes de l'Ordonnance de 1403, le Parlement voulait rester « orné des hommes éminents qui avaient appris et connaissaient les coutumes et les usages, capables de conserver au Style de la Cour l'élégance et la clarté, la limpidité des termes qu'il devait au travail et au soin des sages du temps passé[4]. Il ne fau-

1. En outre il y a de fâcheuses conséquences pour la procédure : « Undè fit quod in Litteris, impetracionibus et scripturis talium, persepe nec in serie congruitas vel ordo debitus, nec in effectu sive sensu sentencia seu condependencia reperitur, impertinentes conclusiones adaptant que nullatenùs facto et intencioni clientium sunt conformes; alii verò callidioris ingenii, verba capciosa, ambigua et obscura eisdem scripturis satagunt immiscere. » (*Ord.*, t. VIII, p. 617.)

2. Ord. du 3 nov. 1400; *Ord.*, t. VIII, p. 396. — En ce temps de faible monnaie, la livre parisis étant à 26 fr. 12, cela équivalait à 3 fr. 67.

3. Ces Ordonnances que nous citons sur les Procureurs, étaient certainement l'œuvre du Parlement comme l'attestent des textes précis : « Item, aussi a esté réservé par la Court de ordener sur la restriction du nombre des procureurs jurez en la Court de ceans et sur la punicion de ceulx qui travaillent indeuement... » (X[1a] 4784, f° 71, 13 nov. 1396, cité par Delachenal, *Hist. des avocats*, p. 24, n. 1.)

La Cour se montre sévère pour les procureurs négligents : J. le Beguinat n'était pas prêt pour plaider une cause appelée au rôle : il est condamné à l'amende de XL sous. — Un autre procureur, Lorent Surreau, est frappé de même. (*Matinées*, VII, X[1a] 4789, f° 149 v°; 6 juillet 1411; *Journal de Nic. de Baye*, t. II, p. 17.)

4. « Nos igitur premissis inconvenientibus obviare, honorique curiæ memorate consulere cupientes, ipsamque secundùm ipsius celebritatem et honorificentiam viris eminentibus qui consuetudines et observancias ejusdem didiscerint et noverint, remanere semper ornatam, per quos *stilus ipsius elegans et preclarus, per sapientes transacti temporis lima diligentioris examinis ordinatus, in suorum terminorum limpida et solita perspicuitate successu temporis conservetur*, nec per tales errores, ineptitudines aut defectus, seu eciam per obscuras et involutas sentencias aut fraudulentas astucias quomodolibet corrumpentur ». (13 nov. 1403, *Ord.*, t. VIII, p. 617.)

Voir aussi pour les procureurs et leurs salaires excessifs l'Ordonnance Caboehienne, art. 200. (*Ord.*, t. X, p. 118.)

drait pas, sans doute, voir là une prétention littéraire, mais une préoccupation technique de la procédure, une recherche de la précision qu'on atteignait parfois et une clarté qui ne satisfit jamais même les initiés. Notons et louons ce souci du Parlement de préserver le travail des procureurs des erreurs, des inepties, des obscurités et des ruses frauduleuses. Il entend qu'ils respectent leur mission, moins apparente, mais non moins importante que celle des avocats.

II. — Les avocats[1].

Le procureur accomplit les formalités et prépare les pièces qu'exige le procès. Mais c'est l'avocat qui conduit l'affaire. Le procureur c'est le client agissant, introduisant l'instance, ajournant l'adversaire, répondant aux appels, réclamant les délais, produisant, dans les conditions requises, les actes nécessaires. L'avocat, c'est le client articulant ses griefs, soutenant sa cause oralement et par écrit, se débattant au milieu des objections et cherchant à convaincre le juge. L'avocat c'est le conseil, c'est la plume, c'est la voix, c'est l'éloquence, s'il se peut, du plaideur.

Dans les républiques anciennes, à Athènes, à Rome, les avocats arrivaient, par le talent de la parole, au premier rang des citoyens. Il ne dépendit pas de Démosthène qu'Athènes ne tombât point sous la domination macédonienne, et le grand orateur paya de sa vie son patriotisme. Cicéron assura le salut non seulement de

1. Voir pour les avocats : Étienne Pasquier, *Recherches de la France* (édit. de 1665), liv. II, chap. III, p. 53 ; l. IV, ch. XXVI, p. 372. — Loisel, *Dialogue des avocats au Parlement de Paris* (1602), réédité par Dupin dans le tome I des *Règles pour la profession d'avocat*. — Boucher d'Argis, *Règles pour former un avocat*, réédité par Dupin dans le même ouvrage, puis les deux Dissertations : *Lettre au sujet des cérémonies qui se font dans la chapelle de St. Nicolas en la grande salle du Palais*, Mercure françois, déc. 1738 ; *Mémoire historique concernant le commencement des Avocats et Procureurs au Parlement de Paris* ; Mercure françois, janvier 1741. — Fournel, ancien avocat au Parlement, *Histoire des avocats au Parlement et du barreau de Paris, depuis saint Louis jusqu'au 15 octobre 1790*, Paris, 1813, 3 vol. in-8° (ouvrage peu méthodique et sans critique). — Gaudry, *Histoire du barreau de Paris*, Paris, 1865, 2 vol. in-8° (plus méthodique, mais également sans valeur scientifique). — Ces ouvrages ont été dépassés et remplacés par la savante et très claire *Histoire des avocats au Parlement de Paris* (1300-1600) de M. Delachenal (Paris, Plon-Nourrit et Cie, 1885, in-8). Il est regrettable seulement que le plan de ce livre, trop analytique, nuise aux vues d'ensemble, mais l'érudition est d'une sûreté telle qu'il y a peu à glaner après M. Delachenal.

nombre d'accusés, mais de Rome menacée par les conjurés de Catilina. Sous l'Empire même, quoique déchus de toute puissance politique, les *avocats* (advocati, patroni, pères des causes) restaient ornés de la *toge* (togati). Ils avaient un *tableau* (matricula) », formaient dans la ville un *collège* (50 à Alexandrie) et reçurent les privilèges de la noblesse créée au IVe siècle[1]. Le Code de Justinien faisait de leur mission un éloge un peu enflé, mais encore vibrant après quinze siècles. « Les avocats, dit-il, démêlent les ambiguïtés des causes; dans les malheurs publics ou privés, la vigueur de leur défense secourt, arrête les chutes, soutient les faiblesses. Ils sont pour le genre humain une Providence non moins tutélaire que s'ils sauvaient la patrie dans les batailles et au prix de leurs blessures. Nous ne considérons pas seulement comme combattant pour notre empire ceux qui fatiguent, le glaive en main, sous la cuirasse et le bouclier; les avocats combattent aussi, patrons des procès, confiants dans la force de leur glorieuse voix et, pour tous les malheureux qui souffrent, défenseurs de leurs espérances, de leur vie, de leurs enfants![2] »

Dans le tumulte des guerres privées du moyen âge, il n'y avait point de place pour les luttes oratoires. Le mot d'*advocati* subsista néanmoins, mais détourné de son acception ou plutôt étendu à la défense matérielle : les avocats ou *avoués* des églises étaient des protecteurs armés, des mandataires en cottes de mailles, remplissant pour les chapitres et les églises les devoirs de vassalité envers le suzerain. Lorsque les plaids commencèrent à devenir plus réguliers, les avocats reparurent, désignés sous le nom de *conteurs* ou de *clamatores*[3], de *prolocuteurs* ou, comme dans les Assises de

1. Code II, 7, XIII. — II, 8, XX. — Voir aussi titre VII : De advocatis diversorum judiciorum; — tit. VIII : De advocatis diversorum judicum; — tit. IX : De advocatis fisci; — tit. X : De errore advocatorum; tit. XI : Ut quæ desunt advocatis partium Judex suppleat.

2. Advocati qui dirimunt ambigua fata causarum, suæque defensionis viribus in rebus sæpe publicis ac privatis lapsa erigunt, fatigata reparant, non minùs provident humano generi quàm si prœliis atque vulneribus patriam parentesque salvarent. Nec enim solos nostro imperio militare credimus illos qui gladiis, clipeis et thoracibus nituntur, sed etiàm advocatos; militant namque causarum patroni, qui gloriosæ vocis confisi munimine laborantium spem, vitam et posteros defendunt. » (Code II. 8, XIV.)

3. On les appelait ainsi à l'époque de Philippe-Auguste, soit que dans leurs plaidoyers ils se bornassent à raconter les faits, soit parce que dans l'origine ils devaient, pour exercer leurs fonctions, obtenir l'autorisation des juges des comtés.

Jérusalem, *d'avant-parliers*[1]. Pierre de Fontaines, dans son livre, consacre aux avant-parliers (ou emparliers) un chapitre qui n'est guère que la traduction de textes romains[2]. Sous le titre de *l'office d'advocat*, les Établissements de saint Louis reproduisent aussi des fragments du droit romain[3]. Beaumanoir justifie en termes clairs et nobles le ministère des avocats[4]. La tradition se renouait, les légistes du XIIIe siècle qui n'étaient point juges, se firent avocats, d'autant qu'avec le caractère mobile des cours féodales les avocats devenaient souvent juges.

(Floquet, *Hist. du Parlem. de Normandie*, t. I. p. 53; — Houard, *Dict. de Droit normand*, *verbo* AVOCATS.)

L'ancien Coutumier de Normandie, traduit du latin en vers français par Richard Dourbault, en 1280, les appelle *Proloculeurs*.

Le nom de *proloeuteur* sçay;
C'est celluy qu'aulcun met pour soi.

(chap. LXXIX) : Il leur donne aussi cependant le titre d'avocats :

Elle ne doybt, ce me semble,
Avoir deux *avocats* ensemble.

(A. Decorde, *Mémoire sur les Avocats au Parlement de Normandie*, Précis de l'Académie de Rouen [1871], p. 111.)

1. « Se il avient que un homme se claime d'un autre home, la raison commande qu'il i deit aver avant-parlier, qui die leur raison d'andeus. Et por ce y deist estre l'avant-parlier; car se l'avant-parlier dit parole qu'il ne doie dire por celuy cui il parle, celuy por qui il parle et son conceau (conseil) y pueent bien amender, ains que le jugement soit dit. Mais se celuy de cui li plais diseit parole qui li deust torner à domage, il ne la peut torner arières, puis qu'il l'a dite, si celuy veut o cui il plaidie, porce que il o ses conceaux l'ait entendue. *Et por ce fus establi en la cort des Borgeis que nus home n'i deit plaidier sans avant-parlier, ni en la cort des chevaliers sans conceau des chevaliers*; si que par leur conceau deit puis faire mostrer sa raison, car enci est raison par dreit et par l'assise.... » (*Assises de Jérusalem*, édit. Beugnot, t. II, chap. CXXXVI, p. 93-94).

Parmi les documents publiés par Beugnot à la suite des *Assises de la Haute-Cour*, se trouve un plaidoyer de Jacques d'Ibelin prononcé en 1271 à l'occasion d'un différend survenu entre le roi de Chypre, Hugues III, et ses barons.

2. « Chi parole des amparliers et des mesdis as amparliers ». (*Le Conseil de Pierre de Fontaines*, chap. XI, édit. Marnier, p. 57-66.)

3. « De office de advocat et comment l'on doit donner jugement. (*Établissements*, édit. Viollet, t. II, p. 370-374.) Ce coutumier se sert également du synonyme avant-parlier : « Li avocaz ou li avant-parlier » (p. 371).

V. aussi les notes de Laurière citées par M. Viollet (*Établ.*, t. IV, p. 238-240).

4. « Pour ce que mout de gens ne sevent pas les coustumes comment on doit user, ne ce qui apartient a leur querele maintenir, il loit (il est loisible) à ceus qui ont a pledier qu'il quierent conseil et aucunes persones qui parolent pour aus; et cil qui parolent pour autrui sont apelé avocat » (Beaumanoir, édit. Salmon, chap. V, *De l'office as avocas*, t. I, p. 89, n° 174).

La Charte aux Normands (19 mars, 1314 [1315], mentionne sous leur vrai nom les *avocats* et règle leurs honoraires.

III. — Les ordonnances sur les avocats.

La première Ordonnance royale que nous possédons sur les avocats (1274)[1] précède même la première des Ordonnances du Parlement (1278), ce qui nous permet de penser que, pour les unes comme pour les autres, il y en eut d'antérieures. Philippe le Hardi n'a point l'air d'un roi édictant des mesures nouvelles : il veut, selon le préambule, arrêter les malicieux prolongements des procès et les salaires exagérés, ce qui indique une pratique déjà ancienne. Les avocats prêteront un serment sur les Évangiles, s'engageant à ne point se charger des causes qu'ils ne croiraient pas justes et à les abandonner, si, à un moment quelconque du procès, l'injustice de la cause était démontrée. Les avocats sont distingués de ceux que nous appellerions des hommes d'affaires. Ils remplissent une mission en quelque sorte publique, reçoivent un salaire déterminé et sont exposés, s'ils manquaient à leur devoir, à être « notés de parjure ou d'infamie », à être exclus de l'office d'avocats. Chaque année, ils sont obligés de renouveler leur serment.

Le second concile de Lyon venait précisément d'établir diverses règles relatives à l'exercice de la profession d'avocat[2]. L'Église, là encore, indiquait la voie à suivre. Beaucoup d'hommes d'Église remplissaient les offices d'avocats. En vain l'Ordonnance de 1278 leur défendit-elle de plaider devant la Cour du roi, à moins que ce ne fût pour eux-mêmes ou pour leur église ou pour un parent ou pour un seigneur suzerain[3]; en vain les légistes, comme Beaumanoir,

1. Ord. du 23 oct. 1274; (*Ord.*, t. I, p. 300-301.)

2. Delachenal, *Hist. des avocats*, Introduction, p. XIX, n. 2. « Le 19e canon du second concile de Lyon (7 mai-17 juillet 1274, *De postulando*) pose diverses règles relatives à l'exercice de la profession d'avocat. Il limite notamment à 20 livres tournois le montant des honoraires qui peuvent être réclamés pour une même cause. Il ne me paraît pas douteux que l'ordonnance du 23 octobre 1274 ne se soit inspirée des décisions du concile. Il suffit pour s'en convaincre, de rapprocher les deux textes. » — C'est aussi l'opinion de M. Ch. V. Langlois. (*Règne de Philippe le Hardi*, p. 301.)

3. « Le droit canonique n'autorisait les ecclésiastiques à plaider qu'au profit de leurs églises ou des indigents et sans réclamer aucun salaire. (P. Fournier, *Les officialités au moyen âge*, p. 33.) — « Hons de religion ne doit pas estre receus en office d'avocat en courtlaie, se ce n'est pour la besoigne de l'eglise et de l'autorité de son souverain qui especiaument l'ait a ce establi. » Beaumanoir (Salmon), n° 192. — « Nus ne soit oïz en la court le Roy pour plaidier pour autre, se n'est teix persone qu'i puisse estre justiciés par justice seculiere s'il est repris en son mesfait, se n'est par avanture aucuns clercs qui plaide pour soi, ou pour s'église, ou pour personnes qui li soient conjointes par affinité ou par consanguinité, ou pour

répétaient-ils cette interdiction renouvelée dans les Ordonnances postérieures; durant toute notre période, beaucoup de clercs figurent parmi les avocats au Parlement, et non les moins illustres.

Sous les premiers Valois, le *tableau* paraît en usage (règlement de 1340)[1]. Il faut croire que le privilège ou plutôt le monopole existait en 1328, puisqu'il était défendu de plaider si on n'était avocat, sauf en sa propre cause. C'est sous Philippe de Valois, nous l'avons dit, que furent rendues les Ordonnances les plus détaillées constituant le Parlement : celle de 1345 est accompagnée d'Ordonnances annexes, rédigées par le Parlement lui-même et dont l'une peut être considérée comme la charte des avocats. Elle exclut les incapables, impose le choix de ceux qui seront estimés dignes de remplir l'office. Elle rappelle et reproduit la formule du serment qui résume tous les devoirs de l'avocat : fidélité, abandon des causes injustes, zèle pour les intérêts du roi, soin et diligence dans la rédaction des articles, science des coutumes, activité, sincérité, intégrité. « Les avocats, dit la Cour, doivent se préparer à bien remplir leur office en écoutant les anciens longtemps et en étudiant le Style du Parlement[2]. » Rarement les Ordonnances importantes sur le Parlement omettent de rappeler les prescriptions édictées pour les avocats. Sous Charles V, en 1364, il leur est recommandé, quand ils ont à parler devant les *Requêtes du Palais*, de « plaider sommairement et de plain (*de plano*) sans employer de fins de non recevoir non fondées[3]. » Ils doivent, même en ce siège, « conseil gratuit pour Dieu, aux pauvres et misérables personnes qui y plaident[4]. » L'assistance judiciaire date de loin.

son seigneur de cui heritaige il tiengne son fié et que il le tiengne ains ceste constitution faite. Et ce meismes est a entendre des procureurs et des contremandeurs. » Ord. de 1277 (1278) art. 10, texte de M. Guilhiermoz (*Enquêtes et Procès*, Appendice IV, p. 606). *Le Livre de Jostice et de Plet* avait déjà noté cet empêchement : « Entend que clercs qui sont en saints ordres, ou en menors, ne pueent estre avocaz en cort laïe. » (Livre III, p. 102, § 2 et 4.)

« Mais cette règle ne fut jamais observée au Parlement de Paris. On serait même tenté de se demander si, au XIVe siècle, les ecclésiastiques ne formaient pas la majorité des avocats inscrits au tableau. » (Delachenal, ouv. cité, p. 3 et 4.)

1. Règlement transcrit dans l'un des plus anciens registres criminels, 13 nov. 1340. (Arch. X2a 4, f° 18 v°, 19; Delachenal, p. xx.)

2. *Ord.*, t. II, p. 225.

3. Ord. de nov. 1364. (*Ord.*, t. IV, p. 506-507, art. 6.)

4. *Ibid.*, art. 7. — L'art. 8 ajoute : « Quand les advocats plaideront devant nosdites gens audit siège, qu'ils oyent diligemment l'advocat qui plaidera, et que nul ne parle, fors lui et le Président. »

Les juges ont la haute main sur les avocats. La Cour intervient soit pour les distributions de conseils [1], les excuses, les retards, les salaires, les privilèges. Chaque plaideur pouvait prendre deux, trois avocats s'il était assez riche pour les rétribuer, mais un seul portait la parole [2]. Le plus souvent on les demandait au Parlement, qui, suivant les personnages et les causes, désignait les plus célèbres. Le concours de ces derniers est fort disputé par les plaideurs de marque et la Cour est obligée de mettre fin, par ses choix, à ces débats, préliminaires des grands débats. La ville de Saint-Quentin a perdu son procès engagé contre Beche du Gardin. Bien qu'une revision soit rare au Parlement, le maire de Saint-Quentin la sollicite « par proposition d'erreurs. » Il veut confier sa cause au fameux avocat *Jean Des Marès*. Celui-ci s'excuse, car il a été précisément le conseil de Beche du Gardin. La Cour néanmoins le maintient et désigne d'autres avocats pour Beche. Elle donne ses raisons ; « car la cause des erreurs, dit-elle, est autre cause que la première et chacun advocat y saura bien garder sa conscience [3] (1374). » *Jean Canart*, chanoine de Paris, est avocat du roi. Or le chapitre de Paris a un procès contre le procureur du roi. Celui-ci réclame le concours de Jean Canart, qui doit l'assister contre son propre chapitre. Le procureur invoque un précédent de 1314, où un chancelier de France, trésorier et chanoine de l'église de Laon, demeura au conseil lorsqu'on traitait de besognes qui touchaient l'église de Laon. La Cour se reportera à l'arrêt de 1314 [4]. L'évêque d'Évreux plaide

1. *Distributions de conseils*, c'est-à-dire désignation d'office des avocats qui doivent assister soit les deux parties, soit seulement l'une d'elles. — Distributions de conseil demandées par l'évêque de Paris et le comte de Flandre (X¹ᵃ 20, f° 206 v°, 11 avril 1366) ; par la comtesse de Flandre (X¹ᵃ 1469, f° 322, 13 déc. 1368) ; par le duc d'Anjou, frère du roi et le comte de Saint-Pol (X¹ᵃ 32, f° 22, 28 mai 1370) ; par le duc d'Orléans (X¹ᵃ 24, f° 71 v°, 10 juillet 1375) ; par l'archevêque de Reims (X¹ᵃ 26, f° 25, 5 févr. 1377). (Delachenal, p. 65, note ; Voir aussi *Ibid.*, p. 76.)

2. « Le nombre des avocats donnés par le Parlement est variable. Néanmoins, chacun des plaideurs en a toujours au moins deux choisis parmi les plus célèbres (X¹ᵃ 12, f° 284, 18 nov. 1348). Sur ce point, on ne faisait que se conformer à l'usage général. Habituellement, et même lorsqu'il n'intervenait pas de distribution de conseil, on prenait plusieurs avocats, bien qu'un seul portât la parole. » Delachenal, p. 77.) — Voir Ord. de février 1327 pour le Châtelet (*Ord.*, t. II, p. 1 et 225). L'Ord. de 1345 (art. 2) était formelle : « Quod licet sint plures advocati in una causa, unus tantummodo loquitur. »

3. Reg. du Parlem. (Collect. Ste-Genev., Ff 13, t. 1, f° 173 ; lundi 20 février 1373 (1374) Arch. X¹ᵃ 1470, f° 72).

4. Reg. du Parlem. (Collect. Lamoignon (Conseil et Plaidoieries), n° 43, f° 138 : jeudi 14 avril 1384).

contre Charles de Navarre (1384) : il requiert les services de maître *Oudart de Molins*, retenu déjà par feu son prédécesseur. Le procureur de Charles de Navarre prétend de son côté avoir retenu ledit Oudart avant l'évêque actuel. Il obtient gain de cause, Oudart sera de son conseil contre l'évêque[1]. Dans les conflits entre le roi et les prélats ou les seigneurs la situation était parfois délicate. En 1364, le procureur du roi, plaidant contre l'archevêque de Lyon, s'est opposé à ce que personne lui prête « conseil, aide et confort ». *P. de Fétigny* et quelques-uns de ses collègues, sollicités par l'archevêque, hésitaient à lui accorder leur concours. Le Parlement les y autorise « s'ils croient en leurs consciences qu'il ait bonne cause; il s'en rapporte à eux de bien y garder leurs consciences[2] ». *Oudart de Molins*, déjà nommé, était pensionné comme avocat par le chapitre de Paris, et aussi par l'évêque de Paris, Pierre d'Orgemont. Chapitre et évêque plaident l'un contre l'autre. De quel côté se rangera Oudart, déjà avocat de Pierre d'Orgemont alors que celui-ci était doyen de Saint-Martin de Tours et évêque de Thérouanne? La Cour se décide par la date à laquelle l'avocat avait été choisi comme pensionnnaire : ce sont les chanoines qui ont le droit le plus ancien[3]. *Simon de la Fontaine*, avocat au Parlement, a une affaire avec les religieux de Saint-Denis. Il demande à son collègue *Jean de Pastourel* de l'assister : celui-ci refuse, car il est vassal des religieux. Simon de la Fontaine insiste, s'adresse à la Cour, représente que ses adversaires avaient pris un avocat en renom, Nicolas Romain, et qu'il était bien obligé de s'adresser à Jean Pastourel, réputé, avec Romain, le meilleur feudiste de son temps[4]. L'évêque de Tournai, Pierre d'Arbois, pensionnait comme avocat *Pierre Fétigny*, que garde également son successeur Pierre d'Auxi. Fétigny devient par la suite l'avocat du chapitre. Or l'évêque engage un procès contre le chapitre. L'évêque et les chanoines se disputent l'avocat. C'est tout un procès. Le Parlement rendit un jugement analogue à celui de Salomon. Fétigny plaiderait toutes les causes com-

1. Reg. du Parlem. (Collect. Lamoignon, *ibid.*, t. 42, f° 114; jeudi 24 mars 1383 [1384]).
2. Arch. X^{1a} 1469, 14 nov. 1364 (cité par Delachenal, p. 59.)
3. Arch. X^{1a} 1472, f° 38 v°, 17 février 1384 (Delachenal, p. 69 et 72).
4. Arch. X^{1a} 1469, f° 381, 28 juillet 1369 (Delachenal, p. 68).

mencées du vivant de Pierre d'Arbois, mais il plaiderait pour le chapitre dans les instances de l'évêque nouvellement promu (1383)[1]. L'Université de Paris n'admettait point que des avocats qui avaient « été jurés » dans l'une des Facultés, eussent l'audace de plaider contre elle; car elle les prétendait liés par le serment universitaire. Elle voulait garder comme conseil Jean Canart, juré de la Faculté avant d'être chanoine de Paris. Le Parlement repoussa ces prétentions[2].

Le Parlement est sévère pour les avocats. S'ils ne sont pas là à l'appel de leur cause, amende de cent sous ou de dix livres parisis[3]. *Jean Auchier*, pour contravention à de nouvelles Ordonnances, est frappé d'une amende de dix livres[4]. Cette sévérité semble avoir été souvent justifiée; en 1409, les avocats n'étant point prêts à plaider leurs causes, la Cour dut suspendre l'audience et se mettre au Conseil[5]. En 1411, à sept heures et demie du matin, les principaux avocats n'étaient pas encore arrivés, et « était la Cour en aventure de muser. » La Cour prononça contre eux des amendes qui devaient être levées, « sans aucun espargner[6]. » On eut surtout de la peine à s'habituer aux séances d'après dîner; *Guillaume Cousinot*, avocat célèbre, se vit condamné à 40 sous parisis d'amende (24 fr. 50) pour n'être pas « venu à l'heure ordonnée de plaider après dîner[7]. » « Et, ajoute le registre, ainsi sera fait d'ores en avant contre les autres, car par la négligence des advocats et procureurs plusieurs personnes demeurent souvent à expédier aux jours de plaidoiries. »

Si l'avocat commet quelque méprise dans son plaidoyer, il est responsable, c'est lui qui doit payer l'amende[8]. Les vivacités de

1. Arch. X^{1a} 1472, f° 6 v°, 24 nov. 1383 (Delachenal, p. 70).

2. Arch. X^{1a} 1472, f° 53, 11 mars 1384 (Delachenal, p. 74).

3. « Se les seigneurs seans oudit Parlement, aucune partie est appellée pour plaidier en demendent ou en deffendent, et son advocat ne soit présent, il encourra incontinent la peine de X livres parisis (135 fr.)... » X^{1a} 1469, f° 1 (12 nov. 1364). Avocats frappés d'amende de cent sous. (*Matinées*, VIII, X^{1a} 4790, f° 213 v°, 28 février 1415; *Journal de Nic. de Baye*, t. II, p. 210.)

4. X^{1a} 1469, f° 85 v°, 1er mars 1365. (Delachenal, p. 125.) A valeur moyenne de 10 fr. 60, 106 fr.

5. *Matinées*, VI, X^{1a} 4788, f° 363 v°, 14 nov. 1409; *Journ. de Nicol. de Baye*, t. I, p. 298.

6. *Matinées*, VII, X^{1a} 4789, f° 61 v°, 2 mars 1411; *Journ. de Nicol. de Baye*, t. II, p. 2.

7. *Après-dîners*, I, X^{1a} 8302, f° 232 v°, 1er juin 1408; *Journ. de Nicol. de Baye*, t. I, p. 233. La liv. paris. à cette époque valait 12 fr. 25.

8. Dans le *Tout Lieu de Saint-Dizier*, publié par Beugnot à la suite du tome II des *Olim*, on lit : « CCLVI. Loist-il au maistre amender l'error de son advocat sens

langage exposent l'avocat à des excuses très humbles à la cour. *Jean Filleul*, ayant critiqué un arrêt rendu par le Parlement et parlé même « d'iniquité » se vit, sur les réquisitions du procureur général, contraint à des excuses publiques. Deux jours après, en pleine audience, Filleul supplia la Cour de lui pardonner les paroles qu'il avait « irrévéremment » dites; « son intention n'était pas de mettre en doute qu'il n'y eût en la Cour et en suppôts d'icelle fors tout bien et tout honneur ». Il n'obtint son pardon qu'après de telles protestations longuement développées[1].

Les avocats occupaient les bancs ou « barreaux », derrière les bas sièges de chaque côté du guichet du parquet : le premier était réservé aux avocats et procureurs du roi, et aux avocats plaidants; les jeunes avocats se tenaient au second[2]. L'orateur parlait debout, à l'intérieur du parquet, derrière le premier banc : au barreau de gauche (du côté des laïques), l'avocat de l'appelant; au barreau de droite, l'avocat de l'intimé. Le barreau de gauche était celui des avocats de Paris et de l'Université, comme nous l'apprend Pasquier, lequel, au XVIe siècle, disputa cette place, comme avocat de l'Université, à maître Versoris, défenseur des Jésuites[3].

paine et sens corpe? Il li doit bien amender, mais ce n'est miez sans corpe. Quelz est la corpe? Elle est de trois s... se li fautes ou li corpables ne se concorde en ce que ses advocas avera dit. — CCLVII. Liquelz est tenu en la corpe, ou li advocas ou les parties? Li advocas y est tenus. — CCLVIII. Pueent parler cil qui sont environ le plait sens paine et sens corpe? Nenil; et s'aucuns avera dit aucun mot sans congié, s'il n'est faitres ou corpables, ou avocas, puis que li baillis avera mis ban, il sera en peine de trois sols. » (*Olim*, t. II, p. 834.)

1. Arch. X[1a] 1471, f° 438 v°, 19 février 1381.

Ibid., f° 439 v°, 21 fév. 1381 (Delachenal, p. 299). Jean le Coq raconte que Jean de Neuilly, qui avait attaqué un arrêt du Parlement, s'attira une verte réprimande. Peu s'en fallut qu'il ne fût arrêté : « Et revera fuit dictus advocatus super emenda bene calide et de prope captus. » *Quest. J. Galli*, CXXXII (Delachenal, p. 200).

2. Voir Delachenal, p. 82-87. — Les procureurs, selon l'ordonnance de 1346, ne devaient pas envahir le parquet. Le procureur devait se tenir près des avocats de sa partie, en arrière du banc. « Prohibet curia Procuratoribus ne indistinctè, prout fieri sæpiùs præsumpserunt, infra Parcum curiæ intrare præsument ex quo audientia, propter eorum inordinatum tumultum et streptam (strepitum) sæpiùs impeditur, sed juxtà advocatos partis suæ *stare retro scamnum*. » (*Ord.*, t. II, p. 225.)

3. « Quand en l'an 1564 je plaidai la cause de l'Université de Paris contre les Jésuites, maître Pierre Versoris, leur avocat, ayant ou par mesgarde ou peut-être par artifice, occupé le barreau des Pairs (qui est du côté des conseillers Laiz)..... je m'arrestay de propos délibéré contre luy et soustins que c'estoit la place de l'Université, fille aisnée du Roy. Et comme il eut fait quelque instance au contraire et soustenu qu'il pouvoit plaider en ce mesme lieu, monsieur de Thou, Premier Président, après nous avoir ouïs d'une part et d'autre, en communiqua à tous Messieurs les conseillers au conseil, et par arrest donné par Jugement contredit, il fut ordonné que Versoris désempareroit ce barreau et le lairroit à l'Université, tout

Quel était le caractère de leur éloquence? Ce n'est pas ici le moment d'aborder cette question très intimement unie à l'œuvre judiciaire. Disons seulement qu'elle ne paraît point avoir été ce qu'on imagine d'après quelques harangues farcies de textes latins ou de versets des Écritures. Les avocats, certes, pour la plupart, étaient des hommes d'Église, et leurs discours ressemblaient souvent aux sermons de leur temps. « Parler alors, a dit Victor Leclerc, c'était prêcher; l'art de la prédication est tout l'art de la parole[1]. » Les analyses des plaidoyers que nous ont laissées les registres nous montreront, car nous y aurons souvent recours, que les avocats du XIVe siècle n'étaient ni si pédants, ni si solennels, ni si embrouillés, ni si ennuyeux qu'on l'a bien voulu dire.

IV. — Honoraires et condition des avocats.

Les avocats d'Église, dans les officialités, recevaient des honoraires que les conciles avaient réglés selon les dispositions du droit impérial romain[2]. En 1251, une Ordonnance de Charles d'Anjou, puis une autre du duc de Bretagne, Jean Ier (1229), tarifiaient les salaires selon le nombre des journées, sans égard à l'importance du litige : 5 sous par vacation[3]. Le second concile de Lyon

ainsi comme ès causes des Pairs. » (Pasquier, *Recherches de la France*, liv. IX, chap. XXVI.)

1. *Hist. Littér. de la Fr.*, t. XXIV, p. 414-415.

2. « La loi Cincia, que nos anciens jurisconsultes citent volontiers, avait interdit aux avocats de recevoir aucune rémunération. Le droit impérial reconnut au contraire la légitimité des honoraires, tout en prescrivant de les ramener à un taux qu'ils ne devaient pas dépasser. Les conciles édictèrent pour les officialités des dispositions analogues à celles de la loi romaine et les premières ordonnances royales où il soit fait mention des avocats, se bornèrent à fixer le chiffre le plus élevé que pussent atteindre leurs salaires. » (Delachenal, p. 261.)

On lira avec fruit le chapitre de Paul Fournier sur les avocats: *Les officialités au moyen âge*, 1re partie, chap. IV, p. 32-36.

3. En forte monnaie tournois, à cette époque, 5 fr. 60 c., en parisis 6 fr. 35. — Voir pour ces gages P. Viollet, *Établissements de saint Louis*, introduction, t. I, p. 289. — M. Viollet ajoute une note importante : « Le principe de l'ordonnance de 1280 (environ) sur les salaires des avocats en Provence est tout différent (texte dans Giraud, *Essai sur l'histoire du Droit français au moyen âge*, t. II, p. 82 et suiv.). — Les usages du centre de la France en cette matière subsistèrent longtemps au Parlement de Paris, au moins dans une certaine mesure : car si au XIVe siècle la stipulation du *quota litis parte* est interdite aux avocats (H. Lot, *Des frais de justice*, p. 47), il ne faut voir là évidemment qu'une confirmation des règles anciennes. Elles ne sont nulle part mieux accusées que dans les règlements de 1251 pour l'Anjou et de 1259 pour la Bretagne. Ces deux textes ont été jusqu'ici fort peu remarqués. » (Viollet, *loc. cit.*, n. 3.)

décréta que le salaire des avocats n'excéderait jamais 20 livres tournois[1]. Le roi Philippe le Hardi, quoiqu'il eût répété dans son Ordonnance du 23 octobre 1274 les canons de ce concile, éleva le taux des honoraires à 30 livres[2]. Les rois ne déterminaient qu'un maximum, laissant aux parties le soin de faire, dans ces limites, des conventions en rapport avec la gravité de la cause[3]. Mais ils proscrivaient (1345) toute stipulation de *quota pars litis*[4], c'est-à-dire, d'un intérêt dans le procès, stipulation déjà interdite par le droit romain. Le savant H. Lot, auquel on doit beaucoup pour l'éclaircissement d'une foule de questions relatives à ces origines de notre organisation judiciaire, a observé que ce maximum ne s'appliquait point à tout procès indifféremment[5], car un procès pouvait durer dix, quinze, et vingt ans : quantité de procès venaient incidemment se greffer sur l'affaire principale, ce qui changeait nécessairement les conventions des parties : elles se réglaient d'après les périodes d'instance. Le Parlement est appelé sans cesse à taxer les avocats. Il le fait, selon l'esprit de la loi romaine, en tenant compte de leur renommée, de l'importance de la cause, des coutumes des divers pays : « considéré l'état du dit avocat, l'usage du pays et l'autorité du siège » ou bien « car la cause était grande et grosse[6]. »

1. Conc. Lugdun., c. 19 (1274). Labbe, XI, 1410. — A la forte monnaie de ce temps, 405 fr.

2. Ord. du 23 oct. 1374, art. 2 (*Ord.*, t. I, p. 300-301) à la forte monnaie 603 fr. Voir aussi Ord. de nov. 1291, art. 11 (*Ord.*, t. I, p. 322). — Ord. du 19 mars 1315, art. 12; du 22 juillet 1315, art. 16 (*Ord.*, t. I, pp. 552, 591, 592).

3. M. Delachenal a remarqué que le Parlement, dans l'appréciation des honoraires de l'avocat, s'était conformé à la loi romaine. « On devait prendre en considération : 1° la renommée, le talent de l'avocat (*advocati facundia*); 2° l'importance du procès (*modus litis*); 3° la coutume locale (*fori consuetudo*). » Il cite le texte du *Digeste, De extraordinariis cognitionibus* : « In honorariis advocatorum, ita versari judex debet ut pro *modo litis*, proque *advocati facundia* et *fori consuetudine* et *judicii*, in quo erat acturus, æstimationem habeat. » (*Dig.*, liv. L, tit. 13, l. 1, § 10. — Delachenal, p. 277 et n. 1).

4. « Item, quod non paciscantur de quotà parte litis » (*Ord.*, t. II, p. 225). Cette prohibition est empruntée au droit romain : « Præterea nullum cum eo litigatore contractum, quem in propriam recipit fidem, ineat advocatus; nullam conferat pactionem. » (*Code*, liv. II, tit. 6, vi, § 2, *De postulando.*)

5. H. Lot, *Frais de justice*, p. 48.

6. Voir les textes donnés par H. Lot et les extraits des documents qu'il a groupés en diverses classes. Nous n'en rapportons que quelques exemples : « Il (l'avocat) devroit avoir seulement comme l'en donne communément à un advocat, tel comme est ledit Estienne au pays de là, car l'en l'a communément pour V sols tournois. » (VI° cl., p. 8, ann. 1350). — « Considéré comme l'état dudit avocat, l'usage du pays et l'autorité du siège (VI° cl., p. 7), — « car la cause estoit grant et grosse. » (III° cl., p. 5; II° cl., p. 9, et Ire cl., p. 27, 10. — H. Lot, p. 46, et autres textes, p. 51-54.)

La Cour assure aussi le paiement des honoraires. Le procureur d'un chevalier, Jean de Montois, vient reconnaître (1378) que son client est tenu envers *Jacques de Rully*, avocat en Parlement, « à la somme de huit livres pour un salaire tant en plaidant comme pour faire les écritures[1] » (en parisis 107 fr. 50). En 1388, *Raoul Dulmont* réclame aux exécuteurs testamentaires de feu Nicolas de Vere, évêque de Châlons, 150 fr., pour les écritures qu'il fit. Les exécuteurs soutiennent « qu'il n'est pas honnête chose à un avocat demander son salaire : maistre Raoul n'estait point de la pension de l'évêque, il eut vingt francs et du vin pour les dites écritures et s'en tint pour content et onques n'en fit demande à l'évêque quand il vivait; il buvait et mangeait souvent avec luy; et se tiennent très bien payés les autres qui furent conseillers de l'évêque et est le salaire de l'avocat *honoraire*[2]. » Finalement ils se réfèrent aux Ordonnances fixant le tarif. Maître Raoul explique tout son travail, plaidoiries, écritures. Sans doute, il reçut 20 francs et une queue de vin qui ne valait pas plus de 4 francs, mais ce fut avant les dites écritures. Or Jean Aucher, J. de Nully, ont eu 24 francs. Sans doute lui-même a touché 16 francs d'arrhes et ne voulut point demander à l'évêque une somme fixe, mais « s'attendait à sa volonté. » L'évêque avait promis, puis était parti pour Avignon, puis était mort. Les exécuteurs ont rendu leurs comptes sans doute, mais Raoul n'avait pas été appelé et n'avait pu produire sa créance. La Cour, perplexe, appointe les parties à produire leurs témoignages : elle examinera s'il y a, après les comptes de la succession, des reliquats[3]. Quand la dette est constante, les avocats n'hésitent pas à profiter de la rigueur des lois. *Pierre de Maucreux* et *Jacques la Vache* font saisir et vendre une maison appartenant à leurs débiteurs[4]. Comme tous ceux qui recevaient de l'argent, les avocats donnaient quittance[5]; les textes en font foi, mais plus tard, s'auto-

1. Reg. du Parlem. (Collect. Sainte-Genev. Ff 13, t. I, f° 313, 14 décembre 1378).

2. Ce texte détruit l'assertion de M. Delachenal : « Au seizième siècle on se fait une plus haute idée du ministère de l'avocat. Alors apparaît sous la plume des jurisconsultes l'expression d'*honoraires*, inusitée au moyen âge... » (p. 262). M. Delachenal est plus dans le vrai quand il rappelle, comme nous l'avons dit, l'origine romaine de cette expression qui était déjà usitée au XIVe siècle.

3. Reg. du Parlem. (Collect. Lamoignon, t. 40 [43], f° 175, 2 sept. 1388).

4. Arch. X^1a^ 8, f° 107, 12 avril 1340 (Delachenal, p. 274).

5. « Et se aucune chose en estoit tauxé, si convenroit monstrer que le dit advocat auroit plaidoié, comment et pour quele cause ; et que il apparut *par quittance* (VIe cl.,

risant de ce que leurs gages étaient des honoraires, ils eurent la fierté de n'en plus donner.

Outre les gages spéciaux, les avocats étaient pensionnés par les grands seigneurs ou par les églises ou par les villes : ils étaient leur conseil habituel, attentifs à tout ce qui pouvait les intéresser, prêts aux démarches utiles[1]. *Jean Des Marès*, *Jean Fontaine*, *Jean le Coq* et *Pierre l'Orfèvre* (1387) recevaient du prévôt des marchands et de la ville de Paris dix livres parisis (à valeur moyenne de 12 fr. 98, 129 fr. 80) pour chaque Parlement[2]. *Guillaume du Brueil*, avocat des capitouls de Toulouse, touchait cinquante livres parisis par an (649 francs). Du Brueil les attaqua devant le Parlement (1378), leur réclamant trois années d'arrérages : après une enquête favorable à la ville de Toulouse, il fut débouté de sa demande[3]. *Jean Fourcy*, par contre, pensionnaire des religieux de Saint-Faron de Meaux, les obligea à lui payer cent deniers d'or à l'écu qu'ils lui devaient (1363)[4]. Ses gages consistaient en vingt livres tournois (à valeur moyenne de 7 fr. 10, 142 francs) et deux paires d'habits. Il devait plaider à Meaux et vint s'établir à Paris : les religieux cessèrent alors de le payer. Fourcy était aussi l'avocat du prévôt et des jurés des monnaies à Paris. Après le traité de Brétigny, le nombre des hôtels des monnaies ayant été diminué en France, on supprima les gages de l'avocat, qui pro-

p. 9). « Item, au tiers article, respont qu'il n'en doit riens avoir, s'il ne le montre par *lettre sellée* dudit advocat ». (VIe cl., p. 8.) — « Item a eu le maistre Jaques Taillandier pour son salaire au dit Parlement, si comme il appert *par quittance* de son sel, VI escuz d'or. » Taxe : « Habeat II escuz. » (Ire cl., p. 29, ann. 1354. — H. Lot, *Frais de justice*, p. 45.)

1. Les échevins de Reims avaient, en 1346, un conseil composé de Pierre de la Forest, de Jean de Châlons, Regnaut d'Acy, Jean Dommat et Dreu Jourdain. (Varin, *Arch. adm. de la ville de Reims*, t. II, 2e partie, p. 1006.) Chacun de ces cinq avocats recevait une pension de douze livres. De 1351 à 1352, ce sont des noms plus illustres encore Jean de Fourcy, Regnaut d'Acy, Jean et Guillaume de Dormans, Jean des Marès... (Delachenal, p. 53).

La ville de Lyon eut, dès le XIVe siècle, un avocat au Parlement. En 1384, elle payait au célèbre Pierre l'Orfèvre une pension annuelle de dix francs. (Voir *Lyon-Revue*, l'intéressant article analysé plus haut de Ed. Philippon : « Un Lyonnais à Paris au XIVe siècle. »

Les avocats pensionnaires des ducs de Bourgogne, Philippe le Hardi, Jean sans Peur, Philippe le Bon, recevaient une pension annuelle de vingt livres parisis. — Ceux de Charles le Mauvais, roi de Navarre, touchaient vingt-cinq francs d'or; ceux du duc d'Orléans, en 1349 et 1350, vingt-cinq livres tournois. (Delachenal, p. 271.)

2. Bibl. nat., mss, pièces origin., vol. 1845, n° 42642, pièce 5, 13 nov. 1387. (Delachenal, p. 267.)

3. X[1a] 8, f° 13, 23 déc. 1338. (Delachenal, p. 265.)

4. X[1a] 17, f° 340, v°, 4 février 1363. (*Ibid.*, p. 268.)

testa, qui plaida et perdit (1377)[1]. Les avocats recevaient aussi des dons en nature. Dans les comptes des échevins de Reims figurent « 12 pots de vin, présentés à maître *Guillaume de Dormans*, advocat, et à sa femme (1352)[2] ».

Les avocats renommés réalisaient de véritables fortunes[3]. « Rien ne leur manquait, dit l'*Histoire littéraire*, ni somptueuses maisons, ni beaux jardins, ni chevaux d'élite, ni vêtements et lits parfumés, ni place d'honneur à Notre-Dame et au Palais, ni même un chapelain. Tels s'offrent à nous *Jean Des Marès*, *Jean d'Aci*, *Simon de la Fontaine*, dans les poésies d'Eustache Deschamps, moins riche qu'eux. La franchise du poète nous fait assez entendre que parmi les qualités qui leur valaient ce grand état, il ne fallait pas toujours compter le désintéressement :

Vous estes comme sains en terre
Chacun va votre sens requerre
Et votre aide demander
Pour l'argent: car qui truander
La voudroit, bien sauriez répondre :
Amis fais ta geline (poule) pondre
Et apporte assez c'est de quoy;
Car en ton fait goutte ne voy[4].

Ce serait une injustice, et on la commet trop souvent, de nous reporter exclusivement aux médisances des poètes. Des actes authentiques nous attestent que les avocats, pieux personnages, savaient faire un noble usage de leur fortune. *Jean de Neuilly* dans son testament[5], ne pense pas seulement qu'à fonder des messes et des services anniversaires pour le repos de son âme. Il laisse de l'argent aux écoliers de Saint-Nicolas et de Sainte-Cathe-

1. X[1a] 1470, f° 253 v°, 22 avril 1377 et X[1a] 27, f° 255, 4 juin 1378. (Delachenal, pp. 270-271.)

2. « Ce sont les presens fais en cette ville à plusieurs personnes : Item, XII pos de vin prins à Saint-Martin, le jeudi devant bonnes Pâques, l'an LII, présentés à maistre Guillaume de Dormant, advocat, et à sa femme, par Adam Noël, XII s. » (Varin, *Arch. admin. de Reims*, t. III, p. 22, note. — Delachenal, p. 54.)

3. « Quelles que fussent les réductions opérées, il est certain que les avocats réalisaient, dès le XIVe siècle, des gains considérables. G. du Brueil était plusieurs fois millionnaire. Jean Des Marès ne laissa pas seulement un nom illustre, mais aussi une grande fortune. Quant à Regnaut d'Acy, l'exercice de sa profession lui rapportait, paraît-il, quatre mille florins par an. X[1a] 27, f° 223 v°, 23 janvier 1379. » (Delachenal, p. 281-282.)

4. *Histoire littéraire*, t. XXI, p. 416.

5. Testament de Jean de Neuilly-Saint-Front, chanoine de Notre-Dame de Paris, archidiacre de Soissons, avocat au Parlement, 9 octobre 1402. (Testaments édités par Tuetey, *Doc. inédits*, *Mélanges*, t. III, n. VII, p. 304.)

rine de Soissons, aux écoliers du collège de Presles à Paris, à l'hôtel-Dieu de Notre-Dame de Soissons, aux pauvres prisonniers du Châtelet. Il est bon pour ses serviteurs auxquels il fait de généreux legs. Il veut qu'ils soient habillés de noir à ses frais et séjournent un mois en son hôtel. Il laisse une somme d'argent à chaque chef de famille de la ville de Neuilly et un legs pour le mariage de pauvres jeunes filles ou veuves de sa parenté. Sa charité s'affirme en marques originales parfois, mais réelles et pratiques. De même, *Denis de Mauroy*[1] ordonne qu'après sa mort on revête, « en la paroisse de Coulommiers en Brie, 13 povres créatures, de cotte, de chaperon, de chausses, de souliers, de braye et de chemise, » et cela sans préjudice des sommes laissées pour Paris à l'hôtel-Dieu, à l'œuvre de Notre-Dame, aux Bons-Enfants, au maître de Saint-Ladre (Saint-Lazare). Il veut que, pendant la semaine sainte, on distribue de l'argent aux pauvres de toutes les paroisses de Paris et règle l'ordre, le jour des paroisses, si bien que cette page du testament est une véritable géographie des églises parisiennes. Un autre avocat au Parlement, *Jean Blondel*, est tout à fait humble. « Je esliz la sépulture de mon corps, dit-il, au cimetière de Saint-Innocent en la fosse au povres[2]. » Son testament est court et, à part quelques legs aux églises, tout son bien doit être distribué aux pauvres. Il ne faut pas rappeler que les vices; sachons louer les vertus des temps passés.

Les avocats sont des personnages non moins considérés que les membres de la Cour. L'un d'eux a-t-il un procès avec un conseiller? Le procureur du roi restera neutre (1366)[3]. Les avocats jouissent du droit de *committimus*, c'est à dire de voir leurs causes jugées en première instance aux Requêtes du Palais (1392)[4], droit qui cependant fut par la suite singulièrement restreint et presque annulé. On les désignait souvent comme arbitres entre les parties[5]. Au XIVe siècle, ils remplissaient souvent l'office de juges

1. Testament de Denys de Mauroy, avocat au Parlement, procureur général, mort en 1413. Testam. du 16 oct. 1411. (Tuetey, n. XXXIV, p. 528.)
2. Tuetey, n. XV, p. 381.
3. Reg. du Parl. (Coll. Sainte-Genev., Ff 32*, t, I-III; f° 38, 4 mai 1366).
4. X^{1a} 1476, f° 132 v°, 7 juin 1392. « Et si ont les advocas et procureurs de la Court commitimus aux requestes. » — Cf. Pasquier, *Rech. de la Fr.*, l. II, chap. III. (Delachenal, p. 141.)
5. X^{1a} 15, f. 15, 25 février 1353. — X^{1a} 16, f° 309, 1er avril 1357. (Delachenal, p. 158.)

au Châtelet [1], et se qualifiaient « de conseillers du roi au Châtelet. » Les registres du Parlement les mentionnent parmi les commissaires chargés d'enquêtes [2], ou même leur confient un jugement. *Guillaume du Brueil* et *Pierre de Maucreux*, avocats au Parlement, jugent un procès de succession (1327) [3]. La Cour invite les plus anciens et les plus expérimentés à donner leur avis [4] dans les cas embarrassants. Les plus savants légistes aspiraient et réussissaient à devenir maîtres au Parlement. Ils portaient d'ailleurs la robe et le chaperon fourré comme les conseillers de la Grand'Chambre [5]. Du barreau où ils plaidaient, il n'y avait

1. Les premiers conseillers au Châtelet de Paris furent « des advocats commis pour exercer l'office de juges. Ce serait une erreur de croire que l'Ordonnance de février 1328 (art. 1) (*Ord.*, t. II, p. 4) mit fin à cet état de choses contraire à la bonne administration de la justice. Il y est bien dit que les avocats « ont esté si occupez que les querelles et les procès en ont esté moult empeschiez et venaient peu ou dit Chastelet au grand dommage de nous et du peuple. » Mais il y a loin de la simple constatation d'un abus à une réforme désirée et durable. Dans les dernières années du XIVe siècle, on voit plusieurs avocats au Parlement se qualifier de « conseillers du roi au Châtelet » et il n'est pas impossible de trouver des exemples de ce cumul à la fin du XVe siècle. (Delachenal, p. 159.)

2. Boutaric, *Actes du Parlement*, t. II, p. 157 v°, 4583, janvier 1317.

3. *Dignité ancienne des avocats*. — Mandement à maître Guillaume du Brueil et à Pierre de Maucreux, avocats au Parlement, de juger un procès entre Jean Preudomme et la veuve et les enfants de Jean Viart, au sujet de la succession dudit Viart (Greffe I, f° 310 v°. — *Actes du Parlement*, t. II, p. 635, n° 7988, 20 mai 1327.

4. « Nous trouvons dans le Style de G. du Brueil un exemple de ces avis que les plus anciens avocats sont appelés à donner. (*Stylus Parlamenti*, édition H. Lot p. 9 : Ac vocatis ad hoc advocatis omnibus Parlamenti antiquis et provectis.... » (Delachenal, p. 127.)

5. « D'autant qu'en une ancienne Ordonnance insérée dans le vieux stile du Parlement, où il est parlé du serment qu'ils doivent faire à la Cour, ils sont appellez advocats et conseillers du Parlement. Aussi les advocats tant plaidans que consultans sont honorez du chaperon fourré qui est la vraye remarque du magistrat du Palais. Et encore on donne aux plus anciens séance sur les fleurs de lys vis-à-vis des gens du Roy.... » (Pasquier, *Rech. de la Fr.*, liv. II, chap. I, III, p. 60, édit. de 1723 in-folio.)

Voir aussi *Dialogue des avocats*, par Loisel, le discours de Pasquier sur la dignité ancienne des avocats : « Vous avez souvent pu entendre dire d'eux que par les ordonnances qui se lisent ordinairement, nous sommes appelez conseillers et advocats generaux du Parlement; qu'en cette qualité nous avons seance sur les fleurs de lys, au moins les anciens, et portons les mesmes robbes et chapperons que messieurs; voir avons cet adventage sur les conseillers des enquestes de porter des chapperons fourrez comme messieurs de la Grand'Chambre, ce qu'ils n'ont pas, et non seulement ceux qui siéent sur les fleurs de lys, mais aussi les avocats plaidans. Aussi que jadis nous avions la prérogative de porter aux bons jours la robe d'écarlate, violette ou rouge, selon qu'il se voit encore aux anciennes représentations qui sont aux églises; et encores qu'il ne se jugeoit guère de causes de conséquence où la cour se trouvast empeschée, qu'elle n'en prist l'advis de nos anciens, lesquels, aussi estoient par eux nommez au roi pour estre pourveus des estats d'advocats et procureurs generaux et de conseillers lorsqu'ils venaient à vaquer. Qui sont toutes remarques d'honneur qui se voient par les registres de la cour, que nous avons pour la pluspart peu à peu perdues, autant par nostre faute et négligence, qui dédaignons ou, comme parloient nos anciens, contredédaignons de nous rendre aux

qu'un pas aux bancs aux fleurs de lys où l'on délibérait. L'Ordre des avocats fut une pépinière de juges.

A ce côté doré de la médaille il y avait un revers. Les pensions reçues des princes et des grands seigneurs jetaient les avocats dans les rivalités politiques. Durant la minorité de Charles VI, le fils de Charles le Mauvais, roi de Navarre, voulait se constituer un conseil de six avocats et de deux procureurs; il avait choisi les plus fameux, *Jean Des Marès*, *Jean Canart*, *Oudart de Molins*, *Pierre l'Orfèvre*, *Jean de Popincourt*, *Pierre de Fétigny*. Or Charles était le fils d'un rebelle : les avocats ne pouvaient accepter ses propositions et durent y être autorisés par le roi [1]. Les avocats n'osent pas plaider, quand ils sont vassaux de l'adversaire [2]. *Regnault Filleul* étant devenu, par l'acquisition de certains fiefs, vassal direct de Philippe VI de Valois, n'ose plus plaider contre le procureur général : il lui faut une autorisation, une grâce spéciale du roi [3]. Les richesses étaient des liens.

La Cour cependant veut que les plaideurs aient un conseil. En 1390 elle commande à maître *Jean le Coq*, à maître *Jean de Popincourt*, à *Henri de Marle*, avocats, d'être du conseil du duc

audiences et de porter non seulement les chapperons, mais aussi nos bonnets; que par le mespris qu'aucuns de messieurs, et principalement des plus jeunes et ceux qui n'ont jamais passé par le barreau, font de ceux qu'ils estiment estre au dessous d'eux. » *Dialogue des avocats*, édité par Dupin dans l'ouvrage *Recueil de pièces concernant l'exercice de la profession d'avocat*, 1830, t. I, p. 157.)

1. *Difficultés et dangers pour les avocats.* — X[1a] 30, f°s 54, 60, 18 mars, 26 avril 1381 M. Delachenal ajoute cette note intéressante : « On doit remarquer qu'en 1378 au moment où une dernière trahison jeta définitivement Charles le Mauvais dans le parti anglais, l'avocat et le procureur pensionnaires qu'il conservait encore au Parlement de Paris « renoncèrent » publiquement à la pension qu'ils recevaient de lui. Ils mirent même une certaine insistance à faire enregistrer leur renonciation et à marquer qu'ils n'entendaient plus être au service du roi de Navare (X[1a] 1471, f°s 12, 35, 36, 24 avril 1378). » (Delachenal, p. 197, note). Nous pouvons déduire de cette remarque que le patriotisme n'était pas un vain mot au XIVe siècle, quoiqu'il prît la forme, en ces temps de foi monarchique, de fidélité au roi.

2. Il faut que le Parlement autorise Jean Pastourel à plaider contre les religieux de Saint-Denis bien qu'il soit leur vassal (X[1a] 1469, f° 381, 28 juillet 1369). Le duc d'Orléans ayant un procès contre les religieux de Poissy, veut récuser leur avocat, Jean Des Marès, parce qu'il était « son homme de fié et d'hommage. » Les religieux répondirent qu'il ne s'agissait pas « de l'estat de la personne du duc, ni du droit de fief. » Le Parlement leur donna raison (X[1a] 1469, f° 457, 18 juin 1371). Ce fut cette jurisprudence qui fit donner tort à l'archevêque de Reims voulant enlever aux échevins de Reims leur avocat Jean Canart, sous prétexte qu'il était son vassal, vidame et chanoine de l'Eglise de Reims (X[1a] 1472, f° 224 v° et 225, 13-14 février 1385. — Delachenal, p. 195).

3. Le roi la lui accorda, à titre de faveur *de gracia speciali*, en faisant une réserve pour toutes les causes qui toucheraient l'état et l'honneur de la Majesté royale (X[1a] 12, f° 290, 31 déc. 1348. — Delachenal, p. 195).

de Lorraine contre le procureur du roi [1]. Scrupules bien faciles à comprendre, car le roi n'était pas un plaideur ordinaire qu'on fût libre de mécontenter. Jean le Bon, pendant sa captivité, avait conféré des prébendes. Un avocat, dans un procès, s'éleva contre cet abus et déclarait nulles ces concessions. Jean le Bon donna l'ordre d'enfermer l'avocat au Châtelet [2], s'il persistait à tenir un langage estimé séditieux. On considérait en quelque sorte la mission de l'avocat comme une sorte d'office dont le roi pouvait exclure. Philippe VI suspendit de ses droits *Guillaume du Brueil*, puis l'y rétablit. Jean le Bon, qui faisait emprisonner un avocat, donnait à un autre des lettres de grâce et l'autorisait de nouveau à plaider [3]. C'est en pénétrant dans ces détails qu'on se fait une idée exacte de l'absolutisme progressif des rois.

Aussi les avocats devaient-ils bien surveiller leur langue. L'Ordonnance de 1318 recommandait aux magistrats de ne pas souffrir de paroles injurieuses de la part des avocats [4]. *Jean de Compiègne*, ayant injurié à l'audience un conseiller et un avocat, fut emprisonné au Châtelet et n'en sortit qu'après avoir payé une forte amende [5]. *Guillaume du Brueil*, plaidant contre Huet de Janville, s'emporta jusqu'à le traiter d' « homme perdu de réputation, criminel, qui aurait dû, si on avait fait de lui bonne justice, être depuis longtemps desséché [6]. » Le client de Guillaume, interpellé, désavoua son avocat, que le Parlement condamna à 3000 livres tournois d'amende (valeur moyenne de la livre tournois sous Philippe de Valois 10 fr. 03, soit 30 090 fr.) et à 50 livres de dommages-intérêts envers Huet de Janville (501 fr.). Les magistrats avaient ordre de ne tolérer aucune injure qui retomberait sur l'honneur du roi, dont les juges représentent la personne », et les Ordonnances leur rappellent que « trop grande familiarité engendre grand mal [7]. »

1. X[1a] 1475, f° 75, 18 juin 1390 (Delachenal, p. 194).
2. X[1a] 8602, f° 51 v°, 27 déc. 1361 (Delachenal, p. 193).
3. X[1a] 8845, f° 203, 203 avril 1332. (Delachenal, p. 193).
4. Ord. 17 nov. 1318, art. 19 (*Ord.*, t. I, p. 676).
5. X[1a] 5, f° 125 7 août 1321 (Delachenal, p. 191).
6. « Nam erat unus homo diffamatus, criminosus, qui plura homicidia, furta et alia maleficia commiserat, nec esse vel comparere deberet, si in tempore præterito ei justicia fuisset exhibita, nam si ei fuisset facta justicia jam totus fuisset desicatus... » (*Jugés*, X, IX, f° 124 r°. — Le texte du jugement condamnant du Brueil a été publié par H. Lot, Notice sur Du Brueil, *Biblioth. Éc. des Ch.*, 1862, p. 128).
7. Ord. citée de 1318 (art. 18). — En se reportant à l'*Abrégé des Usages et règles*

S'ils avaient à craindre la colère du roi, les avocats couraient encore plus de risques du côté des plaideurs dont ils étaient les adversaires. La haine nourrie contre leurs clients se reportait sur eux. En pleine audience, des avocats sont insultés et menacés [1]. Le commandeur de l'hôpital de Cerisiers dément et injurie l'avocat qui parle contre lui, met la main sur sa dague, prêt à frapper. La Cour, pour ce fait, condamne le commandeur à l'amende et met son temporel sous séquestre [2]. Le seigneur Pierre de Garancières, devant l'official d'Évreux, menaça l'avocat du chapitre, *Simon Mouton*, qui plaidait contre lui, « de lui faire couper la langue et arracher les dents [3] ».

Jean du Cange et Oudart de Saint-Vincent, pendant la semaine sainte, après les ténèbres, attaquent *Belin de Senlis*, avocat, par vengeance, l'estropient au bras pour toute sa vie [4] (1315). *Adam Perrinet*, licencié ès lois, conseiller et avocat à Montargis, avait plaidé pour la reine Isabeau contre Étienne Bardin. Celui-ci assaillit l'avocat au retour des assises, le frappa de plusieurs coups de couteau; la victime ne fut sauvée de la mort que par un vêtement de dessous que ne put pénétrer le couteau. Jean du Cange et Oudart de Saint-Vincent s'étaient tirés de leur guet-apens au prix de 250 livres d'amende et des dommages et intérêts; Étienne Bardin sut obtenir des lettres de rémission. Ces lettres toutefois n'empêchaient point l'action civile. Le Parlement condamna Bardin à faire amende honorable à Adam Per-

de la profession d'avocat, par M. Cresson, ancien bâtonnier (nouvelle édition 1900), on verra qu'ils ne font que reproduire, pour la plupart, les Usages et les règlements dont nous venons de parler.

1. Le Parlement punit les insulteurs... « Item, que le gouverneur (de Tournay) amendera au Roy et à partie les injurieuses paroles qu'il a dites à maistre Jean des Mares et Pastorel, advocaz. » (X[1a] 1469, fol. 93, 18 juin 1365.)

« Jehan Auboin, dit Couvert, pour occasion de certaines injures par lui dites en jugement en la court de Parlement, à la personne de maistre Baude des Bordes, advocat en icelle court, a esté condampné par arrest en cent livres parisis d'amende envers le Roy (1226 fr.). » (X[1a] 8853, fol. 35 v°, 30 juin 1401. — Delachenal, p. 190.)

2. *Olim*, t. III, L, p. 555-556 (1310). — Cerisiers (chef-lieu de canton, arrond. de Joigny, Yonne).

3. « Comminando dixit quod si dictam causam predictus miles amitteret per ipsius magistri Simonis patrocinium, linguam ei amputari et dentes ejus, *unum post alium*, extrahi faceret ». (*Olim*, t. III, XLVI, p. 680-83; 1311.)

Comme Pierre de Garancières s'est rendu coupable de violences effectives contre le chapitre et un chanoine, il n'est plus question dans la condamnation des menaces proférées contre l'avocat. Tout se trouve payé par l'amende imposée au coupable.

4. (*Olim*, t. III, XLIII, p. 980, 1315.)

rinet publiquement, en tunique, sans ceinture et sans chaperon : elle le condamna à payer 100 livres tournois (806 fr.) et 60 livres à la reine dont il avait outragé l'avocat[1] (483 fr. 60). Il devait rester en prison jusqu'à ce qu'il eût donné entière satisfaction.

Si la reine avait ses avocats, le roi en avait encore plus besoin. Quelque désir qu'il eût d'imposer son absolue volonté, le souverain, par ses domaines enclavés dans une foule de seigneuries, était exposé à des contestations multiples. Qu'il nous suffise de dire pour l'instant que le prince, en sa qualité de plus grand propriétaire, était aussi le plus grand plaideur de son royaume, quoiqu'il fût le juge suprême. Il y avait donc, et partout, des procureurs et des avocats du roi. Cela ne les empêchait point de rester également au service des particuliers[2]. Mais, comme ils étaient fort occupés au Parlement, le procureur du roi qui avait dû, pour postuler en toutes les causes, recevoir une procuration générale, devint le *procureur général*. Il était assisté par les *avocats du roi*[3], qui, eux aussi, plus tard, furent hiérarchisés avec le titre *d'avocats généraux*[4].

1. Reg. du Parl. (Collect. Lamoignon, Registres criminels, vol. 327, p. 3820, août 1398).

2. Voir Delachenal, p. 173.

3. *Avocats du roi*. « L'un des deux avocats du roi était clerc et ne devait plaider que les causes civiles. On l'appelait pour ce motif *avocat civil*, par opposition à *l'avocat criminel*, qui était *lai* ou laïque et portait la parole dans les procès criminels. » (Delachenal, p. 184.) M. Delachenal cite en note un texte de 1471. Il nous semble qu'on n'a pas besoin de descendre si loin pour établir ces distinctions.

Les dénominations de *procureur général et d'avocats du roi* étaient courantes au XIVe siècle : « Procurator noster generalis atque advocati nostri dicti Parlamenti. » (*Ord.*, t. II, p. 541, n., col. 2, 12 janvier 1353. — Cf. Ord. de sept. 1358, *Ord.*, t. III, p. 262. — Delachenal, p. 178.)

« Joly a donné dans son traité des *Offices de France* une liste d'avocats du roi au Parlement de Paris, qui a été souvent reproduite, bien qu'elle ne soit ni très complète ni très exacte (*Trois livres des Offices de France*, t. I, p. 70-72). Elle commence à Jean du Bois, qui mourut évêque de Dol le 25 janvier 1324. Presque tous les grands avocats du XIVe siècle remplirent, pendant un temps plus ou moins long, les fonctions d'avocat du roi. Il suffira de nommer Gérard de Montaigu, Pierre de la Forest, Robert le Coq, Regnaut d'Acy, Jean d'Ay, Jean Pastourel, Guillaume de Dormans et le plus célèbre de tous, Jean des Marès. Guillaume du Brueil fait seul exception, mais il paraît prouvé qu'il ne jouit jamais de la faveur royale. » (Delachenal, p. 164.)

4. Selon M. Delachenal, qui a tenté d'expliquer l'origine de cette dénomination, le titre d'*avocat général* aurait au contraire été, dans le principe, le titre commun à tous les avocats. « Cette distinction, dit-il, est bien marquée pendant tout le cours du XIVe siècle. Ce lundi, XIe jour, au matin, trespassa de ce monde messire Guillaume, seigneur de Dormans, chancelier de France, qui longtemps, en son vivant, fut advocat général en Parlement et depuis advocat du roy au dit Parlement. » (X1a 1470, f° 25, 11 juillet 1373.)

« L'Ordonnance du 28 juin 1359, par laquelle le dauphin Charles rétablit ou réhabilita les officiers qu'il avait été contraint de destituer, fait encore mieux res-

Toutefois l'organisation d'un ministère public tenait à d'autres causes que nous étudierons plus loin, nous ne mentionnons ici les procureurs et les avocats du roi que comme de simples collègues des autres avocats et procureurs, s'honorant de leur mission, mais n'exerçant aucun droit spécial et se perdant souvent dans les rangs des autres légistes. Toutefois ils ne tardent pas à être considérés comme des dignitaires du Parlement et, à ce titre, comme les conseillers, soumis à l'élection [1].

Les princes, les hauts barons, nous l'avons dit, employaient les avocats pour diriger toutes les affaires de leur maison que nous appellerions contentieuses; c'était pour ceux-ci une source de profits et de puissance. Or plusieurs de ces avocats des princes devinrent avocats du roi, finalement conseillers et présidents au Parlement : ils continuèrent néanmoins, en obtenant dispense, de rester les conseils des princes. Les affaires des plus riches seigneurs passèrent ainsi peu à peu entre les mains des magistrats. L'Ordre des avocats, au XVIe siècle, se trouva singulièrement affaibli, « ravalé » selon l'expression énergique que Loisel met dans la bouche de Pasquier dialoguant avec Pithou sur les avantages et les mérites de leur profession [2].

sortir l'antithèse qui existe entre ces deux mots *spécial* et *général*. Elle mentionne « feu maistre Regnaut Daci, lors vivant general advocat en Parlement et aussi especial advocat de Monsieur et de nous au dit Parlement. » Au XVe siècle, on n'oppose plus ces expressions l'une à l'autre et c'est pendant cette période qu'a dû s'introduire l'usage de donner aux avocats du Roi le nom d'avocats généraux. » (Delachenal, p. 166-167.) — Sans contredire le savant historien de l'Ordre des avocats, ne peut-on expliquer plus simplement la dénomination d'*avocat général* réservé aux avocats du roi, en la rapprochant de celle de *procureur général*? Le roi prit d'abord des avocats pour chaque cause comme il voulait. Ensuite il confia toutes ses causes à deux avocats, l'un clerc, l'autre laïque; il eut ainsi ses avocats généraux comme son procureur général. Le titre d'avocat du roi et celui d'avocat général auraient donc été synonymes et le dernier finit par l'emporter par imitation de celui de procureur général tandis qu'on cessait d'employer ce mot pour les particuliers.

1. « Ce dit jour a esté faite élection par voie de scrutine, pour le lieu de Me J. Perier, advocat du Roy, clerc, et a esté esleu Me André Cotin, arcediacre d'Angers et advocat ceans. » (X^{1a} 1479, f° 280 v°, 29 déc. 1413.)

De même Guillaume Tur est élu en remplacement de J. Jouvenel, avocat du roi, le 23 août 1413. (Douët d'Arcq. *Choix de pièces inédites relatives au règne de Charles VI*, t. I, p. 366-367.)

2. « Ce n'est pas cela qui a fait ravaler nostre Ordre, où il se voit maintenant. Il y a longtemps qu'il commence à descheoir du rang auquel j'ay autres fois ouy dire à M. l'advocat Du Mesnil, vostre oncle, qu'il estoit; et luy mesme s'en plaignoit desja de son temps, nous disant que quand il vint au palais, toutes les affaires des princes et seigneurs du royaume passoient par les mains des advocats, jusqu'à estre et prendre qualité de chancelliers de leurs maisons..., disant que les advocats, conseillers des maisons des princes conduisaient et maniaient toutes leurs affaires.

Dans ce dialogue, imité des dialogues de l'antiquité, Loisel fait remonter ses recherches et ses louanges jusqu'à Guy Foucault, à Guillaume de Nogaret, à Pierre de Cugnières, les chefs de l'école des légistes sous Philippe le Bel et ses fils[1]. A défaut du tableau même des avocats, nous possédons une première liste de cinquante noms conservés dans les registres criminels de 1340[2]. Avec les renseignements épars dans les arrêts et surtout les états de frais de justice, elle permet de reconstituer à peu près le personnel de

non seulement du palais, mais aussi celles qu'ils avaient au conseil du Roy et ailleurs, tant dedans que dehors le royaume. Mais les officiers du Roy se sont depuis emparez de cet employ et s'en entremettent maintenant plus que jamais. » (Loisel, *Dialogue des avocats*, p. 151.)

1. Loisel cite aussi : « Jehan de Meheye (selon l'*Hist. litt.*, t. XXVIII, p. 455, cet avocat serait Jean d'Asnières), qui fut employé au procez fait au bois de Vincennes, en l'an 1315, à Enguerrand de Marigni, lequel commença son accusation à la façon du temps par ce verset : « Non nobis, Domine, non nobis sed nomini tuo da gloriam », poursuivant le fil de sa harangue devant les pairs et les barons du royaume sur ce qu'Enguerrand s'estoit attribué les prérogatives royales. L'autre, M. Jean d'Orleans, desnommé au récit d'un arrest donné en l'an 1325 entre la comtesse d'Artois d'une part et Louis Merechis d'autre, rapporté par l'autheur du *Grand coutumier de France*, où il parle des exemptions par appel. Le troisième, M. Guillaume du Brueil, autheur du *Stile du Parlement*, qui cite des arrests qu'il a veu donner en l'an 1327, qui est de Charles IV dit le Bel; et le quatriesme, Guillaume de Balagny auquel on donne qualité d'advocat en une sentence du bailly de Senlis du samedy après Quasimodo de l'an 1330 » (*Ibidem*, p. 175).

Loisel insiste sur la grande part que prit l'Église au développement de l'Ordre des avocats... « Mais pour retourner aux advocats de ce siècle-là, il se trouvera que la pluspart et les meilleurs d'iceux estoient, comme j'ai dit, personnes ecclésiastiques, instruits au droict canon et civil, apprenant la pratique principalement par les Decretales... Et c'est de là que nous avons appris la chicane, s'il m'est loisible d'en parler ainsi; ou plus tost que les duels n'ont plus esté si fréquens en France » (p. 175).

2. *Listes d'avocats.* — La plus ancienne liste d'avocats que nous connaissions se trouve en tête du règlement du 13 nov. 1340 (Arch., $X^{2a}4$, f° 18). Elle a été publiée par H. Lot, *Bibl. de l'Éc. des Ch.*, t. XXIV, p. 120, et par M. Delachenal, *Hist. des Avocats*, appendice, pièce V, p. 398).

« Elle comprend, dit M. Delachenal, cinquante et un noms (notons en passant que cette liste publiée par M. Delachenal ne contient que 45 noms et celle de H. Lot 50 noms) et paraît avoir été dressée par le greffier criminel G. de Malicorne dans l'intérêt du service. Boucher d'Argis commet donc une erreur quand il fait remonter à l'année 1363 seulement le premier tableau de l'Ordre des avocats et cette erreur est d'autant plus complète que ce prétendu tableau n'existe pas. » (Delachenal, p. 24.)

Comme nous ne parlons ici que des avocats au Parlement, nous n'avons pas à rappeler l'histoire du fameux avocat breton Yves de Kaermartin, devenu, sous le nom de *saint Yves*, le patron des avocats. « Il n'estoit pas des nostres, dit Pasquier (dans le *Dialogue*), ains Breton. Si peut-il, dis-je, estre mis au nombre de nos advocats; car encores qu'il fut official et archidiacre de Rennes, et depuis de Triguier, si ne deloissoit-il pas d'exercer par charité l'estat d'advocat pour les veufves, orphelins, et autres personnes misérables, et non seulement ès cours d'église et autres de Bretagne, mais aussi aux bailliages du Parlement de Paris, poursuivant leurs procez mesmes jusques à la cour, ainsi qu'il est récité au deuxième livre du *Miroir historial* ou *Rosier des guerres* composé por (pour) le roi Louis XI. » (*Dialog. des avoc.*, p. 172.) — A lire sur saint Yves, avocat des pauvres et patron des avocats, une intéressante *Conférence d'Arthur Desjardins*. (Paris, André et Cie, br. in-8, 1897.)

l'Ordre au XIVe siècle. Dès cette époque on observe avec quelle facilité les avocats s'élevaient du barreau aux bancs des conseillers, même aux sièges de présidents. Nous n'énumérerons pas à nouveau les titres de *Jean Hanière*[1], de *Regnault Filleul*, de *Hugues Fabrefort*, de *Jacques la Vache*, de *Pierre de la Forest*, de *Regnault d'Acy*, de *Pierre d'Orgemont*, de *Jean Pastourel*, de *Jacques d'Andrie*, des deux *Guillaume de Sens*, de *Jean Auchier*, de *Nicolas d'Arcies*, de *Jean Popincourt*, de *Guillaume* et *Jean de Dormans*, de *Jean Fourcy*, de *Pierre Boschet*, de *Jacques de Rully*, de *Jean du Drac*, de *Henri de Marle*[2], qui furent les premières illustrations de l'Ordre des avocats autant que du Parlement. La tradition fut continuée au début du XVe siècle par *Eustache de Laistre*, *Jean Jouvenel des Ursins*, *Pierre de Marigny*, *Guillaume de Tur*, etc. Ces noms reviendront souvent dans cette histoire quand nous aurons à suivre ces personnages au milieu des difficultés et des périls politiques.

En dehors de ceux qui ne devenaient pas avocats du roi ou conseillers, le choix des villes et des princes nous guide dans le classement de ces réputations d'autrefois. La ville de Reims, assez souvent impliquée dans des procès, choisissait des avocats comme *Pierre de Maucreux* (1327), *Jean Garnier*, *Dreu Jourdain*, *Jean Dommat*, qu'on trouve en 1346 avec d'autres plus célèbres, tels que *Pierre de la Forest*, *Jean de Châlons*, *Regnault d'Acy* : chacun recevait une pension de douze livres[3] (en 1346, la livre tournois valant 14 fr. 96, 12 l. faisaient 179 fr. 52 en tournois et 224 fr. 40 en par.). *Pierre de Puisieux*, pensionnaire de la même ville en 1351-1352, au prix de dix livres par., égaré dans les dissensions politiques en 1357, fut mis à mort pour rébellion envers le régent. Le prévôt des marchands et les échevins de la ville de Paris demandaient les services de *Jean le Coq*, de *Pierre l'Orfèvre*, de *Jean de Fontaines*[4], qu'il ne faut pas confondre avec un autre avocat non moins

1. Jean Hanière ou Jean d'Asnières (Johannes de Aneriis). Pour son plaidoyer dans l'affaire d'Enguerrand de Marigny, voir P. Paris, *les Gr. chroniques de Fr.*, t. V, p. 212. — Les discours qui lui sont attribués par Clair et Clapier (*Le Barreau français*) sont empruntés aux *Annales de Paris* de Claude Malingre (XVIe siècle, lequel, sans doute, les a traduits de Paul Emile (*De rebus gest. Franc.*, p. 258), maladroit imitateur de Tite Live. (*Notice Hist. Littér.*, t. XXVIII, p. 455.)

2. Voir les notices biographiques jointes par M. Delachenal à l'*Hist. des avocats* (appendice, p. 331 et suiv.).

3. Delachenal, p. 54.

4. *Ibid.*, p. 266. — Voir leur quittance, *Ibid.*, Pièces justificatives, p. 446.

fameux en son temps, *Simon de la Fontaine* (1375-1380). Aucun prince ne contribua plus à enrichir les avocats que le duc de Bourgogne, Philippe le Hardi. Malgré des renseignements incomplets, on ne relève pas moins d'une douzaine d'avocats fameux employés au service de ce prince[1]. Outre le jurisconsulte *Jean le Coq*, il pensionnait *Pierre le Cerf* (1379-1394), auquel étaient payées 20 livres parisis (la valeur moyenne de la livre tournois étant alors de 10 fr. 40, de la livre parisis, 13 fr., 20 l. p. valent 260 fr.). Cette faveur du reste ne lui nuisit certes point, puisqu'on le retrouve procureur général (1401). Le puissant duc rétribuait aussi *Pierre de Fétigny* (1354-1384), *Jean de Gouy* (1387), *Pierre de Ligny* (1367-1384); *Pierre l'Orfèvre*, également avocat du roi, puis chancelier du duc d'Orléans (1401-1403), à une époque où il fallait déjà prendre parti entre les princes de la maison royale. *Jean Périer*[2] semble de même avoir possédé la clientèle du duc de Bourgogne et celle de Louis d'Orléans; après le meurtre de ce dernier, il devint le conseil de sa veuve éplorée Valentine de Milan. *Jean de Neuilly* touchait de Philippe le Hardi, en 1389, 20 livres parisis (soit d'après la livre parisis de 12 fr. 34, la somme de 246 fr. 80); c'était, malgré sa qualité de clerc, un avocat vif et emporté qui, pour avoir critiqué un arrêt du Parlement, s'attira une réprimande et faillit être emprisonné[3]. *Denis de Mauroy*, qui devint procureur général en 1404, figure parmi les pensionnaires du duc de Bourgogne avec *Jean de la Marche*, *Nicolas Sauvigny*, *H. de Thoisy*, qui, comme lui, appartiennent plutôt au xve siècle.

Si la moitié des juges étaient des clercs, on ne peut en dire autant des avocats, sans doute à cause des interdictions anciennes. Beaucoup néanmoins, et non des moins fameux, étaient des hommes d'Église : *Eudes de Sens*, chanoine de la cathédrale de Paris[4] (1320); *Gérard de Montaigu* (1329), avocat du roi, prêtre et chanoine des églises de Paris et de Reims[5], le célèbre *Robert le Coq*, préchantre

1. Nous avons relevé ce chiffre dans les notices biographiques rédigées par M. Delachenal, auxquelles nous renvoyons pour les détails.
2. Voir Lettres du 22 avril 1389 par laquelle Louis d'Orléans prend pour avocat pensionnaire Jean Périer. (Delachenal, *Pièces justific.*, p. 449.)
3. *Quest. Jo. Galli*, CXXXII.
4. Voir *Notice* de Delachenal, p. 379, et *Notice Hist. Littér.*, t. XXV, p. 85.
5. Voir Lettres de Philippe de Valois par lesquelles il nomme Gérard de Montaigu son avocat en Parlement. (Delachenal, *Pièces justif.*, p. 418.)

d'Amiens, puis évêque de Laon, qui porta la parole au nom du clergé dans les États de 1356 et qui figure comme avocat sur la liste de 1340[1]; *Pierre de la Forest* devenu évêque de Paris, archevêque de Rouen, cardinal; *Pierre d'Arcies* (1365), évêque de Troyes (1377); *Nicolas d'Arcies*, chanoine de Paris, puis de Troyes, évêque d'Auxerre (1372); *Jean de Dormans*, mentionné comme avocat en 1348, élevé aux dignités d'évêque de Beauvais, de chancelier, de cardinal; *Jean Canart*, savant aussi bien en droit civil qu'en droit canon, chanoine de Paris, puis de Reims, en même temps avocat du roi et du duc de Bourgogne (1380), évêque d'Arras (1392)[2]; *Pierre de Fétigny*, déjà cité et promu cardinal[3]. D'autres avocats dont nous avons également parlé, *Jean Périer* (1385), *Jean de Neuilly* (1391), étaient, le premier, chanoine de Chartres et d'Avranches, le second chanoine de Paris, archidiacre de Soissons. Le barreau, comme le Parlement, tient à l'Église ou mène aux honneurs de l'Église.

Comme le Parlement, il mène aussi à la noblesse. Sans doute, ainsi que l'a fait observer le très érudit historien de l'Ordre des avocats, il ne faut pas attacher trop d'importance à la « Chevalerie ès lois » que Boutillier, dans sa *Somme rural*, confère aux avocats : « Or sachez que le fait d'avocacerie, selon les anciens faiseurs de lois, si est tenu et compté pour chevalerie[4]. » Boutillier a traduit,

1. Voir Lettres de Philippe de Valois par lesquelles il prend pour avocat au Parlement Robert le Coq, 17 oct. 1347. — Delachenal, *Pièces justif.*, p. 419.

2. Jean Canart, docteur en théologie de la maison de Sorbonne, en 1370 avocat au Parlement, en 1380 avocat du roi; arbitre la même année avec Jean Des Marès, dans un conflit de juridiction entre le chapitre et l'évêque de Paris, chanoine de Notre-Dame, chanoine et vidame de Reims, exécuteur testamentaire de Charles V, membre du conseil de Charles VI, chancelier du duc de Bourgogne (1385), exécuteur testamentaire du duc de Bourgogne, évêque d'Arras (1392), chargé de mission auprès de Benoît XIII (1395); mort en 1407. — Son testament, du 26 février 1405, a été publié, avec notice, par Tuetey, n° XVI, p. 383.

3. Pierre de Fétigny devint cardinal. « Ce jour a esté nouvelles en la court de ceans que maître Pierre de Fistigny (Fétigny), advocat en la court de ceans, est cardinal pnunces (prononcé) du St Siège et ont esté prononcés dix cardinaux entre lesquels sont messeigneurs les Evesques de Paris et de Laon et le dit maistre Pierre » (mardi 29 décembre 1383). — *Reg. du Parl.*, Collect. Lamoignon, *Conseil et Plaidoiries*, t. 42, fol. 66.

4. « Or, sçachez que le fait d'advocacerie, selon les anciens faiseurs de loix, si est tenu et compté pour chevalerie. Car tout ainsi comme les chevaliers sont tenus de combattre pour le droict à l'espée, ainsi sont tenus les advocats de combatre et soustenir le droict de leur pratique et science, et pour ce sont-ils appellez en droit escrit chevaliers de loix. » (Boutillier, *Somme rural* : De l'Estat aux advocats, p. 671, édit. de 1603.)

à sa façon, les termes élogieux du Code de Justinien : le *miles* est pour lui un *chevalier*. Il n'en est pas moins certain que des avocats reçurent des lettres d'anoblissement : *Pierre de Maucreux*, anobli par Charles IV[1] (1326), *Hugues Fabrefort*, *Jean Pastourel* par Philippe de Valois[2], *Jean Des Marès* par Charles V[3]. Nous ne parlons point, bien entendu, de ceux qui devenaient conseillers, présidents, chanceliers et le plus souvent avec ces charges obtenaient la noblesse. Ce fut là toujours une porte ouverte aux avocats qui, par la suite, continuèrent de sortir ainsi de la roture grâce à la robe du légiste.

V. — Quelques avocats célèbres du xive siècle.

La facilité avec laquelle les avocats s'élevaient au rang des juges prouve à elle seule qu'ils étaient des juristes. Nicolas Romain, Pastourel passaient pour les plus érudits feudistes. C'est à des avocats que l'on doit quelques-uns des monuments les plus précieux du droit français au xive siècle : *le Style du Parlement* de Guillaume du Brueil, les *Questions* de Jean le Coq, le *Recueil des arrêts* de Jean Des Marès. L'appréciation de ces œuvres n'entre point dans notre sujet, mais elles nous engagent à nous arrêter sur ces figures intéressantes.

Originaire de Figeac dans les montagnes du Quercy, *Guillaume du Brueil* sortait d'une famille qui, sans être noble, lui assurait déjà quelque aisance[4]. Il épousa la fille d'un chevalier (1329). Appartenant à la région du droit écrit, il obtint, quand il vint

1. Arch. JJ. 64, f° 96 v°, n° 166, 26 mai 1326 (Delachenal, p. 365).

2. Nobilitacio data Hugoni Fabrifortis de senescallia Ruthenensi. Arch. JJ. f° 66, f° 287, n° 710, juin 1331.

Nobilitacio concessa Johanni dicto Pastorel. *Ibid.*, JJ. 70, f° 27, n° 53, août 1336. (Delachenal, p. 140.)

3. Nobilitacio magistri Johannis de Maresiis. *Ibid.*, JJ. 98, f° 164 v° (Delachenal, p. 363.)

4. La biographie de G. du Brueil (*Guillelmus de Brolio*) a été écrite par H. Bordier (*Bibl. de l'Éc. des ch.*, t. III, p. 47-62). Si détaillée qu'elle fût, elle put recevoir d'utiles compléments fournis par H. Lot (*Éc. des Ch.*, 5e série, t. IV, p. 119-138, 1862-63); puis par M. Delachenal, Notes pour servir à la biographie de G. du Brueil, Addition à la notice de H. Bordier et notes sur des procès de G. du Brueil) (*Bulletin de la Soc. de l'Hist. de Paris*, nov.-déc. 1883, p. 174-176); ensuite par M. F. Aubert (*Ibid.*, sept.-oct. 1884, p. 137-139, et Note sur la date du *Stilus Parlamenti* (*Nouvelle Revue historique du droit*, mai-juin 1884, p. 155-159). — Un article de Victor Coulon, ancien greffier de la Cour de Paris, résume assez nettement les études de H. Bordier et de H. Lot. (*Gazette des Tribunaux*, 1er août 1863.)

résider à Paris, de rester soumis à ce droit et non aux coutumes. Il connaissait pourtant bien ces coutumes, puisque dans sa nombreuse clientèle, il plaidait et les causes de droit écrit et les causes de droit coutumier. On le voit acquérir à Paris et dans le Midi quantité de rentes et de terres, (Malleville, Espayrac, Albiac, seigneurie d'Arcueil, près de Paris). S'il plaide beaucoup pour les autres, entre autres pour le fils aîné du roi d'Angleterre, duc de Guyenne (plus tard Édouard III), il plaide pour lui-même douze procès (et nous en ignorons sans doute encore), où il figure soit comme demandeur, soit plus souvent comme défendeur, car il n'aimait pas trop à payer les redevances qu'il savait bien exiger. Avec une franchise dénuée d'artifice, il a d'ailleurs professé sa doctrine, qui cadre bien avec les mœurs du XIVe siècle : « Préfère, dit-il, à l'avocat, les clients qui payent à ceux qui ne payent pas, ne donne pas ton avis et n'engage pas l'affaire avant d'être certain de ton salaire. » Il lui en coûta cher, pourtant, de n'avoir pas observé les conseils plus nobles et plus sages qu'il donne de ne point proférer d'injures contre les adversaires. Il se fit, pour son intempérance de langage, condamner, nous l'avons dit, par le Parlement à 300 livres d'amende (1340). (En 1340, la livre tournois vaut en février 8 fr. 1099 et en avril 6 fr. 7582; si on prend la valeur moyenne 7 fr. 434, 300 l. tournois font 2230 fr. et 300 l. parisis 2787 fr. 50). Cela ne l'empêchait point, à la même date, de figurer en tête de la liste et en quelque sorte du tableau des avocats. Son orgueil toutefois et ses richesses le firent tomber plusieurs fois en disgrâce[1]. A la fin de sa vie, Guillaume du Brueil fut confiné dans Paris comme prisonnier (1341); il mourut (1344) au milieu des difficultés d'une procédure criminelle mal connue dont sa mémoire pourtant sortit réhabilitée[2].

1. Philippe de Valois le suspendit de ses fonctions, puis le rétablit. Voir Lettres publiées par Delachenal, *Bulletin de la Société de l'Hist.. de Paris* (nov.-déc. 1883, p. 176).

2. La situation dans laquelle mourut G. du Brueil est bien définie par un arrêt du 23 décembre 1360 : « ... Quia dictus magister Guillelmus, a tempore quo primo contra dictum militem (Baracium de Castronovo) dictam petitionem dicitur fecisse, usque ad mortem suam fuit acusatus et persequtus per procuratorem nostrum, tam in curia nostra, quam officialis Parisiensis, de pluribus criminibus, de quibus eciam post mortem suam fuerit absolutus, propter quod dictus magister Guillermus, tempore qui vivebat, et ejus heredes, post mortem suam, usque ad tempus impetracionis dicte gracie legitime fuerunt impediti. (*Bulletin de la Soc. de l'hist. de Paris*, nov.-déc. 1883, p. 176.)

Plus unie et plus limpide, s'écoula la vie de *Jean Le Coq*[1], qui laissa moins de préceptes, mais de meilleurs exemples. En réalité, et cela fait son éloge, il n'a pas d'histoire. Son livre même, les *Questions variées*, décidées par des arrêts du Parlement, ne nous renseigne que très vaguement sur sa biographie : avocat très épris de la science du droit, il s'effaça toujours derrière le jurisconsulte. Avec une louable modestie, il ne fait pas valoir ses succès, non plus qu'il ne dissimule ses échecs. Une similitude de nom a fait croire à sa parenté avec le fameux Robert Le Coq, l'évêque de Laon : il n'en appartenait pas moins à une famille qui avait rendu déjà ce nom très connu au Palais, depuis Oudart Le Coq et Jean Le Coq, conseillers au Parlement, l'un laïque (1344), l'autre clerc (1360). Les prénoms de Jean, de Jacques, de Pierre, si communs au moyen âge, rendent assez difficiles les généalogies. Le père du savant avocat s'appelait comme lui Jean Le Coq et avait gagné la faveur du dauphin Charles, qui l'avait choisi (1358) comme maître de sa chambre aux deniers, puis du roi Jean le Bon, dont il était le secrétaire et qui l'anoblit (1363)[2]. Ce prince tint même son fils sur les fonts baptismaux, donnant encore à cet enfant le nom de Jean. De telles origines ne pouvaient que favoriser la fortune de ce fils, qui épousa Jacqueline Maillard, dame de Coupevray, fille de Jean Maillard anobli par Charles V et sieur de Lévy, de Triel, etc. Jean Le Coq ne paraît comme avocat au Parlement qu'en 1385. Il compte parmi ses clients les personnages les plus notoires : l'évêque d'Amiens, les échevins de Lens en Artois, le baron de Montmorency, etc. Il plaide aussi pour lui-même comme seigneur féodal, se plaignant de ses feudataires les religieuses de Poissy. Devenu avocat du roi (1392), il soutint des procès difficiles comme défenseur de la justice royale contre les prétentions de la justice ecclésiastique. Jean Le Coq, semble avoir eu surtout la curiosité des subtilités juridiques, soutenant, suivant l'occasion, les théories les plus contraires. Il avait obtenu qu'un clerc non marié, Guy d'Enaumont, fût rendu à l'évêque de Châlons.

1. Le savant Hauréau a consacré plusieurs articles très intéressants à Jean Le Coq (*J. Galli*) : *Jean Lecoq et quelques autres avocats de son temps* (Journal *le Droit*, 13 avril, 1er et 2 septembre 1862).

2. Jean Le Coq (le père) devint seigneur d'Esgrenay-en-Brie.

Lorsque l'évêque de Paris, Pierre d'Orgemont, le fils du chancelier, réclama à son tour un clerc parisien incarcéré au Châtelet pour divers méfaits, Jean Le Coq plaida contre lui : on eut beau lui rétorquer ses arguments produits lors du procès de l'évêque de Châlons, il ne se laissa pas démonter et sut gagner sa cause : il était bien de l'école des légistes du XIVe siècle. De même, seigneur, il défend toutes les prérogatives féodales, il plaide contre de pauvres marchands de poissons de mer sur les voitures desquels l'official de l'évêque d'Amiens a prélevé trois soles; il prétend (et soutient encore cette thèse pour le baron de Montmorency) que le seigneur a un droit de saisie sur les marchandises qui traversent son territoire. Disons néanmoins qu'il ne s'opposait pas à ce que les trois soles fussent payées, comme l'arrêt le décida. Sa charge d'avocat du roi l'obligea à prendre plus nettement parti qu'il ne l'avait fait dans les différends continuels avec les églises au sujet des juridictions. Ce fut lui qui soutint les droits de la royauté dans des procès acharnés contre l'évêque de Paris [1], et surtout contre l'archevêque de Lyon. Il serait téméraire de juger son caractère. On croit cependant qu'il ne manquait ni d'élévation, ni de générosité, car il contribua, par son avis, à sauver sept Juifs qu'on voulait condamner au bûcher comme complices d'un renégat. On n'a pas la date certaine de sa mort, survenue probablement en 1399. Son livre lui survécut et de génération en génération servit de manuel aux jeunes avocats.

Jean Le Coq eut pour compagnons et pour rivaux au Palais, maître *Oudart Berthine*, surnommé *de Molins* [2], docteur en droit canonique et chanoine de Paris; puis *Henri de Marle*, qui tous deux passèrent, comme Présidents, au Parlement. Le Coq plaida aussi avec ou contre *Jean de Fontaines*, avocat si considéré par la Cour qu'à sa mort

1. « C'est comme avocat du roi que Le Coq argumenta le 20 mars 1393 avec une telle abondance de textes romains et d'arrêts modernes contre l'évêque de Paris, qui prétendait avoir droit de justice haute et basse sur tous ses clercs, même dans la ville capitale du royaume. Avec les notes qu'il nous a laissées sur cette plaidoirie, on pourrait la reconstituer, et elle serait vraiment curieuse (Question CCLXXVI) ». (Hauréau, *loc. cit.*)

2. Oudart de Molins. Homme d'une prudence éprouvée, il jouissait d'un grand crédit dans l'Église, au Palais, à la Cour du Parlement et même chez le roi qui l'avait nommé l'un des cinq conseils de Charles d'Evreux, fils du roi de Navarre, en l'année 1381 ». (Hauréau.) Oudart de Molins devint, en 1388, Premier Président du Parlement.

(14 mai 1387) elle suspendit ses audiences pour permettre à tous les avocats et procureurs d'assister à ses obsèques. On remarque aussi Le Coq choisi comme arbitre avec *Jean Auchier*, *Jean de Sully*, *Jacques de Rully*. Il était également le collègue de *Jean Filleul* et de *Jean Des Marès*, dont les malheurs surtout ont perpétué le souvenir.

Ce dernier était le fils de Thomas Des Marès, avocat et maire de Provins. Il avait été élevé dans cette ville, dont les remparts subsistent encore à moitié, débris pittoresques des fortifications du moyen âge. Peut-être ses ancêtres y occupaient-ils, dans la rue du Palais, une maison à grandes salles « dont les voûtes retombant sur des chapiteaux à feuillages annonçaient une ancienne splendeur[1] ». Jean Des Marès, formé par son père à l'étude des lois, devint docteur en droit civil et en droit canon. Il épousa très jeune une femme dont le nom seul est resté, Guillemette. Il se signala comme avocat au Parlement de Paris et remplit divers offices sous les rois Jean et Charles V, « lequel, selon le témoignage de Juvénal des Ursins, croyait fort son conseil. » Il fut prévôt des marchands de Paris (1356), avocat général (1359), pensionnaire du roi de Navarre (1368), conseil de l'évêque de Paris (1370)[2]. Il avait, nous l'avons dit, été anobli. Il était riche; entre autres biens, il possédait un hôtel dans la rue de Jouy, un hôtel à Provins. Jean Des Marès, est, avec Jehan d'Acy et Simon de la Fontaine, un des trois avocats auxquels le poète Eustache Deschamps adresse une lettre satirique pour bien montrer sans doute que ses traits mordants n'étaient point dirigés contre eux. Les troubles de la minorité de Charles VI mirent malheureusement pour lui Jean Des Marès au premier plan. Ce n'est pas ici le moment d'apprécier son rôle politique, mais il est facile de deviner, au ton ému avec lequel Froissart rapporte sa fin tragique, qu'il ne fut coupable que d'un ardent désir de conciliation entre un peuple révolté et des princes arrogants. Les média-

1. F. Bourquelot, *Biographie de Jean des Mares* (ou des Marès ou Desmarets); biographie très complète et très documentée comme on pouvait l'attendre d'un érudit tel que le fut F. Bourquelot. (*Revue historique de droit français et étranger*, 1858, p. 244-263.)

2. L'auteur de la Chronique des quatre premiers Valois (édition Siméon Luce, p. 310) fait de Jean Des Marès ce bel éloge : « Monseigneur Jehan des Marès... en ses jours le plus solennel avocat du royaume. »

teurs sont souvent victimes. Le peuple pleurait lorsqu'aux Halles tomba sous la hache la tête du vieil avocat (1383). Ses restes d'ailleurs furent, en 1407, transportés dans l'église de Sainte-Catherine du Val des Écoliers, où il avait élu sa sépulture, et sa mémoire se trouva quasi réhabilitée [1]. Elle le fut surtout par un *Recueil de 422 Décisions et Sentences* que Brodeau lui a attribuées [2], et qui a passé, sous son nom, à la postérité; livre important, a dit La Ferrière, « pour marquer la transition du droit représenté par les Établissements de saint Louis et les anciennes coutumes du Châtelet, au droit qui a formé la coutume des xve et xvie siècles. » Auteur ou non de cette compilation du vieux droit français, Jean Des Marès n'en paraît pas moins avoir été un juriste éminent, un homme politique trop sincère, trop généreux, incapable de se dérober par la souplesse et la ruse aux vengeances des partis.

V. — La confrérie des procureurs et des avocats.

La liste de 1340 fournit cinquante noms d'avocats au Parlement. Ce nombre s'augmenta nécessairement avec le chiffre des procès. Celui des procureurs, nous l'avons dit, n'était pas déterminé et ils avaient pullulé. Les uns et les autres, sans doute, donnaient dans leurs logis leurs consultations aux clients, mais il était bien plus commode pour ceux-ci de les rencontrer au Palais. La Grande Salle en était remplie [3]. Il était de raison que si l'on permettait aux

1. Vendredi 11 mars 1406 (1407). La Cour examine et confirme des lettres royaux permettant aux enfants de feu Mre J. Desmares, « docteur en loix et en son temps advocat du roy ceans et lequel avait été exécuté avec plusieurs ès halles de Paris l'an quatre-vingt-deux » de mettre les os dudict Desmares en l'église Sainte Catherine du Val des Escoliers en la chapelle qu'avait fondée, et sans solennité.... » — Reg. du Parl. (Collect. Ste-Genev., Ff^2, t. 1, f° 221). — Arch. Conseil XII (X^{1a} 1478 fol. 310 v°. — *Journal de Nicolas de Baye* (Tuetey, t. I, p. 188).

2. Brodeau, *Coutume de Paris*, t. II. (p. 559-517.) — L'attribution de ces Décisions à Jean Des Marès a été contestée. « Les 422 Décisions que contient ce recueil sont en grande partie des décisions rendues à Orléans, où Des Marès n'est jamais allé et qui n'intéressent pas Paris. L'auteur dit : « Selon la coustume du Chastelet d'Orléans... », ou « je vi à Orléans... », ou « je fu en jugement à Orliens ». C'est au surplus une compilation mal faite, avec un mélange de vers, de prose, de latin, de français, qui atteste un collecteur peu intelligent et peu sérieux.... » Batifol, le Châtelet de Paris, *Revue hist.*, t. LXI (1896).

3. Voir Delachenal, p. 113-114.

merciers d'y installer des boutiques, procureurs et avocats fussent autorisés à avoir des bancs pour s'asseoir et des *buffets* ou armoires pour y loger leurs parchemins et les sacs des procès. Que ces buffets aient été établis au début du xv° siècle ou plus tôt, peu importe, il est constant que cette tolérance avait été accordée moyennant une rétribution. Au milieu du xv° siècle, les avocats plaidèrent au sujet de cette redevance et s'y résignèrent pour ne pas voir leurs places envahies par les merciers, plus disposés à financer. Ainsi le long des murs, près des cheminées, autant il y avait de bancs, autant pour ainsi dire il y avait de petites études volantes de procureurs et d'avocats.

La Grande Salle est si bien le domaine propre des procureurs et des avocats que l'autel de saint Nicolas, situé à l'extrémité orientale, est surtout entretenu par leurs cotisations. Quand ils sont reçus, procureurs et avocats doivent acquitter un droit de chapelle pour l'entretien du service divin[1]. Saint Nicolas, sous le vocable duquel était dédiée l'église primitive du Palais, resta, sans doute pour ce seul motif, le patron des gens de loi, conseillers, avocats, procureurs[2]. Ces derniers même, au nombre de 28, constituèrent par devant notaires, au Châtelet, une confrérie spéciale dite de *Saint-Nicolas*[3]. Formée sur le modèle des confréries pieuses des

1. « Et fu ordonné que decy en avant chacun nouvel advocat, receu au serment, paieroit II escus ou II francs et un chacun procureur, samblablement receu de nouvel, un escu, pour dire les messes acoustumées en la sale du palaiz, auquelles (*sic*) avoit défaut de paiement et fu ce publié par le dit chancelier. » Arch. X[1a] 1478, f° 296 v°, 12 nov. 1406. (Delachenal, p. 27.)

2. Voir Delachenal, p. 40.

3. Elle fit confirmer ses statuts par une Ordonnance de Philippe de Valois (avril 1342). Cette Ordonnance enregistre l'acte lui-même : « En nom du Père et du Fils et du Saint-Esprit. C'est l'Ordonnance de la confrérie que les compagnons clercs et autres Procureurs et écrivains fréquentant le Palais et la Cour du Roy nostre sire à Paris et ailleurs, font et entendent faire, en l'honneur de Dieu Notre Seigneur Jésus-Christ et de Nostre Dame sa glorieuse mère, de saint Nicolas, de sainte Catherine et de tous les saints et de toutes les saintes, et pour accroître et multiplier le service divin pour le Roy nostre sire, Madame la reine, leurs enfants et leurs successeurs, les confrères et consuers et les bienfaiteurs de la dite confrérie en la manière qui s'ensuit :

« Chaque dimanche, une messe du Saint-Esprit ou de Notre-Dame. Une messe de Notre-Dame le jour de la mi-Août, aux deux fêtes saint Nicolas et à la fête sainte Catherine vêpres et messes. Le soir et le jour des morts, vigile et messe des morts. Amende pour les confrères qui n'assisteront pas à ces offices ». — Articles réglant le droit d'entrée (16 parisis) et la cotisation annuelle (13 parisis); articles pour les torches et cierges. — « Si aucun confrère de la dite confrérie trespasse, il aura vigile et messe ». Amende pour ceux qui n'y assisteront pas. — « S'il y a aucun desdits confrères qui déchié de son Etat, il en aura aumône chacune semaine sur

gens de métier, cette association rapprochait les confrères en des messes fréquentes, obligatoires surtout à la mort d'un des membres. Chacun, pour les frais de ces services, payait, à sa réception, 16 livres parisis, et une cotisation annuelle de 13 livres parisis[1]. Il y avait là aussi une œuvre d'assistance et de secours mutuels. Si un membre de la confrérie devenait malheureux, il « avait aumône, chacune semaine, sur la dite Confrérie, ce que bon semblera aux dits confrères. » Chaque année, on élisait un conseil de cinq membres pour la gestion financière. La confrérie prospéra. C'est probablement à elle que s'agrégèrent ensuite les avocats réunis, au début du xve siècle, avec les procureurs dans la même compagnie, comme ils l'étaient dans le travail quotidien[2]. Le 9 mai, avocats et procureurs célébraient solennellement la fête de saint Nicolas, dite « fête d'été », et le Parlement chômait. « Ce jour, dit le registre du 9 mai 1412, la Cour s'est levée entre neuf et dix heures pour l'honneur de la feste de la translation de saint Nicolas, et aussi de la messe solennelle de la Confrérie de Saint-Nicolas, qui se dit en la salle de céans[3]. » Ainsi que dans toutes les confréries, on portait au dessus d'un bâton, la statuette du saint. Celui qui avait l'honneur de marcher en tête des confrères, de tenir le bâton du saint[4], était le *bâtonnier*.

On ne saurait estimer à moins de plusieurs centaines le nombre des avocats et des procureurs au Parlement. Avec les cent membres du Parlement auxquels ils étaient unis par tant de liens, par le costume même, par les entretiens journaliers, par les services échangés, par l'ambition enfin, ils composaient, au Palais, toute une classe de gens de loi, véritable aristocratie intellectuelle, élite

ladite confrérie, ce que bon semblera aux dits confrères. » — Elections de trois maitres et de deux procureurs pour le conseil.

Le roi, après avoir enregistré la cédule ajoute : « Et comme nous avons en grant désir l'accroissement du service de Dieu, lequel est accoutumé à être fait ès confréries avec les autres œuvres de charité et de vraie amour, Nous la dite confrérie... louons et approuvons et de grâce spéciale, de certaine science et de notre autorité royale, confirmons... » (*Ordonnances*, t. II, p. 176.)

1. En 1342, à la confirmation de la Société, la livre tournois ne valait que 5 fr. 0735, par conséquent la livre parisis 6 fr. 342, d'où 16 liv. parisis = 101 fr. 47 c, 13 liv. p. = 82 fr. 45 c.

2. Voir Delachenal, p. 40.

3. Matinées, VII (X^{1a} 4789, f° 270 v°). — *Journal de Nic. de Baye* (Tuetey, t. II, p. 64).

4. Voir Delachenal, p. 45. Voir aussi Glossaire de Du Cange : *Bastonarius*. — C'est à cette date (du 9 mai) que plus tard les clercs de la Basoche plantaient leur *mai* et représentaient leurs jeux et farces (note de M. Tuetey).

savante et puissante à cette époque de procès éternisés. Procureurs et avocats faisaient corps avec le Parlement : ils vivaient, souffraient ou triomphaient avec lui. Ils le prolongeaient, le ramifiaient, pour ainsi dire, dans la société.

Les procureurs, en outre, occupaient des *clercs*, les avocats aussi, et les conseillers du Parlement ne pouvaient non plus se passer d'écrivains auxiliaires [1]. C'était là tout un monde. Il faudrait donc multiplier par quatre ou cinq les centaines de procureurs, d'avocats, de conseillers pour avoir le chiffre des gens de loi qui chaque jour affluaient au Palais. Si les plus instruits et les plus laborieux de ces clercs songeaient à devenir avocats ou procureurs, combien ne cherchaient dans ce métier secondaire que les moyens de vivre, fort peu soucieux, quoique très fiers, de la noblesse de leur mission, jaloux des privilèges que leur assurait leur familiarité avec un Ordre privilégié, apportant aux bancs moroses des légistes chicaniers l'humeur joyeuse de la jeunesse, troublant de leurs saillies la gravité des discussions! Ces clercs appelaient le Palais d'un vieux mot, *bazoche* (basilique), qui devint le nom de leur corporation. Prompts à saisir et à noter le ridicule, les bazochiens, dans ces murs où se déroulaient tant de drames, se préparent déjà à faire retentir, aux siècles suivants, les facéties et les éclats de la gaieté française.

1. L'emploi de ces utiles auxiliaires n'était pas contesté aux avocats et le résultat de leurs travaux pouvait même entrer en taxe. Les textes suivants en font foi : « Item pro scriptura dictarum racionum continenti xv notulas clerico dicti magistri Johannis (d'Estrées) II florenos. » — « Item, pro grossando et transcribendo in pergameno dictas rationes, *clericis* magistri Roberti Lecoc, qui eas, post ejus correccionem, grossaverunt, II scutos. » Taxe d'ensemble : « Habeat pro istis articulis LX solidos. » — « Item, pro scriptura dictorum articulorum facta in papiro per clericum dicti magistri Johannis d'Estrées, XX solidos (taxe d'ensemble) : Habeat IIII libras. » — (H. Lot, *Frais de justice*, p. 56.)

CHAPITRE X

LES GREFFIERS. — LES REGISTRES DU PARLEMENT

I. — Les notaires.

Les Sages de l'antiquité portaient avec eux toute leur science. Au moyen âge, les juges gardaient le droit en leur mémoire. La façon toute patriarcale de rechercher les précédents par le souvenir (ce qu'on appelait le *record de cour*), offrait, entre autres inconvénients, celui qu'on était exposé à ne plus retrouver non seulement le souvenir, mais le juge. Le développement de la procédure écrite assura des moyens plus raisonnables de remonter au passé. On conserva les pièces des procès. On employa les *notaires* à fixer les débats.

Dans les derniers temps de la République romaine, c'étaient des *notaires* qui reproduisaient les discussions du Sénat à l'instar de nos sténographes[1]. Plus tard, sous l'Empire, des notaires consignaient par écrit les délibérations du Consistoire sacré ou Con-

1. Bouché-Leclercq, *Manuel des Institutions romaines*, p. 100. — Dans l'armée il y avait aussi des secrétaires, des scribes (*librarii notarii*, *exceptores*, *codicillarii*), des préposés aux registres (*ab indicibus*, *tabularii*, *capsarii*, etc.). *Ibid*, p. 326, note 1.
Le mot de *notaires* serait venu des *notæ* en signes abrégés, dites *notes tironiennes* parce qu'elles auraient été inventées par Tiron, affranchi de Cicéron. Lors du procès de Catilina, Cicéron aurait ainsi obtenu la reproduction intégrale du discours prononcé par Caton en réponse à celui de Jules César. Ces notes abrégées, véritable sténographie, auraient été adoptées ensuite dans les écoles publiques et pour la transcription des manuscrits. (Voir Chéruel, *Dict. des Institut.*, article Notes tironiennes.)

seil souverain : ils étaient sous la direction d'un *primicier*[1]. De serviles qu'elles avaient été, comme tant d'autres, les fonctions des *scribes* étaient devenues un office public et considéré. Les notaires, dits aussi *tabellions*[2], recevaient et rédigeaient les contrats, les testaments[3]. Le Code de Justinien défendit de donner à des esclaves cette mission réservée aux seuls hommes libres[4].

L'Église conserva les notaires et les employa d'abord comme clercs ou secrétaires des évêques, puis comme scribes dans les cours ecclésiastiques[5]. Le quatrième concile de Latran (1215) exigea (38e canon), dans tout procès, la présence d'une *personne publique* chargée de dresser le procès-verbal[6]. Sans renoncer à leurs autres besognes, les notaires devinrent des *greffiers*.

Le pape instituait les notaires de ces cours ecclésiastiques. Ils ajoutèrent à leur titre celui d'*apostoliques* et gardaient ainsi, en tous lieux, leurs pouvoirs comme officiers de l'Église universelle. Se modelant sur les cours ecclésiastiques, les cours séculières eurent leurs notaires. Le roi les institua à l'exemple du pape[7].

Des notaires, les uns furent donc *apostoliques*, les autres *royaux*, quelquefois les deux ensemble. Dans les pays de *droit écrit* l'emploi des notaires n'avait jamais cessé : il était plus rare dans les pays de *droit coutumier*, où on ne leur reconnaissait pas le pouvoir de conférer aux actes la forme publique[8]. L'obéissance aux canons du concile de Latran, puis l'institution royale effacèrent cette

1. Code Théodosien, VI, 10.
2. Tabelliones, tabularii, de *tabula* (tablette).
3. Bethmann-Hollweg, *Der Römische civil process*, III, § 144. Fournier, *Les Officialités au moyen âge*, p. 41.
Voir aussi le Digeste : « Lucius Titius miles notario suo testamentum scribendum dictavit (Dig. XXIX, I, 40).
4. « Generali lege sancimus ut sive solidis provinciis, sive singulis civitatibus necessarii fuerint tabularii, liberi homines ordinentur, neque ulli deinceps ad hoc officium patescat aditus qui sit obnoxius servituti » (Code X, 69, III). Voir aussi Novelles XLIV *De Tabellionibus*, cap. I et II.
5. Fournier, *Officialités*, p. 42, 56.
6. *Ibid.*, p. 48.
7. « Dès le règne de Philippe le Bel, les juges royaux étaient entourés d'un collège de notaires analogues aux notaires des officialités. Toutefois les Ordonnances royales marquent l'introduction d'une réforme importante : les notaires n'écrivent plus les actes du procès sur leurs propres registres, mais sur des registres spéciaux (*registra curiæ*) qu'ils doivent conserver avec soin et rendre quand leur commission vient à expirer (*Ord.*, t. I, p. 336, 338, 339 et suiv.). Ainsi, par un nouveau progrès, le notaire, *deputatus ad acta scribenda*, est devenu un fonctionnaire permanent, chargé de tenir les registres de la cour, qui sont bien distincts de ceux des notaires; il est donc un véritable greffier ». Fournier, p. 57.
8. *Ibid.*, p. 45.

différence. Au nord comme au midi les notaires ou tabellions eurent mission, en dehors de leurs fonctions dans les tribunaux, de recevoir les actes des particuliers tels que les obligations, les contrats reconnus, sanctionnés par l'autorité d'un juge. Dans les cours d'Église, les officiaux, très affairés, laissaient volontiers insérer dans les actes que les parties avaient comparu devant le tribunal alors qu'elles n'avaient contracté que devant les notaires [1]. Ceux-ci, astreints au serment, choisis en nombre déterminé selon les villes, devenaient les auxiliaires et quasi les représentants des juges. Ils participaient à l'autorité publique.

Saint Louis, en 1270, créa pour Paris *soixante* notaires ou tabellions qui devaient intituler leurs actes au nom du Prévôt et les faire sceller au Châtelet [2]. Philippe le Hardi (1278) enjoignit aux sénéchaux du midi d'obliger leurs notaires, quand ils recevaient les dépositions de témoins, à les rapporter exactement, mot pour mot, sans craindre les répétitions, sans recourir aux formules vagues : « le second témoin a dit la même chose que le premier, le troisième que le deuxième [3]. » Sous Philippe le Bel, des villes, comme Cahors, réclament des notaires ou tabellions pourvus de l'investiture royale [4]. Ce prince publie (1304) une Ordonnance sur la réforme et l'organisation du notariat dans les pays de droit écrit [5]. Un de ses légistes les plus fidèles, Geoffroi du Plessis, notaire de l'Église de Rome, protonotaire de France, est chargé de vérifier la capacité des notaires en exercice et d'en nommer d'autres. Ne leur fallait-il pas, outre l'habileté dans l'écriture, une certaine étude pour expédier ou traduire des lettres en latin et la connaissance du langage juridique? Les pays du nord

1. Fournier, *Officialités*, p. 50-51.
2. Voir Henri Saboulard, *Étude sur la forme des actes de droit privé en droit romain et dans le très ancien droit français* (Paris, Ed. Duchemin, 1889, p. 258). — Du Breuil, *Antiquités de Paris*, p. 1047 et suiv.
3. Ord. de 1278, Langlois, *Textes du Parlem.*, p. 100.
4. Procès au Parlement entre l'évêque et les consuls de Cahors. Il fut établi qu'autrefois il y avait eu plusieurs tabellions publics institués par le roi « qui instrumenta publica conficiebant, signabant, conscribebant et eorum signis tanquam publicis communiter credebatur... Ideo pronunciatum est per dictam curiam nostram nos remanere debere in possessione instituendi tabelliones publicos qui ibidem instrumenta publica possunt conficere, conscribere et signare. » L. Delisle. Essai de Restitution d'un vol. des *Olim* (*Act. du Parlem.*, t. I, p. 420, n. 704, ann. 1288).
5. *Ord.*, t. I, p. 416.

paraissent avoir résisté à cet établissement de nouveaux officiers publics, car, lors de la réaction de 1315, une Ordonnance de Louis le Hutin révoqua les tabellions institués précédemment dans les pays de droit coutumier[1]. Quoi qu'il en soit, dans toutes les juridictions, au XIVe siècle, des notaires, avec des attributions multiples et confuses, rédigent les actes de procédure, même les citations, ou délivrent aux particuliers les lettres qui garantissent pour leurs contrats la protection seigneuriale ou royale[2].

Au Palais donc, comme au Châtelet, comme dans tous les tribunaux on rencontre les notaires, dits « gens d'escritoire[3] ». Ils

1. *Act. du Parlem.*, t. II, p. 138, n. 4439, 12 avril 1315.

2. « En résumé, dit l'auteur d'une thèse savante sur la forme des actes, le droit de dresser des actes de droit privé fut longtemps confondu avec celui de rendre la justice. Les seigneurs et les évêques a qui il appartenait, l'exercèrent d'abord en personne : tous les contrats se passaient devant eux, en présence de vassaux qui constituaient leur cour de justice, ou plus généralement en présence de témoins; ils les faisaient rédiger par leurs secrétaires ou chanceliers et leur donnaient la sanction publique en y apposant leur sceau. Plus tard, ils se déchargèrent de ce soin sur les juges (baillis et prévôts) qu'ils créèrent pour rendre la justice à leur place. Ceux-ci se firent aider dans leur tâche par les mêmes auxiliaires que le seigneur au nom duquel ils rendaient la justice; les secrétaires des seigneurs et des évêques (*notarii*) devinrent les clercs des juges. Ces clercs remplissaient, nous l'avons vu, le double rôle de greffiers et de notaires : ce qui n'était à l'origine que la raison même de leur office, puisque le fonctionnaire auquel ils étaient attachés recevait les actes de juridiction gracieuse aussi bien que ceux de la procédure contentieuse; dans les deux cas l'acte se faisait en présence du juge. Mais les notaires prirent peu à peu l'habitude de rédiger les conventions privées hors la présence de celui-ci; l'acte n'en est pas moins considéré comme émanant du juge. C'est à cette particularité que les actes notariés doivent d'avoir toujours été revêtus de la formule exécutoire. « Nous avons pris l'habitude, dit Loyseau (*Offices*, II, r°, 50 et suiv.), d'expédier nos contrats hors la présence du juge; mais quoi qu'il en soit, c'est toujours le juge qui parle en iceux et y est intitulé ainsi qu'aux sentences; et en plusieurs provinces le style des contrats porte : *que les parties sont comparues devant le notaire comme en droit ou en jugement*; et encore en quelques lieux il porte : *qu'elles sont jugées et condamnées, de leur consentement, à entretenir tout ce qui est contenu au contrat* : qui est aussi la cause pourquoi les contrats en France ont exécution parée, ainsi que les sentences... Aussi j'ai remarqué qu'en toutes les anciennes ordonnances jusqu'à celles de Louis XII, les greffiers sont appelés communément *notaires* aussi bien que les tabellions. » L'autorité quasi-judiciaire des actes notariés actuels s'explique donc historiquement par ce fait, que le notariat n'était, dans l'origine, qu'une branche du pouvoir judiciaire. » Henri Saboulard, ouvrage cité, p. 257-258.

3. Le mot *écritoire* avait, dans la vieille langue, plusieurs significations. Il désignait soit une pièce de la maison où l'on écrivait, soit un petit meuble en forme de nécessaire, soit un autre petit meuble ayant les dimensions d'un guéridon sur lesquels on écrivait: enfin dans un sens plus restreint et qui devint le plus habituel une écritoire portative, un encrier.

Charles V avait une écritoire d'or dans laquelle étaient contenus : « une penne à escrire, ung greffe, ung compas, une cizailles, ung coustel, une fiergette », tout cela pareillement en or.

Quand ce sont des princes qui se servent de ces écritoires et les portent sur eux, le petit meuble est de métal précieux et suspendu à des chaînettes qui prenaient

portent en effet sur eux tout ce qu'il faut pour écrire en de petites boîtes en corne suspendues au cou ou à la ceinture par des cordons ou lacets et renfermant cornet à encre, canif et plumes. Il y a des notaires pour le Conseil du roi, pour la chancellerie, pour le Parlement. « En la chambre aux Plez, dit l'Ordonnance de 1278, soit toujours *un* clerc pour des lettres faire de cas de sanc et pour les autres lettres *un* autre clerc, se mestiers est[1]. » L'Ordonnance de 1291 députe *un* notaire à la chambre des Requêtes et *un* aux Requêtes du droit écrit[2] : celle de 1296 en délègue *deux*[3]. A la Grande Chambre il y en aura « en suffisant nombre »[4]. De même, en 1307, pour les Requêtes de la langue d'oc et de la langue française il y en aura autant que ce sera nécessaire[5] : on en désigne *quatre* en 1310[6]. La grande liste du Parlement de 1316 mentionne *trente-trois* notaires[7]. Ceux qui siégeaient dans la Grand Chambre étaient astreints à la même discrétion que les juges[8] et ne devaient pas sortir tant que durait l'audience. Ils rédigeaient les lettres et mandements et écrivaient les déclarations faites devant la Cour. Ceux qui délivraient les expéditions aux parties et ceux qui assistaient les maîtres des Requêtes se tenaient, à côté de ces derniers, dans la Grande Salle du Palais, sur une estrade élevée[9]. Comme les maîtres du Parlement, ils faisaient partie de l'hôtel du

le nom de « pendants ». Ainsi dans l'inventaire de Charles V (1380) figure une « escriptoire, le cornet et la billette d'argent doré, esmaillée des armes de la mère du Roy et les pendants de chesnes. » Voir Havard, *Diction. de l'ameublement et de la décoration*, t. II, p. 322, 342. (In-4°, Quantin, 1894.)

1. Ord. de 1278, Langlois, *Textes*, p. 98, § 24.

2. Ord. de 1291. *Ibid.*, p. 156, § 1; 157, § 2.

3. Langlois, *Textes*, p. 166, § 28.

4. « En la Chambre aura notaires en souffisant nombre, selon ce que li President verront que ce sera mestier.... » Ord. de 1296, Langlois, *Textes*, p. 164, § 14.

5. « Et est notre entente que cil qui portera nostre grant seel ordenne de envoier et baillier aux requestes de la langue d'Oc et de la langue françoise des notaires tant come il verra que il sera à faire pour les besognes despescher... » Ord. de 1307, Langlois, *Textes*, p. 180.

6. « Et qeue en chescun siege des requestes eit iiij notaires, un de sanc et iij altres qi par leur serremenz soient tenuz d'estre as requestes tant come les maistres des requestes serront, sans faillir et sanz aler en la Chambre... » Ord. de 1310, Langlois, *Textes*, p. 185, § 8.

7. *Actes du Parlem.*, t. II, n. 4490 B, p. 147.

8. « ... et jurront qu'il tenront et garderont le segré de la Chambre ». Ord. de 1296, Langl. *Textes*, p. 164, § 14.

Voir aussi sur les notaires Grün, *Les Arch. du Parlem.*, p. xcviii, et Aubert, le *Parlem. de Paris* (1887), p. 290.

9. « Super patentes lateralium sedium altitudines hujus aulæ... Quorum hii quidem magistri requestarum, illi vero *Regis notarii* ex officiis propriis nominantur. » (Jean de Jandun, *Éloge de Paris*, 2e part., ch. ii).

roi. En 1332 la liste de l'hôtel de Philippe VI de Valois en comptait *trente-sept*[1].

Sous Philippe le Bel les notaires reçoivent *six sous* par jour aux Requêtes, au Parlement (6 fr. 87 c.) et, « à la cour », *dix-neuf deniers* (1 fr. 80). Ils ont droit, pour *dix livres*, aux livraisons de manteaux (229 fr.), puis, le cas échéant, aux provisions pour palefroi et pour sommier[2]. Quant aux salaires qu'ils peuvent réclamer des particuliers, il leur est payé (1351) pour *trois* lignes *un denier* (4 cent.), et de *quatre* à *six* lignes *deux deniers*, au-dessus *un denier* pour trois lignes[3]. Un règlement fort important de 1361 les oblige à fournir un compte exact des jours qu'ils auront rempli leur office, leur impose plusieurs serments, une continuelle résidence et les prive de leurs gages s'ils s'absentent sans congé. Cette même année, il y a au Palais, *cinquante-six* notaires retenus par le roi[4].

C'est le Parlement qui choisit ces notaires du roi. Il applique les règles observées pour son propre recrutement. Il s'assure de leur capacité « en latin et en français »[5]. Il les présente au roi, plus tard les nomme à l'élection. En 1410 des commissaires sont chargés de s'informer de l'antiquité des droits de J. Le Besgue « en office de notaire[6] »; ils en trouvent un plus ancien que lui. En 1411 le Parlement est assailli de plusieurs demandes pour le remplacement d'un notaire, J. de Crespy[7]. Les transmissions

1. J. Viard, *Comptes de l'hôtel de Philippe de Valois* (*Bibl. Éc. des ch.*, 1894).

2. Ord. de 1302 (*Ord.*, t. I, p. 362); de 1312 et de 1313 (*Ord.*, t. I, p. 493, 517). — Comparaison du Parlem. sous Phil. le Bel et sous Phil. de Valois, Langl., *Textes*, p. 219.

3. *Ord.*, t. II, p. 450. — En 1351 la valeur de la livre tournois était de 7 fr. 52 et de la livre parisis 9 fr. 40, d'où pour le denier parisis 0 fr. 04 c.

4. Ord. du 7 déc. 1361 (*Ord.*, t. III, p. 532-534). Ce règlement parle à plusieurs reprises d'un *audiencier* qui paraît chargé de la discipline des notaires : A l'audiencier les notaires fournissent le compte exact des jours qu'ils ont rempli leur office (art. 1). C'est à l'audiencier qu'ils s'adressent pour les congés, mais il ne peut les donner de plus de huit jours sans l'assentiment du chancelier (art. 5). L'audiencier et les notaires jureront les choses dessus dites tenir et faire tenir chascun en droit soy et selon ce qu'il appartiendra... » (art. 8). Dans la liste des notaires jointe au Règlement figurent Henry le Clerc, audiencier de Normandie; maître Eustache de Morsent, audiencier du roi. Un des notaires remplissait donc, à la Grand'Chambre, l'office d'audiencier qui, plus tard, fut attribué aux huissiers.

Le Châtelet avait des notaires, au nombre de 60. Ils obtiennent de ne plus aller au Châtelet le dimanche pour y faire les fonctions de leur charge (*Ord.* t. III, p. 636).

5. Ord. du 8 avril 1342 (*Ord.*, t. II, p. 173.)

6. Matinées, VI (X^{1a} 4788, f° 549 v°); *Journ. de Nic. de Baye*, t. I, p. 328.

7. « Vendredi xvij° jour d'avril (1411). Ce dit jour, maistre Guillaume Toreau, notaire du Roy à bourses et secretaire d'icellui Seigneur, et à qui ledit seigneur a donné les gages de notaire que tenoit feu maistre J. de Crespy, et aussy maistre Raoul Brisoul, notaire du Roi à gages et secrétaire, et à qui icellui S^r^ a donné les

d'office aux fils des notaires ne tardèrent point d'ailleurs à passer en coutume. En 1404, Henri de Cessières, fils d'un greffier criminel, est pourvu d'un office de notaire devenu vacant et immédiatement la Cour lui donne congé pour aller achever à Orléans ses études de droit civil. A la même date, de Lespoisse, greffier des présentations, sollicite pour son fils, licencié en droit civil et en droit canon, un office de notaire : il prie la Cour de le recommander au roi [1]. Dans les provinces il y a déjà des charges de notaire données à vie. Guillaume du Bois plaide au Parlement contre les religieux d'Argenteuil qui veulent le déposséder de son office de tabellion, « lequel est à vie. » Les religieux prétendent que Guillaume est « ivrogne, maladif, ne voit goutte et ne sait escrire. » La Cour casse l'ordonnance des religieux et nomme des commissaires pour contrôler la situation, la capacité et les droits du tabellion (1379) [2].

Le Parlement s'intéresse au paiement des gages des notaires. Le chancelier, en 1406, ne voulait point leur faire délivrer leurs gages sur les émoluments du sceau. La Cour intervient : elle défend, à la requête des notaires, à l'audiencier de la Chancellerie, de distribuer d'argent sans ordre : 5000 livres devaient être prises sur ces fonds pour les notaires [3]. Mais aussi elle enjoint à des commissaires d'informer sur les salaires excessifs [4].

Autant que les procureurs et les avocats, les notaires reçurent des privilèges, entre autres celui d'être jugés par le Chancelier assisté de quelques maîtres des Requêtes de l'Hôtel ou du Parlement [5]. A l'instar des procureurs et des avocats, ils formèrent une

bourses de notaire qu'avoit ledit de Crespy, comme apparoit par lettres royaux signées, ont requiz à la Court que, par vertu de certeinne ordonnance royal enregistrée ceans, leur veille pourveoir *ex habundanti* (sic) desdictz bourses et gages à chascun en droit soy, et leur conférer, à quoy la Court a respondu que leur requeste sera enregistrée à leur valoir ce qu'il appartendra, ou cas que besoin leur seroit et que plus ancien d'eulx notaire ne demandoit selon la dicte ordonnance estre pourveu. » Matinées, VII (X^{1a} 4789, f° 192 v°). Maître Le Besgue se met aussi, le même jour, sur les rangs (*Journ. de Nic. de Baye*, t. II, p. 5 et 6). 22 avril 1411. Pierre de Nantron réclame aussi l'office de J. de Crespy comme le plus ancien notaire à bourses (*Ibid.*, p. 7).

1. 28 nov. 1404. Conseil XII (X^{1a} 1478, f° 184 v°), *Journ. de Nic. de Baye*, t. I, p. 119.

2. Reg. du Parlem. (Collect. Sainte Genev., Ff. 13, t. I, f° 318, mardi 22 février 1378 [1379]).

3. *Ibid.*, Ff 17^2, t. I, f° 203, 28 juin 1406. Aux Archives, Conseil XII (X^{1a} 1478, f° 274 v° et 275 v°). — *Journ. de Nic. de Baye*, p. 160.

4. Conseil XII (X^{1a} 1478, f° 306 v°). — *Journ. de Nic. de Baye*, t. I, p. 185.

5. Aubert, *Le Parlem. de Paris*, t. I (édit. de 1894), p. 246.

Confrérie placée sous le patronage des quatre Évangélistes (1351) et favorisée par Charles V (1365)[1]. Elle tenait son assemblée générale aux Célestins, le jour de Saint Jean l'Évangéliste. Elle avait ses fêtes et ses banquets comme toutes les confréries[2].

II. — Les notaires archivistes du Parlement. Jean de Montluçon.

De ces notaires du roi l'un, dès 1254, paraît avoir la garde habituelle des pièces des procès et la rédaction des arrêts. C'est un homme d'Église, *Jean de Montluçon*[3]. Dans les listes de juges qu'il nous a laissées, il se nomme lui-même avec une modestie toute simple : « celui qui a écrit cet acte. » On en a déduit, peut-être à tort, qu'il ne prenait aucune part aux délibérations. Nous ne nous attarderons pas à cette discussion oiseuse, car Jean de Montluçon se nomme quelquefois au milieu des juges[4]. Il était clerc du roi[5]. Il était légiste, partant habile à remplir l'office de juge, et son œuvre fut celle d'un juriste.

Nous n'avons point, pour l'instant, à la considérer comme telle. Suivons Jean de Montluçon dans sa besogne matérielle. Il a assisté

1. Tessereau, *Hist. de la Chancellerie*, p. 18-26. — *Ord.*, t. V, p. 167.

2. Les notaires du Châtelet avaient également une confrérie, dite de *Notre-Dame* : elle faisait célébrer une messe chaque jour : « in qua confratria Missa quotidiana suis sumptibus ibidem celebratur, precibus et suffragiis cujus missæ prædictus Dominus noster ejusque prædecessores Francorum Reges et Nos participes efficientur et consortes, sicut dicunt. » Lettres de Charles dauphin pour la confrérie des Notaires (avril 1363 [1364], *Ord.*, t. III, p. 636-637).

3. Grün a établi que le nom était bien *Jean de Montluçon* et non pas de *Montluc* comme le désignaient plusieurs des historiens du Parlement (*Archiv. du Parl.*, LXVI).

4. Mss du fonds de Harlay, n° 421, f° 131 v°.

5. C'est tout ce que nous savons de la biographie de ce premier et laborieux ouvrier du greffe du Parlement. Grün a rempli plusieurs pages d'une discussion très érudite sur la question de savoir si Jean de Montluçon avait participé aux jugements qu'il a relatés et analysés. Il lui refuse la qualité de juge. Nous avons bien tort d'apporter tant de subtilités dans l'éclaircissement de faits relatifs au moyen âge. Les hommes de ce temps ne pensaient pas aux distinctions qui ont été imaginées plus tard et, à une époque où les pouvoirs les plus importants étaient confondus, il n'y a rien d'étonnant que des attributions aujourd'hui divisées, n'aient pas été séparées. Nous faussons le moyen âge à force de vouloir l'expliquer parce que l'érudition s'applique à préciser ce qui n'a jamais été précisé. Jean de Montluçon était notaire : il assistait aux délibérations et écrivait l'arrêt, comme fait aujourd'hui un greffier. Mais la façon dont il analyse les arrêts, recherche les points de droit, indiquent assez qu'il jouissait au Parlement d'une autorité supérieure à sa besogne et qu'on le considérait comme faisant partie du tribunal même dont on ne songeait pas encore à distinguer le greffe.

à l'audience de la chambre des Plaids. Il a pris des notes et écrit ce que nous appelons le *plumitif*; on lui a dicté les arrêts. Midi sonne. Seigneurs et Maîtres du Parlement lèvent le siège. Le torrent de la foule s'écoule de la Grande Salle. Avant de partir, Jean de Montluçon remonte dans une des tourelles du nord, où il dispose de deux petites chambres : il y porte ses notes et les actes qu'il doit conserver. Après dîner, il revient dans le Palais désert et regagne sa tourelle, où il classe ses minutes, les documents de toute sorte qui appuient les prétentions des plaideurs. Puis il s'attelle à un travail méticuleux : il copie, les uns au-dessous des autres, les arrêts prononcés pour n'en faire qu'un seul *rouleau*. C'est le rouleau de la session [1]. C'est le texte authentique des sentences et qui doit faire foi à travers les siècles. Documents primitifs absolument perdus, car ils ont péri dans l'incendie de 1618. Un rouleau analogue du Parlement de Toulouse, de 1270, nous en fournit un modèle : il mesure plus de 12 mètres de longueur et contient *quatre cent soixante arrêts* [2]. Quant aux enquêtes volumineuses, elles formaient des rouleaux distincts enfermés aussi dans un seul sac pour chaque session. Le Parlement avait ses archives.

Pauvres archives d'abord, moins bien logées que les chartes conservées dans le Trésor édifié à l'ombre de la Sainte-Chapelle. Jean de Montluçon et ses successeurs ne savaient souvent où caser leurs rouleaux : ils les plaçaient dans des armoires établies le long des murs; on laissait les parchemins par terre, ou bien on les entassait dans des paniers, des coffres, des malles, des sacs; puis, à mesure de l'encombrement, on les juchait au-dessus de la porte, on les nichait dans l'embrasure des fenêtres [3]. Comment se reconnaître dans cet amas? Le maître clerc est obligé de marquer, après la désignation de chaque pièce, l'endroit où elle se

1. Grün. Notice citée, p. XCIX et C.

2. Exactement, ce rouleau mesure 12 m. 055 de longueur sur 0 m. 26 de largeur (J. 1031). Grün, p. CI.

3. C'est le savant H. Lot qui a retracé ce tableau pittoresque du greffe primitif du Parlement. (*Essai sur l'histoire et l'organisation du greffe du Parlement de Paris.* Positions de thèses présentées à l'École des Chartes, 1857-1858). Voir aussi sa forte Étude sur les *Frais de Justice*. Grün, dans sa Notice, s'est approprié ses conclusions, que M. Glasson a combattues (*Histoire du Droit*, t. IV, p. 172). Voir aussi Ch. Langlois, les *Origines du Parlem. de Paris*, dans *Revue historique*, t. XLII (1890), p. 93 et suiv.

trouve : « l'une est dans le grand panier; » l'autre « dans l'armoire près du vestiaire, » celle-ci « dans le grand coffre scellé, » celle-là « dans l'écrin de bois; » plusieurs sont placées « dans la petite bourse blanche, » ou bien « dans la malle noire, » la plupart dans des sacs de toile; il y en a « dans l'armoire neuve de la première chambre [1]. » Le bon clerc a souvent besoin de recourir au Trésor de la Sainte-Chapelle pour obtenir du parchemin [2], ou bien de faire appel au charpentier, au serrurier pour réparer les planchers, construire des armoires, en assurer la fermeture [3]. Il remplit les devoirs d'un zélé gardien.

Jean de Montluçon et sans doute aussi les juges du Parlement se rendirent de bonne heure compte de la difficulté qu'il y avait à rechercher sur les rouleaux de parchemin un arrêt quelconque. Soit de son initiative propre, soit par l'ordre de la Cour, Montluçon commença, en 1263, une nouvelle copie des arrêts sur des cahiers, « *quaternis* [4] ».

Il confectionnait toujours le rouleau unique, obligatoire, mais, en outre, surcroît de travail énorme, il résumait les arrêts, s'appliquait à extraire le point de droit, n'y ajoutant que quelques indications de fait indispensables pour l'intelligence de l'affaire. Les analyses de Jean de Montluçon sont courtes. Si laborieux qu'il fût, le notaire s'effrayait de la tâche de copier deux fois les arrêts : il ne cherchait qu'à dégager les principes, les considérations intéressantes pour le jour où l'on aurait besoin de se reporter aux anciennes décisions. Malgré lui, par la force des choses, il se trouvait amené à reproduire quantité de détails nécessaires à la

1. Ouvr. cités de H. Lot et de Grün.

2. On lit dans les Mémoriaux de la Chambre des Comptes (registre A[2e]), à la date du mois d'avril 1317 : « Don de 400 livres de rente au trésorier de la S. Chapelle pour fournir le parchemin au Parlement et à la Chambre des Comptes.... » Grün, p. XXIX. En 1317 la livre tournois valant 20 fr. 26, ces 400 livres de rente donnaient : en tournois 8 104 fr., en parisis 10 130 fr.

Le registre des comptes du premier huissier (1397), Arch., sect. histor. KK. 336, f° 531, et le *Journal de Nicolas de Baye* mentionnent plusieurs fois des travaux dans les Chambres du greffier. — (Voir Grün, p. XXXVIII.)

3. Les Ordonnances mêmes parlent de cette installation matérielle. Sous Philippe le Long on lit dans l'ordonn. de 1320 : « Item que en trois huches ou coffres soient mises les dites enquestes, c'est assavoir en l'une les enquestes à juger, en l'autre les enquestes jugées et en la tierce les enquestes de sanc dont lesdits jugeurs porteront le clercs (les clefs). Trésor des Chartes JJ. 57, f° 104. — Grün, p. XLVIII.

4. Voir les explications détaillées et minutieuses, trop longues pour être rapportées ici, du sagace archiviste Grün. Notice citée, p. LXXI. V. aussi la préface de Beugnot, t. I des *Olim*.

clarté de son exposition. Ses rédactions se développèrent. Elles suffisaient, en somme, presque toujours pour qu'on se rendît compte de la portée et de la valeur des arrêts. Il voulut aussi, remontant aux années antérieures, compléter son travail en reprenant les sentences depuis 1254 et mena de front cette besogne de copies arriérées avec la copie des arrêts quotidiens, les occupations de l'audience, le classement des pièces. Il créa les *Registres* comme il avait créé les Archives du Parlement.

III. — Nicolas de Chartres; Pierre de Bourges. Le greffe du Parlement.

Dès 1270, Jean de Montluçon, avait été aidé par un autre notaire, également homme d'Église : *Nicolas de Chartres*, clerc du roi et chanoine de Coutances[1]. Nicolas de Chartres reprit, en 1273, avec la besogne journalière, l'œuvre juridique de son prédécesseur : il la continua jusqu'en 1299. Les infirmités l'obligèrent parfois à de longues absences et le savant Klimrath leur attribue l'incertitude, les inégalités de son écriture. « Ces caractères un peu gros et souvent mal formés, tracés péniblement, contrastent singulièrement avec la plume fière et élégante et presque toujours parfaitement nette de Jean de Montluçon[2]. » Comme ce dernier, Nicolas de Chartres a l'esprit critique. Il refusait d'insérer dans ses actes des pièces qu'il n'aimait pas y voir figurer. En 1282, il

1. « Nicolas de Chartres était un des clercs du roi; il est porté comme tel parmi les officiers de Philippe le Hardi pour l'année 1274, et de Philipoe le Bel pour les années 1207, 1288, 1289, avec Robert de la Marche et Pierre de Bourges. En 1285, une Ordonnance des hôtels du Roi et de la Reine fixe les gages de Nicolas de Chartres et de Robert de la Marche, notaires. En 1286, on les voit procéder à un acte qui les suppose attachés à la fois à la chancellerie du Roi et au Parlement; ils remettent aux clercs du roi d'Angleterre, par ordre du Parlement, des originaux de lettres du roi de France, sans doute après l'enregistrement ou dépôt des copies au greffe de la Cour. — Il résulte d'un cartulaire de l'église de Coutances que Nicolas y avait un canonicat.

« Nicolas de Chartres fit de fréquentes absences motivées par ses affaires ou le mauvais état de sa santé. A la fin du Parlement de 1275, il note : « In isto Pallamento graviter fui lesus in tibia, et ideo non feci plura arresta (f° 29) ». En effet il n'a recueilli pour ce Parlement que quatorze arrêts. Pour le Parlement de 1288, il l'intitule : « Judicia aliqua, consilia et arresta... quibus interfui quia fere per totum Parlamentum fui infirmus, quia in illo Parlamento diu fui infirmus (f° 79)... » — Grun, pp. LXXII, XXIII, XXV.

2. Klimrath (p. 11). Grün, p. LXXV.

ne voulait pas retranscrire une cédule en français relative à l'affranchissement d'un juif : il ne céda que sur l'injonction expresse du Parlement[1]. Il a le souci de l'exactitude; n'ayant pas assisté aux audiences de 1295 où trois arrêts avaient été rendus entre le roi et le comte de Flandre, Nicolas de Chartres a soin de nous dire que pour la rédaction il a consulté les souvenirs des conseillers du roi[2].

Élève et collaborateur de Jean de Montluçon, Nicolas de Chartres eut lui-même un élève, *Pierre de Bourges*, qui devint son successeur (1299), encore un homme d'Église. Pierre de Bourges remplit l'office des arrêts pendant vingt années, jusqu'en 1318[3]. Clerc du roi, il avait, à ce titre, part aux gratifications des manteaux; il était nommé le premier des notaires sur les listes du Parlement en 1315, 1316, et fut chargé de plusieurs missions. A la fin de sa carrière, il se reposa sur les bancs des conseillers, car on le voit désigné parmi les clercs de la Grand'Chambre en 1319, 1322. « Son nom, dit

1. Arrêt dispensant Raoul de Faloie, juif et « sa mesnie » de contribuer à la taille de soixante mille livres imposées sur les juifs. Nicolas de Chartres nous apprend que cet arrêt, qu'il qualifie de cédule, lui fut remis à Vincennes, vers la fin du Parlement, de la part des maîtres, afin qu'il l'inscrivît parmi les arrêts. Il différa de le faire jusqu'à ce qu'il eût reçu des maîtres un ordre exprès... (Boutaric, *Actes du Parl.*, n. 2467.

2. « Pronuntiationi sequentium ego Nicholaus non interfui, sed ex relacione consiliariorum domini Regis qui presentes fuerunt, hec didici et scripsi. » (Grün, p. LXXV.)

3. *Pierre de Bourges.* — *Petrus de Bituris* était un clerc du roi; il est compris dans l'ordre des clercs (*pallia clericorum*) parmi les officiers domestiques de l'hôtel du roi, sur les comptes du maître de la Chambre aux deniers; on l'y trouve dès 1287, 1288, 1289, avec Nicolas de Chartres et Robert de la Marche, mais sans désignation d'aucun emploi particulier. Il était attaché à la chancellerie; on rencontre son écriture dans des registres du Trésor des Chartes de 1288, et son nom est, entre autres, au bas d'un acte de 1310, à côté d'une Ordonnance d'octobre 1316, d'un acte de décembre 1316, etc. Il figure dans des comptes en 1315, avec la qualité de notaire, comme « dans l'Ordonnance des personnes qui tiendront le Parlement en 1315 », où son nom est le premier d'une liste de quarante notaires. En 1316, l'Ordonnance du Conseil, du Parlement et de la Chambre des Comptes, commence la liste des notaires par mestre Pierre de Bourges; de même encore l'Ordonnance de décembre 1316 place à la fin de l'article Parlement le nom de mestre Pierre de Bourges, en tête d'une liste de trente-trois notaires. Peu de temps avant de remplacer Nicolas de Chartres, il avait été chargé d'une mission dans le Roussillon (mai 1298) » (Grün, p. LXXV).

D'après Klimrath et Boutaric, on relève dans les registres du Parlement les mentions suivantes de Pierre de Bourges : *Olim*, III, f° 1051, 6 avril 1315; — *Ibid.*, 1052, 1053 (1316); — *Olim*, IV, f° 307 v° (1316); — *Olim*, III, f° 154 v° (1316), *Olim*, IV, f° 344 v° (1317); — *Olim*, III, LXXXI (1318); — Criminel, III, f° 216 r° (1319); — Ord. déc. 1319, Grand'Chambre (clercs) (Registre de la Chambre des Comptes); — Liste de 1322, Rouleau original, Mélanges Clairambaut, 346, f° 337); — Arrêt de 1320, Greffe, I, f° 38 r°. *Act. du Parl.*, n° 6134.

Grün, sa signature, tracés souvent par lui-même dans le troisième et le quatrième volume des *Olim*, ne permettent pas de douter qu'il soit l'auteur de ces deux registres. En les lisant, on est frappé de leur bonne tenue, de leur régularité, des soins que Pierre de Bourges apportait à la conservation des pièces, en même temps qu'à la rédaction et à l'ordre des registres[1]. » Outre les cahiers d'arrêts et d'enquêtes, Pierre de Bourges a laissé des *Inventaires* et un *Mémorial* que le comte Beugnot n'a pas compris dans son édition des *Olim* et qui nous transportent en plein travail de ce ponctuel et zélé notaire. Vrai registre, le *Mémorial* d'archives nous donne les précieuses indications dont nous avons parlé, sur l'endroit où se trouvaient les différentes liasses de pièces : « sur une tablette à l'entrée de la Chambre; » sur la même tablette du côté des degrés; » « dans une armoire de la Chambre du côté de la garde-robe; » « dans un grand panier; » « dans un petit panier »; « dans une armoire du côté de la fenêtre[2]. » Les *Inventaires* (au nombre de 16), notent les enquêtes et procès ou rendus par les rapporteurs ou trouvés à leur domicile après leur décès. Pierre de Bourges cite ainsi les pièces qui furent étudiées en leur maison par Guillaume de Nogaret, par Jean de Voissy, Nicolas de Crécy, etc.; c'est comme une revue de conseillers du Parlement, qui nous aide à compléter les listes[3]. L'usage du *papier*, déjà courant, n'était point assez répandu pour que le notaire ne fît pas la distinction entre les documents sur parchemin

1. Grün, p. LXXVII.

2. In camera sunt que sequuntur... Super asserem in ingressu camere... Item super eumdem asserem ex parte graduum sunt inqueste que sequuntur... Magister Radulphus novissime mihi misit ea que sequuntur in uno sacco... In armario camere a parte garde-robe sunt inqueste que sequuntur... In magno panerio sunt que sequuntur... In parvo panerio sunt ista, etc. » (Grün, p. LXXIX, LXXX).

M. Ch. V. Langlois a publié le *Mémorial* de Pierre de Bourges dans ses *Textes relatifs à l'histoire du Parlement*, n° CXXXIV, p. 202-217.

3. « Il indique. par les noms des parties, les enquêtes et procès trouvés chez Guillaume de Nogaret, ancien chevalier, Jean de Voyssi (mort en 1314), Nicolas de Crécy (en 1314), G. Boucel, G. de Hangest, Jacques de Saint-Obert, Hugues Cuillier, Martin de Crépon, P. Toffard, P. Mangon, Pierre de Langres, Pasquier (de Blois), P. de Sainte-Croix, Jean Anthoine, Richard Thibotot, Robert Foison.... (Grün, p. LXXIX.)

Dans un autre inventaire, Pierre de Bourges mentionne les remises faites par son prédécesseur à Clément de Savy, Jean de Latilly, Guillaume d'Outremer, P. Toffard, P. Dumont, Pasquier, André Porcheron, Guill. Boucel, Denis de Sers (Sens), etc., p. LXXX.

Un autre donne la liste des enquêtes transmises par Nicolas de Chartres à Pierre de Bourges quand celui-ci entra en charge. (Voir pour les details, Grün, p. LXXX, XXXI.)

et sur papier[1]. Pierre de Bourges en outre tint, de 1299 à 1319, une sorte de *Journal* où il mentionnait, pour chaque Parlement, les enquêtes soumises à la Cour avec les mesures prises par elle, en quelque sorte le travail quotidien. Le scrupuleux notaire nous initie aux examens que les juges, non moins méticuleux, faisaient des pièces. C'est comme un carnet d'audience[2]. Pierre a relevé en outre, Parlement par Parlement, les *demandes* portées directement devant la Cour et les *articles* ou actes dans lesquels les parties énonçaient des faits dont on prétendait fournir la preuve. Enfin, dans un dernier *Inventaire* très sommaire, il a mentionné les enquêtes et les procès de son exercice, joignant des annotations sur la suite donnée à ces affaires : « annulée », « non jugée », « à refaire », « en suspens », « à entendre à nouveau les parties », « à parfaire », « défectueuse », « par ordre du roi n'a pas été jugée », « révoquée », « terminée par l'accord des parties », etc. Il y a là des témoignages singulièrement nombreux du zèle infatigable de Pierre de Bourges, clerc instruit, légiste, juge, ce qui ne l'empêcha pas d'être un laborieux archiviste.

On était si peu frappé alors d'un tel mérite que le successeur de Pierre de Bourges, *Geoffroy Chalop* (1318-1330), est moins connu. On a disserté sur son véritable nom. Il fut clerc du roi comme ses prédécesseurs[3] : il continua la série fameuse des *Olim*, puis ouvrit des séries nouvelles.

1. Item processus quidam in *papiro*... Item quidam *papiri* continentes deposiciones testium contrà quasdam personas productorum... (Grün, p. LXXIX).

2. « Ce curieux journal fait connaître toutes les enquêtes soumises au Parlement, après les questions préliminaires dont elles avaient été l'objet, les mesures prises à leur égard par la Cour, les noms des magistrats qui en étaient dépositaires jusqu'à parfaite expédition. C'est, pour cette partie essentielle, le mouvement du greffe pendant vingt ans.

« Le sceau de la Cour y est souvent mentionné, *sub signo camere*. Mentions diverses : « Inquesta missa fuit ad Scaccarium. — Misi eam domino Regi. — Loquendum domino Regi. — Nihil valet. — Ad finem civilem videatur. — Reddidi eam quia criminis est (1306). — Visores antiquam judicetur reportabunt domino Regi statum inqueste. — Noluit rex quod judicetur. — Inquesta... cum litera domini Regis, per quam mandat quod judicetur (Grün, p. LXXXI).

Le plus ancien sceau connu de la Chambre des Plaids est appendu à une lettre du 4 avril 1326 (Douët d'Arcq, Collect. de sceaux des Présidents de la Chambre aux Arch. Nat.). Langlois, *Textes*, p. 165, n. 1.

3. « Il était un des clercs de Roi, comme Nicolas de Chartres et Pierre de Bourges. Comme eux aussi, il fut placé sur la liste des notaires délégués par le Roi auprès du Parlement. On le trouve sur l'état, pour 1315, en cette qualité : son nom vient en second, après celui de Pierre de Bourges; il occupe la même place sur l'état de 1316. Sa participation aux travaux de la Cour remonte plus haut. Dans

Sous Philippe VI de Valois et Jean le Bon, nous ne pouvons fixer d'une manière sûre la liste des notaires qui présidèrent à la conservation des archives du Parlement : probablement *Pierre de Hanghest*, successeur de Chalop en 1330, *Raoul Potin* (1345), *Foulques de Dol*, prédécesseur de *Nicolas de Villemer*[1]. L'Ordonnance de 1344 désignait ces notaires du Parlement sous le nom de *registreurs*. En 1361, un règlement ajoutait un synonyme emprunté au grec et qui attestait l'érudition des juges de ce temps : les registreurs ou *greffiers*[2]. Nicolas de Villemer, le premier,

les inventaires du troisième *Olim* (f°s 58 et 62), années 1312 et 1313, il est fait mention des enquêtes de l'auditoire du droit écrit qu'il avait remises à Pierre de Bourges.... » (Grün, pp. LXXXII, XXXIII.) — L'exercice de Chalop de 1320 à 1330 est attesté par de nombreuses signatures apposées par lui sur des rouleaux d'accords ou autres conservés aux Archives de l'Empire (p. LXXXIV).

1. Selon M. Aubert, « les noms des greffiers civils pendant la période qui nous occupe sont : Jean de Montluçon depuis 1254 et avec Nicolas de Chartres de 1269 à 1273; — de 1273 à 1298, Nicolas de Chartres et Robert de la Marche; — de 1298 à 1319 Pierre de Bourges; — en 1319 Geoffroi Chalop. Vers 1330, Pierre de Hanghest remplace Chalop; puis, se succèdent : Raoul Potin, G. Marpaud, Nevelon (*Ord.*, t. III, p. 534), H. Judas, Foulques de Dol, Nicolas de Villemer, Jean Jouvence, Jean Willequin, Nicolas de Baye, Clément de Fauquembergues, qui exerça pendant la domination anglaise, Jean de Maisne, dit de Blois, greffier civil au Parlement de Poitiers puis a celui de Paris après 1436... (*Le Parlem. de Paris* (1894), t. I, p. 232).

2. *Les greffiers.* — Cette charge des notaires employés à tenir les registres de l'audience s'appelait, dans le principe, l'*Office des arrêts*. Dans l'ordonnance de 1277 (1278) l'article 4 porte : « *Li clers des arres* si nommeront les parties... que li mestres commanderont. » L'article 7 montre les clercs des arrêts intervenant dans la nomination des auditeurs des enquêtes : « Chascun baillif lera les noms de X personnes an escrit *aus clercs des arres*, lesqueles parsones soient soffizanz à faire ce que l'an commandera. » L'article 24 spécifie « qu'en la Chambre au Plez soit touzjourz 1 clerc por les letres faire de caz de sanc et pour les autres lettres 1 autre clerc, se mestiers est. » (Langlois, *Textes*, p. 96-98.)

Les clercs des arrêts sont mentionnés dans un acte de la fin du Parlement de la Toussaint 1287. Liste de personnages à la suite desquels on ajoute : clericis arrestorum et pluribus aliis (Arch., *Olim*, II, f° 78 v). (Grün, p. XCVII.)

Pourtant une Ordonnance de 1320 dont parle Grün, mentionne déjà le greffe : « Celui qui *tient le greffe* du Parlement sera tenu tous les samedis à bailler en la Chambre des Comptes toutes les condamnations et amendes pécuniaires qui nous toucheront. » *Ord.*, t. I, p. 727 (art. 10). Dans la grande Ordonnance de 1344 (1345) on voit paraître le nom de *registreurs* : « Et pour ce, se au conseil ne demourassent que li seigneur et li *Registreur* de la Cour. » (Art. 14, *Ord.*, t. II, p. 223.)

Grün a fait l'observation que le mot *registrare* n'avait pas, « surtout dans l'ancien style judiciaire, le sens restreint d'écrire sur un registre; il signifie consigner un fait par écrit; les notaires du Parlement ont été appelés au XIVe siècle *registreur*, parce qu'ils rédigeaient les plumitifs, lesquels s'écrivaient d'abord sur des cahiers de papier. » (Grün, p. C.) Un règlement du 7 avril 1361 (*Ord.*, t. III, p. 482) prescrit que les *tres Registratores seu Greferii* du Parlement soient payés de leurs gages avec les gens du Parlement. L'Ordonnance du 7 décembre 1361 reprend et confirme la même dénomination et nous pouvons prendre cette date comme la vraie date du titre de *greffier*.

La vieille orthographe (*graphiers*) se tient plus près de l'étymologie γράφειν, écrire, γράφευς, écrivain.

s'intitula « graphier ». Le dépôt des pièces judiciaires devint le *greffe*.

Nicolas de Villemer, greffier civil, était un clerc. Un laïque exerçait l'office de *greffier criminel*; un troisième maître avait pour mission d'enregistrer les *présentations* des parties. Nommés d'abord par le roi, les greffiers furent ensuite *élus* par le Parlement, qui déjà choisissait ses auxiliaires comme ses conseillers.

Le greffier civil, chef du dépôt, suivait les délibérations de la Grand'Chambre. Il recueillait les documents de la Chambre des Enquêtes. Il recevait les consignations d'argent et assumait là une responsabilité qui demeura longtemps la sienne[1]. Outre les droits perçus pour les expéditions d'arrêts ou de cédules de toute sorte, il avait « les bourses et les gages » d'un notaire jointes à l'office de greffier[2]. Il pouvait cumuler avec sa charge des bénéfices ecclésiastiques et prétendre à un siège de conseiller. Le greffier conservait les usages et traditions; portait au roi les résultats des élections; dans les temps troublés il se trouvait le défenseur des droits de la Cour. Il s'identifiait pour ainsi dire avec elle. Simple scribe, il n'en paraissait pas moins, à certains jours, revêtu de l'autorité du Parlement tout entier[3].

C'est ainsi que se montre à nos yeux le greffier le plus intéressant de cette époque, *Nicolas de Baye*, le troisième successeur de Nicolas de Villemer, après *Jean Jouvence* (mort en 1390) et *Jean Willequin*.

1. « La vraye et antique charge des greffiers, du moins de ceux de France, n'est pas seulement de recevoir les actes et les expéditions, mais aussi de garder les papiers et dépôts de justice. C'est pourquoy le greffier du Parlement est intitulé d'ancienneté greffier et garde-registre. Et n'y a pas encore longtemps que n'y ayant de receveurs des consignations au Parlement, c'estoit le greffier qui gardait les deniers consignés ». (Loyseau, *Droit des Offices*, l. II, chap. CVI, § 1, édit. in-f° de 1640.)

2. « Ce jour (24 juin 1401) j'eu les bourses et gages de l'audience par la mort de maistre J. Bertaut (notaire) lesquelles furent et sont annexées à l'office de graphier et de nouvel. » (*Journal de Nic. de Baye*, t. I, p. 3.)

3. Pour l'organisation du Greffe, outre les ouvrages cités, lire l'article de M. Glasson : Sources de la Procédure civile française, *Nouvelle Revue historique du droit*, t. V, p. 419. M. Glasson a fait observer qu'on s'inspira de l'organisation imaginée par les canonistes et réglée par le Concile de Latran de 1215.

IV. — Un curé-greffier, Nicolas de Baye.

Nicolas de Baye appartenait à une famille serve. Son père Coleçon le Crantinat était un homme de corps des seigneurs de Baye, en Champagne (près de Châlons-sur-Marne)[1]. Ainsi qu'il arrivait souvent au moyen âge, le jeune Nicolas le Crantinat (ou Crante) fut affranchi (1373) et déclaré par l'Église « habile à recevoir la tonsure de clerc » ; il échappa à la condition servile, qui pesa néanmoins plus tard sur son héritage. Par l'Église il reçut une instruction complète comme clerc du diocèse de Soissons et boursier au collège de Beauvais à Paris (1380). Il étudia le droit à Orléans. A son retour de cette ville, Nicolas, qui avait pris le nom de son village de Baye, joignit le grade de licencié en droit civil à ceux qu'il possédait déjà, de maître ès arts et de bachelier en décret (droit canon). Il était pourvu, quoique simple sous-diacre, d'un canonicat dans l'église de Soissons et d'un autre benéfice, la cure de Montigny-Lacoux (Lencoup[2]), en Brie, au diocèse de Sens. En 1400, il avait « trente-cinq à trente-six ans », dit-il lui-même avec cette incertitude que les intéressés gardaient, en l'absence d'actes authentiques, sur leur âge véritable. Il avait quitté Orléans depuis cinq ans lorsque, le 3 août 1400, mourut le greffier du Parlement, Jean Willequin, licencié en l'un et l'autre droit. Cette mort survenant à une fin de session, l'office demeura vacant jusqu'au 16 novembre. Ce jour-là, un vendredi, les membres du Parlement et du Grand Conseil, avec plusieurs prélats, se réunirent; quatre-vingts voix élurent comme greffier le fils d'un serf.

Le même jour, Nicolas de Baye prêta serment et le lendemain reçut du Premier Président, J. de Popincourt, les instructions les plus sévères sur les devoirs de sa charge. Nul d'ailleurs ne s'employa avec autant de zèle à assurer la conservation des

1. Nous avons suivi la biographie très détaillée que le savant éditeur du *Journal de Nicolas de Baye* a insérée en tête de son deuxième volume et nous y renvoyons pour les sources et les références (t. II, p. I-XLVIII). — *Baye*, Marne, arrond. d'Épernay, canton de Montmort.

2. *Montigny-Lencoup*, Seine-et-Marne, arrond. de Provins, canton de Donnemarie-en-Montois.

archives, à perfectionner la confection des registres, actif, laborieux, dur pour lui-même et relevant encore, par sa fermeté de caractère, une charge qui n'était pas pour lui purement matérielle.

A peine entré en fonctions, Nicolas de Baye voulut remédier à l'installation très défectueuse de ses services. Le huchier Jean Morille plaça dans la chambre et les galeries du greffier « une tablette pour écrire », puis quatre « fenêtres » (sorte de tabernacles ou armoires) chacune de deux pieds et demi de large sur trois pieds et demi de long, « destinées à conserver, dans la chambre où il travaille, les procès surannés (1401)[1]. » De même Jean Morille établit un comptoir de cinq pieds de long sur deux pieds et demi de large et trois pieds de haut en bois d'Irlande. Un des compartiments, celui du milieu, était à double porte, « fermant d'un côté et d'autre avec les serrures et ferrures du dit comptoir. » Là devaient se conserver les registres « du secret »[2]. Puis Nicolas de Baye entreprend une grosse besogne; il fait refaire le plancher de la tourelle où se trouvent les archives. Il faut déménager les malles, les sacs, les loger provisoirement; le serrurier, Mahier Courtois, livre pour ce logis « une loquette et deux loquets à maître Jehan le Bossu, clerc de Maistre Nicolas de Baye[3]. » L'argent manquait, le travail n'avançait point « et par ce demouroit la besoigne imparfaicte au préjudice du Roy et de la Court. » Le greffier se fit autoriser à prendre cent écus sur une somme provenant d'une confiscation prononcée par la Cour (10 avril 1404); dès le 16 avril, il pouvait opérer un paiement de 50 francs à Guillaume Cirasse, charpentier[4]. Les registres demeurèrent pendant

1. « A Jehan Morille, huchier... pour avoir fait une tablette pour escrire en la chambre du greffier et un chastre du comptoir dudit greffier. » Registre des recettes et des dépenses du Parlement faites par le premier huissier; Arch. KK. 336, f° 77 v° (1403).

« A Jehan Morille, huchier, pour les besongnes qu'il a fait en la chambre ou galleries de maistre Nicole de Baye, greffier du Parlement, c'est assavoir IIII fenêtres, chascune de deux piez et demi de lé et III piez et deux dois de long, gluées et planées bien et souffisamment, pour chascune VIII s. par... lesquelles fenestres sont pendues et assises ou lieu où l'en met les procès surannés. (Quittance du 9 février [1400] 1401). » — *Ibid.*, f° 60. (Grün, p. XXXVI.)

2. Archiv. KK. 336, f° 62 (Grün, p. XLIX).

3. A Mahier Courtois, serrurier, pour avoir livré une loquette et deux loquetz à maistre Jehan le Bossu, clerc de maistre Nicole de Baye, pour enfermer les procès tant c'on fist le planchier de la tournelle du dit Parlement (11 oct. 1403). (*Ibid.*, f° 78 v°).

4. Conseil XII (X^{1a} 1478, f° 150 v°).

Matinées, IV (X^{1a} 4786, f° 295 v°).

Matinées, IV (X^{1a} 4786, f° 299 v°). *Journal de Nicol. de Baye*, t. I, p. 85.

des siècles dans cette tourelle du nord, circonstance qui empêcha leur destruction lors de l'incendie de 1618.

C'est dans cette tourelle, sur les tablettes qu'il avait fait placer dans sa salle, que Nicolas de Baye, durant seize ans, du mois d'avril 1401 jusqu'en 1416, retraça, de sa propre main, les décisions du *Conseil* et les *Plaidoiries*. « Son écriture, dit son biographe, M. Tuetey, menue, serrée et semée d'abréviations, offre certaines difficultés et exige même beaucoup d'attention, surtout lorsqu'il s'agit de déchiffrer les transcriptions des plaidoyers où le latin s'entre-mêle au français. Pour donner une idée du travail énorme accompli par le docte greffier, il nous suffira de dire que l'on possède, écrits entièrement de sa main, deux registres du Conseil, plus de six des Matinées, un registre d'Après-dîners, un des Grands Jours de Troyes, sans préjudice des volumes aujourd'hui perdus, quelques-uns de ces registres comprenant jusqu'à 600 folios[1]. » Il eut, dans cette tourelle, à subir bien des misères, le bon greffier, car, située au nord, elle était particulièrement froide. Survint un cruel hiver en 1408-1409. Dès la Saint-Martin, les gelées avaient commencé; elles furent si fortes que les rivières étaient prises : le peuple allait et venait sur la Seine comme sur la route; on n'avait, de mémoire d'homme, vu une aussi grande abondance de neige. Quoique le greffier eût du feu dans un bassin près de son siège « pour garder l'encre de son cornet de geler, néanmoins l'encre se gelait en sa plume de deux en trois mots tellement que enregistrer ne pouvait[2]. » Nicolas de Baye consigne cette impossibilité, le 25, le 26, le 27 janvier. Il supporte philosophiquement cette souffrance et s'apitoie sur les autres. « Or povez sentir en quel estat estoient povres gens qui n'avaient ni pain, ne vin, ni argent, ni busche et qui avaient povre métier et foison d'enfants[2]. » Le 30 et le 31, le dégel amena de nouvelles misères.

1. Notice biographique par M. Tuetey, p. VI, VII.

2. Ce passage du journal, très pittoresque, mérite d'être reproduit ici textuellement quoiqu'il soit fort connu : « Vendredi xxvij° jour de janvier. Ce dit jour, à la conjunction de ceste prouchaine lune, c'est amoderé le temps qui par les ij lunes cy devant par especial combien que dès la Saint-Martin derrien a adès gelé, ont esté si fors et si merveilleuses gelées que les rivières ont esté congelés, et par espécial par la riviere de Seinne en pluseurs lieus à Paris le pueple aloit et venoit comme par la charriere, et ont esté neges en si grant habundance que l'en eust onques maiz veu de memoire d'omme, et a esté si grant froit que non obstant que le graphier eust feu en vaissel delez son siege pour garder l'ancre de son cornet

Les glaces descendirent le fleuve avec une telle impétuosité que « par des chocs continuels les pens de bois qui soutenaient le petit pont (en face de la rue Saint-Jacques) tombèrent avec le pont, puis les piles du pont de pierre (pont Saint-Michel) en face de la rue de la Harpe s'écroulèrent entraînant vingt à trente des maisons qu'il portait. » Le matin, Nicolas de Baye, qui demeurait sur la rive gauche de la Seine (dans la rue Pavée, près des Augustins), était passé sur le pont entre six et sept heures du matin. On vint lui dire dans sa tourelle que deux des maisons avec une moitié d'arche étaient déjà « fondues en l'eau ». Il se hâta de rentrer. Il vit une des maisons sur sa gauche « tomber et fondre une partie du pont »; il passa à droite[1]. Le lendemain, les communications entre la rive gauche de la Seine et la Cité se trouvèrent interrompues. Nicolas de Baye dut aller avec les conseillers qui, comme lui, habitaient cette rive, travailler à l'abbaye de Sainte-Geneviève, tandis que les conseillers demeurant sur la rive droite continuaient de s'assembler au Palais[2]. Encore le Palais était-il, à ce moment, presque en ruine : les salles et la Chambre du Parlement étaient étayées. Il y pleuvait presque partout, les maisons dont était surchargée l'enceinte tombaient en ruines[3], comme toutes les maisons et châteaux du roi, funeste effet des discordes civiles qui désorganisaient déjà le gouvernement!

Nicolas de Baye n'est arrêté que par des calamités de cette sorte ou bien par une épidémie singulière qui, au mois de mars 1414, « entreprit généralement toutes personnes, hors les enfants au-

de geler, neantmoins l'ancre se geloit en sa plume de jj ou de iij mosen iij mos, et telement que enregistrer ne povoit, ne nul autre à peinne besoigner. Or povez sentir en quel estat estoient povres gens qui n'avoient ne pain, ne vin, n'argent, ne busche et qui avoient povre mestier et foison d'enfans... » Matinées, VI (X^{1a} 4788, f° 40 r°), *Journal de Nic. de Baye*, t. I, p. 212.

1. *Journal de Nic. de Baye*, t. I, p. 214.

2. Voir aussi Conseil, XIII (X^{1a} 1479, f° 10-11), *Journal de Nic. de Baye*, t. I, p. 215-221.

3. Samedi iiij° jour de février (1408). « Item, fu ordonné que les maistres des œuvres du Roy et des seigneurs de ceans et le graphier avec eulz visiteroient le Palaiz et haut et bas, pour ce que l'en trouvoit que les sales et la Chambre de Parlement estoient estayés par dessoubz les vostes, et si empiroient les murs, et plouvoit presques partout, et estoient les maisons du Palaiz en voie de ruine qui n'y remedieroit, si comme toutes les maisons et chasteaulx du Roy par le royaume aloient à ruyne, non obstant que de par le Roy l'en levast continuelment moult grans subsides.... » Matinées, VI (X^{1a} 4788, f° 42 v°), *Journal de Nic. de Baye*, t. I, p. 219.

dessous de huit ou dix ans; la tête, les épaules, les côtes, le ventre, les bras et les jambes souffraient; » la fièvre et le rhume étaient si répandus qu'on ne put « les 6, 7, 8, 9 et 10 mars, besogner au Parlement pour la susdite pestilence de maladie. » Nicolas de Baye lui-même fut atteint de cette maladie qui le retint éloigné du Palais durant seize jours. Notre époque connaît cette épidémie si difficile à caractériser et qu'on serait tenté de croire nouvelle parce qu'on lui a inventé des noms (grippe, influenza), mais que l'histoire nous montre bien ancienne, sans que cela soit une consolation[1].

Nicolas de Baye vivait dans un temps troublé où il avait à craindre bien d'autres périls. La guerre civile des Armagnacs et des Bourguignons remplit Paris de tumulte, de gens d'armes, de bandes cruelles de bouchers. Plus d'une fois il trembla pour sa vie et surtout pour ses précieuses archives. En 1410, le roi Charles VI, triste jouet des princes, avait été ramené à Paris par le duc de Bourgogne, tandis que les fils du duc d'Orléans concentraient leurs forces sur les bords de la Loire. Le 16 septembre, le roi, accompagné de beaucoup de princes, barons, chevaliers, gens d'armes, revint se loger, comme autrefois, au Palais. Tous les hôtels de la Cité et du cloître de Notre-Dame et au delà des ponts jusqu'à la place Maubert, furent requis pour les gens d'armes. Nicolas de Baye eut peur que les chambellans du roi ne prissent les tourelles où il avait « des procès sans nombre qui auraient été en aventure d'être embrouillés, fouillés, détruits, perdus, dommage inestimable, à tous de quelque condition que ce fût. » Aussi fit-il murer la porte de sa tourelle pour qu'on ne pût y entrer, « car, ajoute-t-il en latin, au milieu des armes la raison n'a aucune puissance[2]. » Le 6 février 1414, nouvelle alerte : les conseillers du Parlement avaient dû monter à cheval et accompagner le dauphin pour s'opposer à l'arrivée des troupes bourguignonnes. Le 10, ils durent encore lever l'audience parce que le duc de Bourgogne avait rangé ses hommes d'armes en batailles entre la porte Saint-

1. Selon M. Tuetey (*Notice biographique*, p. xxii), cette maladie épidémique était alors nommée le *tac* ou *horion* et présentait tous les symptômes de la coqueluche. Voir sur ce sujet *Archéologie de la Grippe* par le docteur Cabanès (Toulouse, brochure, 1900).

2. « J'ay fait murer l'uiz de ma Tournelle, afin que l'en ne y entre, car *in armis vix potest vigere ratio* ». Conseil, XIII (X^{1a}, 1479, fol. 131 v°), *Journal de Nicolas de Baye*, t. I, p. 335.

Honoré et la porte Saint-Denis, tenant les champs devant Paris. « Et pour en savoir quelque chose, dit le bon greffier, je montai au plus haut de la Tour criminelle de céans et vis les dits gens d'armes aux champs entre le Roule et Montmartre[1]. »

Le courage civique ne manquait point à Nicolas de Baye. Il ne craignait pas de résister aux princes, même au duc de Bourgogne. Les dépôts d'argent faits au greffe du Parlement étaient considérables. Le 4 novembre 1411, le duc manda Nicolas de Baye à l'hôtel de Bourbon, et, par l'organe de son chancelier, voulut savoir de lui où se trouvaient les dépôts du Parlement. Le duc était là entouré du prévôt de Paris, du prévôt des marchands, de plusieurs bourgeois, des seigneurs de Saint-Pol et de la Vieuville et de plusieurs autres. Nicolas de Baye fit une réponse évasive, alléguant que la Cour avait résolu, avant dîner, de nommer à ce sujet des commissaires. La discussion s'échauffa « de part et d'autre ». Nicolas répondit tout net qu' « attendu son office il ne pouvait faire ce qu'on requérait sans en parler aux seigneurs les présidents[2]. » Le Parlement ne pouvait plus s'assembler que le lendemain. Les conseillers, contraints de céder au duc de Bourgogne alors tout puissant, autorisèrent, « attendu la nécessité évidente pour la guerre », Nicolas de Baye à « bailler la déclaration demandée pourvu qu'il retienne les cédules des obligations de ceux qui avaient les dits dépôts et qu'ils aient suffisante sûreté de ravoir l'argent qu'ils bailleront. » Il ne s'agissait pas moins que de quatre mille écus.

Nicolas de Baye refuse (1403) de rendre des livres de droit canon provenant de la succession contestée du patriarche d'Antioche : le débat ne lui semblait pas clos. Le président Pierre Boschet lui envoya un sien parent lui dire : « qu'il estait esmeu contre lui et s'en plaindrait à la Cour. » Le greffier s'en alla trouver le président, lui expliqua la difficulté. Boschet néanmoins persista dans son ordre et Nicolas de Baye se soumit, « attendu l'autorité du dit seigneur Pierre[3]. » Ce n'était pas davantage une plume inconsciente et machinale. Nicolas s'obstine à ne pas signer des lettres où la préséance du duc de Bourbon sur le duc d'Alençon lui sem-

1. Matinées, VIII (X[1a] 4790, f° 40 r°), *Journ. de Nic. de Baye*, t. II, p. 167-168.
2. Conseil, XIII (X[1a] 1479, f° 174), *Journ. de Nic. de Baye*, t. II, p. 27, 28, 29.
3. *Journal de Nic. de Baye*, t. I, p. 69, 70.

blait méconnue (1413). L'affaire dut être portée au Grand Conseil et le greffier ne s'exécuta que sur l'injonction du Chancelier[1].

Par ses attributions aussi multiples que les occupations du Parlement, Nicolas de Baye se trouvait en relations directes et constantes avec le Chancelier, avec les princes, avec le roi. Il rédigeait, expédiait les lettres adressées par la Cour au Saint-Siège, aux prélats, aux villes. Il signait les commissions données aux conseillers. Il allait porter au roi le résultat des scrutins pour l'élection des membres du Parlement. Il dressait les lettres qui instituaient les nouveaux membres ou les présidents. Il assistait à toutes les grandes assemblées et, dans les lits de justice, remplissait les devoirs de sa charge, assis aux pieds du roi sur le carreau. C'est en cette posture, peu commode pour écrire, qu'il recueillit, le 22 août 1404, l'arrêt par lequel Henri de Marle, premier président, prononça la condamnation de Charles de Savoisy[2]. Dans cette même salle, lorsque le théologien Jean Petit, le 8 mars 1408, présenta une défense subtile à propos du crime odieux de Jean sans Peur, la presse des nobles et des gens d'armes était telle que le pauvre greffier dut prendre ses notes, debout « tout droit », comme il dit[3]. En un mot, il était, comme le Parlement lui-même, constamment mêlé à la vie politique alors si troublée, et ses sentiments, que nous savons déjà miséricordieux, ont eu plus d'une occasion de s'affirmer noblement.

Non seulement il souffre des maux des pauvres gens durant l'hiver de 1409, mais en 1411 il ne peut voir, sans se révolter, la barbarie avec laquelle on traite des prisonniers ramenés des environs de Paris par les Bourguignons : entassés au Châtelet[4], ces malheureux périssent en foule et des chariots emmènent les cadavres nus au marché aux Pourceaux, hors Paris, où on les cache

1. *Journ. de Nic. de Baye*, t. II, p. 160, 161.

2. « ... Et qui vidit et audivit, testimonium perhibet de his, present aux piez du Roy, ledit graphier. » *Ibid.*, t. I, p. 113, 114.

3. *Ibid.*, t. I, p. 223.

4. « ... Aducti sunt de Sancto Clodoaldo et undequaque multi captivi ad Castelletum, ubi relinquebantur sine provisione alimenti, ut dicebatur, et sine confessione quam requirebant mori paciebantur, et mortui extra Parisius in foro Porcorum nudi super quadrigis per minimas partes corporis ignominiosè deferebantur, et ibidem ejiciebantur, modica terra eis supposita, quousque monui gentes Regis in Castelleto et eos ad officium humanitatis exortatus sum ». (*Mémorial de Nic. de Baye*, t. II, p. 301.)

à peine sous un peu de terre. C'est Nicolas de Baye qui avertit les gens du roi au Châtelet et les rappelle aux devoirs de l'humanité.

Ce légiste qui avait le cœur d'un prêtre, n'était pas encore prêtre à ce moment, bien qu'il jouît d'un bénéfice curial[1]. Il avait même échangé sa paroisse rurale de Montigny contre la paroisse autrement importante de Saint-Jacques de la Boucherie, à Paris, (1408), puis il devint chanoine de Tournai (1411), enfin de Notre-Dame (1413), tout en restant encore diacre. L'esprit féodal avait tellement pénétré les âmes qu'on n'était point plus surpris de voir les revenus séparés du sacerdoce que choqué de voir le sacerdoce recherché pour les revenus. Mais Nicolas de Baye voulut être digne des titres qu'il portait : sans cesser sa besogne de greffier, il se remit aux études théologiques. Il se fit ordonner prêtre le 2 juin 1414. Il s'excusait d'avoir tardé à répondre à une lettre de son ami Nicolas de Clamanges en rappelant qu'il avait eu à célébrer sa première messe et à commencer par des confessions l'exercice véritable de sa charge curiale. Son église n'avait pas alors la tour qui en subsiste seule aujourd'hui et qui date du XVIe siècle, mais cette paroisse était dans un quartier fort peuplé. « Il y fallait moult grand service, on y chantait vêpres, complies, matines et six ou sept grand'messes par jour[2]. » Nicolas de Baye, très zélé, très soucieux de ses droits, eut à soutenir plus d'une querelle avec ses marguilliers au sujet du luminaire et des différents revenus : on ne saurait s'étonner que ce curé-greffier eût l'humeur processive.

Si du reste l'homme d'Église avait ainsi reparu avec tant d'empire chez Nicolas de Baye, c'est que le greffier se sentait fatigué.

1. M. Tuetey donne quelques détails sur des missions qui témoignent de l'honorabilité de Nicolas de Baye et montrent la confiance illimitée que l'on plaçait en sa personne; « par exemple, en 1405, après la mort de Gérard d'Athies, archevêque de Besançon, il fut chargé de procéder à l'inventaire des biens de ce prélat, qui laissait une succession des plus opulentes; sans compter des joyaux d'or de très grande valeur, cet archevêque possédait au moins cent vingt calices et douze chapelles neuves. L'année suivante, le même greffier inventorie les biens de Guillaume de Dormans, archevêque de Sens, et fait prêter serment à deux orfèvres de Paris de donner une estimation fidèle de la croix d'argent du défunt et de sa crosse pastorale dorée et émaillée. Le 28 septembre 1410, il reçoit le même mandat, après la mort de Robert Waguet, président de la Chambre des Enquêtes. En février 1412, Nicolas de Baye, nommé exécuteur testamentaire de Jean de Vendières, avocat du roi à Provins, ne refuse point ses conseils en ce qui concerne l'exécution, mais déclare ne vouloir point se mêler de comptabilité; il fut également l'un des exécuteurs testamentaires de Jean Canard, évêque d'Arras, et du procureur Philippe Vilate, « son compère ». Tuetey, *Notice biographique*, t. II, p. XIII.

2. Matinées (X[1a] 4791, f° 232 v°). *Notic. biog.*, p. XXVII.

A plusieurs reprises sa santé avait été ébranlée (1404, 1406, 1414). La dernière épidémie l'avait tellement maltraité qu'il ne parvenait point à se rétablir. Nicolas de Baye songea à se démettre des fonctions qu'il ne pouvait plus remplir à son gré. Il vint humblement exposer ses raisons à la Cour[1]. « Et ce mesme jour, dit-il (12 novembre 1416), je requiz à messeigneurs que comme par la grâce de Dieu, du Roi et de sa Cour, eusse servi céans et exercé l'office de grafier par l'espace de seize ans tous entiers et continus, comme j'étais débilité de ma vue et ne povoie pas bien enregistrer sans avoir de lunettes, combien que je me sentais encore sain et entier et n'estais ni rompu, ni froissié, mais seulement ploié, me semble bon issir du dit office. » Il demanda qu'on voulût bien lui accorder le prochain office de clerc vacant en la Grand'Chambre. Nicolas de Baye se retira un moment, la Cour délibéra, puis lui annonça « qu'elle lui octroyait sa requête ».

Ayant beaucoup gagné au Palais et dans l'Église, le curé-greffier, accumulant les profits de son office[2] et les revenus de ses prébendes, simple d'ailleurs dans sa vie laborieuse, avait amassé une fortune qu'un inventaire exact, dressé après sa mort, permet d'apprécier. Nicolas de Baye possédait des immeubles, une maison dans le cloître Saint-Germain-l'Auxerrois, à Vanves des vignes où il récoltait « trente queues de vin », à Provins le greffe qu'il avait acheté, plus des rentes sur diverses maisons et d'assez nombreuses créances. Après avoir habité la rue Pavée, près des Augustins, il était venu, comme chanoine, demeurer dans une maison du cloître de Notre-Dame. Son mobilier peu luxueux, mais confortable pour l'époque[3], se composait de bancs et de tables en noyer, en chêne, de chaires à dos (12), de fauteuils (7) garnis de cuir rouge ou vert; il y avait de nombreuses armoires (une dizaine), des buffets grands et petits (une dizaine), des coffres de noyer (18),

1. Conseil, XIV (X1a 1480, f° 73 r°), *Journ. de Nic. de Baye*, t. II, p. 273, 274.

2. Nicolas de Baye savait défendre ses intérêts. En octobre 1406 on avait assigné le paiement des notaires du roi sur 4000 francs à prendre sur les émoluments du sceau de la chancellerie. De Baye n'ayant pas été appelé à participer à cet émargement, parce que d'habitude il était payé sur les amendes du Parlement, protesta. Il était notaire. Il demanda à être compris dans la distribution de cette somme au prorata de ses gages « toutes les fois qu'il ne serait pas suffisamment paié sur les amendes. » Matinées, V (X1a 4787, f° 428 r°), *Journ. de Nic. de Baye*, t. I, p. 176.

3. Voir l'inventaire joint à la *Notice biographique* par Tuetey, t. II, p. XLIX-CXII.

plusieurs couchettes et des garnitures de lit, oreillers (11), draps de lin et de chanvre (26), couvertures (10), courtepointes (11), matelas de coton, paillasse, ciels de lit, tentures de serge et de toile perse, une belle tapisserie de haute lisse reproduisant l'histoire de *Béatrix, fille du roi de Tyr*, et un autre grand drap historié de la *Passion* et de l'*Ascension* de Notre-Seigneur; quatre tapis dont l'un à étoiles blanches, un autre à étoiles jaunes, des carreaux de tapisserie, des carreaux de plume, des « banquiers » (bancs) recouverts d'étoffe, des nappes (16) de chanvre et de lin, des toiles, des serviettes, etc. Ce serait nous écarter trop de notre sujet que de détailler cet inventaire si précieux qui fournit des éclaircissements sur un intérieur bourgeois du XIVe siècle. Nous ne pouvons non plus énumérer les costumes (7 houppelandes, 2 manteaux dont un violet, 1 manteau de voyage, 3 chaperons doublés, 2 chapeaux), et les pots et les plats d'étain de la cuisine, etc. Nicolas de Baye allait sans doute en campagne sur une mule, car il possédait des selles et une testière de mule. Mais, ce qui ne saurait étonner quand on connaît la vie du docte curé de Saint-Jacques, il avait consacré presque tout son argent à sa bibliothèque bien fournie, pour le temps, d'auteurs profanes (*Virgile*, *Cicéron*, *Tite-Live*, *Lucain*, *Juvénal*, *Ovide*, *Salluste*, *Végèce*, *Térence*, *Commentaires de César*, *Politique d'Aristote*, etc.), et d'auteurs chrétiens (*saint Augustin*, *saint Jérôme*, *saint Bernard*, *saint Thomas d'Aquin*), sans parler des *Bibles*, des *Sommes de théologie*, des *Épitres d'Abélard*; elle était garnie abondamment de manuscrits de droit romain et de droit canon (*Digeste*, *Institutes*, *Décrétales*, *Gloses* de toute sorte, œuvres de *droit coutumier*, *constitutions de Normandie*, etc.); bibliothèque, on le voit, fort appropriée aux besoins et aux goûts [1] du clerc-légiste qui néanmoins connaissait la littérature française de son temps, car il possédait le *Testament de Jean de Meung*, l'*Histoire de Troyes*,

1. Le catalogue détaillé ne remplit pas moins de six folios (17 pages imprimées) de l'inventaire et offre une grande ressemblance avec celui de la bibliothèque de l'avocat Jean de Neuilly dont nous avons parlé. « Il est assurément rare, dit M. Tuetey, de rencontrer une bibliothèque aussi complète, embrassant, on peut le dire, l'ensemble des connaissances humaines, la théologie, le droit civil et canon, la littérature classique, celle du moyen âge, rien n'y est oublié... Quelques-uns de ces ouvrages étaient revêtus de reliures précieuses, témoin un volume de saint Thomas d'Aquin avec deux fermoirs et dix clous d'argent ouvrés à feuillages... »

le roman de l'*État du monde*, celui d'*Alexandre*, etc. Bibliothèque et mobilier furent estimés 849 livres (la livre tournois était alors très faible, 3 fr. 66. 849 livres ne feraient donc que 3107 francs, mais si on tient compte du pouvoir de l'argent, on obtient environ onze mille francs de notre monnaie).

Le pieux curé avait encore fait plus de sacrifices pour sa chapelle, qui contenait 2 statues de la Sainte Vierge, 2 autels portatifs, l'un en marbre, l'autre en albâtre, 2 pierres de jaspe, un coussin de drap d'or, des aubes, avec parements de drap de damas d'or et d'argent, des chapes non moins brillantes, des étuis à corporaux en velours, en drap d'or, en broderie, des custodes, un tableau doré [1], etc. Au sortir de sa sombre tourelle du Palais, Nicolas de Baye devait éprouver plaisir à se retrouver dans sa chapelle ou dans son église et à cacher le greffier sous les ornements étincelants du prêtre.

Le curé de Saint-Jacques ne jouit pas longtemps du repos relatif qu'il avait espéré obtenir en montant au siège de conseiller. Les désastres de la guerre étrangère, augmentant les fureurs de la guerre civile, ne lui permettaient point de s'oublier au milieu de ses manuscrits et de se délasser avec les sonnets de Pétrarque, les romans de l'histoire de Troyes ou d'Alexandre. Malgré sa santé chancelante, il lui fallait, bien malgré lui, prendre part aux chevauchées auxquelles furent obligés alors tous les conseillers du Parlement. « Si m'a falu armer, dit-il (4 septembre 1416), ce qui m'a cousté plus de XL francs, non obstant que je soie prestre. De bonne estrainne (étrenne) soit-il frans et quicte celui par qui faut que prestres se arment [2]. » Il fut épouvanté des horribles journées de juin 1418, et le triomphe sanglant de la faction bourguignonne bouleversa le Parlement, qui fut tout changé. Nicolas de Baye, curé de la paroisse des bouchers bourguignons, était Armagnac : on ne le retrouve plus, et c'est un honneur pour lui, sur les listes remaniées. D'ailleurs, à quelque temps de là, âgé à

1. ... « Divers objets d'orfèvrerie, présentant certaine valeur artistique, furent pesés et prisés par Jean Courtillier, changeur; notamment une croix d'argent doré, surmontée de cristaux avec un pied soutenu par des lions et un calice de même métal, destinés, suivant le vœu du testateur, à l'église de Saint-Loup de Troyes; il y avait aussi une image de saint Nicolas en vermeil. » — (*Notice citée*, p. XLVII.)

2. Conseil, XIV (X[1a] 1480, f° 66 v°), *Journ. de Nic. de Baye*, t. II, p. 268.

peine de cinquante-cinq ans, il mourait, le 9 mai 1419, profondément attristé des scènes terribles qu'il avait eues sous les yeux et inquiet des destinées d'un pays si affreusement déchiré, livré à l'étranger par ses princes mêmes.

V. — Les greffiers criminels. Les greffiers des présentations.

Après celui que Pasquier a appelé « l'un des plus illustres greffiers qui fût au Parlement », nous retombons dans des personnages obscurs, comme *Clément de Fauquembergues*, successeur de Nicolas de Baye, puis *Jean de Wissac*, etc. [1].

Les greffiers criminels ne sont pas mieux connus. Ainsi que nous l'avons dit, depuis 1312, des audiences spéciales étaient tenues dans une tournelle séparée pour les causes criminelles. Les notaires, nécessairement laïques, chargés d'écrire les registres de ces audiences furent successivement *Jean du Temple*, *Etienne de Gien*, *Geoffroy de Malicorne* [2] (1340), *Denis Tite* (1353), *Jean de Cessières* (1375) [3], *Jean du Bois* (1404), *Jean des Portes* son beau-fils, etc.

En outre, l'abondance des procès imposait pour les formalités préliminaires, les présentations des parties, un travail si considérable qu'il fallut y employer un greffier spécial, dit des *présentations*. Au xive siècle, *Nicolas de Lespoisse* en était chargé.

Ainsi que lui-même nous l'apprend, il avait été « nourry, dès

1. La création d'une charge de greffier civil n'avait pas empêché les notaires de continuer à la Grand'Chambre leur travail et quatre notaires assistaient le greffier... « Ce dit jour (13 nov. 1413) pour ce que les IIII notaires royaulx, qui servent le Roy au Parlement pour l'aide et subside du graphier, avoient depuis ij ans en çà fait plusieurs fautes ceans en leur office.... le chancelier leur a commandé qu'il facent leur devoir ceans, autrement il y pourverra d'autres.... » Conseil, XIII (X[1a] 1479, f° 276 v°.)

2. « Mestre Geffroy de Malicorne, clerc du Roi notre Sire, a confessé devant nos seigneurs les présidents le xe jour de may l'an mil CCC et XL qu'il avait reçu de mestre Jehan de Charolle, clerc et secrétaire du dit seigneur, la clef de la Chambre des causes criminelles du Parlement et les procez qui sont dedans ladite Chambre, laquelle estoit scellee de III sceaulx et depuis discellee et ouverte en la présence desdiz maitres. » (*Jugés*, VII, f° 91 v°). (Grün, p. XXXVIII.)

3. Jean de Cessières exerça jusqu'en 1404, année de sa mort : « Mercredi 12 novembre. Cedit jour, fu ordonné que non obstant que aucuns advocas et procureurs de ceans et autres eussent empetré devers le Roy notre Sire l'office, bourses et gages de graphier criminel vacants ceans par la mort de feu maistre Jehan de Cessières, jadis et en son vivant graphier criminel, que election seroit faicte du plus ydoine et convenable homme à tel office, qui n'estoit pas impetrable mais electif. » Conseil, XII (X[1a] 1478, f° 181 r°). *Journal de Nic. de Baye*, t. I, p. 116.

qu'il estoit jeune enfant, en la sainte et noble Court de Parlement; » il y avait pris « son estat et chevance [1]. » Né à la Chapelle-Gauthier en Brie, il avait débuté et longtemps servi au Palais comme procureur. Il avait même acquis une telle considération auprès des rois Charles V et Charles VI qu'en 1385 il fut anobli avec sa femme Emmeline. Après la mort du greffier Jean Jouvence, il remplit l'intérim au Conseil et aux Plaidoiries jusqu'à la nomination de Jean Willequin (1390). Mais il est déjà et reste *greffier des Présentations*, touchant comme ses confrères, « neuf livres deux sous parisis (120 fr.) de gages par mois. » Sans doute son greffe paraissait secondaire, car on l'avait relégué dans une partie du Palais fort délabrée où les rats avaient leurs grandes entrées : en 1412, ils avaient rongé les nattes de la chambre de Nicolas de Lespoisse [2]. La demeure personnelle du greffier était sur la rive gauche, « oultre Petit Pont » dans la rue étroite et raide de la Montagne Sainte-Geneviève, « à l'enseigne de la Pomme Rouge ». Il éprouva bien des déceptions dans sa famille. Sans doute son fils Jacques avait pris ses grades en droit civil et en droit canon; sans doute le père demandait pour lui, en 1404, un office de notaire, espérant qu'il pût un jour être remplacé lui [3]. Mais ce fils fut « de faible gouvernement ». Jacques contracta des dettes et Nicolas de Lespoisse, en son testament, prévoit qu'on pourra encore en réclamer d'autres que celles qu'il a payées. Cela ne l'empêcha point de déplorer la mort du prodigue, contre lequel il ne profère aucune parole de colère. Les malheurs des temps lui causèrent aussi des chagrins domestiques, car les déchirements de la France amenaient d'inévitables séparations dans les familles. Nicolas de Lespoisse, comme Nicolas de Baye, était Armagnac et bon Français. Il avait été, en 1418, privé de sa charge par la faction bourguignonne, pour peu de temps il est vrai, car, à cause de

1. Testament de Nicolas de l'Espoisse publié par Tuetey : *Testaments enregistrés au Parlement de Paris*. Documents inédits, Mélanges, t. III, n° XLV, p. 604 et suiv. — Le testament est du 1er avril 1419 et le codicille de décembre 1420. — Nous renvoyons une fois pour toutes à ce texte qui nous a servi, avec la trop sommaire notice de Tuetey, à reconstituer cette figure d'un greffier du moyen âge.

2. « A Jean d'Amiens, natier, qui avoit naté la chambre de maître Nicolas de Lespoisse, greffier, et pour ce que depuis les ras avoyent mengié lesd. nates, pour ycelles nates avoir refaites, XVI solz par. » Compte des dépenses du Parlement, K. K. 336, f° 164 r°. Tuetey. Notice biographique sur Nicolas de Baye, *Journal*, t. II, p. XVII.

3. Conseil, XII (X[1a] 1478, f° 184 r°). *Journal de Nic. de Baye*, t. I, p. 119.

ses mérites, le Parlement réclama et obtint sa réintégration. Mais il avait marié sa fille Jeanne à Jean d'Aulnay qui continua à servir le parti du dauphin et qui dut quitter Paris. Jeanne demeura auprès de son père. Nous savons tout cela par les difficultés que rencontra, précisément à cause de ces dissensions politiques, l'exécution du testament du bon greffier. Nicolas était mort en décembre 1420. Jeanne d'Aulnay n'obtint main-levée du séquestre mis sur la succession qu'en 1422, à des conditions onéreuses, et encore parce que « Jeanne de Lespoisse avait vécu depuis quatre ans loin de son mari, dans la maison de son père. »

Cette succession, sans avoir l'importance de celle de Nicolas de Baye, paraît avoir été assez considérable. Nicolas de Lespoisse, laborieux et économe, avait amassé assez de fortune pour faire de nombreux legs aux églises et aux pauvres. Il avait élu sa sépulture en l'église Sainte-Geneviève, où sa tombe était préparée dans une chapelle. Outre les messes qu'il y avait fondées, il laisse encore des sommes pour sa paroisse, Saint-Étienne, et pour l'église de son pays natal, la Chapelle Gauthier-en-Brie[1]. Cette pauvre église de campagne est même, tant le souvenir du village est profond chez les hommes de ce temps, gratifiée de beaucoup de dons. Elle recevra « vingt-quatre francs pour acheter un petit calice blanc et ornements légers »[2], entre autres une chasuble noire et blanche. Le greffier, qui a passé sa vie au Palais, n'oublie pas la Confrérie de Saint-Nicolas « nouvellement fondée »; il lui lègue *deux francs* (18 fr. 60) et autant à l'ancienne confrérie pour les « messes ordonnées en ladite salle par messeigneurs et le collège de ladicte Court du Parlement. » On arriverait à un chiffre assez élevé si l'on récapitulait tous les dons faits aux religieux, surtout aux Carmes, aux quatre Ordres mendiants, aux Quinze-Vingts, aux Filles-Dieu « et autres povres collèges de Paris qui ont acoustumé d'aller aux Vigiles des Trépassés. » Nicolas de Lespoisse s'assure ainsi des obits ou services solennels, des messes fréquentes. Il semble très préoccupé d'obtenir son pardon. « En recompensacion, dit-il, et restitution des choses mal acquises, mal

1. La Chapelle-Gautier, Seine-et-Marne, arrond. de Melun, cant. de Mormant.

2. Le franc (d'or) équivalait à la livre. La livre parisis qui, dans les vingt premières années du règne de Charles VI, avait eu une valeur moyenne de 13 fr. 20, était, au début du XVe siècle, tombée à 9 fr. 30. Cela faisait donc 223 francs environ.

prises et retenues par lui des biens d'autrui par convoitise, oubliance ou autrement, » il ordonne de distribuer, le jour de son obit, cent francs d'or aux pauvres (930 fr.) « de telle sorte que chacun ait quatre deniers parisis (15 cent. environ) ». Il faisait aussi des libéralités à l'Hôtel-Dieu, à la maladrerie de Saint-Ladre à Paris et à d'autres hôpitaux des faubourgs.

Ces « aumônes » tiennent la plus grande place dans le testament de Nicolas de Lespoisse. Non qu'il déshérite sa famille ; loin de là, mais il la met au second plan. Il avait d'abord laissé à son frère Gauchier de Lespoisse, curé de Nangis, sa terre de Lespoisse ; il revint sur cette intention et, dans un codicille, l'attribua à sa fille Jeanne, qui était sa principale héritière. Nicolas avait eu un autre frère, Étienne de Lespoisse, mort avant lui. Il se montre particulièrement bon pour les enfants de ce frère et pour ses petits-neveux. Il avait fait apprendre, à ses frais, à un de ces derniers, Thévenin « le mestier de chaucetier et de drapier ». Il avait payé les frais d'étude d'un autre, Jean, frère de Thévenin. Il leur laisse, outre quelques-unes de ses houppelandes, des livres. Sa bibliothèque pourtant est loin de valoir celle de Nicolas de Baye. De Lespoisse ne distribue que quelques volumes, son roman d'*Alexandre* légué à Thévenin « pour esbattre et apprendre à lire » ; la *Somme aux Bretons*, les *Épîtres* de *Pierre de Blois* et des *Vignes* (de Vineis) légués à Jean ; son livre « de l'*Histoire de Troyes la grant* et celui des *Histoires d'Outremer* », légués à l'un des exécuteurs testamentaires ; son livre *Policraticon*, légué au fils d'un autre de ses exécuteurs testamentaires. Nicolas de Lespoisse était si bon que, sans récriminer contre les fautes de son frère Étienne, il octroie à une fille illégitime que celui-ci avait laissée, quatre francs. C'est peu, il est vrai, mais il faut voir ici l'intention. Nicolas, à plus forte raison, n'oublie pas ses filleuls ; on prenait au sérieux, en ce temps, la charge de parrain. Nicolas laisse à Colin, son filleul, « pour l'aider à nourrir et faire apprendre à l'escole ou mestier » dix francs et une de ses petites cottes doubles avec le chaperon. Les autres filleuls, moins favorisés, reçurent chacun un franc.

La vie de ce greffier paraît avoir été plus simple que celle de Nicolas de Baye. Il n'y a point, dans le testament, d'énumération de nombreux vêtements, de meubles, d'objets d'orfèvrerie. De Lespoisse veut que ses « chausses, chapeaux, chemises et autres habits de sa personne, soient donnés pour Dieu ou vendus et l'argent donné et distribué à povres créatures, tant fillettes à marier pour aider à elles vestir, comme à autres misérables personnes et povres mesnagiers honteux des paroisses Saint-Étienne et de la Chapelle Gauthier en Brie. » Les serviteurs, à cette époque, faisaient partie de la famille. Aussi, comme cela se pratiquait, Nicolas de Lespoisse prescrit que « pour ses clercs, valets, chambrières qui le serviraient au jour de son trépas et l'auront servi demi-an paravant, soit acheté et baillé à chacun des hommes trois aulnes et demie de brunette, et aux femmes deux et demie ou trois aulnes pour eulx vestir. » A maître Jacques Philippe « qui l'a longuement servi et demoure avec lui » il laisse son *Décret* et tout l'argent dont Philippe lui est redevable. En dehors de ces legs particuliers, tous les serviteurs recevront deux francs et Guibert le Normant, son premier clerc, quarante francs avec le livre *Manipulus florum*. Nous entrons ainsi, par ces détails authentiques, dans la vie digne de ces savants auxiliaires du Parlement en qui se reflétaient pour ainsi dire la gravité et la piété du Parlement lui-même.

Ce nom de *greffier* était alors réservé aux greffiers du Parlement. On tendait à l'usurper au dehors. La Cour s'y opposait. Dans un procès, maître Matelin Waroust, clerc et notaire du Roi, puis clerc du Trésor, s'était intitulé en ses lettres « graphier du Trésor ». Le Premier Président Henri de Marle, en prononçant l'arrêt, condamna cette prétention (1405). « La Cour étant cour souveraine du royaume et si notable que les offices de la Cour avaient prééminence et autorité singulière, tant en nom que autrement, en nul lieu ne devait être aucun qui se doive appeler *graphier* et nul ne devait être appelé graphier sinon le graphier de céans [1]. » Défense fut faite à tous autres clercs de prendre ce titre, autrement la Cour les punira. Défense vaine comme tant d'autres! Le nom de greffier ne cessa de se répandre et devint commun à tous les clercs ou notaires attachés aux moindres tribunaux.

1. Conseil, XII (X^{1a} 1478, f° 239 v°), samedi 21 nov. 1405. *Journ. de Nic. de Baye*, t. I, p. 143.

VI. — Les registres du parlement, les *Olim*.

Quelle reconnaissance ne devons-nous pas aux premiers greffiers du Parlement qui ont commencé une inestimable collection de registres ! Après les audiences il fallait transcrire les arrêts, qui, d'abord très résumés, furent copiés ensuite en leur teneur complète. « Les Registres, dit Grün, sont formés de cahiers de plusieurs feuilles assemblées, portant souvent au bas de la première page de chacun, un chiffre ou une lettre.... Les cahiers ont été de toute ancienneté écrits sur du parchemin.... Il y a pourtant des exceptions, les registres des après-dîners, depuis celui qui commence à 1405, sont formés de cahiers en papier. Il en est de même d'un certain nombre de registres criminels, aussi du xve siècle.... [1] »

Le parchemin s'achetait primitivement à la foire du Landit. On lit dans les Mémoriaux de la Chambre des Comptes (registre A[2]), à la date du mois d'avril 1317 : « Don de 400 livres de rente (en parisis 10,130 fr.) au trésorier de la Sainte Chappelle pour fournir le parchemin au Parlement et à la Chambre des Comptes[2]. » Durant l'occupation de Paris par les Anglais, on fut obligé de prendre des mesures extraordinaires pour se procurer du parchemin. « Ce jour (9 février 1424), fut ordonné, par manière de provision, que on ferait arrêter et lever de par la Cour une amende de 60 livres parisis (630 fr.) sur les exploits et amendes de la dite Cour pour employer et convertir en payement du parchemin qu'il convenait avoir aux greffiers d'icelle Cour pour faire des lettres, arrêts et registres de la dite Cour[3]. » Le 20 janvier 1430, le Parlement fit venir maître Jean de Fleury, notaire, commis à la réception des amendes, et lui enjoignit de prélever sur ses recettes l'argent nécessaire pour le parchemin. Les greffiers avaient été obligés de le payer de leurs deniers ou de faire des registres en papier : « en quoi les dits

1. Grün, p. xxii.

2. En 1408, le 21 février, « la Cour a ordonné et ordonne que maistre J. du Boiz, receveur des amendes de Parlement, paye des deniers desdictes amendes le parchemin qui sera nécessaire pour les registres et autres escriptures d'icelle Court et le delivre ou face delivrer aux grefflers de ceans dè cy au Lendict prouchain. » Matinées, VI (X[1a] 4788, f° 234 r°). *Journal de Nic. de Baye*, t. I, p. 258.

3. Conseil (XIV, f° 315 v°).

greffiers ont fait nouvelleté et entreprise contre l'usage, stile et commune observance de la Cour, mais la dite nécessité les doit excuser[1]. » Le parchemin manqua à plusieurs reprises en 1431[2].

Les *Minutes* des actes transcrits dans les registres ont péri dans l'incendie du Palais en 1618 et Grün ne saurait, à cause de cette destruction, préciser en quelle forme elles étaient écrites. Il pense néanmoins que l'usage de les conserver en *rouleaux* subsista jusqu'au milieu du XVIe siècle. « C'est, conclut-il, à partir du XVIe siècle que les minutes d'arrêts, correspondant aux transcriptions sur registres de parchemin, ont affecté la forme de feuilles de papier[3]. »

Comme nous l'avons dit, c'est après le retour de saint Louis de sa croisade d'Égypte, au moment où le Parlement devint régulier, assidu, quasi permanent, que les registres furent commencés. Ils rendent témoignage de ses progrès. Le savant clerc et notaire Jean de Montluçon n'ignorait pas sans doute qu'il y avait des recueils des *Décisions de l'Échiquier de Normandie*[4], ni que les *Enquêteurs de saint Louis*, en 1248, avaient tenu des registres de leurs sentences[5]. Il entreprit un recueil semblable[6]. De ce que son volume s'ouvre par des documents de 1254-1255, il ne faudrait pas dater son travail de cette époque. L'étude attentive des manuscrits, faite par Klimrath et Grün, a démontré que Jean de Mont-

1. Conseil XV, f° 38 v°. — Lire sur la confection matérielle des registres le chapitre III, très détaillé, de la Notice de Grun, p. XVIII et suiv.

2. Matinées, XIIII, dernière page, mars 1431. « Hic et sepius istis temporibus deficit pergamenum pro registris curiæ ». (Grun, p. XXIII.)

3. Grün, p. XIX.

L'usage du papier concurremment avec celui du parchemin pour les transcriptions autres que celles des registres est affirmé par plusieurs mentions des Inventaires de Pierre de Bourges (1299-1318) : *Ibid.*, p. LXXIX.

4. Lire Mémoire cité de M. L. Delisle sur les *Recueils des jugements de l'Échiquier de Normandie*. — On ne peut cependant, selon Grün, citer ces décisions comme des exemples concluants « parce que, si elles ont pris, dès lors, la forme heureuse de volumes, aucune d'elles ne paraît avoir été faite par un officier public ; elles émanent seulement de jurisconsultes écrivant en leur nom personnel. M. Beugnot fait remarquer que la Cour de Normandie fut étrangère aux transcriptions de ses arrêts, qui ne devinrent officielles qu'à partir de 1336 ». (Grün, p. LXIV.)

5. Ces décisions sont conservées aux Archives nationales. On a aussi un registre régulièrement tenu du Parlement du frère de saint Louis, Alphonse de Poitiers. (Grün, p. LXIV.)

6. En Angleterre, les archives judiciaires étaient fort anciennes. « La série des rôles de la Cour anglaise est complète depuis 1194 ; dès 1178 Richard, évêque de Londres, écrivit son fameux *Dialogue de l'Echiquier*. Ranulf Glanvill exposa systématiquement, sous Henri II, les règles suivies par les juges du Banc du roi. » (Ch.-V. Langlois, *Les Origines du Parlement de Paris*, Revue historique, janvier 1890, p. 92.)

luçon commença par noter les *arrêts sur plaidoiries* en 1263 et poursuivit cette tâche jusqu'en 1273. Il procédait par cahiers et en remplit d'abord sept. Puis, opérant le même travail pour les *arrêts sur enquête*, mais en remontant cette fois jusqu'en 1256, il composa neuf autres cahiers de douze et de huit feuilles. Il y avait donc là les éléments d'un premier registre, sauf que la série des arrêts sur plaidoiries n'était pas complète. Jean se remit à l'œuvre. Il reprit alors les arrêts antérieurs à l'année où il avait commencé cette besogne, c'est-à-dire, à 1263. Il n'eut le temps que d'écrire cinq feuillets de ce cahier arriéré. Mais si la mort fit tomber la plume de ses mains, Jean de Montluçon avait préparé les matériaux. Son successeur, Nicolas de Chartres, les utilisa. Loyalement, le second greffier, dans une note justement célèbre, reconnut à Montluçon le mérite de l'œuvre, qu'il ne fit que continuer[1]. Même pour la partie où l'écriture de Jean n'apparaît point, les cahiers des arrêts sur plaidoiries et des arrêts sur enquêtes de 1254 à 1273 lui sont donc bien dus. On les a réunis en un seul volume, selon l'ordre non des dates où ils avaient été rédigés, mais des dates des documents eux-mêmes[2]. C'est le premier des Registres du Parlement. Aux Archives nationales il figure avec raison parmi les modèles des plus précieux manuscrits exposés en manière de musée[3]. On ne saurait s'arrêter avec trop de respect devant ce simple volume qui ouvre une série incomparable de registres, continuée pendant cinq siècles et demi.

Rien dans ce manuscrit de Jean de Montluçon ne saurait expliquer le titre singulier d'*Olim* attaché aux premiers registres du Parlement. Mais le deuxième volume, œuvre de Nicolas de

1. « Inferius continentur et scribuntur quedam judicia et arresta inventa in quibusdam rotulis scripta de manu magistri Johannis de Monte-Lucio antequam inciperet arresta ponere in quaternis originalibus inter rotulos pallamentorum de tempore ipsius magistri Johannis reservatis. » C'est à propos de cette note que s'engagea entre H. Lot et Grün une grande querelle au sujet d'un *point* que Grün lisait avant le mot originalibus. Nous ne nous attarderons point à cette discussion technique et au fond peu intéressante, qu'on trouvera dans Grün, p. LXXI, et dans H. Lot, p. 31. Le raisonnement de H. Lot nous paraît plus logique, car le point entre *quaternis* et *originalibus* rendrait vraiment la fin de la phrase inintelligible.

2. Tous ces détails ont été, à l'aide d'une patiente analyse, mis en lumière par Grün (ch. VI de sa Notice, p. LXI et suiv.), qui a repris et complété les travaux plus anciens et non moins méritoires de Klimrath.

3. Voir *Musée des Archives nationales, Documents originaux de l'histoire de France exposés dans l'hôtel Soubise*. Paris, Plon, 1872, p. 139, n° 256, premier registre des arrêts du Parlement de Paris (1254-1274).

Chartres, commence au premier arrêt, par les mots « *Olim homines de Baïona...* »[1]. Ce registre, on ne sait pourquoi, fut d'abord recherché et cité le plus souvent (volume *qui incipit Olim*) et c'est de là que par une habitude bizarre, comme tant d'autres usages, vint une désignation consacrée par les siècles. La série ainsi dénommée comprend *quatre* registres dus à Jean de Montluçon, à Nicolas de Chartres, à Pierre de Bourges.

Primitivement elle en comptait *sept*. Nous en avons perdu *trois* de Nicolas de Chartres. Deux sans doute n'avaient qu'une importance secondaire, ne renfermant qu'une nomenclature de pièces remises à des rapporteurs[2]. Mais le troisième, le *livre pelu* qu'on devrait appeler le *livre pelu noir* (cum pilo nigro), contenait les Enquêtes de 1269 à 1298; il était parallèle au volume des arrêts sur plaidoiries que nous possédons. C'est ce registre que, par un effort d'érudition qui tient du génie, M. Léopold Delisle a reconstitué, recueillant, dans les fonds divers, des résumés ou les textes mêmes de ces jugements perdus[3]. Il a ainsi réuni 960 documents, membres épars de ce volume détruit, dont il a su refaire un corps. Ce volume, ainsi restitué, a été joint par Boutaric à l'Inventaire des Actes du Parlement, dont il n'est pas la partie la moins précieuse.

Le troisième volume des *Olim* contient les *Arrêts* et *Jugés* rendus pendant l'exercice de Pierre de Bourges. En tête se trou-

1. *Les Olim*. — Cet arrêt est relatif aux violences commises par des gens de Bayonne contre des marchands normands avec l'aide des Anglais, une de ces querelles fréquentes qui devaient devenir plus graves sous Philippe le Bel et annonçaient déjà la guerre de Cent Ans. D'ailleurs, selon Grün (p. LIX, LX), ce n'est guère qu'à partir du XVIIe siècle que l'on a abusé du nom attribué à un seul registre pour en faire le nom générique de toute une série. « Il eût été pourtant aussi facile de dire les plus anciens registres, comme on a appelé le premier des Ordonnances « Ordinaciones antiquæ » que d'admettre le barbarisme d'un adverbe employé comme substantif. »

2. Voir les détails minutieux que donne Grün, p. LX. Le 2e des livres perdus était appelé *Vayron* à cause de sa couverture.

3. L'*Essai de restitution d'un volume des Olim*. — Lire dans la savante préface dont M. Delisle a fait précéder son travail, l'analyse des sources auxquelles il a puisé (*Actes du Parlem. de Paris*, t. I, p. 297-314). Le comte de Laborde appréciait ainsi dans son *Introduction à l'Inventaire des Actes du Parlement* (en 1863) le prodigieux effort de M. L. Delisle déjà placé au premier rang des maîtres de l'érudition. « En dehors, dit-il, de son importance historique, cet *Essai de restitution* d'un volume aussi précieux est un de ces curieux spectacles donnés de loin en loin par l'érudition. Je ne veux point le comparer à l'avis donné à Berlin du passage d'une planète calculé à Paris, il n'aura pas l'éclat du déchiffrement des inscriptions hiéroglyphiques et cunéiformes, mais, comme les reconstitutions de Cuvier, il offre l'attrait de découvertes uniquement dues à la sagacité de l'esprit, associée au travail le plus patient. A ce titre il peut être donné en exemple à l'érudition moderne, car il est digne de l'érudition de tous les temps. » (P. CXI.)

vent les *Inventaires* et le *Mémorial* dont nous avons parlé. « Au folio 98 commencent les arrêts des années 1299 à 1318, qui s'étendent jusqu'au folio 170; ils sont rédigés avec soin et le jour du prononcé est presque toujours indiqué, ce qui ne se voit que par exception dans les registres précédents. Tout porte à croire que nous possédons ici le texte même des arrêts. Au folio 171ᵉ, le dernier du volume, on lit plusieurs notes : « In libro inquestarum invenies, etc. In dicto libro inquestarum inveniés, etc. In presenti libro arrestorum invenies. » On voit par là que le troisième volume s'appelait le *livre des Arrêts* et que les *Enquêtes* remplissaient à elles seules un volume qui est le quatrième des *Olim* [1].

Les deux séries distinctes d'actes répondaient aux deux Chambres : celle des Enquêtes et la Grand'Chambre. En réalité, tous ces documents sont des jugements, car les registres ne contiennent pas les pièces des enquêtes, conservées à part dans des coffres et des malles. Jean de Montluçon résumait les sentences; Nicolas de Chartres donnait plus de détails, mais ses rédactions ressemblent encore à des analyses. Pierre de Bourges date les arrêts. Il ne les écourte pas; il les copie dans toute leur ampleur. Il indique le rapporteur. Dès le troisième et le quatrième volume, on peut donc considérer les *Olim* comme de véritables registres sur lesquels seront modelés tous les autres.

Est-ce à dire que les deux premiers ne sauraient être estimés comme tels et regardés comme officiels? Est-ce qu'il faudrait accepter les assertions légères de Voltaire et de Boucher d'Argis que le comte Beugnot a vainement tenté d'appuyer de raisonnements subtils, singulièrement contradictoires avec son admiration personnelle pour ces antiques monuments du droit français [2]? Le XIXᵉ siècle a eu si peur de paraître crédule qu'en toutes les questions une critique souvent excessive a parfois nié l'évidence et douté de la lumière. Mais des archivistes d'une autorité incon-

1. Beugnot, préface du tome II des *Olim*, p. LXXX.

2. Voltaire, *Hist. du Parlem. de Paris*, ch. XI; Meslé, dans son travail manuscrit, regarde le premier volume comme évidemment composé sur différents recueils. Boucher d'Argis pense « qu'on ne peut douter qu'ils devinrent, au moins dans leurs progrès, les registres authentiques du Parlement. » Raynal (discours à la Cour de Cassation, *Moniteur* du 4 nov. 1858) a suivi l'opinion du comte Beugnot qui, du reste, distingue entre le commencement et la fin des *Olim*. Pardessus s'est rangé également à son avis (*Ordonn.*, t. XXI, préface). — Voir Grün, p. XCI.

testée, Klimrath, Henri Lot, Grün, Boutaric et M. Léopold Delisle, ont entièrement débrouillé cette question et jugé ce procès de nos premiers recueils de procès[1].

1. *L'authenticité des Olim.* — Klimrath a soutenu l'authenticité des registres. Mais c'est surtout la thèse solide et lumineuse que H. Lot, dès sa sortie de l'École des chartes, avait écrite sur l'*authenticité des Olim* en 1858 et publiée en 1863, qui a décidé la question (*Essai sur l'authenticité et le caractère officiel des Olim* par H. Lot. Paris, Jules Gay, 1863). Grün, dans sa *Notice sur les Archives du Parlement*, a appuyé son travail sur celui de H. Lot.

Nous ne reproduirons pas ici ce débat tout spécial. Il nous suffira de rappeler les principaux arguments par lesquels H. Lot a réfuté les assertions du comte Beugnot, qui d'ailleurs, en réalité, n'a pas combattu d'une manière complète et méthodique le caractère officiel des Olim (tome Ier, préface, p. 78-84, et notes disséminées dans les tomes I, II, IV).

1° En ce qui concerne les irrégularités dans la rédaction, H. Lot établit que l'examen des autres registres du Parlement dénote des irrégularités semblables. « Au XIVe siècle non moins qu'au XIIIe, vous trouvez dans les collections du Parlement des arrêts, des jugés, longs, étendus, d'un développement minutieux, surabondant, tandis que d'autres sont mutilés, abrégés, concentrés sur eux-mêmes, ramassés en quelque sorte sur leurs points essentiels. » 2° De même pour les interversions. On les remarque dans la série du XIVe siècle. « Il n'est pas rare d'y rencontrer des actes de novembre et de décembre jetés en plein mois de mars, avril ou mai et réciproquement. Et, conformité frappante, dans les uns et les autres registres telle disposition d'un Parlement est rangée parmi celles d'une année précédente ou suivante, ou bien un *jugé* est inscrit à tort au registre des *arrêts* et réciproquement. Eh bien, le greffier s'est aperçu quelquefois de l'erreur, il la signale et marque le véritable endroit où il faut reporter par l'esprit la pièce déplacée. » 3° « Les lacunes qu'on remarque dans les *Olim* déparent également les registres qui suivent. » Grün, adoptant sur ce point, comme pour beaucoup d'autres, les conclusions de H. Lot, fait remarquer à ce propos que « ce dont le Parlement avait le plus besoin était le texte ou le résumé des actes habituellement utiles à la pratique judiciaire, et les *Olim* répondaient à ce besoin; dans le cas de lacunes, on pouvait toujours recourir aux rouleaux (Grün, p. CIII). 4° Quant aux notes personnelles, H. Lot, répond que plus tard le greffier les rejeta à la série du *Conseil* et qu'il était bien obligé de les mêler aux arrêts. Grün fait observer que le greffier ne disparaît pas sous le jurisconsulte; celui-ci a soin d'indiquer que ce qu'il va dire est une simple annotation et non un texte : *Nota quod* (*Olim*, t. I, p. 730; p. 1050.) En outre il est certain « que les Jugés sur enquêtes n'ont très souvent point d'intérêt scientifique non plus que beaucoup d'arresta. Peut-on voir là le choix libre d'un jurisconsulte qui n'a mission que de son zèle pour la science? — Un jurisconsulte aurait-il eu la pensée et le moyen de renvoyer aux pièces enfermées dans le sac de tel Parlement? Un pareil détail ne peut émaner que d'un greffier. N'est-ce pas aussi d'une source officielle et de là seulement que peuvent venir les renseignements sur ce qui s'est passé dans la délibération secrète, par exemple la détermination de renvoyer l'affaire au roi, les volontés exprimées par lui, la suspension d'un arrêt, sa non-prononciation aux parties, l'accord survenu, etc...... Il aurait été indifférent pour une visée scientifique, de savoir quels magistrats ont contribué à rendre un arrêt... Les détails personnels à l'auteur, quant à ses absences, à sa santé, ne seraient-ils pas des hors-d'œuvre presque ridicules dans un livre de droit? Ils sont tout naturels de la part d'un officier public qui éprouve le besoin d'expliquer les causes qui l'ont momentanément empêché de remplir sa fonction. » (Grün, p. CVI, p. CVII.)

5° Quant aux décisions étrangères intercalées dans les *Olim*, Klimrath a répondu (p. 65 et suiv.) « que si on y trouve des enquêtes expédiées aux Échiquiers, c'est qu'elles avaient été réunies aux Actes du Parlement comme ayant été expédiées par des maîtres de la cour du roi. »

6° Mais la plus grave objection faite contre l'authenticité des *Olim* c'est la persis-

Les objections du comte Beugnot contre l'authenticité des premiers volumes des *Olim* sont tirées des inégalités et de la liberté de la rédaction; elles montrent que nous avons de la peine à comprendre le moyen âge et que nous y voulons la même

tance du *record de cour* après l'établissement de ces registres. » Elle ne nous paraît pas cependant sans réplique. De même en effet qu'en droit, le *titre* étant la *cause immédiate* qui engendre l'obligation, les praticiens ont perdu de vue le sens métaphysique et abstrait pour appliquer l'expression à l'*acte écrit* qui constate le fait intellectuel; ainsi on conçoit que l'enregistrement des arrêts étant d'abord destiné uniquement à fournir des éléments de preuves, en préparant le souvenir des juges, il ait été bientôt pris pour la preuve elle-même, et qu'il ait supplanté le *record*. La chose ayant disparu, le nom, comme il arrive, continua à être usité. On dit : *Nous invoquons le record de la cour*, comme on aurait dit : *Nous en appelons au témoignage du registre tenu au greffe*. Il faut bien d'ailleurs admettre cette explication, ou avouer que le *record* et le *registre* sont deux formes d'un même ordre de preuves qui ne s'excluent nullement, puisque non seulement on trouve des exemples du *record* dans le premier *Olim*; mais qu'on voit encore invoquer le souvenir des juges dans le quatrième *Olim*, sous les années 1314 et 1316, et, beaucoup plus tard, dans la série des registres suivants. » (H. Lot, p. 36-38). Grün, disposant de plus de place dans sa Notice plus développée, a noté ces records de cour (1264, 1267, 1270, 1276, etc.), et à ses indications on pourrait en ajouter beaucoup d'autres. L'opinion de Lot est confirmée par ce fait que des *records* renvoient aux *Olim*. En 1268 (*Olim*, Beugnot, t. I, p, 729), renvoi à une enquête de 1266, t. I, p. 245: en 1269 (t. I, p. 771), renvoi à un arrêt de 1265 [v. st.], t. I, p. 228. Cas pareils en 1272 (p. 909), 1269 (p. 754), 1272 (p. 913); 1267 (p. 668), 1271 (p. 865).

Rien de plus fréquent dans les volumes de Pierre de Bourges que le renvoi fait par lui, pour trouver une décision, au livre des arrêts (*in libro Arrestorum*) (Grün, p. CI). M. Léopold Delisle a appuyé ces observations en faisant remarquer qu'au XIIIe siècle les tribunaux normands, tout en conservant l'usage du *record*, faisaient consigner leurs décisions sur des rôles ou des registres officiels. Le record et le registre se trouvent aussi l'un à côté de l'autre dans le droit des Chrétiens établis en Orient... (L. Delisle, préface de l'*Essai de restitution*, p. 305). M. Delisle insiste en rappelant que, dès le commencement du règne de Philippe le Bel, la Cour vise des jugements antérieurs dont elle avait le texte sous les yeux (1286, *Olim*, II, p. 257; 1294, *ibid.*, II, 372). La formule *viso judicio* revient souvent dans les arrêts de 1288 et des années suivantes (*Olim*, II, 280, 316, 331, 342, 376). Nicolas de Chartres refuse d'insérer une cédule relative à un Juif et ne s'y résigne qu'après avoir reçu un ordre formel (*Olim*, II, 218). D'autres fois il nomme les membres de la Cour qui lui ont demandé l'enregistrement d'actes judiciaires auxquels il était resté personnellement étranger (*Olim*, II, 411 et 259. L. Delisle, p. 305. Voir aussi pour des injonctions de la Cour au greffier, Grün, p. CVIII, CIX).

7° H. Lot, après avoir réfuté les objections présentées contre l'authenticité des *Olim*, énumère les preuves qui lui permettent d'affirmer cette authenticité : d'abord la succession des greffiers. « Comment en effet admettre que quatre personnes se soient transmis, sans interruption et sans lacune, des notes destinées à un usage tout particulier; qu'elles aient apporté tant de soin à marquer chacune leur travail propre, à se rattacher entre elles par des allusions indirectes ou des indications expresses, à rappeler leur origine et leurs œuvres, sans s'être proposé d'autre objet que de composer un recueil de jurisprudence? » (P. 50.) Les registres suivants ressemblent aux *Olim*; ils sont conçus sur le même plan et d'après les mêmes données. Les *Olim* comme les registres suivants sont des *livres* plutôt que des *registres*. Un registre est cousu et relié avant d'être employé. Ici au contraire ce sont des *cahiers* qui ont reçu l'écriture et qu'on a reliés ensuite, formant des livres. Tous les registres du XIVe siècle sont ainsi composés. Cet usage persistant d'écrire les arrêts sur des feuillets provient évidemment de la première idée conçue par Montluçon; il nous rappelle ses fameux *cahiers originaux* (p. 54-55). Lot, dans une note (n. 3 de la

raideur et régularité administrative que de nos jours. Oui, Jean de Montluçon a d'abord fait œuvre de jurisconsulte; il n'a primitivement eu en vue que l'utilité pratique de fournir un recueil de jurisprudence. Les maîtres de la Cour l'ont encouragé dans ce travail, s'ils ne le lui ont pas prescrit, mais le registre n'en demeurait pas moins officiel. Au fond, le débat tourne à l'honneur de Montluçon. C'est par zèle pour la science que le notaire a commencé ses registres : c'est le légiste qui a guidé et inspiré le greffier.

Le greffier n'en n'est pas moins fort tranquille en ce qui regarde les devoirs de sa charge. Les *rouleaux* sur lesquels était reporté le plumitif de l'audience constituaient les pièces authentiques qui faisaient foi. C'est sur ces rouleaux que Jean de Montluçon prenait ses analyses, non moins authentiques par conséquent. On procéda ainsi jusqu'à Pierre de Bourges, qui, au lieu de résumer, reproduisit textuellement les arrêts, rendant inutile le long rouleau de la session, qui fut supprimé. Néanmoins les *minutes* subsistèrent

p. 53) rappelle que les registres du Parlement n'ont jamais été tenus au courant. Au milieu du XVIIIe siècle on était en retard, dans la transcription, de douze années.

8° H. Lot enfin, après une foule de remarques de détail que nous sommes obligé d'omettre, cite un extrait des *Olim* expédié en 1520 par un des notaires du roi : « cet arrêt de 1276 a été pris dans le registre II *Olim.* » Ce registre II est donc officiel. Or, dans ce registre II un arrêt (1287) renvoie au livre de Jean de Montluçon, année 1259. Il affirme donc l'authenticité et le caractère officiel de ce premier registre.

M. Léopold Delisle a confirmé, par une étude plus détaillée et plus documentée, cette preuve tirée des expéditions postérieures d'actes des *Olim* telle que celle d'un acte de 1287 (*Olim*, I, 397), Arch. adm. de Reims, I, 922, note; d'un acte de 1267 (*Olim*, I, 684) : « *extrahi fecimus de registris Parlamentorum curie nostre judicium quoddam*, etc... » (Voir Textes édités par M. Delisle, Préface de l'*Essai*, p. 311-312). Plusieurs expéditions se présentent sous la forme d'un extrait littéral du registre du greffier, les articles transcrits sont précédés de formules qui ne laissent aucune incertitude sur le système employé par le notaire. En voici deux exemples qui se rapportent l'un et l'autre à des jugements de la Chandeleur 1291 (n. st.) : « Modo quo sequitur fuit in nostra curia per arrestum pronunciatum (*Essai de rest.*, n° 784). — Prolata fuerint per curiam nostram arresta quæ sequuntur in hæc verba (n° 787). — (Voir préface citée, p. 308).

Les archivistes éminents qui ont repris la thèse de H. Lot l'ont donc encore étayée de nouveaux arguments, et on peut aujourd'hui, sans crainte, répéter les conclusions de son Mémoire : « Oui, les registres *Olim* sont irréguliers, oui ils offrent des lacunes, des incohérences, des obscurités; oui, ils sont loin de l'idéal; mais, en ce qu'ils sont, ils sont authentiques, officiels. Ces irrégularités, ils s'en débarrasseront; ces obscurités, ils les dissiperont; cet idéal ils voudront l'atteindre, quand ils seront devenus les registres du XIVe siècle. En attendant, ils s'essayent, ils travaillent et progressent sur eux-mêmes. Ne leur refusons pas l'autorité et le titre qui leur sont dus, à cause des premiers tâtonnements inhérents à toute institution naissante. » (H. Lot, p. 78.)

concurremment avec les cahiers, et cela jusqu'au XVIe siècle. Quelques observations donc qu'on puisse faire sur les lacunes, les interversions de dates, d'ailleurs expliquées, les inégalités de rédaction des deux premiers registres *Olim*, ils n'en étaient pas moins, malgré leurs imperfections, considérés par le Parlement lui-même comme ses propres registres, émanant de lui. On a vainement prétendu que la persistance du *record de cour* excluait l'authenticité de registres officiels qu'on pût légalement consulter. Le record de Cour, ce vieil usage de la procédure orale, subsista en effet longtemps, comme tant d'autres, alors même qu'il ne paraissait plus nécessaire. Toutefois les *Olim* offrent bien des exemples de records de Cour qui ne sont autres que des renvois aux registres eux-mêmes. En 1287, le livre de Montluçon est cité en termes explicites. De plus, des expéditions d'actes ont été prises sur ces registres, et M. Léopold Delisle a bien mis en lumière cette preuve décisive. Enfin l'inventaire de Pierre de Bourges, en 1299, lorsqu'il entra en fonctions, atteste l'existence de livres officiels, œuvre des greffiers, mais propriété de la Cour. D'ailleurs ces premiers registres, le Parlement ne les considéra-t-il pas et les vénéra-t-il pas, de tout temps, comme des reliques?

Ce n'était pas, on s'en rendra compte en avançant dans cette étude, un faux sentiment d'orgueil qui poussait le Parlement, dans ses dernières années, à se reporter, lors de ses luttes contre le roi, à ces monuments reculés de sa puissance. La Cour trouvait dans la confusion même des actes de toute sorte que présentent les *Olim*, une preuve de sa compétence universelle. Les ministres de Louis XVI étaient embarrassés de répondre aux objections tirées de ces vieux registres qu'ils ne pouvaient consulter. On les conservait en effet si mystérieusement aux archives du Parlement qu'il fallut user de subterfuges et de trahison pour en obtenir une copie secrète (1777-1780). Cette copie, exécutée sous la direction de l'historiographe Moreau, avec la complicité du greffier en chef, est celle qui, plus tard retrouvée au ministère de la Justice, a servi de type à l'édition imprimée du comte Beugnot. Les rois non plus que le Parlement ne doutaient donc point de l'authenticité de ces volumes aujourd'hui précieusement conservés aux Archives nationales. Écrits sur vélin, en caractères du XIIIe et du XIVe siècle, les *Olim* forment quatre volumes petit in-folio. Une reliure moderne a remplacé les reliures anciennes détruites, l'une rouge, l'autre noire, l'autre verte[1]. On ne peut manier sans émotion ces feuillets jaunis par le temps, ils nous parlent, sans doute, de procès éteints depuis plus de six cents ans ; mais ils nous rendent comme présents nos ancêtres au moment où ceux-ci sortaient de la barbarie des guerres locales pour s'améliorer et vivre à la lumière de la justice.

Les *Olim* contiennent à la fois jugements sur *enquêtes*, jugements après *plaidoiries*, arrêts criminels, sentences civiles, puis des *mandements* c'est-à-dire des ordres d'information envoyés aux baillis et aux sénéchaux, enfin des *Ordonnances* et des *Lettres* du roi. En un mot, ils offrent, en abrégé, toutes les sortes d'actes dans leur confusion primitive. Ils sont la source commune de toutes les séries qui s'ouvrirent par la suite et de tous ces canaux dans lesquels on endigua le flot, croissant de siècle en siècle, des pièces de procédure.

1. Grün, dans sa Notice si complète, a minutieusement décrit ces registres : « Les quatre registres existants sont écrits sur vélin en caractères du treizième et du quatorzième siècle; leur format est petit in-folio; ils sont de hauteur et d'épaisseur inégales.... Le premier a cent quatre-vingt-dix-huit feuillets. On peut le diviser en deux parties quant au mode d'écriture. La première, à longues lignes, paraît appartenir à une même main; dans la seconde, les pages présentent deux colonnes et sont écrites de trois mains différentes. — Le second, d'un format plus grand, qui l'a fait qualifier, dès l'origine, *Liber magnus*, contient cent vingt et un feuillets. — Le troisième registre, plus petit que le précédent et de la même hauteur, mais beaucoup moins épais que le quatrième, compte cent soixante et onze feuillets. — Le quatrième a quatre cent douze feuillets, qui appartiennent à deux écritures... Les quatre registres sont aujourd'hui revêtus d'une reliure uniforme d'un blanc gris: ce n'est pas la couverture primitive; le second actuel est qualifié par Pierre de Bourges : « Liber magnus cum pilo rubro »; une copie du XVIIe siècle porte que le volume *Olim* de saint Louis est sous deux ais couverts d'ancienne basane verte. » (Chap. VI, p. LXIII.)

Édition des Olim. — La *cote* des registres *Olim* aux Archives nationales est X[1a] 1-4.

L'édition du comte Beugnot, rappelons-le, n'a pas été faite sur les documents originaux, mais sur une copie (*Documents inédits de l'Hist. de France*, 3 volumes en 4 tomes in-4°, 1839-1844).

Elle comprend : tome I, le premier registre des *Olim* (Jean de Montluçon) (1254-1273).

Tome II, le deuxième registre des *Olim* (Nicolas de Chartres) (1274-1298) et le troisième registre (livre des *Arrêts* de Pierre de Bourges).

Tome III (divisé, à cause de son étendue, en deux parties), le quatrième registre ou livre des *Enquêtes* de Pierre de Bourges (1299-1318).

VII. — Les registres dits des *Jugés*. — Les registres du *Conseil et des Plaidoiries*.

Le greffe (nous emploierons ce mot, bien qu'à cette date il ne fût pas encore en usage), reçut, comme le Parlement lui-même, une organisation plus complète sous Philippe le Long. Déjà, en 1312, Philippe le Bel avait commencé la série des *Registres criminels*. Philippe le Long, veut, en 1320, qu'il y ait un *Journal* pour la Chambre des Comptes et un autre pour les séances du Conseil du roi[1]. C'est la même année que commence la deuxième série des registres du Parlement qu'on connaît sous le titre de *Jugés*. En réalité les *Jugés* continuent les *Olim*.

Mais pourquoi, semblables par leur composition aux précédents, ces registres ont-ils été classés différemment? Grün a expliqué cette singularité en rappelant qu'on cessa, à cette époque, de fabriquer le long *rouleau* de chaque Parlement. La nouvelle série des *Jugés* remplaça ce rouleau. Les registres ne furent pas plus officiels qu'ils ne l'avaient été, mais, en dehors des *Minutes*, ils continrent seuls l'ensemble des transcriptions officielles.

Plus scientifique que celle d'*Olim*, la désignation de *Jugés* n'est pas rigoureusement exacte. On entendait alors par *Jugés* (*Judicata*), les arrêts rendus sur *enquête* dans les procès par écrit, et par *Arrêts*, les sentences prononcées après des débats oraux. Or la série des *Jugés* contient également des *Arrêts*, avec des *Lettres* et des *Ordonnances*[2]. Elle comprend (1319-1515) le

1. *Ordonnances*, t. I, p. 704, 733. — Une Ordonnance de Charles le Bel, du 25 mai 1325, reproche au prevôt de Paris de ne pas conserver avec soin les registres du Châtelet « quod tu, Preposite, penes te registra non servas. » (Grün, p. cxvii.)

2. La confusion subsiste. On compose indifféremment des volumes de *Lettres* et *Arrêts*, *Lettres Arrêts* et *Jugés*, quelquefois *Arrêts seuls*, *Jugés seuls*, *Lettres seules*, C'est à compter de l'année 1515 qu'il n'y a plus que des *Jugés* proprement dits. (Grün, p. cxxxii.)

Cotes des Archives X[1a] 5- 156, *Jugés, Lettres et Arrêts* (1319-1515).
— 157-1466, *Jugés* (1514-1779).
— 1467-1468, *Jugés* (1609-1618).
— 8602-8843, *Lettres patentes*, *Ordonnances* des rois de France et autres actes enregistrés ou transcrits dans les registres (1337-1785).

Voir du reste pour toutes ces indications, l'*Etat sommaire* par séries des *Documents conservés aux Archives nationales* et publié par le ministère de l'Instruction publique (Paris, 1891, in-4, Delagrave.)

nombre énorme de 1464 registres. A partir de 1515 elle continue, mieux ordonnée, car elle ne garde plus que les *Jugés* seuls[1].

Dès l'année 1334, cependant, sous Philippe de Valois avait été commencée une série spéciale des *Arresta* rendus sur *plaidoiries*; peut-être même est-elle plus ancienne et les volumes compris entre 1319 et 1334 sont-ils perdus. Les *Lettres*, encore mêlées aux Arrêts dans le registre de 1334, formèrent une série distincte en 1342 et les *Ordonnances* envoyées au Parlement, une autre, dès 1337[2]. Distinction mal observée toutefois, puisque, comme nous l'avons dit, les registres des *Jugés* sont encore, jusqu'en 1515, l'image de l'ancienne confusion et qu'au moyen âge on ne saurait constater de progrès sans restriction.

Charles V ayant, après les troubles du règne de son père, rétabli le Parlement en son autorité, les registres reçurent une nouvelle amélioration. En 1364 s'ouvrirent les séries fameuses du *Conseil* et des *Plaidoiries*. La célèbre Ordonnance de 1356 (1357), rendue d'après les injonctions des États-Généraux[3], avait traduit en précepte ce qui sans doute existait déjà dans l'usage. Elle visait l'institution de deux Chambres, l'une pour conseiller, l'autre pour plaider. Non pas qu'il y eût des magistrats différents pour le conseil et pour les audiences publiques, mais, comme cela se pratique encore de nos jours, les mêmes magistrats qui avaient

1. Les *Jugés*. — Grün explique nettement pourquoi les Jugés formèrent une série distincte des *Olim*. Cela tient à un changement introduit au greffe. « Si on lit les derniers arrêts des *Olim* et les premiers des *Jugés et Arrêts* on ne trouve entre eux aucune différence essentielle dans le mode de rédaction. A la fin de l'exercice de Pierre de Bourges, les extraits ou résumés deviennent rares, et la plupart des décisions sont rapportées *in extenso*, avec leur forme authentique; quand l'écrivain, au lieu de transcrire, analyse, il prend souvent la précaution de renvoyer, pour le texte de l'acte, au rouleau du Parlement *uti continetur in rotulo hujus Parlamenti*. Cette formule se rencontre fréquemment. On ne la trouve plus jamais dans les registres des *Jugés*, et elle ne se présente ultérieurement nulle part. Qu'en faut-il conclure? C'est que l'on avait cessé d'inscrire ou de réunir les arrêts d'un même Parlement en un grand rouleau, et qu'à cet usage incommode on substitua définitivement la transcription des décisions snr des registres aussi en parchemin, ce qui rendait le rouleau tout à fait inutile. La différence entre les *Olim* et les registres civils postérieurs se préciserait donc dans les termes suivants : « Les *Olim* contiennent le texte ou le résumé des décisions portées sur le grand rouleau de chaque Parlement; les registres suivants contiennent des actes de même nature du Parlement et remplacent l'ancien rouleau. » (Grün, p. CXVIII, XIX.)

2. Grün, p. CXXXVI, CXXXVII.

3. « ... Et que tous les jours ou au moins une fois la semaine arrests soient faicts et rendus, mainz ad ce que (jusqu'à ce que) les dits procès soient tous délivrez; et fassent deux Chambres, l'une pour conseillier, l'autre pour plaidier. » (Ord. de mars 1356 [1357]; *Ord.*, t. III, p. 121, et suiv.)

entendu les plaidoiries, se réunissaient en *Chambre du Conseil* pour examiner et conclure l'affaire. A cette règle, si sage qu'elle a traversé les siècles, correspondit naturellement l'ouverture d'une série de registres qui nous introduisent d'une façon plus intime dans la vie quotidienne du Parlement. Les registres des *Arresta* sont maintenus, mais, grâce aux nouveaux cahiers, nous voyons, nous entendons, pour ainsi dire, les juges délibérer dans le Conseil, les avocats plaider à l'audience. En 1395, les cahiers du *Conseil* de plusieurs années furent rapprochés les uns des autres comme ceux des *Plaidoiries*, et les deux séries devinrent complètement distinctes[1]. Ces registres, si importants, n'ont pas encore été assez mis à profit par les historiens du droit français.

Longtemps il n'y eut au Parlement que les audiences du matin. Mais les magistrats, débordés par les affaires, durent revenir après midi. On plaidait le matin. On plaida encore après dîner. Le greffier fit des registres particuliers pour ces différentes audiences et ouvrit en 1372 la série des *Après-dîners* (ou *Après-Dînées*) ; celle des *Matinées seules* en 1395.

Les résumés de plaidoyers demandaient une science véritable. Le greffier semble s'y être complu, moins pourtant que dans la besogne du *Conseil*, où il avait à noter les noms des Présidents et des Conseillers présents, les absences et leurs motifs, les élections et les débats qui en résultaient, les rivalités, les difficultés relatives au payement des gages, les cérémonies diverses, en un mot la vie parlementaire.

Le greffier s'amuse, bien avant qu'il se nomme Nicolas de Baye, des incidents qui ont pipué sa curiosité, ou nous fait part de ses émotions. En 1372, il signale le retour de Du Guesclin qui rentrait après avoir conquis le Poitou, la Saintonge, la Rochelle[2]. Pour ne

1. *Cotes des Archives*, X¹ᵃ 1469-1477, *Conseil et Plaidoiries* réunies (1364-1394).
— 1472-4779, *Conseil* (1400-1776).
— 4780-4783, *Conseil* (1546-1617).
— 4784-5033, *Plaidoiries* (Matinées [1395-1571]).
— 5034-8282, *Plaidoiries* (*Ibid.* [1571-1774]).
— 8283-8287, *Plaidoiries* (*Ibid.* [1575-1618]).
— 8300-8386, *Plaidoiries* (Après-dîners [1372-1570]).

2. *Journal des Événements.* — « Ce jour retournèrent de la conqueste de Poictou, Xintonge, Angoulesme et la Rochelle et entrèrent à Paris Nosseigneurs les ducs de Berry, Bourgongne et Bourbon et plusieurs autres barons et seigneurs et leur compagnie et aussy le connestable de France (Du Guesclin) et lors Pierret Danu-

pas être écrit en style pompeux, ce simple bulletin d'une grande victoire montre bien, dès cette époque, le patriotisme français. En ce temps de foi monarchique, le greffier enregistre surtout les naissances et les décès des princes[1], relate, en termes concis et en style officiel, les obsèques de la reine de France (1378)[2], la mort de Charles V (1380)[3], il mentionne celle du pape Grégoire XI (1378), qui succomba à une maladie de gravelle[4]. Non plus réservé que certains reporters de nos jours, il se hâtait trop quelquefois de consigner une nouvelle telle que celle de la mort d'un seigneur Galéas. Il la rectifie ensuite : « J'ai depuis ouï dire que le dit Messire Galéas n'était pas mort et depuis qu'il l'était en vérité ; si en croyez ce que vous voudrez[5]. » Nicolas de Baye multiplia, développa ces notes; quelques-uns de ses récits saisissants, colorés, ont naturellement forcé l'attention, si bien qu'on lui a attribué l'honneur d'avoir commencé un journal qu'il ne fit que continuer et rendre plus intéressant[6].

villier escuyer amena le captal de Buch, messire Guillaume de Percy et le sire de Mareuil et autres prisonniers gascons et anglais, le dit Pierre avoit pris en bataille le dit captal.... » Reg. du Parlem., collect. Sainte-Genev., Ff 17, t. I, f° 66, samedi 11 déc. 1372.

1. Naissance de Louis de France, fils de Charles V (*Journal des Événements*, Ff 17, t. I, f° 55, 12 mars 1371 [1372]).

2. Mort et obsèques de Jeanne de Bourbon, reine de France. « Elle fut portée moult solennellement sur un lict couvert d'un beau ciel et en la manière accoustumée de l'hostel royal de St-Pol à l'église Notre-Dame de Paris où furent faites ses obsèques moult hautement en la présence de plusieurs prélats, seigneurs et dames de grand parage, et là demoura toute nuict jusques au lendemain à heure de midy que les obsèques furent faites, après ce fut portée à Saint-Denis, très pareillement furent faites ses obsèques, c'est à sçavoir vigilles le lundy après disner et le mardy en suivant la messe et le service, et puis fut mise au tombeau par la manière qu'il est accoustumée de faire des reines de France et est à sçavoir que en conduisant le corps de St-Pol à Notre-Dame et de Notre-Dame à Sainct-Denys les présidents du Parlement estoient aux cornes du lict et les autres seigneurs de Parlement environ le lict et au plus près qu'ils pouvoient bonnement. » (*Ibid.*, f° 77, 6 février, 14 février 1377 [1378].)

3. Aux obsèques du roi (24 septembre) les présidents du Parlement portaient « les quatre cornes du poesle qui estoit sur le corps et les autres seigneurs estoient aux ailes. » 16 sept. 1380. Collect. Sainte-Genev., Ff 17, t. I, f° 85.

4. *Ibid.*, Ff 13, t. I, f° 287, 21 avril 1378.

5. *Ibid.*, f° 287, 26 avril 1378.

6. « Nous signalerons tout particulièrement à l'attention, dit M. Tuetey, le récit du conflit de Charles de Savoisy avec les suppôts de l'Université, en 1403; de la tentative d'enlèvement du dauphin, en 1405; du meurtre du duc d'Orléans en 1407; de l'exécution de Jean de Montaigu en 1409, de Pierre des Essarts en 1413; des événements politiques de 1410 et 1411; de la révolution cabochienne, en 1413; des négociations qui précédèrent le traité de Pontoise; de la prise d'armes de Jean sans Peur, en 1414; de la mort du duc de Guyenne en 1415; de la réception de l'empereur Sigismond et de la condamnation du chanoine Nicolas d'Orgemont, en 1416...

« .... Du reste ce n'est pas seulement dans les registres de la Cour que Nicolas

« Une singularité curieuse, dit Grün, distingue plusieurs anciens registres du Conseil : je veux parler des dessins à la plume tracés en marge; ce sont tantôt des têtes burlesques, tantôt des figures qui semblent pouvoir être des portraits. Ces illustrations, comme on dit aujourd'hui, sont surtout assez fréquentes pendant la première moitié du xve siècle. Ainsi, en marge d'un arrêt de 1402 relatif à un huissier de la Cour, on voit un bras et une main tenant une vergo d'huissier; le 16 juin 1406 un soleil remplit la marge du récit d'une éclipse; en 1407, une épée nue à côté de la mention du meurtre du duc d'Orléans; une fleur de lis, près de la mention de la paix entre le duc de Bourgogne et le duc d'Orléans en 1408; un moulin à vent et un cierge allumé à côté d'un arrêt qui condamne des meuniers à une amende honorable; en 1420, une pelle en marge d'un arrêt sur les boulangers de Paris; une couronne royale près de la mention de la mort du roi d'Angleterre Henri V, régent du royaume de France, 29 août 1422; un château à trois tours en face de la mention des lettres du duc de Bedfort annonçant la reddition de la ville et du château du Crotoy, 3 mars 1423; l'image d'une femme armée et portant une bannière à côté du récit de la levée du siège d'Orléans, où il est question de Jeanne d'Arc, griffonnage de fantaisie où quelques personnes ont cru voir un portrait de la Pucelle, 10 mai 1429; une tête de femme en marge de la prise de Jeanne d'Arc devant Compiègne, 25 mai 1430; une grande croix en haut de la page où est racontée l'entrée des gens d'armes de Charles VII à Paris, avril 1436 (v. st.); une forteresse en face du récit de l'assaut et de la prise de Montereau par le roi, 1437, etc. Ces représentations sont en général d'une autre encre que le texte et elles dénotent le goût plus que le talent du dessin[1]. »

Si les greffiers n'étaient guère dessinateurs et s'ils n'étaient que des chroniqueurs intermittents, leur qualité de clercs se révélait,

de Baye a consigné ses impressions : on possède, à la Bibliothèque nationale, dans la collection Dupuy, une sorte de journal écrit en latin qui vient compléter très heureusement les notes insérées au Conseil et aux Matinées; dans ce journal intime il est encore plus explicite et dit sans ambage sa façon de penser, quoique son Mémorial du Parlement se distingue déjà par une liberté de langage et une franchise d'allures tout à fait remarquables.... » (Tuetey, Notice biographique, t. II, p. xviii.)

1. Grün, Notice, chap. xii, p. clxii.

à chaque session du Parlement, par l'invocation religieuse qui ouvre toujours leur rédaction. Il n'y a rien d'étonnant à ce que des prêtres aient, comme on le faisait alors pour toutes les besognes, invoqué le nom de Dieu. Sous leur plume arrive facilement une phrase courante qu'ils répètent et développent : *In nomine illius per quem Reges regnant et potentes scribunt justitiam*[1]. C'est la phrase familière aux gens d'Église, dont Bossuet, au moment où il composait l'oraison funèbre d'Henriette de France, reine d'Angleterre, s'inspira pour commencer son sublime exorde : « Celui qui règne dans les cieux et de qui relèvent tous les empires.... » Les greffiers du Parlement ne savaient pas tirer ainsi parti de maximes qu'ils reproduisent sèchement en les accompagnant de variations plus ou moins brèves sur la justice. Ils ne nous en apparaissent pas moins pénétrés de la grandeur de l'œuvre à laquelle, humbles copistes, ils collaboraient. Ces invocations pieuses se continuent jusqu'à la fin du xve siècle. Elles cadrent, de la façon la plus naturelle, avec le caractère profondément religieux d'un tribunal moitié ecclésiastique et moitié laïque. Jusque sur les registres l'Église a laissé sa marque.

La collection des registres du Parlement.

Les séries des registres du Parlement demeurèrent jusqu'à la fin constituées ainsi que nous venons de le dire : *Registres civils du Conseil et des Plaidoiries*; *Matinées et Après-Dîners*. Il serait long et fastidieux de reproduire ici les détails abondants que l'éminent archiviste Grün a fournis sur toutes ces séries : sur celles des *Anciens registres du Greffe*[2], des

1. Cette formule, la plus courte, reste la même jusqu'en 1391. Alors commence l'exercice du greffier Willequin, qui mit en tête de son premier registre du Conseil : « Invocato nomine magni consiliarii cujus consilia manent in æternum, Domini nostri Jesu Christi. » Il changea et développa chaque année les formules d'invocation; son exemple fut suivi par le savant Nicolas de Baye (1400-1416). Le dernier emploi des invocations religieuses dans les registres du Conseil se trouve à l'année 1491. (Grün, p. CLIV.)

2. *Cote des Archives*, X^{1a} 8844-8851 (1319-1648).

Registres du Greffe. — Les Registres du Greffe sont très anciens et peu connus; ils ont été analysés par M. de Meslé (fort manuscrit in-folio. Archives, fonds Joly de Fleury, U, 1041).

« En 1319, il se trouvait, dans les séries de registres alors existants, quelques enregistrements d'Ordonnances ou autres actes royaux, plusieurs catégories d'actes

Lettres [1], des *Ordonnances* [2]. La série des *Registres criminels* commence en 1312, contemporaine par conséquent des *Olim* [3].

qui occupaient le Parlement et dont un petit nombre avaient été inscrits dans les *Olim*. Ils s'accomplissaient hors de l'audience, en Conseil, et très souvent constituaient des arrêts. La mention de ces actes forme l'objet principal des registres dont il s'agit ici. Ils sont écrits sur parchemin, avec soin, d'après des minutes ou des notes qui n'existent plus. Les trois derniers ne consistent qu'en tables d'accords, d'actes de procédure et décrets d'adjudication. Jusqu'en 1575 ils sont rédigés en latin, mais ils renferment un assez grand nombre d'actes, tels que Lettres du Roi, rédigées en français... »

La partie la plus importante et la plus variée de ces registres est celle des *Status*. « Cette appellation de *Status*, vient probablement des lettres d'État qui y sont relatées en grand nombre. Les actes qu'ils renferment émanent soit du roi, soit du Parlement; il s'en rencontre, en quantité considérable, qui offrent beaucoup d'importance pour l'histoire générale, pour celle des familles, des institutions civiles et religieuses, des villes et du Parlement... Les plus nombreux sont les *Lettres d'État* par lesquelles le roi ordonne qu'une cause, une poursuite ne commence ou ne se reprenne qu'à telle époque ou soit provisoirement suspendue; l'affaire est alors continuée in *statu*, c'est-à-dire dans l'état où elle se trouve actuellement... Ces lettres offrent un grand intérêt pour les familles quand elles sont motivées sur les services rendus au roi dans les guerres... On trouve encore dans les *Status* des lettres de grâce pour des personnages élevés comme pour des hommes obscurs... des lettres de nomination de présidents et conseillers au Parlement... des lettres relatives à la juridiction et à la compétence du Parlement... » (Grün, Notice, chap. IX, p. CXXIII et suiv.)

1. *Lettres*. — Sous ce nom on comprend les lettres de rémission, des mandements d'exécution, des accords et permis d'accords, continuations des causes, commissions émanées du Parlement. Il y a une certaine analogie entre cette série et celle des anciens registres du Greffe. « Impossible d'apercevoir les règles d'après lesquelles l'inscription s'opérait, pour des actes de même nature, tantôt dans les anciens registres, tantôt dans ceux des *Lettres*, *Arrêts* et *Jugés*; peut-être les choses ne se faisaient-elles pas, à ces époques reculées, avec l'ordre qu'on aime à supposer; peut-être aussi y avait-il là quelque pratique de greffe dont le temps a emporté le secret... La série des *Lettres* finit avec l'année 1490.... » (Grün, chap. X, p. CXXXV.)

2. *Ordonnances* (1337 à 1790). — Ce sont les Ordonnances envoyées au Parlement pour être enregistrées. Dans le principe elles étaient confondues avec les *Arrêts*. La Cour ne tarda pas à sentir le besoin d'y consacrer une série régulière de registres. « Il est difficile de déterminer l'époque à laquelle fut introduite cette manière de procéder, et voici pourquoi. Le commencement du premier registre est composé, pour une part, d'actes rassemblés sans ordre, de dates fort différentes et puisés à diverses sources; on est naturellement amené à penser qu'en commençant la nouvelle collection, le Parlement aura voulu réunir les actes ayant un caractère réglementaire qu'il conservait dans son greffe. L'ordre régulier ne se suit que vers 1350. Le premier registre s'arrête à l'année 1415. Le deuxième mélange les actes du roi français et du roi anglais : il va jusqu'en 1427; le troisième va de 1418 à 1436 (la durée du Parlement de Poitiers...). La collection, outre les Ordonnances, édits, déclarations, lettres-patentes des rois, contient un grand nombre d'autres pièces, telles que traités de paix, contrats de mariage, d'échange, vente, concession, aliénation de portions de domaines ou réunion d'icelles aux dits domaines, fondations d'ordres religieux, bulles des papes, provisions d'officiers des cours souveraines, juridictions royales, gouverneurs, lieutenants-généraux de provinces et autres... » (Grün, p. CLX, CLXI).

3. *Registres criminels*. — Quoique les registres criminels ne commencent qu'en 1312, on s'est demandé si on n'en tenait pas déjà de séparés. On appuie cette induction sur les mantions faites par Pierre de Bourges en 1306 et 1312 de la remise d'une enquête criminelle à Jean du Temple, qu'on peut supposer avoir été, de ce

Elle forme *neuf cents* volumes[1], tableau véridique de l'immoralité que nous nous attachons trop peut-être à prendre pour la peinture des siècles passés, comme s'il fallait juger d'une société par les vices et les folies d'un petit nombre et non par les vertus obscures de tout un peuple. Les premiers registres, très confus et irréguliers[2], traduisent la lenteur avec laquelle s'introduisit dans le greffe une rigoureuse méthode. Le greffier *Malicorne* commence à avoir plus d'ordre, comme l'atteste le cinquième registre. Puis, en 1345, surtout en 1352, on distingue les *Arrêts* des *Lettres*. A partir de 1375 s'introduisit la division déjà établie pour les registres civils, du *Conseil* et des *Plaidoiries*. C'est *Jean* de *Cessières* qui a donné alors un soin particulier à la tenue des registres criminels et les plaidoiries furent analysées tant qu'il y eut à la Tournelle des plaidoyers et des avocats, c'est-à-dire jusqu'au milieu du XVIe siècle, puisque, comme nous aurons plus d'une fois à l'observer, les siècles, dans leur marche, n'ont pas toujours apporté le progrès, bien au contraire.

En 1401, Nicolas de Baye fit faire, nous l'avons dit, un comptoir à clef pour renfermer les registres secrets de la Cour[3]. Ces

temps, notaire pour le criminel, puisqu'on le voit tenir le premier registre de cette série : « Reddidi inquestam, quia sanguinis est; inquesta reddita fuit magistro de Templo, quia sanguinis est. » D'autres mentions des mêmes inventaires peuvent faire présumer aussi l'existence d'un greffe criminel; par exemple en 1306 : « Inquesta expedita ad finem civilem; ad finem civilem videatur; » en 1308 : « Precepit curia quod ad finem civilem videatur, » en 1309 : « Videbitur ad finem civilem, » en 1311 : « Informatio facta per curiam... mihi tradita per magistrum Johannem de Templo... » Mais, de ce qu'un officier spécial était chargé, depuis quelques années, de la garde des enquêtes et procédures criminelles, il n'en résulte pas que ces affaires fussent déjà consignées dans des registres particuliers. On doit plutôt croire le contraire, quand on voit la quantité d'arrêts criminels recueillis dans les *Olim*, parmi lesquels se trouvent même des mentions de jugements à mort comme celui qui est rappelé à la fin du Parlement de la Toussaint, 1291. » (Grün, chap. XXIV, p. CCXXII.)

1. *Cote des Archives*, X2a, 1-898 (1312-1784).

2. « Pour les premiers registres, ceux de 1312, 1313, 1314, les arrêts proprement dits sont très rares et intervertis dans leurs dates; on y trouve, en plus grand nombre, des mandements en forme, des continuations de causes et renouvellements de commissions, ce qui constitue, au civil, la série des *Lettres*; les mandements, pour le Parlement de 1316, sont nombreux et rangés par bailliages. (Grün, chap. XXIV, p. CCXXIV.)

3. ...« A Jean Morille huchier... pour un comptoir de V pieds de long, deux pieds et demi de lé et III piez de hault, enfoncé de bois d'Illande a III fons et unes aulmoins au milieu a deux guiches fermans d'un coste et d'autre avec les serreures et ferreures du dit comptoir..... pour la Chambre de maistre Nicolas de Baye, greffier civil du dit Parlement, par l'ordonnance et commandement de la Cour du

registres ne nous sont pas parvenus. La collection qu'on appelle aujourd'hui le *Conseil secret* n'a été commencée qu'en 1636.

Un registre bien intéressant, mais qui ne va que de la fin du XIVe au milieu du XVe siècle, celui des *présentations de testaments* et *exécutions testamentaires*, a fourni à un sagace archiviste, M. Tuetey, la matière d'une précieuse publication dont nous nous sommes plus d'une fois servi pour pénétrer dans l'intimité des personnages de ce temps.

Quoique le Parlement, nous le prouverons plus loin, se préoccupe, dès le XIIIe siècle, de réformer les Coutumes, le premier registre des *réformations* et *rédactions de Coutumes* ne date que de 1493. Si l'on voulait d'ailleurs énumérer toutes les Collections des registres accumulés aux Archives nationales, il faudrait recopier ici tout le travail d'analyse exacte et sûre que Grün a fait de ces séries relatives aux *Saisies réelles*, aux *Oppositions*, aux *Enchères*, aux *Baux*, aux *Lettres des rois de France*. Une Chambre, dite du *Domaine* (1543), devint (1548) la quatrième *Chambre des Enquêtes* et eut ses registres. Il y a des volumes pour les *Oppositions* sur les biens acquis par le roi (1693-1790), pour les *Inventaires des biens des princes du sang* (1720-1786), etc.[1]. C'est quasi un fonds

dit Parlement, pour ou dit comptoir mettre et garder les livres et registres du secret de la dite Cour et autres choses, par quittance du dit huchier donnée le XXIIe jour du dit mois d'avril CCCCI » (v. st.). Archiv. sect. histor., KK. 336, 62.

1. *Les séries postérieures de Registres.* — Grün a consacré le chapitre XIV de sa Notice aux Registres d'*Enregistrement des saisies réelles*, aux Registres et minutes d'*Oppositions*: aux Registres et minutes d'*enchères*; aux *Procès-verbaux* de *baux judiciaires*; aux *Comptes des produits*; aux *Rouleaux d'adjudication*.

Le chapitre XV décrit la série du *Conseil secret* (1636-1790); le chapitre XVI celle des *Mercuriales* (commençant au XVIIe siècle); des *Articles présentés par les procureurs généraux*, et leurs *conclusions* (1611-1790), des *Procès-verbaux de commissaires*; des *Instructions* (1669-1790).

Le chapitre XVII est consacré à des séries très diverses : *Lettres des rois de France* au Parlement (1376-1596), et *Lettres du Parlement aux Rois* (1452-1522); *Exécutions tesmentaires*, *présentation et textes de testaments* (1394-1450); *Amendes* (1399-1477); *Réformation et rédaction de Coutumes* (1481-1745); *Chambre du Domaine* (1543-1548); *Actes et Mémoires du Parlement durant la Ligue* (1588-1594); registres *d'Oppositions aux acquisitions faites par le Roi* (1693-1790); *Inventaires* dressés par des commissaires du Parlement après décès des princes et princesses du sang (1720-1786); Registres de la *première et grand'Chambre des Enquêtes* (1753-1767).

Le chapitre XXI a trait aux *Grands Jours* de *Troyes*, de *Poitiers*, de *Bordeaux*, de *Clermont*, de *Moulins*, de *Tours*, de *Riom*, etc., tenus à diverses époques (1367-1666). Le chapitre XXII est consacré au *Parlement de Poitiers* (1418-1436), aux *Parlements de Tours* (1589-1594) et de *Châlons* (1589-1594); le chapitre XXIII aux juridictions qui remplacèrent momentanément le Parlement de Paris (Chambre du Louvre, 1753; Conseils supérieurs, 1771).

Dans le chapitre XXIV, Grün analyse avec soin les séries du *criminel* (1312-1790). Le

inépuisable de documents variés que celui des archives du Parlement : c'était le grand réservoir de toutes les pièces authentiques, puisque ce tribunal suprême était le principal organe du gouvernement royal. Tout venait en quelque sorte s'engloutir en son greffe. Tout en ressort aujourd'hui pour la justification de ces magistrats, patients et savants ouvriers qui ont réglé la société française.

Les Registres du Parlement permettent de suivre les progrès de la langue aussi bien que ceux de la nation. Les *Olim*, les *Jugés*, les *Arrêts criminels* sont rédigés en *latin*, langue de la justice en même temps que de la religion et de la science [1]. Mais le *français*, au XIIIe siècle, brillait déjà dans les œuvres des prosateurs et des poètes : il s'assouplissait au droit dans les Coutumiers. Il envahit le Palais. D'ailleurs ne fallait-il pas, dans les enquêtes, enregistrer en français les dépositions des témoins, et pouvait-on s'assujettir au difficile travail de traduire en latin le langage naïf et incorrect de tant d'illettrés? On conserva, dans leur forme originale, les actes émanés du roi et des particuliers, les listes des magistrats, les Ordonnances de chaque Parlement et on eut un singulier mélange du latin et du français. Puis, lorsqu'on arriva à établir les séries du *Conseil* et des *Plaidoiries*, le français l'emporta. Le moyen de traduire en latin ces longues et diffuses harangues [2]? Le latin resta seulement la langue des Arrêts jusqu'à l'Ordonnance de 1539 qui fit de la langue française la langue judiciaire.

Deux incendies terribles dévastèrent le Palais, en 1618, en 1776. Ravageant les archives du Parlement, ils amenèrent : 1° la perte de toutes les *Minutes* jusqu'au XVIe siècle; 2° la destruction en 1776 d'un grand nombre des *Minutes* des registres du Palais. Les Registres furent épargnés. Les lacunes qu'on y regrette sont dues

chapitre XXV a trait aux *Minutes et Registres des Requêtes du Palais*, aux *Saisies réelles* et *criées* (1560-1712); aux *Oppositions* et *Enchères*; aux *Baux judiciaires*, aux *Décrets* et *Adjudications*.

1. *Langue des registres*. — Grün, dans une note, cite pourtant « des exemples très anciens de textes d'arrêts rédigés en français. Tel est l'arrêt de 1279 entre les teinturiers et tisserands de Paris, inséré dans les *Olim*; celui du 4 juillet 1322, recueilli dans les *Jugés* à cette date. C'était une exception. » (Grün, p. XXIV.)

2. Les registres du *Conseil*, des *Plaidoiries*, des *Matinées*, des *Après-Dîners*, dont la série commence en 1364, sont tous en français. Jusqu'en 1539 on ne trouve le latin que dans la série des *Lettres*, *Jugés* et *Arrêts*, dans une partie des *Registres criminels*, des *Ordonnances* et des anciens registres du *Greffe* (*Ibid.*).

à l'orgueil de Louis XIV, qui, en 1668, fit déchirer les volumes des arrêts du Parlement de la Fronde, comme si, à une époque où l'imprimerie existait, on pouvait supprimer l'histoire! Le temps, l'humidité, le vol ont en outre abîmé bien des registres [1] et causé des lacunes partielles que Grün a soigneusement relevées. En réalité, sauf ces réserves, nous possédons l'ensemble des décisions du Parlement de 1254 à 1790.

L'Assemblée Constituante, après la suppression du Parlement, avait ordonné (7 sept. 1790) de mettre les scellés sur les portes des salles, greffes, archives et autres dépôts de papiers. La municipalité de Paris en recevait la garde [2]. En 1791, lorsque le nouvel ordre judiciaire eut été établi, *Terrasse* fut chargé, en qualité de greffier, de dresser un inventaire des anciens dépôts. Une loi du 7 Messidor an II (20 juin 1794) ayant décidé la création d'Archives nationales, un bureau de triage des titres commença à fonctionner : il fut régularisé sous le Directoire (5 floréal an IV, 24 avril 1796) et placé sous l'autorité de *Camus*, l'archiviste de la République. Terrasse continua ses classements jusque sous l'Empire.

Quand les Archives furent transférées à l'hôtel Soubise (1808), on n'y transporta point d'abord les collections du Parlement : la section judiciaire resta au Palais de Justice. Mais d'importants

1. *État matériel des registres.* — La plus ancienne reliure des registres du Parlement a été la basane de diverses couleurs; l'inventaire dressé par Pierre de Bourges des registres qu'il reçut de son prédécesseur en signale ainsi trois : *liber magnus cum pilo rubro, liber alius magnus cum pilo nigro, liber qui dicitur vayron.* Le premier registre des Ordonnances cite le petit livre blanc, *in parvo libro albo.* La plupart de ceux qui existent aujourd'hui ont dû être reliés à neuf... Toutefois, quelques registres, d'une couleur brune, présentent, par leurs aspects et le style de leurs fers, le caractère des reliures du xve siècle. La basane, verte, violette, blanche, paraît avoir été la matière adoptée pour la couverture des registres des grandes séries... Les registres reliés en basane sont fermés au moyen de lanières en basane de la même couleur; ceux qui sont reliés en parchemin ont des fermoirs en tresse de toile.... » (Grün, p. XXVII.)

« A l'intérieur, les détériorations proviennent principalement du temps qui efface l'écriture et de l'humidité qui ronge le parchemin. Dans plusieurs registres, par exemple au commencement des *Olim*, on a fait revivre l'écriture par l'emploi de liquides qui ont l'inconvénient de former sur le parchemin de larges taches brunes : on n'a recours maintenant à ce moyen qu'à la dernière extrémité. Quelques registres des *Jugés*, du *Conseil*, du *Criminel*, remontant aux XIVe, XVe et XVIe siècles, ont été exposés, pendant leur long séjour au Palais de Justice, à recevoir les eaux pluviales, ou s'appuyaient sur des tablettes où elles avaient séjourné. Depuis qu'ils sont placés dans un lieu sec, le dégât de l'humidité s'est arrêté.... » (P. XXXII.)

2. *Les Registres du Parlement aux Archives.* — Voir Grün, Notice, chapitre Ier, où est relaté avec beaucoup de détails l'historique du dépôt des registres du Parlement, de leur translation aux Archives.

travaux d'agrandissement ayant été exécutés à l'hôtel Soubise sous le règne de Louis-Philippe, les documents judiciaires y furent heureusement transportés (1848). Cette mesure les sauva, car l'incendie d'une partie du Palais et de la préfecture de Police, en 1871, qui fit périr encore tant de précieux documents, aurait pu anéantir la collection du Parlement. Entre les mains d'une armée d'archivistes aussi savants que zélés, cette collection a été admirablement classée, étiquetée, étudiée.

« Lorsque les Archives du Parlement, dit le comte de Laborde dans sa brillante *Préface* de l'*Inventaire des Actes du Parlement de Paris*, furent apportées, en 1847, à l'hôtel Soubise, on numérota les registres sous la cote X, et le dernier registre reçut le numéro 10 180. Cet état de choses n'a pas varié, mais dans le travail de l'inventaire on devra ajouter à cette série la valeur d'environ 120 registres représentés par des liasses de minutes qui n'ont point été transcrites, plus 2500 rouleaux qui, à 300 par registres, sont l'équivalent d'une addition d'environ 83 registres, soit 10,383 registres, et en chiffres ronds, faisant la part d'additions assez considérables fournies par les minutes qui contiennent des renseignements omis par le greffier et bons à recueillir, nous arrivons au chiffre de 10 500 registres contenant en moyenne, les premiers plus, les derniers moins, 500 actes, ce qui compose un ensemble de 5 260 000 actes à analyser [1]. »

1. Cte de Laborde, *Préface de l'Inventaire des Actes du Parlement* (p. CVI, CVII). Il est bien regrettable que la belle publication commencée sous la direction du comte de Laborde n'ait pas été continuée. Sans doute la tâche et la dépense ont effrayé les administrations qui se sont succédé depuis cette époque. M. de Laborde lui-même calculait que chaque volume d'inventaires donnant place, dans ses 800 pages à deux colonnes, à un peu plus de douze analyses par page, soit 10 000 actes par volume, la collection aurait 525 volumes. Sans doute il en eût été ainsi pour un travail intégral, mais en limitant l'effort à quelques séries principales et aux temps les plus anciens, on aurait pu rendre un service analogue à celui qui a été rendu par les Extraits des collections que firent faire d'éminents magistrats du XVIIe siècle. L'esprit de suite, malheureusement, n'est pas ce qui distingue l'administration française.

Les collections d'Extraits des registres. — Nous ne pouvons, pour les collections d'*Extraits des Registres du Parlement*, que renvoyer au chapitre XXVII de la Notice de Grün, où cet archiviste exact et minutieux a donné sur chacune d'elles des renseignements bien utiles.

La principale est la *collection Lenain*, ou de *Cotte*, qui se trouve à la Bibliothèque de la Chambre des députés : elle est l'œuvre d'un conseiller, Jean Lenain, qui y travailla vingt ans, et compte plus de deux cents volumes. Des *Tables de matières*, qui elles-mêmes forment quatre-vingt-trois et quatre-vingt huit volumes, facilitent les recherches dans cette collection, la plus complète et la plus précieuse, entreprise d'ailleurs sans l'esprit de parti qui guidait souvent les magistrats directeurs de ces

De pareils chiffres dispensent de tout commentaire. Aujourd'hui les archives du Parlement constituent à elles seules une véritable bibliothèque dans l'immense dépôt des Archives nationales. Les enquêtes, rouleaux, accords, papiers de toute sorte remplissent plusieurs milliers de cartons dans quatre grandes salles. Les registres s'alignent sur les rayons dans d'autres salles et plusieurs longues galeries doublées encore par des galeries intérieures de casiers. Lorsqu'on parcourt ces vastes pièces, dans lesquelles on ne peut laisser circuler le public, on est à la fois reconnaissant aux archivistes du travail accompli, et confondu d'étonnement en présence de cette masse énorme de documents qui représentent la vie judiciaire et politique de nos pères durant cinq siècles et demi. Ces files interminables d'in-folios manuscrits démontrent, par leur seul aspect, l'autorité et la puissance du Parlement. Voilà ses titres, son histoire même. Ces volumes parlent en quelque sorte au visiteur qui passe; au curieux qui les ouvre, ils révèlent les débuts, les progrès, les transformations de la Cour du roi devenue la Cour suprême de justice; montrent l'élaboration patiente, quotidienne, du droit français; font pénétrer dans les secrets de l'administration royale. Ils nous apportent, malgré les mutilations de la Fronde, les protestations de courageux magistrats contre l'absolutisme. Ces dix mille Registres s'offrent à nous comme autant de témoins imperturbables, sincères, entièrement dignes de foi, des efforts par lesquels nos pères ont formé la vieille France, qu'ils avaient faite forte et glorieuse et qu'ils voulaient aussi libre.

Extraits. La Bibliothèque du Sénat possède la *collection* dite *Boissy d'Anglas* parce que ce pair de France en fut, sous la Restauration, le dernier propriétaire. Elle dépasse cent soixante volumes. Plusieurs collections d'Extraits appartiennent aux Archives; la plus considérable (200 volumes) est celle de *M. Gilbert de Voysins* (1400 à 1764). A la Bibliothèque nationale on en trouve également plusieurs dont la plus importante est celle de *Lamoignon* (461 volumes). A la Bibliothèque Sainte-Geneviève on peut consulter la collection *Louis de Vienne*, moins étendue que les précédentes (une cinquantaine de volumes), mais d'une belle écriture de la fin du XVIIe siècle et du commencement du XVIIIe. La Bibliothèque de la Cour de cassation a aussi des *Extraits des registres du Parlement* qui appartenaient à l'ancien Ordre des avocats (35 volumes et 12 volumes de tables). L'Ordre actuel des avocats possède, grâce aux fils de Louis-Philippe et à Dupin aîné, la collection qui avait été faite par les soins du duc *de Penthièvre*, aïeul maternel du roi Louis-Philippe (223 volumes). Après la révolution de 1848, elle fut abandonnée par les princes d'Orléans à M. Dupin, qui en fit à son tour présent à la Bibliothèque de l'Ordre que lui-même avait illustré. Ces documents ont été le plus souvent copiés les uns sur les autres et sont fautifs, mais ils facilitent singulièrement les recherches, s'ils ne dispensent pas de recourir aux collections originales.

CHAPITRE XI

LES HUISSIERS DU PARLEMENT
LE CONCIERGE ET LA CONCIERGERIE DU PALAIS

I. — Les huissiers du parlement.

Dans le Palais, à la porte (à l'huis) de la chambre du roi, se tenait un gardien, l'huissier. Il avait pour arme une baguette ou verge. Joinville nous a conté, comme il sait le faire, l'anecdote de saint Louis craignant les visites de sa mère lorsqu'il allait en la chambre de la reine Marguerite. A Pontoise, les chambres du roi et de la reine Marguerite étaient l'une au-dessus de l'autre. Saint Louis et la reine « tenaient leur parlement » en un escalier tournant qui descendait d'une chambre dans l'autre. Quant les huissiers voyaient venir la reine mère dans la chambre du roi, ils battaient la porte de leurs verges et saint Louis, averti, remontait vite pour que sa mère le trouvât en sa chambre. De même agissaient les huissiers de la reine Marguerite quand la reine Blanche venait la voir, et Marguerite se hâtait de rentrer dans sa chambre[1]. Les salles de l'hôtel du roi avaient donc leurs huissiers[2]. La

1. *Vie de saint Louis*, par Joinville, édit. N. de Wailly, p. 217.

2. Dans les *Comptes de l'Hôtel de Philippe de Valois* de 1328 sont nommés des huissiers de salle : Raymondin Desramé, Geuffrin, Olivier, Jehan de Leglone et Feliset « desquels il en aura un devers Madame la Royne et en aura toujours II à court et se ordonneront à servir par temps, et aura chascun une provende d'avoine et XIX d. de gaiges pour toutes autres chouses, cent sols pour robe, un quahier de chandelles et VI cortes, et sera toujours à court Olivier ou Geuffrin. » (J. Viard, *ouvr. cité*, p. 19. Autre mention d'huissiers de salle, p. 25.)

Chambre des plaids eut le sien. « Seront appelées par l'huissier les parties que les maîtres commanderont » (1278)[1] et celui-ci veillera en outre à ce que n'entrent point d'autres personnes « qui ne soient nécessaires en la cause. » Il y eut ensuite *deux* huissiers, *trois* sous Philippe le Bel[2], *huit* sous Philippe VI (1337), plus tard *onze*[3] et enfin *douze* (1360)[4].

Les huissiers étaient nommés par le roi, mais le Parlement intervint, comme pour les conseillers et les notaires. Les débats qui s'élevaient entre des concurrents présentant tous des lettres du roi lui fournissaient mainte occasion[5]. On accorda aussi, là comme ailleurs, des survivances[6], on permit des résignations[7]. On remarque même déjà des ventes. Ravesson Duchesne, avec l'agrément du roi, cède sa charge à Oudard Fernique Barbier, familier de l'évêque de Laon, au prix de 220 deniers d'or (1354).

Deux huissiers, selon l'Ordonnance de 1345, se tenaient « au premier huis du Parlement, deux autres aux guichets du parc

1. « Li clers des arres si nommeront les parties qui ont causes en la Court, et seront appelées par l'uissier les parties que li mestres commanderont, pourveu que avecques les parties qui pledent n'antrent nules personnes qui ne soient nécessaires en la cause. » Ord. de 1278, § 4, Ch. Langlois, *Textes*, p. 96.

2. V. Aubert, *Parlem. de Paris*, p. 300 et suiv., et l'article du même auteur, *les Huissiers au Parlement de Paris*, in *Bibl. de l'Éc. des ch.*, 1886, p. 377.

3. « Item XI huissiers, chascun II sous et n'y en souloit avoir que trois, c'est assavoir ung qui tout l'an y demouroit pour les sieges garder, et avec lui durant le Parlement l'en envoioit deux huissiers de sale à qui l'on doubloit leurs gaiges durant seulement le Parlement et avoient II s. lors illec; et, parlement failly, retournoient en l'hostel le roy ». (*Comparaison du Parlement sous Philippe le Bel et Philippe VI*, in *Bibl. de l'Éc. des ch.*, 1887, p. 391. — Langlois, *Textes*, p. 219-220, CXXXVI.)

4. Ord. du 27 janv. 1360 (*Ord.*, t. III, p. 386).

5. En 1340, débats entre Pierre Baron, Pierre le Diable, Jean d'Orgeret. Le Parlement déclara par arrêt que les lettres de Pierre le Diable et celles de Jean d'Orgeret étaient subreptices. Jean d'Orgeret obtint une charge l'année suivante. (Aubert. *Parlem.*, p. 305.)

6. Pierre le Blont obtint ainsi la charge de Simon de Vaudouaire, et, après la mort de celui-ci, fut reçu par arrêt du Parlement malgré l'opposition de Nicolas le Gal, 19 janvier 1348 (Aubert, p. 305).

7. Hugues de Besançon, dont le fils, Huguenin, n'était pas en âge d'exercer la charge qu'il venait de lui céder, demanda que la charge fût confiée, en attendant, à un autre, mais le roi permit au jeune Huguenin d'entrer en fonction, bien qu'il n'eût pas encore quinze ans et nonobstant l'opposition des autres huissiers. Il lui donna, en outre, la charge de portier du palais, que son père avait exercée concurremment avec celle d'huissier (X[1a] 17, f° 27 v°, 11 août 1361).

En 1373, résignation de Jean de la Porte en faveur d'Étienne le Fèvre, clerc de l'avocat général du roi Jean Pastourel (X[1a] 23, f° 93 v°, 23 juin 1373). Il y a des oppositions de concurrents. Raoul de Nesles s'oppose à ce que Louis de Bruges succède à son père Etienne de Bruges comme huissier (X[1a] 12, f° 422, 30 janvier 1350). L'opposition même quelquefois va jusqu'aux procès (en 1401, Raoul de Guergues). (X[1a] 1478, f° 35.) Aubert, *Parl.*, p. 307, 308.

(ou parquet) », n'y laissant entrer que les juges, les avocats, les procureurs. Deux autres enfin circulaient pour « ôter la noise (le bruit) de derrière les bancs et de toute la Chambre du Parlement et pour faire et accomplir les commandements de la Cour ». Ces six huissiers servaient pendant deux mois, les six autres pendant deux mois également et ainsi de suite. Ils devaient conduire en prison ceux qui causeraient du tumulte et « empêcheraient l'audience du siège. » Ils ne devaient pas tolérer que les clercs des avocats ou d'autres fissent leurs écritures en la Chambre du Parlement. Ils veillaient à ce que personne n'entrât quand les seigneurs siègeaient au Conseil. L'huissier même parlait de la porte; s'il lui fallait absolument pénétrer dans la salle, il devait le faire le moins longtemps possible. Recommandation expresse aux dits huissiers « de ne point vendre » l'entrée du Parlement, comme de la refuser à ceux qui y ont droit. « Qu'ils se gardent spécialement de la refuser parce qu'on ne leur a pas fourré la paume (glissé de l'argent dans la main). » L'ordre et la gravité s'établissaient difficilement dans ces audiences, qui reproduisirent longtemps l'agitation des assises féodales[1]. Les huissiers se lassaient et, à la fin du XIVe siècle, leur négligence devint telle que la Cour dut se fâcher.

Un jour il n'y avait point d'huissier pour appeler, ni d'huissier au guichet; une autre fois il arrivait « si grand bruit au parc et parmy la chambre du Parlement que les seigneurs ne pouvoient ouyr les advocats. » Le 28 février 1386 (n. st.) la Cour mande les huissiers, elle leur enjoint d'exercer leurs offices avec plus d'exactitude, autrement elle les « punira tellement que l'honneur de la Cour sera gardé et ce sera à exemple et à toujours[2] ». En 1411,

1. Ordonnances faites par la Cour touchant les Huissiers au Parlement (à la suite de l'Ordonnance du 11 mars 1344 (1345), art. 1-6. (*Ord.*, t. II, p. 225.)

Les huissiers font, avec le Concierge, la police du Palais. « Item la Cour deffent a tous frequentanz le Palais qu'ils ne meffassent ou dient aucunes paroles injurieuses, moqueries ou derisions des frères prescheurs dicts les Jacobins et commande la dite Cour a tous les huissiers de la Court et a chacun d'eux que tous ceux qu'ils trouveront faisans ou disans injures, moqueries ou derisions aux dits frères ou à aucuns d'eux ils les mettent en Chastellet ou en la Conciergerie de ce Palais prisonniers sans autre mandement, commission ou commandement attendre et pour recevoir punition telle que bon semblera à la Court, afin que soit exemple a tous autres. » Reg. du Parlem., collect. Lamoignon, t. 40 (43), f° 114, 20 juin 1388.

2. Mercredi 28 et dernier jour du mois de février 1385 (1386). Reg. du Parlem., collec. Sainte-Genev., Ff 13², t. I-III, f° 413-414.

le 19 août, de six huissiers, deux seuls étaient présents. La Cour frappa les absents d'une amende de vingt sous parisis (12 fr. 22) que le premier huissier dut lever et qui fut appliquée à l'entretien de la chapelle de la Salle du Palais[1]. Même négligence le 12 février 1412 : entre sept et huit heures du matin, les juges ne trouvèrent aucun huissier[2]. L'amende cette fois fut de quarante sous (22 fr. 33).

Les huissiers prenaient soin du matériel de la Cour. Ils avaient le « gouvernement et l'administration des chambres, avisaient aux provisions de bûches, chandelles, torches », faisaient nettoyer les tapis, réparer les bancs, remplacer ceux qui étaient vermoulus[3]. Ce sont les comptes du premier huissier qui nous ont fourni des renseignements sur les travaux de menuiserie, de serrurerie, exécutés au Palais pour le Parlement. Mais le rôle principal des huissiers était de participer aux actes judiciaires. Ils remplissaient une mission qui releva singulièrement leur charge et qui est restée celle de la corporation. Les huissiers faisaient les ajournements ou citations au Parlement[4]. Ils signifiaient les arrêts et présidaient à leur exécution. Ils recouvraient les amendes et pouvaient contraindre les débiteurs récalcitrants par la saisie de leurs biens[5]. Ils s'en allaient souvent fort loin pour procéder à l'exécution des sentences[6]. Parfois même ils sont commissaires et juges dans

1. « Ce dit jour (mercredi 19 août 1411) pour ce que l'on a trouvé que de vi huissiers de ceans qui à leur tour estoient de servir pour ce moiz, c'est assavoir Anguerran de la Porte, Adam des Vignes, Aleaume Cachemarée, Simon Fourquaut, Raoul de Garges, et Thomas Raart, n'en avoit presens que ij qui servissent, c'est assavoir, Raoul de Garges, lequel ancor l'avoit la Court envoié querir les prevost de Paris et des Marchans pour venir en la Chambre, et n'y avoit aucun autre qui ouvrist l'uiz aux seigneurs, ne appellast celx qui estoient à appeller, la Court a ordonné que chascun des v absens dessusdiz sera executé de xx sols parisis au proufit de la chappelle de la salle du Palès. » Conseil, XIII (X[1a] 1479, f° 169 r°). *Journal de Nic. de Baye*, t. II, p. 20.

2. *Journal de Nic. de Baye*, t. II, p. 46.

3. Au jour d'ui a la Court commiz Pierre Belle, huissier de ceans, au gouvernement et administration des ij Chambres de ceans sur la provision aviser et faire ou faire faire de buches, chandoilles, torches, nestoier les tapis et chambres et autres choses apartenens ou lieu que avoit Pierre Noe, jadis huissier. » Matinées, VI (X[1a] 4788, f° 37 r°). *Journal de Nic. de Baye*, t. I, p. 211-212.

4. En 1326, arrêt par défaut contre des plaideurs cités à la requête de maître Nicolas de Tournay, avocat au Parlement, par *Guillaume l'Arbalestrier*, huissier du Parlement. (*Actes du Parlem.*, t. II, n° 7883.)

En 1322, arrêt prononçant défaut contre Guillaume Aurioli, cité au Parlement une première fois par Pariset, huissier du Parlement, et une seconde fois par Guillaume l'Arbalestrier, pareillement huissier, pour répondre à certains articles criminels proposés contre lui par Pons et Barthélemy Cavarii frères. (*Actes du Parl.*, t. II, n° 6855.)

5. Voir Aubert, *Le Parlem.*, p. 311.

6. « Aleaume Cachemarée a requiz qu'il soit enregistré que, du congié et aucto-

les procès[1]. On les charge d'enquêtes, d'expertises, de ventes et de criées. Ils font des voyages jusqu'à Carcassonne pour conduire des prisonniers[2]. Un huissier du Parlement figure parmi les gardiens donnés à l'abbaye de Saint-Magloire, à Paris, placée sous la sauvegarde royale[3]. Charles V adresse au premier de ses sergents d'armes ou huissiers de son Parlement des lettres[4] (4 déc. 1367), lui enjoignant de veiller à la suppression de péages récemment établis[4]. Les huissiers sont, au Palais et dans tout le royaume, les agents directs, les auxiliaires redoutés du Parlement qui les couvre et les protège.

Ce serait devancer les récits que nous aurons à faire au chapitre de la procédure, que de montrer les périls que couraient parfois les huissiers du Parlement comme les sergents royaux. Ils risquaient leur vie; ce ne fut jamais du moins sans que leur mort fût vengée. Quant aux insultes et aux mauvais traitements, la Cour punissait les coupables de fortes amendes et d'humiliations publi-

rité de la Court, il va ou païs de Pons de Cardilhac pour exécuter l'arrest de la Court, ce qui lui a esté octroyé. » Matinées, V (X[1a] 4787, f° 79 v°). *Journal de Nic. de Baye*, t. I, p. 131.

1. Renouvellement d'une commission dans un procès entre le procureur des religieux du Val des Ecoliers et Henri de Vic (13 juin 1337) : « A *Jean de Fontaines, huissier de notre Parlement* et à Boniface de Rote, tabellion de Montlhéry, salut et dilection. » (Guilhiermoz, *Enquêtes et Procès*, p. 462 et 468.) On trouve des enquêtes et des expertises confiées à des huissiers (X[1a] 9, f° 234, 12 février 1342; X[1a] 4785, f° 323 v°, jeudi 9 mars 1402. Aubert, *Le Parl.*, p. 313.)

2. *Missions des huissiers.* — Mandement à *Pierre de Bucy* (d'autres mandements de dates voisines portent *Bury*) et à *Colinet « de Bellaymont »*, huissiers du Parlement, de conduire sous bonne garde au sénéchal de Carcassonne, Jourdain Ferroli, détenu au Châtelet de Paris sous l'imputation d'avoir donné la mort à Pons Ferroli » (1322). (*Actes du Parl.*, t. II, n° 6838.) — Mandement aux mêmes de conduire prisonnier au Châtelet, à Paris, Etienne de Mons (n° 6854). — Mandement de remettre des prisonniers au bailli de Touraine (n°s 6840, 6841). — Mandement à tous les justiciers, à *Pierre de Bury*, huissier du Parlement et à des sergents royaux d'arrêter un criminel (1319), n° 5849. En 1353 une commission criminelle fut même confiée à un huissier (X[2a] 6, f° 14 v°, 15 mars 1353). Guilhiermoz, *Enq. et Proc.*, p. 521.

3. Confirmation des lettres de sauvegarde accordées à l'abbaye de Saint-Magloire à Paris. Parmi les gardiens figure *Robert Chanore, premier huissier* du Parlement (14 déc. 1389. *Ordonn.*, t. VII, p. 321). — Michel Du Bois est gardien de l'abbaye de Saint-Denis en 1347 (X[1a] 12, f° 56 v° et 57, 3 février). — (Aubert, *Hist. du Parl.* [1887], p. 301.)

4. « Au premier de nos sergents d'armes ou *huissier* de nostre Parlement à Paris, ou nostre sergent royal qui sur ce sera requis... te mandons et commettons que tu te transportes par devers tous ceux que tu sauras qui s'efforcent lever aucuns Travers, subsides ou paiages, autres que les anciens, cueillir et lever les font, et à iceux fais commandement et deffense de par Nous, que doresnavant ne preignent, cueillent, lievent ou exigent de quelconques denrées, vivres ou marchandises.... et toi informe sur ce, adjourne les à comparoir personnellement par devers les gens de nostre Parlement à Paris. » Lettres du 4 décembre 1367 (*Ord.*, t. V, p. 89).

ques[1]. En 1405, Raoulet Grison, clerc du roi et du maréchal de Rieux, s'était débattu contre les huissiers du Parlement qui l'emmenaient à la Conciergerie « pour tenir prison. » Il dut venir à l'audience exprimer à deux genoux son repentir : il s'excusa, en pleurant, disant qu'il « était abreuvé de vin »[2]. Un receveur de Paris, non content de ne pas payer les huissiers, les avait menacés. Deux sergents « mangeurs » furent installés dans son hôtel[3], et il dut venir humblement à genoux implorer son pardon.

Les gages des huissiers étaient modiques, d'abord douze deniers, puis deux sous par jour[4] (1 fr. 35 cent.) Mais aux fêtes, ils revêtaient, comme appartenant à l'hôtel du roi, les robes accoutumées. Les gens des Comptes les chicanaient parfois. En 1366, Charles V dut annuler une Ordonnance de la Chambre des Comptes qui les obligeait à fournir un état des jours où ils avaient servi au Parlement et qui retranchait les journées passées en missions ou autres empêchements. Charles V voulut qu'ils continuassent à être payés, comme par le passé, même quand la maladie les arrêtait. Il comprenait que les deux sous parisis par jour n'étaient pas une ressource suffisante[5]. Aussi les huissiers comptaient-ils principa-

1. Michel du Bois avait été insulté et maltraité en exécutant un arrêt du Parlement. Le procureur du roi le soutint dans son instance et le coupable fut condamné à payer au roi une amende de 250 livres tournois (valeur moyenne de la livre tournois, 12 fr. 61, d'où le chiffre de l'amende doit être équivalent à 3 153 fr.) et à l'huissier une autre de 50 livres tournois (630 fr.); en outre il fut déclaré inhabile à toutes fonctions. (X[1a] 12, f° 175 v°, 16 février 1348, Aubert, p. 302, note 5.)

2. Matinees, V (X[1a] 4787, f° 49 v°. *Journal de Nic. de Baye*, t. I, p. 127.

3. Conseil, XII (X[1a] 1478, f° 110 v°, 15 mai 1403). *Journal de Nic. de Baye*, t. I, p. 60, 61.

4. *Gages des huissiers.* — En 1349 la valeur moyenne de la livre tournois fut de 9 fr. 6823, d'où, pour le sou parisis, 0 fr. 605. — En 1349 l'huissier de la Chambre des Enquêtes recevait 12 deniers par jour (X[1a] 12, f° 303, 10 mai). Aubert, p. 303. 12 deniers ne représentaient alors qu'un sou ou 47 centimes.

Autres gages. « Pour l'huissier de parlement, pour chascun jour, II francs; pour le salaire du sergent du lieu qui fu avec ledit huissier v sols.... » (H. Lot. *Frais de justice*, p. 41.)

Les huissiers du Parlement avaient aussi quelques profits en transmettant à la Cour les lettres de la chancellerie royale : « Pour le salaire de Pierre Bumoust, huissier du Parlement, qui fist le commandement à nos diz seigneurs de Parlement, selon le contenu des dites lettres, x sols ». (*Ibid.*, p. 48.)

5. « Savoir faisons que nous avons receue l'umble supplication de nos amez Varlets, les Huissiers de nostre Parlement, contenant que jaçoit que (quoique) les diz Huissiers de tout temps ayent de gaiges deux sols parisis par chacun jour et cent solz par an pour robbe (67 fr. 50),.... soit que ils eussent exercé leurs offices audit Parlement ou esté hors en commission, ou empeschez à autres empeschements, néanmoins le Receveur de Paris soubz ombre de ce qu'il dit qu'il a été ordené à nos amez et feaulx Gens de nos Comptes à Paris, que les diz Huissiers ne seront payez, fors du temps et pour les jours qu'ils auront servi et serviront en notre dit Parle-

lement sur les dons qu'on leur faisait, sur les profits qu'ils retiraient des actes judiciaires, sur les bénéfices qu'ils recueillaient de leurs voyages. Lorsqu'en 1385 la Cour réprimanda les huissiers de leur négligence, ils la prièrent de pourvoir de son côté « à ce que tous les profits qui leur peuvent subvenir de commandements à eux faits ou de commissions données au parc ou en la dite Chambre, fussent communs entre eux. » La Cour fit jurer par tous les huissiers « que dorénavant ils diviseraient entre eux raisonnablement et également tous les profits et courtoisies dessus dits [1]. » Toutefois la part dans les frais de justice ne se mettait point en commun : significations, expertises, voyages donnaient lieu à des perceptions que le Parlement est sans cesse obligé de taxer [2]. En 1384, deux huissiers réclamaient à des religieux de Saint-Josse-sur-Mer ce qui leur était dû pour avoir fait exécuter un arrêt au profit de l'abbaye. L'un demandait 9 francs 12 sous (alors 102 fr. 96), l'autre avait déjà reçu 6 francs (64 fr. 35) pour un service de vingt-deux jours, mais réclamait encore 35 francs d'or (375 fr. 39) [3]. Étienne des Trois Moulins accomplit deux voyages pour exécuter un arrêt relatif à la succession de Guillaume de Cherchemont : il demandait pour le premier voyage 177 livres, 130 pour le second. Les héritiers réclamèrent, plaidèrent; il fut reconnu que l'huissier avait déjà reçu 175 livres et 30 pièces de vin; on en tint compte dans la taxe [4].

Au milieu du XIVe siècle les abus étaient tels qu'un article spécial (art. 22) de la grande Ordonnance de Réformation de 1355 (1356)

ment, ne les veut payer, fors d'icelui temps que servi auront; et qui pis est, quand il leur fait aucun payement, les contraint à jurer, en baillant leur quittance, qu'ils ont servi tout le temps qu'il les paye. » Charles V casse l'ordonnance de la Chambre des Comptes, et ne veut plus qu'on suscite de difficultés aux huissiers « soit qu'ils eussent rempli le dit office en Parlement ou non ou ayent empeschement de maladie ou autre quelconque ». (2 janvier 1365 [1366], *Ordonn.*, t. IV, p. 603.)

1. « C'est à sçavoir que tous les profits qui leurs peuvent compéter de commandements à eux faits ou de commissions à eux données au parc ou en la dite Chambre fussent communs entre eux, la Cour, tout considéré, a fait jurer lesdits huissiers et chascun d'eux que doresnavant ils diviseront entre eux raisonnablement et également tous les profits et courtoisies dessusd.... » (Arrêt déjà cité, Collect. Sainte-Geneviève Ff. 13², t. I-III, f° 413-414.)

2. L'huissier en mission pour le service du Parlement recevait 8 sous par jour d'apres l'Ordonnance du 3 mars 1357; en 1341, il avait droit à deux chevaux et à 20 sous tournois par jour. (Aubert, *Le Parl.*, p. 303.) En 1384, le 9 mars, 1 franc d'or vaut 1 livre tournois ou 10 fr. 7255.

3. 1384, 9 mars. X¹ᵃ 32, f° 214 v°. Aubert, *Le Parl.*, p. 304, note 1. Saint-Josse-sur-Mer, Pas-de-Calais, arrondissement de Montreuil.

4. 1354, 22 février. X¹ᵃ 14, f° 109 à 111 v°. (Aubert, p. 304.) En 1354, le 22 février, la liv. tourn. valait 10 fr. 91752, d'où 177 liv. tourn. = 1932 fr. 40; 130 liv. tourn. = 1419 fr. 28.

a pour but de les corriger. « Il est venu à notre connaissance, dit le régent Charles, que les huissiers du Parlement, les sergents à cheval et d'autres, en allant faire leurs exploits, mainent grand estat et font graves despens aux cous et frais des bonnes gens pour qui ils font les exploiz, et vont à deux chevaux pour plus grand salaire gaigner, lesquels, s'ils allaient en leurs propres besoignes, iraient à pié ou seroient contents d'un cheval. » L'Ordonnance taxa les journées de voyage à huit sols parisis (5 fr. 35 cent.) ou tournois suivant la monnaie ayant cours dans les divers pays. En outre, pour assurer le recouvrement des sommes indûment perçues, elle exigea des huissiers et des sergents un cautionnement qui devenait la garantie des condamnations prononcées contre eux[1].

Par contre les huissiers ne manquèrent point de participer aux privilèges qu'on conférait aux conseillers, aux avocats, aux procureurs[2]. En 1403, on les dispensa de payer des droits d'*aides* sur les provisions venant de leurs propres héritages. Les « lettres royaux » reconnaissaient qu'ils étaient, « pour eux gouverner honnêtement en leurs offices, obligés de tenir en leurs hôtels chevaux, faire de grandes dépenses et leur corps exposer en moult périls, bien qu'ils n'aient que petits gages, desquels ils ne pourraient vivre ny leur estat soutenir s'ils n'avaient aucuns profits et émoluments[3]. » En 1411, au milieu des troubles, les huissiers sont exemptés des convocations pour la guerre[4] parce qu'ils sont, comme les gens du Parlement, constamment occupés de la justice et ne pourraient faire les deux services.

On ne saurait donc les confondre avec les huissiers d'armes, portant une masse d'armes, ni avec les sergents d'armes, qui faisaient partie de la garde du roi. Leurs fonctions ressemblaient plutôt à celles des *sergents* ordinaires, à cheval ou à pied, soldats du prévôt

1. Voir Georges Picot, *Histoire des États-Généraux*, t. I, p. 119.

2. Dès 1339, le *Committimus* et les autres privilèges du Parlement avaient été accordés aux huissiers. Ils sont sous la sauvegarde royale. (Aubert, p. 302.)

Les huissiers « avaient à leur tête l'un d'entre eux qui prenait le titre de premier huissier. Il était chargé d'appeler les causes à l'audience d'après le rôle, portait une robe rouge et un chapeau de drap d'or fourré avec la plume garnie de perles. Quant il parlait aux présidents, il restait couvert. Ce privilège lui fut retiré le 18 janvier 1452. » (Aubert, p. 301, d'après Papon, *Recueil des arrêts notables*, liv. IV, tit. 6, n° 14.)

3. Lettres du 6 février 1403 (1404). *Ordonn.*, t. VIII, p. 631.

4. Ordonn. du 6 déc. 1411. *Ordonn.*, t. IX, p. 661.

de Paris et des commissaires du Châtelet[1]. Ces sergents portaient les ajournements, les exploits, procédaient à l'exécution des arrêts et dans les bailliages, dans les seigneuries, se multiplièrent au point de provoquer des plaintes et des Ordonnances réitérées. « Entre les huissiers et les sergents, dit H. Lot, la différence originelle était que les uns faisaient le service des commissions, des ajournements, qui exigeait des déplacements, au lieu que les autres instrumentaient au siège même de la juridiction[2]. » L'huissier du Parlement, toutefois, pouvait instrumenter dans tout le royaume, à la condition de se faire accompagner dans les seigneuries par un sergent du lieu[3].

Le Parlement d'ailleurs tenait la main à ce que ses huissiers se montrassent sévères observateurs des lois dont ils devaient assurer l'exécution. En 1351 il suspend Pierre le Blond de sa charge et

1. *Les huissiers et les sergents.* — Sur les sergents, voir Du Cange au mot SERVIENTES (t. VII, p. 447, édit. de 1886). — M. P. Viollet dit : « Le roi ou son bailli entretient en Sologne, au XIIIe siècle, un officier appelé en un style quelque peu vague : sergent. Ce sergent, il est impossible de s'y méprendre, c'est le *vicarius carolingien.* » M. Glasson, qui a consacré aux sergents plusieurs pages très documentées, n'accepte pas cette explication. (*Hist. du Droit*, t. VI, p. 401.) Sur ces points et l'historique des sergents qui nous écarteraient trop de notre sujet, nous renvoyons à son livre, nous bornant aux points de contact des sergents et des huissiers : — « Les sergents à pied ou à verge et les douze de la douzaine (garde des prévôts de Paris) faisaient et signifiaient les actes de procédure dans Paris et sa banlieue. L'Ordonnance de novembre 1302 arrêta leur nombre à quatre-vingts; elle les obligea aussi à donner plège de bien remplir leurs fonctions et à justifier devant le prévôt de la possession d'une bonne armure. L'Ordonnance du 3 juin 1309 fixa à quatre-vingt-dix le nombre des sergents à pied, en y comprenant ceux de la douzaine. Le roi déterminait ainsi le nombre des sergents dans mainte Ordonnance pour les empêcher de se multiplier à l'infini. Précaution inutile; jamais les Ordonnances ne furent respectées, pas même celles qui essayaient d'arrêter le mal en reconnaissant un grand nombre de charges, comme par exemple l'Ordonnance de 1318 qui portait à cent trente-trois le nombre des huissiers à pied du Châtelet... Ce nombre des huissiers à cheval ou à pied augmenta si rapidement qu'on en comptait plus de sept cents dès l'année 1327.... » (*Hist. du Droit*, t. VI, p. 411.)

« ... Il y a, dit une remontrance faite au roi en 1320, si grant multitude de sergens, dont la greigneur partie est du pais au prévôt et de son lignage, ou du lignage sa femme, aucuns frères, serouages, ou cousins aux auditeurs, qui batent gens et font moult d'autres excès et meffais, qui bien seront receus, dont on ne peut avoir raison, ne plaindre ne s'en oze l'en... » (Isambert, t. III, p. 251. Glasson, ouv. cit., p. 415.)

2. H. Lot ajoute : « Les dénominations se confondaient d'ailleurs et ne présentaient point un sens exclusif : « Il estoit mandé et commis au premier huissier de « Parlement ou sergent du roi (1368). » « ...Ala Jehan de la Porte, huissier du « Parlement, qui mist III jours à aler... (1368). » (*Frais de Justice*, p. 42.)

3. Même dans le Palais il leur fallait tenir compte de la juridiction des maîtres des requestes de l'hôtel. « Leur dite juridiction est cause pour laquelle les huissiers et sergents ne peuvent faire exploict en la maison du Roy sans demander *Pareatis* aux dits maitres d'hôtel. » (Du Tillet, édit., de 1618, t. I, p. 404.)

demande au roi sa destitution [1]. En 1361 Toussaint de Maunbeville est renvoyé pour infamie [2]. En 1373 Jean Le Moine, huissier des Requêtes du Palais, est condamné à faire amende honorable à un conseiller qu'il avait insulté et est suspendu de ses fonctions [3]. Disons aussi que ces huissiers étaient souvent en butte à des dénonciations calomnieuses. Le Parlement les défend. En 1322 un arrêt renvoie Guillaume de Monthéry, huissier au Parlement, d'accusations dirigées contre lui par Simon de Cambrai, également huissier du Parlement. On accusait Guillaume de plusieurs crimes, entre autres d'avoir fait tomber dans une cave sa femme, qu'il avait épousée quoique centenaire! mais qui était fort riche. Simon paiera des dommages et intérêts [4]. En 1364 l'huissier Jean Boileau avait été accusé de mauvaises mœurs et d'usure par le procureur général : il fut absous par le Parlement : Boileau d'ailleurs avait été trente-quatre ans sergent au Châtelet.

Le Parlement veillait sur la considération dont devaient jouir les huissiers. Il décida, en 1405, que le titre d'*huissier* serait réservé aux seuls huissiers du Parlement. Il défendit que les sergents d'autres Chambres ou cours de justice « ne se appelassent huissiers [6]. » L'usage cependant fut plus fort que la loi. Les huissiers faisaient l'office de sergents, les sergents continuèrent de prendre le titre d'huissiers. Ce nom se répandit de plus en plus et a seul survécu jusqu'à nos jours dans le monde judiciaire.

II. — Le concierge et la conciergerie du palais.

Les Chambres, au Palais, étaient gardées par des huissiers, les portes du Palais par des portiers, qu'on payait, en 1291, deux sous par jour [7] (2 fr. 50). Dans l'Ordonnance de l'hôtel de Philippe de

1. X[1a] 13, f° 61, 21 juin 1351.
2. *Ibid.*, 17, f° 27 v° 20 sept. 1361.
3. *Ibid.*, 1470, f° 19 v°, 21 mai 1373 (citations faites par Aubert, p. 302, note 2).
4. Jugés I, f° 284 v°, *Actes du Parlement*, t. II, n° 7003 (déc. 1322).
5. X[1a] 18, f° 120 r°, 30 avril 1364.
6. Conseil, XII (X[1a] 1478, f° 239 v°). *Journ. de Nic. de Baye*. p. 143.
7. « *Portiers au Parlement* : Phelipe et Symonnet de Mante, chascun II sols par jour, et quand li rois y sera ou il seront à court, si comme li autre portiers; et feront serment que il ne penront nul don se ce n'est par les grans maistres ausquiex il penront congié. » Ord. de 1291 sur l'hôtel royal, Arch. JJ LVII, f° 16 v°; Langlois, *Textes*, p. 226, cx *bis*. En 1291 la monnaie était encore assez forte. La livre tournois valait 20 fr. 10633, la livre parisis 25 fr. 13. Le sou parisis valait

Valois (1328) figurent trois portiers recevant 13 deniers par jour (0 fr. 46) et 4 livres pour robe par an (valeur de la livre tourn. 8 fr. 43, soit 33 fr. 72). Ils ont droit aussi à une provision de chandelles et de bois en hiver et chacun 40 sous pour robe (16 fr. 86) à la Toussaint[2]. Deux valets de porte ont « un cahier de chandelles pour aller éveiller, » une couverture, une botte de paille, et ne touchent point de gages, « mais cent sous pour robe par an[3] (42 fr. 15) ». Les portiers sont sous les ordres du *Concierge* qui a la surveillance de tout le Palais[4].

Au milieu du XIVe siècle, c'est *Philippe de Savoisy*, un puissant seigneur, qui exerce la fonction et se pare du titre : il en fait encore augmenter par le régent Charles les droits et les privilèges (janvier 1359)[5]. C'est le Concierge qui détient toutes les clefs du Palais, excepté de la porte de devant que garde le portier. Si celui-ci manque à son service ou, s'il n'y a point les guettes (sentinelles)

1 fr. 25 c. environ, ce qui fait pour les gages des portiers 2 fr. 50 c. par jour (n'oublions pas de songer au pouvoir de l'argent.)

1. *Conciergerie du Palais.* — Voir l'article de Du Cange, CONCERGERIUS; les *Antiquités de Paris* de Sauval, le *Traité de la police* de De la Mare (liv. I, t. IX, chap. V). La monographie d'Eugène Pottet, la *Conciergerie du Palais* (1887), n'est qu'une sorte de guide sans critique et sans valeur. — Aubert a consacré un chapitre très documenté à la Conciergerie du Palais (chap. XIV, p. 316-322).

2. « Le Gois, Gautier de Reclouses et Thomas Fauconnier, dont les II seront toujours à court, et aura chacun une provende d'avoine et XIII d. (deniers) de gaiges pour toutes chouses... (et C s. [cent sous] pour robe par an, dit le ms. Clairambault 833).... Et auront li portier un cinquain (*cinquième*, paquet de cinq chandelles), lequel sera pour sercher (sans doute cherchier) l'ostel le roy, un quaier et XII courtes chandelles, et chascun portier pour soy VI courtes chandelles. Et auront pour tous demy molle de buche en hyver à la porte et chascun XL s. pour robe à la Toussains. » (*Comptes de l'hostel de Philippe de Valois*, par J. Viard, p. 19.)

3. Valets de porte : « C'est assavoir Guillot le Page et Philipot, qui mangeront à court et n'auront autres chouses, mais que eux II auront un quaier pour aller esveiller, et chascun une couste et une botte de fueure et n'ont nul gaiges, mais ils ont chascun cent sols pour robe par an. Et aura Guillot le Page une provende d'avoine, tout comme il plaira au Roy. » (*Ibid.*) On remarque encore comme portiers : Thomas le Fauconnier, Thomas de Halles, Philipot de Ruel, Gautier de Hénaut; ils touchaient XIII deniers parisis par jour et IIII livres pour robe par an, « et restor pour cheval VIII liv. quand le cas s'offre » (1328. J. Viard, p. 26). En 1332, sont nommés Bourgeois, Philipot, Guillot, le Barbier.

4. Ce titre apparaît dans un compte de 1234 (*Histor. des Gaules*, t. XXI, p. 234, Aubert, p. 316).

5. Des lettres patentes de Charles de Normandie régent du royaume (janvier 1358 [1359]) donnent l'office de Concierge du Palais à Philippe de Savoisy, son écuyer. Elles règlent sa juridiction et déterminent ses privilèges. (De la Mare, *Traité de la police*, liv. I, t. IX, chap. V; *Ordonn.*, t. III, p. 310, 311)

Le Concierge était le premier paroissien de la Sainte-Chapelle et habitait dans le Palais un hôtel qui devint plus tard la résidence des Premiers Présidents et qui se trouvait sur l'emplacement où, au XIXe siècle, a été construite la Préfecture de police. (Voir de Guilhermy, *Inscriptions de la France*, t. I, p. 80-81.)

nécessaires, le Concierge peut arrêter ses gages et punir sa négligence. Il possède toute autorité et juridiction non seulement « dedans le pourpris (l'enceinte) du Palais » et sur les maisons et auvents qui y sont compris, mais encore sur plusieurs des rues voisines[1]. Il reçoit trois sous par jour, par an 54 livres 15 sous tournois[2] (370 fr. 62, la livre tournois valant alors 6 fr. 76941) et bénéficie d'une quantité de rentes et de droits, entre autres sur le vin et l'avoine vendus dans la rue de la Calandre jusqu'à la ruelle de « l'Orberie » (l'Herberie). Quand le roi réside au Palais, le concierge touche pour lui et ses gens un septier de vin, douze pains, deux poules, deux pièces de viande et des cahiers de chandelles, plus le vieux bois, les copeaux et aussi le charbon, les bûches, les cendres qui restent dans les cuisines quand le roi quitte le Palais; au carême un cent de harengs. Il reçoit un drap de bure pour le donner aux pauvres valets qui nettoient l'hôtel[3]. Le « clerc des

1. « Le dit Concierge a prend pour lui et ses officiers au dit Palais, et dedans le pourpris (l'enceinte) et appartenances d'iceluy Palais, tout ainsi comme il se comporte et estend de toutes parts jusques à la rivière de Seyne d'un costé et d'autre, et par devant depuis le Ruissel ou Goulet qui est au bout du grand Pont, ainsi comme ledit Palais se comporte du costé d'iceluy, tant ès hostels comme ès auvens, et au-dessous de iceux jusques à la rivière par devant St Michel (la chapelle Saint-Michel); et aussi en retournant en la rue de la Kalandre et ès hostels d'icelle rue aussi comme elle se comporte jusques à la ruelle que l'on dit Lorberie (l'Herberie), et descendant par icelle par dessus la dite rivière, tant comme il y a terre sèche tout autour du dit Palais ainsi comme il se comporte du côté vers les Augustins, et, d'autre part, par devers le Chastelet de Paris jusques au Grand Pont et Goulet haut et bas, toute Justice, jurisdiction et seigneurie moyenne et basse en tout cas : excepté l'exécution des cas criminels pour lesquels il conviendra faire exécution corporelle : auquel cas le dit Concierge ou ses genz gardans et exerceans sa Justice sont tenus de rendre le malfaiteur tout jugé : s'il est lay, ou prévost de Paris dehors la porte du dit Palais sur la chaussée pour en faire exécution, en retenant les meubles du malfaiteur; s'il est clerc, ou prestre, le rend à l'official de Paris.... » Lettres de janvier 1358 (1359), art. I (*Ordonn.*, t. III, p. 310-315).

2. *Ibid.* Selon Leber, les revenus des concierges du Palais montaient à 150 livres (en évaluant le pouvoir de l'argent à 3 1/2, 6 187 fr. 50). *Essai sur l'appréciation de la fortune privée au moyen âge*, p. 69. — Aubert, p. 318, note 1.

3. « A et prend ledit Concierge es hostels de la rue de la Calande et de la place St-Michel ainsi comme il se comporte jusqu'à la dite ruelle de Lorberie, le chantelage de vin; c'est assavoir de chacun tonneau de vin vendu esdits hostels et en chacun d'eux, quatre deniers parisis et de chacun muids d'avoine, quatre deniers parisis. Avec ce, le dit Concierge ou ses Genz pour luy et en son nom, prend et doit prendre chacun jour que le Roy mondit seigneur et Nous pour luy, sommes au Palais, un septier de vin, douze pains de cour et un de bouche, deux poulles, deux pièces de chair et deux quahouers (cahiers?) de chandelle à coucher et tout le vieil merrain (bois) et les coupeaux qui demeurent en faisant les Euvres dudit Palais, et aussi le charbon, buches et cendres qui demeurent ès cuisines, quand mon dit seigneur et Nous se partent du Palais... Et outre, a et peut et doit prendre ledit Concierge un cent de Haran chascun carême, du sous-aumonier de mondit seigneur et de Nous et un drap de bureau (de bure) pour donner pour Dieu aux

œuvres du dit palais » doit, chaque année, payer au Concierge 30 sous parisis (12 fr. 69) pour un valet qui nettoie la cour. Les pailles des paillasses du lit du roi et des lits des chambellans reviennent au Concierge : les pailles des autres lits à l'Hôtel-Dieu[1].

C'est le Concierge qui établit les merciers dans les galeries hautes et basses du Palais; il a tout pouvoir « pour bailler places, les changer » à son gré « Et s'il avient que les dits merciers du Palais veulent faire ensemble ou chacun courtoisie une fois l'an comme aux étrennes, le Concierge la peut prendre sans offense, et ainsi a été fait de longtemps[2]. » De même, c'est lui qui autorise ou supprime les auvents adossés aux murs du Palais[3].

En dehors même de la Cité, le Concierge a des revenus qu'il tire de « treize maisons assises à Notre-Dame des Champs en un certain lieu appelé les Mureaux et de menus cens (63 livres parisis, 533 fr. 04) sur les granges, terres de ce clos[4]. » A lui appartiennent les ormes et arbres morts sur les chemins royaux dans la banlieue et la vicomté de Paris[5]. A lui le profit des amendes prononcées contre ceux qui couperaient les arbres de ces chemins. A lui le gruage (droit sur les mesures et les ventes de bois) dans la forêt d'Iveline (territoire de Rambouillet et de Dourdan) et le droit payé par les charbonniers, qui font voiturer du charbon et des écorces du Pont de Saint-Cloud à Poissy; il prélève aussi sur ces charrois, de l'écorce et du charbon[6]. A lui encore la justice du Clos des Mureaux. A lui les épaves[7] (objets trouvés au Palais), à lui enfin

pauvres valets qui nettoyent l'Hostel dudit Palais ou là où il plaira à départir et donner de par ledit Concierge.... » (*Ordonn. citée*, art. 3, p. 313.)

1. *Ordonn. citée*, p. 313.

2. « Ledit Concierge peut et doit mettre au Palais et ès allées (halles) de la Mercerie en haut et en bas au dit Palais, tels merciers ou mercières que bon luy semble ou à ses officiers, bailler places, changer icelles et iceux ou aucuns d'eux boutter et mettre hors de leurs places et rappeller et souffrir vendre iceux en quelque place que ce soit, toutes fois qu'il luy plaira.... » (*Ibid.*, art. 5, p. 313.)

3. « Ledit Concierge peut mettre ou faire mettre et oster les auvants tenants aux murs dudit Palais toutefois que bon luy semble. Et a la cognoissance et punition civile de tous cas qui y eschéent ou peuvent escheoir au-dessous d'iceux.... » (*Ibid.*, art. 4, p. 313.)

4. *Ibid.*, art. 5.

5. « Ledit Concierge a et doit avoir la cognaissance de tous ormes et arbres qui sont et demeurent secs en toutes les voiries et chemins royaux de la Banlieue et vicomté de Paris, et iceux ormes et arbres, puis qu'ils soient secs, faire prendre, lever et emporter où il lui plait. Et si aucuns les coupent, il les peut contraindre à amender et en doit avoir le proffit. » *Ibid.*, art. 9, p. 315.

6. *Ibid.*, art. 9, p. 315.

7. *Ibid.*, p. 310.

des rentes diverses, dont l'une consiste en « trois chapons et demi et trois pains et demi payés au dit Palais au dit Concierge le lendemain de Noël de chaque année[1]. » Toutes les fois qu'en la Boucherie de Paris, devant le Châtelet, on met un nouveau boucher, le Concierge du Palais reçoit, en nature, 30 livres et demie et la moitié d'un quarteron et demi de viande, moitié bœuf et moitié porc, la moitié d'un chapon plumé, un demi septier de vin et deux gâteaux[2]. » Celui qui va chercher ces vivres doit donner deux deniers (7 centimes) « au jongleur ou chanteur qui est en la salle aux bouchers. » Si le Concierge avait à envoyer des lettres à Gonesse pour faire venir du blé au grenier du roi, c'étaient les écorcheurs des bouchers de Paris qui les devaient porter ou envoyer à leurs coûts et dépens[3].

De tous ces droits et profits le Concierge ne laisse rien perdre. En 1407, il dispute aux huissiers l'argent qui provenait de la vente des vieux bois à la suite des réparations faites dans les Chambres du Parlement. Le roi et la Cour avaient donné ces vieux bois à l'huissier Pierre Noé[4]. Le Concierge réclama et finit par céder, mais il fut déclaré que cela ne pourrait plus tard lui porter préjudice. En 1366 (27 avril) le Concierge plaidait contre les bou-

1. « Rentes sur plusieurs héritages à Bagneux, Saint-Œuf-Blanc (ou Saint-Erblanc, lieu inconnu), trois chapons et demy et trois pains et demy payez au dit Palais au dit concierge le lendemain de Noël chaque année. » (*Ordonn. citée*, art. 7, p. 314.)

2. *Ibid.*, art. 8, p. 314. Le texte de cet article semble très fautif dans le recueil des Ordonnances (*Ord.*, t. VI, p. 591). Nous donnons ici le texte, plus récemment publié, dans l'ouvrage : *les Métiers et les corporations de Paris*, d'après une Ordonnance confirmative de ces privilèges en 1381 : « Item, le celerier et le concierge de la court le Roy ont, d'un bouchier que l'en fait nouvel, premièrement de l'aboivrement, demi-sextier de vin et deux gasteaux de maille a maille, lequel vin et lesquels gasteaux il envoie querre, et en paie leur message, un denier au jugleur de la sale.... » (art. 38). « Item, les diz celerier et concierge ont, en cette année que ledit bouchier est fait, de la droiture du past au jour assigné d'en faire, trente livres et demie et demi-quarteron pesant de chair de porc et de buef, si comme elle est accoustumée à lever, et demi-chapon et demi-sextier de vin et deux gasteaux de maille a maille et de ce paie leur message qui vient querre ces droitures un denier au jugleur de la sale » (art. 39.) — Confirmation des privilèges de la Communauté des bouchers de Paris. Lettres de Charles VI (juin 1381). Arch. nat., *Trés. des Ch.*, JJ 119, pièce 140. De l'Espinasse, *les Métiers et Corporations de Paris*, p. 272 (Histoire générale de Paris). Ces privilèges avaient déjà été confirmés en 1374. *Ord.*, t. VI, p. 56.

3. *Ord.*, t. III (art. 9), p. 315.

4. « La Court a délivré au jour d'ui certain argent venant de la vendition des vielx banc, porches et formes de ceste Chambre à Pierre Noé, huissier de ceans, à qui le roi l'avoit donnez, pour ce que le concierge de ceans, qui maintenoit que ce qui dit est lui appartenoit à cause de son office de concierge a consenti la dicte delivrance *sine prejudicio tamen suorum jurium*, comme a esté relaté par certains commissaires, conseillers de ceans, à la court. » Conseil, XII (X[1a] 1478, f° 314 r°, 23 mars 1407). *Journ. de Nic. de Baye*, t, I, p. 189.

chers de Paris qui voulaient l'empêcher d'établir un étal, comme il en avait le privilège, près de Notre-Dame des Champs, au lieu dit des Mureaux [1]. Les merciers du Palais supportaient avec impatience, on le conçoit, les inspections des visiteurs du Concierge : ils auraient préféré dépendre du Prévôt de Paris, plus éloigné. Le prévôt soutient leurs prétentions devant le Parlement (1374) [2]. Le procès dura longtemps et se renouvela souvent, car on le retrouve encore en 1396. Le Concierge s'appuyait sur les Ordonnances. Elles lui conféraient le droit de prendre et faire prendre au Palais les fausses denrées qui y étaient apportées et de les faire brûler devant le perron en levant les amendes accoutumées [3].

Suivant ces mêmes Ordonnances, nul autre que le Concierge n'a cour et juridiction temporelle dans l'enceinte du Palais, si ce n'est les gens des Comptes, du Parlement, des Requêtes du Palais, des Maîtres des Requêtes de l'hôtel [4]. Sa juridiction était complète, haute, moyenne et basse. Il avait la connaissance de tous les délits commis par les nobles ou autres personnes dans le Palais, des contrats, marchés passés au Palais, des rixes occasionnant des injures ou des blessures. Il condamnait même au criminel, sauf qu'il ne pouvait procéder à aucune exécution. Il livrait le condamné au Prévôt de Paris, à la porte du Palais. On appelait de ses sentences au Parlement [5]. Il était tenu d'avoir « prisons et

1. Reg. du Parl., Collect. Sainte-Genev., Ff 13, t. I, f° 43, 27 avril 1366.

2. « Le Prevost dit que de *droit commun pour l'utilité publique* la visitation ly appartient selon les ordonnances et registres royaux comme dit est en la cause précédente, si ly doit estre renvoyé cette cause et semblablement le requiert le maistre du mestier des merciers.

« Le concierge dit que par son privilège expressément la visitation ly compète, doit cette cause demourer ceans...

« La Cour verra l'impétration et privilèges et fera droit sur le renvoy requis et sur l'adveu dit est que la cause demourra ceans et iront avant les parties... Pronunciatum le 27° jour de mars 1373 (1374). » Reg., Collect. Sainte-Genev., Ff 13, t. I, f° 176.

3. « Et outre, le dit Concierge peut et doit prendre et faire prendre audit Palais, pourpris et appartenances, toutes manières de fausses denrées qui y ont esté et sont apportées par quelle que personne que ce soit, et icelles faire ardre et faire ardoir devant le Perron audit Palais et des vendeurs ou apporteurs prendre et lever amende ou amendes telles qu'il appartient en tels cas.... » (*Ordonn. citée* de 1359, art. 2, p. 310.)

4. « Nul autre que lui (le Concierge) n'a cour et Juridiction temporelle dans l'enceinte du Palais, si ce n'est les Gens des Comptes, du Parlement, des Requestes du Palais, des Maistres des Requestes de l'ostel du roi.... » Il connait de tous les délits commis dans l'enceinte du Palais, des contrats, marchés, promesses faites dans ledit Palais, de toutes les rixes qui y surviennent... (*ibid.*, art. 2, p. 310).

5. (X[1a] 9, f° 359, 2 déc. 1342. — X[1a] 14, f° 535 v°, 22 avril 1363. — Aubert (*Hist. du Parl.*, 1887, p. 317, n. 3.)

ceps pour y mettre les malfaiteurs[1]. » Ce fut l'origine de la prison dite de la *Conciergerie*, au début toute spéciale. Elle n'était pas toujours très bien surveillée, car un geôlier, du Ru, en 1406, est puni pour en avoir laissé échapper des prisonniers[2].

Les profits, les privilèges, la juridiction faisaient de cette charge de Concierge du Palais un office recherché par les plus hauts personnages. Sous Charles V, le Concierge était de la famille de Savoisy. Sous Charles VI on remarque, pourvus de cette charge, le Chancelier *Arnaud de Corbie* (1384), *Thibaud de Mézeray* (1402-1411), *Antoine des Essarts* (1411)[3], *Jean de Troyes* (1413), chirurgien et échevin de Paris. La reine *Isabeau* n'en dédaigna pas les revenus (25 février 1413). Après le Chancelier *Henri de Marle* (1417), cette charge fut octroyée à un chef du parti Bourguignon, *Eustache de Laistre* (1418). Puis, la même année, elle fut réunie au domaine royal[4]. D'ailleurs le roi ne résidant plus au Palais, elle perdait de son importance. L'élection du titulaire appartint au Parlement et à la Chambre des Comptes. A mesure que le Palais devenait la maison, le Concierge fut celui, sa prison celle du Parlement.

Le Parlement avait donc sa geôle et ses Huissiers derrière lesquels on entrevoyait l'armée du roi ; ses Registres et son Greffe ; ses Procureurs et ses Avocats, sa nombreuse cohorte de Juges, moitié clercs, moitié laïques, et aussi nobles que savants ; ses audiences quotidiennes ; ses sessions annuelles et régulières. C'était là, déjà bien avancée, l'organisation d'un tribunal redoutable et supérieur, à la compétence et à l'action duquel, comme nous allons le voir, nul ne pouvait se soustraire. Le Parlement en effet, juge tout et se mêle de tout.

1. « Et a et doit avoir prisons et ceps au dit Palais pour y mettre et tenir les malfaiteurs.... » (*Ordonn.* de 1359, art. 2, p. 310.)

2. « Ce dit jour la Court a eslargi J. du Ru, prisonnier en la Conciergerie et nagueres geôlier d'icelle, pour occasion de certeins prisonniers qui s'en estoient eschappez de la dicte Conciergerie, par Paris, *sub penis et summissionibus* et moiennant caution de LX libvres, que ledit Ru sera tenues de bailler ». Conseil, XII (X^{1a} 1478, f° 269 r°, 17 mai 1406). *Journal de Nic. de Baye*, t. I, p. 156.

3. « Cedit jour, Anthoinne des Essars a esté reçeu concierge du Palaiz, ou lieu de Tiebaut de Meseray. » Conseil, XII (X^{1a} 1479, f° 180-181). *Journal de Nic. de Baye*, t. II, p. 35. Voir aussi Tuetey, *Journal d'un bourgeois de Paris*, p. 36-39.

4. Voir Aubert, qui donne toutes les références, p. 320.

LIVRE V

LES CAUSES. LA COMPÉTENCE DU PARLEMENT

CHAPITRE XII

LA COMPÉTENCE JUDICIAIRE DU PARLEMENT

I. — UNE SESSION DU PARLEMENT SOUS SAINT LOUIS.

Grâce aux registres *Olim* nous pouvons assister, pour ainsi dire, au travail quotidien du Parlement. A la session de la Chandeleur du 2 février (1255, n. st.), la première pour laquelle nous ayons des registres officiels, l'huissier de la Chambre des Plaids appela à haute voix, dans la Grande Salle du Palais et introduisit, avec les procureurs et les avocats : d'abord une femme qui réclamait, comme un simple héritage, l'office d'écrivain de la prévôté de Caen[1]; puis l'évêque de Clermont qui se plaignait des bourgeois de sa ville, coupables d'avoir arraché à son sergent des prisonniers accusés de meurtre[2]. Ensuite la comtesse de Nevers sollicitait, chose rare, l'envoi d'un bailli royal dans une de ses terres

1. Tous ces arrêts se trouvent dans le t. I des *Olim* (édit. Beugnot), p. 417 et suiv. et le sommaire dans l'*Inventaire des Archives du Parlement* de Boutaric à partir de la page 1. Boutaric a commencé sa série par quelques arrêts rendus à Orléans et à Pontoise à la fin de 1254, de sorte que le premier arrêt de la session de 1255 porte le n° 4. Nous suivons l'ordre chronologique rétabli par le savant archiviste et qui nous rapproche bien plus de la réalité.

Pour tous ces arrêts nous ne répéterons pas l'indication d'*Actes du Parlement* (Boutaric) ou d'*Olim* (Beugnot); nous nous contenterons de donner le numéro d'ordre : chiffres arabes pour les *Actes du Parlement*, chiffres romains pour les *Olim* de Beugnot. Ainsi pour ce premier arrêt, nous dirons : 4 et I et ainsi de suite.

2. 5 et II.

pour les plaids[1]. Geoffroy de Vailly déniait au comte de Sancerre le droit de le juger à propos de fiefs « qui mouvaient de France[2]. » Un autre seigneur, Hamelin de Mehun, défendait ses bois contre le comte de Blois, qui y pratiquait des coupes illicites[3]. La veuve du comte Amauri de Montfort réclamait la restitution d'une partie de son douaire[4] et la femme de Gaucher de Châtillon revendiquait les acquêts ayant existé entre elle et son mari, la moitié du village de Dyes[5].

Si nous continuons la lecture de ces primitives feuilles d'audience, nous voyons la Cour saisie d'un règlement de juges à Crépy pour une affaire de rapt[6]. Elle confirme les droits d'usage dans la forêt de Cuise où la dame de Néri maintenait un four à chaux[7]. Elle tranche des questions de famille et de biens (enfants mineurs de la comtesse d'Angoulême)[8]; d'hommages (l'évêque de Beauvais contre un de ses vassaux[9]); de droit de chasse (la dame de Folloel[10]); de procédure[11]; de justice féodale (église de Saint-Quentin et Jean de Hanghest[12]). La voix de l'huissier, à plusieurs reprises, appelle en vain Guillaume de Montaigu qui avait fait prisonnier et tenu captif un chevalier du roi. Défaut est prononcé contre lui[13]. La comtesse d'Angoulême est déboutée de sa demande contre le sénéchal du comte de Poitiers, auquel elle dispute un justiciable[14]. Henri de Chevreuse, qui a acheté une terre « en vilenage » (roturière), refuse d'acquitter envers le seigneur de Rouvray les droits de corvée, de garde, de « lit de plumes[15] », etc. Les « vendeurs des bois du roi » sont attaqués devant le Parlement par les forestiers de Chinon[16]. Pierre des Barres conteste à deux écuyers la justice sur leurs hôtes de Champigny[17], et la Cour condamne Robert de Bray à payer au roi le « tiers et danger » pour un bois[18]. Elle prononce sur une rente réclamée par la dame d'Orvilliers[19]. Elle écoute les villageois de Sap et la Ferrière (Orne) se plaignant de ce que le roi ne chauffe plus le four banal[20].

1. 6 et III. — 2. 7 et IV. — 3. 8 et V. — 4. 9 et VI. — 5. 10 et VII. — 6. 11 et VIII. — 7. 12 et IX. — 8. 13 et X. — 9. 14 et XI. — 10. 15 et XII. — 11. 16 et XIII. — 12. 17 et XIV. — 13. 18 et XV. — 14. 19 et XVI. — 15. 20 et XVII. — 16. 21 et XVIII. — 17. 22 et XIX.

18. 23 et XX. — *Tiers et danger*, droits sur la vente des bois (un tiers et en plus un dixième pour obtenir l'autorisation royale de faire la vente; ce dixième était le *danger*). Ces deux droits pouvaient exister séparément.

19. 24 et XXI. — 20. 25 et XXII.

Quoique le greffier Jean de Montluçon eût fait un choix dans ces procès qu'il abrégeait, leur énumération nous entraînerait trop loin s'il fallait reproduire, même sommairement, les arrêts relatifs à l'église de Saint-Michel à Béthencourt[1] (Somme); à des droits de main-morte[2]; à la succession d'une femme qui s'était noyée dans un accès de démence[3]; à la mairie de Bruyères (Aisne) que se disputaient, ni plus ni moins qu'une ferme, Jean de Bruyères et son neveu[4]. Des causes plus graves venaient couper ces procès arides. Guillaume de Bièvres avait été banni de France pour avoir défié l'évêque de Paris; les baillis reçurent l'ordre de rechercher les parents et amis qui avaient accueilli Guillaume, de détruire leurs maisons ou de les mettre en la main du roi[5]. Même défense de donner asile à un autre banni qui avait défié l'évêque de Chartres[6]. Après une question de fiefs (hommage dû à l'évêque de Paris par Odinet Bourbon)[7], le Parlement fait examiner la situation financière de la ville de Beauvais parce que plusieurs bourgeois veulent renoncer à la commune[8]. Puis vient une enquête sur les travaux que l'abbé de Garde-sur-Somme[9] a entrepris sur la rivière et qui sont préjudiciables à un prieuré. La Cour s'occupe des droits de passage que réclame dans des bois l'abbé de Saint-Benoît de Fleury[10] (Loiret). Elle blâme l'abbé de Saint-Riquier d'avoir reçu en sa prison un chevalier banni de la terre du roi[11]. Elle revient au droit de passage dans les forêts (religieuses de Villiers le Guéguinet)[12], puis examine les affaires, criminelles au premier chef, de violences commises par les bourgeois de Chartres[13] contre le Chapitre dont un membre a péri, et par ceux de Bourges qui se sont révoltés contre l'archevêque et ont insulté le légat du Saint-Siège[14]. Enfin, après des procès obscurs sur les limites des juridictions aux bailliages de Bourges et d'Orléans[15], la perception des droits dans les terres de l'abbaye aux Dames de Caen[16], des partages de successions[17], des péages exigés de marchands de poissons[18], la Cour fait comparaître l'abbé de Vézelay[19] qui doit répondre de violences commises par ses moines sur un sergent du roi. Elle instruit le procès du sire de

1. 26 et XXIII. — 2. 27 et XXIV. — 3. 28 et XXV. — 4. 29 et XXVI. — 5. 30 et I des *Consilia*, p. 432. — 6. 31 et II *ibid.* — 7. 32 et III *ibid.* — 8. 33 et IV *ibid.* — 9. 35 et V *ibid.* — 10. 36 et VII *ibid.* — 11. 37 et VIII *ibid.* — 12. 38 et IX *ibid.* — 13. 39 et X *ibid.* — 14. 41 et XII *ibid.* — 15. 40 et XI *ibid.* — 16. 42 et XIII *ibid.* — 17. 43 et XIV *ibid.* 18. 45 et XVI *ibid.* — 19. 44 et XV *ibid.*

Montréal, un de ces types de tyranneaux du moyen âge dont nous ne retrouverons que trop d'exemples et qui avait fait manger un prêtre aux mouches[1].

II. — La compétence du Parlement. Domaine et apanages.

Si, au lieu de voir d'ensemble toutes ces causes, nous les analysons et les classons, nous déterminerons aisément la compétence du Parlement.

D'abord un roi capétien était un seigneur. En cette qualité, il possédait duchés, comtés, châtellenies, puis, selon les hasards des acquisitions, des villages enclavés dans les terres de ses vassaux, des moulins, des fours, de vastes forêts ou quelques arpents de bois. Sa Cour connaissait naturellement de causes souvent infimes sortant des conflits inévitables de voisinage. C'était une *cour domaniale*.

Le Parlement défend les revenus du roi propriétaire; il protège ses forêts contre l'abus des droits d'usage[2]. Dans les questions d'héritage, il adjuge au prince des villes et des châteaux. Il ne laisse rien perdre, ni un droit de main-morte, ni un droit de gîte pour un voyage[3], ni même une bête de somme[4]. Il va jusqu'à revendiquer la propriété d'un fossé dans le cimetière d'une église de Bourges[5]. Il prescrit la démolition d'un moulin construit dans la bannière et au préjudice du roi[6]. Compétence qui semble négli-

1. 46 et XVII des *Consilia*. Montréal (Yonne, cant. de Guillon, arrond. d'Avallon).

2. Ordonnance sur les droits des usages dans les forêts royales (rendue en Parlement) Reg. XXXIV du Trésor des Chartes, f° 38 v°. *Actes du Parl.*, t. I, p. 222, n° 2316 D.

3. Arrêt ordonnant aux hommes de l'évêque de Paris de payer leur part, en raison de leurs biens, du *gîte* dû au Roi par les habitants d'Antony (1260). *Actes du Parl.*, n° 489. Arrêt portant que le roi a le droit de prendre son gîte dans les localités du domaine de la reine Marguerite (1276). *Actes du Parl.*, n° 1992. — Voir aussi *Essai de Restitut.*, n° 101 (1272), etc.

4. Arrêt condamnant les hommes de Dury à fournir au roi un sommier, ainsi qu'ils avaient accoutumé, par les mains de la dame de Mouy. Les habitants prétendaient n'y être plus tenus depuis que le roi les avait affranchis dans une charte. *Actes du Parl.*, n° 681.

5. Arrêt pour le roi contre le chapitre de Notre-Dame de Salis, de Bourges, qui réclamait la propriété d'un fossé creusé dans le cimetière de l'église, derrière la tour ronde (1263). *Actes du Parl.*, n° 740.

6. Arrêt prescrivant la démolition d'un moulin construit par messire Guillaume de Longueval à Harbonnière dans la *bannière* du roi (1263). *Actes du Parl.*, n° 735. Arrêt condamnant les habitants de Montchauvet à payer une amende au bailli de Mantes pour avoir fait moudre leur grain ailleurs qu'au moulin du roi dont ils étaient *banniers*. *Ibid.*, 1212. — On désignait par le mot *bannière* le territoire où il était interdit de faire moudre à d'autres moulins qu'à ceux du seigneur.

geable, tant les causes sont vulgaires : elle explique pourtant comment le roi, à mesure que son domaine s'étend, devient le plus riche des seigneurs. Ainsi que le prince, le Parlement confondra la propriété avec la souveraineté. Le roi sera réellement le plus grand et, quatre siècles plus tard, se croira l'unique propriétaire de la France.

Les Capétiens n'avaient plus, comme les Carolingiens et les Mérovingiens, partagé le royaume entre leurs fils. Mais ils en détachaient des parties pour assurer la subsistance et la dignité des princes du sang royal : l'aîné gardait la couronne et « apanageait » ses frères[1]. Ces démembrements du domaine royal, toutefois, n'allaient pas sans restrictions et réserves : de là des conflits sur les limites des duchés ou comtés donnés en apanage, des procès à la mort des donataires décédés sans héritier mâle. Lorsque Charles d'Anjou, roi de Sicile, réclama à son neveu Philippe le Hardi, le Poitou et l'Auvergne, réunis à la couronne après la mort d'Alphonse de Toulouse, le Parlement, dans un arrêt solennel, cité par tous les feudistes, proclama (1284) une doctrine qui resta celle de la monarchie. Charles d'Anjou se prétendait le plus proche héritier d'Alphonse son frère. Le Parlement lui répondit : « Lorsqu'un roi fait une donation quelconque d'héritage à l'un de ses frères, si le donataire meurt sans héritier, les donations reviennent au donataire ou au roi son successeur et de plein droit; dans ce cas, le neveu exclut l'oncle, puisque ce neveu, en droit et selon la coutume générale, représente la personne du donateur[2]. » Nous n'avons pas

1. *Apanages.* — « Le mot *apanage* n'est pas spécial au droit public : on le trouve aussi dans des textes coutumiers qui n'intéressent que le droit privé (*Coutume du Nivernais*, ch. Des droits appartenans à genz mariez, art. 24) : « Apanage, c'est la terre ou les terres que les pères donnent à leurs puisnez pour leur entretenement, pour en jouir eux et leurs hoirs. Mais spécialement et proprement on appelle *apanages* les terres et pays qu'un roy faible donne à ses puinez ou à ses frères, soyent duchez, comtez ou autres sortes de seigneuries. » (*Deux dialogues du nouveau langage français*, Paris, 1579, p. 253-254). Les apanagistes étaient désignés en Allemagne par des expressions comme celles-ci : *Abgetheile Herren*; *Abgefunden Herren.* L'apanagiste en effet, a reçu sa part d'héritage. Le système des apanages est un souvenir atténué du régime en vigueur aux temps mérovingiens et carolingiens, alors que le royaume ou l'empire était partagé à la mort du père entre ses fils. » P Viollet, *Hist. des instit. pol. de la Fr.*, t. II, p. 156.

Voir sur les apanages, Dupin, *Des apanages en général et en particulier de l'apanage d'Orléans* (Paris, 1827). Comte de Pastoret, *Du domaine et des droits domaniaux* (préface du t. XV des *Ordonn.*). Villevault et Bréquigny préface du t. XII des *Ordonn.* Ch. Mortet, art. DOMAINE dans la *Grande Encyclopédie.*

2. Jugement contre Charles d'Anjou, roi de Sicile, publié par Choppin, *De*

ici à traiter de ces concessions d'apanages que nous rencontrerons plus d'une fois, chemin faisant, et qui, sous les Valois, retardèrent, faillirent même compromettre la constitution de l'unité française[1]. Nous marquons seulement quels graves intérêts cette compétence domaniale remettait entre les mains du Parlement, trop féodal, disons-le tout de suite, pour s'étonner de ces largesses territoriales et le plus souvent se bornant, comme le roi, à discuter sur les clauses secondaires, à sauver un moulin en cédant une province.

En tant que seigneur, le roi commandait à des vassaux qui lui devaient le *service militaire*, les *aides* pour la chevalerie de son

domanio, 230; La Roque, *Histoire d'Harcourt*, III, 206; Ducange au mot APANAGE. Brussel, *Traité des fiefs*, II. XLIX; il a été réédité par M. L. Delisle dans l'*Essai de Restitution des Actes du Parl.* t. I, p. 388, n° 537 : « Cum donatio quacunque hereditagii procedit a domino Rege uni de fratribus suis, donatario ipso sine herede proprii corporis viam universe carnis ingresso, donationes ipse ad ipsum donatorem aut ejus heredem succedentem in regno revertuntur pleno jure, et in hoc casu nepos patruum excludit, cum idem nepos suo jure et generali consuetudine in omnibus personam patris donatoris representat. »

1. Précisons pourtant, avec M. P. Viollet, les conditions restrictives mises à ces apanages. « Les droits qui échappent à l'apanagiste, dit-il, ont été minutieusement énumérés dans une instruction datée de 1372 et relative à la ville, baronnie et rectorie de Montpellier, constituée en apanage au profit du roi de Navarre. Ces droits sont : la connaissance des crimes de lèse-majesté, des infractions de sauvegardes royales, du crime de fausse monnaie, du port d'armes, la connaissance des contrats faits sous le scel royal quand les parties se sont soumises à la coercition d'icelui, la connaissance des cas de nouvelleté. Par le même acte le roi se réserve encore les droits de grâce et d'anoblissement, le droit d'octroyer sauvegardes et légitimations, le droit d'amortissement, le droit d'autoriser des foires ou des marchés. » (*Ordonn.*, t. IV, p. 479. Analyse par E. Lavisse, dans *Revue historique*, t. XXVI, p. 239, 240, 253.) P. Viollet, *Hist. des Institutions*, t. II, p. 158, 159.

Voir actes de Charles V pour restreindre des apanages (*apanage d'Orléans*) 1366 (1367), P. Anselme, t. III, p. 176; (d'*Auvergne*), *ibid.*, t. III, p. 209 (1360). — Arrêt du Parlement concernant l'Auvergne et la mettant sous la main du roi (*ibid.*, t. III, p. 220); après de longues difficultés l'Auvergne fut rendue à la maison de Bourbon. — Voir aussi pour les seigneuries d'*Anet*, de *Nogent-le-Roy*, de *Mantes*, de *Meulan*, de *Montchauvet* données en supplément d'apanage à Louis de France, comte d'Evreux, par Philippe le Long (1317), P. Anselme, t. III, p. 201; pour le *Nivernais* érigé en comté-pairie par Philippe VI en considération du mariage de Louis II de Flandre avec sa deuxième fille (1347), *ibid.*, p. 193. — Le *Maine*, confisqué sur Jean d'Angleterre, donné ensuite en apanage avec l'Anjou à Charles, frère de saint Louis, revint à la famille des Valois par le mariage de Marguerite de Sicile avec Charles de Valois, et rentra dans le domaine de la couronne à l'avènement de Philippe de Valois. Il en fut de nouveau détaché en 1332, en faveur du fils de Philippe, Jean, réuni de nouveau à la couronne en 1350, enfin, par un autre démembrement qui dura plus longtemps, érigé en pairie et donné avec l'*Anjou* a Louis, fondateur de la seconde maison d'Anjou. Ce comté ne revint à la couronne qu'à l'extinction de cette seconde maison d'Anjou en 1481. (P. Anselme, t. III, p. 165.)

C'est au Parlement que les princes qui reçoivent des apanages viennent prêter l'hommage : « Ce jour, le duc de Berry fit hommage au Roy de la comté de *Poictiers* et les fiefs de *Parthenay* et autres terres de Poictou, fit serment de féauté au Roy et par especial d'estre contre le roi d'Angleterre et ses ennemis, au Louvre à Paris. » Reg. du Parl., Collect. Sainte-Genev., Ff 17, t. I, f° 66, 13 déc. 1372.

fils aîné, pour le mariage de sa fille ou sa propre rançon en cas de captivité. Il percevait des impôts (*lods et ventes*, *relief*, *quint* et *requint*[1]) lors des mutations ou aliénations de fiefs relevant de lui. Il prélevait le droit de *franc-fief* sur les roturiers acquérant des biens nobles[2]. Il *confisquait* en cas de violation de la foi jurée. Il *scellait* les actes, les chartes, de son sceau royal et en tirait profit.

Il héritait des *aubains*, des *bâtards*, bénéficiait des *épaves*, des *trésors* trouvés, des *amendes* judiciaires, etc. En un mot, outre son domaine immobilier, le roi possédait ce que M. Glasson appelle avec raison le « *domaine muable*[3]; » droits seigneuriaux qui donnaient lieu à des contestations infinies. Le Parlement défend ces revenus du prince comme les revenus fonciers : il est encore là *cour domaniale*. On devine déjà combien les acquisitions continuelles du roi augmentaient l'action du Parlement dans toutes les régions de la France jusqu'au jour où le domaine muable, comme l'autre, s'étendit sur le royaume tout entier.

III. — La cour des pairs.

Les relations entre les propriétaires des terres, dans le désordre de l'époque mérovingienne et carolingienne, avaient amené, par les *bénéfices*, par la *recommandation* surtout, l'établissement du régime des fiefs. Elles avaient transformé le roi en *suzerain*. Le prince était lié envers ses vassaux, comme ceux-ci l'étaient envers lui, par des obligations réciproques. Il était leur *juge*. Sa Cour connaissait de leurs différends, des litiges qu'entraînait la compli-

1. *Lods et ventes*, droit payé à la vente d'un héritage censier et, en certaines Coutumes, désigné sous le nom d'*honneurs*; *relief*, droit payé au suzerain lorsqu'un fief passait par héritage à une branche collatérale. *Quint* (cinquième) et *requint* (cinquième denier du quint), droits payés au seigneur à chaque vente d'un fief relevant de ses domaines. C'était le droit analogue à celui des *lods et ventes*, exigé pour la vente d'héritages soumis au cens.

2. Droit que le roturier qui acquérait un fief payait au seigneur immédiat et à tous les seigneurs médiats en remontant jusqu'au roi.

Voir pour ces droits : Chéruel, *Dictionnaire des Institutions*; Lalanne, *Dictionnaire historique de la France*; Glasson, *Hist. du droit*, t. VI, chap. IX, Le Domaine de la Couronne; Luchaire, *Manuel des Institutions françaises*, Classification des droits seigneuriaux, p. 335-351. On trouvera d'ailleurs en ce substantiel résumé la bibliographie de cette question.

3. Glasson, *Hist. du Droit*, t. VI, p. 6, § 4. — Tous les revenus qui constituaient ce domaine muablement sont soigneusement détaillés dans le chapitre IX : Le Domaine de la Couronne.

cation des services féodaux, des compétitions de familles dans les successions, les partages, les ventes et les contrats. Les vassaux immédiats tenaient à ne débattre leurs intérêts, au civil comme au criminel, que devant cette Cour composée de leurs compagnons, leurs égaux, leurs *pairs*; tribunal analogue à celui de tous les hauts barons, juges de leurs hommes comme le roi et, comme lui, juges du champ aussi bien que du corps. Au Parlement donc arrivaient les causes des vassaux immédiats et par là même, des plus grands feudataires.

Les maîtres des provinces qui avaient consenti à laisser l'un d'eux, Hugues Capet, prendre la couronne des Carolingiens, n'avaient pas moins continué à se considérer comme ses égaux, ses *pairs*. Ducs de Normandie, d'Aquitaine, de Bourgogne, comtes de Flandre, de Blois, d'Anjou, de Vendôme, de Bretagne, de Champagne demeuraient plus ou moins des *fidèles*[1], astreints aux devoirs de *conseil* et d'*aide*, mais non aux obligations étroites de l'*hommage* que, dans la suite, ils se virent amenés à accepter comme les autres vassaux. Ils auraient dû, en théorie, former une cour supé-

1. *Cour des pairs.* — M. Jacques Flach a exposé, sur ces points, des considérations différentes des généralités un peu vagues auxquelles s'étaient arrêtés Guizot, Pardessus, Beugnot. Il est entré plus avant dans la question des rapports des grands feudataires avec le prince. « ... Les hauts seigneurs que l'on appela plus tard les grands vassaux de la couronne, les ducs de Normandie, d'Aquitaine et de Bourgogne, les comtes de Flandre, de Toulouse et de Champagne, n'étaient-ils pas unis au roi par des liens singulièrement plus lâches que les vassaux proprement dits? Pour ma part, je considère comme très douteux qu'ils aient jamais, au XIe siècle, prêté d'autre serment que le serment de fidélité. Au XIIe siècle même, ce n'est qu'exceptionnellement que nous les voyons faire au roi un acte d'hommage, fût-ce d'hommage simple. De même les grands dignitaires ecclésiastiques, archevêques et évêques, abbés à la nomination du roi, n'étaient tenus qu'au seul serment de fidélité.

« Ces fidèles que l'on pourrait dire hors rang devaient donc, par droit et par raison, être convoqués à la cour du roi s'il s'agissait de juger l'un d'entre eux, l'un de leurs pairs. De là naquit l'usage de réserver le titre de pairs aux plus puissants et aux plus grands parmi les vassaux ou les simples fidèles, à ceux dont la présence faisait de la cour ordinaire du roi une cour des pairs par excellence, une cour dont nul fidèle ne pouvait décliner la compétence, une cour mixte enfin qui devint le Parlement et qui servit au roi vis-à-vis de ses vassaux à transformer sa suzeraineté féodale en souveraineté, vis-à-vis de ses fidèles à rendre sa souveraineté effective sous les dehors d'une suzeraineté féodale... » J. Flach, *Origines de l'ancienne France*, t. I, p. 232. — Nous ne ferons à ces savantes considérations qu'une objection, celle de leur ingéniosité même. On veut, il nous semble, trouver trop de profondeur dans les idées de ces temps en réalité primitifs. Il faudrait plutôt montrer les instincts et les passions, instincts de liberté et d'indépendance, passions violentes, ambitions individuelles, orgueil effréné. On atteindrait plutôt la vérité historique par l'analyse psychologique que par ces raisonnements très bien déduits sans doute, mais qui supposent chez les hommes, au moins dans la première partie du moyen âge, une raison qu'ils n'avaient pas et un esprit qui est plutôt notre esprit scientifique.

rieure dite des *pairs*, distinction qui s'effaça de bonne heure dans la pratique. De même que dans les cours des barons[1], les pairs (car le comte de Flandre en avait 12, le comte de Hainaut 8, de Champagne 7, de Vermandois 6) se confondaient avec les autres vassaux; de même, dans la cour du roi, les pairs siégèrent à côté des vassaux du Parisis et de l'Orléanais et des grands officiers de la couronne. Sans doute, sous l'influence poétique des Chansons de Gestes et des Légendes de Charlemagne, on fixa leur nombre à *douze*[2] (6 laïques, 6 ecclésiastiques). Il ne paraît point qu'au XIIe siècle ils aient protesté quand ils avaient eux-mêmes non plus à juger, mais à être jugés. En 1153, l'évêque de Langres cita à la cour du roi un autre pair, le duc de Bourgogne, qui refusa sans doute de comparaître, mais en niant simplement les faits allégués et sans décliner la compétence du tribunal[3]. Au XIIIe siècle, en 1224, la comtesse de Flandre est ajournée par le sire de Nesle devant la cour du roi « pour défaute de droit ». Elle chicane sur la citation qui ne lui avait pas été signifiée par deux pairs. Le Parlement ne s'arrête point à cette exception. Soutenue par d'autres pairs, la comtesse refuse ensuite aux officiers de

1. « Il en fut de même, dit M. J. Flach, dans les cours des seigneurs régionaux, ducs, comtes ou barons. Le terme de *pairs* ne s'applique plus à tous les vassaux des fidèles, mais aux principaux d'entre eux seulement, à ceux qui devaient garnir en règle la cour du seigneur. Le comte de Flandre eut ainsi ses douze pairs, de même le comte de Guines. Le comte de Hainaut en eut huit; le comte de Champagne, sept; le comte de Vermandois, six...

« Il est intéressant de remarquer, à propos de ce dernier, que Philippe-Auguste, en confirmant aux bourgeois de Saint-Quentin leur charte de commune (1195), parle des pairs du Vermandois qui autrefois étaient considérés comme les plus grands : « Cum primum communia acquisita fuit, *omnes Viromandiæ Pares, qui tunc temporis majores habebantur*, et omnes clerici, salvo ordine suo, omnesque milites, salva fidelitate comitis firmiter tenendam juraverunt. » (*Ord. des r. de Fr.*, t. XI, p. 270). — N'est-ce pas comme un trait de lumière sur l'origine de la Pairie? Ce sont les majores pares qui retinrent seuls le nom de pairs. » (J. Flach, *ouv. cité*, t. I, p. 255, note 1.)

2. J. Flach, *ouv. cité*, t. I, p. 253-254, note 3. (Voir *Chanson de Roland*, Les 12 pairs de Charlemagne, vers 322-325; 261, 262; 857, 858) : « Il est fort possible, du reste, ajoute M. Flach, que les douze pairs n'ont été nullement au XIe siècle les mêmes dignitaires que nous rencontrons deux siècles plus tard. Les comtes d'Anjou et de Vendôme, par exemple, pouvaient figurer parmi eux, au lieu des comtes de Champagne et de Toulouse... Je remarque, pour finir, que le nombre douze se rencontre dans la Loi salique et dans les Capitulaires; non seulement pour les *Conjuratores* (Lex Salica, tit. 58), mais aussi pour les assesseurs des plaids (*Capit. de justitiis faciendis circa ann.* 820 cap. II, Boretius, p. 295).

Voir aussi Pardessus, p. XXVI.

3. Voir Luchaire, *Histoire des Institutions monarchiques*, t. I, p. 304. Les travaux postérieurs de M. Flach et autres ont pu compléter mais non modifier le résultat des études approfondies de M. Luchaire.

la couronne le droit de siéger à ce procès. Peut-être même les pairs ne les récusaient-ils que comme trop attachés au roi. Le Parlement décide que le Chancelier, le Bouteiller, le Chambellan, le Connétable, doivent prendre part au jugement des pairs[1]. Dans un procès entre le roi et l'archevêque de Reims, Thomas de Baumet, au sujet de la garde de Saint-Remy de Reims (1259), l'archevêque, selon une vieille chronique[2], se retrancha derrière sa qualité de pair. Celui qui parlait pour lui, Pierre Halos, dit : « Par foi, sire, l'archevêque est pair de France et doit être jugé par ses pairs, ce jugement n'est pas fait par pairs[3]. » Pierre de Fontaines

1. Martène, *Amplissima collectio*, t. I, col. 1193. — Boutaric, *Actes du Parlem.*, t. I, p. cccııı, col. 2. — Ch. V. Langlois, *Textes du Parlement*, p. 35, nº xxı.

2. *Chronique de Reims*, publiée par Louis Paris (1837), *Archives administratives* de Reims, par Varin, t. I, 2ᵉ partie, p. 758-889.

3. « Par foi, sire, li archevêque est pers de France et doit être jugé par ses pers. Ci jugement n'est pas fait par pers : si ne voet pas qu'il lui soit griés... » (*Chron. citée.*)

Nous n'avons pas d'ailleurs à exposer complètement cette question des pairs abondamment traitée dans Beugnot, *Olim*, préface du t. I, p. xlvııı; Luchaire, *Institutions monarchiques*, t. I, p. 305 et suiv.; J. Flach, les *Origines de l'ancienne France*, t. I, p. 251 et suiv. Voir aussi F. Lot, *Mémoire sur l'origine des pairs de France*, Revue historique, t. LIV, Lettre de M. Luchaire, même volume, p. 382. — Petit-Dutaillis, *Étude sur Louis VIII*, p. 349.

La cour des Pairs et Jean Sans Terre. — Un des points de cette question a été l'objet d'un débat soulevé par un article très détaillé de M. Guilhiermoz, sur la condamnation de Jean sans Terre. Il a discuté et réfuté (*Biblioth. de l'éc. des Chartes*, Les deux condamnations de Jean sans Terre, février 1899, p. 45 et suiv.), une thèse de M. Bémont qui consistait à n'accepter que le jugement de 1202 et à faire du procès de 1203 une mystification forgée en 1216 au moment de l'expédition de Louis de France en Angleterre. (De *Johanne Cognomine sine Terra anno 1202 condemnato*, thèse, Paris, 1884. Traduction française dans *Revue historique*, t. XXXII.)

M. Ch. Petit-Dutaillis a repris la thèse de M. Bémont et contredit M. Guilhiermoz (*Revue histor.*, sept., oct. 1899). M. Guilhiermoz a répondu. Intervenant dans cette discussion, M. Monod a soutenu les théories de MM. Bémont et Petit-Dutaillis. Nous ne voulons retenir ici qu'un passage de l'article de M. Monod qui nous intéresse car il touche à l'origine des pairies ecclésiastiques, et nous semble très juste : « Une partie de cette hypothèse, dit M. Monod, n'est guère admissible, celle d'après laquelle les six pairies ecclésiastiques auraient été choisies par l'influence de l'archevêque de Reims, Guillaume Blanchemains ; cinq de ces pairies faisant partie de la province ecclésiastique de Reims et la sixième, Langres, en étant toute voisine. M. de Manteyer, dans son Mémoire sur l'origine des douze pairs de France, paru dans les *Études sur le moyen âge*, dédiées à G. Monod, me paraît avoir très bien démontré que les six pairies ecclésiastiques sont des évêchés frontières dont les titulaires possédaient les pouvoirs comtaux, étaient des vassaux directs du roi capétien, des barons, des pairs et étaient naturellement appelés à siéger dans sa cour pour le service de justice et de conseil. Quant aux pairies laïques, elles correspondaient aux grands duchés nationaux qui se divisaient la France : Bourgogne, Aquitaine, Normandie (le quatrième, celui de France était aux mains du roi) et aux comtés palatins frontières, sortes de margraviats de Flandre, de Champagne et de Toulouse. Ces six grands vassaux étaient par leur situation même élevés au-dessus de tous les autres. Ce qui est vrai, c'est que la conception des douze pairies date de la fin du xııᵉ siècle ou des premières années du xıııᵉ, et que le procès de Jean

répondit : « On vous en fera droit, si vous voulez, s'il doit valoir ou non. » Les maîtres se retirèrent. Après avoir délibéré, ils dirent que le jugement était bon et raisonnable, car la querelle n'était pas de pairie. » La liste des juges, qui, en 1284, rejetèrent les prétentions de Charles d'Anjou, roi de Sicile, à la succession d'Alphonse de Poitiers, est la liste du Parlement ordinaire[1]. Des démêlés obstinés entre le comte de Flandre, pair de France, et la ville de Gand (1283-1284), sont soumis au Parlement. Ce serait refaire toute l'histoire des rapports de la Flandre avec Philippe le Bel que de rappeler combien de fois ce grand vassal fut cité, condamné par le Parlement et comment des arrêts précédèrent, dans la conquête de ce pays, les armées du roi procureur[2]. C'est encore toute l'histoire de Philippe le Bel que les citations incessantes du plus redoutable des vassaux, le roi d'Angleterre, devant le Parlement. Sous Philippe VI de Valois, Robert d'Artois est jugé (1332) par une Cour solennelle où siègent les pairs, mais aussi les autres membres du Parlement. La présence d'un pair ou deux suffisait pour que la Cour fût considérée comme « suffisamment garnie de pairs ». Au temps de Charles V, la compétence de la Cour royale était si bien déterminée à l'égard des grands vassaux que les registres

sans Terre, fécond en conséquences, a pu contribuer à la fixer. » (G. Monod, *Revue histor.*, sept., oct. 1899, p. 41.)

Enfin M. Luchaire a résumé et repris cette discussion en se rangeant du côté de MM. Monod et de Bémont dans une communication à l'Académie des sciences morales. (Bulletin de février 1900, p. 163-168.)

1. *Liste des juges pour une affaire d'un pair.* — Voici la traduction de cette liste : « Pierre, archevêque de Reims; Simon, archevêque de Bourges Pierre, archevêque de Narbonne; les évêques Gui de Langres, Guillaume d'Amiens, Th. de Dol; Thomas évêque élu de Beauvais; Mathieu (de Vendôme), abbé de Saint-Denis; Guillaume, prévost de l'Isle; Pierre, doyen de Saint-Martin de Tours; les archidiacres : de Coutances, Gautier; de Blois, Guillaume; de Bayeux, Étienne, Sologne, Pierre; l'abbé de Saint-Lucien de Beauvais; Gui de Boiac, chanoine de Reims et plusieurs autres clercs laïques, baillis (ils sont de rang si modeste que le greffier ne s'arrête pas à copier leurs noms). — Les seigneurs sont : Robert, duc de Bourgogne, chancelier de France; Gui, comte de Flandre; Thibaud, comte de Bar; Jean de Falevi, comte de Ponthieu; Simon, seigneur de Nesle; Eustache de Coulans (ou de Conflans); Imbert de Beaujeu, connétable de France; Jean (de Brienne), fils du roi de Jérusalem, bouteiller de France; Raoul de Nesle, chambellan de France, Gui de Tornebu, chevalier; Guillaume Crépin. maréchal; Jean, seigneur d'Harcourt; frère Jean, trésorier du Temple; Egidius de Bryon, Gui Bas, Jean de Beaumont, Guillaume de Prenay, chevaliers; Ferry de Verneuil; frère Arnoult de Wisemale. » (Voir texte latin, L. Delisle, *Essai de restitution, Actes du Parl.*, t. I, p. 388.)

2. Voir pour cette question qui reviendra dans notre second volume, l'important ouvrage de M. Funck-Brentano : *La Flandre sous Philippe le Bel*, couronné par l'Académie des inscriptions et belles-lettres (prix Gobert, 1899).

nous fournissent (1378) le détail d'un procès conduit en forme contre Jean de Montfort, duc de Bretagne, qui avait favorisé les invasions anglaises. Mention est faite des pairs présents : les autres, remarque le greffier, avaient envoyé « des lettres d'excusations. » Suivent les noms des prélats et barons présents à ladite journée[1].

Le vent a si bien tourné que les pairs réclament, au xve siècle, comme privilège, une juridiction que, deux siècles auparavant, ils estimaient inférieure à leur dignité. En 1392 et 1396 des lettres royales sollicitées par le duc de Bourgogne, oncle de Charles VI, proclament qu'il n'est tenu de plaider « de toutes les causes et de celles auxquelles son procureur se veut adjoindre, ailleurs que devant le Parlement.[2] » Ces lettres s'appuient précisément sur « les noblesse et prérogative de la pairie qui sont aussi les honneur et prérogative de notre dite Cour, principalement fondée pour la connaissance des causes de notre procureur, des pairs de France, des appellations. » Le Parlement demeure à travers les âges le *tribunal des pairs*.

IV. — Le parlement, tribunal de première instance et tribunal d'appel.

A plus forte raison, les seigneurs moindres tiennent-ils à honneur de ne porter leurs causes ou de ne répondre aux accusations que devant la cour suzeraine. Si leur rang dans la hiérarchie féodale ne leur permet point l'accès immédiat de la cour du roi, ils

1. Du mardi 9 décembre 1378. « Ce jour, le Roy nostre seigneur, tint son Parlement en la Chambre de Parlement à Paris, auquel estoient adjournez les Pairs de France pour le faict touchant messire Jean de Montfort, chevalier, naguère duc de Bretagne. Et est à sçavoir que cy après s'ensuit l'ordre et la manière comment les Pairs de France siéent et furent assis et lesquels furent présents en la dite journée. Et est à sçavoir que le Roy nostre seigneur estoit assis en sa Majesté Royale en la manière qu'il avoit accoustumé quand il sied pour justice et assez près de luy estoit Monseigneur le Dauphin, les lays barons présents, le duc de Bourgogne, le duc de Bourbon, le comte d'Estampes, (absents duc d'Anjou, duc de Berry, comte de Flandre, comte d'Alençon, comte d'Artois, duchesse d'Orléans). Les clercs prélats, ducs, archevesque de Reims, l'évesque de Laon, l'évesque de Langres; comtes l'évesque de Beauvais, de Chaalons, de Noyon. (Tous les pairs de France cy dessus ont écrit au Roy nostre seigneur leurs excusations.) Item cy après s'ensuivent les noms des autres prélats et barons qui estoient présents à la dite journée, etc., etc... » Reg. du Parl., Collect. Sainte-Geneviève, Ff 17, t. I, f° 78.

2. Lettres du 26 septembre 1396 confirmant celles du 17 déc. 1392. *Ordonn.*, t. VIII, p. 113. Nouvelles lettres, 30 oct. 1404 (*Ord.*, t. IX). « Le duc de Bourgogne est pair et doyen des pairs de France et par ce ne soit tenu de plaidier de toutes les causes et de celles auxquelles son procureur se veut ad oindre que par devant nous ou Nostre Parlement, s'il lui plaist. »

le sollicitent comme un privilège. Ils obtiennent des lettres dites de *committimus*, qui évoquent leurs causes au Parlement. Les principaux officiers du roi et ceux qui font partie de l'hôtel jouissent de ce droit. Comme il arrive toujours pour les faveurs, dès qu'une porte est ouverte, il faut refouler le flot des prétendants. Sous Charles VI, une Ordonnance (1387)[1] limita ce privilège dont abusaient les conseillers, chambellans, maîtres des requêtes, maîtres de l'hôtel, secrétaires, notaires, panetiers, échansons, écuyers d'écurie, valets tranchants, huissiers, sergents d'armes, ayant obtenu lettres royales par lesquelles leurs causes étaient commises aux Requêtes du Palais. « C'est dure chose, dit l'Ordonnance, que tous aient leurs dictes causes aux dictes Requêtes du Palais et que l'on en oste la court et cognoissance à ceux à qui elle doit appartenir. » Charles VI s'efforça de remédier à ces exceptions plus onéreuses au peuple qu'on ne le croirait, car les officiers, en attirant ainsi leurs affaires au Palais, forçaient leurs adversaires, même de pays éloignés, à venir plaider à Paris[2], devant des juges redoutés dont eux-mêmes sans doute avaient l'oreille. Par droit de naissance ou par faveur, les nobles comparaissaient donc, en première et dernière instance, devant le Parlement *tribunal des privilégiés*. L'orgueil de ces seigneurs nous paraîtra moins singulier si nous réfléchissons que la Cour, en dépit de ses modifications, représentait toujours pour eux les anciens Parlements. Elle demeurait aristocratique et féodale.

Le roi jurant, à son sacre, de protéger les Églises, celles-ci tiennent la plus large place parmi les justiciables privilégiés. C'est une tradition qui se continue et qui explique la composition mixte du Parlement. C'est une grâce ancienne, sans cesse renouvelée par des lettres royales, pour les Églises de Notre-Dame de Paris, de la Sainte-Chapelle, de l'abbaye de Saint-Denis, des évêchés d'Angers de Limoges, du Mans[3], etc. Le Parlement est le tribunal, en pre-

1. Ord. du 16 janvier 1386 (1387). *Ord.*, t. VII, p. 161.

2. « ... est convenu et convient aucunes fois qu'ils (les adversaires des officiers) ayent faict et fassent des compositions pour estre desportez (dégagés) et eschiver (éviter) le péril des chemins et les mises et despens qu'il leur conviendroit faire à venir de lointaines parties où ils demeurent pour plaider à Paris. » (*Ord.*, t. VII, p. 161.)

3. Église de Chartres (*Ord.*, t. VIII, p. 465).
Religieuses du Prieuré de Poissy (*Ord.*, t. VIII, p. 445).

mier et en dernier ressort, pour le temporel, des *Églises*, des *abbayes*, des *Prélats*, qui y trouvent de sûres garanties d'impartialité, même de bienveillance.

Suzerain de tous les suzerains, le roi est l'arbitre de toutes les justices. Son Parlement connaît de toutes les luttes qui s'engagent entre les juridictions. Juge entre deux vassaux du roi, le Parlement l'était aussi entre un vassal du roi et un vassal d'un autre seigneur, entre deux vassaux de seigneurs différents (car la querelle devenait personnelle aux deux suzerains, vassaux du roi), ou bien entre un châtelain et une commune, entre des bourgeois et un chapitre. Toutes les fois qu'il n'y avait pas de juge direct des deux parties, le Parlement intervenait au nom de la supériorité du prince devant laquelle durent s'incliner toutes les souverainetés féodales. Beaucoup d'affaires passent sous nos yeux, sommairement analysées dans les registres, car elles ne sont pas jugées au fond. Les maîtres n'ont eu qu'à régler de juges. Le Parlement est surtout un *tribunal des conflits*.

Si puissant par ses jugements en première instance, le Parlement le devient plus encore comme *tribunal d'appel*. Il tenait moins à évoquer les procès qu'à les reviser. Ce qui avait marqué la rupture des liens entre les maîtres des provinces et le roi aux IXe et Xe siècles, c'était l'omission de l'appel à sa justice. On s'en était peu aperçu, puisqu'à cette époque on appelait, non au supérieur, mais au glaive, supérieur à tout. Quand les rois reprirent l'ascendant, ils s'appliquèrent, non à détruire mais à subordonner les juridictions féodales. La cour du roi devint le point d'attache, l'*appel*, le trait d'union. Ce progrès de l'autorité royale, inséparable d'un progrès des mœurs et d'une évolution de la procédure,

Abbaye de Saint-Denis (*Ord.*, t. VIII, p. 427).
Chapitre de Dorat dans la Marche (*Ord.*, t. VIII, p. 131).
Les Célestins de Paris (*Ord.*, t. VII, p. 91; t. V, p. 324).
Église de Tours (*Ord.*, t. VII, p. 703).
Abbaye de Chaalis (*Ord.*, t. VI, p. 391).
Abbaye de Fontevrault (*Ord.*, t. VI, p. 662).
Église de Limoges (*Id.*, t. VI, p. 204).
Église d'Angers (*Id.*, t. VII, p. 446).
Abbaye de Faremoutiers (*Id.*, t. VII, p. 269).
Église du Mans (*Id.*, t. VII, p. 235; t. V, p. 516 et suiv.).
Abbaye de Maubuisson (*Id.*, t. VII, p. 25).
Nous ne citons ces églises et ces abbayes que comme exemples. On pourrait en relever beaucoup d'autres.

rendit le prince juge, en dernier ressort, de toutes les causes. Le Parlement fut le tribunal et le refuge suprême.

Devant lui se plaident, en première et dernière instance, les causes les plus infimes aussi bien que les plus hautes dès qu'elles touchent au roi ou à de puissants barons. Le Parlement n'aura pas à rechercher les procès : les baillis les lui apporteront, les seigneurs, les prélats les lui offriront à l'envi. Si par sa nature et ses traditions, la Cour, composée de seigneurs eux-mêmes justiciers, est incapable de dégager la justice des diversités et des bizarreries féodales; si même elle n'y songe point, il n'en est pas moins vrai que par ses maximes sur la supériorité du prince, par la conspiration même des seigneurs et du clergé, sans effort, par son simple et quotidien travail, elle constituera en France, dans une foule de questions et de débats, pour juge en premier et en dernier ressort, c'est-à-dire pour juge unique, le roi.

CHAPITRE XIII

LA COMPÉTENCE ADMINISTRATIVE ET POLITIQUE DU PARLEMENT[1]

I. — Les causes administratives.

Dans une société aussi désordonnée que celle du moyen âge, la justice était la première nécessité, le gouvernement même. Simples encore, en dépit des subtilités dialectiques, les esprits confondaient les idées et les pouvoirs. Les baillis, comme les réformateurs envoyés dans les provinces, étaient presque exclusivement des juges. Toutes les difficultés se résolvaient en procès. Qu'il s'agît de voierie, d'eaux et de forêts, de constructions, de routes, de ponts, de services ou de revenus de fiefs, de tailles, les contestations arrivaient ou devant les seigneurs ou devant les baillis et, en dernier ressort, devant le Parlement. Les hommes de ce temps n'avaient ni deux mots, ni deux formes pour deux justices qui leur paraissaient identiques[2]. Le Parlement distribuait la jus-

1. Nous n'insérons ici ce chapitre que pour ne pas rompre l'unité de la compétence du Parlement. Mais en réalité il n'est que le programme, très sommaire, du volume par lequel nous nous proposons de compléter le présent ouvrage. La compétence administrative et politique du Parlement n'ayant pas moins d'importance que sa compétence et son rôle judiciaire, nous avons tenu à lui consacrer une place égale. Nous nous abstiendrons donc, pour ce chapitre d'esquisse, des développements et des références qui se retrouveront quand nous traiterons vraiment le sujet.

2. M. Glasson a fort nettement marqué cette différence des temps et des esprits. « On ne connaissait pas alors, dit-il, la séparation de la justice en civile, criminelle ou administrative. La justice administrative est une invention toute moderne. Sans doute on admettait déjà autrefois que certaines affaires exigeaient des connaissances spéciales; de là des tribunaux d'exception. Mais autre chose sont des

tice que nous appelons *administrative* avec la même autorité que l'autre.

Il se heurtait là pourtant à un *Conseil* issu comme lui des assemblées féodales. La cour du roi, nous l'avons expliqué, s'étendait et se rétrécissait, brillante ou obscure, tumultueuse ou grave, solennelle pour les cérémonies et les débats politiques, limitée pour l'ordinaire besogne, les menues questions. Or le travail judiciaire qui occupait les plus assidus et les plus savants personnages, ne manquait pas de les distraire du mouvement de la politique. Juges ils étaient et restaient durant toute la session. Les princes, les hauts seigneurs, entre temps, ne s'en réunissaient pas moins en Conseil intime, étroit, quotidien et indépendant des Parlements. Cette assemblée nous est révélée sous le nom de *Grand Conseil* par des mentions spéciales dans les Ordonnances. Les barons et les clercs qui la composaient, se retrouvent la plupart le lendemain dans la Chambre des Plaids, car le roi y appelle ceux qu'il veut, Saint-Louis ceux qu'il estimait le plus, Philippe le Bel ceux qui le flattaient le mieux. Il n'y a rien de fixe encore, pas même la volonté du prince. Le *Grand Conseil*, pour les délibérations importantes, dispense de recourir à des assemblées plus générales. Il se distingue à peine du Parlement, puisqu'il lui emprunte et lui restitue son personnel. Plus tard cependant il s'en séparera, il prétendra le remplacer, ce qui étonnera toujours, ou le dominer, ce qui réussira parfois. Représentant exclusif de la royauté, il pourra bien casser les arrêts du Parlement, en rendre d'aussi puissants, d'aussi respectés, jamais!

A chaque session, les baillis venaient apporter leurs comptes. Vérifier, calculer, en ces temps où les monnaies variaient sans

tribunaux administratifs exceptionnels, autre chose la justice administrative proprement dite. Autrefois ces tribunaux administratifs étaient considérés comme des dérogations à la justice ordinaire, mais on ne comprenait pas qu'il pût exister des tribunaux administratifs de droit commun. A ce point de vue la notion de la justice était bien mieux comprise qu'aujourd'hui. On posait en principe l'existence d'une seule justice de droit commun, la même pour tous, pour l'État, le roi et les particuliers. Certainement ce principe était très affaibli par la création des tribubunaux d'exception et par le pouvoir arbitraire du roi, mais du moins existait-il, tandis que de nos jours il a été renversé.... » (*Histoire du droit*, t. VI, p. 255.)

On lira d'ailleurs avec intérêt tout le § 7 du chapitre X, « La Justice royale », où la Compétence du Parlement est résumée avec autant de clarté que de précision. C'est un cadre très exact que nous n'avons guère eu qu'a remplir avec les arrêts du Parlement.

cesse, c'était une besogne aride, minutieuse. Les personnages du Parlement, anciens baillis ou dignitaires d'églises, chargés de ce travail, ne cessaient pour cela d'appartenir au tribunal : ils y revenaient souvent siéger : ils allaient des chiffres aux procès qui d'ailleurs naissaient fréquemment des chiffres. Les gens des Comptes prononçaient aussi des arrêts : ils étaient juges dans les contestations financières. Il leur fallut une salle spéciale,ce fut la *Chambre des Comptes*. Plus tard ils auront leur Palais dans le Palais.

Mais la Chambre des Comptes, même lorsqu'elle aura conquis son autonomie, ne pourra s'émanciper tout à fait. Ses besognes la rapprochaient sans cesse du Parlement, dont elle était la fille. Les débats relatifs aux tailles, aux aides, aux impôts de toute sorte, aux monnaies, touchant aux questions d'administration autant que de finances, venaient ou revenaient par appel devant la Cour ordinaire. Tribunal administratif, le Parlement restait par cela même le souverain *tribunal financier*.

Les querelles quotidiennes des métiers, les règlements d'industrie et de commerce, la surveillance des marchands lombards et des changeurs, les difficultés multiples relatives aux péages, aux droits de douanes, au commerce maritime, se plaident devant le Parlement. Là encore c'est un tribunal administratif en même temps qu'un *tribunal de commerce*.

Les villes sont ses justiciables non seulement pour leurs juridictions sans cesse en conflits avec les juridictions seigneuriales, mais aussi pour la gestion de leurs finances. Le Parlement examine les plaintes qu'on lui adresse, les différends qui s'élèvent entre les cités et leurs magistrats, vérifie et, au besoin, supprime les privilèges. Juge des villes, il l'est plus particulièrement de Paris dont l'administration lui est quasi subordonnée. Il est, comme le roi, le protecteur de la capitale. Il veille à ses approvisionnements. Il prend part à ses fêtes.

Cour du-roi, le Parlement connaît nécessairement de tous les conflits avec le clergé au sujet des bénéfices, des régales, des dîmes. Composé de prélats et de dignitaires ecclésiastiques, il peut intervenir même dans des débats religieux, des questions de doctrines : il réglera la conduite des princes dans le Grand Schisme. Là encore il exerce une action essentiellement politique.

La Cour du roi défend aussi les prérogatives de l'Université, s'intéresse aux études, aux leçons des professeurs, aux doctrines. Le Parlement est populaire dans la jeunesse, qu'il garde de la main parfois trop rude des prévôts. Son rôle de tribunal le mêle ainsi à toutes les agitations et à la vie intime de la nation.

II. — Le rôle politique.

Point de débat, élevé ou vulgaire, qui échappe à la Cour suprême. Toutes les affaires, même étrangères, traités de paix, déclaration de guerre aboutissent au Parlement qui les enregistre. Ses conseillers partent sans cesse en missions diplomatiques à la cour de Rome, vers les rois de Castille ou d'Aragon, vers les princes ou les républiques d'Italie, vers le roi d'Angleterre, vers l'empereur d'Allemagne. Ces ambassadeurs accidentels sont ordinairement juges au Parlement. Après leurs voyages, ils reviennent dépouiller les enquêtes, écouter les plaidoiries, interroger des prisonniers, prononcer des arrêts. Par la qualité, la science, les services de ses personnages, autant que par la variété infinie de ses attributions, le Parlement est la souveraine *autorité politique* du royaume.

Il a sur les *États généraux* l'avantage d'être toujours présent. Quand ceux-là paraissent, il est bien obligé de s'éclipser; car il n'est plus, quoiqu'il le dise, le représentant de tous les vassaux. Les rois l'exaltent, mais s'en font un instrument de règne. Ils sauront l'humilier quand il voudra se faire accepter comme contrôle.

Ainsi que nous l'avons déjà indiqué, la société fut complice, autant que la royauté, de cette évolution singulière qui aboutit non à la liberté, mais à la monarchie absolue. Préoccupée essentiellement de l'ordre et de la justice, s'abritant sous la royauté, qui s'efforça, avec saint Louis, de lui assurer l'un et l'autre, avec Philippe le Bel l'un plus que l'autre, la société du XIIIe siècle favorisa comme les progrès du droit hâtèrent le développement, au sein de la cour du roi, de l'esprit juridique, pour elle à la fois source de vie et de mort. Le besoin, de plus en plus impérieux, d'un tribunal souverain régulier l'amena à se changer en Cour spéciale et auguste de justice, et à s'immobiliser sous une forme trop particulière. Le Parlement satisfit aux intérêts du temps et croyait d'autant moins nuire à ceux de l'avenir qu'il gardait sa puissance administrative, législative, financière et politique. Associé chaque jour au travail de la royauté, il s'imagina naïvement qu'on l'écouterait lorsqu'il exprimerait les mécontentements du pays. Certes, son pouvoir était immense, mais manquait d'appui. Quoiqu'il conservât les apparences des anciennes assemblées, il n'en était plus qu'une fraction. On lui fera bien sentir qu'il n'était plus que le Parlement du roi.

Sa tâche n'en fut pas moins grandiose, comme on le voit par cette rapide énumération de toutes ses attributions. C'était un tribunal de premier degré pour les *privilégiés*, la *cour domaniale* du roi, la cour des *grands vassaux* ou des *pairs* laïques et ecclésiastiques, une *cour d'appel* pour tous. C'était aussi une *cour suprême* prononçant sur tous les conflits, réglant la jurisprudence, élaborant le Droit. Très uni à la *Chambre des Comptes*, le Parlement la complétait et la dominait. Rival du *Grand Conseil*, il lui disputait le pouvoir administratif. Par la seule évocation de ses anciennes traditions, il joua un rôle politique et prétendit suppléer, remplacer les *États-Généraux*.

Sa compétence était donc universelle. Son œuvre, à la fois judiciaire, administrative, financière, économique, sociale et politique, égala à travers les siècles celle de la royauté même, car le Parlement se confondait avec elle.

III. — La salle du Palais. Les justiciables du Parlement.

Au Palais, sous la double nef de la Grande Salle, se rencontraient et se croisaient, dans le bruit des discussions, des plaideurs de tout rang et de toute qualité. Les chevaliers faisaient retentir sur les dalles leurs éperons d'or. Les seigneurs et les princes, ducs de Bourgogne, de Bretagne, comtes d'Alençon, de Flandre, d'Armagnac, d'Artois, d'Auvergne, de Dammartin, de Nevers, de Sancerre, etc., avaient sans doute trop de fierté et des procès trop nombreux pour comparaître en personne : ils payaient des procureurs, pensionnaient des avocats. Mais quand de graves intérêts étaient en jeu, ils venaient étaler leurs manteaux brodés, leurs chapeaux de roses ou de pierreries. Quand ils ne siégeaient pas comme juges, ils venaient comme parties, et comme parties redoutables. Écuyers, nobles de tout pays obligent à venir aussi leurs adversaires, évêques, abbés, doyens de chapitres ou simples prieurs. Le clergé d'ailleurs tient autant de place dans les audiences que sur les bancs du tribunal : presque chaque jour retentissent les noms des archevêques de Reims, de Sens, de Tours, de Toulouse, des évêques de Noyon, Laon, Langres, Beauvais, Auxerre, Albi, le Puy, clients très assidus du Parlement; des abbés de Saint-Denis, de Saint-Germain-des-Prés, de Saint-Germain d'Auxerre, de Cluny, de Charlieu, de Moissac, de Corbie, de Saint-Riquier, d'une foule d'autres, car il faudrait citer presque tous les monastères, grands et petits, comme il faudrait énumérer les châteaux et châtellenies, objets de litiges sans éclat et presque sans fin[1].

1. *Les plaideurs au Parlement.* — Pour nous tenir le plus près possible des textes, nous donnons ici l'énumération des plaideurs d'une session (celle qui a suivi la session de 1255 précédemment analysée), *Parlements de* 1256, 1257 et 1258. Comparurent personnellement ou par procureurs (si l'on se reporte à l'ordre chronologique de Boutaric) : bourgeois de Corbie (*Actes* n° 47), religieuses de Fontevrault (50), habitants de Chaville (51), prieur de Saint-Leu d'Esserent (52), habitants de Neuilly (53), prieur d'Essonnes (54), Eudes de Broncourt (55), habitants de Sannois (56), le comte de Blois (57), les habitants de Tournus (58), ceux de Noyon (67), l'abbé de Saint-Sulpice de Bourges (68), Guillaume de Charenton (70), prieur de Saint-Martin-des-Champs (71), abbé de Saint-Médard de Soissons (74), chantre de Senlis (75), chanoines de Moyen-Moutier (76), archidiacre de Beauvais, seigneur de Courdemange (77), seigneur de Picquigny (79), Renaud de Pons (80), Dame Jeanne de Draveil plaidant contre les habitants de Draveil, Champrosay et Soisy (82); dame Élisabeth veuve de Gautier de Sucerno (83), le sergent des bois de Beauquesne (87), l'abbé de Saint-Valery contre la communauté de Rue (88), le prieur de Gizy contre le roi (89), Eustache le Vicomte, chevalier (90); les habitants de Noyon-sur-Andelle (92), Jean de Fleury, chevalier (93); le chapitre de Saint-Cloud (94), le prieur de la Charité (98), le maire et les bourgeois de Péronne (99), le chef des métiers de Brives (100), les habitants de Figeac (102), l'abbé de Ferrières (104), les habitants de Chaumont (108), les hommes de la prévôté de la Chapelle (109), Templiers et Hospitaliers (111), l'évêque d'Arras contre maître Adam de Vigny (pour un arbre) (117), Guillaume de La Fontaine, bourgeois de Sens contre l'abbé de Vézelay (118); le sire de Joinville (119), l'abbé de Saint-Taurin d'Evreux (121); Gérard, abbé de Sarlat (124); l'évêque de Thérouanne (125), le chapitre d'Amiens (126), le prieur et le chapitre de Neuvy (127), l'évêque de Séez (128), le seigneur Anselme de Bray (129), le comte de Saint-Pol (130), l'abbé de Saint-Germain-des-Prés contre le roi (131), le sire de Tillières (133) Guillaume Paroy, bourgeois de Tillières (135), le sire de Nonancourt (136), le maire et les jurés de Montreuil (137), Guillaume d'Ouville, chevalier, contre le roi (141); l'abbé de Coulombs (142), Raoul de Teville, clerc (143); le sire Simon de Fouilloy, chevalier, et l'abbé de Corbie contre le maire et les jurés de Corbie (144); Mathieu de Roie contre Henri de Montreuil, chevalier (145); les hommes du Breuil (près de Mantes) contre Madame Jeanne de Flacourt (146), les bourgeois de Bréval (147), le prieur de l'Estrée contre le roi (148), Hugue, dit Lecherie contre Gautier Leclerc de Beaumont (149), Guillaume de Mesnil, chevalier (150); le sire Henri de Boury et le chambrier de Longpont (152), le maire de Falaise (154), le duc de Bourgogne contre Pons, bourgeois de Sens (il perd son procès) (161), Aubert de Nemours (162), le sire d'Amboise (163), le bailli d'Enguer-

Aux longues robes sombres des clercs et des moines, aux cottes de satin des seigneurs se mêlaient les cottes serrées et courtes, les chausses jaunes et bleues, rouges et vertes, des bourgeois, des gens de métiers, tisserands, drapiers, tanneurs, teinturiers; plus souvent encore, des poissonniers, non moins affairés que les marchands lombards; puis les robes, marquées d'une roue, portées par les Juifs; même les sayons grossiers des pauvres serfs; les coiffures originales des dames du pays de Caux et de la Basse-Normandie, les bonnets-soleils des pêcheuses de Boulogne-sur-Mer, les hennins, les cornettes aux ailes démesurées ou restreintes, aux formes plus ou moins bizarres qu'on retrouve encore aujourd'hui dans les provinces et dans les ordres religieux de femmes qui ont gardé l'habillement ancien. C'était la France même, en raccourci, qu'on pouvait contempler au Palais.

L'audition des plaideurs se faisait suivant un ordre géographique qui subsista longtemps. Défilaient d'abord ceux du *Vermandois* : ils ouvraient toujours, on ne sait pourquoi, la série des audiences. Puis venaient ceux des sénéchaussées du *Périgord* et de la *Saintonge*, du duché d'*Aquitaine*. Le patois gascon était remplacé par le patois picard (bailliage d'*Amiens*), qui s'effaçait à son tour devant le langage de l'*Ile-de-France* (bailliage de *Senlis*, prévôté de *Paris*) et devant les dialectes qui s'en rapprochaient (*Champagne*, bailliage de *Sens*, *Touraine*, *Poitou*, *Orléanais*, *Berry*). On entendait alors le patois bourguignon (bailliage de *Mâcon*), les nombreux et difficiles patois de l'*Auvergne*, pour revenir au parler traînant de la *Normandie*, puis, pour finir, aux notes sonores de la *langue provençale* et du *Languedoc* (sénéchaussées de *Beaucaire*, de *Carcassonne*, de *Toulouse*). Selon les mois, on se trouvait transporté,

rand de Couci (165), Jean Coulomb de Sens et ses frères (166), les bourgeois et le chapitre de Laon (167), Jean de Courtenay, clerc, contre le sire de Montmorency (168); Enguerrand de Coucy (170), la comtesse de Dreux contre Philippe de Créquin (171), l'évêque de Châlons (173), le chapitre de Beauvais (174), le chapitre de Paris (176), les bourgeois de Sens (177), les moines de Saint-Denis (178), la dame de la Forêt (180), le maire et les bourgeois de Meulan (181), l'abbé de Beaulieu (près de Loches) (182), les lépreux de Corbeil contre le prieur de Saint-Martin-des-Champs (183), le sire de Créci (186), la comtesse de Viennois contre le roi (187), Pierre de Laon, chambellan du roi (188). (*Actes du Parlement*, t. I, n°s 47 à 188).

Une telle liste nous dispense, par son désordre même et son mélange de toutes les classes de personnes, d'en reproduire d'autres où se répéterait toujours la même confusion de toutes les catégories de personnes et de conditions.

sans sortir du Palais, dans les différentes provinces. Les langages persistaient, distincts, non sans se mêler, dans ces rencontres annuelles, avec la langue de l'Ile-de-France, la langue de Paris, qui peu à peu devait s'imposer à tous les dialectes.

Dans ces divers patois, ces hommes de tout pays, de tout rang, de toute condition apportent au Parlement toutes sortes de causes. Aux deux tourelles qui, dans la capitale, signalent la Grand'Chambre, aboutissent toutes les affaires privées et publiques. Le Parlement prononce sur tous les intérêts, sur les garennes et les bois, les marchandises et les impôts, les questions de morale et d'enseignement. Il écoute les plaintes du peuple. Il enregistre les Ordonnances du roi. Il reçoit les serments de tous les grands officiers et les hommages des grands vassaux. Il est le surveillant et le protecteur de tous. Il faudrait, pour se le représenter au vrai, réunir les institutions que nous avons divisées : aux Chambres du *Tribunal* de la Seine, joindre celles de la *Cour d'appel*, celles de la *Cour de cassation*, puis les sections du *Conseil d'État*. Encore n'aurait-on là qu'un *Parlement* incomplet, puisque l'ancien avait un contrôle financier, une puissance législative, une autorité politique et que son nom, illustré pourtant par la justice, est resté, non à nos tribunaux, mais à nos assemblées délibérantes dont il tenait hardiment la place en face de rois absolus. Il connaissait souverainement de tout et pouvait tout.

Cette compétence illimitée explique l'action puissante du Parlement de Paris, comme celle-ci prouve sa compétence. L'une s'affirme par l'autre et on ne saurait les séparer. Aussi les comprendrons-nous mieux toutes les deux en entrant dans le détail de l'œuvre du Parlement, nous bornant, en ce volume, à l'œuvre *judiciaire et sociale*. D'ailleurs la France, aux XIIIe et XIVe siècles, a surtout soif d'ordre et de sécurité. Le Parlement, comme saint Louis et après saint Louis, est d'abord le grand apaiseur.

LIVRE VI

L'ACTION DU PARLEMENT
L'ÉVOLUTION JUDICIAIRE AUX XIIIe ET XIVe SIÈCLES

CHAPITRE XIV

LES GUERRES PRIVÉES

I. — Les guerres privées au moyen age. Leur interdiction par saint Louis.

Le premier sujet d'orgueil de l'homme, c'est sa force, et c'est l'instinct de la vengeance dont il a le plus de peine à triompher. De là, chez les nations primitives, la solidarité de la famille et de la tribu; de là, au moyen âge, les groupements féodaux. Comme les souverainetés, les guerres étaient familiales et locales. Les parents des seigneurs entraient, comme autrefois les tribus germaniques, dans les haines de leur chef ou d'un de leurs proches[1]. C'est toujours la *fehde* germanique, devenue, dans le vieux langage français, la *faide*[2]. C'est toujours la primitive association de la famille

1. « Suscipere tàm inimicitias seu patris seu propinqui quàm amicitias necesse est ». (Tacite, *De moribus Germanorum*, chap. xxi.)

2. E. Maupas, dans ses *Positions de thèses*, a critiqué la dénomination de *guerres privées*. Les guerres de possesseurs de fiefs doivent, selon lui, s'appeler guerres féodales. D'après ce travail, « la guerre s'ouvrait par parole ou par fait. Dans le premier cas, on défiait son adversaire. Le défi devait précéder toute voie de fait. Un délai était placé entre le défi et l'ouverture des hostilités. Il varia de huit à dix jours. Les parents des chefs avaient quarante jours de répit après l'ouverture de la guerre. Le défi se faisait par héraut ou par lettre. La guerre ouverte par fait se

agissant et seule capable d'agir en l'absence d'un pouvoir public qui n'est pas encore suffisamment constitué. La vengeance alors c'est le droit, la guerre c'est la loi [1].

Il y a pourtant quelques restrictions. Deux frères germains ne peuvent se combattre : ils auraient droit au concours des mêmes parents. Mais deux frères consanguins ou utérins ne pouvaient se déclarer la guerre; car, dit Beaumanoir, « chacun a lignage qui n'appartient pas à l'autre [2] ».

A la solidarité des parents [3] s'ajoute celle des vassaux. Les grands propriétaires sont liés entre eux par une chaîne de droits et de devoirs dont le service militaire est le plus fréquemment réclamé. Le vassal suit son seigneur, même contre le suzerain dont il est cependant l'arrière-vassal.

Vasselage et lignage permettent ainsi de recruter des armées qui font l'orgueil des seigneurs; ils facilitent aux ambitieux les usur-

poursuivait sans délai, etc. » (*Essai sur la législation des guerres féodales d'après les textes coutumiers et les actes du XIIIe et du XIVe siècle*. Ecole des Chartes, *Positions de thèses*, 1865-1866, p. 19-25).

1. Voir un ban de 1277 autorisant à Douai le port des armes. « On a atorneit, ke se borgois de ceste vile est en *faide* et il veut avoir congiet de ses armeures porter por lui et por ses parens manans en ceste vile, il covient ke tout cil ki en volront avoir congiét viengnent en le hale devant eschevins et se noment par non et par sornon.... » Georges Espinas. *Les Guerres familiales dans la commune de Douai, aux XIIIe et XIVe siècles* (1899). Pièces justificatives, n° XXVI, p. 49.

2. Beaumanoir, chap. LIX, § 1667, 1669 (Salmon).

3. M. J. Flach a bien fait ressortir l'influence de la parenté dans les groupements féodaux : « Si l'on veut éprouver la véritable nature des rapports féodaux, il faut se demander ce qui constitue à notre époque la force, la puissance du seigneur féodal. Seraient-ce les fiefs qu'il a concédés? Nullement. C'est sa parenté. C'est dans elle, dans le *parage* ou *lignage*, dans une parenté nombreuse, robuste et vaillante, qu'elle réside. Le fief n'offrait, par lui-même, ni au seigneur, ni au vassal, sécurité suffisante.... Des rapports plus fixes, plus stables, naissaient de la parenté. Le baron est, avant tout, un chef de famille ou de clan. Il a, comme alliés naturels, comme *charnels* ou *naturals amis*, les autres seigneurs de sa parenté, il a sous son autorité directe ses fils et ses petits-fils, des collatéraux, frères, neveux, parents plus éloignés. Une solidarité étroite unit tous les membres d'une même famille. Dans Ogier le Danois, la nombreuse parenté d'Ogier s'interpose entre Charlemagne et lui. Dans la chanson de Roland, tous les parents de Ganelon prennent sa défense, et trente d'entre eux partagent sa mort quand Pinabel est vaincu. Il y a quelque chose de noble et de fier en même temps que de terrible dans cette solidarité familiale. Elle se traduit avec éclat dans ces longues luttes qui sont soutenues par les familles féodales et que nos vieux poètes épiques ont chantées sous le nom de *gestes* (familles). La fortune, la vie, l'honneur sont un patrimoine commun que tous les parents doivent contribuer à défendre. C'est leur premier, leur plus impérieux devoir, celui qui l'emporte sur la fidélité due à tout seigneur étranger, sauf peut-être au compagnon ou frère fictif, une sorte d'*hommage lige naturel* auquel tout autre vasselage doit céder et dont la violation constitue la pire des trahisons, la plus odieuse des forfaitures. » (*Origines de l'ancienne France*, t. II, livre III, ch. IV, p. 445-448.)

pations et les violences. Autant de seigneurs, autant de roitelets, par conséquent autant de guerres.

En outre, malgré la force du lien féodal, le seigneur voit ses vassaux imiter son humeur belliqueuse. Le mauvais seigneur sème et récolte la désobéissance. Pour contraindre ses hommes à le soutenir dans ses injustices, il est réduit à les combattre. De même, dans les familles, la solidarité oblige les parents à se lever à l'appel de celui qui a été lésé ou outragé. Ils ne demandent pas mieux que de le faire, mais ils ont aussi leurs cupidités et leurs passions : querelles d'héritage, tentations de spolier les mineurs, les orphelins et les veuves, amènent à chaque instant des désunions dans ces maisons féodales. Guerres de voisins contre voisins, de barons à barons, de seigneurs à villes, de villes à couvents ou à chapitres, guerres de neveux contre des oncles, de beaux-frères et de frères contre des frères, de fils contre des pères! en un mot guerre entre tous ces petits États, entre les cités, entre les quartiers d'une cité, entre les châteaux, guerre dans le château même; voilà l'anarchie vraiment épouvantable qui, depuis le XIe siècle surtout, désolait le pays et contre laquelle la société cherchait à réagir[1].

Si âpres qu'elles fussent, ces luttes n'étaient point sans répit. L'Église, au XIe siècle, multiplia et prolongea les trêves en interdisant la guerre depuis le mercredi soir jusqu'au lundi matin, en outre, durant l'avent, le carême et les grandes fêtes religieuses : ce fut la *Trêve de Dieu* (à partir de 1041-1095)[2]. Prescriptions sans cesse répétées, sans cesse méconnues. L'Église ne pouvait les appuyer que par des peines morales, comme l'excommunication

1. Il n'entre pas dans notre sujet de revenir sur cette histoire des guerres privées, dont on trouvera les éléments dans Ducange, *Glossaire* : *Treuga Dei*; XXIXe Dissertation sur Joinville, *Glossaire*, tome X; Laurière, Préface du tome I des *Ordonnances*; Préfaces des tome XI et XIV; Brunner, *Deutsche Rechtsgeschichte*, tome I (§ 12, 13, 21, 22, 29), tome II (§ 122, 132, 136); A. Molinier, *Administration féodale du Languedoc*, p. 143 et suiv. Guiraudet, *Le Commun de paix en Rouerque* (Mém. de la Soc. de l'Aveyron, t. XX) et dans une quantité d'ouvrages particuliers et de monographies. Voir Luchaire, *Manuel des Institutions françaises*, p. 228.

2. Voir sur la Trêve de Dieu le livre de Sémichon, *la Paix et la Trêve de Dieu*, 2 vol. in-12, 1869, avec les observations critiques auxquelles il a donné lieu (*Bibl. de l'Éc. des Chartes*, 1858, p. 292, et *Revue Critique*, 30 avril 1870). « L'idée de ces trêves ou paix imposées par l'autorité date de loin : les Lombards les connaissaient, mais ce mode de pacification s'est singulièrement développé au XIIIe siècle. » Viollet, *Établiss. de saint Louis*, t. I, p. 182.

et, de plus, ses efforts étaient discrédités par de fâcheux exemples, puisque beaucoup d'évêques et d'abbés figuraient souvent parmi les seigneurs belliqueux. Son action continue néanmoins amena, dans beaucoup de pays, la formation d'associations dites de *paix*. Puisqu'il y avait solidarité entre les parents et les vassaux pour le mal, ne pourrait-il y en avoir pour le bien? La *paix* était si nécessaire aux villages, aux villes que ce mot en était venu, dans les chartes, à remplacer celui de *justice* [1], car sans la paix, la justice ne saurait fleurir. L'endroit où se tenait l'assise devenait la maison de *paix*. Dans les villes étaient organisés des tribunaux dits de *paix*; les juges s'appelaient « les paiseurs [2] ». Grâce à ces ligues et aux milices paroissiales, communales, l'Église put sanctionner par la force matérielle ses condamnations morales des perturbateurs du repos public. Elle ouvrait aussi, dans ses domaines déjà garantis par des immunités, des asiles ou *sauvetés*, lieux sacrés, marqués par les croix qui les bornaient, et où l'on ne pouvait poursuivre les fugitifs.

Le roi, quand il fut un prince énergique, comme Louis VI le Gros, appuya cette action pacifique et salutaire du clergé. Sans cesse à cheval, malgré sa corpulence, suant et soufflant, il traversait les forêts qui couvraient alors les environs de Paris pour punir un Bouchard de Montmorency, et, à travers celles de l'Orléanais, allait détruire le repaire de Hugues, sire du Puiset. Louis VII entraîna à la deuxième croisade les plus turbulents seigneurs.

1. *La paix*. — « Cette paix après laquelle les populations soupiraient n'était pas autre chose que la justice. Le mot de paix dans la langue de ce temps-là n'avait pas un autre sens. Ceux qui sont familiers avec le moyen âge savent que le mot justice présentait presque toujours à cette époque l'idée d'impôt, de redevance seigneuriale ou d'amendes, et que c'est par le mot de paix que les hommes désignaient ce que nous appelons aujourd'hui la justice. Un *paiseur* signifiait un juge et une *maison de paix* signifiait le lieu de réunion d'un tribunal.... » (Fustel de Coulanges, Etude historique sur l'organisation de la justice, *Revue des Deux Mondes*, 15 mars 1871.)

2. Voir comme exemple une Ordonnance de la comtesse Marguerite de Flandre confirmant à Douai le tribunal des paiseurs : « Nous... avons otroièt a nos chiers eschevins de Douay ke il puissent prendre et eslire,... VII proedomes (prud'hommes) loiaus borgois de Douay... por faire les paix des wieres morteus (guerres mortelles), des haynes et de toutes les autres descordes... Et cil proedome, quant il seront esliut et pris por estre *paisseur*... il doivent en le presense de nos eschevins devant dis faire serement a nostre bailliu de Douay,.... ke il feront lor offisse de *la paisserie* bien et loialement a lor pooirs.... » G. Espinas, ouv. cit., Pièces justif., p. 47, XXII (10 déc. 1268).... « On fait le ban, ke se il est borgois u borgoise u fius de borgois u de borgoise de ceste ville, u ke il maingne, ki soit en faide, en hayne u en mal amor, et il voelle avoir *pais* et acorde, ke il viengne as *preudomes paisseurs* de Douay ki les pais feront de par Sainte-Eglise, de par le Singneur de le Terre de Flandres, et de par les eschevins. » (Ban du 9 sept. 1278. *Ibid.*, p. 49, n° XXVII.)

Philippe-Auguste les intimida, en même temps qu'il détournait leurs armes contre les chevaliers anglais et allemands. Peut-être même est-ce lui qui à la *Trêve de Dieu* ajouta la Trêve ou la *Quarantaine du roi*[1]. En tout cas on voit ce délai de quarante jours entre l'offense et les guerres imposé et accepté sous saint Louis, cet ardent défenseur de l'ordre public.

Les inspirations vraiment chrétiennes de Louis IX répondaient précisément aux prédications d'un Ordre nouveau qu'il affectionnait et protégeait, celui des *Frères mineurs*. Dans ses voyages il allait accompagné souvent de ces disciples de saint François d'Assise qui, d'Italie, s'étaient répandus en France avec leur grossière tunique ceinte d'une corde et leurs pieds nus. Saint François d'Assise (1182-1226), « cet admirable personnage, qui selon l'expression de Bossuet, a mené une vie plus angélique qu'humaine[2] », avait créé deux Ordres : l'un d'hommes, l'autre de femmes (l'Institut de Sainte-Claire), deux milices de la pénitence et de la pauvreté. Puis, avec une intelligence égale à sa ferveur, il avait compris que la foule des chrétiens ne pouvait et ne devait s'engager dans des pratiques aussi ascétiques. Il avait formé un troisième Ordre, libre, compatible avec les devoirs militaires ou civils, permettant à ceux qui le désiraient d'être, en quelque sorte, moines dans le monde[3]. En ranimant ainsi chez les chrétiens, dans le peuple

1. Beaumanoir (ch. LX, § 1702), [Salmon] attribue la quarantaine le roy à Philippe-Auguste. Si elle n'eût daté que de saint Louis, il l'eût su et l'eût dit.

La raison de cette trêve était de garantir les parents qui souvent ignoraient la querelle, contre des attaques imprévues. Elle laissait aussi le temps aux colères de tomber et aux interventions de se produire.

2. Bossuet. *Panégyrique de saint François d'Assise*.

3. Ces développements et cette influence du Tiers Ordre ont été bien mis en évidence dans ce passage d'un des écrits du célèbre prédicateur Lacordaire.

« Le monde se peuple de jeunes filles, de veuves, de gens mariés, d'hommes de tout état qui portaient publiquement les insignes d'un ordre religieux et s'astreignaient à ses pratiques dans le secret de leurs maisons. L'esprit d'association qui régnait au moyen âge, et qui est celui du christianisme, favorisa ce mouvement. De même qu'on appartenait à une famille par le sang, à une corporation par le service auquel on s'était voué, à un peuple par le sol, à l'Eglise par le baptême, on voulut appartenir par un dévouement de choix à l'une des glorieuses milices qui servaient Jésus-Christ dans les sueurs de la parole et de la pénitence. On se revêtait des livrées de saint Dominique ou de saint François; on se greffait sur l'un de ces deux troncs pour vivre de leur sève, tout en conservant encore sa propre nature; on fréquentait leurs églises, on participait à leurs prières, on les assistait de son amitié, on suivait d'aussi près que possible la trace de leurs vertus. On ne croyait plus qu'il fallût fuir le monde pour s'élever à l'imitation des saints; toute chambre pouvait devenir une cellule et toute une maison une thébaïde.... » (*Vie de saint Dominique*, par le P. Lacordaire, chap. XVI.)

comme parmi les nobles, le sentiment religieux et les vertus évangéliques, il travaillait à une grande amélioration sociale[1]. De ses prescriptions nous n'en avons qu'une à retenir ici : « Les Frères ne porteront pas d'armes offensives, si ce n'est pour la défense de l'Église romaine, de la foi catholique et de leur pays. » La chevalerie avait atténué la sauvagerie des luttes familiales. Les *Fraternités* franciscaines supprimaient ces luttes mêmes.

Faut-il s'étonner que saint Louis, dans lequel le Tiers-Ordre, en France, honore un de ses patrons[2], se soit appliqué à faire cesser les guerres privées? En 1245, prêt à partir pour la croisade, il les interdit durant cinq ans[3]. Après son retour d'Égypte, il maintient ces défenses. Il les renouvela en 1257, condamnant les incendies, les attaques contre les laboureurs[4]. Sans doute, dans l'excès de ses scrupules, Louis IX, roi féodal, ne contestait pas aux seigneurs, maîtres chez eux, le droit de partir en guerre contre leur suzerain qui leur aurait refusé justice; le coutumier des *Établis-*

1. Voir *Documents pour expliquer la règle du Tiers Ordre de saint François d'Assise au point de vue spirituel, social et économique*, par le P. Gérard de Vaucouleurs. Paris, 1899 (3 vol. Dépôt chez A. Roger, 61, rue Falguière).

« Pour que les destinées du monde moderne s'accomplissent, dit le P. Gérard, il fallait donc qu'après le mouvement des communes, il se fît une révolution plus vaste et plus profonde encore; il fallait réunir, autant que le permettait l'état du moyen âge, en un faisceau unique, les forces diverses qui venaient de surgir vis-à-vis de la puissance féodale; il fallait qu'à côté de l'organisation aristocratique il se créât une organisation populaire; il fallait en un mot que les communes, réunies par un lien de solidarité, devinssent le tiers état. Ce fut à cette transformation que travailla le Tiers Ordre du XIIIe siècle, et il donna un tel élan au peuple, que l'on vit, dès le siècle suivant, apparaître partout les institutions représentatives. En effet, dès que les Tertiaires s'engageaient *solennellement* à ne plus épouser les querelles des grands, et que le suzerain ne pouvait plus entraîner avec lui les populations, que devenait la suzeraineté? Ajoutez à cela que non seulement l'épée du peuple échappait à l'aristocratie, mais encore son cœur, puisque personne ne pouvait se lier solennellement aux mille partis qu'elle fomentait. La vieille organisation était donc radicalement atteinte par les mœurs nouvelles que la prédication franciscaine avait fait naître. Le terrain se dérobait sous l'édifice. » (P. Gérard, tome I, p. 285.)

2. *Ibid.*, p. 274.

3. Ordonn. de 1245 à Pontoise. Elle a été extraite par Laurière (*Ord.*, t. I, p. 56) d'une Ordonnance du roi Jean de 1353. L'Ordonnance latine a été publiée par Ducange (XXIXe dissertation sur Joinville).

4. Un autre texte de 1257 rappelle et confirme cette Ordonnance. Nous en donnons l'article principal. « Noveritis nos deliberato consilio guerras omnes inhibuisse in regno, et incendia et carrucarum perturbationem. Unde vobis districte præcipiendo mandamus, ne contra dictam inhibitionem nostram guerras aliquas, vel incendia faciatis, vel agricolas qui serviunt carrucis, seu aratris, disturbetis. Quod si secus facere præsumpseritis, damus senescallo in mandatis ... fractores pacis prout culpa cujuscumque exigit, puniendos. » (Laur., *Ord.*, t. I, p. 84, 1257.)

Cette Ordonnance, rapportée aussi par Ducange, est spéciale au diocèse du Puy et semble n'avoir été faite, dit Laurière, que pour faire exécuter dans le diocèse du Puy l'Ordonnance de 1245.

sements subordonne seulement ce principe à des conditions[1]. Mais il rappelle nettement l'interdiction des « chevauchées[2] ». Le Parlement, composé d'hommes choisis par le prince ne pouvait avoir un esprit différent du sien. Louis IX était le roi de la paix; il fit de sa Cour le grand tribunal de paix.

Le Parlement reçoit et garantit les *assurements*, plus efficaces que les *trêves*. Par eux, en effet, on renonçait à tout projet d'attaque. « Il y a grande différence, disait Beaumanoir, entre trêves et *assurements*, car trêves sont à terme et assurement dure à toujours[3]. » Le greffier Jean de Montluçon nous en a fourni une formule courte et précise. Le comte de Saint-Pol, sur l'ordre du roi, déclare qu'il n'attaquera point son ennemi Jean Bailleul. « Que le seigneur Jean n'ait point à se garder de moi, ni des miens, ni lui, ni aucun des siens[4] ». Louis IX fait conclure devant sa Cour la paix entre la vicomtesse de Limoges et Pierre de Buffières, qui reconnaît ses torts[5].

Pointard d'Estrées, chevalier, avait accordé une trêve à un écuyer : on veut prolonger la trêve. Pointard ne s'y oppose pas, mais il veut en exclure le frère de l'écuyer, Anseau, qui, durant la trêve, l'avait grièvement blessé : or, il voulait le poursuivre comme son ennemi et disait qu'il le tuerait. L'affaire ayant été portée au

1. Voir *Établissements*, livre I, chap. XLIX. Le vassal doit venir s'enquérir auprès du suzerain s'il y a réellement eu défaute de droit. Voir aussi tout un chapitre de Beaumanoir, ch. LX.

2. « ... car nus n'a jor de consoil, de force, ne de *chevauchiée faite o armes*, ne de fait de son cors, selonc les establissemens le roi qui sont ci-dessus escrits. » (Liv. II, ch. XXXVIII, p. 468). M. Viollet (note 47) émet l'opinion que le compilateur avait sans doute primitivement ajouté à son travail une Ordonnance de saint Louis sur les guerres privées.

La fin du chapitre est plus explicite encore : « Car messires li roi deffant les armes et les chevauchiées, par ses establissemanz, et les noveles avoeries, et les guerres. » (*Ibid.*, p. 470.)

3. Beaumanoir, ch. LX, § 1694 (Salmon).

4. « Dominus Johannes non habet gardam de me, nec de meis, nec ipse, nec sui. » *Olim*, t. I, p. 466, XII (1259).

Un autre texte d'assurement a été publié par M. Viollet : « DE ASSECURAMENTO. Baillivo Ambianiensi salutem. Cúm prout ex parte Johannis Scrabonis et ejus uxoris nobis fuit expositum quod Petrus de Gardo et ejus fratres ac eorum amici carnales sint ipsorum conjugum capitales inimici, ac propter matrem eorum extra domum propriam non (exire) sunt ausi. Mandamus tibi quod a predictis fratribus ac eorum amicis carnalibus de se et suis et predictis conjugibus pro se et suis, secundùm usum et consuetudinem patriæ *legitimum* facias *assecuramentum* fieri, ipsius ad hoc per captionem et detractionem corporum et bonorum ipsorum, meliori modoque poteris, si necesse fuerit, compellendo. » Bibl. nat., ms. latin 4763. f° 6 recto. *Établissem. de saint Louis*, t. IV, p. 277, note 201 pour le chapitre XXIX du livre II des *Etabl.*)

5. *Act. du Parl.*, 1185. — *Olim*, I, p. 693, XXXV (1267).

Parlement, celui-ci reconnut que Pointard était dans son droit d'exclure le dit frère de la trêve pour un fait nouveau, mais néanmoins lui prescrivit d'accorder aussi trêve (1266)[1]. Les traditions sont si fortes, les défenses si récentes qu'en observant les formes régulières, on ne s'attire aucun châtiment. Un chevalier, Louis de Feux, se plaint d'avoir été blessé grièvement par Thomas Ozouer. Thomas se justifie : lui-même a été blessé par un neveu et un cousin de Louis de Feux (on saisit ici sur le vif la solidarité des familles); il a attendu quarante jours, et « comme on était encore au temps où les guerres duraient », il se trouvait dans son droit; le Parlement reconnut que la quarantaine le roy avait été observée : c'était au défendeur de se mieux garder (1260)[2]. Mais saint Louis et le Parlement imposent d'habitude l'assurement, la paix. Le comte de Bretagne, par ordre du Parlement, et en présence du roi, donne assurement à Guillaume du Châtelier[3]. Adenet de l'Ile en fait autant à l'abbé de Saint-Martin de Pontoise et à Gace d'Outrevoisin, chevalier[4]. Nicolas de la Motte avait accordé assurement devant le bailli d'Amiens à Guillaume, dit Vilain, de la Motte; puis il l'assaillit dans l'église même (1259). Nicolas demeura en prison jusqu'à ce qu'il eût amendé son crime[5]. Boson de Bourdeille, coupable de violences et de meurtre dans une guerre privée, est condamné à un séjour de treize ans outre-mer (1268). Le roi lui-même a dicté la sentence, que plusieurs conseillers trouvaient trop indulgente[6]. Les légistes en effet tendent à établir la règle que for-

1. *Actes du Parl.*, 1037.

2. « Tempore quo guerre adhuc durabant ». *Olim*, I, p. 472, xv (1260). *Act. du Parl.*, n° 436.

3. *Ibid.*, n° 1287.

Hugues de Crun, écuyer, est aussi obligé de donner assurement à Étienne de Saint-Aubin, diacre, et à tous ses amis (1268) (*Act. du Parl.*, n° 1222. Le sire Étienne de Berzé est contraint à jurer un assurement que le bailli de Mâcon lui avait ordonné d'accorder. Étienne prétendait vainement s'en tenir à sa parole; le serment est exigé (1270). *Ibid.*, n° 1608.

4. *Ibid.*, n° 1288.

5. « Probatum est contrà Nicholaum de Mota; capiatur corpus ipsius et teneatur quousque factum istud emendaverit domino Regi, salvis tamen vita sua, membris suis et hereditate suâ, quia non supposuit se isti inqueste ». *Olim* I, p. 89, viii (1259) *Act. du Parl.*, n° 345.

6. « Et sicut pluribus de consilio videbatur, dominus Rex misericorditer egit cum ipso Bosone. » *Olim*, t. I, p. 286, viii (1268). *Act. du Parl.*, n° 1348.

Un autre arrêt condamne Boson de Bourdeille à quatre cents livres tournois de dommages et intérêts envers Pierre et Gérard de Maumont, fils de sa victime. Adémar, pour les dégâts qu'il avait commis sur leurs terres, malgré la défense du roi (*Olim.*, I, p. 287, x (1268). *Act. du Parl.*, n° 1350.) On retrouve encore des arrêts relatifs

mule Beaumanoir : « Quiconque enfreint la paix et en est convaincu, il est pendable[1]. »

L'intervention des suzerains, du roi, des tribunaux de paix, dégageait singulièrement les responsabilités familiales. Déjà d'ailleurs on admettait que les parents n'étaient point solidaires de celui qui offensait le seigneur ou la cité et qui portait atteinte à la sécurité générale. Soutenir un criminel notoire que l'autorité seigneuriale ou communale poursuivait, c'était s'associer à sa rébellion. Parents et amis, loin d'être obligés de le protéger, ne devaient pas l'accueillir et lui donner asile. Il suffisait même, en cas d'arbitrage du tribunal de paix, qu'un membre d'une famille résistât à l'arbitrage pour qu'il se trouvât privé de l'appui des autres parents. On l'abandonnait aux ennemis[2]. Ainsi, de toutes les façons, la puissance publique s'affirme supérieure à la famille; la vengeance n'est plus le droit; la guerre n'est plus la loi.

II. — Persistance des vengeances de famille. Les Martin et les Bouchard de Remin. Jean de l'Essart et Raoul de Flavi.

Est-ce à dire que le mal cessa dès que saint Louis le voulut supprimer? Tant s'en faut! Deux enquêtes curieuses nous montrent combien, au temps de Philippe le Hardi, la paix des familles était encore troublée par les vengeances naissant des vengeances. Le fils du seigneur Bouchard de Remin ne s'avise-t-il pas de gravir, avec trois autres garçons, sur les murs du manoir du seigneur Martin de Remin[3].

aux violences de ce Boson de Bourdeille l'obligeant à des restitutions à des marchands (*Olim*, I, p 279, IX), à des dommages et intérêts au curé d'Augignac, dont il avait attaqué et brûlé l'église (*Ol.*. I, p. 278, VII), à des satisfactions à la vicomtesse de Limoges (*Olim*, I, p. 688, XXVI; p. 724, XXIII) et encore à Géraud de Maumont (*Olim*, I, p. 689, XXVII). C'est un de ces tyranneaux pour lesquels, comme le disaient les conseillers du Parlement, on était trop indulgent.

1. Beaumanoir, chap. LIX, n° 1677 (Salmon).

2. « Et s'il estoit alcuns hom u feme ke li paisseur ne peussent faire aloier ne destraindre, ne les peussent d'aloier por faire et tenir l'ordenance des paisseurs d'endroit les pais, por chou ne demoeroit mie ke li paisseur ne fesissent les pais de tous les parents et les parentes et de tous les amis de l'une partie et de l'autre, au reis de celui u de ciaus ki aloier ne se volroient, car ciels ucil qui aloïer ne se volroient ne seroient mie en le pais... Et se alcuns de se averse partie ... li faissoit mal u ke ce fust, il n'en kieroit en nul forfait ne amende en ceste vile. » Ban général sur les paix à Douai (1278), art. 8. Voir aussi art. 9 et 10. (G. Espinas, ouv. cité, Pièces justificatives, XXVII, pp. 49-50.)

3. Boutaric. *Act. du Parlement*, t. I, p. 142-143, n° 1560, I.

La fille de Martin les aperçoit; elle leur dit de descendre; ils répondent par des vilenies. La jeune fille va se plaindre à ses frères. Ceux-ci sortent : il y a rixe, mais les enfants de Martin ne sont pas les plus forts, ils se voient obligés de se réfugier chez leur père. Le lendemain l'un d'eux s'en va dans la campagne sans défiance « en chemise, pour le chaud ». Perrin, le fils de Bouchard, l'adversaire de la veille, lui court sus avec ses compagnons; ils le battent bien « de pieds et de poings ». Quand l'enquête se fit, il y avait six ans que ces faits étaient passés : à cette époque les deux enfants Martin avaient l'un 16 ans, l'autre 12 ans, et Perrin, le fils de Bouchard, 16 ans. La rancune ne s'éteignit point. A son tour, Perrin marchant à pied sur une route, fut rencontré par le fils de Martin à cheval qu'accompagnaient Perrin du Port et Jean de Pronneroi. Le fils Martin profita de ses avantages et frappa le fils Bouchard. Les deux familles néanmoins s'accordèrent par une trêve; ce qui n'empêcha point de nouvelles violences. Un cousin des Bouchard Guy du Plessis, aperçoit à Espineuses Perrin du Port, l'allié des Martin, qui ne se méfiait de rien, et allait hors de la ville, « lâchant ses manches, sans épée et sans armure ». Guy du Plessis, avec deux compagnons revêtus de hauberts, se précipitèrent sur lui. Perrin du Port se défendit avec un bâton; les autres tirèrent leurs épées et coupèrent le bâton. Perrin se retira près d'un bois; il fut renversé, foulé aux pieds des chevaux : il reçut même un coup d'épée qui perça son surcot; néanmoins il put se relever et se sauver dans le bois. De nouvelles trêves furent conclues; il n'y avait point de raison pour que cette animosité si ancienne, née de causes futiles, ne se prolongeât indéfiniment si le Parlement n'était pas intervenu, comme le démontre le fragment d'enquête qui nous permet seulement d'entrevoir un coin de la vie troublée des familles de cette époque.

Le neveu de Jean de l'Essart avait chassé les bêtes de Raoul de Flavi, qu'il avait trouvées dans les blés de son oncle. Le fils de Raoul de Flavi se précipita sur lui avec un bâton et le frappa « aux bras et aux reins ». De là guerre, trêve, renouvellement de trêve. Jean de l'Essart alors, « semons d'aller à l'ost du roi », répondit qu'il n'osait, n'ayant pas assurement de Raoul de Flavi. Les gens du roi s'adressèrent au seigneur suzerain, le sire de Nesles. Celui-ci déclara qu'il ajournerait Raoul si on le demandait, mais qu'il ne ferait rien de plus, Jean de l'Essart ne s'en rendit pas moins à la convocation du roi mais il eut soin au retour de suivre des chemins détournés. Bien lui en prit, car les bagages qu'il avait envoyés par le droit chemin, furent pillés et dispersés par Raoul de Flavi et ses gens. La déposition de Guillaume, prêtre de Launois, est au moins singulière[1]. Il avait aperçu des gens l'épée à la main : il crut, dit-il, que c'était le sire de Ham qui allait faire lever les oiseaux de la rivière; il se préparait à l'aider avec un bâton. Un valeton qui gardait les bêtes, lui dit : « N'y allez pas, car ce sont des gens que le fils de Raoul de Flavi chasse[1]. » Le prêtre s'arrêta et n'a pas bien vu ce qui s'est passé, puis il alla avec ses paroissiens recueillir les bagages dispersés et un sommier qu'on avait laissé. Nous ne pouvons, dans ce débris d'enquête, obtenir de renseignements sur la fin de cette guerre privée, mais elle nous peint en traits simples l'inquiétude perpétuelle des petits seigneurs, toujours sous le coup de quelque agression.

Ces enquêtes datent du temps de Philippe le Hardi[2], qui continua à l'égard des guerres privées, la politique de son père[3]. Héritier du comte de Toulouse, il fit d'abord comprendre aux seigneurs des Pyrénées qu'ils venaient de passer sous une autre suzeraineté. Une guerre s'était engagée entre Giraud de Casaubon et le comte d'Armagnac. Giraud avait surpris et tué Arnaud Bernard, frère du comte d'Armagnac, puis, ne se trouvant pas le plus fort, car le comte voulait venger son frère, Giraud se remit entre les mains

1. *Act. du Parl.*, t. I, p. 182, 1987 B. — Voici le texte même « ... Il vit gens qui avoient tretes leur espées et cuidoit que ce fut li sires de Ham qui feist ce por lever les oisiaus de la rivière, et il qui parle prit une longue verge en sa main et alloit grant erre vers eus por fere lever les oisiaux de la dite verge jusques un valletons qui gardoit betes li dit, ni alez pas quar ce sont genz que li fiz Rahous de Flavi et li meres (maire) de Cantain chascent. Adoncs s'aresta li prestres bien à une archiée ou pou plus dou leu ou la chasce estoit et dist qu'il i avisa assez bien le fils Rahous de Flavi, mes dou maieur (maire) n'est-il pas bien certains, mes bien le croit parce que renommée commune en est ou pais. » (Enq. citée, p. 184.) Ce témoignage n'est-il pas d'une naïveté piquante et ces enquêtes ne fourniraient-elles pas des morceaux intéressants pour l'histoire de la langue autant que pour le caractère des hommes de ce temps? Ce curé, on le voit, craint de se compromettre : on pouvait toujours redouter des vengeances.

2. Boutaric en fixe la date à 1270 et 1275, mais Bordier reporte cette date à 1281. (Voir Langlois, *Philippe le Hardi*, p. 201, note 1.)

3. Les chroniques disent qu'au commencement de son règne il fut « très cruel sur la chevalerie » (H. Fr. XXI, 131. *Chron. Rothom*), et « qu'il agit comme un justicier ». (Jean d'Outremeuse, V, 386). Langlois, *Philippe le Hardi*, p. 190.)

du roi de France. Sans plus s'inquiéter de cette protection, le comte d'Armagnac se jeta sur les châteaux du sire de Casaubon[1], les détruisit, les incendia, tuant les garnisons, dévastant les campagnes, coupant les arbres, arrachant les vignes. Philippe le Hardi conduisit une armée dans le midi, le comte se vit obligé de se soumettre et fut condamné par le Parlement à payer quinze mille livres tournois. Roger Bernard, comte de Foix, avait pris le parti du comte d'Armagnac; il vit ses châteaux investis, toute sa terre occupée; lui-même fut enfermé dans une des tours de Carcassonne; « le roi, dès lors, ajoute une chronique, inspira la crainte et la terreur à tout le royaume[2] », Bernard de Scolions, bayle du comte de Rodez, et ses complices, coupables d'un meurtre odieux, soutiennent un siège contre les gens du roi dans le château de Torsac : le château sera détruit[3] (1271). Le Parlement intervient également pour arrêter les luttes entre Bernard d'Astarac et l'archevêque trop belliqueux d'Auch[4].

La Cour continue à recevoir, à enregistrer des trêves et des assurements : entre Jean de Velu et le châtelain de Douai[5], entre Olivier de Tintiniac et l'évêque de Saint-Malo (1278)[6], entre le sire de Cisoing et les habitants de Tournay (1282)[7]. L'assurement ne

1. Voir Enquête sur cette guerre. *Olim*, I, p. 407, XVI (1272) et *Essai de restitution*, n° 121.

2. « Et exinde rex ipse toti regno suo timori et terrori fuit. » *Monum. German.* XXV, 854 (Ann. S. Bert). Langlois, *Phil. le Hardi*, p. 61.

3. *Olim*, I, p. 394 XX (1271). *Act. du Parl.*, n° 1786.

4. *Ibid.*, I, p. 921, II et III (1273).

On relève encore dans les *Actes du Parlem.* un arrêt condamnant le sire de Mortagne à payer une amende au roi, pour avoir cherché à délivrer avec violence un chevalier, Jacques de Montchablon, que les bourgeois de Tournay avaient arrêté (n° 1880, 1272); — une enquête faite par Gilles de Compiègne, prévôt de Paris, sur une conspiration tramée par Aimeri, vicomte de Narbonne, pour se donner lui et sa seigneurie au roi de Castille (6 avril 1283 [n° 2484, B]); — une information sur les coups et blessures portés à Pierre Footel, prévôt de Beaumont-sur-Oise (n° 2547 G [1285]); — une enquête sur un meurtre commis à Saint-Jean-d'Angély par les sergents du prévôt sur la personne de Jean le Cordier (n° 2086 C); — une enquête sur les violences commises contre des clercs du chapitre d'Auxerre (n° 2100, A); — une enquête sur un meurtre imputé au voyer d'Olivet (2222 E et F); — un mandement au bailli de Mâcon d'arrêter plusieurs nobles coupables d'avoir attaqué, blessé, tenu prisonnier et relâché moyennant rançon maître Jean de Pérouges, chanoine de Besançon, qui voyageait avec un sauf-conduit du roi (n° 2122 [1278]).

5. *Act. du Parl.*, n° 2129 (ann. 1278). *Ol.*, II, p. 112, VII. La mention, très sommaire, nous apprend qu'il y aura entre Jean de Velu et le châtelain de Douai, *trêve* et non *assurement*. Nous ne savons pourquoi. Plus loin, p. 198, VI, nous voyons que Jean de Velu a présente des lettres attestant qu'il avait accompli le pèlerinage qui lui avait été imposé.

6. *Act. du Parl.*, n° 2136.

7. « Dominus de Chyson emendavit quod manum posuit ad prepositum Torna-

paraît point fait pourtant pour les roturiers. Regnaud de l'Isle plaide au Parlement contre Benoist et trois autres hommes de Braye, couchant et levant dans sa seigneurie, qui se sont avoués du roi. Ceux-ci réclament assurement. Regnaud répond qu'il n'est pas tenu « de les assurer, car ils sont ses justiciables ». La Cour admet sa théorie, mais (au fond le résultat est le même) elle lui prescrit « de leur faire bonne paix sous péril de son corps et de son avoir (1270)[1]. Dès cette époque la violation d'assurement est un des principaux cas royaux[2], comme nous le verrons plus loin. Le maire et les jurés de Péronne ont fait crier la paix *à terme* et sont intervenus dans les assurements. Le Parlement veut que la paix soit criée *sans terme* et que, pour les assurements, on ait recours au bailli et à la justice du roi[3].

III. — Recrudescence des guerres privées sous Philippe le Bel

Philippe le Bel, réputé plus ferme que Philippe le Hardi, eut au contraire un règne plus troublé, sans doute parce que la répression n'est efficace qu'à la condition d'être soutenue par un caractère digne de respect. Embarrassé en Flandre, en Guyenne, longtemps

censem, et promisit quod assecurabit singulares personas de Tornaco que sibi timent de eo, per comitem Flandrensem; et juravit quod communi de Tornaco, per se vel per suos, non forisfaciet, sed eis tenebit bonam pacem ». (*Olim*, II, p. 197, 1282. *Act. du Parl.*, 2404.)

1. *Olim*, I, p. 823, xix, (1270).
2. *Ibid.*, I, p. 822, xvii (1270).
3. « Majore et juratis Peronensibus facientibus in villa Peronensi pacem creantari ad tempus, et volentibus se intromittere de assecuramentis capiendis; visa carta communie, dictum fuit quod dicti major et jurati facient pacem creantari sine termino; set si qui voluerint habere assecuramentum, adeant ballivum vel justiciam domini Regis. » (*Olim*, II, p. 113, x. 1278.)

Citons encore quelques assurements qu'on rencontre dans les *Olim* : Crépin de Dreux donne assurement à Richard Gruele et aux siens (*Olim*, II, p. 81, xii, 1276). — Gaucher de Thourote, chevalier, châtelain de Noyon, assure « en plein Parlement » maître Bertaud (*Olim*, II, p. 125, lvi, 1278). — Assurement réciproque entre Bernard d'Amiens, chevalier, et Pierre Giffard (*Olim*, II, p. 130, iii, 1279).

Guillaume d'Aulnay, chevalier, avait assuré Jacques Louchard, puis l'avait pris et traité honteusement. Il fut condamné à des dommages et intérêts, de cent marcs d'argent (le marc valant alors 2 liv. 14 sous, cela faisait 5 428 fr.), à huit jours de prison au Châtelet, à quarante jours dans le château de Péronne, et à une amende de quarante livres (en tournois à 20 fr. 10 = 804 fr.) à payer au roi. (*Olim*, II, p. 159, xvii.)

Huguenin de Bourgogne assure Othon de Bière, chevalier, et les siens, avec des exceptions qu'admet le Parlement. Dans les six semaines Huguenin signifiera au bailli de Mâcon ceux qu'il veut comprendre dans l'assurement et ceux qu'il veut maintenir en dehors. (*Olim*, II, p. 160, xxi, 1280.)

préoccupé de sa lutte contre le pape Boniface VIII, il ne parut pas prêter d'abord attention à la recrudescence des guerres privées : Il n'est point d'année sans que des arrêts ou des enquêtes signalent soit des émeutes comme à Arras, au Puy [1], où périssent les gens de la cour de l'évêque (1285), soit des chevauchées et des ravages comme ceux dont se rend coupable le comte de Bar, guerroyant contre les religieuses de Beaulieu en Argonne [2] (1290). Le comte a fait envahir 18 villas, 14 granges, pêcher 20 étangs, piller complètement le monastère, où l'on a pris jusqu'aux écritoires et aux chartes, à plus forte raison les calices, draps d'or et de soie, ornements, pierres précieuses. Les hommes du comte se sont régalés aux vendanges des vins de la villa d'Ancerville [3]. L'estimation des pertes était fixée par le Parlement à 12 900 livres tournois (259,290 fr.). L'abbé de Pothières [4] fait entendre des plaintes semblables : il a été attaqué par les officiers de l'évêque de Langres et les bourgeois de Mussy (1291) [5]. Le bailli de Mussy avait menacé l'abbé « de lui abattre sa maison sur la tête pour savoir s'il avait la tête aussi dure que les pierres ». Il conduisit tous les habitants de Mussy à l'assaut de la maison de Val-Souef, qui fut dévastée, ruinée, y compris l'église. Un pillage en règle suivit : argent, chevaux, lits, vêtements, ornements d'église, tout fut emporté ou détruit. L'abbé et ses moines, réfugiés près de l'autel, échappèrent à grand peine à la mort : plusieurs furent blessés. Le frère Simon le Convers et le lieutenant de l'abbé furent « traînés par les pieds dans les rues » et jetés en « vilaine prison et cruelle ». Quand les chevaliers du roi arrivèrent pour venger cet attentat, les bourgeois de Mussy se fortifièrent dans le château et coupèrent tous les arbres des environs pour mieux organiser la défense. Cela ne les sauva point, mais les punitions ne sont que pécuniaires. Aussi le vicomte de Limoges dépouille-t-il maître G. de Maumont de plusieurs châteaux au mépris d'un assurement qu'il avait juré devant le sénéchal de Poitou (1293) [6]. Roger d'Anduse, seigneur de la Voulte, malgré

1. *Act. du Parl.*, nos 2544, 2547.
2. Beaulieu (Meuse, arrondissement de Bar-le-Duc). L. Delisle, *Essai de restitution*, nos 744 et 847 (1290).
3. Ancerville, Meuse, arrond. de Bar.
4. Pothières, Côte-d'Or, arrond. de Châtillon.
5. Mussy-la-Fosse, Côte-d'Or, arrond. de Semur. *Act. du Parl.*, 2782, C. D. E. F.
6. *Act. du Parl.*, n° 2846.

une trève conclue entre lui et l'évêque de Valence, brûle un de ses châteaux (1294)[1]. Philippe le Bel se voit, en 1296, contraint de renouveler l'interdiction des guerres[2], qu'il répétera encore, sans plus de succès, en 1304. Pour un pont que les moines de l'abbaye de Toussaint en l'Ile faisaient réparer, l'évêque de Châlons-sur-Marne les attaque; le bailli de Vermandois reçoit l'ordre du Parlement de les protéger (1298)[3]. L'évêque de Clermont visite son diocèse. A Aurillac, les gens de l'abbé ne veulent pas le recevoir, se disant exempts de sa juridiction; c'est une véritable levée en masse, la foule remplit les rues de cris et de tumulte, poursuit l'évêque, qui se retire à grand peine dans une maison : ses gens sont blessés (1298)[4]. La même année, le comte de la Marche et le vicomte de Limoges se font une guerre acharnée avec incendies, ravages de territoire[5]. Renaud de Pons, sire de Bergerac, dont le nom revient, à plusieurs reprises, dans les registres, se signale par une invasion de la ville d'Issigeac (1301)[6] à la tête de six cents hommes criant : « Bergerac! à mort! à feu! »[7] Il détruit les barrières de la ville, les fourches patibulaires et une cinquantaine de manoirs. Le continuateur de Nangis note avec détails de véritables combats livrés entre deux seigneurs puissants, Érard de Saint-Véran et Oudard de Montaigu, en l'année 1308 : ce sont des armées qui se précipitent l'une contre l'autre et l'avantage reste à Érard de Saint-Véran[8].

1. *Act. du Parl.*, n° 2859, D. (Ménard, *Hist. de Nîmes*, p. 123.)
2. *Act. du Parl.*, n° 2923.
3. *Ibid.*, n° 2946.
4. L. Delisle, *Essai de restitut.*, n° 918.

Voir encore *Act. du Parlem.* Désobéissances et violences du comte de Hainaut (1292), n° 2813; — révolte à Rouen (1293); — Pierre de Vémars et le couvent de Sainte-Geneviève (assurement) [1294]), n° 2878; — émeute sanglante à Laon (1295), n° 2895; — guerre du sire d'Harcourt et de ses complices contre le chambellan de Tancarville, guet-apens (1296), n° 2922; — excès d'Hélie de Talleyrand, comte de Périgord, dans la terre de Jean de Grailly (1299), n° 3002.

5. « Pronunciatum est per curie nostre judicium comitem Marchie pro portamentis armorum, injuriis, damnis, violentiis, combustionibus et excessibus aliis per ipsum et suos factis. » L. Delisle, *Essai de restit.*, n° 927.

Un sergent du comte de la Marche est arrêté par ordre du Parlement pour avoir refusé violemment l'entrée du château d'Aubusson au prévôt royal de Bellegarde. (*Act. du Parl.*, n° 3031.)

6. Issigeac, chef-lieu de canton, arrondissement de Bergerac (Dordogne).
7. *Act. du Parl.*, n°s 3084-3085. Voir aussi : Violences contre l'évêque de Périgueux (1311), n° 3861. — Le prieur et les moines de Millau attaquent à main armée le couvent des Frères Prêcheurs de cette ville (1301); *Ibid.*, n° 3109. — Guerre des habitants de Lordat contre le sire de Mirepoix (1302), n° 3188.
8. « Inter nobiles ac potentes juvenes Erardus scilicet de sancto Veranno et

C'est à cette époque, d'après les registres, que le désordre commence à s'accroître. Philippe le Bel, qui emploie ses légistes à la destruction des Templiers, ne semble plus avoir la force de contenir ni la noblesse ni les villes. Jean de Loradour, avec une troupe de gens armés, expulse de Cardaillac un prieur qu'y a installé l'abbé de Figeac (1308)[1]. Bégon de Pierrefort, archidiacre de Conques, au diocèse de Rodez, envahit de même un prieuré de l'ordre de Cluny (1308)[2]. Gérard du Défens assaille (1309) la maison de la dame de Fauquete à Paray (bailliage de Bourges), détruit ses moulins, arrache ses arbres et ses vignes[3]. Le roi a la faiblesse de lui faire grâce plus tard de la moitié de l'amende encourue. La levée de la maltôte provoque des troubles à Péronne, le bailli de Vermandois envoie son prévôt pour l'enquête : le peuple se précipite contre la maison de ville, criant : « Aux échelles! Aux échelles! à mort! Commune! Commune! » Le prévôt, le doyen sont entourés de plus de 3 000 personnes, foulés aux pieds et eussent péri, si on ne se fût porté à leur secours (1309)[4]. Les chanoines de Saint-Front de Périgueux, avec l'assistance des laïques, expulsent un curé à main armée (1309)[5]. Les consuls et les habitants de Castelnaudary, au retour d'une expédition, en approchant de Gaillac, ravagent les vignes[6]. Le bayle de Gaillac cherche à les en empêcher. Toute l'armée déploie ses bannières, sonne des trompettes et s'écrie « à foc! à foc! viâlais! Castri Nof! à mort les traîtres! » Elle se précipite contre la ville, y pénètre, brûle sept maisons, met les autres au pillage, tandis que les malheureux habitants cherchent un refuge dans l'église, où les flèches et les pierres les poursuivent encore (1309). Geoffroy de Pons, un parent et un émule de Renaud de Pons, attaque Aimeri de la Cassagne et ses tenanciers pour lui enlever quelque *mas* (1309). Il donne asile dans le château de Caylus à deux bannis du roi, repousse à main

Oudardus de Monte-Acuto natione Burgundus, dissensione subortâ, tandem ex utrâque parte multis nobilibus die festi beati Dionysii in comitatu Nivernensi congregatis pro habendo conflictu juxtà mutuum utriusque condictum..... arctè nimis et valdè celeriter consummatus est conflictus inter ipos. Cessit autem Erardo insignis victoria..... Postmodùm tamen rex Francie dictum Erardum pluresque alios capi fecit et diversis prisionibus teneri. » (*Continuateur de Nangis*, in *Histor. Fr.*, t. XX, p. 598.)

1. *Act. du Parl.*, nos 3453, 3454. Autres violences, nos 3426, 3429, 3433, 3455, 3464.

2. *Ibid.*, 3467. — 3. *Ibid.*, n° 3502. — 4. *Ibid.*, nos 3517 et 3519. — 5. *Ibid.*, n° 3525. — 6. *Ibid.*, n° 3563.

armée le bayle royal de Sarlat et cache les bannis dans le château de Montfort. Le château de Monfort sera rasé et Geoffroy de Pons privé de sa juridiction sur Caylus (1309)[1].

Tout le Midi n'avait pour ainsi dire cessé de retentir du bruit des armes par suite de la continuelle rivalité des comtes de Foix et d'Armagnac. Déjà le roi avait été obligé d'intervenir et de faire conclure une paix à Toulouse; puis les hostilités avaient recommencé. Le comte d'Armagnac avait envahi la terre du comte de Foix et celle de son parent Raynaud de Cardonne. Le comte de Foix se vengea de ces incursions par une invasion furieuse, prenant et détruisant la ville de Serrat, qu'il incendia : quarante prisonniers, hommes, femmes, enfants, y périrent[2]. Il brûla encore une autre petite ville; ses gens blessèrent deux écuyers et tuèrent un serviteur du comte d'Armagnac. Il ravagea ensuite les terres du comte de Comminges où il porta le fer et le feu. Le Parlement n'admit point, dans ces circonstances, le duel judiciaire; il procéda à une enquête et ordonna que la paix faite à Toulouse serait renouvelée. En même temps (ce qui démontre combien le mal était grave), l'arrêt rappelle les Ordonnances déjà rendues pour la paix des sénéchaussées de Toulouse, de Carcassonne, de Périgord, du Quercy et de tout le duché de Guyenne[3]. Le comte de Foix se vit astreint à des réparations pécuniaires, à des fondations de chapelles expiatoires et des services pour le repos des âmes des victimes. On lui fit sentir qu'on était « miséricordieux »[4] en ne le condamnant qu'à une amende de 30 000 livres tournois et à 6 000 livres de dommages et intérêts envers le comte d'Armagnac. La Cour avait enjoint

1. *Act. du Parlem.*, n°s 3564, 3607, 3608.

2. Selon le comte d'Armagnac, le comte de Foix, « cum magnâ multitudine armatorum equitum et peditum, pensatis insidiis et villam de Serrata proditorie invaserat, ceperat et destruxerat et depredaverat homines dicte ville rebus suis et igne immisso dictam villam destruxerat et quadraginta, tàm homines quàm mulieres, quàm infantes vel circiter ibidem interfecerat et hoc idem fecerat de villa Mille-Modiis..... hoc excepto quod ibi non fuerant homines interfecti..... » Dans l'attaque contre le sénéchal du comte d'Armagnac deux écuyers sont blessés, un des serviteurs est tué. Lors des ravages des terres du comte de Comminges, cinq hommes sont tués. (*Olim*, III, p. 382-387, XXIII, 1309.)

3. « Item, eodem modo de pace generali ibidem pronunciata inter omnes de illa patria senescalliarum Tholosanæ, Carcassonensis, Petragoricencis et Caturcencis et tocius ducatus Aquitanie, quam pacem ex certa scientia et ex causa renovavimus et servari inter predictos comites et omnes alios inviolabiliter, regia auctoritate, quacumque consuetudine contrariâ nonobstante, statuimus et decrevimus sub penâ predictâ. » (*Ibid.*)

4. « Et misericorditer ». (*Ibid.*)

aux deux ennemis de se jurer assurement[1]. Le comte d'Armagnac, son frère le vicomte de Fezenzac, et Bernard, vicomte de Turenne, prêtèrent le serment demandé. Le comte de Foix prétendit y apporter une restriction : il ne comprenait pas dans l'engagement sa mère, et Constance, vicomtesse de Marcien, sa tante, et leurs terres. En réalité, il voulait, à l'abri de leurs noms, recommencer indirectement la lutte. Le Parlement n'admit point cette réserve; le comte de Foix fut envoyé au Châtelet : il n'en sortit que pour se rendre à Senlis et conclure, en présence du roi, l'accord demandé[2]. Le comte de Foix chercha encore à réserver une terre que sa tante, qui était aussi la tante du comte d'Armagnac, possédait en Catalogne : il arguait de la différence des Coutumes. Le Parlement n'admit pas davantage cette réserve, faite « contre le style de la Cour[3] ». Il ne saurait y avoir d'arrêt plus explicite pour établir la forme de l'assurement qui devait engager toute la famille de celui qui le donnait et s'étendre à toute la famille de celui auquel il était accordé.

Ces chicanes sur les assurements prouvent combien les guerriers tenaient à leur vengeance et à ce qu'ils regardaient comme leur droit. Philippe le Bel lui-même, dans une lettre au pape Clément V, avoue son impuissance à supprimer « cette coutume du royaume, qui, dit-il, *ne peut être facilement abolie* et selon laquelle il est permis aux gentilhommes de se faire la guerre et d'entraîner dans leur parti leurs parents et alliés, même d'aller chercher des

1. *Act. du Parl.*, nos 3619, 3621. *Olim*, III, p. 387, XXIV (1309).

2. Il exceptait encore de cet engagement sa mère et sa tante; mais il jura sur les Saints Évangiles, selon la coutume de la Cour, de faire tout son possible pour faire adhérer sa mère et sa tante à cet assurement. Si elles ne le voulaient faire, il s'engageait pour lui et les siens à ne prêter aucun secours ni aide dans le cas où elles voudraient envahir les domaines du comte d'Armagnac, de son frère et du vicomte de Turenne, et dans le cas où le comte d'Armagnac et les siens se vengeraient de cette attaque sur leurs domaines. Toutefois si le comte d'Armagnac, son frère le vicomte et les dessus dits attaquaient les premiers la mère et la tante du comte de Foix placées en dehors de l'assurement, le comte de Foix pourra leur donner aide sans risque de violer le présent assurement (*Ibid.*). — Cet arrêt fait bien entrevoir les conditions dans lesquelles avaient lieu les assurements et leurs restrictions.

3. « Tamen de gracia speciali dominus Rex concessit, licet non sit stilus curie, quod dicta protestatio inseratur in litterà assecuramenti predicti. » (*Ibid.*)

Par toutes ces concessions et restrictions on voit combien il était difficile alors de fair prévaloir la doctrine des Ordonnances et des jugements sur l'humeur violente et guerrière de la noblesse féodale. Le Parlement, féodal lui-même, ne procède qu'avec précautions et ménagements.

auxiliaires hors du royaume[1] ». Dans les dernières années de son règne, le désordre devient extrême[2]. Le moindre prétexte suffit pour mettre les gens aux prises. Un jour de carnaval, des habitants de Poix s'amusent et choisissent un roi du jeu. Le seigneur arrête ce roi, Girard Pélicier, sous l'inculpation de vol; aussitôt la cloche de la ville sonne et, les cris : « Commune! Commune! » éclatent; le prisonnier est délivré, les sergents du seigneur sont repoussés et frappés (1310)[3]. Guillaume de Dampierre, seigneur de Saint-Dizier et Gaucher de Châtillon le jeune, sire de Dampierre, lancent leurs troupes de vassaux les unes contre les autres, en dépit des défenses des gens du roi (1311)[4]. Le maire et les jurés de Saint-Quentin forcent les portes de l'abbaye de Saint-Quentin en l'Ile, brisent celles de la cuisine et du jardin, et emmènent prisonnier le queux (cuisinier) du couvent[5]. Un jour qu'on enterrait dans le cimetière de l'abbaye de Preuilly un domestique du seigneur, une querelle s'engage entre un moine et un familier du sire; le moine reçoit des coups de poing, son sang coule. Le seigneur, Eschivard, loin de s'interposer, aggrave la querelle; il menace l'abbé : « Méchant abbé, si tu bouges, tu es mort! » Il va pour le frapper d'un bâton de chêne qu'il tenait à la main, malgré les ornements sacerdotaux dont l'abbé était revêtu[6]. L'enterrement finit par une attaque en règle du couvent, et le pillage de quatre maisons : les toits sont enlevés; les blés dispersés, le vin répandu, les coussins, lits, draps déchirés à coups d'épée et jetés dans les puits qu'on comble avec des planches, des boîtes, des ustensiles de toute sorte. C'est une

1. Dans cette lettre le roi marquait une des plus fâcheuses conséquences des guerres privées : « Il est à craindre, disait-il, que les ennemis de l'État ne commettent des désordres en France sous prétexte de secourir un des deux partis. » (Voir Boutaric, *La France sous Philippe le Bel*, p. 48.)

Philippe le Bel avait pourtant renouvelé l'interdiction des guerres privées dans la grande ordonnance de 1303 (*Ord.*, t. I, p. 390), l'interdiction du port d'armes (*Olim*, t. II, p. 104, n° XXIII; p. 105, n° XXVI). Il réitéra ces interdictions en 1311. (Ducange, *Notes sur Joinville*, p. 345.)

2. Arrêt contre les gens de Villatte (Sénéch. de Toulouse) qui ont fait une ligue (1309) *Act. du Parl.*, n° 3594.; violences de Geoffroy de Pons, n° 3608; guerre du comte de Foix et d'Armagnac mentionnée ci-dessus, n°s 3619, 3621, etc.

3. Poix (Piceium), Somme, arrond. d'Amiens. *Act. du Parl.*, n° 3710.

4. *Act. du Parl.*, n° 3855. *Olim*, III, 617, CX.

5. *Act. du Parl.*, n° 3797. *Olim*, III, p. 532, XXX (1311).

6. Immo ipsimet abbati dicente : « Abbas prave, si te moveris, mortuus es ». vibrando quemdam corticum de quercu quam in manu gestabat ac si vellet percutere eumdem abbatem indutum sacerdotalibus (*Olim*, III, p. 585, LXXX [1311]).

destruction complète et sauvage : on arrache jusqu'aux cornes de cerfs qui ornaient la muraille[1]; les gens du seigneur courent à deux moulins des religieux et les ruinent également. Ils vont frapper, blesser les bœufs attelés aux charrues dans les champs et ici l'arrêt, haussant le ton, flétrit, comme il convient, la barbarie d'Eschivard qui, « oublieux de sa dignité de chevalier, sans considérer l'innocence des animaux, va, de sa propre main et de son épée, couper les museaux de deux bœufs attachés à une charrue[2] ». Cette cruauté a révolté les membres du Parlement, qui ne peuvent la réprimer, car le chevalier s'en tire avec une amende et ce sont ses serviteurs qu'on envoie au Châtelet. Pierre de Garancières, en querelle avec le chapitre d'Évreux, ne répond pas aux ajournements qui lui sont faits et envahit le cloître avec ses parents et ses amis (1311)[3]. Les habitants d'Issoire ont attaqué l'abbé et les religieux. Leur consul, Hugues, une hache à la main, enfonce les portes d'une maison, puis refuse avec les autres habitants de répondre aux citations de l'abbé : ils se moquent de lui en criant « Abel! Abel! » Le Parlement déclare Hugues incapable d'exercer à jamais les fonctions de consul (1311)[4]. Geoffroy de Pons[5] ne cesse de troubler l'évêque de Périgueux dans la possession de la justice du bourg d'Alamans (1311). Il enlève des habitants de ce bourg et les retient en d'affreuses prisons. Il a brisé les portes de la ville et y est entré malgré la défense de l'évêque qui avait marché à sa rencontre mitre en tête, crosse en main et précédé de la croix (ne se dirait-on pas revenu aux temps

1. Quatuor domos ipsorum violenter intrando easque discooperiendo, bladum quod ibi invenerunt dispargendo, vinum effundendo, culcitras, pulvinaria, lintheamina et alios pannos ibidem inventos cum gladiis scindendo, lacerando et in putheum ejusdem domorum ipsarum projiciendo, et implendo dictum puthcum doliis, archis, et ceteris ejusdem domus ustensilibus; domunculas eciam supra duos dictarum domorum putheos edificatas destruendo, cornua cervorum, ad decorem alterius de dictis domibus affixe parietibus, avellendo et avulsa in putheum projiciendo, pontem alterius domorum predictarum destruendo, portas frangendo..... (*Ibid.*)

2. ... Et de malo procedentes in pejus, bubulcos ipsorum religiosorum, arantes in terris eorumden, cum baculis et calcaribus usque ad effusionem sanguinis verberarunt; duorum boum qui ad aratrum erant inibi alligati musellos, manu et ense propriis, idem miles, militaris condicionis immemor et bruti animalis innocentiam non considerans, amputavit. (*Ibid.*) *Act. du Parl.*, n° 3839.

3. *Act. du Parl.*, n° 3973. *Olim*, III, p. 680, XLVI.

4. *Act. du Parl.*, n° 3989. *Olim*, III, p. 697, LIX.

5. *Act. du Parl.*, n° 2861. Boutaric dit Renaud de Pons; Beugnot dit Geoffroy de Pnso (*Olim*, III, p. 587, LXXXII). On rencontre parfois de ces confusions de noms.

mérovingiens?). Geoffroy, sans se laisser intimider, insulta l'évêque et passa si brutalement entre lui et un prêtre qu'il faillit les renverser tous deux : ses gens tirèrent des flèches contre les habitants et Geoffroy essaya de tenir ses assises. Cette fois, outre les amendes et réparations pécuniaires, Geoffroy se voit privé de sa terre et enfermé jusqu'à complète satisfaction (1311). Trop longue serait la liste des ravages constatés par les enquêtes du Parlement : destructions de moulins, de maisons, de châteaux; rapts, incendies, homicides, sacrilèges. En 1313, une guerre privée, en Vermandois, amène l'arrestation de dix chevaliers qui avaient combattu les uns contre les autres, accompagnés de plus de quarante écuyers [1]. Jourdain de l'Isle que nous retrouverons plus tard, commence, en 1314, la série de ses exploits par des violences contre le prieur de Vinne [2], au diocèse d'Agen.

IV. — Les Ligues sous Philippe le Bel et ses fils.

Cette sorte d'anarchie explique en partie les associations qui se formaient dans tout le royaume entre les communes « li commun » et les nobles d'Artois, de Champagne, de Bourgogne, du Forez, de Picardie [3]. Ce n'est pas ici le lieu d'insister sur leurs causes politiques; il est permis toutefois de croire que si elles étaient dirigées contre les exactions royales, elles avaient surtout pour

1. « Ce sunt les noms des chevaliers qui sunt à present à Paris en prison pour le port d'armes qu'ils ont fait en Vermendois sus les deffenses le Roy noseigneur (suivent les noms). Et si orrent bien XL autres escuiers qui encore ne pevent mie estre a plain venuz à la cognoissance dudit bailli et chevauchèrent avec le dit seigneur de Pinon, liquiex sires de Pinon n'a pas nié le fait ains la advoué le fait, et ont chevauchié à armes descouvertes et à bannière déploiée contre ledit Jehan de Monceaus. « Jehan de Monceaus d'autre part, escuier comme chiès principal, et orrent bien avec eux XXV armeures de fer que li ballis ne puet encore avoir congneu... ont le fait amendé... (Criminel I, f° 5 v°. *Act. du Parl.*, n° 4183 (1313).

2. *Act. du Parl.*, n° 4311 (1314).

Voir encore pour les guerres et violences, *Act. du Parl.*, n°s 3160, 4604, 4168, 3805, 3804, etc.

3. Boutaric (*Notices et extraits de l'Acad. des Inscript.*, t. XX, 2e partie, pp. 214-286) a indiqué dix actes d'association. M. P. Viollet fait à ce propos cette observation : « Les cotes de Boutaric auraient pu être faites avec plus de soin : le caractère de plusieurs de ces actes n'est pas indiqué : ce sont très souvent des engagements par serment d'un groupe envers un autre groupe. La plupart du temps, quand Boutaric dit *les communes* il faut corriger : *le commun*. Les nobles parlent pour le peuple (le commun); mais ils ne paraissent guère avoir fait intervenir les *communes*. » (P. Viollet, *Hist. des Instit. polit.*, t. II, p. 241, note 4.) M. Viollet ajoute qu'on peut compléter ces actes par les pièces concernant la noblesse de l'Artois qui sont résu-

but, de la part des communes, d'obtenir plus de sécurité et, de la part des nobles, plus d'indépendance. Ces ligues qui séduisaient le peuple des villes et des campagnes, et qui auraient pu avoir des conséquences semblables à celles des ligues anglaises, s'inspiraient surtout de l'humeur belliqueuse et brouillonne des seigneurs. On le vit bien au déchaînement des guerres et de la réaction féodale sous les fils de Philippe le Bel.

La mort de ce prince désunit les ligues mal cimentées [1]. Comme il arrive constamment en France, les appétits particuliers l'emportèrent sur l'intérêt général, les seigneurs ne songèrent qu'à obtenir de la faiblesse de Louis X des chartes particulières et des privilèges. C'est le début d'une histoire qui se renouvellera de siècle en siècle : elle n'entre pas dans notre cadre, non plus que les tentatives de Philippe V le Long pour reprendre les traditions de Philippe le Bel. Sans doute Philippe maintint ou ratifia les chartes arrachées, la lance au poing, à son frère Louis X. Mais, s'il montra quelque souplesse afin de transformer plus aisément sa régence en royauté, il ne tarda pas à faire tête aux princes et aux barons mal coalisés [2]. Son règne de six ans n'est qu'une lutte avec

mées dans Richard (*Inventaire sommaire des Archives du Pas-de-Calais*, série A). — Voir pour ces différentes associations les p. 241-243 de M. Viollet, qui donne de précieuses indications et fait de judicieuses remarques.

1. Deux vers d'un petit poème inspiré par ces ligues expriment cette désunion :

Il sont lignée deslignée
Contrefaite et mal alignée.

Le *dit des Alliés* (éd. Paulin, Paris, *Annuaire de la Soc. de l'Hist. de Fr.*, 1837, p. 164).

2. Natalis de Wailly a démontré que les associations de nobles révoltés ont duré jusqu'en 1318.

Voir pour les guerres privées à cette époque l'étude documentée : *Philippe V et la grande Féodalité*, par M. Dufayard, *Revue historique*, t. 55 (1894). — M. Dufayard, qui s'est beaucoup servi des *Actes du Parlement*, arguë de quelques faits que Louis X réprima les violences comme les autres princes (p. 260). « Ce Pons d'Omelas, dit-il, ce Bernard Gervais qu'il avait envoyés dans la sénéchaussée de Carcassonne, pour la réformation du pays, avaient surtout pour mission de surveiller les actes des seigneurs. On ouvre une enquête contre le baron de Séverac (*Act. du Parl.*, II, p. 158); on arrête le seigneur de Montlaur, coupable de violences sur la personne d'un damoiseau qui a imploré la protection royale (p. 172). On condamne à 4000 livres d'amende le vicomte de Thouars accusé de pillage. Plusieurs gentilshommes des plus puissants, le sire de Caumont, le fameux Jourdain de l'Isle, avaient osé, « au mépris des ordonnances de Philippe le Bel », réunir des hommes armés, faire des chevauchées et brûler une ville placée sous la garde spéciale du roi : aussitôt on donne l'ordre d'arrêter les coupables (p. 175). Une dame Guillemette de Caumont s'était mise sous la protection du roi; plusieurs gentilshommes du Périgord envahirent et pillèrent son château de Montbreton, malgré les panonceaux royaux que la châtelaine avait arborés..... » M. Dufayard a visé encore (p. 276-277) les comtes de Flandre, d'Artois, de Nevers, le duc de Bourgogne, les seigneurs de l'Artois et de la Picardie. Le roi de France, combat encore et traite avec les plus puissants vassaux comme avec des princes étrangers. Il met trois années (1316-1319), à terminer, plutôt à suspendre la querelle de la succession d'Artois qui intéresse sa belle-mère la comtesse Mahaut. Sans tenir compte des défenses que le Parlement avait faites à la comtesse de se faire justice elle-même, Mahaut avait lancé ses chevaliers contre ceux de Robert d'Artois et contre les sires de Fiennes, de Renty, de Grigny. Philippe le Long, très embarrassé avec la Flandre, ne peut intervenir en Artois que par des mandements au bailli de Vermandois : celui-ci a ordre « d'interdire toutes manières de guerres privées, malgré les us et coustumes du pays, grâce aux privilèges accordés (1er juillet 1318) »[1]. De longues négociations aboutissent à des traités qu'acceptent Robert et Mahaut, mais auxquels refusent de souscrire Pierre de Grigny, Philippe de Bailleul, Jean de Waux, le sire de Fiennes, Ferry de Pecquigny. Le vrai caractère de ces barons se révèle alors : ils veulent continuer la guerre pour la guerre et ses profits : c'est leur droit et c'est leur plaisir. Protégés par leurs armures, la tête enveloppée du heaume, ils chevauchent sur leurs grands destriers bardés de fer et montrent, en maniant de longues lances, de lourdes masses d'armes, leur force prodigieuse, satisfont tous leurs instincts violents, leurs passions cupides. Ils prouvent leur puissance par leurs ravages. Mais Philippe V, après la soumission du comte de Flandre (5 mai 1320), tourna ses forces contre cette ligue des seigneurs d'Artois et de Picardie qui n'avait plus ni prétexte ni sou-

d'autres arrêts du Parlement : *Act. du Parl.*, t. II, p. 243, le chevalier de Maumont et le sire de Beaufort; p. 313, Guillaume de Brae et Gilbert de Saint-Brice; p. 361, Jean de Loise, seigneur de Crux, et Jean de Chambon; p. 324-325, Guillaume de Norrein et Marie de Roye, veuve du sire de Saint-Venant; p. 277, Simon de Dargies (Vermandois); p. 403, Jean de Sorel; p. 264, Galon de Liesces, qui envahit la maison du sire de Cugnières; p. 276, le sire de Chambly....

Voir aussi Lehugeur, *Histoire de Philippe le Long*, p. 302 et suiv. — Pour la continuation des guerres privées, Voir ouvrages indiqués par M. Viollet (p. 259) : Bascle de Lagrèze, *Le Trésor de Pau*, 1852, p. 27, sous cette rubrique : Chartes isolées et registres. — Douët d'Arcy, *Choix de pièces inédites du règne de Charles VI.* — Seignobos, *Le régime féodal en Bourgogne*, p. 328.

1. *Ord.*, t. I, p. 655. — Voir aussi mandement au bailli de Champagne (Varin, *Arch. admin. de Reims*, II, p. 233); mandement pour le comté de Bourgogne, *Ord.*, t. I, p. 701.

tien[1]. Les châteaux de Renty, de Tingry, de Rumiaghen sont pris et détruits. Les seigneurs, si redoutables au pays, se soumettent les uns après les autres : le Parlement fixe les indemnités[2], les amendes qui leur sont imposées pour les ravages qu'ils ont commis. Philippe n'ose aller plus loin, sauf avec un des plus acharnés, coupable de nombreux méfaits, Alard de Sainte-Aldegonde : on le condamne à mort « pour l'alliance des barons de Picardie et d'Artois » et son supplice, affreux, aux halles de Paris, sur une roue de charrette où on lui brise les membres avant de lui couper la tête (1321)[3], est déjà un avertissement sinistre qui toutefois ne profite pas à tous.

Philippe V, dont l'active diplomatie s'exerça contre l'Empire et qui, grâce à son mariage avec Jeanne de Bourgogne, rattacha la comté de Bourgogne, jadis terre d'Empire, aux domaines français, étendit son influence dans la zone de l'Alsace, de la Lorraine, de la Belgique, comme dans celle des Alpes. Il poursuivit aussi la lutte, toujours arrêtée, toujours renaissante contre le roi d'Angleterre, duc de Guyenne, mais sans avoir le temps d'obtenir de résultats, car il mourut à peine âgé de trente ans (3 janvier 1322). Son frère, Charles de la Marche, lui succéda sous le nom de *Charles IV le Bel* : il continua les interventions en Flandre et en Guyenne; il espérait ruiner la puissance anglaise en favorisant la révolution par laquelle sa sœur Isabelle, épouse coupable d'un mari indigne, renversa Édouard II (1327). Il ne fit que hâter l'avènement d'un jeune prince, Édouard III, plein d'intelligence et d'énergie qui devait causer bien des maux à la France. Le comte de la Marche, n'avait pas été jadis l'un des moins âpres dans les revendications féodales : roi, il les combattit, reprit les traditions capétiennes et s'efforça de maintenir une autorité qui paraît avoir été plus nominale que réelle, tant le désordre social, déjà grave sous Philippe le Long, était devenu affreux.

En ce temps où il n'y avait ni communications faciles, ni presse, chaque région ignorait les troubles des régions voisines, mais aujourd'hui, avec les registres du Parlement, nous pouvons jeter

1. Voir P. Lehugeur, *Hist. de Phil. le Long*, chap. v, Pacification de l'Artois et de la Picardie, p. 166-191.
2. *Act. du Parl.*, n° 6403.
3. *Chron. anonyme* (*Hist. de Fr.*, t. XXI, p. 143); Lehugeur, p. 190.

un coup d'œil d'ensemble sur ces guerres multiples. La seule année 1317 nous offrira en raccourci l'image des autres : sans tenir compte des vols, des assassinats individuels qui allongeraient trop notre liste, nous voyons se heurter les habitants de Périgueux contre leur maire et leurs consuls [1], ceux de Castres contre les chevaliers du comte de Comminges [2]; les troupes de la comtesse de Vendôme [3], du comte de Comminges contre celles des émeutes à Mâcon [4], à Figeac [5]; une grande guerre de Renaudin et de Raoulin de Brienne contre les habitants de Reims [6], des gens du sire de Tremblay contre les gens de l'abbé de Saint-Nicolas d'Arrouaise [7], du sire de Blaye contre l'abbaye de Saint-Sauveur de Blaye [8], du vicomte de Limoges contre le chapitre de Saint-Yrieix [9], du vicomte de Thouars contre l'abbaye de Lieu-Dieu [10]; des infractions de trêves, des violations d'assurements, des violences contre Jean de Tersac [11], contre Arnoul de Coysi, chanoine de Noyon [12]; de Guillaume de Brassoles et de ses familiers contre Jean Sonirac [13]; de Geoffroy de la Chapelle et autres contre Jean de Saint-Valéri [14], docteur ès lois; de Guillaume de Pierrefitte et de ses complices contre le prévôt et les procureurs de Langres [15]; de Nicolas « de Curribus » et ses compagnons contre Isabelle « de Lorrez » [16]; de Gesson contre Philippe Le Clerc [17]; de Gaillard de Bonnefont contre l'abbaye de Saint-Marcel (diocèse de Cahors) [18], de Jean de Liques et ses complices contre les parents et amis de Jean du Mont [19], de B. de la Tour contre le monastère de Nonenque [20]; des pillages par Etienne le Sueur et autres [21]; des invasions d'un couvent de religieuses par les familiers de l'Ordre de Saint-Jean de Jérusalem [22], et à son tour l'Ordre voit, dans une autre région, une de ses maisons attaquée [23]; autre invasion de nuit d'une maison, la Bernerie, appartenant au monastère de Notre-Dame de Nanteuil [24]; invasion du village de Saint-Martin de l'Ormeau (près de Châlons-sur-Marne) [25]; vol à main armée par Jean d'Araines et ses complices [26], attaques contre Jean Mocart [27], prêtre qui se rendait auprès d'un malade, etc.

1. *Act. du Parlement*, n° 4547. — 2. n° 4552. — 3. n° 4565. — 4. n° 4637. — 5. n° 4656. — 6. n° 4711. — 7. n° 4730. — 8. n° 4838. — 9. n. 5015. — 10. n° 5056. — 11. n° 4574. — 12. n° 4600. — 13. n° 4634. — 14. n° 4640. — 15. n° 4691. — 16. n° 4696. — 17. n° 4729, — 18. n° 4806. — 19. n° 4843. — 20. n° 4873. — 21. n° 4607. — 22. n° 4615. — 23. n° 5073. — 24. n° 4661. — 25. n° 4712. — 26. n° 4847. — 27. n° 5067.

Alexandre de Caumont, avec son frère, avec Jourdain de l'Ile, font des chevauchées en Périgord et se signalent par des incendies [1]. Robert de Beauval et ses compagnons assaillent le village de Beauval (Biauval) et la maison de la dame de Beauval en criant : « Tuez ! tuez ! »[2] Simonnet, frère de Raynaud de Gavaudun, avec une troupe armée, prend le château de Mont-Breton et le met au pillage[3]. Hélie de Gaignac attaque le château de Montclar pendant l'absence de Ridel de Montledier qui se rendait à la cour du roi[4]. Hugue de Tilhi et ses alliés entrent à main armée dans les terres de P. de Lavardac, enlèvent les bœufs, les porcs, brûlent les maisons, tuent des hommes [5]. Les habitants de Fanjoux, au nombre de 200, s'emparent du village d'Orsans appartenant à Jean de Levis, sire de Mirepoix, détruisent les fourches patibulaires, prennent d'assaut la maison où l'on conservait les registres du greffe et où demeuraient les officiers de justice [6]. Arnal de Fraux et d'autres nobles de Gascogne et de Lomagne, à pied et à cheval, armés de lances et de plommées, entrent dans la ville de Moissac et enlèvent Blaise, fille de Guillemette de Fortaise[7]. On ne peut compter que sur soi pour se défendre. Les frères Garnaud, fils de feu Guillaume Garnaud, demandent qu'on leur permette de porter des armes pour se protéger et arrêter Guy de Cholet et ses complices qui ont tué leur père[8]. La vengeance familiale est encore admise.

Certes, nous sommes loin d'épuiser toutes les enquêtes, les arrêts, les mandements de l'année 1317 que nous avons choisie comme exemple, sans qu'elle soit exceptionnelle : on retrouve semblables méfaits, pareilles violences en 1318, 1319, 1320 et les années suivantes. En 1320 Guillaume de Norrein, écuyer, attaque les châteaux de Marie de Roye, veuve du sire de Saint-Venant. Aux procédures des commissaires du Parlement, il répond que d'après la coutume du pays et les privilèges concédés aux nobles par les rois de France, il pouvait faire la guerre aux Saint-Venant [9]. Le Parlement n'admet plus de telles théories mais ses enquêteurs ne peuvent aller partout et partout les invasions continuent. Raymond Boglou et ses complices, au

1. n° 4771. — 2. n° 4871. — 3. n° 4821. — 4. n° 4830. — 5. n° 4739. — 6. n° 4687. — 7. n° 5109. — 8. n° 4934. — 9. n° 6126.

nombre de plus de 80, attaquent le village de Fleix, tuent 18 hommes, brûlent 36 maisons[1]. Aux portes de la capitale, Jean de Mariafin, écuyer, demeurant à Moulignon (Molignon), à la tête d'une troupe d'hommes armés à pied et à cheval, assaille un clerc, Jean de la Fontaine, qui se rendait à Paris[2]. Guillaume Seguin, seigneur de Rioms, avec une troupe d'un millier d'hommes, attaque et brûle la maison de Baudoin de Bouillac[3]. Les habitants de Caudeval et ceux de Corbières se livrent (1321) une vraie bataille rangée avec balistes, lances, carreaux, glaives[4]. La comtesse de Grandpré s'était placée avec sa famille sous la garde du roi. Néanmoins Jaquin de Hans, Henri d'Argies, Evrard des Planques et autres avaient attaqué son château de Grandpré, tué et blessé plusieurs nobles et bourgeois, emmené plusieurs nobles en captivité. Les prévenus, arrêtés par le bailli de Vitry, le prirent de haut : ils invoquèrent le droit de guerre privée, ils obtinrent même des lettres royaux qui les absolvaient. Le Parlement n'en eut cure, il enjoignit au bailli de procéder contre les coupables, de les ajourner devant la Cour (1324)[5].

Comme on a pu le voir, les habitants des villes ne sont pas les derniers à prendre les armes. Les nobles ont fait des ligues, pourquoi n'en feraient-ils pas aussi? Les registres nous montrent, sous Philippe le Long, les seigneurs et les baillis réprimant les conspirations et les révoltes. Les consuls et les habitants de Castres en Albigeois ont fait (1317) une conspiration et « une harele » (arelam) contre le comte de Comminges[6], ils ont cherché à le tuer, ont blessé plusieurs de ses gens, tendu des chaînes dans les rues. Les bourgeois et les teinturiers de Lagny-sur-Marne se plaignent (1318) des conspirations, congrégations illicites, monopoles, tailles et collectes dont s'étaient rendus coupables les tisserands

1. n° 6190. — 2. n° 6016. — 3. n° 6425.
4. n° 6570. Le texte de l'arrêt est très formel : « Guillelmus Chanelli, bajulus de Calida-Valle, consules, omnes alii et homines universitatis dicti loci ex una parte, et ex alia omnes homines ville de Corberiis, deliberato concilio, proposito et super hoc habito, inter ipsas partes, coadunatis turbis, dictas villas cum magno impetu exeuntes, faciendo aciem portantes balistas cum cadrellis, lanceas, gladios, baculos et lapides, in via publica, in campis circa confines territoriorum villarum predictarum, universitas contra universitatem ad invicem congregata, prelium facientes, sese ad invicem cum dictis armis invaserunt et percusserunt, et plures ex eis atrociter vulneraverunt. » — (Corbières, Aude, cant. de Chalabre, arrond. de Limoux.)
5. n° 7432. — 6. n° 4552.

et leurs complices[1]. A Béziers, les bourgeois ont tenu des « conseils secrets, conventicules » au sujet de plusieurs choses touchant le roi et le royaume. Ils avaient été dénoncés par Bérenger de Savignac, au moment où il allait être pendu en vertu d'une sentence prononcée contre lui pour ses méfaits par le prévôt de Paris (1317)[2]. Le bailli de Vermandois procédera à une enquête sur les confédérations, congrégations, monopoles et conspirations que faisaient chaque jour clandestinement des hommes du peuple et des tisserands de Châlons-sur-Marne[3]. De même le bailli de Caen fera une enquête sur certaines « secrètes ligues, hareles et conspirations illicites et déshonnêtes » formées par les marchands de Caen fréquentant l'Angleterre[4].

V. — Les guerres du xive siècle. Perfidies. Cruautés. Sacrilèges.

A lire les registres du Parlement on remarque bien vite un caractère particulier que prennent alors les guerres privées. Elles sont peut-être plus nombreuses, mais moins générales. Elles se cantonnent dans un horizon de plus en plus restreint. Si l'on mentionne encore quelques troupes considérables, le plus souvent les luttes se réduisent à celles de quelques groupes de chevaliers et de leurs vassaux. Elles dégénèrent en purs brigandages. Sans doute les guerres féodales n'avaient jamais été sans rapines et sans incendies, mais, au xive siècle, le vol et le pillage paraissent autant, et plus que la vengeance, le but des expéditions. En Poitou (1317) les gens et amis de Gui de la Motte envahissent la maison de la Bernerie appartenant au monastère de Notre-Dame de Nanteuil pour enlever du blé, des étoffes, de la viande salée et ils n'oublient pas la bourse du prieur[5] : Jean d'Araines, s'empare d'un manoir à Etren : il emmène trois chevaux ; il emporte six hanaps, huit cuillers d'argent, des vêtements et bien entendu les deniers[6]. Un chevalier d'Auvergne avec son fils et ses amis forcent la maison de Jean de Tersac, damoiseau, tuent ses chevaux, jusqu'à ses chiens, brisent ses meubles, défoncent

1. n° 5231. — 2. n° 4861, 5068. — 3. n° 4690, 5295, 5273. — 4. n° 4674, 5291. — 5. n° 4661. — 6 n° 4847.

ses tonneaux : c'est une rage de destruction[1]. Étienne le Sueur et ses complices dévalisent, tant de jour que de nuit, un hôtel appartenant à Jean de Troussières, écuyer à Malay-le-Vicomte, au bailliage de Sens[2]. La répression même commencée par les rois amène un changement dont le pays n'a pas lieu de se féliciter. Des bannis qui veulent échapper aux gens du roi, n'ont plus pour métier que celui de voleurs de grands chemins. Ils arrivent brusquement dans une région, surprennent (c'est le Parlement même qui le dit) « en trahison les personnes riches, loyaux marchands, les transportent hors du royaume, les mettent en prisons cruelles, les torturent jusqu'à ce qu'ils aient payé une rançon[3] ». La Cour donne ordre au sénéchal de Lyon de lever une troupe de 12 à 20 cavaliers aux frais du roi pour chercher et réprimer « des fils d'iniquité qui désolaient la sénéchaussée par leurs violences à main armée[4] ». Le sénéchal de Toulouse poursuivra et punira « les pillards, incendiaires larrons et autres malfaiteurs qui rôdaient dans le pays[5] ». Pons de Mortagne reçoit semblable commission. Les sénéchaux de Périgueux et de Poitiers, le viguier de Saint-Yrieix rechercheront les voleurs et « les malfaiteurs masqués qui désolaient le pays en commettant des crimes intolérables avec la complicité des seigneurs, puisque ceux-ci les recevaient dans leurs terres[6] : ce qui n'est pas le moindre scandale, ni le moindre dommage pour la région tout entière ». Il résulte d'un autre mandement que plusieurs de ces malfaiteurs étaient des moines défroqués ne vivant plus que de vos et de rapines : ils dévalisaient les abbayes[7].

1. N° 4574. — 2. N° 4607. — Malay le Vicomte (Yonne), arrond. et cant. de Sens.

3. Mandement aux baillis de Sens et de Bourgogne : « A notre connaissance est venu par la clameur de plusieurs qu'au pays d'Auxerrois et des Marches d'environ sont accoutumés de venir plusieurs gens en chevaux et en armes en divers états, couvertement et en tapinage et de prendre malicieusement en aguet appensé et en trahison plusieurs personnes riches, bonnes gens, loyaux marchands et autres et emmener et transporter à force hors de notre royaume, mettre en prisons cruelles, en fers et torments, envoyer de lieu en autre pour plus espouvanter et faire leur tous les griefs qu'ils peuvent jusqu'à tant qu'ils se soient rachetés ». *Criminel*, III, f° 137 r°, *Act. du Parl.*, 5207, 24 février 1318.

4. N° 5617 (26 déc. 1318).

5. N° 5198 (27 fév. 1318).

6. N° 5169 (26 janv. 1318).

7. « Mandement aux sénéchaux de Poitou, de Limousin et de Tours, au bailli d'Aurillac et au juge royal de Saint-Yrieix de faire bonne justice de Robert de la Garia, de son frère Gui, de Gaucelin d'Aira, de Guillaume La Roche, de Roger

Les Ordonnances de Philippe le Long qui pourvoient aux mesures à prendre en Vermandois, en Champagne, en Bourgogne, concordent avec les registres du Parlement : comme les enquêtes et les arrêts, elles signalent, les incendies, les ravages des campagnes, la destruction des vignes et des arbres, l'enlèvement des bestiaux et des paysans; elles défendent aux baillis de s'absenter, de se faire remplacer par des lieutenants [1]. Les villes, en 1317, ont reçu des *capitaines* chargés de veiller à leur sécurité [2]. Les officiers qui ont juridiction, s'appliqueront à « garder la paix » et cesseront de faire des oppressions et exactions sur leurs sujets. Recommandations qui nous semblent singulières, mais qui n'étaient pas inutiles en ces temps où le Parlement est obligé, comme nous le verrons, de poursuivre et de punir les officiers royaux autant que les officiers seigneuriaux.

Ce n'est plus, d'ailleurs, l'ancienne guerre ouverte et loyale. Les preuves abondent de l'affaiblissement des vertus chevaleresques. Eustache, dit de Boves, de Fresnes, avec l'aide de gens armés de lances, attaque, à l'heure du crépuscule, Mathieu du Rieu, de Marines près Pontoise, au moment où il revenait dans sa maison : il le laisse pour mort sur la voie publique. Ces violences « n'avaient pas été précédées d'un défi ainsi qu'il est de coutume dans les querelles entre nobles; elles constituaient une trahison [3] ». La trahison, le guet-apens, deviennent ordinaires. La veuve de Roger dit Bellenguel et son fils aîné, au pays de Caux, ont attiré dans une embûche Jean Davi, l'ont frappé, lui

Galemache et autres dont plusieurs étaient des moines défroqués qui parcouraient le royaume en armes et commettaient toutes sortes de délits et de crimes. Ils sont sans respect pour le clergé et ont pillé plusieurs maisons de l'ordre de Grammont ». *Criminel*, I, f° 100 r°, *Act. du Parl.* n° 4695, mars 1317.

Ajoutons : Mandement à Pons de Mortagne, contre d'autres malfaiteurs, 17 fév. 1318, n° 5193. — Mandement au bailli de Bourges, 14 oct. 1323, n° 7317.

1. « Nous ordonnons et commandons que tout sénéchal, bailli et autre officier de notre royaume demeurent continuellement et personnellement en leurs offices, ni ne puissent les faire desservir par leurs lieutenants si ce n'est de notre congé spécial... » Ord. du 16 nov. 1318 (*Ord.* t. I, p. 671, art. 8).

2. Ord. du 12 mars 1317. *Ord.*, t. I, p. 635. — Voici une mention officielle de ces capitaines : « Mandement à Gérard de Méry, chevalier le roi, *capitaine délégué dans le pays de Langres*, de mettre en liberté sous caution Jean Carbonel qu'il avait fait arrêter parce que le dit Carbonel avait accusé le dit Gérard de faire partie des ligues des nobles du pays contre l'autorité royale... » (27 oct. 1317, n° 5047).

3. *Actes du Parl.*, n° 4585, 28 janvier 1317. Marines (Seine-et-Oise), chef-lieu de canton, arrond. de Pontoise.

ont brisé les dents et l'ont mutilé[1]. En Vermandois Jean de Cancupite, son fils et ses amis attaquent traîtreusement et blessent à mort une de leurs parentes avec laquelle ils étaient en procès et qui agissait pour son mari gravement malade[2]. Le crime devient lâche. Un domestique de Thomassin d'Ermenonville a assassiné un homme : il va être pendu; il déclare que le meurtre lui a été commandé par son maître. Or, Thomassin a des amis qui le protègent, et reste en liberté sous caution [3]. Simon Braielez de Vic-le-Profond est convaincu d'avoir machiné avec trois scélérats payés l'assassinat de Beaudoin de Laon, avocat au Parlement : le coup ne réussit pas, mais l'auteur de l'odieux complot fut condamné « à la prison perpétuelle en chemise, au pain et à l'eau[4] ». Odin Tays chevalier et un damoiseau, du pays d'Auvergne, ont surpris et blessé Denis de Martinges, damoiseau, l'ont mené hors du royaume et tenu en charte privée pendant plus de trois mois [5].

La cruauté est parfois horrible. A Troyes, Perrinet de Limbicia disait publiquement qu'il n'aurait pas de paix avec Gille de Villemore tant qu'il n'aurait pas de sa chair et de son sang. Il paya quatre coupe-jarrets pour le tuer ou le mutiler : logés, hébergés à Troyes aux frais de Perrinet, ils épièrent Gilles, et un jour que celui-ci sortait de la ville pour visiter un malade, les quatre coupe-jarrets se précipitèrent sur lui, le jetèrent à bas de son cheval, lui coupèrent le nez et les nerfs des jambes et des pieds jusqu'à l'os et le mutilèrent de telle façon qu'il resta estropié pour toute sa vie. Perrinet se réfugia dans une église et fit proposer à Gille une transaction [6]. Le bailli de Chaumont poursuivra Humbert, frère, Étienne, fils de Remenaud, et leurs complices, prévenus d'avoir pris et conduit dans un bois Perrin, dit Secorjon, auquel ils coupèrent la langue et qu'ils mutilèrent atrocement[7]. Pillage, dévastation, blessures affreuses, tout se réunit pour rendre singulièrement odieuse l'invasion du château de Jean de Chambon par Jean de Loise, seigneur de Crux et son frère, et d'autres maisons de Guillaume de Crux. Non contents d'enlever blés, vins et qua-

1. N° 4944, 13 juillet 1317. — 2. N° 5011, 6 octobre 1317. — 3. N° 4922, 8 juillet 1317. — 4. N° 4569, 22 juillet 1317. — 5. N° 4570. — 6. N° 6129, 15 juillet 1320. — 7. N° 4562, 22 janvier 1317.

rante porcs gras, de vider les étangs, de détruire les moulins, ils extorquent, par des menaces et des tourments, de l'argent des familiers de Guillaume de Crux : ils en jettent un dans un puits la tête en bas et l'y laissent mourir; à un autre ils arrachent deux dents, ils en frappent un troisième mortellement et piétinent le ventre d'un de ses enfants de telle sorte que les entrailles sortirent et « qu'il en mourut » (on serait mort à moins); ils enlèvent la fille de maître Lambert et la maltraitent tellement qu'elle accoucha avant terme d'un enfant qui ne put vivre et qu'elle-même mourut[1]. Le bayle du seigneur de Castillon et le châtelain de Châteauneuf envahissent le manoir de la dame Aude de Tiran : ils expulsent la pauvre dame avec tous ses serviteurs; dans le tumulte une ruade de cheval la blesse à la jambe. Les assaillants ne l'en jettent pas moins dehors malgré le vent, la pluie, la grêle qui font rage [2]. D'autres chevaliers étaient entrés en armes, la nuit, dans la demeure de Jeanne de Saint-Ouen, dame de Survilliers (1315) : ils arrachent cette malheureuse de son lit, lorsqu'elle venait d'accoucher; ils la traînent de chambre en chambre demi-nue, demi-morte, tenant son petit enfant entre ses bras [3]. Que de tragédies judiciairement constatées et combien d'autres ignorées!

1. N°s 6384, 6385 (1321).

« Item Naudinum Poilepoucin, hominem dicti Guillelmi incarcerarunt et duos dentes de ore suo violenter extraxerunt, bona sua non obstante gardia nostra in qua erat, rapuerunt.

Item Guillelmum Bouclet, hominem dicti Guillelmi capi fecerunt, nec scitur si sit mortuus vel vivus...

Item verberarunt de nocte Johannem Bridain, hominem dicti Guillelmi et fuit mortuus ex illa verberatione et uni de liberis suis ventrem cum pedibus calcaverunt in tantum quod ei fundamentum exivit et fuit mortuus.

Item, ... filiam magistri Lamberti pregnantem rapuerunt et ità tractaverunt eamdem quod ante tempus debitum partum edidit et fuit partus mortuus immediate post baptismum et dicta mulier pregnans ante Purificationem, occasione verberationis predicte, fuit mortua.... » N° 6385.

2. « ... Cum familia sua quæ ibi erat, per spatulas violenter ejecisse, quamobrem eamdem lesam in crure pro eo quod quidam equus in ejectione predictæ percussit eam, pluvia, vento et grandine vigentibus, recedere de loco oportuit et de nocte... » *Olim* III, p. 1204, IX (1317).

3. « ... De nocte venientes hostiliter et cum armis dictam domum violenter intraverunt et ipsam que statim peperat, in lecto suo jacentem, ceperunt et de lecto suo violenter extraxerunt et nudam, nisi de quodam parvo et brevi pellicio quo se tegebat, ut poterat, parvulum suum inter sua brachia habentem, de camera in cameram duxerunt, enses evaginatos et gladios alios in manibus suis portantes, plures eidem domine, injurias inferendo... » *Olim*, III, p. 818, CII (1313). — *Act. du Parl.*, n°s 4168 et 4027.

Les violences vont jusqu'au sacrilège. Jean de Hoc, vicaire de l'église de Porcian, est blessé à mort dans l'église même[1]. Pérard de Boissy et Jean son fils attaquent Jean, curé de Bergères, dans son église, au moment où il disait la messe : ils lui arrachent le calice des mains, ils l'entraînent au dehors et le blessent cruellement[2]. Armand du Puy-le-Haut (ou Peu-Haut [de Podio Alto]), Bertrand de Périlhon, Lemoine du Puy et autres, des robes (ou de la livrée) et de l'hôtel de l'évêque de Dax, massacrent Mathieu de Mirabel, bourgeois de Dax, dans l'église du Saint-Esprit, sur l'autel même, de telle sorte que les linges et les autres ornements avaient été ensanglantés. Le calice, la patène, le vin du sacrifice et l'hostie avaient été jetés à terre. Le prêtre qui lisait la Passion, avait été blessé[3]. Les officiers et familiers de l'évêque de Langres, en guerre avec le Chapitre, envahissent le cloître, la cathédrale, bannières déployées, les remplissent d'hommes armés, s'y installent, détruisent dix portes du cloître, les brûlent ainsi que les chambres adossées à l'église; la statue de pierre de saint Mamès, patron de l'église, fixée au mur, est décapitée et sa tête jetée dans la boue (1322)[4]. Au prieuré de Lavaur, violences semblables : le prieur Brun se réfugie dans l'église. Les assaillants l'y tiennent bloqué : et ne laissent entrer ni le prêtre ni les frères mineurs qui demandaient à y reporter le Saint Sacrement; ils saisissent les vivres qu'on apportait au dit Brun et les consomment; ils répandent l'eau des fonts baptismaux; ils profèrent contre le Saint Sacrement des propos horribles[5]. Au Puy, en 1319, pendant les Rogations, la procession instituée par l'Église pour demander au ciel, au milieu même des campagnes, que les fruits tiennent toutes les promesses des fleurs, était suivie par une foule

1. N° 5029, 14 oct. 1317.
2. N° 5615, 22 déc. 1318.
3. N° 5281, 25 mars 1318. Dax (Landes), chef-lieu d'arrond.
4. « ... Dictam ecclesiam et claustrum dicti loci per vim et armorum potentiam subintrantes et ibidem targias suas et vexilla appendentes, dictam ecclesiam hominibus armatis et armis variis et diversis ex parte predictorum et ipsius episcopi munitam cum omnibus sanctuariis reliquis et ornamentis et diù detinuerant nec non decem portas in claustro dictorum decani et capituli existentes per vim et armorum potentiam fregerant, diruerant et ad terram projecerant... et imaginem lapideam gloriosissimi martiris beati Mammetis, patroni dictæ ecclesiæ, affixam in quodam muro ante ecclesiam destruxerant, caput ejusdem amputantes et in luteum projicientes... » *Jugés*, I, f° 219 r°, 17 juin 1322. — *Act. du Parl.*, n° 6859.
5. *Jugés*, I, f° 380 r°, 17 mars 1323. *Act. du Parl.*, n° 7500. — Lavaur (Tarn), chef-lieu d'arrond.

immense. Les chanoines, les prêtres, les corporations avec la croix, les bannières et leur cortège pacifique, sortent de l'église Saint-Marcel. L'image de la sainte Vierge était portée par des nobles et des bourgeois. Tout à coup le bayle (le gardien) de la cour du Puy (commune à l'évêque et au roi), avec une troupe d'hommes armés cachés en embuscade, se précipite sur la procession au moment où elle arrive hors des murs : les soldats frappent, blessent les chanoines et les prêtres, renversent la croix et jettent une confusion inexprimable dans une foule de trois mille personnes qui s'enfuient éperdues. Le bayle profite de ce tumulte pour arrêter nombre de clercs [1]. Ces luttes, provoquées par des conflits de juridiction, se renouvelèrent en 1327, encore à l'époque des Rogations [2]. A ce moment se tenait une foire importante et les gens du bayle faisaient des rondes. Les gens du Chapitre, cette fois, sont les agresseurs : ils se réunissent en armes au son du tocsin et marchent, au nombre de plus de deux cents, en ordre de combat. Ils se précipitent sur le bayle qui commandait la patrouille, l'attaquent lui et ses compagnons avec des pierres, lancent contre eux des flèches, des carreaux, en tuent un, et en blessent plusieurs [3].

Ces animosités des gens d'Église, ces violences sacrilèges soulèvent un problème de psychologie historique, car on a de la peine à s'expliquer, dans un siècle de foi profonde et de pratique universelle de la religion, tant d'actes contradictoires avec les croyances et les préceptes. Il faut, à ce qu'il nous semble, distinguer les faits qu'on peut attribuer à l'impiété véritable qui n'a cessé d'exister à toutes les époques, et ceux qui tiennent à la constitution de la société féodale dont le catholicisme avait à souffrir, en même temps qu'il en profitait. Aveuglés par les intérêts matériels, seigneurs guerriers, les évêques, abbés, chanoines, malgré les protestations de savants docteurs et de pieux prélats, ne se rendaient pas compte du tort qu'ils faisaient à l'Église; tort si grave qu'elle en perdit la domination de l'Allemagne et du Nord de l'Europe. Ces chanoines et prieurs belliqueux ne pouvaient s'étonner qu'on se servît contre eux des armes qu'ils employaient

1. *Act. du Parl.*, 5785. *Olim.*, III, p. 1402-1407.
2. *Act. du Parl.*, n° 7968, 23 avril 1327.
3. Voir encore pour des sacrilèges, *Actes du Parl.*, n°s 4503, et (cathédr. d'Amiens), 6429, etc.

contre les autres. Si les églises, si les ornements sacrés, si le corps même du Christ, étaient profanés, on n'attribuait ces excès qu'à l'égarement du combat, à l'ivresse que cause le sang versé. La preuve c'est que le Parlement, cour semi-ecclésiastique, en déplorant ces sacrilèges, ne songe pas à les punir autrement que par des processions, amendes honorables, fondations : il n'a contre l'impiété que des châtiments pieux; il ne croit pas à des opinions contraires au dogme, à des actes de sectaires, car autrement il livrerait les coupables suspects d'hérésie aux tribunaux de l'inquisition. Néanmoins la fréquence et le scandale de ces scènes sacrilèges sont la preuve qu'au xive siècle le respect de la religion avait diminué. Du reste Rutebeuf le disait déjà du temps de saint Louis : « Hélas! s'en vont la foi et la créance! » De tels souvenirs ne sont-ils pas de nature, au bout de cinq siècles, à atténuer, en nos temps troublés, notre pessimisme?

La crainte du roi est-elle plus forte que la crainte de Dieu? Commence-t-elle à inspirer la sagesse? Il n'y paraît pas encore, tant sont nombreux les arrêts qui attestent le mépris de l'autorité royale. Des abbayes, des châteaux, des champs sont placés sous la garde du souverain : des panonceaux royaux l'annoncent, des sergents royaux la signifient aux envahisseurs. Les seigneurs n'en ont cure. Les sergents voient leurs remontrances méprisées, leur bâton aux fleurs de lys jeté dans la boue, heureux lorsqu'ils échappent par une prompte fuite à la brutalité guerrière. Un noble à qui on réclamait un clerc, répond : « Je ne l'ai pas, et si je l'avais, je ne le rendrais ni dans un mois, ni dans six semaines, pour le roi ou pour la reine, leur prévôt ou leur bailli [1] ». Le même, un autre jour, frappe un sergent qui rappelle sa qualité : alors le seigneur prenant un marteau, lui en donne sur la tête en s'écriant : « Tien, de par le Roy, ce sera tien » [2]. Quand les gens de Pons, seigneur de Castillon, expulsent de son château la dame Aude de Tiran d'une façon si inhumaine, ils ne se sont pas laissé arrêter par les injonctions des sergents royaux. L'étendard royal qui flottait sur le manoir, fut retrouvé dans la bergerie sur le

1. *Olim*, III, p. 410, xxiv, 1309 (1310).
2. *Ibid.* Ces paroles, sans doute rapportées par des témoins, sont en français au milieu de l'arrêt latin.

fumier [1]. Jean Guyonnard croit pouvoir circuler sur les chemins puisqu'il est placé sous la sauvegarde du roi : il est assailli par l'évêque de Luçon et ses gens. Il leur présente ses lettres : on les déchire, on le dépouille de son argent, 722 florins d'or, et on le renvoie en chemise (1322) [2]. Les familiers et commensaux du prieur de Saint-Crespin (Rouergue) attaquent un officier du roi et le blessent à mort [3]. Les habitants de Cluny arrachent un prévenu aux sergents du prévôt de Mâcon et en blessent plusieurs. Le prévôt vient au secours de ses sergents : il est repoussé et, pour ne pas être tué, est obligé de s'enfuir : on le tient assiégé pendant plusieurs jours dans une maison [4]. Les religieux, si prompts à implorer l'assistance du prince, n'aiment pas autant son arbitrage : dans une discussion entre les gens de l'abbé de Cluny et ceux de l'évêque de Mâcon à propos de gerbes de blé provenant de la dîme, le bailli intervient : il met sous la main royale l'objet en litige; les gens de l'abbé et les moines en armes reprennent les gerbes. « Nous n'avons pas de roi, disent-ils, et nous ne le connaissons pas » [5]. Les religieux de Bourg-Dieu, dans une pareille occasion, saisissent le sergent royal, l'abaissent sur le cou de son cheval, lui crachent au visage, criant « qu'ils ne feraient rien pour le roi » [6]. On pense si des seigneurs comme Geoffroy et Renaud de Pons se rient des sergents du prince. Geoffroy qui a reçu des bannis dans le château de Caylus, joue et défie l'officier royal qui les réclame; il mène ses hôtes dans un autre château et les délivre [7]. Les gens de l'abbé de Tulle empêchent les habitants de Roc-Amadour d'aller à l'ost du roi. Ils emprisonnent et frappent un malheureux qui appelle

1. « ... vexillumque nostrum quod desuper manerium predictum, in signum salve gardie predicte, positum fuerat, exindè amotum, inter stercora in ovili inventum fuisse... *Olim*, III, p. 1204, IX (1317).
2. *Act. du Parl*,. n° 6903 (1322).
3. N° 4521.
4. *Act. du Parl.*, n° 6009 (14 mars 1320).
5. « ... Quibus arrestis et prohibitionibus spretis, gentes dicti abbatis gerbas et bona arrestata et in manu nostra posita ad domum suam seu grangiam de Sarci violenter et cum armis rescousserunt, asportarunt seu asportari fecerunt, dicendo : « Non habemus Regem, nec cognoscimus eum... » *Olim*, III, p. 53-55, XIX (1300).
6. « Nonobstantibus manus oppositione, et inhibitione predictis, dictum capellanum usque ad sanguinis effusionem percusserunt, et cum ad terram prostraverunt, et in dictum servientem nostrum manus violentas apposuerunt, eumque usque ad collum equi sui inclinari fecerunt et in ejus faciem bis vel ter conspuerunt dicentes, quod nichil facerent pro Rege... » *Olim*, III, p. 315, LXI, 1308 (1309). *Act. du Parl.*, 3628. — Burgus-Dolensis, Bourg-Dieu, Indre, arrond. de Châteauroux.
7. *Olim*, III, p. 373, XIII (1309).

au Parlement[1] : ils l'avaient condamné à avoir la main gauche coupée, ils lui coupent aussi la main droite[2]. En 1316, les gens du même abbé de Tulle arrêtent Gérard Lefèvre, sergent royal qui avait procédé à Roc-Amadour contre un mauvais débiteur : l'un d'eux le frappe si violemment d'un coup de pied dans le ventre qu'il le fait tomber contre un mur. D'autres sergents du roi arrivent à son secours et se saisissent du prisonnier qu'emmenait le pauvre sergent. Mais la troupe de l'abbé de Tulle se jette sur eux, le leur arrachent et blessent cruellement un des sergents[3]. Les consuls de Corrosano et de Vic s'opposent aussi en armes aux gens du roi, qui venaient, en exécution d'une sentence du sénéchal de Toulouse, saisir le château de Corrosano; ils crient : « A mort! à mort! en arrière, ribauds, voleurs, nous ne savons qui sont le roi ou la reine »[4]! Un valet du roi, Jean Audoc, est attaqué sur un grand chemin par les frères Jean et Robien Fontaines et autres : ils lui coupent le nez et les lèvres, ils le gardent en prison avec ses enfants[5]. Les gens du vicomte de Thouars, attaquant les religieux de Lieu-Dieu, répondent à des sommations faites au nom du roi : « Nous ne ferons rien pour ton roi! ». Ils déclarent ouvertement ne reconnaître d'autre souverain dans la vicomté que leur seigneur[6]. C'est toujours le même orgueil féodal. Mais de ce que ces résistances nous sont détaillées par des enquêtes et par des arrêts, la conclusion naturelle s'impose que le roi, représenté par son Parlement, s'efforce de les punir. Si peu obéi qu'il soit, il y a un maître.

1. « Bajulo nostro Montis Dome, suum officium exercenti, multas injurias intulerunt, baculum nostrum regium, in quodum portali apud Ruppem Amatoris per servientem nostrum appensum, et in lutum seu terram projecerunt, homines ville Ruppis-Amatoris ad mandatum gencium nostrarum in nostrum exercitum venire arrestaverunt et impediverunt venire... » *Olim*, t. III, p. 105, LIX (1301).
2. *Ibid.*
3. *Olim*, III, p. 1076, XVI (1316). — Roc-Amadour (Lot), cant. de Gramat, arrond. de Gourdon : petite ville étagée de la façon la plus pittoresque le long d'un rocher à pic de 120 m. d'élévation que couronne une église, but d'un pélerinage célèbre.
4. « Moriantur! a retro ribaldi! latrones! Nescimus qui sunt Rex et Regina. » *Jugés*, f° 1, 38 r° *Act. du Parl.*, 6112 (18 juin 1320).
5. *Act. du Parl.*, n° 5547 (1318).
6. « Nos non faceremus aliquid pro rege tuo « adjiciens » quod non erat alius rex in terra Thaortii, nisi dictus comes ». Arch. nat. X[1a] 5, f° 24 v°. — Cité par Lehugeur, p. 302 (note 3). — Le sommaire de Boutaric (n° 6021) est très incomplet. — Abbaye de Lieu-Dieu-du-Jard. On en voit des ruines dans la commune du Jard (Charente-Inférieure), arrond. de Saintes.

VI. — Les Pastoureaux et les Lépreux.

L'impuissance, fréquemment manifestée, des officiers du roi à sanctionner les arrêts du Parlement explique les deux mouvements désordonnés qui jetèrent sur le règne de Philippe le Long une tache si noire : la révolte des pastoureaux et le massacre des lépreux. Quarante mille malheureux excités par des fanatiques qui réclamaient une croisade, mais plus encore par la misère, vinrent jusque dans Paris, où ils forcèrent le Châtelet et faillirent mettre à mort le prévôt (1320)[1]. Le roi s'estima heureux de défendre son Palais de la cité et son Louvre et de laisser s'écouler cette multitude de pastoureaux sauvages qui rappelaient ceux de 1251. Leurs bandes traversèrent le Berry, le Languedoc, la Saintonge, l'Aquitaine, poursuivant les juifs, dont un grand nombre périrent dans la tour de Saintes et dont cinq cents, assiégés dans la tour de Verdun-sur-Garonne, s'entretuèrent pour éviter les pires tourments. On n'osa point livrer bataille à ces pastoureaux, qu'en certaines villes appuya la populace : mais ils se heurtèrent vainement aux portes fermées d'Aigues-Mortes; acculés dans des plaines marécageuses où ils ne pouvaient vivre, ils se dispersèrent, poursuivis, traqués, détruits en détail. Les registres du Parlement ne nous donnent pas de renseignements sur cette révolte, et pour cause, puisqu'il n'y eut en somme point de procès. Nous n'y trouvons que quelques ordres d'enquête aux sénéchaux de Saintes et d'Angoulême chargés, sous Charles le Bel, de procéder contre ceux qu'on avait pu saisir comme coupables du massacre des juifs de Saintes[2]. On avait accusé un sergent du roi d'avoir facilité et

1. V. Lehugeur, *Hist. de Philippe le Long*, chap. x, p. 412 et suiv.

2. Mandement au sénéchal de Saintes et d'Angoulême (10 juin 1322) : « Cùm nonnulli iniquitatis filii, majestatem regiam offendere non verentes, judeos in dicta senescallia existentes interfecerint, opem et consilium impenderint, nostrisque curialibus qui judeos ne interficerentur defendere nitebantur, inobedientes extiterunt et rebelles, nec non nostram turrem de supra pontem Xanctonensem incendio combuxerunt, judeos ibidem ob Pastorellorum timorem intrusos necaverint, bonaque ipsorum sibi apparaverint in nostri contemptum et inevitabile dampnum judeorum predictorum, de quo ulla, ut decet, ulcio extitit subsequta, quod grave gerimus et molestum... » *Criminel* III, f° 64 v°, *Act. du Parl.*, n°s 6856, 6857. On remarque une particularité à ce mandement et à un autre analogue qui le suit n° 6857. Il porte cette mention : Per laïcos camera compotorum. Sans doute que cette affaire

en quelque sorte organisé ce massacre, mais les imputations lancées contre lui furent reconnues mal fondées [1]. Une information paraît avoir été faite aussi à Verdun-sur-Garonne [2] : nous ne l'avons pas.

Par suite de l'ignorance des plus simples lois de l'hygiène, et de l'incurie habituelle aux sociétés primitives, les tueries des bouchers et beaucoup de métiers insalubres accumulés dans les rues étroites des villes, les fumiers épars dans les cours des fermes (usage qu'on n'a pu encore détruire dans nos campagnes), souillaient les ruisseaux, les eaux des puits, des sources, produisaient des accidents mortels et des épidémies trop inexplicables aux hommes de ce temps pour qu'on ne les attribuât pas à des crimes [3].

entraînant des confiscations avait été confiée à la Chambre des Comptes. C'est une preuve que, comme nous l'avons dit, les gens des Comptes étaient encore considérés commes des juges du Parlement.

Voir encore Mandement au sénéchal de Saintonge pour le roi d'Angleterre de remettre au sénéchal français de Saintonge plusieurs pastoureaux détenus dans le château de Saintes pour avoir tué des juifs du roi, pillé leurs biens et incendié la tour de Saintes. *Criminel* III, f° 63 r°, *Act. du Parl.*, 14 janvier 1321, n° 6220.

Autre mandement contre les pastoureaux, 22 avril 1322, n° 6782.

1. Arrêt déclarant innocent Guillaume de la Mole, sergent du roi dans le bourg de Notre-Dame de Saintes, dénoncé par le sénéchal de Saintonge comme ayant par méchanceté enfermé dans la tour de Saintes plusieurs juifs et juives dudit bourg avec leurs biens, sous prétexte de les mettre à l'abri de la fureur des pastoureaux. Quand les pastoureaux arrivèrent, Guillaume avait ôté les gardes chargés de défendre la tour, de telle sorte que les pastoureaux prirent la tour, la brûlèrent et massacrèrent les juifs qui s'y trouvaient. On l'accusait aussi de s'être appliqué les richesses de plusieurs juifs et d'avoir envoyé ailleurs, par la Charente, sur un bateau, une pipe et cinq coffres pleins d'or. Ces imputations furent reconnues mal fondées. *Jugés* I, f° 218 r°, *Act. du Parl.*, 22 mai 1322, n° 6835.

Autres mandements relatifs à la même affaire, n°s 6767, 6768.

2. Mandement au sénéchal de Toulouse, au juge royal de Verdun, et aux commissaires sur le fait des pastoureaux. *Criminel* III, f° 317 r°, *Act. du Parl.*, 12 septembre 1322, n° 6904. — Verdun-s.-Garonne (Tarn-et-Garonne), chef-lieu de cant., arrond. de Castel-Sarrasin.

3. C'est aussi l'opinion de M. Lehugeur : « Il est probable, dit-il, qu'il y eut en Aquitaine, au printemps de l'année 1321, des morts dues à des eaux de puits contaminées, fièvres typhoïdes et autres. Nous savons qu'en 1832 une certaine partie du peuple attribua le choléra à des empoisonnements et que plusieurs malheureux soupçonnés au hasard furent mis en pièces ou jetés à la Seine. Il n'est pas étonnant que la foule détraquée de 1321 n'ait pas montré plus d'intelligence et de sang-froid que celle de 1832, qu'elle n'ait été avertie de son erreur par personne et qu'elle ait commis des atrocités » (ouvr. cité, p. 424).

M. Lehugeur qui insiste sur la répulsion inspirée par les lépreux, n'a pas rendu justice à l'immense effort de l'Église pour adoucir le sort de cette classe qui, pour elle, n'était pas maudite, mais méritait une pitié religieuse. « Cette horrible maladie, dit le P. Léopold de Chérancé, était à la fois contagieuse et sacrée; contagieuse par suite d'un mystérieux arrêt de la justice divine et sacrée à cause du rôle symbolique qu'elle joue dans l'Ancien et le Nouveau Testament. Isaïe n'avait-il pas représenté le Messie comme un lépreux frappé de Dieu et humilié? Et le Messie lui-même, durant sa vie mortelle, n'eut-il pas pour les lépreux la plus pre-

Les accusations d'empoisonnements, ordinaires à toutes les époques, sont très fréquentes au XIVe siècle ; même avant les troubles de 1320, elles ont trait à l'altération des eaux. Un sergent du roi à Puy-Laurens est lui-même (1317) soupçonné d'avoir empoisonné le puits de la maison qu'occupait noble femme Sibile de Vesins, veuve de Jourdain de Rabastens, sire de la Gardiole, et remariée à Pons d'Omélas, ce chevalier, ce conseiller du roi qu'on retrouve sur les listes du Parlement [1]. Si des juifs sont dans le voisinage ou paraissent avoir eu quelque intérêt à la suppression des personnes qu'on a perdues, on n'hésite pas à les charger. Dès 1317 encore le bailli de Vermandois a ordre de poursuivre David le jeune, chirurgien, beau-frère d'un juif, accusé à Saint-Quentin d'avoir empoisonné plusieurs chrétiens, notamment un prêtre qui lui avait prêté deux cents livres [2] : on informera aussi contre le juif comme complice. Les lépreux, isolés dans des maisons ou maladreries, inspiraient à la fois l'horreur et une crainte religieuse : leurs richesses, à la fin, excitèrent l'envie comme celles des Templiers. Séparés de la société, ils furent soupçonnés de s'entendre avec les juifs, toujours rançonnés, toujours repoussés et toujours rappelés. En Aquitaine on accusa des lépreux d'avoir empoisonné les cours d'eau, des massacres commencèrent (1321) qui s'éten-

venante tendresse? Crainte et vénération, tels sont les deux sentiments dont s'inspirent ces siècles de foi. Le sentiment de répulsion qu'inspire naturellement la vue des plaies de ces infortunés, faisait place à une sorte de dévotion puisée aux divines clartés de l'Evangile. On les appelait les malades du bon Dieu, les pauvres du bon Dieu. » (*Vie de saint François d'Assise*, par le P. Léopold de Chérancé, p. 46, librairie Poussielgue, 1892.) Saint François d'Assise avait donné d'admirables exemples de charité envers les lépreux. Il ne craignait pas de leur baiser les mains. Il en embrassa même un atteint d'un cancer au visage. Saint Louis s'efforça d'imiter cet héroïsme : il soignait lui-même les lépreux, pour lesquels d'ailleurs avait été créé, dès le XIIe siècle, l'Ordre des Chevaliers de Saint-Lazare. Les sœurs hospitalières de Saint-Jean de Jérusalem se vouaient aussi au service des léproseries, qui étaient richement dotées par les princes et les seigneurs. Ces richesses mêmes et l'abus des droits féodaux, car les léproseries paraissent fréquemment, comme les couvents, dans les procès du Parlement, excitèrent sans doute bien des jalousies et des colères qui ne furent pas, croyons-nous, étrangères au mouvement de fureur du XIVe siècle.

1. Mandement au sénéchal de Carcassonne ou viguier, à maître Jourdain de Vaux, juge de Carcassonne et à Fiesque Ricomani, avocat des causes royales dans la dite sénéchaussée, de rechercher et de punir les auteurs d'un détestable forfait récemment perpétré à Carcassonne. Jean de Lentillac, sergent du roi à Puy-Laurens, familier et domestique de la maison de la Gordiole, était *soupçonné d'avoir empoisonné le puits de la maison* qu'occupait noble dame Sibile de Vesins, veuve de Jourdain de Rabastens, sire de la Gardiole, épouse actuellement de Pons d'Omelas, chevalier et conseiller du roi... » *Criminel* I, f° 137, r°. *Act. du Parl.*, 25 août 1317, n° 4995. — Puy-Laurens (Tarn), chef-l. de cant., arrond. de Lavaur.

2. *Act. du Parl.*, n° 5023.

dirent bientôt à toute la France : un même vent de folie entraîna peuples, bourgeois, nobles. Le roi rendit des Ordonnances contre les lépreux devenus des ennemis publics (1321)[1]; cent soixante furent brûlés à Chinon; des supplices en Artois, en Poitou, de véritables battues dans les sénéchaussées de Toulouse et de Carcassonne amenèrent la destruction presque totale des lépreux, avec lesquels beaucoup de juifs périrent aussi. Le Parlement, en 1322, sous Charles le Bel, ordonna encore aux baillis de Tours, de Chaumont, de Vitry de recevoir la déclaration des lépreux et des juifs qui accusaient d'autres juifs d'avoir empoisonné les eaux[2].

Disons cependant qu'en 1322 la raison paraît revenir; quelques mandements, trop rares, semblent indiquer chez les juges du Parlement la volonté de réagir contre tant d'égarements, de violences, de cruautés. François de Coquerel, conseiller du roi, a ordre de faire une enquête sur les griefs articulés par Thomas Ferrand contre maître Raymond Aubert accusé d'avoir fait périr et dépouillé plusieurs juifs. Il est vrai qu'une enquête est ouverte aussi contre ce Thomas Ferrand sur les nombreux articles criminels que proposeront contre lui les habitants et le prévôt d'Angoulême[3]. Quoi qu'il en soit, nous n'avons à retenir ici que ces manifestations d'un trouble profond des esprits qu'il n'est pas téméraire de rattacher aux misères d'une société en proie à des guerres incessantes. Les vengeances familiales, persistant en dépit des Ordonnances royales et des arrêts du Parlement, les ravages, les perfidies, les cruautés ne pouvaient qu'égarer les âmes, développer ces fureurs populaires. Sous les Valois elles conduisirent à une guerre générale.

1. Ordonnance 21 juin 1321 (Bibl. nat., coll. Doat, t. CVIII, f° 115, et *Bibl. de l'Éc. des Chartes*, 1856-1857, p. 270). — Ordonn. du 16 août et du 18 août (collect. Doat, t. CIX, f° 61. — Ord. du 31 juillet 1322. *Ord.*, t. XI, p. 481, p. 483. — Voir Lehugeur, *Hist. de Philippe le Long*, p. 425, notes 3-5.)

2. Mandement aux baillis de Tours, de Chaumont et de Vitry ou à leurs lieutenants, au sujet des accusations d'empoisonnement dirigées contre les juifs et les lépreux : « ... Mandamus vobis quod confessiones leprosorum et judeorum qui alios judeos super venenosis pocionibus aquarum et aliis criminibus... ut dicitur, accusarunt curie nostre per Johannem Saligani, latorem presencium, sub vestris fideliter inclusas sigillis tradatis ut ipsis visis super hoc facere et ordinare valeamus quid fuerit racionis. » *Criminel* III, f° 164 v°. *Act. du Parl.*, n° 6661 (1322).

3. *Act. du Parl.*, n°s 6767, 6768. Il y a encore des poursuites en 1323, n° 7326. — Quant aux nombreux arrêts qu'on trouve dans les Registres du Parlement au sujet des Juifs, nous n'en parlons point ici, nous réservant de traiter dans un volume suivant cette question, l'une des plus importantes de la société du moyen âge.

VII. — Les guerres privées et la guerre générale sous les Premiers Valois.

Roi ardent de guerriers fougueux, vainqueur des Flamands à Mont-Cassel (1328), *Philippe VI* de Valois, fastueux, prodigue, attirait déjà ses barons « à ses tournois, ses fêtes, ses esbatements » ; il marchait accompagné des rois de Bohême, de Navarre, de Majorque devenus ses familiers. Mais de pacifier le pays, il s'inquiétait si peu qu'en 1330 il accordait le rétablissement des guerres privées dans le duché d'Aquitaine [1]. Il n'y mettait qu'une restriction, l'observation des formes, le défi porté et accepté. Les proclamations, contraintes, déclarations préliminaires devaient être faites par les officiers du roi, non par ceux des seigneurs. Le roi révélait ainsi son intention de s'interposer entre les belligérants. Que ne les forçait-il plutôt à la paix? Il croyait tout sauver parce qu'on s'égorgerait avec sa permission.

Cette concession, purement régionale d'ailleurs, laissait subsister les anciennes défenses. Le Parlement se règle sur celles-ci. Comme le comte de Sancerre se préparait à la guerre contre le comte de July, les baillis d'Orléans et de Bourges ont ordre de saisir les chevaux, les armes, de mettre les terres sous la main du roi et de renvoyer lesdits seigneurs au Parlement (1334) [2]. L'année suivante, on mande au sénéchal de Poitou de se transporter, avec le prévôt de Paris, vers le sire de Surgères pour lui faire défense d'engager une guerre : les deux partis, avec leurs parents et amis, avaient déjà fixé le jour de l'entrée en campagne [3]. Non pas que cette prohibition des guerres privées tînt, au

1. Lettres de Philippe VI de Valois portant permission au sire d'Albret, barons et nobles du duché de Guienne, de se faire la guerre, s'étant préalablement défiés. G. Bascle de La Grèze, *Le Trésor de Pau*, p. 27 (1330).

2. « Et si vobis legitime constiterit ipsas guerras fecisse et ad arma processisse seu procedere et guerras facere velle, ipsos et eorum quemlibet, unà cum equis, armis, hernesiis, terris et bonis eorum universis capiatis et ad manum nostram ponatis... partesque prædictas curiæ nostræ remittatis, ipsas ad certam et competentem diem in nostro præsenti Parlemento adjornantes, nonobstante quod dictum sedeat Parlamentum.... » 20 avril 1334, Reg. du Parl., collection Lamoignon. Criminel, vol. 334, p. 458 et suiv. (1° registre de la Tournelle, f° 9).

3. « Parati erant inter se guerras facere et una pars contra alteram ad arma procedere et certis die et loco ad hoc per dictas partes assignatis debellare... » 31 avril 1335. *Ibid.*, p. 509.

fond, à un esprit pacifique : mais ces luttes seigneuriales gênaient le roi déjà embarrassé dans sa guerre avec l'Angleterre, indirectement commencée en Flandre (1337), puis en Bretagne (1341).

Dans cette dernière province, où s'était engagée une querelle de succession très ordinaire à cette époque, les partisans de Jean de Montfort et ceux de Charles de Blois cherchaient à la vider, comme d'habitude, par la guerre et de « belles apertises d'armes ». C'était une guerre privée qui, par l'importance du duché, le nombre des combattants, les alliances contractées par chacun des deux princes, dépassait déjà les anciennes guerres. On y voyait, pendant la captivité de Jean de Montfort, lutter avec énergie sa femme la comtesse Marguerite « à cœur d'homme et même de lion[1] ». Puis, durant une trêve, Philippe VI de Valois qui soutenait Charles de Blois, attira à Paris des chevaliers bretons du parti de Montfort, appuyé par les Anglais : Olivier de Clisson, les sires d'Avaugour, de Laval, de Montauban, de Malestroit, en tout une dizaine; sans forme de procès il les fit décapiter comme amis du roi d'Angleterre. Trois barons de Normandie surpris également subirent le même sort. « Desquelles morts, dit Froissart, il déplut grandement à leurs lignages et en sortirent de grands malheurs en Bretagne et en Normandie[2]. » Par ces vengeances traîtresses, Philippe VI provoquait en effet d'autres vengeances. Godefroy d'Harcourt, qui lui avait échappé, veut punir le meurtre de ses parents et de ses amis[3]. Il se réfugie en Angleterre où Édouard III prend en mains cette vengeance. Ce qui pour Godefroy d'Harcourt n'était qu'une guerre privée et légale, devient une guerre entre deux puissants rois, Édouard III et Philippe VI de Valois, entre deux nations, les seules alors qui fussent, en Europe, relativement organisées. Édouard III réclame la couronne de France. Les barons français repoussent le roi anglais non par attachement à une prétendue loi salique, mais par dévouement envers le prince de leur sang, de leur race et par aversion pour les étran-

1. « Qui bien avoit coer d'omme et de lyon... » Froissart, éd. Soc. de l'Hist. de Fr., t. II, liv. I § 138, p. 88.
2. *Ibid.*, t. III, liv. I, § 202, p. 36.
3. Voir pour tous ces faits l'*Histoire du château de Saint-Sauveur-le-Vicomte*, par M. Léopold Delisle; c'est un modèle de monographie où l'intérêt naît naturellement d'une science profonde et des textes mis en œuvre.

gers. La défaite de *Crécy* (1346), la prise de *Calais* (1347), la défaite de Charles de Blois à la *Roche-Derrien*, la même année, compromettent la cause des Français. Mais ces désastres mêmes, les ravages des invasions réveillent les sentiments patriotiques. Une lutte jusque-là féodale et princière devient une guerre nationale.

Jean, surnommé le *Bon*, c'est-à-dire le *Brave* (car de bonté il n'en eut point), dépassa les témérités de son père et aggrava les malheurs du royaume. Loin de corriger les mœurs rudes et cruelles de son temps, il imita les exécutions sommaires et fit décapiter, à Paris, Raoul de Nesle (1351), dans la cour de son propre hôtel. Puis il conféra la charge enviée de connétable à un favori, Charles de Lacerda, dont ses ennemis, excités par Charles le Mauvais, roi de Navarre, se défirent par un assassinat, suivant les tristes coutumes du temps (1354). Nouvelle source de haines et de vengeances. Après des semblants de pardons, Jean le Bon surprit Charles de Navarre et ses compagnons au château de Rouen, à la table de son propre fils, le dauphin (1356); il fit saisir le comte d'Harcourt, le sire de Maubué, de Graville, les fit conduire immédiatement dans une prairie et décapiter. Furieux, Godefroy de Harcourt qui, depuis les trêves était revenu en France, mais avait eu garde de tomber dans le guet-apens dressé contre ses frères, retourna en Angleterre et décida de nouveau Édouard III à renvoyer ses armées en France. Une lâche vengeance d'un crime non moins lâche faisait renaître une guerre privée qui, encore une fois, renouvelait la guerre générale.

Jean le Bon, sans doute, interdisait les guerres privées durant la lutte contre l'Angleterre, mais uniquement parce qu'elles lui auraient enlevé des hommes d'armes. Il avait même, en 1356, reconnu aux nobles de Bourgogne le droit de guerre « en la manière qu'ils ont accoutumé [1] ». Puis quelle force aurait-il mise

1. *Recueil des édits concernant les États de Bourgogne*, p. 16, 17. — Seignobos, *Essai sur le régime féodal en Bourgogne*, éd. Thorin, 1882, p. 328.

Un acte de 1356 montre qu'encore au milieu du XIVe siècle personne ne contestait le droit de se faire justice par les armes : « Sur ce que le dit Thomas disoit et affirmoit et offroit vérifier... que pour certaines paroles façant veraie deffiance chues entre eux et autrement, il avoit *juste guerre* au dit Jean de Moissy et liaument l'avoit pris ensemble aucun de ses châtels, si comme il ait affaire entre les nobles en tel cas selon la costume du paiis.... » (*Ibid.*, p. 328.)

au service de ses défenses? Vaincu et fait prisonnier à *Poitiers* (1356), conduit en Angleterre, il laissait la France, sous la régence d'un prince encore trop jeune, livrée aux troubles civils, Paris dominé par Étienne Marcel et les campagnes ravagées par un soulèvement des paysans, la *Jacquerie*, qui dépassa les scènes pourtant bien affreuses des pastoureaux (1356-1358). Les invasions anglaises continuaient. Les Grandes Compagnies de Navarrais, de Brabançons, de routiers de toute nation, considéraient la France « comme leur chambre » et vivaient sur le pays qui semblait voué à une ruine inévitable, tandis que le traité de Brétigny (1361) le démembrait.

Il fallut le gouvernement réparateur du sage *Charles V* et la bravoure intelligente de Du Guesclin pour délivrer la France, des Navarrais d'abord, battus à *Cocherel* (1364), puis des Grandes Compagnies que Du Guesclin entraîna en Espagne. Mais le roi, malgré ses bonnes intentions, était encore si faible qu'il maintenait dans son ancien apanage le droit de guerre privée (1367). Il promettait aux nobles que la cour delphinale ne s'inquiéterait pas de leurs luttes, à moins qu'elle n'eût intimé quelque défense spéciale [1]. Un curieux manuscrit de ce temps, le *Songe du vieux pèlerin*, dû à Philippe de Maizières, l'un des conseillers de Charles V et précepteur de Charles VI, nous atteste que la Picardie était encore en proie au fléau des guerres privées [2]. Charles V, néanmoins,

1. « Quod si contingeret guerram moveri inter barones, seu alios nobiles Delphinatus aut aliarum terrarum Domino Delphino subjectarum, quod si de ipsa guerra, offensis vel forefactis provenientibus ex eadem, non inquiratur nec inquiri possit ex officio curiæ Delphinalis, nisi primus de ipsa guerra seu de offensis vel forafactis non faciendis per dictam Delphinalem curiam specialis inhibitio facta esset.... » *Ordonn.*, t. V, p. 34, art. 14.

2. Philippe de Maizières, né en 1327 à Maizières en Santerre (Picardie), vécut longtemps en Orient, où il était chancelier du roi de Chypre Pierre de Lusignan (1360). Il vint à Venise pour solliciter le départ d'une croisade (1362) qui aboutit d'abord à la prise d'Alexandrie en Egypte (1365); mais ce nouvel effort de l'Occident ne fut pas plus heureux que les précédents. Le successeur de Pierre Ier de Lusignan envoya Philippe de Maizières en France, à la cour d'Avignon. De là Philippe se rendit à Paris, où, à cause de sa science de légiste, il fut retenu par le roi Charles V, qui en fit un des chevaliers de son hôtel, un de ses conseillers les plus écoutés et le précepteur du jeune Charles VI. — L'ouvrage de Philippe de Maizières, *Le Songe du vieux pèlerin*, très curieux, malgré ses fictions dans le goût du temps, renferme une très pittoresque peinture des mœurs du XIVe siècle. Il est resté manuscrit (Bibl. nat., n° 22542). Voir Notice par l'abbé Lebeuf, *Mém. de l'ancienne Académie des Inscript.*, t. XVI, XVII. *Notice et étude sur le Songe du vieux Pèlerin*, par A. Lefoulon, Positions de thèses, École des Chartes, 1864-1865, p. 34. — Voir aussi sur Philippe de Maizières, Salembier, *Philippe de Maizières et le songe du Vergier* (*Revue des Sciences ecclésiastiques*, 4 articles, année 1887).

Une guerre privée est engagée par un seigneur contre les habitants de Cambrai (Reg., Collect. Sainte-Genev., Ff. 13, t. I, f° 246, mai-juin 1377).

travaille à le faire cesser : dans une grande assemblée tenue à Sens, il défend « que nul, de quelque état qu'il soit, ne fasse guerre à autre du royaume [1] ». Il prohibe surtout les ravages, car il avouait implicitement son impuissance à empêcher absolument la guerre : « Et si de l'assentiment des deux parties ils faisaient guerre, nous leur défendons, sur peine de corps et de biens, de prendre aucune chose sur nos sujets et sur les leurs ». Du moins encourage-t-il les assurements que le Parlement enregistre toujours. Jean de Champluisant requiert assurement du sire de Fère, lequel se réclamait de sa qualité de clerc « malgré son habit rouge » et demandait à être renvoyé à l'évêque de Paris. La cour dit que Fère donnerait assurement à Jean [2] ou qu'il irait au Châtelet, « et pour ce ledit Fère a donné assurement » (1370). Jean de Bourbon, évêque de Verdun, et Henri de Bar se donnent mutuel assurement, celui-ci au Parlement, l'évêque en la cour de l'official de Paris. Pourtant se maintient la doctrine que l'assurement n'est fait que pour les hommes libres [3]. Henri d'Argières, chevalier, a assuré Jeannot Barrat : mais le chevalier affirme que Jeannot est un homme de corps. Au cas où il en fera preuve suffisante, « l'assurement sera mis à néant » (1377) [4].

1. Ordonn. du 20 juillet 1367, art. 10 : « Pour ce que plusieurs nobles de notre royaume se dient aucunes foiz avoir guerre les uns aux autres, combien que l'une des parties ne la veuille mie, mais se offre d'ester à droit par devant Nous et Nos Gens, là où il devra; et soubz umbre d'icelle guerre, prennent les biens des bonnes gens et non mie seulement de leur sujiez, mais des autres subjiez de Nous et de Nostre Royaume, nous deffendons par ces présentes à tous les nobles et autres de Nostre Royaume, que nul de quelque estat qu'il soit, ne fasse guerre à autre de nostre royaume. Et se de l'assentement des deux parties faisoient guerre, nous leur deffendons, sur poinne de corps et de biens et sur quanque ils se pevent meffaire envers Nous que il ne prennent aucune chose sur nos subjiez ne sur les leurs; et se le contraire faisoient, Nous voulons qu'il en soient grievement punis si comme au cas il appartiendra... » (*Ord.*, t. V, p. 21.)

2. 24 janvier 1369 (1370) : « Le 24 jour du mois de janvier au Conseil entre le procureur du Roy et Jean de Champluisant d'une part, l'Evesque de Paris et messire Gaucher de Châtillon, le sire de Fère, d'autre part — Jean requiert assurement de Fère et dit le procureur du Roy et le dit Jean qu'il le doit prester, comme il soit en habit rouge, n appert aucunement qu'il soit clercs, ne il n'en fait aucune foy présentement.... Considéré le stile de céans et nature de l'assurement et qu'on ne traite pas si Fère est clerc ou non mais de donner assurement en l'habit où l'on le trouve, le doit contraindre à donner ou l'envoyer au Chastelet comme il est accoutumé.... La Cour dit que Fère donra assurement à Jean ou qu'il ira en Chastelet et pour ce le dit Fère a donné asseurement.... » Reg. du Parlem. Collect. Sainte-Geneviève, Ff. 13, t. I, f° 91.

3. Reg. du Parl., Collect. Sainte-Geneviève, Ff. 13 t. I, f° 100.

4. *Ibid.*, f° 252, 29 juin 1377.

VIII. — La guerre civile et étrangère sous Charles VI.

Les troubles de la minorité, puis du règne de *Charles VI* ne pouvaient que favoriser la reprise des guerres privées. Jean de Raillard de Chaudfour frères et Philibert de Bricey envahissent les terres de Jacques de Vergey, commettent des pillages, des incendies. Quatre fois cités au Parlement, ils se gardent de venir, et la Cour ne peut prononcer contre eux qu'un arrêt de bannissement (1381)[1]. Les registres nous offrent un exemple curieux de la persistance des traditions belliqueuses. Pierre de la Hamelle, dit le Baudrain, accusé du meurtre de deux frères, Raoul et Hugues de Bosquel, oppose à la pauvre mère de ses victimes de vaines exceptions; puis il allègue ouvertement le droit de guerre privée reconnu en Picardie[2]. Les adversaires protestent en vertu des Ordonnances royales. Ils attaquent cette coutume barbare, en la déclarant « réprouvée (on sent ici le progrès de la science) par le droit divin, naturel, canonique et civil »[3]. Les circonstances du meurtre du reste étaient aggravantes. Comme on venait de rapporter à la mère désolée les corps mutilés de ses enfants, et qu'elle demandait, au milieu de ses larmes, qui avait accompli ce forfait, on lui mit le fer d'une lance sous la gorge et Baudrain, découvrant son visage jusque-là caché, déclara que c'était lui, Baudrain de Hamelle qui avait commis et ordonné ce meurtre[4]. On était au temps de la folie de Charles VI. Baudrain

1. Reg. du Parl. Collect. Lamoignon, Criminel, vol. 326, p. 2959, 17 août 1381.

2. « Quod secundum consuetudinem et usum dictæ patriæ Picardiæ licitum et permissum notorie fuerat et erat inter nobiles via facti procedere, nam quandocumque flebant absque diffidationibus præcedentibus verberationes aut mutilationes alicui nobili, licebat sic verberato vel mutilato, post lapsum octo dierum, verberantem seu mutilantem aut aliquem de sua parentela interficere vel occidere nec propter hoc corporaliter vel criminaliter debebat condemnari seu puniri.... » Reg. du Parl., Collect. Lamoignon, vol. 327, p. 3440 (registre XI de la Tournelle, fol. 21), 20 décembre 1393.

3. « ... Damnabilis censeri et reputari debebat de omni jure divino, naturali, canonico et civili. » (*Ibid.*)

4. « ... Et cum ipsa doloribus inenarrabilibus afflicta peteret qui erant tantorum criminum patratores, quadam lancea prope pectus dictæ Mariæ per quandam ipsorum complicem applicata, dictus Baudranus vultum suum antea coopertum detegens, responderet quod hæc fecerat Baudranus de Hamello, facta seu maleficia et crimina supra dicta tanquàm pro se et suo nomine advoans ac se reddens et ostendens de præmissis criminibus principalem.... » (*Ibid.*)

obtint des lettres de rémission qui enlevaient à l'affaire son caractère criminel : il ne fut condamné qu'à des amendes, dommages-intérêts, fondations pieuses. Le Parlement ne pouvait (et n'y manqua point), que flétrir la coutume alléguée : il déclara « cette coutume de procéder par voie de fait ou de vengeance, abusive, injuste et corrompue » (1393)[1]. Du reste Baudrain ne lui échappa point car, bien entendu, il se crut autorisé à recommencer. Après ses condamnations pécuniaires, Baudrain, qui aurait dû être remis à l'archevêque de Reims, était resté dans la prison du Châtelet : il réussit à s'en échapper. Le voilà de nouveau à cheval; il attaque le seigneur de Chèvres, assiège la forteresse de Fissiac; lui et ses gens enlèvent le curé de Saint-Simon[2] et un serviteur du seigneur de Chèvres et les abandonnent attachés à des arbres dans les bois[3]. Il tend des embûches à Regnault de Grugny et le tue; son complice Robert de Vertaing coupe le pied d'un écuyer. Puis comme la guerre ouverte contre le seigneur de Chèvres n'avait pas réussi à souhait, Baudrain traite avec un cordonnier qu'il charge d'épier son ennemi à Saint-Quentin. Baudrain et ses complices vont se cacher dans la maison de l'espion; le lendemain, à neuf heures, surprenant Chèvres sans défense, ils le laissent pour mort sur la place. Baudrain et ses complices eurent beau se réfugier dans l'église de Saint-Quentin : on les saisit, on les envoya au Châtelet. Baudrain ne s'en tira pas comme la première fois. Sans doute le procès fut long, car l'évêque de Noyon intervint pour protester contre la violation des immunités de l'église de Saint-Quentin. L'archevêque de Reims, de son côté, réclama son ancien justiciable. Rien n'y fit. Le Parlement commence à se montrer plus sévère pour les abus du droit d'asile. Baudrain ne sera rendu ni à l'évêque de Noyon, ni à l'archevêque de Reims. Il sera traîné et pendu, et il le fut.

Le Parlement a puni Baudrain comme un brigand : mais il traite d'autres seigneurs comme des belligérants. Il déclare « coupable »

1. « Et per idem arrestum præfata curia nostra dictam consuetudinem de procedendo viâ facti seu vindictæ abusivam, injustam et corruptelam pronuntiavit et declaravit et pronuntiat et declarat.... » (*Ibid.*)

2. Saint-Simon, Aisne, arrond. de Saint-Quentin.

3. Reg. du Parl. Collect. Lamoignon, vol. 327, p. 3650 (reg. de la Tournelle, XI, f° 140, 27 mai 1396. — Autre arrêt relatif à la même affaire, p. 3671 (reg. de la Tournelle, XI, f° 145).

la guerre de Gérald d'Armagnac, comte de Pardiac, contre Ménalde, seigneur de Barbasone, mais laisse le comte en liberté provisoire; celui-ci élit tout tranquillement domicile dans la maison de Simon de Dammartin son procureur (1396)[1]. Archambaud, comte de Périgord, ne répond pas à quatre citations; l'arrêt, très long, constate les quatre défauts et ne prononce que le bannissement et la confiscation des biens (1397)[2]. Le sire de Saint-Triver surprend Philippe de Sainte-Croix, évêque de Mâcon, au château de Romenay, au delà de la Saône, en terre d'empire et l'amène prisonnier à Saint-Triver. Il garde aussi plusieurs autres barons et Jeannette de Sainte-Croix, à laquelle on mit un collier de fer. D'autre part, Jean de Sainte-Croix et l'amiral Jean de Vienne, qui tenaient le parti des Sainte-Croix, comme leur parent et ami, marchèrent contre le sire de Saint-Triver, prirent un de ses châteaux, « boutèrent feux et tuèrent gens »[3]. C'était une véritable guerre que termina un traité entre les parties.

Ces traditions, ces mœurs expliquent l'odieux guet-apens dont avait été victime, dans Paris même, le connétable Olivier de Clisson, en 1392. Charles VI voulut aller quérir le meurtrier, Pierre de Craon, réfugié en Bretagne. Il devint fou. Il n'y eut plus d'autorité monarchique. En outre, le soir du 23 novembre 1407, le duc d'Orléans, revenant de l'hôtel Barbette où résidait la reine Isabeau, fut assailli par une bande de meurtriers qui le massacrèrent; le duc de Bourgogne vint lui-même s'assurer que sa vic-

1. Reg. Collect. Lamoignon, vol. 327, p. 3600 (reg. de la Tournelle XI, f° 116. 5 janvier 1395 (1396).

2. Collect. Lamoignon, vol. 327, p. 3689-3739 (reg. de la Tournelle, XI, f° 171, 5 février 1396 (1397).

3. Le récit de cette guerre privée se trouve dans des *Lettres de rémission* accordées à Robert de la Vigne, écuyer, banni pour cette guerre : « Que comme les nobles de l'empire aient acoustumé de guerroier les uns contre les autres; et le seigneur de Saint-Triver, ou dit Empire, eust requis le dit Robert *qui est son parent*, de tenir son parti contre ceux de Sainte-Croix (Sainte-Croix en Bresse), contre qui il disoit avoir guerre. » Le bailli de Mâcon avait prétexté que l'évêque et le château de Romenay, quoique situé en terre d'empire, étaient sous la sauvegarde royale. Robert de la Vigne qui avait pris part aux diverses péripéties de cette guerre, obtint des lettres de rémission à cause des services qu'il avait rendus au roi de France dans la guerre générale « ... et ancores n'a gueres de temps que le dit Robert a été prins des Anglais, noz ennemis et un sien frère aussi, au pays d'Auvergne; et ont payé grant rançon... et mesment son père fut tellement bléciez en la bataille de Poitiers qu'il en mourut.... » (Douët d'Arcq, *Choix de pièces inédites pour le règne de Charles VI*, Société de l'Hist. de Fr., t. I, p. 33-38, janvier 1383). — Saint-Triver, sans doute Saint-Trivier-de-Courtes (Ain), chef-lieu de cant., arrond. de Bourg. — Romenay (Saône-et-Loire), cant. de Tournus, arrond. de Mâcon.

time ne lui avait pas échappé comme Clisson. Il avoua; bien plus, il fit justifier solennellement ce meurtre. Mais les fils du duc d'Orléans reprirent le vieux droit de vengeance contre le meurtrier. Des deux côtés les parents et les vassaux se trouvèrent engagés dans la querelle. Le déchirement se produisait dans la famille royale même : la nation se trouva coupée en deux.

Occasion admirable pour le roi d'Angleterre, Henri V de Lancastre, qui ne manqua d'en profiter! A la faveur des discordes des Bourguignons et des Armagnacs, que prolongèrent des causes politiques, il débarqua en France. Les désastres de Poitiers et de Crécy se renouvelèrent à *Azincourt* (1415). Bientôt même Henri V n'eut, pour ainsi dire, point besoin de combattre. La vengeance poursuivie par les fils du duc d'Orléans s'exerça traîtreusement dans un nouveau guet-apens, au pont de Montereau, sur le duc de Bourgogne qu'abattit la hache de Tanneguy-Duchâtel (10 sept. 1419). Le fils de Jean-sans-Peur, Philippe, dit le *Bon*, se jeta alors dans l'alliance du roi d'Angleterre, auquel la reine Isabeau, elle-même, femme sans conscience et mère sans cœur, livra le royaume de son fils par le honteux traité de *Troyes* (1420). La couronne, à la mort de Charles VI, fut dévolue à un prince anglais au berceau, *Henri VI* (1422). Épouvantables conséquences de ces guerres incessantes, de ces haines, de ces vengeances, de ces crimes répondant à des crimes! Les animosités familiales avaient abouti à la guerre civile; celle-ci à la guerre étrangère et à des calamités sans nombre au milieu desquelles ce fut un vrai miracle que la France ne pérît point.

CHAPITRE XV

LE DUEL JUDICIAIRE

I. — Les Tournois.

La guerre était si bien la vie de ces hommes du moyen âge nourris et élevés au fracas des armes, qu'ils s'en faisaient un jeu. Dans la première période féodale, des troupes de chevaliers se défiaient et se combattaient, sans se connaître, pour mesurer leur force et leur vaillance. Les tournois [1] remplissaient l'intervalle des guerres. C'étaient de vrais combats entre des groupes de vingt, de cent, de mille chevaliers [2]. On fixait d'avance le lieu, le jour de ces batailles solennelles où l'on s'entretuait joyeusement en présence des populations accourues à ce spectacle et des dames avidement curieuses de ces exploits.

L'Église, par la voix des papes Innocent II (1130 et 1139), Eugène III (1148), Alexandre III (1179), Innocent IV (1250), Nicolas III (1279), condamna sans relâche ces images réduites de

1. Voir sur les tournois, Du Cange, *Dissertation VI, De l'origine et de l'usage des tournois*; — la préface du t. XI des *Ordonn. des r. de F.*, p. CXCVI; — Boutaric, *La France sous Philippe le Bel*, p. 50; — Ch.-V. Langlois, *Le règne de Philippe III le Hardi*, p. 196; — Héfélé, *Histoire des Conciles* (traduction française) t. VIII, p. 209-507; — Lecoy de la Marche, *La Chaire française au XIIIe siècle*, p. 365; — Léon Gautier, *La Chevalerie*. p. 673-699. — Consulter aussi les textes réunis par Fr. Michel, *Hist. des ducs de Normandie*, p. XLVI, etc.

2. « Dans la première période capétienne, le tournoi est véritablement un diminutif de la guerre : toute la noblesse de deux pays voisins et ennemis s'y donne rendez-vous; ce sont parfois de vraies batailles rangées, sanglantes et meurtrières pour les hommes et surtout pour les chevaux ». Luchaire, *Manuel des institutions françaises*, p. 229.

la guerre, non moins sanglantes que la guerre même[1]. Pour obéir aux conciles sans se priver de leurs passe-temps, les chevaliers rendirent les luttes moins barbares en émoussant, en « hébêtant » les armes, qui ne devaient avoir ni pointes, ni tranchant [2]. On divisa les groupes jusqu'à celui de trois ou de deux : les tournois devinrent des joutes. Or, après ces combats individuels plus ou moins courtois, entremêlés de cérémonies, accompagnés de chants d'amour, et ne causant par la médiocrité des accidents que de faibles émotions, ces bouillants guerriers réclamaient la vraie mêlée, l'ancien tournoiement, le vieux tournoi ou *cembel;* ils se précipitaient avec furie les uns contre les autres. En 1223, Florent, comte de Hollande, périt dans un de ces tournois à Corbie, d'autres disent à Noyon [3]. En 1240, à Nuis, près de Cologne, on compta soixante à quatre-vingts morts [4]. Les rivalités de race s'ajoutaient à celles des régions : Allemands, Anglais étaient défiés et venaient avec empressement à ces batailles. En 1274 les Anglais avec leur roi Édouard, les Bourguignons avec leur comte, se livrèrent à Châlons un combat qu'on appela une petite guerre [5].

Saint Louis réprouvait et interdisait ces mêlées sans cause [6].

1. « Du haut, de la chaire apostolique, les Papes condamnèrent vigoureusement ces *nundinæ exsecrabiles et maledictæ*. Depuis Innocent II jusqu'à Clément V, c'est une suite d'anathèmes et de coups de foudre. C'est Innocent II, qui, le 18 nov. 1130, préside à Clermont, en Auvergne, un grand synode où l'on proclame que « les « tournois sont défendus parce qu'ils coûtent souvent la vie à des hommes ». (Héfélé, *Histoire des Conciles*, édit. fr., VII, p. 209.) Et les Pères du Concile ne craignent pas d'ajouter avec une grande virilité de doctrine : « Si quelqu'un est blessé dans « un de ces jeux, on ne lui refusera pas la pénitence et le viatique; mais il ne pourra « recevoir la sépulture ecclésiastique. » Un peu moins de neuf ans plus tard, le même pape prit soin de faire confirmer le canon dans le dixième concile œcuménique, qui fut ouvert au Latran le 4 avril 1139. Eugène III, en 1148, renouvelle les mêmes malédictions, qu'Alexandre III fait encore une fois retentir comme un tonnerre dans tout l'univers chrétien, au onzième concile général, troisième de Latran, le 19 mars 1179. Innocent III était assez grand pour ne point manquer au devoir de faire ces belles économies de sang chrétien. Innocent IV suivit ce glorieux exemple; mais je ne sache pas qu'aucun pontife ait montré plus d'énergie que Nicolas III, le 21 avril 1279, qui est une date mémorable en ces petites annales de l'histoire des tournois. » Léon Gautier, *La Chevalerie*, p. 681.

2. Les armes de tournois devaient être *hebetatæ*, c'est le terme dont se sert Mathieu Paris (ann. 1252). — Les épées devaient être « rabattues », « à taillans et pointes rompues ». Les lances devaient être « sans fer et sans tranchant ». *Doon* de Maience, v. 33244. Voir les textes accumulés par Du Cange, *Glossaire*, t. VII, p. 25. (Léon Gautier, *La Chevalerie*, p. 680, note.)

3. Le Nain de Tillemont, *Vie de saint Louis* (Soc. de l'Hist. de Fr., t. II, p. 235).

4. Philippe Mouskes, v. 29960 et suiv. (cité par L. Gautier, p. 678, note).

5. Henri Kinghton (cité par Ducange), t. I, p. 26, *a*.

6. Dans un fragment d'une enquête (antérieure à 1258) le sire de Nesle était

Son fils Philippe le Hardi, quoique les blâmant en sa conscience, les aimait. Il les toléra, puis les défendit, incertain et flottant là comme dans toute sa politique. En 1279 [1], pour fêter le fils du roi de Sicile venu à Paris, il autorisa les tournois où parurent ses frères, où son plus jeune frère, Robert de Clermont, reçut sur son casque de tels coups de masse d'armes qu'il en resta fou jusqu'à sa mort (1318) [2]. Le pape Nicolas III réprimanda Simon, cardinal de Sainte-Cécile, pour ne pas s'être opposé à ce scandale; il excommunia tous ceux qui avaient pris part à ces joutes. Le roi renouvela alors ses défenses [3] et le Parlement les enregistra [4] (1280). Ensuite le Pape Martin IV (Simon de Brie) eut égard aux prières de Philippe et révoqua les anathèmes lancés par Nicolas III; aussi les tournois continuèrent-ils [5].

Philippe le Bel les interdit avec plus de constance, car il donnait assez d'occasions à la noblesse d'entretenir son activité et de satisfaire son humeur guerrière sans qu'elle eût à perdre inutilement de vaillants gentilshommes [6]. Toutefois, ces luttes plai-

accusé d'avoir semons les hommes du chapitre de Noyon pour une chevauchée (*equitatu*) et de les avoir contraints d'aller près de Beaulieu faire des lices et creuser des fossés pour un tournoi.... Rouleau orig. mutilé, J. 1030 n° 4 (Boutaric, *Act. du Parl.*, n° 233 A.)

1. Le Nain de Tillemont, *Vie de saint Louis*, t. V, p. 250.

2. *Ibid.*, p. 78, 79. — Voir aussi *Hist. de Fr.*, XXI, p. 96.

3. Des défenses antérieures (en 1178) cependant avaient paru si l'on en croit les vers du roman de Ham, cités par M. Langlois :

Il deffendi le tournoier
Dont mout de gens dut anoiier
Et li heraut et li lormier
Li marissal et li sellier
Neis cil qui œvront en gisant
Vont souvent le roi maudissant
Par qui tournoi sont deffendu...
(Roman du Ham, p. 216.)

Langlois, *Philippe le Hardi*, p. 197. — Cf. *Hist. littér.*, XXIII, p. 476.

Une bulle de Nicolas III spécifia que cette défense fût prorogée avec l'assentiment des barons et des grands du royaume de France jusqu'au départ pour la Terre Sainte. Raynaldi, 1279, § 17. (*Ibid.*)

Les tournois de 1279 eurent donc lieu malgré ces défenses et c'est ce qui explique l'indignation du pape. Ces tournois eurent lieu à Creil, à Compiègne, à Senlis et furent de véritables batailles (2 000 hommes de chaque côté y figuraient d'après Raynaldi). Les tournois de 1279 comptent parmi les plus célèbres du moyen âge; ils égalent en renommée le pas d'armes de Chauvency (1285) (voir *Le tournoi de Chauvency* par Jacques Bretex, édit. Delmotte, 1835). — Ch. Langlois, *loc. cit.* — (Chauvency-le-Château (Meuse), près de la Chiers, cant. et arrond. de Montmédy.

4. « Dominus Rex, de consilio suo, elongavit prohibicionem torneamentorum et jostarum armigerorum ». *Olim*, t. II, p. 161, XXII, 2280. *Act. du Parlement*, n° 2292. — Laurière n'a pu trouver cette Ordonnance et se borne à l'indiquer (*Ord.*, t. I, p. 313.)

5. Arch. nat. J. 698, n° 56. Ch. Langlois, p. 199.

6. Article d'une Ordonnance sur les guerres privées. *Olim*, t. II, p. 405, XV (1296). — *Act. du Part.*, n° 2923. — *Ordonn.*, t. I, p. 328. Cependant un arrêt du Parlement

saient tant aux guerriers, aux dames qui aimaient à montrer, dans les loges ou tribunes construites à cet effet, leurs riches costumes, aux populations auxquelles ces fêtes donnaient du travail, que les tournois devinrent de plus en plus fréquents au xve siècle[1], mais mieux réglés, plus somptueux, plus chevaleresques, plus galants, moins meurtriers, encore dangereux toutefois puisqu'un roi, Henri II, y devait perdre la vie en 1559, ce qui les arrêta net.

Les registres du Parlement ne mentionnent les tournois que par les Ordonnances qui les interdisent. Son action se fait mieux sentir en ce qui regarde d'autres combats : les duels judiciaires

II. — Le duel judiciaire. Sa suppression par saint Louis.

Les guerriers du xiiie siècle en effet estimaient le combat non seulement un plaisir, mais une forme de la Justice : c'était-là un aveuglement non de la passion, mais de la superstition. Le duel faisait partie des anciennes épreuves judiciaires ou *ordalies* par lesquelles on interrogeait la Divinité sur l'innocence ou la culpabilité des accusés. Durant des siècles (car on trouve ces épreuves dans les lois des Barbares), on avait cru que l'*eau*, le *feu* pouvaient servir de témoignages et que l'homme qui plongeait sa main dans l'eau bouillante ou saisissait un fer rouge sans ressentir aucun mal, avait gagné sa cause au ciel et par conséquent sur la terre. Le clergé avait accepté et adapté aux rites chrétiens les coutumes germaniques : il leur avait le plus souvent substitué l'épreuve plus douce de la *croix*. Il avait de même réglé et autorisé l'épreuve plus répandue encore du *serment judiciaire* prononcé avec le concours de *co-jureurs* en nombre

absout Jean de Mauroy qui, avec d'autres habitants de Troyes, avait rompu des lances et causé la mort d'un adversaire, le Borgne. *Olim*, t. III, p. 201, xxxii (1306). Voir encore une Ord. de Philippe V le Long contre les tournois (avril 1316). *Ord.*, t. I, p. 643.

1. Les tournois sont néanmoins encore défendus, en 1406, par des Lettres adressées par le Roi au Parlement : « attendu les haynes, débas et controverses qui pour occasion de ce, seroient en voye de mouvoir entre eux ou autres.... » Comme sanction elles ordonnent « la prinse de corps et biens, tellement que leur entreprinse ne sortisse point son effect et avec ce les punissiez suivant l'exigence des cas, en tele maniere que ce soit exemple à tous autres... » Cette Ordonnance a été rendue en conseil du roi en présence du roi de Navarre, du duc de Bourgogne, des comtes de Mortain et de la Marche, du chancelier, du sire de Rieux, du sire de Boissay, Thibaut de Mazeray, etc. 29 janvier 1405 [1406]. (*Ord.*, t. IX, p. 105.)

considérable et variable selon les cas. Ces co-jureurs fortifiaient de leur serment celui de leur parent ou ami : ils ne le croyaient pas capable d'un parjure dont ils auraient été complices et responsables devant Dieu [1]. Le duel, plus en harmonie avec les mœurs belliqueuses de ces temps, avait survécu aux autres épreuves. C'était lui le grand obstacle à l'établissement d'une vraie justice, puisque, en dépit de ses formes légales et religieuses, il était la négation de la justice et de la religion mêmes [2].

Non que l'Église, par la voix de ses pontifes les plus éclairés, ne protestât contre cette dérision et ce scandale [3]. Même l'empereur Frédéric II, ce prince plutôt païen que chrétien, mais à l'esprit cultivé, avait, dans les constitutions de son royaume chéri de Sicile, à peu près aboli le duel judiciaire [4]. Des communes italiennes et flamandes l'avaient aussi réprouvé, et ce mouvement coïncidait avec celui qui avait porté ces communes vers l'établissement des tribunaux de paix [5]. Le pape Innocent IV, en 1245,

1. On avait fait précéder les épreuves judiciaires de cérémonies religieuses. Voir *Cérémonial d'une épreuve judiciaire au douzième siècle*, publié par Léopold Delisle (Bibl. de l'École des chartes, 3me série, t. 3). Mais dans ce cérémonial et le formulaire de prières qui l'accompagne, il n'y a rien de spécial au duel.

2. Lire pour les épreuves judiciaires chez les Germains, A.-F. Ozanam, *Les Germains avant le christianisme*, t. I, chap. III. *Les lois*, p. 134 et suiv. — Fustel de Coulanges. *La Monarchie franque*, chap. XIV. *Comment les hommes étaient jugés*, chapitre très fortement documenté. Sa conclusion est très nette : « ... 3° Que le duel était considéré non comme un simple combat, mais comme une épreuve; qu'une idée religieuse s'y attachait; que Dieu y intervenait directement, que c'était Dieu qui donnait la victoire à l'un ou à l'autre, que Dieu était trop juste pour donner la victoire au coupable; que par conséquent il manifestait visiblement de quel côté était le bon droit. C'est pour cette raison que les juges assistant au combat, n'avaient aucun scrupule à donner gain de cause au vainqueur et à punir sans pitié le vaincu. Comme l'épreuve, par l'eau bouillante, comme le serment, le combat, avec ses rites, était le jugement de Dieu... » (p. 458).

Voir aussi *Le Jugement de Dieu par l'épreuve de la communion*, Hilse, Berlin, 1867, in-8. — Thonissen, *L'organisation judiciaire, le droit pénal et la procédure de la loi salique*. — Sohm, *La procédure de la Lex Salica*, traduct. Thévenin. — Reuss, article de la *Revue critique*, t. IV (1867), p. 229-231. — Glasson, *Histoire du droit*, t. III, chap. X, *Les Preuves*, p. 505, etc.

3. « L'Eglise avait interdit de très bonne heure la preuve par le duel. Nicolas Ier en 867, Innocent III en 1203 (C. II, Q 5, c. 22 — X, v, 25, c. 2) l'avaient prohibée, parce qu'elle amenait souvent la condamnation de l'innocent. Le quatrième concile de Latran (1215), renouvela les défenses et recommanda de remplacer ce prétendu jugement de Dieu par la preuve par témoin ou par l'enquête, *per inquisitionem*. » Ad. Tardif, *La Procédure civile et criminelle aux XIIIe et XIVe siècles*, p. 91.

4. Huillard-Bréolles, *Hist. diplom. Frederici secundi*, t. IV, pars I, Constitutiones regni Siciliæ, tit. 33. p. 105.

5. Gênes en 1056; voir Lumbroso, *Sulla storia dei Genovesi avanti il M C.*, Torino, 1872, p. 54-55. — Ypres en 1116, voir Warnkœnig, *Flandre Staats und Rechtsgeschichte*, t. II, 1re partie, preuves, p. 158 et t. V, p. 321. — Soest, en 1120, voir

approuvait le chapitre de Notre-Dame de ne pas accepter la voie du duel dans les réclamations de ses hommes qui voulaient se soustraire à leurs obligations : il rappelait que le duel était interdit par les canons de l'Église[1]. En 1250 il adressait une bulle semblable à l'abbé de Saint-Denis[2]. Mais, par une des ces contradictions regrettables résultant de la servitude féodale dont ne voulaient point se délivrer les bénéficiers ecclésiastiques, les cours temporelles des évêques et des abbés continuaient à garder le duel que les papes condamnaient. Ce n'était pas pour encourager les seigneurs à l'abandonner.

Le Parlement de saint Louis prépare néanmoins l'évolution[3]. Quelques arrêts des *Olim* nous montrent les maîtres arrêtant, quand ils le peuvent, l'effet des *gages de bataille* suspendus entre Guillaume de Charenton et Étienne Dubois[4], dans la maison duquel Guillaume avait fait irruption. En attendant que les droits d'Étienne soient reconnus (c'est-à-dire pendant l'enquête), Guillaume sera détenu dans la prison du roi (1256). Pierre de Laon, chambellan, a-t-il la justice du duel entre ses hôtes demeurant à Presles? Le Parlement décide que l'enquête n'a point prouvé

Kœnigswarter, *Etudes historiques sur le développement de la société humaine*, p. 233. — Saint-Omer en 1127, voir Giry, *Hist. de Saint-Omer*, p. 188. — (Ouvr. cités par P. Viollet, *Établissements de saint Louis*, t. I, p. 266).

M. Viollet cite aussi une certaine « Niva, domina castri Fagiæ » qui, en 1032, se montre fort hostile au duel et empêche un combat de ce genre où une des parties était le couvent de Noyers (Chevalier, *Cartulaire de Noyers*, p. 3).

1. Lettres d'Innocent IV au Chapitre de Notre-Dame, 6 sept. 1245. Ces lettres démontrent combien on abusait du duel : « Ex parte vestra fuit propositum coràm nobis, quod non nulli hominum vestrorum, se a vestro dominio subtrahentes, debita vobis servicia contra justiciam denegant exhibere, nisi a vobis *convinci valeant per duellum*.... Cùm igitur *monomachia sit sacris canonibus interdicta*, nos vestris supplicacionibus inclinati, auctoritate vobis presentium indulgemus ut testibus, instrumentis et aliis legitimis probacionibus vobis uti liceat contra eos, contrariâ consuetudine non obstante.... » Guérard, *Cartulaire de Notre-Dame*, t. II, p. 394.

2. Bulle d'Innocent IV de 1250 : « ... Cum igitur duella maximè super bonis Ecclesiasticis sustineri non debeant, cum sacris sint canonibus interdicta, ne de cœtero hujusmodi reproba probatio exigatur a vobis, auctoritate presentium districtiùs inhibemus, statuentes ut in judiciis ad declarationem justitiæ vestræ sufficiant vobis alia legitima documenta.... » (Lyon, 7 des Ides de juillet, 7e année de notre pontificat.)

3. Il ne faudrait pas croire que le système d'enquête ne fût pas déjà très répandu. Boutaric dans son *Inventaire des Actes du Parlement*, a fait précéder les arrêts et enquêtes des *Olim* d'arrêts et enquêtes bien antérieures : (1223) n° 12; (avant 1236) n° 15; (1238) n° 17; (1239) n° 18; (1240) n° 20; (1246) n°s 21, 22; (1247) n° 23; (1250) n°s 25, 26, 27, 28; (1252) n° 30; (1248-1253) n° 31; (1253) n°s 35, 36; (1254) n° 39. — Sans compter bien entendu les enquêtes perdues.

4. « ... Vadia propter hoc factum data inter ipsum Guillelmum et Stephanum penitùs remanebunt.... » *Olim*, I, p. 7, x (1256).

ses droits[1]. Disons toutefois qu'impartial le même Parlement reconnaît ce jugement du duel à l'abbé de Coulombs à l'égard de ses hôtes[2].

Le *Livre de Jostice et de Plet* trahit bien l'état d'esprit des légistes de saint Louis hésitant entre la condamnation et le maintien du duel. Le rédacteur en parle comme d'une coutume courante, mais il note avec soin les restrictions : « Parole ne fait pas bataille, mais le fait; le juge doit regarder et la chose et la personne[3] ». En cas de tricherie, si la chose est trop petite, la bataille n'en peut naître et on procède par serment[4]. « En héritage, n'a point de bataille, mais preuve de témoin[5] ». Il est vrai qu'en un autre passage cette maxime est contredite : « et en toutes ces choses peut avoir gage de bataille si l'héritage vaut plus de cinq sols[6] ». Tout un chapitre rapporte des points de droit attribués par le compilateur à Jean de Beaumont et traite des cas où l'on doit se mettre en enquête[7].

1. *Olim*, I, p. 30, xi, 1257 (1258). — *Act. du Parl.*, n° 188.

2. Abbas Columbensis, *Olim*, I, p. 24, v (1257), Coulombs (Eure-et-Loir, arrond. Dreux).

3. « Parole ne fet pas batalle, mès li fet. Si doit regarder qui juge, la chose et la personne : la chose qu'al i set par quoi il i aut gage, si comme fet, ou châtel, ou hôtel, ou héritage; la persone qu'ele soit tele que se doie combattre. Quar dure chose seret, si d'une personne comme comtes, ou rois, se combattoit à basse persone.... » *Livre de Jostice et de Plet*, liv. II, chap. xviii, p. 102. — Dans le cas où l'on nie une dette de marchandise (par exemple si l'on prétend avoir déjà payé 30 tonneaux de vin) le rédacteur admet les deux procédures : « Cil qui défant (le défendeur) est loissanz de prendre la prove de lui et de ses garanz, ou d'escondire par gage de bataille. » *Ibid.* Liv. II, chap. xiv, p. 98.

4. « Emprès demende l'en comment l'en peut home prover de tricherie? Et l'en respont que, en quas dont la chose est si petite que la batalle n'en puet nestre, ce doit aler par sairement.... » *Ibid.* Liv. III, chap. iv, p. 109.

5. « Car en héritage n'a point de batalle, mès prove de tesmoing.... » *Ibid.* Liv. IV, chap. iv, p. 126.

6. « ... Et en totes ces choses puet avoir gage de batalle se li héritage vaut plus de cinq sols. » *Ibid.* Liv. IV, chap. iv, p. 125.

Il n'y a point de bataille après *montrée* (*ibid.*, chap. vi, p. 127). Il peut y en avoir dans les accusations de fausse mesure : « ... Et l'en respont que li copables est loisans de pranre la prove au demandeor et de son garant et de quenoistre que ce est voir, ou d'escondire par gage de bataille.... » *Ibid.*, chap. xxi, p. 146.

7. Il serait trop long de transcrire tout ce chapitre très curieux qui montre combien l'enquête était déjà usitée, liv. XIX, chap. xliv, § 1-15, p. 317 et suiv. — Il y a dans ces réponses de Jean de Beaumont des considérations élevées qui semblent indiquer comme une préparation de l'Ordonnance de 1258 : « Si l'en fet injure à une povre persone, qui ne puet son droit porchachier, ne par soi, ne par son avoir, ne par ses amis; tel chose doit aler par enqueste, car l'en ne sueffre pas que les choses à tel périssent qui n'a poer.... » (§ 8) « ... De totes les choses qui sunt déterminées par juigement et li juigement est niez, ce vet par enqueste. » (§ 9.) C'est presque un des articles de l'Ordonnance (relatif au faux

Les légistes discutaient, subtilisaient. Saint Louis, en 1258 ou 1260[1], sous l'inspiration de sa piété ardente qui lui montrait dans le duel une coupable tentation de la divinité[2], trancha la question. Il rendit la fameuse Ordonnance sur les duels qui devait élever contre le règne de la forcecelui de la justice: « Nous défendons les batailles par tout notre domaine en toutes quereles »[3]. Tel était l'ordre en son énergique simplicité que jetait saint Louis au milieu du tumulte des armes. Aussi sage que ferme, il ne changeait point la procédure des assises de ses baillis ou des seigneurs, excepté, répétait-il « qu'il en ôtait les batailles. Et en lieu de batailles nous mettons preuves de témoins et de chartres. » Puis, énumérant les divers cas, il insistait : en cas d'accusation de meurtre : « sois certain que tu n'auras point de bataille, mais il te faudra prouver par témoins jurés ». Et, répétait-

jugement). — « Qui fet chevauchée par armes et prant et péçoe, ce vet par enqueste. » (§ 11), etc.

« ... Genz qui sont pris à présean forfet et amené présantement à jotice, vet par enqueste, s'il le nie... Por ce que malice ne croisse, et porce que l'en doit vengier les forfez que l'en fet à esciant... » (§ 14). — « ... Or demande l'en, si de tel chose puet nestre bataille? et l'en dit que non; car quant li principaus vet par anqueste, ce qui en sit et qui est joint, doit aler par enqueste.... » (§ 15). — Voir encore pour les cas où il est question du duel judiciaire les pages 153, 154, 161, 164, 167, 168, 170, 274, 275, 278, 279, 287-301, 306, 309, 310, 313, 322.

1. Joseph Tardif a placé la rédaction de cette Ordonnance qu'il considère plutôt comme une instruction, entre le 11 novembre 1257 et le 13 octobre 1258. *Nouvelle Revue historique du Droit*, 1887, p. 174. — Ch. V. Langlois, a adopté cette date, *Textes du Parlement*, p. 45.

2. Guillaume de Chartres indique formellement cette considération élevée de saint Louis : « S. Ludov. monomachiam quæ bellum dicitur vel duellum, convocato discretorum et jurisperitorum consilio ex diversis regni partibus, intellecto per eos quod sine peccato mortali exerceri non poterat, cùm non videatur esse justitia sed potius tentatio sit in Deum, de dominio suo penitus exterminari decrevit.... » (*De vita et mirac. S. Lud.*, liv. I, chap. II. — Voir Viollet, *Établiss.*, t. III, p. 240.)

3. « Nous deffandons les batailles par tout notre domoine en toutes quereles, mais nous n'ostons mie les clains, les respons, les contremanz, ne touz autres erremanz qui aient esté accostumé en cort laie en jusques à ores, selonc les usages de divers païs, fors tant que nos en ostons les batailles; et en leu de batailles, nos metons prueves de temoinz et de chartres, etc. » *Etablissements*, livre I, chap. III (édit. Viollet, t. II, p. 8).

C'est par les *Établissements* (et aussi par le *Livre de Jostice et de Plet*), que nous a été conservée cette Ordonnance célèbre dont le texte original a été perdu, car il se trouvait sans doute dans le registre du Trésor des Chartes de Jean de Caux, qui nous manque. L'auteur des *Établissements* a accompagné cette Ordonnance de singuliers renvois au droit romain que l'éditeur M. Viollet a distingués avec soin en les imprimant en italique : ils sont d'ailleurs également distingués dans la plupart des manuscrits des *Établissements* par la couleur différente de l'encre, preuve que le rédacteur n'entendait pas mêler son œuvre avec les textes officiels.

Brussel et Laurière ont reproduit l'Ordonnance sur le duel d'après un texte du Registre *Saint-Just* de la Chambre des comptes.

il encore : « Quand on viendra au point où la bataille avait coutume de venir, celui qui par bataille prouvait, prouvera par témoins ». Il en devait être ainsi dans « les querelles de trahison, de rapt, d'incendie, de larcin et de tous crimes où il y avait péril de perdre la vie ou les membres, là où on faisait la bataille ». En querelle de servage également, on poursuivait la cause jusqu'au point de la bataille et, « au lieu de la bataille, celui qui aurait prouvé par bataille, prouvera par témoins ou par chartres ou par autres preuves bonnes et loyales ». Si l'on faussait un jugement, il n'y avait pas non plus de bataille. Si on appelait son seigneur de défaute de droit « la défaute était prouvée par témoins, non plus par bataille ». Si, dans toutes ces querelles, quelqu'un était convaincu de faux témoignage « il demeurera en la volonté de la justice pour l'amende ». Et répétait encore, comme conclusion, le saint roi, « les batailles nous ôtons par tout notre domaine à toujours [1] ».

A toujours! C'était là une généreuse illusion de ce prince, qui était en avance, pour ainsi dire, de deux siècles sur son temps. Ses volontés rencontrèrent bien des obstacles. Lui-même avait dû limiter ses défenses à son domaine. Obligé de ménager les seigneurs qu'il regardait comme d'autres souverains, il leur laissait la faculté de maintenir la procédure belliqueuse. Seulement il voulut qu'on pût fausser leurs cours (c'est-à-dire appeler)

1. M. Guilhiermoz a consacré un article à l'Ordonnance dite de 1260 dans la *Bibliothèque de l'École des Chartes* (t. XLVIII, 1887, p. 111-120). Mais il s'attache presque exclusivement à établir qu'il y aurait eu une autre Ordonnance de saint Louis supprimant le duel dans les questions relatives aux meubles et héritages, Ordonnance qui aurait été un essai pour faire prévaloir en matière civile une nouvelle procédure. M. Guilhiermoz, analysant l'Ordonnance de 1260, remarque qu'elle ne fait point mention des querelles de meubles et d'héritage. Il s'autorise d'un texte de Beaumanoir indiquant qu'on pouvait, pour les meubles et héritages, choisir entre deux procédures, l'une celle de l'ancienne coutume, l'autre celle de l'*Établissement le roi*. La thèse que soutient M. Guilhiermoz par une discussion assez subtile, n'a en réalité qu'une importance secondaire. Qu'il y ait eu une autre Ordonnance c'est possible, mais ne pouvons-nous nous résigner, en l'absence de documents, à ignorer beaucoup de choses? Pour notre part, nous n'aimons point les suppositions. En ce qui regarde cette question, rappelons seulement que le *Livre de Jostice et de Plet* renferme des passages contradictoires. Au surplus, l'omission des mots « meuble et héritage » dans l'énumération des cas où le duel est supprimé, ne prouverait rien. Le duel, dans les procès, ne pouvait naître que si on démentait, si on faussait un témoin. Or l'Ordonnance de 1260 ou 1258 supprimait le duel dans ces cas, et par conséquent le duel ne pouvait plus naître d'une querelle de meubles et d'héritage. D'ailleurs le texte de saint Louis est très compréhensif : « Nous défendons les batailles en toutes quereles. »

sans combattre. « Pour que le changement se fît moins sentir, dit Montesquieu, il ôta la chose et laissa subsister les termes. » Un peu plus loin, Montesquieu ajoute avec autant de force : « Ainsi ce prince remplit son objet, quoique ses règlements pour les tribunaux des seigneurs n'eussent pas été faits pour être une loi générale du royaume, mais comme un exemple que chacun pourrait suivre... Il ôta le mal, en faisant sentir le meilleur. Quand on vit dans ses tribunaux, quand on vit dans ceux de quelques seigneurs une manière de procéder plus naturelle, plus raisonnable, plus conforme à la morale, à la religion, à la tranquillité publique, à la sûreté de la personne et des biens, on abandonna l'autre [1]. »

Cette évolution fut loin, comme nous le disions, d'être aussi rapide que le pensait Montesquieu. Dans le *Conseil* de Pierre de Fontaines, ce légiste ami du saint roi, la procédure du duel est fort détaillée, quoique lui-même eût pris part à la procédure nouvelle. Il atteste que deux dames citèrent au Parlement les jugeurs de la cour royale de Saint-Quentin. Pierre de Fontaine releva contre eux deux faux jugements pour lesquels la Cour leur fit payer l'amende. « Et, ajoute Pierre, ce fut le premier cas d'appel, en Vermandois, jugé sans bataille. Mais, dit-il il y avait là appel d'un tribunal royal à la Cour du roi. Or, j'ai vu les hommes de la Cour du comte de Ponthieu ajournés à la Cour du roi et là on faussa le jugement des hommes du comte. Autrefois il y aurait eu bataille, mais l'homme du comte s'en délivra par *droit*, prouvant que le jugement n'avait pas été fait contre celui qui le faussait. » L'autre dut payer l'amende au roi et à l'homme du comte. Ce fut le second cas d'appel que Fontaines vit régler sans bataille, ce qui ne l'empêche point d'exposer l'ancienne coutume comme si elle demeurait en vigueur [2]. Le Livre de *Jostice et de Plet* l'admettait aussi, nous l'avons démontré, avec des restrictions et quoique son rédacteur eût, comme le manuscrit l'atteste, copié en tête de son livre l'Ordonnance de 1258.

De même les *Établissements de saint Louis* s'ouvrent par cette

1. Montesquieu, *Esprit des lois*, livre XXVIII, chap. XXIX et chap. XXXVIII.
2. Pierre de Fontaines, *Conseil*, éd. Marnier, chap. XXII, n° XXIII, p. 304 et n° XXIV, p. 305.

Ordonnance et n'en décrivent pas moins la procédure du duel judiciaire. Contradiction qu'on n'a pas manqué de signaler pour affaiblir leur autorité. Or le rédacteur ne mentionne-t-il pas, à plusieurs reprises, la distinction « entre les pays d'obéissance le roi », et « les pays de non obéissance le roi »? Même de nos jours, le renouvellement constant de l'affichage d'anciennes lois ou de vieilles ordonnances n'atteste-t-il pas que les prescriptions les plus précises ne sont pas toujours les mieux observées? Le Coutumier des *Établissements*, publié après la mort de saint Louis, lorsque déjà fléchissait sa discipline, énumère donc les cas, trahison, rapt, incendie, larcin, querelle de servage, où l'*enquête* est substituée à la *bataille*. Mais ailleurs le rédacteur se laisse volontiers reprendre, comme Pierre de Fontaines, à exposer l'ancienne coutume, vivace et difficile à déraciner. Un homme, dit-il, achète un cheval ou un bœuf ou toute autre chose; un autre vient la lui réclamer : « Cette chose m'a été volée ». Le possesseur répond : « Cette chose je sais bien que je l'ai achetée, j'appellerai mon garant [1] ». Il amène son garant au jour fixé (on pouvait de garant à garant remonter jusqu'à sept). Si le dernier cité ne pouvait désigner le vendeur et affirmait que la chose lui avait bien appartenu, « était de sa maison », le demandeur répondait : « Non, elle m'a été volée ». On procédait alors par bataille [2]. Le garant, avant d'entrer en lice, jurait sur les reliques : « Cette chose qui est en main de justice et que je garantis, était mienne avant que je la vendisse ». L'autre répliquait : « Tu t'en es parjuré! » Le combat décidait. Le vaincu, sans doute, ne perdait ni la vie ni les membres, car il ne s'agissait pas de cas de trahison ou de meurtre, mais il payait les dépens du duel et l'amende.

1. *Etablissements*, liv. I, xcv (édit. Viollet, t. II, p. 154 et suiv.).

2. « ... Et quant il seront au jor de la bataille, il vandront devant les sains; et prendra li uns l'autre par la main et li dira : « Oz tu, homs que je tain par la « main et vos la joutise — si Diex m'aït et li saint! — iceste chose qui est en main « de joutise dont je me suis trèz avent por garentir si estoit moie devant ce que je « la vandisse, si come je dis, quant je la vandi a celui qui m'an a tret à garant; » et li autres doit jurer à l'encontre et dire : « Si Diex m'aït et li saint! Tu t'an i es « parjurez. » Et tout einsinc si les puet l'en metre ou champ. Et cil qui apele si doit aler à l'autre et requerre le. Et cil qui sera vaincuz si ne perdra ja ne vie, ne mambre, por ce qu'il ne s'entr'apelent pas de traïson, ne de murtre, ne de larrecin en chief; mais cil qui sera vaincuz si paiera à l'autre son champ tout quanque il avra coute en chief.... » (*Etabl.*, liv. I, xcv, p. 158-160.)

Pourquoi demander aux Établissements plus de logique et de rigueur qu'au Parlement, et au roi lui-même? Saint Louis avait la moitié de la justice à Saint Pierre le Moutier, en *pariage* avec le prieur. Celui-ci se montra fort mécontent de l'abolition du duel : il aurait volontiers, comme les autres seigneurs, renoncé à l'abus s'il n'avait fallu abandonner les profits. Il prétendait qu'on ne pouvait faire cette abolition sans son assentiment. Il plaida. « Il plut au roi, dit l'arrêt, que le prieur maintînt le duel, à la condition qu'il emploierait à garder le champ clos son propre sergent, non le sergent commun, car le roi ne voulait en rien participer au duel [1]. » En rien? ce n'était pas l'avis des légistes. Le bailli de Bourges réclama précisément à ce même prieur la moitié des profits des duels qui revenaient au roi. Le prieur eut beau jeu de rappeler au Parlement la sentence rendue dans le premier procès : il ne manqua pas de s'appuyer sur la volonté nettement exprimée par le roi. Le bailli répondit que les gens du roi intervenaient dans les causes jusqu'à l'heure du duel : ils protégeaient, quand ces duels avaient lieu, le prieur contre toute violence : le roi avait donc droit à la moitié des profits de la justice, d'où qu'ils vinssent. La Cour enjoignit au prieur de livrer au bailli cette moitié des profits [2]. Les juges royaux étaient plus jaloux que le souverain des droits royaux. Aussi déboutent-ils de sa demande un pauvre chevalier, Mathieu le Voyer. Avant l'Ordonnance, il touchait cinq sous à Carbonne comme gardien du champ clos dans une cour du roi. Il réclamait les mêmes cinq sous sur chaque enquête faite à la place du duel. Le Parlement lui répondit que ne rendant plus de service, il n'avait plus droit à la rétribution [3]. En 1269, devant le chambrier du chapitre de Notre-Dame, dans un procès pour bles-

1. « Dominus Rex amovit duellum de terra sua, et racione hujus mandati, baillivus amovit duellum de villa Sancti Petri de Monasteriis... Placuit domino Regi quod si prior ibi tenere duellum (voluerit) teneat ipsum et totum per proprium servientem suum, et non per servientem communem inter ipsum et dominum Regem, quia Rex non vult habere aliquid in duello.... *Olim*, I, p. 494, XII (1260). Cet arrêt n'a pas échappé a Du Cange, qui le cite dans ses notes sur les *Établissements*. — Saint-Pierre-le-Moutier (Nièvre), chef-lieu de canton, arrond. de Nevers.

2. *Olim*, I, p. 667, VII (1267).

3. « ... Quia dominus Rex amovit duellum de domanio suo, petebat idem Matheus quod dominus Rex faceret indè sibi restitucionem, vel quod posset percipere ipsos quinque solidos in inquestis que fiunt in curia domini Regis, in Carbonesio, loco duelli.... » *Olim*, I, p. 491, VII (1260). — Carbonesio, sans doute Carbonne, Haute-Garonne, arrond. de Muret.

sures, les gages de bataille furent admis. Le combat s'engagea, mais arrêté presque aussitôt dès les premiers coups qu'on appelait vulgairement « les coups le roi ». Ce combat simulé eut lieu en présence du chambrier, dans le cloître même de Notre-Dame, dans la maison du trésorier de Pontoise. Le chapitre perçut les droits accoutumés[1].

Quoi qu'il en soit des résistances rencontrées par saint Louis, des murmures, voire des chansons[2], le roi n'en maintenait pas moins son Ordonnance. En ne pensant qu'à faire œuvre de morale, il fit œuvre d'habile politique. La suppression des duels amena un développement considérable des *Enquêtes*, ainsi que l'attestent celles qui remplissent les *Olim*. Elle multiplia les *Appels* et les recours aux tribunaux royaux. Elle grandit le Parlement, gardien et continuateur, plus ou moins libre suivant les circonstances, de l'œuvre de saint Louis.

1. « ... Et tandem ictus capituli, qui vulgariter dicuntur les *cous lou roi*, dati fuerunt coram dicto Symone, camerario, tenente justiciam pro capitulo et fuerunt dati in claustro, in domo thesaurarii Pontissarani que alias dicitur domus domini Richardi cardinalis.... » Guérard, *Cartul. de Notre-Dame*, t. III, p. 433 (1269).

Ces coups du roi, le simulacre de combat, étaient d'ailleurs antérieurs à l'Ordonnance de 1260. On les trouve mentionnés. *Olim*, I, p. 465, IX (1259). Ils démontrent que de tout temps on avait, par une intervention souveraine, essayé d'entraver les duels même après les avoir autorisés. Voir le Glossaire de Du Cange, v° ICTUS REGIS.

On en trouve aussi mention dans une Ordonnance : « Et ou cas que li premier coup en seraient donnei, que l'on dit les coups-le-roy, encore s'en pueent départir et oster de péril, parmi dix livres d'amande (*Ord.*, t. IV, p. 297, art. 18). — Voir Tanon, *Hist. des justices de Paris*, p. 22, 23. M. Tanon a rapporté le fait que nous mentionnons d'après le cartulaire de Notre-Dame, et il relève une erreur de Beugnot qui, dans un arrêt de 1259 contre les chanoines de Soissons, n'avait pas compris cette expression de *Ictus regis*.

Nous pouvons encore ajouter un procès des Templiers de Feucherolles. Un hôte du Temple, à Feucherolles, en avait accusé un autre, de Monemer, de trahison ou de cas appartenant à la haute justice. Les Templiers les ajournèrent à Feucherolles où le duel fut adjugé; le bailli s'y opposa déclarant que le roi avait haute justice à Monemer résidence de l'appelé. Les Templiers répondaient qu'ils avaient l'usage de juger à Feucherolles leurs hôtes de Monemer, et dans toute la châtellenie de Meulant. Le Parlement repoussa leurs prétentions; il déclarait que le roi avait la haute justice dans toute la châtellenie de Poissy dans laquelle se trouve Monemer. Le duel sera ajourné jusqu'à ce que les Templiers aient justifié de leur droit. (*Ol.*, I, p. 468, IV (1260). — *Act. du Parl.* n° 425. — Feucherolles (Seine-et-Oise), cant. de Marly, arrond. de Versailles.

2. Gent de France, mult estes esbahie,
Je dis à tous ceux qui sont nez des fiez;
Si m'aït Dex! franc n'estes-vous mie :
Mult vous a l'en de franchise éloigniez.
Car vous estes par enquestes jugiez...
(*Recueil de Chants histor. français*, 1re partie, 1841, p. 218. Viollet, Établissements, t. I, p 275.)

III. — Persistance du duel judiciaire sous Philippe le Hardi.

Au roi apaiseur et ferme succéda un roi batailleur et faible. Philippe le Hardi oscilla entre son désir d'observer les recommandations paternelles et sa complaisance pour les seigneurs. Le jurisconsulte Beaumanoir, l'esprit le plus ouvert de son temps, expose dans son livre des *Coutumes du Beauvaisis*, écrit vers 1283, la théorie du duel, comme s'il était d'un usage constant. Il admet les gages de bataille et cependant les discute : il sait et ne dit pas les reproches qu'on leur peut opposer; il connaît et n'observe point l'établissement qui les a interdits.

« Jean, dit-il, qui n'avait que la basse justice, laisse deux de ses hôtes combattre devant lui au sujet d'un héritage. Le sire intervient, non pour défendre le duel, mais pour l'avoir en sa cour. Il l'obtient, car c'était un cas de haute justice, et on jugea que la cause, de réelle, devenait alors personnelle[1]. » « Un témoin, dit-il encore, peut se défendre par gages de bataille si on lui impute, pour écarter son témoignage, trahison, meurtre ou larcin [2] ». Le légiste consacre un chapitre entier aux gages de bataille[3]. Il n'a pas

1. T. I, chap. VI, n°s 233, 234 (édit. Salmon).

2. *Ibid.*, n° 212.

3. Tout le chapitre LXI (t. II) est consacré au duel judiciaire : § 1710. En tous cas de crimes on peut appeler ou venir à gages.... — § 1713. On peut se faire remplacer par un champion; il y cinq cas d'excuses.... — § 1714. Le gentilhomme combat contre le gentilhomme à cheval avec armure complète.... — § 1715. Un chevalier ou écuyer qui appelle un homme « de poosté » combat a pied..., « car porce qu'il s'abeisse en apeler si basse persone, sa dignetés est ramenée en cel cas à teux armeures comme cil qui est apelés a de son droit; et mout seroit crueus chose se li gentius hons apeloit un home de poosté et il avoit l'avantage du cheval et des armeuree.... » — § 1716. Si l'homme de poosté apele gentilhomme, il combat à pied et li gentius hons a ceval armés de toutes armes; car en aus defendant il est bien avenant qu'il usent de leur avantages. » — § 1717. « Si un homme de poosté apele un homme de poosté il se combatront à pié. » — § 1718. « Li cheval et les armeures de cix qui viennent en la court du soverain, sunt au sovrain, soit pes fete ou ne soit.... » — § 1720. Pour meubles ou héritages le vaincu perd la querelle et paie le vilain 60 sous, le gentilhomme 60 livres d'amende au suzerain.... — § 1721. Dans le cas où l'on prend des champions « li champions vaincus a le poing coupé, car aucuns, par barat, se porroit feindre par louier et se clameroit vaincus, par quoi ses mestres emporteroit le domage et la vilenie et cil emporteroit l'argent; et pour ce est bons li jugement du mehaing.... » — § 1722. « Il est en la volenté du comte de remettre en sa cort quand il li plera les gages por muebles et pour héritages, car quant le roi Loïs les osta de sa cort il ne les osta pas de la court à ses barons.... » — § 1723. « Il est en la velonte des hommes de la comté de Clermont de tenir lor cort, s'il lor plaist, de ces cast selonc l'ancienne coustume ou selonc l'establissement le Roi... », etc.

d'objection contre eux en matière criminelle. Dans les autres cas, on peut se faire remplacer par un champion, lequel a le poing coupé s'il est vaincu, car il pourrait se laisser corrompre et s'avouer facilement vaincu : il aurait ainsi tout profit, tandis que celui qui l'employait aurait la honte et les dommages. Beaumanoir précise les armes qu'on doit apporter : le gentilhomme lutte à cheval et avec armure complète contre un autre gentilhomme; il combat à pied s'il s'abaisse à provoquer un vilain; les roturiers combattent à pied. Le légiste du comté de Clermont détaille toutes les prescriptions certainement bien anciennes, mais qu'il considère comme bonnes et il n'oublie pas les avantages pour le seigneur. Celui-ci en effet reçoit les armes et les chevaux, qu'il y ait paix ou non, et les confiscations prononcées contre le vaincu. Beaumanoir enseigne à ceux qui le liront, comment ils doivent s'y prendre dans les appels de faux jugement pour n'avoir pas à combattre tous les hommes qui ont rendu la sentence : ils ne doivent pas attendre que tous se soient prononcés [1]. Un témoin, défié pour faux témoignage, s'il est vaincu, a le poing coupé; dans une accusation criminelle il est passible de la peine de mort [2]. La nouvelle procédure d'enquête a multiplié les appels : ils montent de degré en degré, de cour en cour jusqu'à celle du souverain : or on peut épuiser, selon Beaumanoir, toutes les juridictions pour faire décider s'il y aura gage de bataille, car autrement, la bataille faite, « la querelle serait venue à fin et il n'y aurait plus eu besoin d'appel [3] ». Une telle doctrine n'aurait pu être formulée par le légiste si l'Ordonnance de 1260 eût été rigoureusement appliquée.

Il la connaît pourtant bien : le comte de Clermont, son maître, l'a adoptée dans ses domaines : « il est, dit Beaumanoir, en la

1. Même chapitre, § 1752-1753. Appels de faux jugements. — Il faut demander que le jugement soit prononcé par l'un des hommes et qu'ensuite le seigneur demande a chacun qui suivra cet avis. Alors si le second se lève et soutient le jugement, le condamné provoque ce juge : celui-ci accepte les gages et, pour se donner plus de force, demande aux autres s'ils s'accordent au jugement parce que sa défense est plus belle « quand il s'i sunt tuit accordé ».

2. *Ibid.*, § 1764.

3. « Et ausi, en la court laie sont li apel de degre en degré, di sougouet as seigneurs et de seigneur en seigneur dusques au Roi, es cas qui ne sont demené par gage de bataille.... Mes ains (avant) la bataille fete pourroit ele aler de degré en degré dusque au Roy... et après se metoint en droit se l'apeaus serait démenés par gages ou par les erremens du plet et après li homm le comte jugeoient que l'apeaus se feroit par gages, et l'apeleres apeloit les hommes le conte de faus jugement : en tel cas venroit l'apeaus de degré en degré jusqu'au Roy.... » Chap. II, § 93.

volonté du comte de remettre en sa cour quand il lui plaira les gages pour meubles et pour héritages, car quant le roi Loys les osta de sa court, il ne les osta pas de la cour de ses barons[1]. Il est en la volonté des hommes de la comté de Clermont de tenir leur cour s'il leur plaît, de ces cas, selon l'ancienne coutume ou selon l'établissement du roi. » Le progrès que l'on constate dans les théories de Beaumanoir, c'est qu'il n'admet guère la bataille pour des querelles mobilières. Il s'attendrit même à ce sujet. « Ce n'est pas chose selon Dieu de souffrir gages en petite querelle de meubles ou d'héritages[2]. C'est là l'unique concession faite aux Ordonnances de saint Louis avec la faculté donnée au suzerain d'intervenir et d'imposer la paix[3]. Mais, aux yeux de Beaumanoir, la bataille dans les accusations criminelles est nécessaire : un fils de roi même ne saurait la refuser « car, dit le légiste, les vilains cas sont si vilains qu'on ne doit épargner en rien celui qui accuse[4] ».

Les *Olim* montrent que Beaumanoir traduisait bien les idées de son temps. En 1276, un duel devait avoir lieu dans la Cour du roi entre Jean de Blainville et Pierre des Presles : il ne fut empêché qu'au dernier moment : le greffier enregistra les noms des *plèges* ou garants de la pacification[5]. En 1279, Jeanne dite de la Valette, femme de corps d'Aimeri de Rochechouart, accusa Rathier, sire de Montricher et le Rathou, son fils, d'avoir incendié ses maisons pendant la nuit. Jeanne demanda le duel judiciaire devant la Cour du roi et l'obtint. Le père et le fils arrivèrent en armes, à

1. Beaumanoir (éd. Salmon), t. II, chap. LXI, § 1722.

2. « ... Nepourquant se li sougiet, en leur cours, de petites quereles vuelent ouvrer selonc l'ancienne coustume, pour la convoitise des gages qui en nessent, aumosne fet leur sires de qui il tienent, s'il ne leur suefre pas, mes oste leur gages et commande que li ples soit demenés selonc l'establissement. Car ce n'est pas chose selonc Dieu de soufrir gages en petite querele de meubles ou d'eritage; mes coustume les suefre es vilains cas de crime et es autres cas, meisme es cours des chevaliers, s'il ne sont destourné par leur souverain. » (T. I, chap. VI, § 227.)

3. « Pes ne puet estre fete de nus gages, se ce n'est par l'acort du seigneur en qui court li gage sont. Mes il loit a chascuns seigneur qui a gages en sa court, de soufrir que pes soit fete des gages s'il li plest, mes que ce soit avant que l'une des parties soit vaincue, car se l'en atendoit tant, la pes ne se pourroit fere sans l'acort du conte (de Clermont); car quant la chose est alee si avant, il n'i a fors que de fere la justice.... » (T. II, chap. LXIV, § 1816.)

4. « ... Et fius de roi ne se doit pas combatre a son homme por plet de mueble, pour chateus ne por eritage. Mes s'il apeloit son homme de murtre ou de traïson, en tel cas convenroit-il qu'il se combatist à son homme, car li cas sont si vilain que nus espargnemens ne doit estre vers celi qui acuse.... » (T. I, chap. I, § 36.)

5. *Olim*, II, p. 85, XXXV. 1276 (1277). — *Act. du Parl.* n° 2051.

cheval; Guillaume de Forneles, chevalier, se présenta comme champion et avoué de Jeanne. Mais celle-ci se désista. Aymery de Rochechouart, son seigneur, s'accorda avec Rathier; tous deux promirent de ne plus s'inquiéter désormais[1]. Hugues de Chefanges réclamait d'être admis à l'hommage pour une partie d'un château et d'une villa que sa femme Amicie, défunte, lui avait laissés par testament et qu'elle avait bien eu le droit de lui léguer puisqu'ils lui venaient d'un oncle paternel. Or cet oncle, Maurice de Forest, devait être réputé pour mort, car il y avait eu duel entre lui et Maurice de Châteaumur dans la cour du vicomte de Thouars : Maurice avait été vaincu, par conséquent il devait être considéré comme tué. Les débats de l'affaire établirent que Maurice de Forest n'avait pas été vaincu, ni ne s'était avoué vaincu : il s'était simplement soumis à la volonté du vicomte de Thouars qui avait imposé la paix. Il n'y avait pas eu de mort, partant point d'héritage. Le Parlement jugea dans ce sens et débouta de sa demande l'héritier trop pressé (1282)[2]. Des injures avaient été faites au seigneur Foulque Boche, chevalier, à sa femme et à son écuyer par Jean de Chapelle et ses complices. Le Parlement, en présence du roi, ordonna que le duel réclamé par eux n'aurait pas lieu parce que le fait était notoire (c'est la théorie de l'auteur des Coutumes du Beauvaisis). La Cour impose une amende honorable dans des conditions humiliantes et des satisfactions pécuniaires[3]. Un duel allait s'engager devant le sénéchal de Touraine entre Guion Guevant et un autre : la paix avait été faite, puis l'amende remise par le roi. Le sénéchal n'en réclama pas moins sa part : libre au roi de renoncer à la sienne, le sénéchal ne

1. « Tandem dicta femina dictam appellacionem suam dimisit eique renunciavit omnino. Et postmodum ad preces et instanciam karissimi fratris nostri et fidelis P. Comitis Alanconii et Carnotensis, dicti pater et filius dederunt dictam defensionem suam eidem.... » Rathier et son fils donnent des garants de la paix conclue et confirmée par l'arrêt du Parlement. — Minute J, 1030 n° 35, Boutaric, *Act. du Parl.*, n° 2269 A, 1er janvier 1279 (1280).

2. *Olim*, II, p. 201, XVII (1282).

3. « ... Omisso duello dato inter eos cùm factum esset notorium. » Jean de Chapelle et ses complices viendront, à un jour fixé, à pied, de la distance d'une lieue, à la maison du chevalier, en chausses, en tuniques, sans ceintures, sans capuchons et chaperons, et humblement fléchissant les genoux demanderont pardon au chevalier et à sa femme : ils leur paieront 200 livres de dommages et intérêts et à l'écuyer qui a été traîné par les cheveux 40 livres. En outre Jean paiera au roi 400 livres tournois et ceux qui étaient avec lui 400 livres... (*Olim*, II, p. 131, VI (1279).

renonçait pas et le Parlement lui donna raison (1285)[1]. L'abbé de Fécamp avait, en vertu d'une charte, le droit d'arrêter le duel même commencé. Le Parlement confirma la charte au lieu de la déclarer contraire aux Ordonnances[2]. Les registres de Saint-Germain des Prés nous apprennent qu'à Paris, en 1280, devait avoir lieu un combat entre le champion d'une femme et celui de Rendoul le Platrier accusé de violences criminelles contre elle. Cette cause et le combat avaient excité à tel point la curiosité populaire qu'une foule de quatre mille assistants se pressait autour du champ clos : elle fut déçue, car après les premiers coups, « les coups du roi », la paix fut conclue[3]. La pratique du duel se maintient donc, sauf à être tempérée par des accords au dernier moment et des paix qui d'ailleurs de tout temps avaient été imposées.

Beaumanoir nous édifie sur les conditions rigoureuses de l'arrêt que subissait alors le combat. Il avait été témoin d'un duel « en la Cour du roi à Paris ». Les deux adversaires, un chevalier et un écuyer, armés de toutes pièces, sur leurs chevaux, combattirent l'un contre l'autre : l'une des rênes du cheval de l'écuyer s'entortilla autour du pied du chevalier et, en ce point, on les fit cesser pour parler de paix. Tandis qu'on négociait, le chevalier ôta son pied et le mit en l'étrier : ceux qui gardaient le parc lui dirent de se hâter de conclure la paix, car si le combat recommençait, ils lui remettraient son pied dans les rênes du cheval de l'écuyer : le chevalier s'empressa d'accepter la paix[4].

1. *Olim*, II, p. 251, XII (1285)

2. « .... Visa carta abbatis Fiscannensis, pronunciatum fuit, per jus, quod de duello in sua curia gagiato et eciam postquam pugiles fuerint in campo et inter se pugnare inceperunt, potest dare licentiam pacificandi si velit... » (*Olim*, II, p. 145, XIV (1279). — A propos de cet arrêt, Beugnot (notes p. 865) fait observer que cette faculté de pacifier était ancienne et qu'on la trouve dans les Assises de Jérusalem (t. I, p. 168) : « Et se pais en est faite puisque ils sont laissiés aler ensemble... », etc.

3. « ... Et par devant le conseil monsegnor l'abbé, furent donné le gajes à Saint-Germain des Prez. Et le lundi après la Chandelor, fut la pes faite, et furent rendu les cous, à celi jor, entre le celier et l'otel, et les rendi, por la famme Beaudoin, Guillot la goerie, et por Randoul, Robin Lescot. Là furent presenz plus de IIII mille genz, clers, lais, de Paris, de Sainct Germain, de mout autres genz... » (Registre criminel de Saint-Germain des Prés. 16 décembre 1280. Tanon, *Histoire des justices de Paris*, p. 417). — M. Tanon, dans l'étude très intéressante dont il a fait précéder les registres qu'il publiait, a bien mis en lumière la persistance des duels judiciaires sous Philippe le Hardi. Il cite encore d'autres cas, notamment dans la justice de Sainte-Geneviève (1266) (1273) voir p. 26-27.

M. Ch.-V. Langlois a dit dans son *Histoire de Philippe le Hardi* : « Le nombre des duels judiciaires fut tel qu'il est superflu de citer des exemples. » (P. 200, note Cf. *Ol.*, t. II, p. 85, n° XXXY, p. 261, XII.

4. Beaumanoir t. II, chap. LXIV, § 1845.

Un procès de Renaut de Baurin, chevalier, et de Gilot de la Houssoie, écuyer (c'est encore Beaumanoir qui le raconte), donna lieu à un duel devant le roi, au bois de Vincennes. Un débat préliminaire s'engagea. Le chevalier contestait à l'écuyer le droit d'avoir un chapeau ou casque de fer, le glaive, l'écu. A son tour l'écuyer objectait que le chevalier « avait un heaume auquel il y avait tout plein de broches par derrière ». En outre, il soutenait que Renaud avait laissé passer l'heure fixée pour le duel. Renaud le niait et soutenait son droit à l'égard du heaume. Il fut jugé que le chevalier avait raison, mais que l'écuyer combattrait avec les armes qu'il avait apportées. L'action commença en présence de Philippe le Hardi et « dura le temps qu'un homme ferait une lieue à pied, jusqu'à ce qu'il plût au roi d'imposer la paix [1] ». Qu'eût dit saint Louis, en voyant son fils assister à l'un de ces duels qu'il avait proscrits? Les mœurs l'emportaient sur les lois.

IV. — Rétablissement du duel judiciaire en matière criminelle; Philippe le Bel et ses fils.

Philippe le Bel rabaissa les lois au niveau des mœurs. Sans doute, on le voit renouveler, pendant ses expéditions, la défense

1. « ... Et en tel maniere se combatirent bien l'erreure d'une lieue a un homme a pié, tant qu'il plut au Roi que pes fut fete.... » Beaumanoir, t. II, chap. LXI, § 1770. — Je ne sais pourquoi Beugnot, dans son édition, a voulu traduire *liue* par *journée*. Dans les Établissements *liue* veut dire *lieue*. A notre avis Beaumanoir entendait par l'*ore d'une liue* d'home à pié, le temps qu'un homme à pied met à faire une liue (environ une heure). Ce combat judiciaire qui aurait duré toute une journée, aurait été bien extraordinaire, et il n'y aurait pas eu grand mérite à l'arrêter.

Beaumanoir cite encore plusieurs cas de duel judiciaire : Pierre avait proposé contre Jean qu'il avait fait tuer son oncle, non pas qu'il eût paru en personne, mais il avait payé pour qu'on le tuât. Jean niait qu'on pût le citer pour un tel fait, une simple supposition. Il y eut débat pour savoir s'il y aurait gages. « A cel jugement eut grant debat et vouloient dire aucun qu'il n'i avoit nus gages, mes toutes voies la fins fu tele qu'il estoient.... » Chap. LXI, § 1747. — Un chevalier accusa trois autres chevaliers d'un meurtre par trahison. Les trois chevaliers nièrent et offrirent de prouver par gages de bataille. Celui qui les appelait dit qu'il le prouverait par d'autres avec lui. Les trois chevaliers déclarant qu'il ne les avait pas dénommés dans son appel, s'opposèrent à ce qu'il pût prendre en gages autre aide que lui-même : « Il fu jugié que li chevaliers qui apeloit se combatroit tous seus contre les trois car nus ne puet apeler pour persone qui n'est pas presente. » Au jour de la bataille deux chevaliers seulement parurent car le troisième était mort; le combat allait s'engager quand la paix fut faite. (Chap. LXI, § 1749, 1750.)

du duel ainsi que celle des guerres privées (1296-1303)[1]. Sans doute le Parlement refuse parfois d'accorder le duel judiciaire. Agnès, femme de Jean de Villeroy, accuse son frère Gacon de Loigny d'avoir empoisonné son autre frère Gérard de Loigny; elle demande à faire la preuve par le duel; le Parlement repousse cette demande (1296)[2]. Remarquons que dans ce cas il y avait accusation d'une sœur contre un frère : il y aurait eu combat entre le frère et le champion de sa sœur; c'était néanmoins une lutte fratricide, généralement interdite. Mais Philippe, en 1306, céda aux réclamations qui s'élevaient des cours féodales : il consacra les théories de Beaumanoir; sous couleur d'expliquer l'Ordonnance de 1258, il la détruisit en partie. La subtilité de ses légistes lui permit de présenter comme une amélioration un recul de la justice : « Plusieurs malfaiteurs, dit-il, se sont avancés de faire homicides et autres graves maléfices et excès parce que, quand ils les ont fait couvertement et en repos, ils ne peuvent être convaincus par témoins, nous voulons qu'à défaut d'autre preuve on puisse les appeler en gages de bataille[3]. » Ainsi que l'usage paraissait établi, l'Ordonnance de 1306 autorisait le duel en matière criminelle et capitale; elle maintenait l'interdiction dans les causes civiles. Un long formulaire rééditait l'ancienne procédure des cris des hérauts d'armes, des défenses, des requêtes et protestations, des serments, des mesures à prendre pour l'égalité des chances[4]. Le combat à outrance était maintenu. En deux cas la bataille était « outrée »[5], quand l'une des parties, vaincue, confessait sa faute, ou quand l'une mettait l'autre hors des lices

1. « Item quod, durante guerra Regis, inter aliquos gagia duelli nullatenus admittantur set quilibet in curiis Regis et subditorum suorum jus suum via ordinaria prosequatur.... » *Olim*, t. II, p. 405, xv (1296). Néanmoins, en 1298, il y a duel entre Gaillard de Cordon et Raoul de Neufchâtel. *Essai de Restitut.*, n° 929. — Ordonn. de 1303, *Ord.*, t. I, p. 328, 390.

2. *Olim*, t. II, p. 403, XIII (1296).

3. *Ordonn.*, t. I, p. 435.

4. A l'ordonnance de 1306, Laurière a ajouté en note un long formulaire des conditions auxquelles le duel serait adjugé et de la procédure pour l'appel ou citation : trois cris, cinq défenses que le roi d'armes ou héraut doit faire à tous gages de batailles, requêtes, protestations que les deux champions doivent faire à l'entrée du champ; manière de disposer les échafauds et les lices du champ; trois serments que doivent faire ceux qui sont tenus de combattre. C'était probablement la vieille procédure qu'on rappelait et qu'on remettait en honneur.

5. « Item voulons et ordonnons que gaige de bataille ne soit point oultré, fors par deux manières, c'est à sçavoir quand l'une des parties confesse sa coulpe et est

vif ou mort. Si le vaincu sortait des lices vivant, les roys d'armes et hérauts le relevaient, coupaient ses aiguillettes et son harnais, puis le livraient au maréchal pour le justicier selon le bon plaisir du roi. S'il était projeté mort, son cadavre était désarmé et laissé sur le sol jusqu'à la décision du roi, qui pardonnait ou le condamnait à être traité comme criminel. Le formulaire se termine par une singulière prière attestant combien les légistes et les clercs de la chancellerie royale étaient encore imbus des erreurs du premier âge féodal. « Or faisons à Dieu prière qu'il garde le droit à qui l'a. Maints nobles se sont trouvés déçus, ayant bon droit ou non, pour s'être confiés en leurs forces ou se sont laissé aveugler par colère et outrecuidance; la honte du monde les empêchant d'accorder la paix et alors ils ont porté de vieux péchés nouvelles pénitences en méprisant ou bravant le jugement de Dieu. Mais celui qui se plaint et justice ne trouve, la doit de Dieu requérir. Si pour sa défense, sans orgueil et sans méchanceté, seulement pour son bon droit il requiert bataille, il ne doit redouter ni engin, ni force, car Dieu notre Seigneur Jésus Christ, le vrai juge, sera pour lui [1]. » Ne se croirait-on pas, au temps des *ordalies* ou épreuves judiciaires? Peut-on s'étonner que des esprits encore aussi fermés à la vraie religion aient pu, dans les luttes engagées entre le roi et le pape, confondre, comme on le fit des deux côtés, les intérêts spirituels et les intérêts temporels, le ciel et la terre? Il faut pénétrer dans ces âmes où l'imagination, comme chez les enfants, dépasse le jugement, pour comprendre

rendu, et l'autre qui est la seconde, quand on met l'autre hors des lices vif ou mort, dont mort ou vif comme sera le corps, il sera du juge livré au mareschal pour de luy faire justice tout à nostre bon plaisir. Et lors s'il est vif, ordonnons qu'il soit en estant levé et par les rois d'armes et hérauts désarmé, et les éguillettes coupées, et tout son harnois çà et là par les lices jetté et puis à terre couchié. Et s'il est mort soit ainsi désarmé et laissé jusques à nostre ordonnance, qui sera de pardonner ou d'en faire justice, tout ainsi que bon nous semblera.... » (*Ibid.*)

1. « ... Or faisons à Dieu prière qu'il garde le droit à qui l'ha et que chacun bon chrétien se garde d'encherir en tel péril, car entre tous les périls qui sont, c'est celuy que l'on doit plus craindre et redouter, dont maint noble s'en est trouvé déçu, ayant bon droit ou non, par trop se confier en leurs engins et en leurs forces, ou aveuglez, par ire et outrecuidance : et aucunes fois par la honte du monde, donnent ou refusent paix ou convenables partis, dont maintes fois ont depuis porté de vieux pechez nouvelles penitences en méprisant et nonchalant le jugement de Dieu. Mais qui se plaint et justice ne trouve la doit-il de Dieu requérir. Que si pour interest sans orgueil et mal talent, ains seulement pour son bon droit il requierre bataille, jà ne doit redouter engin, ne force : car Dieu nostre Seigneur J.-Ch. le vray juge sera pour lui. » (*Ibid.*, p. 440.)

les illusions étranges de ces légistes de Philippe le Bel et leur piété d'écorce.

Lors même que le Parlement eût encore possédé des hommes fidèles aux traditions de saint Louis, il ne pouvait plus, en présence d'Ordonnances aussi catégoriques, que veiller à leur exécution. Disons-le tout de suite, l'abondance des enquêtes sous Philippe le Bel témoigne que pour les contestations civiles il n'est plus question de duel. Il y a là un progrès acquis et incontestable. On se tromperait aussi, car la vérité au moyen âge ne s'obtient qu'en signalant toutes les contradictions, si l'on croyait le roi et ses légistes enthousiastes du combat ainsi que pourrait le faire supposer la bizarre prière citée plus haut. Même en matière criminelle, le roi et le Parlement, en plus d'une occasion, s'opposent aux gages de bataille. Pierre de Clermont et son fils avaient injurié le cardinal Bérenger. Le neveu du cardinal, Raymond Gocelin, seigneur d'Uzech, cita le père et le fils devant la Cour du roi : il réclamait la bataille. Le roi fit examiner l'affaire et annula les gages de bataille; selon sa volonté, le père et le fils firent amende honorable au cardinal en lui baisant la main et payèrent la somme taxée par les commissaires du Parlement (1307)[1]. Un damoiseau, Vital de Villeneuve, poursuivait devant le sénéchal de Toulouse un autre damoiseau, Jean d'Aspres, qu'il accusait de la mort de son oncle. Il lui imposait le duel, Jean s'y refusait. Le sénéchal prononça en faveur de Vital et ordonna le duel. Jean appela au Parlement, qui cassa la sentence du sénéchal[2]. Dans les différends sans cesse renaissants entre les comtes de Foix et d'Armagnac, la Cour, en 1309, supprime les gages de bataille par un texte précis qui éclaire bien sa doctrine, la vérité peut être recherchée par enquête[3]. Deux écuyers, Guillaume du Bois Bouselli et Jean Joguet de Pleudrain avaient un procès dans la cour

1. *Olim*, II, p. 485, VI. Lundi après l'Épiphanie 1306 (1307).

2. *Olim*, II, p. 496, VIII. Jeudi avant les Rameaux 1308 (1309). Le greffier note qu'il n'a pas eu ce procès entre les mains : « processum non habui ».

3. « ... Specialiter quia per inquestas factas... veritas est reperta ad finem faciendi usticiam super hiis per judicium via juris, et sic, secundum ordinacionem per nos factam super duellis, non debet duellum recipi pro casibus plene probatis et ideo per aliam viam quam gagii super eis, ut inferius sequitur, duximus providendum..... » *Olim*, III, p. 385, XXIII (1309).

séculière de l'évêque de Saint-Brieuc à propos de paroles injurieuses. Le juge avait prescrit le duel. L'évêque voulut en profiter pour prendre les chevaux et les armes des combattants. Plainte au Parlement, enquêtes, plaidoiries. La Cour considérant que le tribunal de l'évêque, en adjugeant les gages de bataille, avait violé l'Ordonnance royale « notoirement et solennellement publiée », annule le jugement, commande de rendre aux écuyers les chevaux et les armes, et frappe l'évêque d'une amende (1312) [1]. Un chevalier, Aymeri Sanglier, chevalier, accusa au Parlement Jean Forget de la mort de sa mère qui avait été empoisonnée : il réclama les gages de bataille; le Parlement les refusa, prescrivant « de procéder en cette cause par voie de preuves ». L'accusation était sans doute mensongère, car Aymeri ne répondit point aux assignations lancées contre lui, s'appliqua à retarder, à faire échouer le procès, et finit par perdre l'hommage des fiefs que Jean Forget tenait de lui [2] (1313).

Autant que la liberté des guerres privées, dans la réaction qui suivit la mort de Philippe le Bel, les nobles de toutes les provinces réclamèrent celle du duel judiciaire. Les nobles de Bourgogne obtinrent « de ne pouvoir être condamnés par enquêtes s'ils ne s'y mettaient et d'user du gage de bataille comme l'on faisait anciennement [3] ». Les barons picards arrachèrent aussi la confirmation du gage de bataille [4]. Le nombre des cas où serait autorisé le duel, allait aussi en augmentant. Recrudescence des passions belliqueuses, qui obligeait le Parlement à des ménagements. La Cour ordonne au bailli d'Amiens de faire mettre en liberté Colard de Villiers et un autre qui avaient été emprisonnés pour avoir provoqué au duel Jean de la Pierre et Honoré son père

1. « Judex dicti episcopi, in causâ predictâ, gagium duelli inter dictos scutiferos indicaverat esse faciendum, notoriè veniendo contra ordinacionem nostram quam in gagis duelli, quacumque consuetudine nonobstante, per regnum nostrum precepimus et publicari fecimus observandam (il s'agit de l'Ordonnance de 1306). — *Olim.* III, p. 679 XLV (1311) (2 juin 1312, d'après Boutaric. *Act. du Parl.*, n° 3965).

2. *Olim*, II, p. 592, V (1313). — Autre arrêt interdisant le duel. *Criminel* I, f° 2 v°, *Act. du Parl.*, n° 4063.

3. « On ne pourra procéder contre les nobles desdits pays par dénonciation, ne par soupçon, ne eus juger, ne *condampner par enquestes ce il ne s'y mettent*, ils pourront user du gage de bataille comme l'on fesoit anciennement. » (Ord. en faveur des nobles de Bourgogne, art. 1er).

4. Voir Dufayard, *loc. cit.*, p. 264-255.

en les accusant d'un homicide[1]. Le *Style* du Parlement a fait une place au duel : le rédacteur, du Brueil, ne critique qu'une prescription : en droit strict, dit-il, le gentilhomme qui aurait oublié de faire réserve de l'armement propre à sa condition serait obligé de combattre à pied avec les armes du vilain ; c'est là une « coutume trop âpre »[2]. Du Brueil pense que la réserve des armes propres à la condition du chevalier, pour n'être pas exprimée, va de soi : mais, ajoute-t-il « il vaut mieux ne rien omettre[3] ». D'après le même Style on peut toujours provoquer son adversaire rencontré à Paris et, qu'il le veuille ou non, le forcer à répondre. Du Brueil a vu juger en ce sens plusieurs causes en 1327, bien qu'on cherchât des délais sous prétexte de l'absence des amis[4].

Par certains arrêts et mandements on peut présumer que la Cour, même au milieu de cette réaction féodale, s'appliquait à diminuer le nombre des duels. Elle ne veut pas que le sénéchal de Périgord force un damoiseau, Rostand de Rama, à se purger par le duel de l'accusation portée contre lui par les seigneurs de Roquetaillade d'avoir frauduleusement fait aveu pour certaines terres au duc de Guyenne, les Ordonnances royales défendant de recourir au duel quand on peut prouver par témoins. La Cour prescrit une enquête pour savoir s'il y a lieu d'accorder un duel proposé par Guichard de Comborn[5]. Elle proroge à une autre session la demande de duel formée entre Jean de Trouci et Renaud

1. *Criminel* I, f° 109 r°, *Act. du Parl.*, 5379 (1318). — En 1317, mandement au bailli du Cotentin de faire ajourner Jouain de Dol au jour de Normandie pour entendre juger le profit du duel que Gui de Châteaubriand, chevalier, avait obtenu contre lui au présent Parlement. *Criminel* I, f° 147, v°. *Act. du Parl.*, 4773.

2. « Et sunt qui dicunt hæc esse de consuetudine Gallicana. Sed talis consuetudo est nimis aspera quia, licet nihil exprimeretur, tamen videtur se tacite obligare ad talia peragenda cum armis quæ ipsum decent secundum statum suum ; sed tamen tutius quod nihil omittat. » *Stilus curiæ Parlamenti* (éd. Lot), XVII, § 10.

3. « ... Item fallit ubi aliquis aliquem inventum Parisius vult provocare ad duellum ; quare, vellit aut nolit, compellitur respondere. Ità vidi in pluribus causis in parlamento anni XXVII de Arnado de Duroforti provocato ad duellum per Armandum de Monte Acuto et in pluribus aliis, licet in hiis daretur dilacio pretextu absencie amicorum, quod reputo notabile.... » (*St. Parl.*, Lot, p. 6.)

4. *Criminel* III, f° 19 r°, *Act. du Parl.*, 5971 (1320).

5. Mandement à Bertrand de Roque-Négade, au sénéchal de Saintonge et à maître Bernard Gervais de terminer une enquête sur la demande de duel pendant entre Guichard de Cournon, chevalier, et Bernard de Comborn. Ils assigneront les parties au Parlement... *Criminel* III, f° 57 v°, *Act. du Parl.*, 5390 (1318).

Autre mandement relatif à la même affaire, *Criminel* III, f° 15 v°, *Act. du Parl.*, 5778.

les Champs[1]; la demande formée entre Roger d'Anduse et Quersio de Castelnau[2]. Elle mande aux sénéchaux de Périgord et de Saintonge d'ajourner au Parlement un bourgeois de Bordeaux, sergent du roi, qui avait appelé en duel un autre bourgeois : ils le forceront à renoncer au combat et à faire juger sa plainte par le Parlement[3]. Les mêmes sénéchaux reçoivent injonction de se conformer à l'Ordonnance de Philippe le Bel à propos d'une demande de combat judiciaire[4]. Le bailli d'Amiens avait admis le gage du duel proposé par H. d'Anjou contre Pierre de Fretemeule, damoiseau; celui-ci avait appelé de cette sentence au Parlement et le bailli l'avait invité à renoncer à son appel, le menaçant de la prison; le bailli viendra à Paris justifier sa sentence et sa conduite[5]. Enfin le roi Charles IV, en 1325, adresse des lettres au Parlement pour lui faire savoir qu'en considération et à la prière du pape il avait prorogé à un an l'assignation faite à propos d'une demande de duel entre le comte de Comminges et Renaud de Pons[6].

V. — Le duel judiciaire sous les Valois.

Mêmes tendances et mêmes contradictions se manifestent sous les deux premiers Valois. Il était d'ailleurs difficile qu'au milieu des troubles de la guerre étrangère et de la guerre civile la raison reprît son empire sur la force. Un chevalier, Bernard Navarre, accusait Arnauld de Codic, clerc, de machinations et de trahisons

1. *Criminel* III, fol. 99 v°, *Act. du Parl.*, 5105 (1317).
2. *Criminel* III, fol. 40 v°, *Act. du Parl.*, 5340 (1318).
3. *Criminel* III, fol. 11 v°, *Act. du Parl.*, 5557 (1318).
4. Mandement au sénéchal de Périgord de veiller à ce qu'on ne transgresse pas les Ordonnances de Philippe le Bel sur le duel, dans une demande en duel formée par Gautier Tort, Pierre de la Coste et André Négrier contre Etienne Pelicier d'Agen. devant la cour royale de Lauserte. *Criminel* III, f° 7 r°. *Act. du Parl.* 5367 (1318).
A la suite expédition authentique et collationnée sur les registres criminels de la Cour, d'une lettre de Philippe le Bel (1306) relative aux duels. *Criminel* III, f° 7 r°. *Act. du Parl.*, 5368.
Mandement analogue au sénéchal de Périgord à propos d'une demande de combat judiciaire intentée par les coseigneurs de Rupe-Scissâ contre Restaud de Rama. *Criminel* III, f° 9 v°. *Act. du Parl.*, 5500 (1318).
5. *Criminel* III, f° 118 r°. *Act. du Parl.*, 6845 (1322).
6. *Greffe* I, f° 245 r°. *Act. du Parl.*, 7730 (1325).
Citons encore un mandement au bailli de Bourges. Perrot Bougrat poursuivait Mathieu de Pontoise, sergent du roi, qu'il accusait d'avoir tué son frère. Perrot avait aussi poursuivi devant la cour du seigneur de Culant Mathieu et d'autres

envers lui. Il réclamait les gages de bataille quoique Arnauld voulût se défendre par jugement[1], alléguant son privilège de clergie et son âge de soixante-dix ans. Le sénéchal de Périgord avait conclu néanmoins à l'admission des gages. La Cour annula cette sentence et ordonna un supplément d'enquête (1330). Jean de Bisos défie en gage de bataille Clément de la Hure de Château Renard, auquel il impute la mort de son père et de son frère. Clément répond, accepte le défi. Il n'oublie pas, comme le recommandait du Brueil, de réclamer les armes du gentilhomme, mais en même temps il se réserve de se faire défendre par un autre, car il est malade et âgé de plus de 60 ans. C'est au mois de novembre 1341. Le Parlement ne se presse point, examine les lettres de Jean Bisos, prescrit une enquête dans laquelle Jean ne veut point paraître. La Cour n'en fait pas moins vérifier les dires de Clément la Hure; puis les deux parties sont consignées dans la ville de Paris jusqu'au jour fixé pour le jugement de l'enquête (janvier 1342); celle-ci n'est complétée et reçue que le 27 avril. Le procès traîne et finalement le duel n'a pas lieu : la Cour absout Clément de l'accusation portée contre lui (15 juin 1342)[2]. C'était l'habitude, facilitée par l'abus des gages de bataille, de lancer des imputations calomnieuses et d'obliger ainsi son adversaire au combat. La haine et la vengeance, ne pouvant ou n'osant plus déclarer ouvertement la guerre, la transportait en justice. N'y avait-il pas là aussi pour le simple chevalier qui n'avait pas les ressources nécessaires pour se payer le luxe d'une guerre privée, le moyen de s'en donner la satisfaction en champ clos, de satisfaire à la fois, au risque de sa vie, sa rancune et son orgueil? Le Parle-

malfaiteurs qui avaient assassiné à Châteauneuf-sur-Cher un serviteur de lui Perrot, mais il ne put obtenir justice. Il s'adressa au bailli de Bourges, prédécesseur du bailli actuel et *offrit le duel* pour convaincre Mathieu du crime dont il l'accusait. Mathieu nia et *donna gage de bataille*. Le bailli reçut les deux gages et assigna jour; mais Mathieu fit défaut. Pierre Preverant, alors prévôt d'Issoudun, rendit cour au sire de Culant sans le congé du bailli. Le bailli de Bourges reçoit l'ordre de terminer cette affaire. *Criminel* III, f° 160 r°. *Act. du Parl.*, 5222 (1318).

Un arrêt de 1325 autorise Jean Sohier, détenu prisonnier à Paris pendant *l'instance d'une demande en duel* formée par lui contre Robert le Père, à circuler dans le royaume, à condition de se représenter en justice quand il en sera requis. — *Criminel* III, f° 99 r°. — *Act. du Parl.*, 7741 (1325).

1. « .....Quod defendere se volebat ad esgardum curiæ nostræ ». Collect. Lamoignon, Registres criminels, vol. 324, p. 500 (4me reg. de la Tournelle, f° 128 r°), 8 mai 1330.

2. Collect. Lamoignon. Reg. Crimin., vol. 324, p. 582,583. (Reg. 6 de la Tournelle, f° 54, 55, 57, 68.) — Voir aussi p. 596. — L'arrêt est p. 599. (Juin 1342).

ment ne se laissait pas aisément prendre à ces subterfuges : le plus souvent il substituait l'enquête au duel et l'accusateur démasqué prenait la fuite. Il fallait d'ailleurs respecter les conditions imposées par les Ordonnances. Olivier de Clisson s'était pris de querelle en présence de Philippe de Valois avec Jean de Tournelle, chevalier et prévôt de Saint-Just en Beauvaisis. Des paroles injurieuses avaient été proférées. Les deux chevaliers réclamaient la bataille. Le Parlement l'interdit : le cas n'admettait pas le duel (1341) [1]. Bernard de Cadenac défie, devant le sénéchal de Rodez, un chevalier Guillaume de Balagny. Le Parlement répond, de même, que le cas n'implique pas recours à la bataille (1343) [2].

Mais il est des circonstances où le motif est grave. Jean de Vernin n'a-t-il pas lancé contre Henri Dubois, et devant Philippe VI, des accusations odieuses, entre autres celle d'avoir envoûté le roi? Celui-ci s'intéresse à la querelle. Le 15 décembre 1343, à Vincennes, en la haute chambre du château, en présence de ses conseillers, dont plusieurs étaient membres du Parlement, il fait comparaître les deux adversaires qui rappellent leurs paroles et jettent leurs gages. Par respect pourtant « ils firent chacun leur retenue (réserve) de défendre ou de poursuivre à l'égard (selon le jugement) du roi et de sa Cour ». Le conseil décida qu'il y avait lieu de recevoir les gages. Le jour du combat fut assigné à Gisors avec défense aux champions de s'éloigner de la Cour : on les obligea à donner des plèges ou garants, chacun neuf ou dix des plus qualifiés seigneurs [3].

1. « .. Quod super his gagium duelli non cadebat nec erat quomodolibet admittendum. » Défense en même temps fut faite aux dits chevaliers de poursuivre cette querelle sous peine d'encourir l'indignation royale. Collect. Lamoignon. Reg. crim., vol. 324, p. 575 (reg. V de la Tournelle, f° 95), 17 décembre 1341.

Autre cause de gages de bataille, *ibid.*, p. 596, 27 avril 1342.

2. « .. Consideratis ordinationibus regiis super gagiis duellorum editis, dictum fuit quod super prædictis gagium duelli non cadebat.. » Collect. Lamoignon, Reg. crim., vol. 324. p. 503 (reg. V de la Tournelle, f° 117), 6 août 1343.

3. Le lundi 26me jour de décembre 1343 en la présence du Roi, au bois de Vincennes, en la haute chambre, présens le connétable, etc., sur lesquelles paroles chacun de eux se mit au recors du Roy et gette chascun son gaige... et toutes voyes firent leur retenue chascun de deffendre ou de poursuivre à l'esgard dou Roy et de sa cour. « .. En conseil et délibération dict a esté et jugié que il y a gaige et que le dict messire Henri Dubois est demandeur et poursuivra comme demandeur et à faire le dict gaige leur fut jours assignez à Gisors au mardy prochain après les octaves de Pâques. » Défense est faite aux deux chevaliers de « se partir de cour » et chacun donne sept ou dix garants des seigneurs les plus qualifiés. Collect. Lamoignon. Reg. crim., vol. 324, p. 794 (reg. V de la Tournelle, f° 211).

Un arrêt de 1356, sous Jean le Bon, reproduit, tant on était disposé à les oublier, les cas où le duel peut être admis : 1° lorsque la cause est criminelle et capitale; 2° que le fait est positif; 3° que la personne provoquée en duel serait notoirement perdue de renommée si cette accusation était vraie; 4° que le fait ne saurait être prouvé par témoins ou autrement, 5° que la cause intéressait la personne provoquée elle-même ou son proche [1]. Grâce à ces conditions, les légistes du Parlement ordonnent toujours une enquête pour savoir si elles sont remplies : il leur est facile de trouver des fins de non-recevoir et, peu à peu, de décourager les plus obstinés lutteurs.

Sous Charles V, prince calme autant qu'énergique, le duel devient de plus en plus rare. On en cite néanmoins des exemples. On a la copie d'une lettre de défi de Florimont de l'Esparre au roi de Chypre de Lusignan par devant le roi d'Angleterre ou le roi de France (1367) [2]. Jean de Guise, abbé de Saint-Vincent de Laon, dans une chronique, parle d'un champ de bataille où fut appelé Louis de Namur contre le comte de Flandre (1376) [3]. L'un des plus savants conseillers de Charles V, Philippe de Maizières, nous apprend dans son apologue si curieux, *le Songe du Vieux Pélerin*, que lui-même garda un champ de duel à Pontorson [4]. Il

1. « ... Quod usu et consuetudine notoria regni nostri et precipue baillivie Silvanectensis, nec non ordinaciones regias super hoc editas, ad hoc quod aliquis ad gagium duelli in dicto regno nostro proponendum admitteretur, plura requirebantur: primo videlicet, quod casus, occasione cujus fit prosecutio, foret criminalis et capitalis; secundo quod, in rei veritate, dictus casus accidisset et tertio quod persona ad dictum gagium provocata esset de hujusmodi casu notorie et graviter diffamata; quarto quod dictus casus, per testes aut aliter quam per dictum duellum ullo modo sciri vel probari non valeret; et quinto quod casus hujusmodi personam provocatam seu ejus proprium interesse concerneret et tangeret; quibusque conditionibus aut altera ipsarum deficientibus, gagium intervenire non poterat... » Arch. nat. X[2] a[6] f° 309 r°, 14 mai 1356. Arrêt cité par Tanon, *Hist. des Justices de Paris*, p. 20 et 21, notes.

M. Tanon indique encore deux autres arrêts semblables du 14 mai 1356 et du 11 décembre 1375 sur des appels des baillis de Vermandois et d'Amiens (X[2] a[10] f° 189 et f° 5 v°). Il cite également un arrêt du 26 mai 1357 sur un appel du bailli d'Amiens, lequel arrêt ordonne un duel : « Ipsa curia nostra gagium duelli supradictum, inter predictos Egidium et Johannem, occasione premissorum, per idem arrestum adjudicavit et illud Ambianis, coram dicto baillivo aut ejus locum tenente, fieri ordinavit... » (X[2] a[6] fol. 354 v°.)

2. Lebeuf. Notes sur l'histoire de Charles V par Christine de Pisan. *Dissertations sur l'histoire civile et ecclésiastique de Paris*, tome III, p. 413.

3. *Ibid.*

4. « Ces champs, dit-il, où l'appellant qui aura juste cause sera vilainement condamné à être déconfit comme il advint au champ à Pontorson que le Vieil Pèlerin

blâmait d'ailleurs ces combats et, précepteur du dauphin (Charles VI), il l'exhortait à les défendre étroitement.

Malgré ces dispositions de l'entourage de Charles V, on trouve encore des causes de duels dans les registres. En 1372, Jean de Karleroux, pour une question d'héritage, provoque son adversaire devant le sénéchal du Maine, qui, de l'avis des nobles et des sages du pays, adjuge les gages de bataille[1]. Au jour fixé le provocateur se présenta à cheval, accompagné d'un grand nombre de nobles, ses amis. Celui qu'il avait provoqué annonça qu'il se refusait au duel et montra des lettres par lesquelles il avait obtenu que la cause fût déférée au Parlement. Les maîtres décidèrent que la cause ne rentrait pas dans les cas ordinaires de duel[2]. En 1377, on plaida devant le roi un procès grave et difficile entre le comte de Savoie et le marquis de Saluces, « à moult de fins criminelles et civiles et en cas de gaiges de bataille[3] ». Le 26 avril 1380, défense fut faite à Hutin d'Acquin, sous peine d'une amende de 500 marcs d'argent (30,000 fr. environ) et de prison au pain et à l'eau, de jeter dorénavant son gage contre un évêque et de continuer à l'injurier[4].

Le nombre des duels diminue encore sous Charles VI. En 1383, Eudeline, veuve de Guillaume le Fol, réclamait le duel judiciaire contre Jean Léonard qu'elle accusait du meurtre de son mari. Elle avait choisi son champion[5] avec la permission du bailli de

à ce commis garda. » (Le vieux pèlerin est Philippe lui-même.) Dans le même ouvrage il ajoute (lib. 3. cap. 67) « qu'en Hainaut on se battait pour argent et non pour vérité ». Voir Lebeuf, *loc. cit.*, p. 411.

1. « Ipse judex, consilio plurium nobilium et aliorum prudentium mediante, attentis usibus consuetudinibus et observantiis in talibus casibus in patria Andegavensi et Cænomanensi observatis, gagium duelli inter partes predictas de earum consensu sententialiter adjudicaverat. » Collect. Lamoignon. Reg. Crim., vol. 325, p. 2477 (reg. 8 de la Tournelle, f° 313), 23 décembre 1372.

2. « Dictum fuit quod gagium duelli non cadebat neque cadit in hâc causâ. » *Ibid.*

3. Collect. Sainte-Geneviève. Reg. du Parl. Ff. 13, t. I, f° 234, mardi 28 janvier 1376 (1377). Autres audiences consacrées à la même affaire, 25 et 27 février.

M. Guilhiermoz cite, de la même époque, une affaire de gages de bataille entre Mathieu de Hauthies et Colart de Saint-Lot à l'occasion de la mort de Hue le Prévost, X² a¹⁰ f° 5 v°, 10 décembre 1375. (*Enquêtes et Procès*, p. 591.)

4. Collect. Sainte-Geneviève. Reg. Ff. 13, t. I, f° 350. Jeudi 26 avril 1380.

5. « Johan Milot, athletam seu advocatum et pugnatorem dictæ Eudelinæ. » — Léonard sera mis en liberté provisoire en attendant et élit domicile dans la maison d'un conseiller Albert Detri, au-delà du Grand Pont, près de l'Église Saint-Merry. 9 septembre 1383. (Collect. Lamoignon. Reg. Crim., vol. 326, p. 3009, reg. de la Tourn. X, f° 166.)

Meaux. Léonard appela au Parlement. Celui-ci décida qu'il y aurait enquête et procès. Léonard mis en liberté provisoire, élut domicile dans la maison d'un conseiller. Des Ursins rapporte qu'en 1385, le seigneur de Courtenay, Anglais, appela au combat le seigneur de la Trémoille. Le roi défendit à la Trémoille d'accepter. L'Anglais s'en retournait tout glorieux, lorsque le seigneur de Clary se présenta et combattit contre lui. On lui voulait faire son procès. Clary disait que la défense royale pouvait bien empêcher un Français de combattre un Français, mais non un Anglais, ennemi de la France. Toutefois il fallut que le roi lui pardonnât [1]. On a beaucoup cité, comme étant le dernier, le duel judiciaire qui eut lieu entre Jean de Quarrouges, chevalier, contre Jacques le Gris, écuyer [2]. Les registres criminels donnent d'abondants détails sur cette cause qui fut célèbre en son temps. Jean et Jacques avaient d'abord été si bien unis que Jacques avait accepté d'être le parrain d'un enfant de son ami. Jean de Quarrouges (ou de Carrouges), ayant perdu sa femme, se remaria avec Marguerite de Thibouville. Jacques, très riche et très dissolu, mit tout en œuvre pour séduire, sans y réussir, la femme de son compère. Il s'appliqua alors à la surprendre et, avec la complicité d'Adam Louvel, l'un de ses entremetteurs habituels, profita d'un jour où elle se trouvait, en l'absence de son mari, dans une maison isolée à la campagne. Il ne put la violenter, tant la résistance de la pauvre femme était héroïque, qu'avec l'aide d'Adam Louvel, mais personne ne pouvait entendre ses cris. Le greffier ne craint point d'entrer dans des détails cyniques que ne reproduiraient certainement point les actes modernes. Jacques offrit ensuite à Marguerite de l'argent pour qu'elle gardât le silence sur cet attentat, d'ailleurs impossible à prouver. Cette Lucrèce du xive siècle n'en dénonça pas moins le crime à son mari, qui provoqua alors Jacques le Gris au combat judiciaire. Le Parlement admit le duel par arrêt du 15 septembre 1386 [3]. Le combat eut lieu le 29 décembre dans

1. Des Ursins, *Hist. de Charles VI*. V. *Dialogue des avocats*, édit. Dupin, p. 168, note 1.
2. V. Henri Martin, *Hist. de Fr.*, t. V, p. 403.
3. « Per arrestum dictum fuit quod est dictus miles ad suum duelli gagium admittendus et per idem arrestum dictum fuit quod in præmissis duelli gagium cadebat atque cadit, illudque gagium duelli dicta curia nostra adjudicavit et adju-

le champ clos du prieuré de Saint-Martin des Champs. Jean de Quarrouges eut la victoire et tua le coupable. La Cour adjugea au chevalier des dommages et intérêts (6000 livres tournois, 62 325 fr.) à prendre sur la succession de Jacques le Gris. On se trompe quand on présente ce duel comme le dernier. En 1388, on retrouve encore dans les registres une mention de « cause de gaige de bataille ». Mais le greffier civil ajoute tout de suite « dont je ne m'entremets », le laissant sans doute avec plaisir à son collègue le greffier criminel[1]. La même année, un duel fut autorisé entre vilains : « C'étaient, dit l'acte, Guillaume Dessoubz le Buy et Pierre Hébert dit Bougon, misérables personnes et gens de labour, de la paroisse de Montmartin en Graive, au bailliage de Cotentin »; Dessoubz le Buy accusait Bougon d'un crime semblable à celui de Jacques le Gris, commis une nuit où le dit Bougon se serait par effraction introduit dans le logis de son compagnon. Dessoubz le Buy réclamait le duel contre Bougon qui s'en défendait. Quatre chevaliers décidèrent que c'était un cas de duel[2]. Le bailli fixa le jour du combat. Dans l'intervalle on obtint des lettres royales commandant de surseoir. Les combattants se présentèrent néanmoins au jour dit et firent les serments accoutumés. Mais le bailli ajourna la bataille. Puis les amis, les voisins ayant pitié d'eux et compassion, « considérant leurs petites puissances et que chacun d'eux était chargé de femme et d'enfants, s'efforcèrent de les mettre en bonne paix », et y réussirent[3].

dicat et de die et loco quibus fiet dictum gagium ordinabimus ad nostræ beneplacitum voluntatis. » Collect. Lamoignon. Reg. crim., vol. 326, p. 3075-3107 (reg. de la Tournelle X, f° 206-211), 15 septembre 1386..

1. « Ce jour on a plaidoyé une cause de gaige de bataille dont je ne me entremet ». Collect. Lamoignon, t. 40 (43), f° 105, lundi 27 avril 1388 :

2. « ... Que comme ledit Dessoubs le Buy eust naguère proposé et maintenu contre le dit Bougon que la veille de Notre-Dame en mars, l'an mil CCC IIII XX et six, le dit Bougon estoit alé nuytamment en la maison du dit Dessoubz le Buy, avoit rompu son huis et entré dedans, pris sa femme à force et eu sa compagnie charnelement, outre son gré et à clameur de harou, tendant à fin que se ledit Bougon le confessoit, qu'il en fust puni comme au cas appartiendroit et s'il le nyoit, il l'offroit à prouver de son corps, contre le dit Bougon. De la partie duquel eust esté défendu par plusieurs raisons que gaige ne chéoit en tel cas. Et sur ce, parties oyes en leurs raisons et défenses, fu dit par le jugement de quatre chevaliers à ce présens, que gaige y chéoit. Et pour ce, furent mises par escript les paroles dudit gaige, en une cédule signée de la main dudit bailli... » Douet d'Arc. *Pièces relatives au règne de Charles VI.* Soc. de l'hist. de Fr., t. III, p. 133, LXVIII (avril 1388).

3.... « Néantmoins, aucuns amis et voisins des diz exposans, ayant pitié d'eulz et compassion, considérant leurs petites puissances et que chascun d'eulz est chargié de

C'est ainsi que peu à peu les progrès de la raison, le développement de la procédure d'enquête, les efforts du Parlement retranchèrent des usages judiciaires les combats singuliers. Mais aucune loi sous l'ancien régime n'intervint pour les abolir et en revenir aux défenses catégoriques de saint Louis, si supérieur à son temps. Alors même qu'il eut disparu des tribunaux, le duel resta dans les mœurs, toujours germaniques[1]. Il se pratiqua dans les champs, dans les rues, sur les places, affranchi des longues formalités et entraînant jusqu'aux garants et amis, au point d'offrir des mêlées de quatre, de six, de huit champions pour de frivoles motifs. Richelieu lui-même n'arrivera qu'à limiter ces jeux sanglants qu'on ne put jamais arrêter. Six siècles encore après l'Ordonnance chrétienne de saint Louis, dans notre société extrêmement policée, le duel est resté vivace. Il est même réputé élégant ce préjugé qui fait de la force et de l'adresse une preuve et suspend l'honneur d'un homme à la pointe d'une épée.

femme et d'enfans, ont traitié entre les deux exposans de les mettre en bonne paix et accord, dont ils sont en espérance, se sur ce nous plaist à culz octroier nostre grâce et consentement. » (*Ibid.*, pièce tirée du Trésor des Chartes. Reg. JJ. 132, pièce 191.)

1. M. P. Viollet rappelle qu'Alciat au XVIe siècle se référait encore à l'Ordonnance de Philippe le Bel de 1306. (Alciati oper. t. III, Bâle 1582 col. 624) « Le duel judiciaire, ajoute-t-il, ne paraît pas avoir été depuis Saint-Louis aboli une seconde fois formellement par la loi. Chacun sait qu'au commencement de ce siècle un plaideur embarrassa singulièrement la magistrature anglaise en provoquant son adversaire à un combat singulier et que le duel ne fut aboli dans ce pays qu'en 1819 : on sait moins qu'un document français de 1765 (Le Glay analectes historiques p. 146), le mentionne encore; ce sont de vieilles formules servilement reproduites. » P. Viollet. *Établissements de saint Louis*, t. I, p. 267.

I. — L'ancienne procédure orale.

La société du XIVe siècle cherchait, sans y réussir beaucoup, à se rapprocher de l'idéale justice. Elle se sentait, en dépit, à cause même des violences, attirée de plus en plus vers le Droit, vérité éternelle et divine seule capable de dominer la force, qui peut l'opprimer sans doute, le détruire jamais. Ce serait pourtant une grave erreur de croire qu'au temps de l'anarchie féodale il n'y eût d'autres recours qu'à la vengeance privée et d'autre procédure que la bataille. Même lorsque la justice empruntait, pour réprimer les crimes, la semblable violence du combat, elle lui avait dicté des conditions. Le champ-clos, nous l'avons dit, avait ses règlements et l'injustice son code. Cela avait même été un des traits caractéristiques de l'esprit germanique d'environner de formes la manifestation du droit et de symboliser l'idée abstraite. « La *forme*, dit le savant Ihering [1], est l'ennemie jurée de l'arbitraire, la sœur jumelle de la liberté ; » et ailleurs : « Dans la procédure, comme dans l'ensemble du Droit en général, la forme peut être comparée à une digue devant laquelle la partie s'arrête, se recueille et se rend compte avant d'énoncer juridiquement sa prétention. » On ne saurait s'imaginer combien les guerriers du moyen âge, ignorants et

1. Ihering, *Esprit du droit romain*, II[b], 497 (en allemand).

farouches, étaient scrupuleux observateurs de la forme dans les plaids, quand ils consentaient à en tenir ou à y comparaître. Pour orale qu'elle fût, la procédure n'en était pas moins compliquée. Précisément parce qu'elle devait être conservée par la mémoire, elle devenait familière aux barons, tour à tour juges et plaideurs. Les seigneurs qui s'illustrèrent le plus par leur bravoure dans les croisades, rivalisèrent entre eux de science formaliste, ainsi que l'attestent les *Assises de Jérusalem*, le plus antique monument des lois et de la procédure féodales. Au royaume de Chypre, la science des plaids était plus avancée que celle de la guerre même. Un Philippe de Navarre, un Jean d'Ibelin s'enorgueillissaient autant de leurs artifices de procureurs que de leurs prouesses de chevaliers, plus même, car celles-ci étaient, pour ainsi dire, communes à tous.

Que dans une société ignorante la *parole* fût le moyen exclusif d'introduire, de conduire et de terminer un procès, on ne saurait s'en étonner [1]. Lés paroles prononcées « en face de juge et en cour garnie d'hommes [2] » ne pouvaient l'être à la légère. Avait-on été victime d'un dommage ou d'une attaque? La demande ou la plainte ne pouvait ressembler à un de ces flux de phrases incohérentes qui échappent sous le coup de l'émotion. Aussi fallait-il faire bien attention à chacun de ses mots, car, suivant un proverbe; « dès que la parole est sortie du corps, elle n'y peut plus rentrer [3] », et selon un autre dicton : « on prend les bêtes par les cornes et les

1. Voir l'important Mémoire de Henri Brunner : *La Parole et la forme dans l'ancienne procédure française*, qu'à l'exemple de tous les historiens du droit nous avons largement mis à contribution. *Compte rendu des séances de l'Académie Impériale de Vienne*, vol. 77, p. 655. — Ce Mémoire de Brunner a été traduit en français et publié par Hecquet de Roquemont dans la *Revue critique de législation et de jurisprudence*. nᵒˢ de décembre 1871, février et mars 1872. Nous y renvoyons une fois pour toutes.

2. « ... en fache de juge et en court revestue d'ommes. » *Ancien coutumier de Picardie*, éd. Marnier (1840), 27, chap. XXVIII.

3. Proverbe gall., dans Leroux de Lincy, II, 286.

Dans le *Roman de la Rose*, même maxime :

Parole une fois volée
Ne peut plus estre rapelée
Roman de la Rose, v. 17116. Cf. Leroux de Lincy, II, 279.

La procédure allemande avait également pour maxime : *Un homme, une parole* (Ein Mann, ein Wort). V. Siegel, *Die Erholung und Wandelung im gerichtlichen Verfahren*, Académie de Vienne, vol. 42. — Voir aussi pour ces questions le savant ouvrage de Warnkönig, *Histoire du gouvernement et du droit de la France* (t. III); Stein, *Histoire du droit pénal et de la procédure de la France*.

hommes par la parole[1] ». Une parole prononcée devant la justice ne pouvait être rétractée et il est d'origine juridique le dicton populaire : « Un homme d'honneur n'a que sa parole. »

La procédure orale était pleine de dangers. Les coutumes féodales précisaient très rigoureusement les formules de demande : lorsqu'il s'agissait d'un combat judiciaire une simple substitution de la conjonction *et* à la conjonction *ou* pouvait obliger le demandeur à tuer son adversaire[2]. En beaucoup de cas, il ne fallait pas omettre le *voir* et le *savoir*[3], c'est-à-dire qu'on avait vu le fait ou trouvé l'accusé en possession de l'objet dérobé. La réponse devait contredire la demande *mot pour mot*[4]. Chaque faute devenait une source d'amendes, partant de profits pour le seigneur. Aussi, dans les rôles de l'*Échiquier de Normandie*, les officiers du duc mentionnent-ils parmi les recettes des amendes de vingt sous pour « médit, ou mal dit, sotte demande, sotte réponse, sotte parole[5] », etc.

Ce formalisme paraissait si naturel aux hommes du XIIIe siècle, que les rédacteurs de Coutumes en sont tout pénétrés. Pierre de Fontaines, trop préoccupé de traduire le Digeste, ne nous rend guère, dans son Conseil, la physionomie vraie des débats de son temps : il n'en consacre pas moins la majeure partie de son œuvre à la procédure. De même l'auteur du *Livre de Jostice et de Plet*

1. Les auteurs de gloses avaient répandu cette image sous la forme d'un distique :

Verba ligant homines, taurorum cornua funes.
Cornu bos capitur, voce ligatur homo.

(V. Loysel, *Instit. Cout.*, I, 359.)

Les Allemands disent : « Den Ochsen hält man bei den Hörnern, den Mann beim Wort, die Frau bei Rock. »

Les Espagnols :

Al buey por el cuerno
Y al hombre por e vierbo.

(V. Brunner, art. cité, févr. 1872, p. 162, notes).

2. « ... Et se voz le volés neer, je suis prest de prover le vos de mon cors contre le vostre... et de rendre voz mort *ou* recreant en une orre de jour. » Jean d'Ibelin, chap. CX. — Il fallait bien se garder, dans les derniers mots de cette formule de dire *et* au lieu de *ou*, car alors on s'engageait à tuer l'adversaire et non pas seulement à l'amener à merci. — Voir Du Brueil, *Stilus curiæ Parlamenti*, c. XVI, § 8.

3. *Le Livre de Jostice et de Plet*, XIX, XI, § 13.

4. Le défendeur, actionné pour paix enfreinte, *negavit verbo ad verbum et optulit* (sic) *se defendere sicut debebat*. L. Delisle, *Recueil des jugements de l'Echiquier de Normandie*, 29, n° 113 (ann. 1213).

5. Voir L. Delisle, *Des revenus publics en Normandie au XIIe siècle*, Biblioth. de l'Ec. des Ch., série III, vol. III, p. 105 et suiv., et *Grands Rôles des Echiquiers de Normandie* (rubrique *de misericordiis*).

qui, sur un plus vaste plan (car ce n'est rien moins que celui du Digeste), a traduit en français les maximes romaines, traite de la procédure en 55 chapitres. Les détails de procédure abondent aussi dans les *Établissements de saint Louis* qui font même mieux revivre les audiences des assises féodales : là il nous semble entendre le cliquetis des paroles comme des épées. Exemples : Un homme se plaint d'avoir été battu ou blessé. Le défendeur cité arrive : « Je m'en défends, beau sire, dit-il, car je ne lui ai fait aucun tort et je ne lui dois rien : mais lui, dans le délai où vous m'aviez assigné, m'a battu et m'a fait tel méfait ». Le demandeur à son tour refuse de répondre, car il n'a pas été cité à ce sujet : « Je n'ai point de jour pour sa plainte, mais il a jour pour la mienne ». L'autre s'obstine : « Sire, je ne veux pas répondre, mais qu'il me réponde pour avoir méfait vis-à-vis de moi dans le terme que vous m'avez assigné ». C'est lui qui l'emporte, selon les Établissements : le demandeur se trouve changé en défendeur et, s'il est reconnu coupable de l'attentat dénoncé, il paie l'amende; même il perd ses meubles, s'il est gentilhomme [1]. En cas de larcin, celui qui accuse doit nommer le larcin, ou cheval, ou robe, ou argent et doit dire en telle manière : « Je me plains de tel homme qui m'a enlevé la chose (il doit mettre quatre deniers sur la chose par devant la justice) et depuis le larcin je l'ai vu en saisine ». Il doit prouver son dire par témoins si l'autre nie, ou s'il n'a pas été pris en flagrant délit ou trouvé en possession de la chose [2].

1. « Se einsic avenoit que l'en se pleinsist d'un home, ou de batre ou de ferir, ou de deniers ou de terres, ou d'aucune autre chose, et joutise li meïst terme et il venist au terme; et cil li demandast sa droiture ou autre chose; et cil li respondist : « je m'an deffan, biau sire, que je nul tort ne li fais, comme cil qui point ne tient de sa droiture, ne rien ne li doi; mais je vueil qu'il me face droit de ce qu'il m'a meffait, dedanz le terme que vous m'aviez mis à sa plainte, come cil qui m'a batu et m'a fait autre meffait, et le vos nomerai; » — « sire, fait li autres, je ne vueil pas à lui respondre, car je n'ai point de jor à sa plainte, mais il a jor à la moie; por ce, si vueil qu'il me reponde à ce que je li demanderai; » — « sire, fait li autres, je ne vueil mie respondre, mais il responde à moi de ce qu'il m'a meffait dedanz le terme que vos m'aviez mis; » tout n'ait-il point de jor à sa plainte, il respondra avant que cil responde à lui... » *Établiss.*, liv. I, chap. CVII, p. 184 et suiv.

2. C'était la procédure dite *d'entiercement* : « Un détail bizarre de la procédure d'entiercement si remarquable et si ancienne, dit M. P. Viollet, est relaté dans l'Usage d'Orléanais : le demandeur doit poser quatre deniers sur l'objet qu'il revendique. La Coutume d'Anjou ne parle pas de ces quatre deniers; mais le même usage existait néanmoins dans cette province, car des chartes angevines y font allusion. Que signifient ces quatre deniers que nous retrouvons dans un grand nombre de textes français? La comparaison avec les monuments scandinaves va

Deux propriétaires ont un moulin en commun. Une meule vient à manquer. Le meunier en informe celui qui a part avec lui : « Il manque en notre moulin une meule, mettez-y votre moitié. » Si celui-ci dit : « Je n'y mettrai rien, car je ne puis » le meunier l'oblige à aller en justice. Là, l'autre continue à dire : « Je n'y veux rien mettre ». Le co-propriétaire réparera le moulin et en aura toute la mouture jusqu'à ce que son associé lui ait rendu sa part des coûts et dépens [1]. Les paroles sont citées parce qu'elles sont obligatoires.

Il en est de même pour le procès si naïf au sujet d'abeilles, qui avaient quitté leur essaim. Leur propriétaire les réclame : « Ces abeilles sont miennes. » Celui qui les avait recueillies dit : « Je ne vous crois point ». Tous deux comparaissent devant le sire. Le plaignant doit s'exprimer ainsi : « Sire, j'avais des abeilles qui s'essaimèrent hors de mon essaim, et les ai suivies de la vue jusqu'à ce que je les visse s'asseoir en la terre à ce prud'homme qui les a recueillies et ne me les veut rendre : je suis tout prêt à faire preuve, selon ce que votre cour décidera, qu'elles sont miennes et que je les ai suivies des yeux et sans perdre de vue ». L'autre répond : « Je ne l'en crois pas, mais je veux bien qu'il fasse sa preuve ». Or quelle preuve donner d'un fait pareil? On décidera que le demandeur jurera sur les reliques « que les abeilles sont siennes et qu'elles sortirent de son essaim *au vu* et *au su* de lui *et sans en perdre la vue* jusqu'au lieu où l'autre les avait recueillies ». Alors

nous l'apprendre. C'est une petite somme qui était primitivement destinée à indemniser l'individu soupçonné a tort de recéler l'objet volé et chez lequel le revendiquant faisait une perquisition domiciliaire. Voici en effet, ce que porte un texte du Schleswig : « Si quis a domino domus petierit, ut exploret in domo ejus de furto, negante hospite, non presente exactore, III marcas in limine ponat et domum intret. Si assit exactor, nichil ponat et si ingressus domum furtum non invenerit pecuniam in limine positam amittat. » (*Slesvigs gamle stadsret*, p. 8, art. 21, dans Thorsen, *De med. Jydske, Lov beslaegtede Stadsretter for Slesvig*, etc., Copenhague, 1855). Il me paraît bien naturel de reconnaître dans ces trois marcs scandinaves les quatre deniers de notre moyen âge français : les trois marcs scandinaves ont gardé leur valeur primitive, nos quatre deniers ont perdu toute signification : c'est un pur débris matériel... » Viollet, *Établiss.*, t. I, p. 223-224.

1. Et se aucuns avoit molin parçonier et il i fausist muele ou aucune autre chose por coi il ne poïst moudre, il doit venir à celui qui i a part o lui, et li doit dire : « il faut en nostre molin muele : metez i vostre moitié. » Et se il dit : « je n'i metrai riens, car je ne puis, » adonc il li doit mostrer autresi par devant la joutise; et s'il dit : « je n'i viau riens metre, » cil puet bien fere afaitier le molin et en avra toute la mouture, l'une partie et l'autre, jusqu'à tant qu'il aura randue sa partie des couz et des despenz; et einsinc recevra toute la mouture sans conter... » (*Établiss.*, liv. I, chap. CXII, p. 199-200.)

il aura ses abeilles et rendra à l'autre la valeur du vase où celui-ci les avait reçues [1].

Y avait-il lieu, comme en cette espèce, de prêter un serment? Les formalités avaient trait non seulement à la teneur de la formule et à la manière dont elle était prononcée, mais à l'attitude, à la situation du corps, spécialement de la main : il fallait bien prendre garde d'abaisser la main avant la fin de la formule. Ces audiences simples et primitives, ces débats oraux, recélaient presque autant de pièges, de ruses, de subtilités que plus tard les procès compliqués. Dans les assises féodales on cherchait à se surprendre ainsi qu'en guerre et, pour un mot, même minime, omis ou changé, on perdait sa cause, comme dans le combat un mouvement maladroit vous exposait à perdre la vie.

II. — La procédure écrite dans les cours d'Église.

Il n'en allait pas ainsi en cour d'Église. Nourris de bonnes lettres, les clercs, parlant, écrivant le latin, avaient appliqué dans leurs officialités (tribunaux) les règles des *actions romaines*, du moins celles des derniers siècles de l'empire que les canonistes avaient appropriées aux besoins de la justice ecclésiastique. Le demandeur d'abord *écrit* sa demande, le *libellus* [2] : la citation de la

1. A travers les difficultés de la lecture on ne manque pas d'être charmé par la naïveté de ce langage et de cette mise en scène : « Se aucuns hom a hés (abeilles), et eles s'essaiment, et cil qui eles seront les en voie aler et il les sigue touz jorz à veüe, et sanz perdre la veüe, et eles s'asient en autrui leu, ou menoir à aucun autre home, et cil en qui porpris eles seront asises les praigne avent que cil i vaigne, et cil die emprès : « ces hés sunt moies », et li autres die : « je ne vos en croi mie, » et cil vaigne à la joutise en cui terre ce sera, et li die : « sire, cist hom a coillies mes hés, » li sires le doit adonc mander par devant lui, et cil li doit dire : « sire, je avoie hés qui s'essemerent de mon essain, et les ai seües jusqu'à tant que je les vi asseoir en la terre à cest preudome qui les a coillies et ne les me viaut rendre; et je sui touz prez de faire ce que votre corz esgardera, qu'eles sunt moies et que je les ai seües à veüe d'eles et sans perdre la veüe; » et se li autres dit : « je ne l'an croi mie, ainz vueil que il en face tant qu'il en soit creuz; » si li esgardera l'en qu'il jurra sor sainz de sa main qu'eles sunt soues, et que eles issirent de son essain, à veüe et à saüe de lui et sanz perdre la veüe, en jusqu'au leu où cil les cuilli. Et o itant il avra ses hés; et il rendra à li autre la value dou vaissel où cil les avra coillies... » (*Établiss.*, liv. I, chap. CLXXII, p. 316-319).

2. Voir sur la procédure canonique et ses rapports avec la procédure civile le savant et très clair exposé de M. Paul Fournier : *Les Officialités au moyen âge*, 3e partie, de la Procédure; — l'ouvrage de M. Viollet, *Précis de l'histoire du droit privé*, liv. I, Les sources du droit canonique. — Le t. VI de l'*Histoire du droit*, de M. Glasson,

partie adverse est faite par un *nuncius* (le plus souvent un notaire) ou bien par une *lettre* du juge. Si le défendeur réclame des délais, le notaire les inscrit sur son registre. S'il oppose des exceptions, on les discute. Tous ces incidents vidés, les deux parties se présentent devant le juge au jour indiqué : c'est alors la *litis contestatio*, l'acte essentiel, souvenir de la procédure formulaire : l'instance est engagée; il n'y a plus à reculer. Le juge, à ce moment là, demandait aux deux adversaires le *serment* dit de *calomnie*, préalable à toute sorte de causes, distinct des serments qui pourront être exigés plus tard sur la vérité de tel ou tel fait. Le demandeur déclare qu'il n'intente pas son action de mauvaise foi, le défendeur qu'il croit avoir raison de repousser la demande. Le demandeur fait poser à son adversaire des interrogations pour préciser le point à débattre. Le défendeur oppose à son tour les siennes, écrites également, par le notaire. Ou bien, simplification très usitée, le demandeur formule les *positions*, les points qu'il entend prouver. Au for ecclésiastique, (*forum* tribunal) les preuves sont les *témoignages* et les *actes écrits*. Le demandeur indique les points sur lesquels devront porter les témoignages : ce sont les *articles*, tous écrits et remis à la partie adverse. Les témoins prêtent serment de dire la vérité : on peut récuser ceux dont on soupçonne la sincérité. La discrétion naturelle aux gens d'Église, le désir d'éviter des contestations publiques et des rixes avaient fait modifier l'usage des tribunaux romains : l'interrogation des témoins se faisait en l'absence des parties. Néanmoins, à un jour déterminé, les dépositions étaient *publiées* : un clerc les lisait à haute voix et on fixait jour pour la discussion. Alors les avocats passaient au crible les témoignages. Des preuves plus certaines étaient fournies par les documents écrits dont on vérifiait l'authenticité. Les canonistes admettaient aussi les *présomptions*. En l'absence de preuves positives, on recourait au

chap. XI, la Procédure; — Ad. Tardif, *La procédure civile et criminelle aux XIIIe et XIVe siècles*; — Tanon, l'*Ordre du procès civil au XIVe siècle*; — enfin la publication si utile de M. Guilhiermoz, *Enquêtes et Procès*, étude sur la procédure et le fonctionnement du Parlement au XIVe siècle; les documents empruntés aux archives nationales y sont précédés d'une Dissertation très détaillée en même temps et très précise. Cette Dissertation complète les études antérieures de M. Guilhiermoz sur les *Gages de bataille* et sur la *Persistance de la Procédure orale*, études qui auraient certes gagné à être refondues dans un travail d'ensemble. La science de jurisconsulte et d'archiviste de M. Guilhiermoz lui aurait permis d'écrire ainsi une complète Histoire de la procédure au moyen âge.

serment et le parjure est un crime tel pour le vrai chrétien qu'on ne le considérait point comme probable. Les avocats débattaient enfin la cause dans leurs plaidoiries. Le juge fixait un jour pour la *conclusion*, car il fallait bien aboutir. Lorsque les parties avaient conclu et renoncé à prolonger le débat, l'official (le juge) rendait la *sentence*. Il l'écrivait, puis la prononçait. Le plaideur mécontent avait le droit d'*appel* : l'appel était porté à l'officialité du métropolitain, puis à la cour de Rome.

C'était donc une longue série de garanties destinées à empêcher de téméraires ou perfides accusations. La lenteur de la procédure canonique, la marche graduelle des informations, des discussions, l'examen minutieux des preuves, l'indulgence même dont bénéficiaient souvent des coupables avérés, car l'Église cherchait plutôt à provoquer la confession et le repentir, en tout cas l'absence des « peines de sang » recommandaient la justice ecclésiastique et lui attiraient tant de clients soustraits à la justice laïque, qu'une lutte quotidienne s'engageait entre elles sur tous les points du territoire.

III. — Les débuts de la procédure écrite dans les cours laïques.

Saint Louis, remarquons le, changea non le droit, mais la procédure des cours laïques. Or, en modifiant cette procédure, il renouvela la justice même. Ce fut la justice par *enquête* et par *écrit*.

On se tromperait toutefois en s'imaginant que le pieux roi substitua purement la procédure canonique à la procédure féodale. Ce serait étrangement méconnaître le caractère de ces hommes du moyen âge, désireux de réformer et craignant de détruire, ajoutant sans retrancher et compliquant au lieu de simplifier. L'Ordonnance dite du *Châtelet* et celle du *Duel* que le rédacteur des *Établissements* a mises en tête de son livre, ne parle point d'écritures : elles règlent les témoignages et les preuves; saint Louis déclare qu'il ne change rien à la forme ancienne des demandes et des réponses, des contremands et « autres errements accoutumés en cour laie [1] ». On constate cependant déjà des écritures, des *rubriques* en 1259 [2]. Le système des Enquêtes, imité de celui des officialités, développa nécessairement ces rubriques, car l'enquête n'était-elle pas tout un procès écrit qui s'intercalait dans le procès parlé? Philippe le Hardi en 1277 (v. st.), dit nettement : « Le fait proposé et nié, les maîtres le feront mettre par *écrit* pour ôter la discussion, qui naît chaque jour entre les parties [3] ». Ainsi la *demande* est *écrite* [4], mais elle est *parlée* aussi [5]. La procédure primitive se

1. M. Guilhiermoz a fait observer que l'enquête de saint Louis n'était pas l'*inquisitio*. « L'enquête de saint Louis, qui est une procédure contradictoire et s'adaptant à la fois aux causes civiles et aux causes criminelles, n'est en aucune façon l'imitation de « l'inquisition canonique », procédure d'*office* et qui ne trouve son emploi que dans des causes criminelles, mais elle est l'imitation du système de preuve testimoniale contradictoire que le droit canonique avait reçu du droit romain, système qui n'a jamais porté ni en droit romain ni en droit canonique, le nom d'*inquisitio* et qui n'y a jamais porté de nom technique (en droit romain le mot a un sens assez vague et désigne toute recherche de preuves). Guilh., *Enquêtes et Procès*, p. XXX, note 3.

2. Enquête par le bailli de Bourges dans le procès entre l'abbé de Saint-Satur et Gui de Buci, chevalier, au sujet des bornes placées à Rocher pour limiter la grande justice entre l'abbé et le comte de Sancerre. « Teneatur ista convencio pro abbate et conventu Sancti Satiri quia probata est pro eisdem *secundum quod in rubricâ continetur*. » *Olim*, I, p. 89, IX (1259).

Beaumanoir a expliqué ce mot *rubrique* : « Mes voirs est que pour ce que memoires sont escoulourjant et que fort chose seroit a retenir si grant plenté de paroles comme il convient en mout de quereles, li baillis ou la justice puet et doit arester en escrit briement ce seur quoi les parties entendent a avoir jugement... et ils pueent baillier en escrit ce qu'il entendent a prouver et teus escris apele l'en *rebriches*. » Beaumanoir, c. VI, § 211. Cf aussi, c. XL, § 1216.

3. Ord. du 7 janvier 1277 (1278), art 6.

Autres textes : « ... Fuit dictum partibus quod *scriberetur* hinc indè factum... Tandem dictus B tradidit suos articulos curiæ » (1283). *Rouleaux de la cour du roi* publiés par M. Ch.-V. Langlois, *Bibl. de l'Éc. des Chartes*, 1887, p. 559.

« *Auditis* conquestionibus procuratoris de Bello-Joce contrà comitem Barri;... *auditis* insuper racionibus et defensionibus dicti comitis... super gravaminibus et injuriis hinc indè *scribant* partes factum suum... » *Olim*, II, p. 281, n. 2 (1288).

4. « In isto pallamento (1291) fuit ordinatum quod, quando fient articuli, advocati in principio articulorum suorum inserant totum tenorem libelli sui (*Olim*, t. II, p. 321, p. 33).

« *Auditis* hinc indè propositis, per arrestum nostre curie dictum fuit quod super hujus modi debato dicte partes facerent facta sua. » (*Olim*, t. II, p. 554, I (1312).

5. « On en a la preuve dans le texte suivant emprunté à l'arrêt de 1283, cité ci-dessus : « ... Cum multa fuissent ibidem *scripta* que non *fuerant placitata*, contradixit pars senescalli et significavit ea que *non fuerant placitata*... » « .... Fuit positum in recordo curie et recordavit curia quod dictus B quoad articulum predictum... non *placitaverat* sicut in suo articulo continebatur. . » « Et, quam cito procurator senescalli habuit copiam articulorum (proposuit) contra dictum B quod dictus B non erat admittendus ad (probandum, quia quod) *placitaverat non scripserat* et sic non licebat sibi ulterius suum factum scriptum emendare quod non fuerat placitatum... » Ch.-V. Langlois, *Rouleaux d'arrêts*, p. 595, 560 (cités par Guilhiermoz. *De la persistance du caractère oral dans la procédure*, in *Nouvelle Revue hist. du droit*, janvier-février 1882).

M. Tanon a fait remarquer que les écritures étaient mentionnées dans plusieurs

maintient à côté de la nouvelle, les deux vont aller sans cesse s'entremêlant et s'embarrassant. L'Ordonnance de 1278 et les règlements ou partiels ou généraux qui se succèderont fort nombreux, de Philippe le Hardi à Charles VI, constitueront une procédure complexe, confuse, féodale et canonique tout à la fois, parlée, symbolique, quoique surchargée d'écritures. Le Parlement qui la forme (car toutes ces Ordonnances ne peuvent venir que de lui), essaiera, de siècle en siècle, de la débrouiller sans y réussir : au contraire il y ajoutera d'autres broussailles et des épines dont toutes n'ont pas été arrachées de la procédure moderne.

autres arrêts : ann. 1315, *Olim*, t. IV. p. 1027 : « Prout in dictis factis et racionibus *in scriptis* in coram eodem proposito traditis planius continetur.... » — Ann. 1317, t. IV, p. 1183 : « Racionibus parcium predictarum *in scriptis* traditis. » — Ann. 1318, t. IV, p. 1228, écritures sur une exception déclinatoire devant le prévôt de Paris, « secundùm acta et proposita *in scriptis* coram preposito predicto.... » Voir encore t. IV, p. 1046, 1265, 1372, 1398. (Tanon, *L'ordre du procès civil*, p. 31, n. 1.)

M. Glasson, l'éminent doyen de la Faculté de droit, diffère d'avis avec M. Guilhiermoz sur la portée qu'il faudrait donner à ces expressions : caractère oral ou écrit de la procédure au XIIIe siècle... « De ce que, dit-il, une procédure débute par un exposé oral, il n'est pas permis de conclure qu'elle a entièrement ce caractère; autrement, il faudrait, pour être logique, dire en sens contraire que la procédure est écrite lorsqu'elle commence par un exposé écrit. Or aujourd'hui les affaires civiles s'entament par des requêtes grossoyées et l'enquête a même lieu par écrit. Ce serait cependant se tromper gravement que de dire que notre procédure est écrite. Tous ceux qui l'ont étudiée lui reconnaissent un caractère oral. En procédure comme en toute autre matière, il importe de distinguer ce qui est principal de ce qui est accessoire ou exceptionnel... (Glasson, *Hist. du droit*, t. VI, p. 178, note 3.)

CHAPITRE XVII

LE PROCÈS CIVIL

I. — Les Préliminaires du Procès. Citations et délais.

Essayons de nous représenter la marche d'un procès devant le Parlement. Pour l'engager, il fallait une *requête* écrite adressée au roi [1]. Requête qu'on ne doit pas confondre avec les nombreuses demandes de grâces et de privilèges renvoyées aux *maîtres des Requêtes de l'hôtel.* Les requêtes de justice étaient examinées par les *maîtres des Requêtes du Palais* siégeant dans la Grande Salle, et plus tard installés dans une Chambre séparée. La partie autorisée

1. Ces détails de procédure n'ayant aujourd'hui d'intérêt qu'autant qu'ils contribuent à nous éclairer sur la formation du droit et de la langue judiciaires, nous nous bornons à donner un modèle des *Requêtes* du temps. Les praticiens le pourront comparer avec les nôtres :

« Ce sunt les requestes que le vicomte de Meleun fet à nostre seigneur le roi de France :

« Ledit vicomte requiert à nostre seigneur le Roi que, comme il soit an bone et am pesible saisine de chacier es boissons (buissons) desus Barbeel et aus autres boissons voissins qui sunt an la Brie, et aus autres boissons qui sunt entre Corbeil et Meleun, qui sunt par devers la Brie, et li forestier nostre seigneur le Roi li ampauchent et torbent (troublent) de novel sa saisine sanz cause résonable, de chacier es boissons et es leus desus diz. Ledit vicomte requiert que nostre seigneur le Roi ne seuffre pas que il soit torbez en sa saisine par ses forestiers ne par ses genz et que il face deffandre au diz forestiers, que il ne le torbent pas an sa saisine ne an sa possession, comme il soit apareilliez de fere en droit ou de ester à droit devant nostre seigneur le Roi qui riens li demandera.... » Rouleau original, J 1030, v° 46. — Boutaric, *Actes du Parl.*, n° 1560 G (sans date, mais antérieur à la mort de saint Louis).

Voir aussi *Actes du Parl.*, 2547 U. — Voir encore autre modèle : Requête de Mathieu de Lorraine et de Mahaut de Flandre contre Louis de Flandre comte de Nevers, n° 7347 (1323).

par des *lettres de justice* à poursuivre son action, *ajournait*[1] (citait) la partie adverse.

En ces temps de communications difficiles, ce n'était pas une médiocre affaire d'amener sa partie adverse à un tribunal ou au Parlement. L'esprit germanique, si favorable à l'individu, était tellement puissant qu'on ne croyait jamais avoir assez « semons » (averti) celui qui devait comparaître. La *citation* était *verbale* : un sergent notifiait le jour où il fallait se présenter au tribunal. Si la citation demeurait sans effet, le sergent en faisait une seconde; au besoin, une troisième. Le plaignant venait alors : « Sire, disait-il, celui-là se défaut, je vous requiers droit. » On faisait comparaître le sergent qui garantissait avoir bien rempli son mandat. Alors on assignait le défaillant pour le jugement[2]. Cette fois on envoyait

1. *Les ajournements.* — L'ajournement s'appelait aussi *semonce* (submonitio). Selon la coutume d'Artois la semonce n'émane pas directement du demandeur ou plaignant mais du seigneur justicier sur la requeste de ce demandeur « a requeste de partie » (*Cout. d'Artois*, LVI, 14, p. 149).

D'après le Grand Coutumier Normand « submonitio est citatio facta alicui ad certos terminos tam loci quàm temporis assignata. » (*Gr. Cout. Norm.* LXI). — Voir A. Tardif, ouv. cité, p. 47. — Beaumanoir donne cette formule de l'ajournement simple : « Nous vous ajornons a d'ui en quinze jours en tel lieu par devant nostre seigneur de qui vous tenés tel fief. » (Beaum. (Salmon), chap. II, § 59.)

L'Ordonn. de 1302 (1303) pour la réforme du royaume défend encore aux sergents de faire des ajournements sans permission du juge : « Inhibemus ne servientes faciant adjornamenta seu citationes sine precepto senescalli, baillivi, prepositi, vicarii, vicecomitis aut judicis » (art. 27) (*Ord.*, t. I, p. 354). « Mais, dit M. Tanon, cette formalité tomba de bonne heure en désuétude dans un grand nombre de juridictions où l'on admit que les sergents puisaient dans la commission générale qu'ils tenaient du juge pour l'exercice de leur office, des pouvoirs suffisants pour donner des ajournements à la seule requête des parties » (Tanon, *L'Ordre du procès civil au Châtelet de Paris au XIV*e *siècle*, p. 15).

Voir sur les ajournements les pages de M. P. Viollet, *Établissements*. t. I, p. 193, 262; t. III, p. 232, 233; t. IV, p. 279. — Glasson, t. VI, chap. XI, § 3, p. 477 et suiv. — Aubert, *Hist. du Parl.* (éd. de 1894, t. II, p. 26 et suiv). — M. Guilhiermoz a publié un mandat d'ajournement de 1337. *Enquestes et procès*, appendice III, p. 462 c. VI (en latin). — Voir aussi dans Boutaric formules d'ajournement de témoins (*Actes du Parl.*, 2884 C, 13 avril 1295).

2. « Se aucuns se plaint d'un autre, à la joutise, de heritage, la joutise li doit metre jor; et se cil qui sera atermez se defaut, cil qui se plaint doit [venir à la joutise et] dire en tel meniere : « sire, cil se defaut, je vos requier droit. » La joutise doit oïr en jugemant parler le sergent qui avra mis le terme, et se li sergenz garentist qu'il ait mis le terme, la joutise le doit faire atermer en jusques à III termes, et quant li sergent avra garanti qu'il avra mis les III termes, la joutise puet bien esgarder par droit que cil qui se defaut puet bien estre atermez o jugemant; et la joutise i doit envoier III sergenz qui se puissent recorder. Et se cil qui avra esté defaillanz de trois termes vient au terme que l'en li avra mis o jugemant, et l'autre partie qui se sera plainte li demandera sa querele, et ses domaches à amander, de chascune defaute LX s., s'il est gentis hom et se li autres dit : « je n'en vueil riens rendre — et die raison por coi — car je n'oï ne ne soi onques son terme fors cestui » et se li autres dit : « je ne vueil mie, ne ne voi commant il s'en puisse deffandre, car li sergent ont bien garenti que il l'ont semons et que il

trois sergents qui pussent « faire le record » de l'assignation, le certifier d'une manière indubitable. Les *Établissements* qui nous font connaître ces usages, nous montrent combien les hommes de ce temps se méfiaient des sergents. Si le défaillant se décidait à se présenter, il pouvait nier avoir connu les ajournements. Le demandeur aurait beau dire : « Comment pourrait-il s'en défendre puisque les sergents ont bien garanti qu'ils l'ont semons? » Si le défaillant persistait à nier, s'il jurait sur les reliques, on le tenait quitte des défauts. Son serment détruisait le témoignage des trois sergents recors [1]. La citation devait donc bien être faite à *personne* et à *domicile* [2]. En cas d'absence, on s'adressait aux voisins. Le développement de la procédure écrite fit disparaître les inconvénients de ces citations orales toujours faciles à nier quand on avait affaire à des gens sans conscience [3].

Aux difficultés qu'opposaient les voyages, les troubles, les guerres, s'ajoutaient celles qu'entraînait la qualité du personnage à citer. Le vassal devait être ajourné par ses *pairs*; il fallait lui envoyer trois hommes de fief [4]. En Normandie, les évêques firent décider par le Parlement qu'ils ne pourraient être cités que par un

li mistrent les III termes; » et se il dit : « je m'an deffan bien contre vos et contre les sergenz, si come l'en m'esgardera »; adonques la joutise si puet bien esgarder que se il ose jurer sor sainz de sa main destre que il n'oï ne n'antendi que li sergent l'aüssent atermé par les III termes, si com ils ont garenti avant, o itant si doit estres quites des defautes... » *Établiss.*, l. I, ch. LXXI, pp. 111-115.

1. C'est ce primitif devoir des sergenz de « recorder » l'accomplissement exact de leur fonction qui a fait accoler à leur nom celui de *record* ou témoin. Plus tard, comme il arrive souvent, le terme de *recors* s'employa seul comme synonyme de sergent chargé de signifier les exploits de justice.

2. Beaumanoir, II, § 69. — *Stilus Parlam.*, II, 13.

3. L'ajournement est purement verbal dans Beaumanoir (ch. II, Des Semonces, § 58, 59). — Cf. *Le Livre des Droiz* (Beautemps-Beaupré, n° 37). — Il était verbal à Montpellier au commencement du XIII° siècle : « Partium flat citatio judicis arbitrio, sine solempni dierum numero et sine scriptis (Giraud, t. I, p. 65).... Dans Boutillier la relation de l'ajournement se fait, selon les lieux « ou de bouche ou par écrit (Boutillier, p. 79 et 668). Il demeura verbal dans les lieux où la procédure orale fut conservée, mais il ne cessa pas de l'être tout d'un coup dans ceux où s'introduisit l'instruction du procès par écrit, il put seulement y revêtir, selon les cas, l'une et l'autre forme... » (Tanon, ouv. cit. p. 15). — Pour l'usage de la rédaction écrite voir *Stilus Parlam.*, IV, 6. — A Toulouse l'ajournement se faisait à son de trompe, de trois jours en trois jours. — A Metz l'ajournement avait des règles spéciales. Voir Prost, L'*Ordonnance des Majours*, étude sur les institutions judiciaires à Metz, du XIII° au XVII° siècle, *Nouvelle Revue histor. du droit fr.* t. II, p. 198, citée par M. Glasson, t. VI, p. 478, note. — En Normandie si la partie n'était pas dans le pays, « elle était semons à l'Eglise, un jour de dimanche ou de fête solennelle pour comparaître à quarante jours au moins (*Gr. Cout. Norm.*, LVI).

4. Coutume d'Anjou 77, Beautemps-Beaupré, t. I.

sergent assisté de quatre chevaliers [1]. En 1224, la comtesse de Flandre avait soutenu que l'ajournement qui lui avait été remis par deux chevaliers était nul, mais le Parlement n'accueillit pas sa réclamation [2]. Pairs ou non, puissants barons ou simples seigneurs, durent finalement se contenter d'être ajournés par un sergent royal. Les légistes firent prévaloir la maxime que répétait Loysel : « Sergent à roi est pair à comte [3] ». Puis des « lettres royaux » suffirent [4]. Toutefois à la fin du XIVe siècle, la reine Blanche de Bourbon, femme de Charles V, s'offusquait d'une citation aussi simple. Mise en cause pour un achat de vin, elle répondit au chevalier Jean de Meudon qui l'avait fait assigner, « qu'elle n'avait été ajournée que par une lettre et elle devait l'être par deux, aussi a-t-elle été follement ajournée [5] ». Le Parlement reconnut la citation comme valable, ne craignant point de prononcer contre la reine.

La forme des citations donnait lieu à une foule de discussions que nous ne pouvons mentionner à cette place. Longtemps rebelles, les seigneurs ne songent plus qu'à éluder les convocations de la justice, à la retarder; ne pouvant plus faire la guerre, ils chicanent sur une semonce[6].

1. Enquête sur les réclamations des prélats de Normandie... « Intererunt quatuor milites quando citabuntur episcopi super rebus pertinentibus ad baroniam; in aliis non... » *Olim*, I, p. 59, I. 1, (1258).

2. D. Martène, *Ampliss. Collect.* I. col. 1193. — *Actes du Parl.*, I. p. CCCIII, c. II. — Langlois, *Textes du Parl.*, p. 35. XXI.

3. Loysel, *Instit. Coutum.* R., 50, édit. Dupin et Laboulaye (1846).

4. *Stilus. Parlem.* III, 1. — Dès le temps de saint Louis ces lettres sont employées, les *Olim* en font foi : « Ordinatum est per curiam quod, cum in Wasconia, vel in partibus Petragoricensibus, Caturcensibus, aut Lemovicensibus, oportebit ad querelam alicujus citari regem Anglie, scribetur ipsi Regi, aut locum ejus tenenti in illo locorum hujusmodi in quo erit controversia, pro qua dicta citatio fieri debebit. — *Olim*. I, p. 759, XVIII, (1269).

5. La reine avait fait acheter huit-vingt (160) queues de vin et ne se pressait pas de les payer. (Rappelons-nous que Charles V ne pouvait arriver parfois à payer les gages du Parlement.) Elle oppose aux réclamations une première exception sur la forme de l'ajournement. On lui répondit qu'elle confondait la cause de première instance et d'appel. La Reine ne veut non plus fournir la caution obligatoire : elle dit : « que garnison de main a lieu en gens de petit estat non pas un Roy ou Reyne qui sont notoirement solvends (solvables) et ne sont pas sujets aux usages et au droit communs mais doivent avoir et ont moult de prerogatives... »

« Finablement dit est que l'adjournement vault et n'aura la Reyne congé ne depens, et outre que la Reyne garnira la main tout premièrement de la somme contenue en l'obligation ». (Collect. Sainte-Geneviève. Ff. 13, t. I, f° 221, mardi 8 juillet 1376.)

6. Ayant à citer un écuyer « qui était un fors hons d'avoir et de puissance et demeurait en un lieu loing de gent », un sergent mena avec lui quatre hommes « pour tesmoignage ». H. Lot, *Frais de justice*, p. 43.

D'ailleurs, instruits aux leçons de leurs procureurs, ils acceptent la citation, car n'ont-ils pas les *délais*? Ces délais s'espaçaient par sept, quatorze, vingt et un, quarante-deux, ou par sept, quinze, quarante jours. Selon l'antique usage des Gaulois et des Germains, on les comptait par *nuits*[1]. Si la citation ne fixait pas d'heure, les audiences se tenant le matin, l'heure présumée était la matinée jusqu'à midi. Si l'ajournement était fait « pour la relevée ou les vêpres », c'est-à-dire le soir, on avait jusqu'au coucher du soleil [2]. Le vilain n'avait pas droit aux délais. Il pouvait, à moins de chartes contraires, être ajourné par son seigneur, le matin pour le soir et le soir pour le lendemain matin [3].

Aux citations, on peut, sans refuser de répondre, opposer des *contremands*[4]. On se présentera quinze jours plus tard et on ne donne pas de motifs. « Sire, Pierre qui adjourné était contre Jean

1. *Les délais.* — « Les délais, dit M. Viollet, sont souvent comptés par *nuits*; cette expression que je retrouve à la fois dans la coutume de Touraine-Anjou et dans l'usage d'Orléanais, subsiste dans plusieurs coutumes du XVIe siècle et par suite elle a gardé un caractère officiel jusqu'en 1789; ce mode de supputation était tout à la fois germanique et gaulois. (Viollet, *Établ.*, t. I, p. 192).

Voir Cæs. *de Bello Gallico.* VI, 4. — Tacite *German.*, II. — Loi salique XL 7-10, XVL, 2.... (A. Tardif, ouvr. cité, p. 49.)

Transcrivons le texte des *Établissements* de Saint-Louis. qui est remarquable : (il s'agit du malfaiteur); « ... li bers le doit faire semonre par jugement ou leu dom il esteroit... et au mostier de la parroche dont il seroit, que il viegne à droit dedanz les VII jorz et les VII nuiz, por conoistre ou por deffandre; et si le feroit en apeler en plain marchié. Et s'il ne venoit dedans les VII jorz et les VII nuiz, si le feroit-en semonre derechief par jugement que il venist dedanz les XV jorz et les XV nuiz : et se il ne venoit dedanz les XV jors et les XV nuiz, l'en le feroit semonre derechief que il venist dedanz les XL jors et les XL nuiz : et se il ne venoit dedanz les XL jors et les XL nuiz, il seroit forsbaniz en plain marchié... » (*Établ.*, liv. I, ch. XXVIII, pp. 39, 40).

Ces délais « dérivent sensiblement des délais carolingiens : il suffit pour s'en convaincre de rapprocher un capitulaire de l'an 803 du chapitre XXVIII au livre Ier des Établissements. Nous trouvons dans le capitulaire de 803 les délais suivants : sept jours, quatorze jours, vingt et un jours, quarante-deux jours; dans le chapitre XXVIII les suivants : sept jours, quinze jours, quarante jours. » (Viollet, ouvr. cité, p. 192.)

M. Tardif a fait observer que dans certaines provinces on dit encore *anuit* ou *agui* (*hâc nocte*) pour aujourd'hui. Il a fait remarquer aussi que ce délai était *franc* : il correspondait exactement au terme de quinzaine de notre pratique moderne, déjà usité du reste au moyen âge (A. Tardif, ouv. cit., p. 49).

2. Beaumanoir, II, § 95. A. Tardif, p. 49.

3. « Tu pues semondre ton vilain qui est tes couchanz et tes levanz, du matin à vespre et du vespre au matin, s'il n'est garniz encontre toi d'autre loi privée.... » P. de Fontaines. *Conseil*, chap. III, § 1. (Cf. § 5.)

4. Les *contremands.* — « Le contremand estoit la raison proposée pour remettre ou différer l'ajournement et il différoit de l'essoine, en ce que celuy qui contremandoit, remettoit l'ajournement à un jour certain, au lieu que celuy qui proposoit l'essoine ne remettoit pas l'ajournement à un jour certain et estoit obligé d'affirmer que la cause qu'il alléguait estoit véritable... » (Laurière, *Notes sur les Établissements*, livre Ier, chapitre III). — (Cf. Beaumanoir, ch. III des essoines et des contremans.)

à la journée d'aujourd'hui par devant nous, contremande son jour jusqu'à aujourd'hui en quinze jours [1]. » La dame de Toula réclamait de la dame de Genlis une pension pour la nourriture de ses enfants. Celle-ci recourut à un contremand [2]. La dame de Toula eut beau protester qu'en cas de provision d'aliments on ne pouvait tolérer de délai, le contremand fut reçu. Fut reçu également le contremand que la dame de Grand Cour opposa à la citation de Mathieu Raquet qui pourtant l'accusait de l'avoir fait attaquer et grièvement blesser. En vain, Mathieu protestait-il que dans ce cas de telle violence on ne pouvait contremander [3]. On avait la faculté de faire jusqu'à *trois* contremands. Le duc d'Anjou se dérobait de cette façon aux attaques de Geoffroy de Bruyères, seigneur de Trou. Geoffroy trouvait la liberté excessive mais non pas le Parlement, car il reçut le contremand du comte d'Anjou [4]. Dès le règne de saint Louis, le Parlement néanmoins commença à réagir contre l'abus des contremands : on ne les admettait point dans les

1. La partie qui avait obtenu l'ajournement pouvait contester le contremand, à la condition de le faire immédiatement en ces termes : « Sire, en tel cas, n'a point de contremant à la journee d'ui, et la reson nous dirons en tans et en lieu, quant il sera presens; et moustrerons pour quoi il doit estre tournés en pure defaute de cette journee... » Beaumanoir (Salmon), ch. III, § 111.

Voir aussi *ibid.*, 3, 7, 22. — Voir encore très ancienne Coutume Normande, XLII, 1. Cout, d'Artois, III, 1, 26, 33. — De Fontaines XXI, 10. — (Ad. Tardif. *Procéd. civile* p. 53-55.) — Viollet. *Établiss.*, t. III, p. 240-241.

2. « Et fuit recepta contramandatio per curiam, liceat domina de Toula diceret quod in peticione victus hujusmodi, nec dilacio, nec contramandacio deberet admitti » *Olim*, I, p. 448, IV (1259).

3. La dame Gueluys de Grand Cour devait de l'argent à Mathieu Raspet : à ses réclamations elle répondit par des menaces. Mathieu fut attaqué, blessé; on lui brisa un bras et une jambe. Il accusa la dame de Grand Cour et la fit ajourner devant le roi .. « Ipsa vero ad primam diem contramandavit, quam contramandacionem noluit recipere idem Matheus, quia in tali violencia et malefacio quale fuerat sibi factum, contramandare non poterat, ut dicebat... Concordatum fuit quod reciperetur contramandacio ipsius Gueluydis. » — *Olim*, I, p. 448, III (1259).

Dans un autre procès entre Renaud de Dargies et Guillaume de Beau Sault d'une part et Pierre de Lys d'autre part, au sujet d'un hommage, Renaud et Guillaume firent un contremand. « Curia recepit contramandacionem ipsorum, licet idem Petrus diceret, quod, in causa hujusmodi nec dilacio nec contramandacio deberet admitti. Curia tamen, volens omnem maliciam super hoc amovere, mandavit per litteras quod ipsi reciperent homagium ipsius Petri vel ad certum diem venirent, dicturi quare hoc facere recusabant... » *Olim*, I, p. 448, V (1259).

4. Le seigneur de Trou plaidait : « quod non valebat contramandacio, cum causa hujus de qua inter ipsos agitur, dependeat de saisinâ.... »

Les gens du comte d'Anjou plaidaient : « quod debebat recipi contramandacio secundum consuetudinem hujus curie in qua potest *ter* contramandari, maximè cum deducatur proprietas in jure et alias fuerit recepta contramandacio ipsius comitis in hac eadem causa. » Curia recepit contramandacionem comitis et assignavit diem partibus.... » *Olim*, I, p. 452, XIV (1259).

réclamations de meubles [1] et dans une foule de causes. Durant le procès, lorsqu'il s'agissait de la réception et de la vérification des témoins, on n'admettait point le contremand [2].

Celui-ci, d'ailleurs tendit à se confondre avec l'*essoine* ou l'excuse [3]. Les *essoines* légitimes étaient la maladie [4], le mariage, les grands deuils, les difficultés survenues dans les communications par suite de tempêtes, inondations ou par la guerre, si fréquente au XIVe siècle [5]. Comme elles étaient indépendantes de la volonté, on avait, à n'importe quelle période du procès, la permission de les faire valoir. On les prouvait en général par le serment; les témoignages cependant furent admis : on en exigea sept, puis quatre seulement.

1. « Nota quod in peticione mobilium, facta peticione in curia contra partem presentem, non recipitur rei contramandacio. Hoc dictum fuit inter Johannem de Mauquinchy chevalier et Guillotum, nepotem suum. » *Olim*, I, p. 773, XI (1269). Il est vrai qu'ici, l'instance est déjà engagée : la demande a été faite contre la partie présente.

— Autre procès. L'évêque de Beauvais avait pris quelques sergents de la châtelaine qui réclama et obtint la remise des sergents en la main du roi. L'évêque engagea une action pour réclamer les sergents. La châtelaine opposa un contremand qui ne fut pas admis. *Olim*, I, p. 806, XXI (1270).

— Un chevalier a fait un contremand sans l'aveu des parties, il est condamné à une amende. (*Olim*, I, p. 796, XV (1269). Beugnot (t. I, p. 1054, note 119) rapproche de ce texte celui de l'Echiquier de Falaise : « Il fu jugié que cil qui soutient autrui plet et n'est pas atornez, soit en la merci le roi » (Échiquier de Falaise; Pâques 1217. Marnier, p. 132).

— Jean de Souly plaide contre Hemeri de Rocavard (de Rupecavardi). Hemeri ajourné fit un contremand. La cour ne l'admit point (*Olim*, I, p. 831, XLII (1270).

— Encore un contremand non admis (de Guillaume de Saint-Maur, écuyer). *Olim*, t. II, p. 113, XIII (1278).

2. *Olim*, I, p. 460, VI (1259).

3. *Les excuses.* — Le Livre des *Constitutions du Châtelet* emploie le terme *essonier* pour *contremander* (édit. de Mortet, p. 53, § 40).

4. « ... Et se il ne venoit au jor, et il mandast l'essoine de la maladie, l'autre partie devroit atendre VII jorz et VII nuiz. Et se li plaintis vient derechief et die : « sire, je vos requier droit, car cil de qui je m'estoie plainz, si est malades », la joutise si i doit envoier homes soufisanz. Et cil li doivent dire : « Cil se plaint de vos et de tele chose — et les nomeront — et vos estes malades de longue maladie, si vos esgarde l'en que vos metez I autre en leu de vos qui vos deffande.... » (*Établ.* liv. I, ch. CVI, p. 181).

— En 1336 le procureur de Claire de Biron, n'ayant pu se présenter au jour dit, est relevé du défaut prononcé contre lui parce qu'il affirme qu'il avait été réellement empêché par la maladie et l'inclémence du temps, « propter infirmitatem et immoderationes temporis ». Voir texte cité par Aubert t. II. Pièces justificatives, p. 226. Voir aussi les textes cités par le même auteur dans les notes des pages 39 et 40.

Rappelons-nous qu'à cette époque il n'y avait aucune organisation médicale et qu'il était bien difficile de prouver la réalité des maladies.

5. Un plaideur parti de Loches, le samedi avant la Saint-Martin, ne peut se trouver à Paris, au Palais, aux jours de Vermandois, parce qu'entre Janville et Etampes une bande de partisans l'a retardé. (X[1a] 1469 f° 385, 19 novembre 1369, cité par Aubert, t. II, p. 40, note 1.)

Il fallait vraiment du courage pour soutenir une instance contre un puissant personnage. Geoffroy de Bruyères, sire de Trou, que nous retrouverons encore plaidant contre le comte d'Anjou, s'obstinait dans son action, malgré toutes les ruses auxquelles son adversaire avait recours (car les princes en sont réduits, avec un roi comme saint Louis, à user de tous les moyens de chicane). Le comte d'Anjou avait fait des contremands dans *quatre* Parlements. Enfin un jour avait été fixé aux parties. Geoffroy, ce jour-là, demanda que le comte exposât les excuses pour lesquelles il avait fait les contremands. Le procureur du comte argua d'une maladie du prince. Le seigneur de Trou refusa d'admettre cette excuse parce que le procureur ne pouvait, selon le Style de la Cour, jurer, en ce cas, à la place du comte. Le procureur offrit la preuve par témoins. Geoffroy la récusa encore, soutenant que la preuve devait être faite par le serment du comte. Débat; nouvelle assignation; la Cour donna raison à Geoffroy : le comte devait prouver ses excuses par serment. Geoffroy demanda alors que le comte d'Anjou fût déclaré en défaut pour les quatre jours où il avait contremandé et réclama la saisine du château de Trou. Le procureur, de son côté, sollicita de la Cour l'envoi d'un commissaire pour recevoir le serment du comte ou bien un nouveau délai. Nouvelles plaidoiries des parties, jugement défavorable au comte déclaré en défaut. La saisine du château de Trou fut adjugée à Geoffroy de Bruyères, qui n'était pas pour cela délivré de ses peines malgré cette première victoire dans des incidents si prolongés [1].

II. — Les Défauts.

C'était le plus souvent par des moyens détournés qu'on cherchait à mettre la partie adverse en *défaut*, c'est-à-dire hors de combat. Indifférence à une citation : défaut; — absence non légitimée : défaut; — retard dans une formalité : défaut. A tous les moments de l'instance, longue et compliquée, le défaut était suspendu sur la tête du plaideur. Plus l'un s'acharnait à la poursuite, plus l'autre

1. *Olim*, I, p. 480, xv (1260).

s'efforçait de s'y dérober. On se croyait encore en champ clos et ces guerriers étaient habiles, même au tribunal, à profiter de tous les oublis et de toutes les faiblesses. La législation canonique, très indulgente aux pécheurs, donnait de singulières facilités : elle acceptait *trois* défauts après trois citations successives ou exigeait *une citation péremptoire*. Les clercs du Parlement firent triompher ces usages, que les coutumiers adoptèrent. La Cour ne faisait pas grâce même au procureur du roi. Dans un procès entre le roi et le chapitre de Montfaucon, le procureur du roi, assigné pour la production de ses témoins, fit défaut après un second délai. La Cour décida que le procureur ne serait plus reçu à prouver le fait[1].

Le formalisme ancien se conservait si bien que les moindres paroles omises dans une formule pouvaient exposer à une déclaration de défaut. Harain, appelant d'une sentence d'une juridiction inférieure devant le bailli de Vermandois, devenait par là même, exempt de cette juridiction. Le maire le voulait néanmoins emprisonner, l'accusant d'avoir joué aux dés. Harain fit ajourner le maire devant le bailli, mais lui-même, malade, ne comparut point. Quand il lui fut permis de présenter son excuse, il déclara bien qu'il n'avait pu venir, mais il omit les mots : « ni à pied, ni à cheval ». Le bailli prononça le défaut contre lui. Harain appela au Parlement. Il soutint que la coutume n'était applicable que dans le cas où il eût été interrogé « s'il eût pu aller à sa journée à pied ou à cheval ». Le cas embarrassa le Parlement qui décida de s'informer et « d'en parler à anciens du pays », pour savoir comment on usait en pareille circonstance[2]. Encore une preuve de la coexistence de la procédure orale et de la procédure écrite.

C'était bien le reste si on pouvait arguer de l'erreur d'une citation. Pétronille la Matine plaidait, en 1312, devant le prévôt de Paris contre son frère, Étienne de Cormeilles. Celui-ci avait obtenu un défaut contre Pétronille absente et en réclamait le profit.

1. *Olim*, II, p. 112, VIII (1278). — « En matière personnelle et mobilière, le premier défaut du défendeur lui faisait perdre le droit d'invoquer ses exceptions déclinatoires; après le second, il était privé du droit d'opposer ses exceptions dilatoires; enfin son troisième défaut lui retirait les moyens péremptoires de sorte que le demandeur obtenait nécessairement gain de cause. » Glasson, *Hist. du Droit*, t. VI, p. 498. — Les défauts aujourd'hui, très simplifiés, sont réglés par les art. 149 et suiv. du Code de procédure civile.

2. Collect. Lamoignon, Reg. du Parl., t. XXXIX (42) f° 408, 15 nov. 1384.

Pétronille vint cette fois et déclara qu'elle avait été assignée pour le mercredi et non pour le lundi après la Saint-Martin d'été. Elle s'était donc présentée le mercredi et, à son tour, avait obtenu défaut contre Étienne absent. Le prévôt alors annula les deux défauts et fixa un autre jour pour qu'on procédât en la cause principale. Pétronille appela au Parlement, qui renvoya le procès devant le prévôt en l'état où il se trouvait avant le jugement attaqué [1]. La Cour voulait sans doute contraindre le juge à se prononcer sur le débat relatif aux défauts et l'erreur voulue ou non. Quoi qu'il en soit, n'y a-t-il pas là une preuve d'un désordre extrême dans les citations, puisqu'à deux jours de distance un même tribunal avait donné successivement défaut contre chacune des deux parties? Encore un des résultats de la persistance de la citation orale.

Le Parlement, si méticuleux qu'il soit, paraît attentif à ne point favoriser les demandes téméraires de défauts. Il n'admet pas que dans les enquêtes, lors des citations des commissaires, les défauts suffisent pour faire perdre les procès [2]. Il tendit de plus en plus à faciliter aux plaideurs le moyen de faire « rabattre » le défaut prononcé contre eux [3].

III. — Présentation. Délais d'avis et de Conseil.

Avait-on l'intention d'obéir à la sommation faite sur la requête de l'adversaire? Il fallait se présenter au Palais au jour fixé pour l'appel des causes de son bailliage [4]; si les pays étaient différents, on suivait le bailliage du défendeur. Les deux parties comparais-

1. *Olim*, t. III, p. 844, xxv (1313).
2. *Jugés* 13 juin 1334 (X¹ª 6, f° 394), Guilhiermoz, *Enquêtes*, p. 428.
— 4 fév. 1335 (X¹ª 7, f° 15 v°), — — p. 437.
— 12 avril 1335 (X¹ª, 7, f° 4), — — p. 439.
3. Voir Aubert, *Hist. du Parl.* (édit. de 1894), t. II, p. 52, note 5.
4. *La présentation.* — Le point de départ de cette procédure (au moins des documents) est l'Ordonnance de 1278 que nous avons déjà plusieurs fois citée comme capitale : « Venu le terme de chascune baillie, li pledeurs se presenteront au tems du termine pour lor delivrance, celon ce que il a esté autrefoiz ordené. » (Art. 2.)
« Puis que les parties seront presentes, durant le jor de leur baillies atandront en la sale, appareilliez d'antrer en la Chambre où l'an plede, quant elles seront apelées pour eus délivrer. » (Art. 3.)
« Li clers des arres si nommeront les parties qui ont causes en la Court, et seront appelées par l'uissier les parties que li mestres commanderont... » (Art. 4.) Ord. 1278. (Langlois, *Textes*, p. 96.)

saient devant le greffier et, comme nous l'avons vu, un greffe spécial avait été ouvert pour ces présentations soumises à des taxes. On inscrivait alors l'affaire au registre; de cette inscription résultait (ou du moins était censé résulter) l'ordre dans lequel les plaideurs seraient entendus. Il fallait ensuite attendre le jour où la cause pourrait être appelée. Tout le temps que duraient les procès du bailliage, il fallait donc se tenir en éveil, venir au Palais, y demeurer jusqu'à midi, car rien ne pouvait faire prévoir que des défauts, des remises, des débats écourtés ne hâteraient pas la fin de causes qu'on avait cru devoir se prolonger. Étonnons-nous donc que la Grande Salle fût si remplie de monde! Ces obligations, ces pertes de temps (quoique à cette époque on n'y parût guère sensible) contribuèrent aussi à développer l'emploi et à augmenter l'influence des procureurs. Au début, nous l'avons dit, c'était une faveur de plaider par procureur. On put donc se présenter par procureur et, nous allons le voir plus loin, ce fut une source nouvelle de chicanes.

Présents, l'un et l'autre, admis l'un et l'autre en la Grande Chambre du Parlement, les deux plaideurs exposent leurs *demandes*[1] et leurs *réponses*. Est-ce à dire qu'ils vont déjà être aux prises? Oh que non! Le défendeur n'est pas tenu de répondre immédiatement. Le formalisme, à l'origine, était tel qu'il fallait bien veiller à l'emploi des expressions. On avait eu beau connaître depuis longtemps la raison pour laquelle l'adversaire vous appelait en justice, la partie citée était censée surprise par la demande. La coutume lui accordait, si elle le sollicitait, un jour d'*avis* ou de *conseil* pour peser les termes de sa réponse[2]. Il fallait aussi du temps pour

1. « Les parties qui antarront anz si garderont ceste ordenance en plaidoiant, c'est asavoir que li demandieres par breves paroles proposera son fait en la manère que il antande à avoir, et la partie adverse si respondra au fait sans soi retorner à nules trufles. » *Ibid.* (art. 5).

2. *Jour de Conseil.* — « Dilatio consilii quæ aliquando appensamentum appellatur » (*Stil. Parlam.*, IX, § 1). — On disait : jour de conseil, ou d'appensement ou encore d'avisement, d'avis : « ad se avisandum utrum dictam appellationem prosequi aut ab eadem vellet desistere » (X[1a] 7, fol. 145, 13 juillet 1336). — (Voir les notes d'Aubert, ouvr. cité, t. II, p. 61.)

Voir pour tous ces détails, Aubert, t. II, 62-63.

M. Tanon a fait remarquer que le jour d'avis était l'équivalent du *dies ad deliberandum* de la procédure canonique (Tancrède, *Ordo judiciarius*, lib. 2 de Dilationibus). Il a noté aussi dans Guillaume Durand un délai « pro querendis advocatis » dans les officialités (*Specul. juris*, liv. 2, p. 1). Le délai d'avis n'était accordé, en

choisir un avocat ou bien l'avocat retenu était absent, empêché : de là délai pour *absence de conseil*[1], de là des abus que signale l'Ordonnance de 1291[2]; si la présence du *conseil* n'est point tellement nécessaire qu'elle puisse gêner la procédure, l'instance continuera[3]. On réclamait aussi parfois le délai de *garant* pour appeler en cause celui dont on tenait la chose légitime[3].

Puis ne fallait-il pas bien *voir* l'objet en litige? C'est là que se révèle surtout l'esprit formaliste et naïf de ces temps où l'on ne croyait que ce qu'on apercevait de ses yeux et ce qu'on touchait de ses mains. « En court laie, on ne fait pas jugement d'une parole[4] ».

matière personnelle, que dans les causes de plus de vingt sous (*Grand cout.*, p. 108); il était d'ailleurs fixé à un jour quelconque, à l'arbitrage du juge, habituellement à huitaine. Il était de quarante jours en matière immobilière (*Grand cout.*, p. 408, 410). — Tanon, *Procéd. civile*, p. 19, 20, 21.

1. On lit dans le *Livre des droiz* sous la rubrique : De avoir actente de son avocat : « Et doit l'en dire : je demande l'actente de mon conseil tel, et le doit nommer, dire que l'en lui a révélé les mérites de la cause et que par faulte d'argent, il ne demeure pas à venir, et le jurer. » (Beautemps-Beaupré, p. 83).

M. Guilhiermoz a inséré dans les pièces publiées dans ses *Enquêtes*, un procès qui montre les chicanes résultant de ces réclamations de délais. Phelipart Boquet, appelant, plaidait contre Baudoin le Fevre. « L'appellant dit que de raison, stile et usage notoires en toute court laie, mesmement en cour subjette, chascune partie doit avoir, si elle le requiert, jour pour *absence de conseil* en quelconques partie du plait et de la cause; or requist l'appellant a veoir son procès, a savoir se tout y estoit, avant oïr droit, et pour ce veoir requeroit jour pour absence de son conseil et pour le faire veoir, et ce delay n'avoit pas autre foiz eu en la cause.... » Le bailli devant lequel il plaidait l'avait débouté de cette exception. Alors Phelipart avait appelé au Parlement. Celui-ci reçut l'appel et retint le procès. Le greffier ajoute : « L'appellant a veu le procès par la main de la court et dit qu'il li semble qu'il n'i faut (manque) riens; si soit veu et jugié aux fins que dessus... » (X[1a] 1470. f° 13 v°). Guilhiermoz. *Enquêtes et Procès*, p. 583, 584, n° CCXXXII, 15 février 1373.

Le jour d'*absence de conseil*, tendit à se confondre avec celui de *conseil* « Jour de conseil, autrement dit absence de Conseil. » (*Somme rural*, tit. 7, l. I.)

— Un texte curieux, extrait par M. Langlois des *Récits d'un ménestrel de Reims au XIVe siècle* (publiés par M. de Wailly, 1876, p. 240) fait bien connaître la marche des procès en 1359. Il s'agit de la garde de l'église Saint-Remi de Reims que les archevêques contestaient au Roi : l'archevêque Thomas de Biaumez « ... quand il vit qu'il ne porroit eschapeir, si prist un jour à dire ses raisons : et quant vint au jour, il contremanda; et ot encore un jour et emport. Et à celui jour vint et preist encore voulentiers un jour s'il le peust avoir, mais il nou pot avoir. Et quant il vit que respondre li couvenoit si demanda la moustrée des choses que li rois clamoit; et fu jourz asseneiz de faire la moustrée. Li prevoz de Loon (Laon) vint à Rains et fist la moustrée en lieu dou roi; et monstra à la gent l'arcevesque l'eglise Saint-Remi et le chastel et les viles Saint-Remi jusqu'a vint quatre; et leur dist que encore leur en moustreroit se il vouloient et il dirent que il s'en tenoient bien à paié.... » (Langlois, *Textes du Parlement*, p. 50, XXXII [ann. 1259].)

2. « Caveant etiam clientuli et advocati ne fugiant seu dilationem querant, pro absentia alicujus de consilio nisi ipsius absentis presentia sit adeo necessaria quod in illa securè causa procedi non possit illo absente.... » Ord. de 1291, art. 11, *Ord.*, t. I, p. 260. — Voir Mentions de ces délais de conseil, *Olim*, t. III, p. 388 (1389), p. 636 (1311).

3. Voir Tanon, ouv. cité, p. 23.

4. « Et doivent les joutises aler sor le leu por anquerre de la joutise et de la

S'il s'agissait de meubles ou d'un cheval, il fallait les produire. Mais les champs, les châteaux, force était bien d'aller à eux. La descente sur les lieux, qui, de nos jours, se pratique seulement en certains cas et par l'entremise d'experts [1], était journalière au moyen âge. « Si un homme se plaint en la cour du roi qu'un autre lui ait fait tort de terres ou de maisons, et que le baron dans la châtellenie duquel elles se trouvent, réclame la connaissance de la cause, le demandeur peut dire : « Je ne veux partir de cette « cour sans que la chose ait été vue. » On doit fixer le jour de la *vue* : la justice du roi se joint celle du baron et alors le plaignant montre aux deux justices ce qu'il demande à l'autre [2]. » C'est ce qu'on appelait le *jour de vue* ou de *montrée*. Il fallait montrer le champ « de bout en bout, de long en large, à l'œil et au doigt [3] ». On marquait la maison d'une croix sur chaque jambage de la porte [4]. On montrait ainsi même des pays, même des villes.

En 1270, dans un débat relatif à la justice de certains lieux entre le bailli royal d'Etampes et le roi de Navarre, comte de Champagne, il y eut plusieurs montrées des dites justices [5]. En 1275, un procès important s'engage entre le comte et la comtesse de Nevers et Robert, duc de Bourgogne. Les procureurs du duc exigèrent que la formalité de la montrée fût réellement remplie à l'égard de la ville de Dijon, car si le procureur du comte de Nevers faisait montrée des choses qu'il ne devait pas réclamer, cela serait à son préjudice, de même s'il ne faisait pas la montrée complète de ce qu'il prétendait lui appartenir. Procureurs, commissaires délégués du roi, chevauchèrent donc, de compagnie, tout autour de la ville de Dijon. La *montrée* fut faite « de la ville et du château, en dedans et en dehors, en long en large, des murs, des fossés des donjons, des fertés (ou fortifications), des maisons et des revenus des domaines

seignorie, les parties presentes, à certain jor, à qui la chose se touche et apartient; car l'en ne fait pas en cort laie jugement d'une parole. » *Établiss.*, liv. II, XIV, p. 368. — Cf. liv. II, ch. XI, p. 353. — Cf. *Constit. du Châtelet*, éd. art. 12 (éd. Mortet, p. 39).

1. Voir art. 295 et suiv. du Code de Procédure civile.

2. *Les montrées.* — « ... lors li doivent metre jor de la veüe; et i doit estre la joutise le roi et la joutise au baron. Et cil qui demande doit mostrer à veüe des II joutises ce qu'il demande à l'autre. » *Établiss.*, liv. I, ch. LX, p. 87.

3. *Grand cout.*, p. 468.

4. *Ibid.*

5. *Olim*, t. I, p. 343-347, XIV (1270). L'un des procès-verbaux insérés dans les Olim, est en français et marque les limites du royaume et du comté de Champagne,

et des héritages, des justices et droits domaniaux, des fiefs et arrière-fiefs, des bois et rivières, des étangs, des moulins et de toutes les dépendances [1] qui se trouvaient autour, intérieures ou extérieures, proches ou lointaines[1] ». Ainsi fut fait pour les autres villes en litige. Et encore, du côté du duc on soutint que la *monstrée* n'avait pas été suffisante! Ce ne fut pas toutefois l'avis du Parlement. Ces mœurs nous semblent bien naïves. Certes il y avait là un réel abus du formalisme, mais ne faut-il pas tenir compte qu'à cette époque il n'y avait pas de cadastre et que les terriers, plus tard rédigés avec soin, devaient être très imparfaits et inexacts. Ne nous hâtons pas de rire des usages de ces temps encore primitifs : essayons plutôt de les comprendre[2] : ces hommes ne lisaient guère que dans le grand livre de la nature; de là les « monstrées » matérielles poussées jusqu'à une minutie fastidieuse[3].

IV. — Les Barres ou Exceptions.

Quoiqu'on range parfois ces *jours d'avis*, de *vue ou montrée*, comme les *essoines* ou excuses, parmi les *barres* ou *exceptions*, ce

1. « Nos procuratores dictorum comitis et comitisse, ostendimus procuratori domini Roberti de Burgundia, coràm vobis, Dyvionem villam et castrum intus et foris, longum et latum, muros et fossata, donjons (sic) et firmitates, domos et redditus, domania et hereditates, justicias et dominia, feoda et retro-feoda, boscos et ripperias, stagna et molendina, et gardas et omnes pertinencias, qualescumque sint circumcirca, intus et foris, prope vel longe, et hec vobis monstramus et denunciamus. » *Olim*, t. II, p. 65, 66, xv (1275). M. Tanon a donné de cet arrêt un très court résumé (p. 23).

Voir encore une monstrée à Laon : *Essai de restitution*, n° 871 (1294) pièce en français.

M. Aubert a cité un autre exemple de monstrée postérieur (de 1415), monstrée d'héritages, rentes, revenus, censives au territoire de Perrigny (Vermandois), ouv. cité, t. II, p. 65, note 3.

2. Les seigneuries n'étaient-elles pas des États? Aujourd'hui encore les puissances européennes n'envoient-elles pas en Asie, en Afrique des commissions dites de délimitation pour déterminer leurs droits sur les territoires contestés?

3. Les abus d'ailleurs ne manquèrent pas non plus et on trouvait commode de reculer un procès sous prétexte de montrée. Anser de Serçay et sa femme plaidaient contre la dame Falquet de Brancion au sujet du château de Courtevaux. Ils avaient eu, dans ce procès, jour de vue et de montrée. Puis, le procès pendant, Anser perdit sa femme. La dame de Brancion le fit de nouveau ajourner ainsi que ses enfants selon les errements habituels. Alors Anser réclama jour de conseil et de montrée comme s'il s'agissait d'un nouveau procès. Le Parlement n'accepta point cette doctrine : il décida que le dit Anser ayant eu jour de conseil et de montrée, la cause serait reprise en l'état où elle était au moment du décès de sa femme. — *Olim*, I, p. 645, viii (1266).

Dans un procès entre le roi d'Angleterre et Renaud de Pons, le roi d'Angle-

n'étaient là que des atermoiements, des délais. Si l'on tient à les classer parmi les exceptions, elles s'appelleraient exceptions purement *dilatoires*. Il en était de même des difficultés, très nombreuses d'ailleurs, soulevées au sujet des pouvoirs du procureur [1]. Elles avaient plus d'importance qu'on ne le supposerait et parfois pouvaient faire gagner ou perdre tout un procès. Huchon, Anglais, réclamait 70 livres parisis à Richard, déchargeur, pour la vente d'une maison. Première comparution devant une juridiction inférieure. Richard annonça qu'il avait des exceptions à proposer : seconde comparution. Cette fois Huchon se fit représenter par Pierre, garnisseur; alors le procureur de Richard refusa de plaider, alléguant que la procuration de Pierre était insuffisante. A l'audience suivante, Huchon vint au secours de son procureur et l'appuya de sa présence. Le procureur de Richard n'en répondit pas moins qu'à l'origine Huchon avait été en personne le demandeur

terre avait eu jour de conseil, puis il fit défaut dans deux parlements successifs; dans le troisième il demanda jour de montrée : le Parlement le lui refusa (Min. Arch. nat. X¹ᵃ 1, fº 119 vº); *Olim*, Beugnot, I, 525, XVIII; Langlois, *Textes du Parlem.*, p. 66 (1261).

1. *Les exceptions.* — Nous ne donnerons que quelques exemples de ces *exceptions de procureur*. En 1279, les hommes de Rivière-Axon (Ripperia-Axon) plaidaient contre l'abbé de Saint-Médard de Soissons et le seigneur de Couci. A cause d'un défaut ils avaient perdu tous les errements du procès. L'abbé et le seigneur n'en sont pas moins cités de nouveau : alors ils soutinrent que les procurations desdits hommes faites avant le défaut étaient nulles comme les errements. La Cour décida que les procurations seraient reçues; néanmoins au prochain parlement lesdits hommes auraient à renouveler la procuration. (*Olim*, II, p. 130, I (1279). — Autre arrêt sur les procurations pour les mêmes hommes (II, p. 302 XI (1290).

— Le chapitre d'Amboise se plaint que le seigneur d'Amboise ne veut pas recevoir sa procuration parce qu'elle ne fait pas mention du prieur : elle ne pouvait en faire mention puisque le prieur avait été supprimé depuis plusieurs années. La Cour déclara valable la procuration. (*Olim*, II, p. 482 I (1306).

— Le chapitre de Lyon, plaidant contre la ville, conteste la forme de la procuration. Elle contenait ces mots : « que les citoyens, le peuple et la communauté (universitas) de Lyon » constituaient des procureurs. Le chapitre disait qu'à Lyon il n'y avait ni commune, ni communauté, ni collège quelconque et que le sceau était récent : il avait été fait durant la guerre contre l'archevêque et au préjudice de l'archevêque. Les habitants de Lyon répondaient que dès qu'il y avait cité il y avait communauté. Le Parlement leur donna tort, la procuration ne valait rien ni par la forme ni par le sceau fabriqué sans autorisation du suzerain (*Olim*, I, p. 933 XXIV [1273]). — Voir encore procuration attaquée parce que la ville qui l'a donnée n'a pas le droit de commune et le sceau. (*Olim*, II, p. 682, VI [1318].)

— En 1368 tout un procès s'engagea, à propos d'un substitut du procureur du roi, dans une affaire entre le procureur du roi et Jeanne la Toillière, d'une part, les frères et les sœurs de la léproserie de Bruyères d'autre part. Devant des commissaires le procureur du roi fut remplacé par le substitut. On contesta les pouvoirs du substitut à cause d'une erreur de nom dans les lettres de substitution et d'un interligne qui ne semblait pas approuvé par le signet. — *Jugés*, X¹ᵃ 19 fº 313 vº. Guilhiermoz, *Enq. et Proc.*, p. 570, nº, CCXV (11 mars 1368).

et qu'il n'avait pas reçu du roi la permission de plaider par procureur : il gagna. Huchon n'appela point de cette sentence interlocutoire. Richard le fit alors citer, demandant d'être délivré de toute poursuite de sa part. Il se voyait déjà dégagé de sa dette. Huchon ne l'entendait pas ainsi : il appela au prévôt de Paris et perdit encore. Enfin il appela au Parlement, qui cassa la sentence du prévôt et retint la cause. Les maîtres du Parlement ne se laissaient point prendre aux finesses d'un procureur.

Tout ce qui pouvait fournir l'occasion d'obtenir un délai était mis à profit : citation incomplète, minorité des enfants, action connexe en suspens [1]; etc. On était, à cette époque, aussi prompt à reculer qu'à provoquer l'action de la justice. Était-on à bout d'arguments sérieux, on en trouvait en dehors de la cause. On arguait de certains faits complètement étrangers au litige et on refusait de répondre jusqu'à ce qu'ils eussent cessé. Dans le procès déjà mentionné de Geoffroy de Bruyères, seigneur de Trou, contre le comte d'Anjou, il s'agissait d'un château. Le comte d'Anjou avait déjà usé d'exceptions, s'étant prétendu malade. Geoffroy, à son tour, opposa quatre exceptions singulières pour se dispenser de répondre : 1° Il se plaignait que le comte gardât un gambeson enlevé dans la maison d'un de ses chevaliers. 2° Le comte d'Anjou maintenait dans le château de Trou (objet du litige) des juifs, un sergent et y avait un sceau. 3° Un chevalier de Geoffroy avait été pris par le comte à Trou et tenu en prison, où il avait fait une dépense de dix livres : 4° Le comte avait levé sur la terre de Trou jusqu'à 1500 livres. Sur la première exception, le Parlement donna raison à Geoffroy : le gambeson sera rendu avant toute réponse; sur la deuxième, il y aura enquête; sur la troisième, le comte d'Anjou rendra les dix livres; sur la quatrième seule, celui-ci a gain de cause, car il a levé l'argent sur la terre de Trou au temps où cette terre était en sa main, par jugement de la Cour [2].

Les exceptions *déclinatoires* offraient, de leur côté, des ressources infinies : elles se confondaient avec les conflits de juri-

1. Pour citation incomplète voir : *Olim*, I, p. 782, XXVII (1269); — pour Minorité : *Olim*, I, p. 490, VI (1260); — pour Action connexe en suspens : *Olim*, I, p. 786, XXXVI (1269).
2. *Olim*, I, p. 515, IV (1261).

diction[1] si nombreux que nous serons obligés de leur consacrer un chapitre spécial. Si l'on ne contestait pas la compétence on pouvait établir la partialité du juge et le récuser[2] : encore une exception déclinatoire. Mais la bonne fortune c'était de rencontrer une de ces *exceptions péremptoires*[3] qui supprimaient d'un coup tout le procès. « Au moyen âge, dit M. Glasson, on y comprend d'abord toutes les préventions que le droit romain désignait déjà sous ce nom, l'exception de dol, de violences, de chose jugée, de prescription, de sénatus-consulte Velléien. On y met ensuite une foule de moyens qui sont de véritables défenses directes au fond et qui, dans la suite, ont cessé d'être des exceptions, mais on leur accorde, à cette époque, cette nature à cause du formalisme de la procédure qui ne veut voir dans la défense que la négation de la demande[4] ». Ces exceptions, ou véritables *barres*[5], variaient à l'infini : elles échappaient même souvent à toute classification[6]. Dans un procès d'héritage entre le comte d'Artois et Jean de Souliac, celui-ci refusa de répondre parce que la comtesse, au nom de

1. *Exceptions déclinatoires.* — Citons une exception déclinatoire peu ordinaire et en dehors des conflits habituels de juridiction : Procès entre Guillaume de Roussillon et le comte de Forez au sujet de la moitié d'un château. Le comte de Forez proposa une exception, à savoir qu'il n'était pas tenu de répondre à Guillaume puisque celui-ci appartenait à une souveraineté étrangère et ne tenait rien du roi. (Guillaume était sujet de Jayme Ier, roi d'Aragon, auquel saint Louis avait cédé le Roussillon. Fait bizarre! Guillaume, étranger, repoussait l'exception : il voulait être jugé par le Parlement de Paris, qui du reste obligea le comte de Forez à répondre (*Olim*, I, p. 603, VII (1265).

2. Quoique le terme d'exception déclinatoire ne soit pas appliqué par les coutumiers aux conflits de juridiction, il n'en était pas moins déjà en usage.

— Le maître et les frères de la Maison-Dieu de Paris plaident devant le prévôt de Paris contre le prieur et le couvent de Longpont sur la saisine d'une bannière de deux moulins et la perception de petits revenus. Le procureur du couvent opposa « plures *raciones declinatorias* contra dictum prepositum et *dilatorias* contra partem adversam. (*Olim*, III, p. 1131, LII 1317). — Autre exemple d'exception déclinatoire : procès assez embrouillé de marchands italiens devant les gardiens des foires de Champagne. La compétence des gardiens est récusée parce qu'il y a eu en réalité une convention frauduleuse. Cause portée aux Grands Jours de Troyes, de là au Parlement qui cassa le jugement des gardiens et retint l'affaire (*Olim*, III, 2e partie, p. 1210 XII, 1318).

— L'Ordonnance de 1291 (§ 5, 5 *bis*, 6) détermine les conditions qui pouvaient empêcher un juge de siéger dans une cause : association, parenté, pension, sujétion féodale (Langlois, *Textes du Parlem.*, p. 157, 158 (XI).

3. *Exceptions péremptoires.* — *Péremptoires*, de *peremptum* mode du verbe *perimere*, détruire, et en droit *périmer*, éteindre.

4. Glasson, *Hist. du Droit*, t. VI, p. 517.

5. « Nous apelons barroier les resons que l'une partie dit contre l'autre apres ce que les excepcions dilatoires sont passees.... » Beaumanoir, t. I, ch. 7 § 249.

6. M. Glasson fait remarquer qu'il y eut deux sortes d'exceptions péremptoires : les unes péremptoires de fond et les autres péremptoires de forme. *Ibid.*, p. 518, note 3.

laquelle le mari intentait l'action, n'était point présente[1]. Le Parlement le débouta de cette exception. L'abbé et le couvent de Brantôme plaidaient contre Bernard de Bourdeil au sujet du château de Bourdeil. Le défendeur nie d'abord que le fief soit une dépendance de l'abbaye : c'est une *négation* pure et simple. Les demandeurs offrent de faire la preuve. Bernard alors déclare qu'il tient le fief du roi d'Angleterre et demande le renvoi devant la juridiction de ce prince. L'abbé et le couvent l'empêchèrent d'échapper ainsi : il n'avait pas le droit de donner, après une *négation*, une *explication* nouvelle. Le Parlement permit au couvent de fournir ses preuves[2]. Jean de Vallery réclamait un château à titre d'*héritage*, après l'avoir réclamé à titre de *donation* et après avoir été débouté de sa demande : c'était la même cause, reproduite sous deux formes différentes; or elle était jugée[3]. La longue durée des procès et les interruptions de poursuites donnaient encore lieu à une foule d'exceptions, car, lors du décès d'une des parties, il ne fallait négliger aucune des formalités et reprendre avec soin les errements[4]. On multipliait aussi les exceptions

1. Le comte objectait qu'il s'agissait d'une action purement mobilière et que durant le mariage il pouvait disposer des meubles de sa femme. Le Parlement lui donna raison : « Judicatum fuit quod, cum de puro mobili ageretur, dictus Johannes tenebatur, absente eciam comitissa, predicto comiti super hoc respondere ». *Olim*, I, p. 785, xxxv (1269).

2. *Olim*, I, p. 940, xli (1273). Cet arrêt n'a pas échappé à Brunner (*la Parole et la forme*).

3. *Renouvellement d'une demande sous une autre forme.* — Le Parlement précise ici théoriquement le droit : « Quia, secundum consuetudinem Francie, ex quo aliquis cadit a peticione suâ, *secundum unum modum* petendi, postmodum per *alium modum* petendi, nisi de novo emerserit, non debet audiri, judicatum fuit concorditer ab omnibus quia modo (Johannes) petit tanquam proximior, alias pecierat racione donacionis sibi facte, non debet super hoc audiri. » *Olim*, t. I, p. 469, vi (1260).

— Autre texte analogue; procès d'un évêque de Mende, *Olim*, I, p. 507, viii (1261).

4. *La reprise des errements.* — En 1377 l'abbesse et le couvent de Notre-Dame de Soissons avaient un différend avec le duc d'Orléans, seigneur de Pierrefonds, qui voulait les soumettre à sa juridiction. Durant l'instance le duc mourut. Les religieuses firent citer la duchesse. Celle-ci prétendit qu'on ne « l'avait pas ajournée pour reprendre ou délivrer les errements ». Les religieuses répliquèrent. Elles dirent « que le stile rigoureux en cette matière fut piéça muée par Monsieur le cardinal de Beauvais pour lors chancelier de France et fut introduit de novel que la partie muée *procedendo resumit* » et qu'il n'était plus nécessaire de dire formellement : « Je reprends ». Or les religieuses procédaient, donc elles reprenaient les errements. « En vérité la duchesse a été adjournée pour repranre ou laisser les errements de la cause, et a repris, ce dont le procureur des religieuses a acte de cette Cour, dont il fera foy. » La duchesse *dupliqua*. Elle soutint que le Style avait été changé pour le *demandeur* non pour le *défendeur*, mais que celui-ci devait être cité pour « reprendre ou délaisser les errements ». Le Parlement ordonna la continuation de

de *litispendance*[1], celles de *prescription*[2], les meilleures bien entendu, mais qui rentrent dans la grande question de la propriété.

Les exceptions *péremptoires* devaient être proposées toutes ensemble. Si on ne le faisait point et si une première était repoussée, les autres n'étaient plus recevables[3]. Un arrêt des *Olim*,

la procédure; « il examinera l'acte des religieuses et fera droit ». Reg. du Parlem. Collect. Sainte-Geneviève, Ff. 13, t. I, fol. 278 (jeudi 4 mars 1377 [1378]).

— Autre affaire, interruption de poursuites : Nicolas de Pérticus demandait l'exécution d'une sentence arbitrale rendue entre lui et Nicolas le Coq par Étienne de Mante choisi comme arbitre. Durant l'instance, le défendeur prétendit qu'on ne pouvait plus le contraindre à procéder en cette cause ni que le demandeur ne devait plus être admis à poursuivre l'exécution ci-dessus mentionnée parce que *durant cinq semaines et plus*, les conclusions n'étant pas données et le défendeur ayant fait plusieurs oppositions contre les témoins du demandeur, *celui-ci avait négligé de poursuivre le procès*. Le prévôt de Paris, par sentence interlocutoire, jugea que, malgré l'interruption, on devait procéder au fond. Nicolas le Coq appela au Parlement, qui confirma le jugement du prévôt : les parties devaient retourner devant le prévôt pour reprendre leur procès. *Olim*, III, p. 919, LXXX (1314).

1. *Exception de litispendance.* — Le comte d'Artois avait eu plusieurs procès avec Jean de Souliac, dans la liquidation de la succession de Pierre de Courtenay, son beau-père. Il avait formé un recours contre la veuve d'Henri de Souliac, mère de la comtesse d'Artois et de Jean de Souliac. Il demandait à la veuve et à Jean la somme due *en totalité* ou suivant *la part qui incombait à chacun*. Jean ne manqua point de chicaner. Le comte avait demandé la totalité de la somme à la mère de Jean ou la part qui lui incombait; lui, Jean, n'était donc pas tenu de répondre *jusqu'à ce que fût décidé le procès entre le comte et la dame*. Le comte repoussait cette exception : « puisque Jean et sa mère devaient payer le tout et que l'un en payant (le tout) acquitterait l'autre, bien qu'on demandât le tout ou la partie à l'un ou à l'autre, l'action n'était pas éteinte contre l'autre. » Le Parlement condamna Jean à répondre au comte avant que le procès de sa mère fût discuté. » *Olim*, I, p. 786, XXXV (1269).

2. *Exception de prescription.* — Pierre de Roche Noire réclamait à Guillaume de Chauvigny, seigneur de Châteauroux, le bois de Navoys, le bourg neuf de Saint-Sépulcre, le château de Clues, la moitié du marché d'Eygurande etc. Le seigneur de Châteauroux, *post multa erramenta*, soutint qu'il n'était pas tenu de répondre, car il y avait plus de *trente ans* qu'il possédait ces biens. Pierre répondait que « hec exceptio non valeat, quia secundum consuetudinem ipsius terre, cum pater alicujus fuit de quâ re saysitus, prescriptio *sine titulo* non currit contra filium petitorem.... » Le Parlement admit l'exception de Guillaume de Chauvigny et Pierre perdit son procès. *Olim*, I, p. 502 XXVIII (1260). (Voir aussi p. 492, n° 9 (1260].)

3. *L'échec sur la première exception péremptoire entraîne la non recevabilité des autres...* — « cum a priore excepcione sua cecidissent, aliis excepcionibus in eadem causa ad eundem finem, secundum consuetudinem hujus curie, uti non poterant... » *Olim*, t. I, p. 892 (1272). Cf. t. I, p. 568, VII (1263); t. III, p. 843, XXIV (1313). — Beaumanoir expose la même doctrine : « ... mes quant excepcions dilatoires, sont toutes passees et il convient respondre au principal de la querele et metre avant ses excepcions peremptoires, l'en les doit toutes metre avant, sans fere retenue et requerre jugement seur chascune reson *de degré* en *degré*; car puis qu'il a mis resons peremptoires en jugement, il n'i puet puis autres ajouster pour retenue qu'il en ait fete. Et pour ce dit-on que l'en ne barroie qu'une fois en court laie. » (Chap. VII, § 248.)

Cette maxime rapportée par Beaumanoir n'est que la traduction vive et pittoresque d'un texte des *Olim* : « Cum consuetudo curie laicalis talis sit *quod pluries non proponuntur excepciones peremptorie in eadem causa*. » *Olim*, I, p. 569, VII (1263).

fort explicite, nous montrera le degré de sincérité des plaideurs du temps et déjà la malice génoise. C'étaient en effet des Génois qui n'osant, quoique étrangers, décliner la juridiction du Parlement, se retranchaient derrière des exceptions. Des marchands de Saint-Antonin (Aveyron) pillés en mer par un pirate, Bulgarin, rendaient la cité de Gênes responsable de cet acte commis par un de ses sujets. Procès devant le sénéchal de Beaucaire. Appel des Génois, puis long silence. Les marchands réclament de nouveau et s'adressent au Parlement. Les Génois ne refusent point de comparaître, mais leur procureur oppose exception de *chose jugée*; ils ont été soi-disant absous et prétendent le prouver par une copie de lettres de Louis IX. Les lettres examinées ne prouvaient rien. Le procureur alors tire de son sac un autre parchemin et une seconde exception : le dit Bulgarin n'était pas sujet de Gênes, et comme les Génois l'ont néanmoins pendu, ils ont plutôt droit à des éloges qu'à une punition. Les marchands, qui poursuivaient surtout une réparation pécunaire, soutinrent que les Génois, ayant été déboutés de leur premier moyen, n'avaient plus le droit de proposer d'autres exceptions. C'est ce que la Cour décida[1], consacrant par un arrêt l'adage « qu'on ne baroyoit (barrait) qu'une fois en court laie ».

Les plaideurs non plus ne tarissaient pas en *retenues*[2] ou *réserves*, en *protestations*. Non seulement, dans leurs demandes ou leurs défenses, ils maintenaient pour eux la faculté d'ajouter, si besoin était, à ce qu'ils avaient dit. Mais ces réserves et protestations devinrent un nouveau moyen de gagner du temps et d'éviter un défaut[3]. Elles formèrent même des *actes* séparés qu'on

1. La Cour jugea que les Génois n'avaient pas prouvé leur acquittement par les lettres susdites, qu'ils n'avaient pas poursuivi leur appel comme ils le devaient, « quodque cum a priore excepcione sua cecidissent aliis excepcionibus in eadem causa ad eundem finem, secundum consuetudinem hujus, curie, uti non poterant.... ». Elle condamna les Génois à restitution et prescrivit aux procureurs de veiller à ce que cela fût bien exécuté, « de telle façon que le Roi ne fût pas obligé d'aviser autrement ». Une menace diplomatique était ainsi jointe à l'arrêt. — *Olim*, I, p. 891, XXXIV (1272).

2. *Retenues ou réserves*. — « ... et si doit faire retenue de plus faire et de plus dire, se mestiers li en est. » (*Établ.*, liv. II, ch. VI, p. 336.)

« ... si fais je bien retenue de plus faire et de plus dire, en leu et en tanz quant droiz m'i amenra, si *come de barres peremptoires qui ont leu jusqu'à jugement...* ». (*Etabl.* l. II, XV, p. 373.)

3. Voir les explications données par M. Viollet, t. II, p. 409, liv. II, ch. XXI, note 10.

présentait, au XIVe siècle, au Parlement et que celui-ci enregistrait : il en reste aux Archives[1]. Cet abus toutefois ne persista point : les réserves ne furent qu'une formalité toujours répétée, même quand on n'en avait point à faire, et qui s'est conservée jusqu'à nos jours dans beaucoup d'actes de procédure[2].

Le Parlement ne pouvait trouver mauvais qu'on abandonnât une instance ou qu'on la terminât par un *accord*[3]. Toutefois il fallait une autorisation. Les *Olim* mentionnent plusieurs de ces accords[4]. Le Parlement en effet les sanctionnait et les gardait

1. *Protestations.* — Les protestations étaient celles « qu'une partie faisait devant le Parlement contre tout acte ou parole qui pouvait nuire à ses droits, soit que l'acte ou le dire émanât d'elle-même, soit qu'il vint de son adversaire. On les employait même dans la prévision d'un acte non encore accompli, dont on voulait conjurer les éventualités préjudiciables. L'acte judiciaire qui les constatait, a pris de bonne heure la forme d'un arrêt. Les plus anciennes, de 1320 à 1330, ont des formules variées.... A cette époque déjà, la partie qui protestait demandait souvent que sa protestation fût enregistrée et qu'il lui en fût délivré des lettres; on en voit un exemple, dès 1321, dans une protestation du maire et de la commune de Condé et de Celles. Cela parait être devenu bientôt d'un usage général et l'on trouve, après 1330, la plupart des *protestaciones* rédigées en forme de lettres ou d'arrêts. L'usage et la conservation des protestations comme actes séparés n'ont pas été de longue durée; les anciens registres du Greffe n'en mentionnent plus dans les tables à la fin du XIVe siècle. » (Grün, *Les Archives du Parlement*. Boutaric, *Inventaire des actes du Parl.*, t. I, p. CXIV.)

Quelques-unes de ces pièces de procédure ont été insérées en français dans les *Olim* : t. II, p. 345, XXIX (1292) et *ibid.*, XXX, cette dernière intitulée : « Ce sont les retenues et protestations monsieur Gauthier seigneur de Chasteillon ».

2. « De nos jours les avoués mettent encore a la fin de beaucoup de leurs actes des *retenues* ou *retenailles* qui sont de style et dont on se contente de marquer les initiales : s. t. r. g. q. d. f. e. d. d. (sous toutes réserves généralement quelconques de fait et de droit). Viollet, *Établ.*, t. IV. Notes, p. 260.

3. *Accords.* — D'après les anciens Coutumiers, le juge devait même tenter une conciliation : « il doit dire as parties qu'il facent pais et doit faire son loial pooir de la pais. » *Établ.* l. II, ch. XVI, p. 377.

— Cet usage, dit M. Viollet, s'inspire des idées chrétiennes et des devoirs particulièrement prescrits par le droit canon au juge ecclésiastique, à l'évêque. (Gratien, *Decretum* prima pars, dist. CX, c, 1, 7; *ibid.*, secunda pars, causa V, quœstio II, CL).

.... « La coutume de Touraine-Anjou contient une rapide allusion à ces accords devant la justice, : elle parle de *paix de chose jugée*. L'expression est concise et un peu énigmatique. Cette paix de chose jugée est une variété fort remarquable de la conciliation en justice : c'est un accord, un traité de paix et pour ainsi dire d'amitié (ici M. Viollet va peut-être un peu loin) survenant non pas avant le jugement ou plutôt en lieu et en place du jugement, mais bien après le jugement et sur les bases mêmes de la sentence rendue ». (Viollet, *Établiss.*, t. I, p. 208.)

4. Richard Berlenguel, chevalier, avait un procès contre Gui de Lynvilier. Richard « après le jour de conseil et de montrée, après le serment (de calomnie), après la production des premiers témoins, renonça à son instance qu'il reconnut avoir introduite poussé par un mauvais esprit « prout in plena curia fuit confessus ». *Olim* I, p. 853, IV (1270, sous Philippe III).

— Le maire et les jurés de Compiègne avaient depuis longtemps un procès contre l'abbé au sujet d'acquisitions sur le territoire de la commune . Sans indiquer la raison, le greffier mentionne qu'ils interrompent le procès : « dixerunt in plena

« Les accords dit Grün, étaient écrits sur des parchemins conservés en rouleaux et mis dans un sac pour chaque Parlement. Ils ont continué d'être enroulés, même après qu'ils étaient écrits sur des feuilles de papier. Les tables des registres du Greffe mentionnent des accords jusqu'en 1648: toutefois ceux que possèdent les Archives sous forme de rouleaux ou de cahiers pliés s'arrêtent à 1599 [1]. » Si l'on s'accordait sans obtenir licence de la cour, on s'exposait à une amende [2]. Un Juif, Mousse, de Vesoul, avait un procès contre Jean d'Aunay. Les deux parties s'entendirent. La Cour condamna Mousse à 60 livres parisis (812 fr.) d'amende « pour ce qu'il s'était accordé avec sa partie sans le congé de la Cour ». Quant au procès principal « il sera vu et jugé en tant qu'il touche l'amende de l'appel ». Le Juif paya donc amende pour l'accord et amende pour son appel devenu inutile [3].

V. — L'Appointement. Les Articles.

Tant d'escarmouches font bien présumer de la durée et des péripéties du choc qu'elles précédaient, quand elles n'étaient pas à elles seules le combat. Si l'on passait outre, la véritable instance s'engageait par la *litis contestatio*, empruntée aux canonistes, qui eux-mêmes l'avaient prise au droit romain [4]. On changea seule-

curia quod liti hujusmodi supersedebant in presens ». *Olim*, I, p. 839, III (1270). On prévoyait sans doute un accord.

Boutaric, dans les *Actes du Parlement*, donne le texte suivant d'un accord entre le comte de Sancerre et l'abbé de Saint-Satur, au diocèse de Bourges, au sujet de droits d'usage dans les bois de Charnes : « ... Tandem, habito super predictis bonorum virorum consilio, et ipsis bonis viris mediantibus inter dictas partes, super predictis omnibus, coram magistris curie nostre, extitit pacificatum et eciam in modum qui sequitur amicabiliter concordatum, videlicet quod etc. » Expédition corrigée J 749, n° 10 *bis*. *Actes du Parlem.*, n° 2122 B (ann. 1278).

1. Voir Grün, *Archiv. du Parl.*, p. CXI, CXII, et sur la procédure des accords p. CXII-CXIII.

2. Voir Aubert. Textes cités. *Parl.* t. II, p. 172. note 3, et p. 243, XXXI.

3. Collect. Sainte-Geneviève. Regist. du Parlem. Ff. 13 (Extraits des Plaidoiries), t. I-III, f° 275. Lundi 4 avril 1378 (1379).

4. *La Litis contestatio*. — Sous l'empire des *judiciaria ordinaria*, le moment où le magistrat délivrait la formule et renvoyait les parties devant le juge, se nommait *litis contestatio*. C'était le dernier acte de procédure devant le magistrat (*in jure*). Cette expression *litis contestatio* venait de ce que primitivement le magistrat n'écrivait probablement pas la formule et que les parties étaient dans la nécessité de prendre à témoin les personnes présentes : « Testes estote ». Ruben de Couder, *Résumé des Répétitions écrites de droit romain* (4° édit. 1875 p. 564).

ment son nom : ce fut l'*appointement*. Les parties étaient *appointées* (c'est-à-dire mises au point précis de la contestation) « en faits contraires » si l'on discutait sur les faits; ou « en droit » si on débattait les conséquences d'un fait. « Et pour ce, dit Boutillier, lors est le juge seigneur de la cause : et convient prendre par luy (résolution) décisoire : car toutes interlocutoires sont passées[1] ».

On appointait d'abord les plaideurs à « bailler par écrit » leur demande et leur réponse (c'était le premier appointement); puis à « aller avant » ou bailler leurs replicacions » (c'était le second appointement). Enfin, si le juge n'était pas encore assez éclairé, il donnait aux parties un troisième appointement « à oyr droit où il chiet » (*jus ubi caderet*) s'il s'agissait de quelque incident à terminer par une interlocutoire, ou « à oyr droit en définitive » s'il s'agissait de statuer sur le fond [2].

Les plaideurs alors présentaient *écrits* leurs *articles*, c'est-à-dire les éléments de la *demande* et de la *réponse parlée*. Or cette rédaction devint toute une science[3]. On introduisit dans ces écritures

1. Boutillier, liv. I, titr. 22, p. 123.

Les exceptions dilatoires étaient discutées avant, les péremptoires après la *litiscontestation*. M. Glasson explique que les exceptions péremptoires, à la différence des autres emportaient *litiscontestation* « mais à une condition : il fallait que le défendeur les eût opposées a toute fin, c'est-à-dire comme moyens de défense unique et sans s'en réserver aucune autre. Ainsi il n'y aurait pas eu *litiscontestation* si, en opposant une exception péremptoire, le défendeur s'était réservé la faculté de répondre pour le cas où cette exception serait écartée. Quant aux autres exceptions, elles ne produisaient jamais *litiscontestation*. Aussi avait-on soin de les opposer souvent sans droit, au seul effet de retarder ce moment de l'instance. Philippe le Bel essaya, par une Ordonnance de 1303, de supprimer ces retards en décidant que toutes les exceptions qui n'entraînaient pas *liticontestation* devraient être proposées dans un délai de dix jours, à peine de déchéance, et qu'en outre dans les actions personnelles (mais non dans les actions réelles) il ne devrait jamais s'écouler plus de vingt jours entre l'ajournement et la *litiscontestation* (Recueil d'Ordonnances à la suite du *Stilus Parlamenti*, éd. de 1558, p. 192) ». Glasson *Hist. du droit*. t. VI, p. 521.

De son côté, M. Tanon dit : « Le droit canonique, s'inspirant du droit romain, avait attaché à l'acte qui marquait ce moment décisif de l'instance des effets très importants qui lui avaient été reconnus aussi dans notre droit et qui dérivaient la plupart de cette double idée : fixation définitive des éléments du litige, du juge et de la qualité et des parties, substitution d'un droit nouveau au droit qui formait le fondement primitif de l'action. Il n'y avait pas, à proprement parler, d'instance si la cause n'était pas contestée. « Ante litem contestatam non dicitur lis mota, nec dicitur quis agere, sed agere voluisse. Quo fundamento litis contestatæ omisso vel cessante, omnia acta judiciaria corruunt (Dumoulin, sur la Coutume de Paris, art. 104). » Tanon, *l'Ordre du procès civil*, p. 33-34.

2. Voir Tanon (ouv. cit.), 28, 29, 30. Il indique deux arrêts des *Olim* de 1311 et de 1317 (*Olim*, t. III, p. 703, LXV; p. 1131, LII).

3. *Les appointements*, *écritures*, *articles*. — Ces écritures étaient dressées par *mémoire* quand il s'agissait de points de droit; par *faits contraires* et *intendit* quand

des divisions : par manière de *mémoire*, par *faits contraires*, par *intendit*. En réalité dans les écritures on distinguait surtout l'*intendit* (l'intention, ce que nous appelons les *conclusions*) et les *articles* (les *articulations*, les faits). « Articuler par écrit, dit Boutillier, est un des notables faits patrociniens d'avocacerie [1]. » En vain conseillait-il de rédiger des articles brefs, car, ajoute-t-il « ennuyeuse chose est long article tant pour le juge que pour les témoins [2] ».

La scolastique, passant des universités dans les tribunaux, ne manqua pas d'introduire des catégories qui distinguèrent les articles en *confortatifs*, *positifs*, *propositifs*, *modérants*, *inductifs*, *dépendants*, *illatifs*, *généraux*, *relatifs*, *articles de droit*, *articles responsifs*, et ceux-ci *doubles*, *tacites*, *expresses*; dans les articles positifs furent placées les *réponses tacites* et à la fin les articles *expressément responsifs*. Nous reproduisons là textuellement le *Style de la Chambre des Enquêtes* [3].

Ces écritures devaient être communiquées à la partie adverse. On les remettait au greffe pour y être « ampliées [4] » ou « tripliées », c'est-à-dire recopiées en double ou triple expédition. Du

il y avait à prouver des faits. Les écritures par *intendit* prenaient leur nom de la formule selon laquelle étaient rédigées habituellement les articulations de faits : « Talis probare *intendit*. Devant vous tel entend à prouver. » Voir Tanon, p. 26, 27.

Dans l'appointement *en faits contraires*, les écritures comprenaient : un *intendit* et des *articles*. Les *articles* contenaient lés faits que les parties mettaient en avant pour « atteindre » les conclusions énoncées dans l'*intendit* et qu'elles avaient offert de prouver par témoins. E. Guilhiermoz, *Enquêtes et Procès*, p. 9 et 10.

1. Boutillier, l. I, t. 22, p. 112.

2. « Tedieuse chose est long article tant pour le juge que pour les témoins ». Boutillier, p. 113.

Les avocats devaient signer leurs écritures (Ord. de février 1328 sur le Châtelet, art. 33 dans *Ord.* t. II, p. 9; — Ord. de décembre 1363, art. 9, ibid., t. III, p. 653. — Ord. d'avril 1454, t. XIV, p. 296). Guilhiermoz, *Enq. et proc.*, p. 10.

3. « Circa quod sciendum est quod quandoque reperiuntur inter articulos singulares articuli : confortativi, positivi, propositivi, moderativi, inductivi, dependentes, illativi, generales, relativi, articuli juris et articuli responsivi dupliciter, videlicet tacite et expresse, et inter articulos positivos consueverunt poni responsiones tacite et in fine articulorum articuli expresse responsivi. » (Style de la Chambre des Enquêtes, § 7. — Guilhierm. *Enq. et Proc.*, p. 183.) Voir p. 14 et 15, les explications données par M. Guilhiermoz.

« On terminait les articles par un article général : « Item, les choses dessus dites sont vraies, notoires et manifestes et d'icelles est voix et commune renommée et les a partie adverse cogneues et confessées estre vraies en tout ou en partie. » Style des commissaires, 63. — J. le Coq. 325. — *Grand coutum.*, p. 536, 539, 541, 553, 585. (Guilh. *Enq. et Proc.*, p. 18.)

4. « Les parties recevaient chacune une ampliation des deux séries de la *paire* d'articles dûment close au moyen d'une bande de parchemin passant dans des

mot *ampliées* on a fait le mot *ampliation*, resté dans la langue judiciaire et administrative. L'ampliation était close par une bande de parchemin et le signet de la Grand'Chambre. Le chancelier scellait aussi les ampliations. Dans le cours de ce travail des *articles* la moindre négligence pouvait entraîner la mise en défaut[1].

Ces premières écritures ne suffisaient pas. Ne fallait-il point répliquer; alors on obtenait, comme nous l'avons dit, un *second appointement*. Les officialités admettaient des *dupliques*, des *tripliques*, des *quadrupliques* qui s'introduisirent dans les tribunaux laïques, à plus forte raison au Parlement, à moitié ecclésiastique[2]. Les Ordonnances royales néanmoins et le Style du Parlement tendirent à diminuer ce monceau d'écritures[3].

Que de difficultés pour vérifier, éplucher les articles et, comme l'on disait, les « accorder »[4]! Avocats et juges y dépensaient beaucoup de temps et de patience. Après avoir siégé toute la

trous ménagés à cet effet et sur laquelle le signet de la Grand'Chambre avait été provisoirement apposé. Elles portaient ensuite ces ampliations au chancelier pour les faire clore définitivement sous le contre-scel royal; après quoi elles les rendaient à la Cour pour se faire donner des commissaires. Ces différentes opérations devaient être, aux termes des Ordonnances, effectuées dans un délai de huit jours. » *Ibid.*, p. 25.

1. « L'en ne puet ne ne doit ... escripre fors tant seulement ce qui aura esté plaidoié de vive vois, quant l'en est apointié par escript » (J. Des Mares, 331. Cf. *Cout. not.* 168, 5 mars 1373).

2. *Les répliques et dupliques.* — « Il y a en cour de chrestienté *triplication* qu'on donne au défendeur et *quadruplication* au demandeur. Mais il n'y a que replications « en cour laye, pource que ne barroie qu'une fois çascune partie ». Beaumanoir (Salmon), ch. 6. n° 196. Cf. Tancrède, liv. II, ch. *De replicacionibus*, et G. Durant, l. 2, p. 1. *De exceptionibus et replicacionibus*.

3. Ord. de décembre 1363 (*Ord.*, t. III, p. 653). — Ord. de février 1328, art. 38, t. II, p. 9.

Règlement du prévôt de Paris de 1393 pour le Châtelet (art. 6). « Pour ce que en la dicte cour du Chastelet et en la prévosté, on avoit et a accoustumé de bailler escriptures en deux foiz, c'est assavoir escriptures principaux et repplicacions, qui estoit une grant confusion et multiplication de despens, nous avons ordené et ordenons que doresnavant on ne baillera que une foiz et unes escriptures seulement, selon ce qu'il est accoustumé en la court de Parlement. » (*Ord.*, t. VII, p. 283, en note sous une Ordonnance de juin 1389.)

4. *Accord des articles.* — Règlement de 1301 : « Il est ordene par la court que quant debaz sera entre parties de leur articles acorder, se li advocaz d'une partie ne veut recevoir aucun article en disant que il ne fut mie *plaidez*, se li articles est pertinenz a la cause et li advocaz qui l'a fait veaut jurer que il l'a plaidié, il sera receuz. » *Olim*, t. II, p. 448, x (en français), 1300 (1301). — Ord. de 1363, art. 14, *Ord.* t. III, p. 654).

Ord. du 16 décembre 1364. Préambule : « Pour le débat des intendiz qui sont a vous a acorder et des articles desquels les advocaz qui ont plaidoié les causes selonc le stile de nostre court sont creuz par leurs serments. » *Ord.*, t. IV, p. 512.

matinée, les maîtres de la Grand'Chambre revenaient, l'après dîner [1], pour vérifier si les faits consignés dans les articles étaient bien identiques à ceux qui avaient été « plaidés », c'est-à-dire énoncés lors de la demande orale.

Quand les parties pouvaient ainsi se présenter armées d'écritures méthodiques et régulières jusqu'à la subtilité, quand elles avaient divisé, subdivisé et sans doute assez obscurci le débat, elles recevaient la permission de le commencer. C'était un nouvel *appointement*, celui « d'aller avant sur les vérités [2] ». La procédure redevenait orale. Encore n'y arrivait-on pas tout de suite : très souvent il y avait à « prendre jour pour dire les vérités » et il y avait des délais « d'aller avant sur les vérités ». Abus réformés en 1367 [3].

Enfin, les plaideurs comparaissaient en face l'un de l'autre. Il leur fallait alors prêter le serment par lequel ils soutenaient chacun la bonne foi de leur demande ou de leur réponse. Encore un acte de procédure emprunté aux canonistes. C'était le *serment de calomnie* (*de calomnia*) [4], qu'il ne faut pas confondre avec le

1. « Ce jour de samedi (10 mai 1376), la Court a ordené et fait publier... que de cy en avant messeigneurs vendront en la Chambre de Parlement au[s] mardis et aus vendredis après diner pour articles accorder » (X^{1a} 1470 f° 200). Guilhiermoz, *Enq. et Proc.*, p. 11, note 5.

Quant au délai pour accorder les articles, les Ordonnances s'évertuèrent à le fixer tantôt à huit jours, tantôt à douze, tantôt à quinze. Mais les avocats ne se mettaient guère en mesure de procéder à cette opération avant la fin du Parlement. « pour quoi, fait dire au Roi le préambule de l'Ordonnance du 16 décembre 1364, il est advenu ou temps passé... que en la fin de chascun parlement il a convenu tenir pluseurs de vous à nos gaiges par l'espace d'un mois ou de plus pour accorder les diz articles. » *Ord.*, t. IV, p. 512. Guilh., p. 22.

2. *Appointement d'aller avant sur les vérités.* — Voir Tanon, p. 36, 37, 38. Il fait deux citations des *Olim* que nous complétons : « ...visis racionibus hinc inde propositis diligenter, viso eciam signo dicti prepositi antiqui et sigillo Castelleti quibus dicta interlocutoria sigillata erat, visis eciam memorialibus assignacionum dierum factis dictis partibus *ad dicendum veritates suas...* » (*Olim*. t. III, p. 554, XLVIII [1310]). — « ... liteque in ipsa causa hinc inde contestata, juratoque, super hoc, a dictis partibus seu eorum procuratoribus, certa die, ad *dicendum hinc inde veritatem*, dictis partibus assignata... » (*Olim*, t. III, p. 1100, XXXIV [1316]).

3. « Et pour ce que audit Chastelet et es autres cours subjettes de la ville de Paris, a plusieurs dilacions aussi comme frustratoires, comme de donner jour a dire les véritez sur les faiz baillez par escript devers la court, l'autre à aller avant sur les véritez qui doivent estre dictes, et la tierce à aler avant comme dessus sur les dictes véritez, quant les parties ont este négligentes..., ordonné est que, depuis que faiz seront baillez et receuz, l'en aura une seule assignacion pour les trois dessus dictes, à aler avant sur les véritez qui seront dictes pendant la journée qui y sera assignée... ». Ord. du 17 janv. 1367, art. 19 (*Ord.*, t. VII, p. 705), cité par Tanon, p. 38.

4. *Le serment de calomnie.* — Decr. de Grég. IX, II, VII. Voir le chapitre de M. Viollet sur le serment de calomnie. *Établiss.*, t. Ier, p. 276 et suiv. Ce savant rap-

serment habituel de dire la vérité (*de dicenda veritate*). En outre il pouvait y avoir *serment de malignité* (*de malicia*) lequel même pouvait être exigé, à chaque instant de la procédure dès qu'on soupçonnait une fraude [1]. Le *serment de calomnie* ou de bonne foi n'était prêté qu'une fois pour toutes après la litiscontestation. Il apparaît, dans les cours laïques, dès l'Ordonnance de saint Louis sur la procédure du Châtelet [2]. Il est mentionné dans plusieurs arrêts des *Olim* [3]. Il commandait en réalité tout le procès.

VI. — Les Preuves.

Allait-on enfin plaider au fond? Oui, si l'on pouvait décider d'après les raisons alléguées par les parties et d'après le droit. Non, s'il y avait des *faits à prouver*.

Avant les changements introduits dans la procédure par saint Louis, le *serment*, le *record*, les *gages de bataille* étaient les moyens de preuve les plus usités. Très ancienne [4] et très populaire, la

pelle que l'origine en est romaine. Au temps de Gaïus le demandeur peut quelquefois exiger que le défendeur jure qu'il ne se defend pas par esprit de chicane (Gaïus Com. IV, 172, 173). A l'époque de Justinien, le serment de calomnie est exigé de tout plaideur. (Institutes de Justinien, IV, XVI.) Viollet, p. 276, note 1.

1. Tanon, p. 38.

2. « ... les parties jureroient de la querelle; et la forme dou sairement si sera tele; cil qui demande jurera qu'il croit avoir droite demande et qu'il respondra droite verité à ce que l'en li demandera selon ce qu'il croit et qu'il ne donra riens à la joustise, ne ne promettra por la querele, ne aus tesmoinz fors que lor despens, ne n'enpeeschera les prueves de son aversaire, ne riens ne dira encontre les tesmoinz qui seront amené contre lui qu'il ne croie que voirs soit, et qu'il n'usera de fauses prueves. Cil à qui l'en demande jurera qu'il croit avoir droit de soi deffandre et jurera les autres choses qui sont dessus dites... » *Établ.*, l. I, ch. I, p. 3.

Beaumanoir mentionne ce serment (ch. VI, § 227).

L'Ordonnance de 1302 l'impose formellement aux parties, même au procureur du roi (art. 20). *Ord.*, t. I, p. 360.

3. « Lite legittime contestata, *jurato de calumpnia*, hinc et indè (*Olim*, t. III, p. 1231, XXVI (1318). Voir aussi p. 1141 (1317), p. 1353 (1318) et p. 1357.

4. *Les preuves*; *le serment de vérité*. — Ce serment était très ancien. Jugements devant la cour du roi Henri Ier (20 mai 1043) « ... Abbas igitur manibus duorum clientum coram omnibus *sacramento probavit* quod tutor ville jam dicte... » Langlois, *Textes du Parlem.*, p. 5.

Voir sur le serment et la formule : *Si Diex m'aït!* Viollet. *Établiss.*, t. I, p. 207. M. Viollet explique aussi la conciliation du serment avec les maximes de l'Évangile. « Et moi je vous dis de ne jurer en aucune sorte, ni par le ciel ni par la terre, mais contentez-vous de dire : cela est, cela n'est pas : car ce qui est dit de plus vient du Malin ». (Saint Mathieu, ch. V, vers. 34-37. Cf. saint Jacques, Ép. V, 12.) On peut voir les textes des Pères réunis par M. Carpentier : Le *droit payen et le droit chrétien*, t. VI, p. 93 et suiv. Le serment était permis seulement en matière grave. C'est l'interprétation qui l'emporte dans la législation impériale. (Code de Justinien I, III, 25, § 1).

preuve du *serment* était, à l'époque germanique, fortifiée par le serment des *cojureurs*. Elle cadrait bien avec la procédure orale. Son formalisme compliqué, rigoureux, se maintint longtemps. Le Parlement, tout en le conservant, y mit toutefois une certaine réserve. En 1314, il cassait une sentence du sénéchal de Périgord rendue sur la preuve exclusive du serment [1]. Sur la demande des échevins et de la commune de Lille une Ordonnance du roi Jean (1250) abolit des coutumes qui donnaient lieu à beaucoup de surprises : elle décida que le serment serait prêté sur les Évangiles suivant la forme usitée au Parlement de Paris, reconnu déjà comme le régulateur suprême de la justice [2].

« ... Cette interprétation a joui, au moyen âge, d'une grande faveur : une constitution de l'empereur Henri III, du XIe siècle, la sanctionne encore une fois (Pertz, *Leg.* t. II, p. 41). Divers textes, d'accord avec le Code de Justinien et avec l'édit d'Henri III, supposent que les prêtres et les moines ne prêtent pas serment (Hefele *Hist. des conciles*, trad. Delarc, t. VI, p. 552; charte de 1118 dans Marchegay, *Arch. d'Anjou*, t. II, p. 22, etc.).

« A une époque plus récente, il est resté quelque chose de cette tradition dans l'usage des ecclésiastiques de prêter serment sans placer la main sur l'Evangile, mais en la posant simplement sur leur poitrine. Le prêtre jurait ainsi d'une manière atténuée : il restait dans le geste quelque chose de la règle primitive.... Bien entendu, l'opinion qui permettait aux prêtres de prêter serment existe aussi au moyen âge : elle a laissé, de son côté, des traces importantes et très anciennes. Dans un plaid de 998 des prêtres refusent de prêter serment : leur avocat refuse aussi; par suite ils perdent leur procès. Le contexte permet de supposer que personne ce jour-là ne songea à une difficulté théologique et que, dans la pensée de tous, les prêtres eussent pu, en conscience, prêter serment pour rendre hommage à la vérité. » Texte publié par Bethmann Hollweg, *Der germanische romanische Civilprozess in Mittelalter*, t. II, 1871, p. 147. Voir aussi Serment prêté par des prêtres au XIIIe siècle. *Mém. de la Soc. de l'hist. de Paris*, t. V, p. 154, 155 (Viollet, ouv. cité, p. 204, 205, 206).

1. Procès entre Raymond et Géraud de Corneille frères, d'une part, et Gui de Tornamine, bourgeois de Martel, d'autre part... « idem senescallus seu ejus locum tenens, delato ab ipso, super hoc, juramento dicto Guidoni, ac prestito ab eodem Guidone juramento predicto, per suum judicium, predictum Guidonem a predicta peticione dictorum fratrum absolvit, ipsos fratres dicto Guidoni in expensis dicte cause condampnans; a quo judicato, tanquam ab iniquo dicti fratres ad nostram curiam appellarunt... per ejusdem curiæ nostre judicium dictum fuit predictum senescallum vel ejus locum tenentem male judicasse. » *Olim*, III, p. 880, LIII, 1313 (1314).

— Arrêt contraire : en 1302 le bailli de l'évêque du Mans avait rendu un jugement pour Geoffroy le Vallet contre Jean Dyerre, au sujet du recouvrement de biens de succession. Il avait décidé que dans cette affaire on devait procéder par *réception de serment* et de preuves. Jean Dyerre appela au Parlement, qui le débouta de son appel. *Olim*, III, p. 92, XXXIX, mars 1301 (1302).

2. *Ord.* t. II, 399. — Voir Roisin *Franchises de Lille* « comment on doit aller as sains » (31 et suiv., Ord. du roi Jean, 1350. *Ord.*, t. II, p. 399).

D'après le droit de Lille, les actions personnelles et les actions mobilières donnaient lieu à un serment. Le serment était prêté *verbis solemnibus*. S'agit-il, par exemple, d'une créance de vingt sous, « les paroles que li demandans doit dire as sains sont celles-ci : « De ches XX sous parisis que jou sour Jehan clamai, d'ensi que jou y clamai, a droit y clamai. Si m'aït Dius et chist saint. » — Le

Avant qu'il y eût des registres d'arrêts, on ne pouvait opposer l'exception de « chose jugée » que par la voie ancienne du *record de cour* [1]. Il fallait invoquer le souvenir de juges qui pouvaient être dispersés ou avoir disparu. Même cette voie n'était pas admise dans les justices inférieures où la parole de juges roturiers ne semblait pas absolument digne de foi; du moins n'auraient-ils pu la soutenir les armes à la main contre un noble [2]. Le *record de cour* n'était autorisé que dans les cours de haute justice et la cour du roi [3]. On conçoit qu'en 1259 [4] le Parlement ait eu besoin du record, mais, en 1270, lorsque le greffier rédigeait avec tant de soin ses registres, on retrouve aussi l'ancienne voie de record de cour [5]. Un siècle plus tard, en 1372, alors que partout les registres judiciaires étaient établis, un certain Jean de l'Orne, devant la justice de Villeneuve Saint-Georges qui dépendait de Saint-Germain des Prés, est admis à contester les écritures du tabellion aux amendes et à faire appel au souvenir des juges. Humblement, avec de grandes précautions de langage, il ne propose rien contre le tabellion, « sinon que les clercs enregistraient quelquefois les

défendeur répond par la formule suivante : « De ches xx sous parisis que Jehan sour mi clama, à tort y clama au mien ensiant. Si m'aït Dius et cist saint. » Les cojurateurs (qui aident le défendeur) viennent à leur tour : « Tel sierment que Jehans chi jura boin sierment y jura au mien ensiant. Si m'ait Dius et chist saint ». Roisin, 34 et suiv. — Il ne suffisait pas de dire les mots de la formule : il y avait encore la manière de les prononcer et le ton. On doit parler « al entente d'eschevins ». Celui qui bredouille, baisse la voix ou manque d'une manière quelconque « in idyomate vel in forma », perd son procès. (G. Brunner, ouvr. cité : *La Parole et la forme*, art. de février 1872, p. 252.)

M. Glasson a fait la remarque suivante : « En principe le juge ne pouvait pas déférer d'office le serment à l'une ou à l'autre des parties; mais une règle contraire s'introduisit sous l'influence du droit romain et du droit canonique pour le cas où il existait un commencement de preuve. Le juge pouvait alors compléter cette preuve par le serment *supplétoire* qu'il déférait à l'une ou à l'autre des parties (*Stilus Parlam.*, VII, 8). Glasson, ouv. cité. VI, p. 564.

1. *Le record de cour.* — *Établ.*, liv. I, ch. 94, p. 162.

2. « Tu n'es mie tenuz d'oyr recort de cels qui jugier ne te puent. » Pierre de Fontaines, ch. xxi, § 36, p. 261.

3. « ...car nulle corz ne porte recort se n'est la corz le roi, ou la corz au baron... » *Établ.*, liv. II, ch. 33, p. 446.

4. *Habita recordacione curiæ* super querela que vertebatur inter dominum Johannem de Sancto-Claro et castellanum ac milites et homines curie comitis Blesensis, *Olim*, I, p. 466, x (1259).

5. Milo la Grasse, clerc marié, et sa femme, accusaient des hommes de l'évêché de Châlons, et entre autres Jean de Montorgueil, chevalier, de faux et mauvais jugement. Ils soutenaient dans leur demande que le chevalier avait été avec eux jusqu'à la litiscontestation. Le chevalier niait. Milo demanda le *record* de la Cour. Ce record tourna contre lui. *Olim*, I, p. 839, v (1270, Philippe III).

Voir aussi *Olim*. II, p. 112, iv et vi (1278).

amendes plus grandes qu'on ne les imposait, et il s'en rapportait à ceux qui avaient fait imposer l'amende [1] ».

Quoique la procédure des gages de bataille eût survécu à saint Louis, ce prince n'en avait pas moins renouvelé tout l'ancien système de preuves et modifié l'allure des cours laïques, désormais presque semblables aux cours ecclésiastiques. On rechercha la vérité des faits par les *témoignages* et les débats contradictoires. On ordonnait l'*enquête*, non plus le duel. Or cette enquête devint en réalité un second procès qui tendit de plus en plus à allonger le premier.

VII. — L'Enquête. Le Voyage des Commissaires. Les Témoignages.

Il n'y avait plus de champions à désigner : on nommait des *commissaires* [2]. Suivons ceux que le Parlement envoyait dans quelque province pour une enquête sur une cause plus ou moins considérable. C'étaient quelques-uns des conseillers, toujours un *clerc* et un *laïque*. On leur allouait à chacun dix sous parisis ou tournois (9 fr. 75 ou 7 fr. 80), selon le pays [3], par cheval emmené; dépenses naturellement supportées par les parties. Suivant leur dignité et leurs habitudes, les délégués partaient, chacun avec un

1. *Registre de la justice de Villeneuve Saint-Georges* (dépendant de Saint-Germain des Prés) cité par M. Viollet, *Notice générale sur les registres des petites justices du Parisis*, dans la *Bibl. de l'Éc. des Chartes*, t. XXXIV, p. 324. M. Viollet l'a reproduit, *Hist. du droit privé*, p. 135.

2. *Les commissaires d'enquêtes.* — Ces commissaires pouvaient aussi être ou *juges*, c'est-à-dire donnés « ad inquirendum et definiendum », ou *référendaires*, c'est-à-dire donnés « ad inquirendum et referendum ». Guilhiermoz, *Enq. et Procès*, p. 27.

M. Guilhiermoz a scrupuleusement analysé toutes les phases de cette procédure. Il a publié le *Style de la Chambre des Enquêtes*, le *Style des Commissaires* et une quantité de textes puisés dans les Registres du Parlement. On ne saurait trop remercier ce très érudit archiviste, doublé d'un juriste, du grand service qu'il a rendu à la science du moyen âge. Pour cette partie de notre travail, nous nous référons, une fois pour toutes, à sa lumineuse publication que nous ne pouvons que résumer.

3. « Item qe nul auditour ou commissaire envoié ou donné de la court de France en enquestes ne purront prendre pur lour depenses de chescune jornée, cest assaver cil qi irra à IIIJ chivals ou à meyns, que XL s. par le jour; cil qi irra à V chivals, L s. par [jour]. Et cil qui en avera plus, de quelcunque autorité q'il soit, s'il n'est ducs, ou cuns ou prelatz, ne purra prendre que LX s.... » Ordonn. de 1310, § 9, Langlois, *Textes du Parl.*, p. 185-186.

Voir aussi Guilh., *Enq. et Procès*, p. 34-35, n° 2.

clerc et quatre, cinq chevaux, plus s'ils étaient comtes ou prélats[1].

Vers la fin de la session du Parlement, car la commission n'était valable que pour l'intervalle de deux Parlements, en juillet par conséquent, ou en août, on voyait sortir du Palais les commissaires enquêteurs avec leur petit cortège, des bêtes de charge ou « sommiers » pour les bagages, les provisions de parchemin et les sacs qui devaient revenir gonflés d'écritures. Les enquêteurs s'en allaient, qui par la porte Saint-Honoré ou Saint-Denis, qui par la porte Barbette (rue Vieille-du-Temple), ou la porte Saint-Antoine, selon qu'ils se dirigeaient vers l'ouest, vers le nord ou vers l'est; qui par la porte de Buci ou de Saint-Jacques, s'ils se rendaient dans le centre ou dans le midi. Ils gagnaient ou les vertes vallées normandes ou les plaines picardes, ou traversaient les forêts de l'Orléanais, ou longeaient les coteaux bourguignons déjà renommés pour leurs vignobles. Ils s'enfonçaient dans le Lyonnais, dans les montagnes du Forez ou celles de l'Auvergne, presque impraticables. D'autres, par les plaines encore boisées de la Sologne ou par la Touraine déjà souriante, atteignaient les gâtines du Poitou et de la Vendée, ou s'avançaient dans le Périgord jusqu'aux limites de la Guyenne, duché du roi d'Angleterre. C'étaient de longues chevauchées[2] par des sentiers sinueux, vrais bourbiers

1. H. Lot, parlant de voyages de plaideurs de marque, donne quelques détails qui nous font bien comprendre les habitudes de ce temps et nous aident à nous figurer ce déplacement des commissaires. « Pour aller de Montpellier à Montauban (40 à 45 lieues), le sire Bertrand des Prés partait à 15 montures, tant pour lui que pour les siens (cum xv equitaturis et familia). Les bourgeois, les procureurs notamment n'emmenaient qu'un cheval ou deux avec un valet, pour accomplir les plus longs trajets. Quelques personnes, des dames, des vieillards, des malades paraissent avoir employé le char ou chariot, mode de transport que l'état des routes devait rendre peu commode, surtout en temps de guerre. Au reste, qu'on fût à cheval ou en voiture, l'allure de la marche ne pouvait être fort accélérée, puisqu'on était presque toujours accompagné de valets à pied, qu'il fallait coucher à l'hôtel et qu'on gardait les mêmes chevaux. Je remarque toutefois que la distance parcourue en un jour (10 à 12 lieues) ne diffère pas sensiblement de celle que franchissaient, à l'époque de Louis XIV, les voyageurs ordinaires; [je pense en ce moment à Mme de Sévigné.] » H. Lot, *Frais de justice*, p. 13.

2. H. Lot a recueilli dans les documents qu'il a étudiés, l'indication des conditions de temps dans lesquelles s'accomplissaient les voyages dont la poursuite de procès était le mobile. Nous donnons ici ses relevés très curieux : Pour venir à Paris on mettait, au milieu du xive siècle, d'Abbeville (38 lieues), trois jours; — d'Aurillac (128 lieues), neuf jours; — de Bayeux (64 lieues), cinq jours; — de Beauquesne, près Amiens (31 lieues), trois jours; — de Bourges (58 lieues), six jours; — de Chartres (22 lieues), un jour et demi; — de Combet, près Rodez (160 lieues), dix jours; — de Lyon (116 lieues), huit jours; — de Mont-Redon (Carcassonne) (190 lieues), quatorze jours; — de Murviel (203 lieues), douze jours; — de Reims

après les orages. Il fallait, pour passer les rivières, faire des détours par les villes ou les bourgs où se trouvaient soit des ponts, soit des bacs. Ces hommes d'épée et d'Église, également endurcis aux fatigues, habitués au soleil et à la pluie, partaient sans doute assez satisfaits d'être délivrés pour un temps des besognes du Palais. Aux champs où ils respiraient à l'aise, ils admiraient les arbres importés depuis les croisades, les abricotiers, les pruniers de Damas, les cerisiers, et aussi la silhouette des moulins à vent. On se hâtait lentement[1]. A la nuitée, on s'arrêtait dans quelque château ami ou bien une abbaye dont la large hospitalité faisait oublier les misères des petites hôtelleries qui ne pouvaient fournir que le pain et le sel. On regardait sans émotion, car on était accoutumé à ces spectacles, les fourches patibulaires où se balançaient des cadavres de suppliciés, signe qu'on traversait les terres d'un seigneur haut justicier. Aux péages, il fallait s'arrêter, justifier de ses qualités, de sa mission, de ses privilèges. Partout d'ailleurs ces cortèges, si réduits qu'ils fussent, étaient reçus avec des marques de respect par les baillis, les prévôts, les juges royaux[2]. Les roturiers, les serfs s'inclinaient bien bas en reprenant confiance, car entre eux ils se disaient : « C'est la justice du roi qui passe ».

Ces commissaires, sans doute assez fiers de leur rang, n'étaient point exempts des faiblesses humaines. Si le séjour dans le pays où on les avait envoyés leur plaisait, ils le prolongeaient aux dépens des parties. Selon un document du temps, les uns s'étendaient avec complaisance sur leurs devoirs de piété, assistaient à la messe tous les jours, récitaient leurs Heures avec une grande dévotion, y ajoutant les sept psaumes, les vigiles des morts, des leçons, des litanies, etc. D'autres aimaient les longs dîners et les

(38 lieues), trois jours; — de Riom (93 lieues), six jours; — de Sainte-Hermine en Poitou (107 lieues), huit jours; — de Troyes (41 lieues), quatre jours; — de Vaccayras, près Nîmes (175 lieues), quinze jours; — de Vierzon (50 lieues), cinq jours. Pour aller de Royaumont aux Andelys (14 lieues), il fallait deux jours.... » H. Lot. *Frais de justice*, p. 13.

1. *Le travail des commissaires.* — « In veniendo modicas dietas faciunt, videlicet decem leucas, quandoque minùs.... » *Style des Commissaires*, § 100. Guilh., *Enq. et Procès*, p. 260.

2. « Ipsorum commissariorum qui magni reputantur ubicumque vadunt, eciam a majoribus, videlicet senescallis, baillivis, judicibus regiis et ab aliis, qui magnam exhibent eisdem reverenciam et honorem ob reverenciam Regis et ipsius curie Francie.... » *Style des Commissaires*, § 178. Guilh. *Enq. et Procès*, p. 244.

longs sommeils; ils auraient été malades s'ils n'eussent fait deux fois le jour leur promenade aux champs. C'eût été un cas de conscience d'entendre des témoins le dimanche et les jours de fête, et cependant, ajoute l'auteur, « ils ne se font pas scrupule de recevoir leurs gages de 40 sous (31 f. 16) [1] ».

Disons le pourtant, le travail en général était sérieux, voire assez compliqué. D'abord on citait et on interrogeait les parties; on leur faisait prêter le serment de *crédulité*, analogue au serment de calomnie, mais spécial à l'enquête, affirmant la vérité des faits articulés en preuve [2]. On recevait leurs articles clos et scellés que

1. « ... Quidam tamen sunt commissarii, ut dicitur, qui circa alia insolita curam suam ponunt. Audiunt qualibet die missam, et tamen, si in loco suo essent, forte essent contenti una vel duabus missis in septimana. Item horas sua cum magna devocione dicunt et non solum horas, sed septem psalmos, vigilias mortuorum, cum novem lectionibus, letaniam et multas alias orationes de beata Virgine et de omnibus sanctis, et, si essent in loco suo, forte etc.... sic cum expensis parcium contemplantes, longas mensas seu commestiones et spaciosas dormiciones facientes. Infirmarentur eciam nisi irent qualibet die bis ad campos, et bene longe. Magnam eciam facerent conscienciam si audirent seu examinarent testes diebus dominicis et in festis apostolorum et quorumdam aliorum sanctorum vel sanctarum, et tamen non faciunt conscientiam de recipiendo sua vadia, videlicet XL solidos... » (*Style des Commissaires*, § 100. Guilh., *Enq. et Procès*, p. 260).

Un supplément au *Style des Commissaires* réitère les mêmes blâmes :

« Item, in negociacione debent esse diligentes, nec ultra modum solitum tenere mensas longas, occupando tempus in spaciamentis seu horis diversis dicendis, nec missam longam cum nota audiendo, seu missis superfluis magis solito contemplantes cum expensis alienis, nec facere festa seu invitaciones propter quas impediatur processus, longe ad campos spaciatum magis solito et ex causa affectata, vel etiam, si ex causa necessaria, forte propter excessum factum in comedendo, vel alias dormiendo eciam seu alias quiescendo, nec examinando superflua interrogatoria facere maxime causa longioris more faciende et ut majorem peccunie quantitatem secum reportent. » *St. Inq. et Comm. suppl.* IV, § 66. (*Ibid.*, p. 290.)

2. *Le serment de crédulité.* — Le serment de calomnie était prêté devant le *juge* et une fois pour tout le procès; le serment de *crédulité* était prêté devant le commissaire. Dumoulin en a donné le texte : « Vos juratis quod omnia proposita in vestris articulis creditis esse vera : et si quid est quod non credatis verum, amovebitis, et respondebitis ad articulos partis vestre veritatem. — Et sic faciet etiam alteri parti, videlicet reo : quia actor debet prius jurare et affirmare articulos quam reus, et debent respondere in fine cujuslibet articuli, *credit*, vel *non credit* » (Dumoulin, *De modo conficiendi processus Commissariorum*, Œuvres complètes, t. II, p. 989 de l'édit. de 1658). (Tanon, ouv. cit., p. 40). M. Tanon ajoute que l'Ordonnance de 1539 abolit ces réponses. On maintint seulement un interrogatoire sur faits d'articles qui a passé dans l'Ordonnance de 1667 et de là dans notre Code de procédure.

« Que ce soit saint Louis, dit M. Guilhiermoz, qui ait introduit les réponses par *credit* vel *non* dans la procédure française, c'est ce qui ne saurait faire de doute. Il est bien vrai que son Ordonnance sur la procédure au Châtelet prescrit simplement au prévôt de demander aux parties « la vérité de ce qui sera dit devant lui ». Ce qui peut s'entendre aussi bien des deux systèmes de réponses; mais l'examen des enquêtes ne permet pas la même hésitation. En effet, dans celles qui sont le plus immédiatement antérieures aux réformes, notamment dans celles faites pendant la croisade, en 1253, on trouve l'ancien système, au lieu que dans celles de la seconde partie du règne, les réponses par *credit* vel *non* sont complètement orga-

les commissaires faisaient ouvrir et lire. Demandeur et défendeur approuvaient et contestaient en disant à chaque article : *Credo* ou *non Credo*. Une partie refusait parfois de répondre aux articles de l'adversaire : après plusieurs sommations elle était réputée nier les articles. Ou bien elle ne venait point : on prononçait un *défaut* et on envoyait une nouvelle citation. D'ailleurs les défauts devant les commissaires ne suffisaient pas pour faire perdre un procès, tant qu'il n'y avait point défaut au Parlement [1]. L'absence d'une des parties n'arrêtait point l'enquête : les articles étaient tenus pour niés et on « allait avant ». Enfin, après bien des difficultés, les articles étaient déterminés, limités, acceptés ou niés : on lisait toutes les pièces qu'on enfonçait ensuite, avec le procès-verbal, dans le sac, pour commencer la série des documents [2]. Un des plaideurs soulevait-il un incident? Les commissaires le vidaient comme juges, à moins qu'on ne leur eût pas donné ce pouvoir : ils réservaient alors la décision de la Cour. Les *oppositions* écrites allaient rejoindre les autres pièces dans le sac.

La grosse besogne, c'était l'audition des *témoins*. Devant les officialités, il y avait pour les produire trois délais, quelquefois quatre. En cour laie, avant 1260, on n'admettait qu'*une seule production de témoins*. Prenant un moyen terme, les légistes de saint Louis accordèrent *deux* productions de témoins qui pouvaient s'espacer [3]. Quand la première série des témoins se pré-

nisées telles qu'elles subsisteront pendant trois siècles (*Olim*, t. I, p. 141 et suiv. n° IX ; — p. 325, n° XI). Guilhiermoz, *Enq. et Procès*, p. 54, 55.

1. Procès entre (domicellam) Isabelle de Houssaye ou Houssoy (de Housseyo) et Pierre de Houssoy, écuyer, au sujet des bois et de la terre de Houssoy. La Cour nomma des commissaires auxquels les parties livreraient leurs faits, et leurs articles et qui ensuite procéderaient à l'enquête. « ... dictique commissarii pluries ad hostium camere Parlamenti nostri evocari et ex habundanti in hospicio in quo Parisius, ut dicebatur, hospitari solebat fecerint dictum P. (Petrum).... ». Pierre ne daigna pas comparaître. La damoiselle obtint défaut contre lui; néanmoins elle dut requérir un autre ajournement contre lui pour qu'il entendît la Cour adjuger le profit du défaut à ladite damoiselle. X^{1a} 8846 f° 180 v°, 22 février 1337 (n. st.). Guilhiermoz, *Enq. et Procès*, p. 463, n° CVI.

2. Voir Guilh., *Enq. et Procès*, p. 49. V. aussi pp. 57, 62, 63.

3. *Production de témoins*. — « Se non, cil qui demande porra avoir II jorz, s'il viaut, à prover et non plus, ou lons ou courz, selonc ce que li tesmoin seront loing ou près et selonc ce qu'il semblera bien au prevost.... » (*Établ.*, l. I, ch. I, p. 4.) — « ... cum secundum antiquum usum curie unam productionem deberet facere et secundum *novum statum Regis* tantum debeat duas productiones facere. » *Olim*, I, p. 539, IX (1262).

Au début du XIV° siècle, le 13 déc. 1314, en présence du roi, à Vincennes, le Parlement rend un arrêt très détaillé sur les productions de témoins. Quand il y

sentait, les commissaires recevaient d'abord les serments en présence des parties [1] qui assistaient au défilé.

Défilé parfois interminable. On s'était singulièrement éloigné de la règle primitive et romaine des deux témoins indispensables [2]. Au XIIIe siècle on produisait autant de témoins qu'on voulait. En 1262, dans un procès contre le roi d'Angleterre, Renaud de Pons avait fait entendre plus de quarante témoins : les procureurs du roi anglais s'opposaient à ce qu'il en amenât davantage, alléguant « qu'une multitude ainsi déréglée était interdite par le roi de France [3] ». Le Parlement reçut tous les témoins. En 1285, dans une enquête sur les malversations d'un officier des forêts, 107 témoins furent produits [4]. L'expérience amena la rédaction d'un réglement. Le *Style du Parlement* accorda *dix* témoins par article [5].

avait deux Parlements dans l'année, la commission n'était valable que pour une production; elle devait être renouvelée dans l'autre Parlement pour la seconde production. Lorsqu'il n'y avait qu'un Parlement, on ne mentionnait pas les deux productions parce qu'elles devaient être faites dans l'année avec des délais suffisants (*Olim*, II, p. 613, 614, II, 1314).

— Voir aussi, pour les productions de témoins, Langlois, *Rouleaux d'arrêts de la Cour du roi au XIIIe siècle*, Bibl. de l'Ec. des Ch., t. XLVIII (1887), p. 550, 551, 555, 557, et t. L (1889), p. 48.

— Voir Guilh., *Enq. et procès*, p. 67, 68. — C'est à ces deux productions que se rapportent les expressions : *dies assignata ad probandum primo* (*Olim*, t. III, p. 565, et p. 1368, années 1310 et 1318).

1. « Les parties avaient dû se faire ajourner réciproquement à voir jurer chacune ceux de son adversaire. Le plus souvent elles convenaient en même temps de se dispenser de l'ajournement en question et de s'accorder l'une à l'autre que les témoins puissent jurer en leur absence comme en leur présence, à condition de s'en bailler réciproquement les noms par écrit. Mais, faute de ce consentement, si les témoins d'une partie avaient prêté serment en l'absence de la partie adverse, insuffisamment ajournée, leurs dépositions étaient nulles. » (Guilh., *Enq. et Procès*, p. 69.)

2. *Nombre des témoins.* — C'était une règle du droit romain impérial. Code de Théodose, XI, XXXIX, 3 (a 334); Code de Justinien, IV, XX, 9 § 1. Elle venait du droit hébraïque par l'intermédiaire de la Bible et de l'Évangile. *Deutéronome*, ch. 19, v. 15. Cf. Rabbinowicz, *Législ. crim. du Talmud* (1876), p. 165. Évang. selon *saint Jean*, ch. VIII, 17: *saint Mathieu*, XVIII, 16. Cf. *Saint Paul*, Ép. aux Corinth. II, CXIII, 1. (Viollet, *Établiss.*, t. I, p. 203, et notes 3, 4.)

3. « Item dicebant quod cum ultra numerum quadraginta testium, testes produxerit, et effrenata multitudo prohibetur a Rege... » *Olim*, t. I, p. 539, IX (1262). — « Ce n'était pas le roi, dit M. Guilhiermoz, qui avait fait cette soi-disant prohibition, c'était le Pape: « Volentes effrenatam multitudinem testium refrenari », avait écrit Innocent III (Decr. Grég. IX, lib. II, tit. XX, c. 37), en s'inspirant d'un passage du Digeste (lib. XXII, tit. V, l. I, § 2). (Guilh., *Enq. et procès*, p. 79, note 8.)

4. *Act. du Parl.*, n° 2547 H (1285).

5. « Numerus sufficiens, *Olim*, t. III, p. 984, LV. Numerus debitus, *ibid.*, p. 1377, XXXVII ». — « Les commissaires étaient obligés de tenir un *Kalendarium* pour savoir quand le nombre de dix était atteint, car tous les témoins entendus en plus auraient été rejetés par la Cour même si la partie adverse n'avait pas réclamé.... » « ... Du Breuil (XXVII, 34) recommande vivement aux parties de ne pas laisser

Mais alors on subdivisa et on multiplia les articles pour augmenter le chiffre des témoins.

On avait naturellement la faculté d'en récuser et on ne s'en privait point. Mais comme la publication des témoignages, d'abord permise, cessa dès le règne de Philippe le Hardi, il fallait tout de suite, au défilé, repousser les témoins plus ou moins suspects. On n'observa guère cette règle et, jusqu'à la fin de l'enquête, on récusait des témoins : au xve siècle, il y eut délai de *trois*, puis de *huit* jours [1]. Les *reproches* aussi furent d'abord illimités : la moindre parenté, la moindre alliance avec l'adversaire fournissaient des prétextes [2]. Dans cette première effervescence de la liberté de l'enquête, les plaideurs acharnés traînaient dans la boue ceux qui osaient témoigner contre eux. Guillaume du Châtelet récusait les témoins de Viart de Saint-Bérain [3]. Le curé de Saint Bérain, disait-il, est une personne infâme et affreusement dissolue; Jean, gendre Garneret, un usurier manifeste, vile personne capable de se parjurer pour peu; les autres sont pauvres mendiants de mauvaise renommée, serfs de corps, porchers et bergers de Viart, ses sujets ou sujets de ses parents, connus pour porter

dépasser ce chiffre par l'adversaire sans s'y opposer, mais ce n'est que peu avant 1336 que la règle commença à être observée dans toute sa rigueur, c'est-à-dire même quand il n'y avait pas d'opposition ». (Guilh., p. 79).

1. *Récusation de témoins.* — Ord. du 28 oct. 1446 (*Ord.*, t. XIII, p. 480), d'avril 1454 (*Ord.*, t. XIV, p. 306). M. Guilhiermoz qui cite ces Ordonnances, ajoute une remarque intéressante. « Il est fort curieux que la vieille regle ait été reprise par le Code de procédure civile (art. 270) : « Les reproches seront proposés par la partie ou par son avoué *avant la déposition du témoin*, qui sera tenu de s'expliquer sur iceux » (Guilh., p. 81, note 7).

2. Renaud de Pons et sa femme avaient fait défaut, à Bordeaux en la cour du roi d'Angleterre : ils demandaient au Parlement à prouver ce défaut et à citer en la cour du roi de France. Ils produisaient comme témoins : l'évêque de Saintes, oncle de Renaud, des prêtres, des clercs, des chevaliers, des écuyers et autres. Les procureurs du roi d'Angleterre recusaient ces témoins comme suspects : l'évêque parce qu'il était l'oncle de Renaud et de son conseil et qu'il avait contribué aux dépenses du procès, les autres prêtres et clercs parce qu'ils étaient les commensaux de l'evêque, les chevaliers et écuyers parce qu'ils etaient de la parenté (*parentela*) de Renaud et de sa femme ou étaient soumis à son hommage et lui avaient fourni aide et conseil, puis Pierre Medicis parce qu'en cette affaire il avait été leur avocat. La Cour, malgré les efforts des procureurs anglais, admit tous les témoins de Renaud, sauf l'avocat. *Olim*, t. I, p. 499, xxii (1260). — Même affaire en 1262. *Olim*, I, p. 539, ix.

3. Guilhiermoz. *Enq. et proces*. Appendice I, iv, p. 332 et suiv., d'après une piece des Archives, J, 1031, n° 2. M. Guilhiermoz cite d'autres extraits d'enquêtes relatifs à ces injures épouvantables lancées contre les témoins.

Voir aussi Commission pour examiner les reproches formulés contre des témoins, 12 juillet 1337. X^{1a} 8846, f° 216, *Enq. et procès*, p. 471, cxviii.

volontiers témoignage pour quelque argent. Viard répond, et alors c'est une autre cloche. Le curé est un homme de soixante ans, « riche de rente et de bonne chevance; par quoi il est bien évident qu'il n'est pas de telle vie comme Guillaume le dit »; Jean Garneret n'est pas l'usurier qu'on a dépeint, mais un « prud'homme aussi loyal, d'aussi bonne renommée, d'aussi bonne mère et bon père comme celui qui le propose ». Et les autres qu'on a tant décriés, « sont bonnes gens et loyaux »; ils ne sont ni ses justiciables, ni ses taillables, car ils sont hommes de l'évêque de Langres. De telles scènes, à chaque instant renouvelées n'encourageaient guère les témoins à venir déposer, sans compter que souvent on avait à redouter des vengeances sérieuses en ces temps où la main était plus prompte encore que la langue.

Sous l'influence de saint Louis, le Parlement réagit de bonne heure contre ces calomnies courantes [1]. Sa jurisprudence s'établit assez rapidement, car, dès le premier tiers du XIVe siècle, elle nous est révélée toute formée par le *Style des Enquêtes*, où sont précisées les règles de la récusation des témoins [2]. On ne tolère plus les injures vagues et générales d'usurier, de voleur, d'ivrogne, d'homme de mauvaise vie. Les reproches adressés aux témoins doivent être proposés, circonstanciés. La grande difficulté était de démêler les faux témoignages à une époque où l'on engageait facilement de pauvres ignorants à faire une déposition pour

1. « ... Ici encore ce fut sur l'initiative personnelle de saint Louis que le premier pas fut fait et les *Olim* nous ont conservé l'indication des conditions auxquelles furent soumises par son ordre, en 1268, la proposition du reproche d'excommunication et celle du reproche du parjure (*Olim*, I, p. 738. n°s XXXII-XXXIII). Dans la suite, la Cour alla beaucoup plus loin : dès le premier tiers du XIVe siècle, elle repoussait d'une façon absolue certains reproches généraux fort à la mode au siècle précédent comme ceux d'ivrognerie, de mauvaise vie, d'excommunication, et de plus elle exigeait que les reproches qu'elle admettait ordinairement fussent proposés dans une forme déterminée qui les contraignait à être, comme le veut encore le Code de procédure civile (art. 270) « circonstanciés et pertinents et non en termes vagues et généraux... » (Guilh., p. 83).

2. On peut récuser le témoin taillable, serf de main morte et de formariage, de celui qui le produit, le témoin membre de la communauté ou de l'université pour laquelle il dépose, le moine du monastère, le chanoine du chapitre en cause, celui qui est du conseil du plaideur, l'homme qui touche de lui quelque émolument ou son ennemi mortel, ou son domestique et familier, ou son commensal, le parjure, mais réellement condamné comme tel, le condamné pour vol, le banni pour vol, l'échappé de prison, l'idiot. (Voir texte latin *Style des enquêtes*, § 96, Guilh., *Enq. et Procès*, p. 202, 203.)

quelques sous, pour quelques repas, même pour « un sextier de chenevis qui valait vingt-cinq sous [1] (22 f. 90) ».

Les reproches adressés aux témoins appelaient nécessairement des *réponses* (*contredits* ou *salvations*). Ces réponses parfois exigeaient une autre *enquête* que l'on confiait à d'autres commissaires. Toutefois, comme on ne pouvait se détourner ainsi de la cause pour des recherches sur la vie privée des témoins, on n'admit plus, au XIVe siècle, que les salvations contre les *dits* des témoins [2]. Comme aussi il fallait un terme à ces discussions, les témoins produits sur des reproches ne pouvaient pas à leur tour être reprochés [3].

Voilà les témoins vérifiés, reçus, ayant prêté serment. Les

1. — Voici un curieux extrait d'enquête qui fait bien connaitre les mœurs du temps : « Huet Cuffaut, autrement Truas, confesse qu'il porta fauls tesmoignage par corrupcion à la requeste de Jaquin Boolot, procureur des diz hommes, et de Jaquin Lorant, et dit qu'il leur avait bien dit qu'il ne savoit riens de ce qu'il li avoient requis qu'il tesmoignast.... Jehannin le Munier confesse que il, Thevenon Beze, Gilet Beze, Gilot Cotiex, Jaquin Cornot et Jaquin Cotiex corrumpirent et forgierent a porter fauls tesmoignage Oudin Gombaut, et en ot XVI s. (14 f. 65) et bien XL s. (36 f. 64) en bouires et en mangiers. — Item le dit Jaquin confesse que il et ses complices corrumpirent ledit Jehan Colommier et li firent porter faux tesmoignage, et en ot por ce ledit Jehan Colommier un sextier de chenevis, qui valoit ou temps que il l'ot. XXV s.... (22 f. 90). Jehannin Lorete confesse qu'il a forgié et corrumpu et introduit à porter faus tesmoignage pluseurs tesmoins pour les diz hommes contre le dit prieur et a faites et escriptes plusieurs lectres ou cedules de sa main ou estoit contenu le faus tesmoignage que il devoient deposer, et dit qu'il aprenoit et introduisoit chascun des diz tesmoins comment il devoient porter ledit fauls tesmoignage. » (X2a, 4. f° 150 v° [1333], cité par Guilh., *Enq. et pr.*, p. 72, note 7).

2. — Une pièce également publiée par M. Guilhiermoz fera bien comprendre les difficultés de toute sorte que suscitaient les discussions sur les témoins : « [A conseiller] l'arrest entre le sire de Mirabel, d'une part, et le grand prieur d'Auvergne, d'autre part. Il sera dit que salvacions ne seront pas recees contre les dites reproches. Et ne vauront au dit chevalier les dites reproches, se il ne prouve.... que le tesmoing produit par le prieur ou temps de la deposicion et tesmoignage d'icelui tesmoing estoit son homme de corps de morte-main et taillable a volenté.... » Des témoins produits par le chevalier pour prononcer les reproches proposés contre les témoins du prieur ont déjà été produits en la cause principale et reprochés eux-mêmes par le prieur. Si les reproches formulés contre eux par le prieur en la cause principale sont reconnus vrais, « leur deposicion ne proufitera au chevalier ne en la cause principal ne en celle des reproches.... ». (Conseil, X1a 1469 f° 157, 12 déc. 1365. Guilh., *Enq. et pr.*, p. 545, CLXXXVIII.)

— Voir également sur les témoins les pièces publiées pages 558, 559. Plaidoiries, X1a 1469, f° 201. CCV *a* et *b* (18 mars 1367, 13 mai 1367). — Et textes cités, p. 86 (notes 6 et 7), année 1322.

3. « Reprobatoires de reprobatoires ne sont reçus ». Loisel, *Instit. coutumières*, édit. Dupin et Laboulaye, n° 787. « Toutefois, dit M Guilh., lorsqu'il y avait contre eux des motifs de reproches absolument patents, la Cour n'hésitait pas à écarter leurs dépositions sur la demande de la partie adverse, qui, pour cette raison, devait être appelée à les voir jurer. » Textes cités, X1a 7 f° 126, 13 avril 1336; X1a 1469 f° 1, 14 nov. 1364. — (Guilh., p. 86 et notes 1, 2.)

commissaires les interrogent séparément et en secret [1]. Le notaire recueille les dépositions. Malgré ce peu de solennité des interrogations, des paysans sont intimidés [2] par la qualité des personnages devant lesquels on les amenait. Aussi recommandation aux commissaires de se montrer doux, bienveillants et de leur parler ainsi avec une onction quasi ecclésiastique [3] : « Mon ami, dites-moi, la pure vérité sur les points pour lesquels on vous a produit ; ne damnez pas votre âme, sachez que ce que vous direz ne sera jamais révélé à la partie ni à d'autres, car il ne se fait point de publication des témoignages dans le Parlement de France ». La publication des témoignages, question grave, mais qui sera mieux à sa place quand nous parlerons de la procédure criminelle.

Souvent on ne tirait point beaucoup de renseignements d'hommes simples et néanmoins très méfiants. Ils s'avançaient revêtus de quelque gros sayon, hâlés par le soleil, courbés par les durs travaux de la campagne. Tournant entre leurs mains leur misérable bonnet, ils répondaient difficilement en leur patois aux questions qu'on leur posait. On était presque aussi avancé après qu'avant leurs réponses. On fait une enquête pour savoir si les hommes de Mairi ont les usages du bois de Mairi [4]. Quinze témoins

1. *Interrogatoires des témoins.* — M. Viollet, dans sa substantielle Introduction aux *Établissements*, a, d'une façon très claire et très heureuse, caractérisé cette partie de l'ancienne procédure : « c'est là, dit-il, exactement la procédure que suppose ou que prescrit le concile de Latran (Texte dans Hefele, I, *Hist. des conciles*, trad. Delarc, t. VIII, 127). Le droit romain exigeait, au contraire, que les témoins fussent interrogés en présence des deux parties (Cf. Ant. Matthæus, *De jud. disput.*, XVII, 1645, p. 360, 361). Le concile de Latran et la législation de saint Louis forment comme une transaction, comme un système mitoyen entre la publicité de la procédure germanique et de la procédure romaine et l'enquête occulte qui tendait à s'introduire ». (Viollet, *Établ.*, t. I, p. 269.)

2. « ... undè non est mirum si propter famam ipsorum rurales homines timeant esse et comparere in presencia ipsorum et terreantur, et multo magis si per ipsos verbaliter terreantur vel derideantur, et ex hoc contingit quod ad ipsis postea non potest de facili, ymo nullo modo potest haberi veritas, in dampnum et periculum animarum ipsorum commissariorum.... » *Style des Commissaires*, § 78. (Guilh., p. 254.)

3. « Amice, dicas puram veritatem super hiis super quibus es productus, non dampnes animam tuam, scias quod illud quod dices imperpetuo non revelabitur parti nec alii, quia non fit publicacio testium in curia Francie ». (*Ibid.*, § 77, p. 254.)

4. Enquête sur les usages du bois de Mairi, par devant le prévôt de Montdidier et les hommes du roi monseigneur Perron (Pierre) d'Estaillefay et monseigneur Bernard de Sétautres (Septoutre) et le maire de Montdidier.

1er Témoin. « Robers li Vais, premiers témoins, jura et dit seur sen sairement, que il a veu que li homme de Mairi avoient leur usage au bos de Mari et de leur bestes mener au de leur vakes et de leur kievres, sans contredit de nuilui, mais

sont amenés devant le prévôt et le maire de Montdidier et les commissaires du roi, Monseigneur Pierre d'Estaillefay, monseigneur Bernard Septoutre. Sur la foi du serment, Robert le Vais, premier témoin, jura « que les hommes de Mairi avaient leur usage au bois et d'y mener leurs bêtes leurs vaches et leurs chèvres, sans opposition de personne ». Mais il ajouta : « il y a bien quinze ans qu'il ne les en vit user; auparavant ils en usaient toujours ». Les quatorze autres témoins font une réponse aussi vague, avec cette circonstance qu'ils ne s'accordent nullement sur la date à laquelle ils ont vu cesser cet usage, les uns disant dix-sept ans, vingt ans, les autres ving-cinq ans, vingt-sept ans, trente ans. Nous n'avons pas, il est vrai, l'enquête complète, mais par ce morceau on peut se rendre compte combien il était malaisé de se reconnaître au milieu de dépositions si contradictoires sur une question de fait. Le plus souvent les enquêtes roulaient sur des points aussi difficiles à éclaircir [1], des héritages à diviser, des

il a bien xv ans que il ne les en vit user, mais devant il en usoient tous jours. « On li demanda se il savoit que il deusent nule redevanche au Roi de chel usage et il dit que nenil...

2e tém. « Jehans Buisme dit et s'acorde au devant dit tesmoing, fors que il dit que il a bien xx ans que il en usèrent.

3e tém. « Adans li Carpantiers s'acorde au devant dit Jehan.

4e tém. « Engoubrans (s'accorde) as II tesmoings devant dis.

5e tém. « Drouars Piteus s'acorde... fors que il dit que il a bien xxx et II ans que il n'en usèrent.

6e tém. « Jehans Borrete... il a bien xxvii ans...

7e tém. « Jehans Pinchons... bien xx ans...

8e tém. « Huet li Prestres dit... qu'il a bien xxx ans que il n'en usèrent; mais devant il les en avoit veu user en pais.

9e tém. « Colars Moisniaus... bien xxv ans.

10e tém. « Ernous Dariaus s'acorde au devant dit tesmoing.

11e tém. « Pierres de Anseuviler, item.

12e tém. « Robert Grignous dit que il a... bien xxvii ans.

13e tém. « Engerrans de Waskemolin... bien xxviii ans que il n'en usèrent.

14e tém. « Gréars li Converes... bien xxx ans.

16e tém. « Pierre Wauduis s'acorde au devant dit tesmoing, etc.

Rouleau original, suppl. du Trésor des Chartes, J 1026, n° 2. *Actes du Parl.*, n° 46 B (1255).

1. L'enquête, nous l'avons dit déjà, était très usitée à la Cour du roi avant l'Ordonnance abolissant le duel judiciaire. Il tombe sous le sens que bien des questions ne pouvaient être éclaircies autrement. Boutaric mentionne (p. CCXCVII et suiv.) des arrêts sur enquêtes antérieurs à 1258 : nos 194 (reliefs et redevances), 195 (héritage), 197 (garenne), 198 (droits d'usage), 199 (moulin), 200 (panage pour les porcs dans la forêt de Lions), 205 (bois), 206 (hommages) 209 (droits féodaux), 212 (pâturages), 213 (bail), 215 (haute justice à Pierrefonds), 215 (redevances des hommes d'Orville), 218 (droit de chasse), 220 (navigation, commerce par eau), 221 (moulins), 233 B (valeur d'une terre...).

— Voir encore *Actes du Parl.*, p. 84 et suiv. les enquêtes, nos 920 et 920 A; 1560 K; 1560 H; 1560 N, 2884 C.

garennes, des moulins, des pâturages, des redevances, des droits féodaux, des tailles, la valeur d'une terre, d'une maison, d'une juridiction, l'ost et la chevauchée, le droit, c'est-à-dire la coutume. Enquêtes longues et souvent bien infructueuses, car, s'il n'y avait point de chartes produites, on se perdait dans des séries d'affirmations et de négations confuses, plus capables d'obscurcir la cause que de l'éclaircir. Si des titres étaient produits, il les fallait vérifier : s'ils étaient contestés, il fallait une autre enquête s'intercalant dans la première, conduite selon la même forme et avec le même luxe de précautions[1].

Lorsqu'un témoin avait achevé sa déposition, on la lui « recordait », c'est-à-dire on en lui donnait lecture. On agissait comme dans la procédure canonique dont étaient dérivées toutes ces règles sur les interrogations des témoins. Les légistes n'y introduisirent guère que des subtilités. L'auteur du Grand Coutumier nous édifie à ce sujet : « Si les articles, dit-il, sont doubles ou soubtilement posez, ou qu'il y ait plusieurs faiz, l'examinateur doit examiner le tesmoing sur chacun point et diviser l'article et l'esclaircir et faire entendre au tesmoing et descouvrir la subtilité, tellement que le tesmoing y puisse certainement répondre[2]. » Les deux commissaires devaient être présents à l'audition des témoins, mais ils s'affranchirent de cette obligation et il suffit, par la suite, qu'ils fussent présents à la lecture des dépositions.

Entre temps les sacs se remplissaient : on y plongeait sans cesse toutes les pièces : listes et procès-verbaux de serments, dépositions des témoins, relations des incidents, jugements interlocutoires. Mais aussi les semaines s'ajoutaient aux semaines.

1. — M. Guilhiermoz a donné un modèle d'enquête civile de 1246, dans un procès entre l'abbaye de Saint-Germain des Prés et les hommes d'Esmans. *Enquêtes et procès*, 1er appendice, n° I, p. 293 (en latin).

2. J. d'Ableiges, le *Grand Coutumier*, p. 600.

— « Dans les enquêtes de l'époque carolingienne, les témoins étaient interrogés tantôt individuellement, tantôt par tourbe. Il en était de même encore dans les enquêtes royales de la première moitié du XIIIe siècle. Boutaric, (t. I, p. CCCII et CCCVIII, nos 12 et 22), indique deux enquêtes faites l'une en 1223 ou 1224 et l'autre vers 1246, où une partie des témoins est entendue par tourbe ; mais, depuis les réformes de saint Louis, le mode d'examen par tourbe ne fut plus employé que quand il s'agissait de prouver une coutume (voir *Olim*, t. III, p. 674, n° XXXVII) et dans tous les autres cas les témoins durent désormais être uniformément interrogés, « comme dans la procédure canonique » chascuns en par soi ». (Beaumanoir, XL, § 1228. — *Olim*, t. III, p. 635, n° IV ; p. 1300, n° LXXV. — Guilhiermoz, p. 74-75.)

Les feuilles des arbres commençaient à jaunir et à tomber : l'automne arrivait, ramenant la fête assombrie de la Toussaint et la prochaine ouverture du Parlement. Or les pouvoirs des commissaires allaient expirer. Il fallait ou demander le renouvellement de la commission (les registres sont remplis de ces renouvellements) [1], ou conclure au plus vite. Le plaideur qui avait vu l'enquête tourner contre lui, s'efforçait de l'allonger, de l'embrouiller : il avait toujours de nouvelles preuves et de nouveaux témoins à produire [1]. Ou bien le renouvellement de la commission était nécessité par le décès d'une des parties, car beaucoup ne voyaient pas la fin des instances engagées.

Les commissaires pressaient la conclusion. Ils enregistraient les protestations et passaient outre. Ils citaient les parties « pour voir recevoir le procès à juger et aller avant selon ce que raison serait ». Citation qui devait, comme toutes les autres, être mentionnée au procès-verbal. Cette clôture de l'enquête devenait quelquefois la source d'un autre procès. Ainsi Colard de Beaurepaire, écuyer, plaidait contre Pierre de Pacy, gruyer [2] de la forêt de Halatte, assisté du procureur du roi. Colard, lors de la conclusion de l'enquête, s'obstina à ne point laisser fermer et sceller le sac. On le scella malgré lui. Il appela au Parlement qui ordonna une contre-enquête : Colard perdit et fut condamné aux dépens, mais il avait retardé, peut-être d'un an, sa défaite [3]. Robert dit Blouel appela d'un jugement du bailli de Senlis

1. *Clôture de l'enquête.* — Voici un exemple de ces discussions incessantes : « En 1335, il y avait procès au Parlement entre l'évêque de Laon d'une part et Henri du Bosc, écuyer, d'autre part, au sujet d'une maison. Henri avait hérité ce procès de son père : il avait, comme on disait, repris les errements. L'évêque demandait que la commission des délégués à l'enquête fût renouvelée à son profit, non à celui d'Henri, car celui-ci s'était montré négligent : dans les cinq semaines après la fin du Parlement il n'avait demandé à ses commissaires aucun ajournement. L'enquête devait donc cesser sur les faits proposés par Henri et ne devait porter que sur les faits proposés par l'évêque. Henri donnait des excuses de sa négligence et montrait des lettres royaux qui l'en relevaient. Ces lettres lui firent donner gain de cause, la Cour décida que la commission serait renouvelée. X[1a] fol. 83 v°, 25 nov. 1335 (Guilh., *Enq. et procès*, p. 444).

2. Les gruyers étaient des officiers qui siégeaient dans les *grueries*, juridictions inférieures connaissant des délits forestiers.

3. *Jugé*, X[1a] 8, f° 58 v°, 12 juin 1339. (Guilh., p. 480, CXXXI).
— Autre arrêt analogue et de la même date. Guillaume de Moinvillier et Gérard Pinteloue s'opposaient à ce qu'un procès fût reçu et jugé parce que « le procès avait été clos par les commissaires contre leur volonté et scellé malgré leur opposition. » La Cour ordonna une enquête et débouta les appelants de leur appel. X[1a] 8, f° 50 v° (Guilh., p. 481, CXXXII).

parce qu'on avait refusé de lui montrer le sac du procès. Il aurait voulu voir « si les raisons y étaient bien mises ». On avait aussi, disait-il, emprisonné son procureur pour le contraindre à sceller le procès. Les faits ne furent pas démontrés[1].

Le sac ainsi vérifié, clos en présence des parties, était scellé de leurs sceaux et du sceau des commissaires. On y attachait une cédule, appelée *remissio*, qui indiquait sa destination, c'est-à-dire l'envoi au Parlement[2]. Ce sac devenait alors une chose quasi sacrée; il eût été criminel de le dérober ou de l'ouvrir. On le chargeait sur les sommiers avec les bagages. Les commissaires repartaient contents de leur besogne achevée. Ils reprenaient les mêmes chemins, traversaient les mêmes forêts, cette fois encombrées de feuilles mortes; ils allaient plus vite, ils allongeaient les étapes. Non pas, comme l'insinue le malin auteur du *Style des commissaires*, parce que leurs gages avaient été acquittés et pour dépenser moins de jours qu'on ne leur en avait payé[3], mais ils avaient hâte, comme des gens longtemps éloignés de leurs affaires, de rentrer à Paris. Lorsqu'ils arrivaient, toujours avec leur cortège, dans la cour du Palais, ils veillaient au déchargement des sacs qu'on montait au greffe; ils s'inquiétaient des nouvelles et de leurs amis. Puis, à la Saint-Martin d'hiver, le Parlement recommençait ses audiences. Les maîtres, reposés de leurs voyages, y revenaient siéger : ils s'appliquaient à éplucher les enquêtes qu'ils avaient eu tant de mal à coordonner et surtout à clore.

VIII. — Le Jugement. Les Arrêts.

Parti de la Grand'Chambre pour être soumis à l'enquête, le procès y revenait pour être, par elle, renvoyé à la Chambre des Enquêtes avec une cédule qu'on appelait d'un terme singulier, l'*évangile* et qui indiquait les conditions ou réserves s'il y avait lieu. Celle-ci examinait, vérifiait minutieusement l'enquête. Elle préparait l'arrêt, si cet arrêt pouvait être rendu sur la vue

1. X[1a] 5, fol. 360 v°, 28 janvier 1324 (Guilh., p. 401, xxvi).
2. Guilh., p. 91.
3. « ... et quando revertuntur de commissione solutis vadiis, longas dietas faciunt, licet pro diebus pluribus vadia sua receperint... » *Style des Comm.*, § 100, Guilh., p. 260.

seule des pièces écrites[1]. Mais la Grand'Chambre le prononçait[2]. D'elle partaient, à elle aboutissaient tous les procès.

Si l'enquête ne suffisait point, la discussion orale qu'elle avait interrompue, reprenait à plusieurs mois d'intervalle. Les parties ne plaidaient que devant la Grand'Chambre où déjà elles avaient livré maints combats au moment de la demande, des contremands, des excuses, des exceptions, de la rédaction des articles. Les avocats reprenaient les raisons déjà exposées, les raisonnements déjà produits, répétitions quasi nécessaires à cause des longs délais qui séparaient les diverses plaidoiries.

Nous ne pouvons qu'imparfaitement nous faire une idée de ces premiers essais de l'éloquence judiciaire, sur lesquels nous reviendrons. Les registres du Parlement antérieurs à 1364 ne nous en ont rien conservé. Ce n'est qu'au début du règne de Charles V, le roi législateur et réformateur, que fut créée, nous l'avons dit, la double série parallèle du *Conseil* et des *Plaidoiries*. Les greffiers prirent des notes à l'audience, rédigèrent ensuite les plaidoyers sur des cahiers de papier et enfin les transcrivirent sur parchemin au registre. Peut-être plus tard les avocats fournirent-ils eux-mêmes l'analyse de leurs discours.

Quant aux *arrêts* et à leurs dénominations diverses de *jugés*

1. — « C'était bien la Chambre des Enquêtes qui devait avoir à juger l'enquête, mais les parties ne comparaissaient jamais devant elle et n'avaient aucune espèce de rapports avec elle : l'enquête ne pouvait lui être transmise que lorsque la Grand'-Chambre, à la suite d'un débat contradictoire, avait ordonné qu'elle serait reçue *pour être vue et jugée*.

« La réception à juger pouvait être ordonnée, soit purement et simplement, soit sous certaines conditions ou réserves. La formule de cette décision était inscrite sur une cédule qu'on cousait ou qu'on attachait sur le sac de l'enquête (*St. Inq* § 33, 150) : on lui donnait le nom *d'évangile*.

« Une fois l'enquête reçue à juger, le rôle des parties était entièrement terminé : elles n'avaient plus qu'à attendre patiemment le résultat du travail auquel allaient se livrer les maîtres de la Chambre des Enquêtes et qui devait être suivi du prononcé de l'arrêt. On conçoit dès lors l'importance qu'elles attachaient à cette décision et l'intérêt qu'elles pouvaient avoir soit à l'obtenir, soit au contraire à l'empêcher, ou tout au moins à faire insérer dans l'*évangile* telles ou telles restrictions. » (Guilh., p. 107, 108.)

2. — Voici un texte formel : « Per dominum Petrum de Cuignerïis, J. du Chasteller, R. de Lyoart, F. Briat, J. de Muro fuit ordinatum quod inquesta facta per dominos de Hamo et Sym. de Bucyaco et eorum commissarios... contra Toussanum de Busco, que de consensu parcium recepta est ad judicandum, tradatur ad videndum et referendum in magna Camera pro judicando. » *Notes du greffier criminel*, 19 juillet (1342). X[2a] 4, f° 79 (Guilh., *Enq.*, p. 485, CXXXVIII, A).

— M. H. Sée a consacré toute une thèse latine à cette question des enquêtes : *De judiciariis inquestis* (Hachette, 1892).

(judicata), d'*arrêts* (arresta) et de *conseils* (consilia), nous ne nous attarderons pas à discuter les hypothèses des savants. Que les sentences préparées par la Chambre des Enquêtes aient spécialement porté le nom de *jugés*; que les autres, prononcées après plaidoiries, se fussent seules appelés *arrêts*, ce n'est pas là ce qui importe, puisque au fond tous les jugés étaient des arrêts et tous les arrêts des jugements. Le travail pouvait être divisé au Parlement, mais non l'autorité [1].

Ce qu'il y a de certain, c'est que les sentences terminant les incidents, se distinguaient déjà par le mot *interlocutoires* (d'interloqui) courant dans les *Olim*[2]. Ces arrêts déblayaient la cause des

1. *Les arrêts.* — « Il est difficile, selon Grün, de déterminer avec précision le sens que présentent, dans le premier volume des *Olim*, les mots *arresta*, *arrestationes*, *judicia*, *consilia*, employés pour les intitulés des actes des divers Parlements... Du Cange dit, sans distinguer les époques et les changements successifs du style judiciaire, qu'on appelait *arresta* les jugements rendus par le Parlement publiquement et sur les plaidoyers des avocats; *judicia* ceux qui étaient rendus sur les procès par écrit et sur les enquêtes ou aprises; *consilia* les sentences concernant des délais qu'on donnait aux parties pour instruire leurs affaires qui n'étaient pas encore en état d'être jugées, avec le conseil de leurs avocats ». Nous ne suivrons pas Grun dans sa démonstration détaillée et nous nous contenterons de constater avec lui « qu'on ne peut se faire une idée nette de la nature spéciale de chacune des décisions comprises dans les *arresta* des *Olim*; cela est regrettable pour l'intelligence qu'on aimerait avoir complète des origines de notre procédure. » (Grün, *Archives du Parlement*, p. LXXXVII et LXXXVIII.)

Voir aussi les renseignements minutieux que le consciencieux archiviste a donnés sur la série des *Jugés* (p. CXXXII) et des *Arrêts* (p. CXXXVII).

2. *Les arrêts interlocutoires.* — « Cum... a quadam interloqutoria (sic) contra ipsum.... lata, tanquam a falsa et prava, ad nostram curiam appellasset. » (*Olim*, t. III, p. 499-500, CIX (1309.)

« ... ac super quadam interlocutoria in causa hujusmodi per commissarios nostros data. (*Olim*, t. III, p. 511, VIII [1310].)

« ... in quadam interlocutoria per ipsum lata... » ... « viso eciam signo dicti prepositi antiqui et sigillo Castelleti quibus dicta interlocutoria sigillata erat.... » (*Olim*, t. III, p. 554, XLVIII [1310].)

« ... idem Johannes a dicta interloqutoria (sic) ad nostram curiam appellavit (*Olim*, t. III, p. 571, LXV).

« ... dictus prepositus per suum judicium interloquendo, pronunciavit » (*Olim*, t. III, p. 807, XCIV [1312].)

« Cum dictæ partes peterent interloqui et jus sibi reddi.... » X[1a] 5, f° 155 23 déc. 1328 (Guilh. p. 392, XVIII).

— Les arrêts interlocutoires compliquaient à chaque instant la procédure. Nous n'en donnerons qu'un exemple par l'analyse d'un de ces arrêts. Un proces au sujet du château de Lencon s'engage entre Bérenger, seigneur d'Alpajon (de Alpajone) et l'évêque de Rodez, dont les gens avaient commis plusieurs excès et violences dans cette châtellenie qui devait être replacée sous la main royale — (Alpajon, sans doute Arpajon ou le Pajou, Cantal. arrond. et cant. d'Aurillac).

Il y avait eu plusieurs procédures : 1° du juge de Rives; 2° du juge de Béziers; 3° du bailli du Vivarais. Ces procédures faites à la requête de l'évêque et du sénéchal de Rouergue avaient été déclarées bonnes et valables. D'autre part il y avait eu procédure à la requête de l'évêque et du sénéchal de Rouergue devant les juges

exceptions de toute sorte; grâce aux progrès de la chicane, ils se multiplièrent tellement qu'ils constituèrent en réalité tout le procès, Battus dans les incidents, les plaideurs malheureux se repliaient comme des généraux découragés par des échecs d'avant-garde et n'osant pas affronter le combat en ligne.

A mesure qu'on avance dans les registres du Parlement, les arrêts, relativement courts dans les *Olim* et les premières séries des *Jugés*, s'allongent indéfiniment. Ils comprennent toutes les procédures incidentes. Ils reproduisent les exposés des faits, même après chaque déclaration de défaut. S'il y a eu trois défauts, articles, narration, arguments se trouvent répétés trois fois. Ces longueurs rebutent jusqu'aux conseillers rapporteurs. Dans les Registres criminels des arrêts occupent cinquante, soixante feuillets d'écriture serrée, équivalant à cent et à deux cents pages d'in-folios imprimés. Ne nous en plaignons pas. Ce soin méticuleux, cette répétition fastidieuse, cette habitude de rouler, pour ainsi dire, en boule de neige tous les documents avec les plaidoiries et les jugements interlocutoires, nous permettent aujourd'hui, par la sentence globale, de suivre toutes les péripéties des procès [1]. On y recueille, en certains cas, des narrations qui complètent les chroniques. Plus d'une occasion se présentera à nous, chemin faisant,

de Figeac et de Rodez. Cette procédure avait été annulée. L'arrêt du Parlement néanmoins avait admis l'évêque et ses gens à fournir leurs exceptions péremptoires (defensiones peremptorias) et leurs reproches contre les témoins. Des commissaires avaient été chargés de l'enquête. Celle-ci traînant, l'évêque mourut. Alors le seigneur d'Alpajon et le procureur du roi accusèrent les officiers et l'évêque de s'être montrés négligents : ils demandèrent que la commission ne fût pas renouvelée. Les officiers répondirent qu'ils n'avaient pas été nommés dans les articles et ne pouvaient être réputés négligents. Le procureur du roi et le seigneur d'Alpajon prouvèrent au contraire que les officiers et les gens de l'évêque avaient été expressément nommés dans les dits articles, qu'ils s'étaient constitués parties et avaient fourni leurs exceptions en ce qui les touchait. La Cour entendit les parties, examina les articles, vérifia que les officiers et les gens de l'évêque avaient été expressément nommés, visa un arrêt interlocutoire déjà rendu en cette cause et, par un autre arrêt interlocutoire, mit au point cette procédure; elle renouvela les pouvoirs des commissaires jusqu'aux jours de la sénéchaussée de Rouergue dans le prochain Parlement : à cette époque l'enquête et le procès seraient reçus et jugés sans plus de délai (X^{1a} 7, f° 221 v°, 28 juin 1337, Guilh., p. 469, CXVI). Entre temps que devenait la punition des excès et des violences?

1. *Longueur et forme des arrêts.* — En 1401, dans un procès considérable entre le dauphin, le marquis de Saluces et le comte de Savoie les rapporteurs ne voulurent pas prendre la peine de faire l'arrêt, « parce qu'il était grand et laborieux »; la Cour en chargea alors le greffier criminel, Jean de Cessières. (Guilh., *Enq. et procès*, p. 154, note 6.)

de signaler l'intérêt historique qui recommande ces longs arrêts latins et récompense d'un pénible déchiffrage.

On plaidait en français. L'arrêt était et, jusqu'à François Ier, restera écrit en latin.

C'est le Parlement qui rend la sentence, mais c'est le roi qui est censé la prononcer; c'est au nom du roi qu'elle est publiée. Elle ne devient *exécutoire* que revêtue de la formule authentique. De nos jours aussi tous les jugements sont rendus exécutoires par une formule identique au nom du chef de l'État, quelque mobile qu'il puisse être.

L'ancienne procédure, telle qu'elle résultait des Ordonnances de saint Louis et du travail des légistes imbus des règles canoniques et romaines, n'était donc plus ni exclusivement *orale* comme dans les cours des anciens seigneurs, ni exclusivement *écrite*

— « Les formules des différentes sortes d'arrêts sont d'une diversité remarquable. Dès 1264, les arrêts commencent par *Cum* très fréquemment, formule dont l'emploi se répète de plus en plus dans les autres volumes; *Notum facimus*, est celle de la transcription littérale d'un arrêt en forme authentique. Pour formules finales on trouve : « *Judicatum fuit, concordatum fuit, placuit domino Regi, precepit* ou *voluit dominus Rex, dictum fuit per judicium, respectum fuit, dictum fuit et ordinatum per consilium, de communi consilio, dictum fuit, responsum fuit, injunctum fuit, determinatum fuit, ordinatum est, expeditum fuit, pronunciatum fuit, dictum fuit per arrestum* ou *per judicium*. A ces formules il faut ajouter celles de *esgardatum* (du mot français esgard, esgardé, employé dans les Assises de Jérusalem comme synonyme de judicatum) : « *in nostra curia* ou *per curiam fuit esgardatum* (arrêts de 1280, de 1284), lettre du roi du 3 mars 1318 : *Il fut esgardé et dit de par nostre Cour*. Les arrêts mentionnent de bonne heure, avant le dispositif, l'audition des parties ou des raisons débattues par elles, le vu des chartes ou autres lettres produites devant elles; quand l'affaire a été délibérée en conseil, cela est assez souvent indiqué par les mots *habito consilio*.

« Les *Olim* ne contiennent pas, dès l'origine, la date de chaque arrêt. Le livre de Jean de Montluçon et celui de Nicolas de Chartres ne mentionnent que la date de chaque Parlement. L'usage de dater individuellement les arrêts est une des améliorations qui furent introduites dans la rédaction de Pierre de Bourges; les dates commencent dans le courant du Parlement de la Toussaint 1299 et dès lors elles sont toujours indiquées, sauf de rares exceptions.

« Quand les arrêts avaient été rédigés dans leur forme définitive, ils étaient, si les parties en demandaient expédition, revêtues des formules qui avaient pour objet de les rendre exécutoires... » (Grun, *Arch. du Parl.*, chap. VI, p. LXXXIX).

Beugnot a donné plusieurs modèles d'arrêts en forme (*Olim*, t. II, p. 363 et p. 875 876, note 80). Grün en a signalé encore d'autres de 1277, 1280, 1281, 1288, 1289, 1290, 1294, 1295, 1296, 1298, etc. Il remarque qu'il y en a un plus grand nombre dans le livre des *Arresta* de Pierre de Bourges. (Grün, chap. VI, p. LXXXIX.)

Nous ajouterons qu'en 1296 on voit un jugement en français en forme d'ordonnance. C'est le règlement, imposé par le roi et le Parlement, du différend qui avait mis aux prises le seigneur d'Harcourt et le chambellan de Tancarville. : « Nous, de nostre souveraineté et de nostre plein pooir, ordenons et voulons que nostre ordenance ait force de jugement. » (*Olim*, t. II, p. 404, XIV.)

On peut signaler aussi l'arrêt de bannissement de Jean d'Ormoy, donné dans sa teneur au lieu d'être résumé (*Olim*, t. II, p. 51, fol. VIII 1310).

comme dans les tribunaux ecclésiastiques[1]. Elle était double, ainsi que M. Guilhiermoz l'a minutieusement démontré : de là les

1. Pour plus de clarté nous résumons toute cette ancienne procédure (aux XIIIe et XIVe siècles) dans un tableau d'ensemble.

Résumé tableau de l'ancienne procédure.

Avant l'Enquête.

1° REQUÊTE écrite, examinée par la Chambre des Requêtes.

2° LETTRE DE JUSTICE autorisant la poursuite de l'action et la constitution d'un procureur.

3° AJOURNEMENT (ou citation) de la partie adverse par des sergents qui « faisaient le record » de l'assignation (garantissaient sa réalité).

4° CONTREMANDS et ESSOINES. — Aux ajournements la partie adverse peut opposer des *contremands* (jusqu'à trois), des *essoines* (excuses).
Si les contremands ou les excuses n'étaient pas acceptés, le défendeur qui ne venait point était mis en *défaut*.
La moindre négligence dans la prononciation des formules exposait au défaut.

5° PRÉSENTATION. — Les deux parties se présentaient au Palais le jour de l'appel des causes du bailliage. La présentation était enregistrée par un greffier spécial. Il fallait ensuite se tenir prêt à répondre le jour où la cause venait au rôle.

6° DEMANDE ET RÉPONSE. EXCEPTIONS. — Les deux parties étaient introduites dans la Grand'Chambre; le *demandeur* exposait sa *demande*.
Le *défendeur* pouvait refuser de répondre, solliciter des délais, *jours d'avis*, *jour pour absence de conseil*, *jour de vue* ou *montrée*.
Si le défendeur avait épuisé les exceptions *dilatoires*, *déclinatoires*, il cherchait à se dérober par les *exceptions péremptoires*. Celles-ci devaient être proposées toutes ensemble.
Le défendeur faisait encore ses *réserves*, ses *protestations*.
Quelquefois le procès ne continuait pas et se terminait par un *accord*.

7° APPOINTEMENT. — Après tous ces préliminaires, les parties étaient *appointées* (*litis contestatio* canonique et romaine).
Premier appointement à « bailler par écrit » la demande et la réponse.
Deuxième appointement « d'aller avant ou bailler les replicacions ».
Troisième appointement « à oyr droit ».

8° ARTICLES. — Les parties présentaient leurs articles (leurs articulations) par écrit et ces articles étaient divisés en catégories.
Les articles écrits étaient remis au greffe pour être « *ampliés* » et communiqués à la partie adverse.
Les *répliques*, *dupliques*, étaient de même écrites.

9° SERMENT DE CALOMNIE. — Quand on était tombé d'accord sur la rédaction des articles, les parties recevaient un nouvel appointement « d'aller avant sur les vérités. » Elles prêtaient d'abord le *serment* dit *de calomnie* et ensuite étaient admises à fournir leurs preuves.

10° PREUVES. — Les preuves anciennes avaient été maintenues : le *serment*, le *record de cour*. Le duel judiciaire fut remplacé par l'*enquête*.

L'Enquête.

11° NOMINATION DE COMMISSAIRES délégués par le Parlement. Ils se transportaient dans le pays où devait avoir lieu l'enquête; longs voyages.

entraves qui l'alourdirent. Si la vérité commande quelques réserves pour une certaine originalité des tribunaux laïques,

12° Serment de crédulité. — Les parties citées devant les commissaires prêtaient le *serment de crédulité* analogue au serment de calomnie. Elles approuvaient ou contestaient les articles sur lesquels devait rouler l'enquête. Dans cette procédure qui s'intercalait dans la première, on pouvait encourir aussi des *défauts* pour absence, négligence. — Les incidents étaient d'habitude réglés par un jugement *interlocutoire* des commissaires.

13° Témoignages. — Les parties produisaient leurs témoins : elles le pouvaient faire en deux fois (1re production, 2e production). Elles assistaient au défilé et au serment des témoins. Elles avaient le droit d'en récuser (*reproches, contredits* ou *salvations*). Les témoignages n'étaient pas publiés.

Production de *titres* s'il y avait lieu, vérification de ces titres; enquête s'il le fallait, retardant la première.

14° Clôture de l'enquête. — Au moment de la clôture de l'enquête, observations, oppositions de la partie mécontente. Scellement du sac. Retour des commissaires à Paris

15° Débat sur la validité de l'enquête. — L'enquête transmise à la *Grand'-Chambre*. Débat contradictoire sur la validité de l'enquête; si celle-ci est reconnue bonne à juger, elle est transmise à la *Chambre des Enquêtes*.

S'il n'y a pas eu d'enquête, les plaidoiries s'engagent jusqu'à ce qu'après les répliques, dupliques, tripliques, les juges se croient assez éclairés pour terminer l'affaire.

16° Arrêt. — L'enquête transmise à la Chambre des Enquêtes y est examinée. Un rapporteur est nommé. L'arrêt est délibéré, rédigé, puis envoyé à la *Grand'Chambre*, qui le prononce. Les parties ne connaissent rien du travail de la Chambre des Enquêtes, qui juge sur pièces [1].

1. De ce tableau, si imparfait qu'il soit, il ne sera pas inutile, pour faire comprendre la différence des temps, de rapprocher un tableau très sommaire de la *procédure actuelle*.

Procédure moderne.

Procédure ordinaire devant le tribunal de première instance.

1° Ajournement (acte d'huissier pour introduire la demande) et Constitution d'avoué de la part du demandeur.

2° Constitution d'avoué de la part du défendeur.

3° Défenses et réponses (conclusions grossoyées du demandeur et du défendeur, rédigées et signifiées); c'est l'instruction écrite et facultative.

4° Communication de l'affaire par les deux avoués au ministère public quand elle est prescrite.

5° Mise au rôle; appel de l'affaire.

6° Instruction orale à l'audience.

Plaidoiries des avocats.

7° Conclusions du ministère public. — Les avocats ne peuvent lui répliquer.

8° Délibération à l'audience ou dans la chambre du Conseil : vote; prononciation du jugement.

elle n'en impose pas moins la conclusion que leurs juges s'étaient formés à l'école des juges ecclésiastiques. Dans la procédure, comme ailleurs, l'Église avait apporté sa lumière.

Ce ne fut pas sa faute si les légistes surchargèrent la nouvelle procédure de tout le poids de l'ancienne. Tenant bon pour les vieux usages, pour l'ancien symbolisme, pour la rigueur de certaines formules, les anciens baillis ajoutèrent des complications orales aux complications écrites, les arguties du droit féodal aux subtilités du droit canonique. Les moindres paroles juridiquement irrégulières augmentèrent le nombre des *fuites*, des *barres* que facilitaient les abus des *contremands* et des *exceptions*. Le procès civil, divisé en *appointements* ou périodes qui s'allongeaient outre mesure, demeura appesanti, embarrassé, souvent inextricable, jusqu'à la fin de l'ancien régime. Les procureurs et les avocats s'ingéniaient à diviser, subdiviser les *articles* que les juges avaient grand'peine à éplucher et à fixer. L'*enquête*, par ses lenteurs, les incidents multiples qui l'entravaient, devenait souvent désastreuse pour le demandeur, en tout cas ruineuse.

Si cette forme des procès qui devait être et qui fut tout d'abord un soulagement, parut plus tard un fléau, c'est, ne l'oublions pas, que la justice avait à se débattre contre les mœurs et les idées d'un âge encore trop voisin d'une réelle barbarie. Il en fut de la justice comme de la guerre, comme de la science. Ces chevaliers si forts, taillés en Hercules, s'enfermaient, pour se combattre, dans des boîtes de fer qu'on s'appliquait à rendre de plus en plus invulnérables. Afin de mieux se protéger contre les coups de gigantesques épées ou de lances formidables, ils paralysaient en quelque sorte leurs mouvements et se serraient tellement les uns contre les autres qu'à Azincourt la plupart des Français périrent étouffés, écrasés par les Français eux-mêmes. Ces hommes, si fanatiques de combats, n'entendaient rien à l'art de la guerre. De même, s'ils répondaient aux sourires de la science qui séduisait leurs esprits à peine éveillés, ils l'accablaient sous les lourdes catégories d'Aristote : ils s'enferraient dans des argumentations hérissées de pointes; à force de raisonner, ils déraisonnaient. Faut-il s'étonner que, dans leur naïve inexpérience, ils n'eussent pas mieux traité la justice?

Celle-ci apparaissait, aux laïques aussi bien qu'aux clercs, dans sa majesté romaine. Ils l'admiraient. Ils voulaient l'installer dans leurs tribunaux. Mais ces légistes qui assimilaient les empereurs à des rois féodaux et les comtes romains à des comtes français ou allemands, traduisaient à leur façon les Institutes et le Code de Justinien; semblables à ces élèves d'Universités qui, dans les versions latines ou grecques, entraînés par un premier contresens dans une série de contresens, s'efforcent de les coordonner en phrases logiques et, au lieu d'expliquer, défigurent les textes.

Les mœurs d'ailleurs étaient plus fortes que les lois qui prétendaient les corriger. Si l'on cessa à peu près de se battre en champ clos, l'humeur belliqueuse se porta du côté des procès. Ces seigneurs qu'on empêchait de se jeter l'un sur l'autre, continuèrent de guerroyer par leurs procureurs. De là tant de contremands, d'excuses fictives, de délais réclamés pour jour d'avis, de montrée, tant d'exceptions étrangères à la question.

En outre les difficultés des communications, la lenteur et l'ignorance des scribes, l'insuffisance des moyens matériels, aujourd'hui surabondants, contribuaient à augmenter la durée des procès, qu'on ne désirait pas d'ailleurs abréger. On lassait l'adversaire. On s'appliquait à le mettre en défaut sur quelque point secondaire, à le faire débouter de sa demande. On comptait sur le temps et on laissait couler beaucoup d'eau dans les rivières sans se soucier de reprendre les errements d'une instance qu'on avait quelquefois trouvée dans une succession. A moins qu'il ne s'agît de quelque château, de terres, de revenus, de propriétés en un mot, les héritiers n'entendaient pas épouser des querelles qui leur étaient indifférentes. Le combat finissait faute de combattants. En terminant ainsi les procès, le temps corrigeait lui-même les torts qu'il leur faisait en les prolongeant. Peut-être faut-il à cet espoir attribuer le souci médiocre que les hommes du moyen âge avaient des années. On vivait sans se presser, au jour le jour, sans trop songer à l'avenir et sans cette fièvre qui porte les modernes à ruiner les joies présentes par la hâte de s'en assurer de nouvelles.

Peut-être aussi devons-nous, en ce qui regarde la justice, considérer que ces hommes, très religieux malgré la vivacité et la brutalité de leurs passions, s'en faisaient une idée très haute et reconnaissaient son origine divine. Ils entendaient lui assurer toutes les garanties. Par respect, sans doute, les légistes, dans la ferveur de leur zèle pour une justice si longtemps écrasée, allèrent au delà de ce qui était nécessaire. Par scrupule d'une légalité que leur science incomplète du droit romain et que la variété infinie des coutumes rendaient très confuse, ils la ruinaient. Par amour du droit ils égaraient la justice.

CHAPITRE XVIII

LE PROCÈS CRIMINEL

I. — L'Accusation. La Dénonciation.

Le procès criminel fut lent à se modeler sur le procès civil. L'esprit germanique et la fierté individuelle opposèrent une vive résistance à la procédure ecclésiastique. Longtemps encore les rudes guerriers n'entendirent être poursuivis pour crime que s'ils trouvaient en face d'eux un autre homme qui pût leur rendre raison. Tout accusé demandait et défiait un accusateur. Il comparaissait libre d'ailleurs devant ses juges ou libre se présentait au combat. En matière criminelle, les mœurs avaient triomphé de l'Ordonnance pacifique de saint Louis.

A Athènes, à Rome, le droit de mettre en mouvement la justice appartenait à chaque citoyen : il n'avait pu venir à l'esprit des législateurs de ces républiques de constituer pour l'accusation une magistrature spéciale. Toutefois, sous l'empire romain, « lorsque, dit Faustin Hélie, les citoyens laissèrent s'amollir entre leurs mains ce droit d'accusation que la loi leur avait confié, il fallut bien que la société, privée de leur défense, trouvât quelque moyen de se défendre elle même. Ulpien reconnaît formellement aux proconsuls le droit de rechercher et de poursuivre d'office les criminels. L'empereur Gordien constate également l'existence d'une poursuite d'office, parallèle à la poursuite formaliste de l'accusation. Enfin, Constantin, après avoir obligé les délateurs au concours de l'avocat du fisc, prévoit formellement le cas où l'accusé est poursuivi, non par la voie de l'accusation, mais par la sollicitude de l'autorité publique [1] ».

Sous les Mérovingiens, des chefs de justice, des comtes se transportaient là où un crime avait été commis et procédaient d'office. Mais il n'y avait ni règle ni institution réelle.

Au moyen âge, on devait donc se porter partie, affronter ou le combat, ou l'enquête, courir tous les risques de la bataille ou du procès, et ceux-ci non moins graves que ceux-là, car l'accusateur, s'il échouait, subissait la peine qu'il aurait fait appliquer à l'accusé s'il l'eût convaincu [2]. Il fallait donc être ou insensé ou sûr de son fait pour s'engager dans un tel péril.

Tout en admettant l'accusation, l'Église avait, dès les temps apostoliques, ouvert la voie de la *dénonciation*. On ne saurait néanmoins confondre cette dénonciation avec la *délation* politique, si honteuse, des Romains [3]. Un avertissement charitable la précédait, car si l'Église avait en vue la protection de la société, elle tenait aussi à éveiller le repentir chez le coupable, à faire accepter la pénitence publique [4]. Saisi d'une dénonciation, le juge d'Église avait le devoir de s'informer de la vérité de la plainte. Était-elle générale et faite par la voix de tous (*diffamatio*)? le juge, selon un décret d'Innocent III, poursuivait en vertu de son *office* (*ex officio*).

1. Faustin Hélie, *Traité d'instruction criminelle*, introduction, t. I.

2. *L'accusation*; *la dénonciation*. — « En plusieurs lieux et selon le droit escrit, dangereuse chose est de luy faire et former partie contre aucun criminellement. Car qui en déchet, il encourt, selon le droit escrit, en toute autelle peine qu'il est content avoir et porter celui qu'il poursuit, que les clercs appellent peine de talion. » (Boutillier, *Somme rural*, I, 34, p. 222, cité par Esmein, *Histoire de la procédure criminelle en France*, p. 108.)

3. — « A Rome, dit Montesquieu, il était permis à un citoyen d'en accuser un autre. Cela était établi selon l'esprit de la république, où chaque citoyen doit avoir pour le bien public un zèle sans borne; où chaque citoyen est censé tenir tous les droits de la patrie dans ses mains. On suivit, sous les empereurs, les maximes de la république; et d'abord on vit paraître un genre d'hommes funestes, une troupe de délateurs. Quiconque avait bien des vices et bien des talents, une âme bien basse et un esprit ambitieux, cherchait un criminel dont la condamnation pût plaire au prince : c'était la voie pour aller aux honneurs et à la fortune, chose que nous ne voyons point parmi nous. » (Montesquieu, *Esprit des lois*, liv. VI, chap. VIII.)

4. C'était la dénonciation primitive dite *évangélique*, fondée sur le précepte qui se trouve dans *Saint Mathieu* (XVIII, 15-18). Cette dénonciation, qui avait pour but de faire imposer une pénitence canonique, était précédée d'une *monitio* de charité (caritativa). Elle amena dans la suite la *dénonciation privée judiciaire* (denunciatio privata judicialis), toujours précédée de la *monitio*. Voir Fournier, *Les Officialités au moyen âge*, p. 257-258. Voir aussi p. 267, 268.

La dénonciation ne fut pas aisément acceptée par une société franche au milieu de ses violences, chez des hommes qui ne cachaient rien parce qu'ils n'avaient peur de rien. Elle n'était admise que pour des faits notoires; elle ressemblait plutôt à une plainte appuyée par des témoins. Beaumanoir enseigne la pratique de son temps. « Ceux qui sont pris et emprisonnés pour cas de crime et contre lesquels nul ne se fait partie, ou si le fait n'est trouvé notoire, doivent être gardés trois quinzaines de prévôté et trois assises, s'ils sont gentilshommes, trois quinzaines et une assise de quarante jours au moins si c'est un roturier. On doit donc crier : « Nous tenons tel homme en prison, et pour le « soupçon de tel cas; s'il est nul qui le veuille demander, nous « sommes appareillés de faire droit. » Le légiste du Beauvaisis raconte que lui-même avait tenu un homme en prison. Les quarantaines passées, un accusateur se présenta. L'accusé prétendit qu'il était trop tard. On jugea que l'accusateur venait assez à temps puisqu'il trouvait celui qu'il accusait entre les mains de la justice. « Et, ajoute Beaumanoir comme si ce jugement lui inspirait des regrets, peut-on voir le péril de tenir en prison plus que coutume ne porte; péché fait le juge qui ne hâte le jugement de la délivrance quand ils ont été tant en prison [1]. »

Le dénonciateur était partie au procès sans courir les risques de l'accusateur. Ainsi des nobles sont, pour violences, condamnés à une amende, sur une plainte adressée au lieutenant du sénéchal de Périgord par le procureur de l'abbé de Tulle et le prieur de Vayrac, qui dénoncèrent *sans se porter parties*, c'est-à-dire accusateurs [2]. Une tante est, par méchanceté de son neveu, dénoncée comme auteur d'un vol commis dans sa maison; le neveu ne sera écouté que s'il se porte accusateur [3]. Jeannot et Jaquet dit Maçon, frères, de Senlis, dénoncent Pierre Porcher et Jeannot

1. Beaumanoir, *Cout. du Beauvaisis*, chap. xxx, § 917-919.

2. — Arrêt condamnant Pierre de Oruhaco à cent livres et Pierre de Auryaco à vingt livres tournois d'amende pour violences commises contre Jean Julgas, auquel ils avaient juré asseurement à l'assise de Martel. *Jugés*, f° 272 v° (1323). *Actes du Parl.*, 7032.

3. — Mandement au sénéchal de Rouergue de faire droit à Astruge « de Monte Sermo », qui se plaignait de ce que Pierre « dols Candels », son neveu, l'avait, par malice, dénoncée comme auteur d'un vol commis dans sa maison, bien qu'elle fût innocente et femme de bonne renommée. Pierre n'agissait pas comme accusateur, il ne se portait pas non plus comme partie; il procédait par voie de dénonciation.

son fils, auxquels ils imputaient la mort de leur frère; les prévenus prouvèrent que le bailli de Senlis les avait poursuivis d'office et les avait forcés à assister, pendant une année, à ses assises pour répondre aux accusations qui seraient présentées contre eux : personne n'était venu; la Cour déclara alors que si Jeannot et Jaquet n'étaient pas admis à *dénoncer*, ils pouvaient être reçus à *accuser* [1]. Souvent il arrivait que le premier soin de celui qui se voyait ou accusé ou dénoncé était de s'enfuir. On le bannissait. Puis, le temps et les amis aidant, le fugitif obtenait des *lettres de rémission*. Toutefois il devait, en ce cas, se soumettre à la justice [2].

Si le Parlement admet la dénonciation, il veille au moins à ce qu'elle ne soit pas fausse et mensongère. Il frappe de fortes amendes les quatre beaux-frères de Raoul d'Orléans, non parce

On ne poursuivra qu'autant que Pierre se portera accusateur. *Criminel* III, f° 73 r° (15 déc. 1318). *Actes du Parl.*, 5600.

— La très ancienne Coutume de Bretagne vise nettement la dénonciation : « Quiconques meffait à mineurs... et à gent qui sont au marché ou à moustier, ou en pelerinage, justice en peut procéder contre eux à dénonciation de partie... » chap. CXIII.

La Coutume de Bragerac la spécifie également :« Item si quis vilis conditionis et parvi status voluerit denunciare contra hominem bonæ famæ et boni status, non suspectum de contentis in denunciatione predicta, talis denunciatio minime recipitur. Si vero eum accusare velit directe, ad hoc erit admittendus.... » (Art XXII, Bourdot de Richebourg, IV, 2, p. 1016).

— En 1347, les Lyonnais se plaignent « quod passim et indifferenter judex ordinarius inquirit de omnibus criminibus sine accusatore vel denunciatore, qui persequitur legitime, cum tamen consuetudo dictorum civium sit, sicut asserunt, quod solum in criminibus furti, incendii et proditionis, inquisitio fieri debeat et non aliter nisi post denunciationem et accusationem ut suprà.... » (*Ord.*, t. II, p. 258.)

Voir Esmein, *Hist. de la Proc. crim.*, p. 89, 90, 91.

1. — Arrêt déboutant Jeannot et Jaquet dits « Maçon » frères, de Senlis, de leur dénonciation contre Pierre Porcher et Jeannot son fils, de Pontoise, auxquels ils imputaient la mort de leur frère Perrot, clerc du prieur de Marines... La Cour déclare que si Jeannot et Jaquet n'étaient pas admis à dénoncer, ils pourraient être reçus à accuser. Alors la Cour leur ferait droit. *Criminel* I, f° 2 v° (19 février 1313), *Act. du Parl.* 4062.

2. — Lettres de rémission accordées par le roi à Hélie « de Caillebardes », écuyer, qui avait été banni du royaume par le sénéchal de Périgord, comme coupable d'avoir donné la mort à Bertrand « de Monsac ». Hélie se mettra à la disposition du sénéchal pour répondre à tous ceux qui voudront l'accuser ou le dénoncer au sujet de la dite mort. *Criminel* III, f° 3 v° (18 déc. 1317). *Act. du Parl.* 5111. Lettres du Roi permettant à Jacques et Jean « les Picars » frères, condamnés au bannissement par contumace pour coups et blessures à Jacques « Hasart », de venir purger leur contumace à condition de se constituer prisonniers avant la mi-carême dans une des prisons que le bailli de Senlis leur assignera. *Criminel* I, f° 3 r° *Act. du Parl.* 4082 (10 mars 1313).

Il y a beaucoup d'autres lettres semblables dans les Registres; cette fuite des accusés parait fréquente. Voir *Actes du Parl.* n°s 2588, 4268, 4276, 4464, 4500, 4539, 4581, 4586, 4589, 4601, 4623, 4647, 4658, 4678, 5014, 5079, 5301, 5365, 5386, 5399, 5421, 5729, 6025, 6026, 6029, 6048, 6128, 6202, 6237, 6439.

qu'ils ont dénoncé mais parce qu'ils ont varié en formulant contre le dit Raoul plusieurs accusations et en affirmant ensuite le contraire [1]. Guillaume Gaufridi avait dénoncé Bertrand Castelli, juge de Nimes, comme auteur de crimes énormes contre le roi : il avait offert de prouver son accusation au prix de sa tête : on ne lui demanda pas sa tête (ce n'était sans doute pas un vilain), mais, comme l'innocence de l'accusé longtemps retenu en prison, fut reconnue, Gaufridi se vit condamné à 500 livres (7 040 fr.) d'amende envers le roi, à des dommages et intérêts, à la contrainte par corps en « prison étroite [2] ». Néanmoins, s'il y a quelque coutume contraire, le Parlement fléchit. Un arrêt déboute Gui Oudard, chevalier, et Jean de Mauléon, écuyer, de la demande en indemnité formée par eux contre Pierre de Brisaie, qui les avait dénoncés comme auteurs de rapt sur sa fille; le fait avait été reconnu faux, mais Pierre prétendit que, d'après la coutume de Poitou, le dénonciateur n'était tenu à des dommages que lorsqu'il avait donné caution de poursuivre sa dénonciation [3].

1. *Olim*, t. II, p. 180, XXVI (1281).
2. *Act. du Parl.* 7209 (1322).
3. *Jugés* I, f° 452 v°. *Act. du Parl.* 7808 (1352).
— On peut encore ajouter beaucoup d'autres textes établissant la persistance de la dénonciation : condamnation du vicomte de Polignac sur la dénonciation du prévôt de l'église de Brioude (26 mai 1311. *Act. du Parl.*, 3953). — Ordre de poursuivre Jean Vie et sa femme Gilete sur une dénonciation d'amis de la victime : « quosdam criminales articulos curie nostre ex parte amicorum Johanne, relicte Nicolai Apothicarii, mente capte, ut dicitur, et Johannete, ipsius defuncti et relicte filie, oblatos contra Johannem Vie, Giletam, ejus uxorem et nonnullos alios eorum complices, in dictis articulis contentos... » (Guilh., *Enq. et Procès*, p. 381, 26 avril 1314). — Arrêt acquittant Jacques Martin, sa femme, Guillaume et Sandret, dénoncés comme auteurs d'un meurtre par Robert l'Oie, sergent royal. Robert et ceux auxquels il appartiendra pourront recourir à la voie de l'accusation. *Criminel* I, f° 12 r°. *Act. du Parl.* 4413 (avril 1315). — Commission d'examiner des articles criminels envoyés à la Cour par Gautier Malbernard, chevalier, et Ademar du Bosc contre Bernard de Comborn, chevalier (6 mai 1320). (Guilh., *Enq. et Procès*, p. 385). — Commission analogue (*Ibid.* p. 387). — Plainte de Jean de Chaillon, de Châlons, et du procureur du roi contre Jean de Biaunay, écuyer, ancien bailli de Châlons, qui avait commis des excès et des violences; commission criminelle. Ils donneront copie au dit Jean des griefs qui lui sont reprochés... (4 déc. 1335, *Ibid.* p. 445). — Plainte de Jacquemart Bonne Aventure et de sa femme contre Isabelle de Thory; commission criminelle (6 juillet 1342 *Ibid.* p. 485). — Plainte et dénonciation de Guillelme, fille de Gérald Etienne et veuve d'Etienne Constans, de la Salvetat, contre les habitants de Plauziac, au sujet de la mort de son père et de son mari; commission criminelle (août 1343. *Ibid.*, p. 487). — Plainte de Guillaume Durand, clerc du roi, avocat au Parlement, contre le prieur d'Argenteuil, son prévôt et ses familiers, (insultus, invasiones, homicidia, verberationes, abusus justicie et plures alios excessus graves et enormes); commission criminelle donnée à maître Thomas Vanin, conseiller du roi (22 mars 1346, *Ibid.* p. 492). — Voir encore textes de 1315 et de 1340, *Ibid.*, p. 96, note 3.

Plusieurs Ordonnances, certainement inspirées par le Parlement, imposèrent quelques garanties à cette forme nouvelle de procédure. En 1303, on stipula que le nom des dénonciateurs serait pris par écrit : en cas de calomnie, ils seraient punis par le sénéchal ou les juges seigneuriaux. En 1319, on prescrivit de ne pas mettre en arrestation la personne dénoncée avant que le dénonciateur n'eût juré sur les saints Évangiles qu'il agissait sans malice et sans fraude. En 1388, on exigea que le dénonciateur donnât caution, avant que la poursuite fût entamée, pour le paiement des dommages et intérêts qui pourraient être dus. En 1345, un texte nous fait en quelque sorte assister à l'évolution de la procédure : il montre, d'une part, le procureur du roi agissant comme partie de concert avec le dénonciateur; celui-ci consent enfin à un accord avec ceux qu'il a dénoncés; or le procureur du roi n'en examinera pas moins les faits qui détermineront sa conduite. L'action publique et l'action privée marchent ensemble, celle-ci tendant à s'effacer devant la première, de plus en plus forte[1].

Si l'accusé était redoutable, personne n'osait se présenter contre lui, encore moins le dénoncer. Comment avoir raison d'un guerrier brutal, maître d'un grand domaine et accompagné d'hommes d'armes? L'impunité lui était d'autant plus assurée qu'un meurtre, à cette époque, n'est réputé crime que s'il a lieu

1. Entre le Procureur du roi et Jean Broillard d'une part, Robert et Guillaume de Longuemort frères d'autre part, accord.

« Seur ce que le procureur du Roy en Parlement comme partie et Jehan Broullard (sic) comme denunciateur avoient fait prandre et emprisonner Robert et Guillaume de Longuemort, frères, pour la souspeçon de la mort au Borgne du Bus et de Henri, fil du dit Jehan, et contre iceuls freres eussent proposé plusieurs faiz tendenz a fin que il fussent punis criminelement, et les diz freres au contraire, toutevoie acordé est de la licence de la court entre le dit procureur du Roy comme partie et le dit Jehan Broullard comme denunciateur, d'une part, et les diz freres, d'autre, que iceuls freres bailleront leurs defenses escriptes et signées de la court par devers le procureur du Roy pour faire sa demande et ledit Broullart comme denunciateur contre euls, et icelles demandes apporteront faites aux jourz du bailliage d'Amiens du prouchain parlement a venir, et se il escrisoient aucun fait en leur demande auquel iceuls freres n'eussent deffendu, il y deffendroient et repondroient, et aussi ce pendent verra le procureur du Roy les informations faites contre les diz freres sur ledit cas, lesqueles sont devers la court, et, se il appert par icelles que il ne les doit plus poursuivre, il ne les poursuivra plus pour la dite souspeçon, et aussi ce pendent jusques aus diz jours seront les diz freres ellargiz en la manière que autrefoiz l'ont esté. Fait du consentement du procureur du Roy et dudit Jehan Broullard et des diz freres, tous presenz, le penultime jour de décembre l'an XLV. » (30 déc. 1345, X[1a] 5, fol. 3 et 23. Guilh. *Enq. et Procès*, p. 489, 490, n° CXLII.)

en trahison et en guet-apens. Et puis ne fallait-il pas que le coupable accusé ou dénoncé se soumît à l'enquête [1]?

II. — L'enquête criminelle. Le vicomte Novi de Pont-Audemer.

La grande objection que les seigneurs, surtout le comte de Bretagne, opposèrent à saint Louis jugeant Enguerrand de Coucy, ce fut qu'Enguerrand ne voulait pas et ne devait pas se soumettre à l'enquête [2]. Saint Louis tint bon et sut intimider tous les barons.

1. *Acceptation de l'Enquête.* — Enquête contre Nicolas de la Motte, chevalier qui avait violé un assurement. « Probatum est contra Nicholaum de Mota; capiatur corpus ipsius et teneatur quousque factum istud emendaverit domino Regi, salvis tamen eidem vita sua, membris suis et hereditate sua *quia non supposuit se isti inqueste.* » *Olim*, I, p. 89, VIII (1259).

Voir aussi *Établ. de saint Louis*, livre II, chap. XVII, p. 387. — *Livre de jostice et de plet*, XIX, 45 § I. — Beaumanoir, chap. I, § 35.

Voir les articles de M. Esmein : *L'acceptation de l'Enquête dans la procédure criminelle*, in *Revue générale du Droit*, t. XII, 1888, p. 13 et suiv., 107 et suiv.

2. Le procès d'Enguerrand de Coucy, pour n'être pas parvenu à nous sous sa forme juridique, mais d'après des renseignements de chroniques, n'en est pas moins très explicite sur la façon dont saint Louis entendait remplacer la bataille par l'enquête. Après qu'il « eut fait enqueste souffisant et si come l'en la devoit faire quant à tel fait » le roi avait donné l'ordre d'arrêter Enguerrand et de le mener au Louvre, où on le retint en une chambre « sans fers ». Dans une audience solennelle du Parlement, où l'accusé pouvait compter beaucoup de princes et de seigneurs ses amis, Enguerrand comparut et Jean de Thourote proposa alors pour lui « que il ne devoit pas, ne ne vouloit sousmettre soi à enqueste en tel cas, come tele enqueste touchant sa personne s'enneur (son honneur) et son héritage et que il estoit prest de défendre soi par bataille, et nia pleinement que il n'avoit mie pendu ne comendé à pendre les jovenciaux dessus diz. Et le diz abbez et les dites femes (les cousines des jeunes gens) étaient ilecques en présence le benoiet roi, qui requéroient justice. Et comme li benoiez roi ot entendu diligement le conseil dudit Enjorranz, seigneur de Couci, il répondi que es fez des poures (pauvres), des églises, ne des persones dont l'on deit avoir pitié, l'en ne devoit pas einsi aler avant par loi de bataille, car l'en ne trouveroit pas de legier aucuns qui se vosissent combattre pour teles manieres de personnes contre les barons du roiaume et dist que il ne fesoit contre lui noveleté... Et lors recorda li benoiez roi que li rois Phelippe, son aiel, pour ce que monseigneur Jehan, seigneur de Soilli qui adoncques estoit, avoit fet un homicide, si comme l'en disoit, fist faire une enqueste contre lui et tint le chasteau de Soilly par douze ans et plus, juçoit que le dit chastiex ne fust pas tenu du roi sans autre moien.... »

Le comte de Bretagne intervint en faveur d'Enguerrand. Il remontra au roi « que il ne devroit pas soustenir que enquestes fussent fetes contre les barons du roiaume en choses qui touchent leurs personnes, leurs héritages et leurs enneurs. « Et li benoiez rois répondit au comte : « Vos ne deistes pas ensi en un temps qui « est passé quant les barons qui de vos tenoient tout à nu et sans autre moien « aportèrent devant nos lor compleinte de vos mesmes et offrirent à prover leur « intention en certain cas par bataille contre vos; ançois respondites devant nos « par enquestes en teles besognes. Et disiez encore que bataille n'est pas voie de « droit. »

Ce coup droit ne démonte pas le comte de Bretagne qui insiste, disant « que il (le roi) ne pooit pas jugier des coutumes du roiaume par enqueste fete contre lui,

Si Phillippe le Bel rétablit la bataille en cas criminel, il ne supprima point l'enquête. Aussi, dans la réaction qui éclata sous Louis X le Hutin, les nobles de Bourgogne, de Forez, de Champagne, d'Artois obtinrent-ils qu'on ne pût, en cas de crime, procéder contre eux « par dénonciation ou par soupçon, ni les juger ni condamner par enquête, *s'ils ne s'y mettaient* ». Des coutumes, comme celle de Bourges[1], des chartes de ville[2] maintenaient cette faculté de se soumettre à l'enquête.

Dans le cas où elle avait lieu, l'enquête criminelle se réglait d'après les mêmes principes que l'enquête civile : rédaction des articles et des réponses, auditions et récusations de témoins, protestations, défenses et ruses de toute sorte. Contre un adversaire riche et puissant, cette enquête devenait impossible ou illusoire et le coupable se dérobait à la justice avec l'aide même de la justice jouée et bafouée.

Un résumé d'enquête du temps de Philippe le Hardi fera revivre en quelque sorte cette procédure qui pourtant semblait alors un progrès. Elle nous donne la liste des méfaits imputés à Novi, vicomte de Pont-Audemer[3], châtelain exerçant l'autorité au

à ce que il le punisit en sa personne, comme einsi fust que le diz sire de Couci ne se fust pas soumis à la diste enqueste ».

Saint Louis ne se laissa pas ébranler. « Mès toutes voies se il sceut bien la volenté de Dieu en ce cas, il ne lessat ne pour noblesse de son lignage, ne pour la puissance d'aucuns de ses amis que il ne feist de lui pleine justice.... » (Vie de saint Louis par le confesseur de la reine Marguerite, *Histor. de France*, t. XX, p. 113, 114.)

1. — Selon la *coutume de la ville et septène de Bourges*, on doit procéder en cas criminel de cette façon : « Premièrement faire information secrette par gens dignes de foy, sans soupeçon, et se par informacion est trouvé l'accusé estre coulpable, l'en peut prendre son corps et ses biens, et descendre en enqueste, luy appelé, et par l'enqueste faire droict, et toutes voyes est entendu la prise du corps, si le cas le requiert. » (Chap. XXXIX.)

« L'en fait différance entre information et enqueste, et raison est, car par information l'en ne condempne pas et par enqueste faicte justement, partie appelée à la réception des tesmoings et à la voir juger et publier, l'en absoult et condampne; et est bien de raison que le deffendeur ait premièrement respondu aux articles par son serment. » (Chap. XLI.) (Voir Esmein, *Hist. de la Proc. crim.*, p. 106-107.)

2. — *Consuetudines Tolosæ* rubr. *de inquisitionibus* (Bourdot de Richebourg, IV, 2, p. 1044). *Coutume de Limoges* (latine), *ibid.*, p. 1149. Esmein, p. 89.

Un arrêt déboute Marie, veuve de Jean dit Le Leu, fils de feu Gérard Le Leu, laquelle accusait Pierre Dalart, jadis prévôt de Chaumont, dans le Vexin français, d'avoir présenté au bailli de Senlis une enquête irrégulière au lieu de l'enquête véritable qu'il avait faite contre ledit Gérard, au sujet du meurtre d'Étienne de la Mare, à la suite de quoi Gérard fut condamné à mort. Il fut prouvé que le coupable avait accepté l'enquête présentée au bailli (janvier 1315), *Actes du Parl.*, 4372.

3. — *Pont-Audemer* petite ville de 6000 habitants, sur la *Risle* au point où cet affluent de l'estuaire gauche de la Seine devient navigable : Chef-lieu d'arrondisse-

nom du roi et pouvant être considéré comme officier du roi. L'énumération simple des faits, dans le désordre même où les cite la pièce originale [1], nous instruira suffisamment sur l'anarchie judiciaire d'un temps où des juges faisaient un cynique marché de la justice. 1° On avait arrêté un homme de Quillebœuf pour vol de deniers. Suivant la coutume, on le mena, ayant au cou la bourse volée, à la prison de Pont-Audemer; en route, les conducteurs firent une station à Conteville pour boire en une taverne et lièrent leur prisonnier à un poteau, toujours la bourse au cou; mais paix en fut faite pour 15 livres tournois (301 f. 59) qu'en eut le vicomte de Pont-Audemer; le fait sera prouvé. 2° A Cacelont deux hommes avaient été pris pour avoir volé du blé : le vicomte délivra l'un pour 15 livres tournois, et fit pendre l'autre qui ne pouvait rien

ment et de canton du département de l'Eure. Pont-Audemer que les vieux auteurs écrivent souvent d'une façon défectueuse, Ponteau de mer, doit probablement son nom à un noble franc du VIIe ou VIIIe siècle, *Audemar* ou *Omer*. A l'époque mérovingienne et carolingienne, la villa de Pont-Audemer devint une seigneurie qui avec la Normandie fut réunie à la couronne par Philippe Auguste. Ce prince lui accorda une Charte communale. Pont-Audemer fut gouverné par des vicomtes royaux mais resta néanmoins une seigneurie dont les chefs portèrent le nom de comte ou de vicomte de Pont-Audemer jusque dans le XVIIe siècle. Le *Novi* dont il est ici question n'était pas un des seigneurs de cette maison, maisle vicomte royal.

1. — Nous ne pouvons transcrire ici ce long document, que nous avons scrupuleusement analysé, n'y ajoutant que des numéros d'ordre, mais nous en citerons quelques articles pour donner une idée de la langue de ce temps :

« Premièrement il out I home pris saisi de deniers que il avoit emblez a I home de Kilebo qui a nom Guillaume Havot, n'en li mist la borse as deners au col; les preneors en amenant le en la prison del Pont Audemer s'arestèrent à Conteville à boire en une taverne et le lièrent à un post la borse au col. Pès en fu fète par XV livres de tournois que le visconte en eut en tel maniere que le dit Guillaume Havot qui estoit seutor del larrechin le sui des deniers comme adires, et c'est à prouver par Robert Tison qui en fu pledeor, par Rad. Gayde, par Guillaume Heel le Viel, et par l'enqueste de Conteville qui prisrent le devantdit larron...

« .... Item le dit visconte manda à l'abé de Préaus que lui et sa fame iroient disner à l'abeie à un jor certein. L'abé oï dire que le dit visconte estoit escumenié contre le evesque de Lisius. Il manda au viscomte que il ne li despleut quar il ne pooit ne n'osoit porter compaingnie pour la tremor de l'evesque, et fit présenter et donner au dit visconte I hanap de la valeur de VII livres...

« .... Item contens estoit entre I borgeis du Bec Héluin et le prévost de Briorne que le dit prévost se plénist au visconte que le dit borgeis l'avoit desmenti. Le visconte le fist prendre et lier les mains et les piés comme se ce fust I larron. La fame au dit borgeis ala audit visconte et requist son segneur pour amender se il avoit meffet; le visconte li respondi et espoenta tant que de la peor que ele out elle effanta eus (*sic*) el chemin briement devant le peeple I enfant qui en péri et morut sans baptesme...

« .... Item ledit visconte a fet du chastel de Pont-Audemer estables à pors et vaches et en i a tant que tote la gent d'ilec entor en sont grevez quar els minvent (?) lor bles et lor font molt de damages et si n'en osent groncher,.... etc. » (Roul. orig. J. 1024, n° 42 (1279) (*Actes du Parl.*, n° 2222 H, t. I, p. 211-213).

donner; on produira les témoignages du pays tout entier. 3° Des larrons jugés à Pont-Audemer furent condamnés à être pendus; les sergents les menèrent pendre de nuit et en laissèrent partir un; c'était par ordre du vicomte; la commune de Pont-Audemer en témoignera. 4° Le vicomte recueillait plus d'amendes qu'il n'en remettait au bailli, on le prouvera par les sous-sergents. 5° Jehan, dit Œil-de-Bœuf, plaidait devant le vicomte pour un héritage : afin de gagner sa cause il donna à Novi un hanap d'argent de la valeur de 7 livres tournois (140 f. 74); on citera ceux qui portèrent et présentèrent ledit hanap au vicomte. 6° De même le vicomte reçut un hanap de la valeur de 6 livres tournois (120 f. 63) de la dame de la Londe, qui ne pouvait, sans cela, se faire rendre les arrérages de la terre de la Londe qu'elle avait gagnés devant lui et qu'il retenait. 7° Le vicomte, dans un procès d'héritage, reçut de Richard Fichet, écuyer, un muids d'avoine et un chien à perdrix. 8° Un jour le vicomte manda à l'abbé de Préaus que lui et sa femme iraient dîner à l'abbaye. Or l'abbé avait entendu dire que le vicomte était excommunié par l'évêque de Lisieux. Comment le recevoir et comment l'écarter? L'abbé envoya dire au vicomte qu'il ne prît pas déplaisir s'il n'osait se trouver en sa compagnie par crainte de l'évêque et lui fit présenter un hanap de la valeur de 7 livres (140 f. 74); des témoins certifieront le fait. 9° Le prévôt de Briorne se plaignait d'un bourgeois du Bec-Héluin qui lui avait infligé un démenti. Le vicomte fit prendre et lier le bourgeois comme un larron : sa femme vint implorer le vicomte, qui l'épouvanta tellement que la malheureuse mit au monde dans le chemin un enfant avant terme; une enquête au Bec-Héluin prouverait le fait. 10° A Beaumont-le-Roger il y avait eu un homme tué : la femme et les amis de la victime obtinrent de la cour du roi des lettres pour qu'on punît les malfaiteurs. Paix en fut faite, dont le vicomte eut, pour sa part plus de 14 livres (281 f. 48), et le roi (ajoute tristement le rédacteur de l'enquête) néant! 11° Le vicomte avait fait beaucoup de torts et d'injures aux fermiers du roi : quand ils venaient payer leurs fermages, sur 100 livres de bonne monnaie il en refusait bien 60. Puis il ne laissait pas les fermiers retourner à la ville, mais les obligeait à changer au château : il y avait là un juif, Léon de la Torrele, qui des deniers du vicomte changeait la monnaie et prenait de change plus de la moitié que de droit. Puis les fermiers partis, on trouvait la monnaie refusée bonne pour le roi, car c'était elle qu'on lui envoyait. 12° Le vicomte composait avec les dits fermiers pour les délais de leurs paiements : il eut plus de 40 livres (804 f. 25) de Jean Cordel, auquel il faisait en même temps nourrir des porcs et des vaches. Il y avait peu de tenanciers qui ne fussent ainsi obligés de nourrir pour rien les bêtes dudit vicomte. 13° Cela allait si loin que le château de Pont-Audemer se trouvait quasi transformé en étables à porcs et à vaches : les paysans d'alentour en souffraient, car ces bêtes mangeaient leurs blés et personne n'osait grogner. 14° Un sergent de Bernay avait été arrêté pour meurtre. Le vicomte le sauva au prix de 20 livres (402 f. 12). 15° Un larron, Beliart d'Espaignen avait dérobé du pain, des courroies dont on le trouva nanti. Le vicomte le fit délivrer « par telle enquête qu'il plut au larron » d'avoir (on ne saurait trouver une constatation plus précise des abus de ces enquêtes de complaisance). Le vicomte en eut cent sous (100 f. 53) et la vicomtesse cinquante (50 f. 26). 19° A Seles, près de Pont-Audemer, il y avait un larron, Robert Pelecat, dont le vicomte prit plusieurs fois rançon; il en eut plus de 40 livres (804 f. 25). 17° Le vicomte, contre son serment, recevait des dons : le maire de Pont-Audemer lui envoya, par son sergent, un gant renfermant cent grands tournois de la valeur de cent sous; cela sera prouvé par le maire et par Étienne le Grenu qui les porta. 18° Giles Morin de Villeville tua un homme et s'enfuit du pays. Le vicomte de Pont-Audemer fit prendre ses biens, qui valaient quarante livres et plus. Giles conclut sa paix. Le vicomte rendit les biens et garda les meubles : « et n'eut le roi néant! » 19° Thomas Hurtaut de Villeville battit tellement un homme que celui-ci mourut. Thomas fut mis en prison. Le vicomte le délivra sans jugement pour le grand loyer qu'il en eut; 20° Le roi ayant eu à percevoir les amendes de sa monnaie par sa terre, le vicomte en fit lever plus qu'on n'en devait dans plusieurs paroisses; les bonnes gens se plaignirent à l'Échiquier, à Rouen. Les maîtres de l'Échiquier commandèrent au vicomte de rendre l'argent indûment perçu. Les bonnes gens se présentèrent devant le vicomte qui leur assigna des termes; au dernier, il leur dit qu'il les ferait mettre en la fosse avec les larrons s'ils lui demandaient encore quelque chose. 21° Le prieur du Borc Achart prétendait avoir des droits d'usage dans la forêt de la Londe : l'enquête lui fut défavorable. Le vicomte ne l'en mit pas moins en possession : il en eut 50 livres tournois (1 005 f. 20). 22° Un homme d'Espreville, près le Roge-Mostier, vendit de son bois jusqu'au prix de quarante livres sans congé du roi. Le vicomte fit saisir les coignées et les charrettes qui étaient au bois; le vendeur fit sa paix avec le vicomte qui eut 20 livres (402 f. 12) et, là encore, « le roi néant ». 23° Pierre Oin tua un homme de Boneville en plein jour : il fut pris sur le fait et amené « en geôle de Pont-Audemer » ; le vicomte le délivra pour une forte somme. 24° Le roi avait un bois dit de Saint-Germain : le vicomte le faisait manger à ses bêtes, ses chèvres, ses vaches, ses veaux, si bien que le bois tout dépouillé ne put être vendu plus de cent livres tournois (2 010 f.). 25° Enfin un dernier grief était encore relatif à une somme de vingt livres arrachée à un bourgeois de Bayeux. Ainsi il avait fallu tant de méfaits d'un vicomte, officier du roi, pour qu'une enquête fût ouverte! En outre chacun de ces articles nécessitait en quelque sorte une petite enquête, ce qui en somme faisait 25 enquêtes comprises dans la grande, avec toutes les ressources qu'offrait une si longue procédure à un homme aussi rusé (il l'avait bien prouvé) qu'était le vicomte Novi de Pont-Audemer.

III. — Histoire de Moreau d'Espiers.

Un autre résumé nous fera encore mieux entrer dans le mouvement de ces enquêtes criminelles. Moreau d'Espiers était accusé d'être l'auteur de la mort de son frère Guillaumin (ou Guillemin) : lui rejetait cette mort sur le voyer d'Olivet[1]. Moreau s'était soumis à l'enquête et le procès verbal enregistre d'abord cette déclaration : « On lui demanda s'il s'était mis en l'enquête. Le dit Moreau répondit qu'il s'y était mis et encore s'y mettait ». On interrogea Pierre Augis, voyer d'Olivet. Ce voyer avait reçu du bailli et du prévôt d'Orléans l'ordre d'arrêter des écuyers et autres de mau-

1. *Actes du Parl.*, n°s 2222 E et F (1278). Rouleau original J. 1034 n° 60 et n° 40. La première pièce en français, la seconde en latin.

vaise renommée dont était Moreau d'Espiers. Le mercredi avant la Saint-Jean, le voyer apprit que Moreau et les autres buvaient en la maison de Renaut de Pélicom à Larchat, près de Saint-Mesmin : il était près de minuit. Le voyer envoya son sergent en avant; Moreau et ses compagnons lui brisèrent son arc. Le voyer fit lever les voisins : ils trouvèrent à l'endroit désigné Moreau et Guillemin son frère, Perrin Barat, écuyer, Sainçon le fournier, armés de haubert, de gambeson et de bacinet. — Avaient-ils des couteaux, épées, bâtons? — Oui. — Que leur dit le voyer? — « Ne vous bougez, vous « êtes pris, car je suis le voyer qui vous prend de par le Roi. — « Guillemin (celui qui fut tué) répondit : « Je me moque de toi et « du Roi. » — Le voyer s'avança pour le saisir; Guillemin le frappa à la tête et au bras et le blessa. — Moreau était-il là quand le voyer fut frappé? — Je ne l'y vis pas, mais R. Pole le vit en la mêlée. Guillemin, après avoir frappé le voyer, poursuivit ses compagnons dans la maison. Perrin Barat se rendit prisonnier ayant entendu que le voyer venait au nom du roi. D'ailleurs on cria « le ban de par le roi ». Moreau et Guillemin, sortant de la maison dirent alors : « Voyer, tu as fait crier ton ban pour nous prendre, mais nous t'emmènerons ! » Guillemin le frappa de l'épée au bras et à l'épaule. Tous deux s'empoignèrent et roulèrent à terre; le voyer tomba dans une ornière; il était en dessus; Guillemin se retourna et le voyer fut en dessous. Moreau les avait vus tomber : il accourut et frappa Guillemin son frère de trois coups d'estoc de son épée. Le voyer croit bien que Moreau voulait le frapper, lui, car il lui entendit dire ces paroles : « Maugré Deu ! qu'ai-je fait, mon frère « est mort ! » Après quelques dépositions dont on n'a que quelques morceaux, on entend Perret Vivian, charpentier. Il a vu Moreau qu'on avait amené blessé à la main gauche et au cou et qui criait : « Ha beau doux frère, tu es mort et j'ai grand peur que tu sois « mors par moi » ! Benoît des Mesnée injuria Moreau, lui disant : « Tu as mal fait. » Le témoin n'entendit pas la réponse de Moreau. Un autre témoin, Perrin Maubert, était couché quand le voyer l'éveilla et lui dit de venir l'aider : le voyer dit à ceux qu'il avait rassemblés : « Je ne vous commande rien, mais si ces malfaiteurs « se défendaient, aidez-moi ». Ils vinrent donc derrière la maison de Renaut de Pélicom : ils trouvèrent Moreau et Guillemin son frère, Perrin Barat, le neveu de l'abbé, et Sainçon du Four sous une treille et des pommiers. Ce témoin renouvela sans doute les récits déjà faits; Moreau lui opposa ainsi qu'aux autres qu'on ne saurait se servir de leurs dépositions contre lui, car ils avaient été acteurs du fait; ceux qui ne l'avaient pas été étaient subornés. On lui demanda s'il le voulait prouver : il répondit qu'il ne le pourrait sinon, par leur témoignage. L'enquête continua ainsi laborieuse : nous en possédons un autre résumé qui distribue les dépositions des témoins en deux groupes. Vingt-deux témoins rééditent contre Moreau l'accusation, mais se perdent en détails secondaires. Moreau a pour lui vingt et un témoins dont les dépositions vagues parurent sans doute négligeables, car elles sont à peine indiquées.

Mais que nous importe que Moreau Lespiers et le vicomte Novi de Pont-Audemer aient été punis? Ce que nous avons à noter ici; ce que nous montrent également des articles criminels minutieusement rédigés à l'occasion de violences dont avaient été victimes des clercs d'Auxerre [1], c'est que l'enquête publique se maintient [2]. Sans doute ses mailles sont assez larges pour laisser échapper bien des coupables, mais par contre aussi elle sauve beaucoup d'innocents. Après cinq cents ans, notre société y est revenue, puisque les témoignages se produisent à l'audience, devant l'accusé et devant le jury, puisque même, en vertu de la loi du 9 décembre 1897 sur l'instruction contradictoire, l'inculpé a l'assistance d'un avocat dans l'instruction préalable.

IV. — L'Aprise ou information d'office.

L'enquête avait, deux siècles durant, lutté contre le duel. Avant qu'elle en eût triomphé elle était elle-même remplacée par l'*aprise* ou l'information secrète. D'ailleurs les *Établissements* de saint Louis avaient déjà ordonné la « poursuite d'office » : « Si aucuns est mauvesement renommé par cri ou par renommée, la justice le

1. *Actes du Parl.*, nos 2099, 2100 et principalement 2100 A (1277) Roul. orig. J. 1028, n° 19.

2. L'enquête, au criminel, se maintient longtemps encore. Sous Philippe de Valois on retrouve des accusés reçus à l'enquête. Ainsi sont reçus des complices de Mathieu du Haussoy en 1334. Voir pièces publiés par Guilhiermoz. Enquêtes et procès, p. 412, 473.

doit prendre et si doit *enquerre* de son fait et de sa vie [1]. » En 1273, une Ordonnance de Philippe le Hardi « et de ses conseillers » (lisons du Parlement) prescrit aux Parisiens, « quand il y a mêlée, effraction de maison, rapt ou méfait analogue », de sortir pour empêcher le mal, de courir sus aux malfaiteurs, aux cris de *haro* [2] ! Beaumanoir expose les mêmes doctrines : « Si celui qui est pris pour soupçon de vilain cas ne veut attendre l'enquête, alors y appartient *aprise*, c'est-à-dire, que le juge de son office doit *aprendre* et

1. *L'aprise et l'enquête.* — « Se aucuns est mauvaisement renomez par cri ou par renomée, la joutise le doit prandre, et si doit anquerre de son fait et de sa vie, et là où il demeure... ». *Établ.*, livre II chap. XVII, p. 387.

Hâtons-nous d'ajouter que la suite du texte des *Établissements* maintient néanmoins la nécessité de l'enquête acceptée et publique et qu'on ne saurait prononcer de condamnation à mort s'il n'y avait pas un accusateur.

M. Viollet, dans sa savante Introduction aux *Établissements*, a bien marqué ces distinctions. « La procédure d'enquête, dit-il, dut coïncider souvent, dans les procès criminels, avec la poursuite d'office. Ce dernier point n'est pas touché, il est vrai, dans les Ordonnances de saint Louis, mais c'est une pensée qui inspire, à coup sûr, son administration. On veut, en effet, non seulement une autre procédure, mais aussi une répression plus efficace des criminels. On sent tout le danger de la vieille idée germanique suivant laquelle il n'y aurait eu aucun procès criminel sans un accusateur privé et on étend chaque jour le domaine de la poursuite d'office. On soumet le suspect à l'enquête sans qu'un seul accusateur se soit levé contre lui. (*Jostice et Plet*, livre XIX, chap. 44, p. 317). Je ne sais si déjà sous saint Louis on prononça parfois contre l'inculpé la peine capitale, bien qu'il ne se fût pas soumis lui-même à l'enquête; on le fit après saint Louis et l'aprise entraîna même en Champagne une erreur judiciaire que constata le Parlement de Paris, (Brussel, t. I, p. 238). (Viollet, *Établ.*, t. I, p. 269, 270.) — Nous ne pouvons reproduire ici toutes les considérations exposées par l'éminent professeur de l'École des Chartes et, suivant son habitude, abondamment documentées.

2. *La clameur de haro.* — *Ord.*, t. XI, p. 350. — Un texte de cette Ordonnance a été publié par M. L. Delisle : « Ordinatum fuit per dominum Regem et consiliarios quod, quotiescunque melleia vel domorum fractura, raptus mulierum vel aliud simile maleficium Parisius acciderit, omnes vicini et alii qui hoc sciverint statim exeant ad impediendum malum pro posse suo, et ad arrestandum et capiendum malefactores; quos si arrestare vel capere non potuerint, *levent clamorem*, ad quem omnes qui illum audierint currere teneantur.... » (*Essai de Restitut.* n° 213, 1875. *Actes du Parl.*, t. I, p. 332).

A propos de cette clameur de *haro*, M. Viollet a dit : « On a beaucoup disserté sur la clameur de *haro*, sans se douter assurément qu'elle est toujours inscrite dans nos codes : lorsqu'un voleur ou un assassin est poursuivi aux cris de : au voleur! à l'assassin! il y a *cri*, il y a *clameur*, et dès lors, chacun est tenu de prêter main-forte et d'arrêter le coupable. Voilà, en deux mots, toute la théorie du *cri*. Je la trouve dans les textes mérovingiens, dans les Capitulaires, dans les Coutumes de Touraine-Anjou, dans l'Usage d'Orléanais, dans les Coutumes de Normandie et de Bretagne, dans les Ordonnances royales et enfin dans nos Codes, car ceux-ci, tout aussi bien que les lois anglaises, ont gardé avec beaucoup de raison la théorie traditionnelle et de sens commun du *cri* ou de la *clameur publique*. Par malheur, nos lois ne punissent plus que d'une peine absolument insignifiante le citoyen inactif qui, malgré la clameur levée, ne court pas sus au voleur ou à l'assassin, et quelques jurisconsultes, renchérissant à leur tour sur l'insuffisance de la loi, l'interprètent trop littéralement.... » Viollet, ouvrage cité, p. 189.

Voir aussi Glasson, *Étude historique sur la clameur de haro*, Paris (1882).

rechercher du fait de ce qu'il veut savoir [1]. » Le terme d'*aprise* désignait donc l'*enquête d'office* [2]. Si elle établissait le fait, continue le légiste, « par grant planté de gens, on pourrait bien mettre l'aprise en jugement ». Mais pour que l'accusé fût condamné à mort « par aprise, il faudrait que le fait eût été reconnu bien clair et que le jugement ne fût pas rendu seulement pour l'aprise, mais pour fait notoire ». Beaumanoir expose, à ce propos, un cas dans lequel il prononça lui-même. Un meurtre avait été commis sans que personne n'eût rien vu; on arrêta un boucher qui avait soupé la veille avec la victime; on l'interrogea par *aprise*; ses déclarations furent reconnues mensongères : les témoins qu'il prétendait avoir rencontrés sur divers chemins, nièrent l'avoir vu aux heures qu'il indiquait. Le bailli de Clermont mit l'*aprise* en jugement : « il y eut grand débat; les uns le voulaient condamner et jusqu'à mort par la dite enquête, et les autres disaient que non, parce que le fait

1. Beaumanoir. *Cout. du Beauvoisis*, ch. XL, § 1237, 1238.

2. *Le terme d'Aprise.* — M. Guilhiermoz a déterminé à quel moment ce terme fut employé : « Dans le troisième quart du XIIIe siècle, dit-il, « apprise » était le seul terme en usage; *informatio* apparaît au moins dès 1287. (Delisle *Essai de restitution*, n° 642); pendant un certain temps les deux mots furent employés concurremment : « Apprisia... ad informandum se » (*Olim*, II, p. 77, XV); « Apprisia seu informatio » (Delisle, *Essai de restitut.*, n° 727); puis celui « d'information » finit par rester seul en usage. — A la fin du XIIIe siècle et au commencement du XIVe, on trouve beaucoup d'exemples où les deux termes d'enquête d'une part et d'apprise ou information de l'autre, sont employés simultanément : « Inquesta seu apprisia ». (*Olim*, t. I, p. 886, XIII. Delisle, *Essai de restitut.*, n° 601). Souvent même le nom d'*enquête*, le plus compréhensif, était appliqué seul à une information. (*Olim*, I, p. 590, XIII; p. 620, XII; p. 813, n° XXXVIII; p. 839, n° IV; p. 843, XII, etc.). — (Guilhiermoz, *Enquêtes et Procès*, p. 93, note 3).

« M. Esmein (l'*Acceptation de l'enquête dans la procédure criminelle au moyen âge*, dans la *Revue générale du Droit*, t. XII, 1888, p. 15, note 4), a fort justement fait remarquer l'équivalence du sens d' « apprise », dérivé de « apprendre », et de « informatio », dérivé de *informare*. M. Zucker (*Aprise und Loial Enqueste*, p. 94-95) a repoussé l'étymologie d'apprise donnée par Beaumanoir et a voulu rattacher ce mot à *prise*, sous prétexte que l'apprise se faisait au criminel contre des individus préalablement arrêtés et emprisonnés : il suffit pour réfuter cette opinion de faire observer que l'enquête d'office reçut à la même époque le nom d'apprise dans les matières civiles, c'est-à-dire là où il n'était pas question d'emprisonnement préventif ». (Guilh., p. 94.)

— Le texte des commissions criminelles montre bien le caractère de la poursuite d'office : « ....Ad nostrum nuper pervenit auditum, fama publica referente quod.... Quocirca Nos tanta maleficia impunita remanere nolentes, mandamus vobis... de et super premissis omnibus et singulis vos *secrete celeriter et diligenter informantes*, quos per informationem ipsam vel per famam publicam aut vehementem presumptionem suspectos repereritis de premissis, ... capi cum bonis eorum universis et secure teneri faciatis et postmodum, vocatis evocandis,.... ab eisdem veritatem inquirere, eciam *ex officio nostro*, et malefactores culpabiles repertos, prout facti qualitas exegerit et ad vestrum quemlibet pertinuerit, taliter mediante justicia punire studeatis quod aliis cedat in exemplum... » X[2a] 2, fol. 89, 6 déc. 1320. (Guilh., *Enq. et Procès*, p. 387, 388, XIII.)

n'était pas prouvé. D'autres soutenaient qu'on ne pouvait avoir de meilleure preuve que celle du mensonge de l'individu soupçonné; il y avait « aperte mensonge et aperte présomption ». Le boucher fut pendu. Beaumanoir n'en eut nul regret, car le condamné, « avant de recevoir mort », avoua son crime [1].

Entre les mains de prévôts inexpérimentés ou passionnés, cette poursuite d'office ne laissait point d'être périlleuse. Un homme avait été trouvé assassiné dans la forêt de Compiègne, le jour de la Saint-Denis 1325, à l'heure de vêpres. Par ordre du prévôt de Péronne, Jean le cordonnier fut arrêté, comme inculpé de ce meurtre, et tellement torturé qu'il en resta estropié. Jean de Maucourt, également soupçonné et cité à comparaître, craignit aussi la torture : au lieu de se rendre à la citation, il demanda à être jugé par les gens du roi présidents en la Cour (la chambre des vacations). Celle-ci examina l'affaire. Maucourt prouva un alibi et la fausseté d'un témoin qui l'avait chargé. Il fut absous ainsi que Jean le cordonnier, « quantum ad officium », c'est-à-dire quant aux *poursuites d'office* : on réservait le droit de l'accusateur qui aurait pu se produire [2].

Le bailli de Vermandois, sans mandement, avait fait arrêter Huet de Mirecourt et l'avait fait conduire en prison à Paris avec une lettre disant qu'on le soupçonnait de grands crimes qu'il ne spécifiait point. Le Parlement s'en émerveilla fort et lui enjoignit d'ouvrir une information [3].

1. Beaumanoir. *Cout. du Beauvaisis*, ch. XL, § 1242, 1243.
2. *Jugés*, I, f° 507 r°, 2 mai 1327. *Act. du Parl.*, 7976.
3. *Criminel*, III, f° 84 r°. *Act. du Parl.*, 5662.
Si l'information était favorable à l'accusé, on pouvait tout de suite l'absoudre : « Hugo de Gierra et Thierricus, ejus filius, super morte uxoris dicti T. *per inquestam indè factam ex officio judicis*, absolutus fuerit quantùm ad Regem.... *Olim*, III, p. 63, II (1301).
Voir aussi autres textes, 3 avril 1315, X^{2a} I, f° 12 et 12 v°. Guilh., *Enq. et Procès*, p. 97.
Le livre des *Constitutions du Châtelet* précise la manière de procéder et nous fait entrevoir la transition de l'enquête à la poursuite d'office : « Nulz ne se doit, que il puisse, mettre en enqueste : quar il i puet avoir peril moult grant : quar nulz ne puet estre de tous amez; mès on puet otroier au juge que il en aprengne de s'office, et s'en puet metre sus le juge que il selonc Dieu et sus s'ame en enquiere et face enquerre par ses loiaux jurez : et iceste chose puet estre faite, quant nuls n'est ensuiz. Et quant li juges en avra apris par ceux que il y avra envoiez, li juges puet lors demander à celi, si il veult oïr droit selonc ce que il a apris, et il puet respondre : « oïl, selonc Dieu et selonc vostre ame ». Et soies bien certains que il ne te puet condamner à mort, mès il vous porroit bien banir; et que l'on li ait fait entendant, vous en devez vous partir, et pour tant que nulz ne vous ensieut, c'est assavoir qui se face partie encontre vous... » (*Livre des Constit. du Chât.*, édit. Mortet, § 61, p. 71, 72).

Les résistances que rencontrait la nouvelle procédure se révèlent d'une façon très claire dans les articles dressés par un accusé, Ansel d'Alesnes, prévenu d'homicide sur la personne de Jacquemon Hainfroi à Harnes[1]. Ansel protesta énergiquement contre la dénonciation faite contre lui et la procédure d'office qui la suivit[2]. « En tel cas, disait-il, dénonciation ne doit avoir lieu, car contre denonceur nul ne doit être astreint à réponse donner[3]. » Il avait été arrêté par les sergents de Lille et traduit devant les hommes de Lille : il avait réclamé la loi du pays. Le bailli avait prescrit de notifier aux plus prochaines églises ou villes du lieu où avait été commis le méfait, l'arrestation d'Ansel, qui fut gardé plusieurs journées : personne ne se présenta contre lui. Ansel ajoute que le chevalier Jean de Harnes et sa femme avaient été, pour les violences susdites, poursuivis par l'abbé de Saint-Pierre de Gand et qu'à la suite d'un jugement rendu à Beauquesne, le chevalier avait été condamné à l'amende. Le fait pour lequel on incriminait Ansel avait donc été amendé. Aucune partie ne l'accusait et, si l'on continuait ainsi à le traduire en justice, nul ne serait en sûreté après délivrance, « ni ne demeurerait paisible, car toujours pourrait le sei-

1. *Actes du Parl.*, nos 7537, 7577, 7621.

2. *Articles de procédure.* — « Raisons proposées devant Gille Haquin, bailli de Senlis, commissaire nommé en vertu de lettres du Parlement, par Ansel d'Alesnes, prévenu d'homicide sur la personne de Jaquemon Hainfroi; et réponses aux articles dressés contre lui par le procureur du Roi, *Act. du Parl.*, 7622. — Raisons exposées par le sire et la dame de Harnes devant Gille Haquin, commissaire du Parlement, en réponse aux demandes du procureur de l'abbaye de Saint-Pierre de Gand, qui les poursuivait en réparation de dommage causé à la dite abbaye par Ansel d'Alesnes, lequel avait tué Jaquemin Hainfroy (l'orthographe des noms varie d'une pièce à l'autre), bailli de Saint-Pierre à Harnes (*Act. du Parl.*, 7623). Ces pièces de procédure sont trop longues pour être même analysées ici, mais, en dehors de ce qu'elles fournissent de traits de mœurs, sont intéressantes pour le langage juridique de l'époque. Ce sont, en somme, ce que nous appellerions des mémoires d'avocats. Nous nous contenterons de quelques extraits pour rétablir le texte des passages cités.

3. « ... la personne ensi sievie n'est tenue de respondre à icheli signeur, se par autre personne en faisant partie et par voie d'acusasion ne fait persieute et claim contre yceli porsievi; et en tel cas denonciations n'i doit avoir lieu, car contre denoncheur nus ne doit i estre atrains à response donner... » (p. 586, col. 1).

« ... Item, que avoec ce lidit homme ensignierent par jugement que li balli de Lille feist notefier et segnefier as plus prochainnes eglises ou villes dou lieu ou avoit été fais lidis malefisse, si com disoit, que lidis Ansiaus estoit rechus en ledicte court à lay à se purgation pour che que se aucuns le vausist poursievir que il venist avant dedens les journées que le coustume ensegne. » (*Ibid.*, col. 2).

« ... Item, que seur che se commencha et fist prochiès en ledite court, et warda li dis Ansel plusieurs journées et tant qu'il apartenoit selon l'us ou le coutume dou païs et de ledite court, as queles nus ne mist opposicion ne contradicion, etc. » (*Ibid.*, col. 2.)

gneur recommencer et ainsi poursuivre et occuper chacun sans cause s'il lui plaisait[1] ». La mère du mort et plusieurs autres femmes ont vainement dénoncé Ansel. Celui-ci répète ce qu'il a déjà dit : « Dénonciation faite en cas criminel ne doit grever celui contre qui elle est faite, car dénoncer n'est une chose qui puisse lier en action ni astreindre à faire partie[2] ». Ne dirait-on pas ces protestations copiées dans quelque coutumier?

De savants procureurs ont rédigé ces articles. Mais, en cas criminel, ils ne peuvent représenter la partie; on ne pouvait comparaître par procureur[3]. Ne fallait-il pas que l'accusé fût sous la main de la justice ou en face de son adversaire, s'il y avait combat. Pierre de Roquefort, seigneur du Puiset, soutenait un procès criminel contre Jean l'Arçonneur et ses fils. Or, dans un acte secondaire de procédure, il se fait représenter par un procureur. Les défendeurs ne manquent point d'instituer là-dessus un nouveau débat. On surseoit au procès principal pour juger celui-ci. Le cas était si spécial que l'interlocutoire du Parlement autorisa le procureur du chevalier[4].

1. « ... il s'ensievroit si grans inconveniens que pour delivranche que aucuns eust acquise pour aucune enormité seur lui imposée ou pour innocense qui en li en fust, il ne demouerroit paisibles, car tous jours porroient li signeur reconmenchier, et ensi sievir et occuper chascun, ja fust ce que il n'eust cause si leur plaisoit, etc. (*Ibid.*, p. 587, col. 1)

2. « ... car selonc raison et l'us ou le coustume alleghiés el premier article de cest escrit, dénonciations faite en cas criminel contre aucun ne doit grever à chelui contre qui elle est faite, car denonchier n'est mie chose qui puist liier en action aucun ne abstraindre à faire partie, et pour che n'est-on tenu à respondre à denonciacion; anchois convenroit que chieus qui vaurroit avoir response, se fesist partie et se liast parfaitement en l'action que s'il dekeist de se cause qu'il demourrast en autel painne que il aroit valu mettre celui qu'il aroit accusé. (*Ibid.*, p. 587, col. 1.)

3. *Procureur au criminel.* — Arrêt prononçant défaut contre Armand « de Podio Loaut » et consorts qui appelaient d'une sentence de bannissement prononcée contre eux par le sénéchal du Périgord pour un meurtre, attendu qu'ils comparaissaient par procureurs et qu'ainsi que le prétendait la partie civile, on devait, en matière criminelle, comparaître en personne devant le Parlement. (*Criminel*, I, f° 41 r°. *Act. du Parlement*, 4326, 23 mai 1314.)

4. Cum lite mota tam criminaliter quam civiliter inter Petrum de Rupeforti, militem, dominum de Puiseto... et procuratorem nostrum, ex una parte... et Johannem l'Arçonneur, Stephanum et Henricum les Arçonneurs, ejus filios... dictis les Arçonneurs e contrario proponentibus et dicentibus quod dictus Perrinus non habebat personam standi in judicio nec poterat nec debebat admitti ut procurator, cum ipse Perrinus *super facto criminali* in dicta curia nostra esset delatur,.... dicto procuratore dicti militis plures raciones e contrario proponente, ... per arrestum dicte curie dictum fuid quod dictus Perrinus ut procurator dicti militis erat admittendus... etc. X^{2a} 5, f° 74, 13 mai 1346. (Guilh., *Enq. et Procès*, p. 493, CXLVII.) — Un autre exemple montre que le Parlement, en certains cas, pour des complices et pour les procédures secondaires, admet des procureurs au criminel : Jean Josseaume, Geoffroi de Cologne, chevaliers, André Ayre, Jean des Loges,

Jusqu'au milieu du XIVe siècle, l'enquête lutte contre l'information d'office. Le bailli de Caux (1317), a ordre de faire cesser des poursuites d'office contre André et Pierre, dits Calot, prévenus de meurtre. Ceux-ci offraient de se soumettre au jugement, se faisant forts de prouver un alibi [1]. Dans une poursuite criminelle contre Béatrix la Sarrée, dame de Chastelier (1324), il y a enquête avec articles, réponses, ajournement des parties au Parlement, comme pour un procès civil [2]. Une veuve plaidait (1341) contre Jean Raine, qu'elle accusait de la mort de son mari : elle réclamait le jugement d'une enquête. Raine prétendit que cette enquête était une *information* et la Cour lui donna raison, enjoignant au sénéchal de Périgord de reprendre l'affaire [3]. Pierre de Juvigny, ancien prévôt forain de Laon (dont nous retrouverons plus loin l'histoire détaillée), est accusé (1353), entre autres crimes, de violences odieuses sur la personne d'une jeune fille. En dépit d'informations faites d'office, Pierre se prétendait innocent : il demanda à être soumis à l'enquête à ses propres dépens. La Cour y consentit, en marquant cependant qu'elle lui faisait une grâce [4].

Geoffroi Soteau, Jean de Foubernier avaient été cités par le procureur du roi et par Simon Rousseau devant le Parlement aux jours de la sénéchaussée de Poitou, comme complices d'excès, d'attentats, d'injures, de pilleries, etc. Quelques-uns comparurent personnellement, d'autres par procureurs. Simon Rousseau et le procureur du roi demandaient que défaut fût prononcé contre ces derniers. La Cour ne les écouta pas. Elle ordonna que les articles des parties seraient accordés et que tous les complices feraient écrire leur *litis contestatio* pour être jointe aux articles, qu'ils seraient tenus de comparaître tous en personne et de répondre au sujet des dits articles et que *dans les autres actes de procédure, jusqu'à ce que la Cour en ait ordonné autrement, ils pourraient comparaître par procureurs.* X[2a] 6, f° 17 v° (latin), 11 mars 1353. (Guilh., *Enq. et Procès*, p. 520-521, CLXV.)

1. *Actes du Parl.* 7 avril 1317, n° 4774.

2. *Persistance de l'enquête.* — Mandement au bailli de Mâcon et à maître Jean de Parey d'enquérir sur les réponses faites par Béatrice la Sarrée, dame de Chastelier, aux articles proposés contre elle en la cour par le procureur du roi au sujet de l'enlèvement et de la conduite hors du royaume de Guillaume de Vevra, damoiseau : ils ajourneront les parties au jour du bailliage de Mâcon au prochain Parlement. (*Criminel* III, f° 180 r°, 16 mars 1324. *Actes du Parl.*, n° 7494.)

3. ... proponendo : quod non erat inquesta sed quedam informacio, que facta fuerat ipso absente et non ad hoc vocato... quia eidem curie apparuit quod id quod dicta Guillelma petebat recipi et judicari non erat inquesta sed quedam secreta informacio que per dictum magistrum Bernardum non vocata parte, facta fuerat, dicta curia per suum arrestum pronunciavit quod requesta dicta Guillelme non fiat... » (X[2a] 4 fol. 94, 7 juillet 1341. Guilh., *Enq. et Procès*, p. 484, CXXXV.)

4. « ... Cum procurator noster pro nobis, *ex mero et nobili officio*, in curia nostra plures casus tam civiles quam criminales, *mediantibus certis informacionibus* super ipsis casibus factis contra Petrum de Juvigneio, nuper locum tenentem prepositi nostri foranei Laudunensis, proposuisset, et inter ceteros quod Maressonnam filiam Johannis de Venderesse, vi et violentia ac fraudulenter idem Petrus defloraverat ac pluries, ipsa invita et quantum potuerat contradicente, carnaliter cogno-

Dans les commissions criminelles d'office pourtant les intérêts civils ne sont pas sacrifiés. Le représentant du roi poursuit « à toutes fins, criminelles et civiles » [1]. La partie lésée intervient « à fin civile ». Elle réclame des dommages et intérêts. On ne confond déjà plus la vengeance privée et la vengeance publique : à la victime les satisfactions pécuniaires, à l'État le châtiment corporel. La répression se détache, nette et sévère, de la réparation des torts matériels qui jadis éteignait l'action et faisait revivre en quelque sorte la *composition*. La justice n'est plus désarmée et la morale dépourvue de sanction. C'est là un progrès réalisé par la poursuite d'office.

V. — Les liens de la Procédure. Histoire de Jourdain de l'Isle.

Comme il savait les risques qu'il courait en affrontant ou le combat ou l'enquête, le coupable ne manquait pas de s'abstenir. Était-il puissant, perché dans quelque nid d'aigle au sommet d'un rocher, il se moquait des sergents qui venaient le citer. Lui faire accepter un ajournement, ce n'était pas chose facile quand on s'adressait à des tyranneaux qui faisaient couper l'oreille du sergent, ou le faisaient assommer. Bégon, vicomte de Murat, lance ses gens contre Pierre de Vernes, sergent royal, qui instrumentait

verat... attentis informacionibus super premissis factis, conclusum quod veritas premissorum ore proprio ipsius Petri, prout in talibus casibus erat fieri consuetum, absque alia inquisicione super hoc facienda extorqueretur et sciretur » (on voulait sans doute le mettre à la torture, car il était emprisonné au Châtelet). Pierre se défend. ... « altercatoque quamplurimum super hiis inter dictas partes, et certis interrogatoriis per dictam nostram curiam eidem Petro ex nobili officio factis, idem Petrus, tam super dictis casibus quam super quibuscumque aliis casibus civilibus aut criminalibus... necnon, super fama vite, morum et regiminis ipsius Petri, *omni inqueste* sumptibus suis et expensis faciende ac deposicionibus testium quoruncumque, quinque testibus duntaxat exeptis (ce sont précisément les plus importants).... pro ejus absolucione sive condempnacione ac pro vivere sive mori spontanee *se submisit*... tandem ipsa curia cum dicto Petro misericorditer, ut consuevit, in hiis procedere volens, auditaque ipsius Petri requesta et habita super ea deliberacione pleniori, eundem Petrum... ad predictam requestam suam et *inquestam* tenore presentium admisit. » X^{2a} 6, f° 11, 12 janvier 1353. — Une seconde pièce fixe à 60 sous pour les conseillers et 30 sous pour les autres maîtres les gages pour chaque jour que durera l'enquête. *Ibidem*, f° 15 v°. (Guilh., *Enq. et Procès*, p. 513, CLX, A et B.)

1. « ... quatinus in causa que in curia nostra vertitur inter procuratorem nostrum pro Nobis *ad omnes fines* et Johannem Casse et ejus uxorem *ad finem civilem* tendentes... vos duo *in civilibus* et vos miles *in criminalibus*... inquiratis... » X^{2a} 6, f° 10, 5 février 1352. (Guilh., *Enq. et Procès*, p. 515, CLXI.)

contre lui et qui succomba aux mauvais traitements[1]. Jourdain de l'Isle et bien d'autres en font autant. Sous Charles V, un comte de Bretagne, Jean de Montfort, fit jeter dans la Loire un pauvre prêtre avec ses lettres au cou[2]. L'ajournement était-il accepté, c'était déjà la justice reconnue et un premier succès.

Beaucoup de nobles n'étaient pas en mesure de braver la puissance royale : ils ne maltraitaient pas les sergents, mais ils tenaient l'ajournement pour non avenu. Ils en attendaient un *second*, puis un *troisième*. Le temps passait ou l'adversaire se lassait, ou des incidents variés interrompaient la procédure. L'accusé n'avait pas, comme au civil, la ressource des *contremands*, qu'on n'admettait point au criminel ; mais il ne lui était pas interdit d'alléguer des *excuses*. On considérait encore comme une victoire d'obliger ces guerriers à ruser avec la justice.

Les *exceptions déclinatoires* surtout leur offraient bien des moyens de la détourner. Ils transformaient, comme nous le verrons dans un chapitre spécial, leurs procès en conflits entre seigneurs ; ils opposaient les juges aux juges. S'ils échouaient, s'ils étaient obligés de s'incliner devant la compétence de la cour où on les citait, il y avait là encore un succès.

1. *Résistance aux citations.* — « ... proponebant dictum vicecomitem minas eidem servienti officianti pro nobis, tunc contra ipsum de infortunio corpori suo eveniendo intulisse. Post quas minas Petrus, frater naturalis dicti vicecomitis, et quidam alii sui familiares in ipsius presentia male tractaverunt dictum servientem tunc contra dictum vicecomitem officiantem, rumpendo sibi vestes..... Cumque dictus serviens ad nundinas Murati venisset, dicti Petrus, Astorgius et Merseiros familiares dicti et dictarum nundinarum pro ipso custodes, cum armis dictum servientem eciam in presentia bajuli dicti vicecomitis invaserant et vulneraverant pluribus vulneribus, quibus ipse obiit infra paucos dies, stantes palam et publice per dictas nundinas post predicta, dictoque bajulo ipsos capere et retinere negligenter obmittente... » *Jugés*, I, f° 200 v° (1322). *Actes du Parl.*, 6750.

Il ne faudrait pas croire que, pour être excessivement rares, ces résistances aux actes de procédures et ces violences aient cessé dans notre société, pourtant si fortement organisée. Il arrive encore que dans les faits divers de nos journaux on lise des informations analogues à celle que nous citons ici : « Un huissier du Coudray-Saint-Germer (Oise), nommé Bérenger, se présentait, avant-hier, dans l'après-midi, au domicile d'un habitant du Vauroux, M. Picle, âgé de soixante-dix-huit ans, contre lequel il devait opérer. Le vieillard, rendu furieux par la vue de l'officier ministériel, s'arma d'un fusil de chasse et en déchargea les deux coups sur l'huissier. M. Bérenger tomba grièvement blessé au côté gauche et à la main gauche, dont deux doigts ont été emportés. M. Picle a été arrêté par la gendarmerie. » (Journal *le Temps*, 27 juin 1899.)

2. ... « et (le duc) fist noier en la Riviere de Loire un prestre qui portoit les lettres d'ajournement, les lettres à son col.... » Reg. du Parl., Collect. Ste Genev., Ff 17, t. I, f° 81, mardi 9 déc. 1378.

Du reste les inculpés n'avaient ils pas les récusations de témoins? Ils ne s'effrayaient point. Ils se laissaient engager dans l'enquête. Encore un pas fait par la justice.

L'enquête commencée, ils espéraient bien la retarder, l'embrouiller, l'empêcher d'aboutir. Ils ne se rendaient point compte qu'en se prêtant ainsi à tous les actes de procédure, ils se soumettaient à un pouvoir que jusqu'alors ils avaient méprisé : ils étaient pris dans les formalités comme dans un engrenage, si bien qu'ils se voyaient à la fin confondus dans leurs mensonges, délogés de toutes leurs positions, isolés de leurs amis et réduits à subir le dernier coup, la condamnation, ou à s'enfuir. On ne courait pas après eux, on les bannissait; on estimait le pays délivré. C'était la victoire finale d'une justice très lente et fort entravée dans une société encore troublée par les guerres privées et dans des tribunaux où le coupable audacieux pouvait se sauver par le duel.

Si nous entrons dans le détail de la célèbre histoire de Jourdain de l'Isle, fort citée, mais peu connue, nous comprendrons mieux et les difficultés et l'action de la procédure de ces temps de transition où la confiance dans l'ancienne impunité était parfois singulièrement déçue. Jourdain de l'Isle-Jourdain[1], fils de Jourdain V, baron de l'Isle et seigneur de Casaubon, avait eu, pour sa part, la seigneurie de Casaubon, tandis que celle de l'Isle revenait à son frère aîné Bernard IV Jourdain. Marié avec Catherine de Grailly, dame de Gurson et de Fleix, le sire de Casaubon fut un des plus turbulents seigneurs du midi. Toujours en quête d'aventures et de batailles, il eut de grandes guerres avec Alexandre de Caumont. Ses gens avaient tué « moult de femmes et de petits enfants, incendié bien des maisons et des villages, lui le sachant et l'ayant agréable[2] ». Il avait dévalisé les granges des églises et des cou-

1. L'Isle-Jourdain, sur la Save, chef-lieu de canton, arrondiss. de Lombez (Gers).

2. *Jourdain de l'Isle.* — ... Item, comme ledict chevalier fut mené à la Justice pour faire exécution de li, il confessa les choses qui s'ensuivent : Premièrement il a confessé que ses gens murtrirent le lieutenant du chastelain de Saint Macaise et que ses gens li firent à sçavoir et que iceluy fait avoit eu moult agreable et li pleut moult et après le fait il les recepta et tint avec li.

Item, il a confessé que ses gens ont tué moult de femmes, de petits enfants et autres gens et bouté plusieurs feux, li scachant et ayant agreable, mais il disoit que c'était en guerre.

« ... Item, il a confessé que luy et ses gens li saichant et ayant agreable ont pris

vents, enlevé blés, vins, approvisionnements de toute sorte, démoli un château de son rival, mais, en 1313, il s'était tiré du procès qu'on lui avait intenté, avec une amende de 3000 livres (environ 55 000 f.). Il était puissant, bien apparenté. Il ne s'effrayait pas des citations au Parlement, car il n'y répondait pas ou ses gens assommaient le sergent royal qui venait apporter l'ajournement. On rencontre dans les registres plusieurs mandements de poursuites dirigés contre lui[1]. Le roi allait-il se préoccuper sérieusement de deux malheureux qui avaient appelé à Paris des officiers de Jourdain et qu'au mépris de tout droit celui-ci avait envoyés au gibet? La procédure traînait. Philippe le Long, dont Jourdain de l'Isle avait maltraité le sergent, mourut. Charles IV le Bel lui succéda. Le nouveau prince aurait bien autre chose à faire qu'à reprendre une vieille querelle. Mais le Parlement n'oubliait rien et d'ailleurs ces seigneurs eux-mêmes l'invoquaient. Bernard IV Jourdain, le maître de la baronnie de l'Isle, venait d'obtenir (1322) des arrêts contre des voisins ennemis[2]. Le sire de Casaubon, à la fin, pensa qu'après tout il ne risquait rien de se présenter et de se défendre contre les accusations portées contre lui. Payant d'audace, il arriva à Paris fortement accompagné et fit une bruyante entrée à la tête de ses chevaliers, au grand ébahissement de la foule. C'était le neveu du pape (Jean XXII) et il ne croyait pas qu'on osât attenter à sa liberté : il alla se mêler aux plaideurs qui, au Palais, disputaient pour quelque mur ou quelque héritage. Mais il était pris au piège. Les sergents royaux mirent sur lui leur lourde main : ses vassaux, perdus dans la grande ville, n'osèrent le défendre. Jourdain de l'Isle fut conduit au Châtelet. Les juges de la Tournelle allèrent l'interroger : il dut confesser tous les articles qui étaient proposés contre lui : il eut beau se montrer étonné, parler de son

plusieurs fois ès Eglises, abbayes et prieurez à force plusieurs blez, vins, chars et autres de leurs biens contre leurs volontez et hors de sa terre, mais il disoit que c'estoit pour soustenir li et ses gens de guerre et que ainsy le fait l'en en son pays.

« ... Item il a confessé qu'il avoit eu trois mil livres des gens de la ville de Flex liquels avoient appellé de li et li avoient esté renvoyés.

« ... Item il a confessé plusieurs fois et en public que il avoit tant meffait que il avoit bien deservy mort. » — Collect. Lamoignon, Reg. Criminels, vol. 324, p. 611, reg. V de la Tournelle, f° 129 r°).

1. Mandement du 19 nov. 1317. *Criminel* I, f° 54 r°. *Actes du Parl.*, 5065. Mandement du 7 avril 1317. *Criminel* I, f° 58 v°. *Actes du Parl.*, 4771

2. *Criminel* III, f° 28 v°, 28 déc. 1322. — *Actes du Parl.*, 7007.

droit de guerre, tous ses crimes furent récapitulés. En vain ses parents, ses amis intercédèrent-ils pour lui. Le 7 mai 1323, on le vit sortir du Châtelet en la rue Saint-Denis, « à la queue d'une charrette, parmi les boues, sur un bahut et une claie » : il fut ainsi traîné jusqu'à la Villette Saint-Laurent et de là, tout nu, traîné à terre jusqu'au gibet. Il fut là pendu « au plus haut des larrons, en présence du connétable de France, d'un maréchal de France, du prévôt de Paris et d'une grande multitude du peuple » ; la foule sans doute ne manquait pas de rappeler la triomphante entrée du sire de Casaubon et comprit que les temps étaient changés, car « ajoute la chronique, on ne trouve escriptes aux gestes de France que onques depuis le temps de Ganelon (le Ganelon de la Chanson de Roland) si très hault ni si gentil hom fût mort de telle mort en France [1] ».

V. — La prison préventive. La mise en liberté provisoire.

Les nécessités d'une répression efficace des crimes l'emportaient donc déjà sur le respect inné de la liberté individuelle. Les Coutumiers n'admettent point de plèges ou de garants quand le coupable s'est exposé « à une peine de sang » [2]. Beaumanoir

1. Contin. de Nangis, *Hist. de Fr.*, t. XXI. — Les registres cités plus haut renferment sur les derniers moments de Jourdain de l'Isle le curieux détail suivant : « ... Item sur le dict messire Jourdain de l'Isle ou temps qu'il estoit au Chastelet appareillié de mesner au gibet fut trouvée une petite bourse en laquelle estoit une partie de la Sainte Croix et des reliques Sainct Georges, si comme il disoit, et escrits c'est à sçavoir les noms Nostre Seigneur et Evangiles, toutes lesquelles choses Monseigneur Gauchier de Chasteillon, chevalier (c'était le connétable qui présida à l'exécution) prit et emporta. » (Collect. Lamoignon, Reg. crim., vol. 324, p. 611). Ce dernier trait peint bien la dévotion toute machinale et superstitieuse de ces brigands féodaux, semblable à celle qu'on retrouve même bien plus tard chez les bandits italiens.

Dans les *Jugés* on rencontre un arrêt posthume relatif à une enquête sur des violences et exactions dont Jourdain de l'Isle s'était rendu coupable envers des marchands de la Réole. Les héritiers de Jourdain sont poursuivis pour qu'ils s'abstiennent « des empêchements et novelletés » dont se plaignaient les marchands... « Verùm cum dicta inquesta per curiam nostram fuerit, dicto Jordano jam defuncto et ejus heredibus non vocatis ad judicandum, recepta, per idem judicium fuid dictum quod heredes dicti defuncti vocabuntur ad diem senescallie Petragoricensis... » *Jugés*, I, f° 37.

2. « Nus ne doit faire recreance de chose où il ait peril de vie ou de manbre, ne là où il ait poine de sanc. » *Établiss.*, liv. II, chap. VI, p. 341.

« ... Recreance ne siet mie en chose jugiée, ne en murtre, ne en traïson, ne en rat,

professait la même doctrine[1]. La détention préventive s'appliquait d'ailleurs, quand il y avait un accusateur, aux deux parties[2]. La procédure accusatoire tomba peu à peu, nous l'avons vu, ou plutôt elle fut reprise par le bailli ou le procureur du roi; alors on ne pouvait plus suivre la règle d'égalité entre les deux parties. L'accusé seul resta détenu.

La détention préventive contrariait la facilité de l'ancienne

ne en encis, ne en agait de chemin, ne en roberie, ne en larrecin, ne en omicide, ne en trive enfrainte, ne en arson, selonc l'usage de la cort laie, car li plege si n'an porroient perdre ne vie ne mambre... » *Ibid.*, chap. VIII, p. 343.

Cf. liv. I, chap. CVIII, p. 188, 189.

Cf. *Livre de Jost. et de Pl.*, XIX, 26, § 6.

1. « En toutes prises queles qu'eles soient, *exceptés les cas de crime*, ou qui sont soupeçoneus de cas de crime, des queus l'en puet perdre vie ou membre, se li fes n'est conneus ou prouvés, doit estre fete recreance. » Beaumanoir, LIII, § 1585.

2. *Prison préventive.* — « Se einsinc avenoit que aucuns hom apelast un autre de murtre ou de traïson, ou d'autre meffait dont il deüst perdre vie ou mambre, la joutise doit tenir les cors d'aus deus en igal prison, si que li uns ne soit plus amalaisé que li autres.... » *Établiss.*, liv. I, chap. CVIII, p. 188.

Voir aussi Grand Cout. de Normandie, Somma. II, § 2. — Esmein, *Hist. de la Procéd. crim.*, p. 58.

— A propos de ce double emprisonnement, M. Viollet donne les intéressants renseignements suivants : « En vue d'arrêter le torrent des accusations calomnieuses, les empereurs chrétiens décidèrent que tout accusateur serait mis comme l'accusé, en prison préventive : le code de Théodose nous a conservé quelques constitutions impériales qui ont trait à cette matière (Code de Théodose, IX, I, 19; IX, II, 3. *in fine*). L'une d'elles a été copiée par Pseudo-Isidore d'après la *Lex Romana Wisigothorum*, et de Pseudo-Isidore elle a passé dans le Décret de Gratien (Décr., 2e part., causa II, quæstio VIII, canon 3). Il est difficile d'imaginer un usage plus contraire aux mœurs barbares : cet usage est pourtant inscrit dans la Coutume de Touraine-Anjou, si germanique sur d'autres points : il s'est conservé longtemps dans cette région, car de nombreux documents nous prouvent qu'au XVe siècle le plaignant, en matière criminelle devait fournir un plège sous peine, bien évidemment, de subir lui-même la prison. Ce trait romain se trouve de temps à autre dans les textes notamment pour l'Auvergne, dans Masuer (XVe siècle); pour le Nivernais, dans la Coutume de cette province (XVIe siècle); pour l'Allemagne, dans l'ordonnance Caroline (XVIe siècle), etc. Les colons européens ont exporté cette procédure en Amérique; en 1833 elle scandalisait à juste titre et surprenait beaucoup MM. de Beaumont et de Tocqueville (G. de Beaumont et A. de Tocqueville, *Du système pénitentiaire aux États-Unis*, Paris, 1833, p. 315). — Viollet, *Établiss. de saint Louis*, t. I, p. 199-200.

Dans ses notes sur le chap. 108, M. Viollet ajoute encore ces remarques :

« Olivier de la Marche nous fournit pour Valenciennes et l'année 1465 un exemple d'accusateur mis en prison avec l'accusé. Aujourd'hui encore à Saïgon, le plaignant peut quelquefois être mis en prison. Le juge recevant une plainte, peut, s'il le croit utile, s'assurer de la personne du plaignant, soit en l'emprisonnant, soit en exigeant caution responsable (*Règles de procédure tracées par les lois annamites, les décrets, arrêtés et circulaires en vigueur dans la colonie*, Saïgon, 1878, p. 9). » — Viollet, *Etabliss.*, t. IV, p. 84, note 109.

3. Jean dit Bonvin est détenu dans la prison du chapitre de Beauvais sous l'inculpation de meurtre. Les baillis d'Amiens et de Senlis reçoivent du Parlement mandement de contraindre la juridiction laïque du chapitre à lui permettre d'avoir à ses frais un conseil pour l'aider à se défendre conformément à la coutume du pays. (*Criminel* III, f° 117 r°. *Actes du Parl.*, 6917, ann. 1322). — Ainsi il y a la

enquête[1]. Aussi les détenus réclamaient leur mise en liberté par la raison qu'ils avaient à préparer leur défense[1]. Beaumanoir, s'inspirant des vieilles traditions, nous apparaît visiblement hostile à la détention préventive. Il en avait vu et condamné les abus. Il fit même ordonner par le comte de Clermont qu'en cas de flagrant délit, de culpabilité notoire, le jugement ne fût pas différé de plus de quarante jours[2]. Le *Style de Mâcon* portait que si le prisonnier, au bout de trois quarantaines, n'avait pu être convaincu du crime, il serait élargi[3]. Le Parlement, à cette époque, ordonnait fréquemment des mises en liberté provisoire avec ou sans caution. Il exigeait parfois, comme jadis, des plèges ou garants[4]. Il aimait assez un moyen terme : laisser l'inculpé en liberté dans Paris

détention préventive et liberté de la défense. — (Voir aussi n° 6561, ann. 1321. On donne à un détenu une provision sur ses biens qui ont été placés sous séquestre, pour qu'il puisse payer ses avocats et subvenir aux frais du procès.)

1. « ... Or dient lidit chevalier et dame que il sont en prison dou Roy pour le soupechon de le mort dou ballu desdis abbé et convent; de quoi li procureur desdis abbé et convent s'est plains à le court et de quoi, se Dieu plaist, il seront bien purgié comme pur et innocent. Et ainsi ne sont tenu lidit chevalier et dame de respondre as procureurs *desdis abbés et couvent dusques à tant que il seront délivré, mais quant seront délivré*, bien les poursieuche lidis procureres, ainsi que il quidera que boin soit, et il se deffendront ensi que verront que boin sera... » Raisons exposées par le sire et la dame de Harnes en réponse aux demandes du procureur de l'abbaye de St-Pierre de Gand. *Actes du Parl.*, n° 7623 (t. 2, p. 589, col. I).

2. « Nous avons bien veu aucuns des hommes qui tenoient prisonniers pour cas de crime et estoient tenu comme de fait notoire et ataint du fet, et nepourquant li homme ne les vouloient justicier ou pour paour ou pour louier, ne il les osoient delivrer ne oster de leur prison, pour paour qu'il ne perdissent leur justice, et ainsi *estoient les prisons trop longues*. Et pour ce nous i meismes conseil, car nous leur commandames de par le conte que tuit cil qui tenroient prisonniers atains et convaincus de vilain cas de crime, en feissent droite justice dedens XL jours seur le peril de perdre leur justice.... » Beaumanoir (édit. Salmon). chap. LVIII, § 1660.

L'ancien éditeur de Beaumanoir, Beugnot, fait remarquer à ce propos que le bailli de Clermont avait fixé pour l'expédition des affaires criminelles un délai plus court que celui qui prévalut.

3. L. Delisle, *Essai de restitution*, n° 628.

4. Les *Olim* contiennent une pièce en français très caractéristique et de nature à nous éclairer plus que toutes les dissertations : « Monsieur Jaques du Mesnil, tenu en prison pour pluseurs soupeçons, pour avoir sa delivrance, jura seur sainz et seur paine d'estre bani du roiaume de France et d'estre convencu des cas pour quoi il tenoit prison, que il vendra a droit devant le Roy ou devant son commandement, a touz les jours qui li seront assis, contre touz ceus qui riens li voudront demander : et se ainsi estoit que il en fust desfaillanz, monsieur Pierre du Bois et monsieur Symon de la Keue, chevaliers, se establirent principaux rendeurs et ameneurs dudit Jaques amener et rendre en l'estat où il est maintenant, pour estre a droit en la forme dessus dicte; et se ainsi estoit que le Roi voussist avoir greigneur plegerie dudit chevalier, ou que ceste recreance ne li pleust, les devant diz Pierre et Sysmon chevaliers, promistrent sus obligacion de touz leurs biens a remener ledit chevalier toutes foiz que requis seroient. » *Olim*, II, p. 379, III (1295).

avec défense d'en sortir et ordre de rester à la disposition de la justice. Car toutes ces mises en liberté provisoire ne dispensent pas du jugement : celui qui en abuse est considéré comme ayant avoué le crime et comme *forbanni* [1].

On protestait d'autant plus contre la détention que les procédures étaient longues. Philippon Andrieu n'est qu'un pauvre Lombard; sous le coup d'accusations criminelles, on l'a vite enfermé au Châtelet. Il fait parvenir sa plainte au Parlement; son procès n'avance pas, et lui reste toujours en prison. Le Parlement excuse les commissaires chargés de l'affaire et « occupés de plusieurs autres grosses besognes ». Mais il accorde la mise en liberté provisoire sous caution. Puis, comme Philippon se prétendait clerc et qu'il avait été arrêté en habit laïque, « mi-parti de vert et de rouge », on lui ordonna de se présenter avec le même habit quand on l'appellerait [2]. Dans une autre affaire criminelle, l'enquête se prolongeant, les inculpés sont élargis jusqu'à ce que celle-ci prenne fin [3].

La prison ne lâche pas toujours ainsi sa proie. Dans ces débuts de l'administration royale, c'est le plus souvent l'arbitraire qui règne. Mathieu de Gisors, accusé d'avoir excité son fils à blesser Jean dit de Melun, qui succomba à ses blessures, demeure enfermé pendant toute la durée de l'enquête. Or ni la mère, ni les frères, ni le cousin du défunt ne voulurent charger Mathieu :

1. *Mises en liberté.* — Mises en liberté sous caution, de Thomassin d'Ermenonville (*Criminel* I, f° 71 r°. *Actes du Parl.*, 4791, 1317); — de Robert de Fienne, chevalier, accusé de la mort de Jean de Hedigueul tué dans une guerre ouverte entre eux. Ledit chevalier aura liberté de circuler dans tout le royaume « negotia sua facere et expedire. » Collect. Lamoig. Registres crimin., vol. 324, p. 535 (3 juin 1317); — de Pons Ysalguer de Toulouse accusé du meurtre d'Aimery Béranger; *Ibid.*, vol. 324, p. 462, 17 août 1335, etc.

« ... Item, li diz de Cannes et complices sont elargi par la banliue de Paris jusques la court ait ordenné de la commission renouvelée ou non, et revenront gesir à Paris en la maison Roiger de Tiloye en Vennerie, X[2a] 5, f° 104, 1er déc. 1348. — Renouvellement de la commission et confirmation de l'élargissement, X[2a] 5, f° 104 v° (Guilh. *Enq. et Procès*, p. 497.)

Voir encore p. 519 mise en liberté provisoire du 4 mars 1353.

2. Collect. Lamoignon, Registres criminels, vol. 324, p. 521, 590. Reg. V de la Tournelle, f° 89, ann. 1340.

3. « Entre le procureur du Roy et messire Fremy du Bosquet, prestre, d'une part, Truffart de Bascoel, Florent de Bascoel, Belin Bruiant et Engerran de Bascoel, d'autre. L'enquête sera parfaite dedenz la Chandeleur prouchenement venant et entre deulx bailleront leur reproiches et leur protestacions et tout ce qu'il devront bailler, et sont élargi duques a l'andemain de la Chandeleur... » (X[2a] 5, f° 104. 15 nov. 1348. Guilh., *Enq. et Procès*, p. 497, CLI.)

d'autres amis du mort, convoqués, ne comparurent pas. Mathieu, à la fin, fut absous et délivré (1306)[1]. Jean Jourdain, dénoncé comme coupable du meurtre de Bernard Sedaciere par la veuve et les amis du défunt, resta longtemps en prison à Toulouse et à Paris. Plusieurs procès et plusieurs sentences se succédèrent sans qu'on le délivrât, car le procureur du roi interjetait appel; il y eut des débats sur l'application de la torture. Jean, mis à la question, résista à cette redoutable épreuve et fut renvoyé, mais après une longue détention, des fins de la plainte[2]. La prison préventive servait trop bien les rancunes et les haines des ennemis. Un bailli, pour plaire à des nobles puissants, intente des accusations criminelles contre Nicolas Fraillon, suborne contre lui des témoins, saisit ses biens et le détient longtemps en prison. Mais les amis de Nicolas Fraillon réussirent à faire évoquer l'affaire au Parlement et à obtenir la punition du bailli (1371)[3]. Nous retrouverons maints exemples de ces abus de pouvoir. Ils montrent que la France s'écartait de plus en plus des maximes germaniques qui avaient, depuis la grande Charte de 1215, triomphé en Angleterre[4].

VII. — L'Instruction criminelle au xive siècle. Histoire de Joançon Tuerrecuir, dit le Seigneur de Raison.

La liberté individuelle et l'intérêt général, déjà en conflit à propos de la prison préventive, s'y trouvèrent encore au sujet de l'*information secrète*. Une grave modification de l'enquête, que nous avons déjà signalée comme très fâcheuse au civil, eut des conséquences encore plus regrettables au criminel. Sous l'influence de la législation canonique qui était devenue plus rigoureuse dans l'*inquisitio* contre les hérétiques, les noms des témoins avaient

1. *Olim*, t. III, p. 163, xiii, 1306.
2. *Olim*, t. III, p. 511, viii, 1310 (1311).
3. Le procureur général et Nicolas Fraillon, bourgeois de Paredo, contre Pierre Mespin, chevalier, bailli de Saint-Jangolphe (Saint-Gengoulph, Aisne, arrond. de Château-Thierry). Le bailli fut condamné à des restitutions, à une amende et retenu en prison jusqu'à parfait paiement. (Collect. Lamoignon, Registres crim., vol. 325, p. 2427).
4. Art. 39 de la Grande Charte : « Aucun homme libre ne sera poursuivi, ni arrêté, ni privé de ses biens ou de ses privilèges, ni mis hors la loi ni exilé... que d'après un verdict légal délivré par ses pairs ou d'après les lois du pays. »

cessé d'être révélés. Les papes Urbain IV et Boniface VIII firent de ce secret une règle. Pour éviter les périls qui pouvaient menacer les témoins et les empêcher de parler, on enlevait à l'accusé la faculté de repousser les calomnies intéressées ou haineuses. On le livrait, pour ainsi dire, pieds et poings liés à l'accusation. C'est ce secret de la procédure qui a valu, entre autres vices, à l'Inquisition sa sinistre renommée. Mais il devint aussi, depuis l'Ordonnance de 1276, la règle de la procédure laïque, empressée à se faire inquisitoriale[1].

1. *Procédure d'inquisition.* — « Ordinatum fuit quod in ista curia non fierent publicaciones testium, set coram baillivis et prepositis et coram aliis justiciariis fiet prout fuit hactenus consuetum. » *Olim*, t. II, 74, IX (1276). La restriction ne tarda pas à tomber.

La procédure d'*inquisitio ex officio* était, comme nous l'avons dit, la procédure canonique. Elle se conciliait avec la dénonciation, car le dénonciateur y devenait un auxiliaire du juge : c'est ce que l'on appelait l'*inquisitio cum promovente*. Il y avait un *promoteur* de l'information, sans que ce promoteur devînt un accusateur et courût les mêmes risques. Ce rôle de *promovens* ou de *promoteur* passa ensuite aux procureurs des officialités, qui par leur zèle suppléèrent à l'inertie ou à la timidité des particuliers. Cette inquisition *cum promovente* conservait encore quelques-unes des formes du procès d'enquête avec la *litis contestatio*. Dans l'inquisition *ex officio* il n'y eut plus, en réalité, en présence que l'autorité et le coupable, il n'y eut plus débat d'égal à égal.

La procédure d'*inquisitio ex officio* devint surtout rigoureuse dans les poursuites de l'hérésie, qui, en s'attaquant à l'Église, s'attaquait aux principes mêmes de la société alors toute religieuse. Devant les Inquisiteurs spéciaux tirés de l'ordre de Saint-Dominique pour la répression des hérésies, la procédure devint absolument secrète. On ne communiqua point à l'accusé les noms des témoins et des dénonciateurs. (Voir Fournier, *Les Officialités au moyen âge*, p. 275, 276.)

Pour être plus ancien que celui de M. Fournier, un travail de M. Th. Huc n'en est pas moins très approfondi et très bon à lire : « *Influence du droit canonique sur la législation criminelle* », *Revue de législation*, 1858, t. XIII (8e année), p. 441 et suiv.

Selon M. Tanon qui a encore plus approfondi cette question, on a tort de rechercher les premières traces de la procédure d'inquisition dans les deux lettres d'Innocent III du 22 septembre 1198 et du 7 mai 1199. « La lettre de 1198, adressée à l'archevêque de Milan, se rapporte à une enquête qui a été faite contre ce prélat à l'occasion de la rétention frauduleuse d'un bénéfice. Celle de 1199 est relative à une poursuite en matière d'hérésie... et nous avons dit que la répression de l'hérésie était affranchie des règles ordinaires et pouvait être poursuivie d'office, dès avant l'invention de la procédure d'inquisition de droit commun...

« Les deux textes principaux qui ont organisé la nouvelle procédure, sont les Décrétales *Licet Heli* et *Qualiter et quando*. La Décrétale *Licet Heli*, du 2 sept. 1199, ne donne pas seulement son nom à cette voie nouvelle de poursuite; elle lui assigne sa place, à côté des formes anciennes, dans l'ensemble de la procédure criminelle: et elle indique, en même temps la condition essentielle de son exercice, qui est la diffamation préalable. (Decr. Greg., liv. III, t. III, *De simonia*, c. 31.) La Décrétale *Qualiter et quando*, du 29 janvier 1206, reprise elle-même dans le concile de Latran de 1215 (Décr. Grég. l. V, t. I, c. 17 et 24) est le texte fondamental de la matière. Innocent III invoque dans ces deux textes des passages de l'Ecriture Sainte et un ancien canon de Grégoire le Grand qu'il interprète laborieusement pour justifier son innovation... Les premiers travaux écrits sur la nouvelle procédure sont les gloses sur la troisième et la quatrième compilation, et notamment la glose de Tancrède sur la troisième. La matière a été ensuite remaniée et traitée systémati-

Conservée quelque temps dans les cours inférieures, après l'Ordonnance de 1276 spéciale au Parlement, la publication des témoignages y disparut : elle ne se maintint au Châtelet qu'au

quement par le même Tancrède, dans son *Ordre judiciaire* et par Roffredus dans son livre *Des Libelles et de l'Ordre des Jugements.* » (Tanon, *Histoire des tribunaux de l'Inquisition en France*, p. 284-286, Paris, Larose et Forcel, 1893).

Quant au secret de la procédure, M. Tanon indique les textes qui en marquent l'origine et les progrès : « L'interdiction de la divulgation des noms était une création de la pratique inquisitoriale. Elle n'avait pas été imaginée comme on pourrait le croire d'abord, pour entraver la défense, quoique, en fait, elle ait eu pour résultat de la rendre le plus souvent impossible. C'était le péril que la divulgation de leurs noms faisait courir aux témoins, les représailles qu'elle pouvait attirer sur leur tête et dont on avait eu à l'origine, d'assez nombreux exemples, qui avaient amené cette interdiction. Nous en avons retrouvé la première trace, dans l'inquisition faite par le légat romain et par les évêques du concile de Toulouse de 1229... l'usage s'établit, chez les inquisiteurs du Languedoc, de tenir les noms entièrement secrets et de ne publier que les dépositions. Cet usage fut confirmé par les constitutions pontificales et les canons des conciles provinciaux. Nous voyons dans le petit manuel inquisitorial publié par M. Tardif, que cette confirmation fut donnée d'abord par le pape Grégoire IX, et renouvelée ensuite par Innocent IV. (*Nouv. Revue histor.*, ann. 1883, p. 673.). — Nous ne retrouvons dans les auteurs aucune mention de la décision qui a pu être prise par Grégoire IX à ce sujet; mais nous avons celle d'Innocent, dans les bulles *Cum negotium* (Ripoll, t. I, p. 241) et *Licet sicut accepimus* (Pratique, p. 189). Ces bulles consacrent l'interdiction absolue de communiquer les noms. Le concile de Narbonne de 1244 (c. 22, Harduin, t. VII, col. 255 et 417), dont la disposition est textuellement reproduite par celui de Béziers de 1246, avait fait de même. Les autres constitutions pontificales apportèrent, il est vrai, un tempérament à la règle en autorisant la publication des noms lorsqu'il n'y avait pas de danger à les faire connaître (Innocent IV, 21 juin 1254. *Ut commissum*; Urbain IV, 28 juillet 1262, *Præ cunctis* (Ripoll, t. I, col. 254 et 428). Boniface VIII insiste plus particulièrement sur cette circonstance, en recommandant aux inquisiteurs et aux évêques de ne pas supposer le péril lorsqu'il n'existe pas, et en chargeant leurs consciences des décisions qu'ils auront à prendre sur ce point important (Sexte, *De hæret.*, c. 20. *Statuta*). Mais, malgré ces sages recommandations, la pratique inaugurée par les inquisiteurs du Languedoc, dans le temps où l'Inquisition rencontrait la plus vive résistance, continua à être suivie lorsque cette hostilité eut cessé, et le péril de la divulgation des noms fut toujours présumé, sauf dans des cas très exceptionnels... » (Tanon, ouv. cité, pp. 390-392).

M. Tanon a complété les indications déjà données par M. Viollet qui avait marqué cette influence de la procédure canonique sur la procédure laïque. Parlant de ces constitutions d'Urbain IV et de Boniface VIII, M. Viollet ajoutait : « Le contre-coup de ces deux décisions pontificales dut se faire sentir ailleurs que dans les cours d'Église. Aussi bien, quelque temps avant Boniface VIII, des atteintes de la plus haute gravité avaient déjà été portées dans certaines cours laïques à la publicité de l'audience. Je dirai même qu'aux yeux de Beaumanoir c'est précisément la procédure secrète qui caractérise les justices laïques : dans les cours laïques dont parle Beaumanoir, non seulement les témoins sont entendus en secret, mais leurs dépositions ne sont même pas communiquées à l'accusé (édit. Beugnot, ch. XXXIX, § 77, 78, t. II, p. 125, 126).... Après Beaumanoir, les témoignages se multiplient : diverses sources nous apprennent qu'au commencement du XIVe siècle, dans une très grande partie de la France coutumière, les dépositions des témoins n'étaient pas communiquées à l'accusé : les baillis avaient fait triompher le système commode de la procédure occulte (Viollet, *Établiss.*, t. I, p. 273, 274). Le même auteur observe en note que certains pays échappèrent plus longtemps à ces influences funestes : l'Anjou, où, au XIIIe siècle, la vieille procédure accusatrice était encore si vivace, fut

civil[1]. Elle fut admise plus longtemps dans les pays de droit écrit et aussi en Anjou. Dès qu'on supprimait la publicité, garantie ancienne et primordiale de la libre défense, l'enquête ressemblait à l'aprise, ou plutôt celle-ci remplaçait celle-là. Il n'était plus besoin d'un grand appareil d'audience. On ne produisit plus l'accusé au tribunal. Les juges l'allaient trouver en sa prison. Armés de l'information secrète, ils l'interrogeaient, s'efforçaient de l'amener à l'aveu qui simplifiait tout, puis entre eux délibéraient et prononçaient l'arrêt. L'accusé ne les revoyait qu'au pied de la potence, car des juges étaient toujours délégués à l'exécution de l'arrêt. Un simple exposé de quelques affaires, autant que nous pouvons nous les figurer d'après des registres incomplets et sommaires, nous éclairera mieux encore sur le système de l'instruction criminelle qui triomphait de l'ancienne enquête.

Dans les premiers jours du printemps de l'année 1332 (vieux style) on aurait pu voir sortir du Palais quelques-uns des maîtres habitués à tenir les audiences de la Tournelle : Hugues de Crusy, Jean la Pie, Robert Piedefer, Simon de Bucy, procureur du roi et maître Étienne de Gien, clerc du roi : ils s'engagèrent non sur le pont aux Changeurs, trop encombré, mais sur la

de ce nombre. (Voir Beautemps-Beaupré, *Cout. et Inst. de l'Anjou et du Maine*, 1re partie, t. II, p. 204-210, 468.)

M. Glasson a fait les mêmes remarques : « Les officialités s'efforcèrent d'introduire cette procédure inquisitoriale dans la pratique des autres tribunaux, d'abord au sud, ensuite au nord de la Loire... Les fonctionnaires du roi, souvent clercs, s'efforcèrent d'assurer le succès de cette réforme et y réussirent. A vrai dire ce sont ces praticiens qui ont préparé et accompli cette réforme plutôt que les ordonnances royales. » (*Hist. du Droit*, t. VI, p. 623... Et plus loin : « Peu à peu les formes des officialités s'introduisirent dans cette instruction. Bien que l'enquête fût devenue secrète, on conserva cependant pendant quelque temps des plaidoiries publiques; mais cette garantie ne tarda pas à disparaître à son tour. Désormais le but de la procédure fut moins d'arriver à la découverte de la vérité que d'établir la culpabilité de l'accusé. » (p. 625-626).

Voir aussi sur ces points, Esmein, *Hist. de la procéd. crim.*, p. 66 et suiv. Mais nous ne nous expliquons pas que le savant professeur ait écrit (p. 84) : « L'aprise amena la dénonciation ». Nous avons vu que la dénonciation était plus ancienne; c'est elle au contraire qui amenait l'aprise.

1. « Au Châtelet de Paris la publication se maintint au civil, mais non au criminel (Du Breuil, XXVII, 42; J. des Mares, 262; Style des Requêtes, 43; *Olim*, III, p. 1231, XXVI). Un jurisconsulte qu'a copié Jacques d'Ableiges, s'est honoré en blâmant cette dernière et inique restriction et en déclarant que cette publication aurait dû se faire au moins dans les procès criminels ordinaires (*Grand Cout.*, p. 388). En pays de droit écrit la publication se conserva beaucoup mieux au criminel comme au civil (ord. de juillet 1304, art. 15, *Ord.*, t. I, p. 418 et de juillet 1319, art. 21, *ibid.*, p. 699; — Du Breuil, XVII, 41 et 43; — *Olim*, II, p. 41 XV; III, p. 1130, LI). » (Guilh., *Enq. et Procès*, p. 74, note 3.)

passerelle de bois, dite le Pont aux Meuniers, qui conduisait à la massive prison du Châtelet. La Conciergerie n'était encore qu'une prison affectée à ceux qu'on arrêtait dans l'enceinte du Palais. Les registres montrent sans cesse, au XIVe siècle, les juges du Parlement se transportant au Châtelet. Les maîtres donc se rencontrèrent à la prison avec Miles de Remiremont, procureur substitut du roi dans la prévôté de Paris, Aymery de Vézelay, examinateur au Châtelet, Colin Laffillé, puis Jean de Brénil, sergent. Ils s'adressèrent à Robert de Provins, gardien de la geôle, et se firent amener Joançon Tuerrecuir de Reims, autrement appelé seigneur de Raison (sans doute quelque sobriquet), qui était détenu comme complice présumé dans le meurtre de Perrart Buiron de Reims.

Il fallut sept interrogatoires, dans l'intervalle d'une quinzaine de jours, pour éclaircir cette affaire où l'instruction semble absolument confondue avec le procès et le constitue à elle seule. A travers les résumés du greffier, fort écourtés, car il ne relate pas les développements que donnent à leurs interrogations les magistrats instructeurs, on suit la gradation des aveux de l'accusé. D'abord le dit Joançon Tuerrecuir ou seigneur de Raison ne connaît pas et n'a pas connu la victime, Perrart Buiron. Puis il dit qu'il a bien connu tous les enfants Buiron, mais ne sait lequel avait le nom de Perrart. — Ce Perrart est-il mort? lui demande-t-on. — Raison l'a entendu raconter dans la prison de Reims. — L'a-t-il cru? — Avec bien de la peine il avoue qu'il l'a cru et qu'il le croit. — Mais où était-il la nuit où a eu lieu le meurtre? — En la chambre de la geôlière de l'officialité, où il resta avec Regnier Bergier. — Pourquoi s'y trouvait-il? — C'est que la geôlière voulait aller à Laon et l'avait prié de veiller sur ses enfants : le dit Regnier était chargé de la garde des prisonniers (on verra qu'ils étaient bien gardés). D'ailleurs Raison entra en cet hôtel avant le soleil couchant, y soupa, y coucha et n'en sortit pas avant le matin quand on vint l'arrêter au lit avec Regnier. Or les magistrats avaient sans doute d'autres témoignages : ils lui posèrent la question : « Regnier sortit-il cette nuit-là? » — Raison raconta alors que Regnier et lui allèrent, après souper, jusqu'à la porte « pour jouer et prendre l'air ». Raison rentra, laissant Regnier, qui voulait, disait-il, « prendre encore un peu l'air ». Raison s'endormit dans la chambre sur un banc jusqu'à ce qu'un des hommes de la maison, Jacquet, le réveillât. Il demanda où était Regnier : comme celui-ci ne rentrait pas, Raison alla jusqu'à la porte, regarda, ne vit rien, et, de guerre lasse, revint se coucher. Regnier rentra, peu de temps après, avec ses frères, qui déposèrent leurs armes, puis s'en allèrent. Regnier vint se coucher à côté de Raison. Voilà pour la première audience.

Les interrogatoires suivants se passèrent devant les mêmes maîtres, renforcés de plusieurs autres parmi lesquels Pierre de Cugnières, Pierre d'Auxerre, Dimanche de Châtillon, Guillaume de Champeaux, Pierre Hunnier, Jean de Paris. Les noms varient encore à la troisième séance et dans les registres on remarque ces changements fréquents pour une même affaire; mobilité contraire à l'esprit de suite et aux lois de toute justice sérieuse.

Le second interrogatoire eut lieu « en la chapelle du Châtelet », le jour de Pâques fleuries (les Rameaux); la justice criminelle, on le voit, ne chômait pas le dimanche. Raison reprit les récits précédents avec des redites nécessitées par la présence de nouveaux juges. Il se compromet de plus en plus. Il s'en est allé avec un nommé Perrin à la recherche de Regnier. Lui, qui avait prétendu n'avoir point bougé, raconte qu'il se rendit chez la mère de Regnier Bergier et qu'il le vit sortir avec ses frères tout armés : ils se dirigèrent vers l'hôtel des Bons-Enfants. Raison dit alors à Perrin : « Allons nous coucher, car certes ils vont faire telle chose dont ils seront courroucés (punis) ». Dans sa pensée ils allaient attaquer Perrart Buiron (qu'au début il avait affirmé ne pas connaître). Puis il se laissa tenter par la curiosité et par Perrin qui lui dit : « Suivons-les pour voir ce qu'ils feront ». Or, dans une ruelle derrière l'hôtel des Bons-Enfants (à Reims), ils trouvèrent (singulier hasard) un homme couché par terre : « Ils ne le reconnurent point, mais Raison plus tard pensa bien que ce devait être Perrart Buiron » Les mensonges et les contradictions s'accumulent. Raison reconnaît que, dans une autre rue, Perrin et lui rencontrèrent Regnier et ses frères; ils revinrent avec eux. Regnier alors lui fit cette confidence : « Perrart Buiron m'avait jadis battu, il m'avait coupé la jambe, mais je lui ai coupé les jambes comme il m'avait fait ».

Quoique le registre ne parle point, pour ces interrogatoires, de la torture, il semble bien que ces aveux espacés et entortillés devaient être arrachés par les tourments. Au troisième interrogatoire, il en est fait mention, les déclarations de Raison ont été recueillies, dit le greffier, « hors gehaine »; c'est toujours ainsi qu'on les recueillait, car les aveux devaient, pour être valables, être répétés hors de la salle de torture. Raison avoua donc qu'il savait bien que Regnier et ses frères allaient chercher le dit Perrart pour le battre : quand il le vit par terre, il savait bien que c'était Perrart. A la quatrième séance, on lut au seigneur de Raison les interrogatoires précédents, « bien entendiblement par plusieurs fois ». Le prévenu les reconnut vrais. Le cinquième interrogatoire (le samedi après Pâques 1333), se passa en déclarations analogues sans que l'affaire avançât. Le sixième fut décisif.

En effet Raison n'a pas seulement entendu parler du fait. Il en a été témoin. Il a vu Regnier frapper le premier coup et les autres chacun à qui mieux mieux. — Et lui? — Il tenait une hache qu'il avait prise chez les frères Regnier. Il finit par avouer qu'il avait frappé Perrart Buiron de trois ou quatre coups, mais quand celui-ci était déjà abattu à terre. Avec la hache il avait un couteau mais ne le tira point. Pour assaillir Perrart ils ne furent que cinq (rien que cela) et il les nomme[1]. L'aveu est obtenu. Le septième interrogatoire n'a plus pour objet que de déterminer les différentes circonstances et les diverses complicités. Raison répète toujours l'éternelle excuse que les coups portés par lui sur un cadavre ne comptent pour ainsi dire pas. Les juges, quoique ce fût le dimanche de Quasimodo, terminent l'affaire. A la majorité (il n'y eut que deux

1. Citons le texte même des registres : « ... et vit que le dict Regnier le ferit le premier cop et aus autres apres chascun qui miex miex et que il savoit bien que c'estoit Perrart Buiron et li furent les cops donnez si tost qu'il en fut tout esmerveillés... Et tenoit le confessant une hache qu'il prist chiez les dictcs freres, de laquelle hache il ferit le dict Perrart Buiron trois cops ou quatre, n'est recors (ne se souvient) en quelle partie du corps, ne onques plus ne fut à faire vilenie... il avoit avec la hache un coustel qu'il ne sacha (tira) pas et ne furent que cinq, c'est à sçavoir le confessant, les trois frères et le dit Perrin, clerc de l'enregistreur, et dict encore que quand il fut chiez la mère desdicts trois enfans, il laissa un baston qu'il portoit pour prendre la dite hache (6e interrogatoire).

... Mais quand il qui confesse y ferist, le dict feu Perrart estoit ja abattu par terre... » (7e interrogatoire).

Collect. Lamoignon (Registres criminels), vol. 324, p. 685 et suiv. (reg. V de la Tournelle), f°s 154 et suiv., année 1332 (1333).

voix dissidentes) ils condamnèrent Joançon, dit seigneur de Raison, à être traîné et pendu. Joançon fut supplicié le samedi suivant et les registres mentionnent les noms des maîtres du Parlement qui assistèrent à l'exécution au gibet de Montfaucon.

Cette procédure, qui diffère singulièrement de l'ancienne, s'appelait la *procédure extraordinaire*, parce qu'elle supprimait les lenteurs et qu'on y employait la « gehenne » ou torture.

VIII. — Histoire de Pierre le Vicomte.

Un autre procès, de la même date, dans lequel on ne se servit pas de la torture, n'en ressemblait pas moins à la procédure dite extraordinaire. L'accusé n'a pas plus de garanties et ne connaît pas les témoignages.

Guiart de Noireterre a été assailli à Paris et grièvement blessé par des meurtriers. Il est au lit fort malade dans un hôtel de la rue des Parcheminiers (aujourd'hui de la Parcheminerie, sur la rive gauche, rue fort étroite et obscure). Des conseillers du Parlement, Philippe le Bescot, sire Hugues de Crusy, vont, avec Robert de Laon, examinateur du Châtelet, et Guillemin Beloce, clerc du prévôt de Paris, recueillir la déposition du blessé. On accuse Pierre le Vicomte, écuyer de Jehan de la Forest, d'être l'instigateur de cette tentative criminelle accomplie par des spadassins à gagés (on est bien au XIVe siècle). Pierre le Vicomte est détenu au Châtelet. Il est interrogé une première fois en sa prison « sur les carreaux », c'est-à-dire dans son cachot, puis une seconde et jusqu'à cinq fois dans la salle des plaids, dans la chapelle, et devant cinq ou six juges dont les listes varient.

Selon la déposition de Guiart de Noireterre, ce malheureux avait été assailli rue de la Harpe (elle existe encore en partie, parallèle au boulevard Saint-Michel), devant la maison de Marie Dubois l'hôtelière. Guillot le Breton, Alain son frère, Guillot le queu (le cuisinier), Louis de Touart et plusieurs autres jusqu'au nombre de neuf l'entourèrent. Guillot le queu l'injuria pour avoir un motif de querelle. Guillot le Breton sortit d'une toile une épée et le frappa à la tête; les autres le frappèrent aux cuisses, aux jambes, aux mains « de taille et d'estoc, tant qu'il tomba par terre. » Pierre le Vicomte regardait : une grande partie du jour, Guiart l'avait vu avec « les dits malfaiteurs au Palais du roi et ailleurs ». Le blessé croit que cette attaque a été faite contre lui à l'instigation de Jean de la Forest, chevalier, et de Pierre le Vicomte, son écuyer, à cause d'un procès dans lequel il avait interjeté appel. Jean de Meules, valet de Louis de Touart, avait à dessein retenu Guiart longtemps à causer au lieu où se fit l'attaque, l'invitant à venir boire.

On s'attendrait à un procès d'ensemble. Il n'y a que des procès isolés. Pierre le Vicomte est poursuivi comme l'instigateur, l'auteur principal. Il est interrogé sans contrainte, « sans gehenne », mention répétée aux autres interrogatoires; ce qui prouve que l'accusé, sans doute noble, ne fut pas mis à la *question*. Pierre le Vicomte se défend longuement sans rien avouer, prétendant ne connaître les faits que par Bouchard d'Azay, châtelain de Tours. Puis il se contredit. Quand l'attentat fut commis, il se trouvait chez un cordonnier qui demeurait au-dessus de l'hôtel de Marie Dubois, dans la rue de la Harpe. Il se faisait chausser : au bruit, il sortit. Plus tard il raconte « qu'il a vu plusieurs des batteurs s'en aller vers la Porte d'Enfer, leurs épées en leurs mains, leurs gantelets et leurs boucliers ». Il se refuse à dire qui ils étaient : il prétend ne pas les connaître. Il ajoute que, la veille au soir, il avait su de son maître Jean de la Forest, que le dit Guiart devait être battu le lendemain. Très loquace à l'égard des autres, il charge un valet, Moris, puis Jean de Meules, puis son propre maître. Il se trahit enfin : il raconte que Jean de la Forest et lui ont traité avec Bouchard d'Azay qui fit marché avec les « batteurs » dans une taverne de la rue Saint-Jacques. Le salaire fut de quatre florins d'or. Pierre le Vicomte essaye bien de revenir sur ses déclarations qui le compromettent singulièrement, mais il est amené à les compléter : c'est dans l'Église de Notre-Dame que Jean de la Forest et Bouchard complotèrent le meurtre. Lui, Pierre le Vicomte, devait montrer Guiart à Bouchard : ils allèrent au Palais et c'est là que Pierre montra Guiart. L'aveu de complicité cette fois était formel. Les interrogatoires alors n'offrent plus guère d'intérêt : on fait seulement préciser à Pierre les circonstances qui établissent de plus en plus la complicité; on lui fait dire tout ce qu'il sait sur les malfaiteurs et on s'en servira contre eux; il donne les noms de ceux qu'au début il avait prétendu ne pas connaître. Finalement (encore le dimanche de Quasimodo 1332) les juges, au nombre de 12, tandis que 5 ou 6 au plus assistaient à chaque interrogatoire, rendirent la sentence. L'un des seigneurs, Raoul Chaillou, partit avant le jugement, un autre déclara qu'en sa conscience il ne jugerait pas Pierre le Vicomte à mort, considéré « que le dit Pierre était novice et jeune et que ce qu'il avait fait, il l'avait fait du commandement de son maître, mais selon rigueur il l'oserait bien juger à mort ». Il s'accorda néanmoins avec les autres que Pierre le Vicomte fût traîné et pendu[1]. Gillot le Breton, un des complices, après une fuite accidentée à la Rochelle, à Tours, fut enfin arrêté, jugé à son tour et de même traîné et pendu[2].

IX. — La Torture.

Dans ces procès si irréguliers l'accusé se trouvait seul, sans défense, contre plusieurs juges ingénieux à surprendre ou armés pour arracher ses aveux. On le voit discutant en de longues séances, mais sans conseil et sans secours. Il ne connaît point les témoins qui le chargent et il ne lui est pas possible, enfermé dans sa geôle, d'en produire de contraires. Au combat supprimé, on substituait un combat pire encore, celui de l'homme « abreuvé d'eau », serré et brisé dans ses membres, contre des douleurs épouvantables. Les Romains ne s'étaient servis d'abord de la torture que contre les esclaves[3], réputés en quelque sorte des choses et des bêtes de somme. Puis dans un cas, bientôt trop étendu, le crime de lèse majesté[4], les hommes libres ne purent échapper aux tourments. Les lois de quelques peuples barbares établis dans l'empire romain adoptèrent et perpétuèrent ce mode

1. Collect. Lamoignon, Reg. criminels, vol. 324, p. 624 et suiv. reg. de la Tournelle V, f° 134, mars et avril 1331 (1332).
2. *Ibid.*, p. 650.
3. Voir *Digeste*, XLVIII, dont tout le titre XVIII, *De quæstionibus* est consacré à cet emploi de la torture à l'égard des esclaves.
4. Lex Julia Majestatis, *Dig.*, XLVIII, titre IV.

odieux abandonné ensuite pour les épreuves judiciaires [1]. Au fond celles-ci n'en étaient qu'une variété et, quand elles disparurent, la torture en quelque sorte les rappela. Les épreuves de l'eau bouillante ou froide, du fer chaud produisaient la même intimidation que les tourments, et les tourments n'étaient au fond qu'une autre tentation scandaleuse de la divinité sollicitée de désigner l'innocent ou le coupable. Ainsi les ordalies étaient une torture et la torture fut la dernière et la plus tenace des ordalies [2].

Dans la partialité des discussions, les historiens ont cherché à rejeter, les uns sur les tribunaux laïques, les autres sur les tribunaux ecclésiastiques les premières applications de la torture. Il est certain qu'elle était contraire à l'esprit et aux lois de l'Église [3]. C'est en vain qu'on a tenté de relever d'après les gloses du Décret de Gratien le principe et les applications de cette procédure dans la justice ecclésiastique [4]. La seule chose que personne ne puisse

1. *La question.* — Pas plus que la vieille procédure romaine, le système d'accusation privée, qu'apportaient les barbares, ne connaissait l'emploi de la question. Cependant lorsque furent rédigées les *Leges*, un certain nombre d'entre elles firent une place à ce terrible moyen d'instruction : ce sont, la loi des Bavarois, celle des Burgondes, la loi des Visigoths et même la loi Salique. C'était là certainement un emprunt qu'elles faisaient aux institutions romaines, mais presque toutes n'admettaient la question que quand il s'agissait d'un délit imputé à un esclave et dans cette mesure l'emprunt se comprenait. (Esmein, *Hist. de la Procéd. crimin.*, p. 94.) Faustin Hélie avait déjà noté qu'il ne résultait d'aucun texte des lois germaniques que la torture eût été employée par les Francs pour arracher des aveux aux hommes libres accusés. (*Instruction criminelle*, t. I, p. 224.)

2. « La torture introduite dans la procédure ultérieure, dit Brünner, n'a pas laissé d'être considérée comme une ordalie..... « Et s'il se peut passer sans faire « confession en la gehenne... il se sauverait et il apparestroit bien que Dieu mon- « treroit miracles pour luy ». » (Très ancienne Coutume de Bretagne, ch. 191. — Brunner, *Revue Critique de législation*, 1er fév. 1872, p. 160, note 2).

(Voir sur les épreuves judiciaires : Fustel de Coulanges, *Histoire des Institutions politiques, La Monarchie franque*, p. 423-426.)

3. Saint-Augustin, *De civitate Dei*, liv. XIX, cap. 6. — Van Espen, *Juris ecclesiastici pars tertia*, tit. 8, cap. 3. Voir Théophile Huc, *Influence du droit canonique sur la législation criminelle*, *Revue de législation*, 1858, t. XIII, 8e année, p. 459-460.

4. — Selon Th. Huc on n'en trouve absolument aucune trace dans les titres des Décrétales qui ont organisé soit la poursuite et l'information (*De accusationibus*, *De inquisitionibus*), soit sur les modes de preuve (*De probationibus*), soit en général les formes judiciaires (*De judiciis*). Le canon *Gravis*, au titre *de Deposito*, des Décrétales de Grégoire IX qui déclare que l'on pourra forcer par la torture un voleur à restituer l'objet volé, ne doit pas être considéré comme ayant autorisé l'usage de la question. (*Ibid.*, p. 460.)

— M. Paul Fournier n'admet pas non plus l'interprétation donnée à deux textes canoniques qui paraissent faire allusion à la torture. « Le premier de ces textes, dit-il, tiré d'une fausse décrétale, n'a point trait à la torture. Le second ne nous semble pas s'y rapporter davantage; car, si on l'entend dans ce sens, Alexandre III y ordonne de mettre à la torture le dépositaire infidèle et, au besoin, de le charger de chaînes; cette progression n'est pas rationnelle. D'ailleurs, au temps

nier et que tout le monde déplore, c'est que les moyens violents de contrainte furent appliqués aux hérétiques assimilés aux criminels de lèse-majesté des lois romaines. Pour nous ce n'est pas telle juridiction plutôt que telle autre qu'il faut rendre responsable de ces cruautés juridiques, mais la barbarie des mœurs égale chez

d'Alexandre III, le juge d'Église eût encouru l'irrégularité en ordonnant la torture. Quant au canon 6 (Décrétales de Grégoire IX, V, 41), il faut lire *questibus* et non *questionibus*. Cf. Biener, p. 55. (Fournier, *Les officialités au moyen âge*, p. 280, note 2).

Ce n'est pas toutefois l'avis de M. Tanon qui a repris la discussion et contesté les assertions de Biener (Biener, *Geschichte des Inquisitions processes*, p. 55 et 57), et de M. P. Fournier. Il accepte la correction de *questibus*, mais il ajoute : « Ce texte, dans son sens originaire, étranger à la torture, n'en a pas moins pris place dans le corps du droit canonique et d'abord dans les anciennes compilations, avec sa fausse acceptation, et en y consacrant le principe même de la question. Les premiers glossateurs, aussi bien que ceux qui les ont suivis, l'ont entendu dans ce sens. C'est notamment l'interprétation que nous rencontrons dans les glossateurs des premières collections, qui considèrent unanimement ce passage comme un emprunt fait par Grégoire à la règle du *Digeste*. » (Tanon, ouvr. cit., p. 365-366.)

Quant à la lettre d'Alexandre III (Décrét., Grég., l. III, titre XIII, *De deposito*, c. 1, *Gravis illa*), M. Tanon pense que si l'interprétation de M. Fournier, peut s'accorder à la rigueur avec le texte inséré dans les Décrétales, elle se concilie plus avec la lettre originale d'Alexandre III, qui parle non seulement de question, *quæstionibus* à infliger à l'accusé, mais de *duris quæstionibus*, expression qui ne peut plus s'entendre de simples interrogations, si pressantes qu'elles puissent être, et qui s'applique manifestement à la torture. La glose a entendu ce texte, comme le précédent, et l'a appliqué formellement à la question. » (*Ibid.*)

M. Tanon ajoute ensuite d'autres textes : 1° une lettre de saint Augustin adressée au comte Marcellin pour implorer sa clémence en faveur des Donatistes ; elle nous apprend que les évêques, dans l'exercice de leur juridiction, faisaient un fréquent usage de la fustigation pour obtenir des aveux (insérée dans les Décr. 4, c. 23, q. 5, *Circumcelliones*) ; il félicite le comte d'avoir eu recours à ce moyen de contrainte, qui est aussi le mode de correction des maîtres des arts libéraux et des parents, et de n'avoir pas fait usage, comme il l'aurait pu, du chevalet et des tenailles ardentes. 2° Le chapitre pseudo-isidorien, *Illi qui* (4, c. 5, q. 5) ; il prescrit l'emploi de la question à l'égard de ceux qui portent des accusations supposées calomnieuses, surtout lorsqu'elles sont dirigées contre les évêques... Un curieux manuscrit du Décret, de la Bibliothèque Mazarine, orné de miniatures, représente précisément en tête de la cause 5, une scène de fustigation comme un commentaire par l'image du chapitre *Illi qui....* (*Ibid.*, pp. 368-371.)

Mais le texte le plus important produit par M. Tanon est celui qu'il a trouvé dans le *Formulaire de Guillaume de Paris* et qu'il a édité (Notice, avec extraits, sur le *Formulaire de Guillaume de Paris*, Imprimerie nationale, 1888, br. in-4). Dans ce Formulaire du XIIIe siècle se rencontre le passage suivant : « Verumtamen, tibi dico, de consuetudine curiæ Parisiensis (l'officialité), non subjiciuntur tormentis nisi notorii et manifesti enormes et factis enormibus se puplice immiscentes et qui super talibus apud bonos et graves sunt puplice et notorie diffamati.... » Texte duquel il résulte que la question était appliquée à l'officialité de Paris.

— Des comptes du temporel de l'évêché de Paris de 1407 à 1409 nous apprennent le chiffre de la pension qui était faite alors à Jean le Gendre, chargé de donner la question aux accusés (*questionario*) ; elle était de 8 livres payées en quatre termes. Tanon, *Hist. des Justices de Paris*, p. 176 et note 61.

— Nous avons tenu à entrer dans le détail de cette discussion pour montrer combien au fond elle est subtile. Il s'agit d'établir que la torture était autorisée par les lois canoniques et on n'apporte que des textes secondaires, insérés dans le Décret, et sur l'interprétation desquels les opinions varient. Il n'y a aucun texte formel e

les clercs et chez les laïques, barbarie qui subsista bien longtemps encore, même lorsqu'elle eut été revêtue d'un vernis plus brillant. Ainsi que l'a écrit avec éloquence l'éminent criminaliste, Faustin Hélie, « l'humanité, cette pitié tendre des maux des hommes, cette souffrance de leurs souffrances n'était connue ni dans l'antiquité ni même dans le moyen âge, quelque dominé qu'il fût par le christianisme. Cicéron, Quintilien et Ulpien avaient mis en doute la valeur des témoignages arrachés par la torture; ils n'avaient point frémi de la torture elle-même. Les hommes du XIIIe et du XIVe siècle ne furent pas plus émus à la vue de ce supplice et n'étaient pas assez éclairés pour en tirer les mêmes doutes. Ils ne faisaient que suivre les mœurs du temps, les opinions, les habitudes de leur époque en infligeant sans scrupule ces tourments barbares aux accusés[1] ». Ajoutons que, d'ailleurs, la cruauté accompagnait souvent les crimes. Nous en avons vu et nous en citerons encore des exemples : on prolongeait par d'affreuses mutilations l'angoisse des victimes. Cette cruauté en provoquait une semblable dans la répression. Les seigneurs justiciers ou leurs officiers punissaient les violences par des violences plus affreuses puisqu'elles étaient froidement ordonnées.

Quoiqu'il en soit de ces discussions, il n'en est pas moins vrai qu'au XIIIe siècle la procédure d'enquête, telle que la comprenait saint Louis, avec son cortège de témoins et le choc des contredits, demeurait incompatible avec la question ou « gehenne ». Ni Pierre

il ne peut y en avoir puisque c'est une vérité incontestée que l'Eglise, en sa doctrine, a toujours répugné aux peines de sang et défendu aux clercs de prononcer des sentences capitales. M. Tanon ne prouve qu'une chose, c'est que la *question* était employée à l'officialité de Paris au XIIIe siècle. Mais elle l'était bien plus manifestement dans les tribunaux de l'Inquisition. Le fait est évident. Or du fait au droit il y a loin. Les Inquisiteurs (M. Tanon le reconnaît lui-même, p. 374) étaient obligés, dans le principe, de recourir aux autorités laïques pour l'application de la torture. La bulle d'Urbain IV, du 4 août 1262, supprima cet obstacle « en autorisant les inquisiteurs et leurs *socii* à se relever mutuellement de tous les cas d'irrégularité qu'ils pourraient encourir sans avoir besoin de s'adresser à leurs chefs ».

La vérité, à nos yeux, est donc que la torture passa dans les tribunaux de l'Inquisition par l'assimilation de l'hérésie au crime romain de *lèse-majesté*. L'hérésie était une révolte contre l'ordre religieux qui ne faisait qu'un alors avec l'ordre social. De là les imitations des rigueurs romaines contre ceux qui étaient réputés dangereux pour la sécurité de l'État. Les tribunaux de l'Inquisition n'appliquèrent pas les odieux moyens de poursuite et de contrainte qu'on a légitimement flétris, *parce que* ces moyens étaient d'accord avec le droit canonique, mais *quoiqu'ils* lui fussent contraires. Ce n'est pas la seule fois, hélas! qu'on mit au service de la religion des armes qu'elle réprouve.

1. Faustin Hélie, *Traité d'instruction criminelle*, t. I, p. 546.

de Fontaines, ni le rédacteur des *Établissements* ne la mentionnent. L'auteur du *Livre de Jostice et de Plet* plaint les juges qui martyrisent les accusés plus que ceux qui sont martyrisés[1]. Beaumanoir connaît sans doute « la gehenne » mais en parle si peu qu'on a dit qu'il l'ignorait[2]. Saint Louis, en 1254, défend positivement d'appliquer la *question* sur les dires d'un seul témoin et ne veut pas qu'on emploie les tourments contre « les personnes honorables et de bonne renommée, fussent-elles pauvres ». Même lorsqu'il y a inquisition ou poursuite d'office, il veut « que les actes et l'information soient communiqués dans leur entier à l'accusé[3] ». Là, comme en beaucoup d'autres matières, les prescriptions du grand et saint roi ne purent prévaloir contre la brutalité des hommes; l'information secrète remplaça de plus en plus l'enquête publique. La torture arracha les aveux. « Les juges de ce temps, dit encore Faustin Hélie, estimaient cette confession arrachée une victoire sur le crime : ils ne soupçonnaient pas que dans cette lutte horrible de l'homme contre la douleur, la douleur pouvait être aux prises avec l'innocence; ils n'avaient aucune notion des garanties qu'exigent la vie et la liberté des hommes. »

Du duel judiciaire on en était donc venu à la torture, si bien que, lors de la réaction qui suivit la mort de Philippe le Bel, les partisans du duel réclamaient l'abolition de la *question*. Louis X, dans l'Ordonnance rendue en faveur des nobles de Champagne[4],

1. Cil juige qui martirent aucun à tort, li martyres de celui qui est livrez à martire est tantost passez, mais li martyres de celui qui le martyre dure tojorz. » (L. XXVIII, tit. XXIV, § 1.)

Toutefois les *Assises de Jérusalem* indiquent formellement l'emploi de la géhenne. « Mais bien juge la raison que celui deit estre mis à gèhine et deit estre tant abrevé (question par l'eau) qu'il reconnoisse la vérité. » *Assises de la cour des bourgeois*, ch. CCLXXXV et CCXLIX.

2. « Et si tost comme il (la justice) vout metre en gehine, ele (la femme) reconnut toute la verité et fut arse. » Beaum. Ch. LXIX, § 1956.

3. Personas autem honestas et bonæ famæ, etiam si sint pauperes, ad dictum testis unici, subdi tormentis seu quæstionibus inhibemus, ne hoc metu vel confiteri factum vel suam vexationem redimere compellantur. » Ord. de 1254, art. 21. *Ord.*, t. I, p. 72 (Cet article ne se trouve que dans le texte latin).

4. « Item sur ce qu'ils disoient que nos sergenz et nos prevosts aloient en lor terres ajorner privées personnes et lors homes par devant euls et les mettoient en *géhinne* contre leur coutumes et libertés. Nous voulons et ordonnons que nosdits prevosts et sergens cessent du tout des choses dessus dites en la manière qu'il est plus pleinement ordonné par les anciennes ordonnances faites sur ce. » (Ord. de 1315, art. 51. *Ord.*, t. I, p. 575.) — Article analogue dans la Charte aux Normands de 1315.

Boutillier déclare qu'on ne peut soumettre à la torture le prévenu qui a accepté l'enquête. « Peus encore sçavoir puisque le prisonnier s'est mis en enqueste

défend aux sergents et aux prévôts d'aller dans les terres des seigneurs justicier les personnes et les mettre en « gehenne » contre leurs coutumes et libertés ». Ainsi l'application de la torture est encore restreinte. Le Parlement l'emploie sans doute, mais exceptionnellement et au Châtelet. Il a bien sa Tournelle pour le jugement des enquêtes criminelles : il n'a pas sa chambre de torture [1].

X. — Le Parlement et la torture.

Le silence des *Olim*, à l'égard de la torture qui cadre bien avec celui des Coutumiers, s'explique par l'usage de la procédure d'enquête et le caractère des juges de saint Louis. Non point que la torture ne soit pas appliquée dans les juridictions inférieures; mais, si nombreux que soient les procès criminels dans les *Olim*, il n'y est point question des tourments. Or, dans ces procès jugés au Parlement, ne sont point uniquement impliqués que des nobles. Retenons donc, et reportons surtout à saint Louis cet

jamais ne doit estre mis en question de fait, car luy feroit grief et tort. Car question ne se doit asseoir (que) quand le cas est tel que preuve ne s'y peut asseoir ne trouver, et toutefois est le cas présomptueux quand information en appert. » (*Somme rural*, I, 34, p. 224).

La Coutume de Bragerac (Bergerac) indique la même jurisprudence : Item, si burgensis sit accusatus de capitali crimine non manifesto, esto quod informatio adprehendat illum aut vehemens suspicio, dum tamen dictum crimen non sit notorium vel manifestum, et velit se supponere inquestæ de dicto crimine, in isto casu non erit quæstionandus. » (Bourdot de Richebourg, IV, 2, p. 1015.)

Le *Grand Coutumier* proclame le pouvoir arbitraire du juge de choisir dans chaque cas la voie qui lui paraît la plus convenable. « Tessier, greffier du Parlement, tient par l'opinion de messeigneurs du Parlement que se ung homme est accusé d'aucuns cas criminels, le juge peut eslire laquelle voie qu'il lui plaist, ou l'ordinaire ou l'extraordinaire. » (*Grand Coutumier*, p. 659.)

1. Ces registres cependant ne nous fournissent pas autant de documents qu'on pourrait le supposer. C'est qu'en général, a observé M. Tanon pour tous les registres judiciaires, « ils ne font pas à la torture une place égale à celle qu'elle avait dans la pratique. La *question* était un incident de procédure qui donnait lieu d'abord à un interlocutoire, puis à un procès-verbal spécial dont la transcription dans les registres n'était nullement nécessaire. Le greffier qui rédigeait la sentence, lorsqu'il relatait les aveux de l'accusé, était beaucoup moins préoccupé de constater les moyens de contrainte à l'aide desquels ils avaient été obtenus, que la réitération de ces mêmes aveux, réputés alors volontaires, hors de la chambre de torture. Le registre criminel du Châtelet de Paris, de 1390-1392, qui donne régulièrement les procès-verbaux mêmes de la question, est une exception ». Tanon, *Hist. des trib. de l'Inquisition*, p. 377.

Le *Registre criminel du Châtelet de Paris* a été publié par la Société des Bibliophiles français; Paris, Lahure, 1861, 2 vol. in-8°.

honneur qu'ils ne sont pas souillés des erreurs et des monstruosités de la torture.

La douceur, nous l'avons dit déjà, fléchit sous Philippe le Hardi. Le Parlement nous apparaît s'accommodant de la torture. L'évêque d'Amiens se plaignait que le bailli eût arrêté des clercs et les eût soumis très rudement à la question [1]. Le bailli ne se défend que d'une chose, c'est d'avoir appliqué la torture quand on lui eut dénoncé la qualité de clercs des inculpés. Le Parlement accepte ses explications : il ne blâme pas les tourments et comme il doute que le bailli ait connu la qualité des gens soumis à la torture, le renvoie absous.

On pense bien que les juges de Philippe le Bel et de ses fils ne pouvaient s'effaroucher de la torture. Un chevalier, qu'une femme accusait du meurtre de son mari, avait été acquitté par le bayle de Montpellier; la veuve avait en vain demandé qu'il fût appliqué à la torture : le lieutenant du roi de Majorque avait confirmé la sentence. Le Parlement admet néanmoins l'appel de la veuve et fait arrêter le chevalier, qui sera amené au Châtelet [2]. Le prévôt de Sézanne [3] avait fait mettre à la torture un nommé Perrin « Cinc-Soulz », qui mourut ensuite en prison; le bailli de Meaux avait fait arrêter le prévôt; le Parlement ordonne de le relâcher [4]. Boutillier, le jurisconsulte si autorisé du XIVe siècle, spécifie les cas (et ils sont nombreux) où les juges, au lieu de suivre la procédure ordinaire, doivent employer l'*extraordinaire*, c'est-à-dire la torture [5]. Il reconnaît positivement

1. « ... supposuerat gravissimis questionibus et tormentis... » « ... et dictus baillivus purgabit se septimâ manu (c'est là une procédure toute canonique) quod predictos ignorabat esse clericos tempore captionis et tormentorum predictorum. » (*Actes du Parl.*, *Essai de restit. d'un vol. des Olim*, n° 515, année 1283.)

2. *Criminel* I, f° 36, r°. *Actes du Parl.*, n° 4206 (24 janvier 1314).

3. Sézanne (Marne), chef-lieu de canton, arrond. d'Épernay. — *Criminel* III, f° 176, r°. *Actes du Parl.*, 5161 (1318).

4. « Si peux et dois sçavoir qu'ils sont plusieurs cas qui ne sont à recevoir en purge, si comme meurdres, arsin de maison, enforceurs de femmes, desrobeurs de gens en chemin que les clercs appellent *depredatores populorum*, trahitre, hérèse, bougre, tels ne sont à recevoir à loy de purge... car, puisque l'homme est mis à purge, jamais on ne le peut mettre qu'en procès ordinaire et les cas dessusdits doivent être mis en procès extraordinaire... » (Boutillier, livre I, tit. 34.)

5. « ... Et par ce, si le juge percevoit le cas ainsi meurdrier et le prisonnier fust si subtil que rien ne voulsist cognoistre par depposition de parolles et le fait fust plus évident que non, si c'est juge qui ait pouvoir de questionner, faire le peut, pour ataindre le mal... » (*Ibid.*)

aux juges la faculté d'ordonner la question. Il marque bien le progrès de cette procédure qui, au milieu du XIVe siècle, est devenue très commune.

Girard de Lespignan était à peu près convaincu de faux par la comparaison d'une cédule écrite de sa main avec de fausses lettres : « il sera mis en diverses gehines par trois jours », et « s'il confesse la mauvaiseté qu'il a faite, il sera pendu; s'il ne veut rien confesser, il sera mis au pilori à Carcassonne et à Béziers, puis banni du royaume »[1]. Aubelet de la Charrette, de Meaux, arrêté pour fausses lettres, « sera mis en gehine » et ne sera point reçu en enqueste[2]. Deux jeunes enfants avaient été trouvés meurtris sur un chemin. Colas Forsil, cousin de l'un d'eux, accusé de ce forfait, se prétendait clerc : or il avait été banni par l'officialité de Paris pour d'autres cas : les seigneurs du Parlement décidèrent que le prévôt de Paris, qui avait demandé à le soumettre à la torture, y serait autorisé nonobstant ladite cléricature[3]. Guillaume de Morainville et sa femme, accusés de vol, appellent au Parlement parce que le maire et les officiers de l'abbaye de Sainte-Geneviève les avaient arrêtés à Nanterre et retenus en prison pendant vingt-six semaines. Le mari avait refusé d'avouer : on l'avait soumis à la question et on lui avait fait, prétendait-il, subir des tourments si variés et si forts qu'il en était devenu impotent et incapable de se servir de ses membres[4]. Les religieux se défen-

1. Collect. Lamoignon, Registres criminels, vol. 324, p. 733, f° 178, 20 février 1342 (1343).

2. *Ibid.*, p. 743 (1343).

3. « Considéré l'énormité du cas de deux jeunes enfants qui ont esté trouvez meurtris et desrobez sur le chemin de Paris à Feucheroles... Et veu certaine confession que le dict prisonnier avait lue et faite par devant le lieutenant du prévost de Paris, à lui relue en présence de mesd. seigneurs. Et attendu aussi qu'il estoit banniz par la cour ecclésiastique de Paris pour autres cas, comme il confessoit, il a esté délibéré par la plus grant opinion de mesd. seigneurs que, nonobstant la dicte clericature ledict Prévost ou son lieutenant qui en avoit faict et meu la demande à mesd. seigneurs, pouvoit bien procéder à le mettre à gehine et question pour sçavoir la vérité dudit cas par sa bouche et à faire procéder en outre selon raison et (ce) que trouvé seroit par sa confession... » (Collection Lamoignon, Reg. criminels, vol., 327, p. 4433. Reg. de la Tournelle XIII, f° 391, 11 juillet 1407.)

4. « ... Premissisque non contenti prefati Johannes de Stratis et Johannes Fiqueti et alii eorum complices plerique posuerunt prefatum Guillelmum in variis questionibus et tormentis adeo gravibus quod idem Guillelmus ob hoc fuerat inhabilis et impotens de corpore suo et in tali statu quod numquam se juvaret de membris suis sicut ante faciebat...

Les religieux répliquent : « ... Licet, premissis consideratis et attentis, licitum

dirent en déclarant qu'ils n'avaient pas appliqué sérieusement Guillaume de Morainville, mais présenté seulement, à la question. Le Parlement donna gain de cause aux officiers de l'abbaye, auxquels les prisonniers devaient être remis pour achever de faire justice (1342). A la fin du XIVe siècle, les procès-verbaux du registre du Châtelet de Paris, prouvent que l'évolution est terminée; la procédure extraordinaire a supplanté la procédure ordinaire.

Hâtons-nous d'ajouter que les textes de cette époque montrent le Parlement moins préoccupé d'autoriser la torture que de la limiter. Il réprime les excès souvent épouvantables de justiciers qui semblaient plutôt des bourreaux. En 1271, il saisit la justice et les biens du prieur de Sauxillanges, qui non seulement a empiété sur la juridiction du comte de Poitiers, mais a emprisonné deux hommes du dit comte, fait couper le pied à l'un d'eux et infligé à l'autre de telles tortures que le malheureux mourut en prison [1]. Le prévôt de Troyes a emprisonné et torturé un clerc qu'il a fait suspendre en l'air depuis l'heure du couvre-feu jusqu'au matin [2]. Les liens étaient si serrés que, lorsqu'on les dénoua, la chair tomba.

esset, de *consuetudine vicecomitatus Parisiensis*, prefatum Guillelmum, maritum, *subjicere questionibus vel tormentis*, nunquam tamen fuerat idem Guillelmus graviter, seu usque ad aliquam corporis et membrorum lesionem, questionatus, sed duntaxat, interdum ligatus, recusans semper se subjicere uxoris sue relationi, vel inqueste, nisi demum confactus fuit sibi timor seu apparencia questionandi eumdem qui, postquam inquestam requisivierit, statim solutus fuerat vinculis questionum... » Arrêts du Parlement publiés d'après le Registre criminel de l'abbaye de Sainte-Geneviève, par Tanon, *Histoire des justices de Paris*, p. 60.

— Même après des aveux, la question est infligée pour obtenir la confession d'autres crimes : Simon de Verrue, écuyer, accusé de vol, est mis à la question après des aveux qui paraissent cependant assez complets « pour plus à plain savoir la vérité de la vie, estat et gouvernement dudit prisonnier, tant sur ce que dis est, comme des autres cas, crymes et larrecins par lui faiz en avoit ». (*Reg. du Châtelet* de Paris, t. I, p. 5).

— La question est donnée quatre fois a Thévenin de Brainne, les 7, 9 et 19 juin et 6 octobre (*Ibid.*, t. II, p. 137); il n'avoua rien et fut seulement banni.

Andrieu Bourdin, accusé de plusieurs vols, est soumis, malgré ses aveux successifs, cinq fois à la question, le 23 décembre, deux fois, le 24, le 26 et le 4 janvier (*Ibid.*, t. II, p. 404).

Une femme qui tombait du haut mal est déliée de la question; mais elle y est soumise de nouveau le lendemain (*Ibid.*, t. I, p. 261).

Ces extraits des registres du Châtelet sont cités par Tanon, *Histoire des justices*, p. 63.

1. *Actes du Parl.*, n° 1725. Sauxillanges (Puy-de-Dôme), chef-lieu de canton, arrond. d'Issoire.

2. « In carcere eum per manus et pedes in aere suspenderat ab hora igni tegii usque ad auroram diei. » *Actes du Parl.*, *Essai de restit.*, n° 458.

Le prévôt ne fut sans doute condamné qu'à l'amende et à la destitution, mais, sous le règne de Philippe le Bel (1295), c'était quelque chose qu'il fût puni. Pierre Tholozan de Pyrusse avait été arrêté, dans le Rouergue, en habit de clerc : les officiers de la cour du roi à Villeneuve (d'Aveyron) l'avaient soumis à diverses tortures, l'attachant avec des cordes, avec des pierres de gros poids, puis lui appliquant les « œufs chauds, » le feu; ses membres étaient devenus perclus et il avait dû dépenser au moins 300 livres tournois en médecins [1]. Le Parlement ordonna une sévère enquête pendant laquelle les officiers seraient tenus en prison. Nicolas Bourgeois, châtelain royal de Montech a infligé à Guillot de Ferrières diverses tortures, de jour et de nuit, avec une telle cruauté que le malheureux était épuisé et impotent. Guillaume de Nogaret, qu'on ne saurait accuser de trop de bonté, fut le rapporteur de cette affaire et la Cour condamna le châtelain royal à une amende de mille livres [2].

Si les officiers royaux méritaient ainsi d'être châtiés, que ne se permettaient point les petits seigneurs! Le sire Hugues de la Houssaye, chevalier, avait attiré dans son château Jean le Ver de Corbie et sa femme, justiciables de l'abbé, sous le prétexte qu'ils apporteraient des robes pour la châtelaine et des armures pour le sire. Ils les reçut bien, les fit dîner, puis jeter en prison, où il les garda longtemps. Il prétendait que la femme Le Ver avait volé la fourrure d'une robe. Hugues les fit tellement torturer que le mari perdit la main gauche et que la femme, dont les entrailles sortirent, expira. L'abbé de Corbie renvoya le chevalier absous, mais le Parlement (1314) condamna Hugues de la Houssaye à

1. « Eumdem Petrum diversi mode (*sic*) tormentaverunt, videlicet cordis magno pondere lapidum, ovis calidis et igne, propter que tormenta, membra dicti Petri facta fuerant impotencia et inutilia, sicut dixit, et eorum occasione tormentorum expendit in medicis et alii necessariis trecentas libras Turonenses, sicut dixit... » *Olim*, III, p. 50, XVI, 26 janvier 1300 (1301). — *Actes du Parl.*, 3082. Villeneuve d'Aveyron (Aveyron), chef-lieu de canton, arrond. de Villefranche.

2. « Dictum Guillotum incarceravit et in carcere seu prisione in tormentis et questionibus pluries posuit et postea in foresta dicti loci et aliis pluribus locis diris et diversis tormentorum generibus, sepius de die et de nocte, subjecit, ipsum crudeliter et inhumaniter quam plurimum pertractando et carcerem privatum faciendo, adeo quod dictus Guillotus diu fuit ob hoc infirmitate et gravi languore detentus et membris et corpore debilitatus et quasi inhabilis et impotens est affectus... » *Olim*, III, p. 222, LV (1307). — *Actes du Parl.*, 3409. Montech (Montegii) (Tarn-et-Garonne) chef-lieu de canton, arrond. de Castelsarrazin.

assigner audit Jean une terre de la valeur de quarante livres de revenu dont moitié serait donnée aux enfants du dit le Ver et à sa femme : il lui imposa en outre un voyage en Chypre, où il devait attendre la prochaine expédition en Terre-Sainte [1]. Les amis de Guillaume Mallane réclamaient justice pour sa mort amenée par les mauvais traitements que lui avait infligés en prison Jean Lecomte, bailli de la terre de Conches [2] : on l'avait suspendu par les aisselles et par les pieds de telle manière qu'on avait brisé l'épine dorsale; on lui avait coupé les veines. Le Parlement ordonna au bailli de Rouen de faire une enquête. Les maîtres savaient aussi ce que pouvaient valoir les déclarations arrachées par la torture. Ils défendent aux enquêteurs envoyés à Béziers de poursuivre des personnes de cette ville jouissant d'une excellente renommée et qu'avait dénoncées Bérenger de Savignac au milieu des tortures : livré ensuite au supplice, celui-ci les avait reconnues innocentes [3]. Quatre Juifs sont arrêtés comme ayant participé au meurtre d'un enfant. Deux avaient avoué au milieu des tortures et avaient été pendus : les deux autres n'en étaient pas moins retenus en prison; le Parlement accueille leur plainte [4]. Il veut aussi qu'on informe sur la conduite de quelques sergents du bailli de Sens et du prévôt de Melun qui avaient arrêté Jeanne, fille de Marguerite de Ligny, sous prétexte de vol et l'avaient tellement torturée qu'elle en était morte [5]. Adeline la Picarde, de Clary, accusait le prévôt de l'Isle d'avoir fait tellement torturer ses deux fils, Colin et Aubert, que l'un d'eux était mort et l'autre demeurait estropié [6]. Raymond de Rinaldo appelle d'une sentence du sénéchal de Toulouse et prétend avoir été injustement soumis à la question : son appel est reçu et sa plainte sera examinée [7]. Un sergent du roi en Vimeu s'était laissé corrompre par les ennemis de Jean « dit Judas », clerc : il l'avait arrêté; puis conduit, lié et les yeux bandés, au château de Beauquesne, où il l'avait fait périr

1. *Criminel* I, f° 40 v°. — *Actes du Parl.*, 4289, ann. 1314.
2. *Criminel* I, f° 813 r°. — *Actes du Parl.*, 4684, 8 mars 1317. Conches-en-Ouche (Eure), chef-lieu de canton, arrond. d'Évreux.
3. *Criminel* I, f° 128 r°. — *Actes du Parl.*, 4776, 8 avril 1317.
4. *Criminel* I, f° 171 r°. — *Actes du Parl.*, 4827, 5 mai 1317.
5. *Criminel* I, f° 162 r°. — *Actes du Parl.*, 4961, 22 juillet 1317.
6. *Criminel* III, f° 184 r°. — *Actes du Parl.*, n°s 5509 et 5551, 8 août et 18 sept. 1318.
7. *Criminel* III, f° 32 v°. — *Actes du Parl.*, 5378, 4 mai 1318.

dans les tourments, puis on l'avait pendu et on avait ouvert les portes en criant : « Voyez ce Judas qui s'est pendu [1] ». Les amis de Jean réclamèrent et obtinrent l'intervention du Parlement. Un gouverneur de Navarre reçoit des maîtres l'ordre de punir Martin de Berrio, viguier de Pampelune, prévenu d'avoir fait périr dans les tortures un individu accusé de meurtre [2]. Un changeur, Guillaume Nivart, de Provins, soupçonné d'avoir fabriqué de la fausse monnaie, fut envoyé au Châtelet. Le prévôt de Paris déclara que ledit Nivart s'était « soumis à l'enquête non seulement sur les soupçons, mais encore sur sa vie, sa renommée » (ce qu'on nommait l'enquête de pays). Guillaume réclama disant qu'il ne s'était soumis à l'enquête que contraint par la violence et la terreur des tourments auxquels il avait été illégalement soumis. La Cour examina l'enquête et acquitta Guillaume des charges relevées contre lui [3]. De pauvres « laboureurs de terre » étaient, depuis un an, dans les prisons du prieur de Saint-Pierre le Moustier sous l'inculpation de viol : ils avaient été si rudement torturés qu'ils étaient estropiés. Le bailli de Bourges veillera à ce que cette affaire soit jugée [4].

L'intervention du Parlement est souvent trop tardive : Hugues Olivier avait été, par un sénéchal du Rouergue, mis à la torture sous l'inculpation de sortilège, puis brûlé sans jugement. Le successeur de ce sénéchal et le juge mage du Rouergue feront droit à la plainte du fils de la victime [5]. En dépit de l'adage qu'on ne saurait être puni deux fois pour le même fait, Gilles de Warmaise, écuyer, dénoncé comme auteur d'un meurtre, avait été absous par le prévôt de Paris. Or le prévôt de Montdidier poursuivit Gilles pour la même dénonciation et le fit mettre à la torture. Le Parlement protégea Gille auquel l'enquête fut favorable [6]. Sa justice pénétrait jusque dans les moindres recoins. Le sénéchal de Toulouse fera dans un village sis entre Montauban et Moissac une enquête sur les abus reprochés aux consuls de cette localité : on

1. *Criminel* III, f° 105 v°. — *Actes du Parl.*, 5284, 25 mars 1318. Beauquesne (Somme), cant. et arrond. de Doullens.

2. *Criminel* III, f° 216 v°. — *Actes du Parl.*, 5835, 1319.

3. *Olim* III, p. 1299, LXXIV, 12 juillet 1318.

4. *Criminel* III, f° 153 v°. — *Actes du Parl.*, 5595, 27 février 1320.

5. *Criminel* III, f° 74 v°. — *Actes du Parl.*, 6158, 12 oct. 1320.

6. *Jugés* I, f° 152, r°. — *Actes du Parl.*, 6590, 19 déc. 1321. Montdidier (Somme), chef-lieu d'arrond.

les accusait d'avoir mis illégalement à la question Guillaume Rocas, prévenu de meurtre et mort des suites de la torture [1].

La corruption, la perfidie montrent bien qu'on est au XIVe siècle. Bertaud Giffard, prévôt de Meaux [2], a suborné deux criminels, Guillot de la Falaise et Thibaud d'Espone, pour leur faire avouer que Guillaume de Châteauvillain les avait chargés de le tuer, lui Bertaud, ainsi que plusieurs autres habitants de Meaux. Le procureur de Guillaume établit que Guillot avait fait ces aveux sous la contrainte des tourments et par l'appât de certaines promesses [3]. Promesses singulièrement tenues, car la seule grâce que Giffard fit à Guillot ce fut de lui épargner d'être traîné avant d'être pendu. En même temps il faisait publier dans les carrefours de Meaux ses aveux mensongers. Aussi, lorsque Guillot vit qu'il lui fallait tout de même mourir, déclara-t-il hautement, sur le salut de son âme, qu'il avait menti. Le prévôt furieux le menaça, s'il ne se rétractait pas, de le faire traîner. L'enquête ordonnée par le Parlement fit éclater l'innocence de Guillaume de Châteauvillain. Le prévôt fut condamné à une amende honorable publique : il devait aller dans tous les carrefours de Meaux et dire à haute voix : « Bonnes gens, quand je faisais mener pendre Guillot de la Falayse, je lui demandais en ces carrefours : « Ne m'as-tu pas avoué que toi et Thibaut d'Espone étiez venus à Meaux pour tuer moi et plusieurs autres bourgeois de Meaux à la requête de Guillaume de Châteauvillain, lesquelles paroles sonnaient en l'injure dudit Guillaume; laquelle chose je n'entendoie mie. Je m'en repens et en fais cette amende par l'ordonnance de la Cour, car ledit Guillaume en a été trouvé pur et innocent [4]. »

La torture, nous l'avons dit déjà, ne réussissait pas toujours à arracher des aveux. Le Parlement alors incline vers la mise en liberté, non toutefois sans restriction, car il inflige des peines secondaires. Hanequin l'Allemand sera mis au pilori, « considéré la longue prison et les gehines qu'il a souffertes ». On mettra sur

1. *Criminel* III, f° 38 v°. — *Actes du Parl.*, 7630, 31 mai 1324.

2. Le même prévôt avait déjà eu à répondre d'une application illégale à la torture. Voir *Criminel* I, f° 52, r°. — *Actes du Parl.*, 4545, 10 janvier 1317.

3. *Jugés* I, 363 v°. — *Actes du Parl.*, 7443, 13 février 1324.

4. Cette déclaration est en français au milieu de l'arrêt latin; nous n'avons corrigé que l'orthographe (*ibid.*).

sa tête un écriteau indiquant la cause de l'exposition : « C'est Hanequin l'Allemand : il a su que maître Robert l'Anglais et deux moines allemands machinaient la mort du roi et de la reine et la perdition de tout le royaume par mauvais art et invocation du diable, et le dit Henequin ne le dit et revela en Justice : il est mis au pilory[1] ». Quoique la procédure fût secrète et se passât le plus souvent dans la chambre de torture, les juges de ce temps veulent en quelque sorte associer l'opinion à leur sentence motivée. Hanequin, après l'exposition au pilori, fut délivré.

XI. — Histoires du sire de Rigny, de Taillefer d'Avranches, de Jean de Croix, d'Étienne de Musigny.

Au milieu du désordre des règnes de Philippe de Valois et de Jean le Bon, les cruautés devinrent parfois si odieuses que le Parlement se crut obligé de faire des exemples solennels. Jean, sire de Rigny, avait pris par guet-apens (toujours la perfidie habituelle) Mellin de Gesvaudis, l'avait enfermé au château de Rigny, puis en sa maison de Trolois et rompu par les mauvais traitements, non sans l'avoir dépouillé de 80 deniers d'or. Il avait tenu en ses prisons Henri le Pelletier « l'avait fait oindre et barder en gehine » si bien que le malheureux était mort : son cadavre fut jeté aux champs, où les chiens le mangèrent[2]. Rigny avait de même fait mourir en ses prisons Girard Moutonnet, « qui avait été cloué au cep » par les mains. Il donnait asile à des voleurs qui venaient au royaume, prenaient personnes, bêtes et biens et les emportaient en l'empire : ils passaient et repassaient par le chastel de Rigny, dont le sire participait à leurs bénéfices. D'autres victimes de sa cruauté et aussi de la bestialité de ce châ-

1. Voici la teneur de l'écriteau ou de la « cédule » : « C'est Hanequin li Alemens qui a sceu que maistre Robert li Anglois et deux moines Alemants qui demeuroient à Saint-Bernard, machinoient en la mort du Roy et de la Reine et en la perdition de tout le royaume par mauvais art et par invocation du Deable, faire venir en un lerne qu'ils firent ès Jardins de l'hostel de la comtesse de Valois, lesquiex maistre Robert et moines sont fu(g)itifs pour ce faict : et pour ce que ledit Hanequin ne le dit et revela en justice et fut mis en prison à Saint-Martin-des-Champs, laquelle prison il brisa et fut repris quand il s'enfuit. Il est mis au pilory ». (Collect. Lamoignon. Reg. criminels, vol. 324, p. 757, reg. de la Tournelle, V, f° 184, année 1340.)

2. (Collect. Lamoignon. Registres criminels, vol. 324, p. 768 et suiv., reg. V de la Tournelle, p. 188, année 1344.)

telain avide et féroce [1] périrent également. En dépit de sa chevalerie, Rigny fut noyé, à Paris, sous le Grand Pont, « à heure de tierce » (9 heures du matin) le dimanche 2 mai 1344, car le roi avait commué la peine prononcée, qui avait été celle d'être traîné et pendu. « Cette grâce le roi lui fit à la requête de ses amis. » On voit commencer les privilèges singuliers qui détermineront les nobles à mieux se résigner aux supplices. Ils ne discutent déjà plus que la forme.

Bien d'autres auraient mérité de subir le même sort. Tel un lieutenant du vicomte d'Avranches, Taillefer; tel un Jean de Croix, gouverneur d'une petite ville du comté de Beaumont. Un long arrêt détaillait les méfaits de Taillefer, dont nous ne retiendrons que le principal, relatif à notre sujet. Loret du Mel, écuyer, avait été chargé de remettre une somme d'argent à Thomas Pinçon, prisonnier en Bretagne, pour sa rançon. Taillefer, par haine contre Thomas, voulut contraindre Loret à porter contre lui de faux témoignages, entre autres à déclarer qu'il avait entretenu des intelligences avec les ennemis, leur avait fourni des vivres et avait voulu leur vendre la ville d'Avranches. Sur son refus, Loret fut soumis à la torture et, ne pouvant résister, fit des déclarations mensongères, dont Taillefer voulait se prévaloir contre lui; l'enquête démontra l'innocence de Loret et de plusieurs autres victimes de Taillefer. Cette affaire eut un tel retentissement que le roi Jean (qui pourtant n'était point tendre), assista à une des audiences. Taillefer ne fut condamné qu'à des restitutions, à des dommages et intérêts, à des amendes et à l'exposition au pilori [2]. Jean de Croix, gouverneur de la ville et terre de Veilly pour le

1. « Item et pour Guiote fille au Fileur qu'il ravit et déflora a plusieurs autres méfaits. » (*Ibid.*)

2. L'arrêt contre Taillefer ne tient pas moins de 17 pages (en latin) des registres in-f° de la collection Lamoignon, vol. 325, p. 1182 et suiv.; reg. de la Tournelle, VII, f° 190, 11 mai 1354.

M. Guilhiermoz a publié une des commissions criminelles nécessitées par cette affaire : on y trouve les expressions significatives suivantes : « Nec non super pluribus questionibus enormibus in personas Loreti de Mel, armigeri, et Guillelmi dicti Bois, contra jus et justiciam ac injuste et sine causa factis et pluribus confessionibus ab eisdem contra veritatem vi ac metu tormentorum ab eisdem Loreto et Guillelmo extortis... » (X^{2a} 6, f° 1, 21 nov. 1352). Guilh., *Enq. et Procès*, 501, CLV.

A une des audiences du procès, la présence du roi Jean est indiquée par ces mots : « Ipsis partibus in curia nostra, Nobis ad hoc presente, ad plenum auditis et in arresto apunctatis.... » (*Ibid.*)

comte de Beaumont, avait arrêté Hugues de Feuilley, dit le Large, clerc, sans motif et sans procès régulier, le condamna à avoir le poing coupé. En entendant cette terrible sentence, le malheureux, pleurant amèrement et gémissant, se jeta à genoux et demanda seulement qu'on lui coupât le poing gauche. Jean de Croix, sans tenir compte de cette prière, lui fit couper le poing droit à la jointure de la main et du bras en trois coups pour augmenter la douleur, et cela en présence d'une grande multitude de peuple. Jean de Croix n'en avait pas moins obtenu des lettres de rémission qui compliquaient l'affaire, car l'arrêt, si long qu'il fût, (22 pages) ne prescrivit qu'une nouvelle enquête sur cette barbarie [1].

A la même époque Étienne de Musigny comparaît devant le dauphin Charles de Normandie, les gens du Parlement et du Grand Conseil, comme coupable d'une barbarie pire encore. Les frères Pierre et Odet le Châtellenez de Dijon, plaidant devant les gouverneurs du duché de Bourgogne, avaient appelé au roi et se trouvaient par là même en sa sauvegarde. Étienne de Musigny, en dépit d'un assurement, envahit avec ses complices la maison des frères Pierre et Odet. Celui-ci était clerc, non marié. Les assaillants le criblent de blessures, l'attachent sur un cheval comme un voleur, le promènent par la ville et l'emmènent au château de Brageye. En vain réclamait-il son privilège de cléricature : on l'enferma dans une dure prison et on le soumit à diverses sortes de tourments, « horribles et cruels », dit le texte même de l'arrêt : on lui fit subir tant de privations, de douleurs, de misères, qu'il faillit mourir [2]. Le châtelain présent à cette scène n'avait pu supporter cet affreux spectacle : il était sorti de la chambre de torture; dans la cour la voix lamentable du malheureux arrivait

1. « ... Quod idem terribile judicium idem Hugo audiens eo solum quod eumdem Johannem amarè flendo et gemendo flexis genibus humiliter rogaverat quod ex quo ejus judicium exequi pungnum suum sinistrum faceret amputari, ipse Johannes in sua tyrannia perseverans, pungnum ejus dextrum in junctura manus et brachii tribus ictibus ad hoc ut majores dolores et tormenta pateretur jusserat atque fecerat palam et publice populi multitudine copiosa ibidem convocata et existente in sua presentia amputari. » (Collect. Lamoignon, Reg. crim., 325, p. 2189, reg. de la Tourn., VIII, f° 34, 23 juin 1357).

2. « diversorum tormentorum quœstionibus et gehinis horribilibus et crudelissimis quœstionaverat et etiam tantas penurias, dolores et miserias pati fecerat quod vi hujus modi tormentorum, penuriarum, dolorum et miseriarum in dictis carceribus fere expiraverat... » Collect. Lamoignon, Registres criminels, vol. 325, p. 2133, reg. de la Tourn., VII, f° 342, 20 févr. 1356 (1357).

jusqu'à lui si bien qu'ému il rentra, se jeta aux pieds d'Étienne de Musigny, le suppliant de ne point continuer cette torture jusqu'à plus ample injonction du duc de Bourgogne; il offrait même cent florins d'or. Étienne répondit ironiquement qu'il n'en ferait rien et qu'avant de se coucher il verrait Odet mourir. Il ordonna expressément au châtelain et à ses sergents de prendre ledit Odet et de le mettre à mort, les assurant qu'il les garantissait contre tout recours et qu'il prenait tout sur lui. Odet fut, les mains et les pieds liés, mis dans un sac et noyé dans une rivière en présence d'une grande multitude de peuple qui croyait assister à une exécution régulière. La protection qui couvrait Étienne de Musigny était sans doute bien haute, car il ne fut condamné qu'à la détention au Châtelet et à la privation de tout office [1].

Même sous Charles V, le Parlement a fort à faire pour réprimer les procédures illégales et cruelles. Adam d'Ay, sergent d'armes du roi, a été arrêté par Jean le Boursier, ancien bailli du feu duc d'Orléans. Par haine, sans motif raisonnable, sans information, le bailli mit ce malheureux à la torture « moult vilainement » si bien que le patient resta blessé à un bras. Le bailli lui-même lui jetait l'eau en la bouche et lui mit « un estranguillon » en la bouche si fort qu'il lui brisa une dent; il manda le bourreau pour le faire mourir, et ce ne fut qu'à prix d'argent que la femme d'Adam obtint sa délivrance [2]. Pour se justifier, le bailli chargea Adam de toutes sortes de crimes et voulait le faire passer pour un traître qui aurait été cause de la prise de la ville d'Épernay. Il soutenait l'avoir « questionné courtoisement », comme si ces deux mots ne juraient pas ensemble! Le procureur du roi demanda si le Boursier prétendait formellement avoir emprisonné et torturé Adam pour le crime de lèse-majesté (c'était là un souvenir du droit romain). Boursier répondit : oui. Le procureur lui demanda si l'interlocutoire en vertu de laquelle la torture avait été appliquée,

1. Collect. Lamoignon, Registres criminels, vol. 325.

2. « .... considéré que il n'avoit aucune information qui le chargast, toutes voiz le bailli sans jugement le mist à gehine moult villainement et si estoit navrez en un bras et le bailli meismes li gettoit l'eaue en la bouche et lui mit un estranguillon en la bouche telement qu'il lui rompit une dent et manda le bourrel pour le faire morir; si convint par ces contraintes que pluseurs personnes accointes du duc eussent de la femme dudit Adam grans sommes d'or et d'argent pour pourchachier sa délivrance... » X^2a 10, f° 22 v°, 4 juillet 1376. Guilh. *Enq. et Procès*, p. 596, CCLI.

avait été écrite. Boursier se vit obligé de répondre non; il n'avait donc pas agi légalement. La Cour manda le tabellion et le procureur du duc, recherchant la vérité et nous permettant, par ce lambeau de procédure, de voir qu'elle avait grand souci d'empêcher les actes de tyrannie et de cruauté[1].

Les habitants de Langres, en vertu de privilèges, ne pouvaient être mis en cause hors de leur ville. Un drapier, Guillin, soupçonné d'être l'auteur d'un meurtre, fut pris et mené de nuit en un château de l'évêque : on le mit dans une prison si étroite « qu'il y tenait de son long seulement »; on l'y laissa douze jours puis « on le mit à gehenne très inhumainement » et à plusieurs reprises. Les officiers de l'évêque ôtèrent à Guillin son manteau et en revêtirent un autre homme que, la nuit, à la lueur d'une torche, on feignit de mener noyer; la nouvelle en courut à Langres; les habitants, craignant pour Guillin, allèrent trouver l'évêque, qui, moyennant quatre cents livres, rendit le prisonnier. Mais les habitants réclamèrent ensuite leur argent et intentèrent, devant le Parlement, à l'évêque pair de France un procès qui ne pouvait être que civil[2]. Il ne paraît pas que les officiers coupables des tourments infligés au malheureux Guillin aient été punis autrement que par le blâme exprimé dans l'analyse du greffier qui, sans doute, exprimait l'opinion des juges.

XII. — Le Parlement et l'Inquisition ; les Templiers.

Il est regrettable, sinon étonnant, que le Parlement n'ait point blâmé les excès tant reprochés aux Inquisiteurs si âpres dans leurs poursuites contre les hérétiques. L'Inquisition, juridiction extraordinaire, lui échappait et tendait à se rendre indépendante même des évêques. Dans la première moitié du XIIIe siècle, les procédés barbares de Guillaume Arnaud et Pierre Cella à Toulouse, puis de leurs compagnons Arnaud Cathalan, G. Pelhisse à Albi, François Ferrier à Narbonne, avaient amené des résistances populaires (1234) et même le massacre (1242) de Guillaume Arnaud

1. Guilh., *Enq. et Procès*, p. 596, CCLI.
2. Collect. Sainte-Geneviève, Reg. du Parl., Ff 13, t. I, f° 275 (extrait du 3° vol. des Plaidoiries), 23 janvier 1377 (1378), nouveau débat, 5 mars.

et d'un frère mineur dans le château d'Avignonnet [1]. Leurs successeurs, Bernard de Caux et Jean de Saint-Pierre, les vengèrent par des exécutions en masse. A la fin du siècle, Bernard Castanet, évêque d'Albi, Nicolas d'Abbeville à Carcassonne, Foulques de Saint-Georges et Geoffroy d'Ablis à Toulouse, provoquèrent des plaintes si nombreuses et des protestations si éloquentes du célèbre franciscain Bernard Délicieux que le roi Philippe le Bel ne put s'empêcher de les écouter (1297). Écrivant (par la plume de ses légistes) au sénéchal de Carcassonne, il signale les modes nouveaux de torture à l'aide desquels on arrachait aux accusés des aveux mensongers et aux témoins de fausses accusations [2]. En 1301, il reproche à Foulques, l'inquisiteur de Toulouse, de commencer ses procédures par la question et des tourments qu'on n'avait point encore imaginés [3]. Il envoya deux réformateurs pris dans le Parlement, le vidame d'Amiens Jean de Picquigny et l'archidiacre de Lisieux. Quelques années après, le pape Clément V donna une mission analogue à deux cardinaux qui délivrèrent beaucoup de prisonniers [4]. Néanmoins, à partir de 1308, le fameux Bernard Gui reprit, sans qu'on cherchât à s'y opposer, la procédure inquisitoriale, en ayant soin seulement de lui donner une apparence régulière par son manuel de la *Pratique* [5]. Jusqu'en 1323,

1. — Nous connaissons ces commencements, dit M. Tanon, par une brève chronique d'un témoin oculaire qui n'est autre que l'un des Inquisiteurs mêmes, Guillem Pelhisse; on n'a pas l'original de cette chronique, mais copie de la fin du XVIIIe siècle à la Bibliothèque de Carcassonne, publiée pour la première fois par M. Charles Molinier et ensuite par M. l'abbé Douais dans ses *Sources de l'Inquisition* (Paris, 1881). — (Tanon, *Hist. des tribunaux de l'Inquisition*, p. 53, note 2.)

2. « Certiorati per aliquos fide dignos — eo quod innocentes puniant, incarcerent et multa gravamina eis inferant et per quædam tormenta de novo exquisita, multas falsitates de personis legitimis vivis et mortuis fide dignis extorqueant. » (Doat, t. XXXII, f° 266. — (Tanon, ouvr. cité p. 375; cf. *Ord.*, t. XII, p. 326, 327 (27 avril 1297). — Dom Vaissette, t. IV, 72, et Preuves, c. 97.

3. D. Vaissette, t. IV, Pr. c. 118. — Voir aussi c. 128, 130.

4. Tanon, ouvr. cité, p. 68. Voir aussi, *Histoire littéraire de France*, t. XXVI, p. 548, Notice sur Richard Le Neveu.

5. « Successivement prieur des couvents des Frères Prêcheurs à Albi, à Carcassonne, à Castres et à Limoges, Bernard Gui fut investi, en 1307, des fonctions d'inquisiteur à Toulouse, qu'il exerça avec quelques interruptions pendant près de dix-huit années jusqu'en 1323. Il ne résigna ses fonctions à cette date que pour prendre possession de l'évêché de Tuy en Gallice, auquel il avait été appelé par le pape Jean XXII et d'où il fut transféré l'année suivante au siège de Lodève. Ce fut là qu'il mourut, en 1331, à l'âge de soixante-dix ou soixante et onze ans. Il laissait, outre sa *Pratique*, de nombreux écrits relatifs à l'histoire religieuse et en particulier à celle de son ordre. » Tanon, ouv. cité, p. 163.
— Pour la *Pratique* et les ouvrages de Bernard Gui, voir le savant Mémoire de

fanatique et tout puissant, il multiplie les sermons généraux et les condamnations en masse qu'il désignait d'un nom devenu lugubre : les actes de foi (les *autodafés*). Plus rares après lui, ces exécutions solennelles se renouvelèrent cependant jusqu'à la fin du XIVe siècle [1]. On courait d'ailleurs grand risque de s'élever contre ces persécutions qui ont fait tant de tort à l'Église et dont le souvenir lui est encore si préjudiciable. Le Franciscain Bernard Délicieux l'éprouva, car il fut arrêté lui-même en 1318, condamné après un procès inique et mourut dans sa prison (1320) [2].

Philippe le Bel, au fond, avait plutôt songé à imiter l'Inquisition qu'à la contenir : c'était par des tortures qu'il avait arraché aux Templiers des aveux de crimes imaginaires, et la plupart rétractèrent ces confessions arrachées par la douleur. Le procès des Templiers ne fut point fait par le Parlement, mais des légistes du Parlement s'y associèrent en présidant à l'arrestation en masse des chevaliers du Temple, en dirigeant les informations, en gardant comme geôliers, en interrogeant même comme commissaires les accusés dans les provinces [3]. Ou bien, ce qui intéressait par-

M. Léopold Delisle : Notice sur les manuscrits de Bernard Gui dans *Notices et Extraits des man. de la Bibl. nat.*, t. XXVII, 2e partie, ann. 1879, p. 169, 457.

Voir aussi sur la *Pratica*, de Bernard Gui, *Bibl. de l'Éc. des ch.*, t. XXXVIII, année 1877, p. 381.

1. — « Nous en avons d'importants célébrés en 1326, 1328, 1329, 1330 à Narbonne, à Pamiers, à Béziers et à Carcassonne dans lesquels figurent, entre autres, les inquisiteurs Henri de Chamay et Pierre Bruns. Les derniers dont nous ayons la trace, sont tenus à Carcassonne en 1357, en 1374 à Toulouse et enfin à Carcassonne en 1383 ». (Tanon, ouv. cité, p. 71.)

2. Voir l'ouvrage d'Hauréau, *Bernard Délicieux et l'Inquisition albigeoise*. Nous n'avons pas à insister plus longuement sur l'Inquisition, qui ne rentre pas dans notre cadre.

Le plus ancien traité imprimé sur la procédure de l'Inquisition et le plus fréquemment cité est l'ouvrage de Nicolas Eymeric : *Directorium Inquisitorum Fr. Nicolai Emerici ordinis Pred., cum commentariis Francisci Pegnæ sacræ theologiæ ac juris utriusque doctoris* (édit. de Rome, 1578.)

Voir aussi Limborch, *Liber sententiarum inquisitionis Tholosanæ*. Le premier manuel en date, découvert dans un ms. de la bibl. de l'Univ. de Madrid par Fr. Balme, a été publié par M. Tardif. *Nouvelle Revue historique du droit*, année 1883, p. 670-678.

Parmi les nombreux ouvrages modernes, scientifiques sinon impartiaux, il faut citer Charles Molinier : *L'Inquisition dans le midi de la France aux XIIIe et XIVe siècles. Étude sur les sources de son histoire. Études sur quelques manuscrits des bibliothèques d'Italie.* — Compayré, *Étude historique sur les Albigeois*, etc.

Voir aussi une publication récente de M. Alexandre Bertrand : *Réflexions sur l'Histoire de l'Inquisition au moyen âge*, suivies d'extraits de l'*Histoire de l'Inquisition*, par H. Ch. Paris, Société nouv. de librairie et d'édition, 1901, une broch. 40 pages.

3. — Voir Ch. V. Langlois, Le *Procès des Templiers*, *Revue des Deux Mondes*, 15 janvier 1891. — L. Delisle, *Mémoire sur les opérations financières des Templiers*. Quant à la bibliographie complète et critique du sujet, on la trouvera dans la *Revue historique* de M. Monod (mai 1889) et dans la *Revue des questions historiques* (juillet 1890).

ticulièrement Philippe, ils dressèrent l'inventaire des biens de cet Ordre, qui fut perdu par ses richesses[1]. Sous les fils de Philippe le Bel, les légistes du Parlement, non moins durs, ne sauraient être absous de la proscription aveugle et inhumaine des lépreux dont nous avons parlé, et ils rédigèrent sans doute les trois Ordonnances de Philippe le Long (1321) commandant de saisir tous les lépreux, hommes, femmes, enfants de plus de quatorze ans, de les jeter en prison, de soumettre à la torture ceux qui refuseraient de faire des aveux « jusqu'à ce que la vérité s'échappât de leur bouche », de brûler ceux qui auraient avoué d'eux-mêmes. Les Juifs aussi furent englobés dans cette persécution : il suffisait « qu'il y eût véhémente présomption contre l'un d'eux pour qu'il fût arrêté et mis à tourment ». On devait, en outre, s'il était condamné à mort, le forcer, « par toutes les voies et manières », à révéler où étaient cachés ses biens[2].

Si l'ancienne procédure laissait échapper la plupart des coupables, la nouvelle fut donc fatale à beaucoup d'innocents. L'individu, jadis, pour satisfaire ses passions, n'avait pas craint de ne tenir aucun compte de la société : celle-ci, pour se défendre, ne tint plus aucun compte de l'individu. Elle alla plus loin, elle viola l'humanité.

Sans doute les clercs du Parlement ne siégeaient point en la Tournelle : ils se refusaient à prononcer « des peines de sang ». Mais le mérite de leur abstention était effacé par les violences des Inquisiteurs. De plus, en se désintéressant ainsi de toute une série de procès, non les moins importants, ne se rendirent-ils pas responsables de l'abus que les légistes firent ensuite de la procédure romaine? Ils cessèrent d'être juges là où ils auraient

1. Citons quelques noms de ces commissaires d'après les listes qu'a données le savant P. Dupuy. On reconnaîtra des noms déjà vus dans nos listes du Parlement :
— Interrogatoire de X Templiers au Pont de l'Arche (1307) : Est parlé de *Guillaume Doisneval*, *Raoul du Plessis*, *Guillaume de Houdetot*, chevaliers, *Pierre de Hangest*, baillif de Rouen. (*Condamnation des Templiers*, p. 90, n° 23.)
— Ordre fait par *Hugues de la Celle* et *Guillaume de Marsilly*, chevaliers, des personnes qui garderont les Templiers et quels gages ils auront. Est fait mention de *Philippe Coquerel*, *Girard Robert*, *Guillaume de Breligni*, *Jean de Basemont*, *Imber de S. Jora*, *Jean Pittard*, chevaliers du roy (*Ibid.*, p. 94, n° 28).
— Rouleau contenant l'inventaire des biens des Templiers et plusieurs maisons de la baillye de Caen. Est parlé de *Hugues du Chastel*, de *Gautier de Boisgilont*, chevalier, *Guillaume de Fontenoy*, *Robert de la Planque de Tornebue* (*Ibid.*, n° 29).
2. — Voir Lehugeur, *Histoire de Philippe le Long*, ch. x, p. 425.

pu faire prévaloir la vraie jurisprudence canonique. Témoins des désordres épouvantables de la société, les clercs crurent qu'ils n'avaient qu'à laisser leurs collègues, les conseillers laïques, travailler à une répression énergique. Ils cherchèrent à satisfaire leur conscience en ne prenant aucune part dans les procédures et dans les sentences cruelles. Ce fut une grave erreur et une grande faute. En n'opposant point dans les délibérations criminelles, au Parlement, les lois de mansuétude aux lois de rigueur; en ne réveillant pas sans cesse devant des légistes impitoyables la « grande pitié » du Christ, ils manquaient à leur mission, désertaient la voie que leur avaient montrée les Ordonnances de saint Louis, trahissaient, avec la cause de l'humanité, leur propre cause, préparaient leur déchéance. Les romanistes sont désormais seuls maîtres à la Tournelle. Ils voudront être aussi maîtres dans les autres Chambres du Parlement.

Contradiction douloureuse! A mesure que la société française allait se faire plus polie, plus civilisée, c'est-à-dire plus chrétienne, la procédure criminelle allait devenir plus romaine et plus savamment barbare. Jusqu'à la fin de l'ancien régime, la question, les instruments de supplice resteront des moyens d'obtenir des preuves parfois aussi insaisissables que le crime lui-même : les tourments seront une grande ressource pour la haine et la calomnie. Jusqu'à la fin de son histoire, le Parlement gardera indélébile une tache dont il était pourtant pur à l'origine, quand il demeurait fidèle aux inspirations de saint Louis.

Si donc l'évolution de la procédure civile avait abouti à des formes de la justice au moins régulières, quoique lourdes et embarrassées, celle de la procédure criminelle fut moins heureuse. Certes les gages de bataille ne pouvaient être réputés voie de droit. Mais l'information secrète, ténébreuse, tortionnaire, remplaça bien vite l'enquête loyale et en pleine lumière. Si difficile qu'il fût, à cette époque, de poursuivre et d'atteindre les criminels, on ne saurait trop regretter un tel oubli des maximes germaniques de liberté individuelle et surtout de celles du Christ qui souffrit et mourut pour l'humanité.

I. — Les appels et le Duel.

Si la fougue guerrière et la rudesse des mœurs avaient, dans la procédure criminelle, triomphé des douces inspirations de saint Louis, celles-ci n'en obtinrent pas moins, dans le procès civil, un plein succès, non seulement pour les moyens de preuve, mais aussi pour les voies de recours.

Selon le droit impérial des Romains, le recours contre un jugement était porté au *gouverneur* de la *province*, au *vicaire* du *diocèse*, au *préfet du prétoire* représentant l'empereur. On remontait jusqu'à la source de l'autorité qui devait être aussi celle de la justice. L'Église institua de même l'appel des sentences de l'*archidiacre* à l'*évêque*, de l'évêque à l'*archevêque*, de celui-ci au *pape*; non pourtant sans s'opposer aux abus par la restriction du nombre des appels.

Dans le tumulte des invasions et des guerres du ve au xiie siècle, la justice ecclésiastique conserva seule ce libéral recours du condamné. Dans les assises seigneuriales, le guerrier, dépité d'un échec, n'écoutait que son emportement. Il allait devant le suze-

1. Voir les *Histoires du droit* précédemment citées. Une publication spéciale : *Essai sur l'histoire du droit d'appel*, par Marcel Fournier. Paris, Durand et Pédone Lauriel. 1881. trace plutôt qu'elle ne remplit le cadre de ce sujet.

rain de son suzerain et s'écriait[1] : « Sire, celui-là m'a fait faux jugement! Je ne veux plus rien tenir de lui! » Le seigneur attaqué répliquait : « Sire, je m'en défends! » L'autre s'excitait de plus en plus : « Sire, il m'a fait le jugement au su et vu de moi! » Finalement il offrait de prouver la fausseté du jugement « corps à corps ». La bataille naissait du procès. La cause disparaissait devant l'injure; ce dont il était appel s'effaçait devant l'appel lui-même. En réalité le plaideur malheureux se jetait d'un ennemi sur un autre, quitte à se retourner contre le premier, à combattre ensuite pour l'objet du jugement après avoir détruit le jugement par la défaite des juges.

Poussé par sa conscience si droite, saint Louis fit cesser cette iniquité. Quoique l'appel de *faux jugement* fût insultant pour le seigneur, il fallut plaider à nouveau et non plus combattre. De même si l'on accusait son seigneur de *défaute de droit*, il fallait prouver par témoins ce déni de justice. Réforme qui nous paraît simple mais qui eut des conséquences incalculables en ramenant le véritable *appel*.

Il ne faudrait pourtant pas croire que l'appel pacifique, aux époques antérieures, fût inconnu à la Cour du roi. Au XIIe siècle, l'évêque d'Arras déférait au Parlement de Louis VI (1132) une sentence rendue contre lui, à propos d'un revenu féodal, par les jugeurs de sa cour[2]. Homme d'Église, dira-t-on, il agissait selon les lois de l'Église. Or nous voyons un seigneur, Jean de Néelle, porter devant le Parlement de Louis VIII (1224) un appel pour *défaute de droit* contre la comtesse de Flandre[3]. Toutefois, sous

1. Voici la scène dans le texte même des *Établissements* : « Se aucuns gentis hom ot que ses sires li face mauvais jugement, il puet moult bien dire : « cist jugemanz est faus et je n'an plaiderai ja plus par devant vos. » Et se li sires est bers, il s'an doit clamer en la cort le roi, ou en la cort à celui de qui il tendroit... et li puet dire en tel maniere : « sire, cil m'a fait faus jugemant, par laquele raison je ne viau plus tenir de lui; einçois tendrai de vos qui estes chiés sires. » Et se le vavassor dit : « sire je m'an deffan », li autres dit : « sire je ne vueil pas qu'il s'ean puisse deffandre, car il me fist le jugemant faus a veue et a saüe de moi qui foi li doi, vers qui je suis touz prez dou mostrer, se il lou viant deffandre ou desdire, encontre son cors. » Et tout einsi apele an son seignor de faus jugemant; et on puet l'an bien jugier une bataille; et se cil qui apele son seignor de faus jugemant vaint l'autre, il ne tendra jamais riens de lui; einçois tendra dou chief-seignor; et se il estoit vaincuz, il perdroit le fié... » (*Etablissements*, liv. I, chap. LXXXVI, t. II, p. 140).

2. Langlois, *Textes du Parlement*, p. 12, VII.

3. « ... Item comitissa proposuit quod Johannes de Nigella pares habebat in Flan-

saint Louis, dans le premier volume des *Olim*, les causes d'appel sont rares. Elles ne commencent à paraître qu'en 1258 [1], ce qui tendrait à accréditer l'opinion qui fixe à cette date l'Ordonnance sur le duel judiciaire. Pierre de Fontaine, nous l'avons dit, a relaté les premiers appels sans bataille; quoiqu'il n'ait point indiqué de date, on devine sans peine que ce fut aussitôt après l'Ordonnance de Louis IX que se produisit dans la justice cette importante évolution signalée par le guerrier légiste.

Un arrêt de 1259, en tout cas, montre que la réforme se heurtait à des coutumes contraires et persistantes. Le maire et les bourgeois de Soissons, en conflit avec l'abbé de Saint-Médard, appelèrent au Parlement d'un jugement des hommes de l'abbé. La cause fut plaidée devant le roi. Les jugeurs de la cour de l'abbé soutinrent que l'appel n'était point recevable parce qu'au moment où les bourgeois avaient interjeté appel, un des jugeurs avait lancé son gage de bataille : les bourgeois n'avaient pas relevé le défi : or, selon la coutume du pays, ils étaient déchus de leur droit. Les bourgeois n'arguèrent nullement de l'Ordonnance sur le duel, et la Cour de saint Louis déclara qu'ils avaient eu tort de ne pas répondre au gage de bataille : elle confirma la sentence incriminée, en déclarant « que les appels ne couraient pas au pays de Soissons [2] ».

dria, per quos debebat judicari in curia comitisse, et quod parata erat ei facere jus in curia sua per pares ipsius Johannis, nec idem Johannes dicebat quod comitissa defecerit ei de jure per pares ipsius Johannis... » (*Ibid.*, p. 35, XXI).

Sur ces premiers appels voir Glasson, *Histoire du droit*, t. VI, p. 578 et suiv.

1. *Premiers appels dans les Olim.* — Le bailli d'Enguerrand de Couci, arrêté à Laon par l'évêque de Laon, appelle au Parlement (1258). (*Actes du Parl.*, n° 165.)

— Arrêt déclarant la cour de l'évêque de Châlons compétente pour connaître de l'appel d'une cause entre le vidame de Châlons et l'abbé de Saint-Pierre de la même ville, appel qui avait été porté au Parlement (1258). (*Actes*, n° 173.)

— Pierre, abbé de Compiègne, demande le renvoi à sa cour de l'appel porté par Pierre de Verberie d'une sentence prononcée par Jean de Longueil, jadis abbé de Compiègne (1259). (*Actes*, n° 359.)

— Le maire et les bourgeois de Soissons contre l'abbé de Saint-Médard de Soissons (1259). (*Actes*, n° 364.)

— Jean de Saint-Clair, contre le châtelain de Blois (1259). (*Actes*, n° 365.)

2. « ... Quia cùm, prolato judicio in curia abbatis, predicti burgenses appellassent, quidam de judicatoribus portavit gagium suum et obtulit se facere quod illud erat judicium bonum, et burgenses tunc super hoc aliud non fecerunt. Quia vero dicti burgenses non negaverunt predictam consuetudinem ab ipsis judicatoribus propositam et ipsi burgenses nichil aliud fecerunt quando idem judicator portavit gagium suum, tenebitur idem judicium, nec audientur ipsi burgenses super hujus modi appellacione; et dicitur quod *in terra Suessionensi non currunt appellationes...* » *Olim* (Beugnot), p. 453, XVII, 1259. — *Actes du Parl.*, n° 364.

Mais ils couraient au pays de Blois. Le chevalier Jean de Saint-Clair appelle le châtelain de Blois « de faux jugement ». Il ne le provoque pas. Il le fait citer au Parlement. Le châtelain s'en tire aisément, il déclare qu'il n'avait fait que lire le jugemont; il n'en était pas responsable. La Cour l'acquitta. Jean de Saint-Clair ne se tint pas pour battu. Il fit lancer une nouvelle assignation, y comprenant cette fois les chevaliers qui avaient rendu le jugement. Le châtelain revint devant la Cour avec ses jugeurs. Il rappela son premier acquittement et fut délivré. Les chevaliers alors prétendirent qu'en poursuivant le châtelain, Jean de Saint-Clair avait épuisé son droit : or le châtelain avait été renvoyé indemne, eux aussi devaient être absous : ils le furent[1].

L'appel ne se régularisa que lentement. Dans les *Olim*, de 1259 à 1270, on ne compte qu'une douzaine de procès de cette nature. Les cours féodales restaient souveraines; elles jugeaient les appels, ou bien la suppression du duel entraînait la suppression de l'appel lui-même. On s'enhardit néanmoins à recourir au Parlement. Dans les dernières années de Louis IX se succèdent, de plus en plus rapprochées, les sollicitations de l'intervention royale[2].

Les seigneurs, jaloux de leur indépendance, s'efforçaient de contrarier les appels au roi. Ils ne reculaient point devant la violence. Un écuyer, Raoul de Beaufort, avait appelé « de défaute de droit » devant le Parlement de Paris le sénéchal du roi d'Angleterre. Le sénéchal soutint avec audace que Raoul avait renoncé à son appel. Les maîtres, sans doute bien informés, lui demandèrent dans quelles conditions aurait eu lieu cette renonciation. Le sénéchal se vit contraint d'avouer qu'il avait assiégé Raoul dans son château, et la Cour, édifiée, reçut l'appel, ordonnant au sénéchal de restituer le château[3]. Une autre fois, c'est le comte de Bretagne qui veut intimider un chevalier, Geoffroy du Plessis. Geoffroy avait appelé du comte de Bretagne et de son sénéchal de Redon parce que celui-ci avait voulu l'obliger à répondre devant lui à un excommunié. Le comte de Bretagne ne pouvait nier que durant

1. *Olim*, t. I, p. 455, XIX (1259). — *Actes du Parl.*, 366.
2. Voir notamment *Olim*, I, p. 810, XXVIII (1270). — *Ibid.*, p. 805, XVIII (1270). — *Ibid.*. p. 793, VIII (1269). — *Ibid.*, p. 812, XII (1270). — *Ibid.*. p. 731, XVIII (1268).
3. *Olim*, t. I, p. 284, VI (1268).

la litispendance, Geoffroy avait été dépouillé d'une maison, de terres et de prés. Geoffroy produisit des témoins qui donnèrent aux violences leur vrai caractère. Ses biens durent lui être restitués avec les fruits perçus. Et l'appel? Les maîtres avaient eu assez à faire de protéger le chevalier; ils s'en débarrassent ensuite en ne recevant pas son appel qui ne leur semble pas régulier[1].

Beaumanoir détaille la théorie de son temps à l'égard des appels. S'agit-il de jugements prononcés par les baillis représentants d'un roi ou d'un prince, il n'y a point de gages de bataille mais appel à la cour du suzerain[2]. Les appels « pour défaute de droit » ne sont pas et ne doivent pas être « démenés par gages de bataille ». Toutefois, dit ailleurs le légiste, il pourrait bien y avoir gages si l'on ajoutait « vilaine cause avecques défaute de droit[3] ». Malgré l'Ordonnance de saint Louis, il admet le combat dans l'appel « de faux jugement », sauf pour les procès de meubles ou d'héritage[4]. Il ne suffit pas, pour appeler, de dire : « Ce jugement est faux et mauvais. » Si l'on n'offre pas à le prouver, l'appel ne vaut rien. Le plaideur doit amender la vilenie qu'il a dite en court (dix sous (10 f.) s'il est gentilhomme, cinq (5 f.) s'il est roturier)[5]. Beauma-

1. *Olim*, t. I, p. 293, II (1269).

— On peut citer encore, sous saint Louis : appel d'Aymold, dame d'Argens contre le comte d'Angoulême et Bertrand de Cicogne, chevalier. Le jugement de la cour du comte est déclaré « pravum et quassatum ». *Olim*, t. I, p. 200, X (1264).

— Appel de Hugues le Gautier et de sa femme d'un jugement de l'abbé de Saint-Denis relatif à la propriété d'une maison. L'abbé ne demande pas mieux que d'accepter la décision de la Cour : « Si videretur curie quod in ipso judicio esset aliquid emendandum, hoc paratus erat emendare.... » *Olim*, t. I, p. 742, IX (1268).

2. « ... et il a grant disference entre les apeaus qui sont fet des jugemens des baillis et les apeaus qui sont fet des jugements des hommes; car se l'en apele des jugemens des baillis en la court ou il jugent, il ne font pas leur jugement bon par gages de bataille. Ainçois sont porté li errement du plet seur quoi li jugemens fu fes en la court du seigneur souverain au baillif qui fist le jugement: ilueques est tenus pour bons ou pour mauvès. Et ainsi n'est-il pas de ceus qui apelent des hommes qui font le jugement, car li apeaus est demenés par gages de bataille. » Beaumanoir (Salmon), chap. I, n° 24.

3. « ... Li apel qui sont fet par defaute de droit ne sont pas ne ne doivent estre demené par gages de bataille, mes par moustrer resons par quoi la defaute de droit est clere. et ces resons convient il averer par tesmoins loiaus, s'eles sont niees de celi qui est apeles de défaute de droit. Mes quant li tesmoing vienent pour tesmoignier en tel cas, de quel que partie qu'il viegnent, ou pour apeleur ou pour celi qui est apeles, cil contre qui il vuelent tesmoignier puet, s'il li plest, lever le secont tesmoing et lui metre sus qu'il est faus et parjures, et ainsi pueent bien nestre gage de l'apel qui est fes sur defaute de droit.... » (Beaumanoir, chap. LXI, n° 1761.)

4. *Ibid.*, n° 1758.

5. Beaumanoir, chap. LXI, 1759.

noir voulait même que si l'homme était « coutumier de parler vilainement », on le frappât de la peine de prison, car, ajoute-t-il, il y en a beaucoup qui, pour une si petite somme, ne se priveraient pas « de dire vilain mot en court, et pour ce peine de prison y est bien employée ». Le jurisconsulte de Beauvais admet même pour l'appel de *faux jugement*, le nouveau débat. Si l'appelant n'a pas injurié son seigneur en disant : « comme mauvais que vous êtes », ou en l'accusant d'avoir été corrompu, il y a simple appel et on examine le jugement; dans le cas où la sentence serait annulée, chacun des hommes qui y avaient concouru, paieraient l'amende de 60 livres[1] (1 200 f.). Il ne faut pas trop se hâter d'appeler son seigneur de défaute de droit, car celui-ci peut user des délais que lui donne la coutume : sans doute s'il le fait « pour aucune des parties grever, ce n'est pas loyauté »; il le peut néanmoins. Et Beaumanoir de nous raconter que les gens de la ville de Gand s'étaient trop hâtés d'accuser, devant le roi, le comte de Flandre de défaute de droit. Ils furent renvoyés à la cour du comte qui les frappa d'une amende exorbitante : 40 000 livres (800 000 f.). En vain les bourgeois revinrent-ils se plaindre au roi. Il leur fut répondu qu'ils avaient exposé le comte à perdre sa juridiction sur la ville et que l'amende était à la discrétion du seigneur[2]. Les *Olim* confirment le récit du légiste par deux arrêts[3]. Beaumanoir tient pour la stricte observation, dans les appels, de la hiérarchie féodale : « Selon que les hommages vont en descendant, les appels doivent être faits en montant, de degré en degré, sans nul seigneur trespasser[4] ». Théorie qui consacrait l'autorité des seigneurs et servira plus tard à la ruiner, car l'obéissance aussi devra remonter comme les appels.

1. Beaumanoir, chap. LXVII, 1888.
2. *Ibid.*, chap. LXI, 1779.
3. *Olim*, t. II, p. 142, v (1279) et 174, IX (1281).
4. « ... Cil qui apele soit de defaute de droit ou de faus jugement doit apeler par devant le seigneur de qui l'en tient la court ou li faus jugemens fu fes; car s'il le trespassoit et apeloit par devant le conte ou par devant le roi, si en avroit cil sa court de qui l'en tenroit la justice nu a nu ou li jugemens fu fes, car il convient apeler de degré en degré, c'est-a-dire, selonc ce que li homage descendent, du plus bas au plus haut prochien seigneur après, si comme du prevost au baillif et du baillif au roi es cours ou prevost et baillif jugent : selonc que li homage vont en descendant, li apel doivent estre fet en montant de degré en degré sans nul seigneur trespasser.... » Beaumanoir, chap. LXI, 1774.

II. — L'appel criminel.

Il est probable que de la persistance du duel judiciaire vint l'interdiction de l'appel en matière criminelle. La bataille excluait l'appel. Toutefois, comme il y avait dans toutes les juridictions quantité de sentences capitales, Beaumanoir indique comme raison l'intérêt public : il n'y a point de criminels, dit-il, qui n'eût cherché à se sauver ou à allonger sa vie en interjetant appel [1]. En fait dans les registres criminels de justices seigneuriales, ecclésiastiques, ou du Châtelet qu'on a publiés, il n'y a point d'appel [2]. Meurtrier ou larron aussitôt jugé est aussitôt pendu. Justice prompte et expéditive qui s'explique par la fréquence et l'énormité des crimes et qu'on reprend encore, à notre époque, dans les temps de guerre et de périls pressants.

Est-ce à dire qu'on ne rencontre pas d'appels au criminel dans les registres du Parlement? On en trouve, quoique assez tard. Guillaume de la Brosse avait été pendu à Saint-Émilion « avec une double corde », malgré l'appel interjeté au roi. Les habitants de Saint-Émilion qui ont participé au jugement et à l'exécution, sont punis (1291) [3]. Les consuls de Cahors ont fait pendre Jean de Saint-Jori malgré son appel au sénéchal de Cahors, « au mépris de l'autorité royale et au préjudice de l'évêque [4] ». Ils sont condamnés à 2 000 livres tournois (40 000 f.) d'amende (1293). Maître Jean de Mont-Arnal et ses complices sont cités au Parlement [5], pour l'exécution d'une sentence capitale nonobstant appel (1317). D'autres appels parviennent à temps à la Cour : appel d'Humbert de

1. « Cil qui est pris pour cas de crime, qu'on cuide soupeçoneus, et mis en jugement a savoir mon s'il a mort deservie du cas pour quoi on le tient, s'il est condamnés par jugement, il ne puet de tel jugement rapeler, car il est peu ou nus que, s'il estoient jugié a mort, qu'il ne queissent l'apel pour leur vie sauver et alongier, ou pour venir a pes de leur mesfet, et s'il estoit ainsi mout de vilains fes seroient mauvesement vengié. » Beaumanoir, chap. LXI, 1769.

2. Voir Tanon, *Histoire des justices ecclésiastiques de Paris*, p. 74.

3. *Actes du Parl.*, 2782 (1291).

4. « Probatum fuit dictum Johannem, post appellationem ad nostrum senescallum seu ad nos legitime interjectam, per dictos consules Caturcenses fuisse suspensum. » *Essai de restitution d'un vol. des Olim*, n° 842 (1293).

5. *Criminel* I, f° 92 v°. *Actes du Parl.*, 5055.

l'Espinasse et consorts[1] condamnés par le bailli de Mâcon (1318); appel (1322) de Bonet Bertrand d'une sentence du juge des appeaux d'Albigeois[2]; appel d'Alvard de Calhano, bourgeois de Toulouse, condamné à mort (1317) par le juge criminel de Toulouse pour homicide[3]. Le Parlement nomme un commissaire pour une nouvelle enquête. Il renvoie de même au sénéchal de Toulouse[4] une sentence criminelle rendue contre plusieurs accusés au sujet de la mort de Galhard de Sirac (1317).

Ce sénéchal reçoit aussi l'ordre de faire conduire au Parlement, sous bonne garde, maître Bernard Sevra condamné, pour un homicide, à l'exil perpétuel et à trois cents livres d'amende[5] (4 367 f.). Ce sont les amis du défunt qui appellent au Parlement *a minima* et qui réclament une condamnation à mort (1321). La cour du sire de Parthenay en Vendée avait condamné à être pendus Martin le Gras, Etienne de Poulloy, Mathieu et Jean d'Eaubonne. Appel au sénéchal de Saintonge et confirmation de la sentence. Appel au roi, le sénéchal de Saintonge reçoit ordre de faire conduire les appelants à Paris. On les y envoie. La Cour remet le jugement de l'appel au bailli de Touraine. Un huissier du Parlement et un sergent du Châtelet ont mission de livrer les prisonniers au bailli de Tours. Quelle fut sa décision? Ce n'est point là, en l'espèce, ce qui importe, mais cette promenade d'appelants de Parthenay à Saintes, de Saintes à Paris, de Paris à Tours[6]. S'ils furent pendus ils auront du moins, auparavant, beaucoup voyagé (1322).

Ces procès contrediraient la théorie exposée par Beaumanoir si l'on ne remarquait pas qu'ils venaient ou du midi ou de pays qui, régis par le *droit écrit*, avaient conservé l'appel romain. Le Parlement se règle toujours sur les coutumes locales. Simon et Lucas, de Brest, avaient été condamnés pour le meurtre d'une femme par les hommes de l'île de Ré où le vicomte de Thouars avait toute justice. Les deux condamnés appelèrent au roi. Le bailli

1. *Jugés* I, f° 320 v°. — *Actes du Parl.*, 7217.
2. *Jugés* I, f° 259 r°. — *Actes*, 7002.
3. *Criminel* I, f° 71 r°. — *Actes du Parl.*, 4792.
4. *Criminel* I, f° 58 v°. — *Actes du Parl.*, 4784. — Autres appels, n°s 4689, 4725.
5. *Criminel* III, f° 136 v°. — *Actes*, 6551.
6. *Criminel* III, f° 173 r°. — *Actes du Parl.*, 6743. — Autres mandements relatifs à la même affaire, 6840, 6841, 6842. — Voir encore pour les appels criminels, *Olim*, t. III, p. 491, xcvi (1309), p. 1079, xvii (1316).

royal se les fit remettre et le sénéchal de Saintonge eut mandement de faire une enquête pour savoir si, comme le prétendait le procureur du vicomte de Thouars, la coutume s'opposait à ce qu'on appelât d'une sentence criminelle. Un des accusés mourut en sa prison, le bailli dut garder le survivant jusqu'à ce que la coutume eût été étudiée[1] (1322). Bien loin du midi, en Vermandois, Jean de Péronne se prétendait injustement condamné à mort, comme fratricide, par Jourdain de Laon[2], juge temporel du chapitre de Laon (1317). Le bailli examina à nouveau la cause. Pierre Vitet avait été, par la cour séculière de Saint-Crépin de Soissons, condamné à être pendu comme ayant donné la mort à Perrin Pipet. Le condamné appela de cette sentence, demandant un adoucissement de peine, attendu qu'il s'était trouvé dans le cas de légitime défense. Enquête faite par le bailli et, sur un nouvel appel de la cour de Soissons, contre-enquête, évocation de l'affaire au Parlement[3]. On ne jouait pas toujours, on le voit, avec la vie humaine.

C'étaient là néanmoins des exceptions. On a (principalement M. Tanon) fait état d'une Ordonnance de 1286 rendue pour l'Aquitaine au sujet des appels criminels[4]. Elle portait « que les appels seraient reçus dans les causes criminelles; mais lorsqu'il y aurait eu aveu ou flagrant délit, la condamnation pourrait être exécutée immédiatement; les juges de la sentence desquels on aurait appelé, seraient, dans ce cas, excusés[5]. » Dans les autres cas il fallait surseoir à l'exécution. L'Ordonnance de 1286 était

1. *Criminel*, III, f° 68 v°. — *Actes du Parl.*, 7226.
2. *Ibid.*, f° 78 v°. — *Actes du Parl.*, 5112.
3. *Ibid.*, f° 101 v°. — *Actes*, 7068 (1322). — Voir encore n°s 5204-5206.
4. Tanon, *Histoire des justices ecclésiastiques de Paris*, p. 75. — M. Tanon constate que l'appel criminel n'est pas encore reconnu au commencement du xv° siècle. Il cite un passage des Registres des Plaidoiries : « Quant une personne est condempné pour un crime énorme (c'est le procureur du roi qui parle) et qui est contre la chose publique, il doit être exécuté; et supposé qu'il y ait appel, il n'y doit pas le juge defférer.... » Arch. X²ª 14 f° 270, 2 août 1405. (Tanon, *ouv. cité*, p. 79.)
Brussel confirme cette absence de l'appel criminel : « Quant à ce qui est du droit de juger sans appel, non seulement les seigneurs régaliens en jouirent, mais encore tout autre seigneur qui avait la haute justice dans sa terre y jugeait également à mort sans appel.... » Brussel, *Usage des fiefs*, p. 821.
5. « Ordinatum fuit quod reciperentur appellationes in causis criminalibus, tam super condempnacione quàm super absolucione; set, ubi confessus fuerit de crimine et condempnatus, vel ubi erit captus in ipso maleficio, poterit sentencia condempnacionis mandari execucioni.... » *Olim*, t. II, p. 38 (1286).

spéciale pour le midi; elle reproduisait une disposition du Code que Pierre de Fontaine avait traduite dans son *Conseil*[1].

Pour les pays coutumiers, l'irrévocabilité des sentences capitales paraît être restée la règle aux XIIIe et XIVe siècles. Jean Lecoq, dans ses *Questions*, cite comme un fait rare un appel de Juifs condamnés au feu pour avoir ramené à leur religion un converti (1395). Le procureur du roi demanda à la Cour qui, d'ailleurs, réforma la cruelle sentence, de ne pas dire qu'il avait été bien appelé et mal jugé[2]. Il avait peur que cette revision créât un précédent. Guillaume Durant, Jean Faber reproduisent la doctrine du Code romain[3].

Il semble aussi, selon le texte de Jean Le Coq, que cette interdiction de l'appel s'étendait à tous les procès où l'on employait « la voie extraordinaire ». Aucun recours contre les aveux arrachés par les tourments. D'ailleurs si ces aveux étaient rétractés, l'accusé s'exposait à une nouvelle application de la torture : c'eût donc été en réalité, pour l'accusé, chercher de nouveaux supplices.

Toutefois il pouvait appeler du jugement qui ordonnait la question[4]. Le prévôt de Paris veut soumettre Jean de Frainville à la question : il commande « de le dépouiller tout nu[5]. » Jean appelle au Parlement. Aussitôt le prévôt ordonne de suspendre toute procédure et de reconduire l'accusé dans sa prison. Celui-ci n'échappa

1. « Observare curabis ne quis homicidarum, veneficorum, adulterorum, itemque eorum qui manifestam violentiam commisserunt, argumentis convictus, testibus superatus, voce etiam propria vitium scelusque confessus, audiatur appellans. Sicut enim hoc observari disposuimus, ita æquum est, testibus productis, instrumentisque prolatis, aliisque argumentis prœstitis, si sententia contrà eum lata sit, et ipse qui condemnatus est, aut minime voce sua confessus sit, aut formidine tormentorum territus contra se aliquid dixerit, provocandi licentiam ei non denegari. » Code, liv. VII, t. LXV, *Quorum appellationes non recipiuntur*, II.

Ce passage a été traduit par Pierre de Fontaines : Conseil, chap. XXII, n° 28. « Homicide, envenimeur, etc. »

2. *Quæstiones Johannis Galli*, n° 328 (Œuvres de Dumoulin, t. III, p. 1056. — *Lettres historiques* (de Lepaige) *sur les fonctions essentielles du Parlement*, Amsterdam, 1754, t. II, p. 319, note (cité par Tanon, *Hist. des Just.*, p. 71).

3. Guillaume Durant, *Speculum Juris*, t. I, liv. II, tit. III, *De appellationibus* (f°s 184, n° 2, et 185, n° 13, édit. de Lyon de 1561).

J. Faber, *Breviarium*, l. VII, chap. *Quorum appellationes non recipiuntur* (cités par Tanon).

4. Voir *Registre criminel du Châtelet*, t. I, p. 334 (Margot de la Barre); t. II, p. 143 (Thevenin de Brainne); p. 415 (Hervy Petit); p. 458 (Marion de la Court), cités par Tanon, p. 74.

5. « Veu l'appointement duquel cy-dessus est faite mention, ycellui mons. le prévost commanda que contre ledit Frainville feust procédé par voye de question et qu'il fut despouillé tout neu; lequel prisonnier dit que dudit commandement ou ordonnance il appeloit en Parlement. Oy lequel appel, le dit mons. le prévost dist et

point pour cela, car, sur le rapport d'un conseiller au Parlement, liberté fut laissée au prévôt « de procéder à l'encontre dudit de Frainville comme il lui semblera à faire de raison, nonobstant la dite appellation par lui faite ». La tendance se prononça de plus en plus vers la recevabilité de l'appel en matière pénale; elle finit par être une règle, légère atténuation à ce que la procédure criminelle conserva, jusqu'à la fin de l'ancien régime, d'inique et d'odieux.

III. — L'appel civil.

L'appel en matière civile préoccupait exclusivement les hommes de ce temps. Il avait pour premier effet de suspendre la juridiction du seigneur dont la sentence était attaquée; le vassal ne pouvait plus, tant que l'appel n'était pas vidé, être cité devant sa cour[1]. Brèche ouverte dans les juridictions féodales et que s'efforçaient d'élargir tous les plaideurs malheureux. En perdant des justiciables le seigneur perd des sujets. On conçoit alors qu'il s'irrite. Il ne recule pas devant les violences pour empêcher les appels. De ces procès naissent non pas seulement d'autres procès, mais des guerres.

En Guyenne, le sire de Noailles et ses compagnons ont appelé au Parlement d'une sentence du duc, roi d'Angleterre (1319) : ils n'ont plus à craindre, pour l'instant, sa poursuite; ils s'en donnent à cœur joie et commettent, dans le pays, rapts, pillages[2]. Le roi d'Angleterre, à son tour, de se plaindre au Parlement qui mande aux sénéchaux de Saintonge et de Périgord de punir ces excès. Les mêmes sénéchaux ont ordre de punir plusieurs nobles (dont Jourdain de l'Ile) qui, exemptés momentanément de la juridiction du duc de Guyenne, se livraient à toute sorte de rapts, de viols, d'homicides[3]. Aussi les officiers du roi d'Angleterre, s'autorisant

ordena qu'il feust remis en la prison.... » *Reg. criminel du Châtelet*, t. I, p. 481 (cité par Tanon, p. 74).

M. Tanon (*ibid.*, n. 16) relève dans les registres du Parlement d'autres appels de jugements ordonnant la question : Arch. nat. X[2a] 6, f° 187 r° (9 juin 1354); *ibid.*, 10, f° 22 v° (3 juillet 1376); *ibid.*, f° 10 r° (28 juin 1380); *ibid.*, 12, f° 385 et 395.

1. *Actes du Parl.*, 2519 (1284). — Après l'appel les saisies étaient illégales. *Essai de restit.*, n° 888 (1296).

2. *Criminel*, III, f° 18 r°. *Actes du Parl.*, 5823.

3. *Ibid.*, f° 18 r°. *Actes du Parl.*, 5824.

du *droit écrit* qui régissait le Midi, soutenaient-ils que l'appel n'impliquait point la suspension générale de juridiction. Ils molestaient Étienne Ferriol, chevalier, qui les avait accusés de « défaute de droit[1] ». De même le prieur de Charlieu arrête et garde longtemps en prison Jean Fournier, à cause d'un appel[2]. C'est encore pour se venger d'un appel que les gens du duc de Guyenne envahissent le château de la dame Aude de Tirant, qui fut elle-même, nous l'avons dit déjà, traitée de la façon la plus inhumaine[3]. Étienne de Bonassis et Pierre Raoul, plaidant devant la cour de l'abbé de Nanthe[4], allaient s'accorder par un compromis : l'abbé défend à l'arbitre de s'entremettre dans la question : emporté par la colère, il frappe d'une verge Étienne Bonassis. Étienne immédiatement appelle au roi. L'abbé, de plus en plus irrité, l'arrête de sa propre main et le fait incarcérer. Pierre Raoul veut s'interposer : l'abbé le frappe d'un bâton sur la tête jusqu'à effusion de sang, ses familiers se joignent à lui pour accabler les deux malheureux plaideurs. La justice du roi ne s'en appesantit pas moins sur l'abbé : il perdit sa juridiction temporelle, ses biens mis sous séquestre et dut payer amende, dommages et intérêts (1309). Guillaume, dit Buignet, arrêté par les officiers de la comtesse d'Artois, demande sa liberté sous caution : on la lui refuse, il réclame des juges : on ne lui répond pas, on le transporte dans une autre prison, on saisit ses biens. Sa femme vient supplier la comtesse de lui rendre le prisonnier. Elle est éconduite. Guillaume Buignet appelle alors au roi « de défaute de droit ». Le bailli de Vermandois cherche à entrer en communication avec l'appelant : on repousse ses sergents. La femme de Guillaume, sans se rebuter, s'adresse au roi. Nouvelles sommations sont faites à la comtesse d'Artois, mais l'appelant est encore transporté dans une autre prison, hors du bailliage de Vermandois. La femme de Guillaume n'hésite plus à entreprendre le voyage de Paris : elle vient renouveler sa plainte à la Cour du roi. Ordre est alors donné au bailli d'Amiens de faire délivrer le malheureux. La comtesse perd toute

1. *Jugés*, I, f° 149 r°. — *Actes du Parl.*, 6574.
2. *Olim* (Beugnot), t. II, p. 355, x (1293).
3. *Actes du Parl.*, 5142 (1318) et 4168, 4027. — Voir plus haut, p. 356.
4. *Olim*, t. III, p. 394, v (1309). — *Act. du Parl.*, 3650. — *Nanthum*, Nant (Aveyron), chef-l. de canton et arrond. de Millau.

juridiction sur l'appelant, sans préjudice de l'amende et des dommages-intérêts[1].

De ce que les plaideurs mécontents provoquaient jadis au combat le juge et les jugeurs, il en résulta que, même après la suppression du duel, l'appelant prit encore à partie le juge et les jugeurs. La bataille continuait par les moyens pacifiques et les voies de droit. Seigneurs, baillis ou sénéchaux, si puissants qu'ils fussent, étaient contraints de défendre leurs arrêts. Les baillis d'ailleurs sont toujours au Parlement durant tout le temps que se succèdent les causes de leur bailliage, prêts à répondre à ceux qui avaient interjeté appel ou de leurs décisions ou de leurs dénis de justice. Les jugeurs des cours seigneuriales ou des assises de baillis, des cours prévôtales ou municipales sont obligés de faire, pour défendre leur sentence, un voyage parfois pénible, toujours coûteux. Sans doute quand la sentence était confirmée, l'appelant leur payait une amende, mais quand elle était cassée, eux, au contraire, devaient l'amende ; seuls, les baillis et sénéchaux royaux n'encouraient point de pénalité, tant le respect de l'autorité faisait de progrès : en cas d'annulation de leur sentence, ils dédommageaient toutefois l'appelant de ses dépens.

Un écuyer, Geoffroy de Roye, devait à un chanoine de Péronne un revenu de deux chapons et de dix deniers. Il ne paya pas. Le chanoine saisit comme gage une maison de Geoffroy et le cita devant les échevins de Péronne. Ceux-ci rendirent un jugement conforme à la demande du chanoine. Geoffroy appela au bailli de Vermandois, lequel le condamna de nouveau. Geoffroy appela alors au Parlement. Il y citait non seulement le bailli, mais les hommes de fief qui avaient confirmé le jugement des échevins : ils durent se présenter; leur sentence fut reconnue bonne et Geoffroy dut leur payer l'amende[2]. Les sanctions étaient sérieuses, car 15 jugeurs qui avaient ordonné une exécution illégale, sont condamnés à une amende qui leur enlève la moitié de leurs biens meubles et le quart de leur fortune[3]. Il ne faisait pas toujours bon

1. *Olim*, t. III, p. 433, XLIII (1309). — Voir encore pour le droit d'exemption *Olim*, t. III, p. 1023, LXXV (1315), l'exemption d'appel existait encore, au moment de la Révolution, dans plusieurs coutumes du ressort du Parlement de Paris. Beugnot, t. III, p. 1534, note.
2. *Olim*, t. II, p. 443, III (1300).
3. *Olim*. t. II. p. 334, XXVIII (1292).

de siéger dans les cours féodales. Le *Style* de Du Brueil, l'Ordonnance de 1330 [1] prouvent la persistance et la gravité de la responsabilité des jugeurs [2]. Toutefois les souvenirs de l'antique procédure guerrière s'affaiblirent. A partir du xve siècle, on cessa d'ajourner le juge et les jugeurs. Le Nord suivit la règle romaine du Midi. L'appel reprit son vrai caractère d'un nouveau débat entre les mêmes adversaires et ne fut plus un changement de front contre le juge. Il devint l'appel moderne [3].

IV. — La procédure de l'appel. Les appeaux volages.

Est-ce à dire qu'au xive siècle, l'appelant oubliait son adversaire heureux en première instance? Non pas. Il le citait également pour qu'il vînt entendre la critique de la sentence; il l'*intimait*. Le gagnant resta ainsi qualifié d'*intimé*, même quand le juge cessa d'être l'*appelé*. La présence de l'*intimé* était nécessaire : son absence l'exposait à des *défauts* prononcés contre lui qui profi-

1. *Le juge et l'appel.* « — Celui qui aura été condamné par sentence et qui en interjettera appel au Parlement, sera tenu d'y faire intimer le *juge qui l'aura condamné*, et sa partie adverse dans trois mois.... » Ord. du 9 mai 1330, *Ord.*, t. II, p. 51. — Le *Style* de Du Brueil est conforme et très explicite : « Ubi appellatur ab aliquo judice terre consuetudinarie, *adjornatur* judex qui tulit sententiam, principaliter fit ut pars.... Item e contra fit in patria que regitur jure scripto; quare *adjornatur* ille pro quo est lata sententia principaliter, et fit *intimatio* judici. » *Stilus* (édit. Lot, p. 5.) Voir aussi *Grand Coutumier* (édit. Laboulaye et Dareste, p. 578), Faustin Hélie, *Traité de l'instruction criminelle* (2e édit., t. I, 1866, p. 366-368).

2. En 1316, devant la cour séculière du prieuré de St-Éloi, à Paris, Guillaume de Clereveaux plaide pour un bateau qu'on lui avait loué et dont on ne s'était pas servi. Il obtint du maire de St-Éloi des dommages et intérêts. L'adversaire appela au prévôt de Paris qui cassa la sentence. Alors le maire, le premier juge en un mot, appela lui-même au Parlement. Il se substituait à la partie. Il perdit du reste et paya l'amende. *Olim*, t. III, p. 1085, xxiii. — Autre arrêt, p. 158.

En 1377, un plaideur du Midi se dispense d'intimer le juge. Les consuls de Béziers en prennent prétexte pour combattre l'appel. Le plaideur allègue qu'il est du pays de droit écrit « où il n'est pas nécessité d'intimer le juge ». Les consuls répliquent que « le style et usage sont au contraire qu'il convient intimer le juge et autrement l'appellation est deserte.... » Collect. Sainte-Geneviève, Reg. du Parl., Ff. 13, t. I, f° 233, 27 janvier 1376 (1377).

3. *La prise à partie.* — Cependant le Code de Procédure civile a conservé la *prise à partie* (art. 505 à 516). Aux termes de ces articles, les juges peuvent être pris à partie dans différents cas et notamment s'il y a déni de justice. La procédure est longue. Il faut deux réquisitions, puis une Chambre de la Cour d'appel est saisie de la prise à partie. Si la requête est admise, elle est signifiée, dans les trois jours, au juge qui sera tenu de fournir ses défenses dans la huitaine. Le juge peut être puni d'une amende et interdit de l'exercice des fonctions publiques pendant cinq ans au moins. Si les plaignants perdent, ils encourent une amende qui ne peut être moindre de 300 francs, sans préjudice des dommages et intérêts.

taient à son adversaire. Une telle négligence pouvait lui faire perdre le bénéfice du premier jugement.

La procédure de l'appel demeura longtemps *orale*. L'appel d'une sentence devait être interjeté au moment où le juge venait de prononcer la sentence. Il ne fallait omettre aucun des mots consacrés. Devant le Parlement, la dame de Vierzon prétendait qu'un appel de l'abbé de Fontgonbaud contre un arrêt du bailli de Touraine était irrecevable. Le procureur de l'abbé prouva par témoins qu'il avait bien prononcé toute la formule; il avait taxé le jugement « de faux *et* de mauvais » et non pas seulement « de faux *ou* de mauvais »[1]. La dame se vit déboutée de son exception.

Dès les premières années du XIVe siècle, on remarque l'appel formulé *par écrit*. Si, d'après le *Style* de Du Brueil, au moment où une sentence était prononcée, le perdant se trouvait légitimement absent, il avait le droit, dans les huit jours où il connaissait la sentence, d'interjeter appel devant un tabellion. A la fin du XIVe siècle, l'écriture et l'enregistrement de l'appel se font solennellement. Un procureur de Beaudoin de Beauce, chevalier, vient au Parlement déclarer (1386) que « hier, après disner, il avait esté en la Tournelle du Parlement devers le registreur et avait dit qu'il appelait au Parlement d'une sentence donnée par la Chambre des Comptes au profit de Aubelate, veuve de feu Pierre Tranchant, et du procureur du roi contre ledit chevalier. » En « pleine Cour » ledit procureur « appela et requit qu'il fût enregistré et qu'il fût signifié au procureur de partie adverse », ce qui fut accordé[2].

L'enregistrement de l'appel déterminait sa date, par suite les délais des ajournements ou citations. En pays coutumier, on devait

1. « ... Cum in ipsa appellatione fecissent penitus mencionem de falso seu pravo sed simpliciter, *non adjectis his verbis* FALSO ET PRAVO, seu eorum altero... Ad quod respondebat procurator dictorum abbatis et conventus non ita fuisse, sed quod in sua appellatione *expresserat* FALSUM ET PRAVUM vel saltem eorumdem et *hoc offerebat se probaturum....* » *Olim*, t. I, p. 401, VI (1272).

2. « ... Ce jour, maitre Senin, procureur de messire Baudouin de Beace, chevalier, est venu devers la Cour et a dist que hier apres disner il avoit esté en la tournelle du parlement *devers le registreur* et avoit dict qu'il appelloit en parlement.... et encore en pleine cour le dict maistre Senin ou dict nom a appellé et a requis qu'il soit enregistré et qu'il soit signifié au procureur de partie adverse, qui a esté octroyé.... » — Reg. du Parlem., Collect. Lamoignon, Conseil et Plaidoiries, t. 42 f° 993, 14 décembre 1386.

relever son appel « dans les quarante ou cinquante jours »; en pays de droit écrit, « dans les trente jours »; s'il s'agissait d'un appel au Parlement, « dans les trois mois ». On retombait dans les mêmes difficultés que pour les citations en première instance. Gille de la Caze ayant été condamné à la question par Barthélemy de Clausel, juge de la sénéchaussée de Rouergue, avait appelé au roi et confié cet appel à un messager. Ledit messager, près d'Orléans, fut par des voleurs dépouillé des papiers et actes relatifs à l'appel : il dut revenir sur ses pas, si bien que le délai fatal s'écoula et que l'appel n'était plus recevable[1]. Dans un procès intenté à Roger par Henri Pellepart qui lui réclamait de l'argent, Roger fut renvoyé absous par le maire de Marguerite de Pascy, dame de Beau, et Henri se vit condamné aux dépens. Il appela au prévôt de Paris. Celui-ci rejeta l'appel, parce que la dame et le maire, c'est-à-dire les premiers juges, et Roger, l'intimé, n'avaient pas été ajournés « dans les huit jours selon l'usage du Châtelet ». Henri alors appela au Parlement. Il obtint du roi des lettres pour justifier les retards qui l'avaient fait condamner par le prévôt : « Homme simple, disait-il, n'ayant point l'habitude de plaider, il ignorait la coutume du Châtelet, car il était du bailliage de Meaux : en outre il avait été victime de la négligence d'un sergent qui n'avait fait sa commission que le neuvième jour; après tout, selon la coutume du pays de Beau, on avait dix jours ». Henri ne manquait sans doute pas de protecteurs, car le prévôt reçut ordre de connaître de son affaire. La partie adverse, revenant sur l'illégalité des citations, ne manque pas de réfuter toutes les allégations de Henri Pellepart. « Lui, homme simple! Que disait-il là! au contraire, il était parfaitement instruit, habitué à plaider et spécialement au Châtelet; le pays de Beau appartenait à la vicomté de Paris. » Henri n'ayant pas, aux yeux du prévôt, justifié les excuses alléguées dans « les lettres royaux », celui-ci confirma sa première sentence. Henri appela au Parlement. La Cour cassa la sentence du prévôt et retint l'affaire pour être jugée au fond (1334). Elle se montrait plus libérale que les juges inférieurs[2].

1. *Criminel*, III, f° 74 v°. *Actes du Parl.*, 6060 (1er mai 1320).

2. Nous ne citerons que quelques lignes de ce texte curieux : « ... Cùm esset implex homo, nec consueverat litigare et ignorabat totaliter consuetudinem Cas-

Une autre histoire nous transportera mieux encore dans ces temps de guerres et de chicanes tout à la fois. Hugues Pellerin de Marvejols revenait d'une foire de Saint-Hélier. Sur le chemin public il fut assailli par le bayle du seigneur de Pierre et cinq sergents, frappé, retenu prisonnier jusqu'au soir. Le juge commun de la cour de Gévaudan, saisi de la plainte de Hugues, condamna le bayle à 60 livres (1 102 f.) d'amende et à 15 livres (275 f.) de dommages et intérêts. Le bayle, nommé Guillaume Raoulet, appela *in scriptis*, en son nom et au nom de ses sergents, devant le juge des appels du Gévaudan : il fit *citer* le juge de la cour commune et *intimer* Hugues. On objectait à Raoulet que les délais d'appel avaient été dépassés. Celui-ci répondait qu'il avait fait très régulièrement, devant un notaire public, protestation que « du moment au moment, du temps au temps, il voulait poursuivre son appel[1] »; or le juge, très occupé, s'était absenté et n'avait pu continuer les assises. Raisons qui ne furent pas accueillies, mais le juge d'appel du Gévaudan mit les dépens à la charge des deux parties. Alors, double appel des plaideurs au Parlement. L'affaire, à Paris, prit une autre tournure. Le bayle, Guillaume Raoulet, prouva qu'il avait agi, en arrêtant Pellerin, dans l'exercice de sa charge. Pellerin refusait toujours d'acquitter les péages dans la terre du seigneur de Pierre : il repoussait violemment ceux qui saisissaient ses troupeaux; il avait, en somme, commis beaucoup de délits. Toutefois ces faits étaient étrangers à la question des délais. Le Parlement examina d'abord cette question : il conclut que le temps perdu par le juge du Gévaudan ne pouvait être opposé à Guillaume Raoulet : il annula la sentence du juge d'appel et celle du juge commun du Gévaudan; il déchargea Guillaume Raoulet des condamnations prononcées contre lui (1315). A plus forte raison, le Parlement ne manquait pas de relever les défauts prononcés contre des malheureux qui n'avaient pu comparaître pour soutenir leur appel parce qu'on les avait retenus en

telleti predicti, cum esset de baillagio Meldensi.... sed propter locorum distanciam et negligentiam servientis non fuerat execucioni demandatum donec nona die post sentenciam latam per dictum majorem, etc. » *Jugés* (X[1a] f° 370 v°, 5 mars (1334). Guilhiermoz, *Enquêtes et Procès*, p. 422.

1. « ... Quod de momento ad momentum et de tempore ad tempus volebat, et intendebat prosequi suam causam... » *Olim*, t. III, p. 1038, LXXXIV (1315).

prison[1]. Nous n'entrerons pas dans les détails que donnent le *Style* de Du Brueil et le *Style des Enquêtes* sur la procédure des délais, des défauts en cause d'appel. M. Guilhiermoz l'a analysée avec la science d'un juriste. Nous ne pouvons mieux faire que de renvoyer à son étude technique et minutieuse[2] des avantages qu'obtenait l'appelant en cas de défaut de l'appelé, ou l'appelé en cas de défaut de l'appelant, puis des conséquences qu'entraînaient les défauts selon qu'ils étaient prononcés avant ou après la *litis contestatio*[3].

1. — Arrêt relevant le défaut d'Enguerrand de Mouchet qui, retenu dans les prisons d'Arras, n'avait pu comparaître au Parlement lors de l'appel qu'il avait interjeté d'un jugement rendu contre lui pour le sire de Fousseux par les hommes jugeant en l'assise d'Amiens. (*Actes du Parl.*, 4072 [1313].)
— Procès entre Jacques de la Marche appelant d'une part, et Bernart Barbe d'autre part. Jacques prétendait que le procès (relatif à une obligation) avait été fait tandis qu'il était prisonnier au Châtelet et sans l'entendre. Son adversaire répond : « que le procès fu bien et deument fait, et Jaques appellé a sa persone tout hors et delivré de prison; or est la coustume et le stile tout notoire au païs que après IIII defaux obtenuz le juge peut proceder à enqueste, se mestier est, et a pronuncier sentence, sens plus partie appeller, comme fait a esté deuement en ceste partie; or fu la sentence et l'executoire signifiée à Jaques par un sergent en mars le XV jour, et il n'appella jusques en avril, si ne fait a recevoir comme appellant, comme l'en doie appeller tantost, et, se il avoit appellé le XXI jour, comme il propose, si auroit il appellé trop tart VI jours, et si y a deux sentences, et il n'a appelé que de une... ». Jacques répliqua que « si tost que la sentence veint à sa cognoiscence et il peut avoir eu la deliberacion de son conseil sur ce, il appela tantost, et consideré le bref temps et la simplece de li et l'empeschement de la prison, il fait bien à recevoir comme appellant... » *Plaidoiries*, X[1a] 1470, f° 73, 27 février 1374. Publié par Guilhiermoz, *Enq.*, p. 586, n° CCXXXVI.

2. *Procédure de l'appel.* — L'appel était *non recevable* lorsqu'il n'avait pas été interjeté au moment voulu — lorsqu'un juge moyen avait été omis — lorsque la sentence ou l'acte frappé d'appel n'en était pas susceptible.
L'appel était *désert* (desertus) lorsqu'il n'avait pas été relevé à temps — lorsque l'ajournement avait été mal formé ou mal exécuté — lorsque l'appelant ne s'était pas présenté en temps voulu. En proposant ces fins, l'appelé et l'intimé concluaient en outre : bien jugé, mal appelé.
La Grand'Chambre jugeait les causes d'opposition à l'appel : souvent une enquête était nécessaire.
L'appelant cherchait à faire annuler le procès dont il appelait, en introduisant des chicanes de forme et de procédure. Comme le sac du procès avait été transmis au Parlement avec un *évangile* indiquant que le procès était *évangélisé à oïr droit*, l'opposant plaidait contre cet évangile : il alléguait par exemple que le sac n'avait pas été scellé ou scellé en sa présence, ou qu'il l'avait été malgré lui et par force ou bien que les sceaux n'étaient pas authentiques, ou bien que la sentence n'avait pas été écrite telle qu'elle avait été prononcée, ou qu'elle était incertaine sur plusieurs points.
Très souvent les parties demandaient à être admises à faire collation du procès avant qu'il fût jugé, ce que la Cour leur réservait en leur donnant son évangile. Voir Textes et références multiples dans Guilhiermoz, *Enquêtes et Procès*, pp. 130 et suiv.

3. Voir *Le Style* de *du Brueil*, VI. En voici quelques extraits analysés, sinon traduits :
« § 12. En cause d'appel où se trouvent plusieurs parties, celles qui se présentent ne relèvent pas celles qui ne se présentent pas de leur contumace.
« § 13. S'il y a appel d'une sentence rendue par des jugeurs, comme en Picardie,

Les parties avaient le droit de collationner le procès attaqué et la procédure était bien différente dans les pays du Nord et dans ceux du Midi. Dans ces derniers, l'appelant était seul en face de l'appelé[1] et soumettait à la Cour un *libelle appellatoire* contenant des raisons de droit et de fait, voire même des « faits nouveaux » que dans le Nord on ne pouvait proposer[2].

En effet, dans les pays coutumiers, puisqu'on prenait les jugeurs à partie, on ne pouvait honnêtement mettre en avant des faits qui n'auraient pas été connus d'eux. Les procureurs du roi essayaient

et citation de la partie en faveur de laquelle la sentence a été rendue, si les jugeurs se présentent et si la partie intimée ne se présente pas, l'appelant aura le défaut contre l'intimé et l'utilité telle qu'elle est indiquée au registre (défaut avant la *litis contestatio*). — Si c'est après la *litis contestatio*, l'appelant sera tenu de procéder dans ladite cause avec les jugeurs à cause de l'amende due au roi, etc.

« § 14. Si les jugeurs ne paraissent pas, on continue néanmoins en présence des parties. Si le jugement des jugeurs est reconnu bon, l'appelant est relevé de l'amende qu'il aurait due aux jugeurs, de même si parmi les jugeurs il y en a quelques-uns qui ne comparaissent pas. »

— Un défaut de l'appelant ne faisait pas perdre le procès. Exemple : Béraud de Mercœur appelle au Parlement de faux jugement, d'une sentence de la cour de l'evêque de Clermont. A l'audience Béraud fait défaut. L'évêque s'en autorise pour demander qu'il soit déchu de son appel. Béraud, à une autre session, reconnait son tort et se déclare prêt à l'amender envers la Cour. Le Parlement décida qu'il ne perdrait pas son procès. L'évêque demanda alors que tous les errements du procès antérieurs à ce défaut fussent annulés. Le Parlement n'accepta pas cette demande et décida que le procès continuerait. *Olim*, t. I, p. 591, XVI (1264).

1. Dans les pays de droit écrit l'appel avait le caractère d'un débat, non pas entre la partie perdante et le premier juge, mais entre les deux parties de la première instance (règle de droit romain).

2. *Le libelle appellatoire.* — « ... Cum in causa appellationis idem Johannes in nostra curia proponeret... plures rationes... prout de hiis in judicato predicto, *appellatione et libello* dicti Johannis in causa appellationis hujus modi dicte nostre curie tradita... plenius poterat apparere.... » X[1a], 5 f°, 462 v°, 19 avril 1326. Cité par Guilhiermoz, *Enq.*, p. 133.

Voir aussi dans Guilhiermoz des textes Appendice III, n°s XXXVIII, LVII, LIX, LXXVIII, CXII, CXVII, CXXVII, CCXI, CCXII[e], CCXII, CCXVII, CCXXIII, CCXXVI, CCXXVII.... M. Guilhiermoz donne un texte d'*intendit* de ces libelles d'après Bibl. nat. ms. lat. 9844, f° 43.

Quelquefois la partie adverse réclamait de voir le libelle appellatoire : « Pierre, qui est appellant, baille son libelle appellatoire par maniere de raisons de droit et conclut en cause d'appel et dit qu'il appella *illico* et pour ce Jaques ne doit veoir son libelle appellatoire ne Pierre n'est tenuz de ly monstrer. Jaques dit qu'il a grand interest de veoir le libelle appellatoire de Pierre, car par les dattes il pourra bien monstrer qu'il i a deux sentences et deux appellacions, et autre interest y peut avoir qui li apperra veu libelle.... Finablement la Cour en aura avis et fera droit. » X[1a], 1469, f° 461, 16 juillet 1371. (Guilhiermoz, *Enq.*, p. 134, note 1.)

Si le libelle appellatoire ne contenait que des raisons de droit, il n'y avait aucune difficulté; s'il contenait des faits nouveaux il rouvrait une autre discussion. L'appelé manquait rarement de soutenir que ces faits n'étaient nullement nouveaux et avaient été examinés en première instance. Parfois aussi il alléguait que les faits nouveaux étaient *impertinents* à la cause. — Voir textes Guilhiermoz, n[os] CCXI, CCXII[e] et aussi n°s LIX, LXXVIII, CXII, CXVII, CCXVII, CCXXIII, CCXXVI, etc.

de faire prévaloir cette doctrine même dans les causes venant du Midi. Pons Aymeri appelle d'une sentence rendue contre lui par le sénéchal de Toulouse (1337) : sa demande d'appel contenait plusieurs faits nouveaux. Le procureur du roi s'opposait à ce qu'on les admît. La Cour, néanmoins, observant le droit écrit, autorisa Pons à les prouver[1]. Arnaud Fort appelle au Parlement de la sentence d'un sénéchal rendue contre lui en faveur de Marthe, veuve de Jean Roger. Marthe demande qu'on la laisse joindre une pièce au procès. L'adversaire s'y oppose, s'appuyant sur le Style de la Cour. Le Parlement, respectant encore le droit écrit, défère aux instances de Marthe[2]. Messire Arnaud de Randon, vicomte de Polignac, son frère, la dame de Laujac et cinq autres appelants plaident contre Jaubert de Brion : ils ont, dit le registre des plaidoiries, « baillé leur libelle appellatoire par manière de fait nouveau ». Or, d'après Jaubert, c'est là l'appel selon le droit écrit et ils sont tous de pays coutumiers[3]. Ce n'est d'ailleurs qu'une des nombreuses exceptions mises en avant dans ce procès de 1367 et nous n'en voulons retenir que le maintien dans les pays coutumiers, à la fin du xive siècle, de l'interdiction de proposer, en cause d'appel, des faits nouveaux. En vain a-t-on relevé un passage du *Style* de Du Breuil comme impliquant une contradiction de cette règle[4]. C'est par une erreur d'interprétation qu'on a conclu à cette

1. *Faits nouveaux.* — Pons Aymeri avait été condamné à une forte amende à cause d'une blessure faite à Guillaume du Puy. Le Parlement l'admit à établir comme faits nouveaux les points suivants : 1° que ledit Pons était, au temps de la prévention, fils de famille, « filius familias in potestate sui patris constitutus, minor viginti annis »; 2° que c'était pour la défense de son corps qu'il avait blessé Guillaume et par la faute de Guillaume; 3° que le père de Pons était pauvre et n'avait pas en biens plus des deux cents livres auxquels son fils avait été condamné. — Arrêt ordonnant enquête sur ces points, 24 mai 1337 (Guilhiermoz, *Enq*, p. 467).

2. Arrêt du 21 juin 1337, Guilh., *Enq.*, p. 468.

3. Les débris de textes publiés par M. Guilhiermoz donnent une idée du caractère des discussions juridiques de l'époque. Les appelants répondent : « ... Item les appellans, ainsi comme ils ont appellé, ont suffisamment procédé et y a trois formes d'appeaux comme trois causes d'appeller.... Item l'ajournement par sa teneur vaut *conjunctim* vel *divisim*, etc., et vient tout d'une occasion, comme par le libelle appert, et se il y a *appellarem in singulari*, etc., il se raporte a un chascun singulier, etc.... » *Plaidoiries* X[1a], 1469 f°, 222 v°. Guilh., *Enq.*, p. 565, n° ccxii, A. Voir aussi la suite, même numéro, C. D. E. F. Le procès n'était pas fini en 1370.

4. « Si appellans de patria consuetudinaria velit proponere aliqua extra processum super principali negotio habitam per que dicat sententiam nullam vel falsam, audietur; si contenta in dicto processu non. » *Stilus*, XXIV, 2. Selon M. Guilhiermoz ce passage a été mal interprété car, dit-il, « force est bien de permettre à l'appelant de proposer les raisons qu'il lui a été impossible de faire figurer dans le

contradiction. Du Brueil a seulement voulu dire qu'il était permis de faire valoir les raisons qui, postérieurement au procès et en dehors de lui, pouvaient le faire annuler comme irrégulier : défaut de clôture du sac, suspicion des sceaux apposés sur le sac, imperfections de la sentence, etc; c'étaient là des vices de procédure qu'on faisait valoir, non des faits nouveaux.

En cas d'échec de l'appel, la sanction est une amende variable selon la qualité des plaideurs : soixante *livres*, si l'appelant est gentilhomme, soixante *sous* s'il est un vilain [1]. Distinction qui donnait lieu parfois à discussion. La commune d'Amiens prétendait faire payer à celui qui était débouté de son appel une amende de vingt livres au maire, et de dix livres à chacun des jugeurs. Un bourgeois, Thomas Fruiterie, se refusa à acquitter cette amende, soutenant que comme non noble il ne devait que soixante sous. Le Parlement ordonna une enquête qui établit la vérité de la coutume alléguée par Thomas : celui-ci ne paya que soixante sous [2]. En Auvergne, dans des cas analogues [3], les baillis taxaient les amendes selon l'importance de la cause.

Dès cette époque on constate non seulement des appels « ab injusta » ou « ab iniqua », mais aussi des appels « a modica », « a minima ». Les deux sortes d'appel se rencontraient parfois ensemble. Le sénéchal de Rouergue avait condamné à 1500 livres (27 555 f.) d'amende maître Pons de Carrière de Najac pour la destruction « de la pessière d'un moulin ». Le procureur du roi appela de cette sentence « tanquam a minima ». Pons, de son côté, appela « tanquam nulla vel iniqua ». Le Parlement déclara le fait non prouvé, mais condamna Pons de Carrière à 100 livres (1 837 f.) d'amende pour avoir détruit une première fois ladite pessière [4].

procès comme les irrégularités dans la clôture du sac, les vices de la sentence et les différentes causes de suspicion. » Guilh., *Enq.*, p. 129-130. — Voir aussi sur ce point d'autres indications, p. 125 et suiv.

1. *Sanction de l'appel.* « Tuit cil qui apelent de defaute de droit et sont convaincu de leur apel ne sont pas quite tant seulement de fere l'amende a l'apelé, ains l'amendent au seigneur en qui court il apelerent. Et se li apeleres est gentius hons, l'amende est de LX lb., et s'il est hons de poosté, l'amende est de LX sous. Et par ce puet on veoir qu'en cel cas il i a deus amendes en un mesfet, et aussi a il en mout d'autres cas.... » Beaumanoir (Salmon), chap. LXI, n° 1743.

2. *Olim.*, t. III, p. 936, XXII (1313). — Voir sur cet arrêt la note de Beugnot, p. 1530.

3. Lettres de Philippe le Bel (mai 1304). *Ord.*, t. I, p. 411, art. 6.

4. *Actes du Parl.*, 4393 (1315).

Le même Pons de Najac avait déjà fait annuler une sentence du même sénéchal qui l'avait poursuivi pour avoir repris de nuit, avec violences, son âne saisi par les consuls de Najac à titre de gage [1]. Bernard Aymeri, Bernard de Beaupuy et Pierre Du Brueil, sergent du vicomte de Limoges, sont condamnés par le lieutenant du sénéchal de Périgord et de Quercy à une amende, à des dommages et intérêts, et à la prison pour violences envers le prieur de Saint-Ribier. Si leurs biens ne suffisaient pas pour couvrir l'amende, on devait recourir à ceux du vicomte. Ce dernier protesta et appela « tanquam a falso et pravo judicio ». De son côté le procureur du roi appela « tanquam a modica » [2]. Le Parlement donna raison en partie à tous les deux : il cassa sur un point et confirma sur le reste la sentence attaquée [3].

La Cour ne se montrait pas toujours sévère pour les appelants; elle consentait parfois à annuler l'appel sans amende quand les parties se mettaient d'accord [4]. Elle le faisait surtout pour « les pauvres et misérables personnes [5] ».

La Cour était le plus souvent embarrassée d'appels de sentences interlocutoires [6]. A ce titre, son rôle était actif et important puisque

1. *Actes du Parl.*, 4392.

2. *Jugés*, I, f° 47, r° (1320). *Actes du Parl.*, 6193.

3. Voir encore pour ces sortes d'appels, appel a modica et ab iniqua : *Actes du Parl.*, 4571 (1317). — Appel a minima (ou a modica), une Commission du 15 juin 1331. X[1a], 8845, f° 186. — Appel a minima et ab injusta, *Actes*, 4036 (1313). — Appel ab iniqua et a minima, *Actes*, n° 7474.

4. Acte par lequel, *avec la permission de la Cour et sans payer d'amende*, le procureur du sire d'Amboise et celui de Hugues d'Amboise, seigneur de Chaumont, consentent à ce que, *sans tenir compte de l'appel interjeté* d'une sentence du bailli de Tours par le dit sire d'Amboise, le fond de la cause soit jugé par le Parlement. *Greffe*, I, f° 74, v°. *Actes du Parl.*, 6252 (1321).

5. *Actes du Parl.*, n°s 6617, 6666 (1322).

6. *Sentences interlocutoires.* — « ... Et pour ce font li clerc disference entre tel jugement et cil du principal, car il apelent tous teus jugemens qui vienent par encoste : interlocutoires, et le jugement qui est du principal il l'apelent : sentence disfinitive. Mes nous ne leur metons nus divers nons, ains tenons tous pour jugement, et aussi bien puet on appeler de teus jugemens qui vienent par encoste comme du principal. » Beaumanoir (Salmon), chap. LXVII, 1908. — Voir aussi Du Brueil, XXII. — Jean des Marès, Décisions, 318.

Voici un exemple d'appel de jugement interlocutoire : Bernard de Saisset, ancien évêque de Pamiers, avait été condamné à payer au roi (Philippe le Bel) 21 000 florins : il avait engagé comme garantie ses biens et ses créances. Parmi les débiteurs de l'évêque se trouvait Guillaume de Wilhelm pour une somme de 6 000 florins : Guillaume avait de même, pour le paiement de cette somme, engagé ses biens et ses créances. Il nommait parmi ses débiteurs Pons Alemans pour une somme de 4 200 livres, plus pour la moitié d'une somme de 1 396 livres 9 sous, 4 deniers, selon qu'il apparaissait « d'une cédule sur papier ». Guillaume de Wilhelm voulait que le commissaire royal levât ces sommes pour les appliquer au paiement de sa dette envers

ces appels incessants l'amenaient à déterminer les différents points de la procédure. Elle s'appliqua à diminuer les abus de ces sentences interlocutoires qui entravaient la marche déjà si lente de la justice. Elle s'éleva toujours contre une singulière coutume du Laonnais : l'*appel volage* (immédiat).

Avant tout débat, celui qui était cité devant un juge, lui faisait cette déclaration : « Sire juge, vous m'avez fait ajourner par-devant vous à la requête de tel : on me dit que j'ai cause d'appeler de vous et de votre juridiction, et pour ce j'en appelle d'appel volage, et pour soutenir, dès maintenant, mon dit appel volage, je vous ajourne par-devant Monseigneur le bailli de Vermandois au premier siège, à Laon, au jour de la prochaine assise, contre moi à voir soutenir mon dit volage appel. Et si vous cuidez que bon soit, soyez-y. Dès maintenant, j'intime ma partie adverse pour qu'elle y soit, si bon lui semble[1]. » Le juge, dès lors, ne pouvait continuer sa procédure. S'il ne comparaissait pas au jour dit, l'appelant le faisait citer de nouveau, puis obtenait contre lui des défauts en cas d'appel. En réalité, c'était un moyen d'échapper à la juridiction locale. On ne déclinait point sa compétence : on incriminait sa bonne foi et le résultat était le même. Ces appeaux volages se multiplièrent tellement qu'il fallut les interdire à plusieurs reprises. Les habitants de Launay en Porcien payèrent leur suppression par le roi comme une faveur (1332). Des lettres de Philippe de Valois (1332)[2] furent renouvelées par Jean le

le roi, Pons Alemans se défendait. Il y eut procès, arbitrage. Pons et Poncet son neveu prétendirent ensuite que Guillaume de Wilhelm leur devait de l'argent et qu'il fallait établir une compensation, une balance. Le commissaire, considérant la forme et le moment où cette demande était introduite, jugea, *par une sentence interlocutoire*, qu'il n'y avait pas lieu de s'y arrêter. Pons et Poncet appelèrent au Parlement de ce jugement interlocutoire. Le commissaire considéra l'appel comme frivole, répondant que d'une telle sentence interlocutoire on ne pouvait appeler avant la sentence définitive. Il continua donc de procéder, écouta les parties, entendit les témoins, déféra le serment à Guillaume et condamna Pons comme débiteur des 4 200 livres et de la moitié des 1 396 livres, plus aux dépens du procès. Le procureur de Pons et Pons appelèrent au Parlement. Celui-ci reçut l'appel et confirma la sentence du commissaire pour les 4 200 livres qui durent être levées et appliquées au paiement de la dette de Guillaume envers le roi. La Cour réduisit les dépens de 500 livres à 300 livres tournois. — *Olim.*, t. III, p. 1005, LXIV (1315).

1. *Appeaux volages.* — Voir le texte de Boutillier (Pratique, liv. II, tit. XIV, p. 773), rapporté par Laurière dans une note. *Ord.*, t. II, p. 443.

2. Lettres de Philippe de Valois supprimant les appeaux volages dans la ville de Launay en Porcien, moyennant une contribution des habitants. *Ord.*, t. II, p. 81 (août 1332).

Bon (1351) sans que cette coutume, favorable sans doute à la royauté, mais contraire à la bonne justice, disparût encore du pays de Laon[1].

V. — Les degrés d'appel.

Autant les garanties manquaient jadis en cas de mauvais jugement, autant on les multiplia en ne limitant point le nombre des appels. La législation canonique en cela ne fut pas adoptée. La hiérarchie féodale, souvent très compliquée, devint celle des appels. Bientôt les seigneurs qui profitaient des amendes « de fol appel », mirent autant d'obstination à le conserver qu'ils en avaient mis d'abord à l'écarter. Plus soucieux des revenus que de l'indépendance, ils se résignèrent à ne plus prononcer en dernier ressort. Montant de degré en degré, les appels contribuèrent à dessiner plus nette la hiérarchie féodale qui se précisait à l'heure où déclinait sa puissance. Recevant les appels des cours inférieures, les seigneurs voyaient ceux de leurs cours portés devant le suzerain : de là une chaîne qui aboutissait au suzerain de tous, au roi.

Tout d'abord les seigneurs demandèrent à juger, dans leurs assises, l'appel comme la première instance. Ils eurent des *juges d'appel*, voire même plusieurs superposés. Le Parlement, sous Philippe le Hardi, fit cesser cette confusion des deux instances. Il enjoignit aux baillis et sénéchaux (1277) de ne pas permettre aux barons, terriens et autres d'avoir trois juges d'appels, c'est-à-dire trois degrés de juridiction, ce qui empêchait les appels d'arriver jusqu'à la Cour du roi. On ne devait même

1. Lettres de Jean le Bon par lesquelles il en confirme de précédentes de Philippe de Valois portant suppression des appeaux volages dans le Laonnais, moyennant un fouage de deux sols par an. *Ord.*, t. II, p. 444 (août 1351).

2. En 1353 on remarque un appeau volage, même au criminel. Jean de Jaux, dit Quentin, prévôt royal forain de Compiègne, emprisonné à Senlis pour plusieurs cas civils et criminels, appela au Parlement d'une interlocutoire du bailli, appel qualifié « frivole et causa diffugii ne veritas plurium criminum sibi impositorum sciri posset ». Le Parlement n'en donna pas moins pouvoir à deux commissaires d'entendre Jean de Jaux. Il avait, on le voit, grand souci de la défense. X[2a] 6, f° 44 v°, 9 août 1353 (Guilhiermoz, *Enq.*, p. 523).

pas tolérer les juges de premier appel, à moins d'usage ancien[1]. Onze ans plus tard, sous Philippe le Bel, la Cour renouvela cette interdiction et ordonna aux nobles, laïques ou religieux de supprimer les juges d'appel qu'ils avaient institués dans leur seigneurie[2]. En 1312, le Parlement mande au sénéchal de Carcassonne de ne pas permettre à l'abbé de la Grasse de recevoir les appels de ses juges : on devait les porter devant le sénéchal[3].

Sans doute le Parlement accepte et autorise bien des infractions à l'observation rigoureuse de la hiérarchie féodale. Le privilège toujours domine la règle. A Paris plusieurs justices (chapitre de Notre-Dame, abbayes de Saint-Germain-des-Prés, de Sainte-Geneviève) introduisent leurs causes d'appel non devant le prévôt de Paris, mais directement devant la Cour du roi[4]. De même, à Figeac, les appels du juge de l'abbé sont soumis tout de suite, non au sénéchal de Périgord, mais au Parlement[5]. La comtesse de Roucy a déféré au Parlement les échevins de Laon comme ayant rendu un mauvais jugement; l'évêque de Laon réclame, en qualité de suzerain, le jugement de cet appel[6]. Le Parlement retient l'affaire. D'autre part on respecte les privilèges de l'abbé de Saint Denis qui a le droit de recevoir dans sa cour l'appel des jugements rendus par ses feudataires[7]. Dans le Périgord, dans le Quercy, les nobles obtenaient de Philippe le Long, qui sollicitait des subsides pour son expédition de Flandre, de conserver la connaissance des premiers appels : enquête sera faite pour le rétablissement des usages anciens.

Exceptions et faveurs ne sauraient néanmoins prévaloir contre l'ensemble des arrêts qui montrent le Parlement fort soucieux de mettre de l'ordre dans les degrés d'appel. Il n'abuse pas de l'empressement des plaideurs à s'adresser immédiatement à lui car il est

1. *Actes du Parl.*, 2052 B.
2. *Ibid.*, 2630 C.
3. *Actes du Parl.*, 3993 (1312). — *Olim*, t. II, p. 520, I. — La Grasse (Aude, chef-l. de canton et arrond. de Carcassonne).
4. Voir Tanon, *Histoire des justices ecclésiastiques de Paris*, p. 79 et 80.
En 1299 une exception semblable « par grâce spéciale » est faite en faveur de l'évêque de Paris. *Actes du Parl.*, 2976.
5. *Actes du Parl.*, 2169 (1278).
6. *Ibid.*, n° 1358 (1269). — *Olim*, t. I, p. 752, IV.
7. *Ibid.*, 2739.

sûr que la cause lui reviendra en dernier ressort. Ainsi il renvoie à l'évêque de Thérouanne l'appel d'un jugement rendu dans la cour du comte de Boulogne entre l'abbaye de Samer et le châtelain d'Arras[1]. Il rend à l'abbé de Corbie la connaissance d'un appel interjeté par les Templiers d'un jugement des échevins de la ville[2]. Les échevins d'Arras persistaient à appeler au roi de sentences des hommes du comte de Saint-Pol : chaque fois ils sont renvoyés au comte[3]. De même les échevins et les communautés des quatre bonnes villes du comté de Guines sont renvoyés au comte d'Artois pour un appel contre un jugement rendu par ses hommes[4]. Un chevalier, Guillaume de Roquefort, appelle, « pour défaute de droit », de l'évêque de Dol au roi. Le Parlement rend cette cause au comte de Bretagne[5]. Une autre fois c'est l'évêque de Dol qui moleste Jean de Rovres, chevalier, parce que celui-ci avait appelé au comte de Bretagne. Le Parlement mande au vicomte d'Avranches d'empêcher ce trouble de la justice régulière[6]. Bernard Jourdain, seigneur de Saint-Sulpice, prétendait que les jugements de sa cour devaient être portés directement au Parlement. Celui-ci déboute à deux reprises Bernard Jourdain de sa prétention[7]. On pourrait multiplier ces exemples. On ne saurait déférer un comte de Bretagne ou un autre à la justice royale qu'en cas de déni de justice. Au XIIIe et au XIVe siècle, les légistes royaux, imbus des théories féodales, les confirment, les défendent, sans pourtant cesser de les ruiner puisqu'ils proclament, à chaque instant, la suprématie royale.

En l'espèce, les légistes ne s'appliquent qu'à assurer la gradation des appels. Peu leur importent la hauteur de l'échelle à monter, la difficulté d'accorder des décisions trop souvent contradictoires, l'augmentation des dépenses, croissant avec l'éloignement des cours supérieures. Ils ne se soucient pas de réfréner l'ardeur des

1. *Actes du Parl.*, 2793. — Samer ou Saint-Ulmer au Bois, Pas-de-Calais, arrond. de Boulogne.
2. *Actes du Parl.*, 2391 (1281).
3. *Ibid.*, 823, 824. — *Olim*, t. I, p. 567, 568, V, VI (1263) et p. 535, II (1262).
4. *Actes du Parl.*, 2405 (1282).
5. Texte latin, *Essai de restitution*, n° 787 (1291). — *Olim*, t. II, p. 275.
6. *Actes du Parl.*, 6320 (1321).
7. *Ibid.*, 4092 (1313) ; 6976 (1322).

appelants dont les mécomptes excitent la passion. La même cause est souvent jugée quatre fois. 1° Voici le prieur d'Essonne qui a rendu une sentence en première instance; 2° le prévôt de Corbeil la réforme; 3° le prévôt de Paris casse le jugement du prévôt de Corbeil; 4° l'affaire alors arrive au Parlement, qui donne raison au prévôt de Paris et par suite au premier juge, le prieur d'Essonne[1]. A propos d'une maison, une action s'engage entre Maciot, dit Lescot, et Gontier Lalement, devant le prévôt de l'évêque de Paris. 1° Le prévôt renvoie Gontier des fins de la plainte. 2° Gontier appelle au bailli de l'évêque. Ce bailli nomme un juge commissaire qui confirme le jugement du prévôt. 3° Maciot, dit Lescot, ne se tient pas pour battu. Il appelle du jugement du commissaire au bailli lui-même. Celui-ci, perplexe, nomme un autre juge commissaire : c'était le moyen d'avoir un avis contraire, ce qui ne manqua point. 4° L'appel de Maciot fut admis et les jugements précédents furent annulés. 5° Comme on le pense, Gontier, irrité, appela au Parlement. Les maîtres reprirent toute l'affaire et démêlèrent l'écheveau passablement embrouillé. Il leur parut que les premières sentences étaient les bonnes[2]! Les complications vont encore plus loin. Un mineur de vingt-cinq ans, Béranger Talon, autorisé de ses curateurs, plaide contre Guillaume de la Font, de Fontenai[3]. Béranger demandait des comptes à Guillaume, qu'il voulait même faire emprisonner jusqu'à la reddition de ces comptes. 1° Le viguier de Sommières (sénéchaussée de Beaucaire) prononça un jugement conforme aux conclusions du plaignant. 2° Appel de Guillaume au sénéchal de Beaucaire qui nomma, pour en connaître, le juge du Vélay; ce commissaire cassa le jugement. 3° Alors appel de Béranger au même sénéchal qui cette fois jugea lui-même et confirma la sentence de son commissaire. 4° Aussitôt, de vive voix, en pleine assise, Béranger appela au Parlement. La Cour nomma un commissaire, Adhémar. 5° Or ce juge est récusé par Guillaume de la Font. Adhémar veut alors savoir pourquoi on le récuse et exige un arbitrage. 6° Guillaume de la Font soumet au Parlement cette prétention du commissaire. On est bien loin de la demande

1. *Actes du Parl.*, 4065 (1313).
2. *Ibid.*, 3627 (1309). — *Olim*, t. III, p. 314, LX.
3. *Ibid.*, 5292 (1318). — *Olim*, t. III, p. 1234, XXIX.

première. Citation des deux parties est faite au Parlement pour le jour de la sénéchaussée de Beaucaire. 7° Au jour dit, Guillaume de la Font fait défaut. 8° La Cour ordonne une nouvelle assignation pour le Parlement suivant. Guillaume de la Font comparaît, mais la Cour, vu le défaut prononcé contre lui, le déboute de son appel de la sentence d'Adhémar. Elle déclare ensuite nulles et non avenues les sentences du sénéchal et du juge du Vélay. Après tant de péripéties on en revenait encore à la décision du premier juge. Béranger finalement gagnait son procès. On ne saurait donc dire qu'au XIVe siècle les justiciables manquaient des garanties de l'appel. Il y en avait tant au contraire qu'elles nuisaient précisément aux justiciables, traînés, durant des années, de juridictions en juridictions. A force de chercher la justice on l'égarait davantage. Qu'eût-ce été si l'on n'avait eu les lumières du Parlement pour éclairer la vérité!

VI. — L'APPEL ET L'ÉMENDE.

A son tour le Parlement, qui redressait les erreurs, n'était-il pas susceptible et parfois accusé d'erreur? Lui qui cassait tant de jugements, n'était-il pas exposé à voir contester et casser les siens? Ni sa science, ni la dignité de ses membres éminents, ni la hauteur d'où il dominait les intérêts locaux ne le mettaient à l'abri des attaques : mais la majesté royale le couvrait. Bien qu'il parût toujours la vieille assemblée féodale des vassaux, il en était venu à représenter de plus en plus le roi. Les légistes le protégèrent par les lois impériales[1].

1. *Appel et amendement*. — *Novelles*, 119, c. 5; 82, c. 12. — Code de Justinien, liv. VII, titre LXIII, l. 5, § 5. — « Il est difficile, dit M. P. Viollet, de ne pas apercevoir l'influence de ces idées romaines dans les expressions dont se sert la *Coutume d'Anjou* en traitant des voies de recours contre la décision des baillis royaux : on demande amendement d'un jugement rendu par un bailli : on requiert cet amendement en suppliant : et c'est bien aussi d'une rétractation qu'il s'agit, car le bailli réunit une seconde fois les jugeurs, convoque les bonnes gens qui examinent de près l'affaire. Si le bailli se refusait à cette procédure d'amendement, on irait jusqu'au roi. (*Cout. de Touraine-Anjou*, § 73. Cf. *Établ.*, liv. I, chap. LXXXV.) « L'*Usage d'Orléanais* nous parle également de supplication et d'amendement,

« Dans le droit impérial romain, dit M. P. Viollet, et cela pour le moins depuis Constantin, on ne pouvait appeler d'une décision des préfets du prétoire parce que ces fonctionnaires étaient les représentants immédiats de l'empereur : il y avait pourtant contre leurs jugements un moyen de recours, et ce recours c'était la *supplication*. Elle ne conduisait pas devant une nouvelle juridiction; ce n'était qu'un appel de l'empereur à l'empereur, appel qui aboutissait à une véritable rétractation. » La forme injurieuse et belliqueuse de l'ancien appel ne pouvait convenir aux jugements du roi et de ses officiers. On ne pouvait « fausser le jugement » dans les cours du roi, ce qui eût entraîné le combat contre les délégués du roi. Aussi sollicitait-on l'*émende* ou (emendatio) « amendement de jugement ». Le plaignant se présentait en « suppliant » et disait au bailli : « sire, il me semble que ce jugement me grève et qu'il n'est mie droit; pour ce, je vous requiers amendement[1] ». Le bailli alors devait « faire semondre des hommes du roi » et ceux qui avaient rendu le jugement, et « d'autres prudes hommes qui connaissaient le droit ». Si le jugement n'était pas reconnu bon, on le corrigeait; s'il était confirmé, le plaignant perdait ses biens meubles. Dans le cas où le bailli se refusait à examiner s'il y avait lieu à amendement, le plaignant recourait au véritable appel : « J'appelle de votre sentence comme de fausse

lorsqu'il s'agit d'un jugement prononcé par un officier du roi. (*Usage d'Orléanais*, § 14. Cf. *Ėtabliss. de saint Louis*, t. I, ch. XVI.

Les textes des *Ėtabliss.* relatifs à l'amendement se trouvent au liv. I, chap. LXXXIII et chap. LXXXV; liv. II, chap. XVI.

Voir aussi Glasson, *Hist. du droit*, t. VI, p. 263.

— Les *Constitutions du Chastelet* mentionnent également l'amendement : « S'il avenoit chose que vous eüssiez plaidié devant aucun juge, fust en demandant, fust en desfendant et vous fussiez à ce menez que li juges vous demandast à vous et à l'autre partie se vous vaudriez oïr droit, et à ce jor l'on donnast sentence contre vous, vous poez tantost requerre l'amendement du souverain et dit (es) ensi : « je « requier l'amendement de tel, s'amendement y afiert. » Et se l'on disoit qu'amendement ni affiert, et vous veissiez certainement que vous fussiez grevez et que la sentence fust mauvese « j'apiau de vostre sentence comme de fausse et de mau- « vese et de desloial »; et dois faire semondre tel tantost devant son souverain, c'est assavoir cil qui la sentence avra donée, et requerre l'amendement d'icelui devant qui tu avras apelé, etc. » *Const. du Chastelet* (édit. Mortet), § 64, p. 73-74. En réalité il y a ici confusion de l'amendement et de l'appel; confusion qui se produisait souvent.

1. « ... et s'il lou requiert au bailli, en souploiant li doit dire : « sire, il me semble « que cist jugemanz me grieve et qu'il n'est mie droiz; et por ce en requier je « amandemant et que vous me metez terme; et faites tant de bones gens venir « que il quenoissent se li amandemanz i est ou non.... » *Ėtabliss.*, liv. I, chap. LXXXV, p. 137.

et de mauvaise et déloyale ». Si le bailli avait tort, il dédommageait l'appelant de ses dépens[1]. A Orléans, sous Philippe le Bel, s'était introduit, on ne sait comment, l'usage d'appeler du prévôt de la ville et des autres prévôts au bailli d'Orléans, au lieu de solliciter « l'émende » et « la correction ». Le Parlement, en 1288, réagit contre cet usage. Il ordonna qu'on ne procéderait plus contre lesdits prévôts « par voie d'appel » mais par « voie d'amendement[2] ». Les échevins de Reims s'étaient pourvus contre une décision de l'archevêque, par simple requête au roi. L'archevêque protesta. Les échevins ne pouvaient appeler que selon la forme rigoureuse « par voie de ressort, ou de défaute de droit, ou de faux jugement[3] ». Les *Établissements* de saint Louis ne parlent, pour l'amendement, que du gentilhomme : nul doute cependant que cette voie ne fût également ouverte au vilain. D'après un autre passage, on peut même induire que c'était la seule voie accessible à ce dernier, condamné par un seigneur. Le vilain ne pouvait « fausser le jugement » de la cour de son seigneur. Il implorait amendement. Si le jugement était confirmé, le vilain payait 60 sous au seigneur et aux jugeurs gentilshommes[4].

A plus forte raison, on le voit, on ne pouvait interjeter appel des arrêts du Parlement. L'Ordonnance générale de réformation

1. *Ētabliss.*, *ibidem*. — Voir aussi liv. II, XVI, p. 383.

2. « ... Intellexit curia quod a tribus annis citra consuevit appellari a preposito Aurelianensi et ab aliis parvis prepositis ad ballivum Aurelianensem et quod antea petebatur *emendacio vel correctio* judiciorum per ballivum, eo modo quo servatur, Parisius, in Castelleto. Habita super hoc diligenti deliberatione, indempnitati subjectorum providere desiderans, curia ordinavit quod a dictis prepositis ad dictum ballivum per viam appellacionis non veniretur ampliùs, set per viam *emendacionis* aut *correctionis* eo modo quo fiebat ante; et servabitur modus Castelleti Parisiensis... » *Olim*, t. II, p. 278 XV (1288).

3. Varin, Arch. admin. de Reims, t. II, 1re partie, p. 83, note. Cité par M. P. Viollet, *Ētabliss.*, liv. I, p. 220.

4. « Nus hom costumiers ne puet jugement fere, ne fausser, ne contendre. Et se ses sires li avoit fait bon jugement et loial, et il demandast amendement de jugement et li jugemenz fust si bons si loiaus qu'il n'i aüst point de amendement, il en feroit au seignor l'amande de sa loi : V sous ou VI s. et VI d. selonc la costume de la chastelerie. Et s'il avoit dit à son seignor : « vous m'avez fait faus jugement » et li jugemans fust bons et loiaus, il en feroit au seignor LX s. d'amande et à touz ceux qui avroient esté au jugement qui seroient gentil home ou qui avroient flé (fief) et si feroit à la joutise l'amende de sa loi... » *Ētabliss.*, liv. I, chap. CXLII, p. 273.

M. Viollet dit en parlant de ce texte : « Si je scrute le texte de plus près, je crois reconnaître que l'appel ou la voie de l'amendement du jugement n'est pas interdite au vilain d'une façon absolue; mais seulement qu'il encourt, en cas d'échec, une amende déterminée par la coutume.... Pierre de Fontaines ne paraît pas non plus refuser formellement le droit d'appel au vilain.... » P. Viollet, *Ētablis.*, t. I, p. 220.

de 1303 le déclarait formellement : « Nous voulons, décrétons et ordonnons que les jugements, arrêts et sentences de notre Cour ou de notre commun Conseil (le Grand Conseil) soient tenus et exécutés sans appel ». Toutefois elle admettait que les personnages augustes de la Cour pussent se tromper ou être trompés. Aussi autorisait-elle « la proposition d'erreur[1] ». Mais il fallait alors des « lettres de grâce de dire contre arrêt », lettres que délivraient les maîtres des Requêtes de l'Hôtel. Ceux-ci d'abord renvoyèrent la plainte, selon l'Ordonnance de 1303, au Grand Conseil, plus tard à la Cour elle-même. Le Parlement revisa, toujours par grâce spéciale, ses propres sentences.

Pierre de Vogon avait accusé Renault Bayle, habitant de Bourges, d'avoir pris des porcs. Une enquête, commencée sur son instance, avait été communiquée au Parlement par le bailli de Bourges : elle y dormit quelque temps, puis un beau jour fut jugée contre Renault. Celui-ci accourt à Paris. Son enquête, disait-il, n'avait pas été achevée : il y manquait une conclusion; ses défenses n'avaient pas été entendues. Il demanda que « par miséricorde » on y remédiât. Il y eut « record de cour », audition du bailli de Bourges. Celui-ci apprit aux maîtres qu'il avait apporté cette enquête au Parlement non pour qu'elle fût *jugée*, mais *complétée*. Alors « par miséricorde et grâce spéciale », une nouvelle enquête s'ouvrit en présence des héritiers de Pierre de Vogon, car l'accusateur était mort durant l'instance. Elle fit découvrir la vérité : on avait condamné Renault pour avoir pris des porcs qui étaient bien à lui. C'était un sergent royal, envoyé par le bailli de Bourges pour réquisitionner des vivres pour l'armée, qui les avait

1. « § 12. Item, volumus, sancimus et etiam ordinamus quod judicata, arresta et sententie, que de nostra Curia seu nostro communi consilio processerint, teneantur et sine appellatione aliqua execucioni mandentur. Et si aliquid ambiguitatis vel erroris continere viderentur, ex quibus merito suspicio induceretur, correctio, interpretatio, revocatio, vel declaratio eorumdem ad nos vel nostrum commune consilium spectare noscantur, vel ad majorem partem consilii nostri per providam deliberationem specialis mandati nostri, et de nostra licentia speciali super omnia requisita serventur.... » Ord. de 1303, *Ord.*, t. III, p. 369. — Fragments publiés par Langlois, *Textes du Parl.*, pp. 172-173, CXXI.

L'Ordonnance de 1320 décida que les renvois devraient être faits non au Grand Conseil mais au Parlement et à la Chambre des Comptes. *Ordonnances*, Isambert, t. III, p. 261.

Voir aussi Ord. de 1331, 1344 (art. 9). *Ord.*, t. II, pp. 80 et 210 (Isambert, t. IV, p. 401 et 484).

Voir Glasson, *Hist. du droit*, t. VI, p. 262.

marqués du sceau royal, mais après en avoir débattu et payé le prix. Pierre de Vogon, gardien de ces porcs pour le compte de Renault, avait dénoncé son maître par haine et méchanceté. La Cour cassa le jugement rendu contre Renault et lui fit restituer, avec les revenus, ses biens confisqués[1].

Le fils d'un des plus puissants personnages du temps de Philippe le Bel, Guillaume Flotte, avait procès (sous Louis X) avec l'évêque de Meaux pour la chasse au bois de Montceaux. Durant la litispendance il ne devait pas chasser, mais grand seigneur, puissant au Parlement, il s'inquiéta peu des défenses que lui fit un sergent royal au moment où, avec Jean de Saint-Clair, chevalier, Gilet, écuyer, et nombreuse compagnie, il allait partir pour la chasse. Il leva un cerf qui fut poursuivi et pris dans le bois de Verdelot. L'évêque se plaignit au Parlement. Guillaume Flotte ne nia point le fait. L'enquête fut renvoyée à la Chambre des Comptes qui la jugea avec le prévôt de Paris et plusieurs des maîtres du Parlement (preuve que la distinction des Chambres n'était pas absolue et que l'ancienne unité se reconstituait parfois). Guillaume Flotte fut condamné à ressaisir les officiers royaux, sous la main desquels avait été mis le bois de Montceaux, du cerf pris ou d'un animal équivalent, et, en plus, à l'amende[2]. Or le procureur de Guillaume Flotte, Jean le Page, de Montceaux, ou ignorant la loi ou plutôt comptant sur le crédit de son maître, appela au roi de cette sentence. Ce procureur fut envoyé à la prison du Châtelet pour cet appel injurieux et ne fut relâché qu'après y avoir renoncé, non sans payer une forte amende. Il en coûtait, on le voit, de ne point observer la procédure de supplication à l'égard du Parlement.

A ces exemples est-il nécessaire d'ajouter ceux d'un procès d'Éléonore, comtesse de Vendôme, et de Bernard[3], comte de Comminges, qui fut revisé « pour erreur » (1318); d'un procès du maire

1. *Olim*, t. III, p. 545, 546, 547, XLI. Lundi après l'Annonciation 1310 (1311).
2. *Actes du Parl.*, 4469, 4470, 4471. *Olim*, t. III, p. 1049 c, avril 1315 (1316). — Montceaux, Seine-et-Marne, canton et arrond. de Meaux.
3. « ... Cùm autem datum fuisset nobis intelligi dictum judicatum errorem continere, nos dilectis et fidelibus nostris magistris Parlamenti Parisiensis mandavimus ut viso dicto judicato, si ipsi invenirent super hoc erratum fuisse, ipsi corrigerent errorem predictum. » *Olim*, t. III, p. 1294, LXXXI (1318).

et des jurés de Saint-Quentin[1] dont ils obtinrent aussi la revision « pour erreur ». En 1327, le roi fait à Déodat de Séverac « grâce de dire contre l'arrêt donné au Parlement contre lui pour les demoiselles de Séverac et de montrer aucunes erreurs qui sont audit arrêt ». Une commission de treize personnages devait d'abord examiner l'affaire, puis le roi la renvoya « à tous les maîtres du Parlement, de la Chambre des Comptes et du Conseil »[2]. Les termes de « proposition d'erreur » sont donc antérieurs aux Ordonnances de 1330 et de 1334 qui n'ont fait que confirmer un usage établi et préciser l'amende encourue par les plaideurs déboutés de leur instance. En dépit de quelques conflits avec le Grand Conseil, le Parlement resta, jusqu'à la fin de l'ancien régime, le seul juge de ses propres arrêts. La proposition d'erreur a été conservée dans notre Code : c'est ce qu'on nomme la *requête civile*[3].

Ainsi la souveraineté des arrêts d'un tribunal suprême, la gradation d'appels tellement multipliés que tant de garanties contre l'erreur détruisaient la garantie même; l'information d'office et la vigilance d'un ministère public pour la répression des crimes, avantages malheureusement compensés par les cruautés de cette répression; développement, certes, exagéré, du procès civil avec ses citations, ses contremands, ses défauts, ses exceptions, ses écritures, ses plaidoiries et surtout ses longues enquêtes, voilà le terme où avait abouti une évolution de la justice commencée sous l'ins-

1. *Olim*, t. II, p. 648 IV (1317).

2. « Savoir vous faisons que combien que nous *aiens fait grâce à Déodat de Séverac de dire* contre l'arrest donné audit Parlement contre li pour les damoiselles de Severac, et de *monstrer aucunes erreurs* qui sunt ou dit arrest, si come il dit, et que a cognoistre de ce nous aiens deputé et commis treize personnes, ou sis de eux; combien aussi que l'exécucion de l'arrest nous aiens ce pendant souspendue, toutevoie nostre entente est et nostre voulanté que non contrestant ladite grâce faite au dit Déodat, *vous tuit et les autres de nostre Chambre des Comptes et de nostre Conseil*, lesquiex vous pourrez avoir, oez les dites erreurs et en cognoisse, en la manière que commis l'aviens au treize ou si persones.... » *Greffe*, I, f° 300 v°. — *Actes du Parl.*, 7989 (1327). — Il y a là un curieux exemple de revision par toutes les Chambres réunies et même par le Parlement complété comme les anciennes assemblées.

— Voir encore pour les propositions d'erreur des textes des Archives indiqués par Aubert, *Parl.*, p. 162, 163, 164, 165.

— Voir aussi *Actes du Parl.*, 2776 (1291); 3734 (1310) et *Olim*, t. III, p. 438, LXVII (1309).

3. *Requête civile*. — Art. 480 et suiv. du Code de Procédure civile. La requête civile est le recours exercé contre un jugement contradictoire ou par défaut non susceptible d'opposition ni d'appel et basé sur des *questions de fait*. On ne saurait la confondre avec le *pourvoi en cassation* fondé sur une *question de droit*.

piration du plus juste des rois, saint Louis. Des tribunaux au lieu de champs clos, des plaideurs au lieu de combattants, des témoins au lieu de champions, des informations et des discussions au lieu de grands coups d'épée et de lance, la raison substituée à la brutatalité, le droit triomphant de la force, voilà l'œuvre à laquelle n'avaient cessé, au XIIIe et au XIVe siècle, de travailler les légistes de la Cour du roi. Malgré les malheurs du temps, par leurs arrêts, par leurs règlements qui nous ont été conservés dans les *Styles*, les maîtres savants du Parlement enlacèrent les seigneurs dans les formalités judiciaires que ceux-ci, après les avoir méprisées, adoptèrent volontiers, aussi prompts désormais à la chicane que jadis à la bataille.

LIVRE VII

L'ORGANISATION DE LA JUSTICE

CHAPITRE XX

LA FRANCE JUDICIAIRE AUX XIIIe ET XIVe SIÈCLES

I. — Justice territoriale. Les fiefs.

Par les péripéties de l'appel, par celles du procès criminel, du procès civil, on a pu voir qu'au moyen âge les lois ne manquaient pas, encore moins les juges. Il y en avait, pour ainsi dire, autant que de barons et de seigneurs. La justice s'était morcelée comme le sol et par les mêmes raisons.

Du temps de l'unité et de la paix romaines, l'administration impériale n'avait pas empêché que beaucoup de *villæ* ne fussent des domaines quasi indépendants. Le maître y exerçait sur les esclaves, ses affranchis, ses colons, une justice *domestique*, *patrimoniale*, qui remontait probablement à la famille antique. Lorsque les invasions brisèrent les préfectures, diocèses, provinces et circonscriptions des cités, la propriété resta le cadre indestructible de la société. Anciens ou nouveaux, Gallo-Romains ou Francs, les possesseurs du sol gardèrent, non selon leur race, comme on l'a cru longtemps, mais selon leur fortune, tous les droits habituels[1]. Les grands propriétaires demeurèrent des juges.

1. En dehors des anciens traités de Loyseau, de Bacquet, André de la Roque, etc. et des travaux des modernes, Guizot, Pardessus, etc., nous renvoyons, une fois pour

Les rois mérovingiens accordèrent libéralement à leurs leudes ou fidèles des terres ou *bénéfices* (beneficia). Quelque rapport qu'on puisse établir entre ces bénéfices et les *précaires* (precaria) de l'époque impériale, quelque instable que parût cette concession de terres à titre d'usufruit, il ne s'en forma pas moins, sous la première et la deuxième race des rois francs, une classe nouvelle de grands propriétaires, usufruitiers d'abord, puis perpétuels. Les bénéficiaires aussi devenaient des juges.

Les rois mérovingiens toutefois avaient retenu pour eux-mêmes, comme pour les comtes et les ducs, leurs représentants, la justice supérieure. Mais le démembrement de l'empire de Charlemagne, les nécessités de la défense contre les pirates du dehors et les pillards du dedans, amenèrent d'autres groupements des hommes et des terres. Les propriétaires moindres, les bénéficiers les moins riches se recommandèrent aux plus anciens, aux *seniores*, comme on disait. Ils furent leurs hommes, leurs *vassi* qu'on traduisit par *vassaux*, comme *seniores* par *seigneurs*. Les terres indépendantes ou *alleux* se firent plus rares. En retour de la protection obtenue, les *vassi* durent le *service militaire*, des *aides* en argent, l'*hommage* et le *serment de fidélité*. Peut-être de ce serment vient le nom de *feodum* (fief) qui apparaît au IXe siècle et demeura attaché à la société dite *féodale*. Les *seniores* conduisirent à l'armée leurs hommes de *fiefs*. En temps de paix, ils tinrent des *assises* garnies

toutes, au sujet de ces généralités que nous ne pouvons développer ici, aux ouvrages, plus récents et de haute valeur, de Fustel de Coulanges, *Histoire des institutions et origines de la féodalité*. — J. Flach, *Les Origines de l'ancienne France*. — P. Viollet, *Histoire des institutions politiques de la France*, t. II. — A. Longnon, *Atlas historique de la France* (texte). — A. Molinier, *Géographie féodale du Languedoc* dans l'Hist. du Languedoc de dom Vaissette, édit. Privat, t. XII, 1889. — Ch. Mortet, important article sur la *Féodalité* résumant et éclairant toute la question, Grande Encyclopédie (t. XVII). — Ad. Beaudouin, *Etudes sur les origines du régime féodal* dans les Annales de l'enseignement supérieur de Grenoble (1889). — E. Chénon, *Les Démembrements de la propriété foncière en France avant et après la Révolution* (1881). *Etude sur l'histoire des Alleux* (1888). — Boutaric, *Des Origines de l'établissement du régime féodal* (Revue des Questions historiques, t. XVIII). — Dareste de la Chavanne. *Histoire des classes agricoles en France* (1858, 2e édition), etc. — Dans la nouvelle *Histoire de France*, publiée sous la direction de M. E. Lavisse (lib. Hachette, 1901), on lira avec intérêt la vivante description de l'établissement du *Régime féodal en France* par M. Luchaire (t. II, fascicules 5 et 6). C'est un heureux essai de décentralisation historique, pour ainsi dire, car on commence à se rendre compte que l'époque féodale étant celle où coexistaient une multitude de souverainetés, l'histoire générale ne saurait être obtenue que par une synthèse puissante d'histoires locales.

de ces mêmes hommes de fiefs. Comme ces vassaux, chez eux, étaient déjà des juges, les *seniores* revisèrent leurs décisions : les seigneurs se trouvèrent non seulement les premiers, mais encore les *seconds* juges.

Les Mérovingiens s'étaient souvent rendus redoutables à leurs *comtes* et à leurs *ducs*. Les Carolingiens eurent beau les combler de largesses : plus ils leur faisaient de libéralités, moins ils en obtenaient d'obéissance. Ils leur avaient d'abord attribué des *honores* (ou bénéfices) pris sur les domaines royaux. Ducs et comtes se transformèrent en propriétaires plus riches que les autres. La faiblesse croissante des Carolingiens favorisa la transmission de ces *honores* aux enfants des titulaires. Le Capitulaire de *Kiersy-sur-Oise*, sujet de tant de discussions, consacra (877) non pas comme une loi générale (là était l'erreur ancienne), mais comme un fait, de plus en plus habituel, l'hérédité des *duchés* et des *comtés*[1]. Ducs et comtes furent non plus les officiers mais les *vassaux* du roi. Comtés et duchés se trouvèrent ainsi transformés en *grands fiefs*, leurs possesseurs en *grands vassaux*. Les comtes, les ducs convoquaient en armes tous les seigneurs de la région qui, eux-mêmes, amenaient leurs hommes de fiefs. Juges dans leurs domaines, comme tous les propriétaires, les comtes, les ducs étaient, en outre, juges des seigneurs de leur région, puis *juges d'appel* des sentences rendues par ces seigneurs, enfin juges, *au troisième degré*, des sentences prononcées par les vassaux de ces seigneurs. La hiérarchie judiciaire se constituait.

Cette union de la *justice* et du *fief* donna lieu à des débats infinis entre les feudistes de l'ancienne monarchie. Selon Charles Loyseau, le désaccord venait de la confusion perpétuelle entre les termes de *château* (castrum), de *fief* (feodum), de *fonds*, de *seigneurie*, de *territoire*. Or, disait-il : « la justice n'est pas inhérente au château; elle subsiste et a sa force en tout le territoire : elle relève du même seigneur que le fief ». Sans doute courait une maxime : « Fief et justice n'ont rien de commun », puisque la justice relève parfois d'un seigneur et le fief d'un autre;

1. Toutes les discussions soulevées par le capitulaire ont été résumées dans la savante thèse de M. Emile Bourgeois : *Le Capitulaire de Kiersy-sur-Oise*. (Libr. Hachette, in-8°, 1895).

mais, à l'origine, elle était attachée au *fief*. A plus forte raison le demeurait-elle à la *seigneurie*, car, si on sépare la justice d'un château, d'un fief, d'une terre, le château, le fief, la terre, ne laissent de subsister; mais que serait la *seigneurie* sans la justice? Encore plus étroitement la justice est-elle liée au territoire : elle périt si on l'en détache (ce qui n'était pas exact, nous le verrons plus loin). Bref, Loyseau concluait à la façon des scolastiques : « la justice est au *château* comme en son siège, en la *terre* comme une annexe ou pièce attachée à icelle; dans le *fief* comme une dépendance séparable; en la seigneurie comme une partie inséparable; elle suit le *territoire* comme son corrélatif[1] ». Qu'y avait-il au fond de ces subtilités des feudistes? Rien autre chose que cette vérité bien reconnue : la terre, marque et objet du *bénéfice* d'abord, du *fief* ensuite; la terre, condition de la souveraineté d'une part, de l'obéissance de l'autre; la terre source à la fois de pouvoir et de dépendance; la terre, lien des propriétaires entre eux et de ceux-ci avec le roi; la terre, principe de tous les contrats, source de tous les droits comme de tous les devoirs; la terre, raison de la puissance militaire et aussi de l'autorité judiciaire; la justice rivée au sol comme toute autorité, en un mot *territoriale*.

II. — Multiplicité des justices féodales.

Il serait chimérique de chercher à établir ce que nous appelons une statistique pour les fiefs et les justices territoriales. C'est à peine si nous pouvons, par quelques exemples, faire entrevoir la multiplicité des fiefs, grands et petits, immédiats et arrière-fiefs. Si nous consultons les *Rôles militaires* de Philippe Auguste, publiés par M. Léopol Delisle[2], nous trouverons, pour la Normandie, des listes et des nombres de fiefs qui nous permettront de nous représenter le morcellement des autres provinces. Dans le *Cotentin* (encore sous ce nom ne désignait-on que l'extrémité de la presqu'île)

1. Loyseau, *Livre des Seigneuries*, chap. VI, p. 21-29.
2. *Rôles militaires de Philippe-Auguste* publiés par M. Léopold Delisle, *Histor. de France*, t. XXIII, p. 608, liste des fiefs du roi en Normandie (Scripta de feodis ad regem spectantibus, d'après les registres entre 1204 et 1212).

les rôles indiquent 24 fiefs principaux desquels dépendaient 6, 9, 11, 14, 17 autres terres. Au pays de *Bayeux* et d'*Avranches*, l'évêque de Bayeux tient 100 fiefs : celui d'Avranches n'en a que 5, l'abbé du Mont Saint-Michel 7. La baillie de *Rouen* offre une trentaine de groupes de 8 à 10 fiefs chacun. Le pays de *Caux* était divisé comme l'indiquent des vers souvent cités :

> Au noble pays de Caux
> Sont quatre abbayes royaux,
> Six prieurs conventuaux
> Et six barons de grand arroi,
> Quatre comtes, trois ducs, un roi (le roi d'Yvetot) [1].

On a essayé d'assimiler les châtellenies aux anciens *pays* (*pagi*), mais les rôles militaires nous montrent ces châtellenies bien plus nombreuses que les *pays*. Les châtellenies comprennent elles-mêmes beaucoup de fiefs [2]. La Normandie comprenait 17 régions naturelles ou *pagi* : chacune se découpait ainsi en centaines de fiefs.

L'ancien comté de *Vermandois* comprenait 8 châtellenies [3]. Chacune d'elles était partagée en 3, 5, 10, 12 seigneuries, elles-mêmes subdivisées en petits fiefs. Au XIIe siècle, le comte de Vermandois avait *six* vassaux qu'on nommait ses *pairs* [4]. Le comte de *Champagne* en avait *sept* [5]. Le comte Henri le Libéral gouvernait 26 châtellenies qui fournissaient au total 2000 chevaliers [6]. Ce chiffre,

1. De la Roque, *Traité de la Noblesse*, chap. XXVI, p. 111 : De la noblesse des seigneurs d'Yvetot.

2. Châtellenies de Gisors 13, de Vernon 18, de Pacy 23, de Mantes 9 et ainsi de suite pour les châtellenies de Bréval, de Meulant, de Chaumont en Vexin, d'Anet, de Nogent-le-Roi, de Pontoise.

3. Saint-Quentin, Péronne, Crépy-en-Valois, Chauny, Ribémont, la Ferté-Milon, Nesles, Montdidier.

4. Tailliar, *La Féodalité en Picardie* (*Fragment d'un cartulaire de Philippe-Auguste*) ; *Mémoires de la Société des Antiquaires de Picardie*, t. XXII (3e série, t. VIII), 1868. Voir aussi les *Justices seigneuriales du bailliage de Vermandois* sous l'ancien régime, par A. Combier, avec introduction de M. Jacques Flach. (A. Picard, Bibl. de la Soc. des Ét. histor., 1 vol. in-8.)

5. Comtes de Joigny, de Rethel, de Brienne, de Roucy, de Brenne, de Grandpré, de Bar-sur-Seine.

6. Les châtellenies étaient celles de Provins (265 chevaliers), Châtillon et Fismes (160), Vitry (159), Meaux (149), Troyes et Isle (135), Bar-sur-Aube (118), Château Thierry (86), Sézanne et Lachy (85), Mareuil (84), Bray (83), Rosnay (79), Coulommiers (68), Vertus (61), La Ferté-sur-Aube (58), Payns (42), Pont-sur-Seine (42), Saint-Florentin (42), Épernay (40), Ervy (39), Chantemerle (34), Montereau (29), Villemaure (27), Bussy (25), Montfélix (24), Méry (21). — Longnon, *Le Livre des Vassaux du comte de Champagne*, qui fait partie de l'*Histoire des comtes de Champagne*, par M. d'Arbois de Jubainville.

joint à celui de 20 ou 21 grands feudataires, forme un total de 2038 ou 2039 vassaux et arrière-vassaux du comte de Champagne vers 1172.

En Bourgogne, la liste des *féaux* du duc, à la fin du XIIIe siècle, comprenait 162 personnages qualifiés de *sires*[1]. Au-dessous d'eux venaient 262 vassaux qui ne portaient qu'un nom de terre. Par un des vassaux on se fera une idée des autres : le comte de *Tonnerre* possédait 12 châtellenies, 84 villes, bourgs et villages; il exerçait des droits presque souverains, entre autres celui de battre monnaie[2].

Il faudrait reprendre chacune de nos anciennes provinces avec leurs divisions en *pays* (l'Ile-de-France en comptait 12, le Languedoc 13, l'Orléanais 7, etc.) et, sous la réserve que nous avons faite, décomposer les *pays* en *fiefs*. Il faudrait dénombrer les seigneuries comprises dans la *Flandre*, l'*Artois*, le *Forez*, l'*Armagnac*, la *Marche*, le *Périgord*, la *Guyenne* et la *Gascogne*, relever les fiefs de la maison de *Bourbon*, de la maison de *Clermont en Beauvaisis*, d'*Armagnac*, de *Foix*, de *Bretagne*, etc. Anciennes ou apanagistes, les seigneuries étaient à la fois des justices *ordinaires* et des justices *supérieures*. Les ducs de *Bourgogne*, de *Bretagne*, le comte de *Flandre* avaient même un Parlement analogue au Parlement royal.

III. — Les seigneuries ecclésiastiques.

A ces fiefs s'ajoutaient les seigneuries ecclésiastiques. Autant d'évêques et d'archevêques, autant de seigneurs nantis des mêmes droits que les ducs et les comtes. L'archevêque de *Reims*, l'évêque de *Langres* étaient *ducs*; les évêques de *Châlons*, de *Beauvais*, de *Noyon*, de *Laon*, étaient *comtes* : c'étaient les six *pairs* ecclésias-

1. Seignobos, *La Féodalité en Bourgogne*, p. 94 et suiv.

2. Challe, *Histoire du comté de Tonnerre* (Société des Sciences historiques de l'Yonne, 1875).

Le signe de la justice du comte était un pilori à quatre piliers, couronné d'un faîte ou d'une toiture. Le seigneur de Lezinnes avait, d'après une vieille possession, trois piliers sans faîte et tous les autres seigneurs deux piliers seulement.

tiques. Les évêques d'*Amiens* étaient comtes aussi quoiqu'ils ne fussent point pairs. Non moins riches et non moins puissants étaient les archevêques de *Sens*, de *Rouen*, de *Tours*, de *Bourges*, d'*Albi*, d'*Auch*, de *Toulouse*, d'*Aix*, d'*Avignon*. Ainsi que les évêques, leurs suffragants, ils avaient, en dehors de leur *justice canonique*, une justice *territoriale*, dite *temporelle*.

Et les abbayes! Dans les temps troublés elles avaient servi de refuges aux populations, d'asiles au travail et à l'étude. Les couvents avaient abrité les lettres sacrées et profanes. Comme chaque nuit, dans leur office, les moines rallumaient un feu nouveau, symbole du jour, de même ils ne cessaient de raviver la science, flambeau des âges à venir. Aussi les princes avaient-ils favorisé par des *immunités* ces maisons de paix, ces oasis du recueillement et de la prière. Les chefs d'abbayes gouvernèrent non seulement leurs moines, mais tous les hôtes de leurs enclos. Ils furent aussi des juges.

La plus ancienne des congrégations, celle des *Bénédictins de Saint-Maur*, avait fondé en France 168 monastères dont beaucoup de fameux [1]. Au XIe siècle, l'abbaye de *Cluny* devint la mère d'une quantité d'autres abbayes, environ deux mille [2]. De Cluny se détacha, au XIIe siècle, un autre Ordre avec la maison de *Cîteaux* qui bientôt régit 500 maisons religieuses. Saint Bernard établit dans son monastère de *Clairvaux* la règle de Cîteaux, et les Cister-

1. Abbayes de *Saint-Denis en France*, de *Saint-Germain-des-Prés* (diocèse de Paris); de *Fécamp*, de *Jumièges*, de *Saint-Ouen* (diocèse de Rouen); de *Corbie* (diocèse d'Amiens); de *Marmoutiers* (diocèse de Tours); de *Flavigny* (diocèse d'Autun); de la *Chaise-Dieu* (diocèse de Clermont); du *Mont-Saint-Michel au péril de la mer* (diocèse d'Avranches); de *Saint-Étienne* (Caen); de *Saint-Père* (Chartres); de *Saint-Sulpice* (Bourges); de *Saint-Taurin* (Évreux), etc.

Voir la liste complète des monastères bénédictins de la Congrégation de Saint-Maur publiée par M. Léopold Delisle dans la Préface du *Monasticon Gallicanum*, recueil de plans des monastères édité par Peigné-Delacourt, 2 vol. in-4°.

2. « ... La Congrégation de Cluny (Congregatio Cluniacensis), dont l'origine remonte à l'an 910, mais qui ne fut organisée que par l'abbé Odon, constitue une organisation politique fortement liée, à la tête de laquelle était l'abbé de Cluny, abbé des abbés. Deux abbés, saint Hugues et Pierre le Vénérable (1049-1156), firent la fortune de l'Ordre qui, au milieu du XIIe siècle, comptait plus de 2000 abbayes affiliées et subordonnées. C'est de 1098 que date l'abbaye de *Cîteaux* et c'est au commencement du XIIe siècle que les quatre grandes filles de Cîteaux, La Ferté-sur-Grene, Pontigny, Clairvaux, Morimond, ont été fondées 1113-1115 et que fut confirmée par le pape (1119) la règle de l'Ordre, la « Charte de Charité ». — Levasseur, *Le Travail des Moines dans les Monastères*, Bulletin de l'Académie des Sciences morales et politiques, novembre 1900, p. 449-470.

ciens furent appelés *Bernardins*. Mais nous n'avons à retenir ici que le caractère féodal de ces confréries de moines, propriétaires de régions entières qu'ils avaient défrichées par eux-mêmes ou par leurs serfs; liés par toutes les obligations d'hommage, de services et non moins empressés à les faire remplir à leur profit; ayant leurs finances et surtout leur justice, source abondante pour leurs finances. La puissance et le luxe des congrégations devinrent même telles que des Ordres nouveaux, les *Dominicains*, les *Franciscains*, se cantonnèrent, moines mendiants, dans une pauvreté qui fut une protestation contre l'oubli des préceptes évangéliques.

IV. — Les justices municipales [1].

Les villes aussi étaient des seigneuries. Non qu'elles fussent indépendantes, tant s'en fallait : elles étaient au contraire partagées parfois entre trois et quatre seigneurs. Mais la plupart jouissaient d'une sorte d'autonomie : villes de *commune*, villes de *bourgeoisie* ou privilégiées, villes de *consulat* dans le midi. Dans les communes, les magistrats, maires et échevins, rendaient la justice assistés de pairs ou jurés. Les villes de bourgeoisie maintenaient aussi leur juridiction, mais sous la présidence du prévôt. Les villes méridionales dirigées par des consulats très variés avaient, les unes, des tribunaux municipaux semblables à ceux des communes, les autres, des assises dirigées par les officiers royaux ou seigneuriaux [2].

Entrons dans quelques villes, soit petites, soit grandes. En Picardie, *Saint-Riquier* obéissait à un seigneur ecclésiastique, l'abbé. Les habitants ne pouvaient ni édifier, ni réparer de maisons, portes, auvents, margelles de puits le long des chemins et places de la ville sans le congé du « froquier » (voyer) de l'abbaye. La justice sur les bourgeois appartenait au *maire* et aux *jurés*,

1. Voir une thèse de M. Georges Testaud : *Des Juridictions municipales en France jusqu'à l'Ordonnance de Moulins*, 1566. Paris, Larose, 1901. C'est un essai de généralisation utile, quoique vague et incomplète.

2. Voir pour ces consulats l'étude savante de P. Dognon dans les *Institutions politiques du Languedoc*. Toulouse, Bibliothèque méridionale, 2e série, t. IV. L'administration de la justice dans les consulats est exposée p. 111-121.

sauf durant les trois jours de la fête de Saint-Riquier, pendant lesquels la connaissance des délits était réservée aux religieux[1]. *Rouen*, la célèbre capitale de la Normandie, possédait tout un ensemble de magistratures municipales[2], émanant d'un corps de cent *pairs* qui se réunissaient tous les quinze jours. Les *pairs* dressaient une liste sur laquelle le roi choisissait le maire; puis ils élisaient 24 magistrats annuels ou *jurés*. Les jurés tenaient séance tous les samedis. Eux-mêmes se divisaient en deux autres groupes : 12 *échevins* (scabini), 12 *conseillers* (consultores). Les plus occupés étaient les échevins qui s'assemblaient deux fois par semaine sous la présidence du maire. Ils formaient la *cour de justice*, dont la compétence était principalement civile. La *haute justice* était réservée aux officiers royaux. Pourtant la justice municipale exerçait, dans les cas criminels, son action à côté de l'action du bailli royal : elle appliquait une peine qu'on retrouve n d'autres législations urbaines « *l*'abattis de maison[3] ». La constitution rouennaise servit de modèle à presque toutes les villes de Normandie : elle fut copiée, même hors de la province, à la Rochelle, Saintes, Angoulême, Bayonne, Poitiers, Niort, Cognac,

1. *Olim.*, t. II, p. 361. VI (1313), acte en français.

2. Voir sur Rouen la savante *Histoire de la commune de Rouen*, par A. Chéruel, et l'ouvrage plus moderne, très approfondi de Giry : *Les Établissements de Rouen* (1883, in-8°. — « Les *Établissements* de Rouen, a fait observer Giry, ne sont point une constitution complète : tandis qu'ils descendent sur certains points dans des détails assez minutieux, ils laissent sans réglementation beaucoup de questions importantes, contiennent plusieurs contradictions et leur rédaction, surtout vers la fin, est assez mal ordonnée.... Ils déterminent les noms, le nombre, le mode de recrutement et les fonctions de divers magistrats de la ville, fixent leurs jours de réunion, règlent la police de leurs séances et audiences, indiquent quelle était la juridiction de la commune en regard de celle du roi, donnent certaines règles de droit civil et criminel, établissent la condition et les obligations des bourgeois et en particulier précisent les charges relatives au guet et à la garde et au service militaire, enfin donnent quelques règles relatives à l'administration et spécialement aux finances.... » (Giry, *ouv. cité*, p. 2.)

« ... En fait de droit privé, les *Établissements* ne contiennent que des dispositions relatives aux dettes. Le débiteur insolvable ou de mauvais vouloir avait ses biens saisis et abandonnés au créancier jusqu'à concurrence du montant de sa dette : si ses biens étaient insuffisants, il était banni et ne pouvait rentrer qu'en s'acquittant : s'il rentrait auparavant dans la ville, il était emprisonné jusqu'à paiement d'une amende de 100 sous et ensuite expulsé jusqu'à paiement intégral (art. 26). » (Giry, *ouvr. cité*, p. 22.)

3. « On procédait de même contre le juré coupable d'avoir blessé un autre juré (art. 12), contre les réfractaires et les déserteurs (art. 28), contre les voleurs (art. 34), contre les fugitifs (art. 35), contre les diffamateurs (art. 36), contre les violateurs de leur serment (art. 37), enfin contre les magistrats qui s'étaient laissé corrompre (art. 33). » (Giry, *ouvr. cité*, p. 21.)

Saint-Jean-d'Angély, aux îles d'Oléron et de Ré, plus tard à Tours.

L'organisation de *Saint-Omer* était plus compliquée. Cette ville s'était formée autour de l'abbaye de *Saint-Bertin* et de *Saint-Omer*. Dès 874, elle eut un marché, au XIe siècle, une foire, puis fut constituée en commune (1127-1157), ce qui lui assurait un tribunal. Mais le comte de Flandre, suzerain, conserva la haute et souveraine justice : un châtelain le représentait qui finit par se rendre lui-même indépendant. Les comtes alors lui opposèrent un *bailli*. Les échevins de la commune, de leur côté, limitèrent l'intervention du châtelain dans la justice : il ne fut plus guère chargé que de *semondre* (d'assigner). En résumé, à Saint-Omer, on distinguait au XIIIe siècle : 1° une *cour féodale* composée des *pairs*, vassaux du châtelain, prononçant dans les contestations en matière de fiefs ou dans les cas criminels reprochés aux nobles; 2° des *plaids généraux*, assises périodiques où se rendait la haute justice sur les gens de condition inférieure : là siégeaient les *francs hommes* ou les *francs échevins* de Saint-Omer; 3° un tribunal inférieur installé au château, composé des officiers du châtelain et rendant la justice pour un fief dit *de la Motte*; 4° les *justices temporelles* de l'abbaye, du chapitre de la collégiale; 5° des justices seigneuriales particulières; 6° la *justice municipale* (haute et basse) ayant action sur les étrangers, sur les bourgeois même hors de la ville[1].

Dans la cité d'*Arras*, où l'industrie des laines était ancienne et renommée, l'organisation municipale se confondait avec l'organisation industrielle[2]. Les confréries de métiers dominaient. L'*échevinat*, électif depuis la charte de 1197, appartenait en réalité aux marchands. La cloche du beffroi ne sonnait pas seulement les alarmes, le *tocsin*, le *couvre-feu*, mais encore l'ouverture des ateliers, l'heure des repas, la cessation du travail. Dans la halle, dite des *Vingt hommes*, un tribunal de police industrielle, qu'on appela la *Vintaine*, faisait, sous l'autorité des échevins, exécuter

1. Voir l'importante et très documentée *Histoire de Saint-Omer* par Giry. Bibl. de l'Éc. des Hautes-Études, fasc. 31. — Voir aussi *Histoire du bailliage de Saint-Omer* (1193-1790), par M. Pagart d'Hermansart (Saint-Omer, 1898, 2 vol. in-8°).

2. A. Guesnon, *Introduction au Livre rouge de la Vintaine d'Arras* (Paris, Imprimerie nationale, 1898).

les édits et les règlements sur la draperie, conservés dans le *Livre rouge de la draperie*. A *Saint-Quentin* il y avait deux maires, celui de la commune et le maire féodal, officier de justice du comté [1]. Il faudrait, et nous ne le pouvons vraiment pas ici, étudier toutes les villes de France : chacune avait sa justice comme son histoire [2].

V. — Les justices parisiennes. Seigneuries ecclésiastiques. Le Chatelet.

Nulle ville ne nous offrira, d'ailleurs, de la multiplicité des juridictions, un exemple plus intéressant que la capitale même du royaume, qui comptait en 1292 une population d'environ 215000 habitants [3].

Paris, primitivement resserré dans l'île de la Cité, déborda, à

1. Giry. *Étude sur les origines de la commune de Saint-Quentin* (Introduction aux archives anciennes de Saint-Quentin).

2. Citons seulement quelques monographies qui aideront à préparer un travail d'ensemble : Thierry (Aug.), *La Constitution communale d'Amiens*, dans la 2e éd. de l'Hist. du Tiers Etat, Paris, 1853. — Tuetey, *Etude sur le droit municipal au* XIIIe *et au* XIVe *siècle en Franche-Comté et en particulier à Montbéliard*, Montbéliard, 1865. — A. Lefranc, *Hist. de la ville de Noyon* et de ses *Institutions* jusqu'à la fin du XIIIe siècle. Bibl. des Hautes-Études, 75e fascicule. — Pirenne, *Histoire de la constitution de la ville de Dinant au moyen âge*, 1 vol., Gand (1889). — Giry, *Documents sur les relations de la royauté avec les villes en France*, 1 vol., Paris, 1885. — Flammermont, *Hist. des Institut. munic. de Sentis*. Bibl. de l'Ec. des Hautes-Etudes, 45e fascicule. — Bonvalot, *Le Tiers-État d'après la Charte de Beaumont et ses filiales*, Paris, Metz, Nancy, 1884, *Hist. du droit et des institut. de la Lorraine*, Paris, 1895. — Aug. Prost, *L'Ordonnance des maiours, Étude sur les institutions judiciaires à Metz*, du XIIIe au XVIIe siècle. (*Nouvelle Rev. histor.*, 1878, p. 192.) — Rabanis, *Administr. munic. et instit. judic. de Bordeaux* (*Rev. hist. de dr. fr. et étrang.*, t. VII, p. 461-523, etc.). — Valois N., *Établissement et organisation du régime municipal de Figeac*. Bibl. de l'Ec. des Ch., t. XL, p. 397-423, etc.

3. « En 1292, il y avait plus de quatre-vingts ans que l'enceinte de Philippe-Auguste était terminée, et déjà la population de l'intérieur avait dû atteindre le plus haut degré de développement possible, puisque Paris commençait à s'étendre hors des murailles. Depuis ce moment l'accroissement de la ville a dû s'opérer par extension jusqu'en 1367, époque où la construction d'une nouvelle clôture ramena la population parisienne au premier mode de développement. On peut dès lors supposer avec assez de vraisemblance que dans les trente-six années écoulées depuis 1292 jusqu'en 1328, l'accroissement de la population a suivi, d'année en année, une proportion analogue à celle de l'augmentation de territoire. — De 1211 à 1292, Paris s'était accru d'environ 96 hectares 74 ares. D'après les données ci-dessus en diminuant de $\frac{36}{212}$ le chiffre de 1328 (274, 941), nous obtiendrons pour 1292 le chiffre de 228 249 habitants.... Et combinant ce résultat avec celui que j'ai déjà obtenu par un autre calcul basé sur des éléments tout à fait différents, nous obtiendrons pour la population de Paris en 1292 un nombre moyen de 215 861 habi-

l'époque romaine, sur les deux rives de la Seine, au nord et au sud. Puis, à l'époque mérovingienne, il fut enveloppé d'une ceinture d'églises et d'abbayes dont les enclos, devenus des bourgs, agrandirent sans cesse l'ancienne ville. Clovis, qui rendit la Gaule franque tandis qu'elle le faisait chrétien, avait, au sommet de la plus haute colline de la rive gauche, fondé une église placée d'abord sous le vocable de saint Pierre et de saint Paul, ensuite sous celui de sainte Geneviève. Le long des pentes de la *montagne Sainte-Geneviève* s'étagèrent, bordant des chemins raides et sinueux, les cases des hôtes et des serfs de l'abbaye. Philippe-Auguste enferma ce bourg dans l'enceinte de Paris. Il y a quelques années seulement qu'ont disparu, au coin de la rue *Clovis*, les derniers débris du mur de Philippe-Auguste : on peut encore, par quelques jardins échappés aux siècles niveleurs, et qui surplombent la rue, mesurer la hauteur ancienne de la colline. Hors du bourg de Sainte-Geneviève se développa, plus bas vers la Seine, l'abbaye de *Saint-Victor* atteignant, à l'ouest, les remparts dont la rue du *Cardinal-Lemoine* (ancienne rue des Fossés-Saint-Victor) trace aujourd'hui la ligne avec la rue à laquelle on a conservé le nom de *Fossés-Saint-Bernard*. Plus loin vers le sud, l'enclos de *Saint-Médard*, la collégiale de *Saint-Marcel* préparaient d'autres agglomérations de l'avenir.

A l'ouest de la montagne Sainte-Geneviève, une plaine s'ouvrait plus favorable à la culture et à la colonisation. Un des fils de Clovis, Childebert Ier, y bâtit une église de Sainte-Croix et de Saint-Vincent (543-546) où l'on transféra le corps de *saint Germain*, évêque de Paris. Elle devint l'église et l'abbaye de *Saint-Germain* dite des *Prés*, monastère de Bénédictins. L'abbé Morard la reconstruisit, l'agrandit, la fortifia de trois tours d'angles et de cinq tourelles. De nombreux colons se groupèrent sous cette protection, formant le bourg de *Saint-Germain*, puis celui de *Saint-Sulpice*. Les terres concédées aux religieux allaient jusqu'aux collines de

tants. » — H. Géraud, *Le livre de la Taille en 1292* (Docum. inédits de l'*Hist. de France*, p. 477-478.)

Pour l'état de Paris au moyen âge, voir Legrand, *Paris en 1380* (avec plans). — Bournon, *La Bastille* (Hist. générale de Paris, in-4°). — Leroux de Lincy, *Hist. de l'hôt. de ville de Paris* (1846), avec pièces justificatives. — Robiquet, *Histoire municipale de Paris* (1880). — Franklin, *Les rues et les cris de Paris au XIIIe siècle*, etc.

Vanves et d'Issy. Une partie du bourg Saint-Germain seulement fut englobée par Philippe-Auguste dans la ville de Paris.

Sur la rive droite de la Seine, encore du côté de l'ouest, une chapelle dédiée à un autre *saint Germain*, le fameux évêque d'Auxerre, était de même devenue une église, une abbaye, le centre d'un bourg. Des seigneurs construisaient aussi des hôtels dont les enclos, plus tard divisés, formèrent autant de quartiers nouveaux. Philippe-Auguste établit « aux Champeaux » un marché d'approvisionnements (les Halles) qui, avec le bourg de Saint-Germain d'Auxerre, fut enveloppé dans l'enceinte, sans cesser d'appartenir à l'évêque de Paris. A ce moment l'évêque, installé à la pointe orientale de l'île de la Cité, y dressait, comme un ornement imposant à la poupe d'un navire, la majestueuse cathédrale de Notre-Dame (XIIe siècle). Mais, comme ses serfs avaient surtout colonisé la rive droite de la Seine, il possédait, de ce côté, des terrains si vastes que la *ville* et la *culture l'Évêque*, à l'extrémité du faubourg Saint-Honoré, confinaient aux terres du *Roule*, puis, au nord-ouest, à celles dites de la *Grange-Batelière*. Leurs groupes de cases rustiques ont formé le cadre des quartiers aujourd'hui les plus riches et les plus élégants du Paris moderne (Chaussée d'Antin, Madeleine, Saint-Augustin).

Au nord de la capitale, l'abbaye célèbre de Saint-Denis, à deux lieues environ de Notre-Dame, attirait de nombreux pèlerins qui s'y rendaient par la longue et tortueuse rue *Saint-Denis*[1]. Une autre rue, parallèle, menait au prieuré de *Saint-Martin-des-Champs*, occupé par des religieux de Cluny, solidement bâti comme une forteresse [2]. Il devint le centre d'un quartier populeux que Charles V renferma dans la ville. Les religieux édifièrent l'église *Saint-Nicolas-des-Champs* pour la paroisse qu'ils avaient vue naître et où ils conservaient l'autorité.

A l'est de Saint-Martin, des tours plus imposantes avaient été bâties par les chevaliers religieux du *Temple*. Deux chemins

1. Cette rue était fermée par une porte située à égale distance des rues Mauconseil et du Petit-Lion; elle touchait à l'impasse des Peintres. La rue Turbigo, à son point d'intersection avec la rue Saint-Denis, en marque aujourd'hui l'emplacement.... » Voir *Paris et ses historiens. Description de Paris sous Charles V* (Hist. générale de Paris, p. 110, note 9).

2. Il a été de nos jours utilisé pour le Conservatoire des arts et métiers.

menaient de Paris à leur château fort, les deux rues tortueuses du *Temple* et *Vieille-du-Temple*. Au nord et à l'est s'étendait la *culture* dite *du Temple*, qui demeura, en dehors des murs, vague et parsemée de rares maisons.

Plus à l'est, une autre *culture*, dite de *Sainte-Catherine*, bordait les remparts qui se repliaient vers le sud jusqu'à la porte Saint-Antoine. Charles V construisit là une forteresse, une *bastille*, comme on disait. Avec ses huit tours rondes et épaisses, la bastille *Saint-Antoine* surpassait les autres bastilles et garda seule, à travers les siècles, le nom, plus tard si célèbre, de la *Bastille*. Elle avait d'abord eu pour rôle de protéger les pavillons et les jardins de l'hôtel *Saint-Pol*, des fenêtres duquel le roi sage put voir sans crainte, sinon sans douleur, les Anglais pousser leurs ravages et « leurs fumières » jusqu'aux portes de la capitale.

Charles V n'avait avancé que sur la rive droite le demi-cercle de l'enceinte parisienne. Aussi, de ce côté, la ville débordait-elle de beaucoup le point auquel aboutissait, sur la rive gauche, le rempart de Philippe-Auguste. Pour fermer cet intervalle auquel la Seine servait de fossé, un mur fut construit, de la bastille Saint-Antoine au fleuve et, le long du fleuve, jusqu'à la tour *Barbeau*, en face de la tournelle *Saint-Bernard* de la rive gauche, où recommençaient les fortifications consolidées, non modifiées, par Charles V.

Hors de Paris, étaient de même devenus des centres de population le prieuré de *Saint-Lazare*, ancienne léproserie, et, à l'ouest, l'abbaye des *Dames de Montmartre*. Au delà du faubourg Saint-Denis, les chemins traversaient les cultures de la *Chapelle Saint-Denis* et débouchaient dans une plaine en partie couverte de bois et giboyeuse. De distance en distance, des croix de pierre, élevées sur des degrés, des *Montjoyes*[1], traçaient une sorte de voie sacrée

1. « ... Entre Paris et Saint-Denis est la place du Lendit et sur la rue sont plusieurs grans et notables croix entaillées de pierres, à grands ymages; et sont sur le chemin en manière de Monjoies pour adrechier la voie.... » Description de Paris sous Charles VI, par Guillebert de Metz (*Paris et ses historiens*, p. 230). L'éditeur ajoute cette note (n. 3) : « Ces croix s'élevaient sans doute sur un petit tertre ou au sommet d'une plate-forme à laquelle on accédait par des degrés comme pour tous les calvaires de cette époque; ce qui explique la locution de Guillebert de Metz « en manière de Monjoies » (mons gaudii), c'est-à-dire comme de petits monticules. »

qui conduisait à l'abbaye antique et vénérée de *Saint-Denis*, qualifiée parfois de « sainte abbaye », de « couronne du royaume »[1]. Cette abbaye gouvernait la ville et l'île du même nom, puis un vaste territoire jusqu'aux villages de Saint-Ouen, de Clichy, de Clignancourt, d'Aubervilliers, de Crèvecœur, de Louvres en Parisis.

Paris s'était donc formé par l'aggrégation successive de seigneuries, principalement ecclésiastiques. Ces seigneuries détenaient la justice dans leurs quartiers : elles ne laissaient qu'une part à la juridiction royale et à la juridiction municipale. Un délit était-il commis en la Cité, par exemple, dans la rue de la Barillerie ou l'une des huit rues voisines, le Concierge royal du *Palais* en réclamait la connaissance. Justice très restreinte qui se heurtait presque tout de suite à celle du prieur de *Saint-Éloi* (entre les rues de la Barillerie et de la Vieille-Draperie, aujourd'hui la caserne affectée aux services de la préfecture de police)[2]. Autour de l'église Saint-Pierre des Arcis et de l'église Saint-Barthélemy (carré que tracent le boulevard du Palais, le tribunal de commerce, l'avenue de Constantine, le Marché aux fleurs), c'était l'abbé de *Saint-Magloire* qui exerçait la juridiction. Au prieur de *Saint-Denis de la Châtre* appartenaient les rues de la Lanterne, du Haut-Moulin, de Glatigny (espace occupé par le quai du nord et l'Hôtel-Dieu). Tout le reste de la Cité dépendait du *chapitre de Notre-Dame*. Les chanoines disputaient même la cathédrale à l'évêque. En 1273, un voleur ayant été saisi dans l'église de Notre-Dame, fut conduit dans les prisons de l'évêque. Les chanoines réclamèrent. On reconnut que l'évêque n'avait justice que dans le sanctuaire et une partie du chœur; le chapitre était maître de la nef et des bas côtés.

Si, par le Petit-Pont que barrait une fortification devenue

1. Un des vieux historiens de Saint-Denis, Doublet, cite ces qualifications élogieuses de l'abbaye : « Le roy Edouard, Anglais : Sanctum monasterium; Charles le Simple : Sanctum et sacrum cœnobium. Paul Jove appelle l'église de Saint-Denis : Mausoleum totius Galliæ, corona regni, Regumque seu Imperatorum Francorum sepultura. » Doublet, *Hist. de l'abbaye de Saint-Denis*, in-f°, p. 170.

2. Une fois pour toutes nous renvoyons, pour le détail de ces justices qui nous entraîneraient trop loin de notre sujet, au livre si étudié de M. Tanon, *Histoire des justices ecclésiastiques de Paris*. M. Tanon a fourni, dans des notes nombreuses, des explications sur les rues qu'il a identifiées avec les rues modernes. C'est une très précise contribution à l'histoire du Vieux Paris.

prison royale, le *Petit-Châtelet*, on passait sur la rive gauche de la Seine, on restait néanmoins sous la juridiction du *chapitre de Notre-Dame* dans tout l'espace compris entre les rues Saint-Jacques, Saint-Yves (des Noyers), des Anglais et dans les rues étroites qui enserraient l'église *Saint-Séverin*. Cette justice des chanoines de Notre-Dame s'embarrassait dans celle du petit fief de *Tiron* (dépendant de l'abbaye de Tiron dans le Perche), dans celle de la *commanderie de Saint-Jean de Latran* et surtout dans celle du chapitre de l'église *Saint-Benoît* (rue Saint-Jacques, presque en face le Collège de France). Mais dans les rues du Fouarre, Galande, Saint-Julien le Pauvre, qu'encombrait et animait la population turbulente des écoliers, la justice revenait à l'*évêque de Paris*, protecteur des clercs de l'Université.

La justice de l'*évêque de Paris* était la principale sur la rive droite de la Seine : elle allait de l'abbaye de *Saint-Germain d'Auxerre* à la rue *Saint-Denis*, non sans se mêler à celle de l'abbaye de *Saint-Magloire*, prieuré de la Cité qui avait été transféré près de la rue Saint-Denis (1138). Dans la rue *Saint-Martin*, la justice de la première moitié appartenait à l'église collégiale de *Saint-Merri*, attenant à un cloître fermé par trois portes. La seconde moitié était la propriété du monastère de *Saint-Martin des Champs*. Le *chambrier* de Saint-Martin jugeait au civil, le *maire* au criminel[1]. Hors Paris, le monastère de Saint-Martin des Champs avait toute justice à Pantin, Bondy, Noisy-le-Grand et toute une vaste région à l'est de la capitale. Voisine et souvent rivale de la justice de Saint-Martin des Champs, celle de l'*Ordre du Temple* s'exerçait sur les maisons qui se pressaient entre sa forteresse et la muraille de Philippe-Auguste. Après la suppression violente des Templiers par Philippe le Bel, cette justice fut attribuée au grand prieur des chevaliers de *Saint-Jean de Jérusalem* : le Temple devint le *Grand Prieuré*, mais son nom persista et persiste encore dans un des quartiers les plus denses de Paris. L'énorme donjon resta debout jusqu'au commencement du XIXe siècle et

1. Leur juridiction s'étendait sur les rues Saint-Martin, Guérin-Boncel, des Petits-Champs (rue Brantôme), la rue Chapon, la rue aux Graveliers (des Gravilliers), la rue Grenier-Saint-Ladre (Grenier Saint-Lazare), la rue au Maire (Aumaire), la rue aux Jougleurs, la rue Beaubourg, la rue de Montmorency, la rue Maubuée, la rue aux Oues (aux Ours), la rue Quinquempoix (Quincampoix), etc.

abrita, cruelle ironie du sort, l'agonie du dernier roi capétien.

La partie de la ville qui avoisinait l'hôtel Saint-Pol appartenait naturellement à la justice royale. Encore celle-ci se heurtait-elle à d'autres justices ecclésiastiques et seigneuriales, celles de l'abbaye de *Tiron*, de la *Grange Saint-Éloi*, dépendance du prieuré de Saint-Éloi de la Cité. En descendant le long de la Seine, on arrivait, près de l'église de Saint-Gervais, à une place inclinée vers le fleuve qui servait de port à la navigation et qu'on appelait la *Grève*[1]. Parmi les maisons qui encadraient cette place, la *Maison aux Piliers* servait, depuis 1357, de siège à la juridiction municipale du *Prévôt des Marchands*. On considérait cette maison comme vaste parce qu'on y remarquait deux cours, des poulaillers, des cuisines, des étuves ou bains, une chambre de parade, une autre dite le *Plaidoyer*, une chapelle et une salle longue de cinq toises, large de trois. C'est là qu'avait été transféré le *Parloir aux Bourgeois* : c'était la *Maison de ville* où rendait ses arrêtés le chef élu de la Compagnie des *Marchands de l'eau*, les successeurs des *Nautes* parisiens de l'époque romaine, seuls maîtres du commerce fluvial, sans le concours desquels aucun bateau ne pouvait, de Bourgogne ou de Normandie, entrer à Paris.

Non loin de la Grève, en face du Palais, au bout du pont aux *Changeurs* et du pont aux *Meuniers*, des pâtés de maisons isolaient du fleuve une ancienne fortification, trapue, massive : le *Châtelet*, siège de la *Prévoté royale* de Paris. Les maisons bâties au ras même du fleuve et l'église Saint-Leufroy masquaient ce vieux château sinon construit, du moins remanié par Louis VI et Philippe-Auguste[2]. Une tour maîtresse, épaisse, à toit conique,

1. « Le prévôt des marchands et ses échevins veillaient avec un soin tout particulier à la conservation de la Grève, que la position qu'elle occupait au bas du monceau Saint-Gervais, sur les bords de la Seine, exposait à des inondations fréquentes. Pour remédier à cet inconvénient, des palissades en bois, soutenues par des liens de fer, avaient été fixées tout le long du rivage et occupaient l'emplacement où s'éleva plus tard l'ancienne arcade Saint-Jean... Les palissades n'étaient pas assez élevées pour empêcher la Seine d'inonder la place de Grève quand ce fleuve venait à sortir de son lit. » (Leroux de Lincy, *Histoire de l'hôtel de ville de Paris*, p. 55.)

2. Voir, sur le Châtelet l'article de Alfred Bonnardot, dans *Paris à travers les âges*, in-f°, t. I, p. 6. — Batifol, *Le Châtelet de Paris vers 1400*, article dans la Revue Historique, t. LXI. p. 225, t. LXII, p. 225, t. LXIII, p. 42. — Glasson, *Le Châtelet de Paris et les abus de sa procédure aux* XIVe *et* XVe *siècles*. Comptes rendus de l'Académie des Sciences morales et politiques, année 1893 juillet, p. 45.

située au coin de la rue de la Joaillerie, dominait un pavillon carré, garni de tourelles, et d'autres bâtiments disparates. Sur une place irrégulière, vis-à-vis de la rue Saint-Denis, une façade encadrée par deux tourelles à encorbellement, ornée plus tard, sous Louis XII, d'un fronton Renaissance, donnait accès au Châtelet mais non un accès direct. Cette façade recouvrait une voûte longue de 28 mètres qui débouchait, au midi, sur la rue Saint-Leufroy et conduisait aux ponts. Ce passage était la seule voie de communication entre la rue Saint-Denis et la Cité, entre le Châtelet et le Palais : c'était la route suivie par les charrois et les piétons, à certains jours, même par les cortèges de rois ou de reines entrant à Paris. Le guichet du Châtelet s'ouvrait, à gauche de l'entrée, sous la voûte. Il conduisait aux prisons ou geôles désignées sous des noms bizarres ou sinistres. Quelques-unes, souterraines, n'étaient que des fosses sans air et sans lumière.

Le côté occidental du Châtelet bordait la rue *Pierre à poissons* où se faisait, sur des dalles, la vente du poisson d'eau douce et de mer, privilège singulier de la Corporation des bouchers qui avait d'ailleurs son siège et son principal abattoir, la *Grande-Boucherie*, devant la façade même du Châtelet au lieu dénommé l'*Apport-Paris*. Le Châtelet se trouvait ainsi un des centres d'approvisionnement de la capitale. Il y gagnait d'être, à gauche, avoisiné des ruelles immondes de la *Tuerie*, de l'*Écorcherie*, de la *Triperie*, du *Pied de Bœuf*, de la *Vieille Tannerie*, situées derrière la rue de la Joaillerie et le chevet de l'église Saint-Leufroy. A droite, la rue *Pierre à poissons* formait équerre avec des îlots de maisons et communiquait avec la Seine par la rue de la *Saunerie*. Tous ces environs du Châtelet sont dépeints, même aux XVIe et XVIIe siècles, comme des foyers pestilentiels dus aux abattoirs et à l'égoût qui déversait dans le fleuve leurs détritus et leurs ruisseaux de sang. Aujourd'hui la place régulière du Châtelet, ornée de la colonne-fontaine des Palmiers érigée en l'honneur des campagnes de Bonaparte, les deux théâtres qui se font face, ne permettent point de soupçonner l'aspect lamentable et repoussant qu'offrait ce coin du vieux Paris. Vicissitude des temps! Sur le terrain où des geôles obscures et fétides cachèrent, durant cinq siècles, tant de souffrances, de désespoirs et de lentes agonies, la féerie déploie, chaque soir, ses plus sémillants ballets et ses fantastiques apothéoses.

L'activité de la justice royale du Châtelet n'empêchait pas, au contraire elle stimulait celle des autres justices seigneuriales et ecclésiastiques. On en comptait *vingt-cinq* dans Paris[1], par conséquent autant de salles d'audiences, autant de prisons. Le tribunal et la geôle du chapitre de Notre-Dame se tenaient dans le cloître même. Les églises de Saint-Germain des Prés, Saint-Benoît, Sainte-Geneviève, Saint-Martin des Champs, avaient leur salle de justice dans leur enclos ou à côté. La prison de Saint-Germain des Prés devint plus tard publique sous le nom de l'*Abbaye* et tristement fameuse par les massacres de septembre 1792. Le tribunal de l'évêque de Paris siégeait dans la rue Saint-Germain l'Auxerrois, au *For-l'Évêque* (Forum Episcopi)[2]. L'abbé de Saint-Magloire avait le sien dans une ruelle de la rue Saint-Denis, derrière l'église de Saint-Leu; le prieur de Saint-Eloi dans la Grange Saint-Eloi, dont les prisons furent le théâtre d'un affreux massacre des Armagnacs en 1418.

1. Du Breuil a donné une liste des seigneurs justiciers de Paris, en dehors du roi : 1° l'évêque de Paris avait justice sur 105 rues; 2° le chapitre de Notre-Dame sur 38; 3° l'abbé de Saint-Germain-des-Prés sur 30; 4° l'abbé de Sainte-Geneviève sur 54; 5° l'abbé de Saint-Antoine-des-Champs sur 50; 6° l'abbé de Saint-Victor sur 23; 7° le prieur de Saint-Martin-des-Champs sur 54; 8° le Grand Prieur du Temple sur 32; 9° le commandeur de Saint-Jean-de-Latran sur 9; 10° le prieur de Saint-Éloi sur 59; 11° l'abbé de Tiron sur 31; 12° l'abbé de Saint-Magloire sur 70; 13° les magistrats municipaux (Parloir aux Bourgeois) sur 50; 14° les chanoines de Saint-Merry sur 33; 15° les chanoines de Saint-Maur sur 11; 16° les chanoines de Saint-Benoît sur 15; 17° les chanoines de Saint-Germain-l'Auxerrois sur 18; 18° les chanoines de Sainte-Opportune sur 16; 19° les chanoines de Saint-Honoré sur 5; 20° le prieur de Saint-Lazare sur 18; 21° le prieur de Notre-Dame-des-Champs sur 4; 22° le prieur de Saint-Denis de la Chartre (dans la Cité); 23° l'abbesse de Montmartre; 24° le Grand Chambrier de France sur 8 rues; 25° le bailli du Palais sur 8 rues.

Du Breuil donne en outre une liste de « sept vingt et un », ou 141 seigneurs moyens et bas justiciers. Du Breuil, *Antiquités de Paris*, p. 802.

2. Le siège de la juridiction temporelle de l'évêque était le *For* ou *Four l'Évêque*, qui avait une face sur la rue Saint-Germain-l'Auxerrois et une autre sur le quai. Un pignon de cet édifice subsista pendant longtemps au coin de la rue de l'Arche-Pépin. C'était probablement un ancien four banal. Voir Lebeuf, *Diocèse de Paris*, t. I, p. 94. Le For-l'Evêque contenait, avec l'auditoire, les prisons de la temporalité. Nous en avons un état de lieux dans un procès-verbal d'un commis du voyer de l'évêque, du 14 mars 1583. Les cachots y sont désignés sous des noms particuliers : les Marmousets, la Souris, le Lièvre, la Brune et autres... Tanon, *ouv. cité*, p. 170.

— Les prisons du Chapitre étaient situées dans le cloître, comme on le voit par un acte du 22 mai 1285 qui constate la mort d'un prisonnier accusé de meurtre, *in claustro parisiensi*. Elles furent ensuite transportées dans la rue Saint-Pierre-aux-Bœufs et le cul-de-sac de Sainte-Marine. Elles étaient rétablies dans le cloître au XVIIIe siècle. (*Ibid.*, p. 138.)

A toutes ces justices il fallait des *échelles* ou *carcans* pour l'exposition des condamnés qu'on livrait à la curiosité narquoise de la foule, pour les fustigations, les mutilations. En circulant dans la ville, on rencontrait l'échelle de *Sainte-Geneviève* au carrefour de l'abbaye, celle du *chapitre de Notre-Dame* au port Saint-Landry. Près de la porte principale de l'abbaye de *Saint-Germain-des-Prés* (place Gozlin actuelle), se voyait un véritable pilori : seul le roi en avait un semblable aux Halles[1]. Les autres justices devaient se contenter d'une échelle : celle de l'*évêque de Paris* était dressée à la *Croix du Tiroir* (rue Saint-Honoré, à la hauteur de la rue de l'Arbre Sec); celle du *Temple* rue des Vieilles-Haudriettes, appelée aussi rue de l'Échelle du Temple; celle de *Saint-Éloi* à la place Baudoyer (mairie du 4e arrondissement). L'échelle du prieuré de *Saint-Martin-des-Champs* était sur une petite place appelée Cour Saint-Martin (rue Aumaire, derrière l'église Saint-Nicolas-des-Champs). Les passants, le 27 janvier 1338, purent y voir attaché Colin Lepiquart de Montargis qui avait produit en la cour de l'official une fausse quittance. Le 18, le 29 juin 1350, les habitants du quartier s'attroupaient autour de l'échelle de Saint-Martin où l'on avait mis Raoulet le Barbier, valet charretier, et Drouet Lemaire, accusés d'avoir « juré le vilain serment ». Sur les différents points de Paris se renouvelaient ces *expositions* qui ont duré jusque vers le milieu du XIXe siècle.

Les exécutions criminelles toutefois se faisaient, selon la coutume romaine, hors de la ville. Chaque justice, ayant quasi sa tranche de banlieue, avait ainsi ses fourches patibulaires dans un

1. Le pilori de Saint-Germain-des-Prés est très connu; il figure sur la plupart des anciens plans de Paris. Il était situé au milieu du carrefour qui faisait face à l'entrée primitive du monastère, sur l'emplacement de la place Gozlin actuelle. Un ancien tableau de l'Abbaye, reproduit par D. Bouillart, en donne la représentation exacte. C'était une petite tour ronde surmontée d'un toit conique et percée, dans sa partie supérieure, de hautes fenêtres. L'exposition des condamnés, qui y étaient *tournés*, selon l'expression usuelle des sentences de condamnation, se faisait comme au pilori royal des Halles au moyen d'une large roue de fer horizontale mobile autour de son axe, qui était établie à l'intérieur du pilori à la hauteur des fenêtres. Le condamné, placé au milieu de cet appareil, avait la tête et les mains engagées dans trois ouvertures pratiquées sur le cercle de la roue, et tournait avec elle pour être exposé, dans tous les sens, aux regards curieux ou aux injures de la foule. Il n'y avait à Paris d'autres piloris proprement dits que celui de Saint-Germain et le pilori royal des Halles; les autres justiciers avaient des echelles, ou même de simples accans. » (Tanon, *ouvr. cité*, p. 225.)

village : *Saint-Éloi* à Saint-Maur-des-Fossés, l'*évêque de Paris* à Saint-Cloud; *Saint-Martin-des-Champs* envoyait ses condamnés à mort à Noisy-le-Grand en face de Neuilly-sur-Marne, lugubre promenade pour les malheureux qu'on menait pendre à travers des vergers verdoyants et des arbres en fleurs. Ceux de *Saint-Germain-des-Prés* étaient conduits dans la plaine de Grenelle (près des Invalides); de *Sainte-Geneviève* près des fossés Saint-Marcel. Dans le faubourg Saint-Martin avaient été construits pour la *justice royale* les seize piliers de *Monfaucon*, divisés en étages par des traverses auxquelles on attachait les suppliciés [1]. Dans certains cas seulement, pour plus de solennité, les exécutions s'opéraient à l'intérieur de la ville, notamment aux Halles, à la Grève.

Dans la cour du prieuré de *Saint-Martin-des-Champs*, près du tribunal, des ormes abritaient de leur feuillage les animaux ou objets recueillis comme épaves et surtout les cadavres non reconnus ou les corps de ceux qui avaient péri par accident. C'était la petite *Morgue* de Saint-Martin, pour laquelle on faisait peu de frais. Le 29 décembre 1337, le feu ayant pris dans la rue de Montmorency en la maison d'Agnès la tripière, le cadavre d'Agnès fut apporté dans la cour de Saint-Martin « dessous l'orme ». Il y eut un rapport que nous qualifierions de médico-légal fait par mestre Pierre de Largentière, « mire juré », lequel conclut « à la mort par le feu [2] ». Le cadavre fut délivré aux amis pour être inhumé. Un homme avait été tué, le soir, environ à l'heure du couvre-feu, dans la rue au *Maire* [3]. Le prévôt de Paris défendit qu'on enlevât le cadavre « qui estoit sous les ormes en la manière accoustumée ». Le prévôt contestait aux religieux le droit de justicier les cas de prise de nuit. Le cadavre dut rester ainsi au dehors jusqu'après l'enquête qui fit triompher le droit des religieux. Chaque justice avait ainsi une Morgue qui n'était guère plus coûteuse. Mais la principale se voyait au Châtelet : on l'appelait la *basse geôle* [4], dépôt sinistre

1. L'emplacement du gibet de Montfaucon peut être délimité par les rues actuelles des Écluses Saint-Martin, Grange aux Belles et par le quai Valmy. C'était un clos fermé de murs avec une butte au centre de laquelle s'élevaient les sinistres piliers. Voir H. Legrand, *Paris en 1380*, p. 80, note 3.

2. 29 décembre 1337. — Registre criminel de Saint-Martin-des-Champs, publié par Tanon, *Hist. des Justices ecclésiastiques de Paris*.

3. 20 janvier 1337, *Ibid.*

4. Lire, sur la Morgue, les pages savantes et émues de M. Guillot (de l'Académie des Sciences morales) dans son beau livre : *Paris qui souffre*.

de cadavres placé tout à côté du marché aux poissons ou sons et des salles de justice. Les corps qui n'étaient pas r étaient ensevelis par les filles hospitalières de Sainte-C comme ceux qu'on amenait des prisons, et portés ensu une fosse commune creusée à part au bout du cimeti Innocents.

A voir la justice ainsi localisée par quartier, on pourra giner que, plus rapprochée des justiciables, elle était plu plus efficace. Sans doute la répression des délits et des c paraissait facilitée, les informations semblaient devoir rapides, les erreurs moins fréquentes. Mais ces justices mal armées, dépourvues de forces suffisantes de police que le prévôt de Paris était sans cesse obligé d'interve accomplir leur besogne, quitte à leur rendre les prisonni longs débats. Mais n'anticipons point sur ce que nous auro de la mêlée de toutes ces juridictions qui se disputaient, une proie, les criminels ou les plaideurs.

VI. — Les justices royales. Prévôtés et bailliage

Aussi bien qu'à Paris, la justice royale tendait et ré dans les provinces, à dominer les justices locales. De to les rois avaient eu, comme les seigneurs, leurs *prévôts*. Auguste établit en outre quatre grands *baillis*, dont le no guère plus nouveau; mais leurs pouvoirs les élevèrent des baillis ordinaires. Surveiller les hommes de fiefs d du roi, les conduire à l'armée, recueillir les *aides féoc* ceux-ci devaient en certaines occasions, connaître de leur telles étaient les fonctions de ces hommes de science e placés et déplacés au gré du roi, ses agents directs et les premiers liens par lesquels le prince enlaça les seigr s'étaient presque complètement soustraits à son autorité. assises, supérieures à celles des prévôts, le bailli écoutait l des sentences rendues par ces derniers : après l'abolitior judiciaire, il reçut les appels des justices seigneuriales e pales. Sans négliger les recettes d'impôts, ni le soin de l'ordre public, le bailli était surtout un juge parce qu'alors juger c'était administrer. Il était *juge de première instance* pour les nobles, *juge d'appel* pour les vilains. Sa circonscription, qui englobait quantité de fiefs et de seigneuries, formait et deviendra plus tard exclusivement un ressort judiciaire.

Dans le domaine royal[1] agrandi, au XIIIe siècle, on comptait déjà une vingtaine de *bailliages* ou, selon le nom qui prévalait au Midi, de *sénéchaussées*[2]. Circonscriptions tracées au hasard des annexions et fort inégales, elles comprenaient, les unes 4 *prévôtés*, d'autres 7, 8, 10, voire 30. En Normandie, les prévôtés s'appelaient *vicomtés*, dans le Midi *baylies*, *vigueries*, *châtellenies*. Au XIVe siècle, le rôle du Parlement de 1308 mentionne 21 bailliages ou sénéchaussées, mais plusieurs se dédoublaient (en Normandie, en Auvergne, en Champagne et dans le Midi), si bien qu'il y avait au total une *trentaine* de ces cadres de la justice supérieure, renfermant plus de *trois cents* tribunaux de prévôts, de viguiers,

1. *Le domaine royal en 1328.* — En prenant la date importante de 1328, qui marque la fin de la dynastie des Capétiens directs, on voit que le domaine royal comprenait : l'*Ile-de-France*, le duché de *Normandie*, le comté de *Champagne*, l'*Orléanais*, le *Berry*, la *Touraine*, le comté de *Poitiers*, une partie du duché de *Guyenne*, l'*Auvergne*, la ville de *Montpellier*, le *Lyonnais*, une partie du comté de *Flandre*, le *Vivarais*. Nous ne mentionnons pas les duchés et comtés apanagistes qui, appartenant à des princes de la famille royale, pouvaient être considérés comme des prolongements du domaine royal.

A cette époque les limites perdues au traité de Verdun étaient loin encore d'être reconquises. Toutefois, à partir de Lyon, la limite qui suivait le Rhône, le dépassait sur certains points, comme dans le Valentinois et le Diois. Au nord-est la ligne de la Meuse était atteinte au-dessus du Verdunois. La limite coupait le comté de Bar. « Le comte de Bar rendit hommage à Philippe le Bel pour le comté de Bar avec sa châtellenie et pour ce qu'il tenait en franc-alleu en deçà de la Meuse; le royaume acquit ainsi la mouvance des châtellenies comtales de Bar, de Souilly, de la Marche, de Châtillon, de Saine et de Conflans, de Lontanne et celle du fief de Louppy-le-Château... » (A. Longnon, *Atlas historique de la France*, Texte, p. 250.)

En dehors du domaine se trouvaient les grands fiefs : duché de *Bourgogne*, partie du duché de *Lorraine*, duché de *Bar*, de *Bourbon*; comtés de *Flandre*, d'*Artois*, de *Ponthieu*, de *Rethel*, de *Nevers*, de *Tonnerre*, du *Forez*, de la *Marche*, d'*Angoulême*, du *Périgord*, de *Valentinois*, d'*Armagnac*, de *Comminges*, de *Foix*, d'*Anjou*, d'*Evreux*, de *Clermont en Beauvoisis*; les vicomtés de *Narbonne*. etc.

En dehors des limites du royaume restaient encore séparés : la comté de *Bourgogne*, le comté de *Savoie*, le *Dauphiné* et le *Viennois* (qui allaient bientôt être réunis à la couronne sous Philippe de Valois), le *Comtat-Venaissin*, le comté de *Provence*, le duché de *Lorraine*, etc.

2. Les cités de *Senlis*, de *Saint-Quentin*, d'*Amiens*, d'*Orléans*, de *Sens*, de *Bourges*, de *Mâcon*, de *Rouen*, de *Caen*, de *Gisors*, étaient des chefs-lieux de bailliages. Les chefs-lieux des sénéchaussées étaient : *Poitiers*, *Saintes*, *Toulouse*, *Rodez*, *Clermont*, *Périgueux*, *Agen*, *Beaucaire*, *Carcassonne*.

de bayles, qui coexistaient avec les milliers de justices féodales[1]. Ce sont les premiers ressorts judiciaires.

1. Il serait trop long de reproduire ici le tableau dressé par Boutaric des bailliages et sénéchaussées avec leurs subdivisions en prévôtes (*La France sous Philippe le Bel*, Appendice, p. 451). A. Longnon a reproduit le tableau de Boutaric en rectifiant plusieurs détails d'après les documents qui avaient servi à le tracer. Voir *Atlas historique de la France*, Texte, 3e livraison, p. 214. Nous le résumerons seulement en indiquant le nombre des prévôtés.

TABLEAU DES BAILLIAGES ET SÉNÉCHAUSSÉES AU XIVe SIÈCLE

PRÉVÔTÉ DE PARIS (en réalité bailliage), 6 prévôtés. [Département de la Seine et une partie de Seine-et-Oise.]	Paris (Parisius). Châteaufort (Castrum Forte). Corbeil (Corbolium). Gonesse (Gonnessia). Poissy (Pissiacum). Saint-Germain-en-Laye. (S. Germanus in Laya).

BAILLIAGE DE SENLIS, prévôtés. . . [Oise et partie de Seine-et-Oise.]	9
— DE VERMANDOIS (*id.*). . . . . . . [Aisne, partie de la Somme, Marne, partie de la Meuse, Hte-Marne et la Champagne.]	4
— D'AMIENS (*id.*) . . . . [Partie de la Somme, Pas-de-Calais, Nord.	6
— DE SENS (*id.*). . . . . [Yonne, Côte-d'Or, partie de Seine-et-Marne.]	16
— D'ORLÉANS (*id.*). . . . . [Loiret, partie d'Eure-et-Loir, de Seine-et-Oise, de la Nièvre.]	10
— DE BOURGES (*id.*). . . . . [Cher, Indre, Allier.]	5
— DE MACON (*id.*). . . . . [Saône-et-Loire, Loire, Rhône, et le duché de Bourgogne.]	12
— DE TOURS (*id.*). . . . . [Indre-et-Loire, Maine-et-Loire, Loire-Inférieure, Sarthe, Mayenne, Ille-et-Vilaine, Morbihan, Finistère, Côtes-du-Nord.]	7
— DE ROUEN, vicomtés . . . . . . [Partie de la Seine-Inférieure et de l'Eure.]	3
— DE CAEN (*id.*) . . . . [Calvados.]	4
— DU COTENTIN (*id.*). . . . . [Manche.]	4
— DE CAUX (*id.*). . . . . [Partie de la Seine-Inférieure.]	4
— DE GISORS (*id.*). . . . . [Partie de Seine-et-Oise, de l'Eure, d'Eure-et-Loir, de l'Orne.]	2
— D'AUVERGNE, prévôtés. . . . . . [Partie du Puy-de-Dôme, de la Hte-Loire et du Cantal.]	30
BAILLIAGE DES MONTAGNES D'AUVERGNE, prévôtés . . . . [Cantal.]	3
SÉNÉCHAUSSÉE DE POITOU, prévôtés. [Vienne, Deux-Sèvres, partie de la Vendée, Haute-Vienne.]	6
— DE SAINTONGE (*id.*) . . . . [Charente et Charente-Inférieure.]	8
— DE TOULOUSE ET D'ALBIGEOIS, baylies . . . . [Hte-Garonne, partie du Tarn, du Tarn-et-Garonne, du Gers, de l'Aude, de l'Ariège et des Hautes-Pyrénées.]	97
— DE ROUERGUE (*id.*) . . . . [Aveyron, partie du Tarn-et-Garonne et du Lot.]	19
— DE PÉRIGORD ET DE QUERCY (*id.*). [Dordogne, Lot, partie du Tarn-et-Garonne, du Lot-et-Garonne.]	26
— DE BEAUCAIRE, vigueries. . . . [Gard, Ardèche, Hte-Loire, Lozère.]	13
— DE CARCASSONNE (*id.*). . . . . [Aude, Corrèze, partie nord du Tarn.]	9

Il faut ajouter :

BAILLIAGE DE LILLE (Nord), formé après la réunion de la Flandre.

BAILLIAGES DE TROYES, DE CHAUMONT, réunis par Philippe le Bel à son avènement.

BAILLIAGE DE VITRY (Aube, partie de Seine-et-Marne, Yonne, Aisne, Marne, Hte-Marne).

SÉNÉCHAUSSÉE DE LYON (Rhône), formée après la réunion de Lyon (1312).

Et d'autres bailliages momentanément réunis à la couronne (Franche-Comté, Bourgogne, Bigorre, Agenais).

VII. — Hautes, Moyennes et Basses Justices[1].

De cette hiérarchie des justices royales, il ne faudrait pas conclure que là, non plus que dans les justices seigneuriales, la pleine et haute justice appartenait exclusivement au juge supérieur, au bailli, par exemple. Des prévôts et des juges inférieurs des seigneurs, avaient le droit de condamner à mort. La subdivision en *haute* et *basse* justice, la seule qui existât dans le principe, tenait à la condition des fiefs : elle était territoriale. Elle était aussi personnelle, car elle dépendait également de la condition des justiciés. Sans doute M. P. Viollet a raison de croire que les seigneurs possédant la haute justice répondaient aux anciens comtes et vicomtes de l'époque mérovingienne ou carolingienne et les seigneurs n'ayant que la basse justice aux vicaires ou centeniers[1]. Mais, si ce fut là le point de départ, bien des circonstances modifièrent les pouvoirs des barons et des seigneurs qui avaient dans l'origine représenté, les uns les anciens *comites*, les autres les anciens *vicarii*. Les conventions qui se renouvelaient souvent dans la répartition des fiefs, augmentaient ou diminuaient les droits, et il devient difficile d'assimiler les seigneurs féodaux aux anciens fonctionnaires carolingiens ou mérovingiens.

On a prétendu que la *moyenne justice* n'apparut qu'au xive siècle[2]. Des documents certains la montrent établie au xiiie siècle. Selon un accord de 1273, où sont spécifiés les droits des chanoines de Saint-Merri, les chanoines perdaient la haute justice, mais conservaient la connaissance « des injures, des rixes, des coups et généralement de toutes les voies de fait sans effusion de sang[3] ». Les chanoines d'ailleurs continuaient d'exercer la *haute justice* dans l'enceinte de leur cloître. Au xive siècle, la division en *trois* degrés devient officielle, ainsi qu'il résulte de lettres de Philippe V le

1. P. Viollet, *Introduction aux Établissements*. t. I, p. 167. — Voir, pour la haute justice, les textes cités dans la note de M. Viollet sur le chap. xxxiii du livre II des *Etablissements*, t. IV, p. 304. — Voir aussi, pour les vavasseurs, *Établissements*, t. III, notes, p. 301 et 308. — Les droits de haute justice sont détaillés dans les *Décisions* de J. des Marès, Décis. 295.

2. P. Viollet, *Histoire des Institutions politiques*, t. II, p. 458, n. 3. Cf. note 2.

3. Tanon, *Hist. des justices ecclésiastiques de Paris*, p. 298, 299. Cf. p. 92, note 1.

Long citées par Brussel[1]. Le *haut justicier* prononce dans les cas criminels : homicide, rapt, incendie, vol, effusion de sang. Le *moyen justicier* connaît des délits dont l'amende ne dépasse pas 60 sous parisis. Le *bas justicier*, propriétaire du petit fief, simple chevalier, ne connaissait que des questions de propriétés, de dettes, de contrats, ou d'outrages, d'injures n'entraînant qu'une amende légère[2]. On alla même, remarque M. Viollet, « jusqu'à admettre l'existence d'une quatrième justice purement *foncière* ou *censière*, inférieure à la basse. Toute inféodation faite sur un alleu, toute sous-inféodation faite sur son fief par un vassal à titre de fief ou de censive emporte, disait-on, pour le seigneur de fief ou le seigneur censier le droit de juger les contestations relatives aux conditions de la tenure, mais celles là seulement[3]. »

C'était cette sorte de justice qu'on rencontrait généralement dans les campagnes où les tenures et les cens donnaient lieu à une foule de discussions. Elle appartenait aussi aux communautés rurales, car les tenanciers et les roturiers corvéables, sans cesser de dépendre du seigneur, avaient obtenu, à prix d'argent, quelques-uns des droits de commune[4]. Au XIVe siècle, le Ponthieu comptait jusqu'à trente-six communes. « La plupart, dit M. Luchaire, n'étaient que des villages ou même de minuscules hameaux : le Translai n'a aujourd'hui que 300 habi-

1. *Hautes, moyennes et basses justices.* — Lettres d'avril 1320 : « Comme Philippes, par la grâce de Dieu rois de France et de Navarre, pour certaines et justes causes, eust en son demaine, tenist et poursievit et à lui apparteinst de son *droict* la juridiction temporelle, *haute*, *moyenne* et *basse* de la cité et ville de Lyon et des appartenances.... » « ... C'est ici, dit en marge Brussel, si je ne me trompe, la plus ancienne pièce où j'aye vu qu'il soit parlé de moyenne justice. » (Brussel, *Nouvel examen de l'Usage général des fiefs*, in-4, 1727, p. 303, note.) — Par ce que nous avons dit plus haut, il est évident que Brussel s'est trompé, mais le texte cité n'en est pas moins important. — Un arrêt du 15 janvier 1322 donne une énumération complète et précise de tous les droits de justice (sans les diviser). Ces droits consistaient : « ... ponendo judices, notarios, bajulos et servientes, tenendo ibi assisias suas et cognoscendo de causis tam civilibus quam criminalibus, condemnando, absolvendo, pœnas multas imponendo et levando. Item erant in saisina fustigandi, importellandi (mettre au pilori), exulandi, relegandi, signandi (marquer avec un fer rouge), tutores et curatores dandi, postellum (échelle d'exposition) et furcas justicias habendi et in eisdem suspendendi, et exercendi omnia singula sine quibus merum et mixtum imperium exerceri non possunt. » (*Jugés*, I, f° 264 r°. — *Actes du Parl.*, 7025.)

2. Tanon, *Hist. des Justices*, p. 93, n. 2.

3. P. Viollet, *Hist. des Instit.*, t. II, p. 459.

4. J. Flach, *Les Origines de l'Ancienne France*, t. I, liv. II, chap. IX : La Justice domestique, p. 264, 265.

tants, Hiermont 400, Erquies 280[1]. » Il y avait dans ces localités un *maire*, des *échevins*. Dans beaucoup de campagnes, sur une place, à la porte d'un château, devant l'église paroissiale, ou sous des chênes, comme au temps des Gaulois, dans un endroit réputé sacré et lieu d'asile se tenait le *plaid* rural. Vilain, le maire, assisté de vilains, juge les vilains. Il règle surtout les minimes questions de cens, redevances ou coutumes (ce mot s'appliquait aussi aux redevances) : de là l'expression de « juges censiers », de « juges coutumiers ». Une charte dit expressément : « L'avoué (le délégué du seigneur) tiendra le plaid; il redressera les torts d'après l'avis des juges pris sur les lieux et avec l'assentiment du peuple de l'endroit. » Un autre document porte : « Le maire du village d'Amelle jugera les vols et les délits suivant le jugement de la cour de village ». Au village de Croisettes, les manans et tenanciers élisent, chaque année, sept échevins, « lesquels ont connaissance et juridiction du gouvernement et police du village, du bien public et de toutes les causes d'actions personnelles[2] ». Cours si réduites qu'on n'avait pas cherché à établir la distinction de la compétence en raison de la *matière* et de la compétence en raison de la *personne*. Loyseau, dans son livre sur les *Seigneuries*, a fait remarquer qu'on ne pouvait vraiment pas déterminer les pouvoirs de ces justiciers à cause de cette confusion de la justice personnelle et des justices foncières[3]. Les rois ne se préoccupèrent pas de ces infimes justices

1. Luchaire, *Les Communes françaises*, p. 75.

2. *Justices de villages*. — Voir des pages pittoresques de Fustel de Coulanges dont nous ne pouvons citer que quelques passages : « D'abord le lieu où se rendait la justice du seigneur est digne de remarque. Ce n'était pas l'habitation du seigneur lui-même, ce n'était pas le château fort. La justice était ordinairement rendue en plein air, sur une place, à la porte du château ou devant l'église. Ainsi le paysan qui était accusé ou qui portait plainte n'était pas contraint de pénétrer dans la sombre demeure du maître; il restait à la lumière du soleil, sous les yeux de ses semblables. La place où se faisaient les jugements n'était pas choisie arbitrairement par le seigneur; cette place était marquée et fixée une fois pour toutes; la plupart des arrêts qui nous ont été conservés, portent qu'ils ont été rendus à l'endroit ordinaire, tantôt « auprès des chênes », ici « sous les ormes », là « sous le grand tilleul ». Cette place était quelquefois close par une haie et s'appelait cour (*curtis*, *curia*). Elle était en tout cas un lieu sacré, une sorte de sanctuaire et constituait ce qu'on appelait au moyen âge un asile.... » Fustel de Coulanges, *Revue des Deux Mondes*, 15 mars 1871, p. 293, 294, 295.

3. « Quant aux bas justiciers c'est chose quasi impossible de concilier les coutumes qui parlent de leur pouvoir; toutefois pour y apporter quelque éclaircissement, il faut remarquer qu'en icelles il se trouve deux espèces de basses justices,

qui ne les gênaient point. Ils les laissèrent subsister jusqu'à la fin de l'ancien régime; l'exploitation de ces justices de villages donna lieu à une foule d'abus signalés par Loyseau et à des plaintes qui retentirent dans les cahiers du Tiers aux Etats-Généraux.

VIII. — La Justice personnelle.

Fractionnée à l'infini comme le territoire, divisée selon la plénitude ou la restriction de ses droits, la justice variait encore selon la qualité des personnes. C'était même là un des caractères essentiels de la justice féodale. Du cercle étroit où elle se mouvait, les plaideurs, mal à l'aise, cherchaient sans cesse à s'échapper. Ils voulaient choisir leurs juges. Sans compter que la vanité des seigneurs les excitait à ne répondre de leurs actes que devant leurs égaux, leurs pairs : peut-être aussi avaient-ils l'espoir que la solidarité de la caste et du rang contribuerait à les faire absoudre. On conteste donc au juge du territoire le droit de punir l'auteur d'un délit si l'accusé se réclame d'un autre seigneur et si ce seigneur le réclame. Le baron couvre partout son vassal de sa protection. Dans les cas seuls de flagrant délit le juge du territoire peut et doit agir. Cela nous reporte d'ailleurs aux invasions qui avaient bouleversé la Gaule et laissé, comme dépôts, de nouvelles populations. Les hommes de chaque nation prétendirent que leur loi les devait suivre. De là très probablement, lorsque les classes féodales se régularisèrent, la prétention des hommes de ces classes à ne répondre que selon leur loi, non plus celle de races oubliées, mais celle de la classe qui en réalité constituait une nation. Dans les coutumiers du XIIIe siècle, on rencontre, à chaque instant, l'expression « d'amende de sa loi ». La justice ainsi ne s'attachait plus aux domaines, mais aux personnes; elle n'était plus territoriale, mais *personnelle*.

Les pairs de France, et nous n'avons pas besoin de revenir sur

qui n'ont jamais été distinguées par aucun praticien (ce qui est cause de la confusion qui se trouve en ce point), à sçavoir les basses justices personnelles et les justices foncières ou basses justices réelles et cette distinction entendue ostera beaucoup de la difficulté qu'il y a de comprendre le pouvoir des bas justiciers. » Ch. Loyseau. *Livre des Seigneuries* (édit. de 1701), chap. x, p. 55.

cette question, revendiquaient le privilège d'une Cour des pairs, qui ne fut du reste jamais que le Parlement. Un possesseur de fief, cité devant la cour d'un seigneur, s'avouait d'un autre seigneur. On abusa tant de ces *avoueries* subites et nouvelles que Philippe le Hardi dut les interdire[1]. En outre, traditions, conventions modifiaient souvent les règles ordinaires de la juridiction. Dans la prévôté de Senlis, c'est l'évêque comte de Beauvais qui a le droit de juger les nobles demeurant sur son fief[2]; le roi, de son côté, y dispute à l'évêque de Senlis les droits de justicier les nobles[3]. Ce n'est pas tout : l'abbaye de Saint-Denis vient à y acquérir des domaines; l'abbé revendique aussi le droit de juger, en matière personnelle, les nobles dans la même châtellenie[4]. A Rieux, le roi cède à Mathieu de la Tournelle la justice de la ville, moins celle des nobles[5]. Ailleurs, c'est l'inverse. Le seigneur d'Offémont justicie les nobles en cas de meurtre ; le roi ne connaît que des constatations mobilières[6]. Le roi prend sa revanche à Resons : malgré les droits de justice de l'abbesse de Notre-Dame, il juge les nobles[7]. Dans la châtellenie de Melun il a la justice sur les vassaux « encore

1. *Justice personnelle.* — Malgré cette interdiction, les avoueries continuaient. Le Parlement les condamne même quand elles sont favorables au roi. L'aumônier de St-Denis en France s'était plaint que les hommes de corps de l'abbaye demeurant à Bray voulaient se réclamer de la juridiction du roi comme comte de Champagne. Après enquête, le Parlement ordonna que l'aumônier conserverait ses droits de justice malgré l'aveu fait au roi par les hommes de Bray (*Olim*, t. III, p. 985, XLVII, 1315.)

2. — Arrêt reconnaissant à l'évêque, comte de Beauvais, pair de France, le droit de juger les nobles demeurant sur ses fiefs dans le ressort de la prévôté de Senlis (*Jugés*, I, f° 378 v°. — *Actes du Parl.*, 7497, 17 mars 1324).

3. — Arrêt pour le roi contre l'évêque de Senlis reconnaissant au roi le droit de justicier les nobles de la châtellenie de Senlis. — *Actes du Parl.*, 2380 [1281].

4. — La justice et actions personnelles sur les nobles en la chastellenye de Mont meliand et Govieux est à l'abbé de St Denys. (Montmélian [Oise], arrond. et cant. de Senlis, comm. de Plailly; Gouvieux [ibid.], canton de Creil. — *Essai de Restitution d'un vol. des Olim*, n° 638 (1287). — *Actes du Parl.*, n° 2634 B. Texte latin.)

5. — Arrêt pour le roi contre Mathieu de la Tournelle, auquel le roi avait donné la haute justice dans la ville de Rieux sans que la charte de concession fît mention des nobles. — *Actes du Parl.*, 2381 (1281).

6. — Le seigneur d'Offemont a la justice des nobles en cas de meurtre et autres de haute et basse justice, excepté des meubles, laquelle appartient au roi (*Essai de Restit.*, n° 228 (1275). — Offémont (Oise), arrond. de Compiègne, cant. d'Attichy, comm. de Saint-Crépin-aux-Bois).

— La justice des nobles que le bailli réclamait pour le roi, est reconnue appartenir à Bouchard de Vale, chevalier, dans la ville d'Attichy (*Olim*, t. III, p. 1096, XXXI [1316]).

7. — La justice à Resons et appartenances, en la terre de l'abbesse Nostre-Dame-de-Soyssons, est à elle, fors sur les nobles, qui est au Roy. (*Essai de Restit.* n° 519 (1283). Ressons-le-Long [Aisne], canton de Vic-sur-Aisne, arrondiss. de Soissons.

qu'ils soient couchant et levant en la censive d'aut contre le seigneur de Nanteuil garde la justice sur les n châtellenie[2], ainsi que le seigneur de Mormant[3]. Le s'il se faisait bourgeois du roi, échappait à son seigne juridiction communale. L'artisan, en ce qui regarde trie, avait à répondre devant les grands officiers de la entre lesquels était partagée la surveillance des mét tenanciers et corvéables, malgré leur résidence, pouvai tenir à un autre seigneur ou au roi. La justice et le corvée sur les hommes du chapitre de Bourges de Issoudun, sont au roi[5]. Le seigneur de Macy a la justice d du seigneur de Bry qui sont dans la terre de Macy[6]. L de Joigny y a toute justice, même sur les sujets du Joigny, lequel n'a justice que de tréfons et meubles[7]. les justiciers se disputaient et s'enlevaient les justic d'ailleurs ne demandaient qu'à changer de juges. Sa justice personnelle contrariait et embrouillait la justi riale. Elle était généralement favorisée par les baillis, cheront au roi les personnes pour mieux lui assurer le

1. *Essai de Restit.*, n° 363 (1279).
2. *Ibid.*, 463 (1281).
3. *Ibid.*, 468 (1282); Mormant [Seine-et-Marne], arrond. de Melun.
4. — Sans parler, bien entendu, des justices particulières : Estien a la justice sur les bouchers de Bourges (*Essai de Restit.*, n° 354 [1279
5. *Ibid.*, 378 (1279).
6. *Ibid.*, 737 (1290).
7. *Ibid.*, 752 (1291).

— Autres indications. Toute la justice de Droisset, des hommes Sai des nobles residens à Oigne, appartient au Roi non à l'abbé de Laign *de Restit.*, 840, 1293.) — Le prince de Semoy a la justice de Codrey mesme sur les subjects du Chapitre Saint-Aignan d'Orléans qui y (*Essai de Restit.*, n°s 283 et 300 (1277); Semoy [Loiret], cant. et arron

— Au sujet de ces conflits entre les seigneurs et le roi, se disputant de un éminent jurisconsulte, Faustin Hélie, a fait des observations qu'o perdre de vue : « C'est une lutte curieuse, depuis le XIIIe siècle jusq celle du juge du domicile de l'accusé contre le juge du lieu du dé règles combattent incessamment l'une contre l'autre, elles triomphe ment, elles résistaient encore après avoir été vaincues. C'est que sou de procédure, de graves intérêts étaient engagés : le juge du domicil gneur qui revendique ses vassaux, qui les suit hors de son territoi tend avoir seul le droit de les juger. Le juge du lieu, c'est le juge tend punir le coupable qu'il a saisi sur son territoire, nonobstant la r son seigneur et qui cherche à étendre sa juridiction en sapant le lien le vassal à la seigneurie. » (Faustin Hélie, *Traité d'instruction crimi* p. 374.)

Le clergé surtout bénéficiait de cette justice personnelle. Le privilège dit de *clergie* renvoyait tous les clercs (*ratione personæ*) devant les juges ecclésiastiques. De là des conflits si fréquents, si obstinés, si graves que nous sommes contraint de leur réserver plus loin une place distincte. En outre, l'Église exerce une autre sorte de justice (*ratione materiæ*), dite *spirituelle* parce qu'elle avait trait à des causes religieuses ou qualifiées telles. Pour ces causes et pour la discipline des clercs, l'Église, en dehors des cours temporelles, semblables aux autres cours seigneuriales, a ses tribunaux à proprement parler religieux : les *officialités*.

L'officialité est le tribunal de l'évêque. En principe, il y avait donc autant d'officialités que de diocèses. Quoiqu'il eût un autre sens dans la division faite jadis par l'empereur Constantin, le nom de *diocèse* s'était restreint, dans la suite des âges, aux circonscriptions ecclésiastiques adaptées purement et simplement à celles de l'administration romaine : *provinces* et *cités*. Grâce à la fixité de ses règles et de sa hiérarchie, l'Église garda ces circonscriptions même à l'époque féodale. La France ecclésiastique, aux XIIIe et au XIVe siècle, reproduisait les cadres de la Gaule romaine[1]. Si nous nous reportons aux limites naturelles, celle-ci était divisée en *dix-sept provinces* : 4 *Lyonnaises*, 2 *Belgiques*, 2 *Germanies*, 1 *Séquanie*, 2 *Alpes* (*Grées* et *Maritimes*), 2 *Aquitaines*, 2 *Narbonnaises*, 1 *Viennoise*, 1 *Novempopulanie*. Les provinces se subdivisaient en *cent vingt cités* ou territoires qui portaient le nom d'un peuple. Dans chaque chef-lieu de cité un évêque (*episcopus*, surveillant) maintint la tradition apostolique et l'autorité sur les clercs. A l'époque franque et à l'époque féodale quelques créations d'évêchés nouveaux rompirent l'harmonie avec l'ancienne division en cités[1]. Mais les provinces subsistèrent immuables avec leur *métro-*

1. Pour les divisions ecclésiastiques de l'ancienne France, en dehors de la grande Collection du *Gallia Christiana* et de l'*État des archevêchés, évêchés, abbayes et prieurés de France*, par dom Beaunier (3 vol. in-4, 1726), voir le savant travail de J. Desnoyers, *Topographie ecclésiastique de la France pendant le moyen âge et dans les temps modernes* (Annuaire-Bulletin de la Société de l'Histoire de France, tomes XVII, XXIII, XXV, XXVI, XXVIII, 1853-1863. — Consulter aussi les

pole où un archevêque (*archiepiscopus*) avait la primauté sur les évêques de la région, ses *suffragants*. Déchues de leur rang administratif, les métropoles restèrent des capitales religieuses.

Pouillés des différents diocèses dont plusieurs ont fait l'objet de publications vraiment scientifiques comme les *Pouillés des diocèses de Clermont et de Saint-Flour*, par A. Bruel (1882), et le *Pouillé du diocèse de Cahors*, par A. Longnon (1877), tous deux dans la Collection des Documents inédits (Mélanges).

Le savant Longnon a dit avec autant de force que de raison : « Le principe de la corrélation des divisions ecclésiastiques avec les circonscriptions civiles, exprimé dans les prescriptions de plusieurs conciles de l'époque romaine, est un fait des plus importants pour l'étude de la géographie historique; il donna aux diocèses ecclésiastiques la circonscription des *civitates*. Abandonné pendant la période barbare, en raison des remaniements incessants que subissaient les royaumes germaniques, il fit place au principe de l'incommutabilité des diocèses, principe qui, en France, n'a subi, antérieurement à 1790, qu'un petit nombre de modifications ». — M. Longnon ajoute : La *Notitia provinciarum et civitatum Galliæ* est constamment employée à partir du VIe siècle comme catalogue des évêchés de la Gaule ». *Atlas histor. de la France, Texte*, 1re livr., p. III, et *Géographie de la Gaule au VIe siècle*. — Voir aussi, pour les changements apportés dans les provinces du Midi : Abbé Duchesne, *La Primatie d'Arles* (Extrait des Mém. de la Soc. des antiq. de France).

TABLEAU DE CONCORDANCE DES PROVINCES ROMAINES
ET DES DIVISIONS ECCLÉSIASTIQUES DE FRANCE AU MOYEN AGE

LYONNAISE Ire. MÉTROPOLE : *Lyon*.	LYONNAISE IIIe. MÉTROPOLE : *Tours*.
Cités (civitates). Lyon, *archevêché*. Autun, *évêché*. Langres, *évêché*. Postérieurement au IVe siècle furent ajoutés les évêchés de Chalon-sur-Saône, Mâcon (Ve siècle), celui de Dijon (XVIIIe siècle) et celui de Saint-Claude.	Cités. Tours, *archevêché*. Le Mans, *évêché*. Rennes, *évêché*. Angers, *évêché*. Vannes, *évêché*. Nantes, *évêché*. Quimper, *évêché*. Cos-Costell-Ach (civitas Ossimorum), St-Pol-de-Léon, *évêché*, Ve siècle. Jublains (Diablintum), St-Malo (VIe siècle), puis les évêchés de Tréguier (IXe siècle), St-Brieuc, Dol.
LYONNAISE II. MÉTROPOLE : *Rouen*.	**LYONNAISE IVe. MÉTROPOLE : *Sens*.**
Cités. Rouen, *archevêché*. Bayeux, *évêché*. Coutances, *évêché*. Evreux, *évêché*. Séez, *évêché*. Lisieux, *évêché*. Avranches, *évêché*.	Cités. Sens, *archevêché*. Chartres, *évêché*. Auxerre, *évêché*. Troyes, *évêché*. Orléans, *évêché*. Paris, *évêché*, *Arch.* au XVIIe siècle (1622). Meaux, *évêché*. Nevers, *évêché* (VIe siècle). Bethléem, *évêché* (Nièvre), XIIe siècle.

Les archevêques y réunissaient des conciles, y multipliaient les monastères, y construisirent des cathédrales comme celles de Reims, de Rouen, de Sens, de Bourges, de Tours, de Lyon. Les évêques, de même, ornaient leurs cités des cathédrales d'Amiens, de Chartres, de Troyes, d'Orléans, d'Auxerre, de Bayeux, pour ne parler que des églises ogivales qui ne sauraient faire oublier les non moins belles églises romanes de Poitiers, d'Angoulême,

BELGIQUE Ire. MÉTROPOLE : *Trèves*.	BELGIQUE IIe. MÉTROPOLE : *Reims*.
Cités. Trèves, *archevêché*. Metz, *évêché*. Toul, *évêché*. Verdun, *évêché* (1712). Au XVIIIe siècle, évêchés de Nancy et de Saint-Dié (1777).	Cités. Reims, *archevêché*. Soissons, *évêché*. Châlons-sur-Marne. Vermand, *évêché*, puis *Noyon*. Arras, *évêché*. Cambrai, *évêché*, puis *archevêché* en 1559. Tournai, *évêché*. Gand, Bruges, *évêchés* détachés en 1559. Senlis, *évêché*. Beauvais, *évêché*. Amiens, *évêché*. Boulogne-sur-Mer, *évêché* réuni à Thérouanne au VIIe siècle et détaché au XVIe. Thérouanne, *évêché* démembré au XVIe siècle, en 1559 (diocèses d'Ypres, St-Omer, Boulogne).
GERMANIE Ire. MÉTROPOLE : *Mayence*.	GERMANIE IIe MÉTROPOLE : *Cologne*.
Cités. Mayence, *archevêché* séparé de la Gaule depuis 843. Spire, *évêché* (id.). Worms, *évêché* (id.).	Cités. Cologne, *archevêché* séparé de la Gaule depuis 843. Tongres, *évêché* (id).
AQUITAINE Ire. MÉTROPOLE : *Bourges*.	AQUITAINE IIe. MÉTROP. : *Bordeaux*.
Cités. Bourges, *archevêché*. Clermont, *évêché* (Saint-Flour, démembré de Clermont, 1317). Rodez, *évêché* (Vabres, démembré de Rodez, 1317). Alby, *évêché* (Castres, démembré d'Alby, 1317). Cahors, *évêché*. Limoges, *évêché* (Tulle, démembré de Limoges, 1317). Javols (Gabalum). St-Paulin-en-Velay (Vellavorum).	Cités. Bordeaux, *archevêché*. Agen, *évêché* (Condom détaché, 1317). Angoulême, *évêché*. Saintes, *évêché*. Poitiers, *évêché* (Luçon, Maillezais, détachés, 1317). Périgueux, *évêché*.

de Périgueux. Ce fut, du XIIe au XIVe siècle, une merveilleuse floraison de pierres dont s'enorgueillit encore la France moderne.

A l'ombre de la cathédrale s'élevait d'ordinaire non seulement le palais de l'évêque, mais l'officialité. Il nous reste de ces édifices détruits un modèle unique et remarquable, accolé à la cathédrale de Sens et restauré par Viollet-le-Duc. C'est un vaste bâtiment où se confondent les architectures religieuse et civile. Jusqu'à la hauteur du premier étage, la façade de l'ouest, sur la place, est sévère et nue, mais, en haut, elle est coupée et s'éclaire par six grandes fenêtres doubles, à meneaux formés chacun de deux ogives que bordent des colonnettes et que surmontent des rosaces. « Aucun édifice, dit Viollet-le-Duc, ne présente un fenestrage aussi grandiose »[1]. Les contreforts sont couronnés par des pinacles

NOVEMPOPULANIE. MÉTROPOLE : *Eauze.*

—

Cités.

Eauze, *évêché* ruiné au IXe siècle, réuni à Auch.
Dax, *évêché*.
Lectoure, *évêché*.
Saint-Bertrand-de-Comminges, *évêché*.
St-Lizier-de-Couserans, *évêché*.
La Teste-de-Buch.
Lescar-en-Béarn, *évêché*.
Aire, *évêché*.
Bazas, *évêché*.
Tarbes, *évêché*.
Oloron, *évêché*,
Auch, *évêché*, puis *archevêché* et métropole, 879.

ALPES-MARITIMES. MÉTROPOLE : *Embrun.*

—

Cités.

Embrun, *archevêché*.
Digne, *évêché*.
Chorges, *évêché*.
Castellane, *évêché* (Salinœ) réuni à Senez, VIe siècle.
Senez, *évêché*.
Glandève, *évêché*.
Cimiez. Vence, *évêché*.

ALPES GRÉES ET PENNINES

—

Cités.

Moutiers-en-Tarentaise, *évêché*.
Martigny-en-Valais.

NARBONNAISE Ire. MÉTROP. : *Narbonne.*

—

Cités.

Narbonne, *archevêché*.
Toulouse, *évêché* puis *archevêché*.
Béziers, *évêché*.
Nîmes, *évêché*.
Lodève, *évêché*. — Saint-Pons, Palet, *évêchés* détachés en 1295. — Pamiers, Montauban, Lombez, Lavaur, Saint-Papoul, *évêchés* détachés en 1367.
— Alais, détaché en 1694.
— Uzès, Agde, Carcassonne, Montpellier, Mirepoix, *évêchés* détachés de Pamiers.
Rieux (Rivensis), *évêché*.

NARBONNAISE IIe. MÉTROPOLE : *Aix.*

—

Cités.

Aix, *évêché* puis *archevêché* (794).
Apt, *évêché*.
Riez (Reii), *évêché*.
Fréjus. *évêché*.
Gap, *évêché*.
Sisteron, *évêché*.
Antibes, *évêché*.

1. Viollet-le-Duc, *Dictionnaire d'architecture*, t. VIII, p. 74 et suiv.

très riches, variés, surmontant des statues parmi lesquelles on remarque celle de Saint-Louis. Au midi, le bâtiment se termine par une immense baie partagée en ogives et en rosaces. Des parapets à créneaux entourent la toiture à tuiles vernissées : des gargouilles, sculptées comme celles de la cathédrale, ressortent au dehors. L'ensemble est imposant et gracieux tout à la fois. La façade de l'est, sur la cour de l'archevêché, est beaucoup plus simple et percée de fenêtres étroites : c'est sur cette cour que s'ouvraient les rares fenêtres des prisons[1]. A l'intérieur on entre

VIENNOISE. MÉTROPOLE : *Vienne.*

Cités.
Vienne, *archevêché*,
Arles, *archevêché* en 417.
Genève, *évêché.*
Grenoble, *évêché.*
Aps (*civitas Albensium*).
Die, *évêché.*
Valence, *évêché.*
Saint-Paul-Trois-Châteaux (Tricastinorum), *évêché.*
Vaison, *évêché.*
Orange, *évêché.*
Cavaillon, *évêché.*
Carpentras, *évêché.*
Avignon, *archevêché* en 1475.
Marseille, *évêché.*

* Les limites des archidiocèses de Vienne, d'Arles et d'Aix changèrent plusieurs fois. La création de l'archevêché d'Avignon (1475) acheva de détruire l'ancienne harmonie des limites des provinces ecclésiastiques et des provinces romaines.

SÉQUANIE. MÉTROPOLE : *Besançon.*

Cités.
Besançon, *archevêché.*
Nyon, *évêché* (supprimé, réuni en partie à l'évêché de Genève).
Avenches (Aventicum).
Bâle, *évêché.*
Belley, *évêché* (fin du ve siècle).

1. *Officialités.* — Viollet-le-Duc n'avait trouvé nulle part un ensemble aussi complet de cachots et de prisons « n'ayant subi aucune altération depuis l'époque de leur établissement. » (*Dict. d'archit.*, t. VII, art. PRISONS.)

Voir, sur ces prisons, un article et des dessins d'Édouard Charton, dans le *Magasin pittoresque* (année 1881). Sur la muraille des cachots on observe des figures. monogrammes, entrelacs, tracés par les prisonniers. Un cachot, dit *in-pace*, basse-fosse « est un sous-sol, humide, pourvu, comme tous les autres cachots, d'une hotte (pour l'aération) mais très étroite et bouchée dans les huit dixièmes de sa surface par une maçonnerie de petits moellons. » A ce sujet, l'éminent criminaliste Faustin Hélie avait écrit à Édouard Charton une lettre dans laquelle il dit, à propos de ces prisons : « C'est seulement en 1629, le 26 juin, que sur un appel comme d'abus de l'avocat-général Bignon, le Parlement de Paris interdit aux officialités de prononcer et de faire exécuter la peine de la prison perpétuelle et même de se servir du mot d'emprisonnement, ne leur laissant, pour ces choses mêmes, que le droit de mise en retraite dans les séminaires et les monastères. » (Edouard Charton, art. cité, *Les Juridictions ecclésiastiques.*)

Ajoutons que d'après un texte du xve siècle, il y avait dans ces prisons une

dans une salle, divisée en six travées, voûtée en nef d'église et d'une superficie de 500 mètres carrés. Là se tenaient les synodes et les conciles de la vaste province de Sens : de là le nom de *palais synodal*. Les nefs du rez-de-chaussée, ogivales, servaient au tribunal de l'archevêque, à l'officialité.

Au contraire des assises seigneuriales ou prévôtales, ces tribunaux ecclésiastiques ne comptaient qu'un juge, l'official[1], représentant de l'évêque, en quelque sorte l'évêque lui-même, car on ne pouvait appeler de ses sentences. Pourtant il ne siégeait pas seul. Il s'entourait d'*assesseurs* pris parmi les avocats. Ces assesseurs n'étaient point magistrats; ils n'étaient point non plus des *jugeurs* comme les hommes des cours féodales; ils donnaient leur avis qui ne liait en aucune façon le juge. L'official avait son *scelleur* (garde du sceau) qui scellait les actes, le *receptor actorum* qui les recevait, le *registrator* chargé de la tenue des registres où l'on inscrivait les noms de ceux qui encouraient des peines ou l'excommunication, enfin le *promoteur*. C'était un procureur permanent de l'évêque comme il y avait des procureurs du roi. Il défendait les intérêts de l'évêque, il procédait aux informations, il provoquait la répression des délits. Il y avait aussi, à l'officialité, le *maître* ou le *promoteur* des *testaments*, chargé d'assurer

salle destinée aux interrogatoires par la torture : « A Etienne Arnaud, maçon à Sens, pour façon d'une fenêtre ouverte dans le mur du cellier, subtus magnam aulam domorum archiepiscopalium, ubi de novo prisionarii ad questiones et tormenta examinantur, 8 sous. » (*Archives départ. de l'Yonne*, Archives Ecclésiastiques, série G, n° 261 (1406-1407).

— Nous ne sommes guère renseignés sur la manière dont étaient traités les prisonniers, mais nous savons qu'"ils avaient un barbier : « Payé à Pierre Lavocat, barbier à Sens, pour avoir rasé pendant l'année du compte, les prisonniers de l'archevêché, 10 sous. » (Reg. de l'officialité de Sens, *Arch. de l'Yonne*, série G, n° 262, années 1409, 1412.)

— Voir, sur l'officialité de Sens, un article de C. Moisset, *Annuaire historique de l'Yonne*, 1885, 3° partie, p. 1-21.

— Les plans et vues de l'officialité de Sens ont été publiés dans les *Archives de la Commission des monuments historiques* (1856, n° 32), 4 pages de texte et 6 planches in-folio.

— L'archevêque de Bourges n'avait pas le droit d'avoir de *ceps* pour mettre ses clercs à Issoudun. Ses prédécesseurs les mettaient « sub cuppa et in ferris inpruntatis », puis les conduisaient à Bourges. *Olim.*, t. II, p. 231, XIII (1283).

1. Selon M. P. Fournier, le nom d'*official* n'est pas alors absolument général : « Ce personnage porte parfois le titre d'*allocatus* ou *alloué*. Dans la Provence, à Gap, à Sisteron, le fonctionnaire qui représente l'évêque, porte le titre de *judex episcopi*. M. P. Fournier fait observer que le mot *officialitas* n'est guère employé au XIII° siècle. (P. Fournier, *Les officialités au moyen âge*, p. 17.)

Voir textes dans Ducange, *officialatus* et *officialitas*.

l'exécution des dernières volontés des testateurs[1]. Enfin à ces tribunaux comme aux autres, des avocats, des procureurs assistaient les parties, des notaires remplissaient le rôle de greffiers. Naturellement, dans les officialités, on suivait la procédure canonique. Les peines de sang étaient exclues, mais l'emprisonnement à temps ou perpétuel était souvent prononcé. Aussi les officialités ont-elles leurs geôles.

Quoiqu'il ne dût y avoir qu'un official par diocèse, les évêques, pour obvier à l'encombrement de ces tribunaux, en eurent plusieurs, mais inférieurs et dits *forains* parce qu'ils siégeaient en dehors de la ville épiscopale[2]. Les archidiacres dignitaires qui gouvernaient une partie du diocèse, eurent aussi leur official[3]. Les chapitres dotés d'une juridiction spirituelle et enfin un certain nombre d'abbayes se donnèrent aussi des officiaux[4], si bien qu'il serait

1. Tous ces détails sont donnés avec développements et références par M. P. Fournier, *ouv. cité*, p. 25-29.

— Ajoutons que dans la salle de l'officialité de Sens il y avait, comme au Parlement, et comme dans beaucoup d'autres tribunaux sans doute, un tableau représentant le Christ, en face duquel on prêtait serment : « Payé à Jean Breton et Mahiet-Oger, écrivains, pour avoir écrit l'évangile de saint Jean et peint un crucifix sur un tableau placé dans la Cour de Sens pour recevoir les serments, 5 sous. » (Reg. de l'officialité de Sens, *Archiv. de l'Yonne*, série G, 261 (1406-1407).

2. *Officiaux*. — L'évêque d'*Angers* avait un official à Beaupréau ; l'évêque d'*Autun*, à Moulins et à Beaune ; l'évêque d'*Auxerre*, à Varzi, puis à Cosne, à la Charité ; l'évêque de *Coutances* à Valognes. L'évêque de *Dol* avait quatre officialités foraines, l'evêque de *Langres* en créa deux à Dijon et à Tonnerre ; celui de Limoges, une à Guéret ; celui de *Noyon* à Nelle. (P. Fournier, *ouv. cité*, p. 14, n. 1.)

— L'archevêque de Sens avait, outre son officialité, une officialité foraine à Brienon, une autre à Saint-Julien-du-Sault. En outre, il y avait à Sens une officialité de l'*archidiacre*. A Auxerre, en dehors de l'officialité de l'évêque, il y avait celle du *doyen du chapitre* cathédral, celle de l'*archidiacre*. A Avallon (dioc. d'Autun) il y avait également une officialité de l'*archidiacre*. (Quantin, *Recueil de pièces pour faire suite au cartulaire général de l'Yonne*, 1873, in-4.)

3. Les archidiacres étaient d'abord les auxiliaires des évêques, puis, « au XIIe et au XIIIe siècle, ils avaient, à force d'empiétements, conquis une juridiction propre entièrement fondée sur la coutume ; ils formaient dans la hiérarchie un nouveau degré, placé au-dessous de l'évêque, souvent même ils s'égalèrent à l'évêque et prétendirent, assimiler leur juridiction à la sienne. Ainsi, par un étrange renversement des situations, l'auxiliaire de l'évêque était devenu son rival... » (P. Fournier, *ouv. cité*, p. 7.) C'est pour cela que les évêques créèrent des officiaux qu'ils nommaient et révoquaient à leur gré. Mais, à leur tour, les archidiacres eurent des officiaux. « On commence à rencontrer des officiaux d'archidiacre dès le début du XIIIe siècle. Les premiers dont nous ayons constaté l'existence sont ceux des officiaux de Sens, de Rennes, de Paris, d'Évreux et de Reims. Les archiprêtres suivirent l'exemple des archidiacres. Les doyens de chrétienté commirent leurs pouvoirs à des lieutenants qui vraisemblablement prirent quelquefois le nom d'officiaux.... » (P. Fournier, p. 10.) — Voir aussi Gréa, *Essai histor. sur les archidiacres*, Biblioth. de l'Éc. des Chartes, 3e série, t. II. — Geslin et de Barthélemy, *Les Évêchés de Bretagne*.

4. Entre autres les abbayes d'Anchin, de Cerisy, de Corbie, de Saint-Denis en

difficile de préciser le nombre de ces tribunaux redoutés toujours en lutte avec les tribunaux laïques et non moins ardents à se jeter dans la mêlée vraiment singulière de tant de juridictions rivales.

X. — La mêlée des juridictions.

Allait-on de Paris à Orléans, à Chartres? la justice des chemins appartenait au roi. Allait-on d'Orléans à Nevers ou à Sens? elle regardait l'évêque d'Orléans [1]. Sur le chemin de Roye à Crapeaumesnil et à Ressons [2] le roi avait toute justice et non pas l'abbé de Saint-Éloi [3]. C'était le roi qui avait la justice de tous les grands chemins du comté d'Anjou [4]. A Essonnes [5], le prieur avait toute justice, sauf sur les chemins où le roi prenait péage; toutefois, en dehors d'Essonnes, la basse justice de ces chemins restait au prieur [6]. Au seigneur de Montferrand seul appartenaient la justice de la voie qui va de Pont-Carrerie à Montferrand et la garde des vignes et le droit de bailler la permission de vendanger [7]. L'abbé de Saint-Denis avait la justice depuis Concevreux jusqu'au chemin devant la Maladrie, mais le comte de Roucy pouvait y pendre ses larrons au gibet qui s'y trouvait [8]. Le sire de Nesle avait la justice d'un chemin entre un tilleul près d'Oignoles et un étang près de Crécy [9]. L'évêque de Senlis avait celle des chemins de Bouillaut [10] depuis une grande fosse située près d'un ormeau jusqu'au mur du domaine de Thomas de la Ferté et, du côté de Crépy, depuis un vivier jusqu'à une croix.

France, de Saint-Germain des Prés, de Saint-Ouen à Rouen, de Saint-Valery et de Vendôme. (*Ibid.*, p. 12.)

1. *Essai de Restitution d'un volume des Olim*, n° 781 (1291).
2. Crapeaumesnil [Oise], arrond. de Compiègne, canton de Lassigny. — Ressons [Oise], arrond. de Compiègne.
3. *Essai de Restit.*, n° 843 (1293).
4. *Actes du Parl.*, n° 2742 (1291).
5. Essonnes [Seine-et-Oise], arrond. et canton de Corbeil.
6. *Essai de Restit.*, n° 278 (1278) (texte latin).
7. *Ibid.*, n° 319 (1278).
8. *Ibid.*, n° 80 (1271). — Concevreux [Aisne], arrond. de Laon, canton de Neufchâtel. — Cf. *Olim*, t. I, p. 362.
9. *Actes du Parl.*, n° 1772 (1271). — Crécy-sur-Serres [Aisne], arrond. de Laon. Oignolles (Ognolles?) [Oise], cant. de Guiscard, arrond. de Compiègne.
10. *Ibid.*, n° 1033 (1266). — Bouillaut (Bouillancy?) [Oise], canton de Betz, arrond. de Senlis.

Les villes, les rues, les maisons sont divisées comme les chemins. A Nevers, en certains lieux désignés, le comte a la justice et non le prieur de Saint-Étienne [1]. L'évêque d'Arras a toute justice en la rue d'Aulbigny [2]. Le roi et Pierre de Chastres ont la haute justice en commun, dans ladite ville de Chastres [3]. A Mâcon, l'évêque a la justice d'une petite rue devant la porte de sa maison épiscopale et la garde des clefs de la porte du pont. Le cloître de l'église de Mâcon est exempt de toute juridiction séculière [4]. Julien de Péronne, un membre du Parlement, a la justice entière dans certaines rues de Montaucourt (Montaucort) et sur un côté seulement d'autres rues [5]. L'abbé de Saint-Jean de Laon a la justice de la maison Robert Putefin à Crécy [6]. Le maire et les jurés de Poissy ont la basse justice (excepté du larron) « ès vieilles hostises et voyerie devant la boucherye de Sainct-Germain-en-Laye » ; ils ont aussi le droit d'arrêter, dans les cas de haute justice, en l'absence des officiers du roi auquel appartient la haute justice [7]. A Amiens le roi a toute justice dans la ville « fors la terre sainte » (la terre d'église); le chapitre a la justice des meubles et des catels (fruits, revenus) au four de Buissy et au moulin de Bayart [8]. L'évêque d'Amiens a la justice en sa terre dans la ville et hors la ville [9]. A Sens une place entre la cathédrale et l'Hôtel-Dieu est au roi [10]. Dans la châtellenie de Dun [11] plusieurs chevaliers ont toute justice, mais celle du donjon est au roi et à plusieurs autres. Le custode de Saint-Quentin a la justice sur les officiers des fossés et sur les habitants en la rue d'Aouste, quant aux meubles; l'autre justice est au maire et aux jurés de la ville [12]. Le même custode a la justice du fossoyeur [13]! Le doyen de Saint-

1. *Essai de Restit.*, n° 685 (1288).
2. *Ibid.*, n° 6 (1269.)
3. *Ibid.*, n° 15 (1269). — Châtres [Seine-et-Marne] ou Châtres [Aube?].
4. *Ibid.*, n° 490 (1282) et 497 (1282).
5. *Actes du Parl.*, n° 1721 (1271).
6. *Essai de restit.*, n° 625 (1287).
7. *Ibid.*, n° 816 (1292).
8. *Ibid.*, n° 361 (1279).
9. *Ibid.*, n° 559 (1284) (texte latin).
10. *Ibid.*, n° 350 (1279).
11. *Ibid.*, n° 251 (1276). — Dun-le-Roi [Cher], chef-lieu de cant., arrond. de Saint-Amand.
12. *Ibid.*, n° 225 (1275).
13. *Ibid.*, n° 414 (1280).

Pierre le Pullier d'Orléans a droit de cloître et, dans ce cloître, basse justice; toutefois le roi y peut lever sa taille et contraindre les habitants au guet; la haute justice est à l'évêque d'Orléans[1]. Quand il s'agit de rendre des biens repris sur un larron détenu au Châtelet, un grave débat s'engagea pour savoir s'ils seraient restitués par les gens du roi ou par ceux de l'évêque de Paris : il y eut plaidoiries, répliques, dupliques; la maison où avaient été pris les biens avait deux issues, l'une dans la juridiction de l'évêque, l'autre dans celle du roi[2]. La justice, ce devoir supérieur, cette puissance émanée de la puissance divine, dépendait des tours d'un château, des remparts d'une ville, des portes d'un cloître, des murs d'un monastère. Elle était enclavée, emboîtée dans des juridictions diverses, déterminée selon une ligne de peupliers, le cours d'un ruisseau. Le comte de Sancerre avait la justice de l'étang de Sancoins[3], le chapitre de Paris celle des moulins situés sur le Grand Pont[4]. Le prieur d'Argenteuil avait la justice sur la Seine au territoire de Sartrouville contre la dame de Maisons[5]. Le roi et le seigneur d'Aculée avaient par moitié la justice de la rivière qui y passe[6]. Ainsi un pont, une berge arrêtent la justice; une borne la limite comme un champ. Elle est aussi partagée. La moitié de la justice et censive de Rousselières, la tierce partie de la justice de Langeac sont à la dame de Bourbon contre le roi; un autre tiers de la justice de Langeac est à l'abbé de Cluny contre le roi[7]. Le chapitre de Saint-Pierre du Parvis, à Soissons, plaide contre le comte de Soissons parce qu'il veut procéder à un duel dans une maison sise dans le cloître; le comte ne peut l'interdire parce qu'il n'y a pas haute justice[8]. Une juridiction paraît et disparaît, rivée çà et là à un groupe de masures,

1. *Essai de Restit.*, n° 326 (1278).
2. *Reg. du Parl.*, collect, Lamoignon, t. XLIII, f° 59, 10 janvier 1387 (1388).
3. *Essai de Restit.*, n° 342 (1279). — Sancoins [Cher], arrond. de Saint-Amand.
4. *Ibid.*, n° 166 (1273).
5. *Ibid.*, n° 570 (1285). — Sartrouville [Seine-et-Oise], canton d'Argenteuil, arrond. de Versailles. — Maisons-sur-Seine [Seine-et-Oise], canton de Saint-Germain-en-Laye, arrond. de Versailles.
6. *Ibid.*, n° 396 (1279). — Nous n'avons pu assimiler ce nom d'Aculée.
7. *Ibid.*, n° 608 (1286) et n° 578 (1286). — Langeac [Haute-Loire], chef-lieu de canton, arrond. de Brioude.
8. *Olim*, I, p. 163, XI, 1262. — C'est encore une preuve que l'Ordonnance de Saint-Louis sur le duel n'était guère observée.

à une ferme, à une grange, si bien que la justice, peut-être parce qu'elle était partout, ne pouvait s'exercer nulle part.

En outre la juridiction est intermittente. Le roi a la justice et les exploits des trois jours de foire à Saint-Christophe en Touraine [1]. La justice de Cergy est à l'abbé de Saint-Denis, excepté la basse, le jour des foires de Saint-Martin, laquelle est au maire et à la commune de Pontoise [2]. La juridiction est fractionnée en raison de la compétence. Le doyen de Chevignies (Chevagny) a l'instruction des procès jusqu'à la conviction des délits : pour la condamnation et l'exécution il a recours aux officiers du roi [3]. A Méry (Méré), terre de l'abbé de Saint-Magloire, c'est le comte de Dreux et de Montfort qui a la justice « du cry de haro, de sang, de mêlée, de larron » et autres cas semblables [4]. Le péage et sa justice à Noyon, avec le droit de mettre un auneur de toiles au dit Noyon, puis la justice du fossé de Notre-Dame, sont au chapitre, excepté la justice du tréfons dudit fossé qui est à l'évêque [5]. La haute justice du territoire du chapitre de « Saint-Maximi » de Chinon est au roi avec toute la justice de la maladrerie de Chinon à l'exception du droit de mettre des mesures, qui appartient à l'archevêque de Tours : celui-ci a aussi droit d'aubenage (sur les aubains) en la terre du dit chapitre [6]. Le roi à Bouconvilliers et Serans a la justice du sang et des meslées; mais le seigneur desdits lieux a le ban du vin [7]. La justice d'Angicourt est au roi, excepté celle de fonds de terre, meubles, chaudes mêlées sans mort et meshaing (blessure) avec le duel en certains cas, lesquelles sont à l'abbé de Saint-Vaast d'Arras [8]. Les bourgeois de Sens peuvent bien arrêter les coupables, mais non les tenir en prison jusqu'au jugement : ils doivent les livrer au bailli ou au prévôt [9]. Messire Adam de Bourron, chevalier, a la justice de sang et de larron

1. *Essai de Restit.*, n° 794 (1291).
2. *Ibid.*, n° 257 (1276). — Cergy [S.-et-Oise], arr. et cant. de Pontoise.
3. *Ibid.*, n° 530 (1283). — Chevagny-les-Chevrières [Saône-et-Loire], arr. de Mâcon.
4. *Ibid.*, n° 472 (1282). — Méré [Seine-et-Oise], canton de Montfort, arrond. de Rambouillet.
5. *Ibid.*, n° 395 (1279).
6. *Ibid.*, n° 403 (1280).
7. *Ibid.*, n° 244 (1276). — Bouconvilliers et Serans [Oise], canton de Chaumont, arrond. de Beauvais.
8. *Ibid.*, n° 314 (1278). — Angicourt [Oise], cant. de Liancourt, arr. de Clermont.
9. *Actes du Parl.*, n° 177 (1257).

« jusques à couper l'oreille »; il a la confiscation des biens des larrons, homicides et meurtriers de sa terre [1]. La justice en cas d'effusion de sang en la ville de Stain est à Jean le Latimier, chevalier [2]. A Chalevenne l'abbé de Saint-Germain des Prés a la connaissance des soufflets et légères injures, du tréfonds et des meubles; l'abbé de Saint-Denis y a connaissance des atroces mêlées sans homicide et de larcin; le roi a la justice de l'homicide [3]. C'est le cas de dire : chacun emporte sa pièce.

De longs procès s'engagent pour des causes futiles. Le Parlement consacre plusieurs audiences à examiner une sentence du prévôt de Paris rendue en faveur d'un chevalier, Guillaume de Marcilly, contre Isabelle de Marigny, dame de Mons : n'avait-elle pas fait saisir, à Mons, dans une maison échappant à sa juridiction, deux chapons [4]? Guillaume, bourgeois d'Orléans, vend des chandelles de cire à Saint-Aignan d'Orléans : il veut que nul à Orléans ne puisse vendre des chandelles de cire sans son consentement; il assigne au Parlement le chapitre et le doyen de Saint-Aignan, qui réclament, de leur côté, le droit de décider sur ces prétentions [5]. A Saint-Riquier, continuels conflits entre les religieux et la ville : pour des cens non payés les religieux font saisir la corde du puits situé sur le chemin de la ville. Une pauvre femme est allée à l'herbe dans les blés de son maître : or les religieux défendaient qu'on entrât dans les terres de leurs tenues « pour herbes cueillir », si ce n'était pour couper les blés quand ils étaient mûrs [6]. Le prieur d'Essonnes et le procureur de la reine Clémence passent un accord devant le Parlement au sujet de la prise d'une doloire faite en la justice du prieur [7]. Un orme desséché, des oseraies coupées, les moindres contraventions de pêche ou de chasse sou-

1. *Essai de Restit.*, n° 170 (1273). — Bourron? [Seine-et-Marne], canton de Nemours, arrond. de Fontainebleau.

2. *Ibid.*, n° 774 (1291). — Stains? [Seine], canton et arrond. de Saint-Denis.

3. *Ibid.*, n° 79 (1271). — Cf. *Olim*, I, p. 362, VIII.

4. *Actes du Parl.*, n° 7043 (1323).

5. *Olim*, t. I, p. 490, V (1260). — Cette affaire donne une idée de la complication des concessions de fiefs. Le cirier Guillaume déclarait tenir son droit en fief du *chevecier* d'Orléans, lequel le tenait de l'*évêque* d'Orléans, lequel le tenait du roi. Il fut jugé que le doyen et le chapitre de Saint-Aignan n'étaient pas obligés de répondre devant le Parlement.

6. Accord en 27 articles conclu devant le Parlement entre le maire et les jurés de Saint-Riquier et les religieux de cette ville. (*Olim*, t. II, p. 561, VI; 1312.)

7. *Actes du Parl.*, n° 7035 (1323).

lèvent parfois les conflits les plus acharnés [1] : il ne s'agit pas de quelques poissons ou de quelques lièvres, mais du droit de juger [2]. Le Parlement est tout yeux et tout oreilles.

Entrons dans une justice parisienne, celle de Saint-Martin des Champs, par exemple. Perrin de Crépy était accusé du meurtre de Jeannot le ratier; on le prit à « chasse, à fuite et à cri (de

1. Le seigneur de Borriz y a droit et justice des mesures et de prendre les *oulmeaux* tombés aux champs (*Essai de Restit.*, n° 335, 1279). — Bouri [Oise], arrond. de Beauvais, canton de Chaumont.

2. *Juridictions enchevêtrées.* — Afin de donner une idée plus complète de cette confusion des justices et de leur variété au point de vue de la compétence, nous en dresserons encore une liste d'après l'*Essai de Restitution* de M. Léopold Delisle : — N° 235. L'abbé de Saint-Denis a droit de gibet en la prévôté de Marney (1275) (Marnay [Aube], arrond. et canton de Nogent-sur-Seine). — N° 390. Le roi a la justice de plaid d'épée dans l'évêché de Séez, au comté d'Alençon, et portion de l'étang de Glapion (1279). — N° 272. La justice des mêlées et cas semblables dans la rue qui est entre l'église d'Amiens et les maisons des chanoines est au chapitre d'Amiens (1277). — N° 308. Le prieur de Notre-Dame d'Orléans a droit de cloître et justice de ce cloître (1277). — N° 666. Le maire et les jurés d'Asnières ont la justice, excepté la haute, qui est au roi, dans les fiefs de Pierre Tillay, de Hugue la Truye, de Guillaume de Fay (Asnières-sur-Oise [Seine-et-Oise], canton de Luzarches, arrond. de Pontoise). — N° 675. Le prieur de Charlieu y a toute justice. Le roi ne peut tenir notaires, tabellions « ni sergens bastonniers » aux lieux dont la justice appartient à ses vassaux (1288) (Charlieu [Loire], arrond. de Roanne). — N° 118. L'abbesse de Saintes a toute justice à Pont-l'Abbé. Pour ce le roi n'y peut tenir ses Juifs (1272) (Pont-l'Abbé [Charente-Inférieure], arrond. de Saintes, canton de Saint-Porchaire). — N° 751. Le gibet dressé par l'abbé Saint-Remi de Reims au territoire de Saint-Léonard sera démoli (sur la plainte de l'archevêque de Reims; 1290). — N° 502. « La justice de Baiac et du bourg Saint-Nicolas, le ban des vendanges à Montbelet et le serment du chastelain de la dame de Bourbon pour vendre son vin à Saint-Pourçain est au prieur de Sainct-Porsain; et la justice de Felines est à la dicte dame de Bourbon » (1282) (Saint-Pourçain [Allier], arrond. de Gannat; La Féline [Allier], canton de Saint-Pourçain, arrond. de Gannat). — N° 544. L'abbé de Cluny a la moitié des amendes de l'assise de Saint-Jangoul quant aux estrangers comme les autres (1284) (Saint-Gengoulph [Aisne], canton de Neuilly-Saint-Front, arrond. de Château-Thierry). — N° 15. Huit chanoines d'Évreux ont la haute justice en leur terre aux paroisses Sainte-Marie de Rotonde et Angerville (1270) (Angerville-la-Campagne [Eure], arrond. et canton d'Évreux). — N° 42. La haute justice de Gastins est au roi et celle de Boudac et Beauteiz est au roi de Navarre (1270) (Boudac, ou Voudad selon Beugnot, Vaudoy [Seine-et-Marne], canton de Rozoy-en-Brie, arrond. de Coulommiers; Beautheil [Seine-et-Marne], arrond. de Coulommiers). — N° 78. L'abbé de Saint-Martin de Pontoise a basse justice à la Chapelle et droit de chasse (1271). — N° 434. La justice sur le corps de la commune de Beauvais en certains cas est au roi, aux autres à l'évêque de Beauvais (1281). — N° 447. L'abbé de Sainte-Colombe de Sens a la basse justice à Cheses, à Thory et le comte de Champagne y a la haute (1281) (probablement Chaises [Seine-et-Marne], arrond. de Provins, canton de Bray, commune d'Hermé). — N° 147. L'évêque de Tournay, et non pas les bourgeois, a la justice de la fausse monnaie (1273). — N° 456. La haute justice de Bailly est au roi et la basse au seigneur dudit Bailly (1280). — N° 338. L'abbé de Morigny y a, et à Atrichin, Bolonville, Guillerville, la haute justice, mais le roi l'a en ce qui appartient au dit abbé à Étampes (1279) (Morigny, Étréchy et peut-être Bouville [Seine-et-Oise], arrond. et canton d'Étampes). — N° 822. Procès entre le prieur et le couvent de Saint-Pierre d'Abbeville et le maire et les échevins au sujet du partage de la justice (1292), etc.

haro)[1]; on trouva ses vêtements pleins de sang, mais comme il avait été amené en la prison de Saint-Martin « en habit de clerc et possession de tonsure », il fut rendu à l'official de Paris[1] (1333). On rend encore à l'official Perrin le sénéchal, pelletier, détenu comme ayant volé quatre paires de draps[2] (1343). Ade la Bourgeoise est arrêtée aux étuves à femmes (9 janvier 1334) pour avoir enlevé 4 sous 4 deniers : elle est rendue au maire de Saint-Magloire dont elle était l'hôtesse[3]. Le maire du Temple restitue « à monseigneur Saint-Martin » Robin Lenglais, servoisier, demeurant en la rue du Temple, mais hôte de Saint-Martin[4]. Le chapitre de Notre-Dame gardait dans ses prisons plusieurs habitants de la rue des Gravilliers et de la rue « au Maire » arrêtés dans la cathédrale, quoique innocents de tout méfait : le Parlement les fit rendre au maire de Saint-Martin[5] (4 mars 1337). Le maire de Sainte-Geneviève restitua Johannot de la Barre, peintre, arrêté sous l'inculpation de vol et que le maire de Saint-Martin délivra[6]. Un sergent du bailli de l'abbé de Saint-Denis n'a-t-il pas eu l'audace, en vertu d'un condamnation prononcée par le bailli contre un nommé Henry de Gentilly, brodeur, de prendre certains gages et biens en la terre de Saint-Martin : il dut payer une amende et le rétablissement de la justice fut accompagné de formalités curieuses : sur l'amende de soixante sous, le sergent en avait payé cinq, on les jeta dans la cour de Saint-Martin à tous ceux qui voulurent les ramasser. Quand le sergent fit la restitution des biens et des gages, on jeta encore de l'argent dans la rue « pour mémoire des choses dessus dites[7] ». C'est le prévôt de Paris qui, à chaque instant, empiète sur les droits de justice du couvent. Sans doute il renvoie parfois, de lui-même, au tribunal du prieur des personnes arrêtées pour coups et blessures, ce qui prouverait que sa police n'est pas trop inactive, mais il accueille trop facilement les dénonciations calomnieuses. Ennesot

1. Registre criminel de Saint-Martin-des-Champs. — Tanon, *Hist. des Just.*, p. 474, 26 août 1333.
2. *Ibid.*, p. 542; 4 nov. 1343.
3. *Ibid.*, p. 474; 9 janvier 1334.
4. *Ibid.*, p. 525; 8 mars 1340.
5. *Ibid.*, p. 493; 11 mars 1337.
6. *Ibid.*, p. 539; 16 mai 1343.
7. *Ibid.*, p. 525; 8 avril 1340.

la Brissette a porté, contre Angelot Burde, lombard, une odieuse accusation; Angelot, détenu au Châtelet sous l'inculpation de viol, est enfin rendu au maire de Saint-Martin; le procès, après visite médico-légale de la dite Ennesot par une matrone jurée, aboutit à l'acquittement du prisonnier [1]. Perrin le Perrier, de la rue Quincampoix, détenu au Châtelet sous la prévention de vol, est rendu à Saint-Martin et, après enquête, absous [2]. Le prévôt de Paris est obligé de remettre, aux religieux de Saint-Martin, Morise Lebreton [3], valet de Huitasse de Reims, et Phelipote la Normande, sa chambrière, soupçonnés d'avoir noyé la femme dudit Huitasse dans un puits ou un étang au coin de la rue aux Oues (aux Ours). L'accusation n'était guère prouvée, car Morise et sa chambrière furent presque tout de suite mis en liberté provisoire. Les inculpés se trouvaient mieux connus et mieux jugés dans leur quartier [4].

C'était l'intérêt, la cupidité qui poussaient ces justiciers multiples à des exécutions précipitées. Ils affirmaient tout de suite leur droit en pendant les larrons et les meurtriers et en s'appropriant leurs dépouilles : ils plaidaient ensuite à loisir. Un clerc de Corbie est inculpé de meurtre. Le maire et les jurés le citent devant eux. Pierre va se constituer prisonnier de l'abbé, son ordinaire. Le maire et les jurés, malgré les protestations de l'abbé, font démolir la maison du clerc : ils auront à la rebâtir [5]. Le prévôt de Paris est accusé par l'évêque d'avoir fait pendre un homme coupable de meurtre. Quoique cet homme se fût réclamé de sa qualité de clerc, la mère du supplicié se joignit à

1. Registre criminel de Saint-Martin-des-Champs. — Tanon, *Hist. des Just.*, p. 524; 10 mars 1340, 11 mars.

2. *Ibid.* p. 542; 4 octobre 1343.

3. *Ibid.*, p. 459; 30 mai 1332; 5 juin, 7 juin 1332.

4. Pour ne pas trop allonger ces documents, nous donnerons seulement ici les dates des diverses restitutions opérées, pour un court espace de temps, en faveur de la justice de St-Martin des Champs. Leur nombre seul suffira pour qu'on puisse se faire une idée de la quantité des conflits : 30 mai 1332; — 30 mars, 19 sept., 20 sept., 12 novembre 1336; — 20 janvier, 11 mars, 19 mars, 21 juillet, 1er août, 4 août, 14 nov. 1337; — 6 février, 14 février, 18 février, 28 février, 3 avril, 25 avril, 6 mai, 6 nov., 13 nov. 1338; — 14 juin, 1er juillet, 6 nov. 1339; — 8 mars, 10 mars, 8 avril, 28 avril, 2 mai, 5 mai, 8 mai, 18 nov. 1340; — 16 février 1341; — 23 mai, 4 sept., 18 déc., 31 déc. 1343; — 9 et 10 août 1345, etc. (Reg. crim. de St-Martin des Champs. — Tanon, *Hist. des Just.*, p. 455-561.)

5. *Olim*, t. I, p. 820, xv (1270). — Affaire analogue à Abbeville où le maire et les échevins avaient favorisé une émeute populaire contre un clerc, Raoul dit Coullart, absous par son ordinaire d'une accusation de meurtre. (*Olim*, t. III, p. 542-543, xxxix, 1310.)

l'évêque; la cause vint au Parlement qui fit dépendre le cadavre et ordonna (singulière et lugubre expertise) de faire vérifier par des barbiers s'il y avait traces de tonsure : on n'en trouva point, le prévôt de Paris fut acquitté [1]. Jean de Thalemas, clerc, quoique marié, était chantre et lecteur dans l'église d'Amiens « pour les vigiles et les messes. » En butte à des haines, il fut accusé d'incendie, arrêté par le prévôt de Beauchêne, traîné de prison en prison, soumis à de cruelles tortures par le feu et par l'eau, tandis que ses biens étaient pillés. Un long arrêt détaille toutes ces circonstances et les amendes, fondations pieuses auxquelles est condamné le prévôt et un cérémonial bizarre de réparation : Jacques Maire qui a mené pendre Jean de Thalemas sera conduit aux mêmes fourches : là en tunique, sans capuchon et sans ceinture, nu-pieds, il montera à ces fourches pour dépendre le corps du supplicié s'il y est, ou, s'il n'y est pas, son effigie. S'il a fallu une effigie, Jacques Maire la portera, aux fourches, la pendra, la dépendra, la chargera sur ses épaules pour la ramener à terre, la mettra sur un char où lui-même sera lié : en cet appareil il sera amené devant l'église de Notre-Dame d'Amiens et là, toujours nu-pieds, en tunique, sans ceinture, restituera l'effigie à l'évêque d'Amiens en prononçant la formule habituelle [2]. Dans une circonstance analogue, un lieutenant du prévôt de Montdidier va dépendre le supplicié « de ses propres mains » : avec son prévôt il le ramène sur un charriot à l'entrée de la ville d'Amiens et de là tous deux portent le cadavre sur leurs épaules, tenant l'un la

1. « ... Visa etiam certa informatione, relatione seu depositione certorum barbitonsorum in villa nostra et vice-comitatu Parisiensi juratorum nostrorum ad inspiciendum et visitandum caput predicti Joannis defuncti ad prædictum patibulum Parisiense suspensi... » (*Reg. du Parl.*, collect. Lamoignon, t. 325, p. 2484 [reg. de la Tournelle, 8, f° 268], 23 décembre 1371.)

2. « ... si ibidem pendeat, manibus suis propriis dispendet et si corpus ibidem non existat quædam figura seu representatio corporis ejusdem defuncti Johannis de Thalemas fiat, quam figuram idem Jacobus Majoris ad dictam Justitiam portabit et pendet, et illico dispendet, et super ejus humeros prædictum corpus, si existat, aut dictam figuram ad terram deferet et supra unum currum sive quadrigam ponet et in dicto curru seu quadrigâ reindutus et calciatus ascendet et ibidem ligabitur et in tali statu ante Ecclesiam beatæ Mariæ Ambianensis extra locum sacrum ducetur, et ibidem idem Jacobus Majoris in tunicâ sine zona et caputio ac nudus pedes, ut prædictum est, repositus, prædictum dicti Johannis de Thalemas corpus seu figuram Episcopo Ambianensi aut ejus deputato pro ipso reddet et restituat... etc. » (*Reg.*, collect. Lamoignon, t. 325, p. 2505 [reg. de la Tournelle, 8, f° 333], 14 mai 1373.)

tête, l'autre les pieds, puis font l'amende honorable [1]. Cérémonie semblable à Sens. Les prévôts de Moret ayant fait pendre Jacques Faber qui se réclamait en vain de son privilège de clergie, durent faire dépendre le corps du supplicié : ils le mirent dans un cercueil et le conduisirent devant le portail de la cathédrale de Sens : autour du corps brûlaient quatre cierges de quatre livres, puis le Dimanche, à l'heure de la grand'messe, devant l'archevêque ou son représentant, les prévôts, ayant ôté leur chaperon et fléchi les genoux prononcèrent les paroles suivantes : « Voici le corps de Jacques Faber que par inadvertance nous avons fait pendre et mourir. Nous vous rendons le corps à vous et à l'Église parce qu'à l'heure de la mort il portait la tonsure de clerc [2] ». Ces cérémonies ne terminaient pas toujours le conflit. On se disputait encore les effigies. Le prévôt de Paris, en 1336, a fait saisir dans les prisons de Saint-Martin, et pendre trois Anglais. Il fut obligé, par arrêt du Parlement, de les restituer par effigies. Il s'exécuta, mais une fois la restitution opérée, il fit interdire aux gens de Saint-Martin de toucher aux dites figures car il voulait les réclamer et intenter un nouveau procès. On garda les figures mais le prévôt fut débouté de ses prétentions. La victoire et les effigies des pendus restèrent au maire de Saint-Martin [3].

Ces disputes de cadavres ne pouvaient se passer sans conflits

1. « ... videlicet dictus Egidius per partem capitis antecedendo et dictus Petrus per partem pedum subsequendo super suos humeros portabunt et juxta se facerent portari quilibet unam torchiam ceræ ardentem de pondere trium librarum ceræ, et ad hoc omnia præsentes intererunt dicti quatuor servientes sine caputiis, zonis, et in tunicis videlicet ab uno latere dicti corporis seu figuræ prædictæ et alii duo ab alio latere tenentes in manibus suis quilibet unum cereum ardentem ponderis unius libræ... » (*Reg.*, collect. Lamoignon, t. 325 p. 2628 [reg. de la Tournelle, 8, f° 442], 3 février 1374, 1375.)

2. *Reg.*, collect. Lamoignon, t. 325, p. 2596 [reg. de la Tourn., 8, f° 434], 31 août 1375. — C'est la même procédure qu'au siècle précédent. En 1299 le bailli de Troyes reçoit du Parlement l'ordre de ressaisir par effigie (per figuram) l'abbaye de Saint-Denis d'un de ses hommes de corps que son prédécesseur avait fait pendre comme convaincu d'émission de fausse monnaie. — (*Actes du Parl.*, 2975 B.)

3. « Et ce fait, incontinant et en ce momant, ledit Guillaume de Champigny, après la restitucion faite, par figures, des englois qui pris avoient esté en nostre prison, dist qu'il, dou commandement dou prevost de Paris, nos deffandoit, de par le Roy, que nous les dictes figures ne muissions de leur estat, et que en les guardast, et que ce estoit l'antancion dou prevost de Paris de les ravoir, se il poest, et par ce, adjorne Mr. de Saint-Martin et le maire, à de lundi prochain venant en huit jours, ou Chastellet, contre le procureur du Roy. — » (Reg. crim. de Saint-Martin-des-Champs, 30 mars 1336. — Tanon, *Hist. des Just.*, p. 477. — Autre mention de ces figures finalement restituées par arrêt du Parlement, au maire de Saint-Martin. *Ibidem*, 3 mai 1336, p. 478.)

armés. Ces bizarres justiciers se faisaient la guerre pour prouver leur droit de faire justice. Pierre de Maumont, chevalier, à la tête de plus de trois cents hommes d'armes à pied et à cheval, envahit la terre du sire de Beaufort : il y fait dresser des fourches patibulaires et pendre un nommé Le Moigne. Ensuite il abat un pilori élevé par un prieur au village de Beauches[1]. Le vicomte de Thouars occupe avec une troupe la terre du Jard appartenant à l'abbaye de Lieu-Dieu, blesse à mort plusieurs moines et pend plusieurs mannequins revêtus du costume ecclésiastique à des fourches patibulaires que ses gens avaient érigées à la place de celles de l'abbaye[2]. Mais rien ne dépasse, dans ces promenades de cadavres, l'histoire du pendu d'Ayviges. Geoffroy de Pons guerroyait contre le vicomte de Turenne à propos de ses droits de justice. Avec une troupe de plus de cent cavaliers et fantassins, Geoffroy vint dans la paroisse d'Ayviges où un homme avait été pendu par les gens du vicomte de Turenne. Il le fit dépendre, puis accrocher aux fourches patibulaires de son château de Chalus. Le vicomte, irrité, envoya ses gens chercher le pendu et le fit replacer aux fourches premières. Geoffroy ne voulut pas en avoir le démenti : il retourna avec des forces plus considérables dans la paroisse d'Ayviges, détruisit cette fois les fourches, reprit le pendu et fit de nouveau accrocher aux fourches de Chalus ces misérables restes qui, sans doute, après tant de secousses, ne méritaient plus le nom de cadavre[3]. Le vicomte de Turenne s'adressa au Parlement. Geoffroy dut payer au roi mille livres (17 744 fr.) d'amende, rétablir les fourches détruites et les « ressaisir » du pendu « au mieux que faire se pourra » (on le croit, car on ne pouvait plus le faire qu'en effigie).

1. *Actes du Parl.*, n° 5426; 27 mai 1318.

2. *Ibid.*, n° 5056; 8 nov. 1317. — La Jard [Charente-Inférieure], cant. et arr. de Saintes.

3. ... « et quemdam hominem, suspensum in furcis justiciariis dictæ parrochiæ per gentes vicecomitis Turenne dispendi facit et resuspendi in furcis patibularibus in honore castri de Caslucio dicti Gaufridi; et cum dictus suspensus fuisset per gentes vicecomitis predicti, de dictis furcis de Caslucio extractus, et iterato in furcis primis resuspensus, idem Gaufridus seu gentes suæ, congregata multitudine centum viginti et plurium armatorum, tam peditum quam equitum, ad dictam parocchiam Ayvigas accedentes, furcas predictas disruerunt et predictum suspenssum, positum tunc in manu regis, secum asportantes, in furcis predictis de Caslucio resuspendi fecerunt, multos alios excessus committendo. » (*Olim*, t. III, p. 372, XII [1309].) — Chalus (Haute-Vienne), chef-lieu de cant., arr. de Saint-Yrieix.

Ce simple exposé de quelques procès très fréquents [1] nous avertit déjà du rôle que le Parlement remplit au milieu de ces juridictions rivales, haineuses, toujours en guerre : il ne cherche pas à les détruire; la plupart de ses juges sont eux-mêmes possesseurs de justices locales. Mais docile, malgré tout, aux traditions de saint Louis, il s'applique à concilier toutes les prétentions, à apaiser toutes les passions, à accorder les juridictions spirituelles et temporelles, territoriales et personnelles, seigneuriales, municipales, royales, à mettre de l'ordre dans le désordre de la société, en un mot de la justice dans toutes ces justices.

1. Il serait trop long et trop monotone d'énumérer ces conflits. Citons pourtant encore ceux que raconte M. Tanon : lutte entre les gens de Saint-Germain-des-Prés et ceux de Saint-Magloire dans la terre d'Issy (*Hist. des Justices*, p. 186); lutte, dans l'église même de Saint-Benoit, entre les chanoines de la dite église et ceux de Notre-Dame qui étaient venus faire acte d'autorité et furent condamnés par le Parlement. (*Hist. des Just.*, p. 264.)

— Le maire et les jurés de Sens avaient saisi plusieurs hommes de l'archevêque parce que l'official de Sens avait repris de force (rescusserat) le corps d'un défunt que le prieur de Notre-Dame de Sens voulait inhumer. Ils sont condamnés à cent livres d'amende. (*Olim*, t. II, p. 635, XXXI [1293].)

— Nicolas de Baye, dans son Journal, nous montre l'évêque de Paris requérant « que l'on lui lesse mestre une eschelle à la Croix du Tiroir pour escheller II maufaicteurs faulseres. » *Matinées*, IV X[1a] 4786, f° 399 v° (1404). Tuetey, *Journ. de Nic. de Baye*, t. I, p. 115.

CHAPITRE XXI

LE PARLEMENT ET LES JUSTICES ECCLÉSIASTIQUES

I. — Les Deux Pouvoirs. Les Deux Justices [1].

Des conflits que terminait chaque jour le Parlement et qui renaissaient chaque jour, les plus graves étaient ceux de la justice « laie » et de la justice « ecclésiastique », car ils s'élevaient entre deux sociétés partout rivales, dans les villes comme dans les campagnes. En son clair et ferme langage, Beaumanoir écrivait alors : « Deux épées sont par lesquelles tous les peuples doivent être gouvernés, car l'une des épées doit être spirituelle et l'autre temporelle. La spirituelle [2] doit être baillée à sainte Église et la

1. A lire : Glasson, *Rapports du pouvoir spirituel et du pouvoir temporel au moyen âge* (séances et travaux de l'Académie des Sciences morales, année 1890). — P. Viollet, *Histoire des Institutions politiques de la France*, t. II, p. 306-317. — Fournier, ouvr. cit. *Les officialités* au moyen âge. — J. Roy, *Mélanges Renier* (pour la dispute de P. de Cugnières).

2. Quoiqu'il soit bien connu, nous reproduisons ce passage important dans le nouveau texte de M. A. Salmon : « Deus espees sont par lesqueles tous li pueples doit estre gouvernés esperituelment et temporelment, car l'une des espees doit estre esperituele et l'autre, temporele : l'esperituele doit estre baillie a sainte Église et la temporelle as princes de terre; et cele qui est baillie a sainte Église est appelée esperituele pour ce que cil qui en est ferus est peris en l'ame esperituelement, si comme cil qui muerent en vilains pechiés ou en escommeniement, ou qui ont ouvré contre la foi : et de toutes teus choses apartient la connaissance a sainte Église. Et pour ce que l'espee espirituele es plus crueus que la temporale pour ce que l'ame i enqueurt, doivent il mout regarder cil qui l'ont en garde qu'il n'en fierent sans reson, si comme des escommeniemens qu'il font trop legierement...

« L'espee temporele si est d'autre atempreure, car par lui doit estre fete droite justice sans delai, et venjance prise des maufeteurs corporelement. Et quand l'une

temporelle aux princes de la terre ». Mais comme il savait cette distinction plutôt mal observée que mal comprise, il ne manquait pas de s'écrier : « Bonne chose serait et profitable selon Dieu et selon le siècle, que ceux qui gardent la justice spirituelle se mêlent de ce qui appartient à la spiritualité seulement, et laissent justicier et exploitier à la laie justice les cas qui appartiennent à la temporalité »[1]. Débat, qui, ramené à ces termes, semble des plus restreints, mais en réalité si vaste qu'il a troublé tout le Moyen-Age et tous les États; épisode quotidien de la querelle universelle du Sacerdoce et de l'Empire; lutte obscure qui n'eut point le retentissement de la lutte des papes et des empereurs mais qui n'en offre pas un spectacle moins intéressant pour n'être point dramatique.

Dès l'origine, par son nom même, l'Église ('Εκκλησία société) s'affirme comme une société distincte de l'empire païen dont elle subit les lois tyranniques sous les pires Césars. Grâce aux vertus de ses fidèles et à l'héroïsme de ses martyrs, elle passa de la servitude au pouvoir, mais n'eut garde d'oublier les souffrances des catacombes. Elle assura son indépendance vis à vis de l'autorité impériale qui la comblait d'honneurs. Elle garda pour elle seule la responsabilité de sa discipline intérieure, le droit de corriger ses clercs. Elle réussit à interposer en bien des causes son arbitrage. « Dans une ville presque entièrement chrétienne, dit le duc A. de Broglie, où l'épiscopat se trouvait la première des dignités, il n'y eut qu'un pas à franchir pour que cet arbitrage conventionnel devînt une juridiction sinon imposée, du moins reconnue par la loi. S'il est douteux que Constantin ait accompli lui-même cette transformation, il est certain qu'il la favorisa de tout son pouvoir, et des titres entiers du Code de Justinien, consacrés à l'organiser, nous montrent, dès la fin du siècle qui suivit sa mort,

espee a mestier de l'autre, eles s'entredoivent aidier, sauf ce que l'espee esperituele ne se doit entremetre de nule justice temporele dont nus puist perdre ne vie, ni membre; mes especiaument l'espee temporele doit toujours estre apareilliée pour garder et defendre sainte Église toutes les fois que mestiers en est.... » (Beaumanoir, édit. A. Salmon, chap. XLVI, n°s 1474, 1475.)

1. « Bonne chose et pourfitable seroit selonc Dieu et selonc le siecle que cil qui gardent la justice espirituel se mellassent de ce qui apårtient a esperitualité tant seulement et lessassent justicier et exploitier a la laie justice les cas qui apartiennent a la temporalité, si que par la justice esperituel et par la justice temporel drois fust fes a chascun.... » (Beauman., chap. XI, n° 311.)

le fait déjà ancien converti en loi de l'État[1] ». Plus les temps furent troublés, au moment des invasions, plus l'Église se dégagea de l'étreinte d'une société demi-barbare. Elle consolida son pouvoir non seulement sur les hommes marqués de l'onction sacerdotale, mais encore sur les auxiliaires employés pour le chant et les cérémonies, lesquels recevaient les ordres dits *mineurs*. Ces derniers clercs jouissaient des avantages sans être astreints aux vœux des prêtres. Beaucoup étaient mariés, voire même marchands. Ils entendaient vivre mais non être jugés selon le siècle. Ils réclamaient pour leurs méfaits l'indulgence du tribunal (ou du for, *forum*) ecclésiastique. Lorsque la féodalité se constitua, l'Église en bénéficia au point de voir sa liberté compromise, cette fois, par son triomphe et par ses richesses. Les grands papes Grégoire VII, Alexandre III, Innocent III, Innocent IV, affranchirent le Sacerdoce du joug doré de l'empire allemand; ils le défendirent aussi contre la domination de la royauté française et anglaise. Ils codifièrent pour l'Église une législation précise. Ils firent de la société religieuse une puissance si redoutée que les rôles se trouvèrent en quelque sorte renversés : la justice ecclésiastique prima la justice civile.

Beaumanoir énumère, sans la moindre récrimination, les cas qui, de son temps, appartiennent à l'Église[2] : 1° les accusations relatives à la foi « pour ce que sainte Église est fontaine de foi et de créance ». 2° les causes relatives au mariage, acte religieux; 3° les difficultés relatives aux biens et aumônes d'Églises ; 4° toutes les causes des gens d'Église, aussi bien immobilières que personnelles (sauf les questions de fiefs); 5° celles des croisés tant qu'ils sont liés par leur vœu ; 6° celles des femmes veuves que l'Église a prises sous sa protection spéciale[3], 7° les débats relatifs aux testaments à cause des legs pieux. Le légiste cesse alors de compter, car cela l'entraînerait sans doute trop loin et il passe successivement en revue : la garde des saints lieux (églises, couvents, cha-

1. A. de Broglie, *L'Eglise et l'Empire romain au IV° siècle* (5° édit.), t. II, p. 267.
2. Tout le chapitre XI du livre de Beaumanoir est consacré à la juridiction ecclésiastique. (Édit. Salmon, n°° 311-360.)
3. Pour les veuves, la juridiction ecclésiastique n'est pas obligatoire. Elles pouvaient porter les demandes relatives à leur douaire, à leur choix, à la cour d'église, à celle du seigneur féodal ou d'un seigneur suzerain. Procès de l'évêque de Beauvais contre la châtelaine de Beauvais. *Actes du Parl.*, n° 13661, année 1269.

pelles, cimetières), le droit d'asile qui pourtant ne saurait couvrir ni les sacrilèges, ni les pillards, ni les incendiaires; les procès des bâtards qui nécessitent des discussions sur la légitimité des naissances; les disputes sur les dîmes, les accusations de sorcellerie, réputée erreur contre la foi. A la justice laie Beaumanoir réservait les gages de bataille qui n'avaient pas encore disparu, les cas de crimes entre personnes laies, les conventions et obligations entre laïques, les procès touchant les hommages, les fiefs, le servage; les « mêlées et vilenies dites et faites » contre laïques; les questions d'héritage, même quand cet héritage est revendiqué par un clerc, les causes commerciales, même de clercs marchands. Y a-t-il menaces ou voies de fait entre clercs et laïques? si les laïques demandent « assurement » contre les clercs, ils les doivent poursuivre en cour d'Église; si les clercs réclament ledit assurement, ils doivent s'adresser à la justice laïque. Les justices laies peuvent bien faire arrêter les clercs soupçonnés de crimes, mais les doivent rendre à leurs juges ordinaires. Toutefois le jurisconsulte du Beauvaisis a bien soin de distinguer les justices seigneuriales ecclésiastiques des *officialités* : « Toute chose qui est tenue comme justice laie, dit-il, doit avoir ressort de seigneur lai ».

Au fond, que restait-il à la juridiction laïque? La propriété, la terre, à moins que ce ne fût terre d'Église; le fief, l'hommage, les obligations résultant du fief, si ce n'était pas un fief d'Église, les violences, les injures, si elles n'avaient pas eu une église, un couvent pour théâtre, les contrats et les obligations entre laïques s'il n'y avait pas eu serment et intervention de l'Église. Ainsi à la cour laie ce qui trouble la paix publique, ce qui atteint la société féodale (sauf quand les perturbateurs sont des clercs); à la Cour ecclésiastique, outre les devoirs de la société religieuse, la plupart de ceux de la société civile. A l'une, les procès arides sur les limites des seigneuries ou les bornes des champs, les chemins, les poids et mesures, les contrats de louage, les monnaies; à l'autre, les mystères les plus délicats de la famille, les causes où se trouve en jeu non seulement la fortune mais l'honneur. A la juridiction ecclésiastique l'action sur les mœurs; à l'autre, les simples relations de voisinage et de communauté; c'est-à-dire inégalité d'influence, sans parler de l'inégalité des juges, les uns profanes, les autres sacrés. De plus, les seigneurs ecclésiastiques, joignant la juridiction temporelle à la juridiction spirituelle, tenant les deux épées, tendaient sans cesse à les confondre, à défendre l'une par l'autre, juges du champ aussi bien que de la foi, excommuniant leurs adversaires pour les mieux dépouiller, et abusant parfois, pour satisfaire des passions humaines, des intérêts de Dieu.

II. — Les conflits sous saint Louis et Philippe le Bel.

Les seigneurs, non plus que les rois, n'avaient pas manqué de réagir contre la puissance du clergé, En 1225, sous le règne de Louis VIII, en 1235, avant la majorité de Louis IX, les seigneurs réunis en Parlement solennel, avaient protesté contre l'extension de la juridiction ecclésiastique [1]. En 1246, ils formèrent des ligues pour la défense de leurs justices [2]. Louis IX, fidèle à son rôle d'apaiseur, ne seconde pas les barons, mais négocie avec le Saint-Siège : vains efforts, car les conciles provinciaux de Béziers (1246), de Valence (1248), de Sens (1252), de Saumur (1262), de Cognac (1267), d'Embrun (tenu à Seyne 1267), de Château-Gontier, ne cessent de faire entendre leurs doléances et de lancer des anathèmes [3]. Les prélats, par la bouche de Gui de Mello, évêque d'Auxerre, demandent que l'autorité royale appuie leurs excommunications. Or Louis IX n'était pas homme à intéresser sa piété aux prétentions des évêques : il promit de faire ce qu'ils désiraient si les baillis trouvaient justes les excommunications. Les prélats de se récrier, car ils n'entendaient pas laisser au roi la connaissance des causes « qui regardaient la Chrétienté ». Le roi répondit que dans ce cas il ne commanderait point à ses sergents de contraindre les excommuniés à se faire absoudre, fût-ce à tort, fût-ce à droit. « Car, dit-il, si je le faisais, je ferais contre Dieu et contre droit. Et vous en montrerai un exemple : les évêques de Bretagne ont

1. P. Fournier, *Les officialités au moyen âge*, p. 99 et suiv.
2. Une commission donnée alors aux quatre grands barons émane de quarante et un seigneurs. L'acte conservé aux Archives porte vingt-deux sceaux; le premier est celui de Joinville (*Trésor des Chartes*, II, n° 3569. — P. Fournier, *ibid.*, p. 101, note 2.)
3. P. Fournier, p. 105, 107.

tenu le comte de Bretagne bien sept ans en excommuniement, et puis il a eu absolution par la Cour de Rome; si je l'eusse contraint dès la première année, je l'eusse contraint à tort. » Les prélats ne s'attendaient pas à semblable leçon et se retirèrent [1].

A l'exemple de saint Louis, son Parlement s'applique à tenir la balance égale entre les deux puissances. On s'en rend compte à la lecture d'une enquête, suivie d'un accord, à propos des réclamations faites au roi par les prélats de Normandie [2] (1258). L'article 5 concernait les fiefs laïques réclamés par les clercs, comme « aumônés. » Le Parlement décide que le bailli recherchera avec soin la condition des fiefs : si c'est une aumône, l'affaire sera remise au juge ecclésiastique [3]. Les conseillers de saint Louis n'admettent point qu'on abuse de la tonsure cléricale pour soustraire des criminels à la justice laïque [4] (1261). Par une incroyable négligence, les officiers de l'évêque de Châlons avaient laissé meurtrir et tuer deux de leurs prisonniers. L'évêque voulait juger les accusés qui, de leur côté, réclamaient le for ecclésiastique. Le Parlement distingue : le bailli de l'évêque et un de ses prévôts, laïques, ne seront pas traduits devant la Cour de l'évêque ; un autre, qui se prétendait clerc, était renvoyé à cette Cour (1267) [5]. Un pauvre homme se plaignait d'un clerc, Thibaut, lequel refusait de répondre au Parlement et demandait à être traduit devant son ordinaire. Le Parlement distingua encore : pour les cas touchant le service du roi, le clerc répondra devant le Parlement, pour les autres il sera jugé par son ordinaire [6]. En tout cas, dans les causes

1. Joinville, *Hist. de St Louis*, p. 241.
2. *Olim*, t. I, p. 59, I, 1258.
3. Le Parlement règle ainsi cet article 5 : « Si le plaideur clerc fait citer quelqu'un devant le juge ecclésiastique, lui demandant un bien qu'il dise être de son aumône, si l'adversaire auquel on le réclame, prend un bref de fief et aumône et dise que le bien est un fief laïque, le bailli connaîtra de la question de savoir si c'est un fief laïque ou une aumône; s'il trouve, par l'enquête, que c'est aumône, il remettra l'affaire au juge ecclésiastique; s'il trouve que c'est un fief laïque, il terminera l'affaire.... » (*Ibidem.*)
4. Arrêt contre l'abbé de Compiègne qui avait fait la tonsure cléricale à un bourgeois obligé aux tailles envers le roi. L'abbé voulut ensuite traduire devant sa justice ce bourgeois arrêté, pour cas criminel, par le bailli de Vermandois. Il voulait « cognicionem habere de ipso, racione tonsuræ clericalis. — Impositum fuit super hoc silencium ipsi abbati et fuit injunctum baillivo quod ipsum burgensem benè teneret nec eum redderet abbati. » (*Olim*, I, p. 529, VI [1261].)
5. *Ibid.*, I, p. 665, II; et p. 666; III (1267).
6. *Ibid.*, I, p. 541, XIII (1262).

réelles, les clercs doivent être traduits devant[1] la justice laïque (1269). Une haute impartialité se dégage, là comme ailleurs, des arrêts de la Cour de saint Louis.

Philippe III le Hardi hésita à s'écarter de cette impartialité. Philippe IV le Bel rompit avec elle, non sans fluctuations et surtout sans dissimulation. Philippe V le Long parut y vouloir revenir.

Si favorables qu'ils fussent au clergé, Philippe le Hardi et ses légistes n'en déclarent pas moins abusives les habitudes des tribunaux ecclésiastiques de s'immiscer dans les actions immobilières des clercs (1274)[2]. Mais une cause de légitimation pendant en cour d'Église devait faire surseoir à celle de la succession contre laquelle était opposée l'exception de bâtardise (1274)[3]. Malgré l'évêque de Noyon, malgré le chapitre de Chartres, le Parlement maintient que les questions relatives à un fief lai et à une justice temporelle ne sauraient appartenir à la justice ecclésiastique[4]. Il maintient encore que les officiers du roi ne sont pas tenus, à la requête des prélats, de contraindre les excommuniés par prise et

1. « Ung action personnelle procédant de réalité ou « quando media agendi aut excipiendi sunt realia » doibt estre traicte par devant le juge lay. » (Jugé contre l'évêque de Noyon, *Essai de Restitution*, n° 10 (1269.)

2. « La Cour de Philippe le Hardi formule déjà quelques axiomes purement rationnels dans sa consultation du 29 novembre 1274 « sur quelques affaires ecclé- « siastiques » : « Que l'évêque, dit l'article 6, envoie en possession des biens immobiliers appartenant à des clercs condamnés ou coutumax, cela n'est pas raisonnable (non videtur rationem habere) car les biens immobiliers ne sont pas susceptibles de la juridiction épiscopale. » — N'était-ce pas là la revendication du droit éminent de l'État sur les mutations immobilières? — Il n'est pas raisonnable, dit l'art. 9 que, s'il y a procès pour le prix d'une dîme entre deux laïques, la cour ecclésiastique en connaisse sous prétexte que la dîme a été jadis vendue à l'un des laïques par un clerc, car le procès dérive du contrat. » La cour du roi entrait ainsi dans la voie, féconde en subtilités, des déductions légitimes. » (*Ord.*, t. I, p. 302. — Langlois, *Hist. de Philippe le Hardi*, p. 271.)

3. La cause de légitimation pendant en court d'Église doibt surseoir celle de la succession contre laquelle est objicée la batardie. — Jugé pour le comte de Bretagne. (*Essai de Restitution*, n° 194, 1274.)

4. Contre l'évêque de Noyon (*Actes du Parl.*, n° 2159 et 2172 (1278). — Contre le chapitre de Chartres. (*Essai de Restit.*, n° 321 [1278]. — *Olim*, t. II, p. 119, XXXVIII.) « Dictum fuit per arrestum, quod episcopus Noviomensis trahebat in causam in foro ecclesie, super re pertinente ad cognicionem curie laicalis, propter quod cessare debet.... »

— Autres arrêts contre l'abbé de Pontlevoy : « Inventum fuit quod abbas et conventus Pontis-Leveii trahit in foro ecclesie dominum Ambazie super re pertinente ad cognitionem curie secularis; propter quod dictum fuit quod dicti abbas et conventus compellendi erant ad cessandum et ad restituendum eum in statu in quo erat, tempore litis incepte. » (*Olim*, t. II, p. 120, XLI [1278] et p. 128, XXVIII [1279].)

vente de leurs biens à se faire absoudre (1280)[1]. Dans les causes matrimoniales, les officiers royaux auront au moins la faculté de constater la possession d'état, de vérifier s'il y avait eu cession régulière[2]. Les clercs mariés et marchands ne sont point protégés : à Laon le roi aura le droit de lever la taille sur ces clercs qui entendaient échapper à toutes les charges et bénéficier de tous les faveurs[3]. Philippe le Hardi obtint aussi de la Cour de Rome une atténuation au privilège des croisés qu'on supprima en cas de crime énorme[4]. Le bailli d'Auvergne, avec l'agrément des maîtres de la Cour, forçait les clercs à exécuter les obligations qu'ils avaient contractées sous le sceau de Riom[5]. Le maire de Compiègne peut et doit saisir les clercs malfaiteurs[6]. Le Parlement faisait un pas timide en avant du côté de la justice civile.

D'autre part, baillis et sergents royaux ne craignaient pas d'employer les pires violences contre les clercs auxquels il leur était défendu de toucher[7]. A Amiens trois clercs avaient été soumis à

1. — ... En l'arrest du Roy et l'archevesque de Tours appert... aussi que les officiers du Roy ne sont tenuz a la requeste des prelatz constraindre les excommuniés d'ester à droit et se faire absouldre par prinse et vente de biens ou de leurs persones. (*Essai de Restit.*, n° 418 [1280].)

— Les officiers de l'Albigeois dénoncèrent Bernard de Capendu, évêque du lieu, qui avait décidé que les excommuniés payeraient, avant d'être absous, neuf livres, un denier.... (Langlois, *Philippe le Hardi*, p. 273.)

2. *Hist. générale du Languedoc*, X, pr. c. 135. — Langlois, *Philippe le Hardi*, p. 270.

3. *Actes du Parl.*, 2019 (1277).

— Autre arrêt déclarant que les consuls de Toulouse ont le droit de lever la taille sur les possesseurs de biens relevant du fief de l'évêque ainsi que sur les clercs mariés. (*Actes du Parl.*, 2316, A [1281]. — *Essai de Restitution*, texte latin, n° 412.)

— Autre arrêt, *Actes du Parl.*, 2526 C (1285.) Voir aussi sur les clercs marchands : *Tout Lieu de Saint-Dizier*, *Olim*, t. II, p. 722, 723, art. XIII et XIV, p. 739, XVL. — Par contre un arrêt condamne à 500 liv. parisis (12 665 fr.) d'amende le comte de Sancerre pour avoir été négligent à punir des gens de sa maison qui avaient fait une injure atroce à un clerc. (*Actes du Parl.*, 1967 [1275].

4. Langlois, *Philippe le Hardi*, p. 271.

5. « Inhibitum tamen fuit baillivo Arvernie ne manum ponat in clericos seu in bonis mobilibus eorumdem. » (*Olim*, t. II, p. 84, XXVIII [1276].)

6. Ordinatum fuit quod major Compendiensis capiet, apud Compendium, clericos malefactores, vel per vicarium communem episcopo Suessionensi et abbati Compendiensi permittat eos capi. — (*Olim*, II, p. 250, VII [1285; Philippe III].)

7. L'évêque de Toulouse fait entendre des plaintes très vives contre le viguier qui remet en prison des clercs acquittés par l'official ou qui réclame des clercs poursuivis par l'official, etc. (*Hist. générale du Languedoc*, X, pr. c. 135.) — Les prélats de la province de Bordeaux envoient des plaintes que les officiers royaux détenaient des clercs hors le cas de flagrant délit; qu'ils saisissaient les biens des hommes d'Église, qu'ils mettaient des sergents dans les prieurés et les abbayes à l'occasion de prétendus excès dont les auteurs se déclaraient prêts à répondre devant le juge ecclésiastique (*Revue des Soc. sav.*, IV° série IV, 452. — Langlois, *ouvr. cit.*, p. 272, 273.)

la torture, le bailli prétendit qu'il ignorait leur qualité de clercs; le Parlement voulut bien admettre sa bonne foi mais en l'obligeant au serment [1]. Un jour le bailli d'Auxerre, Nicolas le Paigier, dit à son prévôt : « Nous n'aurons pas paix avec ces clercs d'Auxerre tant que l'on n'en aura pas bâtonné une douzaine ». Le prévôt, Jacques, ayant répondu : « Si je croyais que cela vous plût, ce serait tôt fait ». — « Je voudrais que cela le fût déjà! » s'écria le bailli. Il n'en fallut pas davantage. Le jeudi d'avant la Pentecôte, vers le soir, deux clercs de l'église d'Auxerre, Obelin fils de Bernardin le barbier et Pierre de Troies s'en étaient allés, à cause de la chaleur, à la rivière d'Yonne et à la fontaine Saint-Ginain pour boire de l'eau de la fontaine et pour laver leurs pieds. La nuit approchait; le guet n'avait pas encore commencé ses rondes. Soudain les deux clercs sont assaillis par derrière et affreusement blessés : on les crut longtemps en danger de mort. Pierre de Troies avait eu les talons et les nerfs de la jambe coupés « en telle manière qu'il fut afolez à touz jours ». Un peu après, un autre clerc, Guillaume de Venousse, prêtre du chœur de la même Église, fut si grièvement blessé qu'il resta longtemps entre la vie et la mort. L'hypocrite bailli alla voir les victimes : « Je donnerais bien ma bourse pleine, disait-il, pour savoir qui a ce fait ». Puis, avec son prévôt, il chercha à circonvenir les gens qui soignaient Pierre de Troies pour que celui-ci fût amené à « faire paix de sa bateure ». Le Parlement ne pouvait laisser impunie une telle perfidie. Le prévôt fut condamné à cent livres (2 010 fr.), le bailli à deux cents livres d'amende (4 020 fr.) : l'un et l'autre durent faire réparation à l'Église d'Auxerre dans quatre processions [2].

Philippe le Bel ne pouvait non plus ne pas défendre les clercs molestés. Ses légistes frappent de lourdes amendes les consuls de Cahors [3], les sergents du roi à Villeneuve d'Aveyron [4], le seigneur

1. *Essai de Restitution*, n° 515, texte latin (1283).
2. *Actes du Parl.*, 2099, 2100, 2100 A. — *Olim*, t. II, p. 102, XIII, XIV, 1277 (1278). Les détails que nous donnons sont extraits du fragment d'enquête en français publié par Boutaric (2100 A).
— Par contre, en 1279, la châtelaine de Beauvais est frappée d'une amende « quod contra prohibicionem baillivi Caleti, *trahi fecerat et vexari in foro ecclesie coram delegato judice*, dominum Petrum de Houdento et quemdam servientem domini Regis. » (*Olim*, t. II, p. 150, XXXIII.)
3. *Ibid.*, t. III, p. 299, XXXIX (1308).
4. *Ibid.*, t. III, p. 319, 320, LXVII, 1308 (1309).

de Mailly [1], le seigneur de Benegon [2]. A Abbeville, un clerc avait été attaqué par les frères Coullart qui lui avaient coupé une main Il avait résisté et, dans le combat, blessé un des frères qui en mourut. Le sénéchal, le maire et les échevins d'Abbeville bannirent le clerc quoiqu'il eût été absous par son ordinaire comme ayant agi en cas de légitime défense. Le bailli d'Amiens reçut l'ordre d'obliger le maire et les échevins à révoquer le bannissement [3]. En 1309, deux conflits s'élevèrent entre le comte et l'évêque de Nevers. Les gens du comte avaient saisi des clercs soupçonnés de rapt : le comte refuse de les livrer à l'évêque et les force, par la crainte des tourments, à financer (c'était le plus souvent la cause du zèle seigneurial). Les clercs sont repris par l'évêque; le prévôt du comte les lui arrache encore [4]. Une autre fois c'est l'évêque qui a fait jeter en prison trois clercs coupables d'un crime : le comte les réclame, puis envoie ses sergents briser avec le peuple les portes de la prison épiscopale [5]. Batailles qui auraient pu se prolonger si le Parlement n'y eût mis ordre en condamnant, dans les deux cas, le comte de Nevers à restituer les clercs enlevés à leurs juges ordinaires : sa puissance ne le sauva pas de l'amende. A lire certains arrêts on croirait le Parlement de Philippe le Bel tout favorable aux clercs, même marchands [6]. Il protège la juridiction ecclésiastique même contre un clerc rebelle d'Albi, alléguant qu'il était marié, et ne voulant point, dans une accusation criminelle, être renvoyé devant l'évêque : celui-ci eut gain de cause [7]. Les habitants de Saint-Malo plaidaient contre leurs recteurs (curés) qui prélevaient sur les successions le *nonage* (neuvième

1. *Olim*, t. III, p. 549, XLIV, 1310 (1311).
2. *Ibid.*, t. III, p. 410, XXIV (1309).
3. *Ibid.*, t. III, p. 723, XII (1312). — Autre arrêt relatif à la même affaire, p. 542-43, XXXIX, 1310 (1311).
4. *Ibid.*, t. III, p. 424, XXXVII, 1309 (1310).
5. *Ibid.*, t. III, p. 357, IV, 1309.
6. Le maire et les jurés de la commune de Chaudardes voulaient contraindre plusieurs clercs qu'ils disaient marchands, à contribuer aux tailles en raison de leurs marchandises et au paiement des dettes de la ville. Ils sont déboutés de leur demande. (*Essai de Restitution*, n° 721, 1289.) — Chaudardes [Aisne], arrond. de Laon, cant. de Neufchâtel.
— Autre arrêt favorable à la justice ecclésiastique. (*Essai de Restit.*, n° 600, 1286.)
7. « Pronunciatum est quod dictus Raymundus redderetur episcopo et in curia sua ecclesiastica stabit juri super criminibus super quibus fuit citatus et preventus dum erat clericus ante bigamiam contractam ab eodem.... » (*Essai de Restit.*, p. 459, n° 907, [1296].)

partie des biens meubles). Ils avaient appelé au Parlement. Les recteurs soutinrent que la cause était « spirituelle » et regardait le for ecclésiastique. Le Parlement donne raison aux recteurs [1].

Mais il ne faut voir là que des contradictions très fréquentes dans la politique des rois de ce temps. Philippe le Bel, sous la réserve de ces exceptions, lutta durant tout son règne pour étendre la juridiction laïque [2]. Un arrêt de 1287 ordonna de saisir et de mettre sous les mains du roi les clercs homicides ou malfaiteurs notoires absous par les juges d'Église [3]. La même année une fameuse Ordonnance qu'on a mal interprétée, nous l'avons dit, obligea les ducs, comtes, barons, évêques, abbés, chapitres, collégiales, en un mot tous ceux qui exerçaient une juridiction temporelle, à établir des laïques et non des clercs comme baillis, prévôts, sergents, de telle sorte que si ces officiers commettaient des fautes, leurs supérieurs pussent procéder contre eux [4]. Philippe le Bel ici ne voulait qu'une chose, empêcher les juges de se dérober eux-mêmes à la justice.

Un accord conclu, en 1291, entre le roi et l'archevêque de Bourges précise bien les points sur lesquels Philippe et ses légistes dirigeaient leurs efforts. Défense à l'archevêque, dans les saisies, d'apposer son sceau sur les portes des clercs et de mettre des *brandons* sur leurs terres : il ne pourra placer que les meubles sous scellés. Défense de connaître des actions *personnelles* entre deux *laïques*, ni des actions réelles entre un *laïque* et un *clerc*.

1. « ... Probatum esse sufficienter quod predicti rectores non de novo, sed quod ipsi et eorum predecessores a temporibus quorum in contrarium memoria non existit, consueverunt, super mortuagiis hujus modi ordinarios suos judices ecclesiasticos, pro illis petendis, adire et ipsi ordinarii de hiis cognicionem et compulsionem habere... » (*Olim*, t. III, p. 1019 [1315], Louis X.)
— Un autre arrêt est encore favorable à la justice ecclésiastique. Des sergents du bailli d'Amiens avaient enlevé un clerc des prisons de l'évêque, mis à mort et, de nuit, enterré de la manière la plus vile. .. « Auditis hinc inde propositis, curia nostra, super hiis favore libertatis ecclesiastice de plano procedens.... » Restitution en effigie sera faite du clerc « per unam figuram ad instar clerici tonsuratam.... » (*Ibid.*, t. II, p. 542, XI [1311].)

2. Le Parlement de Philippe le Bel ne soutient pas les clercs mariés. Il condamne Hugues Colombel et Guillaume de Hesdin, clercs mariés, demeurant à Saint-Riquier, à contribuer aux tailles au prorata de leurs biens patrimoniaux ainsi qu'à la maltôte. (*Actes du Parl.*, n° 2723 [1291].)
Autre arrêt défavorable à un clerc, Gormont. (*Olim*, III, p. 467-468, LXXVI, 1309 [1310].) Autre arrêt contraire (*Ibid.*, III, p. 129 XXII (1304).

3. *Actes du Parl.*, 2650 B (1287).

4. Ord. déjà citée. — Langlois, *Textes*, p. 142.

Limitation des droits de l'archevêque sur les *croisés*. Renonciation par le prélat à connaître des *dîmes inféodées*. Engagement de sa part de ne plus forcer le bailli ni ses sergents à justicier les *excommuniés* contre lesquels on ne pourrait relever aucune charge[1]. La même année, un arrêt stipule que l'archevêque ne pouvait assigner que pour les *biens meubles* un clerc inculpé de crime; la justice laïque assignait pour les *immeubles*. Dans une affaire relative à des obligations attestées par des lettres du Châtelet de Paris, un clerc nie en vain la compétence de la justice laïque : le Parlement le condamne[2]. L'official de Reims avait gardé en prison deux bourgeois de la ville sous la prévention de faux : il fut contraint de les délivrer; leur cas regardait la justice laïque[3]. Un panetier du roi, Adam de Meulent et plusieurs de ses amis s'étaient portés *plèges* (garants) pour des prisonniers qu'ils

1. Nous résumons ce petit concordat : Art. Ier l'official de Bourges avait pris et incarcéré un laïque et exigé une amende de lui parce que ce laïque, après en avoir cité un autre devant l'official, l'avait ensuite cité pour la même cause devant le bailli. Il fut convenu, si le fait nié par l'archevêque était reconnu vrai, que l'official l'amenderait à la Cour. — Art. 2. La coutume qui de tout temps était observée dans la justice à l'égard des excommuniés ne sera pas étendue aux Juifs, comme le demandait l'archevêque. — Art. 3. Il fut convenu que l'archevêque, n'ayant pas justice sur les maisons, ne pourra ni mettre son sceau sur les portes des clercs, ni des brandons sur leurs terres. Il pourra cependant sceller les coffres des clercs et emporter les biens meubles.— Art. 4. L'archevêque se prétendait en possession de connaître des actions personnelles entre deux laïques, de même, dans les actions réelles non féodales, entre un laïque et un clerc ou réciproquement. Il fut ordonné que deux auditeurs de la Cour seraient envoyés pour faire une aprise sur ces points. — Art. 5. Au sujet des laïques croisés, l'archevêque promit d'adopter la ligne de conduite que tiendraient sur ce point les autres prélats qui devaient en conférer avec le roi. — Art. 6. Au sujet des dîmes inféodées dont l'archevêque revendiquait la connaissance, il renonçait à ce droit : il gardera cependant, en ce cas, la connaissance des meubles. — Art. 7. Au sujet des excommuniés, le bailli et ses sergents ne seront point tenus à les contraindre à ester en justice si aucune charge n'est relevée contre eux. (*Olim*, t. II, p. 322, I [1291].)

— Autre arrêt contre l'archevêque de Bourges : « De même que l'archevêque peut assigner pour les biens meubles de son clerc prisonnier ou accusé d'un crime, de même la justice laïque peut assigner pour les biens immobiliers et n'est pas tenue de répondre de ces biens tant que le clerc n'a pas été renvoyé absous. (*Olim*, t. II, p. 333, XXIV [1291].)

2. Procès entre Robert de Langreville et consorts, d'une part, et Symons, chapelain de la chapelle du roi à Saint-Germain-en-Laye, devant Benoît de Saint-Gervais, auditeur au Châtelet. Symon refusait de répondre devant l'auditeur « quod, cum ipse esset persona ecclesiastica, ipse non tenebatur, coràm dicto auditore, in actione personali respondere... ». L'auditeur le renvoya au juge ecclésiastique. Robert appela au prévôt de Paris, qui cassa la sentence de l'auditeur, disant qu'en action hypothécaire (super dicta actione ypothecaria) le clerc devait répondre devant la justice laïque. Symon, à son tour, appela de ce jugement au Parlement, qui donna raison au prévôt. Simon dut payer l'amende de fol appel. (*Olim*, t. III, p. 842, XXIII [1313].)

3. *Essai de Restitution*, n° 865 (1294).

avaient fait sortir du Châtelet. Ils les restituèrent à l'époque indiquée, mais le prevôt de Paris attaqua les garants : on lui avait, disait-il, changé l'état de ses prisonniers qui se trouvaient maintenant tonsurés et se réclamaient du for ecclésiastique. Les garants protestèrent : ils avaient loyalement rendu les prisonniers en habit laïque; si ceux-ci s'étaient fait tonsurer au Châtelet, eux n'y pouvaient rien. L'enquête ordonnée par le Parlement établit que la tonsure avait été faite au Châtelet, après la restitution; les garants furent acquittés [1] mais la tonsure frauduleuse ne servit de rien aux prisonniers. L'official d'Angers avait poursuivi des sergents du comte d'Anjou : le bailli de Tours saisit son temporel et l'expulsa même de sa maison [2]. Violences, saisies, vexations de toute sorte, si l'on en croit le témoignage de Guillaume le Maire, évêque d'Angers, voilà ce que les juges ecclésiastiques avaient à redouter des officiers du roi : on maltraitait les porteurs de citations d'Église, on allait jusqu'à les contraindre à manger leurs lettres. Les conciles provinciaux (Bourges, Màcon, 1286; Arles, 1288; Auch 1290) font entendre aussi d'énergiques protestations contre les restrictions apportées aux droits de l'Église [3]. De leur côté, les légistes de Philippe le Bel mêlent à leurs attaques contre le pape Boniface VIII des récriminations contre les empiétements des juridictions ecclésiastiques. L'un d'eux (probablement Du Bois) publie un pamphlet où il reprend tous les griefs des officiers royaux [4]. C'est bien l'état de guerre. Mais là, comme ailleurs, les ambitions de Philippe dépassaient son pouvoir; il n'obtint que peu d'avantages [5].

1. *Olim*, t. II, p. 501, XIII (1308).

2. Livre de Guillaume le Maire, évêque d'Angers. *Documents inédits de l'Hist. de Fr.*, Mélanges, t. II, p. 353 et suiv.

3. Il faut ajouter les synodes d'Autun, de Saintes, les conciles provinciaux de Rouen, de Compiègne, de Trèves, etc. — Fournier, *Officialités au moyen âge*, p. 116-119.

4. Voir : *Scriptum contra Bonifacium. Preuves des droits et libertés de l'Église gallicane*, t. III, p. 113. — Pamphlet anonyme : *Brevis et compendiosa doctrina*, publié par De Wailly, *Mém. de l'Académie des Inscriptions*, nouvelle série, t. XVII, p. 435 et suiv., 2e part., p. 450. — Enquête sur les empiétements de la juridiction ecclésiastique en Languedoc : *Gravamina Ecclesiæ Gallicanæ in partibus Occitanis*, publié par Boutaric dans *Notices et Extraits des manuscrits*, t. XXII.

5. Philippe le Bel affecte parfois un grand zèle pour la liberté ecclésiastique : « Nam licet sine nota jactantiæ et crimine Pharisai credimus pro cœteris regibus et principibus christianis, fovere, manutenere ecclesiasticam libertatem et etiam plus forsitan vel æqualiter cum aliis principibus affectare pacificum et tran-

La réaction qui suivit sa mort amena une détente favorable au clergé. Une Ordonnance de Louis X (1315) prescrivit aux officiers royaux de prêter désormais à l'Église l'appui du bras séculier pour assurer le libre exercice de la juridiction ecclésiastique[1]. Philippe V le Long, qu'on a représenté comme hostile au clergé à cause d'une Ordonnance relative à la présence des prélats au Parlement, ne tint pas du tout la main à l'exécution de cette prescription : il s'entoura, plus que ses prédécesseurs, d'hommes d'Église. En 1317, il annula toutes les défenses tendant à empêcher les tribunaux ecclésiastiques de connaître des actions personnelles des laïques. Toutefois les plaintes des conciles provinciaux (Sens, Paris, Avignon, Auch, Senlis, Compiègne) prouvent que le roi n'abandonna pas tout à fait la politique de Philippe le Bel[2]. Les registres du Parlement le prouvent aussi.

quillum statum sanctæ universitatis Romanæ Ecclesiæ nostræ matris, pro cujus defensione nostrum et nostrorum subjectorum corpora morti exponere solitum esset nobis. (Extrait du registre *Pater*. Bibl. nat. ms. lat. 9045, f° 231, cité par Fournier, p. 120, note 1.)

— Ajoutons, pour nous éclairer sur les contradictions ou plutôt les oscillations et la politique de Philippe le Bel, des Ordonnances par lesquelles : 1° en 1290 il confirme le droit exclusif de l'Église à connaître des actions immobilières des clercs (*Ord.*, t. I, p. 318); 2° en 1300, il mande au bailli de Tours de ne point s'opposer à l'exécution de citations adressées aux laïques par les juges d'Église dans les causes que le droit ou la coutume attribue à la juridiction ecclésiastique (*Ord.*, t. I, p. 332). — Cf. *Ord.*, t. I, p. 231, 334, 340, 357, 403, 412; t. XII, p. 357 ; en sens contraire, l'Ordonnance sur les criminels notoires (*Ord.*, t. I, p. 343).

1. *Ord.*, t. I, p. 615. — Dans la province de Sens cependant, Louis X intervint pour réprimer un mouvement populaire causé par les extorsions dont se plaignaient les justiciables de la cour archiépiscopale. Les mécontents s'étaient créé un roi, un pape et des cardinaux et s'étaient constitué une sorte d'Église où ils s'absolvaient mutuellement des censures ecclésiastiques et administraient les sacrements, (*Contin. Guill. de Nangis*, *Hist. de Fr.*, t. XX, p. 613 D; — édit. Géraud, t. I, p. 319. — Fournier, p. 121.)

2. M. Lehugeur a recueilli quelques indications sur cette politique de Philippe le Long : nous citons sa page : « Il (Philippe V) exige réellement que ses officiers, depuis les petits jusqu'aux grands, respectent les privilèges et les droits de l'Église de France; « ceux qui y contreviendront, doivent réparer leurs fautes ou payer « des dommages et intérêts. » Ainsi les gens du Roi ayant enlevé aux religieux de Saint-Ouen de Rouen un homme qu'ils avaient le droit de juger, le vicomte de Rouen reçoit l'ordre de leur donner satisfaction et, comme le prisonnier est mort, de leur remettre au moins son effigie et de le placer en lieu convenable pour rappeler dans la suite des temps l'insulte et la réparation. (Bibl. nat., *Collect. Moreau.* t. CCXXII, f° 224.) — Le prévôt de Melun ayant empiété sur la juridiction de l'abbaye de Barbey (arrond. de Fontainebleau), est menacé d'un châtiment sévère. (Bibl. nat., *collect. Moreau*, t. CCXXII, f° 205.) — Un autre prévôt est condamné à payer soixante livres parisis (1 047 fr.) d'indemnité à un chapitre. (X[1a] 5, f° 59 v°.) — Trois sergents du Châtelet sont destitués pour avoir violé les immunités du chapitre de Paris en pénétrant dans le cloître de Notre-Dame pour en arracher un accusé et en y frappant un sergent du chapitre. (*Actes du Parl.*, n° 5406.) — Des sergents du bailli de Douai, qui ont forcé les portes du chapitre de Saint-Aimé et y ont arraché

Le sénéchal de Périgord a ordre d'arrêter des chevaliers qui, pour échapper à la justice civile, s'étaient constitués prisonniers de l'évêque de Périgueux[1] « sans être tonsurés et avec des habits rayés » (1318). Perrot Ferrand, frère de Thomas Ferrand, clerc du roi, et Guillaume son écuyer, en habit laïque et sans tonsure, avaient été mis au château d'Angoulême pour attaque nocturne d'une maison d'un bourgeois et pour viol. Des amis leur firent parvenir secrètement en prison des habits de clercs qu'ils revêtirent, réclamant la juridiction ecclésiastique, avec l'appui de l'évêque : celui-ci est contraint de restituer ces faux clercs[2] Durand Gaubert et Bonne sa fille revendiquaient un bien sis à Dozenches et confisqué sur le dit Durand à la suite d'un homicide. Durand se disait clerc. Le procureur du roi prouva qu'il n'était pas tonsuré, qu'il était marié et portait des vêtements de couleur[3]. Durand fut débouté de son appel (1322). N'oublions point

deux hommes, en dépit du droit d'asile, sont condamnés à rendre leurs deux prisonniers et à venir un dimanche, à l'heure de tierce, à la porte de l'église, demander pardon à genoux au doyen et aux chanoines. (*Actes du Parl.*, n° 4486.) — Voir encore un autre exemple *Bibl. de l'Éc. des Chartes*, 1885, p. 371. — (Lehugeur, *Histoire de Philippe le Long*, p. 341.)

En mars 1317, Philippe V le Long renouvela les déclarations de son frère et notamment annula toutes les défenses tendant à empêcher la justice ecclésiastique de connaître des actions personnelles des laïques alors que telle était l'ancienne coutume. (*Ord.*, t. I, p. 642. — Fournier, p. 122.)

Les conciles de Saumur (1315), Sens (1320), Paris (1323), Avignon (1326), Auch (1326), Senlis (1328), Compiègne (1327) renouvellent les anciens anathèmes contre ceux qui violent les privilèges des clercs.

1. *Criminel* III, f° 5 r°; *Actes du Parl.*, 5180 (7 février 1318).

— Autre arrêt très explicite. Simple question de dette. Jean Lambert réclamait à Jean et à Gaucher fils et héritiers de Gaucher de Ruel, certaines sommes d'argent que leur père avait été condamné à payer par jugement de la Cour. Les frères Gaucher se disaient clercs et refusaient de répondre devant le prévôt de la cour temporelle de l'évêque de Paris : ils demandaient à être renvoyés à l'official. Le prévôt temporel les obligeait à répondre. Ils demandèrent amendement de ce jugement au bailli de l'évêque. Le bailli leur donna raison, disant que l'action était « mere personalis » et que les frères, comme clercs, n'étaient pas tenus de répondre devant le juge séculier. Alors Jean Lambert appela au Parlement qui le débouta de son appel et soutint ainsi la cause des clercs. (*Olim*, t. III, p. 1227, xxiv, 1318 [1319].)

2. *Actes du Parl.*, 6505, 22 octobre 1321.

— Autre arrêt contre Augier, aumônier de Ferals, convaincu d'avoir, à la tête d'une troupe armée, envahi le territoire et la Ville Rouge, sénéchaussée de Carcassonne, et d'avoir enlevé cinq à six cents chèvres ou moutons. Outre que ledit Augier se prévalait du droit ancien de port d'armes, il cherchait aussi à se couvrir d'un privilège accordé par Philippe III, à la province de Narbonne « quo cavetur quod persone ecclesiastice, vel clerici clericaliter viventes, non possint nec debeant per temporalitatem curie condempnari, vel puniri pro excessibus vel delictis. » (*Jugés*, t. I, f° 178 r°; *Actes du Parl.*, 6688, 20 février 1321.)

3. *Actes du Parl*, 6877, 30 juin 1322.

— Voir encore Arrêt prononçant défaut contre les clercs mariés et marchands

que le Parlement est toujours demi-ecclésiastique. Les dignitaires d'Église qui le peuplent, comprennent qu'ils ne sauveront la juridiction ecclésiastique que si elle ne donne prise à aucune attaque. Ce sont toujours les privilégiés qui ont ruiné les privilèges.

III. — Les conflits sous les Valois. — La Discussion de Pierre de Cugnières. — Le songe du Vergier.

Dès son avènement, le chef de la branche royale dite des Valois se trouva, au milieu même de ses difficultés avec la Flandre et l'Angleterre, embarrassé par le réveil du conflit des juridictions laïques et ecclésiastiques. Seigneurs et Prélats cherchaient à attirer le nouveau roi dans leur parti. Philippe VI convoqua un de ces anciens Parlements qui n'étaient pas, malgré la permanence du Parlement habituel, tombés en désuétude. L'assemblée se tint au Palais et à Vincennes, mais à Vincennes principalement (décembre 1329-janvier 1330)[1]. Pierre de Cugnières, avocat du roi au Parlement, énuméra 66 griefs que les seigneurs for-

dans un procès qu'ils avaient avec le maire et les échevins de Meaux. (*Actes du Parl.*, 6236, 26 janvier 1321.)

— Autres arrêts en sens contraire. L'évêque et la commune de Noyon avaient, pour mettre fin aux contestations qui s'étaient élevées entre eux, choisi pour arbitres Guillaume, archevêque de Reims, légat du Saint-Siège, Mile, évêque de Beauvais, et Garin, évêque de Senlis. Les arbitres rendirent une décision ordonnant que le maire et les jurés s'engageraient par serment envers chaque évêque à respecter les franchises de l'Église. Le maire et les jurés refusèrent de prêter serment au vicaire actuellement existant au moment de l'arrêt, prétendant ne le devoir qu'au prélat. La Cour leur donna tort. (*Actes du Parl.*, 6027, 19 mars 1320.)

— Mandement du roi au Parlement de vérifier si Pierre de Narbonne, prisonnier, est clerc, auquel cas on le remettra à la juridiction ecclésiastique. (*Actes du Parl.*, 6280, 22 février 1320.)

— Arrêt pour l'évêque de Thérouanne contre Jean du Bois, prévôt royal de Montreuil à propos d'un clerc, que le prévôt avait fait pendre malgré les monitions de l'official. Le prévôt obligé de dépendre le corps du supplicié et de ressaisir en effigie la justice de l'évêque : outre une amende de 400 livres, il emploiera 40 livres à faire faire dans l'église de Thérouanne une image pour conserver la mémoire de son attentat. (*Actes du Parl.*, 7908, 10 février 1327.)

— Voir aussi, sur cette question des justices ecclésiastiques, Glasson, *Hist. du Droit*, t. VI, p. 169 et suiv. — Viollet, *Etablissements de saint Louis*, Introduction, t. I, p. 236. — Fournier, *Les Officialités*, p. 65 et suiv., p. 82 et suiv., p. 90 et suiv.

1. Cette discussion de P. de Cugnières (qui se trouve dans un ms. de la Bibl. de Troyes [voir ci-dessus, p. 133, note 2]) a été publiée dans le Livre des *Libertés de l'Église Gallicane*. Ces actes auraient été reproduits par Pierre Bertrand : ils n'ont pas d'autre authenticité et ont soulevé beaucoup de controverses. (Mémoire de Brunet, en tête du libelle). — Pasquier a consacré à ce débat plusieurs passages de ses *Recherches de la France*, livre III, chap. XXXII et chap. XXXIII.

mulaient contre les juridictions ecclésiastiques. Il accusait les officiaux d'arrêter les laïques comme malfaiteurs, de commencer leur procès et de ne les relâcher qu'après paiement de frais de justice. Il reprochait aux prélats, selon Pasquier, « de faire à toute heure des clercs tonsurés, de bâtards, d'adultérins, d'enfants d'esclaves, pour dilater les bornes de leurs juridictions », d'envoyer leurs notaires dans les justices royales et seigneuriales lors de la rédaction des contrats pour soumettre les contractants à la juridiction ecclésiastique; d'accueillir les coupables qui, sans raison, se réclamaient de l'habit de clerc, et de délivrer, moyennant finance, les prisonniers : « Un homme, disait-il, entré en prison par la porte de fer, en sortait par la porte d'argent ». Pierre de Cugnières s'élevait contre l'abus des excommunications, tel, qu'on citait devant l'officialité tous ceux qui communiquaient avec un excommunié et qu'on mettait toute une contrée en désarroi; contre les accusations fausses d'usure, à la suite desquelles on refusait la sépulture en terre sainte à des gens riches pour tirer de l'or de la famille. Le 22 décembre, Pierre Roger, ancien religieux de la Chaise-Dieu, ancien abbé de Fécamp et évêque d'Arras, archevêque élu de Sens et qui devait ensuite arriver à la papauté sous le nom de Clément VI, opposa au discours de Cugnières une harangue où il réclamait hardiment pour les prélats les deux juridictions, temporelle et spirituelle. Le 29 décembre, Pierre Bertrand, évêque d'Autun, plus tard cardinal, sortant des généralités vagues, entreprit de réfuter méthodiquement les articles de Pierre de Cugnières. Enfin le clergé rédigea une requête sommaire contenant ses moyens de défense tout en protestant qu'il n'avait discuté que pour éclairer la conscience du roi, car il n'entendait point soumettre cette affaire à sa juridiction. « Pour le faire court, dit Pasquier, sur cet appointement ne fut prononcé aucun arrêt ». Le roi hésitant à mécontenter l'un des deux partis, s'en tira par de belles paroles. A Vincennes, le 5 janvier 1330, Pierre de Cugnières, parlant au nom de son maître, promit « de conserver les Églises dans les choses qui leur appartenaient ou de droit, ou de coutume louable ». Sur de nouvelles instances, Philippe de Valois fit dire par l'archevêque de Bourges que « sous son règne rien ne serait attenté contre l'Église ». Les prélats demandèrent qu'on biffât cette clause des registres. Le roi prêta une « oreille sourde ». Pourtant nous n'avons point la rédaction officielle de ce retentissant débat. Le roi aurait, en outre, recommandé en secret au Parlement de faire ce que la justice lui commanderait. « Ainsi, ajoute Pasquier, se portèrent les uns les autres pensant avoir diversement la victoire de leurs opinions. » Mais Pierre de Cugnières, par son âpreté à dénoncer les abus des clercs, avait excité leur rancune qui se satisfit d'une façon singulière : les chanoines de Sens logèrent au premier pilier de gauche de la nef de la cathédrale une figure grimaçante qui représentait Cugnières : ils venaient, à certaines processions, lui faire des signes de dérision, usage qui se perpétua dans les siècles suivants. Aujourd'hui encore le souvenir en est conservé par une petite figure de plâtre qu'on ne manque pas de montrer aux touristes sous le nom bizarre et déformé de *Jean du Coignet* (du coin) ou du *Cognot*. Les chanoines de Paris avaient imité ceux de Sens, mais il ne reste aucune trace de leur mesquine vengeance. Philippe VI, à cette occasion, quoiqu'au fond il n'eût rien concédé, reçut le titre de « roi catholique ».

Les désastres de la guerre de Cent ans, les misères affreuses du règne de Jean le Bon, reléguèrent à l'arrière-plan les doléances que les seigneurs continuèrent de faire entendre à propos des justices ecclésiastiques. Charles V ramena l'ordre, le calme et releva l'honneur national. « Tu es le Roy de grande victoire, écrivait un de ses légistes, tu es le Roy paisible, car sur tous les désirs de ce monde tu aimes, tu procures, tu quiers la paix et la tranquillité de ton peuple; tout ce que tu penses, tout ce que tu fais, tout ce que tu parles est pour la paix de ton peuple[1]. » Contraste singulier, cette glorification du sage roi et l'éloge de ses sentiments pacifiques se trouvaient précisément en tête d'une œuvre par laquelle ce légiste, Raoul de Presles, le secondait dans la guerre renouvelée contre les juridictions ecclésiastiques : le fameux *Songe du Vergier*[2]. Ce livre de polémique débutait d'une façon gracieuse et poétique : « Il me fut advis, écrivait l'auteur,

1. *Le Songe du Vergier*, *Libertés de l'Église Gallicane*, t. II, livre 1er, p. 4 et 5.
2. — *Le Songe du Vergier.* — Peu d'œuvres de polémique ont eu plus de retentissement, sans qu'on soit parvenu à éclaircir le problème de sa composition et à fixer le

que je vis une merveilleuse vision en un vergier qui estoit très délectable et très bel plein de roses et de fleurs et plusieurs autres delitz (délices); car là vous vis en vostre majesté royalle assis : et lors regarday que au costé de Vostre Majesté ayes deux reines très nobles et très dignes : l'une à dextre et l'autre à senestre; et en dormant commençay fort à songer quelles reines ce pouvait être : et vers la royne qui estoit à dextre tournay mes yeux, laquelle avait un très honneste et religieux habit, et sur la teste estait escript : c'est la puissance espirituelle. Puis regarday celle qui estoit à senestre qui avoit de très noble devise habit, mais seculier estoit. Et sur sa teste avoit escript : c'est la puissance séculière. Et me semblaient toutes deux de manière assez piteuse : car en gémissant et en pleurant s'inclynoient très

nom de son auteur. On ne l'a pas attribué à moins de neuf écrivains de ce temps : Philothée Achillini, Jean de Vertus, Alain Chartier, Guillaume de Dormans, Nicolas Oresme, Charles de Louviers, Jean de Lignano, Raoul de Presles et Philippe de Maizières. Le savant Lancelot, au XVIIIe siècle, a beaucoup contridué à accréditer l'opinion que le rédacteur était Raoul de Presles (IIIe du nom), conseiller de Charles V et membre du Parlement. (*Mémoires de l'Académie des Inscriptions*, ancienne série, t. XIII, 1735.) — Un autre savant, au XIXe siècle, Paulin Paris, a combattu cette opinion sans la détruire et a cherché à attribuer cette composition à Philippe de Maizières, déjà l'auteur du *Songe du vieux Pèlerin* (*Mémoires de l'Académie des Inscriptions*, nouvelle série, t. XV, 2 mémoires, p. 336 et 369, 1842). Une dissertation plus moderne de Léopold Marcel a conclu contre ces deux opinions et en faveur de Charles de Louviers. (*Revue de Législation et de Jurisprudence*, t. XXI et XXII, 1862-1863, dissertation tirée à part sous le titre d'*Analyse du Songe du Vergier*, in-8.)

La plus ancienne édition imprimée du *Songe du Vergier* est de 1491 (Lyon, Jacques Maillet, petit in-f° goth. de 177 folios à 2 colonnes); une autre, presque à la même date, vers 1500 (Paris, Jean Petit, in-f° goth. 144 folios). Ce *Songe* a été ensuite inséré dans les *Traités des droits de l'Église Gallicane*, 1731, t. II. On trouvera des analyses du *Songe du Vergier* (par Camus et Dupin aîné) dans *Bibliothèque choisie des livres de droit* (*1832*) et (par Édouard Laboulaye) dans *Revue de législation et de jurisprudence* (janvier 1841). Voir aussi discussion, la paternité du *Songe du Vergier* dans Jorga sur *Philippe de Mézières et la croisade au XIVe siècle*. Biblioth. de l'Éc. des Hautes-Etudes, 110e fascicule (1896).

Ce qui a beaucoup embrouillé la question c'est que le *Songe du Vergier*, texte français, a été imprimé vingt ans avant le texte latin : *Aureus libellus* (*de utraque potestate, temporali scilicet et spirituali*) *ad hunc usque diem non visus* : *Somnium Viridarii vulgariter nuncupatus*, Paris, in-4° goth., 1516; réimprimé sous le nom de Philothœus Achillinus dans la *Monarchia romani imperii*, par Melchior Goldast, t. 1er, in-fol., 1611. Plusieurs érudits s'efforcèrent de prouver que ce livre avait d'abord été écrit en français, puis en latin : l'opinion contraire a prévalu.

Le *Songe du Vergier* a été une mine en quelque sorte inépuisable dans laquelle on ne cessa de prendre des arguments dans les combats livrés par la monarchie française pour assurer son pouvoir sur l'Eglise gallicane. Bien que consacré spécialement à la discussion des juridictions, le livre n'en contenait pas moins une revue quasi-générale de toutes les questions qui mettaient aux prises l'autorité spirituelle et l'autorité temporelle : les Juifs, le célibat, les ordres mendiants, les richesses du clergé. Aussi plus les temps marchèrent, plus cet ouvrage servit d'arme de guerre contre l'Église romaine qui le mit et le maintint à l'index.

humblent, en disant... ». Ces deux reines exposent au roi leurs plaintes par la bouche de deux avocats, l'un clerc, l'autre chevalier avec un cliquetis de demandes et de réponses qui ne suffit pas pour donner de la vivacité à cette discussion pédante, divisée en deux livres, dont l'un a 166 paragraphes et l'autre 122. C'est toute la grande querelle du pouvoir spirituel et du pouvoir temporel qui se trouve ramassée ainsi avec un mélange de citations bibliques, de démonstrations théologiques, de comparaisons et de figures bizarres. Des vagues généralités et des déclamations habituelles qui caractérisaient ces débats fréquents, le clerc et le chevalier arrivent enfin à la question précise des rapports des deux juridictions rivales. Le chevalier reprend les griefs déjà formulés, sous Philippe de Valois, par Pierre de Cugnières. Le clerc lui oppose des réfutations déjà connues. L'auteur ne manque pas de mettre dans la bouche du clerc des prétentions exagérées, lui faisant dire « que c'est chose proufitable à toute la chose publique que chacun se puisse obliger en cour d'Église », puis que les appels des laïques aux prélats sont légitimes, que les officiaux ont le droit de faire des inventaires de biens en la juridiction laïque, car ils sont exécuteurs de testaments. Raoul de Presles, pourtant, prête à l'avocat du clergé des concessions qui donnent à la fiction un air de réalité, aux critiques un semblant de sincérité. Le clerc accorde que si les officiaux emprisonnent des laïques et les trouvent innocents, il n'est pas raisonnable de faire financer les accusés; les évêques seraient les premiers à réprimer un tel scandale. Le clerc confesse que si des clercs criminels sont délivrés par des prélats à prix d'argent, rien n'est plus condamnable. En un mot, on lui fait réprouver les abus les plus criants, procédé ordinaire des polémiques, pour donner plus de force à ses réclamations et de relief à la satire. On ne saurait voir dans le *Songe du Vergier* une discussion véritablement contradictoire et il n'a point d'autre intérêt que celui de nous éclairer sur l'état des esprits de l'époque. Quand au fond du débat, nous ne nous en rapporterons, comme toujours, qu'aux registres du Parlement.

IV. — Un procès sur l'habit de clerc.

Ces registres nous mettent bien mieux en présence des deux partis ennemis. En 1374, le procureur du roi plaide contre maître Jean Gastoin (ou Gascoin) pour des injures proférées contre lui par ledit Gastoin en pleine Chambre du Parlement. Le procureur demandait que Gastoin, clerc, fût, par la prise de son temporel, contraint à amender sa faute envers le roi, puis renvoyé à l'official pour être puni. Gastoin produisit des lettres royaux que le procureur déclarait sans valeur, ajoutant que le clerc aggravait ses injures en maintenant ses propos. La Cour ne jugea pas le clerc : elle le renvoya à l'official, comme elle l'eût fait un siècle auparavant [1]. Le duc d'Anjou, frère de Charles V, les nobles et les habitants de son duché portent devant le Parlement un grand débat sur les juridictions ecclésiastiques (1378) [2]. Plaidant contre les évêques du Mans, d'Angers, l'archevêque de Tours, ils veulent faire annuler les procès engagés à tort par ces prélats et faire restituer aux nobles ce qui a été pris sur leurs biens. La Cour traîne l'affaire en longueur : elle verra les impétrations, les procurations. Elle temporise de même dans un procès entre le duc de Bourgogne et le chapitre d'Autun, d'une part, l'évêque d'Autun d'autre part. Le procureur du roi prend parti contre le duc et le chapitre. De ce que, dit-il, « toutes les églises cathédrales du royaume entre lesquelles est celle d'Ostun, sont de la garde du roi », il conclut que le duc et le chapitre soient contraints de restituer un prisonnier qu'ils avaient enlevé. Certes ce n'est point là un procureur acquis aux maximes du *Songe du Vergier*.

Loin de s'apaiser, les querelles au sujet de l'habit de clerc se compliquent et s'égarent en de singulières subtilités. Le prévôt de la reine Blanche à Pontoise avait arrêté pour meurtre un homme marié, Richard de Lannoy de Neaufle. Un vicaire de la ville excommunia le prévôt et réclama le prisonnier comme

1. *Reg. du Parl.*, Collect. Ste-Genev., Ff 13, t. I, f° 178, 17 mai 1374..
2. *Ibid.*, f° 293, 1er juillet 1378.
3. *Ibid.*, f° 223, 21 juillet 1376.

clerc [1]. Son avocat fit une longue démonstration des « conditions requises par les saints canons pour la perte du bénéfice de clergie ». Premièrement il fallait renoncer à l'habit. Or Richard ne l'avait pas fait : il portait « un jupon de dessous garni d'un parement de drap tanné tel que chaque jour en portent les clercs : le parement n'empêchait point l'habit de clerc ». Par dessus, Richard était vêtu d'une houppelande. Au moment d'être pris, il dépouilla sa houppelande et parut en habit de clerc. Pour perdre le bénéfice de clergie « il faut avoir l'habitude d'user de robe rayée ». Richard en a bien revêtu une, mais simplement pour fuir; ce n'est pas là renoncer à l'habit de clerc. Dans sa réplique, l'avocat du prévôt objecta que Richard était marié, que Richard portait un jupon et des parements de plusieurs couleurs « le pers et le vert ». Il cita l'exemple d'un habitant d'Orléans, d'un habitant de Provins : l'un avait eu un chapeau mi-parti, l'autre des chausses de diverses couleurs. Le procureur du roi intervint, revendiquant pour le roi la connaissance des cas relatifs aux robes des clercs : l'archevêque de Rouen s'est attribué cette connaissance, « il a mespris », il a excommunié le prévôt de Pontoise; là encore « il a mespris ». Le procureur ne requiert pas moins que sa condamnation à une amende de dix mille livres et à la saisie de son temporel. L'avocat du vicaire de Pontoise rentre en scène : il réplique pour répondre à tous ses adversaires. Il maintient son affirmation que communément tous les clercs, au moins les jeunes, portent une robe simple d'une couleur et les parements d'une autre couleur; sur l'exemple du chapeau mi-parti il dit : « ce n'est pas merveille car le chef est ce qui distingue l'homme, mais un parement ne diversifie pas l'habit ». A sa rescousse arrive l'avocat de l'archevêque de Rouen; réplique du procureur du roi contre les deux avocats du clergé; nouveaux efforts du vicaire qui provoque d'autres dupliques du procureur. Le débat s'éternise, faisant oublier la question principale de meurtre. Oublier n'est pas le mot car, en ce temps, le sort de Richard dépendait de son habit. S'il était reconnu avoir été pris en habit de clerc, il tombait sous la juridiction ecclésiastique, il échappait à la mort : s'il était jugé

1. *Reg. du Parlem.*, Collect. Lamoignon, t. 39 (numéro de la Bibl. nat. 42), p. 579 et suiv., 1er septembre 1385.

comme laïque, il courait droit à la potence. L'habit faisait bien réellement le clerc et il fallut encore du temps pour que la maxime fût retournée et qu'on dît : « L'habit ne fait pas le moine ».

Les prélats du Parlement n'en sont pas moins sévères contre leurs collègues qui dépassent leurs droits. En 1373, l'archevêque de Rouen a excommunié le bailli, sa femme, ses gens et jusqu'au porteur de l'exploit. Le procureur du roi reproche encore à l'archevêque bien d'autres rébellions et formule contre lui de dures conclusions. Le temporel de l'archevêque fut mis sous la main du roi et le Parlement blâma fort le bailli qui, « trop faible, avait délivré le temporel de quelques officiers de l'archevêque » [1]. La Cour, en 1376, condamne à quarante livres parisis (536 fr.) d'amende un clerc, Johannin de Marchères, de Compiègne, pour offense commise envers le roi et sa justice. L'amende sera levée sur le temporel de ce clerc [2]. Sous Charles VI, alors que le désordre commençait à se remettre dans le royaume, le Parlement frappa rigoureusement l'évêque de Tournai qui voulait enlever, comme clerc, à la juridiction de la ville un charpentier coupable des pires méfaits [3]. En ce qui regarde l'état des personnes, la juridiction civile, en réalité, n'avait rien gagné, sinon une restriction des fraudes toujours condamnées par les maîtres éclairés et loyaux du Parlement.

V. — La compétence des officialités : causes relatives au serment, aux testaments, à l'usure.

En ce qui concerne les causes, la lutte, non moins âpre entre les officialités et les tribunaux civils donna plus de résultats. La

1. *Reg. du Parl.*, Collect. Ste Genev., Ff 13, t. I, f° 155, 28 juin 1373; f° 162, 13 août 1373.

2. *Ibidem*, f° 222, 18 juillet 1376. — Voir aussi Conflits entre l'évêque de Paris et le prévôt : *Fragments d'un répertoire de jurisprudence parisienne*, p. 14, n° 35 (20 juillet 1830).

3. *Reg. du Parl.*, Collect. Lamoignon, vol. 327, p. 3944-3960 (reg. de la Tournelle XI, f° 302) 30 août 1399. — Les jurés de Tournai avaient relevé contre ce charpentier quantité d'abominations : « diversis homicidiis sive murtris, raptuque mulierum, insidiis, roberiis, furtis seu latrociniis ac pedum et aliorum membrorum amputationibus, enormibusque verberationibus et aliis diversis criminibus et maleficiis frequentantibus in lupanaribus, ac extorquens tanquam leno sive gouhardus pecunias a mulieribus communibus antè dictis. » Quand on songe à ce que notre société, si fière de sa civilisation, recèle de bas-fonds, a-t-on le droit de s'étonner de tels vices et de tels désordres?

juridiction civile, nous l'avons dit, avait maintenu sa compétence exclusive sur les actions *réelles* et surtout *immobilières*. Les notaires ecclésiastiques ne furent plus admis à s'immiscer dans la conclusion des actes et à imposer le *serment* qui eût entraîné, en cas de procès, la compétence du for ecclésiastique. Quoique le fief rendît obligatoire un serment de fidélité, on ne pouvait s'en autoriser pour attirer à la justice ecclésiastique « la connaissance de chose appartenant à fief lai et justice temporelle [1] ». On exceptait également le serment habituel de *calomnie* prêté au début des procès civils. On avait singulièrement restreint les causes relatives au serment : la majeure partie avait trait « aux vilains serments » ou jurons, infractions à la loi religieuse, que punissaient les tribunaux religieux.

Au temps de Justinien déjà, les *testaments*, à cause des legs pieux, étaient du ressort des juges ecclésiastiques. Les évêques eurent ensuite droit au quart ou au tiers des sommes léguées à l'Église et se trouvèrent directement intéressés à veiller à l'exécution de ces legs [2]. Au XIIe siècle, le pape Alexandre III décida que les curés pourraient recevoir les testaments en présence de deux ou trois témoins [3]; or la loi romaine en exigeait sept; la facilité nouvelle ne manqua point d'augmenter le crédit du clergé. Les libéralités pieuses étaient devenues si bien la condition essentielle des testaments que c'était un déshonneur (à moins d'acci-

1. *Serment*. Voir Fournier, p. 86 et notes 4, 5. — M. Fournier cite un jugement de l'Échiquier : « Judicatum est quod Willelmus episcopus Abrincensis non potest distringere Ricardum Peillevillain respondendi in curia ecclesiastica pro fide quam idem episcopus dicat sibi fieri a predicto Ricardo ». (*Jugements de l'Échiquier* n° 33, 1268.)

Il cite encore un autre texte favorable, et, sous Philippe le Bel, à la compétence ecclésiastique dans les causes relatives au serment : « Significat Regie Majestati procurator et officialis domini episcopi Uticensis.... quod aliqui curiales domini Regis senescallie Belliquadri impediunt ipsum officialem et ipsius officialatus curias cognoscere de contractibus et causis juratis vel bona fide plevitis, ratione juramentorum vel bona fidei intervenientium in eisdem ». Le Parlement répond : « Non impediant eum quominus de juramentis cognoscat. » (Bibl. nat., ms. lat. 11 017, f° 34 v°. — Fournier, p. 87, note 1.)

2. Cette part était appelée « portio canonica ». *Décrét. Grégoire IX*, Constitut., 14 et 15, livre III, tit. 26.

3. *Testaments*. — *Décrét. Grégoire IX*, III, XXVI. De testamentis et ultimis voluntatibus. — Lire sur cette question que nous ne pouvons qu'effleurer : Viollet, *Établissements de St Louis*, Introduction, t. I, p. 128, 129, 130. — *Histoire du Droit*, p. 743. — Walter, p. 455-56. — Une thèse récente et importante a approfondi cette question : *Évolution des Testaments, des origines au XIIIe siècle*, par H. Auffray, Paris. Rousseau, 1899, 770 p.

dent) de mourir *intestat* et comme on disait, *déconfès*, car il n'y avait pas de confession suprême sans legs destiné à assurer le salut de l'âme [1]. De là des abus d'influences tels qu'un concile de Paris dut les réprimer. De leur côté les seigneurs disputaient aux évêques les dépouilles de ceux qui mouraient intestats, des suicidés, des excommuniés, des déconfès. Ils luttèrent, dans cette question des testaments, contre la juridiction ecclésiastique avec un tel succès que les tribunaux laïques paraissent compétents dans ces causes qui deviennent mixtes. C'est même à la justice la plus diligente que va le procès et le profit. Les coutumiers comprennent les testaments dans les matières du droit civil et un traité sur les testaments est accolé à plusieurs des manuscrits des *Établissements* de saint Louis [2]. Beaumanoir leur consacre tout un chapitre [3]. Les premiers registres du Parlement ne contiennent qu'un très petit nombre de procès relatifs aux testaments [4] : encore ne

1. A la fin du XIVe siècle, l'évêque de Langres plaidait encore en Parlement qu'il était en possession et saisine d'avoir les biens meubles des gens d'Église qui mouraient *ab intestat*. La Cour reconnaît cette saisine. — *Reg. du Parl.*, Collect. Lamoignon, t. 43, f° 46, 26 juillet 1387.

2. Ms. fr., Bibl. nat., 13 985 (ms. I, dans la notice de M. Viollet). — Ms. de Daguesseau appartenant au comte de Ségur (ms. O' dans notice Viollet). — Ms. fr. Bibl. nat. 13 986 (ms. S dans notice Viollet).

3. Le chapitre XII. Le dernier alinéa consacre toutefois les droits de la juridiction ecclésiastique : « Tout soit-il ainsi que li cuens qui tient en baronie a la connoissance des testamens quant l'en vient a li, nepourquant il ne puet defendre, se debas est de testament, que li ples ne soit en la court de crestienté, mes que ce soit avant que ples soit entamés par devant li. Et se ples de testament est mis à fin en la court laie, ne comment qu'il soit mainburnis, ne pour quel que gent que ce soit, il loit a la court de crestienté qu'il sache comment il en a esploité, si que s'il i a qu'amender, par li doit estre amendé, car a aus apartient ce qui est fet pour le sauvement des ames plus qu'a autrui. » (Beauman., chap. XII, p. 206, n° 427.)

— « Les luttes des deux juridictions, dit M. P. Viollet, furent d'ailleurs fréquentes, et divers indices permettent, ce semble, d'affirmer que la juridiction de l'Église sur les testaments ne s'établit jamais d'une manière incontestée sur la France entière.... Au XIIIe siècle, dans le comté de Clermont, les exécuteurs testamentaires pouvaient s'adresser soit à la justice laïque, soit à la justice ecclésiastique.... A Paris, au XIVe siècle, on reconnaissait au roi un droit de prévention en cette matière : le Parlement s'attribuait même une juricictiori suprême sur les testaments. A la même époque et toujours à Paris il paraît certain que l'évêque était de droit exécuteur testamentaire si le testateur n'avait pas désigné d'autre exécuteur.... A dater de la fin du XIVe siècle, les droits de l'Église ne cessèrent de décliner, et, à la fin de l'ancien régime, il n'était plus question de la juridiction ecclésiastique sur les testaments, bien que cette juridiction subsistât de droit dans la Coutume de Bretagne (quant à la forme et à la solennité des testaments). » (Viollet, *Précis de l'Hist. du Droit français*, p. 743.)

4. — En 1318 un procès s'engage devant le bailli (temporel) de l'évêque de Langres, entre Nivot de Gie et sa femme Sebille, et Geoffroy, maître imagier. Il s'agit d'une maison que la dame Sébille a reçue de ses parents comme héritière légitime et que Geoffroy, son cousin, réclame en vertu d'un legs. Le bailli de l'évêque donna

les reçoit-il qu'à titre de tribunal d'appel. Mais les plaideurs s'adressent aussi à lui comme tribunal de première instance [1]. Au XIVe siècle, les causes testamentaires deviennent plus fréquentes et la Cour est de plus en plus sollicitée de s'occuper des exécutions de testaments. Elle intervient dans un débat (1372) entre l'évêque d'Autun et le duc de Bourgogne : elle décide que les testaments, comme les contrats, seront scellés du duc de Bourgogne à la fois et de l'évêque d'Autun, mais qu'ils seront valables même quand ils ne porteraient que le sceau du duc [2]. Puis nobles, avocats, officiers du roi déposent les testaments au greffe de la Cour [3]. Un registre entier, commencé par Nicolas de Baye, est affecté aux *présentations de testaments*, aux *exécutions testamentaires* [4]. Les actes qu'il renferme, soit latins soit français, offrent un grand intérêt par le rang de leurs auteurs, les détails qu'ils

gain de cause à Geoffroy. Nivot et Sebille appelèrent au Parlement qui les débouta de leur appel et confirma le jugement du bailli. — (*Olim*, t. III, p. 1371, XXXIV 1318 [1319].)

— En 1310, des habitants de Senlis avaient donné leurs biens à l'église saint Maurice à perpétuité, par une donation entre vifs, irrévocable, se réservant seulement l'usufruit leur vie durant. Après la mort des donateurs les enfants refusèrent de livrer les biens, opposant leur qualité d'héritiers. Le prieur de saint Maurice plaida et perdit devant la cour laïque du doyen et du chapitre de saint Regil de Senlis. Il appela au Parlement qui lui donna raison et ne se montra pas du tout favorable au droit naturel des héritiers. (*Olim*, t. III, p. 527, XXVI, 1310.)

1. — Procès des exécuteurs testamentaires de la dame de Couci qui réclament la moitié des biens meubles communs à la dame et au seigneur de Coucy et la moitié des conquests pour l'exécution des dernières volontés de la défunte. La Cour leur donna gain de cause; la liquidation sera faite par les gens du roi en présence des exécuteurs testamentaires. Le testament de la dame de Couci était pourtant revêtu du sceau de l'official de Laon. (*Olim*, t. II, p. 255, IX, 1286.)

— Des exécuteurs testamentaires s'étant mal acquittés de leur mission sont privés de la gestion des biens et remplacés par ordre du Parlement. (*Olim*, t. III, p. 1247, XXXVI, 1318 [1319].) Voir encore *Olim*, t. III, p. 1245, XXXV, 1318 [1319]; t. II, p. 633, VIII [1316]; — t, III, p. 1110, XXXIX, 1317 [1318].)

2. *Reg. du Parl.*, Collect. Ste Genev., Ff 13² r°, t. II f° 144, 20 nov. 1372.

3. Le samedy 4e jour du mois de décembre, Me Pierre d'Orgemont l'aisné et Me Jean Voysines, conseillers du Roy, exécuteurs de feu Me Miles de Voisines, jadis conseiller du Roy, ont soumis le fait de l'exécution dudit testament à la Cour de ceans. (Collect. Ste Genev., Ff 13, t. I, f° 142, 4 déc. 1372.)

Des mentions analogues se multiplient à mesure qu'on avance dans la fin du XIVe siècle et dans le XVe.

4. Ce registre va de 1394 à 1450. Voir les détails donnés par Grün, *Notice sur les archives du Parl.*, chap. XVII, p. CLXXXI. — Voir aussi la publication citée de M. Tuetey, *Documents inédits de l'Hist. de Fr.*

— Les officialités continuent à s'occuper des questions de testament. — Jacquin Barbu, pour avoir, malgré les défenses d'un official, fait empêcher par la justice séculière de saint Florentin, d'exécuter le testament de Colin Ragueneau, paie une amende de 33 livres 15 sous (364 fr. 50). (Reg. de l'officialité de Saint-Julien-du-Sault, dioc. de Sens, 1363-1364. *Archives de l'Yonne*, série G, 249.)

donnent sur leur biographie, leur caractère comme sur les mœurs et les usages de l'époque. Nous avons déjà eu occasion de nous servir de ces textes mis à la portée de tous par M. Tuetey et malheureusement interrompus à la fin du xve siècle.

Partant d'une interprétation vraiment trop extensive d'un passage de l'évangile de saint Luc [1], les docteurs de l'Église défendirent longtemps le *prêt à intérêt*, confondu et condamné avec *l'usure*. La terre étant la principale valeur, le commerce demeurant primitif, local, on se refusait, dans l'ignorance des notions économiques, à considérer l'argent comme une marchandise qui pouvait s'échanger comme les autres marchandises. Au temps de Beaumanoir il n'y a pas de doute sur la juridiction relative à l'usure. Le légiste émet même sur la damnation de l'usurier des réflexions vraiment originales et pittoresques : leur âme va aux ennemis d'enfer, leur corps aux vers, leur avoir aux parents. Et nul des trois ne voudrait changer sa prise. Les ennemis d'enfer ne donneraient pas l'âme pour le corps et l'avoir; les vers ne donneraient pas le corps pour l'avoir et pour l'âme, et les parents ne donneraient pas l'avoir pour la vie et pour le corps [2].

1. *L'usure et le prêt à intérêt.* Évangile selon saint Luc, chap. VI. 34-35. — Jésus, donnant à ses apôtres qu'il venait de choisir et à ses disciples un enseignement moral, s'élève contre l'amour des richesses, prescrit l'humilité, la patience, l'aumône, leur recommande d'aimer même leurs ennemis. Il ajoute : « Si vous ne faites du bien qu'à ceux qui vous en font où est votre mérite? les pécheurs font de même et puis (et ce sont là les paroles dont on s'est autorisé) : « 34 — Et si mutuum dederitis his a quibus speratis recipere, quæ gratia est vobis? nam et peccatores peccatoribus fœnerantur, ut recipiant æqualia; — 35. — Verum tamen diligite inimicos vestros; benefacite et mutuum date, nihil inde sperantes : et erit merces vestra multa : et eritis filii Altissimi : quia ipse benignus est super ingratos et malos ». L'ensemble de ce passage indique qu'il est ici question de secours, d'assistance et non d'actes de commerce.

D'ailleurs, dit M. Viollet, « c'est après une assez longue période d'hésitation que les docteurs chrétiens en vinrent à condamner d'une manière absolue le prêt a intérêt. Cette défense, d'origine ecclésiastique, passa, grâce aux Capitulaires, dans la législation civile. (Voir Caillemer, *Des intérêts*, 1861; Pelisse, *Du prêt à intérêt et de son histoire*, p. 94-115.) Je ne recherche pas ici quels tempéraments remarquables furent apportés dans la pratique à cette prohibition du prêt à intérêt : ce serait m'écarter trop sensiblement des textes que j'étudie; mais je n'en sors pas en rappelant que les Juifs auxquels remonte historiquement cette défense de l'usure avaient précisément, au moyen âge, le monopole de l'usure : et se mettaient sans doute d'accord avec la *Loi* en assimilant les Chrétiens à ces étrangers auxquels il est permis de demander un intérêt; et, de leur côté, les Chrétiens se couvraient volontiers du Juif pour faire valoir leur argent.... » (*Établissements de St Louis*, Introduction, I, p. 255-256.) — Voir aussi pour le prêt à intérêt. Glasson, *Hist. du Droit*, t. VII, p. 606-613.

2. Sachent donc tuit que leur ames sont données as anemis d'enfer et leur cors

Le commerce des métaux précieux se trouva abandonné aux Juifs qui détenaient le monopole des prêts et qui, malgré les caprices d'une persécution intermittente, méprisés et nécessaires, renvoyés et rappelés, spoliés et recherchés, risquaient sans cesse leur or contre des lettres ou des gages qu'une Ordonnance royale suffisait parfois à rendre caducs ou vains. Pour peu qu'ils eussent quelque fortune, les chrétiens étaient réputés imiter les juifs et coupables d'usure. En Normandie, si un homme mourait, noté par l'opinion comme usurier, enquête devait être faite, dans l'an et jour, sur la vérité de ces soupçons : s'ils étaient confirmés, les biens du défunt étaient saisis et attribués à l'évêque du lieu, à la charge pour lui d'opérer les restitutions dues par l'usurier [1]. Les Lombards aussi, changeurs de monnaies, en raison de leur commerce de métaux précieux, se trouvaient également suspects de se livrer aux pratiques usuraires. De là de nombreux règlements édictés par les rois. Les infractions à ces règlements furent naturellement portées devant les tribunaux laïques qui attirèrent ainsi peu à peu les causes relatives à l'usure, soustraites aux tribunaux ecclésiastiques [2].

as vers, et leur avoirs a leur parens. Et si ne vourroit nus de ces III donner sa part pour les autres II, car li anemi ne donroient pas l'ame pour le cors et pour l'avoir, et li ver ne donroient pas le cors pour l'avoir et pour l'ame, et li parent ne donroient pas l'avoir pour l'ame et pour le cors. Et ainsi se tient chascuns pour paiés et li chetis est perdus pardurablement ». (Beaumanoir. Salmon ; chap. LXVIII, n° 1935.)

1. ... « Item secundum antiquam generalem consuetudinem Normannie, cum imponitur alicui defuncto quod infra annum et diem a tempore mortis retro, fuit usurarius in aliquo trium casuum usitatorum in Normannia, tenentur bona in manu domini Regis et episcopi et infrà assisiam debet fieri inquisicio... et si talis fuerit inventus per inquestam, bona defuncti capta in manu domini Regis per ballivum reddentur episcopo loci ad restituenda illis a quibus extorserat et ballivus intererit restitutioni.... » Requête des prélats de Normandie au roi sur plusieurs cas de conflits. (*Olim*, t. I, p. 59, I, § 6, 1258.)

2. Le Lombard Raimbaud payera la taille que la ville de Paris lui a imposée pour lui conférer le privilège de bourgeois de Paris et en outre il financera parce qu'auparavant il avait dans le royaume, en dépit des prohibitions royales, prêté à usure. (*Olim*, t. II, p. 425, XIX, 1298.)

— Maurice, seigneur de Credon, réclamait le tiers des amendes levées sur les Lombards : la Cour lui répond qu'il ne devait pas l'avoir de ces amendes levées sur les Lombards pour violation d'un ban du roi. (*Olim*, t. II, p. 104, XXIV, 1277. — Cf. *Ibid.*, t. II, p. 359, XX [1293].)

— Enquête de 1330... Per dictam inquestam repertum est non dictum Jacobum percepisse et levasse ex dicto contractu seu occasione ejusdem lucrum *ultra formam statutorum et ordinacionum regiarum*.... X[1a] 6 f° 86, 87v°, 3 février 1330. — Aubert, *Hist. du Parl.*, t. I (1894), p. 327. Note 3. Il ajoute d'autres indications : X[1a] 6 f° 375, 29 mars 1334 ; X[1a] 7 f° 26v°, 25 février 1335. — Journal de Nicolas de Baye, t. I, p. 75-76, 30 mars 1403.

Cette accusation vague et facile d'usure donnait lieu à une foule de procès soit devant des enquêteurs et réformateurs spéciaux, soit devant les juridictions ordinaires. Un habitant du Puy, Dalmacius Boselli, dénoncé par le bruit public comme mauvais usurier, traduit non pas même devant des enquêteurs, mais devant les délégués de ces enquêteurs, se plaignit de leur façon de procéder, appela au Parlement et fut acquitté [1]. Pierre de Jouy et sa femme plaidaient au sujet d'une terre contre les époux Beaudoin de Fontenelle. Marie Fontenelle avait été mariée, en premières noces, à un autre Beaudoin, dit d'Épinay, usurier notoire. Elle-même passait pour usurière. Selon le demandeur, Pierre de Jouy, la terre en litige avait été engagée par des contrats usuraires dont il réclamait l'annulation. Débat porté d'abord devant le prévôt de Beauchêne (Beauquesne?) lequel condamna les époux Beaudoin de Fontenelle à compléter le prix de la terre achetée à trop bon compte. Beaudoin appela de ce jugement devant le tribunal de la ville d'Amiens. Les hommes d'Amiens confirmèrent la sentence du prévôt de Beauchêne. Beaudoin appela au Parlement. Les maîtres lui donnèrent raison et frappèrent d'une amende les hommes de la cour d'Amiens. La terre, disputée sous prétexte de contrat usuraire, lui restait donc [2]. Étienne Benoit, chaussier, s'était engagé à payer à Roger Flamang, changeur à Paris, 135 liv. parisis (2629 fr. 80), prix d'un cheval et de trois chapeaux ornés de pierres précieuses. Étienne prétendait que Roger était un usurier qui l'avait trompé. Le cheval estimé 35 livres (681 fr. 80) avait été revendu 16 livres (311 fr. 68) et Étienne avait tiré seulement 40 livres (779 fr.) des chapeaux qu'on lui avait comptés 100 livres (1948 fr). Le prévôt de Paris avait donné gain de cause au changeur. Le Parlement, au contraire, jugea en faveur d'Étienne [3]. Un arrêt déclare usuraire un prêt fait par Jacques et Pierre les Arrestiaus frères, à Jean Wallet qui avait souscrit une obligation de 1000 livres tandis qu'il n'en avait reçu que 684 [4].

1. *Olim*, t. III, p. 1134, LIV (1317).
— La Cour annule aussi une procédure irrégulière des enquêteurs d'Auvergne, suivie contre Jean Ayme. (*Olim*, t. III, p. 1286, LXIV [1318].) — *Actes du Parl.*, 5431, 5432.
2. *Olim*, t. III, p. 1400, L. 1318. — Beauquesne [Somme], arrond. et cant. de Doullens.
3. *Actes du Parl.*, 5253 (1318).
4. *Ibid.*, 3733 (1310).

Nous ne retenons de ces faits que la question de compétence : cette cause d'usure avait été déférée aux tribunaux laïques. Les évêques n'en défendaient pas moins leurs anciens droits. En 1390, l'évêque de Beauvais plaide en Parlement contre Jean de Verges, usurier. Il dit « que tout usurier est condamné et ne peut obtenir absolution s'il ne se repent de son péché : or Verges a confessé qu'il a été usurier, il a été appelé à la cour de l'évêque et, comme coutumace, excommunié ». Verges se défend : il est lay, il a été justicié par le roi au sujet de l'usure qu'on lui reproche et condamné à quarante francs (environ 520 fr.) d'amende : il est donc quitte, or depuis on l'a fait arrêter, on lui intente un procès pour lui extorquer de l'argent. Le Parlement, toujours méticuleux, examinera l'affaire, mais montrait déjà son sentiment en ordonnant la mise en liberté provisoire du prisonnier[1]. En réalité, les causes d'usure, comme celles des testaments, des serments, échappent, de plus en plus, dans notre période, à la justice ecclésiastique.

VI. — Causes matrimoniales.
Le mariage de la fille de Jean Monstrant.

Il n'en est pas de même des causes matrimoniales[2]. Si rares que soient les registres des officialités pour le XIIIe et le XIVe siècles, ils n'en démontrent pas moins que les questions de mariage étaient leur courante besogne[3]. Ce sont des fiancés qui demandent

1. *Reg. du Parl.*, collect. Lamoignon, *Conseil et Plaidoiries*, t. 40 (numéro de la Bibl. nat. 43), f° 580 mardi 9 août 1390.

2. Voir sur cette question l'article de M. Esmein : *Juridiction de l'Église sur le mariage en Occident*, Nouvelle Revue Hist. du Dr. fr. et étr., 1890 (mars et avril) et l'important ouvrage du même savant professeur : *Le mariage en droit canonique*, 2 vol. in 8.

3. — *Registres de l'officialité de Troyes*. Gillet dit d'Arrelles et Simonne servante se presentent devant l'official. « Propter odium et rancorem qui inter eos supervenerunt », ils demandent à ne pas donner suite à leur projet de mariage. Comme leur conduite est exempte de tout reproche, l'official les autorise à se rendre leur parole, mais il impose à la femme comme pénitence de faire dire une messe des morts. (*Archives ecclésiastiques de l'Aube*, série G, t. II, n° 4170, f° I [1390-1396], publiées par d'Arbois de Jubainville et Francisque André, Paris, Alph. Picard [1896].)

— Isabelle, femme de Jean, dit le Putefinat, « sevus, crudelis ac dissipator bonorum » demande une séparation de biens qui est accordée (f° 11).

— Roger, dit Gastebois, boulanger, et sa femme Mareye, après plusieurs années de mariage et la naissance de plusieurs enfants, demandent leur séparation pour incom-

à ne point donner suite à leurs projets de mariage. Ce sont des femmes qui sollicitent, contre des maris cruels et désordonnés, séparation de biens, même de corps. Ce sont des punitions infligées pour mariage clandestin. Les tribunaux séculiers, le Parlement, n'interviennent que pour régler les contestations nées de l'inobservation des contrats civils. Ils ne jugent que les questions de *maritagium*, de *dot*, de *douaire*, et de *communauté*. Un mariage religieux existe ; les tribunaux laïques lui font produire ses effets civils [1]. Il leur faut bien cependant aborder quelquefois les questions touchant le mariage même; on rencontre dans les

patibilité d'humeur. L'official prononce la séparation de biens « ipsis partibus injungendo ne alter ab altero debitè requisitus, loco et hora decentibus, carnalem copulam non deneget » (f° 63).

— Renard de Villiers-sur-Tholon est condamné à l'amende (cent sous) pour mariage clandestin. (Officialité de Saint-Julien-du-Sault, diocèse de Sens, *Archives départ. de l'Yonne*, série G, 245, p. 71, ann. 1350-1351.)

1. *Le Parlement et les causes matrimoniales.* — Procès entre Jeanne, fille de Richard de Milly et son frère Richard qui lui contestait la possession de biens donnés pour son mariage. (*Olim*, t. I, p. 877 XXXII, 1271.) — Arrêt déclarant le Parlement compétent à connaître de la plainte d'une femme contre l'abbé de Fécamp *de maritagio suo impedito*. L'abbé prétendait avoir le droit de juger cette cause : la femme au contraire soutenait que l'abbé ne pouvait être juge dans sa propre cause. *Actes du Parl.*, 514 (1261). *Olim*, t. I, p. 489, III (1260).

Boutaric fait remarquer qu'on doit peut-être (il aurait dû dire certainement) traduire ici de *maritagio suo impedito*, pour avoir mis empêchement à la jouissance de ses biens dotaux.

— Biens acquis pendant le mariage de Philippe, comte de Boulogne et Mathilde sa femme. (*Olim*, t. I, p. 261, VIII, 1267.)

— Jean Marcel, chevalier, demande qu'on lui délivre la terre de sa femme tenue en la main du roi. Il allègue la coutume : « Quand une femme ayant l'âge nubile et se trouvant sous le bail du roi, a, de l'assentiment de ses amis et du prince, contracté mariage en face de l'Église avec un homme ayant l'âge auquel il doit tenir la terre, la femme et le mari doivent recevoir la terre détenue en vertu du bail. » (*Olim*. t. II, p. 56, VIII, 1274.)

— Pierre de la Ragate, chevalier du bailliage de Tours, refusait le *frérage* à un de ses frères en prétendant que son père n'avait pas épousé la mère de cet enfant. Des lettres de l'évêque de Poitiers établirent que le père de Pierre avait bien épousé la mère « in facie Ecclesie ». Le Parlement ordonna que l'enfant aurait son *frérage*. (*Olim*, t. I, p. 507, VII, 1251.)

— Pierre de Courtenay, écuyer, voulait résilier les conventions matrimoniales faites pour un mariage entre sa sœur et l'aîné de Raoul d'Estrées, maréchal de France, parcequ'au temps où il avait consenti à ces conventions il avait moins de 14 ans. La Cour décide que ces conventions ayant été faites devant le roi et en présence de Pierre, quoiqu'il fût mineur, conventions d'ailleurs plus avantageuses que préjudiciables pour lui, seraient maintenues. (*Olim*, t. II, p. 201, XVI, 1282.)

— Hugues de Marnix demande à tenir la promesse faite à Jaquette, sa fille, au contrat de mariage, au taux de la monnaie de l'époque de ce contrat. (*Olim*, t. III, p. 558, LIV, 1310.)

— Autres arrêts relatifs à des conventions matrimoniales. (*Olim*, t. II, p. 181, XXXV (1281); — p. 468, III (1304); — p. 472, VIII. (1304); — p. 330, XX (1291); — p. 386, XIV (1295); — p. 406, XVI (1296). — *Olim*, t. III, p. 452, LXI (1309 [1310]. — *Olim*, t. III, p. 411, XXV (1309 [1310]).

Olim quelques procès relatifs à des mariages forcés, à un mariage de religieuse, à un mariage célébré avant l'âge, à des séparations, à des sévices. Guillaume de la Jabroulle et maître Giraud de Piolenc se plaignent que Guillaume de Picquigny ait marié leur nièce, Pétronille, mineure, avec son neveu André: on l'avait, disent-ils, emmenée par force. Guillaume de Picquigny niait là violence : il avait obtenu le consentement de la mère de Pétronille et d'un de ses oncles. Le consentement fut prouvé mais il avait été acheté trente livres (en tournois 608 fr. 89) pour la mère, dix livres (202 fr. 63) pour l'oncle. Les proches de la dite Pétronille auraient dû, selon la coutume, être présents au mariage : aucun n'y assista. La jeune fiancée n'avait pas onze ans accomplis. Le Parlement condamna André à la prison jusqu'à ce qu'il eût rendu la jeune fille. Il ne se prononçait pas sur la validité du mariage : il jugeait le procès comme une affaire de rapt, il punissait le tort causé à une famille, et confirmait les motifs de prohibition formulés par le droit canonique [1]. Gilon de Soliac, écuyer, avait épousé Jeanne, fille du seigneur Pierre Duchâtel enlevée à la vie religieuse. L'évêque de Troyes frappa le mariage de nullité et Gilon réclama en vain les biens de sa femme. Or appel avait été interjeté à Rome de la sentence de l'évêque; Jeanne avait été absoute et affranchie de son Ordre, son mariage confirmé. Le Parlement put alors intervenir; il obligea l'évêque à rendre les biens [2]. Beaudoin de Bailleul, chevalier, envahit avec ses complices le couvent des Filles-Dieu de Chartres : il en arrache sa fille qui s'était retirée dans cette maison et y avait prononcé ses vœux; il l'entraîne malgré son habit de religieuse, sa résistance, ses cris et la livre à Robert de Mambaroles, écuyer, auquel il voulait la marier. Le Parlement condamna Beaudoin pour ces excès à deux cents livres tournois (4052 fr.) d'amende et autant de dommages et intérêts pour les Filles-Dieu [3]. Il n'avait pas à juger de la validité du mariage. Amete, fille de Constance de Coetmen, avait été mariée, à l'âge de sept ans, à Hervée, seigneur de Pencoet. C'était s'y prendre bien à l'avance mais le mariage avait été célébré « in facie Ecclesie » avec le

1. *Olim*, t. I, p. 84, XXI (1259).
2. *Olim*, t. I, p. 442, VIII (1257).
3. *Olim*, t. I, p. 322, VIII (1269).

consentement de l'aïeul et des amis du frère. Quoique les intérêts féodaux eussent là altéré singulièrement le caractère du mariage, le Parlement dut accepter le fait, non sans protester par la longueur des procédures et la multiplicité des enquêtes [1]. Une autre fois c'était un jeune homme qu'une veuve, Elipdis de Gramat, était accusée d'avoir enlevé avant l'âge, par force, de Roc-Amadour pour le marier avec la fille qu'elle avait choisie. La veuve avait été poursuivie d'office devant le sénéchal de Périgord, mais le Parlement admit son appel et ne trouva point sa culpabilité établie [2]. Jeanne, dite la Corte de Menraher, étant devenue veuve, épousa en secondes noces le seigneur Gilon de Maubuisson. Gilon fut admis à l'hommage des suzerains de Jeanne et paya le *relief*. Or, au bout de sept ou huit ans, il y eut procès d'Église; la séparation fut prononcée à cause de la parenté à un degré prohibé. Jeanne reprit ses biens : elle offrit de prêter hommage, mais sans payer le relief déjà acquitté. Les suzerains exigèrent un nouveau paiement: la terre avait changé de maître par suite de la séparation de la femme et du mari : à chaque mutation le relief était dû. Le Parlement en jugea ainsi : il ne prononçait là que sur une question féodale [3]. Jeanne de Saint Martin avait été séparée de son mari Pierre de l'Isle par une sentence de cour d'Église et aux torts du mari. Elle réclamait les biens accordés à Pierre, au contrat de mariage, par une donation irrévocable. Le prévôt de Paris lui donna raison. Le Parlement (qui n'examine que la question de propriété) réforma la sentence en distinguant les biens immeubles et paraphernaux apportés par Jeanne, en mariage, et qui seuls lui devaient être restitués [4]. La dame de Beauval avait été victime d'injures et de sévices graves de la part de son mari. Le bailli d'Amiens reçut ordre de veiller à sa sûreté et de lui faire délivrer provision suffisante pour sa subsistance et celle de ses enfants. Le Parlement fixa cette provision, d'après la dot, qui avait été de trois mille livres, à trois cents livres (3563 fr.) et ne s'inquiéta pas de la suite à donner à l'affaire en ce qui regardait le mariage [5].

1. *Olim*, t. III, p. 1012, LXVII (1315).
2. *Ibidem*, t. III, p. 992, LIV (1315).
3. *Ibidem*, t. I, p. 339, XI (1270).
4. *Ibidem*, t. III, p. 152, XXIX (1304 [1305]).
5. *Ibidem*, t. III, p. 31, XXXIX (1299).

Les registres qui suivent les *Olim*, nous montrent le Parlement appelé, quoiqu'il fît pour se maintenir dans les limites de sa compétence, à intervenir en de délicates affaires de famille. Il défend à Hue d'Amboise, seigneur de Chaumont, de marier sa fille « sans le congé de la Cour ». Puis, le 26 novembre 1388, selon les avis des amis de la fille (sorte de conseil de famille), la Cour lève la défense et donne le congé [1].

Une histoire, entre toutes, nous permettra d'illustrer, pour ainsi dire, par un exemple singulier, les procédures multiples et diverses, les conflits auxquels donnaient lieu les causes matrimoniales.

Jean Monstrant, de la Rochelle, était le père d'une fille de seize ans. Un certain Pierre Bernard se prétendit fiancé à la jeune fille; fiançailles qui, faites devant l'Église, entraînaient un engagement semblable au mariage lui-même et, par suite, en cas de contestation, la juridiction de l'Église [2]. La fille de Jean Monstrant fut citée devant l'évêque de Saintes, mais Pierre Bernard perdit son procès avec dépens. Alors il appela en cour de Rome (alors à Avignon). Là on exigea la comparution des parties en personnes. Jean Monstrant obéit aux ordres de la cour pontificale. Il envoya à Avignon sa fille dûment escortée de cinq personnes. Or, comme les voyageurs arrivaient à Argenton, en Berry, tout à coup se présenta Pierre Bernard, accompagné de son frère, moine jacobin et de plusieurs hommes armés. Ils saisissent la jeune fille, la placent sur un cheval et l'emmènent. Les gardiens les poursuivent. La troupe de Pierre Bernard chevaucha jusqu'en un bois où chassait à ce moment une dame noble, la femme de Messire Guillaume de Nilhac. Aux cris de la jeune fille la dame s'émut. Pierre prétendit que c'était sa femme : la jeune fille protesta du contraire. La dame alors la garda et ne la rendit plus tard qu'au père, Jean Monstrant, qui était venu la réclamer. Plainte fut portée contre le ravisseur Bernard qui avait en outre enfreint la sauvegarde royale invoquée pour ce voyage. Le sénéchal ouvrit

1. *Reg. du Parl.*, Collect. Lamoignon, *Conseil et Plaidoiries*, t. 40 (43), f° 242, mardi 24 nov. 1388.

2. — Pour ce procès, voir *Reg. du Parl.*, collect. Lamoignon, *Conseil et Plaidoiries*, t. 40 (43), f° 700, lundi 2 janvier 1390 [1391]; f° 746, 5 janvier 1390 [1391]. — Voir aussi, f° 952, 9 déc. 1390 extrait qui ne se trouve pas à sa place chronologique.

une information. Jean Monstrant réclamait une condamnation à une amende de dix mille livres (en tournois 98770 fr.).

Rien de plus simple, au premier abord, que cette affaire. Mais Pierre la raconta tout autrement et le roman qu'il édifiait amena des complications. Issu d'un père noble et riche, il l'avait perdu de bonne heure et était demeuré en la tutelle de sa mère Simone. Jean Monstrant, qui était pauvre, sut plaire à Simone, l'épousa et, comme il avait une fille, il avait proposé de compléter l'alliance par le mariage de sa fille avec le fils de Simone, c'est-à-dire Pierre Bernard. Les deux enfants se fiancèrent « en main de prestre »; il y eut des cadeaux. Puis Jean Monstrant changea d'avis. Il négocia pour sa fille un autre mariage avec Héliot Busset. Pierre voulut poursuivre devant l'official de Saintes la jeune fille que son père avait cachée à huit lieues de la Rochelle et qui ne vint pas. Pierre fut condamné, raconte-t-il, « pour avoir contracté mariage par paroles de présent, clandestinement », à une amende de cent soixante livres (1580 fr.). Il appela tout de suite en cour de Rome.

Or (toujours d'après le récit de Pierre Bernard) Jean Monstrant pressait le mariage de sa fille avec Héliot Busset. Pierre le sut par la fille elle-même, effrayée des menaces de son père. Il s'adressa encore à l'official de Saintes, demandant que la fille fût séquestrée. Il échoua de nouveau. Cette fois encore, il appela à la cour de Rome. C'est alors que Jean Monstrant aurait feint d'obéir aux sommations de la cour pontificale et aurait mis sa fille en route pour Avignon, mais en réalité pour qu'elle s'arrêtât en une abbaye du Berry, à huit lieues de Bourges, où se devait solenniser le mariage avec Héliot. La jeune fille le fit savoir à Pierre qui, de son côté, partait pour Avignon. Pierre s'enquit sur sa route, d'hôtellerie en hôtellerie, et finalement trouva les voyageurs à Argenton. A peine eut-il salué la jeune fille, qu'Héliot Busset tira son couteau et le voulut frapper. On l'apaisa : il y eut accord. Les deux troupes convinrent de chevaucher ensemble. A une bifurcation du chemin, « un chemin fourché », Pierre voulut aller d'un côté, Héliot d'un autre. La fille partit avec Pierre. Héliot les poursuivit, rencontra des chasseurs, se plaignit à eux, si bien que la dame de Guillaume de Nilhac prit la jeune fille sous sa protection. Pierre se trouva obligé de partir seul pour Avignon.

Des déboires l'y attendaient car on le retint longtemps prisonnier.

Pendant ce temps, en son pays, à la requête de Jean de Monstrant, le bailli de la Rochelle fit prendre ses biens et les mit en la main du roi. En vain le procureur de Pierre se rendit-il devant le lieutenant du bailli, offrant de donner caution des fruits parce qu'on était près de vendanger. Le lieutenant maintint la saisie. Le procureur appela au Parlement, disant « que l'information avait été faite par des haineux ».

Revenu d'Avignon, sans que son appel y eût été vidé, Pierre fut appréhendé à Paris, dans le Palais même. Lorsque son affaire arriva enfin au Parlement, ce fut, on le pense, une belle confusion entre toutes les instances. Pierre nia que Jean Monstrant eût eu une sauvegarde du roi. Il soutint que, d'après l'usage du pays, les bourgeois de la Rochelle pouvaient s'aider l'un contre l'autre (il réclamait ainsi le droit de guerre privée). Pierre nia encore les injures qu'il aurait proférées contre Héliot Busset. Puis il compliqua tout en se prétendant clerc! Jean Monstrant, appuyé du procureur du roi, combat l'appel de Pierre Bernard. Il soutient que le lieutenant du bailli de la Rochelle a agi comme il devait le faire. Il ne néglige pas les détails de procédure : l'ajournement a été relevé contre la fille et non contre Jean Monstrant qui est pourtant la partie principale : « sa fille est en sa puissance » (voilà le droit romain). Jean nie que sa fille ait jamais eu le moindre désir d'épouser Pierre, qu'il y ait eu des promesses; sa fille aimerait mieux mourir que de lui appartenir (on retombe ici forcément dans le procès d'Église). Pierre a suborné des témoins tous jacobins, qui ont déposé à la requête du frère qui est jacobin. Et pourquoi aurait-il, lui, Jean Monstrant, voulu envoyer sa fille si loin pour la marier en Berry? Cela n'est pas vraisemblable. D'ailleurs il n'a pas été question de mariage avec Héliot Busset, héritier du sire de Mareuil, trop noble et puissant parti pour que sa fille ait pu y aspirer. L'hôtelier, à Argenton, a attesté que la fille criait et pleurait. Pierre et ses compagnons étaient armés et suivaient la troupe de deux lieues en deux lieues.

L'intervention de l'évêque de Paris et aussi de l'évêque de Saintes embrouilla encore la question. Pierre Bernard s'était réclamé de la qualité de clerc. Chacun des deux prélats demandait qu'il lui fût rendu. Le Parlement « eue sur ce grande et meure délibération par plusieurs intervalles de journées » remit Pierre Bernard à l'évêque de Paris. Pierre alors demanda au Parlement son élargissement; l'évêque le refusa disant que Pierre n'avait pas encore été interrogé. Le détenu répondait qu'en réalité il était toujours prisonnier du pape et que l'évêque n'avait rien à voir dans cette cause de la cour de Rome. Pierre en outre avait un procès au Parlement pour infraction à la sauvegarde royale, l'évêque n'avait pas à en connaître. Tout cela, selon lui, était machiné par la haine de Jean Monstrant. Le Parlement demanda à Pierre d'introduire une requête en forme, puis, quelques jours après, l'élargit. L'évêque avait consenti à accorder la liberté provisoire. Jean Monstrant avait eu beau s'y opposer. Pierre Bernard voyait ses épreuves au moins suspendues. Comment finirent-elles? Nous n'en savons rien car nous n'avons pas retrouvé le dénouement dans les registres, mais peu nous importe. Ce qui nous intéresse c'est la multiplicité des conflits entre les juridictions et les complications d'une affaire, très simple au début, puisqu'il s'agissait d'une tentative de rapt. Le Parlement respecte la juridiction ecclésiastique; il ne se mêle point de la question des fiançailles quoique les avocats (il ne pouvait en être autrement) l'eussent mis au courant, dans leurs répliques et dupliques, des détails de cette affaire moins rare qu'on ne pourrait le croire. Une dernière réflexion. Un siècle plus tôt, la guerre eût décidé entre Pierre Bernard et Jean de Monstrant, entre le fiancé vrai ou faux et la jeune fille enlevée. Les procès ont remplacé les combats, sans qu'ils soient pour cela, par leur enchevêtrement et leurs embûches, moins iniques que les combats.

VI. — Causes religieuses.

On n'osait, moins encore que les causes matrimoniales, disputer à l'Église les causes d'hérésie, de sorcellerie, de magie. Les registres du Parlement ne pourraient nous aider à contrôler ni les condamnations d'hérétiques dont parlent les chroniqueurs, ni les rigueurs du fameux Bernard Gui, le disciple implacable des premiers et le précurseur des futurs inquisiteurs. Le Parlement n'avait d'autre mission que d'arrêter les malversations d'agents qui ne se gênaient pas pour s'approprier les biens confisqués sur les hérétiques. Un arrêt nous apprend qu'on allouait aux prisonniers du mur (*muri*, prison) de Carcassonne trois deniers (8 centimes) par jour et que leurs amis avaient la faculté de leur envoyer de l'argent, sans les voir pourtant, si bien que le gardien cachait leur mort et continuait, pendant un an ou deux, à toucher l'argent qui leur était destiné [1]. Si les *Établissements* de saint Louis ne parlent que de la confiscation des meubles [2], les arrêts du Parlement témoignent qu'elle s'étendait aussi aux immeubles. Dans la sénéchaussée de Carcassonne, les biens confisqués sur les hérétiques seront vendus aux seigneurs (1260) [3]. Béatrix, veuve de Hugues de Seixac, vicomte de Fenouillet, réclamait six cents livres tournois (12 158 fr.) pour sa dot et trois cents livres (6079 fr.) pour son douaire: or les biens de Hugues avaient été confisqués, pour crime d'hérésie : il n'avait pu assigner ni dot, ni douaire sur une terre qui ne lui appartenait plus. Le Parlement débouta Béatrix de sa demande [4]. Girard d'Aubusson, après l'incarcération (immurationem) de son frère Guillaume, hérétique, s'était emparé de ses biens au lieu de les délivrer au roi : il fut puni d'amende [5]. Le maréchal d'Albigeois, seigneur de Mirepoix, sera, par le sénéchal de Carcassonne, remis dans sa saisine de justicier et de brûler les hérétiques [6]. Le Parlement ne prend même point que cette part indirecte à la répression de l'hérésie. Il insère dans ses registres une Ordonnance de Philippe le Bel, faisant corps avec les arrêts des *Olim* [7] et prescrivant aux officiers royaux de pour-

1. *Hérétiques*. — *Olim*, t. III, p. 147, xxii, xxiii (1304 [1305]). — L'arrêt cependant absout l'accusé des imputations dirigées contre lui.
2. *Établiss.*, liv. I, chap. xc.
3. *Olim*, t. I, p. 470, viii (1260).
4. *Ibid.*, t. I, p. 579, xii (1264).
5. *Ibid.*, t. I, p. 556, xiii (1263).
6. *Ibid.*, t. I, p. 317, iv (1269).
7. « ... — Ut pareant et intendant in hereticorum, credencium, fautorum, receptatorum et defensorum ipsorum investigacione, capcione ac custodia diligenti, cum ab eis fuerint requisiti, et ut prefatas personas pestiferas, in potestatem seu carcerem episcoporum ac inquisitorum predictorum.... ducant vel duci faciant sine mora.... »

« ... Utque de heresi a dyocesano epicospo vel inquisitore seu inquisitoribus

suivre les hérétiques (*pestiferas personas*) et de les conduire dans les prisons des évêques ou des inquisiteurs. Hâtons-nous d'ajouter que toujours il blâme les abus et, comme nous l'avons dit, les tortures infligées à des innocents.

Sacrilèges et blasphèmes appartiennent, sans contestation, à la justice ecclésiastique. Le blasphème toutefois est également puni par le pouvoir séculier : saint Louis l'avait frappé de peines cruelles. Le roi levait aussi des amendes sur les blasphémateurs, et, en 1269, le prieur de Saint-Martin d'Autun, en raison de son pariage avec le souverain pour la justice de la ville de Saint-Pierre le Moustier, réclamait sa part de ces amendes [1]. Comme les sortilèges et la magie, accusations si fréquentes à cette époque, ressortissaient au for ecclésiastique [2], les grands procès du début du XIVe siècle, cause des Templiers, de Guichard évêque de Troyes, de Pierre de Latilly, de Marguerite Porete, de Mahaut

condempnatos sibi relictos statim recipiant indilatè, animadversione debita puniendos.... » *Olim*, t. II, p. 413, XXVII (1296). — Cf. Ord, t. I, p. 380.

— Au début de son règne, Philippe le Bel avait été moins complaisant pour les inquisiteurs. Il avait mandé au sénéchal de Carcassonne de ne pas arrêter, à la requête des inquisiteurs, « aucunes personnes, à moins qu'elles ne fussent manifestement hérétiques ». Il lui avait ordonné d'empêcher leurs excès de zèle, leur abus de la question. (*Ordonn.*, t. XII, p. 326, 327, 27 avril 1287.)

— Autres arrêts à propos de biens confisqués sur des hérétiques (*Olim*, t. I, p. 920, I, 1273). *Olim*, t. III, p. 111, I (1302 [1303]).

1. *Blasphèmes, sortilèges.* — *Olim*, t. I, p. 784, XXXII (1269).

— En ce qui regarde les sacrilèges, nous avons déjà indiqué plus haut, en parlant des guerres privées, comment le Parlement les punissait (voir page 357).

2. « ... Ce furent surtout les dernières années de Phillippe IV et le règne de Louis X que troublèrent ces enquêtes monstrueuses où l'on trouvait mêlés à des griefs plus communs l'hérésie, la magie et d'autres « crimes énormes ». Coup sur coup en quinze ans on vit à côté des grands procès de Saisset, de Boniface et du Temple, ceux d'Arnauld de Villeneuve, de Guichard de Troyes, de Marguerite-Porete, de Pierre de Latilly, d'Enguerrand de Marigny ; l'affaire du cardinal François Caïetani, neveu de Boniface VIII, celle de Mahaut d'Artois, d'autres encore. C'était, entre toutes les époques du moyen âge, un temps de sortilèges et de nécromancie.... » Abel Rigaud, *Le Procès de Guichard, évêque de Troyes*, avant-propos, p. II, Mémoires et Documents publiés par la Société de l'École des Chartes, Paris, Picard (1896).

— « ... Les chroniques sont pleines de récits de sortilèges ; voir entre autres dans la Contin. de Gérard de Frachet (*Hist. de France*, t. XXI, 60) l'histoire du sorcier de Château-Landon (1323). — Contin. anonyme de Jean de Saint-Victor (*ibid.*, 688), l'histoire du prieur de Morigny-delès-Étampes qui vouloit renouveler une doctrine de nigromence déjà condamnée, appelée « *ars notoire*, qui promettoit à conquérir toute manière de science sans nulle étude et sans tout maître ». Richesse, science, amour, vengeance, on croyait pouvoir tout demander à l'art démoniaque de la sorcellerie. » (*Ibid.*, p. III, note 1.)

— Au sujet de la juridiction, on trouve trois femmes accusées de sortilège à Senlis justiciées par le maire et les jurés. L'évêque réclama. Le maire et les jurés alléguaient pour leur défense qu'il y avait eu incision de la peau et effusion du sang. Le Parlement renvoya la cause à l'évêque. (*Olim*, t. II, p. 205, VIII, 1282.)

d'Artois, ne pouvaient figurer et ne se trouvent pas dans les registres du Parlement.

Le crime contre nature et l'adultère étaient disputés par les deux justices. L'officialité d'Amiens et la justice de la ville firent plaider, en ce qui regardait les sodomites, la question devant le Parlement (1261); ce fut la ville qui gagna [1]. Au XIVe siècle on rencontre dans les registres du Parlement plusieurs de ces procès pour sodomie avec des détails si répugnants qu'ils effaroucheraient, je ne dis pas nos greffiers, mais nos romanciers les plus naturalistes. De même pour l'adultère. En 1272, le prieur de Charlieu ayant fait courir et fouetter par la ville des personnes coupables d'adultère, les hommes de la ville se plaignirent au bailli de Mâcon qui mit la justice du prieur sous la main du roi. Un autre cas semblable se produisit peu après : nouvelle plainte au bailli, nouvelle saisie. Le prieur appela au Parlement. Il prouva que les nobles et tous ceux qui avaient justice en pareille matière procédaient à pareille exécution. Il eut gain de cause [2].

Même dans les procès qui touchent directement aux choses d'Église, le Parlement semi-ecclésiastique prononçait des sentences. Le prieur et le couvent de Saint-Martin des Champs lez Paris lui demandent de limiter les visites que fait l'abbé de Cluny. Celui-ci est maintenu par la Cour dans le plein exercice de son droit de visite [3]. Le curé de Saint-Gervais conteste aux marguilliers le droit de porter l'eau bénite et, au mois d'avril 1390, le procès durait déjà depuis trois ans [4]. Le procureur du roi intervint dans cette cause bien futile mais rien ne paraissait tel, à cette époque, car tout droit entraînait un profit. L'archevêque de

1. « Inquesta facta super eo quod episcopus Ambianensis dicebat quod ipse est in saisina justiciandi sodomiticos infrà villam Ambianensem : burgensibus Ambianensibus e contra dicentibus quod ipse episcopus non debet eos justiciare, sed ipsi sunt in saisina justiciandi eosdem. Melius probatum est pro villa Ambianensi quàm pro episcopo; remaneat villa in saisina justiciandi corpora sodomiticorum. » (*Olim*, t. I, p. 136 (1261.) Beugnot (note, p. 988) remarque que rien n'autorisait cette jurisprudence dans la Charte donnée à la ville d'Amiens par Philippe Auguste. Il s'étonne d'autant plus de cet arrêt que le crime dont il s'agit était un cas royal.

2. *Olim*, t. I, p. 909, LXX (1272).

3. *Reg. du Parl.*, Collect. Lamoignon, *Conseil et Plaidoiries*, t. 40 (43), f° 21, mercredi 28 mars 1386 [1387].

4. *Ibid.*, 13 avril 1390.

Reims recevait des nouveaux évêques, ses suffragants, une chape que l'élu revêtait à son sacre. L'évêque d'Arras refusa de se soumettre à cet usage qu'on retrouve en d'autres métropoles. L'archevêque cita son suffragant à son tribunal « en action personnelle de chose pure spirituelle ». L'évêque s'adressa au Parlement. « La Cour, disait-il, doit connaître de tous les cas où il peut échoir possession et novelleté, et n'est pas merveilles car le Roy nostre sire n'a pas seulement *temporalité* mais *divinité;* il est *inunctus*; il donne les bénéfices en *régales* et a l'administration du temporel des évêchés. » Le prélat continue ainsi étendant et défendant la compétence royale qu'il a invoquée. « La chape, avait dit l'archevêque de Reims, n'est qu'un accessoire matériel; la cause n'en est pas moins spirituelle. » L'évêque répondait : « que la prestation de la chape n'était pas accessoire au serment. L'évêque, sans doute, prêtait serment, mais il n'en résultait pas qu'il dût la chape ». L'archevêque et le chapitre dupliquent : ils reconnaissent que l'évêque a répliqué « hautement et élégamment » (on n'est pas plus courtois), mais il n'a point réfuté les raisons qu'on lui opposait. L'évêque a été cité au tribunal ecclésiastique sur le *pétitoire*, et non sur le *possessoire*, « lequel pétitoire est purement spirituel », car, en supposant qu'on fût resté trois ou quatre ans sans réclamer la chape à l'évêque, il n'y a pas prescription et « on peut très bien intenter le pétitoire en cour d'Église »[1]. L'évêque d'Arras dut-il donner la chape? Nous l'ignorons, mais nous voyons qu'il était un des premiers à invoquer la compétence du Parlement royal. Guillaume Chamallart, chevalier, réclame à l'évêque du Mans les nappes et serviettes qui ont servi au festin de son installation. Le chevalier est maintenu dans son privilège par le Parlement[2]. En 1398 un long procès s'engage entre le duc de Bourgogne et l'abbé de Saint-Étienne de Dijon à propos des droits exigés par les curés de Dijon pour les enterrements, mariages, etc. Le Parlement se déclare compétent[3].

La Cour intervient jusque dans les questions où il s'agit des

1. *Reg. du Parl.*, Collect. Sainte-Genev. Ff. 13, t. I, f° 343, mardi 6 mars 1379 [1380].
2. *Olim*, t. III, p. 1378, XXXVIII (1318).
3. Perard, *Recueil de pièces pour servir à l'histoire de Bourgogne*, p. 382-383, 15 juin 1398. Paris, 1664, in f°.

sacrements, elle connaît même de querelles touchant la foi. Un arrêt décide que l'abbé de Saint-Corneille, à Compiègne, a droit « de bailler seul, par la dite ville, l'extrême onction » (1287) [1]. Le 12 décembre 1388, le recteur et les députés de l'Université de Paris exposent, par la bouche de messire Ferry de Cassinel, évêque d'Auxerre, que l'Université soutient contre les Jacobins une certaine cause « touchant la foi ». Les cas ont été proposés devant le roi contre les Jacobins, auxquels jour a été assigné pour leur réponse. Or le roi « empêché d'autres besoignes » (c'est l'année où se déclara la folie de Charles VI) n'a pu les entendre; « la besoigne en a été donnée » au chancelier, à l'évêque de Bayeux, à Arnaud de Corbie, Premier Président du Parlement. Ceux-ci ont renvoyé les plaideurs devant la Cour [2].

Il nous est impossible de nous attarder à tous ces procès [3] : leur introduction devant le Parlement suffit pour démontrer qu'il connaît de toutes les causes, même de celles qui sont attribuées à la justice ecclésiastique et à la cour de Rome. Il jouera un grand rôle dans les discussions du Grand Schisme, mais ce serait nous engager dans son histoire politique, que nous réservons. En nous limitant au rôle judiciaire, nous constatons que représentant, grâce à son caractère mixte, les deux pouvoirs, le Parlement était appelé à les concilier, inspirant la confiance aux prélats aussi bien qu'aux seigneurs, puisque lui-même était rempli de seigneurs et de prélats. Dans le duel séculaire qui devait se poursuivre jusqu'à la fin de l'ancienne monarchie, des deux puissances spirituelle et temporelle, des deux justices ecclésiastique et civile; dans le choc continuel des deux épées, le Parlement est l'arbitre, le régulateur, l'apaiseur. Il défend à la fois la royauté et l'Église, non sans travailler, à son insu, à soumettre l'Église à la royauté.

1. *Essai de Restit. d'un vol. des Olim*, n° 621 (1287).

2. *Reg. du Parl.*, Collect. Lamoignon, *Conseil et Plaidoieries*, t. 40 (43), f° 246, lundi 7 décembre 1388.

3. Quelques indications prises dans les sommaires des Archives Départementales suffiront pour donner une idée de la nature des causes jugées, aux XIIIe et XIVe siècles, par les Officialités (en dehors bien entendu des causes des clercs qui sont semblables pour délits et crimes à toutes les causes dont connaissaient les tribunaux laïques) : Félix Coyn d'Epineau, pour avoir travaillé le jour de la fête de Saint-Simon et de Saint-Jude, est puni d'une amende de 30 sous (12 fr. 60) (1355-1356). — J. Fromond, d'Epineau, pour s'être maintenu en état d'excommunication pendant

deux ans, est puni d'une amende de 30 sous (1355-1356). — J. Gauthier de Charny pour sortilège, 50 sous (21 fr.) d'amende (1355-1356).

— Guillaume Boniot, pour défaut d'exécution d'un pèlerinage qu'il avait promis d'accomplir, paie 20 sous (10 fr. 80) (1363-1364). (Reg. de l'Offic. de Saint-Julien-du-Sault, *Arch. de l'Yonne*, série G, n°ˢ 247, 249.)

— Une indemnité est payée à un messager qui avait porté à Nemours une citation contre une fille qui assurait faussement avoir vu la Sainte-Vierge. (Reg. de l'Offic. de Sens, *Arch. de l'Yonne*, série G, 256 [1348-1349].)

— Les *Registres de l'Officialité de Chartres*, de 1380 à 1415, ont été analysés par Lucien Merlet. Ils fournissent des renseignements très précis. Dans l'espace de trente-cinq ans, Merlet a relevé comme causes jugées par l'official : 107 voies de fait, 38 abstentions de communion, 28 adultères et concubinage, 12 commerce avec des excommuniés, 6 injures et calomnies, 17 travail à des jours défendus, plus (ce qui se rapporte spécialement à des prêtres) 5 négligences dans le service divin, 8 jeux interdits, 1 ouverture d'auberge dans la maison presbytérale. « La moyenne des amendes varie : pour les coups, de 10 sous à 45 sous suivant la gravité; pour l'abstention de communion, de 2 sous 6 d. à 10 sous; pour le concubinage de 20 sous à 40 sous; pour l'adultère c'est généralement 40 sous; pour le commerce avec les excommuniés, 3 livres; pour les injures et calomnies 20 sous; pour le travail à des jours défendus 7 s. 6 d.; pour les négligences dans le service divin, 40 sous; pour les jeux interdits, 15 sous. Outre ces amendes, 65 excommunications furent prononcées « avec renvoi devant le pénitencier de l'évêque ou celui du pape. » (Bibl. de l'Ec. des Ch., sept. 1855, août 1856, p. 574 et suiv.)

— Voir aussi le *Registre de l'Official de Cerisy* publié dans Mémoires de la Société des Antiquaires de Normandie, t. XXX, et *Étude sur ce registre* par M. Glasson, Nouvelle Revue Histor. du Droit français, t. IX, 1885, p. 119.

I. — Les Pariages.

Malgré ses puissantes attaches à l'Église, le Parlement était entraîné à substituer de plus en plus aux juridictions ecclésiastiques les juridictions royales. De même, quoique composé de seigneurs, il était amené à subordonner à la justice du roi celle de tous les seigneurs. Le Parlement étendait à la fois sa justice personnelle et sa justice territoriale avec l'aide des baillis. Ceux-ci ne redoutaient point, comme dans la lutte contre les officialités, les excommunications et les stations humiliantes à la porte des églises; ils rencontraient plutôt des chevaliers jaloux les uns des autres et butinaient de toutes les façons pour eux comme pour la Cour. Ils s'autorisaient, ici, des contrats dits de *pariage*; là, du droit du plus actif et du plus diligent justicier, c'est-à-dire du droit de *prévention*; ailleurs, de théories générales et vagues sur l'autorité du prince comme dans les *cas* dits *royaux*; partout, de la stricte observation de la hiérarchie dans les *appels* qui aboutissaient, dans le domaine royal, d'abord à eux-mêmes et, en tout lieu, au Parlement.

Pour être le plus riche propriétaire, le roi ne dédaignait pas d'avoir part aux propriétés d'infimes seigneurs. Il possédait des portions de fiefs, de justices Selon le hasard des annexions et la variété des conventions, lui qui commandait aux *pairs* de France il était associé, co-seigneur, *pair*, d'un petit vassal : c'est ce qu'on nommait le *pariage*[1]. Ainsi le roi partageait avec l'abbé de Saint-Benoît-sur-Loire la chatellenie de Molinet[2]; avec la dame de Sely la justice en la paroisse d'Amilly[3]; avec l'abbé de Cluny, la justice de Saint-Gengoul[4]; avec Pierre de Châtres la haute justice à Châtres[5]; avec Gilon de Velly la prévoté de Flagy[6]. Il avait des pariages avec l'église du Vigan, la commune de Gaillac; des traités avec l'abbaye de Saint-Germain-des-Prés, l'église de Saint-Merri sur la juridiction dans certains quartiers de Paris[7]. A Dun le roi,

1. *Pariages.* — Le pariage n'était pas une nouveauté. M. P. Viollet, qui a consacré aux pariages une page judicieuse dans son *Histoire des institutions politiques*, en a relevé d'anciens entre les seigneurs en France, en Espagne, en Angleterre. En 1226, Louis VIII, maître d'Avignon « conclut un traité de pariage avec les Bénédictins de Saint-André, très ancienne abbaye bâtie sur une colline qui domine Villeneuve-lès-Avignon. Le roi accorde aux Bénédictins 40 livres tournois (810 fr.) sur les revenus de Beaucaire. Eux pour la défense de la foi et pour l'amour du roi permettent à Louis VIII d'élever une forteresse à Saint-André, d'y tenir garnison, d'y percevoir la moitié des produits de justice et de recevoir le serment de fidélité des habitants. Voilà un coin solidement enfoncé en terre d'Empire! » Viollet, *Hist. des Instit. politiques de la France*, t. II, p. 172. Il renvoie à Petit-Dutaillis. *Étude sur la vie et le règne de Louis VIII*, p. 311. Il renvoie aussi pour d'autres pariages [Chanoines de Montfaucon en Argonne et Philippe-le-Hardi] à l'article de M. Julien Havet, *La frontière d'Empire dans l'Argonne, Bibl. de l'Éc. des Ch.*, t. XLII, p. 388, 389 et (pour le roi et l'évêque de Verdun [1389-1395] à Noël Valois, *La France et le grand schisme d'Occident*, t. II, p. 302-304.)

M. Viollet ajoute : « Les nombreux pariages consentis au roi sur les terres des vassaux contribuèrent au progrès du pouvoir royal que développaient d'ailleurs tant d'autres circonstances. Dans les derniers siècles, ce pouvoir était si présent dans toutes les parties de la France et si étendu; les hautes justices des seigneurs étaient, d'autre part, si affaiblies et si contenues que l'utilité d'un partage des droits de justice et des divers revenus d'une petite localité entre le roi de France et tel seigneur faible et ignoré, pouvait paraître contestable. On serait porté à croire que les choses étant à ce point, le seigneur associé du roi disparut partout et que partout le roi absorba le *dominium*. Le contraire eut lieu plus d'une fois : le roi, soit qu'il voulût agir avec son associé séculaire en véritable galant homme, soit qu'il se préoccupât tout simplement de se faire un peu d'argent comptant en échange de l'abandon de ses droits, renonça çà et là à un pariage devenu inutile, laissant ainsi à celui qui avait été, pendant plusieurs siècles, son co-seigneur, ce débris du passé, cette ombre de puissance, qu'un roi de France n'avait plus intérêt à partager. » (Viollet, *loc. cit.*, p. 173.)

2. *Essai de restit.*, n° 413 (1280). — Le Moulinet, Loiret, cant. et arrond. de Gien.

3. *Ibid.*, n° 844 (1293) Amilly, Saint-Firmin, Loiret, cant. et arrond. de Montargis.

4. *Actes du Parlem.*, 2057 (1277). — Saint-Gengoulph, Aisne, cant. de Neuilly Saint-Front, arrond. de Château-Thierry.

5. *Actes du Parlem.*, 1417 (1269). — Chatres-sous-Montlhéry, maintenant Arpajon, Seine-et-Oise, arrond. de Corbeil.

6. *Actes du Parlem.*, 965 (1265). — Flagy, Seine-et-Marne, cant. de Lorrez-le-Bocage, arrond. de Fontainebleau. — Le roi a la haute justice du château de Porciano contre Gui de la Roque, chevalier, seigneur de Posquières et de Porciano (Sénéchaussée de Carcassonne), *Actes du Parlem.*, 3114 (1301).

7. Langlois, *Hist. de Philippe-le-Hardi*, p. 282.

dans l'enceinte du château, la justice est commune au souverain et à plusieurs chevaliers[1]. Le roi partage jusqu'à la justice des censives[2] et des serfs[3]. Dans ces justices mixtes les sergents portent sur leur bâton les armes mi-parties du roi et du seigneur associé[4].

On ne tient d'ailleurs à ces pariages que pour les profits. Le prieur de Saint-Martin d'Autun estime que ses bénéfices dans un pariage avec le roi à Saint-Pierre-de-Moutier ne sont pas suffisants : il supplie Louis IX de lui abandonner une plus grande part des revenus, les amendes dont sont frappés les blasphémateurs, les droits d'entrée que payaient les nouveaux bourgeois, les bénéfices de certains exploits des sergents. Bénévole comme le prince, le Parlement accueillit favorablement la requête du prieur[5]. Mais tous les rois n'ont pas la générosité de Saint-Louis.

Les difficultés s'élevaient surtout au sujet des appels. L'évêque de Mâcon avait conclu avec le roi un pariage pour deux villas. Chacun d'eux était représenté par un juge à sa nomination. Or un plaideur appela de ces deux juges communs au bailli du roi seul. L'évêque protesta. Le Parlement déclara que si les plaideurs appelaient au bailli de Mâcon, celui-ci ne devait pas recevoir l'appel. Mais s'ils appelaient au roi et si la Cour remettait l'examen de l'affaire au bailli, celui-ci en devait connaître[6].

C'étaient en réalité des demi-annexions que les pariages : à ce titre ils offraient souvent une certaine importance quand ils s'étendaient à un vaste territoire. En 1305, l'évêque de Viviers reconnaît la suzeraineté du roi de France et, deux ans plus tard, lui cède

1. *Pariages*. — *Essai de restit.*, 231 (1276). — Dun-le-Roi, Cher, arrond. de Saint-Amand.

— Autre exemple de pariage multiple : pariage à trois : Le roi et le comte de Périgueux ont les justices désignées en la paroisse de Saint-Front par association faite du roi par l'abbé du dit Saint-Front, *Essai de restit.*, n° 745 (1290).

— Pariage de Jean, sire de Joinville, avec l'abbé de Saint-Mansuy de Toul (1264). *Charte* publiée par A. Bruel, Extrait de la Biblioth. de l'Éc. des Chartes, t. XLV.

2. Le pariage entre le roi et le prieur de la Charité pour Cencoin s'étend à la justice des censives, *Actes du Parlem.*, 1251 (1268).

3. Le roi peut accepter les associations que l'on fait de lui « ès personnes serviles » et lors il en a la justice (contre l'archevêque de Reims), *Essai de restit.*, 602 (1286).

4. Pariage aux justices de Saint-Visie, Saint Julien et Boualbergue. — « Les sergents du Roy portoient verges ou bastons ayans les armes et signes du Roy, et des autres seigneurs les sergents portaient les armes et bâtons paincts, et quant les justices estaient communes portoient mesparties armes. » *Essai de restit.*, 876 (1295).

5. *Olim*, t. I, p. 784, XXXII (1269).

6. *Olim*, t, I, p. 845, XX (1270 [1271]). Villes de Vérizet, Saône-et-Loire, arrond. de Mâcon, et de Pricé (Prissiacum).

un *pariage*, la moitié de ses droits sur le *Vivarais*[1]. En 1307, les évêques de Cahors, de Mende, du Puy associent le roi à leur temporel. Le pariage conclu avec l'évêque du Puy amena de continuels débats : en 1312, les habitants du Puy se plaignent des gens du roi au sujet d'une mesure à blé et de droits qu'ils ne payaient pas avant le pariage[2]. L'évêque soutient aussi un long procès contre le sénéchal de Beaucaire dont le lieutenant avait fait dans la ville du Puy des exploits « contre la fourme et la teneur du pariage ». Le sénéchal réplique qu'il les avait faits « à cause de la souveraineté du roi et aussi pour ce que les juges et officiers de la cour commune avaient été négligents de faire justice ». Le Parlement décide que ces exploits « ne porteront aucun préjudice au dit pariage et que iceluy pariage sera tenu et gardé selon sa teneur[3] ». Le roi participe, dans ces pariages, au *dominium*. Il sera bientôt assez fort pour qu'on le lui abandonne tout entier.

II. — Le Droit de Prévention[4].

De ce qu'en ces justices si émiettées les juges étaient si proches des justiciables il ne s'ensuivait pas que ceux-ci fussent mieux protégés. Tant s'en fallait! Aussi les baillis et les prévôts du roi

1. A. Longnon, *Atlas hist. de la Fr.*, *Texte*, p. 250. — M. Longnon ajoute une note intéressante : « L'année 1307 fut particulièrement féconde au point de vue de l'extension du pouvoir royal sur les seigneuries ecclésiastiques, car les évêques de Cahors, de Mende et du Puy associèrent alors le roi à leur temporel. C'est aussi grâce à des pariages conclus avec des seigneurs ecclésiastiques que les baillis royaux purent créer, à la fin du treizième et au commencement du quatorzième siècle, un grand nombre de villes neuves et de bastides qui contribuèrent puissamment au développement de l'autorité royale et du domaine dans le sud-est de la France. » *Ibid.*, note 2.

2. *Olim*, t. II, p. 576, XII (1312).

3. *Reg. du Parlem.*, Collect. Lamoignon, t. 40 (n° de la *Bibl. nat.*, 43) f° 49. — — Ce n'est pas le seul exemple où le Parlement, toujours féodal, maintient les conditions du pariage. Le roi Philippe V, pour récompenser les services de Menaud de Barbazein, lui avait accordé 120 livres tournois (2431 fr.) de revenus assignés sur la ville et bastide de Biau-Marchays en la sénéchaussée de Toulouse. Arnaud Guillaume, comte de Perdiac, en raison d'un pariage conclu par son père avec le prédécesseur du roi Philippe, s'opposa à la donation. Dans le pariage il avait été expressément convenu que la bastide resterait toujours unie au comté de Toulouse et que le roi ne pourrait jamais la transférer à aucune puissance en dehors du comté. Le Parlement décida que la donation ne serait pas valable. *Olim*, t. II, p. 636, XI (1317).

4. Voir les considérations de Pardessus, préface du t. XXI des *Ordonnances*; de M. Esmein, *Cours d'histoire du droit français*, p. 412; de M. Glasson, *Hist. du droit*, t. VI, etc.

avaient-ils l'œil au guet et l'oreille ouverte aux dénonciations. Au lieu de stimuler, ils *prévenaient* l'action de la justice seigneuriale. Saisir l'inculpé, informer rapidement, pendre d'une façon expéditive, c'était leur habitude, quitte ensuite à ressaisir du supplicié, au moins en effigie, le seigneur de la juridiction lésée. D'ailleurs on avait toujours admis qu'on pouvait s'adresser au roi en cas de *défaute de droit*. En certaines matières comme le *douaire*, l'*aumône*, le demandeur avait le choix entre la justice du roi et celle du seigneur[1]. Le bailli de Bourges prétendait que le roi était « en possession et saisine », dans le comté de Nevers, d'un droit très ancien : si injure était faite aux clercs, aux prêtres, aux veuves, aux religieuses, lorsque ces personnes « se plaignaient tout d'abord aux gens du roi, » ceux-ci avaient la connaissance des injures (1282)[2]. Le comte de Boulogne voulait empêcher le prévôt royal de Montreuil de connaître de l'exécution des chirographes et actes passés devant les échevinages de son comté. Il est débouté de sa demande, mais le Parlement spécifie que les plaignants doivent s'être adressés d'abord aux officiers du roi; il faut qu'il y ait « prévention »[3]. Entre seigneurs la prévention s'exerçait également. Une châtelaine de Beauvais, d'humeur très processive, fait reconnaître son droit d'arrêter pour dettes dans la ville de Beauvais, mais ce droit, contesté par l'évêque, ne s'exercera que par *prévention*, c'est-à-dire si le sergent de la châtelaine a devancé celui de l'évêque[4]. Le roi, cependant, fait parfois des concessions. La dame de Chateau-Gontier demandait à être ressaisie d'un homme pris par ses gens à Hérouville comme soupçonné de vol, et d'autres personnes arrêtées pour une rixe : le bailli de Meaux reconnut que la dame avait la justice des rixes sans effusion de sang dans le cas où l'on se serait d'abord adressé à elle : pour les dettes au contraire, si on s'adressait au bailli celui-ci était juge. Le Parlement confirme les privilèges de la dame[5].

1. Voir ancien *Coutumier d'Artois*, tit. XI, art. 1, p. 42. Pour le douaire spécialement, *Olim*, t. I, p. 756, X (1269).
2. *Essai de restit.*, 455 (1281).
3. *Olim*, t. III, p. 699, LXI (1316).
4. *Actes du Parlem.*, 1487 (1270).
5. *Actes du Parlem.*, 1539. — *Olim*, t. I, p. 333, II (1270).
Essai de restit., n° 45 (Sommaire français).

Un arrêt de 1267 fait bien comprendre le caractère du droit de prévention. Pierre Bouchier, homme de l'abbaye de Saint-Denis, se trouvait à l'assise du bailli de Senlis. Là une accusation de meurtre fut portée contre lui. Le bailli en voulut connaître. En vain l'abbé de Saint-Denis réclama-t-il son justiciable : l'accusation avait été portée devant le bailli : la compétence lui revenait[1]. Ce n'est pas toutefois sans luttes obstinées que les baillis et les prévôts font triompher ce droit justifié au moins par un avantage public et un intérêt supérieur. Presque à chaque page des registres criminels de Saint-Germain-des-Prés, de Sainte-Geneviève, de Saint-Martin-des-Champs, de Saint-Denis, se trouvent des restitutions de prisonniers enlevés aux juges de leur domicile. Si les prévôts de Paris ne se lassent pas de mettre la main sur les criminels où qu'ils les trouvent, les prieurs et les abbés ne se découragent pas dans leurs plaintes, réclamant leurs hôtes, leurs serfs, fussent-ils déjà pendus.

III. — Les Cas Royaux.

Le droit de *prévention* n'était, après tout, qu'un de ces nombreux *cas royaux* que les baillis évitaient de définir, encore moins de limiter. Ils énonçaient bien quelques maximes qu'on lit dans les Coutumiers : « Le roi ne tient de nului fors de Dieu et de lui[2] ». — « Nulle justice du roi ne doit plaider de son droit, ni de son héritage, ni de sa seigneurie, fors en sa cour[3]. » — « Si le bailli du roi (c'est ici Pierre de Fontaines qui parle) te mande de faire comparaître ton vilain, tu dois le faire comparaître quand même tu ne tiens rien du roi[4]. » Beaumanoir déclare nettement que le roi peut être juge et partie[5]. Lorsque l'homme appelé par le bailli a

1. *Actes du Parlem.*, 1132 (1267).
2. *Établiss. de saint Louis*, livre I, chap. LXXXIII, p. 135 et encore livre II, p. 370.
3. *Ibid.*, liv. II, XX, p. 405.
4. « Se bailliz le roi, ou autres sires de cui tu tiegnes, *semont* ton vilain, il n'i doit pas aler par nostre usage ; mès s'ils te *mandent* que tu aies ton vilain par devant aus, avoir li dois se einsi est que tu tiegnes du seignor le leu où li vilains maint. Mès encore ne le tiegnes-tu de roi, si le doiz-tu avoir par devant son bailli, en le chastelerie dont tu es. Mès quand bailliz fet ajorner franc home par devant lui, aler i doit, encor ne tiengne-t-il rien de roi..., *Conseil de Pierre de Fontaines*, chap. III, p. 16.
6. ... « Car nus, en sa querele, ne doit estre juges et partie, *essieuté le roi*, car

répondu à ses questions sans réclamer la cour de son suzerain, il ne peut plus la revendiquer ensuite. Cité devant la cour d'un baron, l'homme du roi n'est pas obligé d'y aller : lorsque, même en cas de flagrant délit, il oppose une dénégation hardie, la justice royale reste saisie. Les légistes avaient une manière toute spéciale d'éclaircir les questions. Dans l'Ordonnance de 1303, dans la Charte de Champagne de 1315, ils disent que « la royale Majesté est entendue aux cas qui de droit ou d'ancienne coutume peuvent et doivent appartenir à souverain prince et à nul autre[1] ». Termes qui reviennent à expliquer qu'un cas royal est un cas royal.

Les faits suppléent du reste à la théorie absente. Un serf s'avoue-t-il homme du roi? Le prince le tiendra en sa garde jusqu'à ce que le contraire soit prouvé[2]. Un chevalier, au bailliage de Senlis, a affranchi, sans la permission du roi, un serf qu'il tenait de lui en fief : c'est un cas royal ou mieux un profit royal, puisque l'homme devient serf du roi[3]. Un comte de Flandre ne peut armer chevalier un vilain sans l'autorisation du roi[4]. L'infraction aux Ordonnances sur les guerres privées est un cas royal. L'évêque d'Albi a fait une chevauchée; l'archevêque de Bourges, en qualité de seigneur suzerain, prétend connaître de cette affaire : le Parlement la lui enlève[5]. Défense est signifiée au comte de Comminges et autres barons du midi de juger les délits de port d'armes, cas royaux[6]. Une mêlée est survenue dans une grange de l'abbaye de Saint-Victor de Paris, à Attainville au bail-

cil puet estre juges et partie en sa querele et en l'autrui. » *Cout. du Beauvaisis* (Salmon), chap. I, § 35.

1. Lettres de Louis X aux nobles de Champagne, sept. 1315, *Ord.*, t. I, p. 606. — Cf. Ord. du 8 octobre 1371, *Ord.*, t. V, p. 428.

— M. Glasson cite un curieux extrait de Petrus Jacobi sur les empiètements des baillis et les cas royaux : « In multis aliis detrahitur jurisdictioni aliorum per regales seu curiales et si quis teneret palum in manu, ut ita loquar, non posset se defendere ab iis; nec palus est ibi inquirendus neque pertica; quia etiam si juste, et licite de jure posset eis resisti... non consulo eis resisti, quia statim sunt indignati et arrestant, capiunt, mulctant et ad manum suam totam jurisdictionem ponent ». Petrus Jacobi *Practica*, rubrique 35, n° 5 (Glasson, *Hist. du Droit*, t. VI, p. 474.)

2. *Établiss.*, liv. II, chap. XXXI, p. 429.

3. *Actes du Parlem.*, 1642 (1271), — autre exemple *ibid.*, 151 (1257).

4. *Actes du Parlem.*, 2304 (1280).

5. *Olim*, t. I, p. 460, VII (1259)

6. *Actes du Parlem.*, 3862 (1311).

liage de Senlis[1]; un arrêt en attribue la connaissance au roi. Les gens de Chatou et de Montesson ont un procès contre Soutan de Jaigny : celui-ci veut juger la plainte dirigée contre lui; le prévôt de Paris retient l'affaire : il déclare que les nouveaux péages, les nouvelles garennes, les nouvelles voieries ne pouvaient être établies sans l'assentiment du roi et que c'étaient autant de cas royaux[2]. Un meurtre a été commis à Cahors à l'occasion de la levée d'une aide pour le roi : cas royal[3]. Si l'on ne se rend pas à la convocation « pour l'ost du roi », cas royal. Raymond et Vésian de la Tour ont attaqué et blessé Pierre Grimoard sur le chemin public du roi, cas royal[4]. S'il y a eu arbitrage et main mise du roi sur l'objet d'un litige, la violation de cette main mise est un cas royal. A plus forte raison les injures, les violences contre les serviteurs, les sergents du roi, les personnes placées sous la sauvegarde royale, sont-elles des cas royaux. Des bourgeois de Laon ont frappé un homme muni d'un sauf conduit du roi : ce n'est pas le maire qui les jugera car il y a là cas royal[5]. Un chevalier, Galebrun, est condamné à 300 livres (6078 fr.) d'amende pour s'être fiancé, sans permission, à une demoiselle placée sous la garde du roi : cas royal[6]. Le comte de Nevers n'a pas le droit de juger ceux qui, dans sa seigneurie, ont contrefait les monnaies du roi, le crime de fausse monnaie est un cas royal[7]. Le sceau du roi vaut plein témoignage pour ou contre lui; lui seul est juge, c'est-à-dire qu'il l'est en sa propre cause[8] : cas royal. L'*assurement* rompu après avoir été donné en la cour du roi, même quand les coupables sont « levants et couchants en autre seigneurie », est un cas

1. *Actes du Parlem.*, 3265 (1305).
2. « Consideratis pluribus rebus contentis in peticionibus hominum predictorum tangentibus nostram regiam majestatem et nostrum communem populum, sicut sunt nova pedagia, nove garenne, nove viarie, que nullus potest facere sine nostro regali assensu. » *Olim*, t. III, p. 1157, LXV (1317).
3. *Actes du Parlem.*, 1628 (1270).
4. *Ibid.*, 4020 (1312). — 6722 (1322).
5. *Ibid.*, 723 (1263). — Cf. *Olim*, III, p. 40, I (1300), et p. 720, IX.
6. *Ibid.*, 2065 (1277).
7. *Ibid.*, 2964 (1298).
8. Robin Varnier, sous le règne de Charles VI, plaide, en appel au Parlement, contre les religieux et le prévôt de Saint-Denis. Ceux-ci réclamaient leur juridiction. Le procureur du roi s'oppose à leur prétention. « Le principal, dit-il, est pour cause de *scellé royal*, desquels cas la connaissance appartient aux gens et officiers du roi. » *Reg. du Parlem.*, Collect. Lamoignon, *Conseil et Plaidoiries*, t. 42, f° 91.

royal. Sont encore des cas royaux : l'emploi de fausses mesures[1], les procès des bourgeois du roi[2], des juifs du roi[3], les causes relatives au ban du roi[4], à ses droits féodaux, au poids du roi, aux halles du roi[5]. A Senlis ont été dérobées des écuelles appartenant au roi; le maire veut punir les coupables; le Parlement lui en refuse le droit : il s'agit d'écuelles du roi, cas éminemment royal[6]! Les baillis et le Parlement vont jusqu'à donner aux poissons valant cinquante livres (1013 fr.) et plus la qualité de poissons du roi[7]! A ce titre on lui adjuge une baleine[8]. Ainsi qu'une des choses ou qu'un des hommes du roi soit en cause, qu'il s'agisse d'une rente ou d'un bois du roi, d'un panonceau renversé, d'un protégé quelconque lésé, le bailli du roi intervient, la prison du roi s'ouvre, le Parlement du roi juge, les fourches patibulaires du roi se dressent; personne ne sera certain de ne pas avoir à compter avec les sergents du roi; les seigneurs, comme le peuple, ne redouteront rien tant que la justice du roi.

Par ces procès mêmes se dessinait une théorie des cas royaux. Le *Style du Parlement* de Guillaume du Brueil, au XIVe siècle, la formula tout au long. Il mentionnait spécialement le cas de *nouvelle dessaisine*[9]. Une Ordonnance de Charles V (1371) reprit et énuméra, à peu près comme le *Stylus*, les cas royaux[10]. Elle les précisa : 1° affaires des églises royales ou de fondation royale;

1. *Actes du Parlem.*, 2823 (1293).
2. *Olim*, III, p. 533, XXXI (1310).
3. *Actes du Parlem.*, 1669 (1271), 2358 (1281).
4. Procès de l'abbé de Sainte-Geneviève contre le prévôt de Paris : « Occasione cujusdam banni seu statuti ex parte domini Regis generaliter proclamati in regno suo super cursu monetarum... dictum fuit quod executio dicti banni ad dominum Regem et non ad ipsos pertinebat in casu predicto. » *Essai de Restit.* 181 (1274).
5. — *Poids du roi, halle du roi, Actes du Parlem.*, 466 (1260).
6. *Olim*, I, p. 541, XV (1262).
7. Procès contre Guillaume Crépin : « ... ballivo e contra dicente, pro Rege, quod consuetudo generalis est in Normannia quod, quando talis piscis invenitur in latere maris, quod nec baro, nec miles, nec alius qui a Rege teneat, talem piscem habet, si valeat ultra quinquaginta libras... pronunciatum fuit quod dictus Guillelmus ipsam balennam non debebat habere, nec erat super hoc audiendus. » *Olim*, t. I, p. 379, VIII (1271).
8. *Olim*, I, p. 848, XXVI (1270).
9. Nouvelle dessaissine : « Item novitatis causæ cognitio solum ad regem pertinet et solum in curia ventilabitur. Et est ratio quia emenda ascendit ad LX libras et Baillivi de tanta et tali summa se non possunt intromittere neque cognoscere. Ideo in præsenti curia habet ventilari, non alibi », *Stilus Parlamenti*, chap. XXV.
10. Ordonnance faite et publiée en Parlement, *Ordonn.*, t. V, p. 428 (1371). — Voir aussi Boutillier, *Somme rural*, liv. I, tit. LI, p. 350 et liv. II, tit. I, p. 646. — *Grand Coutumier de France*, liv. I, chap. III, p. 94 etc.

2° causes de lèse-majesté (imitation du droit romain); 3° infraction à la sauvegarde royale, fausse monnaie; 4° port d'armes, surtout « quand il a lieu par compagnie de gens garnis d'autres armes que épées, couteaux et bâtons; 5° contrats passés sous le sceau royal. Chaque siècle ajoutera à cette liste si bien que la royauté, de plus en plus forte, enlèvera aux justices seigneuriales presque toutes les affaires et quasi toute leur substance.

IV. — Les appels

Les appels tenaient aussi en échec toutes les justices. Le chapitre que nous leur avons consacré nous dispense de revenir sur la force de ces liens qui rattachaient les juridictions seigneuriales à la justice royale. Certes les seigneurs, avec un peu de bonne volonté, pouvaient éviter les appels « de défaute de droit », mais ils n'échappaient guère aux appels de « faux jugement », car l'arrêt le plus équitable fait toujours un mécontent. Du reste, beaucoup de chevaliers se souciaient peu de réunir ou ne trouvaient pas « un nombre de pairs » suffisant pour garantir un loyal jugement. Les baillis forçaient ces chevaliers à abandonner le luxe d'une justice qu'ils ne pouvaient soutenir. Pourtant eux-mêmes ne se gênaient point pour présider leurs propres assises, entourés seulement de quelques prud'hommes. En encourageant les appels, les officiers royaux ne cherchaient pas, nous l'avons dit, à troubler la hiérarchie féodale : le Parlement n'avait que faire de quelques causes de plus ou de moins, mais ils offraient un suprême recours aux opprimés : de là le succès de leurs incessantes interventions. Referons-nous le tableau déjà tracé plus haut des abus, des violences de toute sorte auxquelles il fallait remédier? Gaucher du Chastel, a été détenu par le comte d'Eu, à Saint-Valery, « par cinq semaines et plus, sans ce qu'aucune voye de justice lui ait été ouverte », il vient « à refuge au roi, et à sa Cour [1] ». Imbert de Rougemont, seigneur de Thil-Châtel [2], a emprisonné son justiciable, Jean d'Yci : il veut

1. *Reg. du Parlem.*, Collect. Sainte-Genev., Ff. 13, f° 195, 15 février 1374 (1375).
2. *Olim*, t. III, p. 927, cx (1314). — Rougemont (Côte-d'Or), cant. de Montbard, arrond. de Semur. — Thil-Châtel (Côte-d'Or), cant. d'Is-sur-Tille, arrond. de Dijon.

le faire racheter par ses fils; il pénètre dans sa maison, enlève ce qu'il veut, brise, brûle ce qu'il ne peut emporter. Appel des fils au Parlement; ordre au seigneur d'amener son prisonnier; procès, sentence : Yci et sa famille sont à jamais soustraits à la juridiction d'un tel suzerain, qui en outre est condamné à une amende et à la confiscation de sa justice pour le temps qu'il plaira au roi (1314). Jean le Lièvre, habitant de Châlons, en butte à la haine de Jean le Haut, prévôt de l'évêque de Châlons, est victime de mauvais traitements, emprisonné comme un voleur sans que sa femme puisse obtenir sa libération. Elle appelle au Parlement qui condamne le prévôt de l'évêque à des dommages intérêts, ainsi que l'évêque qui a laissé abuser de sa justice[1]. Pierre de Clermont, un des singuliers chevaliers de cette époque, a fait venir à son château de Beauregard, Fiza, damoiselle de Puy-Laché, et, comme elle repousse sa séduction, il la fait jeter dans une prison étroite et affreuse, l'y garde trois jours, renouvelle ses tentatives, ses promesses de lui donner du blé, des robes, un mari! Enfin, sur son refus obstiné, il l'attache à une poutre avec des paniers pleins de pierres aux pieds et aux mains; il la tient ainsi suspendue jusqu'à ce que le sang sorte du corps de la malheureuse, par la bouche, par les narines; il veut lui arracher l'aveu qu'elle avait eu déjà un enfant, ce qui était faux[2]. Pierre de Clermont est condamné par le sénéchal de Carcassonne à 500 livres tournois (7790 fr.) d'amende envers le roi, à 100 livres (1558 fr.) de dommages et intérêts, et sa justice est mise sous la main du roi. Croirait-on qu'il ose appeler au Parlement? La Cour délègue un juge et, comme le sénéchal a déjà commencé l'exécution de son arrêt, ce juge le blâme. Mais le procureur du roi intervient et appelle à son tour au Parlement. Cette fois les maîtres examinent eux-mêmes l'affaire. Ils approuvent la première sentence du bailli

1. *Reg. du Parl*, Collect. Lamoignon, Reg. Criminels, t. 326, p. 2949 (14 juillet 1380).

2. « ... et poni fecerat in carcere arto et vili, et per tres dies tenuerat ibidem, ipsamque de dicto carcere extractam, expulsa tota familia ejusdem militis, et janua clausa, rogasset quod se carnaliter cognosci permitteret ab eodem, promittens sibi dari bladum, vestes et maritum, ipsamque hoc pati nolentem, ligatam per medium corporis, ad quandam trabem traxisset, positis cabaciis plenis lapidibus ad pedes et manus dicte domicelle, et eam pendentem sic tenuisset, absque causa racionabili et persona publica non vocata, quousque sanguis exivit de corpore dicte domicelle per os, nares, et alia loca, eamque induxisset minis ad confitendum quod infantem habuerat quod erat falsum.... » *Olim*, III, p. 505, I (1310).

mais maintiennent l'annulation des actes d'éxécution commencés alors que la sentence avait été frappée d'appel. Cette satisfaction donnée à la rigueur de la procédure, ils confisquent la justice de Pierre de Clermont jusqu'à paiement de l'amende et des dommages intérêts.

Pour quelques propos inconsidérés, injurieux même, au sujet de la femme de Guillaume le Roy [1], Guillaume de Chauvigny fut attaqué et presque tué par les fils de Guillaume le Roy. Ceux-ci s'enfuirent après avoir mis leur père en sûreté dans un asile. Le lieutenant du sénéchal du duc de Berry rompit la franchise de l'église où s'était retiré Guillaume le Roy, le prit, mit les biens de toute la famille sous séquestre, arrêta même la femme de Guillaume. Toute cette procédure avait été faite « sans requête de partie », sans information, alors qu'il n'y avait pas « confiscation de biens au pays de Bourges ». Le sénéchal (il l'avoua) eut pour son profit vingt-cinq tonneaux de vin et un tonneau de vinaigre. Des sergents furent mis en garnison dans l'hôtel de Guillaume le Roy et « y gastèrent les biens ». Guillaume implora la justice du duc de Berry « qui le reçut amiablement », il s'en retourna à Bourges en toute sûreté et confiance. Or, trois jours après, le sénéchal manda à Guillaume de se rendre à la prison en la tour

1. « Guillaume le Roy récite au long la deshonneste solicitation que Guillaume Chauvigny a longtemps fait envers la femme de son fils, les requêtes et prières amiables qu'il s'en vousist de porter... la paix et accord qui depuis fut faict et jurée par serment entre Guillaume Le Roy et le dit Chauvigny, lequel Chauvigny assez tôt après se vanta d'avoir parlé à la femme deshonnestement du dit Guillaume le Roy.... »

« ... et aussy les biens des fils furent tous pris et mis en la main du duc et la femme Guillaume mise en prison et tenue trois semaines, puis eslargie à caution de mil livres (10 725 fr.), et tout sans *requeste de parties*, sans connaissance de cause, et *si n'y a pas confiscation de biens au pays* (de Bourges) et aussi sans information précédente, et le séneschal mesme par sa confession en a eu vingt-cinq tonneaux de vin et un tonneau de vinaigre à son profit.... » (*Reg. du Parl.*, Collect. Sainte-Geneviève, Ff 13, t. 1, f° 224 [extraits du 2° vol. des Plaidoiries]. Lundi 3 août 1377. — Suite de l'affaire, 4, 5 août, 13 août, f°s 255, 259.)

Le procureur du roi réplique sévèrement aux procureurs du duc de Berry. « ... Les officiers se sont forfaits envers le duc lui-même et par especial le seneschal qui se volit payer par sa main sans pris et sans estimation des biens qu'il prit devers luy.... » Le procureur du roi condamne « la prise et emprisonnement de Guillaume et la detention et appareil de gehenne que le séneschal fit de son autorité et sans mandement du duc, et se mandement il y avoit, *injuste*, le seneschal n'avoit pas à obeyr.... Et tout cela ce fut à la solicitation et pourchas du senechal afin que les biens qu'il avait pris lui demourassent, et ne se peut justifier la gehenne car Guillaume prit perilleuse maladie et dont jamais ne guérira.... » (*Ibid.*, f° 255.)

de Bourges : on l'y retint plusieurs mois « ès grandes froidures d'hyver », on le dépouilla de ses habits, on l'attacha, la veille de Noël, pour le « mettre à géhenne sans être tiré », mais si grand froid y prit qu'il en fut malade et tombait souvent en pâmoison. Le but de cette menace de torture était de lui extorquer huit cents francs (ou livres, 8530 fr.) pour le méfait de ses fils. Sur son refus, on le mit « en obscure prison et étroite dite la Chartrerie », après deux jours et deux nuits dans une autre prison dite « des fondations ». Le prieur de Notre-Dame-des-Champs, neveu de Guillaume, intercéda auprès du duc de Berry qui fit relâcher le prisonnier, mais sous caution. Le sénéchal ne tint compte des ordres du duc. Le prieur de Notre-Dame des Champs appela alors au Parlement, ce qui valut à Guillaume un redoublement des rigueurs du sénéchal. L'huissier qui portait les citations en cause d'appel fut « outragé de vilaines paroles en mépris de la Cour » ; sa porte fut rompue de nuit : des gens d'armes l'épouvantèrent et lui dirent que Guillaume serait écartelé. Ainsi désobéissance formelle d'un sénéchal qui comptait sans doute sur l'appui du duc de Berry, le frère du roi. Or le procureur du roi au Parlement soutient la plainte du malheureux prisonnier. Il demande la condamnation du sénéchal et des autres coupables à quatre mille livres (42 900 fr.) d'amende et à la privation de tous offices. Il conclut en raison « des abus de justice » que le duc de Berry soit privé de toute justice en son duché, tout au moins dans la ville de Bourges, sans préjudice d'une amende de dix mille livres (107 255 fr.) : en tout cas Guillaume, sa femme, ses enfants, ses parents, devaient être exempts perpétuellement de sa juridiction. Le duc de Berry, quoique frère du roi, fait présenter sa défense devant le Parlement ainsi que celle de ses officiers. Le procureur du roi réplique : il dénonce les procédures inqualifiables des officiers du duc. L'affaire se prolongea, car le procureur du duc de Berry ne laissa pas non plus sans réplique les accusations portées contre ses gens. Le sénéchal, de son côté, se défendait d'avoir refusé le prisonnier à la Cour parce que le duc lui avait mandé de ne le remettre qu'à lui-même. Il prétendait avoir bien traité Guillaume. La Cour, après de nombreuses séances, conclut qu'elle examinerait les informations, relations, lettres closes, cédules, inventaires, les raisons des parties et qu'elle aviserait si les officiers du duc seraient délivrés de prison moyennant la caution qu'ils avaient offerte. Si lente que fût la justice du Parlement, elle n'en était pas moins une garantie contre les abus d'un prince du sang et d'un vrai roi du Berry (1377).

V. — Histoire de Regnault de Pressigny, seigneur de Marans.

Le procès d'un tyran féodal, Regnault de Pressigny, seigneur de Marans [1], commencé sous Philippe de Valois, ne se termina que sous le règne de Jean le Bon en 1353. Il avait été instruit sur la demande du procureur du roi et du procureur de la reine de Navarre. Le greffier enregistra la théorie générale proclamée par les légistes sur les devoirs des hauts justiciers : « Toutes les fois qu'un haut justicier agit non par le zèle de la justice, mais par envie, haine, inimitié, corruption, avidité, rancune, d'une façon illicite et tortionnaire, lorsqu'il condamne un innocent ou absout un coupable, il mérite, *selon le droit naturel et civil*, au nom de la *raison*, au nom de la *coutume*, d'être puni en son corps et en ses biens, car, en commettant ces crimes sous ombre de la justice, il est plus coupable que d'autres et donne un pire exemple [2].

Regnault de Pressigny cherchait, par d'iniques jugements, à s'approprier le bien de ses sujets. A la faveur d'un appel à la cour du roi, il s'était trouvé, pour un temps, exempt de la juridiction de la reine de Navarre : il en avait profité pour piller à son aise, extorquer des sommes d'argent au point de réduire la plupart des habitants à la misère et à la mendicité. Regnault avait commis

1. Marans (Charente-Inférieure), chef-lieu de canton, arrond. de La Rochelle.

2. « ... et proponebant quod quotienscumque aliquis altus Justitiarius non zelo Justitie et debitè, sed invidiâ, inimicitiâ, odio, corruptione, avaritia, vel rancore et injustè ac tortionariè et indebitè, quemque innocentem et merito absolvendum condemnat vel condemnandum absolvit, talis Justitiarius de *omni jure naturali et civili*, ac de ratione, usu et consuetudine notoriis et ubicunque justitia viget notoriè observatis, est in corpore atque bonis puniendus, et etiam condemnandus, cum idem hœc committendo seu faciendo sub umbrâ justitie plus delinquat et res pejoris exempli existat... » (*Reg. du Parl.*, Collect. Lamoignon, Reg. crim., t. 325, p. 1082, anno 1353.)

— M. Guilhiermoz a publié quelques morceaux de procédure relatifs à cette affaire. (*Enquêtes et Procès*, p. 493, CXLIX, et p. 500, CLIV.)

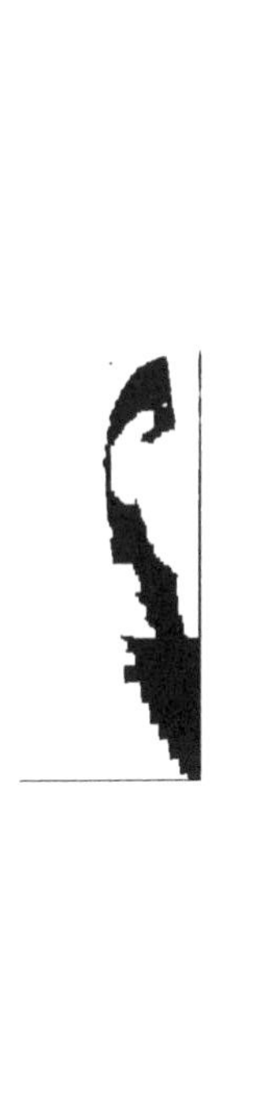

comme justiciable de la reine et remontra-t-il à Regnault les périls auxquels il s'exposait s'il envoyait cet homme au gibet malgré son appel. Regnault s'opiniâtra : il répondit au châtelain que quand bien même il aurait fait attacher au gibet une douzaine des plus notables habitants de Marans, il s'en arrangerait bien avec le roi. Il fit lier Nicolas avec des cordes neuves et le fit conduire au gibet sans lui permettre même de s'arrêter pour embrasser ses enfants et sa nourrice qui l'attendaient en larmes à la porte de la ville. Quoique les cordes fussent neuves, dit le greffier, trois fois, comme par miracle, elles se rompirent : il fallut, par trois fois, les rattacher. Les gens de la ville protestaient tout haut contre cette iniquité et cette méchanceté : ils baisaient la terre où l'on traînait la victime, appelant Nicolas leur père et un saint homme, suppliant Dieu de faire souffrir à Regnault une mort semblable. Nicolas Arnaud leur disait de ne point pleurer mais de prier pour son âme et de demander à Dieu d'avoir un meilleur seigneur. Non content d'avoir, ainsi que son capitaine, extorqué de Nicolas de son vivant six cents livres (5 616 fr.), Regnault fit garder en prison la veuve et les enfants, menaçant la veuve de la faire périr, si elle ne payait pas cinq cents livres. La pauvre femme, effrayée, les paya.

Ce Regnault avait traité d'une manière encore plus barbare un moine de l'abbaye de Charroux. Il l'avait fait enfermer dans un cachot noir, puis lui avait fait arracher un œil et l'avait soumis à des tortures si cruelles que les bras et les jambes étaient tout rompus[1]. L'abbé réclamait en vain son moine : au bout de sept jours et de sept nuits, apprenant que la malheureuse victime allait mourir, Regnault fit mettre sur un charriot et reconduire le moine au couvent : on suivait la charrette à la trace du sang qui coulait des blessures! Dans la même nuit que le moine fut ramené, il mourut.[2] Regnault se rendit coupable encore de pareilles

1. « ... et tàm inhumaniter et crudeliter quœstionari quod ejus brachia et tibias atque nervos disrumpi et a propriis suis sedibus et juncturis disjungi et amoveri fecerat... » (Collect. Lamoignon, *ibid.*)

2. ... cujus monachi sanguis ipsum quadrigando a visceribus et interioribus sui corporis ob quœstiones dirissimas et horribiles quas sustinuerat per conductus suos inferiores cum copiosa abundantia ad terram diffluebat, ex quibus tormentis eadem nocte qua adductus extiterat, expiraverat.... » (*Ibid.*)

cruautés contre un riche marchand, mort des suites de la torture, et de l'argent duquel il s'empara.

Il ne faisait pas bon, même pour des officiers royaux, de résister à Regnault. Ce seigneur avait emprisonné Guillaume de Lucas pour en tirer de l'argent, expulsé de leur maison ses enfants, ses serviteurs, fait saisir ses meubles. En vain Guillaume Lucas avait-il constitué un procureur, Hugues Touchard et un notaire royal, Jean Piédargent, pour réclamer ses biens. La colère de Regnault se porta sur le notaire[1] : il le saisit par la tête et par la barbe, lui arracha des poignées de cheveux, le jetant par terre dans la boue, le frappant à coups de pied et à coups de poing; il le fit attacher, ainsi que le procureur, à une poutre : il voulait contraindre le procureur à manger sa procuration, puis, ne pouvant y réussir, il la fit clouer à la poutre au-dessus de sa tête. Les deux malheureux furent ensuite promenés sur des chevaux dans la ville, au milieu des risées ou des insultes des sergents qui les dénonçaient comme faux notaire et comme faux procureur. On les garda enfin dans une affreuse prison au pain et à l'eau jusqu'à ce que, par la crainte des tourments, ils eussent renoncé à tous les exploits faits dans la terre de Regnault et abandonné tout leur argent.

Malgré la situation troublée du royaume sous Jean le Bon, de tels méfaits ne pouvaient rester impunis. Regnault de Pressigny, saisi, emprisonné, fut jugé par la Cour du roi selon toutes les formes que ce singulier justicier avait pourtant méprisées. L'arrêt analysa ses mensongers moyens de défense qui exigèrent une longue enquête. Or, durant cette enquête, la reine de Navarre, qui s'était portée comme dénonciatrice, mourut. Regnault espérait

1. « ... eumdem tabellionem... per caput et barbam injuriosè ceperat, magnamque quantitatem capillorum capitis et barbæ violenter eradicaverat, ipsumque in lutum et ad terram prostraverat, ac pugnis suis quàm plurimùm verberaverat et pedibus conculcaverat et hiis non contentus ipsos tabellionem et procuratorem circa unam trabem sive estachiam in grisilionibus poni fecerat, et ibidem diù teneri, ac ipsum procuratorem procuratorium suum edere compellere voluerit et cum hoc idem procurator facere noluisset, ipsum procuratorium desuper caput ejusdem ad dictam trabem clavis fecerat apertum conclavari; deindèque ipsos super duos equos capuceiis suis amotis per longum dictæ villæ conduci in hiis ipsis quamplurimùm illudendo et deridendo, injurias nonnullas inferendo et post ipsos vociferari seu clamari falsos procuratorem et tabellionem mendaciter nuncupari faciendo. Quibus non contentus eos in vili et obscuro carcere poni et cum pane et aquâ detineri, etc.... » (*Ibid.*)

alors échapper au châtiment; mais le fils de la reine de Navarre « reprit les errements de l'affaire », l'enquête fut admise, examinée, jugée par la Chambre des Enquêtes qui conclut à la condamnation. Regnault néanmoins avait des amis : il avait obtenu d'être élargi provisoirement. Quand l'arrêt eut été rapporté au roi en 1352 on en ajourna la publication jusqu'à ce qu'on eût pu remettre la main sur Regnault. Chose étrange! On le retrouva au Châtelet où il avait été enfermé à la requête de ses créanciers! Alors le Parlement eut ordre d'achever sa besogne. Mais le personnage était si bien soutenu qu'il fallut une assemblée solennelle de ducs, de comtes, de barons du Conseil secret réunis avec les maîtres laïques des Chambres du Parlement et des Requêtes de l'Hôtel. L'enquête fut encore lue, examinée, l'arrêt enfin publié. Sans parler des satisfactions et des réparations prises sur ses biens, Regnault de Pressigny fut traîné et pendu. Il subit une mort semblable à celle qu'il avait infligée au saint homme de la ville de Marans.

De pareils procès expliquent suffisamment avec quel empressement les invocations désespérées s'adressaient à la justice vengeresse du Parlement. Les seigneurs capables de pareilles infamies ruinaient les justices de tous les autres seigneurs plus que ne la faisaient les baillis avec les subtilités des *cas royaux*, la hâte de la *prévention* et les demi-annexions des *pariages*. Le roi apparaissait comme un libérateur.

CHAPITRE XXIII

LE PARLEMENT ET LES JUSTICES ROYALES

I. — Les tribunaux royaux. — Les assises des baillis.

Les justices royales, à l'origine, ressemblaient aux justices seigneuriales puisque le roi capétien n'était qu'un seigneur. L'institution des grands baillis amena, nous l'avons dit plus haut, la formation de circonscriptions territoriales, indépendantes des divisions féodales. Dans les régions qui prirent le nom des baillis, ceux-ci, hommes de loi et d'épée, présidèrent les assises des chevaliers et les assises ordinaires où ils étaient entourés de bourgeois et de prud'hommes. Dans les assises de chevaliers, le bailli n'avait qu'à préciser l'objet du procès, diriger les débats. Il se dispensait, s'il voulait, de paraître au jugement, à moins qu'on ne l'y conviât : c'était la justice des *pairs*[1]. Or les assises des chevaliers, en France, tombèrent en désuétude. Les hommes de fiefs ne tenaient pas à s'y rendre. Le bailli avait intérêt à ne point les contraindre de venir. Il était permis, Beaumanoir le reconnaît, aux hommes de fiefs, de ne pas s'astreindre à suivre tous

1. « ... Et ou lieu la ou on juge par hommes, li baillis est tenus, en la presence des hommes, a prendre les paroles de ceus qui pledent et doit demander as parties s'il vuelent oïr droit selonc les resons qu'ils ont dites. Et s'il dient : oïl, li baillis doit contraindre les hommes qu'il facent le jugement... Et s'il ne plest au baillif ou as hommes, li baillis n'est pas tenus à estre au jugement fere ne au prononcier le jugement, s'il n'est ainsi que li baillis soit hons de fief au seigneur à qui il est baillis, car en tel cas convenroit il qu'il fut pers avecques les autres... » (Beaumanoir [Salmon], chap. I, § 23.)

les débats d'une cause : quelques-uns, deux même, suffisaient pour les écouter : ils racontaient l'affaire aux autres quand ils se réunissaient tous pour le jugement[1]. En outre, selon Beaumanoir, il y avait des pays où le bailli faisait les jugements, tenu seulement à prendre conseil de quelques hommes sages ou prud'hommes[2]. L'assise du bailli devint donc un vrai tribunal où l'officier du roi appelait d'habitude des hommes de loi qui lui servaient d'auxiliaires. Au temps de Boutillier, l'assise n'est plus qu'une assemblée de juges et d'officiers du pays[3]. Ces assesseurs ne sont pas, gardons-nous de le croire, ce qu'on appelait la *jurée du pays*, réunion de témoins convoqués pour l'enquête de pays, à la fois témoins et juges[4]. Dans l'assise du bailliage de Senlis, en 1340, dont un procès-verbal a été retrouvé et publié, les assesseurs, en une circonstance solennelle, sont au nombre de *douze*, dont *huit* praticiens; ils ne donnent que leur avis : le bailli juge. Les traditions anciennes d'où sortit le jury anglais, s'oublièrent en France où l'autorité royale continuait de s'affermir. Le bailli tendit à n'être que le seul juge[5].

Il l'était d'ailleurs, en dehors des sessions, pour les cas peu importants. Beaumanoir convient qu'il pouvait juger les causes où, d'après la coutume, « la chose était clere et aperte » ou les cas qui avaient été déjà jugés[6]. Porte ouverte à l'accaparement de

1. « ... Nepourquant, pour ce que grans anuis seroit as hommes et a ceus meismes qui avroient a pledier, s'il convenoit que tuit li homme qui jugent fussent a tout le plet de chascune querele, il soufist se l'une partie des hommes est au plet, II ou plus, sans soupeçon, avec le baillif ou avec le prevost, et qu'il soient toutes voies teus qu'il sachent recorder as autres hommes ce qui fu pledié, quant il convient que li homme soient ensemble pour jugier. » (Beaumanoir [Salmon], chap. I, § 12).

2. *Ibid.*, § 23.

3. « ... Assise est une assemblée de sages juges et officiers du pays, que fait tenir ou tient le souverain baillif de la province. Et y doivent estre tous les juges, baillifs, lieutenans, sergens et autres officiers de justice et prévosts royal sur peine de l'amende si ils n'ont loyal exoine.... » (Boutillier, *Somme rural*, liv. I, tit. 3, p. 9.)

4. Voir sur la *jurée du pays*, les renseignements que donne M. Viollet sur cette institution obscure dont on ne peut, malgré les travaux de Brunner, bien déterminer l'origine et le caractère. (*Établissements*, t. I, introduction, p. 212.)

5. *Assise du bailliage de Senlis en 1340 et 1341*, n° 83, p. 53, publiée par E. de Rozière d'après le manuscrit du Comité archéologique de Senlis, 1 broc. in-8 (1892). Voir sur les assises du bailli les pages développées que M. Glasson leur a consacrées dans le chapitre x du tome VI de son *Histoire du Droit*, p. 283 et suiv.

6. « Pour ce que mout seroit longue chose et chargeant as hommes qui font les jugemens de mettre en jugement tous les cas qui vienent devant le baillif, li baillis doit metre grant peine de delivrer ce qui est pledié devant lui, quant il set que l'en doit fere du cas selonc la coustume et quant il voit que la chose est

toutes les causes. Ce pouvoir explique, mieux que leur négligence, comment les baillis diminuèrent de plus en plus le nombre des sessions d'assises. Au temps et selon l'avis de Beaumanoir, l'intervalle entre deux sessions ne devait être que de *six* semaines. Les Ordonnances royales consacrèrent la diminution constante du nombre des sessions : tous les *deux mois* (1303, 1331) [1], puis tous les *trois mois* [2]. Elles furent si peu régulières qu'au temps de Charondas, en plusieurs bailliages, il n'y en eut plus du tout. Le bailli resta le seul juge.

Le caractère de cette magistrature se modifia. Choisis par le roi, puis par le Grand Conseil et le Parlement, recrutés parmi les chevaliers et les écuyers, car, au milieu des guerres, il fallait surtout des hommes d'épée, les baillis ne se soucièrent pas ou n'eurent point le temps de se perdre dans les procédures : ils eurent un *lieutenant* qui les remplaça dans les plaids : ils le prirent parmi leurs légistes. A Chaumont, à Vitry, d'après une Ordonnance de la Chambre des Comptes de 1355, on créa un bailli spécial pour rendre la justice. « On voit déjà apparaître, dit M. Glasson, la distinction, qui deviendra plus tard générale, entre le bailli de robe et le bailli d'épée [3] ». Quoiqu'il en fût, le bailli, dès le XIVe siècle, était le justicier principal. Il exerçait à la fois la juridiction contentieuse et gracieuse. Il avait autorité sur les prévôts, justiciers inférieurs.

Plus anciens que les baillis, les *prévôts*, qu'on retrouve dans presque toutes les villes ou dans les bourgs considérables, n'avaient jamais jugé les nobles, qui ne plaidaient que dans les assises de chevaliers. Leurs attributions ne furent point changées après l'institution des grands baillis. Ils continuèrent de juger les roturiers. Leur tribunal, ou plutôt leurs assises (car eux aussi tenaient ou plutôt, comme les baillis, promenaient leurs audiences), fut seule-

clere et aperte. Mes ce qui est en doute et les grosses quereles doivent bien estre mises en jugement; ne il ne convient pas que l'on mete en jugement le cas qui a autrefois esté jugiés, tout soit ce que li jugemens soit fet pour autres persones, car l'en ne doit pas fere divers jugemens d'un meisme cas. » (Beaumanoir [Salmon], chap. I, § 31.)

1. Ord. du 23 mars 1303 (art. 6). — Lettres de Philippe VI, 10 sept. 1331 (*Ord.*, t. II, p. 72).

2. Ord. du 5 fév. 1398; *Ord.*, t. XII, p. 162. — Boutillier, *Somme rural*, liv. I, tit. 3, p. 9; liv. II, tit. 2, p. 666.

3. Glasson, *Hist. du Droit*, t. VI, p. 287.

ment subordonné au tribunal du bailli. On portait les appels des sentences des prévôts devant le bailli, qui recevait également les appels des arrêts des juges seigneuriaux. Le prévôt n'était donc qu'un juge de premier degré. Encore ne pouvait-il connaître ni des grands crimes, ni des causes où le roi était intéressé. Son autorité ne laissait pas d'être fort étendue, car il assurait l'ordre public, arrêtait les criminels, même ceux qu'il ne jugeait pas, en un mot avait la charge de la police et aussi de l'exécution des sentences.

Longtemps les prévôtés furent mises à ferme : elles l'étaient encore en 1303. Elles cessèrent de l'être en 1318, puis recommencèrent à être vendues en 1357 jusqu'en 1388 où l'on revint à l'élection par le Grand Conseil. En 1407, une Ordonnance décida que les prévôts seraient choisis par la Chambre des Comptes à laquelle on adjoignait un certain nombre de membres du Grand Conseil et du Parlement[1].

Les prévôtés, les bailliages, dont nous avons donné plus haut la liste, constituaient donc les justices royales réparties dans le domaine. Mais ce qui fit leur originalité, leur puissance, ce fut le concours d'auxiliaires actifs, les *procureurs du roi*.

II. — Les Procureurs du Roi. — Le Ministère public.

Embarrassés d'une besogne administrative chaque jour accrue, baillis et prévôts n'avaient point le loisir et parfois l'humeur de remplir leurs devoirs de justiciers. Ils eurent des procureurs comme les autres plaideurs. Ces procureurs prêtaient les mêmes serments que leurs collègues et que les parties[2]. Ils occupaient au besoin pour les particuliers, mais d'ordinaire assistaient les prévôts et les baillis, leur donnant et en recevant un appui; participant à leur autorité; la fortifiant si elle était active, la

1. Ordonnances du 23 mars 1303, Isambert, t. II, p. 759; — du 20 avril 1309, *ibid.*, t. III, p. 1 et 196; — du 25 février 1318, *ibid.*, t. IV, p. 851; — du 4 septembre 1357, *ibid.*, t. VI, p. 644; — du 20 juillet 1367, *ibid.*, t. VII, p. 164; — du 7 janvier 1407, *ibid.*, t. XII, p. 214, — citées par Glasson, *Hist. du Droit*, t., VI, p. 308.

2. « Cœterùm volumus quod procuratores nostri, in causis quas nostro nomine ducent contra quascumque personas, *jurent de calumnia sicut predicte persone...* », Ord. de 1302. art. 20. *Ord.*, t. I, p. 368. Cf. *Ord.* de 1303, art. 18, p. 399.

suppléant si elle se montrait négligente; attentifs à toutes les causes qui touchaient les terres, les rentes, les droits du roi, et méritant bien leur titre de *procureurs du roi*.

Lorsqu'après un crime une accusation privée n'osait se produire, le procureur du roi, à l'instar de ce qui se pratiquait dans les officialités, se faisait le *promoteur* d'une action publique. Sa dénonciation, ses instances, obligeaient le bailli à ordonner une information d'office. A défaut du bailli, le procureur l'ouvrit lui-même[1] : Son ministère devint, suivant l'expression qui est restée, le *ministère public*. « Création française », a dit excellemment un éminent jurisconsulte, et aujourd'hui européenne[2].

Dès les premières années du XIIIe siècle, les procureurs du roi exercent une action pressante sur les baillis pour les amener à poursuivre les criminels. Eux qui recevaient autrefois l'impulsion des baillis, les mettent en mouvement. C'est sur l'instance du procureur de la sénéchaussée de Périgord que les officiers temporels de l'abbé de Tulle sont poursuivis[3] pour injures et excès contre le bayle du Mont-Dome (1301). Le même procureur soutient Raymonde veuve de Simon Gonelli, dans un procès contre les consuls de Moissac[4] (1304); il appuie des habitants de Périgueux qui dénonçaient les violences de Raymond la Boira et de ses complices (1313)[5]. C'est encore à la requête du procureur de la sénéchaussée de Périgord et par mandement du Parlement[6] que le sénéchal poursuit Pierre Bramond et Arnal de Roufignac, anciens baillis de Bergerac, accusés d'avoir causé la mort de Pierre Teyssel et de Pierre Durand (1317). Le procureur du roi dans la sénéchaussée de Carcassonne se joint à celui de la Communauté des juifs du royaume pour disputer des juifs à l'abbé de Crasses[7]. Le sénéchal avait jugé que les juifs appartenaient à l'abbé et au

1. Voir plus haut, p. 482-488.

2. « L'établissement du ministère public est une création française, la seule vraiment heureuse en matière criminelle et qui a de nos jours passé dans tous les pays de l'Europe.... » Glasson, *Hist. du Droit*, t. VI, p. 630.

3. *Olim*, t. III, p. 104, LIX (1301). — Mont-de-Domme. Domme, (Dordogne) chef-lieu de cant. et arrond. de Sarlat.

4. *Olim*, t. III, p. 129, XXII (1304).

5. *Actes du Parlem.*, 4126 (1313).

6. *Ibid.*, 4849 (18 mai 1317).

7. *Olim*, t. III, p. 180, XLII (1306). — Crasse, La Grasse (Aude), chef-lieu de cant. et arrond. de Carcassonne. — Autre arrêt, *Olim*, t. III, p. 225 (1307).

couvent. Le procureur appela au Parlement, soutenant que ces juifs étaient juifs du roi et ses taillables. La cour annula la sentence du sénéchal (1306).

Un procureur du roi, de concert avec les parents de Michel de Nogaret, notaire de la cour commune de Castanet, dresse des articles criminels[1] que le Parlement envoie à des enquêteurs réformateurs (1314). A Bourges une enquête est faite à l'instance du procureur du roi et du bailli[2] (1315). En Limousin, le procureur du roi porte plainte avec le procureur des religieux de Grandmont contre Jourdain de Rabasteins, prieur du couvent, pour violences commises contre les « correcteurs, curieux et frères de l'Ordre » réunis en chapitre général[3] (1323). En Auvergne, à la requête de Michel de Caussade, procureur au bailliage, fut poursuivi Pierre Bertrand, prêtre, coupable de prévarication quand il était lieutenant au service du chancelier de Riom : d'après l'enquête des réformateurs, le Parlement condamne Pierre Bertrand à deux mille livres tournois (40526 fr.) d'amende[4]. Une enquête entre Simone, dame du château de Castries et l'évêque de Maguelone sur la justice d'une tenure à Ferrières, fut renvoyée pour être refaite parce que le procureur du roi n'y avait pas été appelé[5].

Au temps de Boutillier, le procureur du roi affirme son initiative. En l'absence d'accusateur, il procède à une information : si

1. X^2a 1, f° 44 v° (18 mars 1314), Guilhiermoz, *Enq. et Procès*, p. 380.

2. Remise au greffier par la Cour, après l'audition des parties, d'une enquête faite contre Simon et Gentille de Sordonensis, à l'instance du bailli de Bourges et du procureur du roi dudit bailliage, *Criminel* I, f° 25 r°, *Actes du Parlem.*, 4375 (13 février 1315).

3. *Actes du Parlem.*, 7029 (1323).

4. *Actes du Parlem.*, 4515 (20 décembre 1316).

5. *Olim*, t. III, p. 333, LXXXII (1308).

Un autre arrêt ordonne de refaire pour vice de forme une enquête *entre le procureur du roi* et le sous-bailli de Poissy d'une part, et le maire et les échevins de la dite ville d'autre part, au sujet d'excès commis par les dits maire et échevins, *Actes du Parlem.*, 3811 (30 mars 1311).

— Mandement au sénéchal de Périgord de poursuivre *à la requête du procureur du roi*, Bertrand de Durfort, chevalier, Auger de Saint-Pierre-au-Val, damoiseau, et les gens de leur suite prévenus d'avoir assassiné sur le chemin du roi Raymond Jean, curé de Saint-Jean de Malauze. *Criminel*, III, f° 13 v°. — *Actes du Parlem.* 5593 (1318). Malauze (Tarn-et-Garonne), cant. et arrond. de Moissac.

— Voir encore *Commission criminelle à Robert Pié de fer, examinateur au Châtelet*. Le procureur du roi a porté une plainte au Parlement et celui-ci ordonné les poursuites, X^2a 3 f° 1 v° (15 novembre 1334). — Guilhiermoz, *Enq. et Procès*, p. 433. — Autre plainte du procureur du roi, X^2a 3 f° 22 (19 juillet 1335), *ibid.*, p. 442. — Autre plainte du procureur du roi se joignant à l'abbé de Saint-Sever en Gascogne, X^2a 3 p. 77 v° (27 juin 1336), *ibid.*, p. 453.

l'accusé alors réclame le jugement par pairs, le procureur doit soute ni que la cause revient au bailli « puisque autre partie n'a que le roy » et qu'il y a eu information. Boutillier ajoute que, selon un arrêt du Parlement de 1377, le bailli « lui seul et par tel conseil que bon lui semblait, en pouvait et devait connaître, puisque ce ne touchait que le roi[1] ». Les arrêts de cette époque sont conformes à cette doctrine et on n'en finirait point si l'on voulait énumérer tous les procès où le procureur du roi substitue son action à celle du bailli, mais en dépendant toujours de lui[2].

Le procureur du roi, dès cette époque, paraît même avoir, de son chef, poursuivi d'office. Un substitut du procureur du roi avait lancé une accusation contre Hugues Cantras de Peyrusse qui avait voulu dépouiller Bernard Castant d'une conduite d'eau arrosant ses prés, et avait proféré contre lui et ses amis des menaces de mort. Le sénéchal de Rouergue acquitta Hugues. Le substitut du procureur appela au Parlement qui néanmoins confirma la sentence du sénéchal[3]. Un procureur du roi poursuit Isarn de Noailles pour avoir attaqué dans l'église de Valembos B. Mandina, clerc, et l'avoir traîné hors du lieu saint et l'avoir dépouillé. Le Parlement acquitte Isarn[4]. Un procureur du roi poursuit Mathieu Paris, ancien prévôt de Caen, pour exactions commises dans l'exercice de ses fonctions. Le Parlement condamne Mathieu Paris[5]. Un procureur du roi accuse, devant des commissaires

1. « Quand il advient qu'aucuns perpètrent un délit, *dont nul ne se fait partie que le procureur du roy* par information précédente, car autrement n'en est aucun attrait en cour par adjournement à la requête du procureur du Roy, ce fait aucunes fois l'adjourné se veut décliner, disant qu'il veut estre traicté et jugé par hommes ou par plainte ou par commission précédente... le procureur du Roy doit dire au contraire et que le Baillif le doit juger et cognoistre du cas, puisque *autre partie n'a que le Roy* et que c'est par information précédente. Tout veu il fut dict par arrest du Parlement, en l'an 1377, que le Baillif par lui seul et par tel conseil que bon lui sembloit en pouvoit et devoit cognoistre puisque ce ne touchoit que le Roy et qu'information précédente il y avoit. » *Somme rural*, liv. II, tit. I, p. 653.

Dans un autre passage, Boutillier mentionne l'action publique comme une des formes de poursuite conjointement avec l'accusation et la dénonciation. Le juge peut être saisi de quatre manières : « par présent meffait, par dénonciation, par accusation de partie formée, et par publique renommée dont enquête et information précédente est faite. » *Ibid.*, liv. I, tit. 34, p. 221.

2. Voir *Actes du Parlem.*, 4015 (17 décembre 1312). — *Olim*, t. III, XXXII, p. 667 (1311), etc.

3. *Ibid.*, 7589 (12 mai 1324).

4. *Ibid.*, 6635 (1322).

5. *Ibid.*, 7743 (23 décembre 1325).

réformateurs, Guillaume de Saint-Aubin de désobéissance, rescousses et violences envers les gens et les sujets du roi. Le Parlement condamne Guillaume de Saint-Aubin [1]. Un procureur du roi avait fait infliger, par le sénéchal de Lyon, une amende de deux cents marcs d'argent (9044 fr.) à Henri de Grignan pour port d'armes et coutumace. Le Parlement annule la sentence [2].

Ce fut donc, comme pour beaucoup d'institutions de notre pays, par degrés et sous le coup de nécessités, que s'établit le ministère public. Les résistances obligeaient encore, au XIVe siècle, la royauté à reculer [3]. Les procureurs du roi se faisaient beaucoup d'ennemis parmi les seigneurs turbulents. Sous Philippe de Valois les haines féodales obtiennent contre eux l'Ordonnance de 1338 qui leur défendit de se porter comme partie jointe sans l'ordre du juge [4]. A Lyon les habitants protestèrent contre les informations provoquées par le procureur du roi. Là encore Philippe de Valois faiblit. Il n'accorda pas l'éloignement du procureur, mais limita son pouvoir et refréna son zèle (1347) [5]. Une Ordonnance de 1350 renouvela celle de 1338, défendant au procureur du roi de commencer sa poursuite ou de s'adjoindre à une partie sans information précédente du bailli [6]. Vaines restrictions! On ne pouvait empêcher un principe de produire ses conséquences et les procureurs d'étendre leur action.

1. *Actes du Parl.*, 7910 (10 février 1237). — Voir encore Procès criminel entre le procureur du roi et Colet de Metz, drapier de Langres, X[2a] f° 27 v°, 22 janvier 1341. Guilhiermoz, *Enq. et Procès*, p. 483.

2. *Actes du Parl.*, 6623 (23 janvier 1322). — Voir encore *Ibid.*, 3851 (16 mai 1311).

3. « L'institution du ministère public rencontra des résistances dans le Nord, de la part des seigneurs, mais il n'en fut pas de même dans le Midi où elle reçut de bonne heure une organisation complète, notamment par les Ordonnances de 1319, 1338, 1347, dont les dispositions finirent par s'étendre dans le Nord. Sous l'influence de la procédure canonique, le procureur du roi fut chargé de fonctions analogues à celles que remplissait le promoteur de l'Inquisition dans l'officialité. Désormais le droit de poursuivre les crimes appartint à la fois aux procureurs, aux juges et aux particuliers. » Glasson, *Hist. du Droit*, t. VI, p. 631.

4. « Statuimus etiam prohibentes ne quis procurator regius partialiter se admergetur in causa quacumque nisi prius a judice, coram quo lis pendebit, in judicio, partibus præsentibus et auditis, mandatum expressum... » Ord. de 1338 (art. 7), *Ord.*, t. II, p. 124.

5. « ... Item super procuratore regio quem petunt removeri a civitate Lugdunensi cives predicti, ordinamus seu providemus quod dispositio hujus remotionis promittitur ad regem. Interim tamen in civitate Lugdunensi dictus procurator *nullas inquestas promovebit nisi illas quæ sibi mandatæ fuerint a senescallo promoveri* extra civitatem Lugdunensem.... » Ord. de 1347 (art. 2), *Ord.* t. II, p. 258.

6. « ... Item que aucuns ne soit aprochiez d'office, sans information souffisant et faite de commandement de justice par personne non suspecte. Et avant que le

Déjà apparaît d'ailleurs bien nette la distinction de l'*action civile* et de l'*action publique* dans une même affaire. Une enquête est reçue par le Parlement, faite par des commissaires entre Jean de Dinteville au *civil*, et le procureur du roi au *criminel* (1342)[1]. Dans une commission à deux conseillers du roi, l'un clerc, l'autre laïque, tous deux procéderont ensemble pour les *articles civils*, le chevalier seul pour les *articles criminels*. Le procureur du roi, là, occupait à la fois au civil et au criminel[2].

L'autorité des procureurs du roi grandit en raison de leur indépendance. Primitivement ils étaient choisis par le bailli; puis ils furent proposés par le bailli à la nomination du roi. En 1315, le sénéchal de Carcassonne retire sans raison valable la charge de procureur du roi à Béziers, à Hugues de Gaillon pour le donner à Jean de la Couture. Hugues de Gaillon proteste. L'affaire vient au Parlement qui, après enquête, renvoie les deux candidats dos à dos comme également incapables de remplir l'office : il charge le sénéchal et le juge mage de Carcassone de désigner au roi des candidats sérieux[3]. Le Parlement, lorsqu'il se recruta lui-même, nomma aussi, suspendit, révoqua les procureurs du roi. Alors les

procureur commence sa poursuite ne qu'il se adjoigne à partie, ladite information soit veue et conseillée par le Baillif ou autre souffisant personne de son commandement.... » Ord. de 1350 (art. 15), *Ord.*, t. II, p. 407.

— C'est du reste une théorie qui résulte des arrêts du Parlement : « Injunctum est procuratori regio quod se informet de factis et casibus impositis Ingerrano de Bellayo... et si reperiat informationem per quod ipsum prosequi debeat, prosequatur eum.... » X[2a] 4, f° 7 (26 juillet 1340), Guilhiermoz, *Enquêtes et Procès*, p. 98.

— A cette époque le procureur est encore une partie qui *accuse*, intentant l'action avec la partie qui *dénonce*. Le dénonciateur n'était pas exposé à la peine du talion et il laissait l'accusation au procureur du roi qui ne l'encourait pas, tandis que lui aurait pu, en cas d'échec, la subir. « Cùm in causâ pendenti in curia nostra inter procuratorem nostrum *accusando* et Robertum de Wargines, armigerum, *denunciando*, ex unâ parte.... » X[2a] 5, f° 62 (27 juin 1346), Guilhiermoz, *Enquêtes et Procès*, p. 98, n. 5.

1. — Note d'un greffier criminel : « Deliberatum fuit in consilio quod inquesta facta et curie tradita in deposito per dominum J. Vice comitis, militem, et Nicolaum de Vaillyaco, commissarios in causa inter dominum Johannem de Dintevilla, militem, *civiliter*, et *procuratorem Regis criminaliter* ex unâ parte, Robertum de Fontanis et ejus consortes et complices ex altera, recipietur ad finem debitum. » X[2a] 4, f° 57 (9 et 10 janvier 1342). — Guilhiermoz, *Enquêtes et Procès*, p. 484.

2. *Commission criminelle* à maître Jean de Bourbon, chantre d'Autun, clerc, et Robert de Charny, chevalier, tous deux conseillers du roi. — D'une part le procureur du roi et frère Nicolas Cordier, ancien prieur de Fosses-Belloy et d'autre part Jean de Ruberiau, le jeune, etc... vos duo in *civilibus*, vos vero miles, adjuncto vobis aliquo probo viro neutri parcium favorabili vel suspecto, *in criminalibus*, cum diligentia veritatem inquiratis... » X[2a] 4 f° 85 (27 juillet 1342). Guilhiermoz, *Enquêtes et Procès*, p. 486, CXXXIX.

3. *Olim*, t. III, p. 985, XLVIII (1315).

procureurs purent s'attaquer aux baillis qu'ils avaient jadis humblement servis. En 1403, un procureur dénonca un bailli d'Amiens au Parlement et l'obligea à venir présenter sa défense[1].

Le roi a donc, dans les bailliages et les prévôtés, des agents spéciaux qui veillent, en son nom, sur l'exacte distribution de la justice, sur la perception de ses droits et de ses amendes. Au Châtelet, son procureur[2] figure constamment dans les procès criminels. Au Parlement, le roi a pour organe le procureur général. A la Chambre des généraux des finances, à la Chambre des Trésors, à la Chambre des Comptes[3] il a également des procureurs. Partout où l'on plaide, le roi est présent; et, comme alors il incarne en lui la nation, le procureur du roi est bien le *ministère public*.

III. — Enquêteurs et réformateurs.

C'était une autre manière d'action publique que celle des *enquêteurs* et *réformateurs* envoyés dans les provinces. Fort anciens, ils rappelaient les *missi* de Charlemagne. Saint-Louis, en chargeant des hommes investis de sa confiance d'aller surveiller les officiers royaux, ne fit que réveiller les traditions d'un pouvoir fort et soucieux de ses obligations. Deux par deux, un clerc et un laïque, un homme d'épée et un homme d'église, les enquêteurs sont en réalité des procureurs du roi ambulants. Mais ils exercent une autorité plus grande. Ils poursuivent et ils jugent. Ils destituent. Ils imposent des amendes. Ils font pendre. La plupart conseillers du roi, membres de son Parlement, ils font rayonner au loin la justice souveraine. On a recueilli quelques témoignages de l'activité des enquêteurs de Saint-Louis, leurs registres pour le sénéchaussée de Beaucaire et pour la Normandie en l'année 1248[4]. Sur

1. *Conseil*, XII, X1a 1478 f° 107 r°. Tuetey, *Journal de Nicolas de Baye*, t. I, p. 58.
2. Voir le *Registre criminel du Châtelet de Paris*, qui va du 6 septembre 1389 au 18 mai 1392.
M. Aubert cite des noms de procureurs au Châtelet, *Hist. du Parl.* (édit. de 1887), p. 207, note.
3. *Ibid.*
4. Archives nationales. — *Registre des enquêteurs royaux dans la sénéchaussée de Beaucaire* (1248), J. 889 (supplément du Trésor des Chartes). — *Idem* en Normandie J. 783.

des cartonnages de livres, un archiviste de la Vienne a retrouvé quelques feuillets d'un registre de la Picardie (entre 1231-1243) que M. Léopold Delisle a analysés[1]. On a également quelques comptes de dépenses d'enquêteurs[2]. Le chroniqueur Geoffroy de Paris n'exagérait donc point lorsque dans sa prose rimée il louait Saint-Louis d'avoir donné ces auxiliaires à la justice[3]. Alphonse de Poitiers, à l'imitation du pieux roi, eut ses enquêteurs.

Philippe le Hardi délégua souvent des enquêteurs pour la réformation de la justice. Il envoie, en 1277, Pierre, doyen de Saint-Martin de Tours, et Simon Coudes, chevalier, dans les sénéchaussées de Toulouse et d'Agenais : ils sont assistés, dans le pays, de l'évêque de Toulouse, du comte de Comminges, des abbés de Moissac et de Belleperche et d'autres prud'hommes[4]. Leur pouvoir est tel qu'ils adressent au comte de Foix des lettres lui enjoignant de respecter les privilèges et la juridiction des consuls de Toulouse[5].

1. *Lecture de M. Léopold Delisle à l'Académie des inscriptions* sur un fragment d'un registre des *Enquêteurs de Saint-Louis* : Ce fragment, consistant en trois doubles feuillets de parchemin, fut retrouvé sur des cartonnages de livres classiques par M. A. Richard, archiviste du dépôt de la Vienne. Il concerne la Picardie et contient les plaintes auxquelles avait donné lieu l'administration des prévôts d'Arouaise, d'Athies, de Béthisi, de Chépi, de Compiègne, de Crespi, de la Ferté-Milon, de Péronne, de Pierrepont, de Pont-Sainte-Maxence, de Saint-Quentin et de Senlis : Académie des inscript. Comptes rendus des séances, 6 sept. 1889.

2. *Notes de Vyon d'Hérouval sur les baptisés et les convers et sur les Enquêteurs royaux*, publiées par M. A. Bruel, Biblioth. École des Chartes, 6e série, t. III (28e année) 1867, p. 610. — Ces comptes, malheureusement très sommaires, ne nous donnent pas beaucoup de renseignements, mais on y trouve des sommes restituées, sur l'ordre des enquêteurs par des officiers royaux : « Pro denariis redditis per prœpositum Aneti de mandato inquisitorum VIII libr. VIII sold. X denar. — Pro denariis redditis relictæ Alexandri de Vallibus per prœpositum Paciaci de mandato inquisitorum VIII lib. XII sold.... etc. (compte de 1256), du terme de l'Ascension).... Restitutions semblables à Orléans, à Bourges, etc.... Il y a également des mentions pour les enquêteurs à Reims, à Sens, en Vermandois, en Touraine.... »

3. Au roi Loys, en cele année
Fut mainte complainte apportée
Sur les griefs et sur les méfaits
Que ses sergents avaient faits;
Et lous estoient non pastours.
Pour ce envoia ses enquesteurs.
Pour savoir en la vérité
Et faire en droit et équité.
Sa peine bien y employa
Quand partout il les envoya
Pour connaître sus aux usuriers
Sur tous torfais et tous griez.
II enquesteurs dedans Roön
Furent envoyés en cel an :
Tant pourchachièrent et enquirent
Que II en cel an en pendirent,
Jeannot le portier et Renart,
Qui joolier fut de male art.
Et par le royaume mainte terre
Sur tel gent a l'on fait enquerre,
Dont aucuns allèrent leur voie,
Et des autres à leurs corroie
Ont pendu aucuns enquesteurs
Si en firent que mesesteurs (mauvaises gens).

(Geoffroy de Paris, Chronique rimée, *Historiens de France*, t. XXII, p. 162.)

4. Langlois, *Histoire de Philippe le Hardi*, p. 329 et dom Vaissette, *Histoire générale du Languedoc*, X, preuves c. 111 et suiv.

5. Arch. nat. J. 423 n° 22 (13 avril 1279). — Langlois, *Hist. de Philippe le Hardi*, Pièces justificatives, p. 432, XIII (en latin).

Les actes de ces enquêteurs provoquent même tant d'oppositions que Philippe le Hardi, toujours indécis dans le bien, leur enlève, en 1281, par une Ordonnance mentionnée aux *Olim*, le pouvoir de condamner les prévôts, sergents, forestiers : ils devront transmettre leurs informations à la Cour qui prononcera[1]. Restriction vaine et peu durable car le désordre s'accrut tellement sous Philippe le Bel et ses fils que les enquêteurs furent de nouveau armés de tous les pouvoirs : on ajouta même à leur titre celui de *réformateurs du pays*[2].

Sans cesse en mouvement, ils vont en Périgord, en Auvergne dans le Languedoc, dans les sénéchaussées de Beaucaire et de Carcassonne, principalement dans les provinces les plus éloignées et les plus agitées. Cela n'empêche qu'on en remarque en Berry, en Vermandois et jusque dans le Parisis. On a publié les sentences rendues, vers 1300, par les Commissaires enquêteurs dans le bailliage de Caen, qui prononcèrent des destitutions, des condamnations à la prison, à l'amende et revisèrent les sentences des juges inférieurs[3]. A peine arrivés dans une région les enquêteurs sont assaillis de plaintes plus ou moins fondées[4]. Leur appui est réclamé

1. « Ordinatum fuit per totum consilium quod illi qui deputabuntur ad inquirendum contra prepositos, servientes et forestarios et alios quoscumque, non habeant potestatem condempnandi, set quod inquisierint, referendi, ut justius, per curiam domini Regis, dicte condempnaciones fiant. » *Olim*, t. II, p. 188, L (1281). — Cette Ordonnance n'a pas été publiée par Laurière.

2. C'est en 1302 que paraît ce titre « *Pro reformacione patrie* et *officialium nostrorum correctione* (*Hist. gén. du Languedoc*, t. X, pr. n° 183). — P. Dognon, *Les institutions politiques et administratives du Languedoc*, p. 342. — En 1318, l'évêque de Laon et le comte de Forez sont *réformateurs généraux* en Languedoc (*Histoire générale du Languedoc*, t. X, n° 206).

3. *Sentences rendues par les commissaires enquêteurs dans la baillie de Caen vers 1300*, par H. de Formeville, *Mémoires de la Société des Antiquaires de Normandie*, 2e série, t. IX (19 de la Collect. 1851), p. 514-528.

— Les notes de Vyon d'Hérouval, citées plus haut, font mention de condamnations prononcées par J. de Forget, archidiacre de Clermont et B. de Meso enquêteurs dans le bailliage de Mâcon en 1312, en 1313, — et d'amendes taxées dans le bailliage des montagnes d'Auvergne par maître Guillaume de Fosse, écolâtre de l'Isle, et maître Egidius de Mont-Caprée, enquesteurs en 1302. — (Bruel, *art. cité* de la Bibl. de l'Éc. des Chartes, p. 621.)

4. M. L. Delisle, dans le *Mémoire*, déjà si savant, qu'il écrivait à ses débuts en 1851 *sur les baillis du Cotentin*, cite un de ces baillis, Robert Busquet (1314-1320), suspendu tout d'abord par les enquêteurs, Alain, évêque de Saint-Brieuc et Thomas de Marfontaine chevalier, puis, après une information minutieuse, rétabli dans ses fonctions parce qu'on n'avait pu trouver aucun reproche contre lui : l'unanimité des habitants réclamait Robert Brusquet. — L. Delisle, *Mém. sur les baillis du Cotentin*, *Mémoires de la Soc. des Antiq. de Normandie*, 2e série, t. IX (19e vol. de la coll. 1851), p. 90.

par les faibles et les opprimés. Un bourgeois de Figeac, Pierre Saunier, a été condamné par le lieutenant du sénéchal de Périgord à une amende de mille marcs d'argent (45 220 fr.) à l'occasion du meurtre de Pierre Prédicaire qui avait été noyé. Les enquêteurs réformateurs pour le Périgord avaient vérifié le procès et déclaré que la sentence devait être annulée. Bertaud Saunier, fils et héritier de Pierre, proteste et porte la cause au Parlement qui ratifie la décision des réformateurs[1]. Bertaud Saunier ne se lassa point, car, trois ans plus tard, un autre arrêt ordonnait de lui restituer les sommes qu'il avait été obligé de payer[2]. Les enquêteurs se trouvent amenés à s'occuper de toutes les affaires : en Champagne, ils reçoivent une action intentée pour une rescision de vente[3]. A Figeac, ils connaissent de différends qui s'étaient élevés entre plusieurs bourgeois associés pour exploiter les revenus du comté de Rodez[4]. Jean de la Marre réclamait au maire de Poissy et à Jean Humbert la restitution de 14 livres (203 fr.) indûment perçues, plus 40 livres (580 fr.) pour les dépens qu'il avait supportés dans son instance[5]. Les enquêteurs trouvèrent le cas si épineux qu'ils le renvoyèrent au Parlement, ce qui n'était point pour diminuer les frais. Ce sont bien des auxiliaires de la Cour : ils sont en de continuels rapports avec elle, en reçoivent des mandements, lui envoient des sacs d'enquêtes, lui soumettent toutes les difficultés. La Cour naturellement les soutient, surtout quand ils se montrent vraiment préoccupés de l'intérêt public. Les consuls de Saint-Cirq-Lapopie, avaient empêché les gens du roi d'arrêter des assassins dont ils avaient favorisé la fuite. Les enquêteurs rendirent contre eux une sentence que le Parlement confirma[6]. Les enquêteurs surveillent les justices féodales. Pierre Jordan, viguier de l'abbé de Montolieu, a fait pendre deux hommes d'Auxonne et un habitant de Villesèque bien qu'ils eussent appelé au roi. Les commis-

1. *Olim*, t. II, p. 464, VIII (1303). *Actes du Parl.*, 3232 (28 sept. 1304).
2. *Actes du Parl.*, 3350 (1306). — Ici le sommaire de Boutaric modifie un peu les noms ou du moins les prénoms, *René* Saulnier, et pour le fils *Bertrand* Saulnier; ces irrégularités ne sont pas rares dans les registres.
3. *Actes du Parl.*, 6867 (1322).
4. *Ibid.*, 7132 (12 mars 1323).
5. *Ibid.*, 5260 (15 mars 1318). — *Olim*, t. III, p. 226, XXIII.
6. *Ibid.*, 4208 (28 janvier 1314). — Saint-Cirq-Lapopie, Lot, cant. de Géry, arrond. de Cahors.

saires royaux pour la réformation du pays, en Languedoc, font l'enquête, et le Parlement frappe Jordan[1] d'une amende de 500 livres (6 830 fr.) (1311). Mais ils ont surtout pour mission de réprimer les excès des justices royales et nous aurons à reparler, plus loin, de leur rôle et de leur zèle.

En outre, ces délégués du pouvoir central remplissent, à partir de Philippe-le-Bel, une mission fiscale. Ils sont députés à l'effet de punir les usuriers et de recevoir les finances dues au roi pour les fiefs et arrière-fiefs. Sous la robe du juge se cache l'agent financier. Les enquêteurs obligent Hélie Fabre, bourgeois de Périgueux, à une composition pour une somme de mille livres (20 263 fr.)[2]. Ils vendent des lettres de rémission. Ils appliquent au fisc les sommes indûment perçues par les officiers royaux. Ce qui a échappé aux prévôts et aux baillis n'échappe point à la vigilance trop souvent intéressée des enquêteurs[3]. A défaut d'une administration financière sérieusement organisée, ils contribuent à alimenter le trésor royal, trop souvent vide : ils y font arriver, sinon abonder, l'argent des nobles aussi bien que des roturiers. Ils prélèvent sur les paysans qui paient déjà les dîmes du clergé, des *neuvièmes*, des *onzièmes*. Dans le Toulousain, des réformateurs forcent les habitants de Borello à donner au roi la neuvième gerbe de leurs récoltes, sans déduction de la onzième, soi-disant pour frais de coupe (1316)[4]. Quelquefois le Parlement ne peut s'empêcher de modérer les amendes qu'exigent ces enquêteurs, comme il fait pour Raoul Maquart, garde des foires de Champagne[5]. Ce n'était point ce rôle fiscal qui pouvait rendre populaires ces enquêteurs : il les exposait en outre à se laisser tenter par la cupidité qu'ils avaient à réprimer chez les autres officiers

1. *Actes du Parlem.*, 3784 (4 mars 1311).

2. « Pour se débarrasser d'eux, les villes leur donnaient de l'argent, quelques écus chacune (*Arch. d'Albi*, BB 10 f°s 34, 35, 68, ann. 1406-1407). Mais elles n'évitaient pas toujours des compositions beaucoup plus coûteuses (*ibid.*, f° 47), de 300 écus par exemple. » Dognon, *Hist. des Instit. du Languedoc*, p. 342 bis, note 3.

3. Les Registres confirment le rôle fiscal des enquesteurs : Arrêt condamnant Hélie Fabre, bourgeois de Périgueux, à payer une somme de mille livres (11 624 francs conformément à une composition faite avec Jean de Varennes, chevalier, et le sénéchal de Périgord, commissaires députés par le roi à *l'effet de punir les usuriers* et *de recevoir les finances pour les fiefs et arrière-fiefs*. — *Jugés* I, f° 465 v° (26 avril 1326). *Actes du Parlem.*, 7852.

4. *Actes du Parlem.*, 4514 (20 décembre 1316).

5. *Ibid.*, 7301 (10 juillet 1323).

du roi. Ces réformateurs avaient eux-mêmes besoin d'être réformés.

Aussi le Parlement casse-t-il souvent leurs sentences. Ils inclinent trop à voir partout des coupables. Ils avaient banni et dépouillé de ses biens un notaire et bayle royal de Saint-Martin de la Lande. Le fils appelle au Parlement qui déclare que les enquêteurs ont mal jugé (1320)[1]. Un arrêt casse, comme s'appliquant à des points qui ne leur étaient pas soumis, une sentence des lieutenants des enquêteurs généraux du royaume siégeant à Paris[2], à l'étage inférieur du Palais (1322). Les enquêteurs du Languedoc avaient refusé à un chevalier, Pierre Macherin, ancien sénéchal de Beaucaire[3] et à un procureur du roi un délai pour préparer leurs défenses (1318) : ceux-ci s'adressent au Parlement, qui reçoit leur appel. Défense aux enquêteurs de poursuivre, à Béziers[4], plusieurs personnes de la ville jouissant d'une bonne renommée et faussement dénoncées (1317). Un procureur du roi de la sénéchaussée de Saintonge, Emery Seler, se débat contre les poursuites des enquêteurs et intéresse à sa cause le Parlement qui manda au sénéchal de bien examiner la procédure[5]. G. Flote, enquêteur et réformateur dans la sénéchaussée de Toulouse, a condamné au banissement Jean Chevrel, ancien viguier de Toulouse : Chevrel a recours au roi et au Parlement, qui accueillent sa requête : il se constitue prisonnier au Châtelet : on le fera comparaître devant d'autres commissaires[6]. Un arrêt déclare nulle et non avenue[7] une enquête envoyée par des réformateurs sur des pertes subies par des marchands dans la traite des laines en la sénéchaussée de Beaucaire (1316). Le Parlement ordonna une nouvelle information sur les condamnations prononcées par des enquêteurs, en Vermandois[8], contre Gérard de Marle (1312). Il ordonna la restitution à maître Guillaume de Fayno, clerc, des biens que des

1. « Per curie nostre Judicium dictum fuit dictum Petrum Nicolai benè appellasse et dictos Inquisitores male judicasse. » *Jugés* I, f° 13 r°, *Actes du Parlem.* 5936 (1320). — Saint-Martin-Lalande (Aude), cant. et arrond. de Castelnaudary.
2. *Actes du Parlem.*, 6760 (avril 1322).
3. *Ibid.*, 5251 (15 mars 1318).
4. *Ibid.*, 4776 (8 avril 1317).
5. *Ibid.*, 5066 (22 novembre 1317).
6. *Ibid.*, 4512 (19 décembre 1316).
7. *Ibid.*, 4528 (23 décembre 1316).
8. *Ibid.*, 3956 (26 ma 1312

enquêteurs avaient confisqués injustement (1307)[1]. Guillaume Crandelain, sergent royal à Chauny, après quatre années de démarches (1307-1311), obtient l'annulation d'une condamnation à une amende de deux mille livres (35 275 fr.) prononcée contre lui par des enquêteurs. Le bailli revisera ce procès[2]. Jean Périer réclame au roi une somme que des enquêteurs en Touraine l'avaient injustement condamné à payer. Le Parlement le déboute de son appel, mais lui laisse son recours contre les enquêteurs[3]. La Cour prescrit des informations sur des actes de Guillaume Biaumez, enquêteur en Champagne[4]. Le bailli de Bourges poursuivra Jean de la Barre, accusé d'avoir, pendant qu'il remplissait les fonctions d'enquêteur, en Berri, extorqué 150 livres (3039 fr.)[5]. Ainsi les enquêteurs sont envoyés pour corriger les procédures des baillis et voilà des baillis qui, à leur tour, corrigent des procédures des enquêteurs. Preuve manifeste de l'incohérence et de l'anarchie d'une administration à peine ébauchée.

Loin de se laisser intimider par ces leçons, les enquêteurs profiteront du trouble croissant de la société pour s'affranchir de tout contrôle. Au début du xve siècle, sous Charles VI, ils iront jusqu'à contester l'autorité du Parlement. Ils voudront juger souverainement. Le 27 novembre 1403[6], après les plaidoiries, deux Chambres du Parlement se réunissent en Conseil. Pierre de l'Eclat, maître des Requêtes de l'Hôtel du roi, exposa à la Cour que Bureau de Dammartin, son cousin, changeur, « avait proposé erreurs d'une sentence donnée par certains réformateurs généraulz » par laquelle ledit Bureau avait été condamné à deux mille francs ou écus (27 194 fr.). Les maîtres des Requêtes de l'Hôtel avaient accueilli sa demande; or les réformateurs s'opposaient à ce qu'on accordât la citation au Parlement. Hector de Chartres, entre autres, chevalier, avait dit qu'il ne consentirait jamais à discuter les dites erreurs en Cour du

1. *Actes du Parlem.*, 3432 (13 décembre 1307).
2. *Ibid.*, 3440 (23 décembre 1307) et 3786 (1311).
3. *Ibid.*, 3736 (7 avril 1310).
— On trouve encore des annulations de sentences de commissaires déléguées par les enquêteurs, *Actes du Parlem.*, 6600 et 6601 (2 janvier 1322).
4. *Ibid.*, 4332, 4537 (26 décembre, 31 décembre 1316). — 4583 (27 janvier 1317). — 5539 (7 septembre 1318).
5. *Ibid.*, 3358 (1306).
6. *Conseil* XII (X[1a] 1478 f° 134 v°).

Parlement. Pierre de l'Éclat priait la Cour d'y remédier « attendu que cela touchoit ladicte cour de Parlement et son honneur; où que jamais n'avoit été veu que quant l'on proposoit erreur de quelconques réformateurs, la Cour n'en eût point connaissance ». On décida en Conseil que quatre des seigneurs du Parlement iraient trouver le Chancelier « en lui requérant qu'il délivrât ledit adjournement. Ce fait, l'on verrait ce que l'on feroit dudit chevalier (Hector de Chartres) ». Le 6 décembre [1], Bureau de Dammartin déposa « par devers la Court, la somme de deux mille francs » à laquelle il avait été condamné par les réformateurs; il avait supplié d'être reçu à proposer erreurs. Le 11 décembre [2], Bureau s'opposa à ce que ce dépôt qu'il avait fait devant la Cour, ne fût attribué à personne ni « mis hors la Cour sans l'oïr ». Taranne, changeur et bourgeois de Paris, s'engagea, par cédule « baillée au greffier » à payer au roi pour Bureau de Dammartin la somme de 1200 livres parisis (14 718 fr.) pour cause de double amende si celui-ci était débouté de sa proposition d'erreurs. Le 14, la Cour rendit à Bureau ses deux mille francs consignés, parce que Taranne et Michel Laillier se portaient garants et s'engageaient à représenter les deux mille francs quand ils en seraient requis [3]. La suite du procès manque dans le *Journal de Nicolas de Baye*, mais nous ne nous intéressons qu'à ce fait : le Parlement avait gagné sa cause, retenu l'affaire ; il demeurait juge des réformateurs.

IV. — Le Parlement grand parquet du Royaume.

Les enquêteurs et réformateurs qu'il fallait ainsi brider, les procureurs du roi, encore mal affermis dans leur autorité, les baillis et les prévôts parfois si indifférents n'assuraient pas à l'action publique assez d'efficacité. Le Parlement y suppléait par son intervention. Le Sénat romain exerçait à l'égard des accusations criminelles un droit de dénoncer les coupables, d'ordonner que les accusations seraient portées devant le peuple, de saisir, en un

1. *Matinées*, IV (X[1a] 4786, f° 210 v°).
2. *Ibid.*, f° 214 v°.
3. *Ibid.*, f° 221 v°. — Tuetey, *Journal de Nicolas de Baye*, t. I, p. 75-78.

mot la juridiction des comices. Il était investi d'une sorte d'action publique. Le Parlement remplit une mission analogue. Sans cesse, des pays les plus lointains, montent vers lui dénonciations, plaintes, supplications. Les cris de détresse qui lui arrivent à travers montagnes et vallées, du nord et du midi, de l'est et de l'ouest, l'émeuvent. Il s'informe et veut qu'on s'informe. Il met en mouvement l'armée des justiciers. Il est le suprême enquêteur et réformateur, le suprême procureur du roi.

Soit que saint Louis ou Philippe le Hardi eussent mieux choisi leurs baillis, soit que les premiers greffiers, préoccupés surtout de noter les points de droit, aient négligé de transcrire les simples *mandements*, ces actes sont rares au début des *Olim* : ils n'apparaissent guère qu'à la fin du règne de Philippe le Bel. Coïncidence remarquable, qui explique cette particularité : à la même date s'ouvraient les registres criminels. C'est dans cette série qu'on les rencontre de plus en plus multipliés. Nous en citerons seulement quelques-uns pour compléter le tableau, déjà esquissé, du désordre de la société : dans l'année 1313, mandement au bailli de Vermandois et au prévôt de Paris de faire une enquête sur l'agression commise à main armée contre Raoul de Mussedent par Deniset de l'Estrée[1]; au même bailli de faire une enquête contre Hugues Brandiaus, Perrinet et leurs complices accusés d'avoir blessé à mort un sergent royal[2]; de poursuivre et de punir les malfaiteurs qui avaient assassiné Guillaume l'Escuier, marchand de Montpellier[3]; d'enquérir contre Jean de Monceaux et ses complices, coupables d'avoir attaqué, avec guet-apens, sur le chemin public, un valet de Pierre Louis, bourgeois de Saint-Quentin[4], et de l'avoir tellement blessé qu'on désespérait de ses jours; d'arrêter Poncie, dame de Brienne, ses filles et autres qui avaient donné asile à Renaud et Raoulin frères, fils de la dite Poncie, bannis du royaume[5]; de poursuivre Perçonet de Feraville, écuyer, qui, avec une troupe de gens armés avait envahi, la nuit, les maisons de plusieurs justiciables du

1. *Actes du Parlem.*, 4030 (25 janvier 1313).
2. *Ibid.*, 4147 (30 avril 1313).
3. *Ibid.*, 4170 (19 août 1313).
4. *Ibid.*, 4172 (24 septembre 1313).
5. *Ibid.*, 4175 (24 octobre 1313).

prévôt de Saint-Quentin et en avait enlevé des objets pour une valeur de plus de deux mille livres[1] (36 748 fr. en tournois); de faire droit à Marguerone la Meulière, de Soissons, accusée, sans charge suffisante, de la mort de Jacquet, fils, à Soissons[2]. Dans les années 1316, 1317, 1318, ces mandements deviennent de plus en plus nombreux. Le sénéchal de Poitiers arrêtera et punira Guillaume de Rolhi, Renaud de la Cigoigne, Huguenet dit Cornez prévenus d'avoir ravi les bœufs et autres bestiaux de Guillaume, de Pierre, de Géraud et de Jocerand frères[3]. Le bailli des montagnes d'Auvergne poursuivra Durand de Montaut, chevalier et autres, bayles, sergents et familiers du dit chevalier, prévenus d'avoir attaqué, avec guet-apens, le prieur d'un couvent, frère Nicolas de Ungulis, et tué un de ses serviteurs[4]. Le bailli de Caen fera droit à Guillaume de la Halle qui avait été mis en prison, quoiqu'il n'eût été accusé par personne[5]. Il arrêtera et punira des gens qui ont attaqué et atrocement blessé Jean Morel, sergent du roi, et son sous-sergent[6]; il fera d'office une information sur la mort de Renou Oger qu'avait tué Baudet de Blevillier, lequel a été pour ce fait banni du royaume; Alice, femme de Robert d'Areines, était détenue en prison comme prévenue du dit meurtre[7]. Le même bailli, avec le vicomte de Falaise, devra enquérir sur la plainte d'Alix de Séez qui, après avoir été renvoyée innocente de l'accusation de vol de la vaisselle du prieur de saint Gervais de Séez, s'était vue arrêtée par Jean de Hauteville, de son autorité privée, et tenue en prison[8]. Le bailly de Vitry punira Marie la Ferrière qui a fait brûler la grange de Brandis[9]; il poursuivra Étienne des Bordes qui avait tué un homme, meurtre resté impuni par suite de la corruption de la justice de Saint-Dizier[10]. Le bailli d'Amiens devra enquérir sur Jean de Caix, accusé d'avoir, comme sergent et receveur de Jeanne dite de

1. *Actes du Parl.*, 4176 (17 novembre 1313).
2. *Ibid.*, 4129 (1313).
3. *Ibid.*, 4489 (30 novembre 1316).
4. *Ibid.*, 4490 (1er décembre 1316).
5. *Ibid.*, 4930 (6 juillet 1317).
6. *Ibid.*, 4496 (6 décembre 1316).
7. *Ibid.*, 4535 (27 décembre 1316).
8. *Ibid.*, 5233 (7 mars 1318).
9. *Ibid.*, 4519 (21 décembre 1316).
10. *Ibid.*, 4534 (25 décembre 1316).

Longo, dame de Creseques, commis des détournements au préjudice de la dite dame[1]. Le prévôt de Paris fera enquête sur le dire de Martin Tornesac, banni du royaume pour un meurtre commis à Paris, et qui invoquait un alibi[2]; il arrêtera plusieurs frères et affiliés séculiers de l'Ordre de Grandmont qui avaient enlevé des calices, reliques, ornements, chevaux, blés et autres objets appartenant à leur Ordre[3]. Le bailli de Bourges arrêtera Ogier Espinas, prévenu d'avoir volé et tué un marchand et qui, renfermé, pour ce fait, dans les prisons du sire de Châteauroux, avait été relâché[4]; il poursuivra Pierre de Agiis, prévenu d'avoir assassiné Guillemette, servante de Jeannet de Montluçon[5]. Le sénéchal de Lyon fera une enquête contre les habitants de Condrieux, qui ont coupé les vignes de Giraudon, valet du roi, prévôt de Lyon, et les punira[6]. Le sénéchal de Toulouse châtiera Alvard de Calvayrac, que Raymond de Feudelle dénonçait comme ayant été poursuivi pour le meurtre du frère du dit Raymond; Alvard avait fui; ses biens avaient été mis sous la main du roi; le sénéchal avait ensuite fait avec lui une transaction qui lésait les droits du roi puisque les biens auraient dû rester confisqués; si tout cela est vrai, il faudra annuler la transaction et faire arrêter le meurtrier partout où on le trouvera[7]. Le sénéchal de Carcassonne assignera au prochain Parlement Raymond de Laur, qui avait coupé la main gauche à un clerc[8]. Elle serait interminable la liste des violences, des guet-apens, des blessures, des meurtres, des barbaries que le Parlement ordonne de punir, si l'on voulait passer en revue tous les bailliages[9].

Il faut, dans certaines régions, solliciter le concours des seigneurs suzerains. Ordre est donné aux baillis du duché de Bourgogne de présenter les lettres adressées par le roi au duc de

1. *Actes du Parlem.*, 4530 (23 décembre 1316).
2. *Ibid.*, 4502 (11 décembre 1316).
3. *Ibid.*, 4503 (11 décembre 1316).
4. *Ibid.*, 4542 (3 janvier 1317).
5. *Ibid.*, 4543 (3 janvier 1317).
6. *Ibid.*, 4538 (1er janvier 1317).
7. *Ibid.*, 4546 (3 janvier 1317).
8. *Ibid.*, 4516 (20 décembre 1316).
9. Senechaussée de Périgord, *Actes du Parlem.*, 4547, 4551, 4554, 4558. — Poitou, 4549. — Saintonge, 4550. — Bailliage de Sens, 4555. — Sénéch. de Carcassonne, 4552, etc.

Bourgogne, aux comtes de Montbéliard et de Ferrette, à Hugues de Bourgogne, à Hugues de Vienne et autres[1], afin de poursuivre le sire de Rougemont dont nous avons parlé. Il faut aussi réitérer les mandements. Plusieurs fois déjà on a donné l'ordre[2] au bailli de Bourges de faire une enquête sur l'assassinat commis par des malfaiteurs au service du prieur de Saint-Pierre-le-Moûtier sur deux habitants de Saint-Pierre durant un procès soutenu par cette ville et les localités voisines contre le prieur. Le Parlement recommande la sévérité. A l'occasion des violences exercées contre un chanoine de Noyon par Nevelon de Chaule et une troupe de gens armés, il veut que le bailli de Vermandois fasse un exemple terrible[3]. A propos d'attaques, de guet-apens et de blessures dont avait été victime un aumônier de Brantôme, il prescrit au sénéchal de Périgord d'infliger aux coupables un châtiment qui serve d'exemple[4]. Le Parlement s'adresse directement aux prévôts et aux vicomtes sans se soucier de la hiérarchie. Le vicomte de Pont-de-l'Arche poursuivra plusieurs individus coupables d'avoir saisi, pendant son passage à Pont-de-l'Arche, Jean Leblanc, autrement dit Langlois, clerc des écoles de Paris, de lui avoir lié les pieds et les mains et l'avoir jeté à l'eau[5]. Gaillard Nègre, châtelain de Najac et sergent d'armes, fera une enquête sur la plainte de Jourdain Adhémar, qui accusait plusieurs habitants de Puy-Lagarde d'avoir tué son neveu Rémond[6]. Le Parlement donne commission à Jean de Corpalay, chevalier, de faire arrêter et punir un homme coupable d'un meurtre dans la ville de Saint-Denis : la veuve de la victime s'était en vain adressée à la justice laïque de l'abbé; elle se plaignit alors au roi[7].

S'il en était ainsi à la porte de Paris, que de dénis de justice, que de crimes impunis dans les provinces du Centre et du Midi!

1. *Actes du Parlem.*, 4493 (5 décembre 1316).
2. « ... tibi non semel sed pluries fuit per litteras ipsius fratris nostri mandatum... » *Criminel* I, f° 170 v°; *Actes du Parlem.*, 4779 (avril 1317).
3. *Actes du Parlem.*, 4600 (4 février 1317).
4. ... « Inquestam per vos, ut accepimus factam et completam, et fine debito, mediante justicia, terminetis, dictos malefactores, si super hoc fuerint culpabiles reperti, taliter, prout vobis pertinuerit, punientes, *quod eorum punitio cæteris sit exemplum.* » *Criminel* I, f° 54 v°; *Actes du Parlem.*, 4568 (22 janvier 1317).
5. *Actes du Parlem.*, 4740 (24 mars 1317).
6. *Actes du Parlem.*, 4348 (22 décembre 1314).
7. *Ibid.*, 5302 (mars 1318).

Thibaud de Rochefort a enlevé dans une église la femme d'un autre chevalier, Guillaume de la Mosse. Celui-ci ne peut obtenir justice dans le pays : il est obligé de recourir au Parlement qui mande au bailli de Tours d'ajourner le ravisseur à Paris[1]. Une plainte directe, une accusation formelle n'est même point nécessaire pour que les maîtres agissent. Ils sont attentifs au bruit public. A Orléans, Gillet Sauvage avait été frappé, victime d'un odieux guet-apens, et n'avait pas été vengé : avertie par le bruit public, la Cour mande au bailli d'Orléans d'ouvrir une information secrète[2]. Elle apprend, une autre fois, les crimes de Symon des Vallées et de ses complices en Vermandois, elle enjoint au bailli de saisir ceux que des présomptions indiqueraient comme coupables[3].

Encore les faut-il tenir ces coupables. Le Parlement lance de véritables mandats d'amener, individuels ou collectifs. Il fait arrêter non seulement des condamnés fugitifs mais de simples prévenus. Le désordre, sous Philippe le Long, était devenu tel qu'on avait dû organiser un corps spécial de police au bailliage d'Amiens[4]. En 1322, un mandement nous explique que le roi

1. *Actes du Parl.*, 6473 (6 août 1321).

2. *Ibid.*, 7510 (22 mars 1324).

3. *Le bruit public.* — « Ad nostrum nuper pervenit auditum, *fama publica referente*, quod Symonetus de Vallibus... pluresque alios excessus enormes, ut dicitur, commiserunt et talia et pejora de die in diem committere non verentur. Quocirca Nos, tanta maleficia impunita remanere nolentes, mandamus vobis... quos per informationem ipsam vel per *famam publicam* aut *vehementem presumptionem* suspectos repereritis de premissis... capi cum bonis eorum universis et secure teneri faciatis... ab eisdem veritatem inquirere, etiam *ex officio nostro*, et malefactores culpabiles repertos, prout facti qualitas exegerit et ad vestrum quemlibet pertinuerit, taliter, mediante justicia, punire studeatis quod aliis cadat in exemplum... » X[2a] 2, f° 89, 6 déc. 1320, Guilhiermoz, *Enquêtes et Procès*, p. 387.

— Voir encore pour ces informations d'après le bruit public, *Actes du Parlem.*, 5736.

— Mandement aux baillis de Troyes et de Chaumont de poursuivre et de punir Perrin « li Piais » de Bar-sur-Seine, accusé par le bruit public d'avoir tué, avec guet-apens, Jean Moreau, moine de Mores (20 mars 1319.)

— Mandement au sénéchal de Lyon et de Mâcon de faire une enquête contre plusieurs de ses sergents qu'un bruit qui était venu aux oreilles du roi accusait de violences contre Jeannet Forgeron, marchand et bourgeois de Tournus : ils l'avaient torturé tellement qu'il en mourut. *Actes du Parlem.*, 5734, 20 mars 1319.

4. Commission donnée par le roi à l'effet d'établir Hérode et Guillaume de Boulogne, ses sergents, en la prévôté de Vimeu, *sergents généraux dans le bailliage d'Amiens* pour arrêter les malfaiteurs, meurtriers, larrons et faux-monnayeurs... « Et leur donnons pouvoir et autorité de prendre et de faire prendre en toute la dite baillie et en son ressort et en tous autres lieux de notre royaume de France, hors lieu saint, tous bannis de notre royaume de France, tous meurtriers, et tous faux-monnayeurs, et tous autres malfaiteurs, appelée toutefois avec eux la justice du lieu où ils seraient trouvés... » *Criminel*, III, f° 104 r° 31 (décembre 1317). *Actes du Parlem.*, 5134.

« voulant remplir un de ses principaux devoirs, qui est d'assurer la tranquillité de ses peuples en réprimant les tentatives des méchants, a nommé Eustache d'Encre (Ancre)[1], chevalier, son gardien et défenseur dans certains pays de frontières; les justiciers et les sujets du roi lui prêteront aide pour réprimer les excès des bannis qui se cachent en Hainaut et dans le Cambrésis et font des courses dans le royaume; « ordre est donné aux bourgeois et habitants de Douai et d'Orchies, voisins des repaires de ces malfaiteurs, de prêter main forte au commissaire du roi ». Sous le règne de Charles VI, ce n'est plus le roi qui tient ce langage, c'est le Parlement qui dicte au maître du guet de nuit de la ville de Paris et à ses lieutenants des instructions pour l'arrestation des malfaiteurs et de tous ceux qui porteront des armes prohibées[2]. Le Parlement veille sur l'ordre public à Paris comme dans les provinces.

La Cour cependant ne dédaigne point les autres crimes et délits. Elle s'intéresse aux drames intimes. Elle exprime au bailli de Senlis son mécontentement parce qu'il n'a pas poursuivi Thomas Coudun, bourgeois de Compiègne, prévenu d'avoir fabriqué un faux testament au nom de sa défunte femme[3]. Elle

1. *Actes du Parlem.*, 6798 (2 mai 1322). — Ancre, aujourd'hui Albert (Somme). — Ajoutons : Mandement à tous les justiciers du royaume de laisser Jean Bordeau, prévôt de Montargis, exercer librement la commission qui lui a été donnée par le Roi de rechercher et d'arrêter les malfaiteurs dans les bailliages de Sens, d'Orléans et de Nevers. *Actes du Parlem.*, 4329 (16 juin 1314).

— Mandement analogue aux sénéchaux de Périgord et de Poitou. *Actes du Parlem.*, 5156 (16 janvier 1318).

— « Mandement à nos amez Michel de Caudax et Robert de Verdun, sergents, d'arrêter Coleçon la Cuche, Olivier de Matougue, Tobie le Barbier, de les amener prisonniers au Châtelet et de saisir leurs biens. Ordené par nos seigneurs lays de la Chambre ». *Criminel*, III, f° 210 r°, (4 janvier 1318). *Actes du Parlem.*, 5141. — Autre mandement à des sergents à cheval du Châtelet. *Ibidem*, 5267 (16 mars 1318); 5057 (9 novembre 1317); 5550 (18 septembre 1318), etc.

2. « ... Les gens lays tenans le parlement du Roy, notre sire, à Paris, à messire Baudes de Vauvillier, chevalier, maistre du guet de nuit de la ville de Paris et à Nicolas Vuissart et Pierre Rousseau ses lieutenants, salut. Nous, pour certaines et justes causes qui à ce nous ont meu et meuvent, nous mandons, commandons et estroitement enjoignons que doresnavant tous maufaicteurs et portans armes defendues que vous trouverez en la dicte ville de Paris depuis l'heure de six heures sonnées après midy jusques à lendemain soleil levant vous prenez et arrestez ou faites prendre et arrester de par le Roy nostre dit Seigneur et *de par Nous* et les mettre prisonniers en Chastellet de Paris jusques à ce que autrement en soit ordonné.... Car ainsi l'avons nous ordonné estre fait, ces présentes après un an non valables.... » *Reg. du Parlem.*, Collect. Lamoignon, *Reg. Crim.*, vol. 327, p. 3687. 30 mars 1396 (1397).

3. *Actes du Parlem.*, 7379 (6 janvier 1324).

mande au sénéchal de Carcassonne de poursuivre des malfaiteurs qui avaient envahi la nuit les vignes et les vergers de Raymond Rustain, damoiseau, avaient cueilli les raisins et les fruits[1]. Le recteur de Montpellier punira d'autres voleurs de fruits[2]. Mandement à tous sénéchaux, baillis, prévôts et autres justiciers de faire arrêter Mathieu Baudi de Gênes, jadis demeurant à Paris, qui s'était enfui avec un collier de la valeur de deux mille livres parisis (50 659 fr.) et d'autres joyaux appartenant à des bourgeois de Paris. Le Parlement adresse même des lettres aux recteurs de la cité de Gênes pour les prier d'arrêter Jean Baudi[3]. Mandement au sénéchal de Carcassonne, de poursuivre Guillaume de Montolieu, apothicaire, prévenu d'avoir tellement maltraité sa femme qu'elle était devenue folle. Il avait fini[4] par la tuer et de plus il avait mis le feu à plusieurs maisons. Autre mandement à maître Hélie d'Orly de procéder à une enquête préalable et d'arrêter, s'il y a lieu, Marguerite, que Guillaume Bernard, bourgeois de Paris, accusait de s'être livrée à la débauche depuis six ans qu'elle était mariée, de convoler, pour ainsi dire, d'adultère en adultère, et, oublieuse de Dieu et de sa renommée, d'avoir cherché à empoisonner et à faire périr ledit Guillaume[5].

De tels exemples montrent combien cette justice que les rois organisaient alors était souvent sourde aux accusations et aux plaintes. Il fallait que ces plaintes, en des voyages longs et coûteux, fussent portées jusqu'au Palais de la Cité, pour que de ce Palais partissent des ordres d'information, des mandats d'arrestation qui ne faisaient parfois qu'ouvrir une procédure interminable. Il fallait que le Parlement stimulât sans cesse des justiciers si peu soucieux de la justice. Il remplissait presque quotidienne-

1. *Actes du Parl.*, 5360 (avril 1318).
2. *Ibid.*, 5152 (11 janvier 1318).
3. *Ibid.*, 5116 (18 décembre 1317).
4. *Ibid.*, 5555 (25 septembre 1318).
5. *Ibid.*, 5568 (9 octobre 1318). — Ajoutons un mandement sur une affaire civile : « Mandement au bailli de Vermandois de rendre justice à Jeanne de Creseque, damoiselle, fille de feu Wibert de Ribemont, chevalier, qui se plaignait de ce que sa mère, remariée à Tassard « de Anseribus », ne lui avait pas rendu compte de sa fortune lors de sa majorité. Loin de là, on avait obtenu subrepticement des lettres de la cour du roi ordonnant de placer la dite damoiselle sous la garde de « Viaeu-Ponte », chevalier ennemi de sa famille. » *Criminel*, I, f° 140 r°, *Actes du Parlem.*, 4111 (10 avril 1312).

ment le rôle dévolu aujourd'hui exceptionnellement au parquet général des Cours d'appel. Il était bien le grand Parquet du royaume.

V. — Désordre et abus des justices royales. Histoire de Pierre de Juvigny.

Ce qui compliquait les difficultés, c'est que l'organisation et la justice ne pouvait se faire qu'avec des hommes semblables à ceux qu'il fallait contenir. En ces temps si voisins de la barbarie, les juges, souvent, ne valaient guère mieux que les accusés. Joinville, refusant de partir avec saint Louis pour sa croisade de Tunis, lui donnait ce motif : « Tandis que j'étais outre mer au service de Dieu, les gens et les officiers du roi ont si fort grevé et foulé mes sujets qu'ils en sont encore apauvris; si je me mets de nouveau au pèlerinage de la croix, ce sera pour le coup leur totale destruction[1]. » Et Joinville était un ami, un familier du roi, bien placé pour être protégé. Beaumanoir, ce précepteur et ce modèle des baillis, avoue que ceux-ci laissent souvent, « en la mesnie de leur ostel, prévôts et sergents pleins de malice; ce sont loups entre brebis, car ils tollent (enlèvent) et ravissent les avoirs dont le commun peuple se doit vivre[2]. » L'esprit féodal était tel que les prévôts royaux, achetant à l'origine leurs charges, les avaient regardées, aussi bien que les prévôts seigneuriaux, comme une ferme à exploiter. Nous en avons déjà, chemin faisant, cité des exemples fameux. Il y en avait de plus obscurs et quasi de quotidiens. Un prévôt de Montlhéry, Jean Blondel, est puni pour n'avoir pas lui-même puni un de ses sergents qui avait blessé un prisonnier[3]. Le bailli de Caen ne se pressait pas de juger Herbert de Caron, accusé d'avoir mutilé le poing du fils de Guillaume Bertrand et de l'avoir rendu incapable de travail. Herbert était bien en prison à Bayeux, mais à son aise, par suite

1. Joinville, *Hist. de saint Louis* (éd. de Wailly), p. 261.

2. « ... Car quant li baillis lesse convenir prevos et serjans et la mesnie de son ostel pleins de malice, ce sont leu entre brebis, car il tollent et ravissent les avoirs dont li communs pueples se doit vivre; si en tourne aucune fois li blasmes seur le baillif, tout soit ce que teus prises n'entrent pas en sa bourse. » *Beaumanoir* (Salmon), chap. I, § 19.

3. *Actes du Parlem.*, 3185 (2 avril 1302).

de la complaisance sans doute achetée du geôlier. Le Parlement exige que prompte justice soit faite [1]. De même le bailli de Chaumont jugera rapidement Jeannin de Bar, arrêté à Troyes sous l'inculpation de larcin : il ne faut pas qu'une nouvelle plainte soit portée sur le déni de justice dont cet homme se dit la victime [2]. Le bailli de Rouen mettra en liberté sous caution Guillaume de Beaumoncel, chevalier, retenu en prison pour un délit de chasse, dépouillé de ses biens, sans qu'on s'occupât de le juger [3]. Jean Voillet, de Solesme, se plaint de Jacques de Laydin, ancien prévôt de Saint-Quentin, qui l'avait retenu en prison et forcé à se reconnaître débiteur d'une grosse somme d'argent : le prévôt paiera mille livres (17 744 fr.) de dommages et intérêts, et au roi une amende égale [4]. Raimond de Solier et Pierre de Brussac, anciens lieutenants du bayle royal de Saint-Louis en Périgord, sont prévenus d'avoir fait pendre un nommé Vidalot qui avait refusé d'accuser faussement Pierre Grimoard, écuyer [5].

Des sergents du bailli de Sens et du prévôt de Melun avaient arrêté Jeanne, fille de Marguerite de Ligny, sous prétexte de vol, et l'avaient tellement torturée qu'elle en était morte [6]. Le prévôt d'Orléans, Trouillard, avait jeté en prison des écoliers et ne les avait délivrés que moyennant rançon. Les écoliers se plaignaient d'avoir été enfermés dans des prisons immondes, l'un même dans une cage de bois où il ne pouvait se tenir que ramassé en boule. Les écoliers avaient peut-être eu des torts, mais le Parlement punit ceux du prévôt, qui fut condamné à l'amende et destitué [7]. Guillaume de Montmaur, clerc du roi, fut convaincu d'avoir, soi-disant en vertu d'une commission du roi, arrêté Jacques de Plaisance, marchand et changeur se rendant aux foires de Champagne; il l'avait battu, traîné de prison en prison pendant sept semaines et lui avait pris pour plus de 4 000 livres (70 976 fr.) de vins en dépôt à Bar-sur-Aube [8].

1. *Actes du Parlem.*, 4513 (19 décembre 1316).
2. *Ibid.*, 4511 (18 décembre 1316).
3. *Ibid.*, 4508 (15 décembre 1316).
4. *Olim*, t. III, p. 308, IV (1308).
5. *Actes du Parlem.*, 5040 (24 octobre 1317).
6. *Ibid.*, 4964 (22 juillet 1317).
7. *Ibid.*, 7070 (12 février 1323).
8. *Ibid.*, 3599 (26 avril 1309).

Les rois ont beau rendre des Ordonnances contre la négligence de leurs justiciers (1302, 1322, 1338, 1351). Charles IV nous les peint s'absentant ou restant dans leurs chambres, s'endormant dans les délices et laissant la besogne à des lieutenants [1]. Philippe VI s'efforce de remédier « aux griefs et oppressions que le peuple soutenait à cause de la multitude des sergents [2] ». Le désordre continue. Les baillis donnaient les plus fâcheux exemples. Mais les enquêteurs et le Parlement veillent. Dans la sénéchaussée de Carcassonne, ceux-là examinent avec soin des articles criminels proposés contre un ancien sénéchal, Aymeri de Cros [3]. Sur le rapport d'autres enquêteurs, un ancien bailli de Sens est destitué pour avoir commis toutes sortes d'excès [4]. Le Parlement prive de son emploi Hugues de Fulaines, bailli d'Amiens, pour avoir, sans motifs, tenu un homme en prison et lui avoir extorqué une somme de 720 livres tournois [5] (9 835 fr.). Hugues avait aussi injustement exploité les biens de Jean de Chantepie qu'il n'avait lâchés que sur une injonction du Parlement [6]. Même sous Charles V, la Cour est obligée [7] de prononcer la destitution d'un bailli de Senlis (1367) [8], d'un bailli de Meaux (1370).

Si les baillis s'accordaient de si grandes libertés, comment pouvaient-ils réprimer la licence des prévôts? Une singulière histoire,

1. *Négligences des Justices.* — « Cum datum esset nobis intelligi quod vicarii, judices, clavarii et alii officiales senescalliæ vestræ in suis officiis modicum residentes, commissis sibi officiis non per se sed per locumtenentem, non unum solùm sed etiam pluries; non solum cum absentes sunt sed etiam in eorum præsentia et in eorum cameris et deliciis residentes, deserviunt; ex quibus, ut dicitur, cultus Justitiæ periit et subditi nostri multipliciter opprimuntur.... » Lettres de Charles IV par lesquelles il enjoint aux juges d'observer l'Ordonnance de Philippe IV (5 mai 1322). *Ord.*, t. XI, p. 482.

L'Ordonnance de Philippe IV dont il est question, est celle de 1302 (1303) (*Ord.*, t. I, p. 354 et suiv., et t. II, dans les lettres du roi Jean, octobre 1351).

2. ... « Pour les griefs et oppressions que notre peuple soutenait de la multitude des sergents, qui étaient aux sénéchaussées et baillies de notre royaume, nous avons plusieurs fois mandé à les restreindre et fait ordonner finablement certain nombre en chacune châtellenie, par conseil de bonnes gens du pays : lequel nombre n'est pas bien gardé, car il y en a plusieurs outre ledit nombre, de quoi notre peuple est *moult grevé et mangié*, dont il nous déplaît moult et y désirons à mettre remède.... » Ord. de Philippe VI, 12 février 1338. *Ord.*, t. II, p. 131.

3. *Actes du Parlem.*, 4582 (27 janvier 1317).

4. *Ibid.*, 7980 (7 mai 1327).

5. *Ibid.*, 3843 (16 mai 1311).

6. *Olim*, t. III, p. 669, XXXIII (1311).

7. *Reg. du Parlem.*, Collect. Sainte-Genev. Ff 13^2, t. I-III, f° 60.

8. *Ibid.*, Collect. Lamoignon, *Reg. crim.*, vol. 325, p. 2363.

à Saint-Jean-d'Angély, nous édifiera sur ce point. En 1277, le vendredi d'avant la Pentecôte, au soir, « la lune luisant », plusieurs clercs revenaient de s'ébattre dans les prés : ils rencontrèrent maître Jean le Cordier, qui les accompagna, puis ils voulurent aller boire ensemble dans la maison de Pierre Yssiduel. Sur leur chemin se trouve un tombereau. Jean le Cordier, gaiement, dit à ses compagnons : « Je vais monter dans ce tombereau et vous me mènerez, et celui qui refusera paiera cent sous d'amende ». Aussitôt dit, aussitôt fait. Les compagnons traînèrent le tombereau. Comme ils passaient devant la maison du prévôt, des sergents disent aux clercs : « Arrêtez-vous ». Un clerc répondit : « Que voulez-vous, nous sommes bonnes gens! » Mais un sergent frappa le dit clerc de sa masse, le prit par sa coiffe et la déchira. Le clerc se tournant vers ses compagnons leur dit : « Vous faites mal de me laisser déchirer ma coiffe et traîner par les cheveux ». Les sergents mirent la main à leur masse et voulurent frapper les clercs. Le prévôt demanda : « Qui sont ces gens? » « Ce sont des clercs, dirent-ils. » « Frappez-les, amenez-les moi, morts ou vifs; prenez garde qu'il en échappe un seul. » Un sergent s'élança, l'épée haute, et frappa à tort et à travers. Jean Cordier fut blessé à mort. Un autre clerc eut le doigt coupé. Nous n'avons que des lambeaux de la procédure[1], mais il est vraisemblable que ce prévôt si hardi contre les clercs sans défense encourut les sévérités du Parlement.

Geoffroy de Briançon, trésorier du roi, envoie un soir, à l'heure du couvre-feu, un de ses valets et de ses clercs faire une commission. Dans la rue Michel-le-Comte, les sergents du guet de Paris les arrêtent et, malgré leurs protestations, les frappent, les blessent, les traînent au Châtelet comme des larrons et des meurtriers. Ils appartenaient à un trésorier du roi; ces violences furent punies, les sergents privés de leur office[2]. Geoffroi de Hérigon, sergent au bailliage de Bourges, est condamné, pour abus de pouvoir et exactions, à 40 livres d'amende (804 fr.)[3]. Le sénéchal de Carcassonne a ordre de punir exemplairement plusieurs gardes des

1. Résumé d'enquête (en français), *Actes du Parlem.*, 2086 c, 2086 d.
2. *Olim*, t. III, p. 747, xxv (1312)
3. *Actes du Parlem.*, 2318 (1281).

forêts royales, vrais voleurs de grands chemins et qui commettaient des actes indignes contre les femmes [1].

La cupidité, la pire conseillère, se donnait d'autant plus de satisfaction que le pouvoir était plus grand. Ici c'est un commissaire aux approvisionnements pour l'armée de Flandre qui enlève indûment à un marchand 334 porcs. C'était sous Philippe le Bel, avant l'établissement de la chambre criminelle : aussi la présence des conseillers clercs empêcha-t-elle la Cour de prononcer une sentence capitale : les biens seulement de ce commissaire furent confisqués. Philippe le Bel avait assisté à ce jugement [2]. Ailleurs c'est une immense escroquerie. Les hommes de Langiac, en Auvergne, avaient été convoqués en armes. Guillaume Penidos va à leur rencontre : il leur dit qu'il a commission royale de les renvoyer moyennant 23 sous tournois (16 fr. 79) : heureux de retourner chez eux, ces gens paient. Guillaume est condamné à une forte amende [3].

Des officiers royaux, députés pour une revue d'armes, reçoivent des dons pour relâcher les délinquants [4] : ils sont destitués. Des enquêteurs en Vermandois poursuivent un nommé Glamain, chargé de recouvrer les sommes levées pour le couronnement du roi Louis X et convaincu d'extorsions : il est déclaré par le Parlement incapable d'exercer aucun office royal [5]. Le prévôt de Cusset vend à prix d'argent la liberté à Durand, dit Laschot, détenu sous l'accusation de plusieurs crimes [6]. Guillaume de Boulogne, sergent du roi en Vimeu, se laisse corrompre par les ennemis de Jean, dit Judas, l'arrête, le conduit, lié et les yeux bandés, au château de Beauquesne, le fait périr dans les tourments et essaie de faire croire qu'il s'est pendu [7]. Raymond Baras, notaire, greffier de la cour du roi à Figeac, tonsuré, mais ne portant pas le costume de clerc, est dénoncé par les consuls de Figeac comme coupable de rapines, d'extorsions et de falsification d'actes

1. *Actes du Parl.*, 5672 (12 février 1319).
2. *Ibid.*, 3396 (28 décembre 1306).
3. *Olim*, t. III, p. 529, XXVII (1310).
4. *Ibid.*, t. III, p. 34, XLIII (1299). — Des sergents ont relâché, pour de l'argent, des blés saisis lors de la cherté des grains. *Olim*, t. III, p. 17, XXIX (1299).
5. *Actes du Parlem.*, 6605 (1322).
6. *Ibid.*, 4795 (22 avril 1317).
7. *Ibid.*, 5284 (26 mars 1318).

publics [1]. Comment ces officiers royaux se seraient-ils amendés? Ils avaient sous les yeux beaucoup d'exemples d'impunité. Bernard Malaura et Gui de Lusso avaient été destitués de leurs fonctions de sergents royaux dans la sénéchaussée de Périgord par les réformateurs de Louis X le Hutin, et nonobstant ils avaient été employés de nouveau, ils se livraient à toute sorte de méfaits dont le Parlement ordonna cette fois le châtiment [2].

L'affaire de Pierre de Juvigny résumera à elle seule tout ce qu'on pourrait dire de ces justices royales. C'était un lieutenant du prévôt forain de Laon. Le bailli de Vermandois avait eu ordre de le poursuivre pour de nombreux cas criminels. Pierre de Juvigny s'était enfui à Paris, mais on l'y avait trouvé, arrêté, envoyé au Châtelet. Le bailli et Pierre comparurent devant le Parlement. Écoutons l'accusation du bailli. Pierre de Juvigny, qui était marié, avait enlevé Maressona, fille de Jean de Venderesse, et, n'ayant pu la séduire par des promesses, l'avait fait arrêter. En vain le père protesta-t-il; Pierre de Juvigny emmena sa prisonnière de ville en ville, à cheval, escortée de deux cavaliers; en route il renouvela ses tentatives de séduction, ses attouchements impudiques; il la séquestra plusieurs jours, à Laon, dans une maison. Le père, craignant la férocité de cet homme, redoutant de voir périr sa fille dans les tourments, négocie, par l'intermédiaire de quelques amis, et on arrive à une composition de cinquante florins (environ 800 fr.), amende supposée pour défaut de comparution. Or ce n'était pas le compte de Pierre qui ne renonçait pas à son caprice libidineux. A Venderesse il sut attirer, par un faux message, Maressona dans une maison où elle trouva Pierre tout seul qui brutalement se jeta sur elle et, malgré son opiniâtre résistance, en abusa, la gardant tout un jour : il la rendit mère. En outre, Pierre de Juvisy s'était, à Chauny et dans plusieurs autres villes, rendu coupable d'extorsions, s'était approprié de grosses sommes d'or et d'argent. Le bailli donc poursuivait Pierre de Juvigny. Le père de Maressona intervenait pour demander réparation des insultes et dommages

1. *Actes du Parlem.*, 4946 (14 juillet 1317).
2. *Ibid.*, 5125 (décembre 1317).
3. Voir encore, pour des méfaits d'agents ou de notaires royaux, *Actes du Parlem.*, n°s 3723, 5003, 5407, 5425, etc.

faits à sa fille, car, fiancée à un homme riche, elle s'était vue abandonnée, déshonorée et devait renoncer à tout espoir de mariage. Pierre de Juvigny se montra cynique dans sa défense. Il chercha à faire passer Maressona pour une voleuse, nia les propos qu'il avait tenus, ses violences et voulut rejeter son état indiscutable sur les relations qu'elle aurait eues avec un de ses cousins Robert Gillebert. Il niait de même les exactions qu'on lui reprochait. Mais tous ses mensonges furent ruinés par les dépositions : d'ailleurs il avait sans cesse varié dans ses interrogatoires. Néanmoins il obtint que Maressona et Robert Gillebert comparussent devant la Cour : tous deux durent jurer sur les Évangiles qu'ils n'avaient jamais eu de relations ensemble. Pierre échappa à la torture et réclama l'ancienne enquête, n'excluant que cinq témoins (les plus importants nécessairement). La Cour, faisant fléchir (c'est l'arrêt qui parle) « la rigueur du droit » et voulant procéder avec miséricorde et faveur, accorda l'enquête. Pierre ne pouvait plus se plaindre que la justice n'était pas éclairée : on s'était même abstenu de citer les témoins qu'il avait « reprochés ». Il avait été entendu « abondamment » (ex abundanti). Il ne put éviter le châtiment, fut condamné à restitution, amende, et, finalement, à la potence (1353 anc. st.)[1].

VI. — Le Prévôt de Paris[2]. Le Chatelet.

Comment des prévôts éloignés, des lieutenants de prévôts ne se fussent-ils pas permis toutes les exactions lorsqu'à Paris même la prévôté tombait parfois entre des mains avides et indignes. La

1. Collect. Lamoignon, *Reg. criminel*, vol. 325, p. 1057 (30 avril 1353) [1354], Pâques tombant, cette année-là, le 24 mars).

M. Guilhiermoz a publié une des pièces de ce procès d'après les Archives X 2ª 6, f° 11 (12 janvier 1353), *Enquêtes et Procès*, p. 513.

2. « ... Indépendamment de sa juridiction contentieuse, le prévôt de Paris faisait aussi tous les actes de la juridiction gracieuse, enquête à futur, nomination de tuteur, de curateur *ad litem*, ouverture de testament, nomination de curateur aux biens d'un absent, autorisation à la femme ou à la fille d'ester en justice en cas d'absence de son mari ou de son père, nomination d'un curateur pris parmi les héritiers présomptifs pour administrer les biens d'un absent, acte de protestation pour constater qu'un enfant élevé dans une communauté de famille ne fait pas partie de cette communauté et n'y saurait prétendre à aucune part, homologation des ventes de biens de mineurs consenties par le tuteur et par le Conseil de

loyauté implacable d'Étienne Boileau, l'élu de saint Louis, ne s'était pas retrouvée chez ses successeurs. Ils étaient tentés et enivrés par la grandeur de leur puissance. Remplaçant l'ancien vicomte, le prévôt de Paris, assimilé aux baillis, exerçait son autorité dans la première ville du royaume et ses relations constantes avec le roi lui donnaient quelque chose du prestige royal. Chef des nobles, mais commandant surtout à une agglomération considérable de bourgeois qu'il ne se croyait guère tenu de ménager; disposant d'une armée d'archers et d'arbalétriers, « le guet royal », autrement actif que celui des bourgeois le « guet dormant »; il devançait le plus souvent les autres justices parisiennes. Rival et néanmoins supérieur du prévôt des marchands dont il revisait les sentences; ayant, en vertu de ses attributions de police, la haute main sur le commerce et les approvisionnements, le prévôt de Paris régnait, abrité en sa massive citadelle du Châtelet, dont il avait fait une sorte de capitale dans la capitale.

Le Châtelet était le siège d'un tribunal ou *auditoire* peuplé de nombreux auditeurs, examinateurs, conseillers et dans lequel se multiplièrent, comme dans le Palais d'en face, procureurs, avocats, notaires. Il offrait une image réduite du Parlement, mais d'un Parlement mal organisé, mal composé, mal dirigé. Bien que le prévôt de Paris eût seul le droit de s'asseoir sous un dais[1],

famille, renonciation par la femme noble à la communauté et au douaire avant l'enterrement de son mari, acte d'émancipation, nomination de curateurs aux biens vacants et sans maître, autorisation donnée au propriétaire d'une maison sujette à retrait, de procéder à certaines réparations.

« Le prévôt de Paris avait aussi dans les mains la plus grande partie de la capitale. Il y a plus : il jouissait de pouvoirs tout à fait extraordinaires sur les nobles comme sur les roturiers et qui s'étendaient non seulement à la ville et à la banlieue mais même à tout le royaume.... » Glasson, *Le Châtelet de Paris*, Bulletin de l'Académie des Sc. morales et pol., juillet 1893 (p. 45-92).

1. « Le Châtelet est dit le premier des tribunaux ordinaires et le propre siège des rois (De la Mare, *Traité de la Police*, t. I, p. 115). On relèvera plus tard que c'est la seule juridiction qui ait le droit d'avoir un dais au-dessus du siège principal, comme étant la place du roi. C'est la première qui a possédé un sceau aux armes du roi avec un officier spécial pour en avoir la garde (t. I, p. 116) ». Batifol, *Le Châtelet de Paris*, Revue historique, t. LXI (1896), p. 231. Voir aussi les autres articles du même auteur faisant suite, t. LXII et LXIII.

— Les Archives nationales possèdent des registres du Châtelet dits les *livres de couleur* (1255-1604) et les *Bannières* (1364-1703). Les registres dits *livres de couleur*, à cause de la couleur primitive de leur reliure, étaient, croit-on, au nombre de 16 : ils sont réduits à 11. Ils renferment les ordonnances et arrêts concernant la ville et la prévôté de Paris. Les *Bannières* contiennent la copie d'actes publiés à Paris par ordre de la police. Si l'on remarque les dates où commencent ces deux séries,

comme représentant du roi, il se souciait peu de la besogne des procès; il l'abandonnait à son lieutenant, aux auditeurs, qui eux-mêmes remettaient l'instruction des affaires à des examinateurs désignés par le prévôt et pris souvent parmi des gens sans aveu. Que l'on montât à « l'auditoire d'en haut » ou qu'on descendît à « l'auditoire d'en-bas », car on avait divisé le travail suivant l'importance des causes, c'était un bruit assourdissant de conversations des procureurs, surtout de leurs jeunes clercs, qui « faisaient grandes noises, jongleries et perturbations » et empêchaient d'entendre les avocats. Les procureurs interpellaient les avocats « se démenant outrageusement contre eux » : ils s'en prenaient même aux juges. Dans l'enceinte du tribunal des rixes se produisaient. Les procureurs, sous le prétexte de faire enregistrer les défauts ou les sentences, encombraient le buffet (le bureau) et mêlaient leurs papiers avec ceux des juges. Les auditeurs, comme les procureurs, avaient leurs clercs qui se hâtaient d'écrire sur leurs livres les noms des parties déclarées en défaut sans s'assurer que les sergents les avaient réellement appelées. Les procureurs laissaient leurs clercs occuper à leur place devant les auditeurs trop tolérants. Tous ne songeaient qu'aux profits, multipliant défauts, renvois, écritures de toute sorte jusque dans les causes minimes[1]. L'esprit de lucre alimentait l'esprit de chicane.

Durant tout le cours du XIVe siècle, les Ordonnances royales et

on ne pourra faire autrement que d'être frappé de la date de 1253 qui coïncide avec le commencement des Registres du Parlement, et de 1364, date de l'ouverture, sous Charles V, de la série, dite du *Conseil*, des mêmes Registres du Parlement.

Un de nos plus savants archivistes, M. Tuetey, a publié l'Inventaire *des livres de couleur et de bannière du Châtelet* (Archives nationales, publication du ministère de l'Instruction publique, 1901).

1. Voir *Fragment d'un répertoire de jurisprudence parisienne du XVe siècle*, extraits des Registres du Châtelet faits par M. Fagniez. Ces extraits sont disposés sous des rubriques rangées par ordre alphabétique; recueil fort varié, fort utile pour l'histoire du Châtelet et du droit. Il a été publié dans les *Mémoires de la Société de l'histoire de Paris*, t. XVII (1890), Paris, lib. H. Champion.

Nous ne pouvons en donner que quelques courts passages pour montrer le caractère de ces précieux documents : « ... Item, pour ce que les clercs des procureurs sont jeunes et aucunes foiz noyseux et ont acoustumé de faire grans noises, jongleries et perturbacions au parquet de notre auditoire et empeschent et occupent les places aux procureurs et aux autres bonnes gens qui ont à faire devant nous... »

« Item pour obvier encores à la noise que l'on fait en la cour dud. Chastellet, laquelle vient aucunes fois pour ce que les procureurs se sont efforciez et efforcent de plaidier et parler haultement avecques leurs advocas, quand ils plaident leurs causes et ne s'en attendent pas à leurs advocas, mais se demainent oultrageusement et se combatent de paroles à leurs advocas ou aux advocas et procureurs de leurs

l'intervention du Parlement essaient de remédier à ce désordre. L'Ordonnance de mai 1313[1] supprime les examinateurs, prescrit une enquête sur les exactions des officiers, destitue Jean Parens, clerc du prévôt, « pour les grandes prises et outrageuses et les grandes extorsions qu'il a faites ». Elle restreint aussi la compétence des auditeurs. Une autre Ordonnance de 1320[2] rétablit les examinateurs, au nombre de huit, en confiant leur nomination aux gens des Comptes (nouvelle preuve, soit dit en passant, que la séparation n'était pas encore bien nette entre le Parlement et la Chambre des Comptes). En février 1327 (1328)[3], Philippe VI, à cette époque seulement régent, par une autre Ordonnance sur le Châtelet, fixa le nombre des conseillers à huit (4 clercs, 4 laïques) qui devaient être choisis par le Chancelier avec le concours de quatre membres du Parlement de Paris. Ainsi qu'il arrive toujours, les abus ne faisaient qu'accroître, sur la juridiction inférieure, l'autorité de la Cour supérieure. Durant les guerres de Philippe VI et de Jean le Bon le désordre reparut. Charles V chercha à le faire cesser. Il réglementa à nouveau (Ordonnances de janvier 1367 [1368][4], de juillet 1378[5]), les devoirs des avocats, des procureurs. Ceux-ci, qui pullulaient, furent ramenés au nombre de quarante, désignés parmi les plus capables par une commission de membres du Parlement, de conseillers du Châtelet et par le prévôt de Paris. Ces élus ne pouvaient laisser remplir leurs fonctions par leurs clercs. Ils ne pouvaient exercer

parties adverses, et aucunes fois estrivent et se débatent desordonneement aux juges, avecque leurs advocas.... »

« ... Les procureurs ne doivent pas se porter autour du buffet (du bureau) de notre auditoire si ce n'est pour faire enregistrer leurs deffaulx ou pour faire les registres de sentences et appointements de nous donnez, et aussi qu'ils ne mettent aucunes de leurs lettres ou papiers sur ledit buffet afin que elles ne soient entremeslées avecques les lettres de la Court.... »

« ... Item les auditeurs dud. Chastellest seront tenus de venir diligemment en icellui Chastellet et d'entrer en leurs sièges à neuf heures de l'orloge du palais... et demourent en leurs sièges jusques à douze heures, depuis la Saint-Remy jusques à Pasques et, de Pasques jusques à la Saint-Remy, enterront en siège à huit heures et y demourront jusques à onze heures..., etc. » Registres du Châtelet, Doulx-Sire, Y s., f° 5 v°. Fagniez, *Fragment d'un répertoire de jurisprudence parisienne*, n° 118.

1. *Ord.*, t. I, p. 517. — Isambert, t. III, p. 38.
2. Ord. de févr. 1320. *Ibid.*, t. I, p. 738. — Isambert, t. III, p. 268.
3. *Ibid.*, t. II, p. 2. — Isambert, t. III, p. 344.
4. *Ibid.*, t. VII, p. 706. — Isambert, t. III, p. 304.
5. *Ibid.*, t, VI, p. 332. — Isambert, t. V, p. 387.

la profession d'avocats et ceux-ci plaidaient seuls devant l'auditoire du Châtelet. Au début du xve siècle, le chiffre de quarante était ramené à trente-deux, mais pour chacun des deux auditoires, ce qui donnait un total de soixante-quatre procureurs.

Ce qui troublait le plus la population, c'était la quantité, la rudesse des sergents à cheval et à pied du Châtelet. D'après l'Ordonnance de 1302, il y avait 80 sergents à cheval qui instrumentaient dans toute la France excepté à Paris, et 80 sergents à pied. Nous avons déjà dit, plus haut[1], comment leur nombre s'augmenta encore, 90 en 1309, puis 133 (1318), ce qui n'empêchait pas le chiffre réel de dépasser le chiffre officiel puisqu'on en compta jusqu'à 700 (1327)! Charles V (1369) ramena ce nombre démesuré à celui de 120, tant à pied qu'à cheval[2], et leur défendit de vendre leurs charges. Ces sergents étaient très redoutés et déjà nous avons eu occasion de relater leurs violences habituelles. En 1318, des sergents du Châtelet envahirent le cloître de Notre-Dame de Paris pour en arracher Jean Le Grand : le gardien du cloître chercha à le protéger, les sergents, l'épée haute, se jetèrent sur lui, déchirèrent ses vêtements, le blessèrent et l'eussent égorgé si l'on n'était venu à son secours[3]. Le prévôt soutint ses sergents et fit arrêter des familiers du chapitre, mais le Parlement lui donna tort, les sergents furent destitués. Ce prévôt était alors le fameux *Henri de Taperel*, digne chef d'une telle armée. Cette année même il avait relâché à prix d'argent un prisonnier accusé de rapt[4]. Ses méfaits furent tels que le magistrat qui envoyait tant d'hommes à la potence, y fut conduit lui-même[5].

Il n'est pas jusqu'au prévôt de Paris choisi par Charles V, le célèbre *Hugues Aubriot*[6], qui n'ait donné prise à des accusations singulières. Originaire de Bourgogne, bailli de Dijon et officier

1. Voir ci-dessus, p. 293, note 3, citation de l'article de M. Glasson sur le Châtelet.
2. *Ord.*, t. II, p. 194.
3. *Olim*, t. III, p. 1267, XLIX (1318). — D'autres sergents sont aussi condamnés.
4. *Ibid.*, t. III, LXXXI (1318). — *Actes du Parl.*, 5515.
5. Henri de Taperel avait fait pendre un pauvre homme innocent à la place d'un riche prisonnier. *Continuation de la Chronique de Girard de Frachet*, Historiens de France, t. XXI, p. 54.
6. Voir sur Hugues Aubriot l'étude de Leroux de Lincy, Biblioth. de l'Ecole des Chartes, 5e série, t. III (t. XXIII de la collect.), p. 175.

de la maison des ducs, il fut distingué par Charles V pour sa science du droit féodal. C'était un homme d'un caractère ferme et indépendant. Le roi lui donna la prévôté de Paris en 1367 avec la mission d'y rétablir l'ordre et d'y ramener la prospérité. Hugues Aubriot fit repaver les principales rues, améliorer les ports sur la Seine (port aux foins, port de Bièvre, du Petit-Pont, de la place Maubert), reconsolider quatre ponts de bois, achever le pont Saint-Michel, creuser des égouts pour les eaux pluviales, construire la nouvelle enceinte de Paris sur la rive droite et bâtir la forteresse de la Bastille. A l'intérieur, au bout du Petit-Pont, sur la rive gauche, il fit remplacer une porte et des tourelles en bois par une forteresse en pierre, le *Petit Châtelet*, qui servit de bureau de péage et aussi de prison, succursale du Grand Châtelet. Malgré tant de services, Hugues Aubriot s'était fait beaucoup d'ennemis par ses sévérités, sa hauteur et sans doute aussi son arbitraire, son avidité. Il avait pu se faire bâtir, dans la rue de Jouy, près l'hôtel Saint-Pol, un hôtel nommé la maison du *Porc-Épic*[1]. Durant la minorité de Charles VI, en butte à la haine de l'évêque de Paris, il fut arrêté, traduit en cour d'Église comme suspect d'hérésie. Après un procès qui est resté mystérieux, il fut contraint de faire une amende honorable devant la porte de Notre-Dame et peu s'en fallut qu'il ne pérît sur le bûcher.

En 1423, le 16 mars, Simon Morhier, prévôt de Paris, comparut devant le Parlement (alors anglais) pour répondre aux accusations d'exactions commises ou tolérées par lui. Son avocat essaya de justifier par l'état de guerre les profits que le prévôt avait perçus, profits d'ailleurs accoutumés : ses prédécesseurs recevaient des sergents nouvellement nommés des chapons ou de l'argent : ils avaient aussi pour eux les amendes levées sur ceux qui portaient des armes prohibées et sur ceux qui se paraient de ceintures et d'habillements dissolus. Les clercs du prévôt, Jehan Tillart, clerc au criminel, Jehan Doulz Sire, clerc au civil, le clerc chargé du sceau et son chauffe-cire, durent venir aussi au Parlement répondre au sujet d'exactions qui jettent un jour sin-

1. *Paris à travers les âges*, in-f°, livraison *le Châtelet*, p. 49.

gulier sur les mœurs des officiers du Châtelet [1]. Les notaires n'étaient pas moins répréhensibles pour leurs « excessifs salaires », et la répression des abus n'était sans doute pas terrible car, à la fin du xve siècle encore, on voit le lieutenant civil du prévôt, des auditeurs, des examinateurs mandés, comme les notaires, devant le Parlement et réprimandés ou punis [2].

En dehors des réformes de la procédure usitée ou plutôt méconnue au Châtelet et dont nous parlons plus loin, le Parlement ne négligeait aucune occasion de faire sentir son autorité aux singuliers auxiliaires des prévôts de Paris, de soumettre à son contrôle ce tribunal orgueilleux qui se serait volontiers émancipé, se donnant un faux air de Parlement sans en avoir le mérite, la gravité et la légitime renommée.

Cette subordination, le Parlement l'imposait encore au Châtelet par des évocations de causes. Selon un arrêt de 1368, il suffit que les maîtres des Requêtes avertissent le prévôt d'une évocation pour que celui-ci soit tenu d'obéir [3]. Un incident prouva, en 1404, que le Châtelet néanmoins se regimbait contre des

1. Fagniez, *Fragment d'un répertoire de jurisprudence parisienne*, p. 54 et suiv. N° 111 d'après les *Reg. du Parl.* Conseil, X^{1a} 1480, f° 269, 6 février 1423 (n. st.). — Conseil, *ibid.*, 12 février 1423.

Fragment n° 112. *Parl.*, Conseil, X^{1a} 4794, f° 54 v°, 16 mars 1425 (n. st.).

2. *Fragment* n°s 86 (1498), 87 (1496), 88 (1495). Le n° 89 donne des plaintes formelles contre les officiers, auditeurs, notaires du Châtelet : « Ce jour, pour occasion des plaintes et inconveniens qui estoient advenuz et advenoient chascun jour pour cause de l'insouffisance, ignorance ou négligence de pluiseurs qui se disoient... avoir don d'aucuns offices de Chastelet de Paris, comme auditeurs, notaires, sergens et autres, desquels les pluiseurs ne deservent et n'ont pas souffisance ne voulenté de les deservir ou exercer, a esté ordonné par le Conseil estant en la court de Parlement que lettres seroient faittes adreçans au prevost de Paris ou à son lieutenant pour pourveoir et commettre à l'exercice desd. offices gens ydoines, expers et souffisans ou lieu de ceulx qui sont, ainsy que dit est, ignorans, negligens ou moins souffisans de exercer lesd. offices de Chastellet jusques à ce que autrement en soit ordonné par lad. court et en ont esté les lettres à moy commandées pour ycelles signer *per regem ad relacionem magni consilii in camera Parlamenti existentis...* » *Parl.*, Conseil, X^{1a} 1480, f° 157 v° (18 nov. 1418).

— Voir encore *ibid.*, p. 5, n° 7 (1425, n. st.) et Ordre d'information sur les excessifs salaires des notaires et des Examinateurs du Châtelet. Tuetey, *Journal de Nicolas de Baye*, t. I, p. 185-186 (16 février 1407).

3. — Item la cour dit et declare que si aucune commission par lettres royaulx s'adresse aux maitres des requêtes pour advoquer aucunes causes de l'auditoire du prévost de Paris ou autrement, il suffit que les dits maitres envoient à le dit prévost ou son lieutenant la commission originale ou leur exécutoire... dès lors ledit prévost ou lieutenant y doit obéir... » Arrêt sur les évocations de certaines causes de l'auditoire du prévost de Paris aux maitres des Requêtes du Palais (7 juillet 1368). Collect. Sainte-Geneviève, Ff 13[2], t. I, f° 75.

procédés quelque peu dédaigneux. Jean de Lagny, échanson du roi et contrôleur général des aides ordonnées pour la guerre, demandait l'envoi aux Requêtes du Palais d'une cause pendant au Châtelet entre lui et Pierre Aluart. Un huissier des Requêtes vint signifier au Châtelet des lettres-royaux par lesquelles toutes les causes personnelles à Jean de Lagny devaient être renvoyées aux Requêtes. Les juges du Châtelet différèrent leur réponse. Nouvelle insistance de Jean de Lagny qui se présente de nouveau devant l'auditoire, assisté de l'huissier des Requêtes, Jean Duchâtel, et qui réitère sa demande de renvoi. Excuses des juges. L'huissier ne s'en contente pas : il les taxe de faux-fuyants, il fait sonner bien haut les ordres qu'il a reçus des maîtres des Requêtes : il soupçonne les juges « d'avoir une dent contre lui » et « parle maugracieusement », si bien que le procureur du roi formule des conclusions pour faire condamner l'huissier à l'amende. Le Châtelet était ainsi bravé par de simples huissiers et tenu étroitement en bride [1].

Prévôts, fussent-ils prévôts de Paris, justices royales, même celles de la capitale, baillis et tribunaux des baillis, enquêteurs, tous sont obligés de s'incliner devant la Cour de Parlement. Les procureurs du roi les surveillent, prompts à attirer sur eux les sévérités du pouvoir central. Si hardies et altières, si négligentes ou corrompues que se montrassent les justices seigneuriales ou royales, le Parlement faisait, au-dessus de toutes ces révoltes ou de ces défaillances, planer l'image austère de la justice. Il assurait, autant que le permettait le malheur des temps, l'ordre public. Il ouvrait des informations, lançait des mandats d'amener, mettait en mouvement les juges de tout pays. Si tardives que fussent ses sentences, elles finissaient par atteindre les coupables qui avaient échappé aux baillis, aux procureurs et aux enquêteurs. Si indulgentes qu'elles fussent aux brutalités féodales, elles n'en étaient pas moins redoutées dans toutes les régions du royaume.

1. Registres du Châtelet, Y, 5227, lundi 18 nov. 1409. *Fragment d'un répertoire de jurisprudence parisienne*, p. 80, n° 148.

LIVRE VIII

LE PARLEMENT ET LE DROIT FRANÇAIS

CHAPITRE XXIV

LA FRANCE COUTUMIÈRE

I. — Les Coutumes et le Droit écrit

A la multiplicité et à la confusion des juridictions s'ajoutait, pour augmenter les difficultés de l'œuvre du Parlement, l'incertitude du Droit. On pouvait appliquer au royaume la boutade de Voltaire à propos d'une province : « En courant la poste en Lorraine, on change plus souvent de législation que de chevaux[1] ».

Même au temps de la paix romaine, la Gaule n'avait pas connu l'unité des lois puisque Rome ne l'avait point eue elle-même. L'élaboration des lois romaines avait duré huit siècles. Elles ne furent codifiées qu'après la chute de l'Empire d'Occident. Aussi, dès la plus haute antiquité, les *pagi* de la Gaule, en dehors des *édits* des préteurs, se régirent-ils par leurs *coutumes*. Au ve siècle de l'ère chrétienne, les Burgondes, les Wisigoths, les Francs apportèrent en Gaule leurs lois qui restèrent longtemps celles des hommes de leur nation. A mesure que s'effaça la distinction des races, les lois barbares se fondirent dans les *Coutumes*.

Charlemagne, ayant placé sous sa domination tous les royaumes créés en Occident par les Barbares, publia des *Capitulaires* déli-

1. Voltaire, *Siècle de Louis XIV*, ch. xii.

bérés ou plutôt sanctionnés dans des Assemblées générales. Mais ce n'était rien moins qu'un Code que ce recueil de décisions relatives à l'administration, à la guerre, à la justice, à la religion, au chant dans les églises, à l'exploitation des villas impériales et à la vente des herbes de leurs jardins. Les faibles successeurs de Charlemagne, quoique laissant de leurs mains échapper l'empire, morceau par morceau, se donnèrent aussi l'illusion de capitulaires généraux. Quand le domaine royal se trouva réduit au territoire de Laon, il ne pouvait plus être question de lois générales : il n'y en eut plus que de locales. Le Droit se perdit dans des coutumes traditionnelles, orales, vagues, variables d'un pays à un autre, même d'une bourgade à une autre. Ainsi que la juridiction, le Droit changeait selon le versant d'une montagne, un chemin, le cours d'un ruisseau.

Dans le Midi toutefois, les lois romaines subsistaient. Les Wisigoths les avaient respectées et adoptées. Sans doute ces lois n'étaient que le *Bréviaire* dit d'*Alaric* (506 ap. J.-C.) et non le Corps majestueux de la législation de Justinien, postérieure à ce Bréviaire. Il n'y en avait pas moins quasi une moitié de la France gouvernée par ce droit savant et *écrit*.

Les limites de cette France romaine, dite du *Droit écrit*, étaient fixes du côté de la Méditerranée et des Pyrénées. Elles flottaient au nord, tracées par une ligne brisée qui, de l'est à l'ouest, coupait la *Saône* (dans le Mâconnais), le *plateau central* (dans l'Auvergne et le Limousin), puis suivait les sinuosités de la capricieuse *Charente*. La région du Droit écrit comprenait les deux chaînes de montagnes qui étranglent la vallée du Rhône (sénéchaussées de *Beaucaire* et de *Carcassonne*, comtés de *Provence* et de *Savoie*, *Dauphiné*). Elle descendait, avec les terrasses méridionales du plateau central, vers la Garonne (sénéchaussées de *Rouergue*, *Quercy*, *Limousin*, *Périgord*). Elle remontait, au delà de la Garonne, les pentes septentrionales des Pyrénées (sénéchaussée de *Toulouse*, duché anglais de *Guyenne*, comtés de *Foix*, de *Comminges*, de *Bigorre*, d'*Armagnac*, de *Béarn*). L'*Auvergne*, citadelle massive implantée entre le nord et le midi, avait subi les deux influences et restait partagée entre les deux droits, *écrit* et *coutumier*. A l'ouest, la *Saintonge*, le *Poitou*, le comté de la *Marche*; à l'est, le *Velay*, le *Forez*, le *Beaujolais*, le *Lyonnais*, le *Mâconnais* avançaient vers le centre la région du Droit écrit[1].

II. — Les Coutumes de la région septentrionale.

Est-ce à dire que le Droit romain seul était écrit et qu'il régnait seul dans son domaine méridional? Ce serait une erreur de le croire. Sans se reporter au VIIe siècle où l'on cite les *Formules d'Angers*[2], au xe où l'on connaît les *Anciennes Coutumes de Strasbourg*[3], au XIe où remontent les *Droitures* de *Saint-Dié* (1003)[4] et la première *Coutume d'Épinal*[5], les Coutumes, à partir du XIIe siècle,

1. Voir, pour cette géographie des Coutumes, le Mémoire approfondi de Klimrath, *Étude sur les Coutumes* (Œuvres, t. II). Klimrath a joint à cette étude une carte géographique très nette. Une autre carte se trouve dans l'*Histoire du droit français* de Worn König et Stein, t. II. Cf. le travail de Suchier dans Grœber, *Grundriss des romanischen Philologie*, t. I, p. 593 et suiv. (indiqué par Dognon, *Les Institutions politiques du Languedoc*, introduction, p. 4, note).

2. *Coutumes de la région septentrionale.* — *Formulæ Andegavenses* [681?] publiées d'après le manuscrit de Weingarten (couvent de Souabe), par Eugène de Rozières. — Ch. Giraud, *Essai sur l'hist. du droit français au moyen âge*, t. II, p. 425.

3. *Anciennes coutumes de Strasbourg* octroyées au xe siècle par Erchambaud, évêque de cette ville (vers 980). Giraud, *Hist. du droit français, Preuves*, t. I, p. 7-18.

4. Les Usages de Saint-Dié sont consignés dans deux documents curieux, la *Littera antiqua rectitudinum* et le *Titre de la féauté* et du *Saône* (Σύνωδος, synode). La première de ces pièces constate, dès l'an 1003, les droits seigneuriaux du chapitre dans toutes ses terres, la deuxième a été rédigée seulement en 1463 à la supplication des habitants de la ville. Jusque-là, et depuis un temps immémorial, chaque année, le dimanche de *Lætare Jerusalem*, un des échevins de la ville la récitait de mémoire aux bourgeois assemblés dans le cloître du chapitre. — E. Bonvalot, *Hist. du Droit et des Institutions de la Lorraine*, p. 202.

5. Epinal dépendait des évêques de Metz. Cette ville avait reçu de l'un d'eux une coutume laconique que complétèrent et développèrent des actes postérieurs. E. Bonvalot, *ouv. cité*, p. 200. — Voir Charles Ferry, *Coutumes d'Epinal* (1892), in-8.

A *Metz*, à *Toul*, il y avait également des coutumes fort anciennes. A Metz, on cite les chartes de 1179, 1197, 1214. « Les ordonnances édictées par les magistrats municipaux sous le nom d'*atour* existent encore aujourd'hui pour la plupart en originaux dans les archives de la ville. Elles ont été insérées dans d'anciennes collections manuscrites et imprimées en bonne partie dans les *Preuves de l'histoire de Metz*. Le droit privé s'y mêle au droit public; les institutions concernant la famille, la propriété et les contrats sont confondues avec l'organisation du gouvernement, des magistratures, de la police, des corps de métiers, des impôts, etc. Ces atours déterminent en un mot les rapports de la cité avec les habitants et les rapports des habitants entre eux. Signalons encore l'*Ordonnance des maiours* qui, par ses textes additionnés, enseigne le formalisme méticuleux à observer pour conduire une action devant leur juridiction (Voir Aug. Prost, *Étude sur l'ordonnance des maiours*, Paris, Larose, 1878; le *Style du Palais*, qui trace les règles à suivre pour l'instruction du procès devant les *Treize*; le *Style de l'Amendellerie*, qui apprend aux notaires à libeller leurs actes selon les besoins multiples de la vie civile, enfin le *Livre des Jugements du maître échevin*, qui applique et interprète au besoin les lois de la cité. » (Manuscrit à la Bibliothèque Nationale et à la Bibliothèque de Nancy.) E. Bonvalot, *ouv. cité*, p. 204.

sont le plus souvent unies aux Chartes, aux Privilèges et semblent elles-mêmes des privilèges. Pour la région proprement dite *Coutumière*, l'état de la science ne nous permet pas de dresser une liste exacte et complète des différentes lois déjà fixées et écrites. Nous n'en pouvons citer qu'un petit nombre comme l'*Acte d'habitation* de *Fribourg*[1] (en Brisgau [1120]), l'*ancien Droit statutaire de Soest*[2] (Provinces rhénanes, 1120); les *Coutumes de Bourges*, dont le roi Louis VII[3] abolit quelques lois mauvaises en 1145. Le même prince (1155) accorda aux habitants de *Lorris*, en Gâtinais, des Coutumes que confirma Philippe-Auguste[4]. Non pas que ce soit là une coutume au sens où l'on entendit plus tard ce mot : c'est une série de 35 articles touchant la condition des personnes et aussi les corvées, le service militaire, les redevances, les marchés et foires en même temps que la procédure et la pénalité[5]. Dans un désordre, image de celui qui régnait dans les esprits, la *Coutume de Lorris* fixe quelques-unes des règles nécessaires à la vie administrative et sociale : elle précise les points où il était dérogé au droit commun. « Toutes les fois, a dit un de nos plus distingués professeurs de l'École des Chartes, que nous avons pu comparer à des textes juridiques du XIIe siècle de la

1. *Coutumes de la région septentrionale* (suite). — L'*Acte d'habitation* ou le *Stadtrecht* de Fribourg-en-Brisgau (1120) contient la plus ancienne mention du droit municipal de Cologne. Giraud, *ouv. cité*, t. I, *Preuves*, p. 121-128.

2. *Le droit statutaire de Soest* est célèbre dans les Provinces rhénanes. Giraud, t. I, *Preuves*, p. 31-37.

— Il faut ajouter la Charte de *Sindelberg* (1120), tirée des archives de la préfecture de Strasbourg. Giraud, *ibid.*, p. 26-30.

3. Lettres par lesquelles le roi Louis VII abolit plusieurs mauvaises coutumes dans la ville de Bourges. *Ord.*, t. I, p. 9. Mêmes lettres plus complètes (1145), *Ord.*, t. XI, p. 193.

4. *Coutumes de Lorris.* — Lettres par lesquelles Louis VII accorde des coutumes aux habitants de Lorris (1155). *Ord.*, t. XI, p. 209. — Lettres de Philippe-Auguste qui confirment les coutumes accordées aux habitants de Lorris par Louis VI et Louis VII. *Ord.*, t. XI, p. 248. — Lorris (Loiret), chef-l. de cant. et arrond. de Montargis.

5. Ad. Tardif, *Coutumes de Lorris*, Picard (1885). Recueil de textes pour servir à l'enseignement du droit.

Lire l'érudite et sagace analyse que M. Maurice Prou a faite de cette coutume : *Les coutumes de Lorris et leur propagation aux XIIe et XIIIe siècles*, Paris, Larose (1884). — Cette étude fait autorité et nous lui avons emprunté tout ce que nous disons de cette célèbre coutume.

M. Maurice Prou a fait observer que les dispositions de la charte de Lorris ne s'appliquaient qu'à ceux des habitants de Lorris qui y possédaient une maison. — « La charte de Lorris, dit-il encore, est une des plus anciennes où l'on rencontre la disposition en vertu de laquelle un seigneur perd son droit sur un serf au bout d'un an (prescription germanique). — « Pour garantir la sécurité des marchands, l'exercice de la saisie judiciaire du gage fut tempéré, etc. »

même contrée les dispositions de la Charte de 1155, nous avons constaté une dérogation au droit commun du Gâtinais et de l'Orléanais. La rédaction même de certains articles implique une concession de privilèges. » La Charte de Lorris servit de modèle à une centaine de localités désireuses d'obtenir les mêmes libertés ou franchises[1]. Il en fut ainsi d'une autre loi, non moins célèbre, la *Charte ou loi de Beaumont* (en Argonne), concédée par Guillaume de Champagne, archevêque de Reims[2] : elle devint le type imité dans une quantité de Chartes de la région septentrionale (1182). Si durs encore étaient les temps que les habitants de Beaumont considéraient comme un bienfait l'usage libre de l'eau et des bois » (art. 8)[3]. Pâturage et pacage libres, chasse et pêche libres, voilà ce que réclamait avant tout la population du pays à peine défriché. Soixante-dix villages du Luxembourg obtinrent d'être gouvernés par la loi de Beaumont. Louis VII, quelques années auparavant, avait aboli de mauvaises coutumes à *Orléans*[4]. En général, c'est par des lettres royales que nous connaissons l'existence de nombre de coutumes confondues avec les Chartes communales : *Cerny* en Laonnais[5] (1184), *Vassy* en Champagne[6] (1185); *Aire* en Artois (1188)[7]. On y rencontre parfois des

1. *Coutumes de la région septentrionale* (suite). — Voir le détail de cette propagation dans l'ouvrage cité de M. Maurice Prou qui, en outre, a publié un nouveau texte de cette coutume : *Un nouveau texte des Coutumes de Lorris* (fourni par un diplôme original de Louis VII). *Nouvelle revue historique du Droit franç. et étr.*, 1899, livraison 3. Voir aussi *Chartes municipales d'Orléans et de Montargis*, par R. de Maulde, *Nouvelle revue histor. du Dr. fr.*, t. VII, 1883, p. 1.

2. *Loi de Beaumont.* — Beaumont en Argonne (Ardennes), cant. de Mouzon, arrond. de Sedan. Voir Bibliothèque de l'École des Chartes, article d'Arbois de Jubainville, 3e série, t. II, p. 248. — Kurth, *La loi de Beaumont* (*Revue des Questions historiques*, octobre 1881), p. 677. Édouard Bonvalot, *Le Tiers État et la Charte de Beaumont* (A. Picard, 1884).

3. Articles cités par M. Viollet, *Précis de l'histoire du Droit français* (Droit privé), p. 116.

4. *Ord.*, t. I, p. 15, et *Ord.*, t. XI, p. 209 (1178). — *Anciennes coutumes d'Orléans* à la suite des *Coutumes du Beauvaisis*, par la Thaumassière, p. 465. — *Hist. d'Orléans*, par Le Maire, p. 320.

5. *Ord.*, t. XI, p. 231 (1184). — La Thaumassière, *Commentaires sur la coutume du Berri*, p. 238.

6. *Ord.*, t. XI, p. 237 (1185). — 20 articles presque entièrement semblables à ceux des Lettres de commune pour Soissons et pour Compiègne, imprimées au même volume p. 219 et 240.

7. *Coutumes d'Aire.* — *Ibid.*, t. XII, p. 563. Lettres de Philippe VI (1347) par lesquelles il confirme les Lois et Coutumes des Bourgeois de la ville d'*Aire* en Artois; coutumes accordées (1188) par le comte Robert et la comtesse Clémence (16 articles relatifs à la justice et à plusieurs points de droit civil et pénal). Voir Ad. Tardif, *Le Coutumier d'Artois*, Paris, Picard (1883). Recueil de textes pour servir à l'enseignement du droit.

maximes d'une grande élévation morale comme cet article 2 de la coutume d'Aire : « Les habitants faisant partie de l'*amitié* de cette ville s'engagent par serment à se prêter mutuel secours comme à des frères en tout ce qui est utile et honnête[1] ». La fraternité remonte plus haut qu'on ne pense.

Dans la coutume de *Roye*, en Picardie, on relève une prescription relative aux engagements de la femme mariée[2]. Des articles de droit civil se trouvent également épars dans les coutumes de la *Chapelle-Reine* (Gâtinais)[3], de *Senlis*[4], de *Tournai*[5]. La ville d'*Amiens* possédait des coutumes, et la Charte que lui accorda Philippe-Auguste, après que cette ville lui eut été cédée, en 1183, par le comte de Flandre, ne fut qu'une confirmation de vieux droits (1189)[6]. Philippe-Auguste donna aux habitants de Dixmont (1190) la coutume de Lorris. Il confirma (1195) les coutumes dont les bourgeois de *Saint-Quentin* jouissaient du temps des comtes de Vermandois[8]. *Rouen* avait déjà ses fameux *Établissements*[9].

1. *Coutumes de la région septentrionale* (suite). — « Omnes autem ad Amicitiam pertinentes villæ, per fidem et sacramentum, firmaverunt quod unius subveniet alteri *tanquàm fratri suo* in utili et honesto » (art. 2). Ajoutons encore celui-ci : « Si verò aliquis cujus domus combusta fuerit vel aliquis captus se redimendo attenuatus fuerit, unusquisque, paupertato amico nummum unum in auxilium dabit. » (*Coutumes d'Aire*, art. 13.)

2. « Si uxor alicujus burgensis, sine concessione mariti sui fide jubere præsumpserit, fide jussio illa stare non debet. Si verò pro viro suo fide jussionem subierit, quamdiu in mercatura vel in peregrinatione morabitur; mulier de eà re non submonebitur nisi ipsam mercaturam exerceat. » *Ord.*, t. XI, p. 228, art. 17 (1183).

3. La Chapelle-la-Reine (Seine-et-Marne), ch.-l. de cant. et arrond. de Fontainebleau. — *Ord.*, t. XI, p. 229 (1186). — La Thaumassière, *Cout. du Berri*, p. 707.

4. *Ibid.*, t. XI, p. 245 (1186).

5. *Ibid.*, t. XI, p. 248 (1187). — D'Achery, *Spicilegium*, t. XI, p. 345. — Voir encore Lettres de Philippe-Auguste par lesquelles il permet aux bourgeois de Tournai de se conformer aux coutumes observées à Senlis. *Ord.*, t. XI, p. 281.

6. *Ibid.*, t. XI, p. 264 (1189). — Cf. lettres du comte de Ponthieu en faveur de la commune d'Abbeville à l'instar des lettres de la commune d'Amiens. *Ord.*, t. IV, p. 55 (52 articles, dont plusieurs de Droit [1184]). — *Coutumes locales du bailliage d'Amiens*, par Bouthors, Amiens, 1885.

7. *Ibid.*, t. XI, p. 268 (1190). — La Thaumassière, *Coutumes du Berri*, p. 432. — La ville de Dixmont fit longtemps partie du duché de Nemours. — Dixmont (Yonne), cant. de Villeneuve-sur-Yonne, arrond. de Joigny. — Les savants vont visiter avec intérêt, dans une propriété privée, un spécimen curieux d'une forêt antédiluvienne à moitié carbonisée, recouverte par la terre et la végétation.

8. *Ibid.*, t. XI, p. 270 (1195).

9. Probablement de la 2e partie du XIIe siècle. Voir le livre si remarquable de A. Giry, *Les Établissements de Rouen* (Bibliothèque de l'École des Hautes Études, fasc. 55 [1883]). — La charte de Rouen fut adoptée à Falaise, à Pont-Audemer, à Verneuil, à la Rochelle, à Saintes, à Bayonne, à Tours, à Niort, à Cognac, à Saint-Jean-d'Angely, à Angoulême, à Poitiers. — Voir ce que nous avons dit plus haut p. 571, note 2. De même pour St-Omer, p. 572, Arras, p. 572.

Pour la Normandie, se reporter aux textes publiés par Ernest-Joseph Tardif : *Le*

Une des plus anciennes lois coutumières de la France fut la loi de *Vervins* (Aisne) ou loi de *la Bassée*[1]. Elle date du XIIIe siècle, époque où se multiplient les coutumes concédées et écrites. Les noms de simples localités, comme *Saint-Germain-des-Bois*[2], se rencontrent à côté de ceux de villes importantes comme *Douai*[3], dont les coutumes furent confirmées par Philippe-Auguste (1213). La seigneurie de *Saint-Dizier*, appartenant à la maison de Dampierre et relevant des comtes de Champagne, possédait un antique recueil de lois cité plus haut. Guillaume de Dampierre n'en octroye pas moins, en 1228, à ses sujets des privilèges où l'on relève des points de droit civil et de droit pénal. Puis, étrange anomalie dont nous ne devons pas nous plaindre, l'article 66 obligeait les échevins, pour les cas qui ne seraient pas décidés par la Charte, à recourir à la loi et à la coutume d'*Ypres*. Et les bons échevins firent comme on le leur avait dit : en beaucoup de circonstances, ils envoyèrent consulter les échevins d'Ypres; un document fort précieux, publié par Beugnot, dans le deuxième volume des *Olim*, nous fournit les demandes et les réponses, très utiles pour l'histoire du Droit français[4]. Dans les franchises et coutumes accordées par Philippe-Auguste et Louis VIII aux habi-

très ancien Coutumier de Normandie (texte latin), 1 vol. in-8°. Rouen (1881). *Les auteurs présumés du Grand Coutumier de Normandie* par le même. Extraits de l'ouvrage précédent. *L'Ancienne coutume de Normandie*. Réimpression, par W.-L. de Gruchy (St-Hélier, 1881, in-8°).

— Ajoutons pour St-Omer un curieux et fort ancien document, *Les Coutumes de la Gilde Marchande de St-Omer*, publiées par G. Espinas et H. Pirenne. (Extraits du *Moyen Age*, 1901.) — On trouvera, pour le nord de la France, des renseignements dans la *Bibliographie de la Belgique*, de M. H. Pirenne (2e édit., 1901).

1. *Coutumes de la région septentrionale* (suite). — Cette loi est citée par P. de Fontaines (chap. XXI, n° 37, p. 261). — Cette loi, dit Marnier, l'éditeur de P. de Fontaines, servait en Flandre, notamment à Lille. Les habitants de Saint-Dizier, d'après la charte de Guillaume de Dampierre, étaient obligés de la suivre.

— Voir La Thaumassière, *Commentaires des anciennes coutumes du Berri*, p. 232. — *Les coutumes de la ville et échevinage de la Bassée* ont été publiées par Bourdot de Richebourg, *Coutumier général*, t. II, p. 919. — Voir aussi Lalouette, *Hist. de Coucy*, liv. III, chap. II, J. B.; chap. VII, L. V.

2. Saint-Germain-des-Bois (Cher), cant. de Dun-le-Roi, arrond. de Saint-Amand-Mont-Rond. *Ord.*, t. XI, p. 285 (1202). — La Thaumassière, *Coutumes du Berri*, p. 77.

3. *Ord.*, t. XI, p. 302 (1213). — Les successeurs de Philippe-Auguste confirmèrent aussi les *Privilèges et Coutumes de Douai*. *Ibid.*, p. 317 (1223), page 357 (1281), p. 384 (1296). — *Ord.*, t. XII, p. 337 (1299). — *Ord.*, t. IV, p. 78 (1340), etc. — Pour *Douai* on peut consulter *Recueil d'actes en langue romane* (tirés des Archives douaisiennes), par Tailliar, Douai (1849).

4. Le *Tout-Lieu* de Saint-Dizier. *Olim.*, t. II. Appendice. Voir les notes de Beugnot, p. 899 et suiv. — Saint-Dizier (Haute-Marne), arrond. de Vassy.

tants de *Beaumont-sur-Oise*, un article nous apprend que l'affranchissement des serfs dans le pays remontait à l'an 1187 [1]. Au XIIIe siècle appartiennent aussi les anciennes coutumes de *Reims* [2] (1250?) et les fameuses coutumes du *Vermandois* (1253-1258), rédigées cette fois par un légiste, Pierre de Fontaines, imbu de la science du droit romain et qui ouvre la série des auteurs de coutumiers dont nous reparlerons plus loin. La coutume de *Bourgogne* [3] serait, en partie du moins, de 1270. Un manuscrit de la Bibliothèque de Dijon contient certaines dispositions sur le douaire, les acquêts, les aliénations, la possession, la succession, etc. Dans le Barrois, « le Comte et 21 de ses vassaux rédigèrent (1255) un *atournement* applicable à tout le comté, aux fiefs et arrière-fiefs. On y traitait, en sus de quelques matières féodales, de la mainbournie, des saisies, des engagements, des successions des nobles, de l'interdiction de la chasse aux roturiers. Ce règlement est demeuré en vigueur jusqu'à la promulgation de la coutume de 1507 [4] ». L'*Anjou*, l'*Orléanais* avaient leurs coutumes que nous a conservées le recueil des *Établissements* dits *de Saint-Louis* et qui paraissent aussi, nous le dirons plus loin, celles de l'*Ile-de-France*. La Lorraine a également son droit privé et public qui nous a été transmis par le *Livre des Droits* de

1. *Coutumes de la région septentrionale* (suite). — Lettres de Philippe-Auguste. *Ord.*, t. XII, p. 298 (1222). — Lettres de Louis VIII, p. 307. « Si quis homo vel femina hujus communie erat servilis conditionis die qua Math. quondam comes Belli-Montis fecit hominibus Belli-Montis Franchisiam, sicut vidimus contineri in carta sua confecta anno Dominice Incarnationis M° C° LXXXVII, volumus ipsos et heredes eorum liberos in perpetuum remanere. » (Article 22.) — Beaumont-sur-Oise (Seine-et-Oise), cant. de l'Isle-Adam, arrond. de Pontoise.

2. Voir Varin, Archives législatives de Reims, t. I.

3. *Coustumes et stilles gardez ou duché de Bourgogne* (1270-1360). — Giraud, *Hist. du Droit français*, t. II, p. 268-294. — Voici un aperçu sommaire des points de droit : — Du douaire — Des acquests — Des rapports — Des aliénations — Des possessions et saisines — Des successions — ... Des armes et du duel — Des délits et peines — Des ventes — Des obligations — ... Des sentences — Des actions des femmes — De la récréance — Des garants — Des provisions — Des appels au Parlement — Des preuves — Des témoins, etc.

Giraud a tiré le texte qu'il a publié du manuscrit n° 216 (in-f°) de la Bibliothèque de la ville de Dijon.

On y remarque un article : Des langues de bestes : « Qui vend en aultrui justice buef ou grosse beste, la langue est au seigneur de la justice » (p. 328).

Ajoutons aussi les *Coutumes de Châteauneuf-sur-Cher. Ord.*, t. XI, p. 335 (1265). — La Thaumassière, *Coutumes du Berri*, p. 155. — *Coutumier général*, t. III, p. 1018. — Châteauneuf-sur-Cher (Cher), chef-lieu de cant. et arrond. de Saint-Amand-Mont-Rond.

4. Ed. Bonvalot, *Hist. du Dr. et des Inst. de la Lorraine.*

Verdun[1]. Au XIIIe siècle, on est en pleine floraison du Droit français.

Cette floraison continue au XIVe siècle. Nous n'insisterons pas, ce serait trop nous écarter de notre sujet, sur l'*Ordonnance*[2] attribuée à *Jean II de Bretagne* qui, en 1301, compléta l'*Assise* du comte Geffroy de 1185[3], ni sur la *Très ancienne coutume de Bretagne*, complétée sous Jean III[4]. Philippe V le Long confirma (1320) les privilèges accordés par ses prédécesseurs aux habitants de *Montargis* et les rendit communs aux habitants d'*Amilly* et d'autres localités[5]. La comtesse *Mahaut* fit, en 1315, rédiger les coutumes d'*Artois*[6]. Il nous est parvenu une rédaction, probablement de 1360, des *Us et coutumes* du chapitre de *Remiremont*[7]. Les villes de *Beaune*, de *Châtillon-sur-Seine* avaient également des coutumes fixées[8] (1370-1371). Celles de la *ville* et de la *septène* de *Bourges*[9], d'une date incertaine, furent augmentées au XIVe siècle.

1. *Coutumes de la région septentrionale* (suite). — Les Coutumes de Verdun, qui existaient au XIIIe siècle, furent plus tard dites de *Sainte-Croix* parce que le *Livre des Droits* eut pour auteur Jean Mélinon, petit doyen de la justice de Sainte-Croix. Le manuscrit de Mélinon est du XIVe siècle, et appartient à Mlle Buvignier de Verdun. C'est une copie dont le texte a été altéré et défiguré par un scribe ignorant. Le manuscrit déposé à la bibliothèque publique de Verdun est une copie de cette copie, mais une copie incomplète. E. Bonvalot, qui nous donne ces renseignements, ajoute un sommaire du *Livre des Droits* qui, comme tous les coutumiers du temps, mêle le droit politique et le droit privé. — E. Bonvalot, *Hist. du Droit et des Instit. de la Lorraine*, p. 205, et du même, *Les plus principales et générales Coustumes du duché de Lorraine*, Paris, Durand, 1878, in-8°. — A voir également, *Documents pour servir à l'histoire du Droit coutumier à Metz aux XIIIe et XIVe siècles*, publiés par François Bonnardot. *Nouvelle Revue hist. du dr. fr.*, t. IX (1885), p. 206 et 335. — Buvignier, *Notes sur les Archives de l'hôtel de ville de Verdun* (Verdun, 1855, in-8°). — Clouet, *Hist. de Verdun*, II, p. 529 et suiv., 543, III, p. 353 et suiv.

2. La fameuse Ordonnance dite de Jean II ne devrait pas, selon M. P. Viollet, lui être attribuée : ce n'est qu'un ensemble de règles coutumières et peut-être ne daterait-elle que du XVe siècle. — M. Viollet a publié cette ordonnance où il a noté les traces de l'influence des *Etablissements de saint Louis*. (*Etabl.*, t. III, p. 188).

3. *L'Assise au Comte Geffroy*, par Marcel Planiol. *Nouvelle Revue histor. du Dr. fr.*, 1887, p. 11.

4. La *Très ancienne coutume de Bretagne* est une compilation faite sous le règne de Jean III, vers 1330. — Voir Hévin sur Frain, *Arrêts du Parlement de Bretagne*, p. 558.

5. *Ord.*, t. XI, p. 471.

6. Cette rédaction ne nous est pas parvenue. Viollet, *Précis. de l'hist. du Droit français*, p. 119.

7. Ed Bonvalot, *ouv. cité*, p. 201. — Voir aussi du même auteur, *Droits et Coutumes de Remiremont*, Paris, Durand (1870-71), in-8°. *Documents inédits des Vosges*, t. II, p. 169-201. — Richard, *Notice historique sur les fortifications de Remiremont*, Nancy (1853), br. in-8°.

8. Reproduites par Giraud, *ouv. cité*, t. II, p. 329, 337 et p. 338, 398.

9. La Thaumassière, *Anciennes coutumes du Berri*, 2e partie. — Bourdot de Richebourg, *Coutumier général*, t. III, p. 875.

Nous mentionnerons aussi, parmi les nombreuses publications relatives aux

Encore ne sommes-nous pas en mesure de compléter cette liste pour les pays dit coutumiers.

III. — Les Coutumes de la région méridionale.

Nous sommes plus riches en documents pour le Midi, quoiqu'il puisse paraître extraordinaire que les coutumes eussent envahi cette région du Droit écrit. Mais chaque ville, chaque bourgade, avec son égoïsme local, tenait à faire déterminer les exceptions qu'elle entendait apporter aux règles du droit romain. A la fin du xe siècle, la personnalité des lois avait presque disparu : le *Bréviaire d'Alaric* cessait d'avoir une autorité suffisante pour empêcher les coutumes de se former. Les coutumes de la *Réole*[1], du moins les primitives, datent de 917, celles de *Bigorre*[2], du XIe siècle (1097). Au XIIe siècle, le mouvement se généralise : *Prades*[3], *Moissac*[4], *Arles*[5], *Montauban*[6], *Nîmes*[7], *Perpignan*[8], *Valence*[9],

anciennes coutumes des pays de la langue d'oïl, *Les marches séparantes d'Anjou, Bretagne et Poitou*, par Émile Chénon. *Nouvelle Revue histor. du Dr. fr.*, t. XVI, 1892, p. 18 et p. 165. — *Us et coutumes du canton de Bellême* (Orne), par G. Courtois, Bellême, 1884. — Les *anciens usages de Lunéville*, Mémoire de la Société d'Archéologie lorraine, t. XVIII, p. 127. — Les *Coutumes d'Épinal*, par Ch. Ferry, Épinal (1892). — Les *Coutumes de la Haute-Alsace*, dites de Ferrette, par Bonvalot, Paris, 1870. — Le *Coustumier de la vicomté de Dieppe*, par Guillaume Tieulliers, publié par Emmanuel Coppinger (1885).

1. *Coutumes de la région méridionale. — Coutumes de la Réole* : anciennes (917); nouvelles (1201 à 1295). (*Archives histor. du départ. de la Gironde*, p. 236.)

2. *Coutumes de Bigorre* (1097), très courtes, contiennent quelques points de droit. — Giraud, *ouv. cité*, t. I. *Preuves*, p. 19, 25.

3. *Privilèges de Prades* (1113). — Baron de Gaujal, *Etudes histor. sur le Rouergue*, Paris, 4 vol. in-8°, t. I. — Champollion-Figeac, *Mélanges* (Documents inédits de l'Hist. de Fr.).

4. *Coutumes de Moissac* (1125). — *Hist. du Languedoc* (édit. in-f°), t. III. *Preuves*, p. 105. — Lagrèze-Fossat, *Etudes historiques sur Moissac*, 3 vol. in-8° (1872), t. I, p. 67.

5. *Charte du Consulat d'Arles* (1142-1155). Simple charte avec quelques points de droit. — *Gallia Christiana*, t. I. — Giraud, *ouv. cité*, t. II, p. 2-4. — *Statuts d'Arles* (1162-1202). — Giraud, *ouv. cité*, t. II, p. 185-246.

6. *Coutumes de Montauban* (1144-1195-1231-1328). — *Ord.*, t. XI, p. 66. — H. Lebret, *Hist. de la ville de Montauban* (1868), in-4°. — Devals aîné, *Hist. de Montauban* (1855), in-8°.

7. *Privilèges de Nîmes* (1145-1185-1195-1208-1216-1218-1219-1254). — Ménard, *Hist. civile, ecclésiastique et littéraire de Nîmes* (Paris, 1750-1758), 7 vol. in-4°.

8. *Coutumes de Perpignan* (entre 1172 et 1196). — *Mémoires de la société archéol. de Montpellier*, t. III, 1848.

9. *Coutumes de Valence* (Dauphiné). J. Ollivier, *Essai histor. sur la ville de Valence*, Valence (1831), in-8.

Marmande[1], *Millau*[2], *Limoux*[3], *Béziers*[4], *Charroux*[5]. Au XIIIe siècle, chaque année voit naître une et même plusieurs coutumes, ainsi qu'on peut s'en convaincre par le tableau ci-joint[6].

1. *Coutumes de Marmande* (1182 et 1396). Texte provençal (120 articles) publiés par Delpit, *Archiv. histor. de la Gironde*, t. V, p. 187, 194.

2. *Coutumes de Millau* (1187). — De Gaujal, *Etudes sur le Rouergue*.

3. *Coutumes de Limoux* (1192 et 1292). — J. Bouté, *Libertés et Coutumes de la ville de Limoux*, 1 vol. in-8° (1851).

4. *Coutumes de Béziers* (1194). — *Gallia Christiana*, t. VI, *Instr.*, p. 142.

5. *Coutumes de Charroux* (1170-1177; 1247); publiées par de La Fontenelle d'après les manuscrits de dom Fonteneau avec une traduction française, Poitiers (1843), in-8°, puis par Giraud, *ouv. cité*, t. II, p. 399.

6. LISTE CHRONOLOGIQUE DES COUTUMES DU MIDI

(D'après le tableau géographique dressé par M. Émile Jarriand, dans son article sur la *Succession Coutumière* dans les pays de Droit écrit. *Nouvelle Revue historique de droit français et étranger*, année 1890, n° 1, p. 58-79. Pour les sources et références nous renvoyons au tableau même, très documenté, de M. Jarriand.)

X° ET XI° SIÈCLES

Anciennes Coutumes de *La Réole* (Gironde), 917.
Cout. de *Bigorre*, 1097.

XII° SIÈCLE

Privilèges de *Prades* (Pyrénées-Orientales), 1113.
Cout de *Moissac* (Tarn-et-Garonne), 1125.
Charte du consulat d'*Arles* (Bouches-du-Rhône), 1142-1155.
Statuts d'*Arles* (Bouches-du-Rhône), 1162-1202.
Cout. de *Saint-Antonin* (Tarn), 1144.
— de *Montauban* (Tarn-et-Garonne), 1144, 1195, 1231, 1328.
— de *Verlhach* (Verlhac-Tescou, Tarn-et-Garonne), 1144.
Privilèges de *Nîmes* (Gard); 1145, 1185, 1195, 1208, 1216, 1218, 1219, 1254.
Cout. de *Moirans* (Isère), 1164.
— de *Charroux* (Vienne), 1170, 1177.
— de *Perpignan* (Pyrénées-Orientales), 1172, 1196.
— de *Villemur* (Haute-Garonne), 1176.
— de *Valence* (Drôme), 1178, 1331.
— de *Marmande* (Lot-et-Garonne), 1182, 1396.
— de *Millau* (Aveyron), 1187.
— de *Limoux* (Aude), 1192, 1292.
— de *Béziers* (Hérault), 1194.

XIII° SIÈCLE

— d'*Alais* (Gard), 1200, 1217, 1222.
Charte de *St-Gaudens* (Hte-Garonne), 1203.
Cout. de *Montpellier* (Hérault), 1204.
— de *Carcassonne* (Aude), 1204.
— de *St-Vallier* (Drôme), 1204.
— de *Fonsorbes* (Haute-Garonne), 1205, 1275.
Privilèges de *Manosque* (Basses-Alpes), 1206.
Statuts de *Manosque*, 1260, 1315.
Cout. de *Mirepoix* (Ariège), 1207.
— de *Cahors* (Lot), 1209.
— d'*Andance* (Ardèche), 1215, 1296.
— de *Tarascon-sur-Ariège* (Ariège), 1216.
— de *Toulouse* (Haute-Garonne), 1216, 1251, 1273.
— de *Martel* (Lot), 1218.
— d'*Albi* (Tarn), 1220.
— d'*Agen* (Lot-et-Garonne), 1221, 1370.
— de *Gailhac* (Tarn), 1221.
— de *Cordes* (Tarn), 1224.
— de *Montcuq* (Lot), 1224.
Privilèges et Coutumes de *Niort* (Deux-Sèvres), 1224.
Privilèges de *Vienne* (Isère), 1225.
Cout. de *Grasse* (Alpes-Maritimes), 1227.
— de *Genohac* (Gard), 1228, 1234.
— de *Pamiers* (Ariège), 1228.
— d'*Aubiet* (Gers), 1228.
— des *Nobles de Narbonne* (Aude), 1222.
— de *Narbonne*.
— de *Saint-Gilles* (Gard), 1233, 1246, 1287.
— de *Montbrison* (Loire), 1233.
Constitutions, Statuts et Coutumes de *Provence*, 1235.

Non seulement les cités comme *Alais*, *Montpellier*, *Carcassonne*, *Cahors*, *Toulouse*, *Albi*, *Vienne*, *Pamiers*, *Narbonne*, *Avignon*, *Nice*, *Fréjus*, *Grenoble*, *Marseille*, *Bayonne*, *Bordeaux*, *Agen*, mais

Cout. de *Barcelonnette* (Basses-Alpes), 1237.
— de *Digne* (Basses-Alpes), 1237.
— Privilèges de *Saint-Affrique* (Aveyron), 1238.
— de *Montastruc* (Haute-Garonne), 1241.
— de *Bonlieu* (Creuse), 1242.
— de *Lauzerte* (Tarn-et-Garonne), 1241.
Statuts de la ville de *Die* (Drôme), 1241, 1246.
Statuts et règlements d'*Avignon* (Vaucluse), 1243.
Cout. de *Gourdon* (Lot), 1243, 1260.
— de *Montolieu* (Aude), 1243.
— de *Sarraguzan* (Gers), 1244.
Libertés accordées à la ville de *Grenoble* (Isère), 1244-1294.
Libertés de *Crest* (Drôme), 1245.
Libertés de *Foix* (Ariège), 1245-1290.
Privilèges d'*Aigues-Mortes* (Gard), 1246.
Cout. de *Saint-Sulpice* (Tarn-et-Garonne, comm. de Saint-Antonin), 1247.
— de *Saint-Germain-Laval* (Loire), 1248.
— de *Damazan* (Lot-et-Garonne), 1249.
— d'*Aubiac* (Lot-et-Garonne), 1250.
— de *Jarjayes* (Hautes-Alpes), 1252.
— de *Saint-Haon-le-Châtel* (Loire), 1270.
Statuts de la bastide de *Ribouisse* (Aude), 1271.
Cout. de *Montans* (Tarn), 1271.
— de *Nègrepelisse* (Tarn-et-Garonne), 1271.
— de *Rimont* (Ariège), 1272.
— de *Polastron* (Gers), 1273.
— de *Blaye* (Gironde), 1274.
Statuts et coutumes de *Nice* (Alpes-Maritimes), 1274.
Statuts de *Montfort* (Gers), 1275.
Cout. de *Sainte-Gemme* (Gers), 1275.
— de *Sarrant* (Gers), 1275.
— de *Mauvezin* (Gers), 1276.
— de *Bandoux* (Gers), 1276.
— de *Montricoux* (Tarn-et-Garonne), 1276.
— de *Baumont* du Périgord (Dordogne), 1277.
— de *Goudourville* (Tarn-et-Garonne), 1278.
Cout. de *Villebrunier* (Tarn-et-Garonne), 1278.
— de *Saint-Martin* (Gers), 1278.
— de *Barran* (Gers), 1279.
— d'*Auvillar* (Tarn-et Garonne), 1279.
— de *Fleurance* (Gers), 1280.
— de *Saint-Bauzeil* (Ariège), 1281.
— de *Mirande* (Gers), 1281.
— de *Valence d'Agen* (Tarn-et-Garonne), 1283.
— de *Fontenilles* en Comminges (Haute-Garonne), 1283.
— de *Vivez* (Gers), 1283.
— de *Miélan* (Gers), 1284.
— de *Villeneuve-de-Berg* (Ardèche), 1284.
— de *Molières* (Dordogne), 1285.
Privilèges du comté de *Fezenzac* (Gers), 1285.
Cout. de *Beauregard* (Dordogne), 1286.
— de *Puymirol* (Lot-et-Garonne), 1286.
— de *Balaruc* (Hérault), 1286, 1293.
— de *Castel-Amouroux* (La Bastide, Lot-et-Garonne), 1287.
Statuts municipaux et chartes de la ville d'*Apt* (Vaucluse), 1252.
Statuts de *Castellane* (Basses-Alpes), 1252.
Cout. de *Paulin* (Tarn), 1253, 1266.
— de *Labessière* (Tarn), 1254, 1258.
Privilèges de *Najac* (Aveyron), 1253.
Cout. de *Lafox* (Lot-et-Garonne), 1254.
Statuts municipaux et coutumes anciennes de *Marseille* (Bouches-du-Rhône), 1255.
Cout. de *Sainte-Foix-la-Grande* (Gironde), 1256.
— des *Chevaliers de Lautrec*, 1256.
— de *Lautrec* (Tarn), 1274.
— de *Monclar* (Lot-et-Garonne), 1256, 1270.
— de *Castelnau de Bonafous* (Tarn), 1256.
Privilèges de *Villefranche de Rouergue*, (Aveyron), 1256.
Cout. de *Sisteron* (Basses-Alpes), 1257.
Privilèges de *Montélimart* (Drôme), 1258, 1280.
Cout. de *Layrac* (Lot-et-Garonne), 1259.
— de *Villeneuve-s.-Lot* (Lot-et-Garonne), 1260.
— de *Prayssas* (Lot-et-Garonne), 1261, 1303.

des bourgs qui ne sont aujourd'hui que de modestes villages, obtiennent des Chartes et des Privilèges. Simon de Montfort, quoique ayant importé dans ses conquêtes les lois du Nord,

Cout. de *Clermont-Dessus* (Lot-et-Garonne), 1262.
— de *Mende* (Lozère), 1262, 1275, 1276.
— de la *Bastide de Valence* (d'Albigeois, Tarn), 1263.
— d'*Upaix* (Hautes-Alpes), 1264.
— de *Sauvagnas* (Lot-et-Garonne) 1264.
— de *Fumel* (Lot-et-Garonne), 1265.
— de *Corbarieu* (Tarn-et-Garonne), 1265.
— de *Monségur* (Gironde), 1265.
— de *Thégra* (Lot), 1266.
— de *Montlanard* (Quercy), 1266.
— d'*Espalion* (Aveyron), 1266.
— de *Linde* (Périgord), 1267.
— de *Montclar* (Quercy), 1267.
— de *Perpignan* (Pyrénées-Orientales), 1267.
— de *Ste-Colombe* (Lot-et-Garonne), 1268.
— d'*Aymet* ou *Eymet* (Dordogne), 1270.
— de *Laroque-Timbaud* (Lot-et-Garonne), 1270.
— de *Castel-Sagrat* (Tarn-et-Garonne), 1270.
— d'*Aymargues* (Gard), 1270.
— de *Luzech* (Lot), 1270.
Statuts municipaux de *Caudecoste* (Lot-et-Garonne), 1287.
Cout. de *la Sauvetat* (Lot-et-Garonne), 1287.
— d'*Albias* (Tarn-et-Garonne), 1287.
— de *Saint-Pastour* (Lot-et-Garonne), 1289.
— d'*Aucamville* (Tarn-et-Garonne), 1289.
— de *Lectoure* (Gers), 1290.
— de *Grenade* (Haute-Garonne), 1290.
— de *Villeréal* (Lot-et-Garonne), 1291.
— de *Graulhet* (Tarn), 1291.
— de *Boucieu-le-Roi* (Ardèche), 1292.
Privilèges de *Requista* (Aveyron), 1292.
Cout. de *Villefranche* (Hte-Garonne), 1293.
Statuts municipaux de *Salon* (Bouches-du-Rhône), 1293.
Cout. de *Saint-André* (près Villeneuve-lès-Avignon, Vaucluse), 1294.
— de *Mauroux* (Gers), 1294.
— de *Fezensaguet* (chef-lieu Mauvezin, Gers), 1295.

Cout. de *Saint-Maximin* (Var), 1295.
— d'*Aiguillon* (Lot-et-Garonne), 1295, 1312.
— de *Veynes* (Hautes-Alpes), 1296.
— d'*Issigeac* (Dordogne), 1298.
— de *Lamontjoie* (Lot-et-Garonne), 1298.

XIII

XIIIe SIÈCLE [sans dates]

Cout. de *Bayonne* (Basses-Pyrénées).
— de *Marsan* (Gers).
— de *Bazas et Bazadais* (Gironde).
— de *Bordeaux* (Gironde).
— d'*Annonay* (Ardèche).
— de *Sérignac* (Lot-et-Garonne).
— de *Le Temple* (Lot-Garonne).
— de *Saint-Maurin* (Lot-et-Garonne).
— de *Fréjus* (Var).
— de *La Plume* (Lot-et-Garonne).
— de *La Sauvetat-du-Dropt* ou de *Caumont* (Lot-et-Garonne).
— de *Meilhan* (Lot-et-Garonne).
— de *Mézin* (Lot-et-Garonne).
— de *Miraumont* (Lot-et-Garonne).
— de *Montagnac-sur-Auvignon* (Lot-et-Garonne).
— de *Montesquieu* (Lot-et-Garonne).
— de *Montpouillan* (Lot-et-Garonne).
— de *Caumont* (Lot-et-Garonne).
— de *Gontaud* (Lot-et-Garonne).
— d'*Embrun* (Hautes-Alpes).
Statuts de *Romans* (Drôme).
Cout. d'*Agen* (Lot-et-Garonne).

XIVe SIÈCLE

Statuts de la vicomté de *Marennes* (les Marennes ou le Marensin, Landes), 1300.
Cout. de *Marciac* (Gers), 1300.
— d'*Auch* (Gers), 1301.
— de *Tonneins* (Lot et-Garonne), 1301.
— de *Courthezon* (Vaucluse), 1302.
— de *Pouy-Corgelart* (Gers), 1303.
— de *Chatelblanc* (Doubs), 1303.
— de *Castel-Sarrazin* (Tarn-et-Garonne), 1303.
— de *St-Gaudens* (Hte-Garonne), 1303.
— d'*Astafort* (Lot-et-Garonne), 1304.
— de *Nomdieu* (Lot-et-Garonne), 1305, 1308.

s'engageait, en 1216, par serment, à respecter les *Coutumes de Toulouse*. Alphonse de Poitiers, en 1251, promettait de les maintenir. Philippe le Hardi, héritier de son oncle, les confirma

Cout. de la bastide de *Montchabrier* (Lot), 1307.
— de *Peyronne* (Bigorre), 1308.
— de *Pujols* (Lot-et-Garonne), 1309
— de l'*Isle* (Périgord), 1309.
— de *Nérac* (Lot-et-Garonne), 1310, 1339, 1370.
— de *Castera-Bouzet* (Tarn-et-Garonne), 1310.
— et Privilèges de *Montpellier* (Hérault), confirmation par Philippe IV (1310).
— de *Queyras* (Hautes-Alpes), 1311.
— de *Vollore* (Puy-de-Dôme), 1312.
— de *Villeneuve-de-Berg* (Ardèche), 1312.
— de *Capdenac* (Lot), 1320.
— de *Labjean* (Labéjan, Gers), 1313.
— de *Condom* (Gers), 1314.
— de *Villégly* (Aude), 1315.
Charte du Consulat d'*Uzès* (Gard), 1316.
Cout. d'*Orbessan* (Gers), 1320, 1322.
— de *Bourg-Saint-Andéol* (Ardèche), 1321.
Privilèges de *Montauban* (Tarn-et-Garonne), 1322.
Privilèges et Coutumes de *Riom* (Puy-de-Dôme), 1325.
Privilèges de la bastide de *Saint-Louis-en-Périgord* (Dordogne), 1325.
Cout. de *Trie* (Hautes-Pyrénées), 1320.
— de *Gramat* (Lot), 1324.
— de *Saint-Sardos* (Lot-et-Garonne), 1326.
— et Privilèges de *Solomiac* (Gers), 1327.
Statuts et Coutumes de *Bergerac* (Dordogne), 1327, 1337.
Cout. de la bastide *Saint-Martin* (Bigorre), et *Rabasteins* (Hautes-Pyrénées), 1327.
Libertés de *Bardonnèche* (Dauphiné-Italie), 1330, 1336.
Cout. de *Cros* (Bigorre), 1331.
— de *Salmeranges* (Auvergne), 1331.
— de la bastide de *Val-Roi-en-Chalosse* (Gascogne, Landes), 1331.
— d'*Aire* et du *Mas* (Landes), 1332.
— de la *Guépie* (Tarn-et-Garonne), 1333.
Stils de *Villefranche-de-Conflent* (Pyrénées-Orientales), 1337.
Cout. de *Billom* (Puy-de-Dôme), 1340.
— de la bastide de *Beauvais* (Tarn), 1342.
— de *Briançon* (Hautes-Alpes), 1343.
Statuts du *Dauphiné*, 1349.
Cout. d'*Eauze* (Gers), 1352.
— du *Mas-d'Agenais* (Lot-et-Garonne), 1363.
Privilèges d'*Annonay* (Ardèche), 1364.
Statuts de *Provence*, 1366 à 1472.
Cout. de *Monfaucon-en-Bigorre* (Hautes-Pyrénées), 1369.
Privilèges de *Granne* (Dauphiné), 1370.
Grande charte de *Gap* (Hautes-Alpes), 1378.
Privilèges de la ville d'*Aix* (Bouches-du-Rhône), 1387.
Cout. d'*Eyrieux* (Eyrias, Ardèche), 1389.
— de *Deyras* (Vivarais), 1396.
— de *Cazères* (Haute-Garonne).
— de *Lavedan* et de *Barèges* (Hautes-Pyrénées).

Ajoutons un certain nombre de Coutumes sans date : *Gréalou* (Lot); *Port-Sainte-Marie* (Lot-et-Garonne); *Daubèze-en-Bruilhois* (Lot-et-Garonne); *Bouglon* (Lot-et-Garonne); *Châteauneuf-de-Gadagne* (Vaucluse); *Lyon* (Rhône); *Lunel* (Hérault); *Belpech* (Aude); *Montsaunès* (Haute-Garonne); *Angeville*, *Fayolle*, *Larrazet* (Tarn-et-Garonne); *Sainte-Livrade* (Tarn-et-Garonne); *Pradères* (Haute-Garonne); *Castéra-Vignoles* (Haute-Garonne); *Sainte-Marie du-Désert* (Haute-Garonne); *Thil* (Haute-Garonne); *Daux* (Haute-Garonne); *Comberger* (Comberouger, Tarn-et-Garonne); *Cologne* (Gers); *Réalmont* (Tarn); *Villefranche d'Albigeois* (Tarn); *Semolens* (Tarn); *La Bastide-l'Évêque* (Aveyron); *Réalville* (Tarn-et-Garonne); *Valence-d'Agen* (Tarn-et-Garonne); *Pujols-en-Agenais* (Lot-et-Garonne); *Solomiac* (Gers); *Périgueux* (Dordogne); *Saint-Louis-en-Périgord* (Dordogne); *Lesparre* (Gironde); *Sauveterre* (Gironde); *Libourne* (Gironde).

en 1203[1]. Un recueil général des *Constitutions, Statuts et Coutumes de la Provence* fut publié par Raymond Béranger en 1235. Les *Statuts* de la ville d'*Apt* (1252) furent rédigés par des arbitres qualifiés de « jurisperitos ». Les *Statuts municipaux* de la ville de *Salon*, confirmés par l'archevêque d'Arles (1273), étaient lus publiquement chaque année.

Il n'était point possible que l'influence du Droit romain, depuis si longtemps territorial, ne se fît pas sentir dans ces coutumes méridionales. Il se maintenait toujours comme droit commun et beaucoup de coutumes l'autorisaient expressément. « Au point de vue du droit civil, on pourrait, dit M. Émile Jarriand, distinguer deux sortes de coutumes correspondant à deux états de civilisation différents; les unes, faites pour des populations à peine échappées au servage, ou habituées à un minimum très restreint de libertés, ont pour but d'accorder ou de reconnaître seulement la jouissance des droits civils, la liberté individuelle, le droit d'aller et de venir, le droit de se marier n'importe où sans autorisation, de transmettre librement ses biens par testament ou *ab intestat*. Les autres, destinées à des localités depuis longtemps émancipées, ne font que consacrer pour la forme ces droits qui n'auraient pas besoin de consécration; elles précisent, réglementent l'exercice des droits civils. Ce seront le plus souvent les coutumes des villes les plus puissantes, anciens municipes romains ou villes de temps immémorial en possession de leurs libertés; mais aussi, quelquefois, des localités peu importantes ont des coutumes civiles très développées, comme Eauze (Gers), Tonnins (Gironde), Luzech (Lot), Caumont (Lot-et-Garonne), soit que leurs coutumes aient été rédigées à une époque où la science du droit était plus répandue, soit toute autre circonstance[2] ».

Le caractère le plus frappant de ces coutumes méridionales

1. *Coutumes de Toulouse*, publiées d'après le ms. 9187 et 993 fonds latin de la Bibl. Nat., par Adolphe Tardif, Rouen et Paris, 1886, Picard, 1885. *Recueil de textes pour servir à l'enseignement du droit*. Voir aussi *Les livres blancs de Toulouse*, par le même, *Revue des Questions historiques* (19e année, 1884). A lire : *Le Droit privé au XIIIe siècle d'après les coutumes de Toulouse et de Montpellier*, par le même, Paris, 1886, in-8°.

Pour la région pyrénéenne, voir de Lagrèze, *Histoire du Droit dans les Pyrénées*, Paris, 2 vol. in-8°, 1866.

2. Émile Jarriand, *art. cité*.

cent de Beauvais[1]. Il est enseigné par *Jacques de Revigny*, évêque de Verdun [2], qui écrivit des traités sur le *Digeste*, et par le célèbre *Pierre de Belleperche*, évêque d'Auxerre[3], auteur de *Répétitions* sur le *Digeste*. Un autre professeur d'Orléans, *Guillaume du Cuing*[4], devient évêque malgré ses commentaires des lois romaines.

Toul, Reims, Liège sont, comme Orléans, des foyers de science juridique aussi bien pour le Droit civil que pour le Droit canon[5]. L'école romaniste en France, au XIVe siècle, s'honore de

1. *Diffusion du Droit romain.* — Vincent de Beauvais, mort en 1266, auteur du *Speculum doctrinale, naturale, historiale, morale*, vaste encyclopédie dont 4 livres se rapportent au Droit civil et canonique.

2. Jacques de Revigny, professeur à Toulouse, à Orléans, évêque de Verdun, mort en 1296, auteur d'ouvrages restés manuscrits : *Lecturæ in Digestum vetus*; *Expositio quarumdam legum*, etc. — « Fondateur d'une méthode nouvelle dans l'enseignement du droit, il déconcertait ses adversaires par sa logique serrée. D'après une tradition rapportée par D'Argentré, c'est lui qui, le premier, a proposé, à propos de la succession des étrangers, la question du Droit international privé. » (E. Bonvalot, *Hist. du Droit et des Instit. de la Lorraine*, p. 220.)

3. Pierre de Belleperche, professeur à Toulouse, Orléans, évêque d'Auxerre (125?-1309), auteur de *Répétitions sur le Digestum vetus*, *Commentaires sur le Digestum novum*, *Lecture sur le Code*, *Commentaire sur les Institutes*.

4 Guillaume du Cuing, professeur à Toulouse, à Orléans, évêque, (1270-1336), auteur d'un *Commentaire sur le Digestum vetus et le Code*.

5. « Toul lutte d'émulation avec Reims et Liège. C'est un foyer juridique, qui, aux XIVe et XVe siècles, conserve, par la science des maîtres et le chiffre des disciples, la splendeur qui a marqué ses débuts. Des cours de droit civil et canonique (et ce sont les premiers organisés en France) y formaient les élèves à la théorie et à la pratique. Les évêques Eudes de Vaudémont et Jean d'Arzillières augmentèrent par leurs libéralités le nombre des chaires et le traitement des professeurs. De cette école sont sortis une pléiade de maîtres et d'élèves illustres.... »

« A Metz, au XIVe siècle, Guillertin de Beaumont professe le droit; Cherbin régente l'école de Saint-Wit; Viry d'Ardenne est écolâtre de la cathédrale. Des personnages distingués par leur science juridique occupent successivement le siège épiscopal de cette ville : Adalbéron, ancien élève de Toul; Bertram, disciple d'Irnerius, auteur de trois grandes Constitutions messines; Jean de Flandre, gradué de l'Université de Paris, un des plus savants prélats de son temps. A leur suite vient encore Guillaume Huin d'Etain, docteur ès lois et décrets. Après avoir été archidiacre à Verdun, primicier à Metz, promoteur au concile de Bâle, il fut créé cardinal du Saint-Siège, légat en Lorraine et mourut à Metz abbé de Saint-Vincent.... »

« Sous le rapport juridique, le diocèse de Verdun a été plus illustré par ses prélats que par ses écoles. Mais du groupe des prélats verdunois se détachent quatre grandes figures de jurisconsultes : Jean d'Aix... Jacques de Troyes (plus tard pape sous le titre d'Urbain IV)... Robert de Milan... Jacques de Revigny.... »

« A l'histoire de la culture du Droit en Lorraine, il faut rattacher encore deux jurisconsultes célèbres : Pierre Samson et Guillaume de la Marche. Le premier, conseiller au Parlement de Paris sous Philippe le Bel, appartient, il me semble, à notre pays, à un triple titre : par le Bassigny où il est né; par Langres où il a professé; par ses ouvrages : l'*Apparatus sur les Décrétales*, les *Disputationes* et les *Distinctiones*, qui étaient classiques dans nos écoles épiscopales et monastiques. Quant à Guillaume de la Marche, qualifié chanoine de Toul après avoir acquis, au

Petrus Jacobi (d'Aurillac)[1], de *Jacques Rebuffe*, qui enseigna à Montpellier[2], de *Jean Faber*[3]. Le Parlement a son auditoire du *Droit écrit*. Ses conseillers sont des romanistes, même quand ils portent le camail d'évêque ou de chanoine : le Droit romain leur paraît l'idéal dont ils voudraient se rapprocher. « Restreindre les coutumes haineuses, a observé Rapetti, en diminuer le nombre, étendre l'empire du Droit commun, en d'autres termes assimiler de plus en plus la coutume et le Droit romain, tel a été, en France, le principal et constant effort des légistes officiels et non officiels. » La royauté elle-même, ainsi que l'a constaté Tardif, appelle (sous Louis X) le Droit romain, le Droit commun et décide qu'on le suivra toutes les fois que les parties qui allèguent la coutume ne pourront pas en prouver l'existence[4].

barreau de Paris, une belle fortune, il l'a employée à fonder, dans l'Université de cette ville, le collège de la Marche, qui a servi, depuis 1389 jusqu'à la Révolution, à l'éducation des étudiants pauvres du Barrois.... » (E. Bonvalot, *Hist. du Droit et des Instit. de la Lorraine*, p. 218-221.)

1. *Diffusion du Droit romain* (suite). — Petrus Jacobi (Pierre, fils de Jacques), dont le véritable nom était Gascher, d'après une tradition que rapporte Chabrol, était originaire d'Aurillac. Il étudia le droit à Toulouse et à Montpellier. Il fut probablement professeur dans cette dernière ville où il écrivit, de 1311 à 1329, un *Traité des Actions* qui a reçu de la reconnaissance des lecteurs, sinon de l'enthousiasme peu désintéressé des éditeurs, le surnom de *Pratique d'or* ou Pratique dorée (Practica aurea). (Tardif, *Hist. des Sources du Droit*, p. 424.)

2. Jacques Rebuffe fut pendant trente ans professeur à Montpellier, sa ville natale; mort en 1438; auteur d'un commentaire sur les *Tres libri Codicis*. (Tardif, *ibid.*, p. 428.) — On peut ajouter Jean Bely, né dans le Limousin (1360-1433), évêque de Lavaur, auteur d'une *Summa de ordine judiciorum*.

3. Jean Faure, communément appelé *Faber* et quelquefois *Runcinus*, était né à Roucines ou Roussines (Indre), village de la seigneurie de Montberon. Il nous apprend que Faber était un surnom qui lui fut donné en raison de son ardeur au travail. *Ego dictus Faber, non ferrarius, quia libenter operor et facio operari...* (*Inst. de div. rer.*, § 30.) D'abord professeur à Montpellier, puis avocat, il fut plus tard sénéchal de La Rochefoucauld en Angoumois. Brodeau affirme que Jean Faber mourut vers 1340. Le *Commentaire sur les Institutes* est l'œuvre la plus importante de Jean Faber et la plus fréquemment citée avec les plus grands éloges. Il y a rapproché avec la plus grande compétence le Droit coutumier du Droit romain. Du Moulin, qui ne prodiguait pas les éloges, dit qu'il était « callentissimus consuetudinum Franciæ ». On ne cite cependant qu'un seul manuscrit de ce commentaire qui soit conservé en France : il est à Tours.... (Tardif, *Hist. des Sources du Droit français*, p. 422.)

Jean Faber, dans son *Commentaire*, se plaint de l'ignorance du latin et il critique vivement les professeurs d'Orléans qui faisaient leur cours partie en latin, partie en français.... « Undè quandoque fuerunt, ut dicitur, Aurelianenses lectores, qui partim latinum, partim gallicum in cathedra loquebantur : quibus melius esset, quod haberent grossum idioma Engolismense vel Pictavense et scirent loqui latinum et intelligere Scripturas, quàm latinum spernere et falsa opinione gallicum judicarent supremum eloquii obtinere.... » (*Instit.* de Justin., De Excusat., v° Similiter.)

4. *Ord.*, 17 mai 1315, art. 19 et 20. — *Ord.*, t. I, p. 567. — Tardif, *ouv. cité*, p. 276.

V. — Le Droit canon [1].

Il faut d'autant moins s'étonner de ce goût des canonistes pour le Droit romain qu'après tout le Droit canon en était sorti. L'Église avait pris pour modèles les lois romaines. Certes elle leur fit subir les changements que lui dictaient les besoins d'une société différente de la société païenne. Elle constitua, du xiie au xive siècle, une législation qui lui fut propre. Bien que les canons (règles) des Conciles eussent commencé à être réunis dès le vi[e] siècle et que des compilations plus ou moins savantes, eussent été essayées [2], ces travaux furent éclipsés par ceux du moine *Gratien*. Au fond d'un couvent de Camaldules, à Bologne, Gratien recueillit (sans doute avant 1150) les canons de tous les Conciles et les décrétales des papes dont il était le contemporain [3]. Il posa la

1. *Le Droit canon.* — Voir, sur le Droit canon, le grand ouvrage du P. Thomassin (de l'Oratoire), (1619-1695) : *Ancienne et nouvelle discipline de l'Église*, Paris, 1678-1679, 3 vol. in-f°. — Nouvelle édition française remaniée, Paris, 1725, 3 vol. in-f°. — Édition par l'abbé André, Bar-le-Duc, 1864-1867, 7 vol. in-4°. — Sohm, *Das Recht der Eheschliessung aus dem deutschen und canonischen Recht geschichtlich entwickelt.*

2. Dans les dernières années du ve siècle et probablement sous le pontificat d'Anastase II (496-498), le moine Denys fit, à la demande d'Étienne, évêque de Salone en Dalmatie, une nouvelle traduction des canons des conciles de Nicée, Ancyre, Néocésarée, Gangres, Antioche, Laodicée et Constantinople, réunis dans une seule série de 165 numéros. Viennent ensuite 27 canons du concile de Chalcédoine, 21 du concile de Salonique, 131 du concile de Carthage de 419, puis une deuxième partie comprenant 38 décrétales des papes (384-498). Cette collection fut envoyée en Gaule par le pape Hadrien (774), promulguée par Charlemagne à l'assemblée d'Aix-la-Chapelle. C'est à ce Code d'Hadrien que se référaient les Parlements quand ils invoquaient les anciens canons reçus en France.

Une autre collection, l'*Hispana*, attribuée à saint Isidore de Séville qui mourut en 636, contient des textes rangés dans un ordre méthodique vers la fin du viie siècle (10 livres). Elle resta en usage dans les royaumes espagnols jusqu'au xiie siècle. Elle entra en grande partie dans le recueil bien plus célèbre des *Fausses Décrétales* ou de Pseudo-Isidore, recueil du ixe siècle (probablement entre 844 ou 847 et 853) : *Decretales Pseudo-Isidorianæ et capitula Angilrami* (recensuit P. Hinschius, Lipsiæ, 1863). — Parmi les nombreuses collections qui précédèrent le décret de Gratien, il faut signaler celles de Burchard, évêque de Worms (1012-1023), vaste compilation appelée au moyen âge le *Brocard* (20 livres de *Decreta*, Migne, *Patrolog.*, t. CXL); — la collection d'Anselme de Lucques, mort vers 1086; — le *Decretum* attribué à Yves de Chartres, mort en 1117, la *Panormia* d'Yves de Chartres, composée vers 1090. (Migne, *Patrolog.*, t. CLXI; d'après Tardif, *Sources du Droit canonique.*)

3. Gratien était un religieux du monastère de Saint-Félix à Bologne. Il professa dans cette ville dans la première moitié du xiie siècle. Le *Décret* de Gratien contient les canons du deuxième concile de Latran (1139). Les dernières décrétales qu'il cite sont du pape Innocent II (1130-1148). Le *Décret* de Gratien est divisé en 3 grandes parties (plan probablement inspiré par les *Institutes* de Justinien). Édition de Friedberg, Leipzig (1879-1881), 2 vol. in-4°.

Voir dans Tardif, auquel nous empruntons ces notes, la liste des glossateurs de

première pierre du monument du Droit canon. Le pape *Innocent III*[1], malgré les embarras de luttes incessantes en faveur de l'indépendance du Saint-Siège, le pape *Honorius III* construisirent de nouvelles assises. L'énergique *Grégoire IX*[2], qui devint centenaire sur le trône pontifical, reprit l'œuvre de ses prédécesseurs. Il réunit leurs compilations et en fit un tout qui fut la suite du *Décret* de Gratien. Le corps du Droit canonique apparut alors avec son architecture définitive et ses *cinq* parties ou *livres*. *Boniface VIII* en ajouta un sixième[3], le *Sexte*; le pape *Clément V*, un septième, les *Clémentines*[4]. L'édifice sembla achevé : il n'y eut plus que des additions secondaires, dites les *Extravagantes*[5].

A peine formé, le Droit canon eut, comme le Droit romain, ses glossateurs. Les théologiens, pour la plupart, devinrent de subtils canonistes. Leur maître fut, en quelque sorte, *Guillaume Durand*, né près de Béziers (1237), dignitaire de la cour de Rome, évêque de Mende[6] : il composa le *Speculum Juris*, y mêlant préceptes romains et canoniques, procédure civile et procédure

Gratien parmi lesquels nous ne nommerons que *Rufin*, élève de Bologne, professeur à Paris, auteur d'une *Somme* (vers 1164).

Cinq compilations (œuvres privées) suivirent le *Décret* de Gratien : 1° *Breviarium* (Bernard de Pavie, mort en 1213); 2° *Décrétales d'Innocent III* (1198-1216); 3° *Recueil de Gilbert* (Anglais); 4° *Recueil d'Alain* (Anglais, 1208); 5° Bernard de Compostelle,

1. *Le Droit canon* (suite). — En 1210, le pape Innocent III fit faire, par son notaire Collivacinus de Bénévent, plus tard cardinal, un recueil de ses décrétales les plus importantes et il l'envoya à l'Université de Bologne. Ce fut la première compilation officielle faite par l'ordre des souverains pontifes. Il y en eut encore deux autres sous le même pontificat. La compilation des décrétales d'Honorius III de 1216 à 1226 et la grande Constitution de l'empereur Frédéric II (1220) formèrent la 4° compilation et, en réalité, la 2° collection officielle des *Décrétales*.

2. Hugues d'Arauca, cardinal évêque d'Ostie, neveu d'Innocent III, pape à quatre-vingt-deux ans, succéda à Honorius III en 1227. Dès 1230 il chargea Raymond de Peñaforte, professeur à Bologne, de faire une collection générale des *Décrétales* : elle fut terminée en 1234 et adressée aux Universités de Bologne et de Paris.

3. Ce nouveau recueil officiel comprit les décrétales postérieures à la promulgation des cinq livres de Grégoire IX. Il fut promulgué par la bulle *Sacro-sanctæ Romanæ Ecclesiæ* (1298). Il contient aussi 5 livres et 76 titres.

4. Clément V (1305-1314). — Les *Constitutiones Clementinæ* datent de 1313 (1314).

5. Les décrétales promulguées postérieurement à Clément V ne firent l'objet d'aucun recueil officiel fait par l'ordre et sous l'autorité des papes : de là le surnom d'*Extravagantes* (vagantia extra). On distingue seulement, parmi ces extravagantes, celles de Jean XXII, qui formèrent comme un appendice du Corps du Droit canon auquel devaient s'ajouter, au XVI° siècle, les Décrets du concile de Trente.

La première édition imprimée du *Corpus Juris canonici* fut donnée à Paris, en 1500, par Ulrich Gering et Berthold Remboldt. Elle contenait les 20 constitutions de Jean XXII placées à la suite des *Clémentines*.

6. Guillaume Durand (ou Duranti, Durantis, d'après les variantes des copistes).

criminelle, fournissant aux écoles une ample matière d'études et de discussions. Guillaume Durand fut surnommé le *Père de la Pratique*. Pasquier le considérait « comme miracle vrayment de nature au peu qu'il vesquit; lequel ayant donné à son livre le nom et le titre de *Speculum*, servit de mirouer au second aage des Docteurs qui régnèrent dès et depuis l'an 1300 jusques en l'an 1500; car, ayant été la bonde par lui levée, ils se débordèrent en torrents en l'application du droit[1] ». Sa renommée excita l'émulation dans sa famille; son neveu, *Guillaume Durand le jeune*, qui fut aussi évêque de Mende (mort en 1328), écrivit un traité du *Concile Général*[2]. Au XIVe siècle, *Pierre d'Ailly*, chancelier de France, cardinal, publia des ouvrages non moins répandus et accrédités[3]. Plus illustre encore fut son élève, *Jean Gerson*, qui joua un rôle dans le Grand Schisme[4]. En même temps qu'une grande puissance judiciaire, l'Église était devenue un brillant foyer de science juridique.

VI. — Le Droit coutumier. Les premiers livres de Droit français.

Le Droit canon, à peine régularisé, le Droit romain, mal dégagé de l'obscurité des gloses, n'en guidèrent pas moins les légistes appliqués à fixer les coutumes. *Pierre de Fontaines*[5], en

Dans son *Speculum* il s'appelle lui-même Durandus ou Durandi (filius Durandi) suivant l'usage d'une partie de la France à cette époque (1237-1296). Le *Speculum Juris* (1271) se divise en 4 parties, traitant, la 1re de l'organisation judiciaire, la 2e de la procédure, la 3e de la procédure criminelle, la 4e des actions possessoires, des servitudes, de la revendication, de la vente, du louage, des obligations, des successions et testaments, etc.

Voir sur Guillaume Durand, outre les Hist. du Droit citées : *Gallia Christiana*, t. I, col. 94; — *Hist. littér. de la France*, t. XVI, p. 78; — Beugnot, *Coutumes du Beauvaisis*, t. I, p. XV; — Th. Huc, *Etudes historiques sur la procédure civile*. *Revue de législation*, t. IX, 1856, p. 19 et suiv.

1. Nous abrégeons ici cet éloge fait par Et. Pasquier, *Les Recherches de la France*, liv. IX, chap. XXXV, p. 980.

2. *De modo celebrandi concilii et corruptelis in Ecclesiis reformandis.*

3. Pierre d'Ailly (1350-1425) a écrit : 1° *Tractatus de ecclesiastica potestate*; 2° *Canones reformandi Ecclesiam*; 3° *De Emendatione Ecclesiæ.*

4. Jean Gerson, élève de Pierre d'Ailly (1350-1425) a écrit : 1° *De Unitate ecclesiastica*; 2° *De Potestate ecclesiastica*; 3° *De Auferabilitate papæ ab Ecclesiâ.*

5. *Le Droit coutumier.* — Voir, sur Pierre de Fontaines : Du Cange, préface des *Etablissements de saint Louis* et l'*Introduction* de A.-J. Marnier, éditeur de l'œuvre si importante de Pierre de Fontaines (Paris, 1846). — On ne connaît pas exactement les dates de sa naissance et de sa mort : il vivait encore sous Philippe le Bel en 1289 et il était bailli de Vermandois.

France, l'ami de saint Louis, l'un des membres du Parlement, fut un fervent admirateur et imitateur du Droit romain. Pour répondre à un désir du saint roi [1], il entreprit, sous le titre de *Conseil à un ami*, d'écrire les coutumes du *Vermandois*. Mais, de même que les chroniqueurs travestissaient l'histoire et faisaient descendre les Francs de *Francus*, Pierre de Fontaines fit passer dans son langage français les textes des lois latines qu'il assimilait à des lois féodales. Pour maladroite qu'elle fût, cette paraphrase du *Digeste*, du *Code*, n'en impliquait pas moins un sérieux effort pour ramener les coutumes indécises à des principes supérieurs. Pierre de Fontaines proclame l'autorité de ses modèles : « Fermement, dit-il, doit garder la Justice ce que la loi écrite enseigne.... Molt doit en amer l'usage et fermement tenir, qui s'accorde à lois escrites [2].... » L'excuse qu'il donne de l'imperfection de son ouvrage en démontre précisément l'utilité : car, ajoute-t-il, « les anciennes coutumes sont moult anéanties », chacun suit plus sa volonté que les traditions anciennes et le pays « est à peu près sans coutume [3] ». Pierre de Fontaines aurait voulu étendre ses observations au delà du cercle restreint du Vermandois : il se proposait d'écrire aussi les coutumes « d'autres cours laies » ; il rêvait, en quelque sorte, de chercher l'unité du Droit.

Un disciple resté inconnu de l'École d'Orléans crut y atteindre. Dans son livre de *Jostice et de Plet*, il n'imagina rien moins que

1. *Le Droit coutumier* (suite). — « Entendant m'avez fait plusieurs foiz que vos avez un fil qui molt bien s'en dotrine de bones meurs et de ferme créance, et que vos espérez que après vos liegne vostre éritage, por ce se voudriez qu'il s'estudiast ès lois et ès costumes du païs dont il est, et en usage de cort laie, en cel tens meesmement que armes sont soupendues, si que quant il éritera, qu'il sache droit fère à ses sougiez et retenir sa terre selonc les lois et les costumes du païs, et ses amis conseiller quant mestiers lor sera : et de ce m'avez vos requis, et requerez que je li face un escrit selonc es us et costumes de Vermendois et d'autres corz laies. » (*Conseil*, chap. I, II.)

2. « Fermement doit garder la justise se ce que la lois escrite enseigne.... » (*Ibid.*, chap. XI, I.)

« Molt doit en amer l'usage et fermement tenir qui s'acorde à lois escrites. » (*Ibid.*, chap. XV, § 24, p. 121.)

3. Mès es costumes de Vermendois me truis je molt esbahi : por ce que les ancienes costumes que li preudome çà en arière soloient tenir et user, sont molt anéanties et presque totes faillies, partie par baillis et par prévoz, qui plus entendent à leur volenté fère que à user des costumes : partie par la volenté de sens, qui plus s'aert à son avis que as fez des anciens : partie mès presque toz les riches, qui ont soufert à despoillier les povres, et or sont par les povres li riche despouilié, et si que le païs est à bien près sanz costume.... » (*Ibid.*, chap. I, § III, p. 4.)

de dessiner tout un code. Il suivit la division du *Digeste* (Digestum vetus, infortiatum et novum)[1]. Mais son texte, altération plutôt que traduction du Droit romain, rempli de brocards et de questions, trahissait, selon son éditeur Rapetti, le cahier de notes de l'écolier[2]. Faut-il néanmoins s'étonner, autant qu'on l'a fait, de ce que l'auteur, ignorant de l'histoire, ait traduit les titres des magistrats romains par ceux de bailli, prévôt, seigneur, roi, etc. Faut-il lui reprocher d'avoir remplacé les noms des jurisconsultes Ulpien, Pomponius, Florentinus par ceux de Geoffroi de la Chapelle, Renaud de Tricot, Jean Monoyer, baillis ou conseillers du Parlement? A notre avis, l'auteur a fort bien pu entendre de la bouche de ces personnages les réponses qu'il leur attribue, et si elles se trouvent être des traductions de textes latins, serait-il téméraire de penser que cette altération fut l'œuvre de ces baillis eux-mêmes, bien capables de se servir, dans leurs assises, des formules romaines francisées à leur façon? La vivacité des mises en scène, dans le livre de *Jostice et de Plet*, nous donne l'illusion de procès réellement vus et entendus. Ce qui paraît plus singulier ce sont les changements que l'auteur de *Jostice et de Plet* fait subir à un droit vivant, le Droit canon. Il prête aux dispositions de ce Droit une origine qui ne leur appartient pas; il présente comme des coutumes communales des règles empruntées aux *Décrétales*. Aussi faut-il rabattre des éloges que Klimrath avait faits de cet ouvrage qu'on ne saurait considérer comme un véritable coutumier. Il préparait seulement les coutumiers, car, dit son éditeur Rapetti, « au moyen âge, pour trouver ce qu'on ne se donnait pas, des lois, on n'avait que la ressource de la coutume.... On détruisait sans le savoir, mais on innovait et l'on créait tout en voulant conserver et s'abstenir de changements. C'est ainsi peut-être que dans le livre de *Justice et de Plet* l'on s'est efforcé de conserver, tout en les utilisant pour un nouvel emploi, la loi romaine et la loi canonique; quelques mots sont à

1. Le *Livre de Jostice et de Plet*, édité par Rapetti (*Documents inédits de l'histoire de France*. — Voir aussi les travaux de Klimrath. Ce sagace explorateur des sources du Droit français a dit en parlant de ce livre : « Cet ouvrage nous met en quelque sorte dans le secret du travail des anciens légistes pour la composition d'un coutumier. (*Travaux de Klimrath*, t. II, p. 128.)

2. Préface de Rapetti, XXVIII, XXIX. M. Viollet pense que le *Livre de Jostice et de Plet* est antérieur aux *Etablissements*. (*Introduction aux Etablissements*, t. I, p. 60.)

peine changés: l'innovation ne paraît point radicale, mais cela suffit : l'une et l'autre de ces lois ont cessé d'être elles mêmes, ce ne sont plus que les matériaux d'une loi nouvelle [1] ».

Un vrai coutumier, publié peu de temps après (1273), ce fut l'ouvrage intitulé les *Établissements de saint Louis* [2]. Célébrés longtemps comme un monument législatif, dépréciés et dédaignés ensuite, même par Montesquieu, ils ne méritaient ni cet excès d'honneur, ni cette indignité. Quoiqu'ils s'ouvrent par deux Ordonnances royales incontestées (chapitres 1 à 9), l'une sur la procédure à suivre au Châtelet de Paris, l'autre sur les gages de bataille, ils ne sont plus défendus comme étant l'œuvre du pieux monarque dont ils ont pourtant gardé le nom. Leur dernier et définitif éditeur, M. Viollet, a expliqué qu'ils se composaient de deux coutumes juxtaposées, la première la plus considérable, de *Touraine* et d'*Anjou*, la seconde de l'*Orléanais*, toutes deux accompagnées de références nombreuses au Droit romain et au Droit canon. Non pas que le rédacteur ait cherché à fondre dans le texte les lois romaines ou les *Décrétales* : ces interpolations sont nettement détachées et, dans la plupart des manuscrits, distinguées par l'écriture en encre rouge [3]. Elles justifieraient, à notre avis, les

1. *Le Droit coutumier* (suite). — Rapetti, *Le Livre de Jostice et de Plet*. Préface, XVII. — Rapetti conclut ainsi sa préface : « Disons-le pour résumer les observations qui précèdent, l'auteur du *Livre de Jostice et de Plet* a voulu faire un corps de Droit français à l'aide du Droit romain, du Droit canonique, des coutumes et des établissements royaux. Au Droit canonique, au Droit romain surtout il a pris tout ce qu'il a cru pouvoir prendre, et tout cela il l'a confondu, en le transformant de son mieux, avec ce qu'il savait des coutumes et des établissement royaux », p. XXV.

2. *Les Établissements de saint Louis*. — Ces *Établissements* ont été publiés par M. Paul Viollet, 4 vol. (Société de l'hist. de France), 1881 : T. I, Introduction. T. II, Texte des Établissements. T. III, Textes primitifs et textes dérivés, Notes. T. IV, Notes, Table, Glossaire.

Laurière, Beugnot, La Ferrière ont adopté la tradition qui attribue les *Établissements* à saint Louis. Laboulaye, Adolphe Tardif, de Valroger, Wallon ont adopté la négative que soutient M. Viollet et qui a été décidément adoptée par tout le monde. Nous n'entrerons pas dans cette discussion qu'on trouvera tout au long dans l'Introduction de M. Viollet, introduction qui, à elle seule, forme un véritable ouvrage. Nous renvoyons de même à son livre pour la description minutieuse et précise des différents manuscrits.

3. Ces références ne sont pas distinguées dans les manuscrits R (Bibl. nat., n° 18 096), K (n° 5899). Dans le ms F de la Bibl. de Troyes (n° 1709) elles apparaissent bien nettement détachées en encre rouge, ce qui prouverait que le manuscrit copié, peut-être l'original, avait probablement aussi distingué le texte et les commentaires. M. Viollet a eu raison de consacrer cette distinction dans son édition en imprimant les références et commentaires en italique. Dans le manuscrit I (n° 13 985, in-8°), lettres peintes, titres en rouge, les citations du Code, des Décrétales sont distinguées par l'encre rouge, mais les mots amenant les citations ne le

assertions d'un *Prologue* qui, sans avoir, comme on le disait jadis, la valeur d'une publication officielle, indique tout au moins que les auteurs ont cherché « les concordances des loys, des canons et des décrétales pour confirmer les bons usages et les anciennes coutumes[1] ». En admettant que le manuscrit de la *Coutume de Touraine et d'Anjou* de la bibliothèque de l'Arsenal[2] soit antérieur aux *Établissements* (ce qui n'est nullement certain[3]), et que la première partie des *Établissements* en soit une copie, au lieu d'être l'original d'après lequel aurait été confectionné ce manuscrit, cette interpolation des références n'en reste pas moins une œuvre d'érudition et de critique fort importante. Nous ne ferons qu'une observation, c'est que ce manuscrit serait non pas une *Coutume* mais un *Coutumier*, car la forme est trop littéraire pour être celle de coutumes primitives. Elle diffère trop de celle de la *Compilation des Usages et Coutumes d'Anjou*, qui offre bien les caractères d'une coutume avec des articles brefs et concis. On pourrait s'expliquer ainsi les additions et les références qui auraient été ajoutées à une rédaction déjà savante, méthodique, pittoresque souvent et dialoguée, inspirée évidemment de souvenirs de procès vus et entendus[4]. Pourquoi aussi (c'est une pure

sont pas : le copiste n'a voulu mettre en relief que les mots latins. C'est un commencement de critique. Plus tard on distingua par les mêmes caractères rouges les passages entiers qui ont trait à ces références et à ces concordances, tels que M. Viollet les a imprimés en italique. Mais on ne saurait attribuer ces notes à des copistes : elles viennent des rédacteurs et, comme nous le croyons, elles sont une des raisons d'être de la publication de textes déjà connus et anciens.

1. *Les Etablissements de saint Louis* (suite). — « ... Et furent feiz ces Establissements par grand conseil de sages homes et de bon clercs, par les concordances des loys et des qanons et des decretales, pour confermer les bons usages et les enciennes coutumes, qui sont tenues u reaume de France, seur toutes querelles et seur touz les cas qui i sont avenu et qui, chascun jour, i avienent.... » (Prologue des mss. Q, R, S. Viollet, *Etablissements*, t. II, Appendice, p. 473.)

2. Manuscrit désigné par M. Viollet. sous la lettre ɛ. Il existe à la Bibl. de l'Arsenal, n° 2465, *Coutume d'Anjou et du Maine* (écriture du XIVe siècle).

3. Voir sur ce manuscrit la discussion de Beautemps-Beaupré dans sa publication si précieuse des *Coutumes et Institutions de l'Anjou et du Maine* (1re partie, t. I, p. 65, 68).

4. Il est à remarquer que, dans les *Établissements*, bon nombre d'articles ont la forme animée et vivante d'un plaidoyer. Les parties sont comme figurées : il y a mise en scène, dialogue. — Voir entre autres, pour ne citer que ceux-là, les articles relatifs au *Mariage de la fille mineure* (liv. I, chap. LXVII, p. 99). Le suzerain va trouver la mère et lui demande de promettre de ne point marier sa fille sans son conseil. Quand la fille est en âge, la mère va devant le suzerain et lui fait part des propositions qu'on lui fait pour le mariage de son enfant. Le suzerain récuse l'homme qu'on lui indique et en propose un autre. Si les parents du père en proposent un troisième, il y a débat et choix. De même pour la *Nouvelle dessaisine*

hypothèse que nous avançons), ce manuscrit ne serait-il pas considéré, si on le croit antérieur, comme un travail préparatoire, une première édition, élargie ensuite, des *Établissements*? En tout cas, aucun texte n'est connu qui ait fourni la matière du deuxième livre et l'*Usage d'Orléanais* reconstitué par M. Viollet est, de son aveu, purement conjectural.

Une autre source où ont certes puisé les rédacteurs des *Établissements*, c'est la jurisprudence du Parlement. Il y a, entre un certain nombre d'articles des *Établissements* et d'arrêts des *Olim* antérieurs à la publication de ce coutumier, une telle analogie, qu'en regard de ces articles on peut transcrire, pour ainsi dire, une espèce jugée par le Parlement. Sans entrer dans le détail que nous exposons dans les notes, et pour nous borner à un exemple caractéristique, la maxime incisive : « Le mort saisit le vif[1] » qui,

(liv. I, chap. LXIX, p. 104). Plainte du dessaisi, réponse du seigneur qui exige des plèges, réponse du dessaisi. L'adversaire est mandé, interrogé : s'il refuse de donner des plèges on adjuge la saisine à l'autre. S'il offre de donner des plèges, le seigneur fixe un jour pour la comparution des deux parties. Si le demandeur perd, l'autre reprend la parole et réclame les coûts et dépens qui lui sont adjugés. Nous avons reproduit déjà la scène des *Abeilles fugitives*, plus loin nous reproduisons celle du *Seigneur qui veut contraindre son vassal à marcher contre le roi*. En réalité ce ne sont pas là les termes d'une coutume, mais d'une œuvre raisonnée. Les légistes de ce temps étaient d'ailleurs tous juges ou professeurs et il n'est pas extraordinaire qu'ils aient reproduit dans leurs livres une analyse de procès.

1. *Les Établissements de saint Louis* (suite). — Cette expression se trouve dans un arrêt terminant un procès entre Imbert de Presles, chevalier, et le seigneur Geoffroy de Donguy (de Dongonio). Imbert demandait la saisine d'une terre qui revenait à sa femme, comme héritage de sa sœur, l'épouse de Geoffroy de Donguy. « ... et hanc saisinam petebat tanquam proximior heres et de hac terrâ finaverat cum domino feodali, et ei exindè fecerat homagium, maxime cum per consuetudinem terræ, *mortuus debebat vivum saisire*. » (*Olim*, t. I, p. 452, XVI. Parlement de 1259.) La formule, « Le mort saisit le vif » se trouve dans les *Établissements*, liv. II, chap. IV, p. 337. Il y a du reste bien d'autres concordances que nous avons relevées dans le tableau ci-dessous :

CONCORDANCES DES *OLIM* ET DES *ÉTABLISSEMENTS DE SAINT LOUIS*

	ARRÊTS DES *Olim* ANTÉRIEURS A LA PUBLICATION DES *Établissements*.	ARTICLES DES ÉTABLISSEMENTS
1258	— Arrêt approuvant l'*essorillement*. *Olim*, I, p. 37, XV.	Au premier vol, perte de l'*oreille*; au second, du *pied*; au troisième, *pendaison*. *Etabl.*, l. I, ch. XXIX. — Cout. *Touraine-Anjou*, XXII.
	— Le *maritagium* donné à la mère lors du 1er mariage appartient aux enfants nés de ce 1er mariage. *Olim*, I, p. 357, XVIII, et aussi, I, p. 450, XI (1259).	*Établ.*, liv. I, ch. CXIX. — Cout. *Tour.-Anjou*, CVIII.

des *Établissements* passa dans tous les traités de Droit, n'est qu'une traduction d'un texte des *Olim* de l'année 1259, c'est-à-dire bien antérieur à la rédaction de l'ouvrage. Ces arrêts

1259	— *Mortuus debet vivum saisire. Olim*, t. I, p. 452, XVI.	*Le mort saisit le vif. Établ.*, l. II, p. 337.
	Trésor trouvé : « Si tamen esset ibi aurum, dominus Rex illud haberet, quod ad ipsum solum pertinet, ut dicitur. » *Olim*, t. I, p. 452, XV.	*Nuns n'a fortune d'or se il n'est roi. Établ.*, l. I, ch. XCIV. — Cout. de *Tour.-Anjou*, LXXXIII.
	— *Le noble et la taille.* « Idem Johannes respondit quod non tenetur ad ipsam talliam, cum ibi maneat super libero feodo suo. » *Olim*, t. I, p. 458, II. (arrêt cité par M. Viollet, t. IV, notes, p. 67).	Le *noble* ne paie pas la *taille* pour une maison qui lui survient par héritage. à condition de l'occuper lui-même. *Établ.*, l. I, ch. XCIX.
1260	— *Dot donnée par un frère à sa sœur. Olim*, t. I, p. 490, VI.	*Établ.*, l. I, ch. XI. — Cout. *Touraine-Anjou*, II.
	Vol domestique. Perte d'un membre, dans l'ancien droit de la Touraine : coutume abolie par saint Louis. *Olim*, t. I, p. 497, XVII.	Le chapitre XXXIII du livre I des *Établ.* relatif au vol domestique ne reparle plus de cette cruauté. Il punit le vol domestique de la pendaison simple. — De même Cout. *Tour.-Anjou*, XXIII.
	Minorité des nobles jusqu'à 21 ans. *Olim*, t. I, p. 490-491, VI.	*Établ.*, l. I, ch. LXXVIII. — Cout. *Tour.-Anjou*, LXVII.
1261	*Des plèges et des gages*. « Voluit dominus Rex quod in domanio suo priùs compellerentur debitores vendere terram suam quàm plegii. » *Olim*, t. I, p. 520, V.	« Car il est à la volenté son deteur de prendre au plege ou au deteur principal selonc l'usage d'Orléans, en cort de baronie, mais il doit einçois requerre le principal que le plege quant li principaus est presanz et bien paianz et legiers à covenir, et à esploitier... » *Établ.*, l. I, ch. XXII, p. 223. — Cout. de *Tour.-Anj.* CXI.
1263	*Défaut.* « Die consilii et die visionis dicto comiti assignatis, facta etiam visione, idem comes postea defecit, propter quod dominus Ambazie saisinam rei petitæ sibi adjudicari et deliberari petebat. » *Olim*, t. I, p. 225, XIV.	*De apeler homme de deffaute faite emprès montrée d'héritage. Établ.*, l. II, chap. XI.
1267	*Don du roi* : Ce don ne saurait entrer dans l'héritage de la mère. *Olim*, t. I, p. 708, XXX.	Femme n'a point de *douaire en tel don* qui que les fasse, ou roi, ou comte, ou autre homme. *Établ.*, l. I, chap. CXVII. — Cout. de *Tour.-Anjou*, CVI.
	Douaire. La dame de Lavalle soutenait qu'elle pouvait plaider de son douaire devant la cour ecclésiastique ou devant le roi comme elle voulait, le Parlement en jugea ainsi, « secundum consuetudinem Francie ». *Olim*, t. I, p. 702, XIV. Cf. XV, et p. 596, IX (1264).	« Gentis fame puet bien plaidier de son douaire en la cort le roi, ou en la cort à celui en qui chastelerie il sera, ou en la cort de sainte Iglise; et est en son chois. » *Établ.*, l. I, chap. XX. — Cout. *Tour.-Anjou*, XI.

appliquent la *Coutume de France*. Les *Établissements* eux-mêmes citent l'*Usage de France*. L'*Explicit* de la plupart des manus-

1267	***Moulins***. Les hommes de Montchauve avaient fait moudre à un autre moulin que le moulin du roi. Farine confisquée. *Olim*, t. I, p. 703, XVI.	*De moniers et de molins...* « Et se li sires ou ses sergenz le trueve aportant farine d'autre molin que dou sien, la farine si est au seignor. » *Établ.*, l. I, chap. CXI. — Cout. de *Tour.-Anjou*, C.
	Voleur relâché. Procès de Lucas contre Hugues de la Motte qui a relâché un voleur. *Olim*, t. I, p. 265, II (arrêt cité par M. Viollet, t. III, p. 313).	« Nuns vavasors ne puet relaschier larron ne larronnesse sanz l'asantement dou chief seignor... » *Établ.*, l. I, chap. XLIII. — Cout. *Tour.-Anjou*, XXXIII.
1268	*Taxes sur les récoltes des personnes privilégiées*. « Non petebat pedagium de hiis que in terra ipsius ad proprios usus emebant, nec de hiis que in propriis terris et vineis eorum crescebant, eciam si venderent in locis illis. » *Olim*, t. I, p. 747, XX.	« Li gentil home garissent lor sergenz de vantes et de peages de lor bestes et de lor nourretures qu'il ont nourries en lor chastelleries, de lor blez et de lor vins qui croissent en lor chastele-ries.... » *Établ.*, l. II, chap. LXIV.
	Relief. « Nota quod, secundum consuetudines Francie, quando filia habet fratrem, et ipsa maritat se primo, ipsa non solvit rachatum de hereditate sua, quia frater suus... garantit eam de rachate in primo maritagio, non tamen in aliis maritagiis, si pluries maritat se... » *Olim*, t. I, p. 730, XIV (cit. par M. A. Viollet).	« Nule dame ne fait rachat s'ele ne se marie (remarie) mais s'ele se (re) marie, ses sires fera le rachat au seignor à qui elle sera fame (vassale). » *Établ.*, l. I, chap. LXVI. — Cout. de *Tour.-Anjou*, LV. Cf. Cout. de *Paris*, art. XXXV.
1269	*Retrait lignager*. Isabelle d'Autun alléguait la coutume de France selon laquelle, dans les ventes d'immeubles, le temps du retrait ne courait que de l'époque de l'investiture faite par le seigneur du fief. *Olim*, t. I, p. 329, XVI.	*De retrait de lignage*, *Établ.*, chap. CLXI. Cout. de *Tour.-Anjou*, CL-CLVI. — Disons toutefois que le texte des *Établ.* ne mentionnne pas le détail indiqué par les *Olim*. Il se borne à la mention vague du délai d'an et jour.
1270	*Assurement*. L'assurement verbal ne suffit pas : il faut le serment. *Olim*, t. I, p. 828, XXX.	*Établ.*, l. I, chap. XXXI. — Cout. de *Tour.-Anjou*, XXI.
1272	*Nouvelles avoueries*. Ordonnance insérée dans les *Olim*. t p. 889, XXIX.	*Établ.*, l. II, chap. XXX. « Car li rois deffant les noveles avoeries... »
	Amortissement. « Requisitus dominus rex a quo tempore saisiri volebat acquisita ab ecclesiis infeodis suis, respondit et voluit quod quidem a viginti annis citra et non a tempore anteriori. » *Olim*, t. I, p. 884, VIII. — *Essai de Restitution*, 118 (B).	*Établ. De don à religion à amortir*, l. I, chap CXXIX. Cout. de *Tour.-Anj.*, CXVIII.

crits, les déclarent conformes à l'*Usage de Paris et d'Orléans*[1]. On pourrait donc, non seulement reconnaître l'existence d'une primitive *Coutume de France*, original de la Coutume de Paris, mais supposer, sans trop de témérité, que les *Établissements* nous instruisent du Droit de l'Ile-de-France autant, sinon plus, que de celui de l'Anjou[2]. D'ailleurs l'Anjou, avant d'être concédé, en apanage, à Charles, frère de saint Louis, faisait partie du domaine royal : il était sans nul doute régi par un droit analogue à celui de l'Ile-de-France et de l'Orléanais.

Au surplus, les *Établissements de saint Louis* ne nous apparaissent-ils pas comme un coutumier royal? Sans attacher plus d'importance qu'il ne convient, au prologue dont nous avons parlé, remarquons que le texte prône sans cesse la supériorité du roi, de la cour du roi : « Li rois est souverains, si doit être sa cour souveraine[3] »;

1. *Usage de France.* — « Et se uns autres meffaisait en la cort au baron et la outise le praigne en present, il covient qu'il se deffande en la cort au baron par la raison dou presant, si com il est contenuz ou titre *Dou fait present*, en l'*Usage de France.* » *Établissements*, liv. I, chap. CLXXI, p. 316. — Le rédacteur avait donc sous les yeux, en même temps que le manuscrit de la Coutume d'Anjou (si on l'admet antérieur), un manuscrit de la Coutume de France. — (Voir ce que dit à ce sujet M. Viollet, t. I, *Introduction*, p. 80, 81.)

M. Viollet rappelle lui-même qu'à la fin de la table de *Jostice et Plet*, quelques chapitres sont rangés sous ce titre général : « Ci commencent les titres de la première partie des *Costumes de France.* »

2. *Les Établissements de saint Louis* (suite). — Pour le Ier livre des *Établissements* il n'y a aucun *Explicit* dans les manuscrits A, H, M. La plupart des autres donnent comme *Explicit* : « Ci fenist li premiers livres des Establissements le roi de France *selon l'usage de Paris et d'Orléans* ». Le manuscrit V dit : l'*Usage du Châtelet de* (*Paris*) *et d'Orléans.*

Quatre manuscrits seulement, F, L, G, J, donnent l'*Explicit* : « Ci fenist li usaiges de Touraine et d'Anjou. — Ci fenissent li usages de Touraine et d'Anjou. » L'*Explicit* adopté par M. Viollet est celui des manuscrits F, L, quoiqu'il se soit servi, pour son édition, du manuscrit N (de Beauvais).

En ce qui regarde le IIe livre des *Établissements*, les *Explicit* disent : (N) « Ci fenissent li establissements au bon roi de France ; — (T) : Cy faillent les establissements et coutumes du roy saint Louis, roi de France; — (V) : Ci fenist le segonz livre des establissements le roi de France, *selonc l'usage de Paris et d'Orléans*, en court de baronnie. » — Sept manuscrits (A, B, C, D, Q, R, S) : « Ci fenissent li establissements le roi de France, *selonc l'usage de Paris et d'Orléans* en cort de baronnie; — (L) : Ci fenist li livres des astablissemenz le roi, de haute joutice *selonc l'usage dou Chatelet de Paris et de celui d'Orléans* en court de baronnie; — (G) : Chi fenist li usages de la prevosté de Paris et d'Orlenois, en cort de baronnie; — (I) : Ci fenist l'usages d'Orlenois de la prevouté de Paris et de l'usage de Anjou et de Touceaine (*sic*) en cour de baronie; — (J) : Ci fenissent li establissements le roi de France à l'usage d'Anjou et d'Ollenois et de toute la terre le roi de France, en curt de baronnie. »

De ces variantes, on peut tirer au moins une conclusion : *trois* manuscrits fournissent la mention simple d'*Établissements*; *dix* manuscrits indiquent positivement l'usage de *Paris* et d'*Orléans* (comme n'en faisant en réalité qu'un seul); *deux* (se référant sans doute au premier livre) mentionnent l'Usage de Paris et d'Orléans et encore l'un d'eux ajoute-t-il : « de toute la terre du roi de France. »

3. *Établ sements*, liv. II, chap. XXIX.

— « Li rois ne tient de nului fors de Dieu et de lui [1]. » Un vassal peut se plaindre de son seigneur en la cour du roi sans que le seigneur y puisse trouver à redire et lui imposer amende [2]. Un article règle la convocation des hommes du seigneur appelés pour l'*ost du roi*[3]. Si quelqu'un est assigné en la cour d'un baron et en même temps poursuit une instance en cour du roi, il ne peut être mis en défaut en la cour du baron; celui-ci doit faire vérifier que le plaideur était bien assigné devant la cour du roi [4]. Doit-on de l'argent à un *Juif du roi*, si celui-ci le réclame devant la cour du roi, le suzerain du débiteur ne peut revendiquer le jugement, « car les meubles du Juif du roi sont au roi[5] ». Les exploits et errements « du plaid faits en la cour d'un baron ne sont pas tenus en la cour du roi[6] ». Si quelqu'un s'avoue *homme du roi*, le roi le tient en sa garde ; s'il y a le moindre débat avec la justice du roi, celui-ci prendra la chose en sa main, car le roi n'emporte pas saisine d'autrui, mais on l'emporte de lui[7]. Si aucun baron ou vavasseur fait semondre l'homme du roi, celui-ci n'est pas tenu de répondre et d'aller devant le baron[8]. Le roi seul peut détenir en prison pour sa dette [9]. Nulle justice du roi ne doit plaider de son

1. *Les Établissements de saint Louis* (suite). — Liv. I, chap. LXXIII; — liv. II, XIV, p. 370; — liv. II, XX, p. 405.

2. « Se aucuns hom se plaint en la cort le roi de son seignor, li hom n'en fera ja droit à son seignor ne amende. Ainçois se la joutise le roi savoit qu'il l'en plaidoiast, il en feroit le plait remaindre et feroit li sires droit au roi dont il l'avroit plaidoié. » (*Ibid.*, liv. I, chap. LIX.)

3. « Se li bers fait semondre ses homes qu'il li amaignent lor homes costumiers à aler en l'ost le roi.... » (*Ibid.*, liv. I, chap. LXV.)

4. *Ibid.*, liv. I, chap. CXXIV.

5. *Ibid.*, liv. I, chap. CXXXII.

6. « ... Mais li esploit et li errement du plait fait en la cort au baron ne seroient pas tenu en la cort le roi. Ainz feroient novelement deffenses : et les menroit on par droit selonc la coustume du païs et de la terre; car il n'est pas avenant que li fait dou joutisable soient tenu en la cort au souverain.... » *Ibid.*, liv. II, chap. XXXII.

7. « Se aucune joutise prant 1 home le roi, ou un sien joutisable qui au roi s'avoe, à quelque meffait que ce soit, en presant fait, en sa joutise ou en sa seignorie, et il nie le presant, la joutise qui le sigra si provra le present par devant la gent le roi. Et si en seront en saisine la gent le roi avant tote evre ... » (*Ibid.*, liv. II, chap. III.)

« Se aucune joutise a à marchir au roi, de quelque joutise que ce soit, soit de eritage ou de seignorie, ou d'autre chose, li rois, por le débat, panra la chose en sa main et esgardera droit à soi et à autrui, car li rois n'anporte pas saisine d'autrui, mais l'on l'anporte de lui, selonc l'usage de la cort de baronie.... » (*Ibid.*, chap. III. — Cf. liv. II chap. XIV; — liv. II, chap. XX; — chap. XXXI.)

8. *Ibid.*, liv. II, chap. XXXI, p. 439.

9. « Mes sires li rois est en saisine et en possession generaument de prandre et de tenir por sa dete queneue et privée cors et avoirs et héritages, selonc l'usage de la cort laie.... » (*Ibid.*, liv. II, chap. XXII.)

droit ni de son héritage, fors en sa cour[1]. En 1269, avant les *Établissements*, le Parlement émettait les mêmes maximes : « D'une justice du roi nul n'a de ressort que lui-même[2] ».

Parmi les dialogues nombreux que contiennent les *Établissements*, écoutons celui-ci[3] : Le baron mande à son homme lige : « Venez-vous-en avec moi, car je veux guerroyer contre le roi, mon seigneur, qui m'a dénié le jugement de sa cour. » L'homme répondra : « Sire, j'irai volontiers savoir du roi s'il en est ainsi que vous me le dites. » Il va donc au roi et lui dit : « Mon sire me dit que vous lui avez refusé le jugement de votre Cour; pour ce suis-je venu à vous afin d'en savoir la vérité. » Si le roi répond : « Je ne ferai jamais à votre seigneur de jugement en ma cour », l'homme doit s'en retourner vers son seigneur et lui faire part de cette réponse : en ce cas, s'il ne voulait pas marcher avec lui, il perdrait son fief. Si le roi lui avait, au contraire, répondu : « Je ferai droit volontiers à votre seigneur en ma cour, l'homme doit retourner vers son seigneur et dire : « Sire, le roi m'a dit qu'il vous ferait volontiers droit en sa cour. » Si le sire lui dit : « Je n'entrerai jamais en sa cour, mais venez-vous-en avec moi comme je vous ai semons », l'homme pourrait bien lui dire : « Je n'irai mie. » Est-ce là le langage d'une coutume locale? N'est-ce pas une théorie de légistes royaux? Et ces ménagements de l'autorité du baron, ce droit en quelque sorte reconnu de guerre en cas de défaute de droit, ne cadrent-ils pas avec le caractère de saint Louis, profondément pénétré de sa supériorité, mais aussi des prérogatives de ses barons! M. Viollet incline à croire

1. « Ne nule joutise le roi ne doit plaidier de son droit, ne de son héritage, ne de sa seignorie, fors en sa cort; ne li rois ne pert pas par son foible sergent, mais à lui puet l'en bien perdre et riens guaignier, mais li bailliz qui est par desus les sergenz doit veoir et les droiz faire à savoir au roi, selonc droit escrit au Code... » (*Ibid.*, liv. II, chap. xx.)

Il faut ajouter aussi tout le chapitre xvi du livre II : *De juger loiaument les fix des homes et de faire supplication en cort de roi et de appeler tantost sans délai.* — Il est très important pour établir la supériorité de la cour du roi.

2. « ... et de judicio Regis nullus habet resortum nisi ipse... » *Olim*, t. I, p. 752, IV.

3. Voir le texte trop long pour être reproduit ici : liv. I, chap. LIII, p. 75. — *Coutume Touraine-Anjou*, XLIII. — On peut encore ajouter beaucoup d'autres passages, entre autres celui-ci : *Des mandements au roi.* « Quant mes sires li rois mande à son bailli qu'il face droit à aucun plaintif, il mande sor tale forme : « nos te mandons que tu, à tel, porteer de ces presentes letres faces bon droit et hatif, selonc la coustume du païs et de la terre, car l'*entencions le roi n'est mie de tolir autrui droit ne d'aler contre la coustume du pays et de la terre....* » Ces dernières paroles conviennent bien au roi saint Louis. (Liv. II, chap. XXIII, p. 413.)

que le rédacteur est un officier du roi. Nous dirions plus : le ou les rédacteurs furent des légistes fréquentant le Palais, familiers avec les audiences, peut-être même des membres de la cour du roi.

Que les contemporains aient conservé à ce recueil le nom de saint Louis; que cet ouvrage ait été, comme l'a longuement et savamment prouvé M. Viollet, édité souvent, abrégé, imité dans des Coutumiers provinciaux, n'y a-t-il pas là aussi une forte présomption que ce travail ait été réellement, comme le *Conseil* de Pierre de Fontaines[1], commencé, sinon terminé, sous l'inspiration de saint Louis? Peut-être faut-il voir dans ce monument si discuté et si durable, si décrié et si remarquable, si original et peut-être en partie copié, quelque essai de Code général d'après la *Coutume de Paris et d'Orléans*, ou si l'on veut aussi, *de Touraine-Anjou*. Peut-être les manuscrits trahissent-ils la volonté des rédacteurs dont aucun ne pouvait prétendre signer cette œuvre : ils reportaient l'honneur au roi dont les Ordonnances figuraient

1. *Les Établissements de saint Louis* (suite). — Le chapitre XVI du livre II des *Établissements* est un chapitre capital, où l'on voit le travail des légistes rédacteurs et où se manifeste l'influence de saint Louis. On y remarque une préoccupation de la justice et de l'honnêteté qui rappelle l'Ordonnance de 1256 insérée dans les Mémoires de Joinville. « Et il doivent loiaument jugier les filz des homes, et ne doient mie jugier selon la face, mais il doient rendre loial jugement, et doient avoir Dieu devant lor iaux; car jugemanz est espovantables. Ne ne doivent avoir remembrance ne d'amor, ne de haine, ne de don, ne de promesse, quant ce vient au jugement.... » Et que dire de cette exhortation à prêcher la paix aux parties prêtes à plaider : « Mais ainçois que il face son jugement, s'il li plaist et il voie que bien soit et loiautez, il doit dire as parties qu'il facent pais, et doit faire son loial pooir de la pais; car il apartient à toute loial joutise et à touz juges de despecier les plaiz et les noises et les quereles metre à fin loiaument.... » N'est-ce point là le langage que prête Joinville à saint Louis l'apaiseur? Ce n'est point celui d'une coutume quelconque. — (*Établissements*, liv. II, chap. XVI, p. 375, 377.)

Cf. « Le general establissement sus les sougiez par tout le royaume de France », inséré dans l'*Histoire de saint Louis* par Joinville : « Establissons que tuit notre baillif, viconte, prevost, maieur et tuit autre... facent serement que tant comme il soient en offices ou en baillis, il feront droit à chascun sans excepcion de persones, aussi aux povres comme aux riches, et à l'estrangé comme au privé, et garderont les us et les coustumes qui sont bones et esprouvées.... »

« ... Et avec ce il jureront que il ne penront, ne ne recevront par aus ne par autres, ne or, ne argent, ne benefices par decosté, ne autres choses, se ce n'est fruit, ou pain, ou vin, ou autre présent juesques à la somme de dix sous, et que ladite somme ne soit pas seurmontée.... »

« Derechief il jureront que il ne donront ne n'envoieront nul don à home qui soit de nostre conseil, ne aus femmes, ne aus enfans, ne a ame qui leur apartieingne.... »

« Et jureront et promettront que se il saivent souz aus nul official, serjant ou prevost qui soient desloial, rapineur, usurier ou plein d'autres vices par quoy il doivent perdre nostre service, que il ne les soustenront par don, ne par promesse, ne par amour, ne par autres choses; ainçois les puniront et jugeront en bone foy... » (Joinville, *édition de Wailly*, p. 249-251.)

en tête du livre. Peut-être les mots de l'*Incipit*, cause d'une erreur prolongée, ne sont-ils qu'un hommage légitime au roi rénovateur de la justice, au roi apaiseur : « Ci commencent les *Establissements* du bon roi de France. ».

Un encouragement royal certain ce fut celui que Beaumanoir reçut de Robert de Clermont, fils de saint Louis, pour son livre des *Coutumes du Beauvaisis*, œuvre de génie[1]. Fils de bailli, longtemps bailli soit du comte de Clermont, soit des rois Philippe le Hardi et Philippe le Bel, Beaumanoir composa, lui aussi, un coutumier royal. Lui aussi cherchait à s'élever au-dessus de l'horizon étroit du Beauvaisis. Il voulait, disait-il, éclaircir les cas douteux « par le jugement des châtellenies voisines et par le droit qui est commun à tout le royaume de France[2] ». Versé dans les lois romaines et dans le Droit canon, cet éminent légiste n'est point, comme ses prédécesseurs, écrasé par sa science : il la domine. Bien que le plan de son livre n'échappe point au désordre des ouvrages de l'époque, on y remarque un rare esprit de méthode, un enchaînement logique des idées. En outre, Beaumanoir, fin observateur, a mis à profit son expérience personnelle. Il a réfléchi sur la perversité des hommes que ses fonctions lui ont permis de bien connaître : il a noté les changements introduits « par les jeunes jugeurs qui ne savent pas bien les anciennes coutumes ». Sans doute il aime tant le passé qu'il détaille longuement les conditions du duel judiciaire. Quoiqu'il connaisse la réforme de saint Louis, il n'avait pu défendre sa

1. *Beaumanoir.*—Voir, sur Beaumanoir, Laboulaye, *Revue de législation et de jurisprudence*, t. XI (1840) — la biographie importante de H. Bordier : *Philippe de Remi, sire de Beaumanoir*, Paris (1869); — Comte de Luçay, *Le comté de Clermont en Beauvaisis*; — E. de Lépinois, *Recherches sur l'ancien comté de Clermont.*—Les *histoires du Droit*, déjà citées, l'édition de Beugnot (Société de l'hist. de France) et l'Introduction de M. A. Salmon à son édition critique des *Coutumes de Beauvaisis* (en tête du tome II).

« ... Et pour ce que nous sommes de celui païs et que nous nous sommes entremis de garder et de fere garder les drois et les coustumes de la dite contée par la volonté du très haut homme et très noble Robert, fil du roi de France, conte de Clermont, devons nous avoir plus grant volenté de trouver selonc les coustumes dudit païs que d'autre.... » (*Prologue*, § 1.)

2. « ... en tel maniere que nous entendons a confermer grant partie de cest livre par les jugemens qui ont esté fet en nos tans en ladite contée de Clermont; et l'autre partie par clers usages et par cleres coustumes usées et acoustumees de lonc tans pesiblement; et l'autre partie, des cas douteus en la dite contée, par le jugement des chasteleries voisines; et l'autre partie par le *droit qui est communs a tous ou roiaume de France....* » (*Ibidem*, § 6.)

haute raison et sa générosité native contre les mœurs plus rudes de la fin du XIIIe siècle. Mais le plus souvent l'élévation de ses maximes, la sagacité de sa critique, la précision de son langage, la forme littéraire et l'agrément de ses développements font de lui non un simple légiste, mais un jurisconsulte précurseur des maîtres de l'École française. Si empreinte qu'elle soit de l'esprit de son temps, son œuvre est restée digne de l'étude de tous les temps.

On retombe, après Beaumanoir, dans de pures compilations. Le livre des *Constitutions du Châtelet*, consacré à la procédure, est un manuel pratique, souvent obscur (entre 1279 et 1282)[1]. Nous n'avons point à insister non plus sur le *Grand Coutumier Normand* (fin du XIIIe siècle)[2], l'*Abrégé champenois* des *Établissements*[3], les *Anciens Usages d'Artois*[4], la très ancienne *Coutume de Bretagne*[5], le *Livre des Droits et des Commandements du Poitou*[6], les *Anciens Usages d'Anjou*[7]. M. Viollet a suivi, dans tous ces coutumiers, les traces de l'imitation et de l'influence des *Établissements*. Nous ne voulons retenir de cette énumération que la preuve du grand mouvement d'études juridiques qui accompagnaient et fortifiaient l'action d'une justice plus régulière, soumise au contrôle d'une Cour souveraine.

Le Parlement prend une part directe à ces études. Le *Style* de l'avocat du Brueil, le *Style de la Chambre des Enquêtes*, le *Style des Commissaires* dont nous aurons à reparler, sont des recueils de règles prises dans sa jurisprudence. C'est d'après ses arrêts que sont rédigées les *Décisions de Jean des Marès*, les *Questions de Jean Le Coq*[8]. Le *Grand Coutumier de France* (Ile-de-France) de

1. *Constitutions du Châtelet* (édit. de Ch. Mortet).
2. *Grand Coutumier Normand*, postérieur au très ancien Coutumier de Normandie (du commencement du XIIIe siècle), écrit en latin, puis traduit en français, voire même en vers. — (Joseph Tardif, *Coutumiers de Normandie*, Rouen, 1881.)
3. *Abrégé Champenois des Établissements*; Viollet, *Établissements de saint Louis*, t. III, p. 141-187.
4. Publiés par Maillard, *Coutumes d'Artois*, in-f^o^, Paris, 1756. — Ad. Tardif, *Recueil de textes pour servir à l'enseignement de l'Hist. du Droit*, Paris, Picard, 1883.
5. Voir Viollet, *Précis de l'Hist. du Droit français*, p. 160, 161.
6. Publiés par Beautemps-Beaupré, 2 vol. in-8° (1865).
7. *Compilatio de usibus et consuetudinibus Andegaviæ*, titre latin d'un texte français édité par Marnier (1853); Beautemps-Beaupré, dans *Coutumes et Institutions de l'Anjou et du Maine* (1877); Viollet, *Établissements de saint Louis*, t. III, p. 117-135.
8. Décisions de Jean Des Marès; Questions de Joh. Galli (Jean Lecoq). — Voir Tardif, *Hist. des sources du Droit français*.

Jacques d'Ableiges est, de l'aveu de l'auteur, emprunté au *Style* du Parlement et aux *Coutumes du Châtelet* [1]. L'auteur, heureusement découvert par M. Léopold Delisle, était un examinateur du Châtelet, puis bailli (de 1371 à 1390). *Boutillier* fut aussi un bailli royal. Dans la *Somme rural* [2], il a résumé diverses Coutumes, mais son œuvre, dit M. Viollet, « a toute la valeur d'un texte original et même d'un recueil de jurisprudence ». Ce que nous avons surtout à noter en ces deux derniers ouvrages, si utiles pour l'histoire du Droit, c'est la part faite au Droit romain. On a relevé dans l'œuvre de Jacques d'Ableiges des emprunts à un traité élémentaire de Droit romain qui avait été rédigé d'après les *Institutes*. Pour lui comme pour Boutillier, qui, en tête de ses chapitres, place habituellement les définitions et les règles du Droit romain, le Droit coutumier est le *Droit haineux*. La *Somme rural*, selon M. Tardif, est l'œuvre la plus hostile au Droit coutumier que le moyen âge ait produite ». Hostilité qui ne fera que grandir dans les siècles suivants parmi les juristes français, de plus en plus épris du Droit romain.

1. *Grand Coutumier de France*, édité par Charondas le Caron (1598), in-4°, et par Laboulaye et Dareste (1868). — Voir le mémoire de M. Léopold Delisle sur Jacques d'Ableiges, *Mém. de la Société de l'Hist. de Paris* (1881).
2. Édition de Charondas le Caron (1602-1611). — Voir Viollet, *Établissements*, t. I, p. 347 et suiv.

CHAPITRE XXV

LE PARLEMENT ET LES COUTUMES
LA COUTUME DE PARIS

I. — La première rédaction des Coutumes.

Au XIIIe et XIVe siècles, la rédaction de Coutumes locales ou régionales était-elle laissée à la seule initiative de légistes curieux et zélés? Saint Louis se borna-t-il à encourager Pierre de Fontaines et peut-être les rédacteurs des *Établissements*? Le comte Beugnot, dans une œuvre de jeunesse, *Essai sur les institutions de saint Louis*, trop vague et trop général, parle d'un mandement adressé par le pieux roi à ses baillis, leur prescrivant « de faire une enquête sur les coutumes de leur ressort ». La Ferrière mentionne aussi ce document inséré dans le Recueil d'Isambert[1]. Beautemps-Beaupré, qui a étudié avec une solide érudition les institutions du Maine et de l'Anjou, a relevé cette Ordonnance à la Bibliothèque nationale dans la collection De Camps (Cartulaire de saint Louis[2]), sans croire toutefois que cet acte, sans date

1. Isambert, *Ord.*, t. I, p. 338.

2. « Inquiretur de consuetudinibus in hunc modum : vocabuntur plures sapientes carentes suspictione et ipsis vocatis proponatur eis consuetudo [et dabitur eis in scriptum.] Qua proposita jurabunt quod ipsi dicent et fideliter referent illud quod sciunt et credunt [per os unius ex ipsis] et viderunt usitari super illa consuetudine : quo juramento prestito, trahent se ad partem, et deliberabunt et referent deliberacionem illam... etc. » (Bibl. nat., *Collect. De Camps*, t. I, n° 32, f° 458⁸ ». Cité par Beautemps-Beaupré, *Instit. du Maine et de l'Anjou*, t. I, p. 25. Les mots entre crochets sont à la marge du texte.)

Sans forcer les textes, comme ont fait Beugnot et La Ferrière, on peut dire qu'il y avait, sous saint Louis, une règle pour les enquêtes sur les coutumes. On les vérifiait donc et, du reste, il le fallait pour que le roi les approuvât. Cette règle vient évidemment du Parlement.

mêlé à d'autres pièces, puisse être considéré comme une Ordonnance générale. Ce ne serait pas autre chose qu'un règlement de la manière de procéder dans les coutumes, et, comme nous disons, une Ordonnance de Style. Il n'en est pas moins vrai qu'aux Archives nationales on conserve une pièce relative à un point d'une coutume d'Anjou (le bail des enfants confié à la veuve d'un noble), déterminé officiellement, en 1246, d'après l'ordre de saint Louis et constaté par un document scellé primitivement de 22 sceaux[1]. Étienne Boileau, qui fit rédiger le *Livre des Métiers de Paris*, proclame lui-même la sanction officielle donnée par « grant planté des plus sages, des plus loyaux et des plus anciens hommes de Paris et de ceux qui devaient savoir de ces choses, lesquels tous ensemble, loèrent moult cette œvre[2] ».

Depuis Louis VII les rois confirmaient, à la fois, des Coutumes et des Chartes. Aucun acte n'est plus significatif que l'Ordonnance de Philippe le Hardi, approuvant les *Coutumes de Toulouse* (1283). Le roi ne veut plus que les coutumes « vacillent comme douteuses dans les jugements[3] ». Il a fait examiner par des hommes savants de son conseil (lisons du Parlement) les coutumes contenues dans le rouleau qui lui avait été envoyé. Il les confirme, moins *vingt* articles soumis à une plus ample délibération. Il en sera fait *deux registres* dont l'un restera aux mains des Consuls,

1. *Vérification et publication des Coutumes.* — *Arch. nat.*, J 178, n° 20. Cette pièce est exposée au Musée des Archives (n° 244). Il n'y a plus que 19 sceaux. — Voir Beautemps-Beaupré, *ouvr. cité*, t. I, p. 7. — Voir la notice du *Musée des Archives*, p. 135. — Teulet, *Layettes du Trésor des Chartes*, t. II, p. 617 et 618.

2. « ... Quand ce fut fait, concoilli, asamblé et ordené, nous le feimes lire devant grant planté des plus sages, des plus leauz et des plus anciens homes de Paris, et de ceus qui plus devoient savoir de ces choses, liquel tout ensamble, loerent moult ceste œvre .... » (Étienne Boileau, *Le livre des métiers de Paris*, publié dans la collection des Documents inédits, 1837. Il a été publié aussi dans la collection de l'*Hist. générale de Paris*.)

3. « ... quod consuetudines quibus usi sunt a temporibus retroactis, confirmare vellemus, ità quòd eisdem possent uti in judiciis, et quòd de cetero plena fides adhiberetur eisdem, ne tanquam dubliæ in judicio vacillarent, nec probatione alià indigerent.... »

« ... Verùm quia prædictas consuetudines nobis exhibitas diligenter examinari fecimus per viros prudentes et discretos de nostro consilio, qui omnes consuetudines prædictas, contentas in rotulo quem vobis mittimus, inspexerunt.... Nos easdem confirmamus, exceptis viginti consignatis inibidem, super quibus adhuc deliberare intendimus.... » (*Ord.*, t. XII, p. 325, 19 octobre 1283. — Dom Vaissette, *Hist. générale du Languedoc*, édit. du Mège, t. VI, liv. XXVII, chap. LXXV. — *Coutumes de Toulouse*, publiées par Ad. Tardif, Paris, Picard 1884, et *le Droit privé au XIII*e *siècle*, d'après les coutumes de Toulouse et de Montpellier, par le même, 1886.

l'autre entre celles du Vicaire de Toulouse. Philippe le Bel, plus tard, envoie à Toulouse deux enquêteurs chargés d'examiner le désordre qui régnait dans les affaires de tutelle et de curatelle. Ces enquêteurs rendirent un arrêt célèbre sous le nom d'*Arrestum Sane*[1]. Encore un point particulier officiellement résolu.

Brodeau attribuait à Philippe le Bel le dessein d'opérer la revision et la rédaction des coutumes du royaume[2]. Cette opinion cadrerait assez bien avec les projets du légiste Pierre Dubois. Dans son traité sur le *Recouvrement de la Terre Sainte*, Dubois, après avoir constaté que le droit est nécessaire à tous, demandait qu'on établît pour les colons de la Palestine un Code uniforme et qu'on y procédât de la même manière dans les tribunaux civils et ecclésiastiques[3]. Il n'y aurait rien d'étonnant à ce qu'un désir semblable eût été conçu pour les tribunaux de France. Il est avéré, d'ailleurs, on vient de le voir, que ce travail se faisait au moins partiellement. Les habitants d'Orléans, retraçant l'historique de leur coutume, parlent d'une assemblée dans laquelle, au temps de Philippe le Bel, furent établies et réglées les coutumes du bailliage. Or les délégués s'étant assemblés à Lorris, lesdites coutumes furent vulgairement appelées les *Coutumes de Lorris*; toutefois c'étaient des coutumes du bailliage d'*Orléans* qui régirent les

1. Rodolphe, évêque de Laon, et Jean, comte du Forez, sont chargés par Philippe le Bel (1285) d'une mission dans les provinces de la langue occitanique « pro reformatione patriæ et correctione curialium ». Ils rendirent sur la question des tuteurs et curateurs l'arrêt célèbre sous le nom d'*Arrestum sane*, dont le texte a été donné par Casavateri, *Coutumes de Toulouse*, f°s 70, 71. — La Ferrière en a donné la traduction, Revue de Législation (1855), *Les Coutumes de Toulouse*, p. 226.

2. *Projets de rédaction des Coutumes.* — « Mais j'ai observé que cette opinion commune, que Charles VII est le premier de nos Roys qui a ordonné la rédaction par escript des Coutumes de son royaume, n'est point véritable et que longtemps auparavant le roi Philippe le Bel avoit un pareil dessein et ordonné le mesme reglement, par les Ordonnances qu'il fit à Paris le lundi après la mi-carême 1302, « pro reformatione regni », dont plusieurs articles sont inserez entre les Ordonnances latines qui composent tertiam partem Styli Parlamenti et se trouvent toutes entières dans le premier chartulaire de l'archevêché de Paris, fol. 18, dont j'ai extrait cet article : « Volumus bonas personas et sufficientes per Seneschallias et Baillivias Regni nostri evocari, ad sciendum de consuetudinibus antiquis Regni, et quomodo, tempore B. Ludovici, utebantur eisdem : volentes quod si a dicto tempore citra aliquas bonas et approbatas consuetudines abolitas, aut aliquas iniquas introductas invenerint, eas revocabunt et facient revocari et ad prædictum antiquum statum reduci et ad futuram memoriam registrari... » (Brodeau, *Commentaire sur la Coutume de Paris*, t. I, p. 6.)

3. Pierre Du Bois, *De recuperatione Terræ sanctæ*. — Art. de E. Renan, Revue des Deux Mondes, *Un publiciste du temps de Philippe le Bel*, 1er mars 1871.

châtellenies de Montargis, de Lorris, de Gien, de Chastillon-sur-Loing et autres jusqu'en l'an 1509[1]. Philippe le Bel avait aussi, par lettres de juillet 1309, fixé les coutumes et privilèges de l'*Isle en Périgord*, en 1310 celles de *Montpellier*, en 1312 celles de *Villeneuve de Berg*, de *Lunas*. Charles IV confirme (1325) les privilèges et les coutumes de *Riom en Auvergne*, de *Saint-Louis en Périgord*, de la bastide de *Trie*[2]. La rédaction de la *Très ancienne Coutume de Bretagne* a été récemment fixée au début du XIVe siècle, entre 1312 et 1325; elle est attribuée à trois personnages : Copu le Sage, Mahé le Léal et Tréal le Fier, sans qu'on puisse considérer cette rédaction comme officielle[3].

Philippe VI de Valois confirme (1337) plusieurs coutumes, entre autres celles de Bergerac dont le préambule rappelle les concessions des comtes de Périgord et les travaux de correction déjà opérés par des jurisconsultes. Un acte visé par l'Ordonnance nous transporte au milieu même de la communauté de Bergerac et nous fait assister aux cérémonies dont étaient entourées ces corrections[4]. La dame de Bergerac, Jeanne de Pons, et son mari Archambauld, comte de Périgord, avaient fait citer devant eux, dans l'église de Saint-Jacques, les consuls, les syndics et la communauté de ladite ville (juin 1334) pour prêter le serment de fidélité. En présence d'une grande multitude de chevaliers, de petits seigneurs, d'avocats, de jurisconsultes, les consuls réclamèrent la confirmation de leurs libertés. La dame de Bergerac, avec l'autorisation de son mari, puis le comte « approuvèrent, ratifièrent, jurèrent, en mettant la main sur l'Évangile, d'observer les libertés et franchises de la ville. » L'acte constate que plus de la moitié des articles furent corrigés par des juristes dont les noms sont cités. Peu de temps après, la dame de Bergerac, puis le comte moururent. L'héritier du comte de Périgord, le frère d'Archambauld, Roger Bernard, vint prendre possession de la ville

1. *Procès-verbal de la Coutume de Montargis*, dans Bourdon de Richebourg, t. III, p. 864-865. — Voir Viollet, *Établissements de saint Louis*, t. I, p. 363- 368.

2. Voir *Très ancienne Coutume de Bretagne*, édit. critique par Marcel Planiol, Rennes, 1896, in-8°, fasc. II de la Bibliothèque bretonne-armoricaine, publiée par la Faculté des lettres de Rennes. — P. Fournier, *Revue des questions historiques*, 1er janvier 1898, p. 211. — Viollet, *Etablissements*, t. I, p. 301.

3. Voir Em. Jarriand, article cité.

4. Préambule de l'Ordonnance de 1337. — *Ord.*, t. XII, p. 528 et suiv.

de Bergerac. Nouvelle assemblée dans l'église Saint-Jacques; nouvelle lecture et correction des articles; nouvelle confirmation par Roger Bernard[1]. Ne saisit-on point-là, sur le fait, un travail local déjà raisonné, scientifique? N'est-ce point une première et spontanée rédaction des coutumes? Sous Charles VI, en pleine guerre civile et étrangère, on signale encore la rédaction vraiment officielle de la *Coutume du Poitou* « par d'honorables hommes et sages, tous jurés et avocats, lesquels plusieurs fois et à grande diligence se sont pour ce assemblés en la ville de Parthenay en l'an 1417[2] ».

1. *Les Coutumes de Bergerac.* — « ... Cùm omnes articuli supradicti non fuerint correcti, emendati, modificati, seu quidam eorum revocati, de communi consensu dicti domini Rogerii Bernardi et dictorum consulum et dictæ universitatis Brageriaci, correcti, emendati, modificati et quidam eorum resecati per venerabiles et discretos viros Dominos Archambaldum de Petragoricio... Guillaume de Bruca, Pierre Lainé, Guillaume Calhon, Archambaud de la Rue, maitre Étienne Mercier, jurisperitos, etc. » (*Ibidem.*)

Les Coutumes de Pouy-Corgelart et de Bivès. — On peut ajouter à cette liste de coutumes rédigées les *Chartes* et *Coutumes de Pouy-Corgelart et de Bivès.* — Pouy-Corgelart, dans l'ancienne vicomté de Lomagne, forme aujourd'hui, réuni à Roquelaure, la commune de Pouy-Roquelaure (Gers), cant. et arrond. de Lectoure. — La charte de Pouy-Corgelart a été rédigée le 4 septembre 1303 dans l'église de Saint-Pierre, de Pouy-Corgelart, par un notaire public à Agen, en présence des seigneurs et des bourgeois du lieu, déclarant et fixant les coutumes en vigueur afin d'éviter à l'avenir toute contestation. — Le texte a été imprimé par M. Octave Beylot, *Archives historiques de la Gironde*, t. XVII (1877), 1-47.

La commune de Bivès est dans le Gers, cant. de Sainte-Clar, arrond. de Lectoure. Sa coutume a été rédigée par le notaire Guillaume Barrau, clerc de Cologne (chef-lieu de cant. du Gers, arrond. de Lombez), et confirmée sous serment par les seigneurs et les bourgeois de la localité, le 6 décembre 1283, au château de Bivès. Le texte indique que, en dehors de cet acte, existaient des *Establissements* faits par les habitants et par tous les jurats avec les habitants. — Cette coutume a été publiée par M. J.-F. Bladé, *Coutumes municipales du Gers*, 1re série, Paris, 1864, in-8°, p. 17-27.

Nous empruntons ces renseignements circonstanciés à un savant article de M. Funck-Brentano, *Revue Historique* (dirigée par M. Monod), nov.-déc. 1897.

2. *Les Coutumes du Poitou.* — La première rédaction officielle date de 1417. Elle fut composée par plusieurs magistrats et praticiens du pays de Gastine. Le manuscrit se termine par l'*Explicit* suivant : « Et finist cestuy petit livre ou traictié sur plusieurs usaiges, coustumes, stilles et gouvernements du pays de Poictou, compilé et diligemment visité, leu, corrigé et bien advisé par honorables hommes et sages maîtres Jehan de Chambertin, baillif de Gastine, Jehan de la Chaussée, Loyset Moysen, Robert Tritant, Pierre Roygne, Jacquet Bouton, *tous jurez et advocatz*, lesquels plusieurs fois et à grant diligence se sont pour ce assemblez en la ville de Parthenay, l'an mil IIIIc XVII. » (Voir Nicias Gaillard, *Bulletin académique de Poitiers*, t. VII. D'Espinay, *Droit d'aînesse en Poitou*, *Nouvelle Revue Historique du Droit français*, mai-juin 1896, p. 3[illegible].)

II. — L'Enquête par turbe. Coutumes rejetées ou admises par le Parlement.

Les coutumes alléguées devant les tribunaux devaient être approuvées ou certifiées. Beaumanoir dit qu'une coutume est « approuvée » quand, de toute antiquité, elle est générale dans la comté ou bien quand elle a été approuvée par jugement[1]. Brodeau, citant une décision de Jean des Marès, indique la manière dont on arrivait à établir la coutume par jugement d'*enquête par turbe* (per turbam[2]). Qu'était-ce que cette enquête par turbe, expression sans cesse répétée dans les écoles? Nous demanderons sa définition au Parlement[3]. Le comte de Boulogne plaidait (1317) contre quelques prieurs d'abbayes et le bailli d'Amiens au sujet de la garde d'églises fondées par ses prédécesseurs : il alléguait la coutume. Une enquête fut prescrite. Or les témoins produits par

1. *Approbation des Coutumes.* — « Coustume si est aprouvée par l'une des II voies, dont l'une des voies si est quant ale est generaus par toute la contée et maintenue de si lonc tans comme il puet souvenir a homme sans debat. — Et l'autre voie que l'en doist connoistre et tenir pour coustume si est quant debas en a esté et l'une des parties se vout aidier de coustume et fu aprouvée par jugement si comme il est avenu moult de fois en parties d'oirs et en autres querelles... » (*Beaumanoir* [Salmon], chap. XXIV, § 683.)

« La disference qui est entre coustume et usage si est que toutes coustumes font à tenir, mes il i a de tous usages que qui vourrait pledier encontre et mener jusques au jugement, li usages serait de nule valeur. »

— Dans un traité entre la comtesse d'Artois et les nobles, traité approuvé par le roi et inséré dans les registres du Parlement, il est fait mention de coutumes *certifiées* : « ... Item, la dite comtesse, les coustumes en la meniere que nous les avons scellées, faicte foy et de plein que elles soient telles ou pays comme nous les avons scellées, et les coustumes qui scellées ne sont mie, qui seront trouvées avoir été usées au pays d'Artois du temps saint Loys, elle les scellera et fera tenir desormais en avant fermement, et les fera jurer à ses Baillis; et fera cette preuve de ces coustumes par gens dignes de foy, chevaliers, escuyers, clercs, bourgeois et advocats que lidits nobles ameneront a ce prover devant la dicte comtesse ou celuy que elle il disputeroit *presens aucuns de nos gens* que nous il li mettrons à la requeste de la dite comtesse, cex (ceux) comme il nous plaira, sans soupçon... » (Collect. Lamoignon, *Reg. criminels*, t. 324, p. 58, déc. 1315.)

2. « ... C'est ce qui est remarqué en la décision 265 de Jean Desmares, pour prouver coustume deüement, usage ou stile alleguez, il convient nécessairement que la dicte preuve soit faicte et rapportée en tourbe, par dix sages coustumiers, rendans certaine et affirmative cause de leur deposition, ou par plus; et si par mains (moins) que de dix personnes en tourbe la coustume estoit tesmoignée, cette preuve ne suffirait pas, mais serait comme nulle de soy... » (Brodeau, *Commentaire sur la Coutume de Paris*, édit. de 1658, t. I, p. 5 et 6.)

3. *Enquête par turbe.* — *Actes du Parl.*, t. I, 2547 A, col. 2 (1270). — *Essai de Restit.*, n° 39. — Langlois, *Textes*, p. 79, n° LVIII. — Cette *Ordinatio de inquisitione consuetudinum facienda* n'est qu'une répetition du règlement de 1246.

le comte n'avaient pas été suffisamment examinés : ils auraient dû être interrogés non les uns après les autres (*singulariter*), mais en turbe (*in turba*). Puis les motifs de leur opinion devaient être demandés spécialement à chacun d'eux. Le Parlement ordonna de recommencer l'enquête[1]. Dans un procès entre un Lombard et Jean de Senlis (10 février 1319) une enquête *par turbe* fixa un point de la coutume du Châtelet : à savoir si celui qui avait encouru plusieurs défauts perdait par cela même sa cause[2]. Deux conseillers du Parlement, Dreux de la Charité et Firmin Coquerel, furent délégués pour diriger l'enquête. Le Lombard produisit ses témoins et des plus qualifiés : le curé de l'église Saint-Nicolas des Champs, le prévôt de Saint-Magloire, dix autres maîtres, plus un personnage éminent, Simon de Bucy. Les témoins de Jean de Senlis n'étaient pas moins bien choisis : quelques-uns même figuraient aussi parmi les témoins du Lombard. Ces derniers, après avoir prêté le *serment de vérité*, se concertèrent à part, puis désignèrent l'un d'entre eux pour notifier aux commissaires leur décision : la coutume alléguée par le Lombard était notoire et véritable; ils l'avaient vu observer au Châtelet de Paris. Alors les commissaires interrogèrent les témoins *individuellement* sur les motifs de leur opinion[3]. Les témoins de Jean de Senlis prêtèrent le même serment de vérité, se retirèrent également pour se concerter, mais se trouvèrent en désaccord : six à peine soutenaient la coutume alléguée par Jean. Les commissaires firent leur rapport au Parlement.

1. *Olim*, t. III, p. 1147, LX (1317). — Cf. *Olim*, t. III, p. 956, XXII (1315).

2. *Ibid.*, t. II, p. 678-681, IV (1318). — Ch. Mortet parle de cet arrêt, *Coust. du Châtelet*, p. 68-69, note 3.

3. « ... qui testes, trahentes se ad partem, collationem suam inter se super hoc habuerunt, et postea coram dictis auditoribus revertentes, dixerunt se *totaliter* esse concordes in deliberatione quam ipsi habuerunt quod ipsi deponerent super consuetudine predicta; et de consensu ipsorum omnium ipsi unum ex eis concorditer elegerunt ad referendum et deponendum, vice omnium, suam super hoc veritatem; qui sic electus onus hujus modi in se assumens, vice suâ et omnium predictorum ad interrogacionem dictorum auditorum, deposuit et respondit quod predicta consuetudo per dictum lombardum proposita, notoria est et vera et quod ipsi hoc sciebant et sic viderant in Castelleto, Parisiis, pluries observari... » (*Ibidem.*)

Il y a encore, à la fin du XIVe siècle, des enquêtes par turbe. Coutume prouvée en tourbe en 1366 au Châtelet. Décis. de J. Desmares. Brodeau, *Commentaire sur la Cout. de Paris*, t. II. 19, art. 84. En 1377, *Coutumes notoires du Châtelet*, Brodeau, *Cout. de Paris*, t. II, p. 32.

En acceptant l'appointement de *dire*, le plaideur « perdait le droit de demander l'enquête par tourbe pour établir une coutume notoire. » (Fagniez, *Fragment d'un Répertoire de Jurisprudence parisienne*, p. 26, n° 66, 31 août 1402.)

La Cour déclara que la coutume énoncée par Jean de Senlis n'était pas prouvée, tandis que l'autre l'était. Le Lombard gagnait sa cause. Voilà à quelle consultation, à quel scrutin motivé on recourait pour déterminer un point de droit, tant était grand le respect qu'on professait pour les coutumes! Voilà enfin un travail indéniable de rédaction et de fixation de coutumes par le Parlement.

Journellement, pour ainsi dire, le Parlement recevait, discutait, fixait des coutumes. Il en admettait, en rejetait. Il abolit comme mauvaises : en Vermandois, celle qui défendait à un voiturier, sous peine de 60 sous d'amende, de relever, sans la permission du seigneur, sa charrette renversée[1]; en Touraine, celle qui condamnait à la perte d'un membre un homme ou une femme ayant dérobé dans la maison de son seigneur un pain ou une poule[2]; à Verneuil, celle qui acquittait un malfaiteur s'il prêtait un serment appuyé par cinq cojurateurs[3], puis celle dont s'autorisaient le maire et les nobles de ce pays pour réquisitionner les chevaux sans indemnité[4]; en Gascogne, celle qui, en cas de meurtre et de crime entraînant la peine de mort, délivrait un accusé s'il jurait sur le corps de saint Séverin ou d'un autre saint qu'il n'était pas coupable, ou qui permettait d'acheter un acquittement au prix de trois cents sous[5], souvenir de l'ancienne composition; en Hainaut, celle qui obligeait, dans les cas d'homicide, tous les parents de l'accusé à comparaître devant la cour du comte et à se défendre par serment d'avoir pris part au meurtre[6] : si quelqu'un de la parenté omettait de le faire, il était réputé aussi coupable. Gilbert de Gages en fit l'expérience. Son cousin avait commis un meurtre : Gilbert négligea de venir « abjurer »; on l'arrêta. Heureusement pour lui le prévôt et les jurés de Tournai intervinrent et appelèrent au Parlement qui ordonna la libération

1. *Olim*, t. I, p. 445, xx (1257).
2 *Actes du Parl.*, n° 530 (1260).
3. *Olim*, t I, p. 562, xii (1263).
4. *Ibid.*, xiii (1263). — Cf. *Ord.*, t. I, p. 293, n°s 4 et 5.
5. « ... Nos attendentes consuetudines hujus modi, seu potiùs corruptelas nullatenus in regno nostro debere servari, de bonorum consilio et ad requisicionem gentium dicti Regis in nostra curia assistencium, eas cassamus et totaliter annullamus... » (*Olim*, t. II, p. 163, xxviii [1280].)
6. *Ibid.*, p. 428, xxxiv (1298).

du prisonnier. Remarquons qu'ici la Cour, quoique blâmant la coutume, ne l'abolit point : elle ne l'en discréditait pas moins. A leur tour les jurés et le prévôt de Tournai furent cités devant le Parlement par deux plaideurs qu'ils avaient condamnés pour coups et blessures à une forte amende. Les appelants soutenaient que, selon la coutume, s'il n'y avait pas grave blessure ni mutilation, l'amende n'était que de cent sous. Les magistrats de Tournai exposèrent de leur côté que les appelants étaient par métier « batteurs de gens » et avaient tendu un guet-apens à Jean l'Espinart : on ne leur avait infligé que dix livres d'amende lorsqu'ils en méritaient vingt. Le procureur du roi s'attacha surtout à démontrer que la coutume alléguée par les appelants n'était pas recevable : il demanda qu'elle fût condamnée par arrêt, et elle le fut[1].

La veuve de l'empereur Otton IV, Marie, réclamait le comté de Boulogne. Son adversaire, le comte de Saint-Pol, soutenait que, selon l'usage de la cour d'Artois, le vassal était tenu de sommer deux fois son seigneur de lui faire justice avant de pouvoir s'adresser au suzerain. La coutume ne fut pas prouvée; d'ailleurs elle était contraire à la doctrine du Parlement qui favorisait les recours « pour défaute de droit[2] ». Dans la terre du maréchal de Mirepoix et en d'autres fiefs de la sénéchaussée de Carcassonne, on excluait de la succession paternelle ou maternelle la fille mariée, alors même que le père ou la mère mourait avant la célébration du mariage : le contrat suffisait pour entraîner cette exclusion, qui aggravait la *forisfamiliatio* ancienne. Le Parlement rejeta cette coutume[3]. En Normandie, le roi avait le bail (ou la garde) des enfants mineurs, mais ce bail cessait par le mariage régulier d'une

1. Procès entre Lotin et Hennequin de Malines appelants d'une part, et les prevosts et jurez de Tournay d'autre part — « Le Procureur du roi dict que la coustume proposée par les appelans, c'est assavoir que quant plusieurs ont battu un homme et le principal advoue le faict, les autres s'en vont francs et quites, n'est pas recevable et requiert qu'elle soit dampnée par arrest et deffendu que jamais ne soit alleguée et ainsin a esté dict et faict par arrest... » (Collect. Lamoignon, *Conseils et Plaidoiries*, t. XL [43], f° 413 [20 nov. 1389].)

2. *Olim*, t. I, p. 100, I (1259). — Voir Beugnot, note p. 985, mais les références qu'il indique ne sont pas concordantes.

3. *Ibid.*, t. I, p. 139, III (1261). Sur l'exclusion des filles dotées par leurs parents, voir Beaune, *Condition des biens*, p. 342. — Viollet, *Établissements*, t. I, p. 130.

fille arrivée à l'âge nubile; sa terre devait lui être rendue. Le Parlement donna, sur ce point, gain de cause à Jean Marcel, chevalier, réclamant la terre de la femme qu'il venait d'épouser[1]. Dans une autre espèce, la Cour repousse les prétentions des parents de Henri, maréchal de France et seigneur d'Argentan, qui s'opposaient à ce que le roi eût la garde de l'héritier mineur[2]. Gilbert Malesmains voulait opérer un retrait lignager : on lui reprochait de n'avoir pas produit sa réclamation dans le délai d'un an et un jour. Gilbert recourut à un contremand, selon les usages de Normandie. Le Parlement décida que le contremand ne pouvait être reçu[3]. Comme le droit féodal reposait surtout sur la coutume, c'est dans les questions de terrages, redevances, d'aides, de droits féodaux que la Cour intervient avec un esprit d'ailleurs aussi féodal que celui des plaideurs[4]. Dans la châtellenie d'Étampes, les seigneurs pouvaient confisquer les chevaux qu'on y amenait pour chercher de la mouture. Jean de Boenville avait ainsi confisqué le cheval de Thibaut de Neuvy. Celui-ci nia l'existence de ladite coutume. Jean de Boenville offrit de la prouver. Le Parlement déclara que le soin de prouver une coutume ne saurait incomber à un plaideur et il chargea le bailli d'Étampes de cette enquête qui établit l'existence de la coutume : Jean de Boenville garda le cheval de Thibaut[5]. En Touraine, celui qui avait la justice du rapt et du meurtre avait aussi la garde des grands chemins : il pouvait exproprier les travaux et constructions qui les encombraient. La Cour accepta cette coutume[6]. En Champagne, la prescription n'avait pas lieu quand il s'agissait des droits du comte et les enquêteurs de Philippe le Bel, dont l'un était Guillaume de Nogaret, firent rentrer dans le domaine royal des droits et des biens reve-

1. *Olim*, t. I, p. 56, VIII (1274).
2. *Ibid.*, t. I, p. 625, XIX (1265). *Cf.* t. I, p. 471, X (1260). — Voir H. Buche, *Essai sur l'ancienne coutume de Paris*, chap. XII, p. 100 et suiv. Buche cite un arrêt de 1280 et ne cite pas celui de 1265. — Sur ce droit de garde, lire la dissertation très détaillée de Viollet, *Établissements*, t. I, p. 14-15. Lire aussi Beaune, *Condition des biens*, p. 125 et suiv., Garde noble et bourgeoise. Il n'a pas non plus cité l'arrêt de 1265.
3. *Olim*, t. I, p. 630 (1265). — Voir sur le Contremand la note de Beugnot, p. 1044.
4. Terrages, *Olim*, t. I, p. 778, XXII (1269). — Brenage au roi, *Olim*, t. I, p. 160, II, (1262), t. I, p. 532, XV. — *Actes du Parl.*, 666. — Aide pour la Chevalerie, *Olim*, t. I, p. 732, XXII (1268).
5. *Olim*, t. I, p. 353, IV (1270).
6. *Olim*, t. I, p. 252, IV (1267).

nant à la reine, comtesse de Champagne[1]. Le Parlement approuva. Au contraire, la comtesse de Châteauroux n'admettant pas que la prescription de trente ans pût être opposée au fils de celui qui avait été jadis saisi d'une terre, le Parlement repoussa cette coutume et maintint la prescription[2]. Devant la cour du seigneur de Varennes, Jean de Tanques, écuyer, réclamait une terre à Colaye, veuve de feu Jean de Noyon. Cette terre avait été léguée à Jean de Tanques par Jean de Noyon, son oncle. La veuve de Jean de Noyon mit en avant des exceptions, entre autres celle-ci que le demandeur ne pouvait, selon la coutume du pays, prouver ses assertions « que par les hommes de la cour de Varennes ». Les jugeurs de Varennes, au contraire, reconnurent au demandeur le droit de produire tous les témoins qu'il voulait. La veuve appela à la cour de Domars, mais elle mourut. Son héritier, Égidius de Mailly, chevalier, reprit les errements du procès; il perdit, il appela au Parlement. A la suite d'une enquête, les maîtres confirmèrent les sentences des tribunaux de Domars et de Varennes[3]: là encore ils avaient déterminé un point de droit.

Ces citations et d'autres qu'on pourrait faire, prouvent que le comte Beugnot avait raison de dire : « Le rédacteur des *Olim* appelle *consuetudines patriæ* les coutumes recueillies çà et là par les soins de la Cour et son expression est remarquablement juste; car après l'enquête elles devenaient de véritables lois du pays qui ne pouvaient plus varier au gré des intérêts privés; et quand, plus tard, on voulut reviser ces Coutumes, les rajeunir et les mettre, autant que les mœurs le permettaient, en harmonie les unes avec

1. *Olim*, t. II, p. 408, xx (1296).
2. *Ibid.*, t. I, p. 502, xxviii (1260).
3. *Ibid.*, t. III, p. 1422, lxii (10 juillet 1318).

— Ajoutons : réclamation d'une taille à Barthélemy Petit comme bourgeois d'Arras, d'après la coutume que tout fils d'un bourgeois émancipé doit être recensé comme bourgeois d'Arras. Barthélemy perd sa cause. Ou il restera bourgeois d'Arras et paiera; ou il renoncera à la bourgeoisie et paiera ce qui est dû en pareil cas. (*Olim*, t. I, p. 239, v [1266].)

— Les gros poissons sont au roi d'après la coutume générale de Normandie. (*Olim*, t. I, p. 379, viii [1271].) Voir Beaune, auquel n'a pas échappé cet arrêt, *Condition des biens*, p. 39. — Tarifs d'amende, *Olim*, t. II, p. 310, xxxi (1290).

— Dans les *Olim* est inséré un accord entre le comte de Flandre et les magistrats de la ville de Gand sur diverses coutumes. (*Olim*, t. II, p. 22-28.) — Dans les *Ordonnances*, des lettres de Philippe le Bel constatent une ancienne coutume observée à l'égard des débiteurs insolvables. (*Ord.*, t. XI, p. 389, février 1296 [1297].)

les autres, la jurisprudence primitive du Parlement fut le point de départ de ce grand et utile travail[1] ».

IV. — La Coutume de Paris.

C'est ainsi que le Parlement revisa, on peut dire forma, la *Coutume de Paris*. En feuilletant les *Olim*, on est frappé du nombre de points sur lesquels il détermine « la Coutume de France ». « Auparavant la première rédaction de l'an 1510, dit Brodeau, la *Coustume de Paris*, quoique non rédigée par escript, du moins par auctorité royale et publique, mais seulement par les praticiens comme un usage et une notoriété, ne laissait pas de tenir rigueur de loy, comme de la ville capitale de la France et se trouve encore avoir esté indifféremment appelée *Loy*, *Uz* et *Coustume de France*, *Coustume de la ville*, *Comté et Vicomté de Paris*[2]. » Nous ne saurions avoir la prétention de traiter incidemment un sujet aussi ardu et compliqué que l'historique de la *Coutume de Paris*. Sans sortir de notre cadre, nous chercherons seulement quelques exemples capables de mettre en relief l'influence du Parlement sur la formation de cette Coutume[3].

1. Beugnot, *Olim*, t. I. Préface. p. xciv.

2. *Sources de la Coutume de Paris*. — Brodeau, *Commentaire de la Coutume de Paris*, t. I, p. 7.

3. M. Beaune a dit à ce sujet : « Les *Olim*... contiennent en germe la plupart des grandes règles juridiques qui se condenseront plus tard dans la *Coutume de Paris*. La Cour avait en effet l'usage d'envoyer des enquêteurs sur les lieux lorsqu'il s'agissait de rechercher si une coutume alléguée par une partie et contestée par l'autre, existait réellement. De la un très grand nombre de décisions importantes pour l'histoire du droit... » (Beaune, *Introduction à l'etude historique du droit coutumier*, p. 262.)

M. Buche, dans son intéressant *Essai sur l'ancienne Cout. de Paris aux XIII*e *et XIV*e *siècles* (Paris, Larose, 1886), n'a pas puisé, quoiqu'il l'indique, autant qu'il aurait pu le faire, à cette source pourtant si féconde.

Il est clair que les *Olim*, limités à une période relativement restreinte, ne sauraient être seuls la source de la *Coutume de Paris*. Ce n'est pas cela que nous voulons dire. Nous entendons uniquement les donner en exemple pour faire comprendre que la *Coutume de Paris* a été en grande partie, jusqu'à sa rédaction définitive, élaborée par le Parlement. Nous avons encore ici le témoignage de Brodeau. Il déclare formellement que le crédit particulier dont jouissait cette coutume était fondé « *sur l'auctorité publique des Arrests de la Cour, qui avoient jugé les questions générales*, et sur les décisions de ce grand jurisconsulte, Docteur des Docteurs, qui a esté le puissant génie et sçavant interprète du Droit françois, M. C. du Molin (*sic*), que l'on peut appeler à bon droict l'exemplaire et le prototype de la *Coustume de Paris*, chacun article de laquelle est véritablement un oracle et un arrest. C'est la raison pour laquelle cette coustume dont l'air doux et salubre est respiré par Messieurs du Parlement, est comme la maistresse coustume ordi-

En ce qui regarde les fiefs, les rapports des suzerains et des vassaux se ressemblaient trop dans les diverses régions pour qu'on pût noter quelque chose de spécial à l'Ile-de-France [1]. La *commise* ou perte du fief par suite de bannissement ou de condamnation à la peine capitale n'avait rien de particulier à cette province [2]. Le droit de *relief* aussi était général, avec des exceptions toutefois, comme le soutenait le sire Philippe de Lévis qui déclarait tenir un château selon la coutume d'Albi, non de France, et ne pas devoir le rachat. Le Parlement jugea que le château était tenu selon la coutume de France et soumis au rachat [3]. Il ne faut point s'étonner de cette intrusion de la coutume de France dans le Midi : c'était l'œuvre de Simon de Montfort, après la croisade albigeoise. Du reste la Coutume de Paris modifia cette doctrine du *relief* en n'exigeant, pour la transmission d'un fief par succession directe, que « l'hommage par la bouche et la main » [4], à l'exception des fiefs du Vexin, où se maintint le vieux droit du rachat [5].

nairement estendue par leurs arrests aux autres coustumes, pour les cas qui n'y sont point décidés et principalement ès matières qui sont de pur droict françois, non empruntées de la jurisprudence romaine, comme les fiefs, les censives, les préciputs, et droicts d'aisnesse, la communauté, douaire, don mutuel, remploy des propres des conjoincts vendus pendant la communauté, déguerpissement, complaincte, différence des biens paternels et maternels, et propres conventionnels, garde-noble ou bourgeoise, retraict lignager ou féodal et autres semblables inconnus aux Jurisconsultes et Empereurs romains, qui sont admirablement décidés par la *Coustume de Paris*, laquelle en telles matières s'estend mesme ès païs régis par le Droict escript, où elles sont en usage... » (Brodeau, *Commentaire de la Cout. de Paris*, t. I, p. 3.)

1. *Pays de France*. — « Le pays de *France* est distingué de la Brie et de la Champagne en 1229 par Joinville (D. Bouquet, xx, 203); de la Picardie en 1251 par Guillaume de Nangis (*ibid.*, 554); du Beauvaisis, de l'Artois et du Vermandois par Beaumanoir (édit. Beugnot, t. I, p. 407, t. II, 221). L'Orléanais n'apparaît comme distinct du pays de France qu'au xiv° siècle, dans l'Ordonnance de Charles V, de juillet 1376.

« On donnait aussi plus spécialement le nom de France au petit *pays* de France, au territoire de Saint-Denis et des paroisses environnantes. (Voir Guérard, *ibid.*, p. 160, et un article de M. Longnon dans les *Mémoires de la Société de l'Hist. de Paris et de l'Ile-de France*, t. I, p. 1 et 11.) Quant à la dénomination d'*Ile-de-France*, désignant le territoire compris entre la Seine et la Marne, l'Ourcq, l'Aisne et l'Oise, elle ne date que de la fin du xiv° siècle. » (Longnon, *ibid.*) Ch. Mortet, *Constitutions du Châtelet*, p. 10. — Nous ne ferons qu'une observation. Nous ne comprenons pas que M. Mortet indique que l'Orléanais ne fut distingué de l'Ile-de-France qu'au xiv° siècle. Il avait certainement oublié que les *Établissements de saint Louis* comprennent l'Usage d'Orléanais et citent cette expression.

2. *Olim*, t. II, p. 187, XLIX (1281). — Voir note de Beugnot, p. 868.

3. *Ibid.*, t. III, p. 10, XVI (1299).

4. Voir sur ce sujet note développée de Beugnot, *Olim*, t. III, notes, p. 1506.

5. Article III de la *Cout. de Paris*, II de l'ancienne coutume (rédigée en 1510).

Le greffier Montluçon dit (1268) qu'une fille ayant un frère ne paie pas, lors de son mariage, le rachat de son héritage : le frère la garantit vis-à-vis du suzerain. Ce texte, presque identique, dans les *Établissements*, se retrouve dans la *Coutume de Paris* [1]. Le *retrait lignager* était une des règles les plus répandues de la condition des fiefs. Isabelle d'Autun, réclamant, à ce titre (*per bursam*), du précepteur et des frères du Temple, la terre de Blamont (1269), soutenait que, selon la *Coutume de France*, le temps du retrait ne courait que de l'investiture faite par le seigneur du fief. Le Parlement reconnut pour « claire et notoire » cette Coutume que les *Établissements* d'abord et la *Coutume de Paris* ensuite adoptèrent [2]. Le seigneur de Beauvoir avait sur la marche (frontière) du royaume et de l'Empire, dans la châtellenie de Saint-Quentin, un *alleu* qu'il transforma en fief, en s'avouant le vassal de l'évêque de Noyon, pour 600 livres que lui donna ledit évêque. Le bailli s'y opposa, disant qu'on ne pouvait avouer un alleu que du roi. On discuta au Parlement. « Il parut à plusieurs du conseil que, selon la *Coutume de France*, le roi pouvait prendre le fief sans argent parce que le seigneur de Beauvoir avait fait aveu à un autre. Mais le roi était saint Louis. Il donna raison à ses conseillers, en reprenant le fief, puis fit restituer à l'évêque les 600 livres que celui-ci avait donnés au sire de Beauvoir (1263) [3]. Ce texte prouverait aussi que la défense des « mauvaises avoueries » était antérieure à l'Ordonnance de Philippe le Hardi, et le rédacteur des *Établissements* l'avait sans doute en vue quand il écrivait : « Et pour ce, se doivent les vavasseurs et les gentilshommes garder qu'ils n'avouent autre seigneur que leur droit seigneur [4] ». Les progrès de l'autorité royale étaient tels au XVIe siècle qu'on ne jugea pas nécessaire d'inscrire dans la *Coutume de Paris* un texte identique, mais

Nous ne pouvons naturellement accompagner chacun de ces articles de commentaires qui ne rentrent pas dans notre sujet. Nous renvoyons une fois pour toutes à Brodeau et à l'*Essai*, très clair, de M. Buche. D'ailleurs nous retrouverons la plupart des questions qu'ils concernent, aux chapitres consacrés à la Jurisprudence du Parlement.

1. *Coutume de Paris*. — *Olim*, t. I, p. 730, XIV (1268); *Cout. de Paris*, art. XXXV.

2. *Ibid.*, t. I, p. 329, XVI (1269); *Cout. de Paris*, art. CXXX (173 de l'ancienne coutume).

3. *Olim*, t. I, p. 572, XVI (1263 v. st.). — *Actes du Parl.*, 832.

4. *Établissements*, liv. II, chap. XXX : *Les mauvaises avoeries*.

ce cas rentrait dans celui du désaveu et entraînait la confiscation[1]. D'autre part, on ne rencontre plus trace de la coutume alléguée par Amauri de Meudon, voulant contraindre les habitants de Paris qui tenaient une censive à Sèvres, à payer un cens double au moment du mariage de sa fille et de la chevalerie de son fils. Les habitants de Paris soutenaient que cette coutume ne touchait que les gens de la campagne, non les bourgeois de Paris[2]. Le Parlement leur donna tort; ce double impôt du reste tomba plus tard comme beaucoup d'autres vexations. Un noble, Jean Forès, refusait de contribuer à la taille prélevée sur les gens de Chéchy : le Parlement reconnut son droit, spécifié également par les *Établissements* : le noble ne paie pas la taille pour une maison qui lui revient par héritage, quand même elle serait « taillable »[3]. Les nobles non plus ne payaient ni pour eux, ni pour leurs serviteurs, de droits et de péages sur les récoltes et les vins de leur châtellenie. Mais ces exigences fiscales n'étaient point, répétons-le, particulières à l'Ile-de-France; ce qui nous intéresse davantage, ce sont les théories de droit civil.

Dans l'Ile-de-France, on ne pouvait exercer, dans une même terre, le *droit d'aînesse* qu'une seule fois. Le seigneur Gaze de Poissy avait bénéficié de son droit d'aînesse au détriment de son frère Louis et de sa sœur Blanche. Louis mourut. Gaze de Poissy voulait encore, au partage avec sa sœur, réclamer un droit d'aînesse. Le Parlement lui donna tort[4]. Les dons jadis faits par les Germains à leurs épouses étaient devenus le *douaire*. Or, protectrice des veuves, l'Église pouvait décider les questions relatives au douaire; la veuve avait la faculté de porter ces causes ou devant la justice ecclésiastique ou devant la justice royale; c'était la *Coutume de France* qu'on retrouve dans les *Établissements*, mais non plus dans la *Coutume de France* à cause des pro-

1. *Coutume de Paris* (suite). — Article XLIII (XXX de l'ancienne coutume). Voir Buche, *ouv. cité*, p. 18. Voir, sur l'alleu, note de Beugnot, t. I, p. 1040. — Beaune, *Condition des biens*, tit. V, chap. I.

2. *Olim*, t. I, p. 661, III (1266).

3. *Ibid.*, t. I, p. 458, II (1259). — Chécy, Loiret, arrond. d'Orléans.

4. *Ibid.*, t. I, p. 527, I (1261). — Ce jugement revenait à dire qu'en ligne collatérale le droit d'aînesse n'existait pas, ce qu'édictait l'article CCCXXXI de la *Cout. de Paris* (248 de l'ancienne coutume). Le droit d'aînesse n'avait été introduit que pour la conservation des seigneuries et des grands domaines. Ce n'était pas en réalité un principe de droit, mais un privilège, par conséquent limité.

grès de la justice royale. Le *douaire* de la femme allait jusqu'à la *moitié* des biens du mari : c'était, dit le Parlement, « la coutume notoire de France », que reconnaissent aussi les *Établissements* (sauf pour les nobles) et qui passa dans la *Coutume de Paris* [1]. Celle-ci, toutefois, exigeait que les biens sur lesquels on prélevait le douaire, fussent réellement la propriété du mari au moment de son décès. Au XIIIe siècle, selon les *Olim* et les *Établissements*, la veuve avait encore droit sur les biens qui seraient venus par succession directe au mari s'il avait vécu plus longtemps [2]. Cependant le douaire tendait à n'être plus qu'un usufruit. Comme jadis la *Coutume de Montargis-Loris-Orléans*, la *Coutume de Paris* dira : « Le douaire coutumier de la femme est le propre héritage des enfants [3] ». Il s'ensuivait qu'un don fait par le roi à un homme et à ses héritiers ne pouvait entrer dans l'héritage de la mère [4].

1. *Coutume de Paris* (suite). — Un arrêt de 1267 (*Olim*, t. I, p. 676, I) fixe le douaire de la dame d'Argenton (douaire noble) au *tiers* selon la doctrine des *Établissements*, liv. I, chap. XV. Mais il s'agit de pays autres que l'Ile-de-France. Dans les arrêts où il est fait mention de la *Coutume de Paris*, le douaire est de la moitié. (*Olim*, t. II, p. 536, III [1312].) Article de la *Cout. de Paris* CCXLVII (136 de l'ancienne coutume).

2. Nota quod in omnibus hiis de quibus aliquis, cùm ducit uxorem est saisitus, vel que durante matrimonio inter eos ipsi marito ex successione proveniunt, uxor, post mortem mariti, habet dotalicium suum, ad usus et consuetudines Francie, quantumcumque maritus de eis alienaverit, nisi ipsa expresse consenserit alienacioni hujus et renunciaverit dotaliciis suis. Non tamen ita haberet dotalicium in hiis que ex escheta provenirent marito.... » (*Olim*, t. I, p. 735, XXIX [1268].)

On remarquera avec quel soin Montluçon met en relief le point de droit qui a été déterminé, sans se préoccuper des détails du procès. C'est bien un légiste soucieux de faire ressortir l'œuvre juridique de ses collègues.

Beugnot renvoie pour cet arrêt à l'article CXXIX de la *Coutume de Paris*. Mais cet article concerne le retrait lignager. Il me semble que l'article qui lui répond est le n° CCXLVIII : « *Douaire coustumier est de la moitié des héritages que le mary tient et possède, au jour des espousailles et benediction nuptiale*, et *de la moitié des héritages, qui depuis la consommation du dit mariage, et pendant iceluy, eschéent et adviennent en ligne directe au dit mary.* »

3. La doctrine des *Établissements* est identique, liv. I, chap. XXII. — « Item nota quod, secundum consuetudinem Francie, hereditas mulieris quam secum defert quando maritatur et quicquid hereditas ei obvenit, durante matrimonio, est hereditas liberorum suorum ex eodem matrimonio provenientium. » (*Olim*, t. I, p. 730, XV [1268]). *Cout. de Paris*, art. CCXLIX.

4. Arrêts cités plus haut pour la concordance des *Olim* et des *Établissements*. — Autre arrêt pris dans les *Jugés* par Boutaric : Raoul de la Neuville, au nom de sa femme Alips, fille de feu Jean d'Arigny, chevalier, plaide contre Pierre d'Arigny, fils du dit Jean. Raoul prétendait que lorsque Jean épousa Yolande de Faye, mère d'Alips, il possédait et détint, durant son mariage, différents biens, notamment une maison sise à Bruyères, biens dont ladite Yolande devait avoir la moitié à titre de douaire. Cette moitié passait à ses héritiers et le mari ne pouvait l'aliéner, sauf en cas de nécessité.... Le Parlement admit cette demande.... » (*Jugés*, I, f° 455 v°; *Actes du Parl.*, 7823 [1326].)

L'article CCXLIX de la *Cout. de Paris* (137 de l'ancienne coutume) est très explicite. « Le douaire coustumier de la femme est le propre héritage des enfans venans

Dans l'héritage, la veuve prend sa part des meubles, mais elle y peut renoncer pour être quitte des dettes. La dame de Bouchard de Montmorency allégua cette « coutume de France notoire et approuvée que, du jour où la veuve renonçait à sa part des meubles et au bail de son fils, elle n'était pas tenue de payer quoi que ce fût des dettes de son mari »[1]. Le Parlement libéra la dame de Montmorency. La *Coutume de Paris* conserva à la veuve cette faculté.

Au sujet de la communauté des biens, la *Coutume de Paris* disait : « Après le trépas de l'un desdits conjoints, les biens de ladite communauté se divisent en telle manière que la moitié en appartient au survivant et l'autre moitié aux héritiers du trespassé. » Ouvrons les *Olim*. Un plaideur, en 1217, alléguait la même coutume : le mari devait avoir la moitié de tous les acquêts faits par sa femme et lui durant le mariage[2]. Toutefois les biens qui venaient aux époux par succession étaient considérés comme des *propres* et ne tombaient point dans la communauté. C'est ainsi que Thomas de Noisy, bourgeois de Paris, est déclaré n'avoir aucun droit sur les biens de feu sa femme, Agnès, qui provenaient du père et de l'oncle d'Agnès. C'est la même règle dans la *Coutume de Paris* au sujet des donations faites en ligne directe[3].

La communauté pouvait se continuer entre le père et les enfants. Les *Olim*, en cela, sont d'accord avec la *Coutume de Paris*. Amaury Jodoin devint veuf : son fils Jean Jodoin continua d'habiter avec lui. Il réclama la moitié de tous les conquêts faits

dudit mariage : en telle manière que les père et mère desdits enfants, dès l'instant de leur mariage, ne le peuvent vendre, engager ou hypothéquer au préjudice de leurs enfants... » (Cf. art. CCLV.)

Cf. *Cout. Montargis-Loiret-Orléans*, chap. XIV, art. 3. — Viollet, *Établissements*, t. I, p. 137. — Buche, *ouv. cité*, p. 98.

1. *Olim*, t. II, p. 240, XVII (1284). — Article CCXXXVII de la *Cout. de Paris* (115 de l'ancienne coutume). — Voir Laboulaye, *Condition des femmes*, p. 289. — P. Guilhiermoz, *Le droit de renonciation de la femme noble*, Bibl. de l'École des Chartes, t. XLIV (1883). — Buche, *ouv. cité*, p. 92.

2. « Quod maritus debet habere medietatem omnium conquestuum factorum, constante matrimonio, inter ipsum et uxorem suam... » Le plaideur perd, mais parce que, dans l'espèce, les biens qu'il réclamait ne furent pas estimés par le Parlement des conquêts, mais des *propres*. *Olim*, t. III, p. 1177, LXXIX (1317). — *Cout. de Paris*, CCXXIX (111 de l'ancienne coutume).

3. *Actes du Parl.*, 5049 (1317). — *Cout. de Paris*, CCXLVI. — Voir Loisel, liv. III, tit. III, n° 393. — Buche, *ouv. cité*, p. 85.

par Amaury et invoqua la *Coutume de la vicomté de Paris* : « Toutes les fois qu'un fils, après la mort de sa mère, reste avec son père un an et un jour sans qu'il y ait partage, tous les conquests faites par le père durant cette association demeurent communs au père et au fils; ils en ont chacun la moitié [1]. » Au XVIe siècle, le texte de la *Coutume de Paris* était encore identique, quoique les communautés tacites tendissent à disparaître.

La *Coutume de France* avait déjà, dès le XIIIe siècle, posé le principe que « les propres de la femme étaient dévolus aux enfants [2] » (1265). La *Coutume de Paris*, qui admettait le droit des ascendants sur les meubles et les acquêts, consacrait la vieille *Coutume de France* par cette formule ferme et pittoresque : « Propres ne remontent point [3]. » Les fiefs non plus, selon les *Libri Feudorum*, ne remontaient pas. Aussi les ascendants n'héritaient point de leurs enfants qui mouraient sans postérité; la succession passait aux collatéraux. Au XIIIe siècle, le Parlement et la *Coutume de France* réagissaient contre cette exclusion des ascendants. Le seigneur Gilabert de Maubuisson, père d'Egidius de Maubuisson, avait acquis, d'un don du roi, 600 livrées de terre durant son mariage. Après la mort de Gilabert, sa veuve eut la

1. *Coutume de Paris* (suite). — « ... quocienscumque contingit quod filius, post obitum matris sue, remanet et moratur cum patre suo, per annum et diem, nulla bonorum ipsorum patris et filii facta divisione, omnes conquestus quos facit idem pater, durante communione et societate predictâ, conquestuum medietas pertinet ad patrem et alia medietas ad filium, per consuetudinem antè dictam.... » (*Olim*, t. III, 1176, LXXVIII [18 oct. 1317].)

— *Coutume de Paris* : « Quand l'un des deux conjoints par mariage va de vie à trépas, et délaisse aucuns enfans mineurs dudit mariage, si le survivant des deux conjoints ne fait faire inventaire avec personne capable et légitime contradicteur, des biens qui étaient communs durant ledit mariage, et au temps du trépas, soit meubles, ou conquêts immeubles, l'enfant ou enfans survivans peuvent, si bon leur semble, demander communauté en tous les biens, meubles et conquêts immeubles du survivant : posé qu'icelui survivant se remarie.... » (Art. CCXL [118 de l'ancienne [*Coutume*].)

— « Cette continuation de communauté, dit Giraud, constituait véritablement une deuxième communauté dans laquelle le survivant était pour moitié et les enfants pour l'autre moitié. » (Giraud, *Précis de l'ancien droit coutumier*, Paris, 1875. — Voir Laurière sur les articles de la *Cout. de Paris* 240, 241, 243. — Buche, *ouv. cité*, p. 94).

2. Arrêt cité plus haut, *Olim*, t. I, p. 730, XV (1268). — *Cout. de Paris*, art. CCXLIX.

3. « En succession en ligne directe, propre héritage ne remonte; et n'y succèdent les père et mère, ayeul ou ayeule.... » (*Cout. de Paris*, art. CCCXII [129 de l'ancienne coutume].) Il faut entendre par cet article que les père et mère et autres ascendants ne succédaient pas dans les héritages de leurs enfants décédés, qui leur étaient propres d'une autre ligne. Par exemple, le père ne succédait pas à son enfant décédé dans les propres maternels, ni la mère dans les propres paternels.

moitié, « à titre de conquêt ». Puis, le partage fait, la mère abandonna sa part à ses enfants, qui se la divisèrent. Elle eut le chagrin d'en voir mourir trois, un quatrième mourut après elle. Egidius, leur frère, se saisit de leurs héritages. Or Egidius avait une sœur, Pétronille, mariée à Oudard de Pomponne, chevalier : elle réclama la part qui devait lui revenir tant de l'accroissement abandonné par la mère que de la succession de ses trois frères morts du vivant de la mère (car pour celle du quatrième sa demande n'eût pas été recevable). Egidius repoussait la demande de Pétronille : c'était à lui que « l'eschoite » de ses frères avait dû revenir comme au fils survivant et à l'aîné. Le Parlement jugea au contraire que, selon l'usage et la coutume de France, le don fait par la mère à ses enfants devait, lorsque ceux-ci mouraient sans postérité, revenir à la mère comme à la souche. Pétronille recevrait la part qui lui revenait de cet accroissement (1268). La *Coutume de Paris*, en 1580, dit de même : « Ascendants succèdent ès choses par eux donées à leurs enfants décédants sans enfants et descendus d'eux [1]. »

Chez les peuples germains, le fils et la fille dotés ne prenaient point part à la succession de leurs parents : ils avaient eu leur lot, ils étaient sortis de la famille [2]. Les *Établissements* mentionnent cette exclusion contre laquelle cependant le Parlement réagit dès le XIIIe siècle. Jacques Coquin plaide (1290) contre Isembart Coquin, son frère, et sa sœur Marguerite, mariée à Thibaut Mathieu. Jacques réclamait, en vertu de son droit d'aînesse, la part qui lui revenait dans les fiefs paternels. Son frère et sa sœur lui répondaient que, suivant la coutume de la ville de Paris, il devait se contenter de ce que son père et sa mère lui avaient

1. *Olim*, t. I, p. 715, VI (1268). — *Coust. du Châtelet* (édit. Mortet), p. 42, § 18. — *Cout. de Paris* : « Toutefois (les ascendants) succèdent ès choses par eux données à leurs enfants, décédans sans enfans et descendans d'eux. » (Art. CCCXIII, ajouté à la *Coutume* en 1580. — Voir Laurière sur l'art. 313, t. III, p. 64-65. — Buche, *ouv. cité*, p. 124. — Glasson, *Hist. du droit*, t. VII, p. 305.)

2. Voir sur la *forisfamiliatio* la dissertation de M. Viollet, *Établissements*, t. I, p. 134. — Buche, *ouv. cité*, p. 122, 123. — *Actes du Parl.*, 593. — *Olim*, t. I, p. 517, 518, X (1261). Toute fille dotée du vivant de ses père et mère n'avait plus de droit à leur succession. Jean de Bruyères reconnait cette coutume. Il allegue seulement que la mère de sa femme était morte avant la célébration du mariage. Sa femme n'avait donc pas perdu ses droits à l'héritage de sa mère. Le Parlement néanmoins oblige Jean à rapporter ce qu'il avait reçu en mariage.

donné en mariage. Après enquête, il fut reconnu que les fiefs dont il était question n'appartenaient pas à la banlieue de Paris : sa coutume n'était pas applicable; Jacques Coquin profita de son droit d'aînesse[1]. On prétendait parfois que de simples conventions de mariage équivalaient au mariage lui-même : si la mort de l'un des parents survenait avant la célébration, la fille était exclue de la succession. Rigueur que le Parlement n'approuva point (1261)[2]. Peu à peu fut admise la faculté pour les enfants ainsi dotés de concourir au partage en rapportant les biens donnés : ce fut la doctrine du *Parloir aux Bourgeois*, celle de Jean Des Marès, finalement celle de la *Coutume de Paris*[3]. Ce *rapport* s'exerce déjà en 1261[4]. En réalité, l'égalité du partage entre les enfants a prévalu au moyen âge plus qu'on ne l'a cru, car on s'est attaché surtout à l'exception du droit d'aînesse. La *Coutume de Paris* disait nettement que « les héritiers d'un défunt venaient *également* à la succession d'icelui défunt, fors et excepté des héritages tenus en fief[5] ». La *Coutume* interdit en outre aux parents d'avantager aucun de leurs enfants[6].

En cas de second mariage, les enfants de la première femme recevaient tout l'héritage de leur mère : un arrêt de 1259 leur reconnaît ce droit[7]. Dans les successions roturières, les meubles

1. *Coutume de Paris* (suite). — *Olim*, t. II, p. 302, x (1290).

2. Voir arrêt cité plus haut dans la Concordance des *Olim* et des *Etablissements*. — *Olim*, t. I, p. 139, III (1261).

3. Sentences du Parloir aux Bourgeois, 6 juillet 1290. Leroux de Lincy, *Hist. de l'Hôtel de Ville de Paris*, p. 108. — Cf. Des Marès, p. 236, chap. des Donations. — Buche, *ouv. cite*, p. 123.

— *Cout. de Paris* : « Les enfans venans à la succession de père ou mère doivent rapporter ce qui leur a été donné pour, avec les autres biens de la dite succession, estre mis en partage entre eux, ou moins prendre. » (Art. CCCIV [123 de l'ancienne *Coutume*].)

4. Voir l'arrêt cite plus haut (note 2) et relatif à Jean de Bruyères.

5. *Cout. de Paris*, art. CCCII (121 de l'ancienne *Coutume*).

6. *Ibid.*, art. CCCIII (124 de l'ancienne *Coutume*).

7. Drouin de Mello plaidait devant saint Louis contre le comte de Grand-Pré et réclamait sa part d'une terre revenant à sa femme, sœur dudit comte. D'après l'enquête qui eut lieu, quand un homme avait contracté deux mariages, les enfants de la premiere femme avaient tout l'héritage de leur mère. (*Olim*, t. I, p. 450, XI [1259]. — Cf. *Olim*, t. I, p. 730, XV [1268].)

— C'est la doctrine que nous retrouvons dans les *Constitutions du Châtelet* (art. 26), Voir *Grand Coutumier*, liv. II, chap. XXVII, p. 300-301.

— En 1270 nous rencontrons un exemple plus typique. Jean de Mauchamp avait une fille : il la maria en premières noces au seigneur Pierre Potart, lequel mourut sans enfant, puis en secondes noces au seigneur Simon de Gauceran. De ce second mariage naquit une fille qui épousa Jean Polin, écuyer. Or, Simon de Gauceran

se partageaient également entre sœur et demi-frères[1]. En ligne collatérale il n'y avait point de droit d'aînesse. Il n'y avait pas non plus de *représentation*[2], non plus d'ailleurs qu'en ligne droite. Droit rigoureux qui amenait bien des procès : l'opinion lutta contre cette doctrine que le Parlement abandonna, si bien qu'en 1580 on ajouta à la *Coutume de Paris* l'article 320 qui autorisait la représentation en ligne collatérale[3].

Le Parlement a adopté, nous l'avons vu déjà, s'il ne l'a pas

était parti avec son beau-père Jean de Mauchamp pour la croisade de Tunis, d'où aucun d'eux ne revint. La veuve de Simon Gauceran se remaria une troisième fois au seigneur Gui de Granches et en eut plusieurs enfants. La succession donna lieu à beaucoup de difficultés. Jean Polin, mari de la fille de la dame, réclamait tous les biens que celle-ci avait reçus, même lors de son premier mariage, puisque cette première union avait été stérile. Le second mariage était devenu ainsi le premier et Polin s'appuyait sur la coutume qui attribuait tout l'héritage de la mère aux enfants du premier lit. Polin demandait en outre la succession échue à ladite dame du chef de son père, Jean de Mauchamp, durant le mariage avec Simon de Gauceran. Mais comment savoir lequel était mort avant l'autre à Tunis, de Gauceran ou de Mauchamp? Le Parlement partagea l'héritage de Jean de Mauchamp entre la femme de Polin et les enfants de Gui de Granches, parce que Polin n'avait point prouvé que Jean fût mort le premier. Il décida ensuite que Polin aurait tout le *maritagium* donné à la mère de sa femme, lors du premier mariage, selon la coutume alléguée. — (*Olim*, t. I, p. 357, XVIII [1270].)

Cout. de Paris, art. CCLIII (ajouté en 1580), CCLIV. — Cf. art. CCXLIX (137 de l'ancienne Coutume). — Voir, sur cette question, Beaune, *Condition des biens*, p. 538. Il renvoie à Marnier, *Cout. de Picardie*, p. 154, et pour exemples contraires aux *Cout. du Maine*, 321, *d'Anjou*, 308, *de Péronne*, 150.

1. *Coutume de Paris* (suite). — Ernée était mort sans héritier direct. Guillaume, son frère du côté paternel, et Adam de Rouci du côté maternel, prétendirent à la succession que réclamait tout entière la femme de Jean Bigue, sœur, de père et de mère, dudit Ernée. Le Parlement décida que les biens meubles seraient également partagés entre les trois personnes dessus citées, selon la *Coutume de Paris*. — *Olim*, t. II, p. 123, L (1278).

Cout. de Paris, CCCXXV (145 de l'ancienne Coutume, modifiée). — Voir Buche, *ouv. cité*, p. 125. — Avouons toutefois que l'article de la *Coutume de Paris* ne répond pas absolument au cas des *Olim*. Il a trait aux successions collatérales : « En ligne collatérale les plus proches parents d'un enfant décédé sans hoirs, lui succèdent quant aux meubles et acquêts immeubles... » On a même fait observer que cet article était mal rédigé : *les plus proches parents d'un enfant*, pour dire les plus proches parents d'un défunt.

2. Le comte de Comminges baillistre de ses enfants, fils de la sœur de Jean de Montfort, tous deux décédés, réclamait le tiers de la succession dudit Jean de Montfort. Il exposait que, selon le droit écrit, les enfants représentaient leur mère dans la succession. La comtesse de Vendôme, sœur de Jean de Montfort, répondit que cet héritage, provenant des conquêts de Simon de Montfort, devait être régi non par le droit écrit, mais par la *Coutume de France* : selon cette coutume, elle (la comtesse) était la plus proche héritière. Le Parlement donna gain de cause à la comtesse de Vendôme et exclut les neveux au profit de la tante. (*Olim*, t. II, p. 453, 454, VII [1301].)

3. En 1510 fut adoptée la représentation en ligne directe; en 1580 la représentation en ligne collatérale, *Cout. de Paris*, art. CCCXIX (123 de l'ancienne Coutume), CCCXX.

créée, la fameuse formule par laquelle, dans le vieux droit français, on constatait le droit naturel, immédiat, instantané de l'héritier direct : « Le mort saisit le vif[1] ». Elle faisait partie, depuis longtemps sans doute, de la *Coutume de France et de la vicomté de Paris*.

Le Parlement et la *Coutume de Paris* sont également d'accord sur le *bail* ou la garde des enfants qui doit revenir à la mère. Après la mort de la dame de Montgobert, sa terre de la châtellenie de Crépy revint aux enfants de son fils Jean de Clermont, décédé avant elle. La veuve de Jean de Clermont, quoique remariée au seigneur Alain d'Avaugour, réclama le bail de ses enfants. Le trésorier de Gerberoi le lui disputa comme le plus proche parent de Jean de Clermont. La Cour décida que la terre dont il s'agissait étant régie par la *Coutume de France*, la mère devait avoir le bail des enfants[2]. Les *Établissements* contenaient la même règle formulée par le Parlement avant leur rédaction, et elle resta celle de l'ancienne comme de la nouvelle coutume. Le Parlement, ailleurs, précise les devoirs et les avantages du gardien noble des mineurs. Après la mort de Mathieu Villebéon, chevalier, son fils Mahiet fut placé sous le bail de Pierre Chambellan, puis, celui-ci ayant disparu, sous le bail d'Adam de Villebéon et enfin, après lui, sous le bail d'un troisième tuteur, Gauthier Chambellan, neveu de Pierre Chambellan. Un procès s'engagea entre Gauthier et la veuve d'Adam de Villebéon. Gauthier soutenait que le *bail* étant tenu d'acquitter les dettes du mineur, une somme de 500 livres tournois, due au roi, ne pouvait lui être réclamée à lui Gauthier, car Adam de Villebéon aurait dû la payer. La veuve soutenait que du moment où le mineur avait changé de *bail*, ce dernier, à savoir Pierre Chambellan, avait pris la charge des dettes : ses héritiers en étaient responsables. Gauthier répliqua, se défendant

1. Outre l'arrêt de 1259 cité plus haut, et antérieur aux *Établissements*, plusieurs autres arrêts répètent la formule en spécifiant bien qu'elle appartient à la *Coutume de Paris* : « virtute consuetudinis Parisiensis notorie, qua dicitur quod mortuus saisit vivum ». (*Olim*, t. III, p. 1123, 1124, XLVIII [1317]. — Même répétition, *Olim*, t. III, p. 1179, LXXXI [1317]; t. III, 1416, LVIII [1318].)

Cout. de Paris : « Le mort saisit le vif, son hoir plus proche et habile à luy succéder.... » Art. CCCXVIII (132 de l'ancienne Coutume).

2. *Olim*, t. I, p. 726, IV (1268). — *Cout. de Paris*, art. CCLXV (garde noble), CCLVI (garde bourgeoise), (266 et 268 de l'ancienne Coutume).

alors d'être le plus proche héritier de Pierre Chambellan. Le Parlement décida que tous les héritiers de Pierre Chambellan seraient tenus, selon leur part dans l'héritage, (pro rata sua, de là notre expression de *pro rata*), de payer la dette du mineur. La *Coutume de Paris* demeura conforme[1]. Les *Olim*, la *Coutume de Paris*, comme les *Établissements* fixent la majorité à vingt ans accomplis[2]. Certes on pourrait trouver encore beaucoup d'autres rapprochements et nous laissons à de plus doctes le soin de les rechercher. Surtout si on étendait cette comparaison à tous les registres du Parlement antérieurs au XVIe siècle, on arriverait certainement à la conclusion que la *Coutume de Paris* est sortie tout armée des arrêts du Parlement.

Les approbations ou corrections incessantes que la Cour apportait aux autres Coutumes nous ont démontré que son action s'étendait de la même manière à tout le royaume. Bien avant la mission officielle qu'il reçut de Charles VII, le Parlement procédait, en quelque sorte, à une première rédaction ou revision des Coutumes. Il s'efforçait, à la lumière du Droit canon et du Droit romain, d'éclairer le Droit coutumier. A travers les obscurités de lois d'une infinie variété, il cherchait la vérité, il poursuivait l'unité. Sans doute il ne pourra jamais y atteindre. Comment l'eût-il pu, puisque l'unité politique et sociale n'était point faite? Ce fut du moins son honneur de l'avoir entrepris. Les légistes si instruits accumulèrent, jusqu'au XVIIIe siècle, une quantité innombrable de décisions, matériaux de nos Codes modernes. Ils réglèrent la *Coutume de Paris* dont l'autorité s'imposa peu à peu à toutes les autres et qui justifiait ainsi réellement, dans un sens plus extensif qu'à l'origine, son titre de *Coutume de France.*

1. *Olim*, t. II, p. 95, XXIX. — *Cout. de Paris*, art. CCLXVII (97 et 101 de l'ancienne Coutume). — Voir, sur cette question, J. Flach, *Étude historique sur la durée et les effets de la minorité* (1870).

2. Voir procès de la dame d'Estouteville et de Robert de Dreux, cité plus haut, *Olim*, t. I, p. 490, VI (1260). — *Cout. de Paris*, art. CCLXVIII (99 et 100 de l'ancienne Coutume).

LIVRE IX

LA JURISPRUDENCE ET L'ACTION SOCIALE DU PARLEMENT

CHAPITRE XXVI

LES PERSONNES

I. — Les Classes. — Les Nobles.

Le Parlement élaborait surtout le droit par ses arrêts quotidiens. C'est dans ses registres qu'il faut chercher les sources du Droit français. Nous n'avons certes pas la prétention de déterminer scientifiquement la vaste jurisprudence du Parlement, tâche qui est bien au-dessus de nos forces[1]. Nous essaierons seulement d'en retracer quelques traits, aux XIIIe et XIVe siècles, et de faire

1. Pour ce chapitre et les suivants, nous renvoyons une fois pour toutes aux Histoires du Droit les plus autorisées et que nous avons citées : Viollet, *Précis de l'Hist. du Droit français* (Droit privé); Glasson, *Hist. du Droit*, t. VII, consacré tout entier à l'état du Droit français aux XIIIe et XIVe siècles; Beaune, le très savant doyen de la Faculté de Droit de l'Institut catholique de Lyon : *Introduction à l'hist. du Droit coutumier*; *Droit coutumier français* : *Condition des Personnes*, — *Condition des Biens*, — *Les Contrats*, 4 volumes : c'est un exposé très complet du Droit coutumier au moyen âge et qui résume tous les débats agités à ce sujet. Nous n'avions certes pas et ne pouvions prétendre à refaire ces études dues à des maîtres éminents de la science du Droit. Nous nous sommes borné à citer les textes qu'on rencontre dans les *Olim*, relatifs à ces questions : encore sommes-nous loin d'avoir épuisé la matière. Les jurisconsultes, en compulsant les series de registres suivantes, détermineront d'une façon plus complète et plus précise la jurisprudence du Parlement et la formation du Droit français : c'est un travail digne de tenter les jeunes savants.

Pour le détail nous renverrons à la bibliographie très détaillée, insérée par M. Glasson en tête de son tome VII et que nous ne pouvons reproduire ici : on y rouvera les plus récentes et les plus precieuses indications.

ressortir, en même temps, son action sociale puisque c'est l'histoire d'une société que celle de sa Justice et que le Droit c'est sa vie.

Dès qu'un pouvoir se régularise, il s'applique à légitimer jusqu'à ses tyrannies. De là une bizarre association de deux mots qui jurent ensemble : le *Droit féodal*, puisque la féodalité primitive était la négation du Droit. S'il faut corriger les théories du XVIIe et du XVIIIe siècle qui faisaient descendre toute la noblesse d'une race conquérante, la persistance de cette tradition et l'orgueil qu'elle inspirait aux seigneurs étaient l'aveu de violences anciennes, d'invasions qui, durant quatre cents ans, se succédèrent de Clovis à Charlemagne et au delà. Au milieu de l'anarchie du IXe et du Xe siècle s'établit une aristocratie différente de la noblesse gallo-romaine, possédant les provinces, les villes, les forêts, les eaux, maîtresse des champs et des corps, exploitant, gouvernant, jugeant les classes inférieures : c'est la noblesse féodale. Elle eut ses légistes que le Parlement, féodal lui-même, appuya de toute la rigueur de ses arrêts.

Souveraineté subordonnée à d'autres souverainetés, État compris dans de plus grands États et en renfermant de plus petits, le fief avait ses troupes, ses impôts, sa justice[1]. Son propriétaire, à la fois vassal et suzerain, indépendant et subordonné, suivait et portait lui-même une bannière, fournissait des hommes d'armes et en commandait. Astreint vis-à-vis du suzerain à des obligations limitées comme l'étaient celles de ses vassaux à son égard, juge et justiciable de ses pairs, il réglait les intérêts ou punissait les fautes de ses inférieurs. Cantonné et souvent menacé dans ses châteaux, défenseur et parfois tyran du pays, il avait les prérogatives et aussi l'orgueil d'un souverain. Même abaissé et tenu en bride par les monarques capétiens, il n'oubliera jamais qu'il avait été un roi.

Les possesseurs de fiefs constituèrent donc, sous l'ancien régime, une classe prédominante, une noblesse de race quoi qu'on en ait dit. On y entrait en se donnant la peine de naître. On prouvait son privilège par la possession d'état, la qualité des

1. Sur les fiefs, voir l'important article de M. Ch. Mortet, *Grande Encyclopédie*, t. XVII, p. 414.

ascendants. En 1285, une enquête est faite pour savoir si Gille de Compiègne est gentilhomme : six témoins, de ses parents, l'affirment par serment; sa noblesse était complète, venant des deux côtés du lignage[1]. Pourtant la noblesse paternelle seule pouvait suffire à créer un noble. Hugues du Chesne demeure chevalier « pour ce qu'il est trouvé noble de par le père[2] ». Au contraire, si, d'après les *Établissements*, on armait chevalier un homme qui ne fût noble que par sa mère, le roi ou le baron suzerain pouvait lui faire « trancher ses éperons sur un fumier[3] ». Les *Olim* ne mentionnent pas cette coutume pittoresque, mais confirment la doctrine. Les fils de Philippe de Bourbon n'étaient point nobles de père. Le comte de Nevers les arma chevaliers : il fut frappé d'une amende; la dignité conférée subsista néanmoins[4]. Si l'on ne peut prouver sa naissance noble, on est rejeté dans la classe des sujets taillables, ce qui arriva à Jean Provain que les collecteurs des mainmortes font condamner par le Parlement comme étant de condition servile[5]. Toutefois, nous l'avons dit déjà[6], à la fin du XIIIe siècle, le roi peut anoblir[7]. Les

1. *Noblesse*. — *Actes du Parl.*, 2547, A (28 mai 1285). — Autre exemple. Guillaume de Mastace est accusé d'avoir été fait chevalier sans être noble. L'enquête du Parlement prouve qu'il est noble « ex utroque parente ». (*Olim*, t. III, p. 739, LXXVIII [1312].) — Beugnot (Notes, p. 1525) donne cet arrêt comme l'acte le plus ancien que nous connaissions contre le délit d'usurpation de noblesse. L'enquête citée ci-dessus, de 1285, montre que ces poursuites étaient plus anciennes.

2. *Essai de Restitution*, n° 591 (1286).

3. « ... ainz le porroit prendre li rois ou li bers en qui chastelerie seroit, et le feroit par droit ses esperons tranchir sus 1 fumier. » (*Établissements*, t. I, chap. CXXXIV.)

« Ainsi, dit M. Viollet, la pleine noblesse se transmet par le père et non par la mère. Cette dernière règle s'est fixée assez nouvellement : au siècle précédent on attribuait aussi le droit d'être fait chevalier au fils de la femme franche; les deux idées de noblesse et de liberté ne s'étaient point encore parfaitement séparées à ce point de vue et on appliquait parfois à la noblesse la théorie de la transmission de la liberté par la mère. »

4. « Quia duo filii de Borbonio non existentes adeo nobiles ex parte patris quod milites fierent, se fecerunt fieri milites, emendaverunt hoc domino Regi; et solvet eorum quilibet mille libras turonenses et milites remanebunt... » Beugnot ajoute en note : « On lit à la marge ces mots écrits d'une autre main : Et comes Nivernensis qui eos milites fecit, hoc Regi emendavit. » (*Olim*, t. II, p. 191, IV [1281].) — C'est le troisième arrêt relatif à cette affaire : il y en avait eu deux autres. (*Olim*, t. II, p. 144, IX [1279] et p. 166, XXXIV [1280].)

5. *Olim*, t. III, p. 84, XVII (1301 a. st.). — Cf. t. II, p. 373, VIII (1294).

6. Voir plus haut, p. 132, note 2.

7. A partir de Philippe le Bel, les anoblissements deviennent moins rares. Ce prince anoblit Gilles de la Cour en récompense des services qu'il avait rendus à son oncle, Pierre de France, comte d'Alençon. En 1310, il confère des lettres de

dignités, les offices conduisent déjà à la noblesse [1]. La terre enfin anoblissait : « Aucuns est franc et digne par la raison de l'héritage qu'il tient, tout ne soit-il pas par la raison de son corps et de ses ancêtres [2]. » Il n'en fallait pas moins, pour acquérir ainsi la noblesse, l'investiture royale.

II. — Les Bourgeois.

Il n'était point facile de franchir la barrière qui séparait la classe supérieure des classes inférieures. Celles-ci même étaient hiérarchisées. Les vilains qui avaient acquis une certaine aisance dans les cités affranchies, formaient la classe des *bourgeois*, liés à la cité par la résidence, recrutés parmi ceux qui s'y faisaient inscrire et y demeuraient un an et un jour, ou parmi ceux qui épousaient la fille d'un bourgeois. La bourgeoisie était aussi conférée par les seigneurs à tous les habitants d'une ville ou d'une bourgade, ou bien à des personnes favorisées : c'était la bourgeoisie personnelle. D'aucuns obtenaient le privilège de *s'avouer* hommes ou bourgeois du roi : ils échappaient à la juridiction

noblesse à deux habitants de Cahors et de Montpellier. Beaune, *Condition des Personnes*, p. 90-91.

A ces exemples nous ajouterons l'anoblissement de Pierre de Duezza par des lettres de Philippe V le Long, insérées dans les Registres du Parlement et où l'on remarque une phraséologie abondante et philosophique, dans un latin barbare : « ... nàm si nudam hominum æstimationem attendimus, non patrimonia, neque census, neque alia blandimenta fortunæ intitulanda sunt, juxtà moralem philosophum, inter dotes virtutum et insignia meritorum, hæc quidem eventus dat meritis et immeritis, dignis et indignis ex æquo proveniunt et plerumque meritis immeriti, etiam dignis præferuntur indigni.... Et quia non refert undè nascamur si possumus superare quo nascimur, viri virtutum, qui etsi clariora forsan non traxere natalitia, morum tamen elegantià redimunt, supplentque virtutibus quas in suis sibi minus fortasse contulit clarioribus natura natalitibus, plenis sunt prosequendi favoribus ut gaudeant premia se referre de meritis et exemplum præbeant aliis ad imitandum vestigia probitatis.... » (Lettres de sept. 1316; — Lettres semblables pour Pierre de Didici, octobre 1316, Collect. Lamoignon, *Reg. Crim.*, vol. 324, f° 121).

1. « Parmi ces offices, les uns conféraient la noblesse immédiate, héréditaire, celle que l'on appelait du *premier degré*; ils l'attribuaient non seulement à l'officier lui-même, mais à sa descendance légitime. Les autres, au contraire, ne lui communiquaient que la noblesse personnelle : elle n'était transmissible à sa postérité qu'après un temps d'exercice de la charge et après deux générations. Le père et l'aïeul devaient avoir été pourvus de la même charge pour que son fils fût noble. C'est ce qu'on nommait la noblesse graduelle ou de *second degré*.... » (Beaune, *ouv. cité*, p. 83.)

2. « Aucuns est frans et dignes par la reson de l'eritage qu'il tient, tout ne soit-il pas par la reson de son cors ne de ses ancessors. » (Liv. de *Jostice et Plet*, p. 66. — Voir *Établissements*, t. I, chap. CXLVII.)

de leur seigneur tout en habitant son domaine ; ceux qui entraient ainsi dans la bourgeoisie d'une ville royale, sans y résider, s'appelaient bourgeois *forains*[1]. Tous restaient qualifiés de roturiers, mais jouissaient de la franchise entière pour leurs personnes et pour leurs biens, sans qu'aucune entrave gênât les successions, les relations de famille et sans que rien diminuât ce que nous appelons la capacité civile.

Le bourgeois est si bien un homme libre qu'il peut, quoique roturier, acquérir un fief en acquittant un droit spécial, comme nous le disons plus loin (le droit de franc-fief); il peut avoir un noble pour vassal. Certes cela n'allait pas toujours sans contestation[2]. Un texte du Parlement, qui ne se trouve point dans les *Olim* et qu'a publié M. Viollet, nous renseigne à cet égard. Colin Charbonneau, clerc, voulait que Loneau, chevalier, fût « son homme à foi » à raison d'un fief que lui Colin avait acheté. Le chevalier refusait l'hommage à un suzerain qui n'était pas gentilhomme. Le procès se termina par un accord. Colin renonça à son droit sur le fief et le chevalier lui abandonna quatre livres tournois de rente qu'il avait sur d'autres biens de Colin[3]. Sans qu'on puisse tirer de certains empêchements au libre mariage une conclusion trop rigoureuse pour la condition des bourgeois, il n'en est pas moins vrai qu'ils étaient enchaînés à leur ville : ils ne pouvaient, sans encourir une forte peine pécuniaire, épouser des femmes qui ne fussent pas de la bourgeoisie[4]. Les bourgeoisies, surtout celles du roi, eurent beaucoup d'importance au point de vue politique

1. *Bourgeoisies*. — Sur la formation des bourgeoisies, consulter Luchaire, *Manuel des Institutions françaises*, p. 390-392.

2. Le Droit civil des bourgeois « avait pour base l'équité naturelle, sans mélange de préoccupations politiques... il dérivait des traditions germaniques, conservées et développées par les institutions mérovingiennes, mais plus que lui (le Droit féodal) il les avait fondues avec celles du Droit romain et purifiées au souffle du christianisme. L'égalité des enfants dans la famille, la confusion des biens dans les partages, quelle que fût leur origine, l'égalité de l'homme et de la femme dans la société conjugale, sous la réserve d'un droit de surveillance et d'un devoir de protection pour le premier vis-à-vis de la seconde, la liberté égale pour les hommes de la même condition, sans distinction de rang, de nature de biens ou de possession, l'égalité en un mot, car le principe est appliqué à toutes choses, voilà le caractère typique du droit de la bourgeoisie, celui qui le distingue complètement du droit des nobles et du droit des serfs. » (Beaune, *Condition des personnes*, p. 132.)

3. *Biblioth. nat.*, ms. latin 5474, p. 131, 132 (anno 1276), cité par Viollet, *Etablissements*, t. IV (notes), p. 159.

4. « Doresnavant li homme de ces bourgoisies *ne se pourront marier*, sous peine de perdre la tierce partie de tous leurs biens teriens, *à fames qui ne soient de*

et nous aurons occasion de revenir, dans un autre volume, sur les Ordonnances qui les réglementèrent en les favorisant.

III. — Les Vilains. — Les Serfs.

Dans les campagnes, la double autorité du chef et du propriétaire, du maître et du justicier avait continué de peser sur les populations. Les simples *tenanciers* acquittaient des cens, des rentes. Les hommes de corps [1], *mainmortables*, étaient soumis (nous empruntons le texte même d'un arrêt des *Olim*) aux droits de *mainmorte*, de *formariage* : ils ne pouvaient être promus à la cléricature sans la permission du seigneur; ils pouvaient être échangés avec les autres hommes de corps d'autres seigneurs, personne pour personne : ils n'avaient pas la liberté de faire de testament.

La servitude, comme la franchise, était attachée à certains pays. Si l'on demeurait un an et un jour dans un lieu de mainmorte on tombait en servitude [2]. Pierre de Fontaines définit en termes

noz dites Bourgeoisies ou d'autres où que nous les aions et chascun mariés desores-en-avant à autre fame que cele de nosdites bourgoisies, tantost qu'il sera ainsi mariez, aura perdu toute la tierce partie de touz ces biens meubles et non meubles venuz de par lui. » (Lettres de Philippe IV par lesquelles il confirme les franchises et privilèges accordés par les comtes et évêques de Soissons, mai 1309. *Ordonn.*, t. XI, p. 411.)

1. *Le servage.* — Sur cette question du servage que nous pouvons à peine effleurer, nous renverrons à la dissertation de Guérard, *Prolégomènes du Polyptique d'Irminon*, p. 374-396, et *Cartulaire de Notre-Dame de Paris*, p. 190 ; au *Cartulaire de Saint-Père de Chartres*, t. II, p. 263 ; à l'ouvrage de Grandmaison et Salmon, le livre des *Serfs de Marmoutiers*, t. XVI des Publications de la Société archéologique de Touraine (1864); aux *Études* de M. Léopold Delisle sur les classes agricoles de la Normandie, chap. I et IV; Doniol, *Hist. des classes rurales*, liv. I, chap. III; Dareste de la Chavanne, *Hist. des classes agricoles*, chap. VI; J. Flach, *Les Origines de l'ancienne France*, t. I; Charles Schmidt, *Les seigneurs, les paysans et la propriété rurale au moyen âge*, préface par Ch. Pfister, Paris, Nancy, Berger-Levrault, 1897, in-8°; Babeau, *La vie rurale dans l'ancienne France*, 2e édit., 1885 ; Luchaire, *Les communes françaises*; Henri Sée, *Les classes rurales et le régime domanial en France au moyen âge* (1901). Voir aussi Notes de M. Viollet, *Établissements*, t. IV, p. 187.

2. « Chailly par coustume estoit lieu de mainmorte pour le Roy, de sorte que homme libre y demeurant par an et jour devenoit serf du Roy. » (*Essai de Restit.*, 239 [1275].) « Il faut distinguer avec soin les époques et les lieux pour étudier la condition de ces hommes de classe servile auxquels les hommes du moyen âge donnent des noms très différents, *servi*, *adscriptitii*, *homines capitales*, *homines de corpore*, *mansi*, *manentes*, *nativi*, *oblati*, *obnoxii*, *pagenses*, *vilani*, *proprii*, *serfs de chiefs*, *cuverts*, *colliberts*, *serfs-servages*, *hommes de poursuite*, *hommes de mas*, *hommes-liges*, *quittes*, *serfs de formariage* et qui, dans les coutumes rédigées, sont appelés *mortaillables*, *taillables à volonté* ou *abonnés*, *serfs*, *exploitables*, *mainmortables* ou hommes *de mainmorte*. » (Beaune, *Condition des personnes*, p. 217.)

expressifs la sujétion des vilains : « Tu n'as point, dit-il au seigneur, plein pouvoir sur ton vilain et si tu lui prends autre chose que les « droites redevances » tu les prends contre Dieu. Mais, il n'y a entre toi et ton vilain de juge que Dieu[1]. »

Les *serfs* étaient encore plus à la discrétion de leurs seigneurs. Le serf n'a point de personnalité civile. Il ne peut intenter une action en justice et on ne peut le poursuivre sinon avec la permission du seigneur, car il est la chose du seigneur et celui-ci est responsable des torts qu'il a pu causer à autrui : il en est le seul juge et seul le peut frapper. Le serf, à plus forte raison, est, comme le mainmortable, soumis au droit de *formariage* et de *poursuite*[2]. S'il s'échappe du domaine, il fait, disent les *Établissements*, « larcin de soi-même », et ici le rédacteur traduit littéralement une phrase *romaine*[3]. Le serf ne peut tester que pour un legs pieux de *cinq sous*, afin d'assurer le salut de son âme. Il est taillable à merci. Non seulement il lui est interdit de se marier hors de la seigneurie, mais dans le domaine même, sans l'assentiment du seigneur et encore moins, sans cet assentiment, d'épouser une femme libre. Une femme serve, devenant libre par son mariage avec un homme libre, dédommagera le seigneur par l'abandon de son héritage. Le serf ne saurait entrer dans les ordres sacrés sans la permission de son maître. De même qu'il ne peut plaider, il ne pourra être *témoin*. Il n'a la faculté de vendre que ses meubles, non ses *immeubles*. Il ne peut transmettre ses biens par succession puisque ses biens appartiennent au seigneur. Il n'a même point la propriété de son corps.

Un serf, devenu riche, l'apprit à ses dépens, suivant un récit de

1. « Bien t'ai dit en quel manière tu pues semondre ton vilein et ton franc home, et saches bien que, selon Dieu, tu n'a mie plenière poesté sor ton vilain : dont, se tu prens dou suen fors les droites recevances qu'il te doit, tu les prens contre Deu et sor le péril de l'ame, comme robierres. Et ce qu'en dit que totes les choses que vileins a sont son seignor, c'est voirs (vrai) à garder : car s'eles estoient son seignor propres, il n'auroit quant à ce nule différence entre serf et vilein; mais par nostre usage n'a il, entre toi et ton vilein, juge fors Deu, tant comme il est tes couchans et tes levans, s'il n'a autre lois vers toi que la commune.... » (*Pierre de Fontaines*, chap. XIX, § 8, p. 224.)

2. « Et se il est sers ne hom de cors, il ne puet faire juge que son seigneur : car sers n'est pas persone en jugement; ne condampnation ne puet estre faite en sa persone, se n'est de la volenté son seigneur.... Et li sers, quant il s'en fuit de son seignor, il fait larrecin de soi-mesmes; ne la fuite au serf ne puet faire domache à son seignor en nule manière. » (*Établissements*, liv. II, chap. II, p. 444.)

3. Code VI, I, *De servis fugitivis*, 1.

Joinville. Très prodigue en ses libéralités, le comte de Champagne, Thibaut (1102-1152) ne savait comment accueillir la demande d'un pauvre chevalier qui venait solliciter une dot pour ses deux filles. Son trésorier, Artaud de Nogent, si riche qu'il fit construire le château de Nogent-l'Artaud, était resté serf; il repoussait le chevalier en disant que le comte n'avait plus rien à donner. Le comte se récria : « Que dites-vous, vilain? J'ai vous-même et tenez, dit-il au chevalier, je vous le donne. » Artaud dut financer. Joinville admire la générosité du comte et ne plaint point le serf [1].

La coutume de Beauvoisis, selon Beaumanoir [2], était moins dure « plus cortoise » pour les serfs que celle d'autres pays. Elle permettait au serf de « gagner par marchandise », de vivre de ce qu'il a amassé « à grief peine et à grand travail ». Le légiste intelligent ajoute que le seigneur tire plus de profit de l'aisance de ses serfs, « car les mortemains et les formariages sont plus grands ». Et il cite un proverbe bien connu : « Que celui qui une fois écorche, ne tond ni deux ni trois fois. »

Quoi qu'il en soit des restrictions, des améliorations apportées, dans la pratique, à l'excessive rigueur du droit féodal, on ne peut s'expliquer par quel sophisme, en ces siècles où la foi chrétienne avait pris un suprême ascendant, les seigneurs les plus pieux, les dignitaires ecclésiastiques conciliaient cette servitude avec l'égalité et la fraternité évangéliques. Sans doute là encore ils étaient aveuglés par la passion de la terre, par l'habitude de tout rattacher au sol : ils ne voyaient dans ces servitudes que des obligations analogues à toutes les autres, des contrats de date immémoriale, des nécessités d'exploitation agricole qu'ils ne cherchaient pas à accorder avec la loi morale.

IV. — L'Affranchissement des serfs.

Le mouvement d'affranchissement vint d'ailleurs des hommes d'Église. Quoiqu'il eût commencé dès le XIIe siècle, il se généra-

1. Joinville, *Hist. de saint Louis*, p. 33.
2. *Beaumanoir* (Salmon), chap. XLV, § 1457-1458.

lisa au XIIIe [1]. Des bourgs, des villes neuves s'ouvraient aux serfs, leur assurant paix et franchise. Louis IX affranchit les hommes de corps de Villeneuve-le-Roi, près de Paris (1256)[2]. Le projet de rédaction de la coutume de Toulouse soumis à l'approbation de Philippe III le Hardi consacrait l'usage de se vouer à la servitude avec sa famille pour le présent et pour l'avenir, mais le roi repoussa cet article [3]. Si dur qu'il fût, Philippe IV le Bel abolit la servitude dans les sénéchaussées de Toulouse [4], d'Albi (1298), à Château-Thierry [5] (1301). Il confirma les lettres d'affranchissement accordées aux habitants de Joigny (1301)[6], de Coucy (1312)[7]; celles que le comte Charles de Valois avait octroyées ou vendues [8] aux serfs du Valois (1311). Déjà apparaît dans ces dernières lettres l'invocation du droit naturel dont avait parlé Beaumanoir : on y reproduit des expressions des *Institutes*[9] : « attendu que toute

1. *Affranchissement des serfs.* — Suger, l'abbé de Saint-Denis, le grand ministre de Louis VI et de Louis VII, donna « dès 1125 un des plus anciens exemples de l'émancipation collective d'une localité tout entière, en affranchissant de la mainmorte les habitants de la ville de Saint-Denis et certaines familles du bourg de Saint-Marcel. Il fut un des premiers, et peut être le premier seigneur de l'Ile-de-France qui ait créé une ville neuve, appelant manants et nomades à la peupler par l'appât d'exemptions d'impôt et de privilèges considérables. Sa ville neuve de Vaucresson (1146) servit de modèle à celles que Louis VII devait multiplier sur tant de points du domaine royal : créations doublement précieuses puisqu'elles offraient un asile sûr aux populations déshéritées et enrichissaient à la longue la seigneurie. » (Luchaire, *Louis VII*, dans *Histoire de France*, sous la direction de M. Ernest Lavisse, t. III, p. 22. Voir, du même auteur, la *Vie de Louis le Gros*, plus détaillée et documentée.)

Les seigneurs et le roi suivirent ces exemples. Dès 1157 les habitants de Creil avaient été affranchis par les comtes de Blois et de Clermont.

— « En 1253 et 1255, l'église de Notre-Dame de Paris donna gratuitement la liberté à un grand nombre de ses serfs. (*Cartulaire de Paris*, t. III, p. 467.) En 1259 l'abbaye de Saint-Germain-des-Prés émancipa les serfs de Crosne, de Villeneuve-Saint-Georges, d'Issy, de Choisy et leur remit expressément la servitude de corps. (Dubreuil, *Antiquités de Paris*, p. 364.) En 1270, 1273, 1281, 1370, le chapitre de Notre-Dame complète sa grande œuvre des affranchissements. En 1261, le pape Grégoire IX autorise l'abbé de Flavigny en Bourgogne à affranchir de la mainmorte les sujets du couvent.... » (Beaune, *Condition des personnes*, p. 260, 271, note 3.)

2. *Ord.*, t. XII, p. 321.

3. La Faille, *Annales de la ville de Toulouse*, p. 156, 183, 203. Glasson, *Hist. du Droit*, t. VII, p. 41, note. — Mais la servitude en général n'en était pas moins maintenue dans *la Coutume de Toulouse*, liv. IX, tit. IV. Voir La Ferrière, *les Coutumes de Toulouse*, Revue de Législation, 1855, p. 490.

4. Dom Vaissette, *Hist. du Languedoc*, t. IV, Preuves, col. III, 127.

5. *Ord.*, t. XII, p. 348.

6. *Ord.*, t. XII, p. 346.

7. *Ibid.*, t. XII, p. 404.

8. *Ord.*, t. XIII, p. 387.

9. Dans les *Institutes* on lit au titre *De Libertinis* : « Quæ res (manumissio) a jure gentium originem sumpsit, utpote *cum jure naturali omnes liberi nascerentur*, nec esset nota manumissio, cum servitus esset incognita.... (*Institutes*, liv. I, t. V.)

créature humaine qui est formée à l'image de Notre-Seigneur doit généralement être franche par droit naturel et qu'en aucun (quelques) pays cette naturelle liberté et franchise, par le joug de la servitude qui tant est haineuse, soit si effacée et obscurcie que les hommes et les femmes qui habitent ès lieux et pays dessus dits en leur vivant sont réputés comme morts (les mainmortables). » Thibaut, sire de Belvoir, et sa femme, au début de l'année 1315, affranchissent tous les serfs qui dépendent d'eux[1].

A lire les arrêts des *Olim* on ne saurait les qualifier de préludes de l'Ordonnance libératrice. La servitude est un fait que le Parlement constate sans se soucier de le modifier [2]. Il se règle sur les Chartes et les Coutumes. Il déboute de leurs prétentions le chapitre de Saint-Martin-de-Tours et l'abbé de Compiègne qui réclamaient la mainmorte sur deux de leurs hommes de corps décédés à la Ferté-Milon. Or la *Coutume de la Ferté-Milon* portait : « Si un homme de corps vient y demeurer et y demeure un an et jour sans être réclamé par son seigneur, il demeure libre et exempt de formariage, de mainmorte et de toute autre servitude [3] » (1259). Les hommes de Pierrefonds avaient été affranchis sous condition. Or quelques-uns s'étaient mariés avec des femmes de condition servile et étaient retombés en servitude : ils demandaient qu'au moins on les déchargeât pour leur compte du payement des vingt livres imposées à la communauté pour son rachat. Ce n'était que justice et la Cour écouta leur requête sans adoucir leur servitude [4]. Le Parlement maintient en la saisine des mainmortes

1. *Affranchissement des serfs* (suite). — Tuetey, *Étude sur le droit municipal en Franche-Comté*, p. 99. Belvoir, Doubs, canton de Clerval, arrond. de Baume-les-Dames.

2. En 1254, le greffier note une décision défavorable à la liberté : « Non videtur quod burgensis de Calniaco (Chauny) manumitti debeat propter hoc quod rex Ludovicus scripsit communie de Calniaco ut patrem dicti burgensis in suam communiam reciperent, qui pater erat homo de corpore domini regis .. propter quod dominus Rex habuit mortuam manum de ipso burgense. » (*Olim*, t. I, p. 431, xxiv [1254].)

3. Le doyen et le chapitre de Saint-Martin de Tours réclamaient les biens de Pierre de Troyes comme leur homme de corps. — L'abbé et le couvent de Compiègne réclamaient les biens de Jean de Latigny. (*Olim*, t. I, p. 86, ii [1259].)

Par contre le bailli de Soissons, quelques années plus tard, obtenait pour le roi les biens d'un homme de corps décédé à la Ferté-Milon parce que cet homme était demeuré dans cette ville sans avouer un autre seigneur que le roi. (*Olim*, t. I, p. 627, xxii [1265].)

4. *Olim*, II, p. 74, viii (1276). Beugnot, à propos de cet arrêt, fait observer « que la

le prieur et le couvent de la Charité [1], l'abbé et le couvent de Sainte-Marie de Soissons [2]. Égidius, dit Tortcol, qui se prétendait lui et sa femme bourgeois de la commune de Sens, est contraint de payer à l'aumônier de Saint-Denis cent livres tournois pour droit de formariage (1279) [3]. Philippe d'Ogier, fils d'une femme de corps de Saint-Crépin-le-Grand de Soissons, est obligé de payer au roi le formariage et la taille foraine, car le roi a sa part dans les formariages et les mainmortes de l'abbaye (1279) [4]. Deux pauvres serfs, Alithie Normanne et son mari, comparaissent devant le Parlement parce que l'abbé de Saint-Denis réclamait Alithie comme femme de corps de l'abbaye. On se les représente intimidés devant l'auguste tribunal, ils avouent humblement qu'ils sont serfs, ils s'en remettent à la bienveillance de l'abbé et du couvent [5]. Après de longs et confus procès au sujet des hommes de corps du Laonnais [6], le Parlement rend un arrêt au profit du sire de Coucy (1285). Crépin de Quenticort s'avoue, en plein Parlement, homme de corps de l'église Saint-Médard de Soissons, sujet à la mainmorte et au formariage [7]. Le Parlement concourt à la

pénalité insérée dans cette charte de Pierrefonds était contraire aux usages de la féodalité qui n'admettaient pas qu'un homme libre par l'effet d'un affranchissement pût redevenir esclave en épousant une esclave. Il est évident que Philippe III l'introduisit dans la charte de Pierrefonds pour empêcher l'inconvénient des mariages mixtes et qu'il ne réussit pas. Cet arrêt nous paraît encore plus significatif que l'Ordonnance si souvent citée. de Louis X adressée le 5 juillet 1315 à ses commissaires pour qu'ils fissent contribuer à une aide des affranchis qui, à cette condition, ne voulaient pas jouir des bienfaits de la liberté. (*Ordonn.*, t. XI, p. 434.) Ces affranchis de Pierrefonds qui viennent proclamer devant la Cour du roi leur dédain de la liberté, offrent un spectacle étrange et peu d'accord avec les sentiments d'indépendance dont les historiens de nos jours supposent qu'ils étaient animés. » (Note, p. 861.) — Cette réflexion de Beugnot est peut-être excessive. Ces pauvres gens ne dédaignaient pas la liberté, mais la condition mise à leur affranchissement les avait empêchés d'en profiter. Il n'était pas facile à des affranchis de se marier en dehors de leur ancienne classe.

1. *Affranchissement des serfs* (suite). — *Olim*, t. II, p. 112, VI (1278).
2. *Essai de Restitution*, 335 (1279).
3. *Ibid.*, 346 (1279).
4. Philippe d'Ogier est condamné à payer 2 000 livres parisis pour son formariage. On voit qu'il n'était pas pauvre, mais sa richesse ne le protégeait pas contre la servitude. (*Olim*, t. II, p. 156, VI [1280].)
5. *Olim*, t. II, p. 208, XVII (1282).
6. La Cour mande au bailli de Vermandois d'aller dans le pays, de faire assembler les hommes et de leur demander s'ils se reconnaissent hommes de corps de l'évêque; l'évêque alors plaiderait pour eux contre le sire de Coucy qui réclamait d'eux des vinages. (*Olim*, t. II, p. 248, II [1245].) Cette querelle se prolongea encore longtemps.
7. *Olim*, t. II, p. 262, VIII (1287).

Un mandement du Parlement, la même année, réserve la connaissance des procès de mainmorte et de formariage au bailli du lieu. (*Olim*, t. II, p. 272, XXII [1287].)

rédaction de l'Ordonnance de 1301 (v. st.), sur les mainmortes, les aubains et les bâtards, qu'il insère dans ses registres [1]. L'Ordonnance maintient la servitude, mais cherche à empêcher les vexations des collecteurs de mainmortes. Les collecteurs n'exploiteront pas les biens des décédés avant qu'un délégué spécial ait établi les droits du roi et qu'un inventaire soit dressé : s'il y a discussion au sujet des biens d'un mainmortable décédé, les collecteurs renverront le débat devant le seigneur du lieu; si les héritiers d'un défunt soutiennent qu'il est mort libre « et en saisine de la liberté », les biens seront mis sous la main du roi, un inventaire sera fait, la garde donnée à un homme probe et loyal; le bailli jugera [2]. La Cour attribue aux religieux de l'abbaye de Saint-Pierre-le-Vif de Sens, les biens de Béjane, femme de corps défunte [3]. Au moment même où était rendue l'Ordonnance libérant les serfs du domaine royal, le Parlement jugeait un long procès entre l'archevêque de Sens d'une part, l'abbé de Saint-Germain d'Auxerre et plusieurs seigneurs d'autre part, au sujet d'enfants nés de mariages mixtes entre des hommes francs et des femmes de condition servile appartenant en commun aux uns et aux autres. L'archevêque gagne sa cause et obtient le partage [4].

L'Ordonnance fameuse de Louis X le Hutin de 1315 répétait

1. *Affranchissement des serfs* (suite). — « ... Tandem, deliberacione super hoc habitâ diligenti, per curiam nostram extitit ordinatum quod bastardorum et aubenorum... etc. » (*Olim*, t. II, p. 456, IX [1301 v. st.].) Cette Ordonnance se trouve dans le recueil de Laurière, t. I, p. 338.

2. *Ibidem.*

3. *Olim*, t. III, p. 55, XXI (1300 v. st.). Ajoutons le procès déjà mentionné, contre Jean Provain, rejeté dans les mainmortables. (*Ibid.*, t. III, p. 84, XXVII [1301 v. st.].)

4. M. Glasson dit à propos de ces enfants nés de mariages mixtes : « Mais à qui fallait-il les attribuer dans les mariages entre serfs de deux seigneuries ou entre serfs et francs? Les uns voulaient que les enfants, étant nés de légitime mariage, suivissent toujours la condition du père (Durant, *Speculum*, tit. *de Feudis*, n° 5, p. 307 : Chassaneus, In consuetudines ducatus Burgundie, sur l'art. 3, tit. IX), mais l'opinion contraire avait généralement prévalu et on décidait dans tous les cas que les enfants devaient suivre la condition de la mère. (*Beaumanoir*, chap. XVL n° 15, t. I, p. 222.) Si l'on adoptait le premier système, le seigneur était donc lésé lorsque sa serve épousait un homme libre ou un serf d'une autre seigneurie; dans le second système il éprouvait un préjudice lorsque son serf épousait une femme libre ou serve d'une autre seigneurie. Parfois les seigneurs avaient évité les difficultés qui avaient pu s'élever entre eux au moyen d'échanges ou de conventions qui partageaient les enfants à naître.... » (*Hist. du Droit*, t. VII, p. 43.)

— Dans la discussion enregistrée par l'arrêt des *Olim* se trouve mentionnée la maxime : « Servus attrahit ad se francum. » Voir, sur cette question des mariages mixtes, Viollet, *Établissements*, t. I, p. 174-179, p. 45 et suiv., et *Précis de l'Histoire du Droit français*, p. 2.2.

la phraséologie de la Charte du comte de Valois avec quelques variantes. Elle invoquait aussi « le droit de nature » selon le texte romain que nous avons cité[1]. Elle ajoutait en donnant au nom des Francs une extension fantaisiste, mais une haute signification : « Nous, considérant que nostre royaume est dit et nommé le royaume de France et voulant que la chose en vérité soit accordée au nom... avons ordonné que telles servitudes soient ramenées à franchise à tous ceux qui, d'origine ou ancienneté ou de nouvel par mariage ou par résidence, de liens de serve condition sont tombés en lien de servitude. » Le Parlement eut dès lors une règle. Il prit part à l'application de l'Ordonnance que ses légistes sans doute avaient rédigée. Deux de ses membres, Michel Mauconduit et Philippe Convers, sont investis d'une mission pour aller dans le bailliage de Vermandois : ils passeront les traités et accords pour les droits que paieront les serfs, afin de compenser les pertes que cet affranchissement fait éprouver au roi [2]. Isabelle de Chaseles s'adresse à ces commissaires. Femme de corps du roi, parce qu'elle n'était pas née de légitime mariage, soumise à la mainmorte et au formariage, elle demande la liberté pour elle et ses enfants. Elle traite avec les commissaires qui s'enquièrent de ses ressources et de ses biens et satisfont à ses vœux avec des considérants pompeux où est rappelée la rédemption des hommes par le Christ « dont le roi suivait l'exemple[3] ».

Or l'esprit féodal étouffe tellement en réalité les sentiments chrétiens que la servitude ne disparaît point, même dans le domaine royal; le Parlement rend des arrêts, après l'Ordonnance de 1315, tout à fait contraires à la liberté. En 1318, le prieur et le couvent de Saint-Martin-des-Champs à Paris réclament la saisine

1. *Ord.*, t. I, p. 653; *Imbert*, t. III, p. 103.

2. Collect. Lamoignon, *Regist. criminels*, vol. 324, f° 278 et suiv. — Cette commission contient un vidimus de l'Ordonnance de Louis X le Hutin. Voir aussi d'Achery, *Spicilegium*, t. III, p. 707 (édit. de 1723). — Des commissions semblables furent données par Philippe le Long pour le bailliage de Senlis (janvier 1318 v. st.).

3. « ... Considerantes ac etiam attendentes votum gratiosum dicti domini Regis, qui nostri Redemptoris exemplo qui propitiatus humanam voluit carnem assumere et divinitatis suæ gratia, dirupto quo tenebamur captivi vinculo servitutis, nos pristinæ restituere libertati..., omnes sibi subditos... qui quoquomodo sibi sint jugo servitutis adstricti ad statum pristinum libertatis quâ nos omnes liberos a principio natura creavit, affectavit reduci.... » (Lettres royales approuvant cet affranchissement et le jugement des commissaires [décembre 1316]. *Regist. crim. du Parl.*) *ibidem.*

de percevoir les mainmortes, tailles et chevances (chevagia) sur leurs hommes et leurs femmes de corps demeurant dans la châtellenie de Provins. En vain le maire et les échevins de Provins se retranchaient-ils derrière une charte des comtes de Champagne et l'antique coutume de la ville qui assuraient aux habitants la qualité de francs bourgeois, le Parlement donna raison aux religieux et leur adjugea les biens meubles des mainmortables [1]. Durant le XIVe siècle, dans les registres, il est sans cesse question d'hommes de corps. En 1372, procès du procureur du roi contre le chapitre de Chartres et Senicot, son homme de corps [2]; en 1384, procès de Oudin, fils de Renault Rabaille. Celui-ci et sa femme, de condition servile, appartenaient au chapitre de Laon : après leur mort, le chapitre vendit leurs biens. Oudin eut beau protester contre la vente, le Parlement ne l'écouta point [3]. Les querelles de l'évêque de Laon et du sire de Coucy, au sujet des serfs, recommencent en 1381, malgré un accord passé devant la Cour en 1343 [4].

L'histoire du fameux greffier Nicolas de Baye prouve qu'au XVe siècle, ni la fortune, ni les dignités ecclésiastiques, ni

1. *Affranchissement des serfs* (suite). — *Olim*, t. III, p. 1209, XI (1318).
2. *Regist. du Parl.*, Collect. Sainte-Geneviève, Ff 13, t. I, f° 143.
3. Collect. Lamoignon, *Conseil et Plaidoiries*, t. XLII, f° 76, 15 février 1383 (1384).
4. « L'évesque de Laon, pair de France, dit que sont en son évesché plusieurs villes franches et de celles n'est pas question a present et aussy sont plusieurs villes serves et de celles est question a present.... » L'accord de 1343 portait « que se homme ou femme de la terre de l'Évesque se transporte par mariage en la terre du seigneur de Coucy il est fait homme ou femme de Coucy de la condition du lieu où il se assiet et sera taillé par Coucy de tout son vaillant.... » L'évêque a la réciproque.

« Le tiers point est que se aucuns de la terre de l'évesque se transporte dans la terre de Coucy sans mariage ou ja mariez, il demeure taillable de l'évesque.... » Et réciproquement.

... L'évêque s'autorisait aussi d'une charte de l'an 1204 en vertu de laquelle lorsque quelqu'un de ses hommes se formariait, la propriété de ses biens était acquise à l'évêque et le serf n'en avait la jouissance que sa vie durant.... (*Regist. du Parl.*, Collect. Sainte-Geneviève, Ff 13, t. I, f° 383.)

A Saint-Dizier, d'après le Tout-Lieu, le droit était incertain. Le maire et les jurés envoient consulter les échevins d'Ypres pour savoir « si les gens de mortemain et de serve condition peuvent prendre succession en la ville de Saint-Dizier qui est ville franche ». Un homme était mort à Saint-Dizier, et ses parents, gens de mortemain, réclamaient la succession que le seigneur de Saint-Dizier revendiquait « pour deffaut d'oir de franche condition ».

Les échevins d'Ypres font cette noble réponse qui prouve combien était meilleure dans ces pays de Flandre la condition des classes inférieures : « Onques n'avons oy de gens de serve condicion ne de mortemain. » Et ils laissent les jurés de Saint-Dizier libres de prendre la décision qu'ils voudront. (*Olim*, t. II, Appendice, p. 769, CXII.)

les mérites n'effaçaient la tache originelle de la servitude. Elle restait empreinte au moins sur les biens. Après la mort de Nicolas de Baye, les officiers du Trésor rappelèrent que ses parents avaient été de condition servile : ils mirent sous séquestre sa succession comme dévolue au domaine. Les exécuteurs testamentaires portèrent l'affaire devant le Parlement, sympathique à la mémoire de Nicolas de Baye : ils se virent néanmoins contraints de transiger et de payer une somme de 400 livres. Puis ils eurent à soutenir devant la Cour un autre procès pour défendre un accord conclu en 1419 et qui ne fut péniblement admis qu'au bout de deux ans [1]. Or, parmi les juges du Parlement, si durs pour les serfs, combien avaient été sans doute, comme Nicolas de Baye, serfs eux-mêmes!

V. — La Famille. — La Femme et le Mariage.

La condition des personnes modifiait singulièrement les lois civiles. La femme [2], suivant sa naissance, porte couronne de comtesse ou de duchesse : ou bien elle est courbée sur le sillon, condamnée à une vie de misère. Reine ici, serve là-bas; courtisée dans les châteaux, honnie dans les campagnes; spectatrice admirée des tournois, hâlée par le travail des champs, elle est, ici, adulée par les poètes et les guerriers qui combattent et meurent pour elle, là maltraitée, vendue comme un vil bétail avec la ferme, séparée de son mari et de ses enfants. En un mot, elle connaît, suivant son rang, tous les excès de l'honneur ou de l'indignité, tous les plaisirs ou toutes les souffrances, rehaussée ou

1. Tuetey, *Journal de Nicolas de Baye*, t. II. *Notice biographique*, p. iij.

2. Sur cette question si importante à la fois et si délicate, nous ne citerons que quelques ouvrages qui se détachent de la quantité de livres écrits à ce sujet : L. J. Kœnigswarter, *Histoire de l'organisation de la famille en France* (1851), le beau livre de P. Gide, ancien professeur de la Faculté de droit de Paris, *Étude sur la condition de la femme* (1868), et l'article qui lui a été consacré par M. Gaston Boissier. Revue des Deux Mondes (15 septembre 1868); le traité si complet et si remarquable de M. Esmein : *Le Mariage en Droit canonique*, Paris, Larose et Forcel, 2 vol. in-8° (1891). Voir aussi les pages que le regretté Émile Gautier a consacrées à la Femme dans son livre si interessant et si documenté, *La Chevalerie*, notamment le chapitre du *Mariage du Chevalier*, p. 332-448, et les pages consacrées à cette question par M. Viollet dans son *Introduction aux Établissements* et dans son *Précis d'Hist. du Droit* et par M. Glasson, *Hist. du Droit*, t. VII.

dégradée, exaltée ou opprimée, belle, radieuse et souveraine ou déformée, noire et esclave.

A l'église pourtant la femme roturière et serve trouve consolation et respect. Elle assiste aux mêmes cérémonies que les princesses féodales, participe aux mêmes mystères et aux mêmes grâces. Son courage est relevé par les invocations à Marie, sa gloire et son refuge. Elle peut se vouer à la vie religieuse et échapper aux brutalités à l'ombre des autels. L'Église protège non seulement les recluses, mais les veuves et aussi les épouses, car elle a, pour toutes les classes, anobli le mariage.

Sans doute un des derniers représentants de l'ancien droit romain, Modestus, élève d'Ulpien, donnait, au IIIe siècle, une expressive définition de l'alliance de l'homme et de la femme : « association de toute la vie dans le droit humain et divin[1] ». Mais pour ce jurisconsulte païen cela voulait dire seulement que la femme entrait dans la famille civile et religieuse du mari, qu'elle prenait part au culte de ses dieux domestiques. Le christianisme sanctifie l'acte lui-même. La doctrine canonique assurait plus que la doctrine romaine la liberté du consentement. Elle distinguait plus soigneusement les erreurs qui pouvaient vicier ou rendre nul le consentement[2], erreurs sur la personne et ses qualités[3]. Elle se montrait plus déférente pour l'autorité

1. *Le mariage.* — « Nuptiæ sunt conjunctio maris et feminæ et consortium omnis vitæ divini et humani juris communicatio. » (Modestus, liv. I, *Regularum*; *Digeste*, liv. *De ritu nuptiarum.*) Les *Institutes*, rédigées sous un empereur chrétien, supprimèrent naturellement la *communicatio divini juris*, puisqu'il n'y avait plus de dieux domestiques, et ne donnèrent la définition du mariage qu'au point de vue civil : « Nuptiæ sive matrimonium est viri et mulieris conjunctio individuam consuetudinem vitæ continens. » (I, IX, *De patrià potestate*, § I.)

2. « En Droit canon le défaut de liberté pouvait provenir de toute autre cause que la violence et pouvait notamment résulter de l'action d'une influence illégitime ou même de l'abus d'une influence avouée par la raison.... La séduction pure et simple qui, d'après les principes du Droit romain, n'aurait pu vicier le consentement, pouvait au contraire le rendre insuffisant d'après la doctrine canonique, et l'ancienne jurisprudence, qui en avait adopté les principes, avait toujours assimilé la séduction à la violence.... C'est l'influence de cette nouvelle doctrine enseignée par l'Église qui, après avoir pénétré l'ancien Droit français, a déterminé la rédaction de l'article 180 du Code Napoléon qui, au lieu de déclarer le consentement vicié dans le seul cas où il y a violence, comme le porte l'article 409 pour les contrats ordinaires, permet de prononcer la nullité du mariage lorsqu'il a été contracté « sans le consentement libre (n'importe la cause) des deux époux ou de l'un d'eux. » (Th. Huc, *Influence du Droit canonique sur la constitution de la famille*, Revue de Législation, 1856, t. IX, 6e année, p. 224.)

3. Gratien distinguait quatre sortes d'erreurs : l'erreur sur les personnes, sur la condition de la personne, sur sa fortune et sur ses qualités... (Canon *Unico*, C. 29, q. I.)

des parents[1]. La sévérité, qu'on reconnut plus tard exagérée pour les prohibitions résultant de la parenté[2], avait eu pour but de réagir contre la corruption païenne et la violence des passions barbares. Préoccupée surtout de la morale, l'Église étendait les prohibitions de l'affinité jusqu'à celle qui résultait de rapports illicites et constituait une sorte de parenté[3]. Le Droit romain ne connaissait rien qui ressemblât aux publications[4] : le Droit canon exigea une publicité réelle. Par sa pratique des dispenses, l'Église, innovant encore en ce qui se faisait chez les Romains, mitigeait la rigueur des empêchements purement prohibitifs.

En réalité, le mariage, selon le Droit canon, existait par le fait du consentement libre de chacun des époux. Union morale autant que corporelle, ayant pour but la constitution d'une famille, accord des volontés et des sentiments pour l'éducation des enfants; communauté de travail, de peines et de joies, préparant la communauté des joies éternelles, le mariage chrétien était une source de grâces et, selon les termes de saint Paul, un grand sacrement[5]. Il identifiait l'homme et la femme qui ne faisaient plus qu'une seule chair. Il existait déjà virtuellement dès les fiançailles plus ou moins solennelles en présence d'un prêtre qui recevait la

1. Le défaut de consentement des parents est un empêchement purement prohibitif.

2. L'Eglise avait commencé par interdire le mariage jusqu'au septième degré de la computation canonique, quatorzième de la computation romaine. « La computation canonique, dit M. Glasson, a été empruntée par l'Église aux Barbares qui comptaient les degrés à raison des parentelles. Les parents se rattachant à un auteur commun formaient une parentelle et, pour compter les degrés entre eux ou d'autres, on faisait la computation depuis l'auteur commun jusqu'à celui des deux parents qui était au degré le plus éloigné. » (Glasson, *Hist. du Droit*, t. VII, p. 164, note.)

Pour le détail des modes de computation et aussi les prohibitions, voir : Esmein, *Le mariage en Droit canonique*, t. I, p. 335-356.

3. « Par conséquent le Droit canon, en attachant un pareil résultat à un rapport même momentané entre deux personnes étrangères l'une à l'autre, a introduit une véritable innovation basée sur la morale.... La doctrine canonique sur l'affinité est passée en partie dans notre droit français et l'on doit reconnaître que l'affinité résultant d'un rapport illicite légalement établi produit un empêchement au mariage entre chacune des personnes qui ont eu ce rapport et ses parents de l'autre, savoir en ligne directe à l'infini et en ligne collatérale jusqu'au degré de frère et de sœur inclusivement. » (Théoph. Huc, *article cité*, p. 224.)

4. Can. *Cum inhibito*, L. 3, t. III, apud Gregor.

5. « Sacramentum hoc magnum est : ego autem dico in Christo et in Ecclesia. » Epître de saint Paul aux Éphésiens, chap. v, *in fine* et, même chapitre : « Mulieres viris suis subditæ sint, sicut Domino, quoniam vir caput est mulieris : sicut Christus caput est Ecclesiæ.... » ... « Viri diligite uxores vestras, sicut Christus dilexit Ecclesiam et se ipsum tradidit pro ea... »

promesse. Quand les familles avaient bien réglé les conventions, les parents et les amis se rassemblaient à la porte du moutier[1] (église de la paroisse ou chapelle) : là, devant tous et devant le prêtre, les deux époux échangeaient, de leur propre bouche, le consentement du cœur qui constituait le mariage. Et alors la foule animée et joyeuse « entrait dans le moutier »; les époux y recevaient les bénédictions rituelles qui ajoutaient à la majesté non à la force de l'union déjà entière. Le mariage, qu'on pouvait rompre chez les Romains, devenait, chez les chrétiens, un lien tellement fort que rien ne pouvait le briser. Même, par sa répulsion qui dura longtemps pour le mariage des veuves, l'Église semblait lui reconnaître cette force jusque par delà le tombeau[2].

« Autant la position de la femme, a dit un jurisconsulte, Th. Huc, était humble dans la famille romaine, autant, grâce à l'influence canonique, elle fut élevée dans la famille chrétienne. Elle fut réellement émancipée par la doctrine nouvelle; elle n'eut plus à craindre de tomber « in manu mariti »; elle cessa d'être soumise à une tutelle perpétuelle; elle participa à l'exercice de la puissance paternelle modifiée par l'Église; sa voix put librement se faire entendre, elle eut droit de conseil dans les affaires d'intérêt

1. Se einsinc que aucuns gentis hom mariast sa fille et li peres venist à la porte du mostier, ou la mere s'ele n'avoit pere ou ses freres, ou aucuns qui avroit pooir de la marier; et li peres ou aucuns de ceus que nous avons dit dessus venist à la porte du moustier et deist : « Sire, je vos doing ceste damoiselle et tant de ma terre, à vos deus et à vos oirs qui de vos deus istront. » (*Établissements*, liv. I, chap. CXIX.)

2. « Au XIIe siècle, à l'époque de la rédaction du *Corpus Juris canonici*, l'indissolubilité du mariage fut affirmée avec une grande fermeté.... Il est d'ailleurs assez difficile de savoir à quel moment le divorce a définitivement disparu, précisément parce que ce mot *divorce* était aussi employé au moyen âge comme synonyme de nullité du mariage. Beaumanoir semble bien interdire complètement le divorce, même pour le cas d'adultère de la femme. L'Église a fini par ne tolérer le divorce que dans un cas, celui où l'un des époux embrassait la vie religieuse avant la consommation du mariage; l'autre époux pouvait alors se remarier. Mais l'Église n'admettait pas que l'absence, même la plus longue, fût une cause de dissolution du mariage. Elle a d'ailleurs toujours permis la séparation de corps. Au moyen âge elle devait être demandée au juge d'église mais, dans la suite, on fit remarquer qu'il ne s'agissait pas en pareil cas de la validité du mariage et la doctrine de la compétence du juge l'emporta.... L'Église voyait les secondes noces avec une extrême défaveur; aussi leur refusait-elle la bénédiction nuptiale.... Mais enfin, tout en critiquant les secondes noces, elle les tolérait sans difficulté. » (Glasson, *Hist. du Droit*, t. VII, p. 170 et suiv. — Voir sur ces questions de l'indissolubilité du mariage, du divorce, des empêchements prohibitifs et dirimants, des dispenses accordées par le concile de Trente, tout le second volume d'Esmein, *Le Mariage en Droit canonique*.)

le cas de félonie du mari les propres échappaient à la confiscation[1].

La donation qui assurait à l'épouse, en cas de décès du mari, les moyens de vivre, prit le nom de *dotarium*, *dotalitium*, en français le *douaire*. Le mari ne pouvait aliéner le douaire[2], ni en totalité, ni en partie, sans le consentement exprès de la femme : il était obligé de faire remploi. Bien que le droit féodal eût difficilement accepté cette diminution des droits du mari, le douaire était le régime habituel du mariage aux XIIIe et XIVe siècles. Il est nécessaire, écrit Beaumanoir, qu'en cas de décès des maris, « les fames qui demeurent esbahies et desconfortées, soient gardées que force ne leur soit faite en ce qu'elles ont acquis par la reson du mariage après le décès de leurs maris[3] ». Même lorsqu'il n'a pas été pris de dispositions par le mari, lorsqu'il n'y a pas de *douaire conventionnel*, la loi ou plutôt la coutume en fixe un, dit *légal*, ou *coutumier*, ou *préfixe*. L'intérêt des royaumes, principautés, grandes seigneuries, empêchait que le douaire portât sur ces seigneuries, principautés, royaumes dont l'étendue ne pouvait être diminuée. Les coutumes féodales avaient même réduit le douaire, dans les

sœur, femme de Jean, dit le Prouhain, et morte sans enfants. Il réclamait la somme de 350 livres de petits tournois qu'elle avait eus en mariage. Un autre procès se greffait sur celui-là. Les gens du roi et Jean de Sorerle, écuyer, opposaient à Simon que sa sœur avait épousé Jean le Prouhain, homme de corps de l'écuyer; or. d'après la coutume du pays, toutes les fois qu'une femme de condition libre épousait un homme de condition servile, elle suivait la condition de son mari : ils réclamaient les biens en vertu du droit de mainmorte. La coutume alléguée par l'écuyer et les gens du roi ne fut point prouvée. Le Parlement, jugeant ici en faveur de la liberté, ordonna la restitution de la dot à Simon Boniche. (*Olim*, t. III, p. 452, LXI, 1309 [1310].)

1. *Les Propres*. — Vincent de Montreuil avait été justicié par la cour du seigneur de Chevreuse. Les fils que Vincent avait eus de deux mariages, réclamaient les biens confisqués. Le bailli de l'évêque de Paris jugea que tous les biens héréditaires (les propres) de la première épouse dudit Vincent, plus le tiers des conquests réalisés durant les deux mariages appartenaient aux héritiers de la première femme avec le tiers des meubles que Vincent possédait au moment de son décès; les propres de la seconde femme avec le tiers des conquests faits durant le dernier mariage reviendraient aux héritiers de la seconde femme. Le reste des biens de Vincent, tant meubles qu'immeubles, devait être confisqué en raison de sa condamnation. (*Olim*, t. II, p. 473, X, 1304 [1305].)

2. Procès entre la dame de la Ferté-Bernard et Jean du Châtel, chevalier.... « Concordatum est et judicatum per magistros curie domini Regis quod dictus Johannes nichil potuit obligare vel alienare de hereditate dicte Alipidis, quin ad heredes dicte Alpidis post ejus decessum revertatur. » (*Olim*, t. II, p. 151, XXXVII, [1279].)

— Autre arrêt, *ibid.*, p. 149, IV. Voir note de Beugnot, p. 990.

3. *Beaumanoir* (Salmon), n° 429.

seigneuries, à n'être que le *tiers* [1], le *quart*, au lieu de la *moitié*, de sorte que la bourgeoise de Paris, avec son douaire coutumier de moitié, était plus privilégiée que la veuve d'un chevalier ou d'un baron. Pourtant le douaire légal n'excluait pas un douaire conventionnel qui pouvait l'augmenter.

La femme recevait aussi en douaire le manoir principal [2], pourvu que ce ne fût pas, dit Beaumanoir, la forteresse capitale d'un comté, comme celui de Clermont [3]. Ce légiste nous apprend aussi que l'action de la femme en revendication de son domaine est privélégiée : il n'y a ni contremand, ni jour de conseil, mais seulement jour de vue [4].

Le roi est le protecteur des veuves et des douaires : le Parlement est son organe [5]. La Cour contraint les héritiers à assigner aux veuves le douaire que la coutume ou les contrats leur attribuent. Elle décide que ce douaire est dû même au cas où les biens, à la mort du mari, auraient été vendus par autorité de justice pour payer les dettes [6]. Suivant les coutumes de certains pays, elle déclare que la femme doit avoir son douaire sur tous les immeubles

1. *Quotité du douaire.* — « Gentis fame si n'a que le tierz en douaire de la terre son seignor; mes ses sires li peut bien doner ses achaz et ses acquestes à faire sa volenté. » (*Établissements*, liv. I, ch. XVI.)

Le *tiers*, *Actes du Parl.*, 6369 (14 avril 1321).

Le *quart*. — La *moitié*, *Olim*, t. II, p. 262, XII (1287), p. 96 XXXI (1277). — *Olim*, t. III, p. 128, XXI (1304), etc. *Actes du Parl.*, 7960, 7961 (1327).

2. *Le meilleur manoir.* — Jean d'Harcourt, mariant son fils Richard avec Isabelle de Mellot, avait assigné à ladite damoiselle tout son manoir de Hillebuef avec quatre cents livres. Après la mort de Richard, comme il y avait là deux manoirs, Isabelle réclamait le meilleur. Le bailli Julien de Péronne se trouva embarrassé. « Scire volens quid super hoc esset facturus, alios consiliarios domini Regis super hoc consuluit, qui sibi responderunt quod melius de duobus maneriis predictis ipsi domicelle tradi debebat.... » (*Olim*, t. I, p. 783, XXXI [1269].)

3. « Tout soit-il ainsi que les dames, par la coustume de Beauvoisins, en portent les fortereces en douaire, nous l'entendons de celes fortereces qui ne sont pas chastel, liquel sont apelé chastel par la reson de ce qu'il sont chief de la contée, si comme Clermont ou Creil, car nus de ceus n'en serait porté en doaire.... » (Beaumanoir [Salmon], 453.)

Beaumanoir ajoute (n° 454) qu'il a vu plaider, « en hostel le roi » (au Parlement) une cause où il s'agissait ainsi d'un douaire et d'un château revendiqués par la dame de Milli (et non Nulli, comme l'a mal écrit Beugnot). L'arrêt auquel Beaumanoir fait allusion se trouve : *Olim*, t. II, 208, XVI (1282). — Milly (Oise), canton de Marseille-le-Petit, arrond. de Beauvais.

4. Beaumanoir, n° 431.

5. Un sergent royal avait été envoyé vers la duchesse douairière de Bourgogne pour la protéger. Le duc de Bourgogne demande en vain l'éloignement de ce sergent. Le Parlement déclare « per arrestum quod dictus serviens non amoveretur sed ducisse remaneret, pro manifestis violenciis amovendis, si sibi fiant in rebus sui dotalicii.... » (*Olim*, t. II, p. 235, II [1284].)

6. Agathe de Vaugirard, veuve de Guillaume le Fornier, plaide au sujet des

advenus au mari de la succession de ses père et mère pendant la durée du mariage[1]. Le douaire cesserait de répondre au but qu'on se proposait en l'assignant, s'il n'était pas libre de toute dette ou charge[2]. L'héritier est tenu de compléter le douaire de sa mère remariée[3]. Les héritiers sont responsables du douaire même sur leurs biens personnels[4].

Le douaire, en effet, subsiste même en cas de deuxième mariage[5]. C'est surtout cette coutume qui suscitait les plus grandes difficultés. Pétronille, veuve de Guillaume de Verdun, s'était remariée avec Simon de Lay. Or, Guillaume de Verdun avait assigné à ladite Pétronille, pour douaire, un revenu annuel de 40 livres à prendre sur ses biens, pour en jouir sa vie durant. Mais Poncia, héritière de Guillaume, et son mari Étienne Chevalier s'étaient

immeubles que son mari possédait au moment du mariage. Ces biens avaient été, à la mort de Guillaume, vendus par la justice pour le paiement des dettes. Nicolas d'Aurelles et Aolis sa femme s'en étaient rendus acquéreurs. Agathe leur réclamait son douaire. La Cour décida qu'ils lui rendraient le quart des biens, seulement sa vie durant, pour son douaire et le quart des fruits et revenus depuis le commencement du procès. (*Olim*, t. II, p. 472, VIII [1304].) — Remarquons qu'ici le douaire n'est qu'un usufruit.

1. *Le Douaire* (suite). — Arrêt rendu au profit d'Étienne Gontier et de Marie, sa femme, à Villeneuve-le-Roi. Il reconnait que, d'après la coutume de Villeneuve-le-Roi, la femme devait avoir son douaire sur tous les immeubles advenus au mari de la succession de ses père et mère pendant la durée du mariage. La cause avait été portée en première instance devant le bailli de Sens, qui avait jugé autrement. Le Parlement réforme sa sentence. (*Jugés*, I, f° 384 r°. *Actes du Parl.*, 7519 [24 mars 1324].)

2. Une femme, mariée en premières noces à un habitant de Beauvais et, après son veuvage, ayant quitté la ville, n'est pas tenue à une contribution levée par le roi sur les habitants de Beauvais. Elle n'avait plus de biens à Beauvais si ce n'est son douaire sis à Beaumont. La Cour décida qu'elle ne devait rien pour son douaire. (*Olim*, t. I, p. 467, I [1260].)

— La dame d'Argenton a son douaire dans la baronnie d'Argenton, libre et quitte de toute charge. (*Olim*, t. I, p. 676, I [1267].)

3. Le fils aîné de Raoul d'Estrée, maréchal de France, avait épousé la dame de Cloies, à laquelle le contrat avait assigné sur certains fiefs un douaire jusqu'à concurrence de quatre cents livres parisis. Roger de Trie, second mari de la dame de Cloies, se plaint que les revenus des fiefs ne montent pas à la somme indiquée. Il demandait et obtint que l'héritier du maréchal complétât la somme de quatre cents livres. (*Olim*, t. II, p. 250, IX [1285].)

4. Mandement au bailli de Bourges. Une somme de 2 000 livres a été promise en douaire à Bénévent par son mari Étienne Poise-Avant, habitant de Bourges. L'héritage d'Étienne se trouvait engagé pour cette somme. La Cour décida que si l'héritage d'Étienne ne suffisait pas, Philippe, son fils, et ses cohéritiers seraient tenus de parfaire la somme sur les biens qui leur sont venus en dehors de la succession d'Étienne. (*Olim*, t. II, p. 379, IV [1295].)

5. Arrêt en faveur d'Héloïse de Bormont, veuve de Gui, deuxième femme de Mathieu de Villebéon. (*Olim*, t. I, p. 286, IX [1268].)

— Arrêt condamnant Jean Gascot, Étienne de Monfoust, écuyer, et Jean de Maugency à servir une rente annuelle de 200 livres tournois et à livrer un manoir à Gille de Mitry et à sa femme, mariée, en premières noces, à Jean de Monfoust. (*Jugés*, I, f° 499 v°. *Actes du Parl.*, 7949 [4 avril 1327].)

mis en possession des biens de la succession sans s'inquiéter de Pétronille. Celle-ci réclama, et son second mari, Simon de Lay, allégua la coutume de France qui allouait à la veuve la moitié des biens du défunt. Ces biens devaient donc être considérés « comme hypothéqués » jusqu'à concurrence des 40 livres convenues. Étienne Chevalier fit ressortir une contradiction qui domina l'instance : Simon réclamait à la fois le douaire légal et le douaire conventionnel. Il aurait dû choisir. Néanmoins il se déclarait prêt à exécuter les conventions et se bornait à demander à ne payer qu'avec la monnaie courant au temps de ces conventions (il y avait sans doute bénéfice et il se contentait de cet avantage). Ce procès fut porté devant le bailli de l'évêque de Paris, qui reçut la demande de Simon de Lay et condamna Étienne à payer les 40 livres en bonne monnaie. Étienne Chevalier appela au Parlement. La Cour approuva la sentence incriminée, ne l'annulant qu'à l'égard de la monnaie et rouvrant le procès, qui devait se continuer au Parlement[1].

Si les reines ne pouvaient, par leur douaire, diminuer le domaine royal, elles n'en recevaient pas moins des biens nombreux, des villes. Elles défendent leurs droits avec énergie. La reine douairière, Marguerite de Provence, conteste au roi Philippe le Hardi le droit de prendre gîte dans les villes de son douaire (1275). Le Parlement lui donna tort, car ce droit de gîte était un droit royal qui d'ailleurs ne pouvait porter nulle atteinte au domaine de la reine[2]. Des commissaires délégués pour assigner son douaire à la reine Clémence (de Hongrie), veuve de Louis X le Hutin, y avaient englobé l'abbaye de Saint-Benoît de Fleury. Les moines prétendirent qu'ils ne pouvaient être qu'en la garde du roi. La Cour leur donna raison et on dut chercher une compensation pour compléter le douaire de la reine Clémence[3].

Le douaire était primitivement la propriété de la femme. Mais, comme il lui fallait le laisser plus tard intact à ses enfants, on en vint à dire, nous l'avons vu déjà à propos de la *Coutume de Paris*,

1. *Olim*, t. III, p. 1193, III (1317). Dans cet arrêt se trouve un brocard : *Conventiones legem vincunt.* Convention passe droit.
2. *Olim*, t. II, p. 68, V (1275).
3. *Olim*, II, p. 634, IX, et p. 635, X (1316). — Autres arrêts, p, 646, II, et p. 367, XX (1317); p. 658, X; 659, XI (1317).

qu'il était aussi la propriété des enfants. La femme ne pouvait l'aliéner[1] : elle n'exerçait en réalité, qu'un droit d'usufruit, et la doctrine romaine de l'usufruit[2] contribua certainement à ce changement qui dénotait une influence peu favorable à l'épouse.

1. *Le Douaire* (suite). — Arrêt contre la veuve d'un cuisinier du roi. — « Judicatum fuit quod relicta dicti Galteri medietatem dicti redditus racione dotalicii sui, *ad vitam suam tantum habere debebat*.... » (*Olim*, I, p. 708, XXX [1267].)

— Autres arrêts, *Jugés*, I, f° 271 v°, *Actes du Parl.*, 7031. — *Jugés*, I, f° 445 v°, *Actes du Parl.*, 7823 (1326). — *Grand Coutumier*, liv. II, chap. XXXII, p. 322.

— Pour les douaires, voir encore arrêt au sujet du douaire d'Agnès, comtesse de Bigorre. (*Olim*, II, p. 633, VIII [1316].) — Douaire de Béatrix, dame de Courtrai, arrêt français très détaillé. (*Essai de Restit.*, 547, A.) — Arrêt entre Aelips, veuve de Gobert Robillart, et maître Jacques de Laon, son frère, au sujet du douaire que celui-ci était obligé de payer à sa belle-sœur. (*Actes du Parl.*, 7744 [23 déc. 1325].)

— Procès entre Marguerite de Hainaut, veuve de feu Robert, comte d'Artois, et Mathilde, comtesse d'Artois. La Cour fixa le douaire à 3500 livres tournois.

Dans un deuxième procès, Marguerite de Hainaut réclama un préciput dans la communauté des meubles. Le Parlement lui accorda, à titre de préciput, en raison de son veuvage, un chariot, *sans chevaux*, et de ses vêtements celui qu'elle choisirait, paré et orné de drap comme elle avait l'habitude d'en porter; son lit tout entier avec tout son parement et garniture, et, des ustensiles de tout genre, *un* et *le meilleur* à son choix, sans or et sans argent.... » (*Olim*, t. III, p. 218, XLIX et L, 1306 [1307].)

— La dame de Lavalle soutient trois procès. Dans le premier, elle se plaint d'avoir été violemment dépossédée de fiefs constituant son douaire par son beau-fils. Le comte de Montmorency voulait juger cette affaire, mais la dame expose qu'elle a le droit de s'adresser au roi. Le Parlement retient la cause. (*Olim*, t. I, p, 701, XIII [1267].)

Dans le deuxième procès, la Cour rend un arrêt qui prescrit au comte de Montmorency de délivrer le douaire à la dite dame. (*Ibid.*, p. 702, XIV.)

Le troisième procès a pour objet la réclamation d'une partie du douaire qui se trouve en Anjou. Le comte d'Anjou met les mêmes empêchements que le comte de Montmorency. Il est débouté de ses prétentions. (*Ibid.*, p. 702, XV.)

— Bertrand Du Guesclin plaide en 1367 contre la comtesse de Bar, dame de Cassel, au sujet de son comté de Longueville, sur lequel la dame réclamait une partie de son douaire. En raison de la qualité des personnages le Parlement se réunit en la Chambre du roi. Le procureur de Du Guesclin oppose des lettres d'État justifiant son absence par « l'entreprise qu'il fit du commandement du Roy pour l'utilité publique pour vider le royaume des Compagnies et pour guerroier contre les Sarrasins. » Du Guesclin est prisonnier. Le Parlement ne tient pas compte des lettres d'État et continue la procédure qui se prolongeait encore en 1368. (*Reg. du Parl.*, collect. Sainte-Geneviève, Ff. 17², t. I, f° 30, et Ff. 13², t. I, f° 74.) Ce procès ne touche pas aux principes du droit et nous ne le citons que pour montrer combien les questions de douaire étaient difficiles et que la justice du Parlement ne se laissait pas arrêter par la dignité et la puissance des personnages.

— D'après certains jugements, la propriété du douaire était personnelle à la femme. La veuve de messire Perceval de Pomereul requiert délivrance de son douaire qu'empêchaient les gens de l'abbaye de Saint-Denis. « Il sera dit que la Cour déclare et adjuge à la femme de messire de Perceval son douaire coustumier ès biens qu'avoit et possédoit ledit Perceval au temps de leur mariage... et n'est pas l'intention du Roy ni de sa cour que par ce présent arrest la propriété du dit douaire soit acquise à héritage au fils dudit feu Perceval et de ladite dame après le décès de ycelle dame, mais bien lui en réserve la Cour à faire celle poursuite comme bon lui semblera au procureur du Roy, et Religieux de Saint-Denis leurs deffenses au contraire. » (*Reg. du Parl.*, Conseil. Collect. Sainte-Geneviève, Ff. 13², t. I, II, III, en un volume, f° 15.)

2. « Il convient de noter ici l'influence romaine qui se fait sentir dans la langue :

VII. — Le Régime de la Communauté[1].

Cependant, à la même époque, sous l'influence contraire du christianisme, la femme était de plus en plus, quant à ses biens, considérée comme l'associée du mari. Elle avait droit aux *acquêts*. Elle participait aux bénéfices réalisés pendant le mariage. Elle était *commune* en biens. Le régime de la communauté qui corres-

le douaire ou *dotalitium* est souvent appelé *donatio propter nuptias.* » Voir notamment acte de 1197 dans Ménage, *Hist. de Sablé*, p. 370, acte de 1265; dans Célestin Port, *Cartulaire de l'hôpital Saint-Jean d'Angers*, p. CXIX, acte n° CLIV. Viollet, *Établissements*, t. I, p. 137, note 3.

1. *La Communauté.* — Un très distingué professeur de la Faculté de Droit de Paris, M. Charles Lefebvre, a fait ressortir avec beaucoup de force ce caractère du régime de la communauté : « Mais nos ancêtres ajoutaient autre chose comme principe directeur de cette mutualité conjugale et qui même avait plus de portée juridique. Ils disaient (et c'est le mot même du jurisconsulte Pothier, au début de son exposition des devoirs du mariage) : « que mari et femme doivent se regarder comme n'étant en quelque façon qu'une même personne. » Oui, *mari et femme ne font qu'un*, c'était à bien des points de vue, la grande maxime matrimoniale sortie, au moyen âge, du texte de la Genèse et de l'Évangile. La coutume l'avait traduite alors en règles ou en usages, qui sont restés chez nous traditionnels et qui ne venaient ni de Rome, ni de Germanie. — La femme, en prenant le nom et jadis la condition noble ou roturière de son mari : la femme ne devant avoir aussi avec lui qu'un même domicile de droit, et une même nationalité, la sienne, c'était bien là, dans la vie commune des époux, l'application juridique du principe : *Mari et femme ne font qu'un.* Nos anciens auteurs le remarquaient expressément et en tiraient d'autres conséquences encore. — Mais la communauté de biens, elle-même, s'y rattachait aussi, témoin ce texte qui se retrouvait jadis, en nombre de nos coutumes : « Mari et femme sont *uns* et communs en biens. »

« Tout cela remonte au cœur du moyen âge. On le voit bien en tant de vieilles chartes de mariage, qui déclarent s'appuyer sur les paroles de l'Écriture sainte et les transcrivent. On les relit en tête de ce vieux contrat d'un chevalier du xe siècle qui termine en s'écriant : « Et désormais, grâce à Dieu, nous ne ferons plus qu'un, nous et nos biens! *Nos, Deo dante, indivisi et nostra similiter indivisa.* » — Les communes espérances pour la vie future fortifiaient encore cette coutume d'unité et de communauté dans la vie présente; et qui voudra bien penser à cette vieille tradition française et à ses véritables origines, les retrouverait aussi en ces monuments admirables de notre sculpture d'alors, où mari et femme reposent côte à côte, les mains jointes en prière, dans leur dernière communauté terrestre du tombeau. » (Ch. Lefebvre, *La Coutume française du mariage au temps de saint Louis*, Conférence faite à la Sorbonne; Paris, Larose, 1901; p. 14.)

— M. Beaune fait remonter l'origine du régime de la communauté conjugale aux communautés *taisibles* qui se formaient entre les membres d'une même famille vouée aux travaux agricoles. M. Glasson discute cette opinion (*Hist. du Droit*, t. VII, p. 359 et suiv.). Mais tous deux sont d'accord pour reconnaître l'influence religieuse.

Au sujet de l'origine de la communauté, nous citerons aussi le passage de M. Viollet : « A première vue, tout ceci ressemble beaucoup à la communauté universelle : le douaire de la femme, son droit aux acquêts, appelé d'ailleurs expressément douaire (*Jostice et Plet*, p. 257), et sa fortune personnelle semblent se confondre. Le tout forme une même masse paralysée entre les mains de la veuve au profit des enfants. Le douaire orléanais ne paraît pas transmissible aux héritiers de la femme autres qu'aux enfants; mais l'épouse orléanaise est pleinement propriétaire de sa part de meubles et d'acquêts.... » (Viollet, *Établissements*, t. I, p. 140.)

pondait si bien au caraetère sacré et à l'indissolubilité du mariage, s'établissait. Le douaire devait même se fondre plus tard dans cette communauté, conséquence logique d'une union qui devait être parfaite et que ne devaient point troubler des hostilités d'intérêts. Les *Olim* nous fournissent la preuve que cette communauté était en vigueur au XIIIe siècle. Marguerite, veuve d'Érard de Valéry, plaidait contre trois dames héritières d'Érard. D'après les clauses de son contrat de mariage, si ce mariage était stérile, Marguerite devait recevoir, à la mort de son époux : 1° la moitié de tout l'héritage à titre de dot ou donation (c'est le douaire conventionnel), ainsi que le meilleur herbergement (manoir); 2° sur l'autre moitié, Marguerite aurait encore la moitié jusqu'à concurrence d'une somme de deux mille livres parisis données par ledit Érard (comme représentant sans doute la part des acquêts). Les autres héritières alléguèrent que le contrat n'était point valable, car il ne répondait pas à la coutume du pays. Le Parlement n'en jugea point ainsi : il donna gain de cause à Marguerite de Valéry[1]. La femme avait si bien droit aux acquêts que la femme de Jacques de Lanon bénéficie d'un don fait à celui-ci par le roi; et ses enfants héritent de sa part. Mais, à sa mort, des enfants qu'elle avait eus d'un premier mariage veulent entrer en partage de cet acquêt : ils n'y ont aucun droit puisqu'il venait du second mariage et le Parlement les débouta de leurs prétentions[2].

La communauté est déjà si habituelle que la femme y peut renoncer si elle l'estime trop onéreuse pour elle. La femme participant aux acquêts devait naturellement prendre sa part des dettes, et les arrêts du Parlement maintenaient cette responsabilité. La veuve de Bouchard de Montmorency y échappe en renonçant à la part qui lui revenait dans la communauté des meubles[3], et au bail de son fils. Elle conservait son douaire, ses immeubles propres, sa part dans les conquêts des immeubles.

1. *Olim*, II, p. 96, XXXI (1277).
2. *Olim*, II, p. 422, XIII (1298).
3. *Renonciations de la femme*. — *Olim*, II, p. 240, XVII (1284).
Autre exemple remarquable. Pièce en français (jugement du prévôt de Paris) intercalee dans un arrêt confirmatif. (*Olim*, III, p. 652. XXII [1311].)
Voir, sur cette question, un article de M. P. Guilhiermoz : *Le droit de renonciation de la femme noble lors de la dissolution de la communauté*. (Biblioth. de l'École des Chartes, t. XLIV, 1883, p. 489-500.) M. Guilhiermoz cite encore d'autres arrêts

VIII. — Le Sénatus-Consulte Velléien. — Les Incapacités de la femme mariée.

Le Droit romain avait déjà fait de tels progrès dans la législation du XIIIe siècle que le sénatus-consulte *Velléien* était connu et appliqué. Ce sénatus-consulte, qui interdisait à la femme de s'obliger pour autrui, était une gêne pour elle quoi qu'il parût un privilège pour garantir sa fortune [1]. Il était contraire aux doctrines qui avaient développé le régime de communauté. Aussi les canonistes, et à leur tête Guillaume Durand, selon Pasquier, accordaient à la femme la faculté de renoncer au Velléien : c'est lui, dit-il, « qui enseigna cette leçon et celle des autres renonciations [2] ». Les modernes [3] ont répété cette assertion de Pasquier; or Placentin avait, à Montpellier, proposé cette renonciation près d'un siècle avant l'auteur du *Speculum Juris*. Les *Olim*, en tout cas,

du Parlement : la dame d'Andesel, Jeanne de Maligny (*Reg. du Parl.*, *Conseil et Plaidoiries*, X1a, 1469, f° 271 v°, 1368); une note relatant ce point de droit (Biblioth. nat., ms. français, 5259, f° 231 v°, 1384); un arrêt cité dans les *Questions* de Le Coq, n° 131 (édit. de Dumoulin), Biblioth. nat. ms latin, 4645, f°s 69 et 185. M. Guilhiermoz pense que la femme noble survivante a d'abord eu le privilège de pouvoir se soustraire aux dettes de la communauté en renonçant simplement aux meubles, mais qu'au XIVe siècle il y eut tendance à restreindre le privilège à un droit de renonciation à la communauté tout entière. Il s'autorise d'un texte d'un manuscrit du *Grand Coutumier*, différent du texte imprimé.

— Voir aussi, sur ce point, Viollet, *Établissements*, t. I, p. 109. — Nous pouvons encore ajouter pour la renonciation un arrêt de 1280 (la comtesse de Blois). (*Olim*, t. II, p. 161.)

1. Le *Sénatus-consulte Velléien*. — « Ce sénatus-consulte (*Digeste*, XVI, I. *Code*, IV, XXIX), vague d'ailleurs et embarrassé dans sa rédaction, date probablement du règne de Claude : il confirme une jurisprudence qui existait déjà.... Les savants ont beaucoup discuté la question de savoir si le sénatus-consulte Velléien avait été inspiré par l'idée d'assurer une protection à la femme : cette idée de protection est repoussée par Troplong, selon lequel la pensée du sénatus-consulte Velléien est toute politique. Ces deux manières de voir exclusives et diamétralement opposées me semblent devoir être également rejetées. Je formule ma pensée de la manière suivante : l'esprit du sénatus-consulte est surtout politique et hostile aux femmes, on veut les exclure de la participation à des actes que l'on considère comme devant être réservés aux hommes, *officia virilia*. Mais on veut aussi protéger les femmes contre un danger auquel on les trouve plus exposées que les hommes.... Le sénatus-consulte établit une règle égale pour les filles, les femmes mariées et les veuves. Les expressions *feminæ*, *mulieres* don se servent les textes sont synonymes et comprennent toute personne du sexe féminin, sans distinction d'âge ou de condition... » (Ernest Dubois, *Le sénatus-consulte Velléien*, forte étude d'un professeur de la Faculté de Droit de Nancy, prématurément enlevé à la science.)

2. Pasquier, *Les Recherches de la France*, liv. IV, chap. XLI.

3. Voir Paul Gide, *La Femme*, p. 456; encore un éminent professeur et écrivain enlevé trop tôt à la science.

mentionnent ce sénatus consulte fameux : on y rencontre une pièce en français détaillant les sûretés que donne le comte de Rhetel pour ses dettes : il oblige toute sa terre et celle de la comtesse, sa femme « qui renonça à la loi Velléien et à tous privilèges pour les dames[1] ». On retrouve ce droit formulé dans l'Ordonnance attribuée à Jean II de Bretagne[2]. Non qu'il n'y eût des protestations : « Le Lorrain Jean de Ravanis, son disciple Pierre de Belleperche, qui professa à Orléans et fut plus tard chancelier de France, Guillaume de Cuneo, Jean Lefèvre, plus communément appelé Jean Faber, dont l'autorité était aussi grande en France que celle de Balde ou de Bartole en Italie, tous ces hommes, aujourd'hui oubliés, mais qui furent, dans des siècles d'ignorance, les vrais fondateurs de notre Droit civil, *conditores juris nostri*, tous ces jurisconsultes, dis-je, s'élevèrent avec force contre l'opinion banale qui permettait à la femme d'éluder, par une renonciation, la prohibition de la loi. Néanmoins les exigences de la pratique l'emportèrent sur l'autorité des docteurs et la renonciation parut un expédient si utile et parfois si nécessaire, que son usage se propagea presque en même temps et avec la même rapidité que celui du sénatus-consulte lui-même. Dès le XIIIe siècle, tous les recueils de Diptomes en font foi, la clause de renonciation au Velléien et à l'authentique *Si qua mulier* avait pris place dans le formulaire des tabellions. »

La femme est donc réellement protégée comme épouse. A propos des successions nous la retrouverons admise au partage avec les fils, sauf pour les fiefs. Encore si elle est obligée, comme ses frères, de laisser l'avantage à l'aîné, peut-elle, quand l'héritage lui revient, recueillir des fiefs comme l'Artois et la Bretagne. Éléonore d'Aquitaine, répudiée par Louis VII, avait

1. *Olim*, II, p. 211, XXIX (1282).

2. « Obligacion que famme fait pour aultre personne n'est tenable, si elle ne renuncie aux droits et previlleges de Velleyan et divi Adriani qu'eulx sont pour les fammes, et que de ce elle soit acertainée en sa propre loquance... » (Ord. de Jean II de Bretagne, Viollet, *Etablissements*, t. III, p. 192.)

M. Viollet ajoute en note : « Les cartulaires fournissent bien des exemples de femmes qui renoncent au bénéfice du Velléien après avoir été « acertainées en leur propre loquance : asserens se esse certioratam quod sit senatus consultum Velleianum ». (Acte de 1277 dans Charte ms. Eccles. Cenom., p. 345; cf. p. 346. Cf. Ord. de Philippe le Bel de 1304 sur les notaires : *Ord.*, t. I, p. 416; Pasquier, *Recherches de la France*, liv. IV, chap. XLI.)

porté à un comte d'Anjou, Henri Plantagenet, destiné à être bientôt duc de Normandie et roi d'Angleterre, les plus belles provinces du midi et de l'ouest de la France. Lorsque des filles seules se trouvent en concurrence pour un héritage, le droit d'aînesse ne s'exerce pas entre elles. Mère et veuve, la femme a la garde de ses enfants mineurs : elle peut être tutrice. Par ce rôle actif et noble qu'elle remplit dans la famille, par la condition de ses biens, par la déférence qu'obtient sa personne (bien entendu quand elle est libre), la femme, dans cette société chrétienne, est bien relevée de son antique servitude.

Est-ce à dire qu'il n'en reste rien? Tant s'en faut! Si elle n'est plus sous la dure main du mari ou plutôt du maître romain, la femme n'échappe pas aux souvenirs du *mundium* germanique. En dépit du libéralisme de certaines coutumes (Montargis, Orléans, Anjou, Reims), la femme mariée ne peut *ester en justice* sans l'autorisation de son époux[1]. Dans les *Olim*, sans cesse il est fait mention de cette autorisation[2], indispensable même à une reine de France, Jeanne de Navarre, qui avait à plaider, comme comtesse de Champagne, contre une société de marchands : elle

1. *Droit d'ester en justice*. — P. de Fontaines dit que les femmes n'ont pas voix aux jugements, chap. XIX, § LXXIV, p. 209-210.

« La *Coutume d'Anjou* connaît cependant à cette règle plusieurs exceptions importantes : plus libérale que notre Code civil, elle accorde à la femme mariée le droit d'*ester en justice* pour affaires relatives à son négoce si elle est marchande publique; elle accorde à toute femme mariée le droit de plaider sans autorisation du mari pour demander justice d'une injure, d'un outrage, de voies fait. » (*Établissements*, liv. I, chap. CLIII. — *Jostice et Plet*, p. 131). — Viollet, *Établissements*, p. 147.)

— Voir sur cette question P. Gide, ouvr. cité, p. 231, 232, 356.

— M. H. Pascaud a fait également une observation analogue : « Dans cet ordre d'idées notre ancien Droit s'était montré bien plus libéral, bien mieux avisé, il faut le reconnaître, que nos modernes législateurs. Dans nombre de Coutumes, en effet, notamment dans celles de Montargis et de Dunois, de Mantes, de Dourdan, d'Orléans (chap. VI, art. 8), de Paris (art. 224), de Reims (art. 18) et, au dehors, de Bruges en Belgique, le droit d'ester en justice sans autorisation maritale était reconnu au profit des femmes mariées commerçantes. » (H. Pascaud, *Les droits des femmes dans l'association conjugale*, Bulletin de l'Académie des sciences morales et politiques, septembre-octobre 1898, p. 564.)

2. Renaud de Pons et sa femme plaident contre la vicomtesse de Comborn pour une succession. Renaud et sa femme refusent de répondre parce que la vicomtesse se présente sans son mari. La vicomtesse répond que la question d'héritage ne concerne qu'elle-même, que son mari est vieux, faible, incapable de chevaucher et n'a pu venir; d'ailleurs qu'elle a l'autorisation de plaider. « Demùm, *licet hoc esset contra consuetudinem hujus curie*, tamen placuit Regi quod ipsi Renaudus et ejus uxor respondeant ipse vicomitisse absque marito suo. » (*Olim*, I, p. 557, XVI [1263].) — Une femme autorisée à appeler « ... et quod uxori sue potestatem dederat appellandi. » (*Olim*, III, p. 1069 [1316].)

est dûment autorisée par son mari, Philippe le Bel[1]. Il faut, pour que la dame Mahaut de Beaumez plaide sans autorisation de son mari, une permission royale que le Parlement enregistre (1326)[2]. Le mari garde sur la femme une puissance que proclament les canonistes aussi bien que les romanistes. C'est le mari qui est civilement responsable de ses délits et cela lui donne un droit de correction[3]. C'est le mari qui administre les biens de la communauté. « Comme les maris, dira Loyseau, ont puissance sur la personne de leurs femmes, aussi l'ont-ils à plus forte raison sur les biens[4]. » C'est le mari qui rend l'hommage pour les fiefs de sa femme, et il prend le titre de ses seigneuries. C'est le mari qui jouit de tous les produits. C'est lui qui a la propriété des biens meubles. « Tous les meubles sont à l'homme durant le mariage, » dit Beaumanoir[5]. Quoique ce ne fût pas le droit généralement accepté, certaines coutumes accordaient à l'homme la faculté d'aliéner les biens dotaux comme les siens propres. La femme ne pouvait aliéner ni ses immeubles, ni ses meubles, ni recevoir des paiements sans l'autorisation de son mari. Elle ne pouvait non plus,

1. *Olim*, III, p. 124, XIV (1303).

2. *Actes d'autorisation.* -- Autorisation de la dame Mahaut de Beaumez à plaider sans la permission de son mari. « ... Jà soit que son baron soit encore en vie, nous de notre puissance et autorité royale, li donnons pooir et auctorité que elle tiegne et gouverne la terre dessus dite en sa main, tout aussi comme se elle n'estoit mie mariée, et en puisse requerir partage et division et entrer en plet et en procès.... » (Texte *Greffe*, I, f° 278 r°, publié *Actes du Parl.* n° 7834 [1326].)....

— Dans un procès entre le sire de Beauchamp et sa femme, en cause d'appel, contre Stéphanie Bullette de Ponthieu et Marguerite de Marcesson, le bailli d'Abbeville reconnait que, selon la coutume du pays, « femme peut demener et fere procès valable en cas d'honneur et d'injures, sans l'autorité et présence de son mari se ester ne veut.... » Discussion sur la coutume. Réponse des sages consultés : « ils ont déposé que par l'usage et coustume qu'entre femmes, en cas d'injures et d'honneur, coust et despens sont requis d'une part et d'autre.... » (*Reg. du Parl.*, collect. Sainte-Geneviève. Ff. 13, t. I, f° 89, 14 janvier 1369 [1370].)

3. *Droit de correction.* — « Comme la ménie tout entière, la femme est soumise au droit de correction de son seigneur. Au XIII° siècle, en Normandie, on admettait « qu'un père de famille ne pouvait être poursuivi pour avoir battu sa femme, son serviteur, son fils ou sa fille ou aucun qui soit en sa mesnie. » Le droit est identique dans d'autres parties de la France, notamment à Bergerac. » (Viollet, *Précis de l'histoire du Droit français*, p. 422. — Cf. Cauvet, *Le Droit civil de la Normandie au XIII° siècle*, p. 8, 9.)

— Le Parlement toutefois protège la femme contre les sévices d'un mari brutal. Une enquête est ordonnée sur les injures et les sévices dont a eu à souffrir la dame de Beauval. Le bailli d'Amiens veillera à sa sûreté : il empêchera le mari de renouveler ces sévices et le forcera à fournir à sa femme une pension alimentaire suffisante, que la Cour fixe à 300 livres tournois par an. (*Olim*, III, p. 31, XXXIX [1299].)

4. Loyseau, *Du déguerpissement*, liv. II, chap. IV, n° 7.

5. Beaumanoir, chap. XXX, § 99.

sans cette autorisation, ni accepter ni répudier une succession, ni accepter une donation : elle ne pouvait seule signer un contrat, avantageux ou non[1]. Les légistes approuvent les restrictions apportées aux droits des femmes par les lois romaines[2]. Ce sont ces lois prises dans le *Digeste*, sans distinction des temps et des modifications nécessaires, qui désormais vont se redresser avec leur étroit rigorisme, en face des coutumes diverses et indécises. Incapables de discuter les principes d'où émanaient ces lois, peut-être aussi égarés par le secret égoïsme de l'homme qu'elles flattaient, les légistes remontèrent le courant de justice et de générosité qu'avaient déterminé les sentiments germaniques et chrétiens. A mesure que dans la société de plus en plus polie, la femme obtiendra une influence de plus en plus forte et heureuse, les juristes resserreront au contraire les liens dans lesquels ils enfermaient la fille, l'épouse, la mère toujours honorée, célébrée, adulée, vraiment émancipée : jamais[3] !

1. *Les incapacités civiles de la femme.* — Voir sur tous ces points de nombreuses références indiquées par Beaune, *Condition des personnes* : *la Puissance maritale*, p. 516-538.

2. Boutillier ajoute d'autres incapacités qui ont fait, de nos jours, l'objet de vives discussions. Il déclare que la femme ne peut être « advocate ou procuratrice » car à elle « est défendu du tout fait d'armes et de procuration, pour la raison de Calphurnie, que, jà soit ce qu'elle fust femme sage plus que nul autre, si ne sceust elle avoir mesure et courut au juge sans manière parce qu'il appointa contre son opinion ». (Boutillier, I, 10; II, 2. — (Digeste, III, I, L. 1, § 5.)

3. *Situation juridique actuelle de la femme.* — De nos jours la situation juridique de la femme a été modifiée à plusieurs reprises :

1° Par la loi du 27 juillet 1884 rétablissant le *divorce* inscrit dans le Code Napoléon et supprimé en 1816.

2° Les lois du 9 avril 1881 et 1895 sur les *caisses d'épargne*, permettant aux femmes mariées de se faire ouvrir des livrets et de retirer les sommes leur appartenant, sans l'assistance de leur mari.

3° La loi du 6 février 1893 autorisant la femme séparée de corps à ne pas porter le nom de son mari, ou le lui interdisant suivant les termes du jugement, et lui rendant sa pleine capacité civile.

4° La loi du 9 mars 1891 sur les droits du conjoint survivant : elle accorde au conjoint (par conséquent à la femme si c'est elle qui survit) un usufruit de la moitié dans le cas où il n'y a pas d'enfants issus du mariage, et d'un quart s'il y en a (sauf après séparation de corps ou divorce).

5° La loi du 7 décembre 1897 qui permet aux femmes d'être *témoins* dans les actes de l'*état-civil*.

6° La loi du 4 avril 1898 stipulant une rente pour les veuves des victimes des accidents du travail.

7° La loi du 1er décembre 1900 accordant aux femmes, munies du diplôme de licencié en droit, la faculté de réclamer leur inscription parmi les membres du Barreau.

Néanmoins les principales incapacités civiles de la femme mariée subsistent, sans parler des incapacités politiques.

VIII. — Les Enfants.

L'enfant, chez les Romains, restait sous la puissance du père, même après sa majorité, même après son mariage, même en possession des plus hautes dignités. La loi romaine rendait cette puissance absolue et en couvrait les excès [1]. Sous l'influence des mœurs germaniques et chrétiennes, au moyen âge, les sentiments naturels reprirent leur empire. Le fils, majeur, marié, fut libre et à son tour chef de famille. Mais les coutumes varient singulièrement sur l'âge de la majorité, du reste subordonné à la condition et au sexe des personnes. La noblesse ici est onéreuse pour le jeune homme, car le fils d'un noble, à cause du service du fief, n'est majeur qu'à *vingt ans* ou *vingt et un ans*, la fille à *quinze* [2]; le fils d'un bourgeois l'est à *quatorze* ou *quinze ans* [3],

1. *Puissance paternelle.* — « Nous savons, dit Troplong, par les écrits de Paul, que le père, pressé par une extrême pauvreté, pouvait, dans ce cas, vendre en esclavage son fils nouveau-né. Des traces nombreuses et authentiques de ce droit inhumain se retrouvent sous Constantin, sous Théodose le Grand et leurs successeurs, et saint Jean nous a conservé les plaintes d'une pauvre mère dont les trois fils avaient été vendus pour payer l'impôt au fisc. » (Troplong. *De l'influence du Christianisme sur le Droit civil des Romains*, p. 270.)

— Sur cette question de puissance paternelle, M. Viollet fait la remarque suivante : « Ne regardons pas de trop haut et de trop loin ces législateurs d'autrefois. Placés en face des mêmes plaies sociales, agissons-nous avec plus d'intelligence et plus d'humanité? Notre *Code pénal* condamne à un emprisonnement de trois mois à un an et à une amende « ceux qui auront exposé et délaissé en un lieu non solitaire un enfant au-dessous de l'âge de sept ans accomplis (art. 352). En fait d'humanité et de préoccupation pour la vie de l'enfant, que penser encore de l'article 348 et 352 du Code pénal? La revision des articles 348 et 352 du Code pénal est urgente. » (Viollet, *Précis de l'Histoire du Droit français*, p. 420.)

—Comme pour apporter encore un nouvel argument en faveur de ces réclamations, un drame émut singulièrement l'opinion, en 1897, celui d'un enfant odieusement martyrisé, abandonné ensuite, à Paris, la nuit, dans le couloir d'une maison de la rue Vaneau et mort des suites de ces affreux traitements. Le père cependant, quoiqu'en vertu de certains textes il ne parût justiciable que du tribunal correctionnel, fut traduit devant la cour d'assises et condamné aux travaux forcés à perpétuité. Le ministère public regretta de n'avoir pu requérir la peine capitale.

2. *Majorité des enfants.* — « Se einsi avenoit que gentis fame aûst petit anfant et ses sires morist, ele tendroit le bail de son oir male, jusques a XXI an, et le bail de sa fille jusques à XV ans.... » (*Etablissements*, liv. I, chap. xix.)

3. « Hons costumiers si est bien en aage, quand il a passé XV anz, d'avoir sa terre, et de tenir servise de seignor et de porter garentise; mais il n'a pas aage de soi combattre devant qu'il ait XXI an passé, se il ne le voloit de son bon gré. » (*Etablissements*, liv. I, cxlvi.)

— En Champagne la majorité est de XV ans pour les garçons et de XI ans pour les filles. (*Abrégé champenois des Etablissements*, art. C. *Établissements*, t. III, p. 165.)

— En Bretagne la majorité est de XX ans. (Ord. de Jean II, xxxvii. *Ibidem*, t. III,

la fille à *douze*. Dans les pays de Droit écrit, la minorité romaine de *vingt-cinq ans* [1] prévaut et est adoptée en nombre de coutumes.

Outre cette confusion géographique, bien d'autres difficultés résultaient de l'absence d'*état civil*. On n'avait point de documents précis pour déterminer même l'âge d'une comtesse de Champagne appelée à devenir reine de France. Quand il s'agit, en 1283, de procéder au mariage du fils de Philippe le Hardi, Philippe, plus tard surnommé le Bel, avec la jeune comtesse qui devait lui apporter en dot la Champagne et la Navarre, il fallut une enquête pour fixer l'âge de la fiancée et la date de sa majorité. Trente témoins furent interrogés. Sur le point de droit, ils répondirent qu'en Champagne la fille, âgée de onze ans accomplis, pouvait prêter l'hommage féodal. Sur le point de fait, les souvenirs furent très variables et très vagues. L'archidiacre de Blois croit que la jeune fille est entrée au douzième an; il y a onze ans, entre Noël et l'Épiphanie, il allait à Lyon du commandement du roi, or la reine (de Navarre) « gisait de cette fille à Bar-sur-Seine ». Le maréchal de Champagne dit que la comtesse eut onze ans à la Saint-Hilaire : il donne de son témoignage une bonne raison, il assistait au baptême : « il la leva de fonz ». Jacques d'Ervi s'accorde aussi à l'âge de onze ans et il en est sûr « parce qu'il fut le premier homme qui la vit ». Adam de Cervainé, comme le maréchal de Champagne, la vit baptiser. Allis, dame du Bois, ne parle que par ouï dire. Elle était à Troyes où

p. 206.) D'après les *Règles coutumières de Bretagne* (IV) : « enfant a aage de tenir sa terre à XXI ans et unq jour et a ester en jugement. » (*Ibidem*, t. III, p. 226.)

— La majorité à Reims est également très précoce : les jurisconsultes rémois paraissent cependant l'avoir un peu reculée. Les *Coutumes de Reims* de 1481 (art. 331) et de 1556 (art. 113) nous parlent de quatorze ans accomplis pour les garçons et de douze ans accomplis pour les filles. (Varin, *Arch. lég. de Reims*, 1re partie, *Cout.*, p. 827, 949.) Cette dernière solution, contraire aux décisions champenoises de 1278 et de 1283 n'est pas non plus en parfait accord avec notre chapitre c; car ce chapitre paraît reculer la majorité des garçons jusqu'à la seizième année. Cette majorité de quatorze ou quinze ans n'était pas uniformément établie en France pour les familles nobles : elle est commune dans l'Est, mais ne se trouve pas généralement à l'Ouest. » (*Établissements*, t. III, p. 168.)

1. *Digeste*, IV, tit. 4, § 1. De minoribus XXV annis (Ulpien).

— Voir sur la minorité : D'Arbois de Jubainville, *Recherches sur la minorité et ses effets dans le Droit féodal français*, Biblioth. de l'Écol. des Ch., 3e série, II, p. 415; III, p. 136, 533.

J. Flach, *Étude historique sur la durée et les effets de la minorité*.

elle eut les nouvelles « que la demoiselle était née à Bar-sur-Seine ». Michaud, de Bar-sur-Seine, n'en sait pas, mais en dit plus long; l'abbé de Moustier Arramey dit, en son hôtel, au maréchal de Champagne : « Nous avons une belle fillole. » Plus vagues encore sont les renseignements que donnent les autres témoins, ils sont toutefois d'accord pour placer la naissance, il y avait onze ans, « vers Noël [1] ». Et voilà comment fut fixé l'état civil d'une reine de France.

A Saint-Dizier, la majorité des garçons est à quinze ans, et un article des *Coutumes* absout comme irresponsable un enfant âgé de moins de quinze ans qui se rend coupable de vol [2]. Au bailliage de Mâcon (pays de Droit écrit), Bérard, mineur de vingt-cinq ans, a dû être autorisé de son curateur pour entamer une procédure [3]; autorisation semblable est nécessaire dans la sénéchaussée de Beaucaire [4]. Le *Style* de Du Brueil note que cette majorité rentre dans la jurisprudence du Parlement et cite un cas de 1327 [5]. Même au nord on retrouve l'influence du Droit romain et la *restitutio in integrum* en faveur d'un mineur lésé. Dans le Cotentin, un écuyer, mineur, placé sous la garde du roi, avait été frustré du droit de nomination à une cure de paroisse vacante. Le Parlement ordonna la restitution de ce droit [6]. Ailleurs, au contraire, il n'admet pas la majorité de quatorze ans pour les filles : Jean du Tilleul, chevalier, qui gardait une jeune fille destinée à être plus tard la

1. *Enquête sur la majorité de l'héritière du comté de Champagne*, pièce communiquée a M. Viollet par M. Anatole de Barthélemy et insérée dans les notes des *Établissements de saint Louis*. Elle est tirée d'un manuscrit de la Bibliothèque nationale, ms. lat. 5188 (un Cartulaire de Langres datant de 1329, in-4, précédé de pièces diverses), f° 2 v°, 3° r° et v° (1283). — *Établissements*, t. III, p. 166.

2. Tout-Lieu de saint Dizier, *Olim*, II, appendice p. 747, LXI.

3. *Minorité de 25 ans*. — Bérard, seigneur de Salornoy, autorisé de son curateur, entame une procédure (libellum edidit) contre le procureur du roi au bailliage de Mâcon et le procureur de l'évêque de Mâcon. Il demande l'annulation d'une sentence rendue en faveur de ces procureurs contre lui, Bérard, mineur de vingt-cinq ans, « rendue au possessoire et au pétitoire. » (*Olim*, III, p. 300, XLI [1308].)

4. *Olim*, III, p. 1234, XXIX (1318).

5. « Item si aliquis vult agere in parlamento contra minorem XXV, oportet dictum minorem cum auctoritate tutoris vel curatoris adjornare; alias, si minor simpliciter adjornatur, esset insufficiens adjornamentum de Stilo presentis curiæ. Ita vidi fieri in parlamento anni XXVII contra dominam Margaretam de Relengiis et ejus liberos pro Jo. Quacinelli ». (Du Brueil, *Stylus Parlamenti*, édit. H. Lot, p. 6).

6. « Armiger petit a domino Rege quod de patronatu hujusmodi reponat eum in statu in quo erat quando venit in gardam Regis. » (Arrêt conforme, *Olim*, t. I, p. 416, I [1259].) — *Actes du Parl.*, 348.)

femme de son fils, est obligé de la rendre à son parent Nicolas de Blainville. Un conseil d'amis du côté paternel et du côté maternel (un conseil de famille) sera réuni pour statuer sur la garde de l'orpheline [1].

Par exception, on voit le Parlement autoriser un fils mineur à plaider contre son père. Henriot d'Avaugour était le fils du seigneur Alain d'Avaugour, réputé prodigue, dissipateur. Or le comte de Bretagne avait acheté à Alain une partie de la terre de Dinan qui revenait à Henriot du chef de sa mère. Henriot, avec l'autorisation et le consentement de son aïeul, Henri d'Avaugour, introduisit une instance contre le comte de Bretagne et revendiqua la terre aliénée. Le comte de Bretagne refusa de répondre à la demande d'un mineur qui se présentait sans tuteur et dont le père vivait encore. Henriot fit observer qu'il s'agissait d'un héritage aliéné, à son préjudice, par son père prodigue, qu'il ne pouvait vraiment pas réclamer à celui-ci l'autorisation de plaider contre lui et que d'ailleurs ce père ne pouvait être tuteur, ne sachant pas se diriger lui-même. Le Parlement obligea le comte de Bretagne à répondre à Henriot, quoique mineur [2]. Les émancipations d'ailleurs se font solennellement et en plein Parlement. Les termes rappellent le droit germanique : le fils est placé hors de « la mainburnie » du père [3].

L'intérêt de caste nuit encore, dans les familles nobles, aux enfants pour le partage des successions, car le *droit d'aînesse* contrarie l'égalité chrétienne et la juste division des biens. Maître d'un vaste domaine dont il était fier, père aussi le plus souvent d'une nombreuse lignée, car les documents du temps révèlent la fécondité des mariages, le seigneur ne voulait pas laisser démembrer son fief et affaiblir la puissance de sa famille. Le premier

1. *Olim*, I, p. 704, XVIII (1267).
2. *Olim*, I, p. 623, XVII (1265).
3. *Acte d'émancipation*. — « Notum facimus quod in Parlamento nostro personaliter constitutus magister Sello de Bellovidere (de Beauvoir), clericus, advocatus, emancipavit *et extra suam mainburniam* posuit Robertum de Bellovidere, filium suum, sufficienter existentem etatis, de consuetudine, ut dicebat, sibique dedit et deliberavit mille libras turonensium, in premium emancipacionis ejusdem.... » (*Actes du Parl.*, 7831 [1326].)
— Autre exemple : « Ce jour messire Eustache de Conflans, chevalier, présent en jugement, a émancipé son fils et a requis que soit enregistré. » (Collect. Lamoignon, t. XXXIX [42], f° 770, du 22 février 1385 [1386].)

né devait conserver cette puissance. Selon la *Coutume de Paris* et en Orléanais, il recevait les *deux tiers* des biens quand il n'y avait que deux enfants, la *moitié* quand il y en avait plus de deux [1]. En Anjou, dans le Maine, la Touraine, outre le manoir principal [2], il recevait les deux tiers. Le droit d'aînesse existe en Normandie [3], dans le Poitou [4], dans le Perche [5], mais non dans l'Angoumois. Quoiqu'il en soit de la variété des coutumes et de certaines exceptions, le droit d'aînesse subsistera, plus ou moins modifié, jusqu'en 1789. Le Parlement l'accepte comme un privilège habituel [6].

La Cour, toutefois, loin de l'aggraver, l'atténue. Elle n'admet pas que le fils aîné exerce deux fois son droit d'aînesse dans le même héritage si l'un de ses frères ou l'une de ses sœurs vient à mourir [7]. Elle n'autorise point certaines revendications subtile-

1. *Droit d'aînesse.* — Voir, sur cette question, Glasson, *Hist. du Droit*, t. VII, p. 447, 454, 455, 466. — Viollet, *Établissements*, t. I, p. 318, 321, 346, 359, 384. — Beaune, *Condition des biens*, p. 365 et suiv.

2. Partage entre le seigneur Étienne de Sancerre et ses sœurs qui réclamaient en outre un château. « Dictus vero Stephanus castrum ipsum in divisione ponere noluit, asserens quod, secundum usus et consuetudines patrie, castrum dividi non debebat, set heredi masculo et primogenito, extra porcionem, remanere debebat. » Arrêt conforme : « judicatum fuit et pronunciatum est quod non debebat dividi castrum ipsum, set dicto Stephano, *heredi masculo et primogenito, extra porcionem suam*, secundum terre consuetudinem remanere debebat. » *Olim*, I, p. 720, XVII [1268].) D'après la coutume de Lorris, qui régissait le comté de Sancerre, l'aîné prenait la moitié de tous les biens tenus en fief, plus un manoir avec le vol du chapon. » (Note de Beugnot, p. 1050).

3. « Ce principe de l'indivisibilité du fief, avec le droit d'aînesse absolu comme conséquence nécessaire, a passé en France dans plusieurs provinces, sous l'influence directe et manifeste de l'Angleterre. Aussi la Normandie a-t-elle été considérée avec raison comme étant en France le pays par excellence du droit d'aînesse et de l'indivisibilité du fief. Pour cette contrée l'influence de l'Angleterre ne saurait être contestée. Les plus anciens textes du droit normand nous apprennent que les fiefs de haubert ou de chevalerie, les comtés, les baronnies, les sergenteries relevant directement du duc sont indivisibles et profitent exclusivement à l'aîné. Les tenues roturières, les vavassoreries et les bourgages seuls se partagent. » Glasson, *Hist. du Droit*, t. VII, p. 439.

4. Pour le Poitou, voir l'intéressant travail de M. G. d'Espinay : « *Le droit d'aînesse en Poitou* (*Nouvelle Revue historique du Droit français*, 1896, mai-juin, p. 365; (juillet-août, p. 477).

5. « Inquesta facta super hoc quod in terra Pertici primogenius petit habere, secundum usus et consuetudines ipsius patrie de stangnis que debent dividi, quodcumque voluerit, ubicumque eciam sit. Probatum est quod primogenitus debet habere quodcumque stangnum voluerit, ubicumque sit, secundum consuetudines ipsius terre.... » *Olim*, I, p. 4, II (1255).

6. Autres arrêts où il est fait mention du droit d'aînesse. — *Olim*, II, p. 167, XXXIX, (1280). — *Olim*, II, p. 302, X (1290); II, p. 329, XIX (1291); II, p. 117, XXIX (1278). — L'aîné rend l'hommage pour ses frères. — Voir sur le *parage* : Viollet, *Établissements*, t. I, p. 125.

7. *Olim*, t. I, p. 527, I (1261).

ment exagérées. Guillaume Bertrand, chevalier, deman frère aîné, Robert, soit obligé de lui laisser la saisine terre qui lui provenait de la succession paternelle et n Robert se déclarait prêt à livrer les baronies et héritage faisant deux parts de l'héritage du père, deux parts de de la mère : il prétendait avoir le choix dans les deux su selon la *Coutume de Normandie*. Le Parlement ne lui qu'une option[1].

IX. — Les Enfants illégitimes.

Le respect professé pour le mariage, le sentiment prof famille rendaient difficile la condition des enfants nés e de la famille et du mariage. Les bâtards étaient assin aubains[2] (étrangers), traités eux-mêmes comme serfs. Il vaient se marier sans la permission des seigneurs, et, tains pays, vendre leurs biens sans la permission du seigneurs se disputaient les bâtards comme les auba c'était pour eux une source de profits : ils en héritaient. virent le roi intervenir et réclamer pour lui les bi bâtards[3]. Un chevalier de Bourges demandait qu'on lui dél

1. *Droit d'aînesse* (suite). — *Olim*, t. I, p. 256, XIII (1267).
— Rien n'était varié comme la jurisprudence des Coutumes en ce qui droit d'aînesse. La Coutume de Troyes ne donnait à l'aîné que le manoi et le vol du chapon. Les enfants mâles avaient une part deux fois plus g les filles, qui ne représentaient jamais leur père dans leur droit d'a Auxerre, l'aîné n'avait que l'habitation principale et le vol du chapon s autre avantage dans les terres nobles : il ne pouvait prélever qu'un seul dans les deux successions paternelle et maternelle, mais choisissait entre dans laquelle il le prélèverait. La Coutume de Chauny accordait le droit aux filles à défaut de fils. Celle du Grand Perche permettait à l'aîné de outre le préciput ordinaire, tous les meubles et objets mobiliers, à la c payer les dettes mobilières. La Touraine conserva jusqu'en 1789 l'usage d' ligne directe les puînés mâles ou femelles d'un tiers en pleine proprié n'accorder à l'aînée des filles qu'un avantage insignifiant. Dans la baronie beau, en Poitou, les successions féodales se partageaient par tête, l'aîné qu'un préciput composé du manoir et du vol du chapon. » (Beaune, *Cond biens*, p. 369.)

2. *Bâtards*. — *Établissements*, l. II, chap. XXXI.
— D'après les notes de Laurière, reproduites par M. Viollet, « en plusieurs p les bastards étaient serfs, et par cette raison, ne pouvaient se marier san mission de leurs seigneurs. Ils ne pouvoient tester et leurs successions noient à leurs seigneurs par droit de mainmorte. » (*Établissements*, t. IV, p

3. « Se aucuns aubains ou batars muert sanz oir ou sanz lignage, li rois ou li sires souz cui il est, s'il muert ou cuer de son chastel. Ne nus ba

biens d'une femme qui était sa femme de corps : cette femme, en pleine assise, s'était reconnue bâtarde; ses biens furent attribués au roi par le Parlement [1].

Le comte de Blois cependant [2], en sa châtellenie, la dame de Vierzon [3], en Sologne, les abbayes de Saint-Martin des Champs [4] et de Sainte-Geneviève [5], à Paris, se font reconnaître par le Parlement les biens des bâtards. Le bailli de Tours a saisi les biens de Hardoinet de Marolles sous prétexte de bâtardise, mais le Parlement le force à les restituer [6] : la bâtardise sans doute n'était pas prouvée. Quand il fallait une enquête comme celle que nous avons exposée pour établir l'âge exact d'une princesse, il pouvait ne pas être facile, parfois, aux enfants de prouver, à défaut de registres publics, le mariage de leurs auteurs.

Pierre de la Ragate, chevalier du bailliage de Tours, refusait de donner le frérage (fraragium) à un enfant qu'il reniait pour

aubains ne puet faire autre seignor que le roi en s'obéissance, ne en autrui seignorie, ne en son resort, qui vaille, ne qui soit estable, selonc l'usage d'Orlenois et de Seeloigne. » (*Établissements*, liv. II, chap. xxxi. — Cf. liv. I, chap. ci et cii.)

— Dans le chap. ci du liv. 1er il y a une atténuation (et il n'est pas question du roi) : « Quant bastarz muert sanz oir de sa fame, toutes ses choses sunt à ses seignors, à chascun ce qui sera en son fié. Mais il puet bien prendre ses muebles à s'aumone, et sa fame son douaire, mais il retournera après sa mort aus seignors. » Le chapitre cii maintient néanmoins leur indignité : « [Si] le bastarz vandoit de ses héritages et il aüst freres ou cosins ou autre lignage, il n'avroient point de la vante au bastart; ne li bastarz de la lor, s'il ne l'avoit par achat. Et se il moroient sans oir et sanz lignage, si escherroit il avant à la joutise que au bastart, ou à la seignorie de cui il tendroit; quar bastarz ne puet riens demander ne par lignage (retrait lignager), ne par autre raison, par sa mauvaise condicion. Et drois s'i acorde au Code. » *Établissements*, liv. I, chap. ci et cii.

— Les *bâtards* sont mêlés avec les *mainmortables* et les *aubains* dans l'Ordonnance de Philippe le Bel de 1301 insérée aux *Olim*, t. II, p. 456, ix. — Cf. Ordonnance de Philippe V le Long, *Olim*, II, p. 687, xiv (1318).

— Lire sur les bâtards et les aubains les dissertations de M. Viollet. *Établissements*, t. I, *Introduction*, p. 41, 46, 52, 53, 77, 79, 111, 112, 166, 167, 174, 179, et tome IV, notes p. 285. — Voir *Jostice et Plet*, p. 255. — Kœnigswarter, *Essai sur la législation des peuples anciens et modernes relative aux enfants nés hors mariage*, Paris. 1842. — Beaune, *Condition des personnes*, titre III, chap. iii, p. 195, consacré tout entier à cette question.

1. « Determinatum fuit quod ex quo, secundum consuetudinem ipsius terre, bastardi sunt regis.... » (*Olim*, t. I, p. 495, xv [1260].)

— Beugnot, à propos de cet arrêt, fait cette remarque : « D'après le principe général. les bâtards issus de femmes franches appartenaient au roi, mais les bâtards des femmes serves étaient aux seigneurs. On voit que la *Coutume de Bourges* déclarait tous les bâtards hommes du roi. (Beugnot, Notes, p. 1034, note 32).

2. *Olim*, I, p. 668, x (1267). — *Essai de Restit.*, 107 (1272).

3. *Olim*, I, p. 846, xxi (1270). — *Essai de Restitut.*, 184 (1274).

4. *Olim*, III, p. 211, xl (1306).

5. *Ibid.*, p. 223, i (1307).

6. *Olim*, II, p. 306, xix (1290). — *Actes du Parl.*, 2701.

son frère, disant que son père n'avait jamais épousé la mère de cet enfant : or le mariage fut prouvé par une attestation de l'évêque de Poitiers (1261)[1].

Puisque les bâtards étaient réputés des personnes viles, ils étaient frappés de beaucoup d'incapacités : ils ne pouvaient être admis aux gages de bataille. Drouet, fils naturel de Roussel, veut provoquer, dans la cour du chapitre de Soissons, au duel judiciaire la femme de Jean, dit Hape, qu'il accusait d'homicide. Les collecteurs des mortemains pour le roi interviennent et s'opposent au duel parce que Drouet est bâtard. Le chapitre le prétendait libre et né de légitime mariage[2]. Les bâtards non plus ne pouvaient rien léguer par testament (puisque leurs biens étaient dévolus au seigneur ou au roi).

Au XIIIe siècle pourtant cette rigueur fléchit. Jean de Vendôme, bâtard, habitant de Bourges, avait fait un testament et des legs pour le salut de son âme. Le bailli de Bourges s'opposait à l'exécution du testament[3]. On plaida. On alla au Parlement. Celui-ci valida les legs, soit que la bâtardise n'eût pas été prouvée, soit plutôt que triomphât déjà la tendance à déclarer bons les testaments des bâtards à cause des legs pieux. Certaines coutumes imposaient des obligations au père qui avait reconnu un enfant naturel[4]. Les bâtards lépreux ne pouvaient être reçus dans les maladreries. Mais Beaumanoir blâmait cette dureté de cœur et en fit recevoir[5].

N'oublions pas, pour expliquer bien des contradictions entre ce

1. *Bâtards* (suite). — *Olim*, I, p. 507 (1261). — *Actes du Parl.*, 566.
2. *Essai de Restit.*, 824 (1293).
3. *Olim*, I, p. 844, XVI (1271). — *Essai de Restit.*, 71.
4. Dans les anciennes coutumes d'Alais on lit : « Si aucun homme a reconnu ou s'il a été raisonnablement déclaré qu'un bâtard est sien, il est tenu de lui fournir le nécessaire, selon ses moyens et de [payer] la moitié des dépenses pour sa nourriture pendant trois ans. Par la suite qu'il ne soit tenu de rien faire outre sa volonté. » (Anciennes coutumes d'Alais, *Olim*, t. III, appendice, p. 1495, XX.)
5. « Nous avons veu debatre que cil qui estoient bastart et devenoient malade ne fussent pas receu es maladeries des viles où il estoient né et nourri, pour ce que les gardes des maladeries disoient que bastart n'avoient point de lignage ne n'estoient aheritié de nul droit, par quoi ils ne se pouoient aidier de la meson ne qu'uns estranges qui venist d'espave. Mes nous, qui oïmes du debat, regardames que les maladeries furent fondées seur aumosne et pour le commun pourfit pour dessevrer les sains des enfers de liepre, et regardames que toutes voies estoit li bastars crestiens et nés et nouris en la vile : si fumes meus pour cause de pitié et, par le conseil que nous eumes que c'estoit resons qu'il i fust receus, si le feismes recevoir. » (Beaumanoir [Salmon], chap. LVI, § 1619.)

droit rigoureux et la richesse, la considération dont jouissaient certains bâtards, que les coutumes sont toujours influencées par l'orgueil féodal. Le bâtard d'un roturier est serf. Le bâtard d'un seigneur ou d'un prince est noble[1]. Le rang du père couvre l'illégitimité de la naissance. De vaillants guerriers, comme Dunois, se pareront du titre de bâtards. Sans doute il faudra, à partir de Henri IV, des lettres royales pour conférer, en ce cas, la noblesse, mais ces lettres seront facilement octroyées et les princes mêmes, comme Louis XIV, légitimeront leurs bâtards.

X. — Le Bail et la Tutelle.

Les dispositions prises pour la garde et la protection des enfants mineurs procédaient surtout de l'intérêt féodal. On se préoccupait du fief plutôt que de l'enfant. Le seigneur suzerain qui se soucie de l'intégrité du fief réclame le droit de garde, le *bail*, qu'il délègue à des parents. Bail d'ailleurs recherché, car il entraîne la jouissance des revenus et la propriété des *meubles*.

1. *Bâtards* (suite). — « Il convient toutefois de remarquer que ces écrivains ne font allusion qu'aux bâtards des princes et des seigneurs. Par un respect exagéré pour le sang qui coulait dans leurs veines, ces enfants héritaient de la condition de leur père et cette règle s'appliqua même, sous nos deux premières dynasties, à la succession au trône, pour ne disparaître qu'à partir des Capétiens. Mais dépouillés même du droit d'être admis à l'hérédité paternelle, les bâtards des grands seigneurs conservèrent le privilège de la noblesse quand ils étaient reconnus. (Loisel, *Institut. coutum.*, liv. I, tit. I, règle 44). L'article 201 de la coutume d'Artois disait a cet égard : « les bâtards issus de noble génération de par père, et leurs enfants sont réputez nobles, jouissans du privilège de noblesse en toutes choses.... » (Beaune, *Condition des personnes*, p. 197.)

— M. Glasson dans un important article de la *Grande Encyclopédie* a fait les observations suivantes sur la filiation : « Le Droit canonique autorisa, au moyen âge, dans certains cas, la recherche de la paternité, par exemple lorsque l'homme avait séduit la femme. Les lois germaniques admirent toujours de la manière la plus large la recherche de la paternité mais sans reconnaître la filiation naturelle. » (Schwabenspiegel, I, CCCIV.) Dans notre ancien Droit français, la preuve de la filiation naturelle était très facile. Non seulement elle pouvait résulter de l'aveu du père et de la mère, mais notre ancienne jurisprudence autorisa la recherche judiciaire de la paternité comme celle de la maternité. (Cf. Fournel, *Traité de la séduction.* Glasson, *La Filiation*, *Grande Encyclopédie*, t. XVII, p. 453.)

Voir aussi, du même auteur *Hist. du Droit*, t. VII, p. 100 et suiv.

— *Loi de 1896.* — Ajoutons que de nos jours une loi récente a beaucoup modifié la situation juridique des enfants naturels. La loi du 25 mars 1896, relative aux droits des enfants naturels dans la succession de leurs père et mère, a conféré aux enfants naturels, légalement reconnus, la qualité d'*héritiers* et leur a accordé la *saisine*. Elle a augmenté la *quotité* de leurs droits héréditaires. Elle permet à leurs père et mère de leur faire, par *préciput*, des libéralités par *testament*. Elle leur reconnait formellement une réserve et fixe le mode de son calcul.

Pourvu que la subsistance de l'enfant soit assurée, que ses dettes soient acquittées, les services du fief rendus, celui qui accepte les charges du bail gère le domaine en vrai propriétaire, quoique à titre d'usufruit. Il n'y avait rien là qui ressemblât à la tutelle romaine conservée cependant en pays de Droit écrit et en pays Coutumier pour les roturiers.

Le bail même se dédoublait le plus souvent : un pour la *personne* du mineur, un autre pour les *biens*; mesure de défiance à l'égard d'héritiers qui auraient pu chercher à se débarrasser du mineur. Les *Olim* conservent la trace de l'origine de ce dédoublement. Guillaume Poncet avait été nommé tuteur de Jaquette, fille d'Egidius de Senlis, par le maire de Provins, pour la protéger « contre ses oppresseurs ». Il n'avait pas eu à se mêler de l'administration des biens. Cependant Jean de Villiers, qui avait épousé Jaquette, lui intenta procès pour lui demander des comptes. Guillaume se défendit : on n'avait qu'à s'adresser aux administreurs de la fortune de Jaquette, riches, puissants et bons pour répondre; lui ne s'était ingéré en rien dans la gestion. Le Parlement lui donna raison[1].

La mère pouvait être *baillistre* s'il n'y avait point de frère aîné capable de prendre le bail et de remplir les services du fief : c'était la Coutume de France, qui reflétait en cela les sentiments chrétiens de la législation de Justinien[2]. En ces temps si troublés on se disputait les mineurs. Le sénéchal de Beaucaire reçoit

1. *Bail et tutelle.* — *Olim*, III, p. 1231, XXVII (1318). — *Établissements*, liv. I, chap. CXXI.

2. *Établissements*, liv. I, chap. XIX. — La dame de Montgobert étant morte après son fils Jean de Clermont, sa terre située dans la châtellenie de Crespy revenait à ses petits-enfants. La veuve de Jean, remariée au seigneur Alain d'Avaugour, réclamait le bail de ses enfants que lui contestait un proche parent. « Determinatum et pronunciatum fuit quod mater ipsorum liberorum, ad usus et consuetudines Francie, ballum hujusmodi habere debebat. » (*Olim*, I, p. 726, IV [1268].)

— Sur l'origine de ce droit, M. Viollet fait d'intéressantes observations : « C'est en vertu d'une constitution de Valentinien, Théodose et Arcadius, que les mères peuvent, après la mort de leurs maris, être chargées de la tutelle des enfants, mais à la condition qu'elles s'obligeraient à ne pas convoler à de secondes noces et alors seulement qu'il n'y aurait ni tuteur testamentaire, ni tuteur légitime. La loi romaine des Wisigoths reproduisit cette décision... il est bien probable que le christianisme contribua à ce progrès nouveau. Il s'accomplit sous l'empire des mœurs avant d'être sanctionné par les lois et tout indique que Justinien ne fit, par la Novelle 118, que consacrer et généraliser un état de choses qui déjà tendait à s'introduire.... » (Viollet, *Établissements*, t. I, p. 154.)

Voir aussi Beaune, *Condition des personnes*, p. 571. — Beautemps-Beaupré, *Coutume d'Anjou de 1411*, *Coutumes et institutions de l'Anjou et du Maine*, t. I, p. 413.

mission d'aller au château de Bays pour s'enquérir comment la veuve d'Adhémar de Poitiers a été dessaisie de son enfant. Celui-ci sera mis sous la main du roi jusqu'à ce qu'on ait décidé qui en aurait la garde[1].

Les collatéraux, d'habitude, sont *baillistres*. Jean de l'Isle était le fils de la sœur aînée de Guiot de Mauvoisin, père de Guiot de Redon. En sa qualité d'oncle, il réclamait le bail de Guiot. La *Coutume du Vexin* portait que le fils de la sœur *aînée* avait le bail du fils (ou de la fille) du frère (ou de la sœur), quand même il serait plus jeune que le fils de la sœur *cadette*. La Coutume fut acceptée par le Parlement et Jean de l'Isle gagna sa cause[2].

C'était une fonction si importante que celle de *baillistre* que le Parlement est consulté parfois pour désigner celui qui devait l'exercer. Jacques de Valencin et sa femme meurent. La sœur de Jacques (mais d'un seul côté, non germaine) demanda le bail des enfants. Une nièce de Jacques, cousine germaine des enfants, le réclama à son tour. On s'adressa au Parlement. Les conseillers désignèrent la tante de préférence à la cousine[3].

Il y avait de véritables *conseils de famille* composés de parents ou d'amis. Jean d'Égreville avait la garde des filles de Gui de Chevreuse, châtelain de Neaufle, « pour raison de la mère qu'il avait épousée ». Jean d'Égreville conclut un accord avec plusieurs seigneurs amis du père des enfants : on ne fera ni mariage desdites filles, ni aliénation de biens sans l'assentiment de ces seigneurs. Le Parlement homologue cet accord[4]. La Cour d'ailleurs confère des tutelles, nomme des curateurs[5].

Même sous un roi aussi ferme que Charles V, des violences s'exercent contre les mineurs et leurs tuteurs. Isabelle, fille mineure de Jean Murdac, écuyer, seigneur de Sainte Marguerite,

1. *Bail et tutelle* (suite). — *Olim*, II, p. 94, XXVIII (1277).
2. *Olim*, I, p. 155, III (1262).
3. *Olim*, I, p. 888, XXV (1272).
4. *Actes du Parl.*, 7291 (1323).
5. « ... Corpus domicelle Margarete, filie Johannis Paelei, ponetur in custodia Petri Marcelli, civis Parisiensis, et bona ipsius tradentur tutori suo.... » (*Olim*, II, p. 428, XXXII [1298].)
— Bail des enfants du comte d'Auxerre : il y a plusieurs prétendants, le Parlement désigne le comte de Nevers. Le Parlement désigne ensuite celui qui aura la charge de l'éducation, de la subsistance à l'aide des fonds fournis par le comte. (*Olim*, II, p. 504, IV [1309].)

avait été mise sous la garde du roi et on lui avait, selon les formes, donné un tuteur. Ce dernier revenait un jour de l'église paroissiale avec sa femme, ses enfants et la jeune Isabelle lorsque Robert de Braquemont et plusieurs autres hommes armés se jetèrent sur la famille, blessèrent la femme et enlevèrent Isabelle. Robert de Braquemont allégua qu'il avait voulu empêcher le tuteur de marier Isabelle avec son fils, union fort désavantageuse pour la jeune fille. L'arrêt ordonna qu'Isabelle serait rendue à son tuteur mais défendit à celui-ci, sous peine d'une amende de 10000 livres parisis, de la marier ou de la fiancer avec son fils ou un autre sans l'assentiment de la Cour [1].

Très préjudiciable pour les tiers, le bail ajournait les instances ouvertes contre les mineurs jusqu'à leur majorité. Sans doute, à chaque instant, dans les *Olim*, on voit des tuteurs soutenir les intérêts de leurs pupilles, mais ils pouvaient se refuser à répondre aux actions qui concernaient la terre. Le comte d'Auxerre avait la garde de son fils, Guillaume, mineur. Les biens qui revenaient à Guillaume du chef de sa mère Élipdis, dépendaient de l'évêque d'Auxerre. Or le comte et la comtesse avaient *désavoué* l'évêque et fait aveu au roi, au préjudice de l'Église d'Auxerre. L'évêque voulait revendiquer sa suzeraineté, mais il ne pouvait intenter une action contre Guillaume mineur : il fait ses réserves en Parlement, demandant que le délai nécessaire pour attendre la majorité du jeune homme ne soit pas considéré comme un abandon de la cause [2].

Puisqu'il profitait des revenus, le baillistre était tenu mais se dispensait parfois d'acquitter les charges du fief. Suivant une enquête faite en Vermandois, et notée par le greffier Montluçon comme fixant un point de droit, lorsqu'il y avait eu partage par le père entre les enfants, la mère, baillistre, était tenue d'exécuter le partage aux dépens de son douaire comme des autres biens. La comtesse de Vendôme avait le bail du fils de Hanghest, les exécuteurs testamentaires du défunt veulent qu'un legs fait au mineur soit pris sur le douaire de la comtesse comme sur les biens du père et la comtesse est obligée de satisfaire au

1. Collect. Lamoignon, *Reg. Crim.*, t. CCCXXVI, p. 2780, 8 mai 1378.
2. *Olim*, II, p. 229 VIII (1283).

legs puisqu'elle tenait le bail [1]. A propos de la Coutume de Paris nous avons cité les trois baillistres successifs de Mahiet, fils de Mathieu de Villebéon et le dernier, Gauthier Chambellan, contraint d'acquitter une dette négligée par les précédents baillistres [2].

Le bail, en effet, laissait trop de tentations à ceux qui le recevaient, pour qu'il n'y eût point de nombreux abus. Les baillistres, usufruitiers, dissipaient les biens. Yvon Blanchard, tuteur de Mélina, fille de feu Mathelin Briton, non seulement avait gaspillé l'héritage, mais cherchait à marier sa pupille avec Hervée Briton, de petit état, afin d'obtenir du mari quittance de l'administration des biens. Un arrêt (1355) destitua Yvon de la tutelle et l'obligea à rendre des comptes devant un commissaire de la Cour. La jeune fille devait être remise en garde à l'un des amis de la famille jusqu'à ce que le for ecclésiastique eût prononcé sur la question du mariage. En outre, Yvon serait exposé au pilori, aux Halles, avec indication des motifs de la condamnation et paierait au roi une amende de 50 livres [3].

Dans le Midi, où régnait la tutelle romaine, les difficultés n'étaient pas moins nombreuses et les procès moins fréquents. A Sumidri (sénéchaussée de Beaucaire), Béranger, mineur de vingt-cinq ans, plaide, avec l'autorisation de ses curateurs, contre Guillaume de Fons. Devant le juge il expose que sa mère et ses oncles, jadis ses tuteurs, avaient constitué Guillaume de Fons comme gérant de ses affaires pour le recouvrement des créances. Il établit que les comptes de Guillaume étaient bien insuffisants : il spécifie les biens recélés et produit des témoins. Il obtient l'emprisonnement de Guillaume. Écoutons la sentence (1318) qui nous transportera en ces temps de naïveté et de malice tout à la fois. « Nous condamnons Guillaume de Fons à payer les 25 livres de petits tournois restant dus sur la somme dont il s'est reconnu débiteur; plus, comme il apparaît qu'il a célé 18 bœufs, 6 setiers d'huile, 2 ânesses et un âne, nous le condamnons, pour ce recel, à 101 livres de petits tournois, comme remboursement à Béranger, à savoir

1. *Olim*, I, p. 472, XIII (1260).
2. *Olim*, II, p. 94, XXIX (1277).
3. Collect. Lamoignon, *Reg. Crim.*, t. CCCXXVI, 21 mars 1354 (1355).

20 pour les bœufs, 15 pour les ânesses et l'âne et 6 pour les setiers d'huile. » Guillaume paiera en outre à Béranger 120 livres tournois de dommages et intérêts. Le condamné appelle aussitôt de cette sentence devant le sénéchal de Beaucaire. Il entasse, dans son *libelle*, force exceptions. Le sénéchal, empêché, confie l'examen de l'affaire à un commissaire qui annule la sentence. Alors c'est au tour de Béranger d'appeler au Parlement qui, lui aussi, nomme un commissaire. Guillaume récuse ce juge qui veut savoir pourquoi et demande un arbitrage. Guillaume appela sur ce point au Parlement et ne comparut pas. La Cour prononça défaut contre lui puis se fit remettre le procès pour le terminer. Après une nouvelle procédure et les plaidoiries, tant d'efforts n'aboutirent pour Guillaume qu'à obtenir une réduction sur la somme qu'on exigeait de lui : il y avait eu erreur sur le nombre des bœufs et des ânes recélés [1] ! Les désordres causés par les tuteurs malhonnêtes étaient devenus tels dans le Toulousain qu'en 1285 des enquêteurs, Rodolphe, évêque de Laon, Jean, comte de Forez, avaient été envoyés pour les réprimer [2]. A Saint-Riquier, les tuteurs ne peuvent profiter de la jeunesse et de l'ignorance des mineurs pour les engager dans la bourgeoisie [3].

Lorsqu'il n'y avait point de fief, le bail prenait le nom de *garde* : peu à peu ce mot prévalut, même lorsque les mineurs possédaient des fiefs. On considéra non plus les biens mais les qualités des personnes. Il y eut *garde noble* et *garde bourgeoise*, désignations qui persistèrent jusqu'à la fin de l'ancien régime. Ces deux

1. *Olim*, III, p. 1234, xxix (1318).
Responsabilité des Tuteurs. — Ajoutons un curieux procès de *restitutio in integrum* entre les tuteurs de Guillaume de Laon, seigneur d'Ancellet, mineur, et les marchands et les associés de la compagnie de tonlieus de Sienne. Les tuteurs avaient fait aux dits marchands une vente des revenus dudit seigneur d'Ancellet pour une durée de treize ans, sans précautions, sans solennité juridique. Ils en réclamaient eux-mêmes l'annulation parce que leur pupille avait été lésé et ils demandaient « dictum pupillum in integrum restitui ». (*Olim*, III, p. 627, III [1311].) — En réalité ils allaient au devant des réclamations qui auraient pu être dirigées contre eux-mêmes, puisqu'ils étaient en faute.
2. Ces enquêteurs rendirent une Ordonnance dont nous avons déjà parlé (arrestum sane) et publiée par Casaveteri (*Coutumes de Toulouse*). — D'après ces coutumes les tuteurs et curateurs n'étaient point tenus de faire inventaire et de donner caution. Les enquêteurs réformèrent ces dispositions contraires au droit romain et à l'équité. — Voir La Ferrière, *Coutumes de Toulouse* (*Revue de Législation*, 1855, t. VI, p. 247).
3. *Olim*, I, p. 561, VI (1312).

tutelles différentes[1] répondaient bien à la tradition féodale qui avait parqué les personnes en classes. Là comme pour les enfants, pour les femmes, pour les chefs de famille, se maintint l'inégalité sociale jusqu'au jour où l'Assemblée Constituante replaça la société sur les assises de la raison et de la justice.

1. *Garde noble et garde bourgeoise.* — Voir Glasson, *Hist. du Droit*, t. VII, p. 195. — « La garde noble produisait la plupart des avantages attachés à l'ancien bail : le gardien noble faisait siens les fruits et revenus et acquérait même la propriété des meubles. Dans la suite, cette acquisition de la propriété des meubles au profit du gardien noble parut exorbitante; on le supprima dès la première rédaction de la *Coutume de Paris.* » (*Ibid.*, p. 199.)

— M. Viollet, de son côté a dit : « Peu de matières sont plus complexes et plus emmêlées que celles dont je viens de donner un aperçu. Le bail et la garde bourgeoise se croisent et se confondent : puis la tutelle entendue en un sens de plus en plus romain, intervient et augmente la confusion. Inextricable labyrinthe où luttent stérilement deux ou trois institutions parallèles. » (Viollet, *Précis de l'histoire du Droit français*, p. 462.)

CHAPITRE XXVII

LES BIENS

I. — La Propriété noble. — Les Fiefs.

Les réflexions qu'ont faites les sociologues modernes sur le rôle joué par la *terre* dans la formation et l'organisation des sociétés humaines[1], nous aident à mieux comprendre, sans l'excuser, la législation féodale. L'esprit de conquête et de domination, dont l'humanité n'est pas guérie, tant s'en faut! se joignait, dans les groupements féodaux, aux besoins de l'exploitation économique. Comme la terre est la seule source dont on puisse tirer la nourriture, elle exerce sur celui qui la possède comme sur celui qui la cultive, une fascination dont on peut se rendre compte en pénétrant dans la vie de nos campagnes.

Au moyen âge, le plus fort imposa au plus faible l'exploitation du sol, tout en lui déniant à la fois le domaine direct et le domaine utile. De là les droits domaniaux ou seigneuriaux[2], dont

1. On a même, à cet égard, créé un terme nouveau, le *Tellurisme*. Voir un travail de M. Em. Worms : *Le tellurisme social* (*Bulletin des séances de l'Académie des sciences morales et politiques*, novembre 1899, p. 409).

2. Lire un article de M. H. Sée : *Les origines des droits domaniaux et de l'exploitation seigneuriale* (*Bulletin des séances de l'Académie des sciences morales et politiques*, avril 1899, p. 509). Cet article est trop restreint pour que la question si vaste y soit réellement traitée, mais il résume clairement les droits qui pesaient sur les personnes, les serfs et sur les terres. L'auteur essaie vainement de contredire les théories généralement admises et soutenues par M. J. Flach dans son ouvrage si important : *Les origines de l'ancienne France*. — M. H. Sée a examiné ces droits féoaux avec plus de détail dans son *Étude sur les classes rurales en Bretagne au moyen âge*; et dans *Les hôtes et les progrès des classes rurales en France au moyen âge* (Extrait de la *Nouvelle Revue historique du Droit français*, 1898).

l'origine se perdait dans de primitives et constantes usurpations.

Ce désordre devint tel, aux IXe et Xe siècles, que l'ambition de gagner des domaines nouveaux contrariait singulièrement l'exploitation économique sans cesse troublée par les ravages et les incendies. La misère résultant des guerres perpétuelles ajoutait à la faiblesse des classes sujettes et les rivait au joug qui les accablait. Si le serf ne voit plus rien que la terre à laquelle il est attaché, le seigneur, non plus, n'estime et n'aime que cette terre, signe de sa richesse et de sa force. Elle lui appartient : elle est noble. Celle dont le domaine utile reste aux roturiers et à de pauvres colons est, en quelque sorte, dédaignée comme eux et, comme eux, asservie. Le terrain qui entoure le château, les forêts où chasse le seigneur, sont des *terres nobles*, les parties du domaine loties entre les tenanciers soumis à des contrats divers, à des redevances annuelles, sont des *tenures roturières*, les champs labourés par les serfs, des *tenures serviles*. Ainsi, illusion étrange de l'orgueil, la personnalité du possesseur laisse son empreinte sur les terres classées et hiérarchisées. Ces champs qui, à chaque printemps, reverdiront et auront pour tous les yeux les mêmes sourires, ne porteront pas les mêmes fruits, puisque la propriété des uns fait des nobles, la culture des autres, des serfs. C'est de ce paradoxe que découlait toute la législation féodale relative aux biens.

Le grand propriétaire de fiefs n'exerce dans sa seigneurie que le domaine direct, laissant le domaine utile à ses vassaux qui font de même à l'égard des arrière-vassaux. Il constatait ce domaine direct par l'*hommage* que lui devait tout possesseur d'une partie de son fief; par le *droit de relief*, payable à chaque mutation de cette partie de fief; par le *plaid de l'épée*, c'est-à-dire sa justice s'étendant sur les hommes du fief; le *service militaire*, qui lui constitue une petite armée d'hommes du fief[1]; les *aides*, en cas

Toutes les questions relatives à la féodalité sont d'ailleurs rassemblées et vues d'ensemble dans l'article que nous avons déjà cité de M. Ch. Mortet : *La Féodalité* (*Grande Encyclopédie*) et dans le *Manuel des Institutions françaises* de M. Luchaire. — Voir aussi Em. Chénon, *Étude sur l'hist. des alleux* (1888); — Glasson, *Les communaux et le domaine rural* (1890).

1. M. H. Sée (article cité) s'efforce d'établir que ces derniers droits dérivaient de a constitution du domaine rural, contrairement à l'opinion de M. J. Flach et de M. Maurice Prou. Dans son travail si judicieux et si documenté : *De la nature du*

de captivité, ou de mariage de sa fille aînée, ou lors de la chevalerie de son fils aîné, aides levées sur les hommes de fief. Sous ce rapport, le domaine utile se joignait au domaine direct, sans parler des revenus tirés des tenanciers et des serfs, tailles, cens, corvées, banalités, péages, etc.

Les juges du Parlement, propriétaires de fiefs, se meuvent, pour ainsi dire, à l'aise au milieu des procès sans nombre qu'amènent les refus d'hommage, de droit de relief, de service militaire. Après la mort d'un comte de Dammartin, un des fils avait cédé à son frère le vivier de Gonnin et ses dépendances. Le frère mourut. Le vivier revint à la terre de Dammartin. Le bailli demanda le paiement du *droit de rachat* et voulut obliger le comte à faire hommage pour le vivier. Le comte allégua l'hommage qu'il avait rendu au roi pour l'ensemble de ses domaines. Le Parlement décida que sans doute il avait été admis à un seul baiser (ad unum osculum) pour tous ses hommages, mais que l'hommage était dû encore puisqu'il y avait nouvel héritage[1]. Ainsi on ne faisait pas grâce à un comte de Dammartin pour un vivier!

Le roi qui recevait tous les hommages, ne semblait pas devoir en prêter lui-même. L'évêque d'Auxerre auquel revenait un hommage du roi Louis X, crut de bon goût de ne pas insister : il se refusait à acquérir un vassal trop puissant qui ne saurait remplir les obligations communes. Le Parlement força l'évêque à recevoir l'hommage du roi. La Cour le rassura en spécifiant qu'il jouirait réellement des redevances et services inhérents au fief. Elle veut que le roi donne l'exemple du respect des lois féodales[2].

service militaire dû par les roturiers aux Xe et XIIe siècles (*Revue historique*, t. XLIV, p. 313 et suiv.), le très savant archiviste M. Maurice Prou nous paraît avoir exprimé la vérité et rattache avec raison les obligations militaires à celles de l'époque carolingienne. Si importantes que soient l'attraction de la terre et l'organisation de la propriété rurale, comme nous le pensons nous-même, il ne faut rien exagérer : la vérité historique est plus complexe qu'on ne le croit.

1. « Licet ad unum osculum receptus fuisset pro omnibus homagiis, non tamen fuit intencio domini Regis quod quittaret vel remitteret aliquod homagium ipso comiti et fuit expresse dictum quod istud homagium erat novum.... » (*Olim*, II, p. 70, x [1275].)

2. *Olim*, II, p. 616, v, 1314 (1315, Louis X).

L'hommage. — L'hommage étant la condition de la propriété noble, les vassaux ont intérêt à ce que cet hommage soit rendu : de là des procès. Gautier de Guidon demandait, comme fils d'un homme fieffé de Poinçard d'Escraines, à être reçu par celui-ci à hommage. Le seigneur le repoussait l'accusant d'être le meurtrier de son

L'hommage était dû même pour des revenus[1], des droits concédés en fiefs[2] (ce qu'on appelait *fiefs en l'air*). Le comte de Nevers est contraint de recevoir l'hommage de Raoul de Voé : il s'en passerait bien car il lui faut payer à Raoul un revenu jadis assigné sur une terre par Mathilde, comtesse de Nevers[3]. En Normandie, toutefois, pour certaines donations, l'hommage n'était point dû. Afin d'éviter de payer un revenu de deux cents minots de blé assignés, dans un contrat de mariage, à Jean Teisson, le beau-père, Henri d'Avaugour prétendit que Jean, malgré la coutume de Bretagne, ne lui avait pas rendu hommage. Or, le revenu était assigné sur une terre de Normandie et le contrat fut jugé passé selon la coutume de Normandie, qui n'exigeait pas l'hommage. Henri d'Avaugour dut payer[4].

Le fief étant une concession à titre onéreux, il fallait, à la volonté du suzerain, justifier de son intégrité par le *dénombrement* et la *montrée*[5]. Le suzerain a la garde du fief durant la minorité des enfants du vassal, mais le grand suzerain, le roi, nous l'avons dit plus haut, réclame déjà cette garde et l'obtient en Normandie[6].

père à lui Poinçard, mais il se disait prêt à faire droit à sa demande en sa cour. Gautier refusait naturellement de s'en remettre au jugement d'un suzerain aussi prévenu : il se défendait du meurtre qu'on lui reprochait et pour lequel il avait été incarcéré à Amiens, puis délivré par jugement. Le Parlement décida que Gautier aurait la saisine de sa terre malgré l'accusation et l'exception opposées par Poinçard : il poursuivra sa requête à être reçu à hommage. (*Olim*, I, p. 449, VI [1259].) — Le Parlement est pris pour arbitre dans une question d'hommage que ne pouvait décider la cour de l'abbé de Saint-Amand. (*Olim*, II, p. 517, IX [1310]. Pièce en français.)

1. *Le Fief.* — « Jusqu'à la fin du XIIe siècle, le mot *fief* eut le sens général de concession de biens faite à charge d'un service quelconque, noble ou roturier : les fonctions les plus vulgaires étaient conférées à titre de fief (feoda carpentarorium, molendinarii, ad cellerarium, ad coquum, ad forestarium; voy. Du Cange, v° FEUDUM, et la pièce citée par Laurière sur le § 63 de son édition des *Constitucions*). Ce fut seulement au XIIIe siècle que le mot *fief* prit un sens plus restreint et désigna spécialement les concessions faites à charge de fidélité et service noble.... » (Ch. Mortet, *Le Livre des Constitucions du Chastelet*, p. 75, note 4.)

2. « ... Car il est à remarquer que dans le XIe et le XIIe siècle, tout se donnait en fief. » Brussel, *Usages des fiefs*, t. I, p. 42.

3. *Olim*, II, p. 338, IX (1292); p. 359, XXI (1293).

4. *Ibid.*, II, p. 608, XXII (1313).

5. *Montrée du fief.* — Procès entre l'abbé et le couvent de Saint-Maur-des-Fossés et Renaud de Bar, son vassal. « Alius articulus, ex parte abbatis, quod idem Renaudus, qui est homo suus, *ostenderet eidem feodum quod tenet ab ipso....* » La Cour donne à Renaud un délai de quarante jours pour faire cette montrée. (*Olim*, I, p. 171, XIII [1262].)

Cf. le chap. L des *Établissements* : *De monstrer son fié envers son seignor lige.*

6. *Garde du fief.* — Aux arrêts cités plus haut à l'occasion du *bail* nous en ajouterons quelques-uns qui ne concernent pas les veuves. Robert d'Ivry demandait

Sous prétexte d'un droit analogue, le comte de Clermont qui détenait, pour défaut d'hommage, la châtellenie de Conti, enlève à des moines quatre chevaux, deux chariots avec le harnais. Il voulait seulement, disait-il, affirmer son pouvoir sur une grange de ces moines qui dépendait de la châtellenie de Conti. La raison parut singulière et le Parlement ordonna la restitution[1]. C'est là l'esprit de sa jurisprudence tout entière; il réprime les abus et sanctionne les droits. Il n'entendait point qu'un simple fief en l'air entraînât la juridiction. A Montreuil-sur-Mer, Jean de Vauban se prétendait homme fieffé du roi à cause d'un change qu'il tenait du souverain : malgré le maire et les échevins, il voulait punir ceux qui changeaient en d'autres changes que le sien[2]. La Cour estimait la justice trop noble pour l'abandonner à la merci de chacun.

La répression des guerres privées, la paix maintenue à l'intérieur rendaient presque inutile le service militaire, jadis raison principale de la concession des fiefs. Dans les croisades, expéditions qui dépassaient les quarante ou soixante jours du service féodal, les chevaliers étaient payés. En outre, les Chartes créaient à chaque instant des dispenses et des privilèges. Les moines d'Exaquies (Lessay) n'étaient pas tenus au service militaire envers le roi, pour leurs fiefs[3]. Au contraire, le roi pouvait réclamer de l'abbé de Ferrières cent sergents, deux chars et un sommier[4]. La *Coutume de Lorris* exemptait les vilains[5] du service militaire. Sous Philippe le Hardi, Guillaume Bertrand avait semons son

la garde du fief qui avait appartenu à Guillaume Legramaire, chevalier. Le bailli la réclamait comme relevant du duché de Normandie. Robert d'Ivry garda le fief. (*Olim*, I, p. 471, x [1260].)

Jean de Tilly demandait la garde d'un fief de la Cour-l'Évêque. Le bailli de Verneuil la réclamait pour le roi. Ici c'est le roi qui aura la garde. (*Olim*, I, p. 533, XVII [1261]. — Jugement analogue, *Olim*, I, p. 137, x [1261].)

— Enquête par le bailli de Caen pour savoir si la garde de l'héritier de Salinelle appartient au roi ou à Guillaume dit Botevilein. Jugement contre le roi. (*Olim*, I, p. 188, III [1264].)

— Autre jugement en faveur du roi, au sujet de la garde d'un héritier que réclamait l'évêque de Séez. (*Olim*, I, p. 909, LXVIII [1272].)

1. *Olim*, III, p. 393, III (1309).

2. *Ibid.*, III, p. 1244, XXXIV (1318).

3. *Ibid.*, II, p. 82, XIX (1276). — Lessay (Manche), chef-lieu de canton, arrond. de Coutances.

4. *Essai de Restit.*, 556.

5. *Service militaire.* — « Si à la guerre le noble monte à cheval, le roturier n'est pas pour cela exempt du service militaire : dans notre coutume d'Anjou, l'obliga-

homme-lige, Guillaume de Fontenay, pour l'ost de Sauveterre. Celui-ci ne s'était pas dérangé. Le seigneur l'avait remplacé par un chevalier payé. Après la guerre, il réclama la restitution de son argent sans préjudice de l'amende encourue par son vassal. Celui-ci prétendit que son fief était du nombre de ceux qui, en Normandie, n'étaient point grevés du service militaire. Il gagna sa cause. Beugnot, auquel n'a pas échappé l'importance de cet arrêt, a fait observer qu'en Normandie le service militaire n'existait déjà plus et que la féodalité y perdait son excuse[1].

II. — La Perte et les Aliénations des fiefs.

La justice d'une terre mise sous la main du roi appartient au roi et non au seigneur suzerain[2]. Les chapitres que nous avons consacrés aux conflits de juridiction nous dispensent de revenir sur ce droit important du fief qui, plus que les autres, excitait la jalousie du roi, puisque la justice est la plus belle prérogative de la souveraineté.

Propriété privilégiée et précaire tout à la fois, supérieure à toutes les autres et conditionnelle, le fief se perdait si les obligations qu'il entraînait n'étaient pas remplies. Oubliait-on l'acte d'hommage[3]? Fief perdu. Avait-on encouru le bannissement en cas de crime? le fief était *commis* au suzerain[4], en d'autres termes

tion d'aller à l'ost du roi pèse encore sur tous comme au temps des Capitulaires : chaque maison doit fournir un homme. » (Viollet, *Établissements*, t. I, p. 174).

— Les hommes de Château-Evera (de Evera Castro) suivent les coutumes de Lorris et ils seront absous de l'amende pour n'être pas venus à l'armée parce qu'ils n'y sont pas tenus. (*Olim*, I, p. 901, XLIX [1272].) — Voir sur ce sujet, Boutaric, *Institutions militaires de la France* et l'étude citée plus haut de M. Maurice Prou.

1. *Olim*, t. II, p. 101, XII (1277), et note de Beugnot, p. 864.

2. *Ibid.*, t. I, p. 606, XIII (1265). Le Parlement cependant adjuge la justice d'un fief à une ville. Raoul le Charron, de Compiègne, disputait au maire et aux jurés de Compiègne la justice d'un fief situé dans la ville et que Raoul avait acquis de Pierre de Caule. Le maire et les jurés invoquaient les articles de leur charte : ils eurent gain de cause. (*Ibid.*, t. III, p. 743, XXVII [1312].)

3. *Confiscation ou commise des fiefs.* — *Ibid.*, t. II, p. 347, XXXII (1292).

— « Ce sunt li fief que M. de Noion avoit saisiz par defaut d'omme, si comme il est contenu en une lettre du Roy, c'est a savoir.... » (*Ibid.*, t. II, p. 416, I, en français [1298].)

4. Ebole de Bourdeille, frère aîné de Bernard de Bourdeille, avait été banni du royaume par le roi Louis (IX). Il avait ainsi perdu son château de Bourdeille qu'il tenait en qualité d'aîné. C'était la Coutume de France « quod per consuetudinem Francie et illius patrie, banniti seu dampnati pro crimine capitali committunt

confisqué. Était-on convaincu d'hérésie? Encore une confiscation[1]. Cependant la confiscation, admise dans l'Orléanais, était inconnue en Touraine et en Anjou. Cette innovation, qui venait du droit impérial, intéressait trop les princes pour qu'ils ne fissent pas entrer cette loi romaine dans le droit féodal.

Les vassaux, d'ailleurs, ne manquaient aucune occasion de s'affranchir de la tutelle onéreuse d'un seigneur incommode pour revendiquer la suzeraineté plus éloignée et moins gênante du roi. La demoiselle Jeanne de Mellot prétendait que ses villas de Chanlay et de Langueron dépendaient du ressort du roi : le comte de Joigny, pour affirmer sa suzeraineté, ne cessait d'y faire des prises; le Parlement lui donna tort[2]. Le chapitre de Châlons ne pouvait rien acquérir dans les fiefs de l'évêque de Châlons sans la volonté du roi. De son côté, l'évêque ne pouvait affranchir des serfs sans l'assentiment du roi[3]. Pierre de la Brosse, seigneur de Saint-Sever, tenait sa terre en fief de Guillaume de Calvignac, sire de Châteauroux. Or Guillaume, vassal du roi, s'était fait l'homme du comte de la Marche qui s'était *avoué* du roi d'Angleterre. Pierre de la Brosse dénonça cette forfaiture et offrit de la prouver en jugement si on lui promettait récompense. Le roi Philippe le Bel s'engagea à l'exempter de la suzeraineté de Guillaume. Pierre gagna le procès qui se termina par la confiscation du fief de son adversaire. Le temps s'écoula; des amis de Guillaume de Calvignac intervinrent et lui firent rendre son fief. On pense

feoda, quecumque tenent, illis a quibus ea tenentur. » Ce château revenait donc au suzerain, l'abbé de Brantôme. Bernard s'efforçait en vain de le reprendre. Il avait perdu son procès devant le sénéchal de Périgord. Il le perdit en Parlement. (*Olim*, t. II, p. 187, XLIX [1281].) Beugnot (note, p. 868) remarque que cette confiscation pour crime capital n'a été citée par aucun auteur coutumier. Les *Établissements* ne citent pas ce cas parmi ceux de *Commise*.

— Guérard de Longue-Avoine, écuyer, avait été, pour certains excès, banni du royaume par le bailli de Senlis. Selon la coutume du pays, Jean Derquiviller, écuyer, avait saisi les biens que Guérard tenait de lui et les gardait comme *commis*. Plus tard Guérard, à la prière de quelques-uns de ses parents, obtint des lettres de rémission et la révocation du bannissement. Alors, en vertu de ces lettres, il demanda au Parlement d'obliger Jean à enlever sa main des biens qu'il détenait. Il perdit son procès. (*Olim*, t. II, p. 544, XIII [1311].)

1. Béatrix, veuve de Hugues de Seixac, seigneur de Fenouillet, réclame en vain les biens de Hugues, confisqués pour cause d'hérésie. *Ibid.*, t. I, p. 579, XII (1264).

— « Les biens confisqués par le roi pour cause d'hérésie, « ratione heresis », seront vendus aux seigneurs suzerains. » (*Ibid.*, t. I, p. 470, VIII [1260].)

2. *Ibid.*, t. III, p. 976, XXXIX (1315).

3. *Ibid.*, t. II, p. 113 (1278).

bien que Guillaume n'eut rien de plus pressé que de revendiquer sa suzeraineté sur Pierre de la Brosse. Celui-ci appela au Parlement et s'autorisa de la promesse royale. On en référa à Philippe le Bel qui se souvint de son marché. Pierre, le délateur, resta exempt de la sujétion de Guillaume de Calvignac et vassal du roi [1]. C'est par des arrêts de ce genre (et ils sont nombreux) que la féodalité était minée avec l'aide d'un Parlement néanmoins tout féodal.

Les fiefs concédés faisaient toujours partie du fief dominant par rapport auquel ils étaient les fiefs servants. Le suzerain ne peut donc tolérer qu'on en dispose sans sa permission. Il peut racheter si l'on veut vendre; il intervient s'il y a échange. En toute circonstance, il veille à ce que le fief ne soit point diminué ou « abrégé ». Le comte de Foix avait acheté le château de la Roche-Frixade, mouvant d'un fief du roi. Il fut décidé que le roi pouvait retenir le château pour le prix, et le roi le retint [2]. L'abbé et le couvent de Nogent avaient acheté, pour construire leur église, des pierres dans le jardin d'une pauvre femme où il y avait une carrière. Le seigneur de Coucy s'y opposa, car le jardin était tenu de lui en fief. La Cour décida que l'abbé et le couvent ne pouvaient en extraire des pierres sans le consentement du seigneur [3].

On échangeait des fiefs, des morceaux de fiefs, des droits résultant du fief, des justices, des villes. Philippe le Bel, devenu, par son mariage, comte de Champagne, échangea, au nom de la reine, la terre de Châtillon-sur-Marne et la ville d'Igny-Jard contre la terre de Crécy appartenant à Gaucher de Châtillon. Les hommes

1. *Olim*, t. II, p. 547, XVI (1311).

— *Avoueries.* — Rappelons aussi que le roi avait défendu les *nouvelles avoueries.* (Ordonnance de 1272, qui fut réitérée en 1290, en 1303). Le Parlement tient la main à l'exécution de ces Ordonnances. (*Ibid.*, t. II, p. 117, XXX [1278].) « Recordata fuit curia quod alias dictum fuit per arrestum et inhibitum, quod in terra comitis Blesensis, in Sigalonia, non reciperentur alique nove advoaciones.... » Le Parlement se reporte non à l'Ordonnance, mais à un de ses arrêts antérieurs sans doute à l'Ordonnance de 1272 et qui l'avaient préparée.

— Le roi empêchait les nobles et les bourgeois de choisir un autre maitre que lui; mais, en 1287, une Ordonnance détermina les conditions auxquelles un bourgeois pouvait, par le moyen d'une avouerie nouvelle, devenir bourgeois du roi.

Voir, sur les avoueries, la note érudite de M. Viollet, *Établissements*, t. IV, p. 281.

2. *Ibid.*, t. II, p. 104, XXI (1277).

3. *Ibid.*, t. I, p. 579, X (1261). Nogent-les-Vierges (Oise), cant. de Creil, arrond. de Senlis.

d'Igny se plaignirent au Parlement : en vertu d'un privilège de Thibaut de Navarre, ils ne pouvaient être mis hors de la main du comte de Champagne ; le roi Thibaut l'avait fait jurer sur son âme par un chevalier. En dépit de ce serment, les habitants d'Igny ne purent se soustraire à l'obéissance d'un nouveau maître. La Cour leur donna seulement la consolation de leur reconnaître le droit d'établir les dommages qu'aurait pu leur causer ce changement[1]. Mais les juges entendent que les échanges aient lieu sans mauvaise foi et sans abus. Renaud des Champs avait échangé avec Isabelle de Vy, veuve de Constant de Survillier, un fief contre la moitié de la justice de Survillier. Les enfants de Renaud, parvenus à l'âge d'homme, ne voulurent pas reconnaître l'acte de leur père et reprirent le fief. Renaud fut sommé de garantir Isabelle et sa famille contre les violences de ses fils et condamné par le Parlement[2].

Primitivement échanges, aliénations, se faisaient avec une entière liberté, sauf le droit de *retrait lignager* dont nous parlerons plus loin à l'occasion des ventes. En 1309, l'évêque de Lodève prétendait encore avoir le droit de céder et de rétrocéder à son gré les fiefs de son église. Son procureur soutenait cette théorie en plein Parlement[3]. Le procureur du roi aux sénéchaussées de Carcassonne et de Béziers la combattit, disant que le roi était en pacifique saisine de lever finance des fiefs, arrière-fiefs aliénés sans la permission royale. Du reste, des arrêts antérieurs établissaient le droit royal. Le sire de Randon avait reçu en fief une terre de l'abbé et du couvent de la Chaise-Dieu. Il l'avait ensuite vendue à l'abbé et au couvent. Le Parlement obligea le

1. *Échanges, aliénations de fiefs.* — *Olim*, t. II, p. 580, VI (1295).

2. *Ibid.*, t. III, p. 1159, LXVI (1317).

3. L'exposé de ce procureur indique bien les prétentions des seigneurs féodaux, l'ancien droit : « fuerunt et sunt in possessione vel quasi feuda sua in solidum vel in parte retrofeudare, seu aliis in retrofeudum concedere et alienare, ac eciam in ecclesias et ecclesiasticas et alias quascumque personas, quovis titulo, transportare, nec non et terras suas, cultas et incultas, aliis eciam ruralibus et innobilibus personis in *emphiteosim* ad certum censum seu certam fructuum porcionem concedere et majores fructuum porciones ad minores vel ad censum reducere et homines suos affranchire et a servitutibus liberare, et predicta omnia et singula facere recepta vel non recepta pecunia, vel alio commodo, pro eorum libito voluntatis, absque nostri vel officialium nostrorum licencia vel consensu, et absque aliqua financia vel redevancia nobis vel officialibus nostris pro premissis prestanda.... » (*Ibid.*, t. III, p. 437, XLV [1309].)

seigneur à reprendre cette terre et à venir à l'hommage du roi [1]. On ne pouvait d'ailleurs aliéner un fief tout entier : il fallait au moins conserver la moitié de sa valeur. Hardoin de Haye abandonna à Pierre Dorée sa terre des Écluses pour 105 livres de revenu annuel et perpétuel, en retenant par devers lui les fiefs, les arrière-fiefs, hommages, justices et ventes. Quoiqu'il se fût muni de l'autorisation royale, il fut attaqué par le bailli de Tours qui mit la terre des Écluses sous la main du roi. Hardoin, au Parlement, exposa que d'après les coutumes notoires du pays, on n'encourait ni forfaiture ni amende si l'on conservait au moins la moitié de la valeur. Or, il avait gardé plus de la moitié. Le Parlement ordonna une enquête mais écarta la saisie de la terre [2]. Un grand officier de la couronne, Henri, maréchal de France, avait vendu des prés de sa baronnie d'Argenton qu'il tenait du roi. Le bailli de Caen saisit les revenus de ces prés [3]. Ces entraves aux aliénations servaient admirablement les entreprises des baillis, prompts à intervenir pour assurer au roi de nouveaux fiefs et de nouveaux hommages.

Les aliénations faites en faveur des églises donnaient lieu à la perception d'un *droit d'amortissement* et à une foule de difficultés politiques dont l'exposé n'est pas ici à sa place. Il ne semblait pas que les *dîmes*, destinées à subvenir à la subsistance du clergé et des moines, pussent être détournées de leur destination et *inféodées*, c'est-à-dire jointes à un fief. Cet abus était au contraire devenu fréquent. Aussi l'évêque de Coutances fut-il approuvé par le Parlement pour avoir racheté des dîmes inféodées au fief de haubert d'un chevalier. Celui-ci les voulut reprendre par retrait lignager : on lui refusa ce droit parce que les dîmes « étaient revenues à leur nature [4] ». Le chevalier ne se tint pas pour battu.

1. *Olim*, t. II, p. 363, XXXII (1293).
2. *Ibid.*, t. III, p. 993, LV (1315).
3. Le texte de l'arrêt est formel : « diminuendo baroniam suam absque domini Regis licentia vel assensu. » Henri reprit la possession de ses prés et réclama ensuite les seize livres de revenus saisies par le bailli de Caen. La Cour n'accueillit pas sa réclamation. (*Olim*, t. I, p. 604, VIII [1265].)
4. *Dîmes inféodées.* — « Quin dicte decime erant ad naturam suam reverse.... » (*Ibid.*, t. II, p. 162, XXVII [1280].)
— D'après le glossaire de Laurière (tome I, p. 188), les *briefs* ou brefs étaient les commissions, mandements et ordonnances du roi ou du juge pour former les

L'évêque avait abandonné les dîmes à la Maison-Dieu de Saint-Laud. Un jour, quand cette affaire parut oubliée, le chevalier saisit des gerbes de blé de cette dîme. Le prieur le fit alors semondre par la cour ecclésiastique. Le rusé chevalier, pour échapper à cette juridiction, prit un *bref de fief et aumône*, c'est-à-dire une sorte de commission qui qualifiait autrement le litige. Le prieur attaqua devant le bailli la validité du bref. De là on alla à l'Échiquier de Normandie; de là au Parlement. Le chevalier perdit sa cause : son bref n'avait aucune valeur : il dut restituer les gerbes.

Même quand un seigneur veut, de son vivant, assurer son fief à son fils et le *résigner* en sa faveur, le Parlement est témoin. Humbaud Gaubert, seigneur de Lazenaye, chevalier du bailliage de Bourges, résigne son fief en pleine Cour et demande que son fils soit reçu en l'hommage du roi. La Cour enjoint au bailli de Bourges de recevoir le serment du fils[1].

Les aliénations faisaient souvent passer des fiefs entre les mains des roturiers. Ce n'est pas que cela plût aux nobles; tant s'en fallait. Bernard Jourdain, sire de l'Isle, avait, sans l'assentiment de l'évêque de Limoges, vendu la terre de Sadran à un bourgeois de Gloton. L'évêque saisit le fief et porta l'affaire au Parlement : il eut gain de cause[2]. Fournier, seigneur de Gordon, chargé de dettes, avait vendu la bastide de Fornerie de Gordon à un bourgeois de Cahors sous condition du consentement royal et de la faculté de rachat pendant cinq ans. Le sénéchal de Périgord, voyant cette ville « passer de mains nobles en mains non nobles[3] », rendit le prix et acquit la ville pour le roi. Au bout de cinq ans, le sire de Gordon la voulut racheter. Le Parlement ne le lui permit pas. Sous Philippe le Hardi, des bourgeois de Toulouse se plaignent

demandes, clameurs, querelles. Le mot *breve*, *bref*, est resté dans le style de la Chancellerie ecclésiastique.

—Par une Ordonnance de 1279 (*Ord.*, t. I, p. 102), saint Louis autorisa les seigneurs à restituer leurs dîmes inféodées sans l'autorisation du roi. Cette Ordonnance fut renouvelée et confirmée par Philippe le Bel (1294).

— Des laïques conservèrent des dîmes inféodées jusqu'à la fin de l'ancienne monarchie et, en 1790, on estimait que le capital de ces dîmes s'élevait à 100 millions. (Ad. Vuitry, *Études sur le régime financier de la France*, 1878, p. 276.)

1. *Olim*, t. I, p. 828, XXXI (1270).

2. *Les fiefs et les non-nobles*. — *Ibid.*, t. II, p. 606, XX (1313).

3. « Sic venditam sine licentia nostra positamque de manu nobili in manum innobilem. » (*Ibid.*, t. III. p. 108, LXIII [1301].)

que les gens du roi ont saisi leurs fiefs. Le roi (ou plutôt le Parlement) décide que les fiefs transmis par héritage ou reçus en mariage resteront à ces bourgeois; ceux qu'ils auraient achetés depuis vingt ans, ils les abandonneront[1]. Cet arrêt précéda de deux ans l'Ordonnance de Philippe le Hardi de 1275 par laquelle ce prince entravait et autorisait à la fois les acquisitions de fiefs ou de portions de fiefs par les vilains[2]. Le Parlement, d'ailleurs, par un arrêt explicite de 1282, qui commentait l'Ordonnance, défendait aux commissaires royaux de troubler dans leur possession les vilains qui avaient acheté, moyennant des cens ou rentes, des biens féodaux[3].

Malgré son esprit nobiliaire, le Parlement, à certains jours, protège les non-nobles. En 1309, il défend contre les exactions des surintendants des finances les non-nobles qui avaient pris à cens des portions de fiefs. Il reconnaît et proclame les avantages du système : « En Périgord, par ce moyen, la condition des fiefs s'est beaucoup améliorée et les biens valent plus qu'ils ne valaient avant d'être entre les mains de ces non nobles[4] ». En cédant leur domaine utile, les nobles voyaient prospérer les terres qui

1. *Les fiefs et les non-nobles* (suite). — *Olim*, t. I, p. 939, xxxviii (1273). C'est une note du greffier sans le procès, une note de droit.

2. Ordonnance de 1275, *Ord.*, t. I, p. 303. Cf. *Instruction aux commissaires*, p. 304, col. 2. *Ordonnances* semblables de Philippe le Bel (p. 323), de Philippe le Long (p. 745), de Charles IV (p. 797).

Voir Langlois, *Le règne de Philippe le Hardi*, p. 260, 261.

3. Le commentaire de cette Ordonnance est donné par le Parlement : « Cum dominus Rex olim quamdam ordinacionem fecisset super alienatis in manum mortuam vel villenagium, moventibus de feodis et retrofeodis ipsius, necnon et de allodiis regni sui... concessit, de gracia speciali, quod villani et ecclesie supradicti acquisita hujus modi a triginta annis citra... extra manum suam ponere minimè tenerentur, dum tamen vellent solvere deputatis ad hoc ab eodem domino Rege, duos vel tres vel quatuor fructus alienatorum hujus modi... plures de diversis partibus regni sui graviter conquererentur, super eo quod deputati a domino Rege... exigere vel levare volunt *ab illis villanis, quibus nobiles aliqui terras, prata, vineas vel possessiones alias arrentaverunt pro aliqua annua bladi vel pecunie quantitate*... super quibus, deliberacione prehabita, dictum fuit per arrestum quod precipietur gentibus Regis ne *tales arrentationes fieri impediant in futurum* et ne occasione eorum aliquid exigant a villanis.... » (*Olim*, t. II, p. 213. xxxvi [1282].)

Voir sur cette question, les remarques de M. Viollet, *Établissements*, t. I, p. 392. — Ajoutons qu'à Saint-Dizier les bourgeois pouvaient tenir fiefs et arrière-fiefs. Tout-Lieu de Saint-Dizier, art. xxii. — (*Olim*, t. II, Appendice, p. 726.)

4. Mandement adressé à deux surintendants des finances en Périgord : « Quanquàm eciam per hoc feodorum hujusmodi conditio fuerit plurimum meliorata, ut dicunt, et de dictis rebus plus reddunt et eciam plus valeant ipse res dominis predictis quàm valerent antequàm ad manus dictorum innobilium pervenirent, ut dicunt. » (*Olim*, t. II, p. 505-506, v [1309].) On trouve aussi ce mandement, *Ord.*, t. I, p. 473.

restaient néanmoins dans leur domaine direct. L'intérêt économique atténuait de plus en plus les préjugés de l'orgueil, sans les détruire. On se contenta d'exiger des acquéreurs une lourde taxe, dite droit de *franc-fief*[1]. A la fin du XIVe siècle, c'était une jurisprudence courante que les non-nobles pouvaient posséder des biens nobles, en payant finance au roi.

III. — Saisine et Propriété.

Les Germains n'avaient point passé de la propriété collective de la tribu et de la famille à la propriété individuelle sans garder une certaine confusion de la *propriété* et de la *possession*. Prolongée *un an et un jour*, la *possession* impliquait la *propriété*. Au moyen âge, en France, en Angleterre, en Allemagne, on retrouve cette possession de fait sous le nom de *saisine*[2]. A celui

1. *Droit de franc-fief.* — En 1390, la reine de Jérusalem, dame de Guise, réclamait pour elle ces droits de franc-fief : « La reine dit que, quant en la terre de Guise *aucuns non nobles acquierent fiefs d'un noble*, la royne prend la finance et, se li roy en a aucune chose, c'est autant que la royne tant seulement... » Cependant le receveur et procurenr du roi à Laon avaient contraint les non-nobles de payer finance au roi pour quatre ou cinq ans à cause de fiefs qu'ils avaient acquis des nobles. Ce procès établit donc la persistance d'une règle devenue générale. (Coll. Lamoignon, *Conseil et Plaidoiries*, t. XL [43] fo 476, jeudi, 9 juin 1390.)

2. *Saisine.* — Chez les Romains, la séparation du droit et du fait était marquée par les actions *possessoires* et les actions *pétitoires*. Klimrath a consacré une étude particulière à la saisine. Selon lui, « pour faire concorder les divers interdits avec les diverses espèces de saisine, on attribua les interdits *adipiscundæ* et *recuperandæ possessionis*, dans lesquels la pratique permet de cumuler le pétitoire et le possessoire, à la simple saisine et les interdits *retinendæ possessionis* à la vraie saisine (*Grand Coutumier*, liv. II, chap. XXI, liv. III. chap. XXXII.) On admit alors par fiction que lorsque le possesseur d'an et jour était dessaisi de nouvel, il ne serait point considéré comme ayant perdu la saisine, mais comme y étant troublé et empêché; la nouvelle dessaisine fut assimilée au nouveau trouble. L'honneur de ce changement est attribué par l'auteur du *Grand Coutumier* à Simon de Bucy, mort premier président du Parlement de Paris, l'an 1368 (liv. II, chap. XXI). (Klimrath, *Travaux sur l'Histoire du Droit français, Étude sur la saisine*, p. 366.)

— « Saisine, en allemand, se dit *were* ou *gewere*. Ce mot a un grand nombre de significations qui reviennent toutes à la notion générale de protection, défense, sûreté.... *gewere* comme terme de droit signifie la saisine, parce que celui qui a la saisine protège et défend la chose dont il est saisi contre toute attaque judiciaire ou extra-judiciaire par voie de droit ou par voie de fait. » (*Ibid.*, p. 343, 344.)

« ... La saisine (de fait) est attribuée à celui qui a la possession de fait, la simple détention d'une chose. C'est ainsi que le commodataire, le dépositaire, le créancier nanti, le fermier, la femme mariée qui tient sous clef des choses sur lesquelles pourtant elle n'a aucun droit efficace durant le mariage, et même le possesseur de mauvaise foi, sont dits avoir la saisine.... Le détenteur ne peut être dessaisi qu'en vertu d'un jugement : s'il est dépossédé, il a le droit de suivre, par action réelle, la chose dont il se trouve indûment dessaisi.

« La saisine de droit est attribuée en certains cas à celui qui n'a pas la posses-

qui détenait un bien, une chose quelconque et qui, de ce chef, avait la *saisine de fait*, une autre personne pouvait opposer une *saisine de droit*, réclamer la possession dont elle avait été frustrée. Puisque « le mort saisit le vif », les héritiers du sang ont une saisine de droit dès l'instant de la mort de leur auteur, ils peuvent n'avoir pas la saisine de fait. On vivait dans des temps tellement troublés que les procès de *saisine* et de *dessaisine* étaient quotidiens : saisine de comté[1], saisine de château; saisine de maison, de terres, prés, bois; de revenus[2]; de chemins[3]; de juridiction[4]; saisine com-

sion de fait. 1° C'est d'abord le droit de suite ou l'action réelle qui compète à tout détenteur indûment dépossédé sur la chose ravie, volée ou perdue... 2° Si le détenteur s'est dessaisi volontairement d'un immeuble, il conserve la saisine de droit jusqu'à ce que la simple tradition de fait ait été suivie d'un acte public, solennel et authentique, de l'investiture ou ensaisinement par le seigneur ou par le juge... 3° La saisine adjugée par jugement est acquise du moment du jugement... 4° La saisine de droit passe aux héritiers du sang dès l'instant de la mort de leur auteur.... » (Klimrath, p. 344, 345.)

« La *vraie saisine* est, en général, celle qui a duré an et jour. Elle ne diffère pas essentiellement de la simple saisine, mais en degré seulement, étant cette même saisine devenue inattaquable par une sorte de prescription acquisitive contre l'action réelle née de toute autre simple saisine au même titre.... » (*Ibid.*, p. 351.)

« La vraie saisine est la saisine par excellence : aussi est-elle appelée le plus souvent dans les sources *saisine* tout court. Pierre de Fontaines parle de *l'an de droite tenue* et l'auteur du *Grand Coutumier* de Charles VI de *l'entière saisine*. Ces termes sont synonymes de vraie saisine. » (*Ibid.*, p. 356.)

— Voir aussi, sur la saisine, les notes et références de M. Viollet, aux chapitres des *Établissements* (liv. I, chap. LXXV, CXXIII; liv. II, chap. II, IV, V, VI, VII, VIII) relatifs à la saisine, et t. IV, p. 211-221.

1. *Saisine des comtés de la Marche et d'Angoulême*; Guiard de la Marche contre le comte de Sancerre et Geoffroy de Lusignan, *Olim*, t. III, p. 134, XXII (1304).

Saisine de château. — Isabelle, dame du Faye, se plaint que le sénéchal de Saintonge, à la requête du comte de la Marche, l'ait troublée dans la saisine du manoir de Faye et de ses dépendances et du château et de la châtellenie de Montmorel. La dame sera ressaisie « salvâ dicto comiti questione proprietatis in predictis.... » (*Olim*, III, p. 89, XXXIV [1381].)

2. *Saisine de maisons, terres, etc.* — Demoiselle Catherine de Longval réclame la saisine de la terre de Hamo, au titre de baillistre de son frère Albert, héritier de Longval. (*Olim*, t. II, p. 364, XXIX [1293].)

— Le comte de Savoie se plaint d'être troublé injustement par les gens de la reine Clémence dans la saisine de sa maison du Plessis, de sa juridiction et de ses revenus, maison qui avait autrefois appartenu à Enguerrand de Marigny. La reine alléguait une saisine (de droit) contraire. Débat. Accord. Le comte gardera *sa vie durant* la saisine (possession) de la maison du Plessis, de sa juridiction et de ses revenus. D'un autre côté le droit de la reine Clémence est réservé de poursuivre une action en revendication de la propriété de ces biens : « sit jus salvum super peticione et prosecucione juris sui in proprietate rerum onnium predictarum.... » (*Olim*, t. II, p. 645, I [1317].)

— Autre réclamation de saisine de terres, maisons, etc. (*Olim*, t. I. p. 399 [1272]; — II, p. 425, XX [1298]. — II, p. 440, XXVII [1299].)

3. *Saisine de chemins.* — Le roi est dans la saisine des chemins dans le comté d'Anjou et la Touraine. (*Olim*, t. II, p. 319, XXIV [1290].)

4. *Saisine de juridiction.* — L'abbaye de Saint-Denis contre le roi et le bailli

merciale[1]; saisine de censives[2]; saisine de chasse[3]; saisine de tonlieu[4]; saisine du droit de conférer des prébendes[5]; saisine de droits de sceau[6]; saisine de fourches patibulaires[7]; saisine d'un revenu de trente-trois poules que le seigneur Mathieu de Tournelle avait sur les hôtes de Ruys[8]; saisine de prendre le pain mis en vente dans la ville de Folloi si le pain n'était pas cuit à un four désigné[9]; saisine d'un sanglier que les moines de Val-Notre-Dame réclamaient parce qu'il avait été pris dans la clôture de leur monastère par les gens du comte de Montmorency[10].

d'Orléans. (*Olim*, t. II, p. 318, XXII [1290].) L'évêque de Noyon contre le maire et la commune. (*Ibid.*, t. II, p. 293, XIII [1289].)

Le roi est en saisine de faire proclamer l'assise à Charlieu (*Ibid.*, t. II, p. 321 [1290]); saisine de justice de sang et de plaie. (*Ibid.*, t. II, p. 341, XX [1292].) — Saisine de la justice du Pré-aux-Clercs appartenant à Saint-Germain-des-Prés et contestée par le recteur de l'Université, etc. (*Ibid.*, t. II, p. 670, XXIII.)

1. *Saisine commerciale.* — Les marchands d'Amiens se disaient en bonne saisine d'amener les marchandises de Flandre à Amiens par les villes qu'il leur plaît et d'Amiens en France ou en Bourgogne ou en d'autres régions de France sans passer par Bapaume. (*Ibid.*, t. II, p. 684, VIII [1418].)

— L'évêque de Bayeux est en saisine de vendre son bois de Nully « salva nobis questione proprietatis. » (*Ibid.*, t. II, p. 615, IV [1314].) — Saisine de péages. (*Ibid.*, t. II, p. 353, V [1293].)

2. *Saisine de censives.* — Quelques seigneurs de Senlis refusaient de saisir (saisire) quelques marchands de censives que ces marchands avaient achetées. (*Ibid.*, t. II, p. 291, VII [1289].)

3. *Saisine de chasse.* — L'évêque de Paris a droit de chasse dans son bois de Saint-Cloud : « per longum tempus et per tantum temporis quod sufficit ad omnem saisinam acquirendam. » (*Ibid.*, t. II, p. 312, VIII [1290].)

Aubert de Hanghest veut chasser dans les bois de Guiard de Follouel. Celui-ci oppose qu'il est *en saisine* de défendre la chasse de ses bois « a decem, viginti, triginta, quadraginta annis et a tempore a quo potest esse memoria. » Son droit est prouvé. (*Ibid.*, t. III, p. 19, XXXII [1299].)

4. *Saisine de tonlieu.* — Le doyen et le chapitre de Noyon plaident contre l'évêque et d'autres à propos de la saisine du droit de tonlieu sur les marchands à Noyon et à Pont-l'Évêque; ils réclament aussi le droit d'arrêter et de justicier ceux qui ne paieraient pas ce tonlieu. Les parties gagnent par moitié : la saisine du tonlieu est laissée au doyen et au chapitre, mais non la justice. (*Ibid.*, t. III, p. 185, L [1306].)

5. *Saisine du droit de conférer une prébende.* — Le chapitre de l'église de Saint-Barthélemy de Béthune dispute au roi le droit de conférer une chapellenie. Le Parlement conseille au roi de ne pas s'en défaire. (*Ibid.*, t. III, p. 128, XIX [1304].)

6. *Saisine des droits de sceau.* — J. de Monstrelet est empêché par les bayles d'Agen de recevoir certains droits et émoluments appartenant à l'exécution des actes scellés. Il doit continuer d'en jouir. (*Ibid.*, t. III, p. 38, LIII [1300].)

7. *Saisine de fourches patibulaires.* — Enquête pour savoir si les moines de Saint-Denis ont des fourches à Tremblaye et y font justice. Ils garderont leurs fourches. (*Ibid.*, t. I, p. 27, I [1257].)

— Le bailli de Mâcon a détruit les fourches du seigneur de Beaujeu. Si ces fourches avaient été debout un an et un jour, le bailli doit les remettre en leur état primitif. (*Ibid.*, t. II, p. 426, XXIV [1298].)

8. *Ibid.*, t. I, p. 297 (1269).

9. *Ibid.*, t. I, p. 24, VII (1257).

10. *Ibid.*, t. III, p. 167, XXI (1306).

La nature de certains droits qui n'étaient exercés que d'une façon intermittente, permettait de rouvrir chaque fois le débat sur la saisine. Ainsi, pendant les vacances du siège de Limoges, le sénéchal de Périgord, administrateur de la régale, mit sous la main du roi les villes de Lassac et de Voutizac appartenant à l'évêque de Limoges. Le vicomte de Comborne prétendit que ses prédécesseurs étaient depuis longtemps en saisine d'en percevoir les fruits et revenus pendant la vacance du siège. L'enquête établit la réalité de cette saisine depuis quarante ans et plus : elle fut restituée au vicomte de Comborne[1]. Mais qui garantissait qu'à une autre vacance la même usurpation ne recommencerait pas?

C'étaient là des actions *possessoires*. Le seigneur de Châteaubriand et sa femme Isabelle de Machecoul plaident au sujet de la « possession ou saisine » d'un héritage que leur disputent Girard de Chabot et Jean de Machecoul, chevalier[2]. Le Parlement l'adjuge aux deux époux, réservant : 1° le droit de propriété de la femme du seigneur de Châteaubriand; 2° le droit de propriété allégué par Jean de Machecoul; 3° le droit féodal de Girard Chabot; 4° la question des fruits d'une année réclamés par Girard; 5° la question de pénalités que demande le seigneur de Châteaubriand contre Jean de Machecoul. En somme l'arrêt ne faisait qu'établir le terrain de quatre ou cinq autres procès qui s'enchaînaient ainsi les uns aux autres.

La propriété se revendiquait par les *actions pétitoires* dont la procédure était longue et compliquée[3]. Jean Le Coq a résumé dans les

1. *Olim*, I, p. 399, II (1272).

2. *Action possessoire* : « Super possessione seu saisina terre, seu hereditatis de feodo dicti Gerardi moventis. » (*Ibid.*, II, p. 294, XIV [1289].)

— Procès entre le prieur de Lorris le Boccage et un écuyer au sujet du ruisseau qui est autour du moulin de Closeilles près de Lorris. Le couvent et l'abbé de Bonneval, le prieur de Lorris, prétendaient que la justice comme la possession de ce ruisseau leur appartenaient. Après audition des témoins, examen des chartes, le Parlement prononça que celui qui possédait (qui avait la saisine de fait) resterait en sa saisine. [*Ibid.*, I, p. 235 X [1266].)

— Voir, sur ces questions, Boistard et Colmet d'Aage, *Leçons de Procédure civile* (édition de 1890 par Colmet d'Aage et Glasson) : *Des jugements sur les actions possessoires*, t. I, p. 714 et suiv.

Voir aussi Thiercelin, *De la saisine héréditaire dans l'ancien Droit français* (*Revue critique de Législation et de Jurisprudence*, 2ᵉ série, t. I, p. 779).

3. *Action pétitoire*. Symon Poart, sa femme et consorts plaident contre Michel Tirelire et sa femme. « ....orta fuisset materia questionis super *jus proprietatis et dominii* cujusdam domus.... cujus domus *saisina* dictis Michaelo et ejus uxori per curiam Castelleti Parisiensis nuper fuerit adjudicata. » Michel Tirelire et sa femme

Questions un arrêt de 1395 qui fait bien ressortir le caractère de cette action. Jean Lepelle et le procureur du roi, défendeurs, plaidaient contre les religieux de Saint-Germain-des-Prés, demandeurs au pétitoire. Les religieux soutenaient que les maisons bâties sur le pont neuf Saint-Michel devaient leur appartenir, attendu que le sol sur lequel le dit pont avait été édifié était à eux et relevait de leur justice, ainsi que l'eau, le droit de pêche, les oiseaux, les poissons et le terrain de deux rives sur la longueur d'une lance, depuis le Grand Pont et le Petit Pont jusqu'à la ville de Sèvres. Jean Le Coq cite les arguments qu'avaient échaffaudés les religieux et qui s'appuyaient sur des lois du *Digeste*[1]. Lepelle avait reçu des gens du roi sur le pont un emplacement où il avait bâti une maison : il devait payer au moins un cens annuel. Malgré l'accumulation de textes romains faits par les demandeurs, le Parlement jugea contre eux et en faveur de l'intérêt public.

Dans la pratique, les *actions possessoires* avaient les mêmes conséquences que les *actions pétitoires*. L'action dite de *nouvelle* (*récente*) *dessaisine*[2], prit le nom de *complainte en cas de novel-*

gagnent leur procès : à eux revient la *propriété* et le *dominium* comme ils avaient déjà la *saisine*. (*Olim*, t. II, p. 127, XVIII [1304].)

1. *La maison du Pont Saint-Michel.* — Cet arrêt, résumé par Le Coq avec les arguments, est curieux et montre combien à la fin du XIVe siècle on se servait (à tort ou à raison) du Droit romain. Un extrait suffira : « Tout ce qui est édifié sur le sol fait corps avec lui : le pont a été bâti sur le sol desdits Religieux ; les maisons construites sur le pont leur appartiennent comme le sol et le pont. — Arguments : loi Martius ff. De acquirendo rerum dominio (L. 38, *Digeste*, XLI, 1). — § Cum quis *Instit.* De rerum divisione (§ 30, *Instit.*, II, 1). — L. 3, § Labeo uti possid. (L. 3, § 6, *Digeste*, XLIII, 17). L. 2, § Viam ff. Ne quid in loco publico (L. 2, § 21, *Digeste*, XLIII, 8). — L. 1, § Si insula ff. De flumine. (L. 1, § 6, *Digeste*, XLIII, 12). — L. Ergo, § Alluvio et § Si pilas ff. De acquir. rer. dom. (L. 30, § 3 et 4, *Digeste*, LXI, 1).

« La maison située au milieu (du pont) qui n'est pas assujettie à la servitude, ne fait pas obstacle à la servitude des autres maisons, selon la loi *In tradendis* § *Interpositis ff. Communia prædiorum* (L. 7, § 1, *Digeste*, VIII, 4), bien qu'on dise le contraire dans la loi *Qui sella* in fine ff. *De serv. rustic. prædiorum* (L. 7, *Digeste*, VIII, 3), etc. Le Coq, qui devait plaider ce procès et qui en fut empêché au dernier moment, ajoute encore beaucoup d'autres indications de Droit romain qu'il avait préparées et qui n'avaient certes pas toutes rapport à la question débattue. « Mais, dit M. Tardif, cette profusion de textes prouve combien le Droit romain était familier aux avocats du XIVe siècle et combien il avait d'influence sur les maîtres au Parlement, puisque les avocats les plus fameux ne cherchaient presque jamais ailleurs les raisons de décider en faveur de leurs clients ». — (Tardif, *Hist. des Sources du Droit*, p. 445.)

2. *Nouvelle dessaisine.* — Cette expression « nouvelle dessaisine » apparaît surtout dans le tome III des *Olim*, à la fin du XIIIe siècle : Marie, dite la Bordine, de Dammartin, plaide au sujet d'une maison « .... dictaque Maria, *tanquam de novo desaisita* ante omnia peteret resaisiri. » (*Olim*, III, p. 37, LI [1299].)

Cependant l'expression *dessaisine* était ancienne et se trouve dans le premier volume des *Olim*. L'évêque de Beauvais se plaint au Parlement que maître Geoffroy

leté[1]. Elle donnait lieu, avant toute chose, à la *ressaisine*[2]. Des arrêts, des mandements du Parlement ordonnent souvent ces ressaisines qui nous confirment les désordres de ces temps où l'on commençait par prendre ce qu'on réclamait. Le châtelain de la ville de Noyon saisit une grange et un moulin appartenant au chapitre : l'évêque le veut contraindre à ressaisir le chapitre; à son tour il saisit les biens du châtelain. Celui-ci se plaignit aux gens du roi qui voulurent contraindre l'évêque à rendre ces biens. L'affaire vint au Parlement. L'évêque gagna et continua d'exercer sa contrainte. Le châtelain ne se départit point de ses protestations et plaida encore; il perdit de nouveau; pour ravoir ses propres biens, il dut lâcher la grange et le moulin du chapitre[3]. Nous avons dit, à propos des juridictions[4], comment, à chaque instant, on ressaisissait des juges seigneuriaux ou ecclésiastiques d'accusés enlevés ou même suppliciés. On ressaisissait de maisons, voire de palissades, de cadavres, d'animaux, de joncs et de roseaux. On ressaisit une terre de sa juridiction par une botte de foin[5]!

de Beaumont l'a *dessaisi* de fournage, mouture, ban de vin, justice et autres droits dans le prieuré d'Aulnay. Geoffroy de Beaumont lui opposait des exceptions que l'évêque repoussa. « Il n'était pas, disait-il, question de la terre, « cum de *dissaisina* et *turbacione possessionis* tantum modo ageretur ». Le Parlement jugea qu'il ne s'agissait pas d'une nouvelle dessaisine mais d'une dessaisine « jàm diù facta ». On voit ici comment se forma l'expression de nouvelle dessaisine et de novelleté. (*Olim*, I, p. 781, XXVI [1260].)

1. *Complainte de nouvelleté.* — La vraie saisine de fait donne ouverture à l'action appelée *Complainte de nouvelleté*. Celle-ci triomphe de toute simple saisine de fait et ajourne les effets de simple saisine de droit. L'auteur de l'ancien Coutumier d'Artois (chap. XVIII, § 6) dit qu'on est non recevable lorsque « une des querieles doit aler devant l'autre, si comme tu veus plaidier del fons de la queriele et de la dessaisine ensemble. De la dessaisine doit-on plaidier avant ». La question du possessoire vidée, celui qui avait une simple saisine de droit pouvait, il est vrai, réassigner sur la propriété.

« La complainte de nouvelleté était la seule forme sous laquelle toute vraie saisine se produisait par voie d'action. De là son fréquent usage.... » (Klimrath, *Étude citée*, p. 361-362.)

M. Guilhiermoz indique que dans les registres du Parlement, après les *Olim*, on voit apparaître l'expression *in casu novitatis*, arrêts du 16 mars 1336 (X[1a] 7, f° 118 v°); du 23 novembre 1336 (X[1a] 7, f° 157 v°); du 15 février 1337 (X[1a] 7, f° 188). — (Guilhiermoz, *Enquêtes et Procès*, p. 450, 455, 462.)

2. La ressaisine se rattache à la complainte en cas de nouvelleté.

3. *Olim*, II, p. 320, XXIX (1290).

4. Voir le chapitre des Justices ecclésiastiques (§ II, p. 616 et suiv.) et seigneuriales (p. 635 et suiv.).

5. *Ressaisine de maisons.* — Nous ne citerons que quelques exemples de ressaisine parmi les cas très nombreux qu'on rencontre dans les registres du Parlement :

Ordre au bailli d'Orléans de remettre Maurice de Tours en possession de sa maison de Vineuil. (*Olim*, II, p. 54, IV [1275].)

— L'évêque de Beauvais contre le couvent d'Aulnay. Une maison sise à Courbenval

On aboutissait au même résultat par l'action en *réintégrande*, d'origine canonique et romaine, qui s'était juxtaposée à la complainte[1]. Devant les tribunaux ecclésiastiques, il fallait que le plaideur dépouillé eût été, avant tout délai, réintégré dans son bien. Dans le même sens on se servait du mot *récréance* (restitution provisoire) qui s'employait surtout au sujet de prises, de gages, en réalité de choses mobilières[2]. La *récréance* était distincte de la *ressaisine*. Ainsi l'évêque de Laon devait avoir la récréance des

avait, durant la vacance du siège épiscopal, été brûlée par ordre de justice des religieux « injuste et de novo justiciando ». Long procès sur la ressaisine : mainmise du roi. (*Olim*, III, p. 164, xv [1306].)

Ressaisine d'une palissade. — Le maire de Corbie avait par justice fait enlever une palissade qu'Adam Poullet avait faite autour de sa maison à Corbie. Le maire ressaisira le lieu « de dicto pelicio et, facta dicta ressaisina, dicti religiosi super hoc cognicionem habebunt et partibus exhibebunt justicie complementum. » (*Ibid.*, II, p. 480, II [1306].)

Ressaisine de prises. — Le seigneur de Châtillon est contraint à ressaisir les lieux des prises faites sur la terre et la justice d'un couvent. « Ad resaisienda loca de capcionibus factis ». (*Ibid.*, II, p. 427, xxvi [1298].)

Ressaisine d'un cadavre. — L'abbaye de Sainte-Geneviève a juridiction sur les chemins et les champs qui se trouvent entre la première porte de l'abbaye de Saint-Victor jusqu'à un petit ponceau fait par les bourgeois de Paris (sur la Bièvre probablement) et jusqu'à une ruelle qui aboutit à la Seine. On trouve un cadavre entre le ponceau et la ruelle. L'abbaye en sera ressaisie. On différera pourtant la ressaisine « usque quo locus, nunc aquis coopertus, descopertus fuerit. » (*Ibid.*, II, p. 415, xxix [1296].)

Ressaisine d'animaux. — Le maire du seigneur des Ormeaux (P. de Chambly, chambellan du roi) avait saisi des animaux sur le chemin du dit seigneur. Les gens de l'abbé de Saint-Médard de Soissons, armés, reprirent ces animaux, et frappèrent le maire et ses compagnons. Le chemin sera d'abord ressaissi des animaux. (*Ibid.*, III, p. 248, xxxiii [1307].)

Ressaisine de joncs et de roseaux. — Le Parlement ordonne aux hommes de Bruyères de ressaisir les hommes de Vallées et de Hardon de joncs et de roseaux qu'ils leur avaient enlevés, après appel à la cour du roi. « Et fuit hec resaisina facta, racione appellacionis, non racione juris quod ibi haberent. » (*Ibid.*, I, p. 644, III [1266].) Ainsi la ressaisine ne préjuge pas la question de propriété.

Ressaisine par une botte de foin. — Les gens du roi avaient pris à Bruyères, sur une terre où la dame Ermine de Verderon avait haute justice, un homme accusé de meurtre et l'avaient pendu. La terre sera ressaisie « tradendo ipsi domine saccum plenum feno, vel aliud sufficiens, in signum ressaisine predicte. » (*Ibid.*, I, p. 383, I [1271].) — Voir, sur ce reste des cérémonies symboliques, notes et références de Beugnot, p. 1119, note 153.

1. *Réintégrande.* — « Une autre action possessoire, la *réintégrande*, d'origine canonique et romaine, est venue se juxtaposer à la *complainte* : s'il m'était permis d'employer ici des expressions familières aux philologues, je dirais volontiers que la *complainte* et la *réintégrande* forment un doublet juridique. J'explique ma pensée. L'*Usage d'Orléans* formule cet axiome : « Nuns ne doit plaidier en nule cort despoilliés » (*Usage d'Orléans*, § 5. *Établissements*, II, vi. Pierre de Fontaines, éd. Marnier, p. 271-272.), traduction libre de la formule canonique : « Spoliatus ante restituatur ». Voilà un brocard qui se rattache à l'interdit romain *Undè vi* par l'intermédiaire des *Décrétales*, du *Décret* de Gratien, de Benoit le Lévite et de Pseudo-Isidore.... » (Viollet, *Établissements*, t. I, p. 113.) — Voir aussi du même savant, *Précis de l'Hist. du Droit français*, p. 494.

2. *Récréances.* — Prises par les sergents du sire de Couci à l'occasion des droits

choses qui se trouvaient dans le prieuré de Saint-Ermin, le *lieu* ayant été d'abord *ressaisi*[1]. Elle s'appliquait aussi à la mise en liberté provisoire qu'obtenait un accusé à la condition de fournir des *plèges* (garants)[2].

Ces plèges ou garants étaient aussi exigés dans les procès où, l'adversaire ayant la saisine de fait, le demandeur n'offrait aucune garantie en cas de perte du procès[3]. La procédure de la complainte, dans le Maine, l'Anjou, et plusieurs provinces, en garda le vieux nom d'*applègement*. L'adversaire pouvait aussi donner des contre-plèges et le bien litigieux était mis sous la main de justice : l'applègement appelait ainsi le *contre-applègement*. Foulques Ribout et Gacon de Ligny, chevaliers, se disputaient une terre qui fut placée sous la main du roi. Les gens de l'Échiquier écartèrent cette mainmise. Foulques s'adressa au Parlement, demandant que la terre fût replacée sous la main du roi jusqu'au jugement de l'affaire. La Cour décida que l'applègement et le contre-applègement n'étaient pas usités dans le pays de Normandie. Elle laissa la saisine à Gacon de Ligny et Foulques dut poursuivre son action

d'usage de l'évêque de Laon dans la forêt de Couci. Les récréances seront faites avec un plege. (*Olim*, II, p. 198, v [1282].)

— Récréance à la demoiselle de Marigny des revenus de la terre de Marigny levés indûment par l'évêque de Troyes. (*Ibid.*, II, p. 169, XLIII [1280].)

— Procès entre le maire et les jurés de Corbie et l'abbaye de cette ville. Dans les cas de force, rescousses, violences et prises de biens à l'occasion des cens de la dite ville, le maire et les jurés doivent, le procès pendant, faire la récréance par eux-mêmes « per manum suam ». Les religieux prétendaient que cette récréance devait se faire au contraire par eux. Le Parlement leur donne gain de cause. (*Ibid.*, II, p. 443, VII [1300].)

— Récréances de prises faites sur les Hospitaliers par les gens de Charles, comte de Valois. La récréance se fera par la main des gens du roi « tanquam per manum superioris ». (*Ibid.*, II, p. 360, XXII [1293].)

— Récréance d'un cheval.... (*Ibid.*, II, p. 426, XXV [1298].)

1. « Loco prius ressaisito. » (*Ibid.*, II, p. 242, III [1285].)

2. Récréance (avec deux garants) de Jacques de Mesnil. (*Ibid.*, II, p. 379, III [1295], en français.)

— Garants attaqués parce qu'ils n'auraient pas ramené au Châtelet les prévenus en habit laïque comme on les leur avait délivrés. (*Ibid.*, II, p. 501, XIII [1309].)

Récréance de prisonniers. (*Ibid.*, II, p. 675, I en français; I, p. 607, XIV [1265]; II, p. 488, IV [1307].)

3. *Applègement.* — Quand une partie revendiquait un meuble ou un immeuble et qu'elle reconnaissait que le possesseur était saisi, la chose contentieuse n'était pas mise en la main du roi, à moins que le plaignant ne donnât caution ou *plège* de dédommager sa partie adverse si sa complainte se trouvait mal fondée. On appelait cette caution *applègement*. Le défendeur pouvait opposer à l'applègement du demandeur un *contre-applègement* et alors il demeurait saisi.... » (Beugnot, *Coutumes du Beauvaisis*, t. I, p. XXVII.)

« où que faire devra[1] ». Dans un procès analogue, Beaumanoir fut juge comme sénéchal de Saintonge; Godefroy d'Archiac, évêque de Saintes, et les ecclésiastiques de son diocèse se plaignaient qu'on eût introduit dans leur pays la coutume d'applègement et de contre-applègement. L'enquête confiée à Beaumanoir établit que cette coutume n'y avait apparu que depuis quatorze ans et le Parlement en délivra les ecclésiastiques du diocèse[2]. En Poitou, Geoffroy de Valcée réclamait devant le sénéchal une dette à la dame de Chitrey : il y eut applègement et contre-applègement[3]. En Périgord, Bertrand de Cigognes, chevalier, plaide pour l'héritage d'une terre contre Almodia, dame d'Argence. Or, selon la coutume du comté d'Angoulême, celui à qui doit revenir une « eschoite » doit fournir applègement; le seigneur place l'eschoite sous sa main : le demandeur qui a fourni l'applègement dans l'an et jour, réclame la saisine et offre d'accomplir les services envers le suzerain. Si le défendeur n'avait pas fourni contre-applègement et si le demandeur était bien l'héritier le plus proche, le seigneur devait livrer à celui-ci la saisine. La dame d'Argence, niant cette coutume, prétendait qu'une personne en saisine légale de biens quelconques ne pouvait être dessaisie sans un jugement : si la saisine lui avait été enlevée, on devait la lui restituer avant qu'elle répondît en justice. L'enquête démontra l'existence de la coutume alléguée par Bertrand de Cicognes, c'est-à-dire l'applègement : la Cour lui adjugea l'eschoite. La dame d'Argence, d'ailleurs, avait été forcée d'avouer qu'elle n'avait été en saisine que dix jours[4].

1. *Olim*, II, p. 403, XII (1296). — Voir, sur ce point, Viollet, *Établissements*, t. III, p. 369, note reproduisant une longue définition de Laurière.

2. « Sur le rapport du dit sénéchal il plut au conseil du roi (la cour prend encore ce titre) que les dits applègements et contre-applègements fussent abolis quant aux ecclésiastiques dans ce diocèse. » (*Olim*, II, p. 277, V [1288].)

3. *Ibid.*, III, p. 421, XII (1298).

Contre-applègements. (*Ibid.*, I, p. 231; II, p. 73, XXIV, etc.)

4. *Ibid.*, I, p. 230, II (1266). — Au sujet de cet applègement M. Glasson donne l'explication suivante : « D'après les coutumiers, cet applègement (de nouvelle eschoite) suppose que l'héritier véritable, malgré la règle *le mort saisit le vif*, n'est pas en possession de la succession ou de la partie de la succession qui lui revient et qu'un autre s'en est emparé depuis un an et un jour à partir de la mort du défunt. Dans ces circonstances, l'héritier le plus proche a perdu la possession, ou, pour parler plus exactement, il ne l'a jamais acquise et les effets de la règle *le mort saisit le vif* sont éteints à ses dépens; mais on lui donne précisément l'applègement de nouvelle eschoite pour acquérir cette possession qu'il n'a jamais eue... » (Glasson, *Hist. du Droit français*, t. VII, p. 303.)

La procédure de la saisine ou possessoire et du pétitoire régit, sous l'ancienne monarchie, les questions de propriété. Par sa subtilité, elle aida aux progrès des juridictions laïques[1]. Celles-ci, en beaucoup de matières relevant des juges ecclésiastiques, revendiquèrent la connaissance du fait de la saisine ou possession. Elles réservaient au for ecclésiastique le fond du débat, la question de propriété. Mais qui ne voit qu'en décidant de la possession de fait, les juges laïques décidaient souvent de la propriété que présumait cette possession? Qui ne comprend par quelle logique les juges laïques, lorsqu'ils purent connaître de l'action possessoire, furent amenés à connaître de l'action pétitoire? Tout n'a pas péri dans cette procédure de la saisine, mais elle est reléguée à un plan secondaire et spéciale à des cas tout particuliers[2].

IV. — Prescription. — Expropriation.

Dans le vieux Droit germanique, la durée d'un an et jour suffisait pour consacrer une possession et la rendre légale. L'influence du Droit romain fit sentir combien ce délai était court. Elle fit

1. « Qui croirait, a écrit M. Viollet, que le perfide possessoire couvre de son ombre une guerre séculaire? Et quelle guerre, rien moins que la lutte éternelle du Sacerdoce et de l'Empire! Je m'explique : c'est grâce à la distinction du possessoire et du pétitoire que les juges laïques statuèrent dans une foule de contestations qui semblaient du ressort de l'Église; le fond du litige est assurément ecclésiastique, disait-on, mais le côté extérieur de la question, le possessoire, relève des tribunaux civils. Or l'extériorité d'une question de droit, c'est bien souvent son côté pratique : une fois le procès engagé sur le possessoire, les parties seront rivées au juge laïque : un second procès au pétitoire sera long et coûteux. Le perdant et quelquefois les deux parties pourront être ruinées ou mortes avant qu'il soit vidé... La doctrine de la compétence du juge civil au possessoire est formulée dès le XIIIe siècle (*Liber practicus Remensis*, XIIIe siècle). (Viollet, *Précis de l'histoire du Droit français*, p. 492.)

« On peut comparer le possessoire à une forêt profonde au travers de laquelle quelques voies se laissent à peine reconnaître, encombrées et presque entièrement couvertes de vieux troncs morts ou de pousses nouvelles. J'ai voulu dessiner rapidement les artères principales et tracer comme un croquis à vol d'oiseau. Je ne m'aventurerai pas dans les fourrés et dans l'inextricable dédale du possessoire. » (*Ibid.*, p. 498.)

2. *Code de Procédure civile.* — Instances entamées devant les juges de paix en vertu de l'article 6 de la loi de 1838 et de l'article 3 du Code de *Procédure civile* : « Les juges de paix connaissent, en outre, à charge d'appel : 1° des entreprises commises, dans l'année, sur les cours d'eau servant à l'irrigation des propriétés et au mouvement des usines et moulins, sans préjudice des attributions de l'autorité administrative dans les cas déterminés par les lois et par les règlements; des dénonciations de *nouvel œuvre, complaintes, actions en réintégrande* et autres actions possessoires fondées sur des faits également commis dans l'année. » (Article 6, n° 1.)

prévaloir, pour la propriété, la prescription de *dix*, de *vingt*, de *trente* ans [1], adoptée également par le Droit canon. L'Église n'admettait point d'ailleurs de prescription contraire à la conscience [2].

Cette évolution importante se produit au moment où commencent les *Olim*. Le doyen et le chapitre de Saint-Martin de Tours plaident contre le seigneur Hardoin de Maillé pour le droit de placer des mesures (sans doute itinéraires) entre la Mote de Montboe et Maillé. Leur saisine remonte à dix ans et même la coutume leur permettait celle d'an et jour. Hardoin, d'ailleurs, aurait, en plein Parlement, reconnu la vérité de cette coutume : il le nia, il y eut record de cour; Hardoin perdit. Les moines de Saint-Martin de Tours gardèrent leur droit en vertu de la prescription de *dix* ans [3]. Pierre Roche-Noire, chevalier, réclamait de Guillaume de Champuy, seigneur de Châteauroux, un bois, un bourg, un château. Le seigneur de Châteauroux soutenait que cette demande n'était pas recevable parce que, par son père, son aïeul, il était en paisible possession depuis *trente* ans et plus [4]. Pierre Roche-Noire

1. *Prescription.* — « La prescription annale du vieux Droit germanique est une règle générale mille fois formulée au moyen âge, en Allemagne, en Scandinavie, en France, à savoir que la propriété d'un immeuble s'acquiert par la possession d'un an. Cette règle est inscrite dans la *Coutume de Touraine-Anjou* et dans la *Compilatio* : les chartes nous en révèlent aussi l'existence dans ces provinces....

« Nous rencontrons parallèlement à cette prescription germanique la prescription romaine de dix, vingt, trente ans : elle est mentionnée dans les chartes angevines, elle est visée dans l'*Usage d'Orléanais*, bien que le Droit orléanais conserve néanmoins quelques traces de la prescription ancienne.....

« ... Cette prescription de dix, vingt, trente ans, qui était, à l'origine, un moyen de défense, qui devint un mode prétorien d'acquérir et que Justinien avait fondue avec l'ancienne *usucapio*, fut adoptée par le Droit canon. Le Droit romain et le Droit ecclésiastique sont les deux canaux par lesquels elle a pénétré dans nos usages et chassé peu à peu la prescription germanique d'un an.... » (Viollet, *Établissements*, t. I, p. 111, 112.)

2. La mauvaise foi, selon la doctrine romaine, pouvait exister et n'empêchait pas la prescription de trente ans. L'Église réagit contre cette théorie. « Les canonistes hésitèrent tout d'abord; mais, au XIIIe siècle, un concile s'éleva au nom de la conscience et de la morale contre cette loi civile et défendit de l'appliquer. Le texte fondamental en cette matière est un canon du concile de Latran de 1215 dont voici la teneur : « Synodali judicio definimus ut nulla valeat absque bona fide præscriptio, tam canonica quam civilis; cum sit generaliter omni constitutioni atque consuetudini derogandum, quæ absque mortali non potest observari peccato : undè oportet ut qui præscribit in nulla temporis parte, rei habeat conscientiam alienæ.... » (Viollet, *Précis de l'histoire du Droit français*, p. 490.)

3. « ... In qua ipsi pro se proposuerant *possessionem suam decem annorum*, specialem etiam consuetudinem esse in terra, quod, *per teneuram unius anni et diei*, potest unus contra alium se tueri. (*Olim*, I, p. 748, XXII (1268). *Actes du Parl.*, 1335.) — Maillé (Indre-et-Loire), canton de Sainte-Maure, arrond. de Chinon.

4. « ... Quia, tam ipse quam pater suus et avus suus in pace tenuerat premissa omnia, per triginta annos et ampliùs. » (*Olim*, I, p. 502, XXVIII [1260].)

alléguait une coutume disant que si un père avait eu la saisine d'un bien, la prescription sans titre ne courait point contre son fils, qui pouvait toujours réclamer. Le seigneur de Châteauroux repoussa cette prescription indéfinie et eut gain de cause au Parlement. Les nonnes et l'abbesse de Pont-Girard, de l'ordre de Cîteaux, demandaient qu'on leur rendît un bois qui leur aurait été donné par le roi Jean d'Angleterre. Or, le roi détenait ce bois paisiblement depuis cinquante ans et plus : il n'était pas tenu de répondre à la demande et d'ailleurs il ne pouvait être engagé par les lettres du roi d'Angleterre[1]. Du reste, Boutillier le dit formellement, la prescription ne pouvait non plus être invoquée contre lui. Toujours, d'après le principe romain de supériorité, le roi pouvait gagner, non perdre.

Malgré la prépondérance des intérêts privés à cette époque, les légistes faisaient prévaloir, à l'occasion, l'intérêt public. Ils reconnaissaient au seigneur haut-justicier la garde des grands chemins, c'est-à-dire « de ceux par lesquels on va de la ville au château et du château à la ville »; ils pouvaient enlever les pieux et tous travaux nouvellement fixés en terre qui gênaient la circulation. Le Parlement en décide ainsi en faveur du roi pour le territoire de Cormery[2]. C'était le droit d'*expropriation*.

A Paris, Nicolas Galois avait deux moulins sur la Seine près du prieuré de Saint-Denis de la Chartre, vers le bourg dit les Planches (la Planche Mibray). Il fit faire, entre le dit bourg et ses moulins, un pont avec des pieux fixés dans l'eau (une sorte d'estacade) pour aller à ses moulins. Un arrêt de 1319 le condamna à abattre le dit pont comme « nuisant au public »[3]. Cet abus néanmoins se renouvela si grave que Jean Juvénal des Ursins, garde de la prévôté des marchands pendant quelques années de la minorité de Charles VI, dut, selon le récit de Pasquier, procéder d'autorité contre tous ceux qui, par moulins et écluses, entravaient la navigation de la rivière. Sans se soucier des procédures entamées par les particuliers, il réunit, sous main, des gens d'armes et des

1. *Olim*, I, p. 492, IX (1260).
2. « ... Item quod potest tollere stalla et travella terre noviter defixa, præstancia viis impedimentum. » (*Ibid.*, I, p. 252, IV [1267].) — Cormery (Indre-et-Loire), canton de Montbazon, arrond. de Tours.
3. Collect. Lamoignon, *Jugés*, t. I, f° 7.

manœuvres; puis, en une nuit, il fit abattre tous les moulins qui étaient sur la rivière : il rendit ainsi la navigation tout à fait libre. Le Parlement trouva le procédé quelque peu violent et injurieux pour lui. Mais, dit Pasquier, « le grand profit qui en résulta pour la ville et dont on s'apperçeut en peu de temps fit puis après trouver cette procédure très bonne[1] ». Les propriétaires d'ailleurs furent désintéressés par de l'argent et « chacun eut part au contentement ».

V. — Les Successions.

Le régime des successions est celui qui, chez un peuple, se ressent le plus des coutumes primitives. Chez les Germains la propriété, collective dans la famille et dans la tribu, ne pouvait être partagée. Même lorsque la propriété individuelle eut triomphé, le souvenir des communautés familiales qui supposaient une communauté d'habitation, entraîna et maintint au moyen âge l'exclusion des enfants qui s'établissaient ailleurs (*foris familiatio*), qui s'expatriaient, dans le sens restreint où le mot *patrie* s'appliquait seulement au champ paternel. De là aussi, dans le vieux Droit, la concurrence des collatéraux avec les descendants directs et les oncles disputant aux neveux l'héritage. De là également l'exclusion originelle des filles que les lois barbares écartaient des successions, sauf celle des Wisigoths, pénétrée de Droit romain. L'Église réagit contre cette exclusion, qu'une formule qualifiait d'impie[2]. La femme, au moyen âge, fut donc admise à succéder. Nous

1. Ét. Pasquier, *Recherches de la France*, liv. VI, chap. XXXVIII, p. 662.

M. Viollet a cité d'autres faits d'expropriation : indemnités accordées par saint Louis (1232); indemnités pour l'agrandissement du Palais (1298); contestation entre Charles d'Anjou et un propriétaire, intervention de saint Louis, etc. (*Établissements*, t. IV, p. 63, note sur le chap. XCVIII.)

2. *Successions.* — « Le droit successoral des femmes pénétra lentement et intégralement le domaine juridique et s'insinua par des procédés très divers : tantôt les femmes furent admises à défaut des hommes; tantôt elles prirent à côté des hommes une part restreinte de l'hérédité; tantôt elles furent appelées par le testament du père à partager avec leurs frères; c'est par la voie d'un testament que Charlemagne songea à laisser quelque chose à ses filles.... L'Église était très hostile à cette exclusion des filles qu'une formule des temps barbares appelle *impia consuetudo*. Au moyen âge, un pape, fidèle à cette tradition, condamna de ce chef le *Miroir de Saxe*.... L'hostilité du droit successoral primitif à l'égard des femmes a marqué son empreinte dans notre Droit français jusqu'à la fin de l'ancien régime.... » (Viollet, *Précis de l'histoire du Droit français*, p. 701 et suiv.)

Sur la *foris familiatio*, voir remarques du même savant. *Établissements*, t. I, p. 131.

avons dit quelle place importante elle tenait, par son douaire, par le partage de la communauté conjugale, dans les successions, nobles ou roturières. « Toutefois, dit M. Viollet, le privilège du sexe fut conservé sur quelques points, même dans les familles roturières, jusqu'à la fin de l'ancien régime. De nos jours il existe encore, à des degrés divers, dans les États Scandinaves, en Russie, en Angleterre, en Serbie, dans plusieurs cantons suisses [1]. »

Nous ne reviendrons pas non plus sur le brocard célèbre : « Le mort saisit le vif » que le Parlement, dès 1259, mentionne et applique. La *Coutume de Paris*, contraire en cela au Droit romain, dira de son côté : « Institution d'héritier n'a lieu » (art. 299). Le testament, nous le verrons plus loin, se généralisant de plus en plus, modifia cette théorie. Quand il n'y a pas d'héritier, la succession est déférée au roi [2]. D'ailleurs, on ne peut succéder qu'à des parents nés dans le royaume. Or, le royaume, à cette époque, c'était le domaine royal, qui était loin d'embrasser toute la France. Marie Fouasse, femme de Jean Fouasse de Laon, meurt sans enfants, son frère réclame l'héritage [3]. Or, par hasard, Marie Fouasse quoique fille d'un seigneur du domaine royal, était née en dehors, durant un voyage de la mère. Le collecteur des mainmortes et des droits du roi s'oppose à la réclamation du frère et le Parlement, embarrassé, prescrit une enquête sur le lieu de naissance de Marie Fouasse. Quant aux successions des indignes, des criminels [4], elles appartiennent au suzerain ainsi que celles des

1. *Successions* (suite). — Viollet, *Précis de l'histoire du Droit français*, p. 711.

2. Dans la succession du fils Basse, marchand lombard de Troyes, on ne trouve pas d'héritier du côté du père. Il fut prononcé que les biens meubles de ce fils, provenant du côté du père, seraient attribués au roi comme vacants « tanquam vacancia ad dominum regem pertinere.... » (*Olim*, II, p. 418, v [1298].)

3. Collect. Lamoignon, *Conseil et Plaidoiries*, t. XLII, f° 193 et suiv., 24 mai 1384. Voir ce que nous avons dit déjà p. 767.

Le Parlement, au xiv° siècle, paraît bien acquis au droit successoral des filles. Catherine de Royère, après la mort de son père, était restée dans la maison paternelle de Marsac : elle avait partagé l'héritage avec son frère « tanquam filia et heres proximior ». Or, à la requête d'un compétiteur, Pons de Vissac, le bailli d'Auvergne avait dessaisi Catherine Pons, et avait occupé violemment la maison et les terres. Catherine réclamait en outre l'héritage d'un oncle, chanoine de Brives, dont Pons l'avait également dessaisie. Enquête. Jugement en faveur de Catherine (*Olim*, III, p. 1302, LXXVII, 7 juillet 1318.). — Voir sur ces questions Mignet, *Rapport à l'Académie des Sciences Morales sur un Concours relatif au droit de succession des femmes*, reproduit Revue de Législation (Wolowski) t. XVI, 3.

4. Procès entre l'archevêque de Lyon, appelant d'une part, le procureur du roi et le bailli de Mâcon, d'autre part, à propos des biens de Perrotin Du Bois enlevés

suicidés, des aubains, des bâtards, des hérétiques[1]. Le Parlement, cependant, en certains cas, lorsque la démence du suicidé paraît prouvée, rend la succession aux héritiers naturels[2]. Ainsi arrive-t-il pour ceux de Jean de Melle, qui s'était tué en prison, au Châtelet. On se disputa l'argent qu'il laissait : l'évêque de Paris parce que Jean de Melle avait été trouvé tonsuré et en habit de clerc, puis d'autres personnages demandaient cet argent comme leur ayant été volé. La Cour distribua la somme aux réclamants[3].

Les héritiers, naturellement, ne se souciaient point de recueillir une succession grevée de dettes : c'était le cas de celle d'un évêque de Soissons, Milon. L'héritier différait de rendre l'hommage pour les fiefs ; sur l'instance des créanciers, le Parlement lui enjoignit de rendre l'hommage et de payer les dettes ; faute de quoi, les biens seraient vendus pour acquitter les dettes. Selon une note du greffier, cet arrêt souleva de vives discussions et « ne plut pas à tous les conseillers : on le trouvait défavorable aux seigneurs, car, dans le cas de défaut d'hommage, ceux-ci s'appropriaient les revenus[4] ».

Ce serait une revue interminable que celle de toutes les espèces

à Jean Marbo comme *indigne* pour ce que ledit Marbo a tué Perrotin lequel l'avait institué son héritier. Le procureur du roi et le bailli de Mâcon disent que « auferre bona ab aliquo tanquam indigno est jus regaliæ » et que « talia bona fisco acquiruntur ». L'archevêque invoque son titre de Primat de l'Église des Gaules qui lui confère les droits régaliens. Puis dans son plaidoyer il émet de singulières théories historiques. Oui ces biens sont acquis au fisc, mais quand les lois furent faites, le fisc était celui de l'empereur. Or il n'y a plus d'Empire et « chacun haut justicier est réputé fiscus en sa juridiction : à lui doit appartenir la succession de l'indigne ». La Cour ajourne sa décision entre le roi et l'archevêque, mais elle nous importe peu puisqu'il ne s'agit en somme que de la question de savoir à quel maître reviendront les biens de l'indigne. (Collect. Sainte-Geneviève, Ff. 13, t. I, f° 371.)

1. Le seigneur de Fenouillet est accusé d'hérésie par les inquisiteurs en Albigeois. Il meurt pendant le procès. Les héritiers réclament sa succession. Le sénéchal de Carcassonne fait poursuivre l'enquête qui établit le crime d'hérésie, les biens sont confisqués au profit du roi. Le Parlement confirme ce jugement.

2. Succession d'une femme de Chauny qui s'était noyée dans un accès de démence. (Cette décision fut rendue en présence de saint Louis : « Placuit domino Regi. » *Olim*, I, p. 431, xxv [1254].)

3. Par ordonnance de la Cour ont esté distribués cent francs qui ont esté trouvés dans une bourse qu'avait Jean de Melle, et baillés à deux personnes par moitié « lesquels les contendoient avoir chascun pour le tout ». (Collect. Sainte-Geneviève, Ff. 13, t. I, f° 335 ; extrait du t. III des *Plaidoiries* de 1377 à 1381, 2 et 6 juillet 1379.)

4. « ... Istud arrestum non placuit omnibus de Consilio ; immo expresse dictum fuit quod hoc erat contra dominos qui propter defectum hominis faciant fructus suos.... » (*Olim*, II, p. 328 [1291].) — Ainsi il y avait, au Parlement, des partisans du Droit féodal rigoureux qui auraient purement et simplement confisqué la terre pour défaut d'hommage, sans souci probablement des créanciers.

qui se présentaient, mais dans ces arrêts conservés par les premiers greffiers on rencontrerait bien des documents précieux pour l'histoire du droit de succession. A propos d'un différend entre le comte d'Alençon et la comtesse de Blois, une pièce curieuse détaille tous les objets qui sont réputés *meubles* : véritable énumération juridique et faite en français[1].

Nulle part plus que dans les successions l'orgueil et l'ambition de la caste nobiliaire ne modifièrent, comme nous l'avons vu pour le droit d'aînesse, les lois naturelles. Rappelons toutefois que si le fils aîné a les profits, il a aussi les charges de son privilège. Il prête l'hommage et acquitte les services pour ses frères et sœurs. Quand une de ses sœurs se marie, elle ne paie point de relief pour son héritage : le frère aîné a payé pour elle : elle ne le doit que si elle se remarie. Si une de ses sœurs n'est pas mariée, le fils aîné l'établit et la dote. On pense bien qu'il le faisait chichement. La dame d'Estouteville était restée, à la mort de son père, sous la garde et le bail de son frère aîné, Geoffroy, vicomte de Châteaudun : celui-ci l'avait mariée dans un pays éloigné et avait donné au mari ce qui lui avait plu. Aussi réclamait-elle une part qui aurait dû lui revenir dans la vicomté de Châteaudun[2]. Dans les successions collatérales il n'y avait point de droit d'aînesse, selon

1. *Définition des meubles.* — « Il fu esgarde (jugé) entre monseigneur d'Alençon et la comtesse de Blois, que or, argent, pierres précieuses, deniersses (*sic*), vaiselements d'argent, chevaus, armeures, pavelons, arbaleites, vins en celiers, coutes, coisins, tables, formes et autres garnisons par outel, et vaissiaus sont *muebles partables* (partageables); des engins il ne fu riens dit, mes il demoreront au conte de l'assentement la contesse; et derechief tuit li ble et tuit li denier que l'en devoit au conte de Blois, au jor qu'il morut; derechief tuit li ble, les avoines, les orges et toute autre maniere de blez qu'il avoit au jor de sa mort, sont muebles partables. Derechief il fu esgarde que bois coupez, tout soit li termes du poiement avenir, sont mueble, et bois a couper, tout soit li termes cheu du poiement, ne sont mie mueble. Derechief il fu esgarde que poison (*sic* p. poisson) en sauvoer est mueble partable : derechief il fu esgarde que toute chouse qui tient a clou, a cheville et a racine n'est mie mueble; et il fut ordene que l'en enquerroit savoir mon se, par les coutumes des leus ou les choses sont, les vignes le conte qu'il faisoit faire a ses deniers et estoient faites de toutes façons le jor qu'il morut, sont muebles ou non muebles; et aussi enquerra l'en se les poissons des estans, des viviers et des rivieres sont, par la coutume des leus, muebles ou non muebles. .. » (*Olim*, II, p. 164, XXX [1280].)
— Autre pièce. Accord français de Guillaume Pizdoe, prévôt des marchands au nom de sa femme, Marie, et de Jean Le Breton, pelletier et bourgeois de Paris. Accord relatif à une succession et relatif aux meubles, inséré par le greffier dans le procès. (*Ibid.*, III, p. 632, XXII, 1311 [1312].) — Voir encore dans un arrêt une énumération très longue de terres, bourgs, revenus de toute sorte composant une succession seigneuriale. (*Ibid.*, III, p. 271, LXII.)

2. *Ibid.*, I, 490, VI (1260).

la plupart des coutumes, sauf en celle de Touraine-Anjou[1]. En Champagne, la coutume enregistrée par les *Olim* divise les successions collatérales en parts égales[2]. Il en est de même à Paris[3].

Mais, lorsqu'il s'agissait de fiefs, les filles étaient exclues de la succession collatérale, les sœurs d'un seigneur décédé sans enfants étaient primées par leurs propres enfants mâles. On avait toujours en vue le service du fief.

Tout d'abord le droit féodal n'admit point la *représentation*, ni

1. *Droit d'aînesse.* — « Le vieux Droit tourangeau-angevin sacrifiait ici complètement les puînés et accordait à l'aîné un droit exclusif; la *Coutume de Touraine* garda (sauf diverses exceptions) ce droit absolu de l'aîné jusqu'en 1789. L'Anjou et le Maine modifièrent à diverses reprises le droit primitif : dans ces deux provinces, on restreignit, dans les successions collatérales de frère aîné à frères, la part du frère (devenu l'aîné) aux deux tiers et on accorda un tiers aux puînés : on exclut pendant un temps les puînés mâles de toutes les autres successions collatérales. Puis on abandonna ce système bizarre si favorable aux femmes et on accorda, en toute succession collatérale, les deux tiers à l'aîné, un tiers aux cadets mâles ou femelles.

« Ainsi, en ce qui touche le régime des successions, la Touraine est restée plus fidèle que l'Anjou et le Maine au droit primitif. J'en dirai autant du Vendômois pour ce qui concerne les successions directes : le Vendômois, comme la Touraine, a maintenu aux puînés mâles leur tiers en pleine propriété. Il en était de même dans quelques autres localités. » (Viollet, *Établissements*, t. I, p. 384, 385.)

2. « Judicatum est quod consuetudo Campaniæ benè probata est scilicet quod castra et Castellaniæ et fortalicia et hereditates provenientes a latere equaliter dividuntur inter heredes.... » (*Essai de Restit.*, 585 [1286].)

En Normandie il en est autrement. La terre, *per usus et consuetudines patrie, semper descendit ad fratrem primogenitum et ejus liberos.* (*Olim*, I, p. 849, XXXI [1270].)

3. *Collatéraux; partage égal.* — Ernée, fils de feu Ernée, huissier, étant mort sans héritier, « l'écheoite » de ses biens meubles est disputée par Guillaume, son frère de père, Adam de Ranci, son frère de mère, et la femme de Jean Bigne, sa sœur de père et de mère. Cette dernière réclamait l'héritage entier. Le Parlement le divise *également* entre les trois collatéraux « selon la coutume de la ville de Paris. » (*Ibid.*, II, p. 123, L.)

— A Sens, même partage égal entre les frères. « Omnes fratres masculi habebunt partem suam et dividetur inter ipsos ». (*Ibid.*, I, p. 444, XIV [1257].)

Remarquons qu'il s'agit de meubles : le droit était autre pour les fiefs.

— Voir Brodeau, *Commentaire sur la Coutume de Paris*, t. I, p. 289, art. XXV. — Toutes ces questions sont élucidées par Beaune, *Condition des biens*, p. 353 et 386 : successions déférées aux collatéraux.

Les oncles partagent avec les neveux. (*Olim*, I, p. 44, II [1258].)

Mais les oncles ne cessent de troubler les neveux dans la possession de leur héritage. Jean de Falevy (de la maison de Nesle) a hérité du comté de Ponthieu. Son oncle Raoul de Nesles, écuyer, le trouble dans sa saisine, levant, emportant les revenus des biens. Raoul de Nesles se justifiait en racontant qu'il était le fils puîné du comte de Ponthieu, grand-père de Jean de Falevy. Il avait succédé pour sa part en certains biens, le 1/5 des fiefs en Vermandois, le 1/3 en Beauvaisis et la 1/2 des censives existant partout. Après de longs débats où l'on allégua beaucoup de coutumes, de raisons, de défenses, de faits, de témoignages, le bailli adjugea à Jean de Falevy la saisine de tous les héritages que son père avait au moment où il vivait et qui avaient appartenu au comte de Ponthieu, père dudit Raoul. Mécontent, Raoul appela au Parlement qui annula le jugement et condamna à l'amende les hommes qui l'avaient rendu. (*Ibid.*, III, p. 415, XXVIII, 1309 [1310].)

en ligne directe, ni en ligne collatérale. L'oncle était préféré aux neveux. L'influence croissante du Droit romain modifia cette doctrine. Au XIIIe siècle, la représentation est acceptée, au moins en ligne droite. Le Parlement juge en ce sens[1].

Toutefois, dans les grandes successions féodales, la représentation n'est pas encore admise. Dans les procès fameux de Robert III d'Artois (1308-1316-1331-1332), sa tante, Mahaut, fut préférée au petit-fils du Robert vainqueur de Furnes, tué à Courtrai, à l'arrière-petit-fils du Robert tué à Mansourah. Après la mort de Mahaut (1329), son héritier, le duc de Bourgogne, l'emporte encore sur Robert III. C'était le vieux Droit qui eut les plus fâcheuses conséquences puisque ce fut, nous avons déjà eu l'occasion de le rappeler, une des causes indirectes de la guerre de Cent Ans.

La représentation, au contraire, existait en Bretagne. Jeanne de Penthièvre, représentant son frère Gui de Bretagne, réclamait cette succession (1341). Le frère de Gui, Jean de Montfort, soutenait qu'il fallait appliquer la coutume de France parce que cette coutume lui était favorable. L'arrêt, dit de Conflans (7 septembre 1341),

1. *La représentation.* — Procès entre Guillaume de Montaigu, chevalier, Marie, sa femme, et Jean des Barres, écuyer, frère de ladite Marie, d'une part, et Jeannot, fils d'Eudes, Guillaume, fils de Pierre des Barres, d'autre part. — Dans ce procès compliqué les baillis d'Orléans et de Sens avaient eu mission d'opérer le partage. Le bailli d'Orléans, considérant que Jean et Guillaume représentaient les personnes de leurs pères (personas dictorum patrum suorum representabant) leur assigna les parts que les pères auraient dû avoir. — Le jugement fut confirmé par le Parlement. (*Olim*, II, p. 330, XX [1291].)

— En Normandie le droit de représentation existe.... « Dictus Galterus replicabat quod ipse non erat heres proximior dicti Petri Cambellani; immo terram quam, ex eschæta dicti Petri tenebat in Normannia, non habet, tanquam heres proximior, *sed per consuetudinem patrie que talis est quod ipse representet personam patris sui*, qui fuit frater primogenitus dicti Petri.... » (*Ibid.*, II, p. 93, XXIX.)

Beaune a énuméré les diversités presque inextricables des coutumes sur le droit de représentation. (*Condition des biens*, p. 372, 373.)

2. *Successions d'Artois et de Bretagne.* — Pour le procès de Robert d'Artois voir le manuscrit des Archives JJ, 20, et Biblioth. nationale, le manuscrit français 18437 (Harlay) avec les notes de Dom Poirier, et la fameuse miniature du Parlement solennel (f° 2).

Le P. Anselme a résumé ce procès et analysé les différentes pièces. (*P. Anselme*, t. III.) — Parmi les publications modernes, nous ne citerons que Kervyn de Lettenhove, le *Procès de Robert d'Artois* (*Bulletin de l'Académie royale de Belgique*, 2e série, X et XI, 1860-1861). — J. Richard, *Mahaut, comtesse d'Artois et de Bourgogne*, 1887. — Moranvillé. *Guillaume du Brueil et Robert d'Artois*, Biblioth. de l'Ecole des Chartes, XLVIII, 1887. — Lefrancq. *Robert III et le comté d'Artois au commencement du XIVe siècle*, Positions de Mémoires présentées à la Faculté des lettres de l'Université de Paris, 1896.

donna la Bretagne à Jeanne de Penthièvre et à son mari Charles de Blois[1]. Il n'y a donc pas lieu de chercher la raison de ces contradictions dans des influences de familles et des intérêts politiques. Robert III d'Artois était le beau-frère de Philippe VI qui le fit condamner. Charles de Blois, sans doute, était le neveu de Philippe VI qui le fit triompher; mais le Parlement, dans ses arrêts, se règle surtout sur les législations locales. Jean de Montfort en appela aux armes et au roi d'Angleterre qui, lui aussi d'ailleurs, réclamait la succession de France.

Petit-fils de Philippe le Bel par sa mère Isabelle, Edouard III ne pouvait, selon la coutume de France, représenter sa mère Isabelle. L'eût-il pu, celle-ci, selon l'avis des légistes et des barons français, n'avait jamais été plus capable que les filles de Louis X, de Philippe le Long et de Charles IV, d'hériter de la couronne de France : non que la loi dite *salique*[2] s'y opposât, mais parce que les barons et les légistes français estimaient cette couronne si haute « qu'elle ne pouvait tomber en quenouille » : ils craignaient, en adoptant la succession des femmes au trône de France, d'y voir accéder un prince étranger. Ce n'est pas ici le lieu de nous étendre sur ces faits, mais ils témoignent combien le droit successoral, varié selon les pays, incertain, flottant, influa sur les destinées de la France. De ces procès sortit une guerre, nationale en dépit des désastres qui la marquèrent, et qui, par ses misères mêmes, éveilla le sentiment de la patrie.

Une vieille maxime : « Les fiefs ne remontent pas » interdisait aux ascendants, en cas de mort prématurée de leur fils, de prendre

1. Ét. Pasquier a consacré tout un chapitre a cette question de la représentation. *Les Recherches de la France*, l. IV, chap. xx. — Parmi les exemples qu'il donne, il cite la succession de Bretagne :

Arthur II de Bretagne avait eu d'un premier mariage deux fils, Jean III de Bretagne, Gui de Bretagne, comte de Penthièvre et, d'un second mariage, Jean de Montfort. Jean III était mort sans enfant mâle, son frère Gui étant décédé, Jeanne la Boiteuse, fille de Gui, mariée à Charles de Blois, était son héritière : elle représentait son père. — Jean de Montfort ne pouvait établir ses prétentions que sur l'ancien droit exclusif des neveux. D'ailleurs il n'était parent du duc Jean III que du côté paternel, Jeanne l'était par les deux lignes.

— Voir, sur cette question, Siméon Luce, *La Jeunesse de Bertrand Du Guesclin*. De la Borderie, *Études historiques bretonnes* (1888) et *Hist. de Bretagne*, t. III (1899).

2. Cette question qui a donné lieu à tant de controverses a été définitivement éclaircie par le Mémoire de M. Viollet sur la Loi salique (*Académie des Inscriptions*, t. XXXIV, 2e partie) et dans son *Histoire des Institutions politiques de la France*, tome II, p. 59-86, à laquelle nous renvoyons.

part à sa succession. Montesquieu expliquait cette exclusion en disant que l'âge rendait les ascendants incapables de rendre le service militaire du fief[1]. Au XIIIe siècle, pourtant, cette exclusion n'était plus universellement maintenue. En Beauvaisis, selon Beaumanoir[2], en Normandie d'après le *Grand Coutumier*, les ascendants héritent des fiefs[3]. Le Parlement adopte cette doctrine. Robert de Saint-Clair, possesseur de la terre de Sorel, acquise par lui, meurt sans enfant. Son père demande la saisine de la terre de Sorel comme le plus proche héritier. La sœur du défunt la réclame aussi et s'appuie sur une promesse écrite. Le Parlement adjuge la saisine au père, au moins pour les biens situés en France (ce qui nous indique que c'était là seulement le droit de la *Coutume de Paris*)[4].

Une transformation de cette maxime : « Les fiefs ne remontent pas » amena une autre règle d'une application plus générale et inspirée d'un égal désir de conserver les biens dans une même famille, noble ou roturière. Les *propres* d'un des époux décédés passaient sans difficulté aux héritiers directs, mais si ces héritiers faisaient défaut, les propres étaient dévolus aux parents les plus rapprochés de la ligne paternelle si les biens venaient de l'époux, de la ligne maternelle s'ils venaient de la mère[5]. Une de ces lignes manquait-elle? Les biens ne revenaient pas à l'autre, mais au suzerain. Une curieuse réponse des échevins d'Ypres à ceux de Saint-Dizier, dans le fameux *Tout-Lieu de Saint-Dizier*, met bien en évidence ce vieux droit. Un clerc, orphelin de père et de mère, était mort. Sa succession fut disputée par ses neveux et nièces et aussi par le seigneur. Consultés, les échevins d'Ypres déclarèrent que les neveux et nièces de la ligne paternelle devaient avoir la

1. *Esprit des Lois*, l. XXXI, chap. XXXIV.
2. Beaumanoir (Salmon), chap. XIV, § 493-494.
3. *Les ascendants*. — « On reconnait dans certaines localités un véritable droit de retour pour les biens donnés par l'ascendant à son descendant mort sans postérité. L'ancienne coutume de Champagne et de Brie admet formellement en pareil cas un droit de succession au profit de l'ascendant donateur, même sur le fief (Li droit et li coutumes de Champagne) ». (Glasson, *Hist. du Droit*, t. VII, p. 462.)
4. *Olim*, I, p. 494, XIII, 1260.
5. Imbert de Presles, chevalier, réclamait la saisine d'une terre échue à sa femme après la mort de sa sœur mariée à Geoffroy de Dongon. Celui-ci arguait d'une donation à lui faite par sa femme. Le Parlement jugea en faveur d'Imbert. (*Ibid.*, I, p. 452, XVI [1259].)
Voir Beaune, *Condit. des Biens*, p. 382. — Ch. Giraud, *Précis de l'ancien Droit coutumier français* (édit. de 1875), section IV, *Des propres*, p. 62 et suiv.

moitié de la succession; l'autre moitié devait être mise sous séquestre durant un an; s'il ne se présentait aucun héritier du côté maternel, elle serait acquise au seigneur[1].

C'est en vertu de ce principe que le mari est obligé de restituer aux collatéraux les propres de sa femme décédée sans enfant[2]. Les *Olim* démontrent que s'établissait la règle « *Paterna paternis, materna maternis*[3] ». Il en était autrement quand il s'agissait, comme nous l'avons vu plus haut, de biens de communauté.

Les successions roturières avaient l'avantage sur les successions nobles que l'égalité romaine et germanique des enfants y prévalut. Point de droit d'aînesse, ni de masculinité; point d'exclusion des ascendants. Peu importait alors que les tenures roturières, les vilenages fussent divisés, morcelés : la classe noble y trouvait profit : les roturiers aisés pouvaient moins facilement constituer des domaines. Ces successions, bornées d'ailleurs à celles des bourgeois, des artisans, des tenanciers, étaient régies par les règles coutumières : « Les propres ne remontent point », — « Les biens paternels ou maternels restent dans la même ligne ». Plus manifeste que dans les successions nobles, la maxime : « Le mort saisit le vif » faisait passer immédiatement le droit successoral à l'héritier. Il n'y avait point là d'autorité supérieure, point de suzerain réclamant l'hommage et le droit de relief. Aussi cette

1. *Tout-Lieu de Saint-Dizier* (*Olim*, t. II. Appendice, p. 787, CXL).

2. *Règle « Paterna paternis »*... — Procès devant le prévôt de Paris. Jean Briton, Tavernier et sa femme Isabelle, Jean dit Este, frère de la dite Isabelle, d'une part, contre Thomas de Noisy, veuf d'Agnès, sœur d'Isabelle et de Jean Este.

Thomas de Noisy soutenait qu'il avait droit à la moitié des biens ayant appartenu à sa femme Agnès, puisque ces biens devaient être réputés conquets. Le Parlement, devant lequel la cause fut enfin portée, jugea contre Thomas. Il décida que les biens qui étaient échus à Agnès de la part de ses parents et de son oncle devaient revenir à Isabelle, femme de Jean Briton, et à Jean Este. (*Ibid.*, III, p. 1177, LXXIX [1317].)

3. Thibaut Raine et sa femme Esmeline avaient acquis deux maisons à Paris dans la rue de la Bûcherie, près de l'église Saint-Jean-en-Grève. A leur mort leur fille Pétronille, mariée à Jean de Tabourt, en hérita. Elle mourut à son tour, ne laissant pas d'héritier direct. Il se présente alors un héritier du côté de Thibaut Raine, père de la dite Pétronille, Gilet de Sens. Il disputait au mari Jean de Tabourt la moitié de l'héritage. Celui-ci soutenait que les maisons de la rue de la Bûcherie provenaient d'un héritage apporté à Thibaut de Raine par sa femme Esmeline : c'était un bien maternel et ce bien avait été adjugé à un frère d'Esmeline auquel lui, Jean de Tabourt, l'avait racheté. Gilet n'avait donc aucun droit sur ces maisons puisqu'il se présentait du côté paternel. Jean de Tabourt obtint gain de cause devant le Prévôt de Paris. Gilet appela au Parlement et perdit, n'ayant pu prouver ses droits. (*Ibid.*, III, p. 1255 XLII [1318].)

saisine instantanée se retrouve-t-elle dans les coutumes rédigées officiellement et a passé jusque dans notre Code civil. Les héritiers toutefois étaient libres d'accepter la succession ou d'y renoncer, ou bien, sous l'influence du Droit de Justinien, ils purent l'accepter sous bénéfice d'inventaire, faculté mentionnée dans le *Speculum Juris* de Guillaume Durand[1].

Une particularité singulière se remarque, en certains pays, dans les successions roturières. On avantageait non l'aîné, comme dans la classe nobiliaire, mais le plus jeune, le *juveigneur* (juniorem). C'était le droit de *juveigneurie*, autrement dit de *maisneté*. Privilège bizarre, à la fois semblable et contraire au droit d'aînesse puisqu'il favorisait un enfant aux dépens des autres, mais le dernier né : on le rencontre en tant de contrées diverses, même hors d'Europe, qu'on le considère comme remontant à l'humanité primitive[2].

1. Glasson, *Hist. du Droit*, t. VII, p. 479 et suiv.

2. *La juveigneurie*. — « Le droit de juveigneurie a été usité dans presque toutes les parties de l'Europe, dans la race celtique comme dans la race germanique, et il est encore aujourd'hui en vigueur dans certaines parties de l'Angleterre, de l'Allemagne, des Pays-Bas et de la Suisse. Jusqu'aux lois des 15 mars 1790 et 8 avril 1791, il a été pratiqué dans le Hainaut, la Flandre, la Picardie, l'Artois et la Bretagne aussi bien qu'en Alsace.

« Sa dénomination était empruntée, tantôt à l'état de la personne à pourvoir ou à la place que l'élu prenait dans la famille, tantôt à la manière dont le privilégié exerçait son droit, soit à son profit, soit contre les cohéritiers; et on l'appelait, suivant ces distinctions, *maisneté* en Artois, Picardie et Hainaut; *madelstade* en Flandre, *quevaise* en Bretagne, *accès* ou *préférence* (Vorsitzgerechtigkeit) en Alsace. Dans ces diverses contrées, la juveigneurie n'a jamais eu le caractère étendu et général de l'aînesse. Elle n'a embrassé ni toutes les classes de la société ni tout le territoire de la province. »

Cette coutume singulière remonterait aux peuples primitifs, pasteurs. « C'est le dernier né des mâles qui est l'héritier, par la raison qu'à mesure que les aînés sont en état de mener la vie nomade, de conduire les troupeaux et de se livrer au commerce, ils sortent de la maison paternelle avec une certaine quantité de bétail et de marchandises données par le père et vont former une nouvelle habitation. Le dernier né des mâles qui reste dans la maison avec son frère est donc son héritier naturel. Cette thèse, justifiée par les récits historiques, n'a d'autre inconvénient que de ne point rendre compte du motif pour lequel, dans les usages alsatiques et quelques autres, la fille dernière née est mise sur un pied d'égalité avec le fils dernier né...

« La juveigneurie commença, ainsi que l'aînesse, par être le privilège du sexe masculin. Les lois tartares et celtiques s'accordent en ce point : dans l'attribution du manoir paternel, les frères cadets écartent leurs sœurs puinées... Cependant le privilège de masculinité disparut ou tout au moins s'altéra. Le christianisme avait apporté au monde l'égalité des deux sexes. En son nom, au VIIe siècle, le moine Marculfe, dans une touchante formule, traitait d'impie l'antique coutume successorale qui spoliait les filles au profit de leurs frères. Longtemps encore après que cette voix se fût élevée en leur faveur, les filles restèrent sous le coup de cette injuste déchéance : et elles ne commencèrent à recueillir en leur qualité de cadettes le manoir paternel qu'après que notre province (l'Alsace) eut adopté l'admirable

L'égalité des enfants dans les familles roturières est si bien la règle du Droit coutumier que les pères ne peuvent avantager certains enfants. Dans un jugement sur une succession le Parlement fait une réserve expresse qu'en cas de donation ou de promesse à un des frères, la condition des autres ne serait pas amoindrie[1]. Les sommes données en mariage sont assujetties au *rapport* lorsqu'il faut établir les droits de succession : tous les biens forment une masse équitablement divisée[2]. Le *rapport* est resté le principe de notre Droit successoral.

VI. — Les Testaments.

La succession testamentaire était toute romaine. Elle n'existait point chez les Germains. L'Église la fit revivre en donnant au testament un caractère religieux. Ce fut un acte de piété par lequel le chrétien, se sentant mourir ou s'y préparant longtemps à l'avance, assurait par des legs aux églises, aux couvents, des prières pour le repos de son âme. Aussi le testament fut-il l'objet de nombreuses prescriptions dans le Droit canon. Le pape Alexandre III autorisa, par une décrétale de 1172, les curés et les vicaires à recevoir les testaments en présence de deux ou trois témoins[3]. Le Droit

système successoral conçu par Justinien. » (Édouard Bonvalot, *La Juveigneurie ou Privilège de l'enfant dernier né, en Alsace*, 3e édition, librairie Pichon, 1901.) — Voir aussi Glasson, *Hist. du Droit*, t. VII, p. 503.

1. *Olim*, II, p. 204, v (1282).

2. *Le rapport dans les successions.* — Sentences du 22 août et du 15 mars 1291 parmi *les Sentences du Parloir aux Bourgeois*, dans Leroux de Lincy, *Histoire de l'Hôtel de Ville de Paris*, 2e partie, p. 107-108.

— Procès au sujet du rapport fait par Marie, femme de Guillaume de Montaigu, de quatre-vingts livrées de terre, achetées jadis 1000 livres tournois et données en mariage à Marie... « Controversia mota fuisset super reaporto ». Le rapport fut fait. La Cour décida que les 80 livrées de terre seraient divisées entre les parties... (*Olim*, II, p. 330, xx [1291].)

— Procès devant le prévôt de Beauvais : Yolande, femme d'Hocto d'Encre, avait, par ses dernières volontés, avantagé plusieurs de ses enfants en leur donnant sa part des acquets faits entre elle et son mari. Enguerrand d'Encre, frère des enfants avantagés, plaida et rappela que, suivant l'ordonnance faite par le père, les enfants étaient *tenus au rapport*. Lui-même s'était soumis à cette ordonnance et avait rapporté 280 livrées de terre que son père lui avait données en mariage. Le prévôt de Beauvais prononça contre lui. Enguerrand appela à l'assise d'Amiens qui laissa sans doute la saisine des biens aux enfants avantagés, mais déclara que le prévôt avait mal jugé en écartant le *rapport*. Les autres alors appelèrent au Parlement qui se prononça dans le même sens que l'assise d'Amiens et *pour le rapport*. (*Ibid.*, III, p. 1354, xxi, 2 mars 1318 [1319].)

3. Voir Glasson, *Hist. du Droit*, t. VII, p. 540 et suiv. — Viollet, *Établissements*, t. I, p. 120. — Tuetey, *Testaments enregistrés au Parlement de Paris sous Charles VI*,

romain en exigeait *sept*. Il y avait donc là une facilité d'autant plus grande que le ministère des curés n'excluait pas celui des notaires. C'est le testament du Droit canon qui prévalut dans les pays coutumiers : les pays de Droit écrit gardèrent le testament romain.

Si différents qu'ils fussent en leur essence, les deux testaments arrivèrent à se ressembler. Dans le Midi on faisait aussi des legs pieux. Dans le Nord on joignit aux fondations religieuses des legs en faveur de la famille ou des amis. Sans doute, dans les pays coutumiers, le testament resta une forme secondaire de succession et « Dieu seul pouvait faire un héritier [1] ». Sans doute, dans les pays de Droit écrit, le père put et dut « instituer héritier ». Mais, dans la pratique, le testament créa, aussi bien au nord qu'au midi, des héritiers.

Pourtant il ne fallait point qu'on favorisât des personnes incapables de recevoir (bâtards, bannis, aliénés); il ne fallait pas non plus déroger à la coutume et déshériter les enfants. Celui qui faisait un testament était tenu de respecter la *réserve coutumière* (les quatre quints des propres, en certains pays les deux tiers, la moitié). Pour sauvegarder les droits des héritiers naturels, on emprunta au Droit romain le système de la *légitime*[2]. Portant sur

Notice préliminaire. — Walter, *Manuel de Droit ecclésiastique*, p. 455. — H. Auffroy, *Évolution du testament en France, des origines au XIIIe siècle*, thèse de doctorat présentée à la Faculté de Droit de Paris (1899).

1. « Solus Deus heredem facere potest, non homo. » (Glanville, l. VII, chap. I, § 6, *Regiam Majestatem*, l. II, cxx, n° 4; Houard, *Cout. Anglo-Normande*, II, 119.) — Institution d'héritier n'a lieu. (Loisel, *Inst. Coutum.*, l. II, tit. 4, règle 5. — *Coutume de Chartres*, art. 93. — *Cout. de Paris*, art. 299.)

2. *Réserve coutumière*. — Les coutumes étaient, à cet égard, fort variées. « Dans le droit angevin, le père roturier avait le droit de disposer du *tiers* de ses propres. Dans l'Anjou, le roturier pouvait aumôner, c'est à dire laisser à titre de legs pieux jusqu'à la *moitié* de ses propres, tandis que dans l'Orléanais ces legs pieux étaient nécessairement limités au *cinquième*. Les coutumes d'Anjou et du Maine les plus récentes disent formellement, en se plaçant au point de vue des personnes, que le roturier peut léguer la moitié de ses propres et tous ses meubles et acquêts à des étrangers, le noble le tiers des propres et également tous les meubles et acquêts; au point de vue des biens, elles déclaraient disponibles la moitié des censives et les tiers des fiefs.... A Bordeaux on réserve le tiers, en Poitou le cinquième sur les fiefs...

« On emprunta au Droit romain le système de la *légitime*, bien différent de celui de la *réserve coutumière*. Celle-ci portait seulement sur les biens propres, existait au profit de tous les lignagers appelés à la succession et avait surtout pour objet d'assurer la conservation des biens dans les familles. Tout autre était la *légitime* : elle portait sur tous les biens, sur les meubles et acquêts, comme sur les propres; elle existait seulement au profit de certains parents, d'un degré rapproché, et avait pour

tous les biens, immeubles, meubles, acquêts de tou
légitime pourvoyait à « la soutenance », c'est-à-dire à la
des enfants qui n'étaient pas compris dans les libéralit
taires.

Nous ne reviendrons point sur les conflits de juridi
traînait le caractère mixte des testaments dont l'exécuti
les rivalités de la justice laïque et de la justice ecclésias
flits qui tournèrent à l'avantage des tribunaux laïques.
ment, souvent embarrassé à cause de sa double compositi
de rester impartial. Il se règle, comme toujours, sur le D
mier dans le Nord, le Droit écrit dans le Midi. Parfoi
droits sont en lutte. La dame Vierne, veuve de Béthinus
du Midi, produit un testament l'instituant légataire u
Un fils d'un premier mariage de Béthinus réclame l'hé
père, ayant, disait-il, habité longtemps Paris et y ayan
fortune, sa succession devait être liquidée selon la c
France et selon le droit d'aînesse. Quelque faible qu'i
la coutume de France, le Parlement jugea que Béthinus
dans la sénéchaussée de Beaucaire sa succession devait ê
par le Droit écrit : le testament était valable, les biens fure
à l'héritier institué. Henri, comte de Rodez, étant mor
aînée Isabelle, mariée à Geoffroy de Pont, réclame l'h
Cécile, la puînée, mariée au comte d'Auvergne, le reve
vertu d'un testament. Le Parlement adjuge les biens à
fait céder le Droit féodal devant le Droit écrit[2]. Disons c
qu'en un procès de Gui, comte de Saint-Pol, contre le roi,
d'une part dans la succession de Jeanne de Toulouse et d'
de Poitiers, le comte a beau présenter un testament « non

objet d'assurer leur soutenance, c'est-à-dire les moyens de vivre selon l
tion. » (Glasson, *Hist. du Droit*, t. VII, p. 555.)

« Le *Grand Coutumier de France* fixait la légitime à la moitié des
acquêts. Cependant la première rédaction de la *Coutume de Paris* ne m
pas encore la légitime : elle n'y fut introduite que dans la seconde réda
l'influence de Dumoulin. Les autres Coutumes admirent aussi cette légit
elles adoptèrent des chiffres très divers pour sa fixation et il en est mêm
tèrent muets. » (*Ibid.*, p. 559.)

1. *Testaments.* — « Johannem heredem suum universalem instituisse ».
p. 356, III [1312].)

2. « In suo testamento eamdem Ceciliam heredem instituerat in tot
Ruthinensi et pertinenciis ejusdem ». (*Ibid.*, III, p. 781, LXVII, 1312 [1313].)

non révoqué, ni vicié, bien authentique[1]. Le Parlement n'incrimine point la forme du testament mais celle de la demande de Gui et s'en délivre par une exception de procédure. Pour la succession du comté de la Marche, sous Philippe le Bel, le Parlement ne tint aucun compte d'un testament et maintint le droit de « l'héritier naturel le plus proche[2]. »

Les *Olim* démontrent que le testament s'acclimatait dans les régions du Nord. Aceline réclamait le cinquième d'une maison sise à Paris et d'un moulin, ce cinquième (la quotité disponible sans doute) lui avait été légué par testament. Le prévôt de Paris avait jugé le testament valable et, sur appel de la partie adverse, le Parlement en fit autant[3]. Les exécuteurs testamentaires de la dame de Couci demandaient la saisine de la moitié des biens meubles communs à la dite dame et au sire de Couci. Elle avait disposé de cette part de la communauté par testament revêtu de son sceau et du sceau de l'official de Laon. Le sire de Couci et le comte de Gueldre s'opposèrent en vain à la demande des exécuteurs testamentaires, que le Parlement accueillit[4]. Le duc de Bourgogne consentit à ce que le comte Robert de Clermont prît possession, au nom de sa femme, dans le comté de Châlons, des biens que Hugues de Bourgogne lui avait légués par testament[5].

Le Parlement, redresseur de torts, ne ménage point les exécuteurs testamentaires infidèles non plus que les tuteurs dont ils cumulaient souvent les fonctions. Perraud de Noveray, fils et héritier de Pierre de Noveray, habitant de Reims, plaide contre les exécuteurs testamentaires de son père qui l'avaient frustré dans son héritage[6]. Ces exécuteurs, Collard le Bec et Milo Erard sont convaincus de mauvaise gestion. La Cour leur enlève l'admi-

1. *Testaments* (suite). — « Non cancellatum, non abolitum, nec in aliquâ parte sua viciatum sed in prima figura et sine omni suspicione existens. » (*Olim*, II, p. 55, v [1274].)
2. Gui de la Marche réclamait le comté « tanquam proximior et heres masculus solus defuncti predicti. » (*Ibid.*, III, p. 134, xxxii [1304].)
3. *Ibid.*, III, p. 1223 (1318 [1319]).
4. *Ibid.*, II, p. 255, ix (1286). — Six ans plus tard les exécuteurs testamentaires de la dame de Couci donnent quittance, en pleine Cour, au sire de Couci des meubles et acquêts qui revenaient à la succession de sa femme Marguerite. (*Ibid.*, II, p. 335, i [1292], en français.)
5. *Ibid.*, II, p. 121, xliv (1278). — Voir encore : testament validé, *Ibid.*, III, p. 1371, xxxiv (1318 [1319]). — *Ibid.*, III, p. 563, lix (1310).
6. *Ibid.*, III, p. 1246-1247, xxxvi (1318 [1319]). — Autre exécution de testament, *Ibid.*, III, p. 1245, xxxv (1318 [1319]).

nistration des biens et ordonne de choisir des hommes probes de la famille du défunt. Nombre d'affaires relatives à ces infidélités d'exécuteurs testamentaires prouvent que le testament devenait une forme de succession aussi répandue dans le Nord que dans le Midi : il perdait le caractère primitif du testament canonique. Le Parlement n'admet point que l'évêque de Langres se maintienne en droit de prendre les biens meubles des gens d'Église qui meurent intestats dans son diocèse[1].

N'oublions pas une restriction qui domine toute cette question des testaments comme bien d'autres. Les hommes de condition servile n'ont point la liberté de tester et il faut, même au milieu du XIVe siècle, des lettres royales pour conférer cette liberté. Philippe VI la concède aux habitants de la Réole[2]. Que de siècles il a fallu pour conquérir la liberté civile!

VII. — Ventes.

L'importance qu'avait chez les hommes de cette époque, plus subtils qu'on ne pourrait le supposer, l'*ensaisinement* se révèle aussi dans le contrat de *vente*. A l'imitation de ce qui se faisait dans la Rome primitive, la vente, au moyen âge, est symbolique. La tradition d'un immeuble se fait soit par une motte de terre, soit par un fétu de paille, un bâton, un couteau[3]. La vente n'est réelle

1. *Testaments* (suite). — « Item il sera dict que l'Evesque ne faict à recevoir a dire et maintenir generallement qu'il soit en possession et saisine d'avoir les biens meubles des gens d'Église qui meurent *ab intestato* en sa dioceze de Langres. » (Collect. Lamoignon, *Conseil et Plaidoiries*, t. XL (43), f° 47, jeudi 20 juillet 1386, 18 membres présents.)

2. « ... Cum in Vasadesio sit expressa consuetudo, ut nullus habitator dictæ villæ de bonis suis immobilibus testari vel aliter ordinare possit sive disponere... tenore presentium litterarum licentiam et liberam potestatem concedimus ut ipsi de bonis eorum omnibus mobilibus vel immobilibus, sive dicta bona sint feudalia, sive non, a quibuscumque dominis in feudum teneantur, testari, vel de ipsis in testamento vel aliter disponere et ordinare possint prout ipsis et eorum heredibus et successoribus placuerit.... » (Lettres de Philippe VI en faveur des habitants de la Réole, févr. 1340 [1341]. *Ord.*, t. XII, p. 561.)

3. *L'ensaisinement.* — « Pour les fiefs, le domaine direct appartenant au suzerain, c'est à celui-ci qu'en cas de vente le vassal doit rapporter la terre dont il a reçu de lui le domaine utile, afin qu'il en investisse l'acquéreur. Ce dernier ne peut en effet tenir ce titre que du seigneur dominant, dans la mouvance duquel se trouve le fief aliéné. La Cour féodale est réunie et, en sa présence, la transmission a lieu tantôt *per ramum* et *cespitem*, tantôt *per wasonem*, tantôt *per fustem*, *per baculum*, *per festucam*. Quelquefois même un fragment de la paille rompue est attaché à l'*instrumentum* du contrat pour constater cette tradition symbolique. Les églises,

qu'après l'accomplissement des formalités, ou la remise d'une charte, ou bien après une comparution en justice[1].

Au XIVe siècle, la vente se fait le plus souvent devant le juge par *décret*. Dans les *Olim* et les registres postérieurs on trouve des *adjudications*[2]. « Le premier décret d'adjudication qui existe aujourd'hui, selon Grün, remonte à 1375. Chaque décret, à cette époque, forme un rouleau contenant, outre la minute, sur une feuille de papier en forme de titre exécutoire, mais non signé et seulement préparé, les pièces et titres qui l'ont précédé et qui sont sur parchemin, souvent scellés. Le décret, rédigé en latin, est un véritable arrêt et contient la description des biens mis en vente. »

les monastères sont investis *per chartam, per librum, per claves, per cloacas*. Il ne faut pas confondre avec cette tradition, qui seule opère le transfert de la propriété du domaine utile du fief, l'investiture du vassal qui crée le lien féodal : s'il est fréquemment arrivé qu'elles aient été mélangées dans le même acte, elles n'ont ni les mêmes formes, ni les mêmes effets. » (Beaune, *Les contrats*, p. 147.)

1. « L'ensaisinement ou *véture*, ou encore *vest* et *devest* a persisté dans le Nord-Est de la France jusqu'à la Révolution : il est resté symbolique à Laon, par exemple, jusqu'à la fin de l'ancien régime. La simple clause de Dessaisine-saisine était usitée dans le Centre et dans le Midi : elle se confondait sensiblement avec la tradition romaine.... » (P. Viollet, *Précis de l'hist. du Droit français*, p. 520.)

2. Grün, *Notice sur les archives du Parlement*, p. 176.

Un acte de vente de 1301. — Grün aurait pu, ce nous semble, rappeler un acte de vente de 1301 inséré dans les *Olim* : « A touz ceus qui ces presentes lettres verront ou orront, Guillaume Tibout, garde de la prevoste de Paris, salut : Sachent tuit que par devant nous vint personaument Oudart Arrode, citaien de Paris, et recognut qu'il avoit vendu, et par nom de vante assigne et otroie a touz jours mes, a home honorable et discret maistre Guillaume Bonot, tresorier d'Angiers, une maison o (avec) le préal et o toutes les appartenences, sise en la rue par ou l'en vet de Saint-Cosme vers la Porte d'Enfer, de la partie devant, et le pre dudit tresorier se estandent vers la rue que l'en appele la rue aus Machons, de la partie d'arriere, et joint a la maison dudit tresorier d'un coste et a une ruelle de l'autre, sus laquelle, si comme il disoit, sezze sols et six deniers parisis de rente tant seulement estoient deuz, les quiex sont rendus annuement a la maison des escoliers de Serbone, pour seisante livrez de tornois petiz a lui paiez dou dit tresorier en pecune nombree, et bailliez et livrez, si comme il confessa par devant nous, et se en tint du tout en tout pour paie, et cessa (céda) a cil maistre toutes actions et droiz qu'il avoit et poet avoir contre touz aus choses dessus dites, et transporta en iceli maistre toutes actions et droiz li appartenanz aus choses dessus dites par ces presentes lettres, *et se en dessaisit par devant nous* et *en saisit et vestit* le maistre dessus dit, et est tenu et promist, par son loial creant, garentir et deffendre au dist maistre et a ceus qui aront cause de lui, les choses dessus dites, et en obliga par devant nous, pour ce, audit maistre, se et ses hoirs et touz les siens et les biens de ses hoirs, et renonça par devant nous a toute excepcion de *mal*, de *fraude*, de *barat*, de *circonvencion*, de *decepcion* et a excepcion de *pecune* non pas nombree ne comptee, ne baillee, ne receue et a toutes autres excepcions et privileges de droit et de fet, qui li porroient aidier sus les choses dessus dites, et audit maistre nuire, et promist, sus son creant et l'obligacion dessus diz, rendre audit maistre toz les dampnages et couz que il soutendroit par se deffaut de garantir les choses dessus dites. Donne a Paris, ou mois de decembre, l'an de grace Nostre Seigneur mil trois cenz un.... » (*Olim*, t. II, p. 450 [1301].)

Il y a publicité et facilité de mettre des *oppositions*, d
Le 26 juin 1388 la Cour « a adjugé le décret » d'une
à Paris, rue de la Verrerie, qui avait appartenu à me
du Guesclin, comte de Longueville, le frère du conn
Pierre de la Trémoille[2].

En ces temps où la vie religieuse se confondait
civile, on se servait des églises pour la publicité donnée
Le recteur de l'Université de Paris, l'abbé de Sainte-G
le curé de Saint-Étienne-du-Mont, d'une part, le prieu
vent de Notre-Dame-du-Carme, d'autre part, ont un
sujet d'une maison. Le Parlement ordonne que « si
l'Université ne voulaient faire réparer ladite maison,
criée et *subhastiée* (terme romain, *sub hasta*) ès lieux à
tumés à Paris et ez églises des Jacobins et des Cordeli
de sermon et à Saint-Mathurin en pleine assemblée. I
les *subhastations* (enchères) et les offres qui seront fa
ladite maison seront apportées et mises devers la Co
ordonnera et arbitrera qu'il sera faict de la dicte maison
et plus proufitablement aux dits escolliers[3]. »

L'intérêt féodal venait encore ici contrarier les princi

1. *Le Parlement et les ventes.* — Le Parlement se mêle de tous ces dé
entre Étienne Pestelle, appelant d'une part, et le procureur de la du
léans, d'autre part.

« ... Il sera dict qu'il sera mandé au bailli de Vitry ou son lieutenant q
ceus qui sont a appeller, il sache et enquere la vérité du stille usage
proposez par l'appelant c'est assavoir se aucuns doibt estre receus a o
a enchère jusqu'a ce que le decret soit scelle, suppose qui soit adjuge
encore que la partie duquel les heritages sont adjugez par decret s
a l'adjudication. » (Collect. Lamoignon, *Conseil et Plaidoiries*, t. XL (43),
vier 1386.)

2. « Ce jour la Court a adjugé le décret d'une maison assise a Paris e
la Verrerie qui naguerre appartenoit a messire Ollivier du Guesclin, co
gueville, et a Pierre de la Tremoille... (adjugée) a Pierre Rocherousse
et somme de mil francs aux charges que la dicte maison doit, du conse
messire Jean de Béthisy, procureur du Comte, et messire Eustace de
procureur de Mme Yolande de Flandres, comtesse de Bar, etc.... » (*Ibid.*,
f° 114, vendredi 26 juin 1388.)

3. *Ibid.*, t. LX (43), f° 20, 23 mars 1386 (1387).

— Ajoutons que les échevins de Saint-Dizier interrogent les échevins c
les formalités à remplir pour les ventes ... « Item vous demandons nous,
commant vous useis en vous vendages que vous faites à Ypre de vous h
par seel ou par cyrographes, se vous n'useiz par seel et vous useiz par cy
comment vous le faites tenir, laissiez le nos savoir. »

« De cest article dient eschevins d'Ypre qu'il usent de tout heritage
saiel de la ville. » (*Olim*, t. II, Appendice, p. 786, art. CLXXXVI. — Voir aussi,

raux. Afin de conserver les vastes propriétés dans les familles et de maintenir l'intégrité des fiefs, les parents ont le droit de racheter immédiatement une terre aliénée : c'est le *retrait per bursam* (par la bourse), ou autrement, selon le langage courant, le *retrait lignager* (par le lignage). Ce droit de rachat de la terre noble n'est point contesté et le Parlement n'intervient que pour réprimer les fraudes. Gautier de Nesle veut racheter, comme le plus proche parent, une terre vendue à Gilon[1] : il y a eu dol dans le contrat et le Parlement fixe le prix à 700 livres (14 184 fr.) au lieu de 1200 (24 316 fr.). Devant le chambrier de Saint-Victor de Paris, Guillaume de Montreuil réclame le retrait lignager d'une maison ayant appartenu à un sien cousin et vendue dans la succession. Il gagna d'abord. La partie adverse appela au prévôt de Paris, qui annula la sentence du chambrier. Guillaume, à son tour, appela au Parlement, qui cassa la sentence du prévôt et confirma la jurisprudence du chambrier, favorable au retrait[2]. La *Coutume de Paris* avait formellement stipulé que le délai ne partirait que de l'investiture ou inféodation du bien vendu[3]. Ces retraits étaient une source de difficultés, de procès infinis et plus tard Étienne Pasquier disait de cette coutume que les avocats de son temps la réputaient « odieuse », c'est-à-dire contrevenant au Droit écrit. Par contre, les légistes empruntèrent au Droit romain la *vente à réméré*[4], à laquelle tous

1. *Retrait lignager.* — « Et erat contencio super hoc inter ipsum Gilonem et Galterum de Nigellam qui volebat ipsam terram, tanquàm proximior, retrahere per bursam.... » (*Olim*, t. I, p. 171, XII [1262].)

Beugnot joint à cet arrêt la remarque suivante : « Ce privilège, que la plupart des provinces de Droit écrit n'avaient pas admis, a été condamné par nos plus célèbres jurisconsultes et en particulier par Dumoulin, qui l'appelle *gratia contra jus commune* (sur l'art. LXXXII de la *Cout. de la Marche*, *Opera omnia*, t. II, p. 750). Note de Beugnot, p. 992.

2. *Olim*, t. III, p. 226, V (1307). — Autre arrêt, *ibid.*, t. III, p. 905, LXVII (1313).

3. Article CXXX de la *Cout. de Paris*. — Voir un arrêt, *Olim*, t. I, p. 329, XVI (1269). Le retrait lignager se retrouve dans presque toutes les Coutumes de France jusqu'à la Révolution.

4. *Vente à réméré.* — « Nous parlons uniquement du *réméré* appelé aussi *grâce* ou *faculté de rachat*, de *ravoir*, *faculté rédemptive*, *retrait conventionnel* qui est d'origine romaine. Comme en Grèce et à Rome, la vente à réméré fut très fréquemment usitée chez nous à l'époque franque et au moyen âge, où le crédit n'existait pas, où presque tous les emprunts se faisaient avec un gage immobilier ou mobilier, où l'on recherchait de préférence les sûretés tangibles que le prêteur détenait en sa puissance. Nous en reparlerons plus loin sous le nom de mort-gage. Le Droit canonique en fait mention, sans la condamner en principe comme usuraire, quoiqu'elle pût, sous certaines formes, le devenir. Pour sa part, Beaumanoir déclarait qu'il ne connaissait pas « de plus aperte uzure » que le mort-gage dans lequel le prêteur détenait le fonds, sans rien imputer des « despuelles, levées » ou fruits

n'étaient pas favorables, car Beaumanoir la déclarait usure ». Le Parlement la connaît et l'admet. Les frèr et Giraud de Corneille avaient vendu à Gui de Tourn geois de Martel, leur moulin, un étang et autres biens à la condition que Gui, dans un temps déterminé, le ou les ferait revendre par Bernard Bœuf (un second acc frères susnommés. Les dits frères Corneille offrirent, voulu, le prix perçu. Bernard Bœuf refusa de recev et de rendre les biens. Le sénéchal de Périgord, dési lité de commissaire par le Parlement, débouta les frère de leur demande avec dépens : ils appelèrent à la Co la sentence du sénéchal et, moyennant le versement d convenue, leur fit rendre leurs biens [1].

La mauvaise foi était si habituelle, la sécurité si pr des officiers royaux comme ceux que nous avons dépeir ventes donnaient lieu à une foule d'abus. A entendre Luzège, damoiseau, il avait acheté certains biens lors d faite par Giraud Flote, sénéchal de Périgord, à la s saisie pour amendes. Il avait payé le prix. Il en jouissait ment depuis dix ans. Or voici que le sénéchal de Périgor de lettres royales obtenues par Hélène du Puy, femme de de Roussillon, met les biens sous la main du roi. Hélène du Puy va nous le raconter à sa façon. Elle ava dits biens à raison de son mariage avec Bertrand de R elle les possédait depuis trois ans lorsque, sans motif, l Cahors les avait mis sous la main du roi et, malgré un sénéchal, l'avait expulsée. La complication vint de ce qu chal, durant le procès intenté par Hélène, s'avisa de v biens litigieux à Ysarne de Luzège pour un prix dérisoir s'était vainement opposée à la vente et continuait ses récla elle obtint même (il était bien temps) une sentence fav

de celui-ci sur le capital de la dette qui était le prix stipulé. Le réméré effet souvent à déguiser des prêts à intérêts dans lesquels les produ meuble remplaçaient le revenu de l'argent. Aussi la *Coutume d'Anjou*, d condamnait-elle cette opération, et aujourd'hui encore, dans certaines l'opinion populaire la regarde avec défaveur. Néanmoins les Coutumes assignèrent une place au réméré dans leurs dispositions sans le proh lument. » (Beaune, *Les contrats*, p. 210.)

1. *Olim*, t. III, p. 880, LIII (1313).

tribunal du sénéchal, mais celui-ci, embarrassé par la vente consentie à Ysarne, mettait une négligence malicieuse à rendre les biens. La cause vint au Parlement. Ysarne arguait de sa bonne foi et de son droit d'achat. La Cour décida que, sans tenir compte de cette vente frauduleuse, les biens seraient rendus à Hélène du Puy avec les fruits et revenus perçus depuis le jour où elle avait été expulsée par le bailli de Cahors[1].

On ne saurait se faire une idée du peu de sécurité dont jouissaient les propriétés même quand elles étaient possédées par un président du Parlement. Philibert Paillart, un de ces présidents, avait acheté de messire Jean de Paillart, la terre de Paillart et le viage. Or, au mépris de la vente, le fils de Jean, Doury de Paillart, alla s'installer sur cette terre, menaça les officiers, les ouvriers, les vignerons et troubla la jouissance de la propriété. D'autre part l'abbé de Corbie mit la terre en sa main pour le *quint* denier ou autre droit qui lui revenait sur cette vente. Les moulins tombaient en ruine, les terres restaient sans être labourées. Si un président du Parlement était obligé de s'adresser à la Cour pour faire cesser ces empêchements, que ne devaient pas souffrir les propriétaires obscurs[2] !

On réclamait d'ailleurs, comme de tout temps, l'annulation des ventes. Pour une dette à des marchands des foires de Champagne une maison d'Aubert Bigue est vendue par le prévôt de Paris, en l'absence du propriétaire, tandis que celui-ci était à l'ost de Flandre et jouissait, en conséquence, du bénéfice d'exemption. L'acquéreur, Gautier l'Anglais, pelletier, répondait que la vente avait été faite avant le départ d'Aubert pour l'armée. Le prévôt de Paris néanmoins accueillit la demande d'Aubert et lui fit rendre la saisine de la maison. Gautier appela au Parlement qui cassa le jugement du prévôt : la vente fut confirmée[3].

Il allait de soi qu'une vente faite par un incapable était nulle. Le seigneur de Creseques avait été interdit par lettres du roi comme fou et dissipateur : l'évêque de Thérouanne lui acheta des biens ; la dame de Creseques fit annuler la vente par le Parlement[4].

1. *Olim.*, t. II, p. 551, XIX (1311).
2. Collect. Lamoignon, *Conseil et Plaidoiries*, t. XLII. f° 3.
3. *Olim*, t. III, p. 395, VI (1309).
4. *Ibid.*, t. III, p. 201, XXV (1306).

Sous l'influence du Droit canon les légistes admirent la rescision de la vente pour cause de *lésion*[1]. Le bailli de Rouen fit vendre aux enchères des biens de Michel Pynel, ancien fermier de la vicomté de Meaux et débiteur du roi. Michel Pynel se plaignit de ce que ses biens n'avaient pas été vendus un prix raisonnable. Il obtint des lettres royaux pour faire examiner sa cause à l'Échiquier, dont les maîtres validèrent les ventes. Michel Pynel revint à la charge et obtint encore des lettres royaux pour un nouvel examen au Parlement. La Cour, derechef, valida les ventes et imposa cette fois silence à Michel[2]. Une autre fois, Hervée et sa sœur, Marie de Pontoise, avaient hérité d'une cousine germaine, Marie la Bovetine. Puis ils avaient vendu leur droit de succession à Robert Evrost, habitant de Paris, à très bas prix. Les biens furent reconnus ensuite d'une valeur de 500 livres (10 132 fr.). Hervée et Marie réclamèrent l'annulation de la vente comme ayant été « énormément lésés ». Le prévôt les débouta de leur demande. Ils appelèrent au Parlement qui jugea en leur faveur et se réserva de punir la fraude de Robert[3]. La Cour annula encore, pour cause de lésion, une

1. *Rescision de vente pour cause de lésion.* — Le Droit canon eut, ici encore, l'honneur de restaurer une action qui puisait son origine dans l'équité et surtout dans le respect dû à la bonne foi, cet élément essentiel des contrats. En 1170 le pape Alexandre III, et en 1208 un de ses successeurs, Innocent III, l'érigèrent en une règle qui de la législation ecclésiastique passa rapidement dans la loi civile, en France aussi bien qu'en Italie et dans tout le Midi (*Décret*, Grég. IX, l. III, chap. III.). La *Coutume de Beauvaisis* (Beugnot, XXXV, 20) y fait une allusion formelle, en donnant le modèle d'un acte de vente. Au XIVe siècle le *Grand Coutumier de France* en atteste l'existence déjà ancienne et distingue les cas dans lesquels les lettres de rescision peuvent être accordées. Un arrêt du Parlement de Paris, du 26 juin 1322, le constitue d'ailleurs explicitement. (Boutaric, *Actes du Parl.*, t. II, p. 465.) Toutefois on ne l'admit pas sans une certaine restriction : on exigea l'intervention du pouvoir royal sous ce prétexte que l'action rescisoire était une importation étrangère, qu'elle sortait de la loi romaine et que celle-ci ne pouvait être appliquée aux Français qu'avec la permission du roi. » (Beaune, *Les contrats*, p. 199.)

Les arrêts (car il y en a deux) dont parle M. Beaune sont : 1° un arrêt annulant la vente aux enchères de différents droits dépendant du château de Layrac qui appartenait à Bertrand de Montaigu (*Jugés*, t. I, f° 223 v°, *Actes du Parl.*, 6866); — 2° un arrêt annulant, pour *cause de lésion*, la vente faite à Guillaume de Mussy, chevalier, d'une maison appartenant à Margote, fille de feu Guiot de Batalli et de Jaquette. La mère de Margote s'était remariée avec Philippot Gallici : les deux époux, tuteurs de Margote, demandèrent la rescision de la vente comme ayant été faite par le père, de son vivant circonvenu et trompé par Guillaume de Mussy. (*Jugés*, t. I, f° 224 r°, *Actes du Parl.*, 6867.)

M. Beaune aurait pu ajouter deux autres affaires, antérieures à 1322, qui se trouvent enregistrées dans les *Olim* et que nous indiquons ci-dessus.

2. *Olim*, t. II, p. 647, III (1317).

3. *Ibid.*, t. III, p. 1179, LXXXI (1317).

vente de maison faite à Guillaume de Mussy, chevalier. La maison appartenait à Margote, fille de feu Guiot Batalli : les tuteurs avaient réclamé la rescision de la vente où il y avait eu dol de la part de Guillaume de Mussy [1].

On devait garantir à l'acquéreur la pleine jouissance de l'immeuble acheté. Denis Chanel a vendu sa maison à Simon d'Epernon, écuyer. Il n'en a pas touché le prix, 400 livres parisis (alors 5 328 fr.), mis, par suite de difficultés avec Simon, entre les mains du prévôt de Paris. Denis voudrait bien pourtant toucher son argent. Mais Simon s'y oppose tant que, selon les conventions, Denis n'aurait pas libéré sa maison des dettes dont elle était grevée. Le Parlement ordonna de rendre l'argent, mais Denis dut fournir caution qu'il garantirait à l'acheteur l'entière possession de la dite maison [2].

Parmi les dettes qui grevaient les maisons, se trouvaient souvent les impôts mis sur les ventes, revenus importants des seigneurs suzerains. L'abbé et le couvent d'Ermery achètent des bois, des vignes, mouvant des arrière-fiefs de l'évêque de Paris : les gens du roi veulent lever quelques droits sur ces ventes; les religieux répondent que Dreux de Sailleville, chevalier, et sa femme Jeanne de la Grange, leur avaient vendu ces biens *amortis*, et s'étaient obligés à la garantie. Aux vendeurs à satisfaire les gens du roi ; c'est ce que le Parlement décida [3]. Nicolas de Pacy, bourgeois de Paris, avait des cens, des revenus, plus une maison dans la censive, du prieuré de Saint-Éloi. Il vendit la maison et négligea de payer les droits de vente au prieur. Celui-ci, sans avertissement, saisit les biens de Nicolas et fit enlever le toit de la maison, emporter les tuiles qui la recouvraient. Nicolas, bien entendu, réclama. Le prieur de Saint-Éloi le renvoya devant un commissaire désigné. Nicolas demanda qu'avant tout délai, on fît recouvrir sa maison. Le procureur du prieur soutint que celui-ci avait agi selon son droit, d'après la coutume notoire de Paris. Le commissaire ne rendit qu'un jugement interlocutoire, renvoyant les parties à faire la preuve de ce qu'ils avançaient. Nicolas appela de ce jugement

1. V. ci-dessus, p. 863, note 1.
2. *Olim*, t. III, p. 109, LXVII (1301).
3. *Ibid.*, t. II, p. 452, III (1301).

interlocutoire au prévôt de Paris, qui le cassa. Le procureur, à son tour, appela de la décision du prévôt au Parlement et perdit. Mais tout cela dura longtemps, et il continuait à pleuvoir dans la maison de Nicolas de Pacy[1] !

VIII. — Donations[2].

Au moyen âge, la donation fut surtout une donation pieuse. De grandes libéralités enrichirent les églises et les monastères, permettant la construction de magnifiques édifices ou l'acquisition d'objets d'art. En principe, les donations étaient irrévocables mais en fait, dans ces temps malheureux, elles étaient si instables que les donateurs inséraient dans l'acte des malédictions, l'excommunication contre ceux qui attaqueraient ces libéralités. Au XIVe siècle, néanmoins, beaucoup d'héritiers cherchaient à reprendre les biens ainsi donnés par leurs parents. Jean dit Malebasse et Eudeline, sa femme, habitants de Senlis, « pour l'affection qu'ils avaient envers l'église de Saint-Maurice à Senlis, cédèrent leurs biens à cette église à perpétuité, par une donation entre vifs, irrévocable, se réservant seulement l'usufruit leur vie durant. Leur fils, Pierre, à la mort de ses parents, approuva et ratifia la donation. Puis il se ravisa; lui et sa femme se remirent en possession des biens cédés aux religieux. Procès devant la cour séculière du chapitre de Saint-Régil de Senlis. Les défenseurs n'opposaient que leur droit naturel d'héritiers : ils eurent gain de cause devant les juges de Saint-Régil qui n'estimèrent pas la donation assez prouvée. Les religieux appelèrent au Parlement. La sentence des hommes de Saint-Régil fut cassée, tant la Cour protégeait les donations pieuses[3]. De même fut confirmé un jugement du prévôt de Paris obligeant Beaudoin Bocelli et Henri Hermant à délivrer aux Bons Enfants une maison sise dans le bourg de Pierrelait et donnée par Pétronille la Harmande, de son vivant, avec la seule réserve de l'usufruit[4].

1. *Olim*, t. III, p. 1168, LXXIV. — *Actes du Parl.*, 4974 (5 août 1317).
2. A consulter sur ce sujet le livre de Beaune, *Les contrats*, et Esmein, *Étude sur les contrats dans le très ancien Droit français*.
3. *Olim*, t. III, p. 527, XXVI (1310).
4. *Ibid.*, t. III, p. 1069, X (1316).

Déjà, dans les *Coutumes de Champagne*, du XIIIe siècle, apparaît la fameuse formule : « *Donner et retenir ne vaut.* » Le Parlement l'applique au XIVe siècle. Nicolas, dit le Pinquier, avait acheté de maître Roger Pastorel, clerc, une maison sise à Paris dans le bourg Saint-Sauveur avec un jardin contigu, pour 20 livres parisis (341 fr.). Or, quand il voulut entrer en possession, Thomassa, veuve de Gautier le Barbier, qui occupait la dite maison, refusa de déguerpir : elle prétendait en être propriétaire en vertu d'une donation faite en bonne et due forme par le même Roger Pastorel : elle était restée en saisine depuis un temps assez long pour lui conférer la véritable propriété. Le prévôt de l'évêque de Paris, auquel fut soumis le différend, ne considéra que la vente et donna gain de cause à Nicolas Pinquier. Thomassa appela au Parlement. Celui-ci estima que la veuve était, en vertu d'un titre légitime, en possession de la maison et du jardin bien avant l'époque de la vente à laquelle Roger Pastorel n'avait pas eu le droit de procéder, car « donner et retenir ne vaut ». Il cassa la sentence du prévôt de l'évêque de Paris et maintint Thomassa dans la maison[1].

Le Parlement penche généralement pour la validité de la donation qu'on cherchait à faire annuler souvent en la présentant comme résultant d'une captation. Esmelote dite la Boiteuse attaque une donation faite à Jeannet, fils de Jean dit Lecomte, d'une terre et d'une maison. L'acte était bien en règle, scellé du sceau du Châtelet, mais Esmelote prétendait qu'il avait été obtenu de son père par des moyens frauduleux. Le prévôt de Paris ne se rendit pas à ses raisons. Esmelote appela au Parlement qui confirma également la donation, mais qui, eu égard à la pauvreté de la plaignante, la tint quitte de l'amende encourue pour fol appel[2].

Le Parlement ne s'en montrait pas moins rigoureux pour les donations fictives. En Champagne, les gens du roi tenant les Grands Jours de Troyes avaient prononcé contre Gauthier de Villers-Bois une condamnation à 2000 marcs d'argent (environ 98 000 fr.) à payer par moitié au roi et au comte de Joigny. Gauthier, pour ne pas payer, fit à son fils André une donation fictive, qu'attaquèrent

1. *Olim*, t. III, p. 656, XXV (1311). — Voir sur ce sujet, Desjardins, *Recherches sur l'origine de la règle : Donner et retenir ne vaut* (*Revue critique*, t. XXXIII, 1868).
2. *Ibid.*, t. III, p. 560, LV (1310).

le procureur du roi et celui du comte de Joigny et qui fut annulée par le Parlement[1].

Les légistes du XIIIe et du XIVe siècle avaient fait revivre la prohibition romaine des libéralités entre époux durant le mariage. Les *Établissements de Saint-Louis* interdisent formellement à la femme de disposer d'une partie quelconque de ses biens en faveur de son mari[2]. Jurisprudence qui tendait à prévaloir. Oudard de Perceval réclamait devant le bailli de l'évêque de Paris l'exécution d'une donation à lui faite par sa femme, Geneviève, et s'étendant à tous les biens meubles et conquêts. Les frères de Geneviève soutinrent que la donation n'était pas valable. Le bailli de l'évêque leur donna gain de cause. Sur appel d'Oudard de Perceval, le Parlement confirma la sentence du bailli et annula la donation[3]. Une autre fois cependant la Cour juge en sens contraire. Guillaume de Dicy avait épousé Béatrix, veuve d'Égidius Haudri. Béatrix mourut. Les enfants qu'elle avait eus de son premier mariage réclamèrent, par l'organe de leur tuteur, leur part d'héritage. Guillaume de Dicy soutint que Béatrix et lui s'étaient fait une donation, entre vifs, de tous les biens meubles qui entraient dans la communauté : le survivant devait avoir tous les meubles. La coutume de la châtellenie de Sens autorisait cette donation. Le Parlement, cette fois, oublieux du Droit romain, s'inclina devant la coutume de Sens[4].

1. *Olim*, t. III, p. 775, LXI (1312 [1313]).

2. *Libéralités entre époux*. — C'est la doctrine du Droit romain : « Moribus apud nos receptum est ne inter virum et uxorem donationes valerent. Hoc autem receptum est ne mutuato amore invicem spoliarentur, donationibus non temperantes sed profusa erga se facilitate. » (*Digeste*, XXIV, tit. I, De Donationibus inter virum et uxorem [Ulpien].)

— Dans les *Établissements*, on lit : « Fame ne puet doner a son seignor en aumosne tant come ele soit saine que li dons fust pas estables; car, par aventure, ele ne li li avroit pas doné de son bon gré, ne de sa bone volenté; ainz l'avroit doné par crainte qu'il ne li en feist pis ou por la grant amor qu'elle avroit a lui. Et por ce ne li puet ele riens doner de son heritage... » (*Établiss.*, liv. I, chap. CXVIII.) L'imitation est évidente.

3. *Ibid.*, t. III, p. 577, LXXII (1311). — *Actes du Parl.*, 3846.

4. *Ibid.*, t. III, p. 1010, 1011, LXVI (1315).

IX. — Obligations. — Dettes.

L'obligation écrite (*litteræ obligatoriæ*) était un des moyens de preuve couramment usités au moyen âge. Beaumanoir consacre à ces lettres tout un chapitre. On se servait aussi de l'expression grecque *Chirographe*[1]. Le sceau du suzerain ou d'un tribunal comme le Châtelet donnait à ces obligations la force d'un acte judiciaire : elles engageaient généralement les biens donnés en garantie d'une somme prêtée. Quoique le prêt à intérêt fût, comme nous l'avons dit, considéré comme usure, à chaque instant nobles ou bourgeois engageaient terres et maisons pour des sommes qu'ils devaient rendre à des époques déterminées. Dans le haut moyen âge le créancier lésé se faisait justice lui-même : de là tant de guerres privées. Au XIIIe siècle, de puissants seigneurs cherchent encore à se prévaloir de ce droit primitif et barbare. L'archevêque de Reims avait saisi comme les siens des hommes levant et couchant dans sa juridiction; les gens du comte de Champagne les réclamaient comme bourgeois de Châtillon. Sur le refus de l'archevêque de les livrer, ils avaient pris de ses biens comme contregages (contragagiando), prétendant que c'était là un usage fort ancien. La Cour ne toléra point ces contregages : au roi seul appartenait le pouvoir de faire justice[2].

Longtemps les biens meubles suffirent pour garantir la créance[3].

1. *Obligations.* — Article du *Tout-Lieu de Saint-Dizier* : « Item, li dis Renaudins maintenoit en jugement, presant bailli et eschevins, et disoit que il et Demongins, li Rouceux et li diz Houdinez, estoient obligié en une sertainne somme d'argent envers Jehan le Jouat de Chaalons, si comme il aparoit par un *sirograffe* (*sic*) fait sur ce des eschevins de Saint-Dizier; et disoient encore que il estoient obligié et chaucuns pour le tout, tant en principal comme en despens, si requiroit lidis Renaudins que li *cyrograffes* (*sic*) fust mis a execution sor ledit Houdinet en la meniere que il parloit... » (*Tout-Lieu de Saint-Dizier. Olim*, t. II, Appendice p. 797, CLV.)

2. « Auditis hinc inde propositis, pronunciatum fuit, per jus, hujus modi contragaciones non esse tolerandas, utpote in prejudicium domini regis factas, cum ad ipsum, tanquam superiorem, pertineat inter suos subditos jus tenere et justitiam exercere.... » (*Ibid.*, t. II, p. 178, XXIII [1281].)

3. *Dettes, cession de biens.* — Les créanciers de la dame de Sivry demandaient qu'elle vendît sa terre pour payer ses dettes. Le Parlement estima cette demande équitable mais non conforme à la coutume. Il décida que les revenus seraient saisis et appliqués en totalité à l'extinction des dettes. « Concordatum fuit quod *de equitate* teneretur ipsa domina ad vendere terram suam, set per consuetudinem terre, non debet compelli ipsa domina ad vendendum, nec compelletur vendere.... » (*Ibid.*, t. I, p. 451, XIII [1259].)

Déjà toutefois, au XIIIe siècle, le *Livre de Jostice et de I*
tait la vente de l'immeuble, pour laquelle on donnait u
quarante jours. Les *Établissements* montrent que cette
matait en Orléanais[1]. A la fin du XIIIe siècle, les imme
bien devenus la garantie des dettes[2]. La *cession de bien*
satisfaction pour les dettes, devint ordinaire au XIVe siéc

La rudesse persistante des mœurs primitives mainter
des *garnisaires* installés dans les maisons des débiteurs.
noir consacre un chapitre à ces mangeurs : gardes ficti
vence des sergents avec les débiteurs pour les soulage
mangeurs, moyennant finance. Le juriste du Beauvais
pourtant cet usage par lequel on dissipait les biens sans p
les créanciers : il ne veut point qu'on enlève au débiteu
qu'il porte chaque jour, « car vilaine chose est et contre l
d'homme ne de fame despouillier pour dete ». Il ne veut
plus ni que l'on saisisse les lits, les couvertures des ma

1. *Livre de Jostice et de Plet*. VI, § 2, p. 112. — *Établissements*, liv. II,

2. *Dettes* (suite). — A Pontoise Hervée le Feunier avait présenté au m
jurés une obligation contractée par Jean Chochons pour deux cents livre
Hervée affirmait avoir payées pour lui aux Templiers en qualité de gar
jussor). Jean se plaignit que le maire et les jurés, par un sentiment de ha
lui, avaient saisi son manoir, sa grange et les avaient livrées à Hervée er
des deux cents livres. Or Jean possédait *assez de biens meubles* pour acquitt
Mais au Parlement Hervée fit valoir qu'il avait gardé la saisine de la 1
an et jour sans qu'il y eût de réclamation : il était devenu propriétaire.
ment obéit à la coutume et, bien que cet arrêt ne nous semble guère
laissa la maison à Hervée. (*Olim*, t. III, p. 556, LII.)

— Trois arrêts sont relatifs aux difficultés survenues entre le sire et la
Tyerne et G. de Maumont, clerc du roi. Le sire et la dame de Tyerne ré
qu'on leur rendît le château et la terre de Tyerne et de Monte-Grele
main du roi par jugement de la Cour. G. de Maumont s'y opposait car c
pas avec les revenus satisfait les créanciers. Le Parlement décida qu
les comptes, il n'était plus rien dû à G. de Maumont et que les bien
rendus.

— G. de Maumont perd encore un procès semblable contre Guillaume d
fils des précédents.

— Il ne se tient pas pour battu. Il prétend que la Cour a été trompée
Cour maintient son jugement. Néanmoins, comme il importe à la chose
que personne n'use mal de son bien, la Cour ordonne qu'on nommerait un
trateur des biens dans l'intérêt des époux et de leurs enfants et qu'on satis
créanciers avec les revenus : le surplus serait appliqué aux dépenses desd
et de leurs enfants. (*Olim*, t. II, p. 369, 370, 371, IV [1294].)

G. de Maumont était un membre du Parlement : il avait cherché à abuse
influence mais ne réussit point à donner le change à ses collègues.

3. Voir une formule de *cession de biens* devant l'officialité d'Orléans,
M. Viollet, *Établissements*, t. IV, p. 317, et tirée d'un manuscrit de l'o
d'Orléans (*Biblioth. de Tours*, ms. 765 (663), f° 167, seconde moitié du XIVe siè

qu'on opère des saisies dans les chambres des femmes[1]. Sans doute il connut l'arrêt du Parlement de 1285 qui abolissait dans les bailliages d'Amiens et de Senlis l'usage d'imposer des garnisaires pour contraindre les débiteurs récalcitrants[2]. La Cour cependant admettait les garnisaires en cas de crime énorme, de mauvaise foi avérée et laissait la porte ouverte à des abus qui n'étaient point près de disparaître[3].

Beaumanoir n'autorisait pas plus que les *Ordonnances* de Saint-Louis la *contrainte par corps*[4]. Celle-ci du reste ne pouvait se faire que dans la maison du débiteur, car sauf pour les débiteurs du roi, les prisons publiques ne pouvaient servir en ce cas. S'inspirant du Droit romain, les légistes assimilaient les créances royales à celles du fisc impérial. Le Parlement applique cette théorie. En 1262 les bourgeois de Compiègne se plaignirent que le bailli de Vermandois les empêchait d'arrêter à Compiègne leurs débiteurs et de les garder prisonniers dans leurs maisons. Le bailli objectait que ce droit appartenait seulement à la justice du roi ou au maire de la ville. Les bourgeois produisirent leur charte : le Parlement la lut et fut obligé de la maintenir, mais il y apporta une restriction humanitaire défendant de mettre les débiteurs dans les *ceps*, les chaînes, les entraves et prescrivant aux créanciers de leur

1. Beaumanoir (Salmon), chap. LIV, § 1599, 1600, 1602, 1604. — Voir aussi, chap. LV, *Des obligations par lettres*, § 1073 et suiv.

2. *Garnisaires, contrainte par corps.* (*Olim*, t. II, p. 241, I [1285].) — M. Ch.-V. Langlois a fait observer que le concile de Tours avait violemment protesté, dès 1282, contre les garnisaires placés dans les maisons ecclésiastiques. (Labbe, t. XI, 1183, CIX, *Concile de Tours.* — *Le règne de Philippe le Hardi*, p. 300, 301.)

3. « Poni tamen poterant tantum modo pro enormi facto vel in casu criminis, vel si aliquis vellet subterfugia querere et bona sua abscondere seu distornare, seu ad alienum dominum transferre, vel esset ita inobediens justiciariis quod non posset alias commode justiciari.... » (Arrêt de 1285 cité ci-dessus.)

4. *Ordonnance de saint Louis* de 1256, art. 17. « Ni que nus homs soit tenus en prison pour chose qu'il doie, s'il habandonne ses biens, fors notre debte tant seulement.... » (P. Paris, *Grandes Chroniques*, t. IV, p. 345.) Le texte de Laurière (*Ord.*, t. I, p. 30) et ceux qu'a publiés le baron de la Bastie (*Mémoires de l'ancienne Académie des Inscriptions*, t. XV, p. 732) n'ont pas les mots : « S'il habandonne ses biens ». Je suis porté à croire, dit M. Viollet, qui indique ces références, que ces mots importants font partie du texte primitif. Cependant l'art. 19 de l'Ordonnance de 1254 ne parle pas de la cession de biens. (*Ord.*, t. I, p. 72.)

— Voir, sur la contrainte Duverny, *Dissertation sur la contrainte par corps.* — Jules Périn, thèse de licence, Paris, Durand, 1859. — Viollet, *Établissements*, t. I, p. 227.

— Ces prescriptions humaines sont inspirées du Droit romain. La contrainte par corps est maintenue pour les créances royales. Gratien, Valentinien et Théodose avaient pris la même décision : elle a été insérée au Code Théodosien : c'est à ce courant d'idées hostile aux débiteurs du fisc que se rattache notre usage d'Orléanais.... » (*Ibid.*, p. 226.)

fournir le nécessaire[1]. A Tournai aussi la contrainte par corps est permise aux créanciers : ils peuvent garder les débiteurs jusqu'à pleine satisfaction : le Parlement s'incline devant la coutume prouvée[2]. Mais si la contrainte, en général, n'est pas à la discrétion des particuliers, la prison du roi s'ouvrira même pour leurs débiteurs.

L'esprit de solidarité, si puissant au moyen âge, donnait aux débiteurs la facilité de trouver des *plèges* ou répondants. Ce n'était pas une garantie illusoire, car le *fide jussor* était engagé au même titre que le débiteur et le créancier avait contre lui les mêmes recours. Une Ordonnance de saint Louis, mentionnée aux *Olim*, défendit de poursuivre les plèges avant les débiteurs (1261)[3]; mais leur responsabilité demeurait entière. Le bailli de Mâcon avait jugé qu'Étienne et Pierre Belères, frères, garants de Girard Fripier, devaient être, sans avertissement (sine interpellatione) contraints de payer comme principaux débiteurs. Les frères susnommés s'adressèrent au Parlement, qui les débouta de leur appel[4].

X. — L'Exploitation économique du sol. Les Forêts et les Droits d'usage.

Le fief étant un domaine rural, les sujets du seigneur furent tenus de le mettre en valeur pour assurer sa subsistance et la leur propre. Entre eux et lui s'établirent des rapports habituels de propriétaire à fermier, des conventions multiples relatives aux terres franches ou stériles, aux corvées, aux taxes (cham-

1. « ...ità tamen quod non ponant captos taliter in domibus suis in cippo, cathenis, seu compedibus et eisdem in necessariis provideant competenter.... » (*Olim*, t. I, p. 539, VIII [1262].)

2. *Essai de Restit.*, 904 (1296).

3. Voluit dominus rex quod in domanio suo priùs compellerentur debitores vendere terram suam quàm plegii. » (*Olim*, t. I, p. 520, V [1261].) — Cette Ordonnance manque dans le recueil de Laurière.

4. *Ibid.*, t. II, p. 315, XIII (1290).

Prison pour dettes. — La prison pour dettes est mentionnée aux registres à la fin du XIVe siècle. « Ce jour Jean de Malaufray et sa femme firent en la Cour du Parlement cession de leurs biens en la maniere accoutumée et parmy ce (moyennant quoi) ladite Cour les a delivrez du Chastelet de Paris où ils étaient prisonniers pour cause de dix livres tournois en quoy ils avaient été naguère condamnés par l'arrest ou jugement en ladite Cour envers Gilles de Boullay et Maire sa femme.... » (Collect. Sainte-Geneviève, Ff. 13, t. I, f° 204.)

parts, terrages, vinages, etc.), au pacage ou vaine pâture, aux banalités, à la chasse, à la pêche. La diversité infinie de ces conventions, les textes des chartes d'affranchissements, de création de villes neuves, les usages très divers sont alors la seule législation qu'interprètent des seigneurs plus ou moins doux ou hautains, des officiers plus ou moins avides et retors. En un mot règne le plus souvent l'arbitraire. Aussi de toutes les causes domaniales et rurales qui encombrent les registres du Parlement, est-il impossible de tirer des règles précises et la Cour se meut, comme elle le peut, à travers les convoitises et les misères, les droits et les violences, les traditions et les abus.

Les forêts qui couvraient l'ancienne Gaule[1], n'étaient encore qu'en partie défrichées; les villages, les monastères bâtis au milieu des éclaircies ne pouvaient subsister sans des facilités accordées pour les droits d'usage. Les hommes de Bois-le-Roi, de Samois, de Bières[2] ont, dans la forêt de Bières (ancien nom de la forêt encore très vaste de Fontainebleau), le droit de cueillir la bruyère, la fougère, de ramasser les feuilles tombées, de mener paître leurs porcs et d'autres animaux en payant trois deniers (0,25 cent.) par tête; de couper l'herbe, de la fête de la Saint-Jean (24 juin) à l'Assomption (15 août); de ramasser les branches sèches avec un crochet de bois sans fer. Les hommes de Recloses, de Grès, de Moret, de Borron[3] n'entreront pas dans la forêt durant les mois d'avril, de mai, de juin, et la moitié du mois de juillet. Dans une autre forêt, celle de Lyons, les hommes de Periers, de Woaquelle, de Perroils peuvent prendre bois sec et bois vert (tombé), hors des réserves, excepté le merrain de quatre ans. Ils ont, en payant un denier tournois (0,08 cent.) par tête, l'herbage pour leurs vaches et pour leurs porcs jusqu'à l'entrée du mois de mai. Pour chaque chariot ils doivent à Noël un setier d'avoine, un pain et deux deniers tournois (0,17 cent.). Chaque usager qui ne prend que ce qu'il peut porter à dos doit, à Noël, une mine d'avoine, un pain d'un demi-tournoi;

1. Lire le très intéressant livre d'Alfred Maury, *Les forêts de l'ancienne Gaule*.
2. *Droits d'usage*. (*Olim*, t. I, p. 875, XXVIII [1271].)
— Bois-le-Roi, Samois (Seine-et-Marne), cant. et arrond. de Fontainebleau.
3. *Olim*, t. I, p. 886, XXIX (1271).
— Recloses (Seine-et-Marne), cant. de la Chapelle-Reine; — Grès, cant. de Nemours; Moret-sur-Loing, chef-lieu de cant.; — Bourron, cant. de Nemours, tous dans l'arrondissement de Fontainebleau.

tous les usagers doivent en outre quatre œufs à Pâques; tise à feu donne une poule [1]. Pour prix du bois mort qu sent dans les bois de Brosse, les hommes de Haies donr « par chaque masure », quatre mines d'avoine, quatre ch deniers (0,50 cent.) de cens : ils sont obligés de conduir et clôtures aux vignes du roi à Creil et l'orge au châtea

Comment des querelles incessantes ne seraient-elle de ces exigences variables qui peignent la vie toute ru hommes de ce temps? Les lépreux de Corbeil ont dro bois des Templiers, à une charretée de bois à un cheval Ils envoyaient plusieurs serviteurs pour couper et am bois. Les Templiers prétendirent qu'ils n'avaient droi seul serviteur, comme à un seul cheval [2]. Le Parleme les lépreux de cette insidieuse attaque. L'abbé et le cc Compiègne, prenaient du bois pour les bâtiments de leu leur chauffage, et aussi pour leurs chariots, charrues, t outils de toute sorte. Le forestier se plaignit au Parlen examinant la charte du couvent, donna tort à l'abbé [3]. religieux avaient affermé à vie une maison pour un four qu'ils avaient construit. Ils la voulaient réparer avec le b forêt. Le forestier s'y opposa. Le droit d'usage avait é dès qu'on avait aliéné la maison [4]. Le couvent de Saint- d'Auxerre prenait chaque jour dans la forêt de Bar, pour neaux et ses cuisines, deux chariots et la charge de qua miers. Le comte d'Auxerre soutenait que les religieux n droit qu'à la charge d'un âne et de deux sommiers : il g cae [5]. Aux moines du couvent de Saint-Remi de Rei coupaient et emportaient du bois, le vicomte de Châlons r comme gruyer, des droits sur les voituriers, chars, chev

1. *Droits d'usage* (suite). (*Olim*, t. I, p. 10, III [1257].) Périers (Calvados), cant. de Dozulé, arrond. de Pont-l'Évêque. — Lyon [encore dans une ceinture de forêts]; Eure, chef-lieu de cant., arrond des Andelys.

2. *Ibid.*, t. I, p. 493, XI (1260).

3. *Ibid.*, t. I, p. 851, I (1270), et p. 853, V (1270). — Autre arrêt déterminant les droits d'usage du couvent dans la forêt Les religieux avaient le droit de pâturage pour tous leurs animaux, ex *moutons* et les *chèvres*. (*Ibid.*, t. I, p. 408, XVII [1272].)

4. *Ibid.*, t. I, p. 826, XXVII (1270).

5. *Ibid.*, t. II, p. 419, IX (1298).

Parlement les déclare exempts de ces droits de gruerie [1]. Pierre de la Grange, chevalier, prend dans les bois de Pomiers de quoi se chauffer et aussi réparer son manoir du Plessis. Or son beau-frère, Bertrand, qui détenait ce manoir, avait planté des vignes et, pour leur clôture, pris des échalas. Débat au sujet de ces échalas [2]. Pierre de la Grange n'en pourra point prendre. Les moines de Mortemare n'avaient-ils pas, dans la forêt de Lyons, construit un navire qu'ils avaient loué? Le navire fut confisqué : on leur refusa même la faculté de faire des tonneaux pour leur vin. Ils conserveront les forges qu'ils ont dans la forêt, mais ils n'en pourront vendre le fer qui y est fabriqué, ni couper des arbres pour avoir des abeilles, car l'arbre vaut plus que les abeilles. Les moines ont construit une maison dans le domaine du roi : elle sera démolie [3].

Les plus riches et les plus puissants seigneurs ne sont pas les derniers à défendre leurs bois contre les envahissements. Charles, comte de Valois, ne refusait pas d'admettre les droits d'usage du couvent de Notre-Dame de Longpont, de l'ordre de Cîteaux : mais il entendait que le bois fût donné aux religieux par ses gens : il leur défendait de couper à plein taillis : il se fait reconnaître, même dans les bois des religieux, le droit de faire des ventes en retenant pour lui les deux tiers du prix et en donnant l'autre tiers aux religieux : il a le droit de chasse; les religieux, s'ils ont fait des clôtures, sont tenus de livrer passage à la chasse. Singulière façon, on le voit, d'envisager la propriété, et les religieux, à leur tour, ont, dans certains bois du comte, de la Saint-Remi jusqu'à Pâques, le droit d'envoyer deux cents porcs et de remplacer les porcs qui mourraient [4].

1. *Droits d'usage* (suite). — (*Olim*, t. III, p. 933, IV, 1314 [1315].)
2. *Ibid.*, t. I, p. 78, III (1259).
3. *Ibid.*, t. II, p. 267, V (1287). — Il serait trop long d'énumérer tous les procès qui ont pour objet ces droits d'usage dans les forêts. Voir notamment (frères de l'hôpital de Sainte-Marie-Madeleine de Rouen), *ibid.*, t. II, p. 205, VI (1282); p. 271, XVII (1287); — (couvent de Saint-Vincent de Senlis), *ibid.*, t. II, p. 92, XIX (1277); — (Jean de Couert Guillerai, chevalier), *ibid.*, t. II, p. 103, XIX (1277); — (moines de Beaubec), *ibid.*, t. II, p. 152, XXXIX (1279); — (Robert de Meautez), *ibid.*, t. II, p. 153, XLIV (1279); — (chanoines de Moreton), *ibid.*, t. II, p. 176, XVII (1281); — (moines de Saint-Victor), *ibid.*, t. I, p. 365, VIII (1270); — (évêque de Coutances), *ibid.*, t. I, p. 217, I (1265), etc.
4. *Ibid.*, t. III, p. 1142, LIX (1317).

Comme au temps des Gaulois, l'élevage des porcs était pratiqué en grand, car c'était la seule viande qui entrât, en général, quand elle y entrait, dans l'alimentation des classes moyennes et inférieures. Tous les villages situés au milieu ou sur la lisière de la forêt de Fontainebleau envoyaient leurs porcs paître dans cette forêt. Mais ils avaient aussi à se défendre contre des marchands qui avaient accumulé, dans les vallées, jusqu'à six mille porcs! Les habitants des villages se plaignirent : les marchands, de leur côté, racontaient que les paysans avaient tellement épouvanté leurs porcs qu'ils en avaient fait périr plus d'une centaine. Le Parlement déclara que les marchands n'avaient absolument que le passage pour mener à l'eau leurs animaux, à l'aller et au retour [1].

En lisant ces procès on comprend que ces droits de pâturage étaient la ruine des forêts. Aussi le Parlement prend-il soin de déterminer à quel âge des taillis on pouvait en user. Les hommes des villas de Pertes, de Voves, de Vilers, de Flori ont le droit de conduire leurs vaches dans la forêt de Bières à la cinquième feuille (quand le taillis avait cinq ans), leurs chevaux deux ans après la coupe. D'une façon générale ils avaient le droit d'envoyer tous leurs bestiaux dans le temps que la terre était couverte de neige, et le vendredi saint et le jour de Pâques. Ces usages remontaient à l'époque de la création des villages par les seigneurs qui les avaient dotés de ces secours et aisances [2]. Mais, comme on le pense, il était bien difficile de maintenir les populations des campagnes dans les conventions : la guerre forestière, incessante [3], durera jusqu'à la fin de l'ancien régime.

1. *Droits d'usage* (suite). — Ces marchands avaient arrêté leurs porcs dans les vallées de la forêt, notamment au Bréau de Fontainebleau, au Chêne-Vert, etc., et dans ces endroits il y avait bien jusqu'à six mille porcs ou plus, ce qui ne s'était jamais vu qu'une fois, et alors le roi ou la reine Blanche avaient fait éloigner de ces vallées les porcs des marchands : on avait brûlé leurs cabanes. Mais les marchands les avaient reconstruites, faisant un pacte entre eux de ne pas écarter leurs porcs des vallées jusqu'à ce que la pâture fût totalement dévastée. (*Olim*, t. I, p. 359, I [1270; Cf. *Ibid.*, t. III, p. 88 XXXI, 1301 [1302].) — Autre arrêt pour la pâture des porcs. (*Ibid.*, t. III, p, 126, XVII, 1303 [1304].)

2. « ... qui antiquitus fundaverunt dictas villas super subsidia seu aysancias pasturagiorum nemorum predictorum.... » (*Olim*, t. III, p. 56, XXII, 1300 [1301].) — Autre arrêt pour l'âge de cinq ans. (*Ibid.*, t. I, p. 538, VI [1262].)

3. Les religieux de Saint-Benoît de Fleury possèdent la mairie de Boissy mouvant du fief de leur monastère. Ils ont fait couper une douzaine de chênes dans le bois de ce fief. Les gens du roi ont saisi ces chênes. Adam, dit Chace-Lièvre, forestier de Chaumont, qui avait ordonné cette saisie, la défend en vain : la Cour

XI. — Chasse et Pêche.

Le *droit de chasse* était inhérent à la grande propriété, puis au fief. Néanmoins, au XIIIe siècle, on voit les seigneurs revendiquer la chasse là où ils ne prétendent avoir aucune propriété. Souvenirs sans doute de possession ancienne, souvenirs aussi de l'ancienne propriété collective, ces droits avaient été consacrés par des actes, des chartes. Aubert de Hanghest prétendait chasser dans les terres de Guiard de Follouel parce que « ces bois étaient de telle condition que tous les nobles et religieux et spécialement les prédécesseurs d'Aubert y avaient coutume de chasser toutes les fois que cela leur plaisait [1] ». Toutefois ces droits vagues et extensifs tendent à disparaître devant le cantonnement individuel. Les seigneurs se réservent leurs bois, les entourent de lices, constituent ce qu'on appelait des *garennes*. Aubert de Hanghest protestait précisément contre l'établissement d'une de ces garennes faite par Guiard : mais le Parlement favorise la propriété individuelle et déboute Aubert de ses prétentions.

Par sa nature même, le droit de chasse n'appartient qu'aux propriétaires de fiefs, aux nobles. D'ailleurs, pour conduire des chasses comme celles du moyen âge, contre les animaux sauvages et féroces, il fallait tout un cortège de cavaliers et de serviteurs : la chasse remplissait les loisirs laissés par la guerre : le seigneur y était suivi de ses mêmes féaux avec lesquels il s'ébattait au milieu des bois après avoir couru les dangers des combats ou des croisades. Il fallait aussi, pour ces chasses, des travaux dans les

ordonne que les chênes soient rendus aux religieux ou leur valeur. (*Olim*, t. III, p. 347, XCIII [1308].)

— L'évêque d'Évreux, prenant cause pour Hubert de Vende au sujet d'un achat de bois qu'Hubert avait fait dans la forêt d'Évreux, se plaint que les gens du roi l'ont empêché d'enlever les souches ou les écorces des arbres de ladite vente, contre la teneur des conventions. La Cour fait faire une enquête par plusieurs de ses membres (per certos de magistris curie nostre) et adjuge des réparations à Hubert. (*Ibid.*, t. III, p. 496, CIII, 1309 [1310].)

1. *Chasse.* — « ... asserente quod predicta nemora sunt talia et talis condicionis quod omnes nobiles et religiosi, et specialiter predecessores ipsius Auberti, venati fuerunt in predictis nemoribus et sunt in saisina venandi ibidem et usi fuerunt quotienscumque placuerit eisdem predictis et omnibus pertinentibus ad chaciam et quod de novo et a tali tempore quod non potest prescripsisse saisinam, garenne, contra prohibicionem nostram et usagium bonarum gencium et ipsius Auberti, et quod de predictis publica erat fama.... » (*Ibid.*, t. III, p. 19, XXXII.)

forêts, des chemins, des allées tracées par des haies dans lesquelles on rabattait les bêtes sauvages pour les atteindre plus aisément [1]. Dans les textes des *Olim* le mot *haie* revient souvent à propos des forêts [2] et se retrouve en beaucoup de noms de localités voisines des bois. Dans les premiers temps du moyen âge, et encore au XIIIe siècle, le noble ne se préoccupait pas trop du menu gibier. Il laissait volontiers ses tenanciers, ses sujets chasser au lièvre, au lapin, au renard, au-dessous de ses bois quand leurs terres en étaient voisines; il ne leur interdisait nullement de circuler avec des bâtons ferrés, des épées et des chiens, de chasser toute sorte de bêtes sauvages, pourvu que ce fût hors des bois. Les habitants des villas voisines des bois de Seguiny expliquent avec précision ces usages anciens qu'un nouveau seigneur supprimait en établissant une garenne de lièvres et de lapins. Or, depuis l'établissement de cette garenne, ils voyaient leurs terres dévastées par les bêtes sauvages. Ils demandaient de pouvoir rester dans leur pays, labourer leurs terres de manière à vivre eux et leurs enfants [3]. Un ancien propriétaire des bois de Seguiny, Hue de Bouville, déclara que tant que son père et lui avaient tenu ces bois, les habitants des villas voisines n'avaient jamais été empêchés de chasser sur la limite des bois. Ici le Parlement se montre favorable aux pauvres gens : la saisine de neuf ans pour la garenne lui parut trop récente, le droit des habitants des campagnes était trop ancien : il leur fit rendre leurs vieilles libertés « de façon à ce qu'ils pussent (la Cour reprend ici les termes mêmes de la requête) habiter leur pays, cultiver, labourer leurs terres et vivre eux et leurs enfants ». Le Parlement ne met qu'une restriction à ses permissions, c'est qu'on ne tendra ni rets, ni engins (cela était la pure interdiction du braconnage), mais aussi (ce que l'on comprend moins) on ne pourra tirer de l'arc et avoir des levriers. Commencement des interdictions qui annihileront les droits laissés aux habitants des

1. Voir Peigné-Delacour, *La chasse à la haie*, in-4°.

2. Record de cour d'un arrêt accordant à messire Jean de Soisy le droit de chasse au lapin dans les bois de Saint-Victor de Draveil, au furet et aux lacs seulement (ad resellos), sans chiens ni cor et *sans faire de haies* (sine bosco plessando). (*Actes du Parl.*, 1277.)

3. « tali modo quod ipsi possent manere in locis suis, possessionesque suas colere et facere laborare suas hereditates, ita quod ipsi et libere sui indè vivere possent.... » (*Olim*, t. III, p. 1445, chap. LXXV [1318].)

campagnes. Au début du XIIIe siècle, le privilège exclusif n'est pas encore établi. Le Parlement ne juge que d'après les titres de propriété.

Le droit de chasse est si bien un privilège de la terre, non des personnes, que la comtesse d'Alençon et de Blois abandonne pour une grosse somme, aux bourgeois et aux hommes de la châtellenie de Blois, la chasse des oiseaux et des bêtes grosses et petites. Elle leur permettait de chasser de toutes les manières et avec toute sorte d'engins. Si bien qu'une Ordonnance générale ayant été rendue pour défendre d'employer les rets et les panneaux, on chercha querelle aux gens de la châtellenie de Blois : ils s'adressèrent au Parlement, qui, devant le texte des concessions de la comtesse, fit fléchir l'Ordonnance générale [1].

Les conflits au sujet des chasses ne sont pas les moins âpres dans les luttes que se livrent les seigneurs laïques ou ecclésiastiques. Le comte Guillaume de Flandre ne cesse de harceler le couvent de Vaucelles. Les religieux, avec leurs chiens, dans leurs bois et leurs terres, avaient poursuivi un porc sauvage jusque dans le voisinage des terres du comte. Les gens de Guillaume, de la ville de Crèvecœur, rassemblèrent une grande quantité d'hommes de pied et de chevaux, se précipitèrent contre les religieux, s'emparèrent d'une partie de leurs biens. Le Parlement ordonna restitution et réparation de dommages [2]. Guillaume Flotte, nous l'avons

1. *Olim*, t. II, p. 399, VI (1296).

2. *Droit de chasse.* — Le résumé de cet arrêt éclaire bien ces questions et l'état des mœurs. — 1er grief : Les religieux avec leurs gens et leurs chiens avaient terrassé un porc sauvage; ils avaient requis l'aide du veneur et des chiens du seigneur de Thourotte. Les gens de Guillaume de Flandre saisirent le porc et les chiens : il les restituera.

2e grief. — Les religieux avec leurs chiens poursuivent un porc sauvage jusque dans les terres voisines de celles de Guillaume et l'emmènent comme leur proie. Les gens de Guillaume de la ville de Crèvecœur se précipitent contre les religieux, s'emparent d'une partie de leurs biens et de leurs porcs qu'ils gardent durant quinze jours. Il y aura restitution et réparation de dommages.

3e grief. — Tandis que les religieux un jour chantaient la messe dans leur église, les gens de Guillaume escaladèrent les murs du couvent, levèrent les vannes des ruisseaux pour écouler l'eau et emportèrent une grande quantité de poissons. Réparation de dommages.

4e grief. — Saisine illégale et supplice d'un serviteur des religieux par les gens de Guillaume de Flandre. Les moines seront ressaisis du serviteur en effigie.

5e grief. — Pour un revenu de 12 livres que les religieux devaient payer à une femme sa vie durant, leurs biens furent saisis par les gens du comte qui enlevèrent deux charretées de sel à 4 chevaux et 500 moutons « portant laine » (avant la tonte). Guillaume de Flandre fera restitution et réparation. Quant à l'amende de 300 livres

dit, avait bravé les défenses royales et chassé dans des bois que lui contestait l'évêque de Melun. Il avait dû rendre un cerf[1]. L'évêque de Paris fait reconnaître par le Parlement son droit immémorial de chasser, toutes les fois qu'il lui plaît, dans ses bois de Saint-Cloud, aux lapins, lièvres, renards, et en général aux animaux « à pied fermé »[2]. Le comte de Dammartin a droit de chasser à grosses bêtes en toute la forêt de Chantilly[3]. Le comte de Boulogne réclamait en toute la terre et en celle de l'abbé de Saint-Ulmer le droit de faire prendre les oiseaux nobles et de proie et de les avoir pour certain prix[4].

Les restrictions, les poursuites deviennent nombreuses. Le Parlement prescrit au bailli du Cotentin d'arrêter des malfaiteurs qui chassaient avec des flèches dans les forêts royales et volaient le gibier[5]. Le bailli d'Auvergne, à la requête des nobles de son bailliage, poursuivra et punira exemplairement Guillaume de Mausac et autres, coupables d'avoir ravagé de nuit les garennes des plaignants[6]. Le Parlement consacre deux jours à une question de garenne soulevée par Jean des Barres, seigneur de Chaumont[7] (1388). C'est à la veille de l'Ordonnance de 1397 qui

réclamées par les religieux, on plaidera à nouveau et la Cour fera complément de justice... (*Olim*, t. II, p. 509, I [1310].)

1. *Droit de chasse* (suite). — (*Ibid.*, t. III, p. 1049, c [1315]; p. 1051, CI [1315].)

2. « ad cuniculos, lepores, vulpes et tevones et ad omnia alia ad pedem clausum. » (*Essai de Restit.*, 760 [1291], texte latin. *Olim*, t. II, p. 312, VIII, 1290 [1291].)

3. *Essai de Restit.*, 377 (1279).

4. *Essai de Restitution*, 651 (1287).

— Autres mentions des droits de chasse : abbé de Saint-Jean-des-Vignes et de l'abbesse de Notre-Dame de Soissons, *ibid.*, 532 (1284). — Jean de Tornebu, *ibid.*, 259 (1276). — Jean de Gaillon, chevalier du roi, *Actes du Parl.*, 3223 (1304). — Abbé de Froidmont (Oise), commune de Bailleul-sur-Therain, arrond. de Beauvais, *ibid.*, 174 (1273). — Vicomte de Melun, *Actes du Parl.*, 1560, G (1270). — Ansold de Roncherolles, *ibid.*, 1672 (1271). — Le seigneur de Flavicourt, *Essai de Restit.*, 260 (1276). — Les nobles de la chastellenie de Melun, *ibid.*, 797 (1291), texte latin. — L'abbé de Saint-Denis et le prévôt de Beaune (la Rolande), *ibid.*, 258 (1276). — Le seigneur de Couci et le maire et les jurés de Crépy, *ibid.*, 725 (1290). — Jean de Gevrignes, chevalier, *ibid.*, 200 (1274). — Hugues, Pierre et Philippe de Lagine, *ibid.*, 173 (1273). — Le seigneur de Mausy, *ibid.*, 280 (1277). — Guillaume de Borneval, *ibid.*, 218 (1275). Étienne Crespin, *ibid.*, 59 (1271). — Abbé de Saint-Gille de Fontaine, *Actes du Parl.*, 218 (1258).

5. *Actes du Parl.*, 5135 (1317).

6. *Ibid.*, 5740 (1319).

7. « En ces deux jours de vendredy et samedy ont esté examinez les procès et enquestes de messire Jean des Barres, seigneur de Chaumont, chevalier, et d'aucuns singuliers habitants de la ville de Champigny (Yonne) d'autre part, sur ce que messire Jean prétend avoir garenne en certains lieus désignés en ces articles et

interdit la chasse à quiconque n'est pas noble ou bourgeois « vivant de ses possessions et rentes [1] ». Un moment suspendue par l'Ordonnance cabochienne, cette défense sera renouvelée et le droit de chasse deviendra, au XVIIe siècle, l'apanage exclusif des nobles (1669).

Le seigneur est maître des eaux comme de la terre. De même qu'il avait établi des garennes, il forma des viviers et des réserves pour la pêche. Les religieux, pour l'alimentation desquels la pêche offrait de grandes ressources, n'ont pas manqué de se faire reconnaître la propriété des cours d'eau qui traversaient leurs terres. Ils défendent leurs eaux comme leurs bois avec âpreté. Le Parlement donne tort au prieur de Saint-Léonard qui voulait empêcher les habitants de Montataire et de Tiverny de jouir d'un vieux droit de pêche dans les eaux du prieuré de Saint-Léonard [2]. Un arrêt déboute l'évêque de Laon qui prétendait interdire au maire et aux jurés de la commune de la Fère le droit de pêcher dans la rivière d'Oise, droit qui leur avait été concédé par Enguerrand de Coucy [3]. L'abbé de Clermaresc et ses moines sont obligés, sur la plainte des habitants de Saint-Omer, d'enlever les pieux par lesquels ils avaient bouché un fossé [4]. Le Parlement ne veut pas qu'on arrête le libre écoulement de l'eau. Certes il fait poursuivre et il condamne les malfaiteurs qui volent le poisson dans les pêcheries et les étangs, surtout dans les étangs du roi [5]. Mais il n'entend pas qu'on déclare privés des étangs communs. Jean de Lespoisse, chevalier, avait arrêté un homme pêchant dans l'étang de Cormiers et l'avait enfermé dans sa prison : il prétendait que l'étang était à lui et que la pêche y était interdite. Les gens du roi lui enlevèrent le pêcheur et le conduisirent dans la prison du roi : ils déclaraient que l'étang était commun à tous

les singuliers maintenant le contraire. » (Collect. Lamoignon, *Conseil et Plaidoiries*, t. XL [13], f° 214, samedi 7 mars 1387 [1388].) Autre mention de la même affaire, f° 216.

1. Isambert, t. VI, p. 774.
— Voir sur la chasse et la pêche, Viollet, *Établiss.*, t. I, p. 103.
2. *Pêche*. — (*Actes du Parl.*, 1770 [1271].)
3. *Ibid.*, 4723 (1317).
4. *Essai de Restit.*, 389 (1279), texte latin.
5. Mandement au sénéchal du Poitou et du Limousin de poursuivre les malfaiteurs qui volaient le poisson dans les pêcheries et étangs du roi et des particuliers. *Actes du Parl.*, 4573 [1317].)

ceux qui voulaient s'en servir et n'était grevé d'aucune servitude féodale[1]. Après enquête, le Parlement fit délivrer le prisonnier : le chevalier paiera une amende. Nous ne savons ce qu'avait duré la prison du pauvre homme.

XII. — Les Moulins.

Seul, le grand propriétaire, plus tard le seigneur, était assez riche pour construire des moulins, des fours, des pressoirs. Il en faisait, moyennant certains droits, profiter les hôtes de ses domaines. Fait des plus simples en lui-même, qui toutefois, par de continuelles vexations et oppressions, donnait lieu à quantité de procès. L'usage du moulin *banal* était devenu obligatoire. Les hommes de Passy peuvent aller moudre leurs blés à d'autres moulins quand ceux du roi sont arrêtés par l'inondation, mais ils paieront au roi la moitié du droit de mouture[2]. Le bailli de Meaux confisque les farines et les voitures des hommes de Montchauve qui avaient porté leur blé à un autre moulin, « car ce n'est pas un mince délit[3] ». Les hommes de la paroisse de Moret ne peuvent refuser de moudre aux moulins communs au roi et au prieur[4]. Dans la châtellenie d'Étampes, les propriétaires de moulins pouvaient confisquer les chevaux qu'on amenait d'une autre châtellenie pour aller chercher la mouture[5]. Voilà où on en arrivait avec les idées étroites de protection locale qui n'étaient point faites pour activer un commerce déjà rendu difficile par l'état des chemins.

1. *Pêche* (suite). — « ... quod dictum marchesium, ut dicebant, est commune omnibus illis qui eo uti volunt et ad piscandum et ad adaquandum est ad cetera facienda, sicut in communibus marchesiis est fieri consuetum; dicendo insuper dictum marchesium *non esse defensabile nec eciam feodale....* » (*Olim*, t. III, p. 74, II [1301].)
— Autre mention des droits de pêche : Ardouin, sire de Maillé, *Actes du Parl.*, 4766 (1317). — Jean de Frayton, *ibid.*, 4353 (1315). — On se disputait jusqu'aux poissons des fossés des villes. Le maire et les jurés de Braye-sur-Somme se plaignent que le seigneur Dreux de Braye, ancien bailli d'Amiens, les avait dessaisis du droit d'avoir les poissons des fossés de leur ville qu'ils vendaient pour la réparation des murs. Ils invoquaient un don du roi Philippe (Auguste) et offraient de le prouver par témoins. Le nouveau bailli eut ordre de laisser les habitants de Braye jouir en paix du droit de pêche dans leurs fossés. (*Olim*, t. I, p. 640, XV [1265].)
2. *Moulins.* — (*Ibid.*, t. I, p. 50, XXVIII [1258].)
3. « ... cum hoc non sit de forisfactis minutis.... » (*Ibid.*, p. 703, XVI [1267].)
4. *Ibid.*, t. II, p. 471 (1304).
5. *Essai de Restit.*, p. 319 (1270). *Olim*, t. I, p. 350.

Deux fiefs séparés sont donnés par le roi à un même homme à condition d'un seul hommage lige : dans l'un il y a un moulin, dans l'autre il n'y en a pas. Le nouveau propriétaire voulut obliger les habitants de l'autre fief à venir moudre au moulin du premier : le Parlement lui donna tort [1]. Les frères de l'hôpital à Fiefes sont libres de moudre au moulin seigneurial, mais le Parlement leur défend de transporter dans aucune autre de leurs maisons de la farine de cette mouture ou du pain cuit avec cette farine. Cependant on leur permet les aumônes de pain qui rentrent dans les devoirs de cette maison religieuse [2]. Guillaume de Longval a fait construire à Harbonnières un moulin « dans la bannière » du roi : on supprime cette concurrence, le moulin sera démoli [3]. Le roi, de son côté, ne se gêne point pour bâtir des moulins. Guillaume Freutal se plaint du dommage que lui cause la construction d'un nouveau moulin du roi : les banniers y étaient reçus. On lui accorda de percevoir, dans le moulin du roi, le même droit que dans ses moulins : il tiendra cet avantage en fief [4]. Thibaut de Nanteuil fait reconnaître son droit de construire un moulin dans sa terre où il avait toute justice. Le maire et les jurés de Crépy s'y opposaient parce que ce moulin ferait du tort à ceux du roi qu'ils tenaient à ferme [5]. Les moines de Royaumont se plaignent que Pierre de Braele a fait construire un moulin à vent au préjudice des leurs; comme l'intérêt du roi n'est pas engagé, ils n'obtiennent pas du Parlement la suppression demandée [6]. Roger de Praeres avait reçu de Robert, comte de Meulant, exemption du droit de mouture pour une maison de Beaumont-le-Roger, or il l'a louée à son boulanger : ce locataire sera soumis au droit de mouture, car l'exemption était personnelle à Roger de Beaumont [7].

1. *Moulins* (suite). — (*Essai de Restit.*, n° 110 [1272]. — *Olim*, t. I, p. 901, LI.)
2. *Ibid.*, t. II, p. 62, VI (1275).
3. *Ibid.*, t. I, p. 550, XVIII (1265).
4. *Ibid.*, t. I, p. 45, VI (1258).
5. *Ibid.*, p. 555, XII (1265).
6. *Ibid.*, t. II, p. 62, V (1275).
7. *Ibid.*, t. I, p. 543, XX (1262).

— Autre arrêt fort explicite reproduit par M. P. Guilhiermoz : Procès devant le bailli d'Amiens entre les habitants de la ville d'Arkasne, d'une part, et Baudoin de Rougepré, seigneur d'Authie, et sa femme, d'autre part. Les habitants soutenaient que les moulins d'Authie n'étaient point banniers : ils y allaient à cause de la proximité : du reste plusieurs de ces moulins étaient détruits et les autres ne pou-

Toutes ces querelles se reproduisaient pour les fours. Jean de Beauval plaide contre les échevins de Beauval. Il a, dit-il, le droit « de prendre, recevoir, lever et avoir de la farine de toutes les personnes qui fournient aux fours de Beauval »; il a droit aussi « de prendre, recevoir, lever et emporter de tous les habitants, quand ils fournient à ses fours, la farine qui demeure sur les couches où l'on a mis le pain »; de prendre et recevoir « l'escoussure (les résidus) des corbeilles quand la pâte est ôtée » la farine qui reste quand les personnes ont fait leurs pains et ont ôté les monceaux de farine; enfin de recevoir de chaque « ménage qui a fourni à ses fours » un pain à Noël. Les échevins soutenaient que les habitants avaient le droit d'user des fours en donnant, pour toute redevance, « de trente un pains, un pain en pâte seulement »; puis d'enfourner « offrandes, tourteaux, gâteaux à Noël sans rien payer qu'un pain à Noël ». Sans doute lorsque ceux qui tenaient les fours demandaient un peu de farine on leur en donnait volontiers et ils disaient : « Grand merci, Dieu vous le rende! » Jean de Beauval niait ces assertions et eut gain de cause sur quatre articles à la cour de Dorlans. Les échevins de Beauval appelèrent au Parlement qui confirma le jugement sauf sur un point, la prétention de Jean de recevoir de tout le monde de la farine : on respecte seulement son droit de secouer les corbeilles. Jean ne perdit point ce petit profit [1].

vaient moudre suffisamment faute d'eau. Aussi ils achetaient leur pain pour leur nourriture dans la ville d'Arkasne et au dehors. Le seigneur soutenait que les habitants étaient soumis à son ban. Le bailli donne tort aux habitants au sujet de la banalité et raison au sujet de l'achat du pain. Les deux parties appellent au Parlement qui confirma, au fond, la décision du bailli et condamna les habitants à l'amende. » (*Jugés*, X1ª 6, f° 363, 29 janvier 1334. Guilhiermoz, *Enquêtes et Procès*, p. 416.)

— Ajoutons que des difficultés s'élevaient souvent entre les meuniers et ceux qui apportaient du blé. On les accusait de mauvaise foi et de ne point rendre la vraie quantité de farine moulue. Le meunier n'avait aucun moyen de se défendre contre des attaques injustes. (*Établiss.*, liv. I, chap. CXI.) La Coutume glosée du XIVe siècle répète : « Nul meunier n'a deffanse contre son moulant. » (*Cout. glosée* dans Beautemps-Beaupré, Ire partie, t. I, p. 318.) — Voir Viollet, *Établiss.*, t. I, p. 105.

1. *Fours*. (*Olim*, t. III, p. 828, IX [1313].) — Ce jugement avait paru si curieux au greffier qu'il l'a transcrit en français.

— Autre acte sur les fours. Adam de la Mote contre des aubains et chaumiers de Chatres. (*Ibid.*, t. I, p. 64, III [1258].)

XIII. — Les Droits féodaux.

Ce n'étaient pas les principes mais les usages qui déterminaient le Droit féodal : de là tant de bizarreries. Le roi prétendait, quand ses veneurs allaient chasser en la forêt de Loches, que le prieur de Bernicoy devait le pain des chiens [1]. L'évêque d'Évreux prenait chaque année un cerf et un sanglier en la forêt de Conches aux dépens du seigneur dudit lieu [2]. Les sœurs mineures de Longchamp plaident contre l'abbé de Saint-Germain-des-Prés et ses hommes d'Antony pour des avoines : les sœurs prétendaient qu'on devait leur fournir les avoines à Paris; l'abbé de Saint-Germain soutenait qu'on devait les livrer à Antony : il perdit sa cause [3]. Regnault de l'Isle, dans sa terre de la châtellenie de la Ferté-Saint-Aubin, n'a ni les mesures, ni la justice, ni les épaves, ni la garenne aux grosses bêtes : elles appartiennent au chapitre de Saint-Aignan d'Orléans [4]. Le fief du château supérieur de Bruzac est adjugé au duc de Guyenne, celui du château inférieur à la vicomtesse de Limoges [5]. Le seigneur de Mailly, à la saison de la fenaison, prend les charrettes de la mairie de Martigny pour amener ses foins [6]. Les péagers de Nesle, Péronne, Roye et Ressons ont pris des chevaux que des bourgeois de Duac conduisaient en Flandre, parce qu'ils les faisaient passer par Roisel et non par leurs chemins : la prise est justifiée [7]. Le couvent du Pin percevait sur les produits apportés à Poitiers un boisseau de blé pour chaque charge de blé mise sur un animal, une poignée d'avoine pour chaque charge d'avoine portée par un homme, une poignée pour les fèves et pois, un denier (0,08 cent.) pour chaque douzaine de deniers provenant de la vente des poires, pommes et autres fruits [8].

1. *Droits féodaux*. — « ... cum in curiâ nostra determinatum fuerit quod jus non habemus quod venatores nostri, quando veniunt in forestam nostram de Lochis, habeant vel percipiant *pastum ad canes nostros* in prioratu de Bernucoi, mandamus tibi quatenus priorem dicti loci non permittas super hoc de cætero molestari. » (*Essai de Restit.*, 197, 19 octobre 1274.)
2. *Ibid.*, 488 (1282). — Conches (Eure), arrond. d'Évreux.
3. *Ibid.*, 495 (1282).
4. *Essai de Restit.*, 22 (1269).
5. *Ibid.*, 26 (1269). *Olim*, t. I, p. 310.
6. *Ibid.*, 4 (1269).
7. *Ibid.*, p. 411.
8. *Ibid.*, 633 (1287).

Le prieur de Bonne-Racine prétendait avoir la dîme du pain qui se consommait en la cour du roi quand il venait à Fontenay-le-Comte[1]. Il perdit, mais le prieur et les frères de la Maison-Dieu-de-la-Carte obtinrent gain de cause dans un cas analogue : ils réclamaient la dîme du pain consommé par la cour quand le roi venait à Niort[2] : ils s'appuyaient sur une charte du roi d'Angleterre, Richard.

L'abbé et le monastère de Saint-Corneille de Compiègne sont maintenus par le Parlement en saisine de prendre les branches d'arbres tombées sur le sol dans le chemin qui conduit de Montdidier à Davenescourt[3]. Les habitants de la paroisse de Mouy peuvent passer sur le pont sans payer avec ce qui leur appartient, sauf le bois et le vin pour lesquels ils acquittent le droit de pontonnage : en outre, chaque feu doit donner une obole (0,03 cent.) pour les solives du pont quand les réparations sont nécessaires[4]. Gaucher, seigneur de Charroux, a le droit de requérir des habitants leurs charrettes à bœufs ou à chevaux pour transporter ses foins ou ses vendanges : il a en outre le droit de percevoir de chaque habitant possesseur de bœufs de labour, pour chaque paire de bœufs, un setier d'avoine[5]. Bien que les gens du roi, nous l'avons déjà dit, attribuent au roi les gros poissons, l'abbé du Mont-Saint-Michel fait reconnaître son droit de prendre les esturgeons sur la grève[6], et Guillaume Crespin, en sa terre du Cotentin, a les poissons de valeur jusqu'à quatre livres tournois (83 fr.04)[7]. Le doyen d'Orléans avait un serviteur affranchi de la taille pour le service qu il lui rendait, le jeudi saint, d'essuyer les mains et les pieds des pauvres[8]. Oger d'Augiac, en échange de la moutarde et du vinaigre qu'il est tenu de fournir au roi lorsque celui-ci vient à Bourges, a deux cor-

1. *Essai de Restit.*, 198.
2. *Ibid.*, 199. Maison-Dieu-de-la-Carte (Deux-Sèvres), com. de Clerveux, cant. de Saint-Maixent, arrond. de Niort.
3. *Actes du Parl.*, 7349 (3 décembre 1323).
4. *Ibid.*, 6298 (3 mars 1321)
5. *Ibid.*, 6343 (mars 1321).
6. *Essai de Restit.*, 551 (1284).
7. *Ibid.*, 212 (1275).
8. « ... Quemdam servientem juxta suæ voluntatis arbitrium eligendum quietum et liberum et immunem in villa predicta a tallia et a quibuscumque costumis, ratione sui servicii quod vocatur servicium de *manutergio*, quod quidem servicium idem serviens in die Cœnæ Domini tenetur singulis annis facere decano et capitulo Aurelianensi. » (*Ibid.*, 242.)

beilles de viandes et de poissons, trois miches de pain chacune du prix de deux deniers (0,17 cent.), trois quarts de vin pour le matin et six pour le soir, six chandelles minces, et un tortil de quatre petites chandelles[1]. Pierre Pelorde, quand il fournit à Bourges la jonchère (la paille) dans la cour où le roi mange et dans la chambre où il couche, a droit à six miches de pain, douze petites chandelles de cire, un tortil de quatre chandelles, un setier de vin et six deniers[2] (0,50 cent.). Un navire chargé de vins et conduit par des marchands d'Amiens s'était trouvé, sur la côte de Vendée, le long de la seigneurie de Maurice de Belleville assailli par une furieuse tempête : ils craignaient de perdre corps et biens : un de leurs sergents héla les gens de Maurice qui se trouvaient sur le rivage et leur promit qu'ils auraient la moitié des vins s'ils venaient les aider. Ceux-ci contribuèrent au sauvetage, puis réclamèrent le loyer promis. Les marchands objectèrent qu'une convention faite en un extrême péril et par un matelot n'ayant aucune part dans la propriété des vins, n'était point valable. Maurice plaidait au contraire qu'un usage ancien lui attribuait, dans les cas pareils, la moitié, le tiers ou le quart des marchandises. La Cour donna raison à Maurice « quoique cela lui parût dur » mais elle considérait l'intérêt des marchands, qui dans un péril de naufrage ne seraient pas secourus[3]. On pourrait allonger indéfiniment cette liste de droits singuliers et abusifs auxquels il n'est plus toutefois permis d'ajouter le fameux *droit du seigneur*, roman sur lequel on a bâti tant de romans[4].

1. *Droits féodaux* (suite). (*Essai de Rest.*, 538 [1284].)
2. *Ibid.*, 539 (1284).
3. « ... Considerato etiam a curia quod, *quanquam hoc durum videatur*, contrarium tamen si fieret, valdè posset esse periculosum mercatoribus et damnosum, quando sunt in naufragii periculo constituti, pronunciatum fuit quod ipsi domino Mauricio remaneant dicta vina et ab impetitione dictorum mercatorum super hoc fuit per curiam absolutus.... » (*Olim*, t. I, p. 413. — *Essai de Restit.*, 130 [1272].)
4. Avons-nous besoin de dire que dans les *Olim* nous n'avons rien trouvé qui, de près ou de loin, se rapportât à cet odieux abus de la force qui a pu exceptionnellement se produire mais n'a jamais été reconnu comme un droit. — Voir, sur cette question, d'ailleurs épuisée : Renauldon, *Traité historique et pratique des droits seigneuriaux* (1765), p. 450. — La Ferrière, *Histoire du Droit français*, t. V, p. 454 et suiv. — Bouthors, *Coutumes locales du bailliage d'Amiens*, t. I, p. 484. — Léopold Delisle, *Études sur la condition de la classe agricole en Normandie* (1851), p. 63 et suiv. — Delpit, *Réponse sur le droit du seigneur* (1857). — Louis Veuillot, *Le droit du seigneur au moyen âge*, Paris (1854.) — Charles Lenient, *La satire en France au moyen âge*, p. 347. — Schmidt, *Jus primæ noctis*, Fribourg, 1881. — Hanauer, *Cout. matrimoniales au moyen âge* (Extrait des Mémoires de l'Académie de Stanislas, Nancy, 1893). — Glasson, *Hist. du Droit et des Institutions de l'Angleterre*, t. II, p. 207.

Il vaut mieux par le détail d'un procès nous reporter au milieu de ces temps où l'arbitraire amenait tant de bizarreries. Le vicomte d'Aixi, qu'appuie le procureur du roi, se plaint du tort que lui a causé le seigneur de Fère. Celui-ci a pris des chariots, des varlets et des chevaux en la ville de Villaumer qui appartient au vicomte et dont les habitants sont ses hommes de corps. Le seigneur de Fère[1] se défend ou plutôt son avocat entame une longue plaidoirie, disant « que Fère est grand seigneur et bien noble homme : il est seigneur de Fère bel et grand chastel, chastellenie ancienne. Les habitants ont coutume de s'y retirer avec leurs biens quand les ennemis courant le pays et le seigneur leur fait moult de courtoisies et d'amitiés, les délivrant des incursions des pillards ». Cet exorde met bien en relief l'origine des droits féodaux, paiement d'une protection assurée aux campagnes. L'avocat raconte ensuite que le seigneur voulut aller en Flandre ; il eut besoin de chariots et de chevaux ; les habitants volontairement lui offrirent un chariot et trois chevaux que le seigneur « ramena gros et gras ». Il y avait bien longtemps que les seigneurs de Fère recevaient « de tels dons et courtoisies ». Du reste les habitants du pays ne sont pas les hommes de corps du vicomte, les chevaux, le chariot et le varlet n'appartenaient pas au vicomte. Les chevaux appartenaient à Simon Châp, sujet des religieux de Saint-Marc. Les demandeurs répliquent et se lancent dans les discussions juridiques : on ne peut dire *saisine* où il ne peut y avoir *propriété*, car *saisine est droit* et *possession est fait*. Les habitants de Villaumer ne peuvent s'assembler et par conséquent ne peuvent rien donner comme habitants. Le vicomte soutient ensuite que c'est lui et non le seigneur de la Fère qui protège les gens de cette ville et leur donne asile dans son château de Nesle. Le propriétaire des chevaux, Simon Châp (ou Chapie), est bien son sujet, son homme de corps. L'avocat du seigneur de Fère s'explique, rétorque les arguments du vicomte et répète les siens. Finalement il perd et le seigneur de Fère est condamné aux dépens, sans compter que le procès n'est pas fini, car il recommencera pour les violences reprochées

1. *Reg. du Parl.*, Collect. Lamoignon, *Conseil et Plaidoiries*, t. XLII, p. 1028, lundi 14 janvier 1386 (1387). — Il s'agit sans doute de la Fère (Aisne), chef-lieu de cant. de l'arrond. de Laon.

au seigneur de Fère et qu'une enquête établira s'il y a lieu.

Menus procès qui abondent alors et qui s'enflent par l'obstination des plaideurs, les ruses des procureurs, les dissertations des avocats. La lutte des intérêts est âpre comme les caractères; dès que la chicane tend à remplacer les armes, les obscurités d'un Droit mal défini, écrit déjà sans doute mais non approuvé et certifié, permettent de soulever, pour des causes futiles, des querelles coûteuses et interminables. Tant d'exigences singulières des maîtres du sol révélaient non seulement leur longue prééminence, mais aussi les abus d'une conquête indéniable et l'orgueil d'une aristocratie guerrière superposée à une population de colons et de serfs. Une telle société reposait non sur des principes mais sur la force. Le droit que ses légistes cherchaient à formuler ne méritait pas ce nom de Droit, mais celui qu'il a gardé, d'*Usage* et de *Coutume*.

Les rois ne songeaient nullement à modifier ce régime de la propriété qu'ils ne concevaient pas autrement que féodale. Plus ils retiraient aux seigneurs de leur puissance publique, plus ils consacraient leurs avantages privés. En dépouillant la noblesse de ses prérogatives souveraines, ils se la conciliaient par des honneurs et des faveurs. Ils laissèrent et laisseront, jusqu'à la fin, les servitudes peser sur les terres, sinon sur les personnes. Le Parlement, cour féodale, dont les membres possédaient fiefs et bénéfices ecclésiastiques, était jaloux aussi de conserver les grandes fortunes territoriales. Il gardait des usages que leur antiquité légitimait à ses yeux, comme si la prescription pouvait courir contre la justice. Il maintenait et maintiendra le Droit féodal. Ses juges essayeront bien de l'habiller à la romaine : ils n'arriveront pas à le rendre logique et naturel. Sauf par quelques règles généreuses en faveur de la femme et des fils, le Droit féodal et coutumier ne pourra aider à reconstruire, après 1789, la société moderne.

CHAPITRE XXVIII

LA PÉNALITÉ

I. — Le Caractère des lois pénales.

C'est dans le Droit pénal que se manifestent avec le plus d'évidence les influences diverses sous lesquelles s'est formé le Droit français. Longtemps les idées germaniques persistèrent avec les épreuves judiciaires par l'eau et par le feu; par le combat, sorte d'invocation barbare à la divinité; par le supplice du criminel, considéré comme un sacrifice qui apaisait les dieux. D'un autre côté, les violences habituelles aux peuples germains n'entraînaient point de pénalité corporelle : un accord, une *composition* [1] à prix

1. *La composition.* — « De ce que la loi salique ne parle presque que des compositions, on n'est pas en droit de conclure qu'il n'existât pas, à côté des compositions, des peines corporelles, surtout la peine de mort. Il y a plus. Si on la lit avec un peu de soin, on s'aperçoit que la peine de mort y est plusieurs fois indiquée, surtout dans les plus anciens textes. Le manuscrit de Paris 4404 et celui de Leyde contiennent un article qui punit de mort ceux qui ont facilité le rapt d'une jeune fille, *morte damnentur.* Un autre article laisse bien voir que la peine de mort par pendaison est appliquée, puisqu'il punit celui qui aura, sans permission du comte, enlevé un corps de la fourche ou de l'arbre où il a été pendu. Un manuscrit contient une disposition par laquelle l'auteur d'un méfait « ne doit plus habiter parmi les hommes ». Un autre marque la peine de mort pour celui qui a arrêté un homme et l'a fait condamner injustement. D'autres textes disent qu'il y a des crimes pour lesquels on doit mourir.... » (Fustel de Coulanges, *La monarchie française*, p. 461-462.)

« Ainsi la composition est un rachat, non pas du crime commis, mais rachat de la peine encourue, non pas rachat de la vie de la victime, mais rachat de la vie du coupable. C'est ainsi que la loi des Alamans prononce qu'un coupable devra « ou se racheter ou perdre la vie » et la loi des Frisons dit « qu'un coupable sera frappé de mort ou qu'il rachètera sa vie ce qu'elle vaut ». Tel est le second

d'argent (Wergeld) réparait le tort fait à la famille de la victime. Les lois germaniques pourtant, principalement la loi salique, édictent des mutilations et la peine capitale.

L'Église, au contraire, présentait au monde la croix qui, d'un instrument de supplice honteux, était devenue le symbole d'une miséricorde infinie. Non seulement elle réprouvait les cruautés dont le Christ avait eu à souffrir, mais la peine de mort elle-même. Elle ne put toutefois, aux prises avec des nations farouches, tirer de ses dogmes et de sa morale les conséquences extrêmes que la société moderne n'a pas encore admises. Elle s'estima heureuse d'ouvrir seulement ses temples à ceux qui étaient poursuivis et de maintenir une procédure, des pénalités canoniques, distinctes des pénalités séculières. Le clergé néanmoins, devenu féodal, appliquait dans ses tribunaux temporels les peines de sang : évêques, abbés, en les faisant prononcer par des juges laïques, croyaient satisfaire leurs consciences. L'influence du Droit canon sur la législation pénale se trouva ainsi fort limitée, sans être annihilée. Les clercs laissèrent en présence les coutumes germaniques et les lois romaines : celles-ci n'étaient point faites, par leurs rigueurs savantes, pour améliorer celles-là.

La hiérarchie féodale imprimait en outre aux lois pénales une marque dont elles ne se délivrèrent jamais sous l'ancien régime : l'inégalité. A Rome, quoiqu'il y eût une aristocratie, les lois pénales étaient applicables à tous les citoyens romains riches ou pauvres : les esclaves seuls étaient soumis à d'autres lois impitoyables. Au moyen âge, le noble féodal se considérait comme un petit souverain. Il ne pouvait lui entrer dans l'esprit qu'il dût, si coupable qu'il se reconnût, être passible du même châtiment que le roturier. La différence des peines répondait à la condition des personnes et des terres.

caractère de la composition : elle est par un côté le rachat d'une peine.... » (Fustel de Coulanges, *La monarchie française*, p. 474.)

Nous ferons observer que cette théorie est trop absolue. Car comment expliquer que le tarif soit gradué d'après le sexe et le rang de la victime, et non pas d'après la condition du meurtrier? Il entre bien dans la composition l'idée de la compensation de dommages causés par la perte de la victime. Fustel de Coulanges le prouve lui-même, quelques passages plus loin, en établissant que la somme payée à titre de composition n'est pas remise aux juges ou aux représentants de l'État et qu'elle était remise à la victime ou à ses parents ou à ses héritiers. Et lui-même écrit cette phrase qui contredit le passage cité ci-dessus : « La composition est donc par essence un acte qui se passe plutôt entre deux familles qu'entre l'État et un coupable. »

II. — Meurtres et Blessures. — La Peine capitale.

Les auteurs coutumiers n'indiquent pour le baron criminel que la perte de ses meubles, ou de son fief, ou le bannissement. Il faut d'épouvantables méfaits pour qu'on lui applique la peine capitale : les exemples de supplices que nous avons cités n'étaient en réalité que des exceptions. Même le cas de lèse-majesté, au milieu du treizième siècle, n'entraîne pas de peine corporelle. Alain de Roucy, en l'absence de son père blessé grièvement en combattant les ennemis de la foi, avait livré le château de Montréal bien garni d'hommes et de vivres, quoiqu'il sût que des secours approchaient. Le père en était mort de honte et de douleur, refusant de manger et de boire. Les légistes, consultés par le roi, furent d'avis que ce fils lâche et traître avait commis le crime de lèse-majesté et que tous ses biens devaient être confisqués [1]. Puis l'influence croissante du Droit romain fit recourir contre le criminel de lèse-majesté à la procédure dite extraordinaire : il était écartelé ou écorché vif [2]. On prononça également la peine capitale dans les cas de trahison envers le seigneur suzerain.

Mais les invasions d'un domaine, les violences exercées contre un voisin ou un ennemi sont couvertes par le droit de guerre. Sacs d'abbayes, pillages, incendies, meurtres, cruautés comme celles d'un Eschivard ou d'un seigneur de Crux ne sont réprimées que par des condamnations pécuniaires. Les chevaliers et les écuyers qui ont arraché de son lit la dame de Survilliers avec son enfant, ne sont frappés que de 350 livres tournois (6431 fr.) d'amende et de 1 500 livres (27 561 fr.) de dommages et intérêts [3] : un seul, Perceval d'Aunay, signalé sans doute comme le plus acharné, devait rester deux ans au Châtelet « au pain et à l'eau », puis être banni. Le seigneur de Donpierre en Aulnoi (sénéchaussée de

1. *Lèse majesté*. — « Consuluit (Rex) plures fide dignos et jurisperitos qui, habito consilio, dixerunt eidem quod idem Alanus commisit crimen lese-majestatis et, secundùm jura scripta, amisit jus successionis, ipse et heredes sui et debet tota ejus successio principi confiscari.... » (*Olim*, I, p. 461; IX [1259].) M. Glasson dit : « Il (le crime de lèse-majesté) n'apparaît qu'à la fin de notre période par l'effet de la renaissance du Droit romain. » (Boutillier, *Somme Rural*, liv. I, tit. 39, p. 478, 479.) — Par le texte que nous citons, nous voyons que l'expression est usitée bien avant Boutillier.

2. Glasson, *Hist. du Droit*, t. VI, p. 660.

3. Voir plus haut p. 356.

Saintonge) a envahi le prieuré de Pui Liborel et commis d'indignes violences contre un sergent royal rendu impotent d'une main. Dommages et intérêts et amende de 1000 livres tournois[1] (17 637 fr.). — Violences affreuses, emprisonnement, tortures infligées à Guillot de Forrières par Nicolas Bocergeois, châtelain royal de Mont-Ogier : amende[2]. La cour du sénéchal de Périgord condamna des nobles, coupables d'excès et de violences contre Raymond de Valois, à 200 livres tournois d'amende (2 732 fr.) et à 100 livres (1 366 fr.) de dommages et intérêts[3]. Les juges et les légistes n'appelaient *meurtre* que la mort donnée en trahison[4], avec guet-apens, la nuit, dans une maison, dans un lit, ou après un assurement. Ces circonstances seules aggravent le cas et entraînent la peine capitale. Elle était du reste si rarement appliquée aux gentilshommes qu'on ne songe pas à en modifier pour eux la forme : ils sont pendus et traînés comme les vilains. Par grâce quelques-uns obtiennent d'être noyés. Plus tard seulement, lorsque les nobles ne pourront se soustraire à la loi commune, ils demanderont à être au moins sauvés du gibet commun : ils seront décapités et se consoleront par une dernière manifestation d'orgueil, fiers de ne pas subir la mort des manants.

Dans les questions de meurtre et de blessures graves, prédomine toujours le souvenir de l'ancienne *composition*. Quoiqu'en théorie la composition ne soit plus admise, les coupables transigent avec les victimes ou leurs parents. Une femme blessée à laquelle on avait coupé un doigt fait sa paix avec son ennemi, sans opposition de la part des gens du roi[5]. Étienne Boucelli de

1. *Violences, meurtres.* — (*Olim*, III, p. 178, XL [1306].) — Le seigneur qui ordonne est condamné seulement à l'amende, les comparses qui ont exécuté ses ordres sont emprisonnés.

2. *Ibid.*, III, p. 222, LV (1307).

3. *Ibid.*, III, p. 725, XIV (1312).

4. Murtres si est d'ome ou de fame quand l'en la tue en son lit ou en aucune meniere por coi ce ne soit en mellee : emmi sa voie porroit on 1 home murtrir, se l'en le feroit si qu'il en mourust, sanz tencier a lui et sanz lui deffier.... » (*Établissements*, liv. I, ch. XXVII.)

5. « Dicit quod quedam mulier de Parco, cujus nomen (non recolit) fuit mahemmiata de digito et paux (pax) fuit facta inter partes et dominus habuit emendas sine contradictione gentium et dominus habuit emendas sine contradictione gentium domini Regis.

« Dicit quod vidit die mercati quod Osanna la Guerarde, quam Matheus le sauvage cepit per vim et jacuit cum ipsa, fecit pacem cum dicto Matheo, de consensu dicti domini Sancti Andree in curia ejus. » (*Actes du Parlement*, Extraits d'enquêtes n° 1560 F. [1270].)

Lorris comparaît devant le Parlement pour un meurtre, les maîtres le renvoient, à charge pour lui d'abandonner le tiers de ses biens meubles et immeubles [1]. Le Parlement n'approuve point une composition faite avec un meurtrier par le sénéchal de Toulouse, non qu'il conteste le principe mais en l'espèce les droits du roi ont été lésés, tous les biens du coupable devant être confisqués [2]. Ordre au sénéchal de Périgord de punir deux meurtriers qui avaient été acquittés moyennant une composition avec les amis du défunt et le seigneur justicier, « ce qui était un abus intolérable [3] ». En général, on frappe les coupables dans leurs biens, non dans leurs personnes. Selon les *Établissements* [4], leurs terres sont ravagées et le Parlement approuve les démolitions qui survivront au moyen âge [5].

1. *Violences et meurtres* (suite). (*Olim*, III, 147, XXI, 1304 [1305])
2. *Actes du Parlement*, 4546 (1317).
3. Guillaume Renard le Grom et Olivier d'Agen condamnés au bannissement de la seigneurie de Bergerac à cause du meurtre de Pierre Pilet et déclarés ensuite innocents après une composition amiable. (*Actes du Parlement*, 4990 [23 août 1317].) — Voir encore pour la composition, *Actes du Parlement*, 142, 762, 2683, 3289, 4546.
4. « Et est en la volenté des seignors de tenir comme lor propre domoine ou de faire revage, c'est à savoir les vignes estreper et les maisons abattre et les aubres cerner (couper les arbres) et les prez arer (labourer) selonc l'usage de divers païs. » (*Établissements*, l. II, chap. XXXVI.)

— M. Viollet, à propos de cet article des *Établissements*, fait les remarques suivantes : « On retrouve ce vieil usage au XVIIe siècle (arrêt des Grands Jours de Languedoc du 22 janvier 1667 ordonnant la démolition du château de Vabres, dans P. Le Blanc, *Journal de Baudoin sur les Grands Jours de Languedoc*, p. 98, Mémoires de la Société d'Agric., Sc. et Arts du Puy, t. XXX). Enfin la Convention s'inspira évidemment de cette pensée traditionnelle dans le décret prescrivant la démolition de la maison du Girondin Buzot, dans un autre décret du 1er avril 1793, ordonnant que toutes les récoltes de la Vendée seront coupées, les repaires des rebelles détruits et tous les bois brûlés. Ce n'est plus qu'un effet oratoire dans le fameux discours de La Bédoyère du 22 juin 1815 : « Ah! plutôt que tout Français déserteur de son drapeau soit couvert d'infamie, que sa maison soit rasée.... » Mais la vieille idée rentre dans le domaine des réalités avec le décret de la Commune du 10 mai 1871 qui prescrit la démolition de la maison de Thiers. » (Viollet, *Établissements*, t. III, note 29 [du chap. XXVIII, livre Ier] p. 291.)

Ces rapprochements se présentent en effet à l'esprit, mais est-il bien sûr que les membres de la Convention et de la Commune aient été aussi savants? En ce qui regarde la Vendée c'est une mesure de guerre abominable et de terreur comme le décret qui ordonnait la destruction de la ville de Lyon. Les Anglais ont eu recours à des procédés plus odieux encore dans la guerre du Transvaal.

5. Une maison a été démolie à Moyac par les gens du roi à cause d'un meurtre. (*Olim*, I, p. 538, IV [1262])

— Roland de Tremerront, chevalier, et ses complices, ont commis des violences contre un sergent royal. Ils étaient fortifiés dans le château et avaient résisté aux gens du roi. La forteresse du manoir sera rasée et on ne laissera que les maisons qui existent autour. (*Ibid.*, III, p. 175, XXXIV [1306].) Meurtre de Hugues de Beaumont et de son frère dans une église et un cimetière. Le château de Torsac, où s'étaient réfugiés les meurtriers, sera rasé. (*Ibid.*, I, p. 394, XX [1271].) Il y a cependant quelque réaction contre cet usage au XIVe siècle. Lettres de Charles V (juin 1366)

C'était la responsabilité qu'on recherchait, le tort fait à la victime qu'on évaluait. Cette responsabilité on voulait l'atteindre jusque dans les animaux. Les *Établissements* de saint Louis rendent responsable des accidents le maître des animaux vicieux : s'il avoue avoir connu le vice de la bête méchante, il est pendable [1]. Beaumanoir mentionne l'usage de mettre à mort des animaux comme une truie qui tue un enfant : il le blâme « car bêtes n'ont nul entendement de ce que c'est que le bien et le mal et pour ce est justice perdue [2] ». Le bailli de Clermont saisit cette occasion d'exprimer la haute idée qu'il a de la justice, « car justice doit être faite pour la vengeance du méfait et si celui qui a fait le méfait sait et entend que pour ce méfait il encourt telle peine, mais cet entendement n'est pas donné aux bêtes ». Ces beaux sentiments n'empêchaient point, au début du XIVe siècle, les gens de Saint-Martin-des-Champs de prendre une truie qui avait renversé et tué un enfant, de la conduire à Noisy-le-Grand et de la brûler solennellement sous les fourches. Ils en pen-

abolissant à Saint-Amand-en-Puele la coutume de brûler les maisons de ceux qui ont été convaincus d'un crime capital. (Recueil d'Isambert, t. V, p. 253.)

1. *Justice d'animaux.* — « Se aucuns hom menoit sa beste ou marchié ou entre genz et ele mordist ou ferist aucune gent, et cil qui seroit bleciez s'en plainsist à la joutise, et li autres deist : « Sire, je ne savoie mie qu'elle aust tele teiche. » O itant rendra son domache au blecié, à sa preuve, et n'en fera ja droit à la joutise. Et s'il avenoist que la beste tuât 1 home ou 1 fame et la joutise preist celui qui l'avroit amenée et li deist : « ta beste a tué 1 home » et cil dist : « [sire], elle n'est pas moie » si li puet l'en esgarder qu'il jurra sor sainz qu'ele n'est pas soue et que il ne l'amena pas. Et einsinc remanra la beste à la joutise; et si l'en ne puet l'en a plus mener. Et se einsic estoit que il deist : « ele est moie, je la menai, mais je ne savois mie qu'ele aust tel teche » si li esgardera l'en par droit qu'il jurra sor sainz, si come il est dit desus, qu'il ne sevoit mie la teiche; et encores remeindra la beste à la joutise; et fera cil a qui la beste estoit le relief d'un home, c'est à savoir C s. et 1 d; et itant en sera quites. Et s'il estoit si fous qu'il deist qu'il quenouest bien la teche de la beste, il en seroit penduz par la reconnnaissance.... » (*Établissements*, t. I, CXXV.)

C'est encore une des scènes pittoresques dont nous avons parlé et qui sont reproduites dans le manuscrit de *Coutume Touraine-Anjou.*

2. « Li aucun qui ont justice en leurs terres si font justice de bestes quant eles metent aucun a mort : si comme une truie tue un enfant, il la pendent et trainent, ou une autre beste. Mes c'est nient a ferez car bestes mues n'ont pas entendement qu'est biens ne qu'est maus, et pour ce est justice perdue, car justice doit estre fete pour la vengance du mesfet, et que cil qui a fet le mesfet sache et entende que pour tel mesfet il en porte tele peine; mes cis entendemens n'est pas entre les bestes mues.... » (Beaumanoir [Salmon], chap. LXIX § 1944.)

— Voir sur cette question et l'influence du Droit romain les observations de M. Viollet, *Établissements*, t. I, p. 233-234. — Glasson, *Histoire du Droit*, t. VI. — Ayrault (Pierre), *Des procez faits au cadaver, aux cendres, à la mémoire. aux bestes brutes, choses inanimées et autres coutumax*, Angers (1591), in-4°. — A. Sorel, *Procès contre des animaux et insectes suivis au moyen âge dans la Picardie et le Valois*, Paris, Aubry (1877). — Duméril, *Les animaux et les lois*, Paris, Thorin, 1880.

dirent une autre aux mêmes fourches de Noisy. Un cheval ayant tué un homme à Bondy et le propriétaire l'ayant mis à l'abri hors de la justice de Saint-Martin, celui-ci dut payer une amende puis « rétablir une figure du cheval que les gens de Saint-Martin menèrent à Noisy : ils la traînèrent et pendirent aux fourches [1].

Les réparations pécuniaires sont proportionnées, dans le cas de coups et blessures, à la gravité des blessures [2]. Même les bourgeois, en certains pays, s'ils ont des chartes, ne sont passibles que de l'amende à moins qu'il y ait eu amputation d'un membre, du nez, d'une oreille. Le Parlement pourtant joint quelquefois des peines corporelles. Pierre de Saint-Blémond-en-Vimeu a blessé de son couteau Guillaume Broisser, conseiller du roi, maître des Requêtes du Palais. Pierre de Saint-Blémond eut beau rejeter son exaltation sur les fumées du vin, la qualité de la victime décida le Parlement à se montrer sévère, il condamna Pierre de Saint-Blémond à être exposé trois samedis au pilori des halles, puis à rester dans la fosse au Châtelet, pendant trois mois « au pain, aux fèves et à l'eau [3] ». Les violences d'Alard Despléchin contre les gens de Cambrai étaient telles que ceux-ci n'osoient plus sortir de leur ville. Il avait saisi Jean Adoque et, avec des raffinements de cruauté, lui avait fait couper le pied. Malgré des lettres de rémission obtenues par Alard, le prévôt de Laon le fit arrêter; le Parlement évoqua l'affaire. Le procureur général requérait la peine capitale. La Cour, « entendant user de douceur », le condamna à avoir le poing coupé dans la ville de Chantapré et de rester ainsi exposé [4]. A Lagny, Simonnet Pequez Daneta avait averti les ennemis du prieur du moment où celui-ci sortait du couvent et leur avait fourni l'occasion de l'attaquer, de le blesser.

1. Tanon, *Registre criminel de Saint-Martin-des-Champs*, *Histoire des Justices*, p. 554.

2. *Coups et blessures*. — « Le Droit orléanais a gardé quelques traces très affaiblies des anciennes classifications de coups et blessures qu'on trouve dans les lois barbares : il connaît le coup très grave à la tête (sans amener la mort); le coup qui fait plaie ou fait jaillir le sang (amende de 60 sous); le coup qui ne fait pas plaie et ne fait pas jaillir le sang (amende de 5 sous); cette classification très simple, que j'emprunte aux *Poines de la duchée d'Orléans* (*Jostice et Plet*, p. 279, 280), se retrouve dans l'Usage d'Orléanais (*Établissements*, liv. II, chap. XXIV et XXV) avec cette différence que le coup à la tête n'y obtient pas de mention spéciale... » (Viollet, t. I, p. 242.)

3. Collection Lamoignon, *Reg. crim.*, t. CCCXXV, p. 862, 4 mars 1345 (1346).

4. *Ibid.*, t. CCXXVII, p. 3739-3759, janvier 1397 [1398].

Au procès devant le Parlement les voix se partagèrent : douze demandèrent la peine capitale, douze l'exposition au pilori et la mutilation du pied ou du poing gauche ; la mutilation l'emporta. Simonnet eut le poing gauche coupé [1].

Ces mutilations ont souvent tout le caractère de la peine du talion. Mathieu de Monceaux, jeune clerc de vingt-trois ans, officier de la comtesse de Vendôme, fait arrêter Jean de Pointevillain, qui maltraitait des sujets de la comtesse. De là, haine de Jean de Pointevillain et de Hennequin, son compagnon, contre Mathieu de Monceaux; guet-apens, blessures atroces. Jean de Pointevillain le prit par les cheveux, Hennequin par les jambes, d'autres par le corps. Le frère de Jean de Pointevillain, Amaury, éclairait les assaillants, et Jean frappait Mathieu à l'œil de manière à l'aveugler : malgré les supplications du malheureux qui demandait qu'on lui brisât bras et jambes plutôt que de le rendre aveugle, Jean de Pointevillain, avec son couteau, fit sauter l'œil de son orbite. Mathieu fut laissé pour mort. Il en revint pourtant et poursuivit ses bourreaux. Jean de Pointevillain avait obtenu des lettres de rémission, mais le Parlement les annula et, outre les satisfactions pécuniaires, condamna Jean à la peine du talion : il aura l'œil droit arraché, Hennequin aura la main droite coupée et sera banni, Amaury de Pointevillain et les autres complices seront attachés nus à un chariot, frappés de verges et conduits ainsi jusqu'aux halles de Paris [2].

III. — La Confiscation. — Le Bannissement. — Rapt et Incendies.

La confiscation des biens remplaçait souvent les peines corporelles [3]. Encore avait-elle ses atténuations [4]. Le noble qui encourt

1. Collect. Lamoignon, *Reg. crim.*, t. CCXXIV, p. 719 (juillet 1345).
2. *Ibid.*, t. CCXXVII, p. 3560 (19 juillet 1395).
3. *Confiscation.* — Les biens des homicides sont confisqués et les seigneurs justiciers se les disputent. Le chapitre et le trésorier de Laon réclamaient le droit de prendre et de retenir les biens meubles et immeubles des homicides qui commettent un meurtre dans la cité de Laon, dans leur treffond et leur justice. Le roi le réclamait pour lui. La Cour donna raison au roi. (*Olim*, t. I, p. 187, v [1263].)
4. Sur la Confiscation, voir De Fontaines, *Conseil*, p. 292 et 483. — *Établissements, coutumes, assises et arrêts de Normandie*, éd. Marnier, p. 77. *Anciennes coutumes d'Anjou et du Maine*, etc.

la confiscation de ses meubles garde, si ce n'est pas un guerrier, son palefroi, le roncin de son écuyer, deux selles à lui et à son écuyer, « son sommier qui le mène par la terre », son lit, sa robe de chaque jour, sa robe de parure, une ceinture, un fermail, un anneau, le lit de sa femme, la robe de sa femme avec une ceinture, un anneau, une aumônière, un fermail et des guimpes. Si le noble porte les armes, on lui laisse en outre tous ses chevaux et toutes ses armes.

Le bannissement qui accompagnait ou remplaçait les peines corporelles, était un moyen fort usité de se débarrasser des criminels gênants. Une charte, en Picardie, portait que tout homme banni de la ville de Bray (sur Somme) ne pouvait y rentrer qu'en compagnie de « la personne même du roi[1] ». Façon originale de signifier un exil perpétuel et irrévocable[2]. Il était d'ailleurs, sous les peines les plus rigoureuses, interdit de donner asile aux bannis : ceux qui le faisaient étaient assimilés aux criminels sans que la parenté fût une excuse. Remi de Nanteuil, bourgeois de Reims, est poursuivi pour avoir donné conseil et secours à ses neveux, bannis du royaume[3]. Le Parlement enjoint à des parents d'un banni, qu'on soupçonnait de l'avoir recueilli, de le livrer à la justice sous peine de perdre leurs biens[4]. Une mère, la dame de Brienne, accusée d'avoir, après leur bannissement, caché ses deux enfants auxquels on imputait le meurtre de deux habitants de Reims, subit une longue détention préventive : elle ne fut délivrée que faute de charges suffisantes[5]. Le comte de Sancerre avait négligé de punir des gens de sa maison qui avaient fait une injure atroce à un clerc : les officiers du roi les avaient bannis ;

1. *Olim*, t. I, p. 551, II (1263). — *Actes du Parlement*, 751.
2. *Le bannissement*. — « Le bannissement était une peine essentiellement arbitraire qu'on appliquait, soit à titre principal, soit à titre accessoire, aux délits les plus divers. Le Registre de Sainte-Geneviève mentionne toute une série d'hommes et de femmes de mauvaise vie dont les religieux purgent ainsi leur terre.

« Ce qui marque mieux le caractère arbitraire de cette peine c'est l'application qu'on en faisait parfois aux accusés de délits graves, qui échappaient à la peine normale de leur crime parce que la preuve n'était pas suffisamment faite, mais qu'on bannissait néanmoins à cause des soupçons qui subsistaient contre eux, ou de leur mauvaise renommée.... » (Tanon, *Histoire des justices de Paris*, p. 40.) — Voir Jamin, *Documents relatifs à la peine du bannissement aux XIIIe et XIVe siècles*, Biblioth. de l'Éc. des Ch., 2e série, t. III, p. 419.
3. *Actes du Parlement*, 4813 (1317).
4. *Olim*, t. II, p. 432 (Consilia, 1254 [1255].) — *Actes du Parlement*, 31.
5. *Ibid.*, t. III, p. 757, XL (1312).

le comte osa leur parler après cette sentence : il paya cinq cents livres d'amende[1]. On rase même les maisons de ceux qui ont reçu des bannis, comme il arriva à un clerc de Froeus[2], à Geoffroy de Paris[3] et à ceux qui avaient accueilli Guillaume de Bièvre, banni pour avoir défié l'évêque de Paris[4].

Comme cela se produit toujours au moyen âge, les tolérances contrastent avec les sévérités. A Cambrai, parce qu'on y suit les lois de l'Empire, on ne refuse pas aux bannis le droit d'ester en justice en d'autres causes. Un banni, Eustache de Banteny, réclamait à Jean de Quantain, écuyer, le paiement d'obligations. Jean, qui ne tenait pas à payer, refusait de répondre à la demande d'Eustache, banni de Cambrai pour rapt et trahison. Le Parlement le contraignit, à cause de la loi locale, à répondre à l'action intentée contre lui[5]. D'ailleurs le roi, en butte à une foule de sollicitations, se laisse souvent fléchir en faveur des bannis[6]. D'autres fois, c'est le roi qui, sans jugement, bannit un coupable, manière détournée de lui éviter un procès, un supplice et, en quelque sorte, de lui accorder rémission de son crime[7].

Le bannissement et la confiscation sont des peines prononcées souvent contre les auteurs de rapt, crime très fréquent, et d'incendies. Le rapt était une des dernières traces des guerres privées. S'il avait pour but la satisfaction de passions brutales, il entraînait la peine de mort. S'il n'était qu'un moyen de s'assurer des profits ou

1. *Bannissement* (suite). — (*Olim*, t. II, p. 60, XIX, 1274 [1275]. — *Actes du Parl.*, 1967.)
2. *Olim*, t. II, p. 231, XII (1283).
3. *Actes du Parl.*, 3608 (1309).
4. *Olim*, t. I, p. 432 (Consilia), I (1254). — *Actes du Parl.*, 30.
. Voir encore poursuites pour avoir donné asile à des bannis. (*Ibid.*, 1560 M [1270]; — 4086 [1313]; — 4991 [1316]; — 5280 [1318].)
5. *Olim*, t. I, p. 814, III (1270). — *Actes du Parl.*, 1584.
6. Lettres rendues à la sollicitation du comte d'Armagnac et révoquant le bannissement contre Girault de Sirac et ses complices pour le meurtre en guet-apens de Fortainier de Sirac et de Chiot, son fils (Lettres de Philippe VI de Valois de 1328, confirmées en juin 1329). — Lettres révoquant le bannissement de Guillaume Hugues, chevalier, banni pour soupçon de meurtre de Pons de Massale, à la condition de se constituer prisonnier à Toulouse. — Lettres pour Jean de Cornonis, chevalier, soupçonné de la mort de Gautier de Penne. — Lettres pour Clémence, dite Marchant, et ses fils accusés de la mort de Robert le Fontainier (1316[1317]). (Collect. Lamoignon, *Reg. crim.*, t. CCCXXIV, p. 23, 32, 37, 39.)
7. Lettres du roi bannissant, *sans jugement*, du royaume Jean, sire d'Ormoy, détenu dans les prisons du Châtelet pour crime. Ces lettres furent accordées à la demande des amis de l'accusé : on peut y voir des lettres de rémission. Cette lettre fut lue en la Chambre : la Cour ordonna audit Jean de quitter le royaume dans le mois. (*Actes du Parl.*, 3893 [août 1311].)

un héritage, les nobles n'encouraient point la peine de sang. Philippe de Chauvigny avait fait enlever une demoiselle qui fut ensuite prise pour femme par un écuyer, Robert de Signy. Le Parlement le condamna à mille livres tournois (20 264 fr.) d'amende, plus à deux cents livres (4 053 fr.) à payer au seigneur dit de la Bouche Noire, gardien de la dite demoiselle. Philippe de Chauvigny ne sera mis en liberté que sous caution et sa maison de Villedieu sera rasée[1]. Galhard de Cantal était accusé de rapt sur la personne de Contorine, sa nièce, qu'il avait enlevée avec ses joyaux. Le sénéchal d'Agen le cite devant sa cour. Galhard n'en oblige pas moins la dite Contorine, par des menaces et la terreur, à épouser un homme peu riche auquel il assigna en dot une faible partie des biens de la demoiselle en retenant les autres. Aux actions intentées contre lui, Galhard essaya d'échapper en opposant à la juridiction du sénéchal d'Agen celle du sénéchal de Périgord. Celui-ci néanmoins annula la donation de biens et condamna Galhard à mille cinq cents livres (21 840 fr.) d'amende pour excès, attentats, désobéissances. Galhard appela au Parlement qui le débouta de son appel[2]. Deux prisonniers du Châtelet, Jean de Tours et Jean Langlois de Borguel, accusés de rapt, se font racheter, nous l'avons dit, par un prévôt de Paris prévaricateur, le fameux Henri de Taperel[3]. Disons aussi que souvent les accusations de cette nature étaient fausses et que rien ne prêtait plus à l'imagination des gens obstinés à perdre un homme[4].

Pour les incendies isolés on prononçait la peine de mort[5].

1. *Rapt*. — (*Olim*, t. II, p. 269, x [1287]. — *Actes du Parl.*, 2613.)

2. *Olim*, t. III, p. 1443, LXXIV (1318).

— Autre affaire. Mandement du roi au bailli de Touraine. Payem de Mailly, accusé de rapt, s'était enfui et restait banni. Le roi suspend le bannissement pour que Payem puisse venir se faire juger. La demoiselle qui avait été enlevée demeurera sous la garde du roi et sera confiée à Amauri de Craon. (*Actes du Parl.*, 5716.)

Voir article de Le Roux de Lincy : Tentative de rapt commise à Paris par Regnaud d'Azincourt sur une épicière de la rue Saint-Denis en 1405. *Biblioth. de l'École des Chartes*, 2e série, t. III, p. 316.

3. *Olim*, t. III, p. 1307, LXXXI.

4. Sur la dénonciation des amis d'Isabelle de Lions, le prévôt de Paris avait d'office intenté une action criminelle contre Égidius Lamandi de Brabant. On l'accusait d'avoir, tandis qu'Isabelle faisait un pèlerinage à Saint-Jacques de Compostelle, suivi ladite demoiselle jusqu'à Orléans avec ses complices en armes et d'avoir cherché plusieurs fois à l'enlever. Le prévôt acquitta Égidius. Les adversaires appelèrent au Parlement qui les débouta de leur appel et les condamna à l'amende. (*Ibid.*, t. III, p. 1266, XLVIII [illegible]18].)

5. *Livre de Jostice et de Plet*, p. 279 et 305. — *Livre des Droits et des commandements*, n° 37.

Quant aux incendiaires de profession, les Ordonnances royales les englobent dans les mêmes pénalités que ceux qui perpétuaient les guerres privées et troublaient la paix publique[1]. A vrai dire ces incendies n'aggravaient pas beaucoup la responsabilité des seigneurs, qui les considéraient comme un droit de guerre mais qui apprendront de plus en plus, à leurs dépens, que les guerres mêmes étaient des crimes.

IV. — Le Vol, le Faux et la Peine capitale.

Bien que dans la législation coutumière nous ayons remarqué beaucoup de souvenirs de l'ancienne propriété collective, la propriété individuelle ne fut jamais plus protégée qu'au moyen âge, peut-être parce qu'elle ne fut jamais plus menacée. Le larron était pendu. Comme on n'appliquait point la pendaison aux femmes, celles-ci étaient enfouies vivantes. Les coutumiers, sur ce point, sont précis et les prévôts expéditifs. Que le vol ait lieu sur les grands chemins, ou la nuit, ou par effraction, ou par abus de confiance; qu'il s'agisse de robes, de deniers, de chevaux, la potence se dresse. Cela paraissait pourtant excessif : les *Établissements*, en cas de vol d'un soc de charrue, de robes, de deniers, réduisent, au premier méfait, la peine à la perte de l'oreille, du pied au second; la pendaison n'avait lieu qu'au troisième, « car, disent-ils, l'on ne vient pas du gros membre au petit, mais du petit au gros[2] ».

1. *Incendies.* — Ordonnance de Philippe V des 16-19 mars 1319 contre les incendiaires et ceux qui, sous prétexte de guerre privée, troublaient la paix publique dans le comté de Bourgogne. (Isambert, t. III, p. 231.)

Le Parlement concourait à cette œuvre de répression. Mandement au sénéchal de Toulouse de poursuivre et de punir des pillards, incendiaires, larrons et autres malfaiteurs qui rôdaient dans le pays et avaient incendié à Cosals un moulin appartenant à Gérard « de Esparoccio. » (*Actes du Parl.*, 5198 [1318].) Autres poursuites d'incendiaires, 4918 (1317). — 5306 (crime isolé, incendie ayant pour but de soustraire des lettres qui constataient des dettes).

Les *Établissements* indiquent pour l'incendie de maison pendant la nuit, la perte des yeux. « Et qui art maison de nuiz il pert les iauz. » (Liv. I, chap. xxxii.)

2. « Li lerres est pandables qui amble cheval ou jument.... Qui amble riens en mostier et qui fait fausse monoie et qui amble soc de charrue, et qui amble autres choses, robes ou deniers, ou autres menues choses, il doit perdre l'oreille du premier meffait, et de l'autre larrecin, il pert le pié, et au tierz larrecin il est pandables; car l'en ne vient pas dou gros manbre au p[etit], mais du petit au gros.... » (*Établiss.*, t. I, chap. xxxii.)

... « Hom quant il amble a son seignor, et il est a son pain et a son vin, il est

Dans le droit antérieur aux *Établissements*, cette mutilation était encourue pour le moindre vol dans la maison, d'un pain ou d'une poule. Saint Louis, nous l'avons vu, abolit cette coutume qu'il estima odieuse (1260). Mais cela n'empêche point les autres mutilations graduées et la pendaison d'être maintenues.

Ces causes, d'habitude, n'arrivent pas jusqu'au Parlement. Les pendus ne réclament point. Il n'en est guère question que dans les conflits de juridiction que nous avons racontés. Quelques mentions cependant indiquent que le Parlement applique les peines et mutilations inscrites dans les *Établissements*. Guillemin Limousin est surpris deux ou trois fois « vidant des bourses »; il est condamné à l'exposition au pilori, puis à la perte d'une oreille[1] (1335). En 1350 est envoyé au gibet de Paris Regnault dit de Valois qui avait avoué, devant les Requêtes, « avoir vidé des bourses » à l'église Notre-Dame et autres lieux et commis « d'autres voleries et larcins[2] ». On remarque cependant des hommes accusés de vol, simplement bannis. Jean Marcel et Fressard, sa femme, avaient essayé de vendre au marché de Pontoise deux pièces de drap que le maire les accusa d'avoir volées. Tous deux furent arrêtés, emprisonnés, mais l'affaire fut appelée au Parlement qui ordonna au maire de bannir seulement de sa terre les dits époux, quoiqu'ils eussent avoué le délit[3] (1317).

Les seigneurs sont responsables des vols commis sur les chemins de leurs domaines. Le comte de Sancerre est obligé de restituer à

pandables; car ce est une manière de traïson; et cil à qui il fait le meffait le doit pandre, se il a la voierie en sa terre.... » (*Établissements*, chap. xxxiii.)

M. Viollet, dans ses Notes sur ces chapitres, fait une remarque curieuse : « Aujourd'hui encore dans le Maine, le vol des chevaux est une des calamités du pays : les intéressés déclarent n'être pas suffisamment protégés par la loi moderne. En 1789 la paroisse de Boissé (Mayenne) demandait qu'on condamnât à mort les voleurs de chevaux au lieu de les condamner au gallaire (*sic*). Doléances des paroisses à la suite de l'*Annuaire de la Sarthe pour 1878*, p. 208.... » (*Ibid.*, t. III, p. 298, note 33.)

1. *Vols*. — (Collect. Lamoignon, *Reg. crim.*, t. CCCXXIV, p. 505 [22 août 1335].)

2. *Ibid.*, p. 732 (17 novembre 1350).

3. *Ibid.*, p. 33 (22 février 1316 [1317]). — Archives nat., *Crim.*, t. I, f° 89 r°. *Actes du Parl.*, 4613. — Autre vol puni de bannissement. (*Ibid.*, 4128.)

— Voir, pour vol avec effraction par un domestique, Collect. Lamoignon, *Reg. crim.*, t. CCCXXIV, p. 747 (1338).

— Dans les *Actes du Parl.*, Boutaric mentionne des mandements de poursuite pour vol, mais la pénalité ne saurait être indiquée puisque ce ne sont que des actes préliminaires : vol avec attaque nocturne, 5864; vol de draps, 5799; d'ornements d'église, 5272; vol domestique, 5074; vol avec effraction, 6562.

des marchands qui revenaient d'une foire et avaient été dévalisés sur ses terres, quatre-vingt-huit livres[1] (1 783 fr.). Aux seigneurs donc de faire bonne garde. Mais, et ce trait en dit long sur la sécurité des routes au moyen âge, on ne peut intenter une action que si le vol ou le meurtre a été commis entre le lever et le coucher du soleil. Un marchand a été dévalisé et tué sur les terres du comte de Saint-Pol, à la tombée de la nuit : on ne pouvait rendre le comte responsable car il fut prouvé que le marchand s'était trop attardé et qu'il avait encore au moins une lieue à faire pour arriver à la ville après le coucher du soleil[2]. Pour stimuler leur zèle à faire bonne police, on accordait aux seigneurs les dépouilles des condamnés. Gautier le Forcuer, pris en flagrant délit de vol, a été pendu à Montmorency : le seigneur réclamait ses biens : or le pendu était un homme de l'abbaye de Saint-Paul près de Beauvais : les biens revinrent à l'abbaye. Discussions qui donnaient lieu à des décisions variables selon les circonstances, sans que le Parlement contestât le principe[3]. Lorsque les voleurs pris dans la terre de l'abbé de Colombs avaient été jugés dans sa cour et conduits à la pierre de Nogent pour être livrés aux sergents du roi (au bras séculier), le geôlier du roi réclamait pour lui les robes et les effets des larrons. Or l'abbé prétendait qu'il avait le droit de conduire les dits larrons nus, en simple chemise, à la pierre de Nogent. Le Parlement le débouta de sa demande et donna raison au geôlier du roi[4] : les larrons devaient être livrés avec leurs robes et effets. Le recéleur était assimilé au voleur et passible des mêmes peines[5].

1. *Vols sur les grands chemins.* — (*Olim*, t. I, p. 328, XIV [1269].) — Le comte d'Angoulême est obligé d'indemniser des marchands dévalisés. (*Actes du Parl.* [1263].)

2. « ...Pro ipso comite quod non tenebatur ipsam pecuniam restituere, cum idem mercator fuisset multritus post solis occasum, et secundum consuetudinem Francie, pecunias ablatas mercatoribus, infra pedagia dominorum, ante ortum solis et post solis occasum, non teneantur ipsi domini eas restituere.... » (*Olim*, t. I, p. 621, XIV [1265]. *Actes du Parlement*, 974 et 988.)

3. *Olim*, t. I, p. 328, XV (1269). — Autres affaires analogues, p. 473, XVII (1260) p. 701, XII (1267).

4. « Et ipsos tradere nudos in camisia ». (*Olim*, t. I, p. 240, IX [1266].)

— Dans le *Tout-Lieu de Saint-Dizier*, les échevins ont envoyé demander aux échevins d'Ypres quelle amende il fallait imposer à un nommé Brioche qui, dans une taverne, avait pris un couteau, l'avait caché sur un de ses compagnons puis lui avait redemandé le couteau, l'accusant de l'avoir dérobé.

« Jugié est que, selon l'us et la coutume de la ville d'Ypre, li dis Brioche doit rendre le damage que ces compagnons en heu et doit *estre bannis un an*, sous la hart, hors des banlieuez de Saint-Disier.... » (*Olim*, t. II, appendice, p. 786, CXXXVII.)

5. « Le recéleur est assimilé au voleur. (*Établissements*, liv. I, chap. XXXV.) Le

Ici les coutumes se rencontraient avec le Droit romain, bien moins rigoureux à l'égard du vol considéré comme un délit privé, sauf en cas de violence[1].

Ces âges n'étaient pas aussi naïfs que certains usages le pourraient faire croire. La ruse entraînait les hommes à un crime, alors très commun, celui de *faux*. La multiplicité des règlements, des mesures, des poids, incitait à enfreindre ceux-là, à fausser ceux-ci. Le nombre considérable de témoins qu'on pouvait produire dans les enquêtes facilitait l'introduction de faux témoins. Il y avait longtemps qu'on fabriquait des chartes. Les changements fréquents de monnaies étaient autant d'occasions propices à la coupable industrie des faux-monnayeurs. Aussi la répression était-elle sévère, cruelle même.

Pour les *fausses marchandises* et les *fausses mesures*, la mutilation du pouce[2] ou même du poing[3] accompagne la destruction de la marchandise. Le *faux témoignage* entraîne la prison, le pilori. Huguenin Belin a fait deux dépositions contradictoires dans une cause criminelle : il s'excuse vainement en prétendant que les menaces du fils de l'accusé lui avaient troublé l'esprit. Vu sa simplicité, le dit Huguenin n'est condamné qu'à une amende honorable dans une procession à l'église, nu-pieds, sans chaperon, en chemise et en braies[4] (1345). De même, Durand Meyra, forcé par

compilateur des *Établissements* a enrichi le chapitre consacré aux recéleurs de renvois au Droit romain et au Droit canon; mais il n'y a rien à en conclure; car ce jurisconsulte garde souvent le silence quand il aurait à noter d'excellentes concordances et il en imagine, à l'inverse, plusieurs qui sont détestables : ici ses références au Droit romain ne prouvent rien : il omet de citer le titre et la loi du *Digeste* qui auraient établi l'accord du Droit romain avec la coutume... » (Viollet, *Établissements*, t. I, p. 251.)

1. En Droit romain « le propriétaire volé doit choisir entre la répression criminelle d'après la loi *Julia* et la répression pécuniaire aux termes de l'édit; le choix qu'il fait de cette dernière voie n'ôte certainement pas aux tiers l'exercice de la première, car la loi *Julia* organise un *judicium publicum*, tandis que le *furtum* sans violence n'engendre qu'un simple *crimen privatum*. (Loi *Julia*, De vi bonorum raptorum. L. II, pr. et § 10. — *Instit.*, l. IV, tit. I et tit. II [rapina]. — Accarias, *Précis de Droit romain*, t. II, p. 629, note 3.)

2. *Anciennes coutumes d'Anjou*, B, n°s 154 et 157, t. I, p. 162 et 163, etc.

3. *Ibid.*, B, n° 158, t. I, p. 163. — *Livre des droitz et des commandements*, n° 260, t. I, p. 111, etc.

4. *Faux témoignage*. — En la première enquête Huguenin Belin prétendait que quand il avait été battu par Viardot il était bourgeois du roi en sa sauvegarde. En la seconde il avait déposé ce que au temps de sa batture il n'estoit ni bourgeois ni en la sauvegarde du roi... « Nous veue sa impotence et sa simplice et considerans les choses dessusd., eue deliberation sur ce, meus de pitié et de miséricorde, iceluy avons condamné à faire une procession en l'église de Muiay le dimanche que l'on

la crainte à un faux témoignage, n'est condamné, à cause de son âge (70 ans), qu'à une amende honorable[1]. Plusieurs faux témoins, dans une cause criminelle au sujet de la mort de Jean de Moureval, furent « mis et tournés au pilori », à Paris, avec des couronnes de parchemin et eurent la langue brûlée d'un fer rouge. Ceux qui avaient suborné les faux témoins sont, après l'exposition au pilori, marqués sur la joue droite, au fer chaud, d'une fleur de lys[2] (1349). Un parjure s'en tire avec une simple exposition au pilori[3].

Les *faux monnayeurs* sont punis de mort, quelquefois de la perte des yeux. Même on les précipite dans une chaudière où ils sont bouillis[4]. Les rédacteurs de coutumiers enregistrent, sans sourciller, cette peine épouvantable. Le Parlement l'applique. Le 6 mars 1348 (n. st.) « furent bouillis en la place aux pourceaux maître Étienne de Saint-Germain et Henry Foinon, écuyer, pour ce qu'ils avaient tailler coins à faire deniers d'or et en avaient forgé ». Quatre membres du Parlement assistent à l'exécution avec le prévôt de Paris[5].

Le *faux en écriture publique* était si fréquent qu'un prince du sang, le comte Robert d'Artois, n'hésita pas à s'en rendre coupable pour disputer une succession à sa tante Mahaut. On voit même qu'il y avait des fabriques de faux. Nicolas de Chaut a écrit pour des marchands lombards une fausse lettre, scellée pourtant d'un sceau bien authentique. Nicolas explique comment il s'y est

chante *Lætare Jerusalem* prouchain venant nuds pieds, sans chapperon, en chemise et en braies, tenant en sa main un cierge d'une livre et parmy ce l'avons fait délivrer de la dite prison. » (Collect. Lamoignon, *Reg. crim.*, t. CCCXXV, p. 843, 3 mars 1345 [1346].)

1. Durand Meyra est condamné à l'amende honorable et à une procession dans l'église de la Trinité, le jour de la Pentecôte et de la Trinité ou de Saint-Jean-Baptiste, avec un cierge et à confesser à haute voix devant le peuple, au prône, la fausseté de sa déposition. (*Ibid.*, p. 2154, 20 avril 1356.)

2. *Ibid.*, t. CCCXXIV, p. 730 (1349 [1350]). D'autres faux témoins dans la même affaire avaient subi un supplice. C'est la langue qui est brûlée : « et leur fut la cause mise en couronnes de parchemin et leurs langues roiges par les gueules ». (*Ibid.*, p. 726 [6 juin 1349].)

3. « Fu mis au pilory Jean de Hatem de Biauvoisis parce que il s'estoit parjuré en Parlement en une cause touchant le duc de Bourbon et ses officiers ». (*Ibid.*, p. 720, samedi 24 février 1345 [1346].)

4. *Faux monnayeurs.* — (*Livre de Jostice et de Plet*, p. 281. — *Reg. crim.*, de Saint-Martin-des-Champs, p. 97. — *Anciennes Cout. d'Anjou et du Maine*, C, n° 25, t. I, p. 215, etc. — Boutillier, *Somme rural*, liv. I, tit. 39, p. 481.) — Voir Boutaric, *La France sous Philippe le Bel*, p. 321. — Glasson, *Hist. du Droit*, t. VI, p. 674.

5. Collect. Lamoignon, *Reg. crim.*, t. CCCXXIV, p. 721 (jeudi après les cendres 1347 [1348]).

pris : il colla sur une pièce de parchemin un acte vrai et le fit sceller à la chancellerie : puis il décolla l'acte et, sur le parchemin auquel était resté attaché le vrai sceau, il écrivit la lettre o ur les Lombards. Il nomme son complice. Il spécifie ce que l'un et l'autre ont reçu pour commettre ce faux : d'ailleurs il en a fabriqué bien d'autres, les signant lui-même de la formule : « per dominum Regem » et du nom du greffier. Nicolas n'échappa à un châtiment cruel que parce qu'il était clerc : il fut remis à l'Official de Paris[1]. Jean de Resty avait altéré la date de lettres : il est mis deux fois au pilori à Amiens et à Montreuil-sur-Mer, puis banni pour deux ans[2] (1337). Pierre Brun de Leulanges, en Auvergne, avait, dans une citation en cause d'appel et dans un acte exécutoire, fait une surcharge : il est mis au pilori à Paris, puis en Auvergne, avec une cédule au front[3]. Dans un procès de l'évêque de Nevers contre des habitants de cette ville réclamés comme serfs (1391), de fausses lettres d'affranchissements furent produites. Les coupables du faux, Jean de Gremigny et Jean Bretonneau, furent « mis en l'échelle, mitrés d'une mitre de papier où était écrit en grosses lettres : *faussaires*; ils furent ainsi exposés une heure au Palais, puis menés au pilori des Halles. Une troisième exposition fut faite un autre jour, puis les coupables furent marqués, au front, de la fleur de lys, enfin conduits à Nevers, exposés de nouveau, à deux marchés, au pilori, et enfin bannis après confiscation de leurs biens[4]. Le 9 mai 1345 fut également exposé au pilori, puis traîné et pendu au gibet de Paris, Jean le Champenois, neveu de Robert de Villeneuve, conseiller du roi, parce qu'il avait contrefait le sceau du dit Robert et fabriqué plusieurs fausses lettres[5]. L'année précédente un autre faussaire avait encore été traité plus rigoureusement : le

1. *Faux en écritures.* — (Collect. Lamoignon, *Reg. crim.*, t. CCCXXIV, p. 608 [le lundi devant Quasimodo, 1319].)

2. La date des lettres avait été faussée par l'addition d'un X au nombre XVII, ce qui avait fait XXVII. (*Ibid.*, p. 707 [mai 1337].)

3. Il avait, dans un jugement donné par le bailli d'Auvergne aux assises de Nonnette (Puy-de-Dôme, cant. de Saint-Germain-Lembron, arrond. d'Issoire), « faict faire rasure, c'est à sçavoir que là où il avoit premier escrit en la seconde ligne de ladite lettre, Jean Aurozel, Baille du Prevost de Brive, il avoit faict escrire Baille *et* le Prevost de Brive et en l'exécutoire du dict ajournement avoit escrit ou faict escrire Baille et le Prevost de Brive.... » Le greffier a copié le texte de la cédule mise au-dessus de la tête du coupable. (*Ibid.*, p. 559 [21 sept. 1341].)

4. *Ibid.*, t. CCCXXVI (août 1391).

5. *Ibid.*, t. CCCXXIV, p. 776 (9 mai 1345).

16 décembre 1344, Richard Brunet, de la vicomté de Vire, fut, à Paris, sur une charrette, à la porte de la boucherie du Châtelet, flétri d'un fer chaud à fleur de lys : de là il fut mené aux halles où, sur un échafaud, il eut les deux poings coupés : on le traîna ensuite au gibet, et on l'y attacha avec une couronne de parchemin sur la tête[1]. Robert Gosses, pour un crime semblable, subit un supplice aussi barbare[2]. Une femme n'est que mise au pilori, par deux samedis, avec un écriteau et flétrie au front « en lieu bien apparent[3] ». Même un membre du Parlement, Adam de Houdain, chevalier, est convaincu de faux dans une enquête criminelle. Il avait fait écrire en l'enquête la déposition de quatre personnes qu'il n'avait nullement entendues et dont l'une était morte bien auparavant. Quand les témoins avaient dit « qu'ils le croyaient par ouï dire », il mettait : « car ils l'avaient vu et su ». Des dates fausses, des chiffres faux furent relevés dans les pièces de la procédure. Le Parlement, singulièrement ému de la nécessité de frapper un de ses membres, se divisa : il y eut 9 voix pour la mort, 14 pour l'emprisonnement perpétuel. Néanmoins la sentence de mort l'emporta. Adam de Houdain, chevalier, conseiller du roi en la Chambre des enquêtes, fut justicié au gibet de Paris le 23 juillet 1348[4].

La fausse accusation est punie comme le faux témoignage. Jean Bertran, dit le Palefrenier, de Saint-Lô, avait lancé contre Adam de Dammartin, bailli du Cotentin, la clameur de haro! « Prenez le larron, le mauvais traître au roi! » et il avait ainsi amené l'emprisonnement du bailli au Châtelet de Paris. Or il fut prouvé que c'était là une rancune d'un ancien condamné contre son juge. Jean Bertran est mis au pilori, flétri au front de la fleur de lys et banni du Cotentin, tant qu'Adam de Dammartin en sera bailli[5].

1. Collect. Lamoignon, *Reg. crim.*, t. CCCXXIV, p. 771 (16 déc. 1344).
2. *Ibid.* (16 déc. 1344).
3. *Ibid.*, p. 760 (1344).
4. *Ibid.*, p. 722 (juillet 1348).
5. *Ibid.*, p. 733 (samedi 16 avril [veille de Pâques], 1350 [1351]).
— Voir encore d'autres condamnations de faussaires : Aubelet de la Charretet (fausses-lettres). *Ibid.*, p. 716. — Jacques Galian de Paine (faux scel), p. 718.

V. — L'Église et la Pénalité. — Le Droit d'asile.

Le caractère de la pénalité était néanmoins modifié par l'Église qui, dans ses officialités, n'appliquait jamais la peine capitale. En outre elle avait ajouté aux peines corporelles les fondations pieuses exigées, même dans les tribunaux laïques, pour le repos de l'âme des victimes, les services anniversaires, les chapelles expiatoires[1], Rois, baillis, maîtres du Parlement prescrivent, outre ces fondations pieuses, des *pèlerinages*. André de Renty avait été accusé d'un meurtre et acquitté dans la cour de son suzerain, sans que le débat fût clos. Les parties résolurent de s'en remettre au roi saint Louis. De nouvelles enquêtes établirent qu'André avait frappé son adversaire de sa lance, l'avait renversé par terre, l'appelant : « petit bâtard, » et l'accablant d'outrages : au moment où le malheureux voulait se rendre et donner son épée, il fut frappé et tué par des chevaliers qui accompagnaient André. Le roi, après avoir écouté son conseil, provoqua une sentence en vertu de laquelle André serait tenu d'aller en Terre Sainte et d'y rester cinq ans. Le roi obligea André à implorer son pardon du père de la victime et à s'agenouiller devant lui : le père embrassa le coupable[2]. Voilà un éclatant exemple de l'influence canonique, qui s'ajoute aux amendes honorables, aux processions imposées et que nous avons maintes fois relatées. L'action de l'Église tendait à perpétuer l'ancienne confession et l'ancienne pénitence publique[3]. Elle cherchait à réveiller le sentiment moral et à provoquer le repentir, ne fût-il qu'apparent.

1. *Chapelles expiatoires.* (Collect. Lamoignon, *Reg. crim.*, t. CCCXXV, p. 2385 et 2409, arrêts du 14 août et du 30 nov. 1370.)

2. *Olim*, t. I, p. 712, xxxviii (1267). — Autre exemple, *Actes du Parlement*, 7088 (1323). — Sur la répudiation de la peine de mort par l'Église, voir la dissertation et les références de M. Viollet, *Établissements*, t. I, p. 249. — Voir aussi P. Fournier, *Les Officialités au moyen âge*.

3. *Influence du Droit canon sur le système pénal.* — Nous emprunterons à un travail ancien mais très savant que nous avons déjà cité, de Th. Huc, un résumé lucide et ferme de l'influence canonique sur le système pénal. « Le système pénal de l'Église comprenait d'abord les peines spirituelles, c'est-à-dire l'excommunication, l'interdit, la suspension, le jeûne, la prière, les aumônes, les macérations..., Pour les peines corporelles la détention était la principale. L'esprit de la pénalité n'était plus la vengeance, mais la correction, la pénitence. L'Église n'admettait pas la peine de mort, ni la marque, ni le carcan et le pilori, non pas à raison d'incompétence, comme le dit Faustin Hélie, mais à cause du caractère de ces

C'est dans cet ordre d'idées que fut rendue l'ordonnance célèbre sur la confession des condamnés à mort. Proposée déjà sous Charles V[1], elle ne fut adoptée que sous Charles VI, le 12 février 1396 (1397). Elle avait été délibérée dans un Parlement solennel en présence des oncles du roi, des membres du Grand Conseil, des maîtres du Parlement, de Conseillers au Châtelet : « Comme il semble à plusieurs, disait-elle, selon notre Foy crestienne et constitucion de nostre mère Sainte-Église, ledit sacrement de confession ne doit estre denié ni empeschié à aucun qui le vueille requérir », il est prescrit aux officiers de justice de faire bailler et administrer aux condamnés à mort le sacrement de confession et de les induire à se confesser « ou caz qu'ils seroient si esmeuz ou surprins de tristece qu'ils ne auroient connaissance de le vouloir ou demander »[2]. Les malheureux furent au moins, à leurs derniers moments, assistés, consolés et reconfortés. Le redoutable voyage était facilité.

peines.... L'Église admettait au contraire la peine du fouet administrée par un clerc, non publiquement, parce qu'elle n'entraînait pas une effusion de sang. Ce n'était donc pas la peine qu'elle proscrivait, mais la publicité de la peine. La marque du fer chaud fut autorisée par décret d'Urbain III et défendue par un autre décret d'Innocent III. Cette peine, en elle-même, n'était donc point incompatible avec l'esprit de l'Église lorsque d'ailleurs elle ne produisait pas une effusion de sang. Donc si l'Église repoussa la marque et la publicité de la flagellation, si elle repoussa le carcan et le pilori, ce ne fut pas à cause d'une sorte d'incompétence. L'Église avait toujours prohibé l'emploi de ces peines, quand même elle aurait eu partout le droit de glaive; mais elle les défendit parce qu'elle avait le sentiment de la dignité humaine et qu'elle ne voulait pas admettre des peines outrageant cette dignité dans la personne de celui qui les subissait....

« Il n'y avait pas non plus de confiscation; d'ailleurs les clercs n'avaient guère de propriété personnelle et l'Église n'ayant pas de fisc ne pouvait ordonner la confiscation....

« En ce qui touche les attentats contre les personnes, l'Église punissait le complice d'un homicide de la même peine que l'assassin lui-même; elle distinguait entre l'homicide volontaire et l'homicide involontaire ou casuel; et pour apprécier l'homicide involontaire elle sous-distinguait encore entre le cas où l'homicide avait eu lieu en faisant un acte licite et celui où il avait été commis en faisant un acte illicite; enfin elle distinguait encore le cas où, même en faisant un acte licite, on n'avait aucune faute a se reprocher, du cas où il n'en était pas ainsi, par exemple si on n'avait pas apporté à l'acte toute la diligence nécessaire. Le duel était dans tous les cas assimilé à l'homicide. Enfin l'Église rendit celui qui avait donné l'ordre d'en frapper un autre responsable de la mutilation ou du meurtre commis par le mandataire qui avait ainsi excédé les limites formelles de son mandat. Il suffit d'indiquer ces distinctions précieuses, que la doctrine et la jurisprudence modernes ont adoptées, pour montrer combien a été grande l'influence canonique.... »

Théophile Huc, *Influence de la législation canonique sur la législation criminelle*, Revue de Législation, 1858, t. XIII, 8e année (p. 462, 463, 466, 467).

1. *Le songe du vieil Pélerin*, l. II. — Lebeuf, *Notes sur l'histoire de Charles V par Christine de Pisan*. Dissert. sur l'hist. ecclésiastique et civile de Paris, t. III, p. 409.

2. *Ord.*, t. VIII, p. 122.

Nous ne reviendrons pas sur les difficultés que soulevaient entre le clergé et le pouvoir civil les *excommunications* qui s'inspiraient des mêmes principes mais que ruinèrent les abus. Il en fut de même du *droit d'asile*, occasion quasi quotidienne de conflits entre les justices ecclésiastique et civile. Pour un innocent qu'il sauvait, il protégeait cent coupables. A mesure que la puissance publique prit plus de force, il fallut réglementer le droit d'asile. Mais, au XIIIe et au XIVe siècle, il est encore très respecté; le Parlement ordonne de n'arrêter les criminels « qu'en dehors des lieux consacrés ». A Falaise, les lépreux avaient obtenu d'un roi d'Angleterre concession d'une foire franche de six jours. Durant cette foire deux hommes en tuèrent un troisième et se réfugièrent dans l'église. Le bailli saisit leurs biens au nom du roi. Les lépreux, de leur côté, saisirent les mêmes biens. Les malfaiteurs, après être resté neuf jours dans l'église, selon la coutume du pays, durent se prononcer et dire s'ils voulaient s'en rapporter à la justice ecclésiastique ou sortir pour se défendre devant la juridiction laïque. Ils s'en tinrent, bien entendu, à la justice ecclésiastique qui les bannit de la terre. Mais le bailli ne lâchait pas les biens : il les déclarait acquis au roi et fut soutenu par le Parlement[1] (1272). Les maîtres sont sévères pour ceux qui violent le droit d'asile. Le lieutenant du bailli et le voyer du Mans avec un grand nombre de sergents ont arraché de l'église des meurtriers dont l'un avait été aussitôt pendu. Les officiers royaux sont condamnés à restitution d'une effigie et à une amende honorable dont le cérémonial est détaillé jusqu'à la marche du cortège[2] (1315). Le prévôt du roi en Beauvaisis et un de ses sergents avaient poursuivi un homme qu'ils cherchaient à prendre dans l'église d'Amiens. Là ils avaient poussé, frappé, traîné un clerc par son capuchon. Le prévôt et son sergent durent, en chemise et en braies, les cheveux en désordre, partir de l'église Saint-Jacques et traverser en procession toute la ville d'Amiens pour se rendre à

1. *Olim*, t. I, p. 895, XXXVIII (1272).

2. « Et seront faites lesdites restitutions solennellement le jour de Pasques fleuries prochain au retour du sermon et seront lesdites figures portées et livrées de la tour du Mans et entreront dans l'église par la porte qui est dans le cloître, devant les ardens.... » (Collect. Lamoignon, *Reg crim.*, t. CCCXXIV, p. 493 [1315].)

l'église cathédrale et faire l'amende honorable[1] (1273). Le châtelain de Buset avait eu ordre du sénéchal de Toulouse de saisir Brun de Messale, de Vaure, accusé d'avoir tué un homme. Il trouva Brun dans la cour du prieuré de Vaure et allait mettre la main sur lui comme étant dans un lieu profane, quand Raymond Barbier, consul de Vaure, dissuada le châtelain de le saisir, car les amis de la victime l'attendaient pour se jeter sur le meurtrier. Raymond promettait d'amener le coupable devant la justice. Sur la foi de ces paroles, le châtelain laissa son prisonnier qui, tout de suite, entra « dans l'immunité de l'église (l'asile) » et s'enfuit. Raymond Barbier fut accusé au Parlement d'avoir, par malice et par ruse, facilité l'évasion du coupable, mais le Parlement ne trouva pas les charges suffisantes pour une condamnation[2] (1310). A la fin du XIVe siècle, l'immunité des églises est la même. Guillot Maugarny s'était réfugié dans l'église de Meaux; le bailli Boniface Gazon essaya de provoquer un combat simulé pour que l'église, souillée de sang, fût considérée comme un lieu profane et que Guillot pût être arrêté. Cette machination ne réussit pas. Le bailli eut recours à des prisonniers qu'il envoya se réfugier dans l'église pour qu'ils pussent amener Guillot à quitter le lieu d'asile. Très méfiant, Guillot ne se laissa prendre à aucune ruse ni à aucune séduction; il mangeait et buvait avec les émissaires, mais sans sortir de l'asile. De guerre lasse, le bailli recourut à la force, il enleva Guillot et le fit pendre. Le Parlement condamna le bailli à pendre et à dépendre une effigie du supplicié, à faire amende honorable et à être privé de tout office royal (1379)[3].

VI. — Le Suicide. — L'Hérésie. — Les Sortilèges.

D'autre part l'Église provoquait des rigueurs. Elle flétrissait le suicide et refusait aux cadavres des suicidés l'inhumation en

1. « Placuit domino Regi quod dicti prepositus (et serviens) nudi in camisiis et braceis, crinibus sparsis, ab ecclesia sancti Jacobi moventes per longum ville Ambianensis processionem faciant.... » (*Olim*, t. I, p. 925, X [1273].)

2. *Ibid.*, t. III, p. 472, LXXIX (1309 [1310]).
— Voir encore fait semblable. *Ibid.*, p. 1056, I (1316).

3. Collect. Lamoignon, *Reg. crim.*, t. CCCXXVI, p. 2880 (23 mars 1379).

terre sainte. On leur faisait même leur procès, on les pendait. En 1351, selon le registre criminel de Saint-Martin-des-Champs « fut traîné et pendu et justicié à Noisy le Grand, tout mort, Johannin Charles qui se estoit tué et occis en la ville de Bondy[1] ». Les biens des suicidés étaient acquis au seigneur suzerain.

On distinguait toutefois les cas de démence. On rendit aux héritiers naturels la succession d'une femme de Chauny qui s'était noyée dans un accès de démence. Le greffier Montluçon nous apprend que cette décision était due surtout à la volonté de saint Louis[2]. Un vieux marchand de Saint-Julien-du-Sault s'était jeté par la fenêtre, puis relevé, soigné, il s'était porté des coups de couteau. Douze témoins repoussèrent l'accusation de suicide voulu et raisonné, insistant sur le grand âge, le dérangement d'esprit qu'on avait constaté depuis plusieurs années chez ce malheureux. Les témoins (signe de la naïveté du temps) avaient remarqué que les accès d'aliénation mentale coïncidaient avec les fins de lune. Les maîtres du Parlement, en reconnaissant l'aliénation mentale comme établie, n'innocentèrent pas la lune déclarée responsable[3]. En 1404, le Parlement, malgré un procès pendant

1. *Suicide.* (Registre de Saint-Martin-des-Champs, 13 septembre 1351. — Tanon, *Hist. des Justices de Paris*, p. 551.)

— M. Tanon fait observer que l'exécution du cadavre des suicidés était encore consacrée au XVIIe siècle par l'article 1er du titre XXX de l'Ordonnance de 1670. Il cite même un fait très singulier. Un Hollandais, nommé Beck, s'était suicidé le 10 janvier 1658 après avoir commis trois tentatives de meurtre. Le corps fut gardé, pendant plus de quinze jours, au Châtelet, avant d'être rendu à l'ambassade de Hollande qui le réclamait. « Nous apprenons que le corps avait été salé et qu'on le gardait pour le traîner par la ville et l'attacher au gibet. » (*Journal d'un voyage à Paris en 1657-1658*, publié par Faugère, 1862. — Tanon, *Hist. des Justices*, p. 36, note 25.) — Voir Ayrault (XVIe siècle), *De l'ordre, formalité et instruction judiciaire*, Instruction contre les cadavres des suicidés. — Brégeault, *Procès contre les cadavres dans l'ancien Droit*, *Nouvelle Revue hist. du Droit français*, année 1879, t. III, p. 619.

— A propos de ces procès contre des cadavres, M. Glasson cite un fait curieux relatif au roi de Navarre, Charles II, accusé en Parlement, en présence du roi et des pairs, du crime de lèse-majesté, *bien qu'il fût mort* depuis le premier janvier de la même année. Pendant l'instruction, la Cour feignit d'ignorer cette circonstance et lorsque l'affaire vint à l'audience, l'avocat du roi soutint en termes embarrassés que, d'après le Droit féodal, il était permis de procéder, en cas de félonie, même après le décès du vassal. Mais en définitive, malgré le désir qu'on avait de confisquer les terres du défunt, l'affaire ne reçut pas de suite. (Isambert, t. VI, p. 620. — Glasson, *Hist. du Droit*, t. VI, p. 658.)

— Les noyés étaient portés à la morgue du Châtelet, comme nous l'avons dit. Voir, sur ces noyés et leur ensevelissement par les sœurs de Sainte-Catherine, le livre émouvant de M. A. Guillot, déjà cité, *Paris qui souffre*, 1887, in-8°, p. 18.

2. « Placuit domino Regi. » (*Actes du Parl.*, 28 [1255].)

3. « ... et maingoit (ledit Felippes) et buvoit trop glotement et foisoit plusors autres

entre le roi et l'évêque de Paris, ordonna qu'un prêtre, qui avait été trouvé noyé en Seine, fût inhumé en terre sainte[1]. En 1409, maître Gilet s'était coupé la gorge dans un acte de démence : il avait pourtant fait auparavant son testament et avait, dit Nicolas de Baye, « crié merci à Dieu ». Ses biens furent saisis; l'évêque de Paris interdit l'inhumation en terre sainte. Les amis et exécuteurs testamentaires du suicidé plaidèrent au Parlement, le curé du dit Gilet intervint; ils demandèrent le bénéfice de l'absolution de l'évêque; bref le Parlement décida que le dit Gilet serait inhumé en terre sainte, mais ses biens n'en furent pas moins vendus par le greffier du Parlement et l'argent mis en la main du roi[2].

Nous ne reviendrons pas sur ce que nous avons dit de l'hérésie[3], considérée à la fois comme une révolte contre l'Église et contre l'ordre social[4]. Elle était punie de la peine la plus grave, du feu[5]. Ni le rang, ni la richesse ne servaient, en ce cas, de protection. L'hérésie entraînait aussi la confiscation des meubles attribués au seigneur justicier. Les tribunaux ecclésiastiques jugent les accusés et les abandonnent ensuite au bras séculier.

Comme la peine est moins forte, les officialités punissent directement les blasphémateurs et ceux qui jurent « le vilain serment » : fautes religieuses sans doute très fréquentes puisqu'elles

signes de forsennerie et de sotie et plus *li avenoit en défaut de lune* que en autre temps.... » L'arrêt reproduit les assertions bizarres de ce témoignage... : « ... Philippus per insaniam et quod a septem annis citra erat quolibet mense *in defectu lune* furiosus et plura signa furoris faciebat.... » (*Actes du Parl.*, *Apprise sur la mort de Philippe Testard à Saint-Julien du Sault* [Yonne], 2122 D.)

1. Tuetey, *Journal de Nicolas de Baye*, t. I, p. 115.

2. *Ibid.*, t. I, p. 269 et p. 275.

3. Chap, *Le Procès criminel*, p. 522.

4. *Hérésie.* — Voir sur cette question, qui a soulevé des discussions si passionnées : Paul Meyer, *La chanson de la croisade contre les Albigeois*, t. I, Introduction, p. XVI et suiv. — Julien Havet, *L'hérésie et le bras séculier au moyen âge* (1881). — Lehugeur, *Hist. de Philippe le Long*, chap. *Les classes maudites.* — La question a été étudiée dans un autre esprit par Viollet, *Établiss.*, t. I, Introduction, p. 253; Abbé Douais, *Les hérétiques du comté de Toulouse au XIII*[e] *siècle*, et article : La formule *Communicato bonorum virorum consilio* des sentences inquisitoriales (*Le Moyen âge*, t. XI, p. 157 et suiv.). — Jean Guiraud, *De la répression de l'hérésie au moyen âge.* Revue *la Quinzaine*, 1er septembre 1899, p. 1-31; du même, *Saint Dominique*, etc.

5. « Se aucuns est soupeçonneus de bougrerie, la joutise le doit prandre et envoie à l'évesque, et se il en estoit provez, l'en le devroit ardoir; et tuit si mueble sont au baron. Et en tele manière, doit l'en ouvrir d'ome herite, por coi il en soit provez et tuit si mueble sunt au baron ou au prince. Et est escrit en Descretales ou titre des significations de paroles ou chapitre super quibusdam. Et coustume s'y acorde.... » (*Établiss.*, t. I, XC.)

nécessitaient de nombreuses ordonnances qui, de saint Louis[1] à Charles VI, rappelaient et renouvelaient les pénalités encourues par les blasphémateurs : exposition à l'échelle publique avec un écrit indiquant le blasphème, emprisonnement de deux à trois jours au pain et à l'eau[2].

Les *sortilèges*, cette folie singulière qui persista même dans des siècles plus éclairés, étaient réputés des crimes dignes de châtiments cruels, marque au fer rouge, ou supplice du feu[3]. Le moindre danger de ces accusations était d'être, la plupart du temps, fort vagues. On accusait Aygline, veuve de Jacques le Tonnelier, de Cahors, d'avoir voulu faire périr Pierre le Tonnelier, son beau-frère, et Raimonde sa femme en mettant dans leur lit « des choses vénéneuses et mortelles » ; à cause de ces sortilèges ladite Raimonde aurait mis au monde un enfant mort et aurait été longtemps fort malade. Le Parlement fit faire une enquête à la suite de laquelle il renvoya Aygline des fins de la plainte[4]. Il mande au sénéchal de Poitiers de cesser toutes poursuites contre Perrot,

1. *Blasphèmes.* — On a beaucoup cité l'anecdote rapportée par Joinville sur le traitement infligé par saint Louis à un blasphémateur en Palestine : « Il les fesoit punir griefment, dont je vi que il fist mettre un orfevre en l'eschiele à Cézaire (Césarée) en braies et en chemise, les boiaus et la fresure d'un porc autour le col, et à si grant foison qui elles li avenoient jusques au nez. Je oy dire que puisque je revinq d'outre mer, que il en fist cuire le nez et le balèvre à un bourjois de Paris; *mais je ne le vis pas.* » (Joinville, édit. de Wailly, p. 247.) Ces derniers mots indiquent à eux seuls que ce n'était pas un fait habituel.

— Le pape Clément IV néanmoins s'émut des rigueurs cruelles de saint Louis (quod in pœnis ejusmodi tam acerbis) et l'engagea par une bulle du 12 juillet 1268 à modérer son zèle : « sed aliæ (pœnæ) poterunt reperiri citra membri mutilationem et mortem, quæ a dictis blasphemiis temerarios homines poterunt cohibere.... » (Du Cange, Observations sur Joinville, p. 103.)

L'Ordonnance d'août 1269 revint au système des peines pécuniaires. (*Ord.*, t. I, p. 99.)

M. Glasson a relevé les principales Ordonnances relatives aux blasphèmes :

Ordonnances de Philippe le Bel, de 1293 (Isambert, t. II, p. 692); ord. de Charles VI, du 7 mai 1397 (*Ibid.*, t. VI, p. 777) ; lettres du Dauphin, du 8 janvier 1409 (*Ibid.*, t. VII, p. 228); lettres du roi Charles VI, du 7 sept. 1415 (*Ibid.*, t. VIII, p. 424); lettres du dauphin régent, du 8 oct. 1420 (*Ibid.*, t. VIII, p. 648); ord. de Charles VII, du 1er déc. 1437 (*Ibid.*, t. VIII, p. 852). Les peines sont l'amende, le pilori pendant trois jours, le bannissement. (Glasson, *Hist. du Droit*, t. VI, p. 688, note 4.)

2. Ordonnance de Philippe le Bel : « ponendi eos in scala publica, cum scripto suam blasphemiam continente et in carcere ad panem et aquam per duos dies vel tres, vel plures, secumdùm suorum exigenciam meritorum, taliter adacturi quod ceteri, metu pene, a similibus arceantur.... » (8 mars 1293 [1294],) *Ord.*, t. XII, p. 328.

— Voir sur cette question, S. de la Bouillerie : *La répression du blasphème dans l'ancienne législation*, Revue historique et archéologique du Maine, t. XVI, 1884, 2e semestre.

3. Boutillier, *Somme rural*, liv. II, tit. XL, p. 1486. — Voir Glasson, *Hist. du Droit*, t. VI, p. 687.

4. *Actes du Parl.*, 6424 (23 mai 1321), texte latin.

neveu de maître Pierre Lemarchand, chanoine de Sainte-Radegonde de Poitiers, accusé de sortilège sur la personne de Jean Cherchemont, chanoine de la même église : l'accusation avait été reconnue fausse. Perronnelle de Valesia, qui avait été justiciée à Paris comme convaincue des dits sortilèges, avait avoué son imposture et reconnu l'innocence du dit Perrot[1]. Mais les maîtres du Parlement croient aux sorciers, aux envoûtements. Ils mandent au comte de Nevers et de Rethel (1317) de poursuivre Hugues de Bois-Jardin, écuyer, qui, « par invocation et conjuration du diable comme par autres voies et arts défendus et veus de cire (images, vultus)[2], baptisés de mauvais prêtre », avait fait mourir Herard, sire de Saint-Verain, et plusieurs autres. Ils ordonnent une information contre Isabelle la Johannarde, femme de Guillot Johannart, accusée notamment d'avoir fait des *voults* contre le sire de Gracey, de telle sorte que ce dernier ne pouvait cohabiter avec sa femme sans la permission d'Isabelle[3]. Les maîtres délèguent à des commissaires le jugement d'une enquête faite contre Agnès, veuve de Jean Boursaud, la veuve de Jean Basin et une nommée la Dardaude, prévenues d'avoir fait baptiser des voults de cire et d'avoir envoûté et empoisonné leurs maris[4]. Point de grands procès, nous l'avons dit, sans que ces accusations de sorcellerie et de magie ne soient mêlées aux autres : Guichard, évêque de Troyes[5], les Templiers, Enguerrand de Marigny, Robert d'Artois, etc.

VII. — Crimes contre les Mœurs. — L'Adultère, l'Infanticide.

Ce sont encore les tribunaux ecclésiastiques qui connaissent du crime de *sodomie*[6] et qui abandonnent ensuite les condamnés au

1. *Actes du Parlement*, 4449 (mai 1315).
2. *Ibid.*, 5013 (octobre 1317).
3. *Ibid.*, 7612 (20 mai 1324).
4. *Actes du Parlement*, 5200 (20 février 1318). — Voir encore Extrait d'une confession d'envoûtement, collect. Lamoignon, *Reg. crim.*, t. CCCXXIV, p. 605 (relatif au procès de l'empoisonnement de la reine Jeanne de Navarre : il y est question d'un volt à la requeste de l'évesque Guichard).
5. Voir, sur ces accusations de sortilèges, le savant travail déjà cité de M. Abel Rigaud, *Procès de Guichard de Troyes*.
6. *Crimes contre les mœurs.* — Dans les *Établissements*, le mot employé pour sodomite est « herite ». (*Établissements*, liv. I, chap. xc.) — Voir indications de M. Viollet, *Établissements*, t. I, p. 254 et t. IV, p. 35 note 91. — *Jostice et Plet*, p. 279 et 280, etc.

bras séculier pour que celui-ci leur inflige la peine du feu. Les tribunaux laïques tendent néanmoins à juger ces sortes d'affaires[1]. En 1310 le Parlement avait acquitté Barthélemy de Florence, Lombard, ancien sergent du bailliage de Bourges, faussement accusé de sodomie. En 1333, les registres du Parlement contiennent plusieurs interrogatoires bien que l'accusé, maître Raymond Durand de Villefranche, procureur au Parlement et incarcéré au Châtelet pour le fait de sodomie avec deux de ses valets, ait été rendu ensuite à l'Official de Paris[2].

La loi hébraïque, impitoyable pour la femme adultère, la condamnait à être lapidée avec son complice[3]. La loi romaine la livrait au glaive[4]. Les empereurs chrétiens firent fléchir cette rigueur en substituant à la peine capitale celle du fouet et la reclusion dans un monastère[5]. C'est la législation qui, au moyen âge, se maintient en France.

1. « Super vicio sodomie erat notorie diffamatus. quodque vicium hujus modi perpetrarat.... idem Bertholomeus super hoc stetit absolutus.... » (*Olim*, t. III, p. 572, LXVIII [1310].)

2. Les registres contiennent plusieurs interrogatoires longs et détaillés. Les deux valets de quinze et de dix-huit ans que Raymond Durand de Villefranche a débauchés, font leur confession devant une commission composée de Hugues de Crusy, Raoul Challo, Raoul de Jouy, Jean Hennière, J. de Braye, chevaliers, maîtres Jean Mallet, Pierre d'Auxerre, P. Belagent, Robert de Champmoret, Dimanche de Chastillon, Philippe de Bescot et le prévôt de Paris. Le coupable Raymond Durand est remis comme clerc à l'Official, mais les deux valets sont retenus au Châtelet. Ils y restent toute l'année 1334 où ils subissent un nouvel interrogatoire. Une députation est envoyée à l'Official de Paris pour « le requérir, de par le Roy, qu'il fasse du dit maistre Raymond Durand accomplissement de justice comme il appartiendra ». Commandement est donné au procureur du roi en cour d'Eglise de poursuivre le dit maître Durand. L'affaire des deux valets revient encore et on leur fait renouveler leur confession que le greffier enregistre toujours dans son naturalisme ignoble. L'année suivante, le 1er avril 1335, l'affaire n'était point terminée; les deux valets sont mis en liberté provisoire à condition de ne pas sortir de Paris. Puis on les mena au prieuré de Saint-Éloi, pour répéter encore leur confession devant maître Gilbert de la Tour, lieutenant de l'Official de Paris. (Collect. Lamoignon, *Reg. crim.*, t. CCCXXIV, p. 658, 681, 697, 700 [1333-1335].) — On saisit là les lenteurs d'une instruction plus que méticuleuse dans une affaire répugnante.

3. *Exode*, chap. XXII; *Deutéronome*, chap. XXII; *Lévitique*, chap. XX, etc.

4. *Digeste*, XLVIII, tit. V, XX, XXIV, Ad Legem Juliam de adulteriis. La loi *Julia* remontait à l'empereur Auguste, Code IX, tit. IX, Ad. Leg. Juliam.

5. L'*Authentique* tirée de la Novelle 134 modifie la peine réduite à la fustigation et à l'internement dans un monastère.

— Voir, pour les textes romains qui punissent les dérèglements de la femme : *Nouvelle Revue historique du Droit franç.*, 1878, n° 1, p. 19. — Viollet, *Établissements*, t. I, p. 145. — Beaumanoir raconte qu'au temps de Philippe-Auguste un homme en tua un autre parce que celui-ci s'était vanté, devant lui, d'avoir débauché sa femme. Le meurtrier fut absous par le roi. (Chap. XXX.) C'était d'ailleurs le plus souvent un cas qui donnait lieu au duel judiciaire.

Les magistrats peuvent aussi punir de la prison l'homme complice. Austorge Labroa, bayle de l'abbé de Figeac, avait arraché violemment de son lit Barthélemy de Grez, bourgeois de Figeac, l'avait emmené en prison parce qu'il l'avait surpris avec une femme mariée. Barthélemy s'était plaint au sénéchal qui avait condamné le bayle à 40 livres (623 fr.) de dommages et intérêts et à 60 livres (935 fr.) d'amende envers le roi. Austorge appela au Parlement. Les maîtres déclarèrent qu'il avait rempli un acte de sa charge de justicier en punissant un adultère et le renvoya absous [1]. La femme peut être emprisonnée sur la dénonciation de son mari [2]. Le mari qui se fait justice lui-même en tuant le complice de la femme, est poursuivi, mais obtient le plus souvent des lettres de rémission [3].

La fustigation, permise par la loi romaine, l'était aussi par les coutumes germaniques avec une aggravation singulière de publicité qui est relatée par Tacite dans son traité sur les mœurs des Germains [4] et qui persistait, au XIIIe et au XIVe siècle, dans certaines coutumes françaises. On punissait l'attentat aux mœurs par un outrage public à la pudeur. La femme adultère, les cheveux coupés, était chassée nue de sa maison et poursuivie dans les rues du bourg par son mari et ses proches qui la fustigeaient. Le Parlement ne blâme point cette coutume. Le prieur de Charlieu avait ainsi fait courir des adultères par la ville. Les habitants du pays se plaignirent au bailli de Mâcon, Jean d'Escraines, qui saisit la justice du prieur. Celui-ci, à quelque temps de là, renouvela la même exécution. Nouvelle plainte au bailli de Mâcon qui pour lors était Robert sans Avoir : celui-ci se montra encore plus rigoureux que Jean d'Escraines dans la saisie de la justice. Le prieur appela au Parlement. L'enquête établit la réalité de la coutume. Le premier bailli avait eu tort de confisquer la justice : elle sera restituée au prieur qui néanmoins paiera une amende car il ne devait pas

1. *Olim*, t. III, p. 508, IV (1310).
2. *Actes du Parlement*, 5568 (9 octobre 1318).
3. *Ibid.*, 4539 (2 janvier 1317).
4. *Adultère*. — « Paucissima in tàm numerosa gente adulteria, quorum pœna præsens et maritis permissa : abscisis crinibus nudatam coram propinquis expellit domo maritus ac per omnem vicum verbere agit; publicatæ enim pudicitiæ nulla venia; non forma, non ætate, non opibus maritum invenerit. Nemo enim illic vitia ridet nec corrumpere et corrumpi seculum vocatur.... » (Tacite, *De moribus Germanorum*, chap. XIX.)

mépriser la main mise du roi : encore est-ce une condamnation de pure forme; le Parlement décide que l'amende ne sera exigée que sur un ordre exprès [1].

Les maisons mal famées ne sont pas tolérées à Paris en dehors de celles de la rue de Glatigny, dans la Cité. Le duc d'Anjou a obtenu des lettres royales pour écarter une de ces maisons du voisinage de son hôtel. Le propriétaire de la maison plaide contre le duc d'Anjou [2]. Mais la Cour prend son temps pour examiner les raisons des parties : si nous n'avons pas sa décision, on prévoit aisément, d'après l'analyse des plaidoiries, qu'elle dut être favorable au duc, moins peut-être à cause de sa puissance qu'à cause du caractère du litige (1388). Une femme de mauvaise vie, Agnès de Piedeleu, demeurant dans la rue Saint-Martin et dénoncée par tout son quartier, tient tête au prévôt Hugues Aubriot. Elle plaide contre lui au Parlement et refuse de quitter la rue. Elle paye de faux témoins pour charger Aubriot de crimes qui auraient pu entraîner pour lui la peine de mort. Le Parlement prononça contre elle un arrêt mitigé. Il la fit promener sur un chariot avec

1. *Olim*, t. I, p. 909, LXX (1272). — La coutume de Marziac, confirmée par Philippe le Bel en 1300, mentionne la même pénalité qu'on peut toutefois éviter en payant au roi et aux juges une amende de 20 sous toulousains. (*Ord.*, t. XII, p. 344, art. 33.) De même, coutume d'Alais, *Olim*, t. III, appendice, p. 1484, art. 4.

— Un procès curieux de 1346 fait bien comprendre l'état de la législation à cette époque. Jeanne de Braisne, accusée de complicité dans le meurtre de son mari, est emprisonnée à Amiens : on l'accusait d'avoir été complice de son amant Jean de Condé. Jean fut puni du dernier supplice, Jeanne absoute. Mais alors Bridole de Mazères qui venait, disait-il, d'épouser Jeanne, et qui avait ignoré ses relations avec Jean de Condé, réclama la dite femme comme coupable d'adultère, il voulait en faire lui-même justice. Jeanne répondait qu'elle n'était pas mariée avec Bridole et qu'à ce sujet un procès était pendant en cour d'Église. Le Parlement admit la demande de Bridole et décida que Jeanne lui serait livrée pour être enfermée mais sans qu'il pût lui infliger la mort ou la mutilation. Au surplus on renvoyait les parties à la cour d'Église pour trancher la question du mariage : après la solution de cette question, l'affaire reviendrait devant la Cour qui ferait droit. (Collect. Lamoignon, *Reg. crim.*, t. CCCXXV p. 865 et suiv. [2 juin 1346].)

2. *Maisons mal famées.* — Entre Richard Cochon d'une part et le duc d'Anjou d'autre part, sur le contenu de la complainte de Richard en cas de saisine et de nouvelleté.

Le duc dit « que le lieu, ne les filles ne ceux qui ont hostes ou lieu ne sont pas privilegiez comme sont ceux de Glatigny qui en ont chartes du Roy saint Louis en lacs de soie et cire verte — dit que le Roy a ordonné que les fillettes vuident la rue — dit qu'en cette matière si deshonneste ne chet restablissement ne recréance.

Richard réplique et arguë de l'ancienneté de son droit — dit que les lettres du Roy sont subreptices et iniques et impétrées « sans ouyr parties ».

La Cour verra la complainte de Richard, les lettres du duc, et fera droit sur e rétablissement et décidera si la nouvelleté sera ostée. (Collect. Sainte-Geneviève, Ff. 13, t. I, f° 368 [extrait du 3e volume des *Plaidoiries*].)

distraction, on se livre aux exercices de l'arc et de l'arbalète[1]. De même, de nos jours, après les désastres de 1870, on a vu se multiplier les sociétés de tir. Le Parlement applique les prescriptions royales, sans avoir trop confiance en une répression qu'il estimait sans doute peu efficace et très difficile. On le voit même, un jour, se montrer plein d'indulgence pour un pauvre maçon, Jean Lelong. On avait emprisonné Lelong comme coupable de jouer avec de faux dés. On allait le dépouiller pour le mettre à la torture : il appela au Parlement. Le procureur du roi le traita de vagabond, de joueur obstiné, l'accusant d'avoir voulu obliger un cordonnier à jouer avec lui et d'avoir voulu le battre parce que l'autre refusait. Lelong fut débouté de son appel, mais sans amende, et, considérant qu'il avait subi une longue prison préventive, la Cour le délivra, « lui enjoignant de ne plus jouer dorénavant aux dés; s'il y jouait encore, il serait puni au pain et à l'eau[2] ». Exemple qui fait voir combien une haute juridiction comme celle du Parlement était, après tout, accessible et pitoyable aux pauvres gens.

Les querelles provoquées par l'exercice du droit de chasse ne donnaient lieu en général qu'à des débats civils. Enguerrand de Coucy avait, nous l'avons vu, excité au plus haut point l'indignation de saint Louis par sa cruauté envers trois jeunes pauvres étrangers surpris dans ses bois. La leçon profita aux autres sei-

1. *Jeu* (suite). — Ordonnance de Charles V, 3 avril 1369. (Isambert, t. III, p. 352.) Ordonnance du prévôt de Paris défendant le jeu de cartes, la panne, la boule, les dés et les quilles dans les tavernes, 22 janvier 1397 (Isambert, t. VI, p. 782).

2. Le procureur du roi, dans son réquisitoire, nous expose nettement l'affaire. « Il dit que Lelong est ayde des maçons et est homme vagabond, et quand on lui demande où il demeure, il dit qu'il demeure partout. Or il s'en alla envers caresme prenant en la maison d'un cordonnier appelé Gille de Loches qui demeure vers saint Honoré, et ly requist qu'il jouast aux dez avecq lui et lui dict qu'il joueroit voulsist ou non et pour ce que il ne volt (ne voulait) jouer aux dez il le volt battre. Gilles se plaignit au prévôt et à maitre Jean Truquant (examinateur au Châtelet). Truquant, après information, fit enfermer Jean au Châtelet : il fut trouvé saisi de dez davantage (faux); on manda Jean Larcher qui bien s'y connoist, qui dict que c'estoient dez davantage. Truquant lors li dict que il li rendroit compte de sa vie et il dit que non et estoit sur les carreaux et ne fu point gehinez mais on li dit que on li ferait dire vérité se il ne la disoit paisiblement et sans lui faire autre jugement, il appella, conclut que ne face à recevoir.... »

« ....Finablement l'appellation est mise au néant sans amende et considéré que Lelong a esté prisonnier au Chastellet depuis le jour des Cendres jusques à présent et qu'il est pouvre homme, la Court ly a donné congé et l'a mis hors de procez et ly a enjoint qu'il ne joue plus doresnavant aux dez et que si il y joue plus, il sera pugny au pain et à l'eau..... » (Collect. Lamoignon, *Conseil et Plaidoiries*, t. XXXIX [42], p. 474, jeudi 13 avril 1385.)

Marote la charretière, Symonnette la plommière ont battu Emmeline l'aiguière dans la rue au Maire : amende [1]. Sédille Lenglaiche est accusée par Étienne le peintre d'avoir débauché sa femme, lui ayant tourné la tête par des épices qu'elle lui avait fait manger, si bien que cette femme s'en était allée avec un homme. Accusation trop vague; Sédille Lenglaiche fut acquittée [2]. Alips, femme de Jean de Nantoys, valet saucier de la reine de France, a proféré des injures contre Marie, femme de Jeannin du Trambley (Tremblay) et l'avait accusée de sorcellerie : amende [3]. Perrot Duval, dans une taverne, a accusé faussement plusieurs femmes de lui avoir volé sa gibecière et son argent : il les a fait emprisonner; amende [4]. Pour une fausse quittance, Colin Lepiquart est mis en l'échelle [5]. Nicole, femme de Guillaume Damour, maçon, a injurié et battu, dans la rue Michel-le-Comte, sa chambrière Eudelot, qu'elle accusait d'avoir séduit son mari : amende [6]. Guillot Dupont, arrêté battant une femme : amende [7]. Jean Rogier, pris, de nuit, rue Chapon pour avoir battu une femme : amende [8]. Yvon Fatraz, basannier, a frappé un des écuyers du roi de Navarre; il a menacé un autre de mettre le feu à sa maison et au quartier : longue prison et fustigation [9]. Jean Duquesne, pris la nuit « à chandelles allumées, à chasse et à cri (de harot) parce qu'il avait blessé sa femme, divorcionnée et séparée de lui à la cour de l'Official de Paris » : point de péril de mort, amende [10]. Jeannot le chaudronnier s'était pendu en la maison de Guillaume de Paris, chaudronnier en la rue Saint-Martin, au coin de la rue Maubuée. Un sergent du prévôt avait fait porter le cadavre au Châtelet, mais on le restitua aux amis parce qu'on put établir la folie [11]. Marguot Guinarde était accusée d'avoir blessé à la tête Jeannin de Chielle, casselier. Jeannin prétendait qu'elle l'avait fait blesser par deux

1. Tanon, *Histoire des justices de Paris*, p. 512 (3 avril 1338).
2. *Ibid.*, p. 544 (4 mai 1345).
3. *Ibid.*, p. 500 (7 nov. 1337).
4. *Ibid.*, p. 498 (10 oct. 1337).
5. *Ibid.*, p. 506 (27 janvier 1338).
6. *Ibid.*, p. 508 (22 février 1338).
7. *Ibid.*, p. 481 (14 juillet 1336).
8. *Ibid.*, p. 486 (24 sept. 1336).
9. *Ibid.*, p. 484 (19 sept. 1336).
10. *Ibid.*, p. 485 (22 sept. 1346).
11. *Ibid.*, p. 539 (23 mai 1343).

hommes : il mourut. Or, dans son rapport médico-légal, le mire juré, Pierre de Largentière, déclara que Jeannin n'était pas mort de la plaie « qui n'était pas mortelle », mais qu'il était mort « par son mauvais gouvernement ». Marguot Guinarde fut acquittée [1]. D'autre part François Anthoyne, Lombard, accusé de la mort d'un autre Lombard Martin de Millen : banni [2]. Jacquet Legalais soupçonné d'avoir blessé à mort Guillot le veillier; rapport médical de Jean de Vailly qui déclara que la blessure était mortelle. Jacquet fut pendu [3]. Plusieurs Lombards, marchands de chevaux, accusés de la mort d'un valet : acquittés à la suite d'un rapport médico-légal [4]. Une petite fille de dix ans a été, par une femme Jacqueline la cirière, chandelière, livrée à un homme qui lui lia les mains et en abusa odieusement. Jacqueline l'aidait : elle donna ensuite à l'enfant un breuvage vert que celle-ci rendit au bout de deux jours; puis elle la menaça de la tuer si elle révélait ce qui s'était passé. Rapport médico-légal d'une matrone : la misérable Jacqueline fut brûlée [5]. Symonnet de Bennes, demeurant rue des Gravilliers, a confessé avoir tué sa femme; il est traîné et pendu [6].

La série des vols est des plus importantes et donne lieu aux décisions les plus diverses. On reconnaît dans un article la procédure dite des *quatre deniers*. Les quatre deniers sont mis sur deux seaux que Jean de Beauvais réclamait comme lui ayant été dérobés [7]. Huguelin de Chastillon a volé deux seaux à porter l'eau : emprisonné à la requête et dénonciation de Richard de la Marche, porteur d'eau, puis banni de la terre de Saint-Martin [8]. Un savetier, Martin, a volé un gobelet d'argent, par pauvreté, pour nourrir sa femme et ses enfants : banni [9]. Agnesot la Germaine et Jeannette, fille de Guillaume de Paris, ont cueilli du verjus dans les vignes

1. Tanon, *Histoire des justices de Paris*, p. 535 (6 nov. 1341).
2. *Ibid.*, p. 525 (5 mars 1340).
3. *Ibid.*, p. 468, 469 (17 et 20 janvier 1333).
4. *Ibid.*, p. 538 (15 déc. 1342).
5. *Ibid.*, p. 472 (13 juillet 1333).
6. *Ibid.*, p. 552 (5 décembre 1353).
7. Fu detenu en nostre prison, Jehannin Lenoir, enlumineur de pincel, pour ce que Jehan de Biauvais mist IIII deniers sur deus seauz qui lui avoient été emblez, si comme il disoit, et pour ce que ils furent trouvés plantés devant la meson dudit Jehannin, il n'en savoit que soupçonner fors ledit Jehannin. — Rendu à l'Official chargé dudit fait dénoncé. — *Ibid.*, p. 461 [30 juin 1332].)
8. *Ibid.*, p. 531 (9 nov. 1340).
9. *Ibid.*, p. 551 (3 juillet 1352).

de Saint-Martin à Pantin : prison[1]. Pierre Troussel de Louvres trouvé « coupant une des tenailles » du cloître de Saint-Martin, qu'il voulait enlever : banni[2]. Richard Alips a pris une pelle d'airain : banni[3]. Jean Ramé, couturier, a dérobé deux draps de linge, une robe de linge et une chemise de femme : banni[4]. Thassin Ausoz de Bazeville a volé chez Thomas Quotentin à Noisy, où il logeait, deux draps, puis à Bazeville, chez un cousin, deux verges de draps faisant une aulnê de Paris, puis quatre draps et deux toiles prises sur les biens qui étaient communs entre lui et son frère, puis une mauvaise parure vendue quatre sous (1 fr 60). Thassin Ausoz a l'oreille coupée sous l'échelle de Saint-Martin[5]. Perrette d'Avencourt, « filleresse de soie », soupçonnée d'avoir dérobé une robe et une bourse aux étuves en la rue Pavée : justiciée, c'est-à-dire enfouie à Noisy-le-Grand[6]. Jean de Maci, pour vol de deux petites poêles d'airain, traîné et pendu[7]. Perrette Cotelle a volé 57 mailles blanches de 8 deniers (154 fr. à cette époque) dans la maison de Thomas Castelain, où elle demeurait, rue des Gravilliers : enfouie[8]. Colin Langlais dénoncé par son maître comme lui ayant pris dans sa bourse 6 sous et 3 deniers (5 fr. 70) : banni[9]. Lorenette, fille de Huchon Langlais, a, sous un porche, dépouillé de ses vêtements un petit enfant de trois ans et est convaincue d'autres larcins : enfouie[10]. Phelipote la monime ou la sourde, accusée, comme ouvrière en soie, d'avoir dérobé neuf onces de soie : pour ce vol et d'autres larcins, enfouie[11]. Un enfant de neuf ans a « vidé trois bourses » à l'église Saint-Innocent, au Palais, aux Halles : il l'avait fait à l'instigation d'un clerc et, vu son jeune âge, il est simplement battu de verges[12]. Martin le Bourguignon, « povre et misérable personne », soupçonné d'avoir pris des écuelles d'étain

1. Tanon, *Histoire des justices de Paris*, p. 542 (17 juillet 1342).
2. *Ibid.*, p. 543 (3 décembre 1343).
3. *Ibid.*, p. 544 (27 octobre 1345).
4. *Ibid.*, p. 544 (27 novembre 1345).
5. *Ibid.*, p. 552 (12 août 1355).
6. *Ibid.*, p. 533 (29 déc. 1340).
7. « Trainné et pendu pour ce que il confessa plusieurs murtres et larrecins avoir faits. » (*Ibid.*, p. 507 [5 février 1338].)
8. *Ibid.*, p. 529 (11 août 1340).
9. *Ibid.*, p. 481 (16 juillet (1336).
10. *Ibid.*, p. 482 (6 septembre 1336).
11. *Ibid.*, p. 533 (1er décembre 1340).
12. *Ibid.*, p. 474, 475 (12 juin 1335).

appartenant aux religieux de Saint-Martin, n'avait pas comparu et avait été banni : il revint et obtint des lettres du roi le relevant du bannissement et ordonnant de le juger puisqu'il se disait innocent[1]. Un mendiant, en demandant du pain, a pris une besace de toile valant deux sous parisis (0,75 cent.) : banni[2]. Robin le pelletier, accusé d'avoir pris une bourse avec 40 sous parisis (13 fr. 60) perdue dans une taverne : banni[3] (puis peu après grâcié). Ameline la soufletière a volé un surcot violet, qui valait cent sous parisis (25 fr. 50) : enfouie[4]. Chiessot, veuve de Jean Dugué, accusée d'avoir dérobé un hanap de marbre et deux draps de lit : enfouie[5]. Michelet de Terreblay, pour avoir volé un soc et un coutre de charrue, fu mené aux fourches de Noisy. Il confessa là qu'il avait tué un homme. Alors on le ramena des fourches, puis on l'y traîna et on l'y pendit[6]. Jeanne, femme de Perrin Prevost, pour plusieurs larcins, fut enfouie[7].

Il serait trop long d'énumérer toutes les pendaisons, tous les enfouissements qui sont la pénitence ordinaire des vols. La rudesse des mœurs peut seule expliquer le caractère en général cruel de la pénalité qui, malheureusement, n'ira pas, à mesure que la société deviendra plus policée, en s'atténuant. Sans doute le Parlement songeait et songera surtout à la protection de la société, des biens plus que des personnes : mais son action sur le droit pénal ne saurait lui faire honneur. Loin d'adopter les peines du Droit canon, dont il ne prit que quelques cérémonies, il conserva les lois barbares et inclina de plus en plus vers la rigueur des supplices romains, en y ajoutant les inégalités pour les privilégiés, trop souvent assurés de l'impunité.

1. Lettres du roi insérées au registre, p. 480 (6 juillet 1336).

2. « Lequel Guiot ledit maire avoit pris en ladite ville de Conflans, en nostre dite terre, sesy d'une bezace de telle, du pris de deux soulz parisis ou environ, lesquelles bezaces le dit Guiot avoit emblées à une villete, au-dessous de Conflans, appelée dedens une cort, ainsi comme il demandoit du pain pour Dieu, si comme ledit Guiot le confessa. » (*Ibid.*, p. 540 [7 août 1343].)

3. *Ibid.*, p. 536 (24 mars 1341).

4. *Ibid.*, p. 536 (30 août 1342).

5. *Ibid.*, p. 534 (13 janvier 1341).

6. *Ibid.*, p. 544 (sans date).

7. *Ibid.*, p. 551 (28 août 1352).

XI. — Les Sources du Droit français. — Le Droit germanique. Le Droit canon.

Le Droit pénal rappelait en général, par son mépris de la souffrance physique et de la vie humaine, les lois des barbares. Le Droit canon en modifia sans doute le caractère par des satisfactions publiques, des amendes honorables, des pèlerinages, des fondations pieuses, qui rapprochaient de la pénitence la répression légale. On ne se borna point pourtant aux peines pécuniaires et à l'emprisonnement. La société était encore si violente et si belliqueuse que les dignitaires ecclésiastiques, puissants seigneurs, ne se croyaient pas tenus par leur conscience à autre chose qu'à une abstention personnelle dans les cas où il fallait prononcer des peines de sang, des mutilations. Les rigueurs des lois romaines convenaient mieux aux légistes de ce temps et s'accordaient mieux avec celles des coutumes germaniques, sauf sur la *composition*, le *wergeld* et le *serment des cojurateurs*, déjà abandonnés. Les jurisconsultes continueront à s'inspirer du Droit romain dans leurs travaux sur le Droit criminel qui restera, jusqu'à la fin de l'ancien régime, empreint d'une sévérité cruelle.

En ce qui touche le Droit civil, l'empire persistant des coutumes, *consuetudines*, nous reporte encore à l'époque germanique. Les savantes lois des Romains pénétreront ces coutumes, sans les détruire, et l'admiration qu'excitait leur majestueux ensemble ne put jamais, sous l'ancienne monarchie, déterminer, de la part des plus éminents juristes, une imitation qui aurait établi l'unité. Le Parlement ne procéda que par des revisions, des corrections de coutumes; la royauté par des Ordonnances spéciales et successives.

Laissons de côté le Droit féodal, né d'un régime tout particulier de la terre et du gouvernement, qui ne dura qu'autant que la puissance de la féodalité. Ses règles, qu'on s'était efforcé de rendre juridiques, consacraient la subordination des terres et des personnes, des propriétaires de fiefs et de leurs vassaux, des seigneurs et de leurs vilains; elles pesèrent longtemps sur le royaume

morcelé, mais qui s'évanouit à mesure que les rois parvenaient à recoudre tous les morceaux de la France et à substituer leur autorité aux mille souverainetés particulières. Le Droit féodal ne persista jusqu'à la fin de l'ancien régime que dans la condition des terres et dans les redevances principalement pécuniaires dont ces terres étaient surchargées. Le Droit coutumier, qui se confondit longtemps avec le Droit féodal, mais qui s'en distingua de plus en plus, était le véritable Droit civil s'appliquant aux relations de la famille, à la condition des biens dans la famille et aux actes qu'entraînent les ventes, les échanges, les contrats, les obligations. Il conserva l'antique empreinte germanique dans les règles du *douaire*, dans le *respect* obtenu par la femme, en même temps que dans le souvenir du *mundium* germanique; dans la *liberté des enfants majeurs*, dans leur *émancipation* tacite par le mariage; dans le *partage par moitié des conquêts de communauté*; dans le *retrait lignager* qui était antérieur et qui survécut au Droit féodal; dans la *forisfamiliatio* que remplace déjà, au XIIIe et au XIVe siècle, le *rapport* dans les successions. Du reste les coutumes germaniques étaient trop vagues, sont trop mal connues, ont été trop influencées, dès leur première rédaction lors de l'établissement des barbares en Gaule, par la pénétration des lois romaines, pour qu'il soit possible de faire le départ exact de ce qui revenait aux Germains dont Tacite nous a tracé un si pompeux et si flatteur tableau.

Le Droit canon, au contraire, était précis. Il achevait, au début du XIVe siècle, de se constituer : c'était un monument qui s'imposait aux regards de tous les légistes. D'abord tout ce qui concernait le *mariage* et ses conséquences relevait uniquement de ce Droit et des tribunaux ecclésiastiques. Tant que dura l'ancienne monarchie, toutes les questions de validité du mariage, de simple séparation de corps, ressortissaient au *for ecclésiastique*. Lorsque les codes modernes, après la Révolution de 1789, légiférèrent sur la famille, ils ne firent que reprendre les règles du Droit canon. Ce Droit avait entouré la célébration du mariage d'une garantie indispensable, la publication des *bans*, dont l'usage naquit en France et fut rendu obligatoire par le concile de Latran en 1215. « Il introduisit la *légitimation* par mariage subséquent et la distinction, encore admise de nos jours, entre les empêchements prohibitifs et les empêchements dirimants. Toutefois il multiplia trop peut-être ceux-ci, qui ne s'élevaient pas, si je ne me trompe, à moins de dix-sept. Mais en même temps, et par compensation, il maintint énergiquement la sainte loi de l'*indissolubilité* de l'union conjugale, tout en admettant un certain tempérament dans la rigueur des liens, comme la séparation de corps. Il fit plus : en face d'une société livrée à tous les excès de la force, il proclama l'égalité du plus fort et du plus faible, de l'homme et de la femme. Il fit lever les prohibitions que la loi romaine avait établies pour les unions entre les personnes de conditions différentes; il adoucit les peines portées par elle contre les veuves qui se remariaient dans l'année de deuil; il y dérogea à l'égard des stipulations d'un tiers; il inspira la plupart des règles coutumières relatives aux legs pieux; ce fut à lui que les engagements durent, au moyen âge, d'être délivrés des formes solennelles et des traditions symboliques de la Germanie. Le simple consentement suffit, contrairement à l'esprit des coutumes et ce fut également malgré elles que le Droit canon, en ceci héritier fidèle et consciencieux du Droit de Rome, remplaça la *possession annale* par la possession de *trente* ou *quarante* ans, dont il exagéra peut-être cependant le principe tutélaire, en exigeant la bonne foi de celui qui prescrit. Enfin, grâce à lui, le Droit romain et le Droit germanique se rapprochèrent et s'unirent dans une foule de coutumes; lui seul pouvait tenter d'assouplir et de dompter ces éléments rebelles, et, en s'efforçant de les relier en un faisceau unique, il a servi, selon l'heureuse expression d'un écrivain, comme de ciment dans l'édifice des législations modernes.[1] »

XII. — Le Droit romain.

Si puissante qu'eût été l'action du Droit canon, celle du *Droit romain* l'égala, puis la dépassa. Étienne Pasquier, au XVIe siècle,

1. Beaune, *Introduction à l'étude historique du Droit Coutumier français*, Paris, Larose et Forcel, 1880, p. 239.

— Ajoutons ces remarques très judicieuses de Walter : « En cas de perte de possession par violence, le spolié peut intenter l'action possessoire même contre le

faisait, dans ses *Recherches*, ressortir l'importance de l'enseignement du Droit romain. « Les advocats, disait-il, ayant pris leur nourriture aux escoles de loix, ils défendent leurs causes par les authoritez des empereurs et jurisconsultes et, en leur défaut, ont recours à ceux qui les commentent, ne demeurant jamais sans parrains pour la diversité d'opinions qui se trouve des uns aux autres. De manière que familiarisans de cette façon avecque le Droit ancien de Rome, il fut fort aisé de nous transformer en luy comme luy pareillement en nous. Il nous a servy de leçon et nos juges par long laps de temps l'ont fait passer en forme de loy françoise non pour estre sujets à l'empire, ains à ce qu'il estoit bon, juste et raisonnable dedans l'Empire. Il n'est pas que par long usage nous l'ayons fait passer par forme de coutume en unes et autres provinces, aux unes plus, aux autres moins. » Dans son enthousiasme, Pasquier rappelle la comparaison de Rabelais disant que « ce droict estoit une belle robe bordée de franges, entendant par ce mot les gloses qui sont aux environs des textes ». Pasquier renchérissant ajoute : « je le diray estre une robbe d'argent, brodée d'or, singulièrement en ce temps icy auquel je vois tant de beaux esprits l'avoir enrichi[1]. »

Quoique le culte et l'application du Droit romain soient loin, aux XIIIe et XIVe siècles, d'être aussi populaires qu'au XVIe, ce que nous avons dit des légistes romanistes et les textes que nous avons fournis prouvent combien ce droit pénétrait les livres et les arrêts. Pierre de Fontaines s'approprie les définitions des *Institutes* et du *Digeste*. Il proclame (et c'est une traduction pure)

tiers détenteur si celui-ci a connu le vice du titre parce qu'alors il participe à la faute de l'auteur même de la violence.

« Pour la prescription acquisitive, la bonne foi est invariablement nécessaire chez celui qui l'invoque. Cette décision s'applique non seulement à l'usucapion, mais encore à la prescription des actions....

« La bonne foi n'est pas non plus, comme le Droit romain, simplement nécessaire au commencement de la prescription, mais pendant tout son cours...

« Tous les contrats dûment consentis doivent être exécutés et la forme n'y est plus substantielle. Par là fut supprimée la distinction du Droit romain entre les contrats solennels et non solennels. Toutefois les législations modernes ont réintroduit, quant aux effets civils, mainte solennité dans les contrats.... » (Walter, *Manuel de Droit ecclésiastique*, p. 457.)

— Voir aussi, sur plusieurs de ces points, l'Introduction de M. Viollet aux *Établissements*, t. I, p. 26, etc. et le livre si précis de Tardif, *Histoire des sources du Droit*.

1. Ét. Pasquier, *Les recherches de la France*, l. IX, chap. XXX.

que « Justice est volonté ferme et perdurable qui rend à chacun sa droiture »[1]. Et plus loin : « Sens de droit est connaissance des choses divines et humaines et est science de droit et de tort. » Puis : « En une manière est droit apelés ce qui est toujours bonne cose et loial, si comme le droit naturel. » Les *Établissements de saint Louis*, le *Livre de Jostice et de Plet*, l'*Abrégé champenois des Établissements*, la *très ancienne Coutume de Bretagne* reproduisent la même définition de la justice. Que les rédacteurs de ces coutumiers se soient, comme le pense M. Viollet, copiés les uns les autres, la traduction n'en existe pas moins. Dans les plaidoieries se retrouvent constamment des souvenirs de l'histoire romaine. « Paris, dit un avocat en 1380, est la meilleure et la plus notable ville du royaume, et est *Roma* en ce royaume, et est le prévost *prepositus urbis* et juge ordinaire[2]. »

Quelque inhabiles et erronées que soient ces comparaisons, quelque fantaisistes que soient les adaptations du Droit romain au Droit coutumier, rappelons-nous que, chemin faisant, nous avons constaté l'influence directe et croissante de ces lois dans les causes relatives aux *dettes*, aux *ventes*, aux *contrats*. Les légistes du moyen âge empruntèrent aux Romains leurs théories sur la solidité des *pactes* et le respect qui leur était dû, sur les *actions* qu'ils entraînaient et sur les diverses catégories d'*obligations*. Le Droit romain avait aussi pénétré le Droit coutumier dans le *régime successoral*, en ce qui concerne la *légitime*, les *exhérédations*, le *droit de retour à l'ascendant donateur*, le principe de la *représentation*, quoique ce principe eût eu beaucoup de peine à triompher. La *curatelle* des *mineurs de vingt-cinq ans*, celle des *prodigues* étaient romaines. Le *sénatus-consulte Velléien*, adopté par le Droit coutumier, empêchait la femme de s'engager pour son mari : on admit cependant, en beaucoup de pays, qu'elle pouvait renoncer

1. « Tu me demandes que est justice et que est droist? La loi escrite dit : Justice est volenté ferme et perdurable qui rend à chascun sa droiture ». (*Conseil*, Appendice, tit. I, § 1, p. 472.) « Justitiaest constans et perpetua volontas jus sum cuique tribuendi ». (*Institutes*, liv. I, tit. I, § 1.)

Les § I, II, III, IV de cet appendice sont également tirés des *Institutes*, t. I à VIII, et du 1er livre du *Digeste*, tit. III.

2. Procès entre le procureur des poissons de mer, d'une part, et le procureur du roi et le prévôt de Paris d'autre part. (*Reg. du Parl.*, Collect. Ste-Genviève, Ff. 13, t. I, f° 361 [extrait du 3e volume des *Plaidoiries*], 14 juin 1380.)

au bénéfice de ce sénatus-consulte. La *restitutio in integrum pour cause de lésion*, en faveur du mineur de vingt-cinq ans, dérivait directement des lois romaines, ainsi que beaucoup de dispositions de la *tutelle* et surtout les *incapacités* qui contrastaient avec le rang honorable assuré à la femme dans la société du moyen âge. Les *actions possessoires* et *pétitoires* furent organisées d'après les théories romaines, qui subirent néanmoins de profondes modifications résultant du vieux Droit germanique. La propriété feg réglée par la *prescription* romaine qui l'emporta sur la saisine turmanique d'an et jour. Mais les rois devaient surtout recueillir un grand bénéfice des lois romaines qui leur assurèrent le droit de *confiscation* et protégèrent leur *majesté*, de plus en plus égalée à celle des empereurs.

On peut donc, en cette période de l'histoire du Droit, discerner les courants qui, de Rome et de l'Église, vinrent se joindre au Droit germanique. Telles, au confluent de plusieurs rivières, se distinguent longtemps, par leur nuance, leur trouble ou leur limpidité, les eaux différentes : telles les lois romaines, les lois canoniques, les coutumes germaniques se mêlèrent, longtemps visibles, longtemps juxtaposées plutôt qu'unies, jusqu'au jour où on ne les aperçut plus, pour ainsi dire, confondues dans la largeur du grand fleuve du Droit français.

XIII. — Le Droit naturel. — Les Arrêts d'équité.

Si habitués qu'ils fussent à se décider d'après des textes ou des coutumes traditionnelles, les maîtres du Parlement, romanistes, canonistes, ne se laissaient pas tellement absorber par leur érudition qu'ils ne réagissent parfois contre elle : ils ne suivaient pas toujours la *lettre* mais cherchaient *l'esprit* du Droit. Ils raisonnent, discutent les textes : ils se reportent au *droit naturel*. Bien que rares dans les *Olim*, quelques indications s'y rencontrent, attestant cette liberté des maîtres. Le chapitre de Mâcon réclamait un denier par livre pour la monnaie fabriquée dans le comté de Mâcon. L'enquête qui eut lieu ne lia pas le Parlement. Le résumé, trop sobre, de Montluçon, nous donne pourtant à entendre que la Cour se détermina dans son arrêt en faveur du chapitre de Mâcon plutôt par des raisons de droit pur que par l'enquête[1]. Des bourgeois de Paris réclamaient de la dame de Sivry et de son mari le paiement de dettes pour lesquelles ils voulaient l'obliger à vendre sa terre. La dame répondait qu'elle ne pouvait vendre cette terre, héritage des enfants qu'elle avait eus d'un autre mari. La Cour concilia les parties. *En équité*, la dame était tenue de vendre sa terre, mais par la coutume du pays elle n'y était pas forcée. La Cour ne pouvait donc la contraindre, mais elle affecte tous les revenus de la terre au paiement des dettes[2]. Dans un procès vulgaire de dettes, où Jacques de Chartant, après plusieurs instances, revenait encore à la charge, les maîtres du Parlement jugèrent contre lui, mais le greffier a eu soin de relater que, selon l'opinion d'un juge, maître Gervais de Pont-Arcy, Jacques avait tort en *droit*, mais raison en *équité*. Ses collègues ne s'étaient pas ralliés à son avis[3]. Erard et Guillaume de Thianges, chevaliers, avaient fait des prises dans les domaines de l'abbaye de Saint-Germain-des-Prés. Ils prétendaient se venger ainsi de certaines injures. Le bailli de Sens, en son assise de Melun, avait jugé en faveur des dits frères et les avait maintenus dans la saisine de leurs prises. Au Parlement on attaque le jugement « comme nul de plein droit, parce qu'il était contraire *au droit*, aux bonnes mœurs et à la coutume antique et générale du royaume »[4]. Les frères de Thianges répliquèrent en vain qu'il leur était arrivé déjà plusieurs fois de se venger ainsi des religieux : en somme ils réclamaient le vieux droit de guerre privée. Le Parlement annula le jugement du bailli, réservant à chacune des parties le soin de se pourvoir pour les questions de propriété. La Cour faisait ainsi triompher les principes généraux du Droit : elle s'élevait et s'attachait à l'idée même de justice.

1. « Determinatum est potius per raciones juris et per casum similem quàm per istam inquestam ». (*Olim*, I, p. 181. XII [1263].)

2. *Olim*, I, p. 451, XIII (1259). — Voir, sur le passif dans la Communauté légale, Beaune, *Condition des biens*, p. 496 et suiv. — H. Buche *Essai sur la Coutume de Paris*, p. 86.

3. Magister Gervasius de Ponte-Arsi respondit : « De juris rigore, contra Jacobum, sed de equitate pro ipso ». (*Actes du Parl.*, 5541 [1318].)

4. «... Quod nullum erat ipso jure et quod ei stare non debebat, cum factum esset contra jus et bonos mores et generalem et antiquam et approbatam consuetudinem regni nostri... » (*Olim*, III, p. 41, III [1300].)

Le défaut ou la rigueur des textes inspira aux rédacteurs du *Style des Enquêtes* des conseils précis et vraiment dignes de la réputation du Parlement. « Bien que, dit-il, l'équité écrite dans le Droit doive être observée et que les juges ne doivent être ni plus cléments ni plus sévères que la loi, cependant ils ont l'habitude d'envisager avec plus de largeur l'équité et la sévérité : ils tiennent compte de la condition, de la qualité des personnes (ici reparaissait malheureusement l'esprit féodal, ennemi de la véritable équité), de la nature des contrats, des délits ou des excès commis, attentifs s'il y a embûches, malice, propos délibéré. Les juges de la Cour suprême qui n'a d'autre supérieur que Dieu, qui ne trompe et ne se laisse pas tromper, détestent les fraudes, les méchancetés, les tromperies, les faussetés des hommes : ils s'efforcent de s'y opposer, dans la mesure du possible, et, cherchant la vérité, *passent sur la rigueur et la subtilité du Droit* ». Le légiste insiste sur le noble rôle du Parlement et s'écrie avec un orgueil naturel : « Les juges inférieurs et les cours qui dépendent d'autres cours, n'oseraient pas rendre de tels jugements, car ils craindraient avec raison d'être repris par la cour suzeraine. Mais, dans la Cour suprême, les juges ont l'habitude de venir en aide à ceux qui sont abusés, aux simples, aux pauvres, aux mineurs, à tous ceux qui, par la faute d'autrui, souffrent quelque dommage, à ceux qui n'ont pas l'habitude du mal et qui ont commis par hasard quelque délit[1]. »

Lorsque l'arrêt est fondé sur l'*équité*, il pourra être plus long car il devra contenir les moyens invoqués contre l'interprétation rigoureuse des textes et en faveur de l'équité[2]. Dans certaines causes mixtes, comme les appelle le légiste rédacteur du *Style des Enquêtes*, « l'erreur est possible, soit qu'on s'attache plus à la rigueur du texte qu'à l'équité, soit le contraire. En ces cas douteux, il est plus sûr de pencher vers la *pitié* et l'*équité* que vers la rigueur, car heureux sont les miséricordieux, puisqu'eux-mêmes

1. *Style de la Chambre des Enquêtes.* — Guilhiermoz, *Enquêtes et Procès*, § 135, p. 211, 212.

2. « Si autem fiat judicium curie super equitate, magis longum poterit esse, quia de mediis contentis in articulis ex quibus elicitur rigor et eciam de mediis sive materia contentis in articulis ex quibus consuevit colligi equitas fieri habebit mencio in narracione arresti.... » (*Style*, § 168; Guilhiermoz, *Enquêtes*, p. 219.)

obtiendront miséricorde. Ailleurs encore il est dit que Dieu, au jour du jugement dernier, reprochera aux juges plutôt leur excessive rigueur que leur excessive pitié[1] ». Belles et nobles maximes qui venaient aisément sous la plume d'un clerc, mais qui malheureusement étaient souvent combattues et contredites par les idées féodales et les préjugés du temps. Le plus souvent les maîtres du Parlement, pour suppléer à des lois absentes ou en tempérer de trop anciennes, eurent recours moins aux maximes évangéliques que prônait l'auteur du *Style des enquêtes*, qu'aux théories plus ou moins intelligemment comprises du Droit romain. Le Parlement sans doute chercha de bonne foi l'équité, mais s'il en faut croire un malin dicton, rapporté par Charondas, les plaideurs, au moins quelques siècles plus tard, disaient : « Dieu nous garde de l'équité du Parlement[2]! »

1. « Securius est quod se inclinet ad misericordiam et equitatem quam ad rigorem, quia beati misericordes, quoniam ipsi misericordiam consequentur, et dicitur alibi quod cicius Deus reprehendet judices in extremo judicio de nimio rigore, quam de nimia misericordia. » (*Style*, § 142; Guilhiermoz, *Enquêtes*, p. 213.)
2. Charondas le Caron, *Réponses et décisions du Droit français*.

CHAPITRE XXIX

LA PROCÉDURE

I. — LE DÉVELOPPEMENT DE LA PROCÉDURE SOUS SAINT LOUIS, PHILIPPE LE HARDI, PHILIPPE LE BEL ET SES FILS.

Au moyen âge, nous l'avons dit, la procédure parut d'abord une protection. Sans son formalisme, très rigoureux lorsqu'il était purement oral, des hommes aussi belliqueux eussent transformé les tribunaux en champs clos. Encore y fallut-il admettre et y régler la bataille. Les livres des premiers légistes furent avant tout des traités de procédure[1]. Non point que la distinction entre le Droit et la Procédure entrât dans l'esprit de ces auteurs : ils les confondaient comme la pratique les mêle dans la réalité, puisque, suivant l'heureuse expression de M. Viollet, « la Procédure est l'écorce du Droit ».

Les détails dans lesquels nous sommes entré à propos du *Duel judiciaire*, nous dispensent de revenir sur la portée de l'évolution qui substitua l'enquête au combat. La procédure laïque se modela sur la procédure canonique[2]. Elle fut *écrite* tout en restant *orale*.

1. Pierre de Fontaines consacre à la procédure 24 chapitres sur 35; le *Livre de Jostice et de Plet*, 53; le rédacteur des *Établissements*, 49 chapitres sur 175 dans le livre I, 18 sur 38 dans le livre II. Beaumanoir, dans les *Coutumes de Beauvaisis*, débute par 11 chapitres de procédure qu'il complète dans 18 autres, ce qui, au total, donne 29 chapitres sur 70. — A la même époque apparaissent des ouvrages particuliers comme la *Somme des Actions possessoires* d'Eudes de Sens (1301), le *Livre des Constitutions démenées au Châtelet de Paris*, dont son éditeur, M. Ch. Mortet, place la publication vers la même date que celle des *Coutumes du Beauvaisis*.

2. *La Procédure et le Droit canon*. — « La procédure civile est le plus grand bien-

Les légistes voulaient bien imiter les cours ecclésiastiques, mais entendaient maintenir différentes les Cours laïques. « Nous ne requérons mie, dit Pierre de Fontaines, ni ne faisons si grandes subtilités en nos demandes comme font li clers. » Mais, en innovant, sans rien retrancher des anciens modes de plaider, on aboutit à des complications qui dépassèrent de beaucoup les lenteurs canoniques. Nulle part peut-être ne se montra mieux la facilité avec laquelle les hommes, pour diminuer les abus, les aggravent et font d'une protection une tracasserie, voire même une oppression.

Les grandes réformes de saint Louis eurent trait surtout à la procédure. Nous ne reviendrons pas sur ce que nous avons dit de ses Ordonnances sur la *Procédure* au *Châtelet*, sur le *Duel judiciaire*. Nous avons démontré comment la substitution de l'enquête à la bataille avait replacé la justice dans sa véritable voie. Nous n'avons pas non plus à retracer un historique de la procédure et à énumérer les règlements de détail qui s'accumulèrent et qui furent, pour la plupart, l'œuvre du Parlement[1]. Dans ces premiers

fait que la législation moderne doive à la législation canonique : celle-là n'a rien de romain, elle se trouve tout entière dans les *Décrétales* et l'*Ordonnance* de 1667, qui se l'était appropriée et qui l'a transmise à notre Code actuel, déclara qu'elle serait applicable aux tribunaux d'Eglise; le pouvoir civil ne faisait que restituer au pouvoir ecclésiastique ce qu'il lui avait emprunté. Aussi avec quel empressement la juridiction de l'Église était-elle recherchée au moyen âge! On se faisait clerc pour devenir son justiciable; on surprenait la tonsure, moins pour s'assurer quelques privilèges que pour être certain d'obtenir une rapide et bonne justice. Cet entraînement alla même si loin qu'on fut obligé de le refréner. Pasquier a décrit les abus qui en résultèrent sans en rechercher la cause pourtant si facile à deviner.... » (Beaune, *Introduction à l'étude historique du Droit coutumier*, p. 238.)

1. *Règlements de procédure.* — Nous ne donnerons que quelques indications prises dans les *Olim*. On ne peut, après la déchéance d'une demande, recommencer la même action. (*Olim*, I, 470, VI [1260].) — Les parties peuvent ajouter à leur requête jusqu'au moment où va commencer le jugement. (*Ibid.*, p. 706, XIII.) — Le refus de réponse ou de témoignage opposé à un excommunié ne peut être accordé que si l'on prouve immédiatement l'excommunication. (*Ibid.*, p. 738, XXXII et XXXIII [1268].) — Procurations, avoueries. (*Ibid.*, p. 748, XXIII [1269].) — Défense des nouvelles avoueries. Ordonnance de 1273. — Avocats (article 2 de l'Ordonnance du 23 octobre 1274). — Interdiction de la publication des témoignages en Parlement : elle continuera de se faire dans les tribunaux des baillis et des prévôts. (*Ibid.*, II, p. 76, IX [1276].) — En Touraine l'opposition d'un ou deux juges, dans les assises de chevaliers, n'empêche point le jugement. (*Ibid.*, p. 160, IX [1278].) — *Audiences*. Grande ordonnance de 1278. — *Enquête*, renouvellement du mandat des auditeurs, ou nomination d'autres auditeurs, seconde production de témoins. (*Ibid.*, p. 228, VII [1283].) — Articles et libelle. (*Ibid.*, p. 321 [1290].) — Ordonnance royale, article 4 (avocats). (*Ord.*, t. I, p. 322 [1291].) — Ordonnance sur l'inquisition : ordre aux sénéchaux et aux baillis d'obéir aux inquisiteurs poursuivant les hérétiques. (*Ibid.*, p. 380. *Olim*, t. II, p. 413, XXVII.) — *Articles* (*Olim*, II, p. 448, X [1301].) — Grande Ordonnance de 1303, souveraineté du Parlement, interdiction des appels de ses décisions. — Ordonnance

temps le respect de l'indépendance féodale et du privilège de noblesse est encore tel qu'on se préoccupe surtout d'assurer des garanties à celui qui est cité en justice. On lui accorde *délais* et *contremands*, on excuse aisément les *défauts*, on ouvre la porte aux *barres* ou exceptions.

On multiplie les écritures par la rédaction et les distinctions de plus en plus multipliées des *articles*. On assure la sincérité de l'enquête mais aussi on l'allonge par une série de prescriptions sur les commissaires, sur les témoins et les témoignages, sur la clôture de l'enquête, les oppositions au jugement de l'enquête. Le Parlement interdit la *publication des témoignages* qui, au criminel, eut tant de conséquences, et, en favorisant la procédure secrète, enleva, pendant toute la durée de l'ancienne monarchie, les garanties les plus légitimes aux accusés. Un praticien normand, relevant, sous Philippe le Bel, les causes qu'il avait entendu plaider au Parlement, nous édifie sur les complications déjà grandes de la procédure sur la saisine, la propriété, l'arbitrage, l'enquête, les coutumes alléguées[1]. Les plaideurs contribuaient beaucoup, par

sur les notaires du Châtelet. (*Ord.*, t. I, p. 416.) — Ordonnance sur la publication des témoignages (1304). (*Ibid*, p. 418.) — Commissions pour l'examen des articles. (*Olim*, t. II, p. 613.) — Ordonnances (prescriptions aux avocats, 19 mars, 25 juillet 1315). — Ordonnance sur le payement des dépens en justice. Ils seront supportés par le perdant. (*Actes du Parl.*, 7668 [1325].) — Ordonnance sur la *Contumace et les défauts* (1327). — Style du Parlement de Du Brueil (1330). — Style de la Chambre des Enquêtes, — Style des commissaires (1336-1337), etc.

— Voir pour tous ces points de procédure les dissertations déjà citées de M. P. Guilhiermoz *sur la persistance du caractère oral dans la Procédure* et dans l'*Introduction* très détaillée des *Enquêtes et Procès*. — Voir aussi *Rouleaux d'Arrêts de la cour du roi au XIIIe siècle*, par M. Ch. V. Langlois, Biblioth. de l'École des Chartes, 1887 et 1889. — La thèse latine de H. Sée, *De judiciariis inquestis*, Hachette, 1892.

1. Notes d'un praticien normand au Parlement de 1290 : « ... § 2. Item, que se l'en fet demaunde [de] sesine et de propriete, que l'en pourra deleisir la propriete et aler avant en la sesine.... § 3. Item que se aucun alege avoir propriete par lonc usaige, l'en le doit houir sur le lonc usaige et que il le prouve.... § 7. Item se pluiseurs articles ou demandes sunt proposées contre aucun et il respont aucunes et se test des autres, celles de quoi il se test sont tenues pour confesseies.... § 13. Item sentence de arbitre ne puet nul condenpner a mort droite ne civille, mes la painne puet estre commise.... § 17. Se enqueste est feste et, hou tens que les temoins jurent, partie ne dit encontre ja ce soit que elle face protestacion d'i dire, elle n'i peuet pas venir car on ne fet pas publication d'enqueste ne copies a parties for au gent le roy d'Engleterre. § 18, 19. *Enquêtes*. Nul enquesteur ne peut donner sa délégation à un autre. § 20. Jour de vue. § 22. Enquête sur les coutumes proposées. § 23. Ajournement. Se aucuns est venu au Pallement par ajornement n'en ne peut fere areter ses biens ne ses chevaus... » etc. — Ce document est trop long pour que nous puissions l'insérer ici. On le trouvera dans les *Textes du Parl.* de M. Ch.-V. Langlois, p. 150.

leurs chicanes, à embarrasser la marche des procès : eux-mêmes réclament sans cesse des délais, des ajournements, greffent des procès sur un autre procès, exigent écritures sur écritures. L'abbé de Saint-Denis et la dame de Saint-André plaident devant le prévôt de Paris au sujet de la voirie de Duigny : les témoignages avaient été produits; les arguments des parties livrés par écrit, l'appointement donné à « oïr droit » (ad audiendum jus); le prévôt s'était transporté au lieu contesté. Mais lorsque les parties comparurent au jour fixé, le procureur des religieux demanda qu'on lui baillât par écrit les témoignages recueillis par le prévôt dans sa visite. Nouveau débat qu'il fallut trancher par un jugement interlocutoire. Le prévôt décida que les témoignages seraient donnés par écrit : alors appel du procureur de la dame de Saint-André au Parlement : la dame sans doute perdit, mais le procès primitif avait été retardé de toute la durée de ce second procès[1]. On réclamait aussi copie des articles développés dans les plaidoiries; encore des écritures. On admit deux productions de témoins. Les procureurs ne manquaient point de profiter de toutes les occasions pour gagner du temps. Pierre, dit Morin, et Jocelin, dit Maumoigne plaident devant le bailli de Tours au sujet de la juridiction d'un clos de vignes : il y eut des enquêtes rapportées à la cour du bailli qui en donna copie aux parties. Puis, au moment où celles-ci se trouvèrent en présence pour le jugement, le procureur de Pierre Morin demanda *jour d'avis* pour conférer avec son client sur la *rubrique* des enquêtes, car il n'avait pas, disait-il, entendu la rubrique. Le lieutenant du bailli en référa aux sages qui se trouvaient à l'assise et qui déclarèrent qu'il n'y avait pas lieu de donner jour d'avis. Appel de cette sentence interlocutoire par le procureur qui se retira de l'assise. Or, d'après la coutume du pays, quand un jugement était contredit par un, ou deux, ou trois des jurés, le jugement ne pouvait être rendu que dans l'assise suivante : néanmoins, en l'absence du procureur défaillant, le bailli avait donné gain de cause à Jocelin. L'affaire alors vint au Parle-

Il nous reporte bien à ces époques lointaines et nous fait bien comprendre les complications de la procédure naissante en même temps qu'il nous instruit sur son langage.

1. *Olim*, t. III, p. 703, LXV (1311).

ment. Le bailli et Jocelin exposèrent qu'au moment où les enquêtes avaient été ouvertes et publiées devant les parties, le procureur de Pierre s'était retiré sans congé : il avait été déclaré contumace et le bailli avait adjugé à Jocelin la saisine de la chose contentieuse. D'ailleurs le procureur n'avait point appelé ce jour-là du jugement : s'il appela, ce fut en dehors de l'enceinte et du bailliage. Nouvelle enquête prescrite par le Parlement qui, finalement, n'admit point l'appel irrégulier de Pierre Morin et confirma le jugement du bailli[1].

Les maîtres du Parlement se montraient fort soucieux de la régularité des écritures, soit au civil, soit au criminel. On ne saurait croire combien ils annulent d'enquêtes. Les procureurs demandent sans cesse à introduire, même après la clôture de l'enquête, des articles nouveaux. Les adversaires naturellement s'y opposent chaque fois ; encore une occasion de jugements interlocutoires et une réouverture de l'enquête qui bien souvent n'était ainsi ni ouverte ni fermée. Dans un procès le greffier criminel nous apprend qu'un clerc avait mal reproduit des affirmations et des réponses que les parties ne reconnurent pas. Le clerc, à la fin, confessa « qu'il pouvait bien être que les mots : « Ils ne le croient « pas » eussent été pris à la fin d'un autre article. Cependant, ajouta-t-il, quand il copiait, il tenait un bâtonnet sur les lignes pour ne rien passer[2] ». Ce fut le thème de tout un procès avec interrogatoires, plaidoiries, menaces d'application à la torture. Le Parlement décida que la réponse attaquée serait corrigée. Dans une autre enquête au civil et au criminel, les accusés prétendirent ne pas reconnaître comme authentique le sceau appendu au rouleau de l'enquête[3] : nouveau procès assez difficile, car le sceau était usé et son propriétaire avait quelque embarras à le reconnaître. De guerre lasse, le Parlement, sans plus s'attarder à cette

1. Procès entre Pierre dit Morin et Jocelin dit Maumoigue. (*Jugés*, X1a, 5, f° 186, 20 mars 1322. — Guilhiermoz, *Enquêtes et Procès*, p. 393.)

2. Affaire de Jean de Meureval. « Perrinet Maupoint confessa qu'il escript ou roole de ceux de Fimes : il ne le croient pas et dit que il pot bien estre qu'il le prist en la fin d'un des autres articles, combien que, quant il les copioit il tenoit un bastonnet sus afin qu'il ne passast riens.... » (Procès publié par Guilhiermoz, *Enquêtes et Procès*, p. 498, CLIII, A, B, C, D, 1348, 1349.)

3. Affaire du couvent de Sainte-Marie-de-Breteuil en Beauvaisis et de Philippe Moisnel et complices. (Arrêt de 3 pages. Guilhiermoz, *Enquêtes et Procès*, p. 509, CLIX.)

question du sceau, décida, par un arrêt longuement motivé, de comparer les minutes des pièces de l'enquête et, s'il n'y avait aucun soupçon de fraude, l'enquête serait reçue.

Il est curieux d'observer comment les maîtres hésitent, tâtonnent. Ils comprennent l'abus qu'on fait des *défauts*. En 1327, pour ôter tout doute sur un cas, le Parlement ordonne qu'en action personnelle, si la partie citée et déclarée en défaut ne se présentait pas lorsqu'elle était de nouveau assignée pour voir adjuger le profit du défaut, elle était déboutée de tous ses moyens de défense et l'enquête se continuait au profit du seul demandeur[1]. L'Ordonnance de 1329, faite également par le Parlement, règle de la façon la plus minutieuse quatre cas qui peuvent se présenter dans la déclaration de défaut[2].

II. — Le Style du Parlement. Les Styles de la Chambre des Enquêtes et des Commissaires.

L'avocat Du Brueil a fait passer cette Ordonnance dans le *Style* qu'il rédigeait à cette époque et qui porte à juste titre le nom de *Style du Parlement*, car si Du Brueil l'a écrit, le Parlement, en quelque sorte, l'a dicté. L'auteur le reconnaît, le proclame lui-même. « Comme la mémoire des hommes est fugitive, dit-il dans son prologue, qu'on trouve peu de chose sur le style de la Cour de France et que les règles de ce style sont quelquefois variables, j'en ai rassemblé quelques-unes par écrit dans ce livre; tenant compte de toutes les divergences entre ceux qui ont l'expérience de la Cour et ceux qui s'écartent de ses doctrines, je me suis appliqué à cet ouvrage avec un grand soin et un zèle minutieux, j'affirmerai ce que je dirai par des exemples, de façon qu'il suffirait, si quelque point était mis en doute, de recourir au registre du Parlement. » Ces exemples il les choisit dans les registres de 1323 à 1329, ce qui a déterminé à fixer vers 1330 la composition

1. Ordonnance de 1327, 5 décembre, X^{1a}, 8602, f° 2. Aubert, *Hist. du Parlement* (1894), t. II, p. 228.
2. Voir Guilhiermoz, *Enquêtes et Procès*, Appendice V, p. 611, 614. Extraits du *Style* de Du Brueil.

de ce traité[1]. Il ne faudrait pas toutefois le considérer comme un véritable code de procédure. Dans ses 32 chapitres, Du Brueil s'étend sur le rôle et les devoirs de l'avocat : il lui donne des conseils dont quelques-uns, nous l'avons rappelé, sont restés fameux par leur naïve impudence, mais dont la plupart révèlent un praticien habile, délié. Du Brueil traite des citations, des ajournements en cause d'appel, des présentations, des défauts en action réelle ou personnelle, des délais, jours de conseil, de vue, de garant, puis des exceptions. La jurisprudence était faite sur ces points. Du Brueil y ajoute les règles du duel judiciaire puisque celui-ci avait été rétabli dans les causes criminelles. Enfin il aborde la procédure qui se formait alors dans les causes de propriété ou actions pétitoires, les cas de novelleté. Ajoutons les chapitres relatifs aux commissions, aux causes féodales, aux causes privilégiées des pairs, aux causes réservées au roi, aux assurements. Il n'y a, dans l'œuvre de Du Brueil, guère plus d'ordre que dans les Coutumiers, mais elle est raisonnée et scientifique. Aussi, même au XVIe siècle, ce manuel conservait-il une grande renommée. Dumoulin en parle en termes élogieux : « Ouvrage privé, dit-il, ce livre jouit d'une autorité publique, non pas incommutable en chaque point, mais d'après le caractère d'un Style qui varie selon les affaires et selon les temps ». Jean Le Coq, qui demeura en grand crédit au Parlement de 1384 à 1414, cite le *Style* de Du Brueil comme un document officiel. Des Ordonnances royales y renvoyaient : telle l'Ordonnance de 1444 sous Charles VII.

Le *Style* de Du Brueil avait été écrit par un avocat et spécialement pour les avocats. D'autres Styles furent, d'après ce modèle, composés par et pour des juges. Tel le *Style de la Chambre des Enquêtes*[2], rédigé probablement par un clerc qui faisait partie de la Chambre elle-même, homme d'âge et d'expérience, peut-être *Pierre Dreux*, magistrat peu favorisé de la fortune qui reçut de Philippe de Valois un bénéfice dans la collégiale de Tours, mais dut plaider pour se le faire délivrer et mourut avant de le conquérir. Il faut entre-

1. *Stylus Parlamenti* édité par H. Lot. Voir aussi Extraits du *Stylus* et notice sur les manuscrits dans Guilhiermoz, *Enquêtes et Procès*, Appendice V. — Voir, sur Du Brueil l'article de H. Bordier déjà cité ci-dessus, p. 221.
2. *Style des Enquêtes* publié par M. Guilhiermoz, *Enquêtes et Procès*.

prendre la lecture de ce document latin pour se rendre compte des complications auxquelles en était déjà venue la procédure. Après avoir dit comment les procès arrivaient à la Chambre des Enquêtes (voie d'appel, travail de commissions d'enquête, grâce spéciale du roi ou invocation de causes), l'auteur énumère les six *évangiles*[1] ou formulaires selon lesquels on déterminait les procès bons à recevoir. Le rapporteur doit examiner scrupuleusement commissions, citations, relation des parties, articles. Nous avons indiqué plus haut la classification bizarre qu'il donne des articles distribués en catégories et qui rappelle l'enseignement scolastique. Dans ces articles, l'*intendit* est-il au commencement ou à la fin? Le demandeur, en les affirmant, a-t-il restreint sa demande? Le défendeur a-t-il fait des aveux favorables au demandeur? Réclame-t-il au contraire des dommages et intérêts? Chacun des deux adversaires est-il en même temps demandeur ou défendeur comme dans l'action *Uti possidetis*[2]? Ou bien l'un n'est-il que demandeur, l'autre que défendeur? L'auteur du *Style des Enquêtes* exige, pour les articles classés, un *intendit* général : il décompose, analyse minutieusement les idées les plus simples. S'il y a enquête à propos de violences ou d'excès, il faut savoir s'il n'y a qu'un seul motif de prévention ou s'il y a plusieurs faits; si l'accusation est dirigée contre une seule ou contre plusieurs personnes; contre des personnes privées ou le roi, s'il y avait eu sauvegarde enfreinte, port d'armes, etc. Avant d'examiner les faits, les juges à cette époque les considèrent pour ainsi dire en dehors de la cause, les distribuent comme on faisait les arguments dans les débats théologiques ou philosophiques. On perd un temps infini à épiloguer, disserter sur les noms des articles, le genre des faits, le caractère affirmatif ou négatif des témoignages. Il ne s'agit pas seulement de juger mais de juger scientifiquement. La procédure est embrouillée par les efforts mêmes qu'on fait pour l'éclaircir. Ce n'est plus du droit, c'est un exercice d'école.

Le *Style des Enquêtes*[3] s'étend longuement sur le travail du rapporteur : examen des procurations, de la litiscontestation, des

1. *Style des Enquêtes*, § 4. Guilhiermoz, p. 182.
2. *Ibid.*, § 12.
3. *Style des Commissaires* publié par Guilhiermoz, *Enquêtes et Procès*.

comparutions, récusations, appels, documents et lettres; raisons du droit : vérification des pièces contenant les dépositions des témoins, pièces qu'il doit coter (ce que font encore nos juges d'instruction); attention pour éviter les répétitions, les erreurs; résumé et extraits de la procédure; analyse, classement des témoignages, des reproches faits contre les témoins, des salvations. Est-ce tout? Non. L'auteur du *Style* nous fait pénétrer dans la maison du rapporteur : il nous le montre déployant les rouleaux d'enquêtes qu'on lui a apportés dans les sacs, s'attachant aux « évangiles », selon lesquels il doit examiner le procès : est-ce sur un point particulier? est-ce en entier? est-ce à l'égard de la nullité résultant de la négligence des commissaires? Il lui faut ensuite étudier les articles, les exceptions, les répliques, chercher si l'on n'a pas proposé d'autres faits que ceux qui sont mentionnés, se référer à l'*intendit* des parties, apprécier leurs moyens ou arguments, découvrir s'il n'y a pas, en quelque coin, un aveu, préciser les moyens de droit qui ont été proposés, déterminer la sorte de jugement à intervenir, ou de provision, ou d'ordre, ou de rigueur, ou d'équité, ou mixte, ou bien de rigueur enchérissant sur la rigueur. Le rapporteur écrira les considérants du jugement, même des motifs contraires. Il les présentera brefs et clairs (les registres prouvent que la recommandation ne fut guère observée). Il s'attachera aux articles, aux faits, « il les gardera en son cœur »; il évitera de ne point dévier de sa route, poussé par quelque démon méridional (pointe contre les romanistes), entraîné vers les assimilations avec les cas du *Digeste*. Souvent le rapport ne peut être lu tout de suite à la Chambre : aussi faut-il qu'il soit tout entier écrit en formules brèves avec l'extrait particulier des preuves et des motifs qui ont dicté la décision. Accompagnons enfin le rapporteur devant la Chambre. La marche à suivre résulte de ce qui précède : même ordre, même méthode. On doit, à la lecture, passer certaines choses comme les jugements interlocutoires qui ont rejeté certains articles, choisir parmi les témoignages les plus probants, éviter de laisser voir de quel côté on incline, car le jugement n'appartient pas au rapporteur : il ne donne son opinion que lorsqu'il est interrogé à son tour. L'auteur du *Style* résume ensuite, en un langage qui ne manque pas d'élévation, les principes qui doivent guider les maîtres dans le jugement. Il se perd, en terminant, dans une série infinie de distinctions au sujet de la confection et de la forme des arrêts, poussant le rigorisme juridique à ses dernières limites, si bien qu'on ne le dépassera guère.

Complément du *Style des Enquêtes*, le *Style des Commissaires* [1], écrit par le même auteur et à une date voisine (1336-1337), est plus simple et plus clair parce que le sujet, sans doute très limité, donnait moins de prise à la scolastique. Il concerne les délégations pour procéder à une enquête, les assignations des parties et des témoins, les différentes sortes de commissions, les rapports des commissaires avec les justices des différents pays, ou de droit coutumier, ou de droit écrit, les récusations de commissaires, la forme des citations envoyées aux témoins, les serments, les interrogatoires, les dépositions recueillies par écrit, enfin les recommandations aux commissaires de se montrer honnêtes, actifs, zélés, la clôture de l'enquête, la fermeture du sac bien et dûment scellé. Les emprunts que nous avons, en parlant de l'enquête, faits à ce *Style des Commissaires*, nous ont permis déjà d'apprécier son caractère, sa rédaction moins pénible, ses exhortations qui nous ont éclairés sur les défauts, tout au moins les faiblesses, des enquêteurs du XIVe siècle. Ces deux Styles furent accompagnés de quatre *Suppléments* qui n'offrent qu'une série de notes sans suite, de répétitions, et n'ajoutent que peu de détails. Quoiqu'on puisse dire de ces Suppléments et de ces Styles, ils n'en eurent pas moins une grande vogue parmi les magistrats. Les légistes s'en servirent largement pour leurs coutumiers, comme Jacques d'Ableiges, Jean Boutillier, Jean Masuer. Dès la première moitié du XIVe siècle, la procédure française est à peu près formulée. Elle a ses monuments qui subsisteront dans les siècles suivants, sans que le travail d'élaboration soit pour cela interrompu.

1. Ordonnance de 1278, article XXVIII. Texte publié par M. Guilhiermoz, *Enquêtes et Procès*, Appendice IV, p. 604 et suiv.

III. — Les Actions pétitoires et possessoires. La Procédure sous les Valois.

L'effort des légistes se portait surtout, à cette époque, vers les *actions possessoires* et *pétitoires* et les garanties minutieuses dont celles-ci étaient entourées. Nous avons dit déjà combien était importante alors la distinction de la saisine et de la propriété. Une Ordonnance de Philippe le Hardi de 1278 stipulait que les actions de nouvelle dessaisine ne venaient pas en Parlement ; chaque bailli, après avoir pris conseil de bonnes gens, devait aller sur place s'enquérir sans bruit, sans frais s'il y avait eu *nouvelle dessaisine*, ou *empêchement*, ou *trouble*. C'est, M. Viollet l'a fait justement observer, la division tripartite de Beaumanoir : actions de *force*, de *nouvelle dessaisine*, de *nouveau trouble*. « Nous retrouvons dans le passage de Beaumanoir l'équivalent des mots *sine strepitu* et presque la traduction littérale de la phrase latine[1]. » Ajoutons que l'expression : *nouvelle dessaisine* se rencontre dans l'Ordonnance de 1278[2] et dans les textes des *Olim* de la fin du XIIIe siècle[3]. Les deux premières actions, de *force* et de *nouvelle dessaisine*, se ressemblaient trop pour ne pas se confondre. La dernière se rapportant au simple trouble était une innovation inspirée par l'*interdit* « uti possidetis » des Romains : elle devint la *complainte* qui, au milieu du XIVe siècle, fut réglée par une Ordonnance fameuse de 1347. Ce serait, selon l'opinion des auteurs du temps, Simon de Bucy, Président du Parlement (mort en 1368), qui aurait régularisé cette procédure. Il aurait réduit les trois cas de Beaumanoir en un seul et fait reconnaître que la *dessaisine* et la *force* pourraient être regardées comme *nouveaux troubles*. L'Ordonnance de 1347, rendue au milieu des désastres de la guerre de Cent Ans, détaille d'une façon claire et précise la manière dont on procédera

1. Viollet, *Établissements*, t. I, p. 340.

2. Ord. de 1278 (art. XXVIII). Texte publié par M. Guilhiermoz, *Enquêtes et Procès*, Appendice IV, p. 634 et suiv.

3. « Recordata fuit curia quod dominus Rex, alias per judicium, obtinuit saisinam cognicionis *novarum dessaisinarum*, in terra comitis Rociaci et domini Cociaci.... » (*Olim*, II, p. 56, x [1274]. — *Ibid.*, p. 61, III [1275]. — *Ibid.*, p. 79, v [1276]. — *Ibid.*, p. 212, xxx [1282].)

« Ab injuriis, violenciis, *novis dessaisinis* defendentur gardiati per dominum regem Francie.... » (*Olim*, II, p. 43, XXIX [1286].)

articles concernent les présentations des parties et mêlent ainsi des points de procédure aux dispositions relatives à l'organisation et aux audiences du Parlement.

Les grandes Ordonnances de Jean le Bon de 1351 et de 1355, rendues pour répondre aux réclamations des États Généraux, joignaient également à des mesures administratives et politiques des points de procédure : sur les *appels*, en confirmant la souveraineté du Parlement; sur les *délais*, en fixant pour l'expédition des procès un intervalle de *deux* années; sur les *procureurs du roi*, astreints, comme les autres, au serment dit de *calomnie*; sur les *sergents royaux* qui ne feront d'ajournements ou assignations que sur l'ordre des baillis et sénéchaux[1]. Un règlement de 1354 revient encore sur les *appels*. On tendait en effet à abuser de la faculté qu'on avait de renoncer impunément dans les huit jours à un appel porté au Parlement et à étendre cette faculté aux autres juridictions[2]. L'Ordonnance de 1356, rendue aussi à la demande des États Généraux, reproduisait une partie des articles de 1321 et de 1355[3] et s'élevait surtout contre l'énorme arriéré de procès à juger dont quelques-uns étaient pendants depuis plus de vingt ans? Elle en dit long sur les abus qui avaient motivé les doléances des États. En un siècle la justice avait pris un tel empire qu'on en était déjà à réprimer ses écarts.

Les légistes croient apporter des remèdes aux maux dont on se plaignait, en détaillant de plus en plus la procédure comme le fit l'Ordonnance de décembre 1363 (citations, reprise des errements; conclusions, rédaction des articles, commissions pour l'examen des articles; permission aux avocats de dupliquer, non de tripliquer; abréviations des délais de conseil, de vue, de garant[4]). Une Ordonnance de 1364, inspirée, comme la précédente,

1. Voir l'analyse de la Grande Ordonnance de 1355 dans le très important et précis ouvrage de M. Georges Picot : *Histoire des États Généraux* (Hachette), t. Ier, p. 88, 89.

2. *Ord.*, t. IV, p. 311, 24 nov. 1354. Secousse a fait remarquer que cette Ordonnance n'était pas en forme et qu'on ne pouvait décider si c'était une Ordonnance ou un règlement du Parlement. Elle est aux *Arch. nat.*, X1a 16, f° 90. (Aubert, *Hist. du Parl.*, 1894, t. II, *Pièces justificatives*, p. 223.)

3. Voir Picot, *États Généraux*, le tableau de concordance des Ordonnances de décembre 1355 et de mars 1356, p. 88, 89.

4. *Ordonnance de 1363 sur la procédure.* — Quelques extraits de cette Ordonnance spéciale à la procédure nous mettront au courant des efforts que les rois et le Par-

de la sagesse du réformateur Charles V, dont le règne commença bien avant son avènement officiel, réglementa le travail des Requêtes du Palais et s'efforça de prévenir « les fuites, délais, cavillations et appellations frivoles des parties ou de leurs procureurs[1] ». Comme nous l'avons déjà remarqué à plusieurs reprises, les abus dont on avait à se plaindre provenaient autant de l'humeur processive des plaideurs et des procureurs que des lenteurs des juges. Les avocats avaient aussi leur responsabilité qu'établit le préambule d'une autre Ordonnance du 16 décembre 1364. Les avocats mettent trop de temps à communiquer leurs articles à la Cour et à les faire concorder : ils font de trop longues plaidoiries sur les moindres incidents comme sur le principal[2]. Il faut croire que toutes les mesures prescrites n'étaient pas observées car, à peu d'intervalles, les Ordonnances réitèrent les mêmes recommandations (1365, appels[3]; 1367[4], délais; 1370, prononciation des arrêts; 1374, abus des sentences interlocutoires; 1377, exécution des

lement faisaient alors pour la fixer. — Trois jours après la publication des rôles des bailliages, le demandeur sera obligé de montrer son ajournement au défendeur et lui en donner copie. Les huissiers feront trouver à cet effet les demandeurs et les défendeurs à la porte de la Chambre (art. 4). — Si le demandeur demande un délai pour consulter sur son affaire avec son conseil, on ne lui donnera pas un délai d'un an comme on le faisait, mais un délai qui expirera dans le cours du même Parlement (art. 5). — Si le demandeur vient à mourir, l'héritier peut reprendre l'instance sans prononcer ces paroles : « Je reprends les paroles » (art. 6). En cas de mort du défendeur l'héritier peut abandonner l'instance ou la reprendre en prononçant cès mots : « Je reprends les errements. » — Point de conclusions préliminaires et vagues. La Cour obligera les parties à prendre des conclusions péremptoires (art. 8). — Lorsque la cause aura été plaidée, les avocats rédigeront par écrit « les faits positifs et deffensifs » (art. 9). — Les délais pour donner les articles ne seront que de trois jours (art. 10). — On ne pourra répliquer plus de deux fois (art. 12). — Nomination de commissaires pour l'enquête (art. 14). — On ne recevra plus de procédures feintes par lesquelles on prétendait prouver que l'on a fait des diligences pour procéder à l'enquête. Les commissions ne seront pas renouvelées au delà de 2 Parlements ou au delà d'un 3e (art. 15) — Les lettres d'État ne seront pas admises indifféremment (art. 27). (*Ord.*, t. III, p. 649 et suiv.)

1. *Règlement pour les Requêtes du Palais* (du 12 novembre). C'est l'organisation du travail dans la Chambre des Requêtes, *Ord.*, t. IV, p. 506, 507. C'est une ordonnance élaborée et publiée en Parlement : présents l'archevêque de Sens, l'évêque de Beauvais, chancelier, les évêques de Chartres et de Lisieux, plusieurs prélats et abbés, les seigneurs dudit Parlement, des Enquêtes et des Requêtes du Palais et plusieurs autres conseillers. (*Arch.*, X[1a] 1469, f° 1. — Aubert, *Histoire du Parl.*, 1894, t. II, p. 224.)

2. Règlement pour l'expédition des affaires pendantes au Parlement, 16 déc. 1364 (*Ord.*, t. IV, p. 511).

Voir aussi Guilhiermoz, art. cité, p. 47.

3. Ordonn. pour remédier aux abus des renonciations aux appels (*Ord.*, t. IV, p. 599).

4. Ordonn. du 17 janvier 1367 (*Ord.*, t. VII, p. 705).

arrêts[1]; 1378, appeaux volages[2], etc.). Les anciens usages se maintenaient d'ailleurs à côté des prescriptions nouvelles. La procédure orale se conservait encore en 1373. Les habitants de Bourges, soutenant un appel au Parlement, disent que « le procès n'est point *par écrit* »; ils demandent à « être ouïs à plaider leur cause d'appel *de bouche* »; ils déclarent n'ajouter aucune foi à la sentence incriminée car elle ne fut « jamais plaidoyée ». Leurs adversaires répliquent que c'est un procès écrit, dûment scellé, qu'il doit être jugé comme procès par écrit. La Cour « verra l'évangile et le procès, et, si le procès n'est point par écrit, les appelants seront « ouïs à plaidoier leur cause d'appel de bouche[3] ».

Charles V eut beau réformer la justice. Il ne pouvait détruire l'esprit de méticuleuse subtilité qui faisait naître d'un procès d'autres procès et prolongeait indéfiniment les débats. Jean Berart reprend, majeur, un procès commencé, durant sa minorité, par son curateur contre l'abbé et le couvent de Saint-Jean de Laon. Les plaidoiries se traînent sur des mots écrits au dos des articles de Jean, sur le sceau, la date des écritures qui ont été faites en dehors du temps de Parlement, les défauts de la requête adressée par Jean à l'effet d'être reçu à hommage[4]. Le fond n'est pas abordé, l'affaire revient l'année suivante et ne donne encore lieu qu'à un jugement interlocutoire[5]. Jean de Rouquières plaide contre le prévot et les jurés de Tournai; il avait eu un procès avec Boinneaulx de Tournai; celui-ci voulait que l'affaire fût jugée à Cambrai, celui-là à Tournai. Arbitrage devant l'Official de Tournai; jugement interlocutoire du prévôt et des jurés de Tournai. Rouquières perd et appelle. Il requiert d'avoir copie de sa sentence, qui lui est refusée; il se plaint d'avoir été retardé par la faute de la partie adverse, conclut à dépens pour procès retardé, demande « qu'au moins par provision lui devait être réservé le droit de voir le procès; prétend qu'il n'est pas scellé

1. Ordonn. du 14 août 1374 (*Ord.*, t. VI, p. 22).
2. Ordonn. de septembre 1378 (*Ord.*, t. VI, p. 349). Il faut ajouter une nouvelle abolition des appeaux volages en Vermandois, 23 avril 1372. (*Ord.*, t. V, p. 470.)
3. *Plaidoiries*, 12 août 1373, X[1a] 1470, f° 28 v°. — Guilhiermoz, *Enquêtes et procès*, p. 585 r°, CCXXXIV.
4. *Plaidoiries*, X[1a], 1469, f° 117 v°, 23 février 1366.
5. *Ibid.*, f° 240, 7 avril 1367.

comme il aurait dû être ». Le prévôt et les jurés de Tournai font protestation de leur droit de poursuivre l'injure qui leur est adressée à savoir qu'ils font leur jugement à huis-clos. « Finablement dit a été que ledit procès sera mandé et montré à Rouquières ». Le Parlement donne tort aux jurés de Tournai parce qu'ils ont tardé à bailler la sentence. Ce n'est encore là qu'un arrêt interlocutoire. La cause reparaît après quelques mois et toujours il est question de vices de forme : le procès a été descellé; il n'y a point de motifs de condamnation exprimés; il y manque plusieurs actes, etc. Les jurés de Tournai répliquent et la Cour n'est pas édifiée : « elle verra la sentence et fera droit[1]. » La procédure se traînera ainsi sur de misérables questions et s'embrouillera de plus en plus jusqu'au XVIe siècle, aux réformes importantes dues à l'Ordonnance de Moulins (1566).

IV. — Les Abus de la Procédure au Châtelet.

La procédure était surtout compliquée au Châtelet[2]. Un recueil quasi officiel, les *Coutumes notoires,* comprenant 186 décisions de 1380 à 1384 et éditées par Brodeau[3], montre combien elle était, à cette époque, décriée, à en croire les efforts tentés par le Parlement pour la réformer. « C'est, a dit M. Glasson, le Châtelet qui a été la source de tous les abus, à Paris, et il les a ensuite propagés dans tout le reste de la France par l'intermédiaire de ses huissiers à cheval qui avaient le droit d'instrumenter dans tout le royaume. » Au Châtelet, on avait introduit, même pour les causes les plus minimes, la procédure par écrit, quoique l'Ordonnance du 15 novembre 1302 (article 4) l'eût défendue dans les procès qui

1. *Plaidoiries,* X[1a] 1469, f° 5, 21 novembre 1364. — Guilhiermoz, *Enquêtes et procès,* p. 525, CLXXIV.

2. Pour la procédure au Châtelet nous possédons, à la Bibliothèque Nationale, une dizaine de manuscrits donnant des Styles du Châtelet. Le plus important, n° 4472, a été signalé et décrit par M. Guilhiermoz (*Enquêtes et procès,* p. 172, 173).

3. *Coutumes tenues toutes notoires et jugées au Chastelet de Paris,* dans *Coutume de la prévôté et vicomté de Paris,* 2e édit., Paris, 1669, 2 vol. in-f°, t. II, p. 527-558. — Voir l'article de M. Batifol, *Le Châtelet de Paris,* Revue historique, t. LXI, p. 226. — Voir aussi l'article déja cité de M. Glasson, *Le Châtelet de Paris,* Bulletin de l'Académie des Sciences morales et politiques, juillet 1893. — Un registre criminel du Châtelet de Paris a été publié par M. Duplès-Agier, Paris, Lahure, 1861, 2 vol. in-8°. Il contient, de 1389 à 1392, les procès-verbaux de plus d'une centaine d'affaires criminelles.

ne dépassaient pas vingt livres[1]. Défense dont se moquaient les auditeurs au Châtelet car, sous Charles V, on la voit encore renouvelée contre des auditeurs du Châtelet « à l'occasion des longs et grands procès et excessifs despens faits par devant eulx et des excessives taxacions par eulx faictez, dont ils ont esté fort repris et blasmez par la court et leur a esté enjoint que désormais ils y advertissent sur l'abréviacion des procez et diminucion des despenz sur peine de lez recouvrer sur eulx ou de autrement en estre puniz[2] ». Afin d'augmenter les écritures on niait les faits, les coutumes les plus notoires, on récusait beaucoup de témoins pour ouvrir de nouvelles enquêtes sur ces témoins; ou bien on rédigeait les écritures d'une façon si négligente que l'adversaire en invoquait la nullité : il fallait les recommencer. Avocats, procureurs s'entendaient pour prolonger les délais, pour multiplier les défauts au moyen des ruses les plus honteuses. Ainsi, lorsqu'il y eut deux auditoires au Châtelet, celui d'en haut, celui d'en bas, on prenait défaut contre le défendeur devant l'auditoire d'en haut, quand il avait comparu devant l'auditoire d'en bas, et réciproquement. On s'accordait avec l'huissier pour que l'appel des causes se fît à voix basse, au milieu du tumulte, de manière à ce que le défendeur n'entendît pas et ne pût répondre[3]. Dans les jugements relatifs aux dettes, les procureurs et sergents renouvelaient les oppositions aux ventes et aux criées et le peu d'argent qu'on retirait de ces ventes leur revenait, tant ils avaient accumulé de frais!

Les Ordonnances royales nous instruisent suffisamment sur cette singulière justice du Châtelet au moyen âge. Celle de 1389 condamne « les mauvais et erroneus stilles, usages et coutumes

1. Ordonn. du 15 novembre 1302 (*Ord.*, t. I, p. 352) : Défend la procédure par écrit dans les procès qui ne dépassaient pas 20 livres. — Ordonn. de septembre 1377 (*Ord.*, t. VI, p. 302) : Défend au prévôt et aux auditeurs de ne jamais s'engager dans la procédure par écrit pour les causes qui ne dépassaient pas vingt sous parisis.

Ordonn. du 1er mai 1313 (*Ord.*, t. I, p. 517) : Supprime les examinateurs au Châtelet.

Ordonn. de février 1327 (*Ord.*, t. II, p. 2) : Défend aux examinateurs qui avaient été rétablis d'être en même temps avocats, notaires, pensionnaires, procureurs et de tenir aucun office.

2. *Fragment d'un répertoire de jurisprudence parisienne au XVe siècle*, par M. Fagniez, n° 8, p. 5.

3. Voir *Fragment d'un répertoire de jurisprudence parisienne au XVe siècle*, par M. Fagniez, p. 10, n° 104, p. 51, etc., et l'article cité de M. Glasson.

ou communes observances qui sont contre droit et bonne justice et au grand dommage, préjudice et lézion du commun peuple ». Les quatre *défauts* auxquels jadis on avait droit et qui avaient été maintenus au Châtelet sont déclarés « stille erroneux, mauvaiz, à damner et à abolir en termes de raison de bonne justice ». L'Ordonnance ajoute : « et si est contre le stille de la Court de nostre Parlement, laquelle est souveraine de tout nostre royaume et doist estre exemple et mirouoir de toutes les autres cours de nostre dit royaume [1] ». Le Parlement s'applique sans cesse à réformer le Châtelet qui résistera longtemps à ses injonctions et ne s'améliorera que beaucoup plus tard. A la fin du XIVe siècle, par son propre Style et par ses propres usages, la Cour a tellement développé la procédure qu'elle est obligée de l'émonder. A force de vouloir chercher des garanties pour la justice, elle était contrainte d'en chercher contre la justice.

V. — Une Saisie-Exécution a l'Abbaye de Vézelay.

La justice restait encore et continua, sous l'ancien régime, à être une image de la guerre. Les plaintes que nous avons énumérées contre les prévôts et sergents royaux, qu'ils appartinssent ou non au Châtelet, montrent que la procédure demeurait militante, rude, oppressive. Elle le sera même quand les mœurs auront été adoucies. Le tableau d'une saisie-exécution suffira pour nous transporter en ces temps lointains où l'on mobilisait une petite armée pour occuper une abbaye, celle de Vézelay, célèbre par la prédication de la deuxième croisade. L'abbé, en 1270, avait enlevé au prévôt de Villeneuve-le-Roi-lès-Sens un homme que celui-ci venait d'arrêter : il avait gardé aussi le prévôt. C'était un de ces mille conflits de juridiction qui se renouvelaient chaque jour sur tous les points du territoire. L'abbé s'obstinait à ne point donner satisfaction. Enfin il promit de rendre le prisonnier, de livrer l'officier coupable et dix habitants du domaine abbatial.

1. Ordonn. du 3 juin 1389, rendue en Parlement et réformant les usages du Châtelet (*Ord.*, t. VII, p. 281.)
Ordonnance semblable (une répétition avec la date du 3 juin 1391), p. 785.

Sur l'ordre des baillis de Sens et d'Orléans, une troupe se mit en marche conduite par le prévôt de Sens et celui de Villeneuve-le-Roi. Ils amenaient deux chariots et des sommiers chargés d'armes. On monta la rude côte qui conduisait à la double enceinte de l'abbaye et de la ville de Vézelay, assises sur une des premières montagnes du massif avallonnais. Les gens du roi trouvèrent les portes de la ville fermées, mais un guichet fut ouvert : on alla chercher les clefs, les prévôts et sa suite entrèrent sans violence. L'abbé s'était bien gardé de rester au couvent : les prévôts ne purent s'adresser qu'au sous-prieur. Sommé de livrer les otages promis, celui-ci remit la chose au lendemain et bientôt sa mauvaise foi devint évidente. Alors les prévôts résolurent de saisir l'abbaye. Ils entrent dans la seconde enceinte, ils s'installent, ils demandent qu'on leur fournisse des logements; on leur répond que les clefs des chambres manquent. Les prévôts font enfoncer les portes et leurs hommes eurent tous, dit l'enquête, de belles et bonnes chambres; le prévôt de Villeneuve-le-Roi eut même la chambre des évêques. Les quarante chevaux que les gens du roi avaient amenés, furent établis dans les écuries de l'abbaye. Il fallut de l'avoine : on en prit dans les greniers et pendant huit jours on en distribua aux chevaux. Même les prévôts en réclamèrent à ceux qui en devaient à l'abbaye et ne l'avaient pas encore livrée. Ils prirent du foin à volonté parce qu'il n'était pas sous clef et du bois pour leur cuisine. On pense si le vin fut épargné. Le gardien du cellier vit percer les tonneaux et chaque jour les hommes d'armes emporter le vin dans des pots, dans des jarles. Ces hommes demandaient : « Où est le tonneau du prévôt du roi? » Les moines eurent beau protester surtout contre l'invasion du cloître. L'église, aussi vaste qu'une cathédrale, admirable monument de l'art à la fois ogival et roman, que Viollet-le-Duc a restaurée avec sa science consommée, fut elle-même occupée. Les religieux se plaignirent de ne pouvoir chanter leurs offices : « Chantez si vous voulez », leur répondit-on. Ils durent aller chanter dans la salle du chapitre[1]. Une douzaine d'abbés de l'ordre de Cîteaux, qui revenaient d'une assemblée générale, arri-

1. Boutaric, *Actes du Parl.*, t. I, p. 144, n° 1560 (1270), texte latin.

vaient à ce moment et demandaient l'hospitalité à l'abbaye de Vézelay. Ils virent l'état déplorable du monastère. Ils cherchèrent à intervenir auprès des gens du roi. On les renvoya brutalement. Ces fragments d'enquêtes qui ne nous permettent d'entrevoir qu'une partie de la vérité, nous en disent assez long sur les mœurs d'un temps où les actes judiciaires ne différaient guère, on le voit, des occupations militaires. Ils nous font mieux comprendre ce que les documents du temps nous disent des mangeurs dont nous avons parlé, installés chez les débiteurs. C'est toujours, avec des formes déterminées, la guerre.

Quant à la procédure criminelle, le chapitre que nous lui avons consacré[1] nous a montré le même caractère de lutte contre un accusé livré sans défense à des juges insidieux et retors, violenté, torturé de toutes les manières jusqu'à ce que la défaillance physique amène la défaillance morale et l'entraîne à des aveux qui, loin de le sauver, lui valent, comme récompense, le gibet. Les lois, dues à la rudesse des hommes de ce temps, ne s'adouciront même pas autant que les mœurs.

1. Voir plus haut, chap. XVIII, p. 469.

CHAPITRE XXX

LA VIE JUDICIAIRE

I. — Les Frais de Justice[1].

Une procédure qui allait sans cesse se compliquant n'était pas pour simplifier les dépenses des plaideurs : tant d'écritures ! tant de droits de chancellerie ! tant de salaires pour les procureurs et les avocats, de dons ou d'épices pour les juges ! tant de voyages, de séjours à Paris en cas d'appel au Parlement ! tant d'enquêtes dans les pays souvent fort éloignés, tant de commissaires à défrayer en route et à payer ! tant de témoins à dédommager ! Les rouleaux d'enquêtes, les différentes pièces de la procédure exigeaient beaucoup de parchemins ou peaux, ou bien de feuilles de papiers[2], chaque feuille dûment signée du procureur et aussi du greffier ou du magistrat taxateur, puis soigneusement numérotée. Tous les actes étaient revêtus du sceau de la juridiction seigneuriale ou royale : de là des droits de *scel* représentés aujourd'hui par le timbre et l'enregistrement; il fallait se procurer les pièces en double, car le Parlement

1. Nous avons tiré tous les renseignements qui suivent de l'étude magistrale très documentée de H. Lot, *Les frais de Justice* (Extrait de la Biblioth. de l'Ecole des Chartes, Paris, 1873).

2. L'étendue matérielle des pièces était généralement considérable. On l'évaluait par peaux (continens VIII pelles et ultrà), ou par feuilles (57 sous pour écrire 57 fuelz de papier), ou par rôles dont le format était déterminé d'une façon suffisamment fixe puisqu'il entrait comme élément d'appréciation dans l'examen des comptes (pro quolibet folio magna forma... pro quolibet folio majoris forme xx denarios tur... pour chacun roule 3 sols), etc. (H. Lot, p. 15.)

retenait les originaux[1]. Les sceaux des sergents ou moindres officiers avaient besoin d'être confirmés, « légalisés », comme nous disons, par le sceau du seigneur ou du bailli royal. La chancellerie était encombrée; on attendait quelquefois quinze jours[2] l'apposition du sceau royal. La multiplicité des juridictions, les conflits qu'elle entraînait, les remises que nécessitaient les conflits, donnaient lieu à des procédures préliminaires, à des écritures coûteuses. Les procureurs *de pays*, n'ayant pour ainsi dire point de déplacement, ne pouvaient exiger de frais de voyage, mais ces procureurs de pays étaient aussi envoyés à Paris pour suivre l'affaire de concert avec le procureur au Parlement : grande source de dépenses, sans compter les frais personnels des plaideurs qui se transportaient soit au chef-lieu du comté ou du duché, soit dans la capitale du royaume.

Nous avons déjà donné un aperçu des frais de ces voyages et de ces séjours quelquefois fort longs[3]. Un écuyer, Pierre Vian, adresse au Parlement une supplique pour que l'on hâte l'expédition de ses procès : il y a demi-an et plus qu'il est à Paris et ce sera charité de presser la solution de ses affaires « car il n'a de quoi vivre[4] ». D'autres plaideurs étaient plus riches. Madame de Lautrec venait à Paris (1337) soutenir un procès, accompagnée de plusieurs écuyers, de demoiselles, d'un clerc, de serviteurs, servantes, au total une suite de treize personnes. Une dame Béatrix voyageait (vers 1342) dans les environs de Nîmes, avec une damoiselle, deux écuyers, quatre chevaux et trois valets; elle dépensait chaque jour 40 sous tournois (10 fr.). Robert Ingrant et Thibaut d'Athigny viennent de Reims à Paris avec quatre chevaux; car ils sont des plus notables de la ville : l'état de frais porte une dépense de quatre francs (20 fr.) par jour. Pour aller de Montpellier à Montauban (40 à 45 lieues), le sire Bertrand des Prés partait avec quinze montures tant pour lui que pour les siens[5].

1. « ... car par le stile du Parlement, il convient produire et mettre en forme de preuve toutes lettres originaux et doivent demourer à la cour avec le procès. » (Pièces de 1360, H. Lot, p. 21.)

2. « pour despens de chelui qui les dis arrest et exécutoire attendi au seel par l'espace de xv jours, II sols par jour, valent xxx sols, taxe : Habeat xx solidos » (anno 1345); et encore : « devant qu'il peust avoir la lettre seellée, demoura xv jours » (1347). (*Ibid.*, p. 22.)

3. Voir plus haut, p. 447, notes 1-2.

4. *Ibid.*, *Documents justificatifs*, p. 98, VI.

5. Voir H. Lot, p. 11, 12, 13.

Les frais de voyage grossissaient singulièrement les dépens qu'avait à payer la partie qui succombait. Primitivement, selon le Droit coutumier, il n'était point question du remboursement des dépens par la partie condamnée[1]. Mais, en conformité avec le Droit romain et le Droit canon, cette charge fut, au début du XIVe siècle, imposée au plaideur qui perdait sa cause. (Ordonnance de 1324 [1325].) Aussi les réclamations étaient-elles nombreuses au sujet des frais de voyage des procureurs et des parties. C'est là surtout qu'intervenait le contrôle modérateur du Parlement qui appréciait l'utilité du voyage, le train du procureur ou du plaideur, la nécessité des écritures, des procurations, des vacations frauduleusement multipliées. Il fallait aussi réprimer l'avidité des clercs pour lesquels, en raison de quelques écritures, de quelques services, les procureurs réclamaient des salaires, puis celle des clercs libres ou hommes d'affaires qui encombraient le Palais, employés par les plaideurs ou même les avocats et les procureurs. Il y en avait qui demandaient six écus d'or pour une simple requête. travail que d'autres auraient fait pour deux sous. Le Parlement avait à taxer aussi les notaires et l'on désignait souvent sous ce nom de simples clercs, des expéditionnaires; puis les commissaires, les sergents, tous ceux en un mot (et ils étaient légion) qui vivaient de la procédure. Enfin il taxait les honoraires des avocats sur lesquels nous ne reviendrons pas. Les frais des enquêtes appelaient aussi une surveillance sévère. Quand le commissaire n'était pas un des maîtres du Parlement, mais un officier inférieur, on le lui faisait bien sentir, « car le commissaire n'est pas homme de tel état qu'il doive prendre tels gages ». La rémunération des témoins variait suivant les contrées et leur condition. A Compiègne comparurent 25 témoins, « tous gens de poeste »; pour chaque

1. « ... Cette idée si équitable ne devait pénétrer qu'assez lentement dans le Droit coutumier : je ne sais quel est, à ce sujet, l'état du Droit orléanais au XIIIe siècle : mais le Droit angevin admet déjà dans quatre cas le remboursement des frais... » ... « L'idée romaine et canonique fit peu à peu son chemin dans les pays coutumiers. Dès l'année 1278-1279 nous trouvons une décision champenoise qui y est à peu près confirmée : en 1324 (a. s.) Charles IV décida que la partie perdante payerait les dépens, mais cette Ordonnance ne paraît pas avoir été exécutée dans les provinces d'Anjou et du Maine : c'est une décision des Grands Jours de l'an 1391 qui, dans ces provinces, généralisa le système des dépens mis à la charge de la partie perdante.... » (Viollet, *Établiss.*, t. I, p. 216.)

témoin, à 3 sous par jour, 51 sous (en 1352 26 fr. 55). Messire Jean Lenain, prêtre, et Jean Haniques, écuyer, 8 sous (4 fr. 15) par jour[1].

Entrons dans le détail d'une demande de taxe en dépens. Pierre Le Fournier, demeurant à Abbeville, a gagné un procès contre les pairs et les hommes jugeant en la cour de Ponthieu : il soumet au Parlement l'état des dépens qu'il réclame[2]. Il y avait eu procès devant le maire et les échevins d'Abbeville, entre Pierre Le Fournier et messire Pierre de Bussu, prêtre. Pierre avait perdu sa cause. Il avait interjeté appel : il avait assigné au Parlement ses juges et intimé son adversaire. Pour obtenir son ajournement en cause d'appel, « vint le dit Pierre Le Fournier en sa personne à Paris, d'Abbeville, où il a III grandes journées, et mit III jours à venir, IIII jours qu'il fut à Paris et III jours qu'il mist à raler de Paris à Abbeville, sont X jours; et avait loué un cheval ». Il réclamait X francs; la taxe lui accorda XLII sous (10 fr. 70). A Paris, Pierre prit conseil de maître Jehan Le Coq, avocat, et de maître Eustache de La Pierre, procureur au Parlement. Il demandait II francs pour l'avocat, I franc pour le procureur. La Cour répond : *néant* parce que cette constitution devait être comprise dans l'ensemble des honoraires. Le sceau de l'ajournement en cause d'appel a coûté 6 sous parisis : point de réduction; attente du sceau à l'audience : XII deniers, réduits à IIII (environ 0 fr. 11 cent.). Pierre retourna à Abbeville. Il alla trouver Jehan Bernier, gouverneur de Ponthieu, lui montra ses lettres d'ajournement et obtint commission pour faire assigner les pairs et les hommes d'Abbeville aux jours de bailliage d'Amiens au prochain Parlement. Sceau et écriture de la commission, V sous : diminués à III sous p. (0 fr. 95 cent.). Le sergent du roi en la comté de Ponthieu, Raoul d'Allie, se rendit, le 5 juillet 1374, à Abbeville pour assigner les pairs et les hommes de la cour de Ponthieu et intimer Pierre de Tramencourt, l'adversaire heureux de Pierre Le Fournier : coût X sous, réduit à II sous (0 fr. 64 cent.). Pour le salaire du clerc qui minuta et grossoya la requête au gouverneur de Ponthieu, V sous, réduits à II sous ; pour la réponse du gouverneur de Ponthieu aux

1. H. Lot, *Les Frais de Justice*, p. 67.
2. Voir H. Lot, *Frais de Justice*, *Documents justificatifs*, *Demande en taxe de dépens*. Fragment (24 sept. 1375), p. 77.

maîtres du Parlement, écriture et sceau V sous, réduits à II sous. Pierre Le Fournier se rendit au Parlement : il mit encore III jours à faire le voyage avec un cheval de louage; il réclame III francs : on lui accorde XV sous (en parisis 4 fr. 80) : Pierre constitua son procureur, maître Eustache de La Pierre, et un autre : coût II sous; il les aura. Pierre retint de son conseil maître Jean Le Coq, avocat, et maître Eustache de La Pierre, procureur : pour le salaire de l'avocat C sous, réduits à XXIII (7 fr. 33), pour celui du procureur LX sous, réduits à XVI (5 fr. 10). Pierre resta IIII jours à Paris et mit III jours pour s'en retourner; pour ses dépens et la location de son cheval, il demanda VII francs, ramenés à XX sous (6 fr. 35). Le Parlement rendit un arrêt déclarant que les pairs et les hommes d'Abbeville avaient mal jugé et les condamna aux dépens : scel de cet arrêt LI sous, réduits à XVII (5 fr. 40). Pierre, quand il sut que l'arrêt avait été rendu, vint de nouveau à Paris (c'est son troisième voyage) : III jours pour aller, III jours pour rester à Paris, III jours pour s'en retourner. Il venait apporter de l'argent, chercher son arrêt et faire taxer les dépens. Il réclame X francs : on lui accorde XII sous (3 fr. 81). Minute des dits dépens sur papier et grossoiement sur parchemin, XII sous : accordés. Pour les seigneurs qui ont taxé, ce qui leur plaira, ils s'adjugent XXV sous (7 fr. 97). Pour le scel et l'écriture de l'exécution desdits dépens X sous, réduits à VI (1 fr. 91).

Dans une autre pièce (1382), l'évêque de Beauvais et un vigneron réclament ensemble les dépens auxquels un charpentier avait été condamné à leur profit[1]. Le charpentier avait perdu devant le bailli de Bauvais un procès qu'il avait intenté au vigneron et à l'évêque. Il appela et, pour allonger les délais, releva son appel à Senlis devant le bailli : il fit assigner l'évêque et le vigneron. Ceux-ci réclament pour cela, dans les dépens, II sous (en parisis 1 fr. 34). La Cour les leur refusa. Or le vigneron, pour se défendre, a dû relever la sentence « qui est grande et longue », salaire du clerc qui minuta et grossoya la dicte sentence, sceau de bailli, sceau de la cour du comté de Beauvais, XV sous et III sous, réduits par la taxe à VIII sous (5 fr. 36). Voyant que le procès durerait trop

1. H. Lot, *Frais de Justice*, *Documents justificatifs*, *Demande en taxe de dépens*, pièce entière (10 juin 1382), p. 87 et suiv.

longtemps à leur préjudice s'il restait en l'assise de Senlis, « laquelle ne se tient pas souvent », l'évêque s'autorisa de ce qu'il ne plaidait qu'en Parlement : il obtint des lettres royaux obligeant le charpentier à poursuivre son appel à Paris ou à l'abandonner. L'évêque et le vigneron réclament pour un varlet qui vint à Paris chercher les dites lettres et mit cinq jours à les obtenir, XL sous. La Cour, estimant sans doute que ces frais étaient en dehors du procès. n'accorda rien. De même elle refusa les XVI sous demandés pour le Conseil qui fit et ordonna les lettres royaux, les X sous pour le sceau, l'écriture des dites lettres ; les II sous pour l'assignation du charpentier. Le vigneron se présenta en personne : pour III jours « qu'il vaqua en la besogne tant pour venir, demeurer à Paris et parler à son conseil comme pour son retour, pour établir et constituer des procureurs, il demande XXXII sous ramenés à VI (4 fr.). » On n'accorde rien pour le sergent royal qui avait fait l'assignation. Le procureur général de l'évêque de Beauvais venu à Paris pour la dite cause obtint, au lieu de XXXII sous, VIII sous (5 fr. 36). Les avocats, maître Pierre Féligny, maître Jehan Le Coq, maître Pierre de Tonneurre, pour leurs conseils et plaidoiries recevront, au lieu de IIII livres, XXXII sous (21 fr. 45). Le vigneron avait trouvé que l'affaire n'avançait pas, il revint à Paris, ainsi que le procureur général de l'évêque pour faire des démarches durant l'espace de dix jours : on réclamait de ce chef VI liv. parisis la Cour jugeant sans doute qu'elle n'avait pas à entrer dans de telles considérations, les refusa. De même elle n'avait pas à s'inquiéter si ledit procureur général vaqua longuement à Paris pour faire écrire et grossoyer l'arrêt rendu entre les parties. Mais elle accorde les LX sous (40 fr. 17) pour le scel de l'arrêt, les VII sous (4 fr. 68) pour l'exécution. Les maîtres ne s'oublient pas, ils taxent leur peine à XXV sous (16 fr. 72).

On ne saurait tirer de ces documents, trop rares, des évaluations précises et des chiffres. Une pièce pourtant, plus curieuse encore que les précédentes, tirée de l'Inventaire des actes du Parlement[1], permet de se faire une idée approximative des dépens qu'avait dû

1. Procès entre Robert de Monmor, écuyer, contre Pierre de Galhart, pour le retrait (lignager) de la terre de Charent et de ses dépendances. Pièce établissant les frais de la procédure et publiée par Boutaric, *Actes du Parl. de Paris*, t. II, p. 560 et suiv., n° 7459.

payer l'écuyer Robert de Monmor pour son procès contre le seigneur de Galhart en 1324, devant la cour de Dossemer de Lille puis devant le Parlement : Plainte devant le bailli qui mit la main du seigneur de Dossemer sur la terre contestée, XX sous (en parisis 16 fr. 75). Allocation aux hommes de fief de la cour de Dossemer, LX sous (50 fr. 25), plus à ceux qui accompagnèrent le bailli, XX sous, plus à un sergent, X sous (8 fr. 37). Les hommes de Dossemer ne voulurent pas rendre de jugement sans être autorisés de la cour souveraine de Lille, soit un délai de quarante jours et des frais supplémentaires de XXX livres (502 fr. 50); les hommes qui allèrent à Lille reçurent LX livres (1005 fr.). Puis il y eut trois enquêtes en quatre ans : les témoins coûtèrent XXX livres (502 fr. 50), les journées des sergents VI livres (100 fr. 50), les écritures des clercs X livres (167 fr. 50). Dans les quatre années que le procès demeura en la cour de Dossemer, comme, par exception, on plaidait en dehors du jour « des plais généraux », il fallut payer XX livres (335 fr.) « pour le vin des hommes qui furent à toutes les journées », soit au total VIII^{xx} (160) livres une livre et X sous (2 705 fr.). A ces frais de première instance s'ajoutèrent ceux de l'appel au Parlement : assignation de Pierre de Galhart, du bailli et des juges de Dossemer, XX sous, V sous pour un sergent (4 fr. 20). L'enquête faite par deux commissaires du Parlement dura deux mois. Robert paya pour un des auditeurs VI^{xx} (120) livres (2 010 fr.), pour les témoins L livres (800 fr.), les sergents VIII (134 fr.), les clercs écrivains X (167 fr. 50). Il y eut ensuite enquête sur les reproches opposés à l'enquête. Les commissaires restèrent à Lille quinze jours, Robert paya pour un des auditeurs XXX livres (502 fr. 50), pour les témoins examinés sur les reproches XV livres (251 fr. 25), pour un sergent IIII livres (67 fr.), pour une commission audit sergent V sous (4 fr. 20), pour les clercs écrivains C sous (83 fr. 75). Autre enquête à la suite de laquelle Pierre de Galhart fut condamné à rendre à Robert la terre usurpée; les commissaires restèrent trente-cinq jours à Lille et Robert paya pour l'un LXX livres (1 172 fr. 50), pour les témoins IIII livres (67 fr.), pour les sergents VIII livres (134 fr.), pour 2 commissions aux sergents X sous (8 fr. 37), pour les clercs écrivains X livres (167 fr. 50).

En outre, à Paris, des commissaires interrogèrent certains témoins « pour parfaire l'enquête », douze jours, XII livres (201 fr.) pour l'un des commissaires, XX livres (335 fr.) pour les témoins, X sous (8 fr. 37) pour 2 commissions aux sergents, L sous (41 fr. 90) pour les clercs écrivains. Enfin il y eut cinq arrêts rendus contre Pierre de Galhar, à LI sous chacun, soit XII livres et XVI s. paris. (214 fr. 10). En ajoutant C sous (83 fr. 75) pour plusieurs lettres du roi et commissions, on arrivait à un total de V^c IIII^xx XII livres X sous (9 924 fr. 40)[1].

Les réductions portaient généralement sur les procureurs qui « s'ébattaient à faire grandes écritures » ou qui comparaissaient à deux pour une seule cause ou qui même ne comparaissaient pas, le plaideur se présentant en personne. On contestait aussi les honoraires de l'avocat dont le rôle parfois « s'était borné à amener des témoins et à produire des écritures, ce que la partie pouvait bien faire elle-même », ou bien qui ne disaient rien sinon : « ce n'est bien jugé, mal appelé », ce qui pouvait se faire sans avocat. Les plaideurs aussi ne manquaient pas de remarquer que tels et tels frais avaient été faits au temps de la faible monnaie et que la taxation en devait tenir compte; de là des discussions sans fin.

Il n'appartenait donc guère qu'aux riches de pouvoir plaider. Est-ce à dire que le recours au Parlement était fermé aux pauvres? Bien que ce soit une erreur d'appliquer nos expressions modernes au moyen âge, on pourrait croire, d'après quelques documents très rares, à l'existence d'une assistance judiciaire à cette époque. « Une très humble, bien povre créature », Laurence Boulue, de la ville de Saint-Andeuil et veuve de Pierre Montenier, avait appelé d'un jugement du bailli de Mâcon prononcé contre elle au profit de Thévenin Charles et de Martin son fils : lesquels avaient pris tous les biens et héritages de la dite suppliante, à tort, sans cause raisonnable et les détenaient. La dite suppliante se disait « moult povre femme qui n'a de quoi vivre » et il lui fallait mendier pour soutenir sa cause. Thévenin et son fils étaient riches et puissants

1. Nous ferons seulement remarquer que dans le document publié par Boutaric le relevé des frais de première instance est exact et concorde avec le total indiqué, mais qu'il n'en est point de même pour la 2e partie, les frais d'appel. L'addition des *livres* marquées dans l'enumération des frais de détail n'atteint pas au total de 592 livres indiqué par le greffier. L'énumération est sans doute incomplète.

mais comme ils avaient tort, ils ne faisaient que multiplier les délais et fuir le procès. Laurence Boulue ne pouvaient avoir audience mais il lui fallait vivre comme une pauvrette à Paris. Elle demandait donc qu'on hâtât l'examen de son affaire et nous apprend, dans sa requête, que la cour avait commis pour plaider sa cause les avocats Pierre de Lagny et Jean de Neuilly, deux des plus célèbres, et comme procureur, maître Lorenz[1]. Ce document unique ne saurait établir qu'il y eût eu une institution véritable d'assistance semblable à la nôtre mais il faut, à notre avis, le retenir comme une preuve que les maîtres de la Cour étaient accessibles à la pitié et à la charité.

II. — La Durée des Procès.

La requête de Laurence Boulue pour abréviation de délais n'est pas la seule. On rencontre dans les documents de l'époque beaucoup de ces suppliques par lesquelles les plaideurs pressaient le Parlement de terminer l'examen de leurs procès. Quelques exemples, en dehors de ceux que nous avons déjà produits, suffiront pour nous édifier sur les lenteurs qui rendaient les procès interminables.

Le comte de Bretagne Jean Ier dit le Roux (né en 1217, fils de

1. H. Lot, *Frais de Justice, Documents justificatifs*, p. 97, v. *Assistance judiciaire.* — Cette requête qu'a publiée H. Lot, lui a inspiré les réflexions suivantes (p. 70). « Dans un passage de son *Alfonse de Poitiers* (p. 337 et notes), M. Boutaric, s'appuyant sur un règlement (que je crois de 1255 ou environ) a bien dit : « Voilà donc « l'assistance judiciaire dont nous tirons vanité comme une institution d'hier, établie « au milieu du XIIIe siècle ! » Cette conclusion m'avait, je l'avoue, laissé quelque peu incrédule. En effet les assertions tirées des documents législatifs du moyen âge sont assez ordinairement démenties par les faits, et il est nécessaire de les contrôler par l'examen d'autres textes pour savoir si les prescriptions des *Ordonnances* sont entrées sérieusement dans la pratique administrative et judiciaire.... La requête de Laurence Boulue, bien que postérieure d'un siècle au règlement d'Alfonse, indique que cette instruction a pu n'être pas, comme tant d'autres, la simple expression d'une bonne velléité; elle nous montre l'assistance judiciaire organisée devant le Parlement au XIVe siècle dans toutes ses parties, au moyen de l'intervention directe de la Cour et de la désignation par elle d'avocats. Peut-être l'étude attentive des actes émanés du Parlement fera-t-elle connaître des textes analogues à celui-ci. Cela est douteux parce qu'il n'était pas utile de prononcer dans les qualités de l'arrêt des mentions de cette nature. Je puis même affirmer qu'il n'y en a trace qu'une fois dans les registres du *Conseil* jusqu'aux premières années du roi Charles VIII. M. Boutaric n'en a rencontré nulle part dans son travail d'Inventaire des Actes de la Cour qui s'arrête à l'année 1328. Mais, et quoiqu'il advienne, des termes de la présente pièce résulte avec évidence la réalité historique d'une institution qu'un règlement serait insuffisant à faire accepter d'une critique sévère.... » (*Ibid.*, p. 70-71.)

Pierre Mauclerc) refusait de rendre à Jeanne de La Roche-Derrien un château que les parents de Jeanne avaient livré autrefois au père du comte Pierre de Bretagne, pour ses guerres. La guerre finie, Pierre de Bretagne avait négligé, puis refusé de restituer le château. Procès. Durant cette instance, le père de Jeanne mourut, Pierre de Bretagne mourut à son tour : son fils Jean fut pris à partie par la veuve du seigneur de La Roche-Derrien. La veuve, durant ce second procès, mourut à Paris. Mais le frère de Jeanne de La Roche-Derrien « reprit les errements » et assigna Jean Le Roux devant la Cour du roi. Le comte de Bretagne opposa trois *contremands*, et demanda *jour de conseil*; le procès traîna; le frère de Jeanne de La Roche-Derrien disparut. Jeanne alors continua la procédure : elle fit citer le comte par un messager du roi parce que le comte n'avait pas voulu laisser le messager de Jeanne venir jusqu'à lui : il fit encore un *contremand* et enfin se décida à venir au Parlement de 1269. Mais ce fut pour accumuler les *exceptions*. Il accusait Jeanne de ne pas être fille légitime. Il prétendait que l'héritage contesté n'aurait pas dû revenir à sa mère mais au frère de sa mère. Il alléguait des coutumes. On ouvrit l'enquête. L'évêque de Saint-Malo se rendit en Bretagne comme commissaire et entendit les témoins. Finalement il fut prouvé que la mère et le père de Jeanne avaient bien possédé le château de La Roche-Derrien et le comte fut condamné à le restituer[1]. Mais que de péripéties!

En 1323, sous Charles IV, un arrêt condamne Pierre de Levis, fils de Gui de Levis, sire de Mirepoix, à payer cinq cents livres (6 700 fr.) au roi au sujet d'un procès engagé pour la forêt de Bellena en Toulousain : le procès avait commencé sous Philippe le Hardi[2]! La dame de Sains, assistée du procureur du roi, intente une action contre Le Brun de Sains[3]. Il y a des plaidoiries en 1367. Il y en a encore, trois ans plus tard, en 1370. Les commissions d'enquête sont renouvelées plusieurs fois. L'affaire est mise au Conseil le 16 mars 1370, sans être pour cela terminée : on décide seulement que la commission ne sera plus renouvelée et que l'enquête sera reçue en l'état. Messire Guillaume Blondel demande qu'on reçoive

1. *Olim*, t. I, p. 311, XVI, 1269.
2. *Jugés*, t. I, f° 331 r°. — *Actes du Parl.*, 7268, 16 juin 1323.
3. *Plaidoiries*, X[1a] 1469, f° 218 v°, 13 juillet 1367; f° 393, 5 février 1370. — *Conseil*, 16 mars, f° 429 (1370). — Guilhiermoz, *Enquêtes et Procès*, p. 564.

et qu'on juge une enquête : la cause est engagée depuis *dix* ans et en voilà trois que les parties sont « appointées en faits contraires ». On s'arrête encore à un renouvellement de commission[1]. En 1317, le Parlement annule, comme non valables, les procédures faites entre le procureur de Raimond, ancien évêque de Rodez, et le procureur du roi. Ces procédures duraient depuis 1306, soit *onze* ans[2]. La ville de Rouen a un procès contre la comtesse de Flandre. Celle-ci, arguant des négligences de la ville de Rouen, s'oppose à un renouvellement de commission. Rouen répond qu'il a fait bonne diligence : les articles demeurèrent à accorder depuis l'an 1324 jusqu'à l'an 1334 et par la faute de la comtesse[3]. Depuis, les parties n'ont plus procédé jusqu'en 1362, soit pendant 28 ans. La Cour « verra les états, procès-verbaux, ordonances royaux et fera droit si la commission sera renouvelée ». Et elle prononce ce jugement interlocutoire en 1365 !

En dépit des Ordonnances qu'il provoque pour « abrègement des causes », le Parlement est complice de ces lenteurs. Ainsi des seigneurs plaidaient contre Jean de Blogon, damoiseau, mineur, assisté de son curateur, qui voulait les mettre au nombre de ses justiciables. Il y eut devant le sénéchal d'Agen *litis contestatio*, *serment de calomnie*, *production et examen de témoins*, *publication de leurs dépositions*, *conclusions* en la cause, *jour assigné pour oïr droit* (pour le jugement), en un mot toute la série des formalités procédurières. Or il s'était écoulé un délai de *trois* ans depuis la *litis contestatio* : le sénéchal déclara l'action périmée[4]. Ce ne fut

1. *Durée des procès.* — Blondel dit que la cause a duré dix ans et depuis trois ans sont en faits contraires (il s'agit d'une rente à vie). — *Plaidoiries*, X[1a] 1469, f° 200, 16 mars 1367 (Guilhiermoz, *Enquêtes et Procès*, p. 557.)

2. *Actes du Parl.*, 4817 (3 mai 1317).

3. *Plaidoiries*, X[1a] 1469, f° 5, 21 novembre 1364. — Guilhiermoz, *Enquêtes et Procès*, p. 530, CLXXV, A.

L'arrêt de 1365 nous donne lui-même ces détails rétrospectifs : « articuli eciam parcium predictorum remanserant concordandi ab anno millesimo trecentesimo vicesimo quarto usque ad annum tricesimum quartum indsequentem, nec fuerat postmodum in hac causa processum usque ad annum sexagesimum secundum.... » (X[2a] 20, f° 88, 11 janvier 1365, Guilhiermoz, p. 531.)

4. « ... tandem, lite contestata in dicta causa, jurato de calumpnia, testibus hinc inde productis et diligentes examinatis, deposicionibus eorum publicatis, concluso in dicta causa, die eciam assignata ad jus, super hoc, audiendum, attendens et considerans senescallus predictus, lapsum diu est fuisse trianinum, a tempore litiscontestate, in causa predicta, pronunciavit, per suam sentenciam, judicii dicte cause lapsu dicti triannii, periisse et, per consequens, se non posse de ipsa cognoscere nec eciam diffinire.... » (*Olim*, t. III, p. 1129 LI [1317].)

pas l'affaire des demandeurs : ils appelèrent au Parlement. Ils en furent mauvais marchands. La Cour sans doute fit apporter le procès à Paris, l'examina, et, jugeant au fond, sans s'arrêter à la sentence interlocutoire du sénéchal d'Agen, les débouta de leur appel. Une occasion pourtant s'était offerte d'appliquer les doctrines professées dans les *Ordonnances*, mais le Parlement ne voulut point sans doute recevoir de leçon d'un sénéchal.

D'autres registres que ceux du Parlement nous offrent des exemples analogues : ainsi le registre de la justice de Villeneuve-Saint-Georges. Un procès relatif à une action possessoire concernant une maison « prend place, dans ce registre, pour la première fois le 18 novembre 1371 par deux délais de garant, et se poursuit, à travers vingt-trois appointements ou remises de cause, jusqu'au 22 février 1373 où il s'arrête à la procédure d'enquête. Les écritures sont échangées entre les parties et remises au juge, après un débat préliminaire qui s'engage pour la récréance, moyennant caution, de la maison litigieuse. Elles sont suivies d'un interlocutoire qui admet les parties à procéder au principal. Une enquête est ensuite ouverte devant le lieutenant du prévôt et le tabellion de la cour qui sont commis à y procéder. Après l'affirmation devant les commissaires des faits offerts en preuves, les parties renoncent à leurs productions et prennent immédiatement un délai d'un mois, deux fois prorogé, pour la confection de l'enquête et sa publication. Elles fournissent ensuite leurs contredits et leurs salvations et prennent jour, dans un dernier délai, pour la prononciation du nouvel interlocutoire qui statuera sur ces productions. Nous n'avons pas l'interlocutoire rendu sur cette seconde phase de la procédure d'enquête et l'affaire est arrêtée à ce point lorsque le registre prend fin[1]. »

Loin de s'améliorer, la situation, en dépit des ordonnances rendues pour l'abrègement du procès, alla en empirant. L'historien de Louis XI, Thomas Bazin, s'écriait : « Combien d'hommes de tout état et de toute condition se plaignent chaque jour de la longueur des procès dévolus au Parlement! Que de frais, que de

1. Tanon, *L'Ordre du procès civil au XIVe siècle au Châtelet de Paris*, p. 68, 69. A la suite de cette étude, M. Tanon a publié le texte même du *Registre civil de la Seigneurie de Villeneuve-Saint-Georges*, p. 83-165. Paris, Larose et Forcel (1886).

dépenses, que de fatigues ne faut-il pas supporter avant d'arriver au terme d'une sentence définitive! Et même quand tout cela a été surmonté, bien qu'on voie sans cesse cet illustre tribunal faire des jugements et prononcer des arrêts, combien petit en est le nombre en comparaison des causes à qui il n'est jamais donné d'aboutir à ce terme désiré ou qui n'y parviennent qu'après les délais les plus longs, les plus coûteux et les plus insupportables! Aussi d'un avis presque universel serait-il meilleur et plus sage, la plupart du temps, de renoncer, dès l'origine, aux causes les plus justes que d'acheter une victoire même au prix de tant de frais, d'ennuis et de travaux[1]! »

III. — La Langue judiciaire.

Nous avons cité assez d'extraits de procès pour qu'on ait pu se convaincre qu'en réalité la langue judiciaire était déjà formée, telle qu'elle se devait maintenir jusqu'à la fin de l'ancien régime et en partie jusqu'à nos jours. Certes les vieilles expressions de *claim*, de *contremand*, de *barre*, de *plèges*, d'*applègement* et *contre-applègement*, de *contens* (procès), de *salvations*, de *subhastations* (ventes), d'*évangiles* (formules) disparurent. Sans doute il n'est plus question de *jour d'avis*, de *jour de montrée*, d'*appointement* en *droit*, en *faits contraires*. Sans doute le mot *élargir* (mettre en liberté) a été abandonné sans doute à cause de l'abus cruel qui en fut fait durant les massacres de septembre 1792. Mais, en réalité, le langage de la justice est resté celui que les légistes l'ont fait avec le latin du Droit romain et du Droit canon : *procureur* et *procuration; notaire*, *tabellion; témoin* et *témoignage; requête*, *enquête*, *preuve*, *objection; instance*, *action*, *possessoire*, *pétitoire*[2]; *exploits*, *défauts*, *exceptions déclinatoires*, *dilatoires*, *péremptoires*[3], *réponses*, *défenses*, *protestations*, *réserves*, *appel; tuteur*, *curateur*, *curateur ad litem*,

1. Thomas Basin, p. 32. Cf. p. 52.

2. ....Cùm in curia ista super facto dicti multri et latronis fuisset, tàm super *petitorio* quàm super *possessorio*, pronunciatum pro ipsis.... » (*Olim*, I, p. 650, IV [1266].)

3. Quia in dicta inquesta non invenitur quod super defensionibus perhemptoriis per dictum militem.... » (Commission criminelle, X[2a] 2, f° 93 v°, 10 juillet 1323. — Guilhiermoz, *Enquêtes et procès*, p. 398.)

tuteur ad hoc, *commission*, *commissaire*, *recors*[1]; *arrêt*, *sentence*, *sentence interlocutoire*, *sentence définitive*, *exécutoire; articulations* (articles), *impétrations*, *exécution testamentaire*, *conclusions*, *réplique*, *lettres patentes*. On *minute*, on *grossoye* encore les arrêts ou autres pièces de procédure. On dresse encore des *procès-verbaux*; on *instrumente*. Les vieilles expressions françaises qui, pour la plupart, traduisaient des expressions latines, sont encore usitées : *fin de non recevoir*; *tels et tels et consorts*, *ès noms que dessus* (nominibus quibus supra), *ès qualités; à fin civile;* les *parties entendues*, *tout vu et considéré; comme il appert*, *nonobstant que; à telle fin qu'il appartiendra*, *ce que de raison sera*; *pour en faire ce que de raison*, *pour en ordonner en la manière qu'il appartiendra*; *ainsi que le tout se comporte* (*sicut totum se comportat*) : *la Cour met au néant*; *casser un arrêt*, *procéder en la cause*, *héritier sous bénéfice d'inventaire*, etc., etc.

Les légistes, au XIIIe et au XIVe siècle, faisaient un usage presque constant de la langue latine. Certes ils altéraient sa syntaxe et la propriété de ses termes; les textes qu'ils nous ont laissés n'en conservent pas moins, bien que viciés par des mots barbares, une régularité qui les rend assez facilement intelligibles. Il n'en est point de même de la langue française employée dans les requêtes, les enquêtes, les plaidoiries. Primitive et à peine formée, la langue française flottait alors dans tous les ouvrages, indécise, sans syntaxe et sans orthographe, vague, obscure. Elle prit au Palais une obscurité spéciale par l'effort même que tentaient les légistes pour l'éclaircir. Dans leur zèle à vouloir mettre en relief tous les replis d'une cause et toutes les faces d'un argument, ils surchargeaient les phrases d'incidentes, d'adverbes, de formules : *attendu que*, *vu que*, *en ce qui touche*, *comme il appartient*. Ils analysaient subtilement les affirmations, les négations, les démonstrations, et, avant d'arriver aux conclusions, passaient par un dédale de précautions, de discussions, de contradictions au milieu desquelles il était d'autant plus difficile de se reconnaître qu'ils usaient d'abréviations et, se comprenant entre eux, n'avaient pas souci d'être compris des

1. Recors, du terme record, recorder. *Record* signifiait un témoin qui apporte fidèlement les choses qu'il sait ou qu'il a vues. Les sergents chargés de porter les citations faisaient le *record*, qu'ils s'étaient acquittés exactement de leur mission : le terme en fut appliqué à la personne même des sergents, et ceux qui faisaient les exploits de justice s'appelèrent, sous l'ancien régime, *recors*.

profanes. Le langage judiciaire, si clair, si précis, quand il était manié par un rédacteur des *Établissements de saint Louis* ou l'auteur des *Coutumes du Beauvaisis*, devenait, dans la pratique journalière des procureurs, des avocats, des juges, technique, enchevêtré, laborieux, prolixe et confus. Les phrases sont interminables. Comme un enfant qui s'imaginerait attacher des objets en les enlaçant des tours multipliés d'une corde qu'il n'aurait pas la force de serrer, les légistes ne saisissent point la pensée, ne l'arrêtent point : ils l'enveloppent dans les liens très lâches d'une multitude d'arguments et de mots désordonnés. A force de vouloir tout expliquer, ils brouillent tout. A grand'peine peut-on, à travers les longueurs des plaidoiries, les considérants infinis des arrêts, apercevoir la lumière. Il en est de la langue judiciaire comme des procès eux-mêmes que des remises répétées, des préliminaires inépuisables, des procédures incidentes, des jugements interlocutoires, empêchaient d'arriver, sinon après de longs délais d'écritures et de dépenses, à une solution qui souvent n'était pas encore définitive, tant ces hommes semblaient avoir crainte de l'erreur et, pour éviter les injustices, suspendaient indéfiniment la justice.

La langue pourtant suivra les progrès de la société. Aujourd'hui, même au Palais, l'ancien langage a été singulièrement simplifié; non pas tant cependant que, dans les actes de procédure, dans les actes notariés, on ne retrouve de vieilles expressions soigneusement conservées, des périodes embarrassées et des obscurités fatigantes pour le public qui n'a pas la pratique journalière de cette langue demeurée spéciale et souvent archaïque.

IV. — L'Éloquence judiciaire.

Les légistes du XIIIe et du XIVe siècle avaient souvent à la bouche les noms des grands avocats de Rome. Les égalèrent-ils? Malgré l'absence de documents il est permis d'en douter. Nous pouvons du moins, par quelques textes, nous faire une idée du caractère qu'avait alors l'éloquence judiciaire. A la suite des *Assises de Jérusalem*, Beugnot a publié un plaidoyer de Jacques d'Ibelin prononcé en 1271 à l'occasion d'un différend survenu entre le roi de Chypre,

Hugues IV, et ses barons. C'est « le plus ancien monument de notre éloquence judiciaire [1] ». Parmi les avocats qui encombraient le Palais, nous en avons cité de renommés et qui devaient sans doute leur réputation non seulement à leur science professionnelle mais à leur talent oratoire [2]. Dans la série des registres consacrés aux plaidoiries à partir du règne de Charles V, les greffiers nous ont laissé des résumés qu'on n'a pas assez remarqués et qui nous ont transmis sinon le souffle et la forme littéraire de ces plaidoyers, mais leur ordonnance. Ces discours ne se rapprochaient pas, autant qu'on l'a dit, des sermons, mais, comme eux, ils reproduisaient la subtilité des discussions d'Universités. Entichés des catégories d'Aristote, les avocats gardaient, à la barre, leurs habitudes d'école : ils excellaient à diviser, subdiviser, morceler les arguments, à faire des distinctions infinies et à pérorer des heures entières sur des points qui n'en devenaient pas plus clairs. De même que les prédicateurs émaillaient leurs sermons de citations des psaumes, des évangiles, des épîtres des apôtres, de même les avocats, avec une sobriété plus grande, toutefois, mêlaient à leurs phrases françaises de fréquentes citations du *Digeste* et des

1. Delachenal, *Histoire des avocats*, p. xiv, notes.

2. *Éloquence des avocats.* — « Qu'est-ce qui caractérisait de grands avocats tels que G. Du Brueil, Jean Des Marès, Jean Pastourel ou le célèbre arrêtiste Jean Le Coq? Quels étaient les traits distinctifs de l'éloquence particulière à chacun d'eux? On le saura dans une certaine mesure par ce que l'on sait de leur caractère, de leur vie, du rôle qu'ils ont joué. On se figure volontiers que G. Du Brueil devait porter dans la plaidoirie la fougue d'un tempérament méridional, une verve railleuse, parfois trop libre et par-dessus tout une finesse et une habileté consommées. L'ascendant que Jean Des Marès exerçait sur l'esprit de la multitude s'explique par l'autorité de son caractère et aussi par une éloquence douce, insinuante, appropriée au rôle de médiateur qu'il joua dans les dernières années de sa vie. (*Chronique des religieux de Saint-Denis*, t. I, p. 42, 148, 244.) Seu, quod verius fuit, domini Johannis de Marasiis lenibus verbis repressi cujus eloquencia sepe capti illius in sentenciam ibant (p. 42).

Jean Pastourel, qui fut pendant longtemps un avocat renommé, était avant tout un homme d'action, ferme et prudent, aussi habile à réprimer une sédition qu'à présider les audiences de la Chambre des comptes. Sa parole devait être simple, logique, peu soucieuse des artifices de langage qui sont le triomphe des orateurs médiocres. Jean Le Coq, qui s'est plus d'une fois mis en scène, ne nous renseigne pas beaucoup mieux sur son propre compte que ne l'eût pu faire le greffier du Parlement en résumant ses plaidoiries. Nous connaissons le plan de quelques-uns de ses plaidoyers, l'ordre dans lequel il disposait ses arguments empruntés presque tous au Droit romain ou au Droit canon, bien qu'il ne répugnât pas aux solutions dictées par l'équité. Au demeurant, c'était un avocat convaincu, et par suite éloquent, qui ne se prononçait jamais à la légère sur une question controversée, mais capable de soutenir avec une grande énergie ce qu'il croyait être la vérité. (Delachenal, *Histoire des avocats*, p. 232, 233.)

Décrétales ou même des livres saints. Ils savaient raconter. Si imparfaites que soient les analyses des plaidoyers [1], on y rencontre des exposés vraiment intéressants en dépit de leurs longueurs. Le baron Pichon, éditeur du *Ménager de Paris*, a vanté avec raison les premiers registres des plaidoiries où les analyses ne manquent ni de mouvement, ni de couleur, ni de sentiment.

On a, comme exemple de l'éloquence judiciaire du temps, le fameux discours de Jean Petit faisant l'apologie du meurtre du duc d'Orléans, assassiné en 1407 [2]. Ce discours, qu'on peut lire dans les éditions de Monstrelet, y remplit vingt-sept pages à deux colonnes. Il n'est, en dépit de sa prolixité, qu'un syllogisme construit selon les règles de la logique. L'exorde énumère les qualités du duc de Bourgogne, au nombre de douze, qui deviennent autant « de titres particuliers et de sources d'obligations, de causes d'amour et de défense de la majesté royale ». Puis Jean Petit, dans sa majeure, passe en revue des actes moralement blâmables ou juridiquement punissables. Il s'appuie sur un texte de l'Écriture qu'il développe comme un prédicateur qu'il est. La convoitise est la racine de tous les maux. Elle a conduit des hommes à l'apostasie, à la trahison. Il y a des cas où le meurtre est licite, tels que le meurtre d'un tyran, d'un traître. Passant de là à la mineure, Jean Petit applique ces généralités au duc d'Orléans : sa convoitise, ses crimes de lèse-majesté divine et humaine, « incantations pour faire mourir le roi ». Ce n'est pas, à notre avis, dans cette apologie qui sent trop son devoir d'écolier, qu'il faudrait chercher un modèle de l'éloquence du temps. La cause était bien mauvaise

1. *Résumé des plaidoiries.* — Quant au résumé des plaidoyers des parties, il a changé plusieurs fois. Dans l'origine, il est très court et les moyens présentés émanent des parties et non de l'avocat; le demandeur, l'appelant, le défendeur, l'intimé... ou encore la partie adverse répond... N. récite, propose, dit que... N. répond que... N. réplique et dit que... Il duplique et dit que... le procureur du Roi propose, requiert, défend et dit que... Cette forme est suivie pendant tout le XIVe siècle et une petite partie du XVe. Les analyses de plaidoiries prennent de plus en plus de développements jusque dans le XVIe siècle : les avocats les fournissaient eux-mêmes aux greffiers; mais, dès le second tiers du XVIe siècle, la longueur des plaidoyers diminue, les analyses se raccourcissent.... » (Grün, *Notice sur les archives du Parlement*, p. CLXXI).

2. Voir Munier Jolain, *La plaidoirie dans la langue française*, 1re année, XVe, XVIe et XVIIe siècle. Paris, Chevalier-Marescq, 1896, in-8.

M. Munier Jolain a détaillé ce discours de Jean Petit, mais il eût donné plus de solidité à son étude de l'éloquence judiciaire s'il eût consulté les registres des *Plaidoiries* où il aurait pu trouver d'autres modèles vraiment judiciaires.

d'ailleurs et les sophismes accumulés ne pouvaient guère atténuer l'horreur qu'excitait l'apologie d'un meurtre aussi abominable que celui du duc d'Orléans.

Il vaudrait mieux, ce nous semble, étudier le mémoire que lui opposa le fameux Cousinot, avocat de la duchesse d'Orléans, mémoire divisé aussi en trois parties comme un syllogisme, chaque partie étant distribuée elle-même en six, ce qui donnait dix-huit divisions, mais mieux déduites que celles de Jean Petit.

Cousinot d'ailleurs avait déjà, en 1404, prononcé un plaidoyer en faveur de Charles de Savoisy, dans le procès que celui-ci eut à soutenir à raison des violences commises par ses gens contre les étudiants de l'Université. Le greffier Nicolas de Baye nous en a donné un sommaire qui paraît bien mieux conduit que la plaidoirie prononcée par un frère mineur en faveur de l'Université [1]. Cousinot est adroit. Il n'entreprendra pas de justifier ou d'excuser les attentats commis contre les clercs de l'Université. Mais ni Charles de Savoisy, ni son père « qui estoit un grand pillier pour l'Université » n'ont jamais voulu lui faire tort ou mal. Charles de Savoisy y a encore des parents qui y étudient. Quant au fait reproché, il y est resté tout à fait étranger. Il était malade, au lit, quand un grand tumulte se produisit dans son hôtel. Cousinot raconte la lutte des gens de Charles de Savoisy contre les étudiants. Charles se leva et arrêta tout de suite cette lutte. Cousinot réduit l'affaire à quelques rixes entre les étudiants et les gens de Savoisy. Il revient à l'éloge de l'Université, « qui est bel joyeau car par elle la foi et chrétienté est exhaussée ». Il proteste des bons sentiments de son client, de son désir sincère de punir ses gens qui seraient reconnus coupables. « Et à ce que l'on pourrait lui dire qu'il le pouvait empêcher et ne l'a pas fait, il répond qu'il ne savait rien du fait, mais furent agresseurs les écoliers et si a fait bonne diligence d'envoier ses gens en Chastelet et en la Conciergerie. » Cousinot sans doute n'a pas manqué de faire des citations latines, mais, d'après l'analyse de Nicolas de Baye, il paraît avoir été beaucoup plus sobre que le frère mineur et son

1. Le sommaire que Nicolas de Baye donne du discours du frère mineur et de celui de Cousinot, est trop long pour que nous puissions le reproduire ici. Il faut les lire dans le *Journal de Nicolas de Baye*, édité par M. Tuetey, t. I, p. 99, 109.

plaidoyer est bien plus clair. Il n'empêcha point Savoisy d'être condamné, mais ce n'est pas là ce qui nous importe. Nous n'en voulons retenir comme conclusion confirmée par l'examen des registres du temps que les avocats du XIVe siècle n'étaient pas, en dépit de leur éducation et de leurs habitudes scolastiques, étrangers à l'ordonnance méthodique d'un discours, à l'art de la narration, à l'habileté de laisser dans l'ombre les torts de leur client, à l'adresse d'exalter ses mérites, à l'esprit même dans la discussion, quoiqu'elle fût trop alourdie et comme écrasée par des hors-d'œuvre, des dissertations ou des histoires n'ayant aucun rapport avec la cause. Ils avaient une érudition trop fraîche pour ne pas l'étaler et ces amateurs du syllogisme, grands lecteurs aussi des chansons de Gestes, se plaisaient à rappeler, non sans les travestir, comme ils les avaient apprises, les histoires de Troie, d'Achille, d'Hélène, et aussi de Rome la Grande.

V. — La Justice et l'Opinion. — Les Satires des Poètes.

En leur qualité d'érudits, de lettrés, comme nous dirions aujourd'hui, les légistes devaient être sensibles aux satires que ne manquèrent point de lancer contre eux les malins trouvères. Disons tout de suite qu'en dépit de tous les griefs légitimes que notre simple exposé fait valoir, les poètes du XIIIe siècle ne sont ni bien sévères, ni bien méchants pour les juges, même pour les avocats. Les sermonnaires ne le sont pas davantage : c'est à peine si, à cette époque, ils se préoccupent des gens de loi. Peut-être n'y a-t-il là rien d'étonnant puisque la plupart de ces gens de loi étaient des clercs et avaient fréquenté au moins la Faculté de Décret (Droit canon). Dans les sermons de ce temps on rencontre très peu d'allusions au Droit et aux jugements. Le fameux Étienne de Bourbon[1] lance pourtant une boutade dont l'exagéra-

1. Étienne de Bourbon, ms. latin, 7509, f° 34, 36. — Lecoy de La Marche, *La chaire française au moyen âge*, 3e partie : la société d'après les sermons. Paris, Renouard, 1886.

Les passages les plus intéressants des sermons d'Étienne de Bourbon ont été édités par la Société d'histoire de France : *Anecdotes historiques, légendes et apologues tirés du recueil d'Étienne de Bourbon*, Paris, Renouard, 1877, in-8.

tion affaiblit singulièrement la portée ; c'est de la déclamation pure : « Ils (les hommes de loi) envient aux prêtres la vénération qui les entoure, aux nobles leur naissance, à leurs supérieurs l'autorité et voient d'un mauvais œil leurs égaux marcher à côté d'eux. Pour extorquer, ce sont des harpies ; pour parler avec les autres, des statues ; pour comprendre, des roches ; pour dévorer, des minotaures. » C'est le cas de le répéter : Les injures ne sont pas des raisons.

Les poètes en disent plus long. Mais le plus souvent ils s'en tiennent à de vagues généralités : ils exaltent le Droit et la Justice comme fait le clerc du Voudois, dans son *Dit de Droit* [1] auquel l'auteur des *Établissements* a emprunté le prologue de son deuxième livre. Ce sont des théories semblables à celles de Pierre de Fontaines, à celles de Beaumanoir. Elles attestent seulement combien on aspirait, au sortir des guerres perpétuelles du moyen âge, après l'ordre, la paix et la justice. D'autres trouvères cependant sont plus agressifs : tel Jacques de Cisoing :

> Nul n'est sage se il ne set plaidier
> Ou s'il ne set barons le lor fortraire [2].

Les proverbes nous témoignent de la malice populaire.

> Fox (fou) va à plaid s'on ne lui mande [3].
> Sage est ki fait de son tort droit [4].

1. Ore entendés une chosete
Petite qui est nouvelete
Que je vueil de droiture dire
. . . .
Droiz en iert (sera) jugemens et sire.
Droiz dit qu'on ne doit pas mesdire
De la chose qui est bien faite...
. . . .
Droiz deffent toute vilenie.
Droiz monstre toute courtoisie
Et enseigne tous biens à faire.
Droiz dit qu'en soit de bonne vie
. . . .
Droiz dit, et j'en sui emparliers (avocat)
Que quiconque est chevaliers
Qu'il ne doit de nului mesdire.
Droiz dit qu'il soit drois conseillers.
Droiz dit qu'il soit drois joutisiers,
Si qu'en ne le puisse desdire.
Drois dit que trop s'onnor empire,
Chevaliers, là où il est sire,
Qui por avoir est torsonniers ;
Ains doit à son pooir eslire
Le droit, et le tort desconfire ;
Car ce apartient à tous princiers.
. . . .

Li Droiz au clerc de Voudoi. Jubinal, *Nouveau recueil de contes, dits, fabliaux*, t. II, 1842, p. 132, 149. — Voudai ou Voudoy (Seine-et-Marne), soit Vaudoy, en Brie, entre Rozoy et Coulommiers, soit Vaudry ou Voudry, près de Brie-Comte-Robert.

Ce passage a été copié par le rédacteur des *Établissements* et sert de Prologue au livre II.

On peut en rapprocher quelques passages de l'*Ordre de Chevalerie*, XIIIe siècle (éd. Méon), v. 214 et suiv. et quelques pages de l'*Ordre de chevalerie* de Symphorien Champier (XVIe siècle) dans Allut, *Étude sur Symphorien Champier*, Lyon, 1859.

2. *Histoire littéraire*, t. XX, v. E. Sayous, *La France de saint Louis*, p. 155.

3. *Recueil des Proverbes français*, t. I, 156.

4. *Ibid.*, t. I, 183.

En la langue gist la mort ou la vie.[1]
En champions (duel judiciaire), en avocats n'aiés ja fiance[2].
Grand don fait juge aveugler[3].
En plait n'a point d'amour[4].

Une chronique métrique attribuée à Godefroy de Paris se fait l'écho des plaintes de la noblesse qui a surtout à se plaindre des théories et des entreprises des légistes :

Toutes bonnes coutumes faillent
. . . .
A la cour ne nous fait-on droit,
Serfs, vilains, advocateriaus
Sont devenus emperiaus[5].

On sent là l'orgueil blessé des seigneurs qui voient s'élever des fils de vilains et de serfs grandis par la science du Droit et s'asseyant, au Parlement, comme nous l'avons montré, sur les mêmes bancs que les puissants et riches barons. C'est là une rancune, ce n'est pas un jugement.

Au reste ce sont les avocats surtout qui exercent la verve des poètes. On leur consacre des pièces spéciales : *Li dit des avocats*[6] :

Qui avocas les mist à non,
Moult les apela bien par foi,
Car il ne portent nuli foi
En plus que chat a fres fromage...
. . . .
Ils ont meint povre homme afamé
Bien doivent estre disfamé...[7]

Le thème développé est presque toujours cette richesse des avocats dont nous avons parlé, et sur laquelle insiste encore un autre auteur de fabliaux :

Si, se trouva estre avocas,
Et vist, entre tous les estas,

1. *Recueil de proverbes français*, t. I, 173.
2. *Ibid.*, t. II, 89.
3. *Ibid.*, t. II. 98.
4. *Ibid.*, t. II, 107.
5. Chronique métrique rédigée de 1300 à 1317. Paulin Paris a combattu l'attribution de cette chronique à Godefroy de Paris (analyse des manuscrits de la Bibliothèque Nationale). — Voir Ch. Lenient, *La Satire en France*, livre précis et spirituellement écrit.
6. *Romania*, t. XII, avril-juillet 1883, p. 214-219.
7. *Li dit des avocas*, vers 20-23.

C'est celli par qui mieux lui semble
Que l'on met plus d'argent ensemble.
Avocas gagnyent sans grant peine [1], etc...

Si nous nous rappelons les conseils adressés par le fameux Du Brueil à ceux qui entraient dans la carrière, nous ne nous étonnerons point de ces méchancetés que des exemples fâcheux paraissaient alors justifier.

L'un des plus célèbres des trouvères du XIIIe siècle, *Rutebeuf*, dont la verve satirique ne manque pas de piquant et nous réjouit encore en son vieux langage, n'a pas trop égratigné les hommes de loi. Il ne semble pas animé contre eux d'une violente colère. Il raille simplement les clercs « qui sont de leurs langues vendeurs » et ne songent qu'aux « baras » (exceptions[2]). Il reste souvent dans des généralités vagues sur la fausseté, sur l'hypocrisie. Il recommande le droit à peu près sur le même ton que le clerc de Voudois :

Juge le droit sans l'autrui prendre,
Juges qui prend n'est pas jugerres
Ainz est jugiez a estres lerres (larron) [3].

Il devient pourtant parfois plus précis :

Chevaliers de plaiz et d'assises.
Qui par vos faites vos justices
Sans jugement aucunes fois,
Cuidiez-vous toujours ainsi faire [4]?

1. *Des Estats du siècle*, A. de Montaiglon et G. Raynaud, *Recueil général et complet des fabliaux des XIIIe et XIVe siècles*, Paris, 1877, t. II, p. 264-268.

2. V. 79 :

Encor i a clers d'autre guise ;
Que quand il ont la loi aprise
Si vuelent estre pledéeur
Et de lor langues vendéeur;
Et penssent baras (exceptions) et cauteles,
Dont il bestornent les quereles,
Et metent ce devant derrière.
Ce qui ert avant va arrière,
Car quant dant (Monsieur) Denier vient en place
Droiture faut, droiture efface.
Briefment tuit clerc fors escoler
Vuelent avarisce acoler.

(Rutebeuf, *De l'Estat du monde*, A. Jubinal, t. II, p. 19-20.)

3. V. 47 :

Hom puet bien reigner une pièce
Par faucetei avant c'om chièce,
Et plus qui seit do barat (tromperie);
Mais il covient qu'il se barat
Li-méismes, que qu'il i mète ;
Ne jamais n'uns ne s'entremète
De bareteir que il ne sache
Que baraz li rendra la vache.
Se tu ies de querele juge
Garde que tu si à droit juges
Que tu n'en faces à reprandre :
Juge le droit sans l'autrui prandre.
Juges qui prent n'est pas jugerres
Ainz est jugiez à estre lerres.

(Rutebeuf, *C'est le Dit d'Aristotle*, Jubinal, t. II, p. 95-96).

4. V. 245 :

Chevaliers de plaiz et d'axises
Qui par vos faites vos justices
Sens jugement aucunes fois,
Tot i soit sairemens ou fois,
Cuidiez vos toz jors einsi faire.
. . . .

Rutebeuf ici attaque les justices seigneuriales dont nous avons énuméré les abus : il est, en réalité, l'auxiliaire du Parlement. Est-ce à dire qu'il aime les légistes? Tant s'en faut! il n'est pas charmé de la vogue du Droit romain et du Droit canon : il leur décoche quelques-uns de ses traits. L'hypocrisie, selon lui,

Le siècle gouverne et justice
. . . .
Ses serjanz est Justiniens
Et toz canons et Graciens [1]....

Les études juridiques, les citations perpétuelles que faisaient les avocats, dans leurs plaidoiries, du *Digeste* et des *Décrétales*, avaient ainsi fait descendre jusqu'à la connaissance du peuple dont Rutebeuf est l'écho, les noms de Justinien et de Gratien. C'est là une preuve frappante des progrès du Droit romain et de la puissance du Droit canon.

Un passage de son *Dit d'hypocrisie et d'humilité* paraît s'adresser au Parlement lui-même, mais ses critiques, très générales, semblent plutôt un exercice de jeu de mots sur le terme de *court*, qui *accourcit* le Droit [2]. Rutebeuf a eu d'ailleurs un motif quasi

V. 265 :

Par vos faites voz jugemens,
Qui fera vostres dampnemens
Se li jugement n'est loiaus,
Boens et honestes et féaus.
Qui plus vos dono si at droit :
Ce faites que Diex ne voudroit.

(Rutebeuf, *La Nouvele complainte d'Outre-mer*, édition d'Achille Jubinal [bibliothèque Elzevirienne], Paris, Paul Daffis, 1874; t. I, p. 140-141.)

1. V. 6 :

A vous toz faz-je ma clamor (claim, terme de jurisprudence)
D'Ypocrisie
Cousine germaine Hérésie,
Qui bien a la terre saisie
. . . .
Elle a jà fet toz recreanz
Ses adversaires.
Ses anemis ne prise gaires,
Qu'elle a baillis, provos et maires,
Et si a juges
Et de deniers plaines ses huges,
Si n'est cité où n'ait refuges
A grant plenté ;
Partout fet mès sa volenté :
Ne la retient Nonostenté (de Nonobstant, terme de jurisprudence).
N'autre justise :
Le siècle gouverne et justice
Resons est quanqu'ele devise,
Soit maus, soit biens.
Ses serjans est Justiniens
Et toz canons et Graciens
Je qu'en diroie?

(Rutebeuf, *Du Pharisian ou c'est d'Ypocrisie*, t. I, p. 244-245.)

2. V. 129 :

« En ceste vile a une cort;
Nul leu tel droiture ne court
Come ele court à le court ci,
Car tuit li droit sont acourci,
Et droiture adès i acourte :
Se petite iére, or est plus courte,
Et toz jors mais acourtira;
Ce sache cil qu'à court ira ;
Et teiz sa droiture i achate
Qui n'en porte chaton ne chate;
Si l'a chièrement achaté
De son cors et de son cheté,
Et avoit droit quand il là vint :
Mais au venir li mésavint,
Car sa droiture ert en son coffre :
Si fu pilliez en roi di coffre.
Sachiez de la court de laienz
Que il n'i a clerc ne lai enz,
Se vos voleiz ne plus ne mains,
Qu'avant ne vos regart au mains

personnel de médire du Parlement. Il avait une grande affection pour son maître Guillaume de Saint-Amour, docteur de l'Université, qui soutint contre les ordres religieux, particulièrement celui de Saint-Dominique, une lutte retentissante. Guillaume de Saint-Amour fut exilé. Rutebeuf ne le pardonne pas à saint Louis et à ses conseillers. Il s'écrie qu'il n'y a point de droit ni de canon qui autorise un roi à mal faire. Lorsqu'on prononce un exil, il faut que les raisons en soient bien connues et bien manifestes. Autrement

Se cil devant Dieu li demande
Je ne répond pas de l'amende [1].

Or maître Guillaume de Saint-Amour était venu défendre sa cause au Palais

Là où des gens et plus de XX.

Se vos aveiz vos averoiz;
Se vos n'aveiz vos i feroiz
Autant com l'oo sour la glace,
Fors tant que vos aureiz espace
De vos moquoir et escharnir.
De ce vos vuel bien garnir,
Car la terre est de teil menière
Que touz povres fait laide chière.
Mains ruungent et vuident borces,
Et faillent quant elz sont rebources.
Ne ne vuelent nelui entendre
C'il n'i puéent runger et prendre.

Rutebeuf, *La Lections d'Ypocrisie et d'Umilitei*, ou le *Dit d'Ypocrisie*, Jubinal, t. II, p. 223-224.)

1. V. 24 :

Ci poez novel droit aprendre;
Mès je ne sai comment a non,
Qu'il n'est en droit ne en canon;
Car roi ne se doit pas meffère
Por chose c'on li sache fère.
Se li Rois dist qu'escillié l'ait,
Ci a tort et péchié et lait,
Qu'il n'afiert à roi ne à conte,
S'il entent que droiture monte,
Qu'il escille homme, c'on ne voie
Que par droit escillier le doie;
Et se il autrement le fit,
Sachiez, de voir, qu'il se meffet,
Se cil devant Dieu li demande,
Je ne respont pas de l'amande
. . . .

V. 74 :

Mestre Guillaume au roi vint,
Là où des gens et plus de XX,
Si dist : « Sire, nous sons en mise
Par le dit et par la devise
Que li prélat deviseront :
Ne sai se cil la briseront. »
Li rois jura : « En nom de mi!
Il m'auront tout a anemi
S'ils la brisent; sachiez sans faille :
Je n'ai cure de lor bataille! »
Li mestres parti du palais
Où assez ot et clers et lais,
Sanz ce que puis ne meffeist,
Ne la pais pas ne deffeist.
Si l'escilla sanz plus véoir
Doit cis escillemenz séoir?
Venil, qui à droit jugeroit,
Qui droiture et s'âme ameroit, etc.

(Rutebeuf, *Li Diz du maistre Guillaume de Saint-Amour, comment il fut escilliez*. Jubinal, t. I, p. 86-90).

Dans une autre complainte, Rutebeuf insiste et montre encore sa rancune contre les légistes.

V. 40 :

« Hé! arcien!
Décretistre fisicien,
Et vous la gent Justinien
Et autre preudomme ancien,
Comment souffrez-vous en tel lien
Mestre Guillaume
Qui por moi fist de teste hiaume?
Or, est fors mis de cest roiaume.
Li bons preudom....
. . . .

Voir *Diz du maistre Guillaume de Saint-Amour, comment il fut eschilliez* (Jubinal, t. I, p. 95).

Il en sortit après avoir recueilli de bonnes paroles du roi. Il observa la paix qui avait été faite. Néanmoins, il fut exilé.

Si l'escille sans plus véoir.

Rutebeuf s'élève contre ce qui lui paraît « une défaute de droit ». Ce n'est plus un trouvère, c'est un juriste se réclamant de ce Droit dont on aurait pu le croire plus détaché.

L'auteur anonyme du *Songe véritable*, sous Charles VI, est plus sévère que Rutebeuf, et attaque plus directement le Châtelet, le Parlement. C'est *Povreté* qui est à la recherche de Vérité[1]. Il ne la trouve certes pas au Châtelet. Il se retourne vers le Parlement

Où on me dit honteusement
Qu'il avait jà plus de XX ans
Qu'elle n'avoit esté leans.

Au moins faut-il retenir de ces vers que le Parlement avait eu son règne de vérité. C'est là un témoignage qui concorde avec les documents qui nous ont montré combien grave, sérieuse, haute, impartiale était cette assemblée féodale au temps de saint Louis. Les satires d'Eustache des Champs[2], si connues, dont nous avons

1. *Le Songe véritable*, vers 220 et suiv :

Povreté va quérir vérité
— A donc en Chastellet tournay
Onquel Tromperie trouvay,
Qui me demanda où j'aloye.
Je diz que Verité queroie.
Adonc me dit qu'estoie nice (novice)
De la querir entour Justice.
Lors retournay par Parlement
Où on me dit honteusement
Qu'il avoit jà plus de XX ans
Qu'elle n'avoit esté leans.
Sy m'advisay que je yroie
Chiés l'official, sy saroie
S'elle y seroie jamez alée;
Et sy tost que l'ous demandée,
Tantost me jura Tricherie,
Par foy, que elle n'y estoit mie....

(*Le Songe véritable*, pamphlet politique d'un Parisien du XVe siècle, publié par H. Moranvillé, *Mémoires de la Société de l'Histoire de Paris*, t. XVII, 1890, p. 217-438.)

2. Lettres sur l'estat d'avocacion, envoiées à messire Jehan des Marrès, à maître Jehan Day et à maistre Simon de La Fontaine, advocas en Parlement. (Bibl. nat., fonds français, 840, f° 427-429.) Voir à ce sujet Delachenal, *Hist. des avocats*, p. 313, note 1.

C'est dans cette lettre que se trouvent les vers très souvent cités :

V. 32-36 :

« Vous vous fourrez de menu vair
Chaudement, quand le temps est frois.
Vous buvez de clers vins tous trois,
Et viandes delicieuses
Usez, en eschuant visqûeuses...
. . . .

V. 37-41 :

Vous habitez lieux délectables,
Et querez places profitables
A Nostre-Dame et au Palays... etc.

A lire, Ch.-V. Langlois, *La Société au moyen âge d'après les fabliaux* (Revue bleue, 22 août, 5 sept. 1891). M. Langlois a donné aussi une liste très complète d'ouvrages à consulter pour le tableau de la société au moyen âge, *Revue historique* (Monod), t. XLIII, mars-avril 1897.

déjà parlé à propos des avocats, les plaintes du *Songe véritable* et celles qui ne tarderont pas à s'élever, dans le peuple comme chez les poètes, aux siècles suivants, ont trait à des abus qui n'avaient pas encore terni la loyauté des juges, alors grands seigneurs et éminents prélats ou maîtres renommés. Le Parlement du XIIIe et du XIVe siècle ne mérite point les reproches que plus tard lui attirera son recrutement plus spécial et moins heureux.

LIVRE X

L'UNITÉ JUDICIAIRE

CHAPITRE XXXI

LES AUTONOMIES PROVINCIALES ORIGINE DES PARLEMENTS PROVINCIAUX.

I. — Le Parlement et les Autonomies provinciales. L'Échiquier de Normandie.

En annexant à leurs domaines des régions nouvelles, les rois s'étaient appliqués à ne point heurter les vieilles traditions d'indépendance et à les concilier avec l'obéissance au pouvoir central. Ils respectaient souvenirs et illusions, s'inquiétant peu des apparences de la liberté en ce qui ne les gênait point. Cela se vit surtout dans l'organisation de la justice. Le Parlement de Paris ne chercha pas à supprimer, dans les domaines des grands vassaux, des cours souveraines qui deviendront, plus tard, les Parlements provinciaux. D'ailleurs la difficulté des communications entre la capitale et les villes lointaines justifiait ce rapprochement de la justice supérieure et des justiciables. La Normandie avait son *Échiquier*, la Champagne, ses *Grands Jours*, le Languedoc son *Auditoire du Droit écrit*.

Les ducs de Normandie avaient eu leur petit Parlement, appelé, on ne sait pourquoi, l'*Échiquier*[1], nom qui a survécu, avec un autre

1. Voir *Glossaire* de Du Cange au mot Scaccarius. — Voir, sur l'Échiquier de Normandie, l'*Histoire du Parlement de Normandie*, par Floquet, et le Mémoire plus

sens, en Angleterre. L'Échiquier des ducs devint, au XIIIe siècle, celui du roi de France. Philippe Auguste et ses successeurs se gardèrent de toucher à ces assises de justice chères aux Normands et convoquées successivement en plusieurs villes, à *Rouen*, à *Caen*, à *Falaise*. Seulement ce tribunal fut désormais présidé *par des membres de la Cour du roi*. L'annonce de ces assises solennelles mettait toute la province en émoi. « Quarante jours avant la date de l'ouverture, selon le récit de Floquet, se faisait le *cri de l'Échiquier*; c'est-à-dire que, par les villes, bourgs et villages de la Normandie, des sergents royaux allaient proclamant à son de trompe, au nom du roi, qu'à tel jour, à telle heure, en tel lieu, la cour de l'Échiquier du roi tiendrait sa première audience; que les barons, prélats et autres tenus à comparence eussent à s'y trouver, ainsi que les baillis, officiers de justice, les avocats, les attournés (procureurs) et les parties. Au jour dit toutes juridictions royales et autres devaient cesser en Normandie; toutes cohues devaient être closes, car juges, officiers, avocats, devaient être à Rouen aux pieds des seigneurs tenant l'Échiquier; cette énergique expression s'offre à chaque instant dans nos registres. A cette cour souveraine il appartenait d'agir, de parler, de rendre la justice pendant tout le temps de sa solennelle assise et, à l'instant où les maîtres montaient les degrés de leur tribunal, tous autres magistrats en Normandie avaient dû descendre de leurs chaires, de juges qu'ils étaient tout à l'heure, devenus justiciables à leur tour, justiciables comme les autres pour un temps[1]. »

Sous Louis IX, dit encore Floquet, « le célèbre archevêque de Rouen, Eudes Rigaud, ami du saint roi, prélat infatigable, occupé sans cesse à visiter toutes les églises, toutes les abbayes, non pas de son diocèse seulement mais, en outre, de six évêchés suffragants de sa métropole, à présider les conciles de la province; lui, si souvent mandé par le roi qui, dans toutes les affaires importantes, recourait à ses conseils; allant, hors de France, négocier avec les rois; puis revenant à Paris siéger au Parlement, prêcher la croisade, bénir les mariages des rois, des princes, présider de grandes

précis, plus savant, lu en 1860 par M. Léopold Delisle à l'Académie des Inscriptions, *Mém. de l'Acad. des Inscript.*, t. XXIV (année 1864), 2e partie, p. 343.

1. Floquet, *Histoire du Parlement de Normandie*, t. I, p. 63.

cérémonies religieuses auxquelles assistait le pieux monarque; Rigaud, ce pontife si occupé, ne manquait jamais de siéger à l'Échiquier de Normandie, deux fois par an, lorsque le roi avait termé deux assises; s'enfermant avec les maîtres au château de Rouen où siégeait cette Cour depuis que Philippe Auguste l'avait fait construire après la conquête; y couchant souvent comme eux, puis de là, avec eux, allant à Caen, à Falaise, partout où le roi avait voulu qu'on vît sa souveraine justice. Onze ou douze années durant, son curieux Journal nous le montre s'acheminant ainsi de Paris à Caen pour siéger à l'Échiquier, s'y rendant par Mantes, Évreux, Beaumont-le-Roger, Lisieux et Troarn; plus souvent encore, en compagnie des autres maîtres de l'Échiquier, allant de Rouen à Caen, hébergé avec eux dans l'abbaye du Bec, défrayé comme eux par le roi; son Journal le dit encore[1]. »

Le recueil des sentences de l'Échiquier précéda celui des sentences du Parlement de Paris. M. Léopold Delisle, reprenant et complétant, comme il sait le faire, l'œuvre de plusieurs érudits, a publié dans les *Notices et Extraits des manuscrits de l'Académie des Inscriptions*[2] des jugements de l'Échiquier de 1207 à 1243. Or les registres originaux de l'Échiquier déposés au greffe de la Cour de Rouen ne remontent qu'à l'année 1336; c'est assez dire le service rendu, là encore, par l'illustre savant aux études historiques. Il lui a fallu dépouiller quatre compilations manuscrites différentes et coordonner, avec la sagacité critique qui le caractérise, 810 actes[3]. Selon M. Delisle, ces compilations ont été faites

1. Floquet, *Hist. du Parlem. de Norm.*, p. 40.
2. *Jugements de l'Échiquier, Notices et Extraits des Manuscrits* publiés par l'Académie des Inscriptions, t. XX, 2e partie, p. 238-482.
3. 1re compilation (années 1207 à 1243), Bibl. de Rouen, manuscrit Y. Q. 90, petit vol. in-4°, 82 feuillets de parchemin, 659 jugements ou ordonnances de l'Échiquier.
2e compilation (1207-1235), 5 manuscrits à la Bibl. nat., fonds latin, nos 4651, 11034, 11033, 4653, 4653 A, 210 actes.
3e compilation (1207-1243). Bibl. nat., fonds latin, 11032, 314 articles.
4e compilation (version française de la 3e), Bibl. Ste-Geneviève, ms. français F2. Warnkœnig a publié une édition de la 3e compilation dans *Französ. Staats und Rechtsgeschichte II*; *Urkundenbuch*, p. 70-117.
Marnier a donné une édition de la 4e compilation, c'est-à-dire du manuscrit français dans le volume : *Établissements et Coutumes, assises et arrêts de l'Échiquier*, p. 111-201, Paris, 1839, in-8°.
« Les auteurs des trois dernières compilations ne se proposaient qu'un but : recueillir dans les jugements de la Cour ce qui pouvait éclaircir des points de droit.... »
Le système adopté par l'auteur du premier recueil est tout différent : il reproduit

d'après un texte antérieur qui devait être officiel. « En effet, comment supposer qu'un jurisconsulte, pendant près de quarante années, se soit régulièrement transporté tous les six mois à Falaise, à Caen et à Rouen pour assister aux sessions que l'Échiquier tenait dans ces trois villes? D'ailleurs, par quel motif se serait-il décidé à répéter à chaque instant des formules inutiles, à donner de longues listes de juges et de témoins et à développer des questions de fait sans aucun intérêt pour la jurisprudence?[1] »

L'Échiquier recevait les appels des juridictions inférieures de la Normandie. Ses sentences étaient définitives en fait, sinon en droit. Les rédacteurs des premiers registres du Parlement ont mêlé à leurs arrêts des actes relatifs à l'Échiquier, actes qui montrent le Parlement de Paris exerçant pleine autorité sur une Cour que présidaient pourtant ses délégués et qui était comme une émanation de sa justice. Il ordonne à l'Échiquier de faire une enquête pour savoir si le chambellan de Tancarville a perdu par suite de prescription un droit d'hommage[2]. Il maintient une confiscation prononcée contre un gentilhomme normand[3]. Il évoque, à la demande de Guillaume Bertrand, un procès normand qui traînait en longueur[4]. Il confirme une sentence réglant un point de droit, à savoir qu'on ne pouvait détourner un cours d'eau[5]. Il proclame les privilèges de certains prieurs[6] ainsi que celui de l'Hôtel-Dieu de Rouen[7], de ne plaider que devant l'Échiquier. En 1287, bien après l'ouverture des registres, il y a record d'un arrêt de l'Échiquier au sujet d'un pont[8]. Le bailli de Caen a, contre l'abbé de Cerisy, attribué au roi le droit de présentation à l'église de Saint-Amand;

d'ordinaire le texte entier des jugements. Aussi trouve-t-on dans la collection qu'il a laissée, un exposé complet des faits; on y suit sans peine toutes les phases de la procédure et, comme cette collection n'omet presque jamais ni les noms des lieux, ni ceux des personnes, elle abonde en renseignements utiles sur la topographie de la Normandie et sur la succession des seigneurs qui ont possédé les principaux fiefs de cette province pendant la première moitié du XIIIe siècle.... » (L. Delisle, *loc. cit.*, p. 376.)

1. *Ibid.*, p. 350.
2. *Actes du Parl.*, 473 (1260).
3. *Ibid.*, 550 (1261).
4. *Ibid.*, 1153 (1267).
5. *Ibid.*, 1154 (1267).
6. *Ibid.*, 1844 (1272); 2005 (1276).
7. *Essai de Restit.*, 109 (1272).
8. *Actes du Parl.*, 2583 (1287).

l'Échiquier a confirmé la sentence : il y a néanmoins appel et nouvelle confirmation par le Parlement [1]. La Cour mande aux gens de l'Échiquier de juger une contestation entre le roi et Henri de Henqueville au sujet de la propriété d'une sergenterie [2].

Lors du réveil féodal qui suivit la mort de Philippe le Bel, les seigneurs normands, dans la Charte qu'ils arrachèrent à Louis X [3], firent décider que les causes jugées à l'Échiquier de Rouen ne seraient plus portées désormais au Parlement de Paris. Concession bien éphémère, car dès le lendemain de cette ordonnance, des nobles, Jean de Caumont et Jean des Essarts, sont traduits, non devant l'Échiquier mais devant le Parlement de Paris pour insultes au maire de Rouen en plein tribunal (1316) [4]. Le Parlement juge le chevalier de Beaumoncel arrêté par le bailli de Rouen pour avoir chassé dans la forêt de Bonneville [5]. Il fait poursuivre par le bailli de Caux Amaury, sire de Fontenil, qui avait frappé violemment un homme du peuple [6]. Il ordonne une sérieuse enquête sur les actes du vicomte de Longchamp qui avait arrêté illégalement un bourgeois et l'avait gardé trente-six semaines [7]. Adam, alors ancien bailli de Caen, avait fait une enquête sur un meurtre; cette enquête eût sans doute dormi longtemps si le Parlement n'avait mandé aux gens de l'Échiquier de Rouen de la juger (1317) [8]. Michel Pynel, fermier de la vicomté de l'eau à Rouen, avait vu, pour des sommes dues au roi, ses biens vendus aux enchères par le bailli : il se plaignit à l'Échiquier, qui lui donna tort; il eut ensuite recours au Parlement qui le débouta de son appel [9] (1317). Une Ordonnance de 1317 (a. st.), enregistrée aux *Olim*, règle les causes qui seront portées devant l'Échiquier de Normandie et retient celles qu'on a commencé à plaider et à « conseiller » [10]. Le Parlement fait exécuter

1. *Actes du Parlem.*, 2919 (1296).
2. *Ibid.*, 3220 (1304).
3. Charte aux Normands, 19 mars 1315. *Ord.*, t. I, p. 551-587.
4. Chéruel, *Hist. de Rouen*, t. I, p. 217. *Actes du Parl.*, t. II, p. 149.
5. *Actes du Parl.*, t. II, p. 149.
6. *Ibid.*, p. 159.
7. *Ibid.*, p. 156. Voir sur cette réaction féodale, Dufayard, *Réaction féodale sous les fils de Philippe le Bel*. Revue historique, t. LIV (1894), p. 241, et t. LV (1894), p. 249.
8. *Actes du Parl.*, 4894, 9 juin 1317.
9. *Ibid.*, 5119, 20 décembre 1317.
10. « Premièrement que les causes des Normands qui sont céans commencées, demorront céans. — Item, que des choses de quoi les parties seront de assentement de plaidoier céans, qui ne sont commencées, les causes demeureront céans. — Item.

les arrêts de l'Échiquier et lance un mandat d'amener contre des gens que celui-ci condamne[1] (1318). Il intervient dans l'ordre des causes et fait continuer jusqu'à un prochain Échiquier un procès entre Isabelle de Bourgogne, dame de Néauphle, cousine du roi, et Pierre de Chambly, chevalier [2] (1320). Il presse au contraire le jugement de certains procès[3] (1322). Ainsi en va-t-il durant tout le XIVe siècle, et le Journal de Nicolas de Baye, outre qu'il relate les délégations des maîtres de la Cour à l'Échiquier, nous montre celle-ci retenant encore certaines causes que des plaideurs voulaient voir plaidées à Paris parce qu'ils se défiaient du grand crédit de leurs adversaires en Normandie[4].

Néanmoins, à mesure que l'autorité royale s'affermit, les princes se montrèrent plus accommodants au sujet des franchises provinciales. L'Échiquier de Normandie avait été, à l'origine, composé, comme le Parlement de Paris, des vassaux, nobles et prélats. Dès qu'il tomba sous la direction de maîtres venus de Paris, seigneurs et évêques se soucièrent peu d'y siéger. Un arrêt de 1280 autorisait déjà les évêques de Normandie à ne se rendre à l'Échiquier[5] que s'ils étaient mandés par le roi : ils pouvaient venir quand ils le voulaient. Ils s'abstinrent et on ne retrouva plus d'Eudes Rigaud. L'Échiquier devint une assemblée de magistrats. Louis XII en fera un Parlement (1299).

que les causes de l'eschiquier, lesquelles de l'échiquier sont céans mises pour conseiller, seront conseilliées et la sentence ou arrêt en sera rendu a l'échiquier.... » (*Olim*, t. II, p. 663, XV, 15 mars 1317 [1318]. — *Actes du Parl.*, 5246.)

1. *Ibid.*, 5202 (1318).

2. *Ibid.*, 6153 (1320).

3. *Ibid.*, 7142 (1322). — Ajoutons encore : « Mandement au bailli de Rouen de porter au prochain Échiquier la plainte de Jean de la Queuvrechey, lequel avait été attaqué, blessé et mutilé par Richard du Bos, écuyer, en présence de plusieurs personnes, qui, conformément à la Coutume, auraient dû lui porter secours et qui n'en avaient rien fait. » (*Actes du Parl.*, 5402 [1318].)

4. « ... Sur ce que Thomas Poignant requiert le renvoy de certaine cause à l'Eschiquier de Rouen à l'encontre des Chartreux de Rouen pour cause de ce que les heritages dont il est question sont assiz en Normandie, et pour autres causes contenues en ses lettres, les diz Chartreux disans au contraire que Thomas Poignant est grant et puissant au païs et n'oseroient les advocas de païs rien dire ne faire contre lui, et pour autres causes contenues en leur impétration. Appoinctié au Conseil », jeudi, IX mai 1409. Le 10 mai, le Parlement décida que la cause serait retenue. (*Journal* de Nicolas de Baye, t. I, p. 268.)

5. *Actes du Parl.*, 2307 (1280).

II. — Les Grands Jours de Troyes.

C'était un terme de justice que d'assigner à un *jour* déterminé. On disait les *jours* de tel ou tel bailliage. Pour désigner le plus haut degré de juridiction, dans les principaux fiefs, on en vint à dire : les *Grands Jours*[1]. Le comte de Champagne avait eu les siens. Le roi Philippe le Bel, lorsqu'il eut épousé l'héritière de la Champagne, maintint cette cour supérieure, quoique temporaire. Seulement, il envoya, comme on avait fait en Normandie, des maîtres du Parlement de Paris pour la présider.

La ville de Troyes, capitale de la Champagne, a conservé, au moins dans quelques rues étroites, son aspect du moyen âge : maisons en bois, à poutres apparentes, à pignons pointus, à tourelles, et balcons et encorbellements. Sa cathédrale, commencée au XIIIe siècle[2] mais qu'on mit quatre cents ans à édifier, n'avait, au XIVe siècle, que son portail septentrional : le chœur pourtant était complet avec ses magnifiques verrières remplissant treize baies et ne jetant, pour ainsi dire, qu'un feu dont l'église est illuminée même en des jours nuageux. Elles attestent, comme celles qui font l'orgueil des autres églises de Troyes, la rare habileté des ouvriers verriers de cette ville, centre de cette belle industrie d'art. Troyes aussi possédait déjà sa délicate église de *Saint-Urbain*, l'un des plus élégants morceaux de l'architecture gothique après la Sainte-Chapelle[3]. Des rues et des ruelles sinueuses qui se serraient autour de Saint-Urbain, de la cathédrale, de l'église *Saint-Jean*[4], de l'abbaye de *Saint-Loup*[5], on aurait pu voir, dans l'après-midi du 15 septembre 1391, affluer une foule bourdonnante se dirigeant vers la poterne où aboutissait le chemin de Paris. Un cortège nom-

1. Voir Du Cange, *Glossaire* au mot Dies (Magni). — Il donne un grand détail tiré de l'examen des Fiefs de Brussel.
2. La cathédrale de Troyes (monument historique) a été commencée en 1208.
3. Cette église, ancienne Collégiale de Saint-Urbain (monument historique), fut bâtie aux frais du pape Urbain IV (mort en 1264). Suivant Viollet-le-Duc, c'est le chef-d'œuvre d'un homme de génie.
4. *L'église Saint-Jean* (monument historique) remonte aussi en partie aux XIIe, XIIIe, XIVe siècles.
5. L'ancienne abbaye de Saint-Loup a servi, de nos jours, à loger la magnifique bibliothèque de la ville de Troyes. La salle principale n'a pas moins de 50 mètres de long et de 7 mètres de haut. La bibliothèque est riche en manuscrits précieux.

Nicolas de Baye, le greffier le plus observateu
manqué d'être frappé du cérémonial de l'entrée dı
raconte la réception de Jean de Popincourt et de
en 1402, semblable, du reste, à celles de leurs p
Parmi les affaires traitées, celles que relate avec u
lier le fameux curé-greffier, ne nous importent guèı
une grande place à l'élection d'un administrateur d
religieuses de Notre-Dame de Troyes; mais il nous
maladie à laquelle le président de Popincourt ne t
comber après sa rentrée à Paris; il détaille un ii
tueux provoqué par le cuisinier dudit président.
Saint-Crépin, le cuisinier, témoin des réjouissances
tion des cordonniers, dit que c'était la fête de *sa*
riposte d'un cordonnier qui lance une grosse injure
au milieu de laquelle le cordonnier fut frappé d'un
irritation croissante de la foule des danseurs qui v
l'hôtel du Premier Président. Le résultat de cette pet
l'interdiction par les maîtres des *Grands Jours* des
habituelles de la Saint-Crépin. Cette session de 1403
le 1er septembre, se prolongea jusqu'au 13 novemb
de Baye ne manque pas de faire remarquer que les
tirent sans laisser aucune affaire en souffrance. Que
plus tard, la guerre civile des Armagnacs et des B
empêche les assises de 1408. Les maîtres désignés
Troyes le 25 avril se préparaient à partir : les sac
étaient déjà chargés sur les chariots, quand le chance
au départ : le pays de Champagne était rempli de gen
fallut décharger les sacs de procès[2]. En 1409 on

civil, Cessières le *greffier criminel*. Le nouveau greffier donne plus
mentions et entre dans plus de détails, son écriture est meilleure.

Les deux sessions de 1391 et de 1395 sont réunies en un même v
fier est *Willequin*, et c'est lui qui donne ou plutôt qui copie sur le
cédents le cérémonial de l'entrée du Président des Grands Jours, c
cité.

Le registre de 1398 est également écrit par Jean Villequin.

Les Grands Jours de 1402 et de 1409 sont réunis dans un même re
tenu par Nicolas de Baye. (Grünn, Notice citée, p. CXCIV-CC.)

1. Tuetey, *Journal de Nicolas de Baye*, t. I, p. 45. Les autres men
se passe dans cette session se trouvent aux pages 46, 47, 48, 49.

2. *Ibid.*, t. I, p. 237.

voyage; Jacques de Rully et Robert Mauger présidèrent les *Grands Jours* avec la solennité aimée des habitants de Troyes. Les temps étaient si troublés que, d'après les notes de Nicolas de Baye, le plus grand nombre des causes était des affaires criminelles[1]. On examina les plaintes faites par le bailli de Vitry sur les crimes commis par plusieurs seigneurs; on avisa aux moyens de saisir les malfaiteurs, « car par les dits malfaiteurs advenaient et pouvaient advenir plusieurs grands périls au pays de Champagne ». Pendant la session, le président Jacques Rully mourut le 8 octobre. Le travail ne s'en poursuivit pas moins. Le 18, eut lieu une assemblée imposante des maîtres, de l'évêque de Troyes, de l'abbé de Moustier-la-Celle, du procureur général, du bailli, de deux archidiacres, du doyen et du trésorier de Saint-Étienne, du chancelier, du garde des foires de Champagne et de plusieurs avocats, procureurs, lieutenants du bailli. Le tribunal, ainsi renforcé, délibéra sur le procès des boulangers. Ceux-ci faisaient de mauvais pain : ils achetaient de mauvais blé et s'appliquaient à rendre le pain le plus lourd possible. Les maîtres du Parlement descendirent dans le détail de la fabrication, ils mandèrent des boulangers de Provins pour montrer à ceux de Troyes comment il fallait faire le pain. Le tribunal des *Grands Jours* vida aussi un procès des tanneurs : une commission revisa plusieurs articles des statuts de ce métier. Ensuite les maîtres accordèrent aux religieuses de Notre-Dame la permission et le profit d'une foire annuelle, le jour de Notre-Dame (15 août) en une place devant leur église. Enfin la session se termina sur une affaire pénible : un procureur du roi, à Troyes, Guillaume Draperie, fut, le 24 octobre, le greffier ne dit pas pourquoi, suspendu de son office; avis fut donné que pouvaient se présenter à la Cour tous ceux qui auraient eu à se plaindre de lui. Le dernier jour d'octobre, après que les arrêts rédigés eurent été prononcés, on lut les ordonnances touchant la revision de certaines causes : c'était la clôture de la session. Les maîtres de Paris séjournèrent pourtant encore une dizaine de jours pour coordonner quelques ordonnances sur les bouchers, tanneurs, etc. Ils eurent,

1. Les incidents de la session de 1409 se trouvent dans le *Journal de Nicolas de Baye*, p. 285, 286, 287, 288, 289, 292, 293, 294. Dans le *Mémorial* il y a également de courtes mentions de faits déjà relatés dans le *Journal*.

(Nicolas de Baye n'a garde d'oublier ce point), pour ces dix jours, leurs gages.

Dès que les irrégularités commencent, on ne sait quand elles finissent. Les *Grands Jours* de Troyes devinrent intermittents. On ne les supprima pas : on ne les tint qu'à de rares intervalles. Ils ne furent plus la juridiction ordinaire, mais extraordinaire. Les appels de Champagne furent d'habitude portés à Paris. Cette province était d'ailleurs voisine de l'Ile-de-France : la nécessité d'un Parlement spécial ne se faisait pas sentir. Il n'y eut point de Parlement de Champagne.

III. — L'Auditoire du Droit écrit [1].

Il y avait au contraire deux raisons pour qu'on accordât aux populations méridionales une juridiction supérieure : l'éloignement, la différence du Droit. Les comtes de Toulouse avaient eu leur cour [2]. Alphonse de Poitiers eut son Parlement. Que ce tribunal eût été, comme on l'a dit, seulement privé et ne connût que des causes où le comte était directement intéressé [3], on a peine à le croire. Le Parlement de Paris, lui aussi, connaissait spécialement des causes intéressant le roi, et n'en était pas moins une cour d'appel. Alphonse de Poitiers imita certainement les institutions de son sage frère. Son Parlement fut sans doute analogue à celui de Paris. Lorsque Philippe le Hardi eut réuni le Languedoc à la couronne, il manifesta son autorité en supprimant le Parlement de Toulouse : les rois, qui avaient bénéficié de la croisade albigeoise, se mon-

1. *Auditoire du Droit écrit.* — Voir l'*Histoire générale du Languedoc*, par dom Vaissète.

2. Voir l'important travail de Boutaric sur *l'organisation judiciaire du Languedoc* (Biblioth. de l'École des Chartes, 4e série, t. II).

3. Boutaric dit : « Le dernier comte de Toulouse, Alphonse, frère de saint Louis, avait bien un Parlement commun à ses États qui comprenaient une partie du Languedoc et de l'Auvergne, la Rouergue, l'Agenais, la moitié du Quercy, l'Aunis, la Saintonge et le Poitou. Des travaux récents ont démontré que ce parlement ou conseil ne connaissait que des causes où le comte était intéressé. Celles qui concernaient uniquement les particuliers étaient jugées en dernière instance non par ce parlement, mais par des personnes étrangères ordinairement à l'ordre judiciaire et qui recevaient du Comte une commission spéciale pour chaque cause.... » — Boutaric a reproduit la même opinion dans son livre : *Saint Louis et Alphonse de Poitiers.*

On a, ce nous semble, tiré de l'existence de ces commissions des inductions hasardées. A ce compte on pourrait contester la supériorité du Parlement de Paris parce qu'il y avait des commissions émanées de lui ou en dehors de lui.

traient comme les chefs de cette croisade, durs et rigoureux pour le Midi. Ils voulaient le tenir en respect et en crainte. Du reste la science des légistes parisiens, tous romanistes, facilita la soumission des justices méridionales au Parlement du Nord où l'on constitua une Chambre spéciale, mentionnée, dès 1278, sous le nom d'*auditoire du Droit écrit*. Mais la longueur des voyages rendait toujours difficile pour les plaideurs le recours au Parlement de Paris. Philippe le Bel, afin de satisfaire les habitants du Languedoc, détacha l'auditoire, le transporta chaque année au pays de ses justiciables. Sept années durant (1280-1287) l'auditoire siégea à Toulouse[1]. Puis, on ne sait pourquoi, on le retrouve à Paris; à la fin du XIIIe et au XIVe siècle les causes du Languedoc apparaissent nombreuses dans les *Olim*. Une seule concession est faite à cette province : l'auditoire partage sa besogne avec des commissaires envoyés par le roi dans le pays même. En 1303, Philippe le Bel promit d'établir un Parlement à Toulouse si les habitants s'engageaient à ne point appeler de ses sentences. Est-ce le roi? Est-ce le pays qui manqua à sa promesse? Peut-être l'un et l'autre. Philippe le Bel se souciait peu d'abdiquer la souveraineté judiciaire. Les populations cédaient, comme en Normandie, aux séductions de l'appel, si coûteuses qu'elles fussent. Durant tout le XIVe siècle, les appels des cours du Languedoc furent plaidés à Paris.

L'éloignement cependant gênait aussi les procureurs du roi qui, de leur côté, appelaient souvent de sentences contraires à leurs conclusions. Ils ne pouvaient se rendre sans cesse à Paris pour obtenir les assignations nécessaires. Le Parlement modifia sa procédure. D'après l'Ordonnance de 1392 le sénéchal fera faire les assignations réclamées par le procureur du roi[2] : elles vaudront

1. « Postérieurement à 1271 c'est le Parlement de Paris qui jugea souverainement les causes du Languedoc, et l'auditoire dut fonctionner avec activité. Pour épargner aux parties les frais d'une justice si éloignée, Philippe le Hardi et Philippe le Bel envoyèrent à Toulouse, particulièrement en 1280, 1287, 1288, 1290 des membres de leur Cour pour y tenir parlement; c'était, comme l'a dit M. Boutaric, l'auditoire de Paris rendu ambulatoire. Après 1293, l'envoi de ces commissaires cessa; Philippe le Bel pourvut à l'expédition des affaires judiciaires en Languedoc de deux manières, tantôt en laissant juger l'auditoire, tantôt en donnant à une personne déterminée commission de juger sur place telle affaire spéciale.... » (Grünn, *Notice sur les Archives du Parl.*, p. LXXXIX.)

2. Ordonn. du 10 décembre 1392 (*Ord.* t. VII, p. 523).
— Voir encore Ordonn. du 18 juin 1399 qui impose des conditions pour les appels au Parlement dans la région du Droit écrit. (*Ord.*, t. VIII, p. 330.)

comme si elles venaient du Parlement. Au xve siècle, le *Parlement de Toulouse* reparaît, à intervalles, jusqu'à ce que Charles VII fît cesser cette instabilité et le rendît permanent en 1443.

IV. — Bourgogne et Bretagne.

Les grands vassaux qui partageaient encore la France avec le roi, conservaient et entendaient garder leur cour féodale et leur droit de juger leurs juges. Nous ne reviendrons pas sur ce que nous avons dit, à ce sujet, au chapitre de l'appel[1]. Le Parlement de Paris ne conteste et ne combat point cette indépendance. Mais, si les sujets d'un *duc de Bourgogne*, d'un *duc de Bretagne*, le réclament, il juge en dernier ressort. A toutes les dates, dans les *Olim*, on rencontre des arrêts relatifs soit à leurs causes personnelles, soit à leurs juridictions. Le duc de Bourgogne (Hugues IV) est contraint (1258) à payer à Pons, bourgeois de Sens, une indemnité que le père du dit duc de Bourgogne s'était engagé par écrit à payer au père du dit Pons en réparation de dommages : créance restée longtemps, comme on le voit, en souffrance[2]. Le duc de Bourgogne (Robert II) devra (1299) exécuter un arrêt du Parlement rendu en faveur des habitants de Couches et lui défendant d'exercer aucun droit de garde, protection et justice sur lesdits habitants[3]. Le duc de Bourgogne (Eudes IV) doit aider à la poursuite du sire de Rougemont dont nous avons relaté les méfaits (1316)[4]. Le châtelain royal de Vezet avait été enlevé par des gens du duc de Bourgogne et emmené hors du royaume. Le duc, invité une première fois à faire restituer le prisonnier, n'avait tenu aucun compte de ce mandement. Le bailli de Mâcon lui renouvellera l'ordre de faire rendre le châtelain et de punir les coupables (1321)[5]. La Cour décide qu'elle procédera au jugement d'un appel d'une sentence rendue par les gens du duc de Bourgogne entre Germain Prévost et le

1. Voir ci-dessus chap xix, p. 528.
2. *Olim*, t. I, p. 442, ix. — *Actes du Parl.*, n° 161.
3. *Reg.* xxxiv *du Trésor des Chartes*, f° 52 r°. — *Actes du Parl.*, 2975 A. — *Essai de Restit.*, n°s 757, 932. — Couches-les-Mines (Saône-et-Loire), chef-lieu de cant. et arr. d'Autun.
4. *Actes du Parl.*, 4493.
5. *Ibid.*, 6806.

procureur du duc d'une part et la dame de Chaudenay d'autre part (1327)[1]. Quoique plus puissants encore que les ducs de la branche capétienne, les ducs de Bourgogne de la branche des Valois sont également soumis à la souveraineté du Parlement. On leur fait cependant une concession, c'est que les appels des sentences rendues par leurs juges seront portés directement au Parlement. Le bailli de Sens avait reçu de ces appels : le Parlement les évoqua (1392)[2]. En 1404, les baillis de Mâcon et de Saint-Pierre-le-Moustier ont de même ordre de renvoyer au Parlement, comme affaires privilégiées, celles qui concernent le duché[3].

Si indépendant qu'il affectât de paraître, le duc de *Bretagne* ne pouvait non plus se soustraire à la souveraineté du Parlement de Paris. En 1269, Raoul de Montfort, après avoir appelé d'un jugement de la cour de « Plasmel » à la cour du sénéchal de Rennes, avait cité le duc de Bretagne (Jean Ier) au Parlement. Celui-ci dispensa, cette fois, le duc de répondre uniquement à cause d'un vice de procédure : Raoul de Montfort avait négligé d'intimer le sénéchal de Rennes[4]. Les maîtres n'entendaient pas toutefois qu'on méconnût la hiérarchie. Les sujets du duc appelaient volontiers à Paris plutôt qu'à Rennes, malgré la distance. Philippe le Hardi défendit ces appels irréguliers (1275)[5]. La Cour les condamne aussi. Garin de Belle-Lande, écuyer, avait fait ajourner devant le roi l'évêque de Dol pour défaute de droit. Le procureur de l'évêque demandait que l'affaire fût renvoyée au duc qui, d'ailleurs, réclamait aussi sa cour : le Parlement prononça le renvoi[6]. En dépit de l'Ordonnance de Philippe le Hardi, les appels directs au Parlement continuèrent. Philippe le Bel dut renouveler la défense[7]. Mais si ses embarras l'engagent à se montrer conciliant avec l'un des

1. *Jugés*, t. I, f° 481 r°. — *Actes du Parl.*, 7906.

2. Lettres du 26 septembre 1396 confirmant celles du 17 décembre 1392 et portant que les appels interjetés des jugements rendus par les juges du duc de Bourgogne et de l'évêque de Langres, pairs de France, seraient portés directement au Parlement. (*Ord.*, t. VIII, p. 113.)

3. Lettres du 30 octobre 1404. (*Ibid.*, t. IX.)

4. *Actes du Parl.*, 1431. — *Olim*, t. I, p. 783, xxx. Le texte établit qu'il y avait des appels réguliers des cours des comtes de Bretagne au Parlement.

5. Ordonn. de décembre 1275 (*Ord.*, t. XI, p. 352).

6. *Olim*, t. II, p. 83, xxii (1276).

7. Lettres du roi portant que le comte de Bretagne ne pourra être ajourné au Parlement à la requête de ses sujets que par appel ou pour défaut de droit (février 1296 [1297]. (*Actes du Parl.*, 2940. — *Olim*, t. II, p. 21.)

plus redoutables grands vassaux, son Parlement n'en continue pas moins de recevoir les appels qui lui sont portés. Alain Baubourgeois, plaidant devant les gens du duc de Bretagne (Arthur II), sollicitait un délai, *jour de conseil*; on le lui refusa. Il appela de ce jugement interlocutoire au Parlement[1] qui le débouta de son appel (1309). Des officiers du duc (Jean III) ont essayé, par des violences, de s'opposer à un appel[2] : deux de ses sergents sont envoyés au Châtelet (1313).

Lors de la réaction féodale qui marqua le règne des fils de Philippe le Bel et des deux premiers Valois, le duc de Bretagne essaya, comme les autres grands vassaux, de détendre les mailles du réseau qui l'enveloppait. Les concessions n'allèrent pas toutefois au delà de l'Ordonnance de 1297. Le Parlement fit livrer au duc des malfaiteurs qui, après avoir commis en Bretagne des vols et des homicides, s'étaient réfugiés à Rouen[3]. Mais s'il autorise ainsi des extraditions comme il s'en opère aujourd'hui entre des États indépendants, il oblige d'autre part le duc de Bretagne (Jean III) à payer au sire d'Harcourt des sommes d'argent pour lesquelles le duc s'était engagé par lettres (1320)[4]. Un arrêt assigna au Parlement le même duc de Bretagne pour les jours du duché de Normandie : il aurait à répondre à la plainte de Pierre d'Acigné[5] agissant comme tuteur des enfants de Briant de Château-Giron. Philippe VI, en 1328, renouvela les anciennes Ordonnances, maintenant la hiérarchie : il prescrivait de renvoyer les appels des jugements des sénéchaux bretons aux Grands Jours, c'est-à-dire au Parlement[6] du duc : mais les appels de ce Parlement étaient soumis

1. *Olim*, t. III, p. 488, XCI (1309).
2. *Ibid.*, t. III, p. 857, XXXV.
3. *Actes du Parl.*, 4788. Voir aussi 4685, 4708.
4. *Ibid.*, 6284. Voir aussi 6271.
5. *Ibid.*, 6313. — Voir encore, pour des causes de Bretagne, nos 6318, 6320, 6326, 6676, 6678, 6786, 7104, 7241, 7258, 7805, 7860, 7940, 7956, 7983.
— Voir encore Mandement au bailli du Cotentin de requérir le duc de Bretagne de faire tirer vengeance de la mort de Thomas Beaudoin. (*Actes du Parl.*, 4708 et 4709 [1317].)
6. « ...Vos nihilominùs appellationes quæ a dictis commissariis ad nos seu curiam nostram, omisso dicto duce sæpiùs emittuntur, retinere de ipsis cognoscendo satagitis, appellantes ipsos prætextu appellationum hujus modi exemptione gaudere facientes contra ducem præfatum, in ejus suæque jurisdictionis grande prejudicium et jacturam.... Quapropter... nos volumus et ex certa scientia, dicto Duci, tenore presentium concedimus, ut quotiescunque a suis propriis et immediatis commissariis appellabitur, *primæ appellationes* hujus modi ad eum sine

au Parlement de Paris. Sur ces entrefaites s'engagea, en partie précisément à cause de la succession de Bretagne, la guerre de Cent Ans. La province échappa, pour deux siècles, aux rois qui croyaient la tenir. Lorsqu'ils eurent réussi à la ressaisir, ils lui accordèrent l'avantage d'un Parlement spécial comme avaient fait Louis XI pour la Bourgogne et pour le Dauphiné, Louis XII pour la Provence[1].

V. — L'Artois. — La Flandre.

Au XIIIe et au XIVe siècle, l'*Artois* et la *Flandre* sont, par leur soumission au Parlement, des provinces déjà françaises. Jusque dans les enquêtes antérieures aux *Olim* on en trouve de relatives à l'Artois[2]. Dans les *registres* on voit sans cesse le comte aux prises avec l'abbaye de Saint-Waast d'Arras[3] : le Parlement permet à l'abbé de couper, malgré le comte, des arbres plantés près des murs du couvent; il condamne les gens du comte à restituer à l'abbaye du blé et d'autres objets illégalement saisis[4]. Il reçoit la plainte de l'évêque d'Amiens dont un des feudataires a été troublé dans la possession de son fief par le comte d'Artois[5]. Un vassal du comte, le sire d'Harecourt (ou Harecort), vient promettre devant la Cour de faire au fils aîné du comte un singulier hommage pour un *chêne*, un *hêtre*, un *cerf*, un *sanglier* et cent *porcs* francs de panage dans la forêt de Conches[6]. Le Parlement règle les limites de la juridiction[7] du comte d'Artois et de l'évêque d'Arras, déboute le comte d'une plainte portée contre le chapitre

impedimento quolibet devolvantur.... Proviso tamen quod *secundæ appellationes*, si quæ fuerint super causis eisdem, ad Nos, seu curiam nostram specialiter reserventur... » (Ord. de juin, 1328. *Ord.*, t. II, p. 18. Cf. *Ord.*, p. 17.)

1. *Parlements provinciaux.* — Parlement de *Grenoble* pour le Dauphiné, établi par le dauphin Louis, sous le règne de Charles VII (1453). Parlement de *Dijon* pour la Bourgogne, établi par Louis XI (1477). Parlement d'*Aix* pour la Provence, établi par Louis XII (1501). Parlement de Rennes pour la Bretagne, établi par Henri II (1553).

2. *Arrêts relatifs à la Flandre.* — *Actes du Parl.* Arrêts antérieurs aux *Olim*, 27 (1250).

3. *Ibid.*, 1174 (1267); 1463 (1270); 1438 (1269); 2546 (1285); 2901 (1295); 2952 (1298). — Arrêts favorables à la juridic. du comte, 1298 (1268); 2544 (1285), 2793 (1292); 2891 (1295).

4. *Ibid.*, 1562 (1270); 1656 (1271).

5. *Ibid.*, 1524 (1270).

6. *Ibid.*, 2204 (1279).

7. *Essai de Restitut.*, n° 30 (1270); n° 533 (1284). — Arrêt en faveur de la juridiction du comte, n° 48 (1270).

d'Arras, au sujet de l'établissement d'un nouveau marché[1], connaît d'un appel porté par sept hommes, manants de l'évêque d'Arras, qui avaient été condamnés au bannissement par les échevins d'Arras[2]. Le Parlement commença les longues procédures[3] dirigées contre Robert III d'Artois disputant le comté à sa tante Mahaut. La Cour, qui n'admettait point, selon la jurisprudence de l'époque, la représentation, adjugea le comté à Mahaut au détriment de son neveu. Robert ne cessa de protester, mêlant l'action juridique à des excursions dans le comté, fabriquant de fausses lettres pour prouver son droit, recourant à la magie pour satisfaire sa haine contre Philippe III de Valois et, banni par une sentence de 1332, se réfugia en Angleterre où ses excitations enhardirent Édouard III à commencer la guerre de Cent Ans. L'Artois, d'ailleurs, devenu possession de la deuxième maison de Bourgogne, échappa à la France, passa même à la maison d'Autriche, puis d'Espagne à laquelle il appartint jusqu'au milieu du

1. *Arrêts relatifs à la Flandre* (suite). — *Actes du Parl.*, 3078 (1301).

2. *Ibid.*, 2143 (1278). Voir encore 1171 (1267); 1876 (1272). — Arrêt favorable à la juridiction du comte, 1807 (1272); 2405 (1282).

3. Arrêt du Parlement suffisamment garni de pairs et de grands officiers de la couronne en présence du roi, rejetant la requête de Robert d'Artois, cousin du roi, comte de Beaumont le Roger, contre Mahaut, comtesse d'Artois, tendant à être admis par le roi à l'hommage du comté d'Artois. Ledit Robert pourra se pourvoir par voie de pétition. (*Actes du Parl.*, 4630, 14 février (1317). — Autre arrêt, 5234 [9 mars 1318].)

Autre arrêt prononçant que la comtesse Mahaut d'Artois doit procéder non par voie d'exécution, mais par voie d'action contre Robert d'Artois, lequel, au mépris d'un jugement arbitral rendu par Philippe le Bel, jugement qui avait adjugé le comté d'Artois à la dite Mahaut, avait envahi à main armée les terres de ladite dame. (*Actes du Parl.*, 5311 [6 avril 1318].)

Quoique favorisée par les jugements de la Cour, la comtesse Mahaut d'Artois est elle-même subordonnée, quant à la juridiction, à la souveraineté du Parlement. Elle est obligée de mettre en liberté un écuyer que son bailli d'Aire avait illégalement retenu en prison (*Ibid.*, 3701 [1310]); de restituer des objets appartenant à des bourgeois d'Ypres saisis indûment par les péagers de Bapaume (*Ibid.*, 370 [1310]), de nommer un commissaire pour examiner, de concert avec un commissaire de la Cour, l'affaire de Jean Bouchier, recteur de l'hôpital de Couchy, destitué de la direction de cet hôpital (*Ibid.*, 4193 [1313]); de rendre au dit Jean Bouchier l'administration de cet hôpital (*Ibid.*, 6481 [1321]; 6983 [1322]); de renvoyer à la Cour le jugement des incidents survenus entre elle et l'abbé de Saint-Waast au sujet de prises opérées sur le dit abbé (*Ibid.*, 7145, x, 1323).

En 1323 mention portant que le « procureur Madame d'Artois s'acorde, se il plaist à la Cour, que li sires de Grigni, soit recreuz de sa prison duques à la Madelaine prochain venant, en esperance que dedenz ce terme, il doit agréer Madame d'Artois de ce en quoi il li est tenuz, pour la cause de l'arrest donné en Parlement contre li, et se il avenoit que il ne se peut acorder à la dite damme, il doit revenir à Paris tenir prison dedenz le terme dessus dit en autel point comme il est maintenant. » (*Greffe*, I, f° 150, v°. — *Actes du Parl.*, 7277 [1323].)

XVIIe siècle. Les guerres avaient détruit, pour longtemps, l'œuvre du Parlement.

Il en fut de même de la *Flandre*. Les rois avaient trouvé contre ses comtes des alliés précieux dans les populeuses cités flamandes obstinées à défendre leurs libertés, garanties de leurs richesses. Gui de Dampierre, remuant et débonnaire, faible et cupide, excitait de continuelles révoltes de Gand et de Bruges qui précédaient ou que terminaient des procès au Parlement de Paris. Celui-ci, toutefois, sous le règne du modéré Philippe le Hardi, se montre impartial. Les Gantois s'étaient trop hâtés (1279) d'accuser leur seigneur « de défaute de droit »; le Parlement les déboute de leur appel. Il laisse au comte le droit de taxer l'amende qu'ils ont encourue. Le comte la fixe à quarante mille livres tournois[1]. Les Gantois se plaignirent encore au Parlement qui les débouta de leur appel. Mais, d'autre part, il repoussa la prétention du comte qui voulait supprimer le statut de la ville de Gand, et maintint le conseil des *Trente-Neuf*[2]. Le Parlement, si peu clément pour les communes françaises, protégeait les communes flamandes. Il attribuait pourtant au comte le droit de juger dans sa cour les plaintes que les habitants de Bruges avaient portées contre lui à la cour du roi[3]. Mais c'était là pur respect de la hiérarchie, le Parlement jugeait toujours en dernier ressort.

Philippe le Bel parvint à conquérir la Flandre autant par les procédures que par la guerre. Les procureurs secondèrent les armées qui firent triompher les procureurs. Intervenant à chaque différend de Gui de Dampierre avec la ville de Gand[4], Philippe tantôt exigeait que les affaires se traitassent en langue française

1. *Arrêts relatifs à la Flandre* (suite). (*Actes du Parl.*, t. I, p. 214 [1279]; p. 231 [1282].)

2. *Ibid.*, p. 239 (1284). — D'autre part les frais de l'appel porté par les *Trente-Neuf de Gand* seront supportés par la commune. (*Ibid.*, p. 239 [1284].)

3. *Ibid.*, p. 223 (1281).

— Voir encore Procès entre le comte de Flandre et la dame de Courtrai pour son donaire. (*Essai de Restitution*, p. 393 [1284].) — Arrêt approuvant, malgré les réclamations du comte de Flandre, le bailli d'Amiens qui avait fait payer une amende à Gauthier de Douai, chevalier, levant et couchant sur les terres du comte de Flandre, sans l'autorisation du comte. (*Actes du Parl.*, t. I, p. 230 [1282].)

— Pour toute cette partie de l'histoire de la Flandre, voir l'*Histoire de Flandre* de Kerwyn de Lettenhove, H. Pirenne, *Histoire de Belgique*, t. I (1900) et surtout l'important ouvrage de M. Funck-Brentano, *Origines de la Guerre de Cent Ans, Philippe le Bel et la Flandre*, Paris, Champion 1896.

4. *Essai de Restitution*, p. 406 (1287). — *Actes du Parl.*, 2720 (1291). — *Ibid.*, 2719 (1291). — *Olim*, II, p. 395 (1295). — *Actes du Parl.*, 2905 (1296); 2902 (1296).

pour qu'il en prît plus exactement connaissance; tantôt il décidait que les biens de la ville ne pouvaient être saisis sans sa permission. Il obligeait le comte à observer les Ordonnances royales sur les monnaies; puis il fit arrêter, en Flandre, les marchands lombards comme en France, mais sans donner au comte une part des dépouilles. En 1291, Gui se réjouit de ce qui aurait dû être un avertissement pour lui, du châtiment de Jean d'Avesnes, comte de Hainaut, son neveu, son voisin et son ennemi[1]. Après la guerre dite de Valenciennes, Jean d'Avesnes fut envoyé captif à Montlhéry : il dut souffrir la destruction des portes de son château de Bouchain, payer une amende de quarante milles livres, faire jurer à ses hommes de se tourner contre lui s'il manquait à ses devoirs de vassal du roi. Gui pourtant s'effraya de l'ambition de Philippe, s'allia avec Édouard Ier d'Angleterre. Il irrita son suzerain sans ménager, pour cela, ses sujets. Philippe le manda à Paris, Gui eut l'imprudence d'y venir : il fut enfermé au Louvre avec deux de ses fils (septembre 1294). Pour obtenir sa délivrance, il dut, au milieu d'une assemblée de prélats et de barons, un Parlement solennel, promettre de rompre son alliance avec les Anglais. Encore ne put-il sortir du Louvre qu'en livrant pour otage son fils Robert de Béthune et sa fille, fiancée du prince de Galles, dont Philippe le Bel était précisément le parrain et devenait le geôlier. Gui, tout honteux, retourna dans son pays de Flandre (mai 1296) où il n'était plus le maître car les sergents français y dominaient, la flotte française bloquait les côtes, les laines anglaises n'arrivaient plus et on percevait les impôts pour le roi de France. Gui poussait la docilité jusqu'à la servitude pourvu qu'on satisfît sa haine contre les *Trente-Neuf* de Gand. Philippe combla ses désirs aveugles et lui permit de suspendre cette administration, c'est-à-dire d'accroître son impopularité. Ambitieux malgré sa détresse, Gui voulut saisir la ville de Valenciennes, que Philippe se proposait de rendre à Jean d'Avesnes. Nouveau grief, nouvelle convocation à Paris. Gui dut renoncer à Valenciennes; le 27 août 1296, les registres le constatent, il fit amende honorable au Louvre pour toutes ses désobéissances, puis par la tradition

1. *Actes du Parl.*, 2813. — *Olim.*, t. II, p. 746 (1292).

d'un *gaud*, simule la tradition des cinq bonnes villes de Flandre[1]. Gui n'obtint même point, par ces concessions, la délivranee de sa fille. Il retourna seul en Flandre et furieux. C'en était fait; par un acte d'énergie il allait achever, du moins noblement, sa perte avancée par une série de faiblesses. Il défia Philippe le Bel, il appela Édouard d'Angleterre. Les Français, conduits par Robert II d'Artois, triomphèrent à *Furnes* (1297), s'emparèrent de *Lille* et, devant les troupes mêmes d'Édouard, trop peu nombreuses, enlevèrent *Bruges*[2]. Édouard fit sa paix séparée. Gui, délaissé par son allié, renié par ses sujets, accablé d'années et de chagrins, vit sa vaillante famille s'épuiser en efforts inutiles pour sauver quelques villes, puis, cédant encore à de perfides insinuations, crut toucher Philippe en se livrant à lui. Le roi le jeta de nouveau dans une prison avec ses fils. La Flandre était conquise (1301). Philippe le Bel, par des exactions semblables à celles de Gui, la souleva contre lui et la perdit à *Courtrai* (1302). Il la regagna à *Mons-en-Pevèle* (1304). Finalement il n'en conserva qu'une partie[3].

1. *Arrêts relatifs à la Flandre* (suite). — *Actes du Parl.*, t. 2903 (1296).

2. Philippe le Bel rendit aux habitants de Bruges « de regie potestatis plenitudine » leurs libertés. (*Actes du Parl.*, 2937).

Le Parlement déclare nulle et non avenue l'exécution d'une sentence de la cour du comte de Flandre à Oudenarde (Audenarde) contre la duchesse de Lorraine, sentence qui avait été mise à exécution malgré l'appel de la duchesse au roi. (*Actes du Parl.*, 3528 [février 1309].)

3. Arrêt contre le comte de Flandre qui molestait l'abbaye de Vaucelles. (*Ibid.*, 3804 [29 mars 1311].)

— Voir aussi des procédures contre Robert de Flandre, sous Louis X le Hutin, qui manquent dans les *Olim* et dans les *Actes de Boutaric* : elles sont mentionnées par le père Anselme (t. II, p. 812-818).

— La supériorité du Parlement est établie par les expressions mêmes d'un arrêt. Les hommes de fief de la cour de Lille avaient l'habitude, quand ils ne pouvaient s'entendre pour rendre un jugement, de recourir au comte de Flandre ou à sa cour. Lille ayant été réuni au royaume de France, ils demandèrent que même faveur leur fût accordée de demander conseil au Parlement. On pense si la Cour accède à leurs désirs : « ...curia nostra... volens... et eis viam reservare per quam, sicut consuetum est, per appellacionis remedium, ad ipsam valeant recurrere curiam pro justicia obtinenda, et *ejusdem curiæ superioritas illesa servetur*, super hoc utiliter sic providit et ordinavit quod homines feodales predicti, sicut antiquo tempore.... ita recursum super hoc habeant ad senescallum Insulensem, pro nobis deputatum ibidem, quodque senescallus noster predictus, secundùm dictam consuetudinem cum dictis comitibus observatam, faciat eisdem, super dictis consilio et chargia, prout racionabile fuerit.... » (*Olim*, II, p. 630, v [1316].)

— En 1323, requête au Parlement de Mathieu de Lorraine et de Mahaut, sa femme, contre Louis de Flandre, comte de Nevers. (*Actes du Parl.*, 7347 [1er décembre 1323].) Le comté de Flandre avait été adjugé par arrêt à Louis de Nevers le 29 janvier 1322 (1323). — Voir *P. Anselme*, t. II, p. 823, note.

Les formules employées par le comte de Flandre indiquent une entière et volontaire soumission à l'autorité du Parlement. En 1325, arrêt continuant en état les

Philippe VI de Valois, après sa victoire du *Mont-Cassel* (1328), rétablit l'influence française en installant Louis de Nevers comme comte de Flandre. Mais ce pays ne tarda pas à être, comme la Bretagne, le champ où s'engagèrent indirectement les luttes de la Guerre de Cent Ans. La Flandre passa, comme l'Artois, à la deuxième maison de Bourgogne et le jeune Charles VI s'en alla à *Roosebecque*, pour complaire à son oncle le duc Philippe de Bourgogne, écraser avec ses chevaliers les milices flamandes jadis alliées des Français (1382). Des réformateurs royaux furent alors envoyés en Flandre. Les appels des jugements rendus par le prévôt et les jurés de la ville de Tournay, les affaires qui regardaient les droits et les privilèges de cette ville devaient, selon une Ordonnance de 1389, être portés au Parlement de Paris [1]. La Cour essayait de renouer les liens judiciaires autrefois si forts. Vaine tentative puisque la Flandre, en 1477, échappa à Louis XI, demeura à la maison d'Autriche, puis, ainsi que l'Artois, à la maison d'Espagne et ne revint à la France que sous Louis XIV, qui lui donna un Parlement spécial, le *Parlement de Douai* (1686).

VI. — Les ducs de Guyenne, rois d'Angleterre. Préliminaires procéduriers de la Guerre de Cent Ans.

La riche et fertile province de Guyenne, quoique détachée depuis longtemps du domaine royal, n'avait pas cessé d'y être reliée par les liens de vassalité qui pesaient tant à ses ducs, rois d'Angleterre. L'apaiseur saint Louis n'avait, au traité d'Abbeville, fait de concessions excessives à Henri III que pour mieux consacrer par une reconnaissance formelle sa suzeraineté sur le duc de Guyenne, quoique celui-ci portât couronne royale [2]. Philippe le Hardi,

procès entre le comte de Flandre et le comte de Namur, conformément à la requête suivante : « Au roi nosigneur ou aux présidens pour lui à Paris supplient Loys, comte de Flandre et de Nevers et Jean de Flandre, comte de Namur, qu'il plaise au dit roi nosigneur ou aux présidents pour lui, de continuer jusqu'au jour de la baillie d'Amiens du Parlement prochainement venant tous les ajournements pendant en la Cour de France entre les dits comtes et tous autres procès ou errements. » (*Greffe*, t. I, f° 232 v°. — *Actes du Parl.*, 7677 [22 février 1325].)

1. Ord. du 18 mai 1389 (*Ord.*, t. VII, p. 271).

2. *Arrêts contre le roi d'Angleterre.* — Sous saint Louis, Hermand de Montpesat, chevalier, appelle au roi de faux jugement du sénéchal de Gascogne. Celui-ci fait

malgré ses indécisions qui contrastaient avec son surnom, et son Parlement ne manquèrent point d'affirmer souvent cette suzeraineté : mainmise du roi de France sur trois châteaux saisis aux dépens de l'archevêché de Bordeaux [1], sur le château de Bruzac appartenant à la vicomtesse de Limoges [2], évocation à la Cour de procès entre le vicomte de Fronsac [3], entre les habitants de Gourdon et le sénéchal de Périgord; condamnation du roi d'Angleterre à l'amende avec les consuls de Limoges qu'il avait soutenus dans leur rébellion contre le vicomte [4]; interdiction au sénéchal anglais de tenir des assises dans les domaines de l'abbaye de Tulle [5], de prononcer aucun jugement quand l'une des parties avait interjeté appel d'une de ses sentences (sans doute interlocutoires [6]); de recueillir des hommes bannis par le roi de France [7]; jugement des difficultés continuelles qui survenaient entre le duc de Guyenne et l'abbé de Brantôme [8], les évêques de Cahors, de Saintes, de Périgueux [9]. Gombaut de Tyran, en butte aux vexations des officiers du sénéchal de Gascogne, plaida, durant dix-sept ans (1274-1291), au Parlement, contre le roi d'Angleterre, car les attaques réitérées dont il était victime à cause de ses appels venaient sans cesse raviver les procédures près de s'éteindre.

saisir ses biens. Les gens du roi d'Angleterre sont assignés pour ce fait au Parlement de Paris. (*Olim*, t. I, p. 765, XXXII [1269].)

1. *Arrêts relatifs au roi d'Angleterre* (suite). — *Actes du Parl.*, 1762, 1763 (1271).
2. *Ibid.*, 1611 (1271).
3. *Ibib.*, 1712 (1271).
4. *Essai de Restit.*, n° 238 (1275).
5. *Actes du Parl.*, 1624.
6. *Ibid.*, 2108 (1278).
7. *Ibid.*
8. *Ibid.*, 2369 (1281).
9. *Ibid.*, 2369 (1281).

— Ajoutons : Mandement au sénéchal anglais de Gascogne de faire exécuter, en employant la contrainte réelle et personnelle contre Brun de la Saia, chevalier, l'arrêt de la Cour rendu en faveur du prieur de Sourzac, sinon le sénéchal royal de Périgord y procédera d'office. (*Ibid.*, 2045 [1277].)

— Arrêt déclarant le Parlement compétent à connaître des plaintes portées par l'abbé de Saint-Riquier contre le roi et la reine d'Angleterre et déboutant ceux-ci qui réclamaient cour. (*Ibid.*, 2396 [1281].)

Arrêts favorables au roi d'Angleterre. — Sous Philippe le Hardi, des arrêts favorables au roi d'Angleterre trahissent la politique faible de Philippe le Hardi. Un mandement au bailli d'Amiens lui enjoint de faire ressaisir le sénéchal du roi d'Angleterre en Ponthieu, d'un banni du roi de France que les gens du dit roi lui avaient enlevé. (*Ibid.*, 2293 [1280].) — Un arrêt renvoie à la cour du roi et de la reine d'Angleterre le jugement de la plainte portée contre eux par le maire et les jurés d'Abbeville (*Ibid.*, 2397 [1281].

Sénéchaux, auditeurs, enquêteurs, sergents du roi de France, instrumentaient dans les domaines du roi d'Angleterre, assignant, enquêtant, entendant des témoins, opérant des saisies, sans le moindre scrupule. Les plaintes du roi d'Angleterre, les réponses du Parlement se croisent et s'entrecroisent. D'après un document anglais [1], le Parlement de Paris reprochait aux gens du duc de Guyenne de mettre d'avance la main sur les biens de ceux qu'ils allaient juger, de manière à pouvoir dire que la saisie avait eu lieu avant le jugement et l'appel, de telle sorte que l'appelant, durant la litispendance, était dénué de ressources. Il les accusait d'incarcérer, de maltraiter des appelants. Un membre du Parlement aurait déclaré qu'on pouvait appeler au Parlement de Paris de toute juridiction du roi d'Angleterre. Propos qui avait paru si grave aux procureurs du roi Édouard Ier qu'ils demandèrent en particulier une explication à l'abbé de Saint-Denis : celui-ci répondit qu'en réalité il ne pouvait être question que des sénéchaux.

Philippe le Bel, dès son avènement, profita du voyage que fit Édouard Ier à Paris pour régler ces difficultés. Édouard Ier fit acte d'hommage dans la Grand'Chambre du Parlement [2]. Philippe, de son côté, par une charte enregistrée aux *Olim* [3], fit plusieurs concessions : 1° dans les appels interjetés des sentences des officiers anglais dans les terres de Gascogne, d'Agenais, de Quercy, de Périgord, de Saintonge, ceux-ci, quand ils perdaient leurs causes, n'encouraient aucune amende (on les assimilait ainsi aux sénéchaux français) ; 2° en cas d'appel au Parlement de Paris pour mauvais jugement ou défaute de droit, l'appelant serait renvoyé aux officiers anglais ; à moins que, dans les trois mois, ceux-là

1. Voir *Extraits d'un journal du Parlement de la Pentecôte 1283 et du Parlement de 1285*, journal tiré d'un rouleau d'arrêts rédigé par les procureurs du duc d'Aquitaine. (Langlois, *Textes du Parl.*, p. 121, n° LXXXIII, et *Ibid.*, n° LXXXVIII.)
Rymer a donné un acte constituant des procureurs pour les procès d'Édouard Ier au Parlement de Paris (*Acta publica*, t. II [1285].)
— Voir aussi pour les procès avec le duc de Guyenne, *Olim*, t. II, p. 36, VI, p. 94, XXVI, p. 37, X, p. 236, X.

2. Acte d'hommage « in camera juxta palatium Regis Franciæ ». (Rymer, *Acta publica*, t. II [1286].)

3. *Olim*, t. II, p. 38, 19. Règlement des appels d'Aquitaine (1286). — Rymer, t. II (Record edition), I, pars 2, p. 665 (1286). — Langlois, *Textes du Parl.*, p. 133, n° CXVIII, XCIX et XCIX *bis*.

n'eussent point fait droit au plaignant. Trente-quatre articles, suivis bientôt de onze autres, terminèrent les querelles en suspens sans en tarir la source. Philippe le Bel avait d'ailleurs spécifié que les concessions n'étaient faites qu'au roi Édouard personnellement et n'auraient de valeur que sa vie durant [1]. Il ne les respecta même pas. En 1289, il accueille la plainte du comte de la Marche [2] qui réclamait au roi Édouard les sommes promises jadis à Hugues de Lusignan par le roi d'Angleterre lors de la guerre faite contre le roi de France.

Édouard est obligé d'introduire, au Palais de Paris, des procureurs chargés de suivre toutes les affaires qui surgissent sans cesse. Ces procureurs tenaient le roi anglais au courant de leurs embarras par un *Journal* dont nous possédons un curieux fragment [3], et qui nous fait pénétrer dans le dédale des procédures de l'époque. La commune de Bordeaux plaidait contre le sénéchal du roi d'Angleterre. Pourquoi? Parce que, nouvellement nommé, ce sénéchal, Jean de Haveringues, n'avait pas, lors de son entrée en fonction, prêté le serment accoutumé à la commune. Sans doute il l'avait prêté ensuite, mais la commune demandait que tous les actes antérieurs à cette prestation de serment fussent annulés. Opposition du sénéchal. La commune voulait qu'en attendant la fin de ce procès, le sénéchal cessât ses fonctions : elle avait appelé au Parlement de Paris. Les procureurs du roi Édouard croient bien faire en accumulant les exceptions contre la procuration des gens de la commune de Bordeaux, contre la citation, contre le fait principal. Ils les débitent toutes à la fois car ils ont peur qu'ayant échoué dans une exception péremptoire ils ne puissent plus en proposer d'autres. Le Parlement de Paris au contraire, entend juger d'abord les exceptions contre la procuration : il la déclare bonne et valable. Les procureurs anglais maugréent et racontent au roi Édouard que cette décision n'était pas approuvée des avocats ni d'autres jurisconsultes du Parlement.

1. Parlement de 1288. Arrêt relatif à certaines grâces accordées à Édouard Ier (Record office), document inédit publié par Langlois, *Textes*, p. 142, n° CI.

2. *Essai de Restit.*, 723 A et 723 B (textes latins, 1289).

3. Journal du Parlement adressé par ses procureurs au duc d'Aquitaine (Original. Record office, Chancery miscellaneous Portfolios VIII, n° 1284 (Inédit, publié par Langlois, *Textes*, p. 145-149, n° CIII).

Ils attaquent alors la citation, incomplète, disaient-ils, car elle ne portait pas la mention de « défaute de droit ». Les adversaires ne demandent pas mieux que de discuter ce point. Les procureurs du roi d'Angleterre s'aperçoivent alors qu'ils font leur jeu et leur fournissent des occasions de gagner du temps. Ils se ravisent, ils acceptent la citation comme correcte. Le Parlement appointe les deux parties « à mettre leurs faits par écrit ». Juste à ce moment la session est suspendue parce que le roi de France s'en va à Bayonne où il devait avoir une entrevue avec le roi de Castille. La Cour n'en décida pas moins que les articles seraient « concordés », des auditeurs nommés : ce fut l'évêque de Paris et Renaud Barbou, qui assignèrent les parties à comparaître au Temple à Paris. Or le procureur et les autres gens de la commune, autre ruse, avaient quitté Paris avant l'assignation. Les procureurs du roi d'Angleterre firent de même pour accompagner le roi de France. Le procès en resta là pour le moment. Quand fut-il repris? Peu nous importe. Après celui-là en venaient d'autres et quatre ans plus tard ils faisaient place aux armes.

Dans le port de Bayonne, des matelots et des marchands normands furent assaillis par les marins anglais, massacrés en grand nombre, leurs marchandises saisies, leurs navires brisés. Ce fut le commencement d'une guerre entre les marins des deux nations. Elle gagna le port de la Rochelle. Philippe le Bel, ne pouvant résister sur mer, reprit l'avantage sur terre. Ses hommes d'armes s'emparèrent de Bordeaux, occupèrent l'Agenais, le Quercy, le Limousin, le Périgord, provinces anglaises (1293). Tous ces détails sont donnés par l'arrêt fameux d'où est venu aux premiers registres du Parlement le nom d'*Olim*; arrêt global, sorte d'ultimatum énumérant tous les griefs du roi de France [1] et les victimes des violences anglaises : Gombaud de Tyran, Bernard de Romhan, André de Boysac et autres chassés de leurs héritages, mutilés même, comme Garsie, pendus comme Arnaud des Bordes,

1. *Olim*, t. II, p. 3-8, I (1293). — Cet arrêt est suivi de l'assignation en forme envoyée au roi d'Angleterre et qui relate, dans les mêmes termes, tous les griefs du roi de France, p. 9-19. — Rymer a publié la citation du roi d'Angleterre, duc de Guyenne, au Parlement de Paris (1293), les lettres ordonnant aux officiers du roi d'Angleterre de remettre la saisine du duché de Guyenne au roi de France. Lettres ordonnant de remettre au roi de France 20 officiers désignés, etc. (*Acta publica*, t. II, p. 617.)

Bernard Pellicier et Fromage, dans la bouche desquels on mit des baillons pour les empêcher de renouveler leurs appels au roi de France. Le Parlement n'omet aucune des persécutions dirigées contre les notaires auxquels on défendait, sous peine de mort, de rédiger des actes d'appel ; reproche les tortures infligées à maître Raymond de Locasson, avocat d'Agenais, qui soutenait la légitimité des appels au roi de France ; dénonce la haine qui animait les Anglais contre les Français. Des Normands habitant Bordeaux depuis dix ans avaient été tués « uniquement parce qu'ils parlaient français ». L'un d'eux avait même été coupé en morceaux qu'on jeta à l'eau. Un sergent royal avait eu la main amputée. Les Anglais avaient attiré traîtreusement quatre hommes occupés sur un bateau pour le service du roi de France et les avaient décapités en criant : « Que ce soit au mépris du roi de France et de Charlot son frère ! » Le château de Buzet, placé sous la garde royale, fut dévasté et brûlé ; au château de Guillier deux sergents de garde furent pendus. Une proclamation publique avait interdit les appels au roi de France et intimé à tous ceux qui voulaient prendre son parti, de quitter le duché sous peine de mort. Un noble au service d'un maréchal du roi, envoyé en mission, fut décapité et jeté à l'eau. Un notaire, le châtelain de Castel-Sarrazin et deux sergents chargés de porter des lettres à Jean de Saint-Jean, lieutenant du roi d'Angleterre, furent arrachés de leur hôtel, enfermés avec des assassins, enlevés de nuit, livrés à des mariniers qui les traînèrent dans la vase jusqu'à un bateau où on les retint prisonniers neuf jours. Pour tant d'odieux méfaits et autres excès de ses officiers, le roi d'Angleterre était cité à comparaître en personne au Parlement de Paris (novembre 1293). Édouard Ier, qui sentait remuer le pays de Galles à peine dompté et l'Écosse à peine devenue vassale, n'osa ni obéir, ni désobéir ; il négocia, signa un traité secret, livra, par formalité, son duché de Guyenne qui devait lui être rendu au bout de quarante jours. Mais Philippe le Bel, dès qu'il a sous la dent le fruit défendu, ne résiste pas à la tentation d'y mordre. Édouard proteste. Philippe, sur de nouveaux griefs [1], l'assigne encore deux fois au Parlement (mai et juil-

1. « Apprisia facta inter abbatem sancti Benedicti Floriacensis et regem Anglie, super eo quod dictus abbas dicit quod gentes regis Anglie ipsum de novo impe-

let 1293). Trop sage pour se rendre à ces citations, trop embarrassé dans son île pour y résister, Édouard laissa prononcer une confiscation déjà à moitié exécutée par surprise. A la grande joie de Philippe, il faisait défaut au champ de bataille comme au Parlement. Mais Édouard suscitait d'autres ennemis au roi de France : le comte de Flandre, l'empereur d'Allemagne, les comtes de Bar, de Brabant, de Hollande, le duc de Bretagne. Philippe s'en délivra, triomphant par ses chevaliers du comte de Flandre et du comte de Bar, écartant à prix d'or l'empereur d'Allemagne et le duc de Bretagne par quelques concessions. Édouard, obligé d'aller en Écosse combattre le redoutable chef national, Wallace, conclut une trêve avec Philippe, soumit son différend à l'arbitrage du pape Boniface VIII, puis signa la paix de Montreuil (1299). Il épousait la sœur, il faisait épouser à son fils Isabelle, fille de Philippe le Bel; il laissait au roi de France la plus grande partie de la Guyenne destinée à devenir l'apanage des enfants qui naîtraient de ce mariage. Union que Philippe avait le droit d'estimer un acte d'habile politique et qui, par suite d'événements bien capables de confondre l'orgueil des prévisions humaines, devait être la cause d'une recrudescence terrible des guerres entre l'Angleterre et la France, restées jusqu'alors féodales et transformées dès lors en guerres nationales.

Édouard II, qui succéda à Édouard Ier en 1307, sans le remplacer, était le gendre de Philippe le Bel. Le triste époux de l'altière et perfide Isabelle de France crut naïvement que son beau-père aurait quelque considération pour les requêtes qu'il lui adressait au sujet des difficultés sans cesse renaissantes en Guyenne pour les appels [1]. Avec un ton tout paternel, Philippe y

diunt in possessione justicie quam dixit se habere in villa de Regula (La Réole, Gironde), adnullata est quia non fuerunt vocati illi quorum intererat et qui erant vocandi. » (*Essai de Restit.*, n° 849 [1293].)

1. Les violences continuaient. Bernard de Piru, habitant de Bayonne, se plaint que les gens du roi d'Angleterre, le maire et la commune de Bayonne ont brûlé, détruit ses maisons : « destruxerunt, combuxerunt et spoliaverunt indebitè et injustè omnes domos lapideas et ligneas dicti Bernardi et omnia alia bona sua irreparabiliter dissiparunt ». (*Olim*, t. III, p. 795, LXXX [1312].)

Pierre de Lavardacum a appelé au roi de France. Les officiers anglais attaquent ses châteaux, « plures homines et mulieres ceperant et captos secum duxerant et duos de hominibus ipsis interfecerant, et etiam mille capita animalium ipsius et hominum suorum rapuerant... » (*Olim*, t. III, p. 1029, 1033, LXXX [1315].)

répondait presque toujours par des refus. Des documents curieux nous ont conservé quelques-uns de ces dialogues singuliers qui reproduisaient, en somme, les mêmes griefs, les mêmes décisions que les articles déjà débattus au temps d'Édouard Ier [1]. Nous ne les répéterons point. La querelle resta entière sous les trois fils de Philippe le Bel et les *Olim* racontent les mêmes violences des officiers anglais en Guyenne : expulsion de Geoffroi Rudel [2], seigneur de Blaye, chassé de son château ; attentats contre le sire de Montclar [3] ; meurtre de Bernard de Devesia, dont le fils ne pouvait obtenir justice [4] ; châteaux d'Arnal de Noailles brûlés parce qu'Arnal avait appelé au roi de France [5] ; attaque de la maison de la dame Aude de Tirant qui est traitée de la manière la plus inhumaine [6]. Le roi d'Angleterre reconnaît toujours, en théorie, et repousse, en pratique, la supériorité du Parlement de Paris. Il ruse avec l'aide de ses procureurs. Il intimide par ses sénéchaux les appelants. Les procès se succèdent ainsi sous Philippe VI de Valois et sous Édouard III. Ils se seraient éternisés si les chevaliers français n'avaient pris la place des procureurs et, rencontrant cette fois dans Édouard III un adversaire autrement redoutable qu'Édouard Ier, n'avaient, dans leur folle bravoure, couru, de gaieté de cœur, à d'affreux désastres.

1. *Requête des représentants d'Édouard II à Philippe le Bel, vers 1310*, dans Champollion-Figeac. — *Lettres de rois et reines*, t. II, p. 39. — Langlois, *Textes*, p. 187, n° CX

2. *Arrêts relatifs au roi d'Angleterre* (suite). — (*Actes du Parl.*, 4749 [1317].)

3. *Ibid.*, 4831, 4832 (1317).

4. *Ibid.*, 4919 et 4931 (1317).

5. *Ibid.*, 5446 (1318).

6. *Ibid.*, 5800 (1319). — Autre appel (Arnal de Solignac) 5064 (1317).

— Ajoutons encore : Arrêt suspendant le jugement d'une requête faite entre Étienne Ferriol, chevalier, et les autres coseigneurs de Tenoys, d'une part, et le procureur du duc de Guyenne au sujet d'un appel de défaut de droit, appel qui avait été suivi de violences de la part des agents du duc. — (*Actes du Parl.*, 6574 [12 déc. 1321].) — Arrêt condamnant le duc de Guyenne à 1000 livres de dommages et intérêts et à 4000 livres d'amende envers le roi pour violences commises par ses agents contre Amanieu de Novelhiano, bien que celui-ci eût appelé à la cour du roi de France. (*Actes du Parl.*, 5953 [30 janvier 1320].) — Voir encore nos 6801 (1322), 6803 (1322), 7265 (1323). — La Cour intervient même au civil. Elle nomme un curateur à Pierre, fils de feu Pierre de la Rochelle, en son vivant bourgeois de Bordeaux, mineur mais pubère, pour intenter et défendre contre le duc de Guyenne. Ledit curateur prêta serment en la Cour de prendre les intérêts du mineur, engagea ses biens et donna caution. (*Actes du Parl.*, 6056 [1319].)

— Il n'y a pas de petite cause pour le Parlement. Mandement au sénéchal de Périgord de faire une enquête sur l'appel interjeté de la cour du duc de Guyenne par Arnal Lambert qui se plaignait de ce que son clerc lui avait dérobé un sommier et son harnais. (*Actes du Parl.*, 5583 [1318].)

Jean le Bon dut, au traité de Brétigny, renoncer non seulement à la Guyenne, mais aux autres provinces du midi et de l'ouest de la France. Charles V, lorsqu'il se fut débarrassé des bandes navarraises de Charles le Mauvais et des grandes compagnies, lorsqu'il eut rempli son trésor et refait son armée confiée à Du Guesclin, entreprit de reconquérir les provinces perdues. Il alla rechercher les articles autrefois signés entre Philippe le Bel et Édouard II, dont l'un n'autorisait le roi d'Angleterre, duc de Guyenne, à plaider qu'exceptionnellement par procureur devant le Parlement. Charles V assigne le glorieux vainqueur de Poitiers, le prince de Galles, duc de Guyenne, à comparaître en personne au Parlement[1]. Édouard III et son redoutable fils, le Prince Noir, rirent de cette assignation et des griefs que les légistes de Charles V accumulaient, en tout semblables à ceux qu'avaient maintes fois formulés les légistes de Philippe le Hardi et de ses successeurs. Le Parlement le condamna par défaut et prononça la confiscation du duché de Guyenne[2]. La déclaration de guerre revêtait une forme juridique et c'était le Parlement qui la rédigeait. Du Guesclin exécuta l'arrêt. A la fin du règne de Charles V, le traité de Brétigny était effacé.

Or, par une fatalité inconcevable, la France retomba dans des malheurs pires que ceux dont elle venait de sortir. La guerre civile ramena la guerre étrangère, le royaume de France passa à un prince anglais : c'eût peut-être été sa fin si Jeanne d'Arc n'était pas venue, héroïne inspirée du ciel, secouer les âmes endormies, ramener la victoire et rendre à Charles VII étonné sa couronne et ses provinces. La Guerre de Cent Ans se termine, en 1453, par la conquête définitive de la Guyenne. Louis XI, en 1461, pour se concilier des pays si longtemps détachés de la mère patrie, leur concéda l'autonomie judiciaire : il créa le *Parlement de Bordeaux* (1461).

1. *Chroniques de Froissart*, chap. CCXLVII. — Voir aussi Lit de Justice tenu par le roi Charles V contre le prince de Galles, duc de Guyenne, 2, 9, 10 mai 1369. (*Ibid.*, chap. CCLXXI.)

2. Ordonnance de confiscation du duché d'Aquitaine, 14 mai 1370. (*Ord.*, t. VI, p. 508.) — Cette Ordonnance n'est en réalité qu'un arrêt : elle est fondée sur des arguments juridiques.

VII. — Les Grands Jours de Poitiers, d'Angers, de Clermont, etc.

Les rois ne firent ces concessions de Parlements provinciaux qu'à leur corps défendant. Ils aimèrent mieux laisser subsister les anciennes juridictions seigneuriales, appelées en beaucoup de pays les *Grands Jours*. Ce titre indiquait à lui seul leur caractère intermittent. Les ducs d'Anjou, de Berry, d'Orléans, le comte d'Alençon, tenaient dans leurs domaines de ces *Grands Jours* qui ne gênaient point le pouvoir central, puisque le Parlement restait toujours le dernier ressort. Les guerres, les absences des princes rendirent ces *Grands Jours* de moins en moins fréquents, comme en Champagne. Après le règne de Charles VII et de Louis XI, lorsque l'unité territoriale se trouva presque achevée, les *Grands Jours* ne furent plus qu'une juridiction extraordinaire, non spéciale désormais à une seule province mais à un ensemble de pays plus ou moins rapprochés.

Charles VII, au lendemain des victoires qui terminèrent la guerre de Cent Ans, s'appliqua à pacifier le royaume. Il ordonna que pour les régions du centre et de l'ouest, seraient tenues des Assises solennelles, ou *Grands Jours*, à Poitiers (1454), puis à Thouars (1455). « Depuis ce qu'il a pleu à Dieu, nostre créateur, appaisier et faire cesser les guerres qui, par longtemps, ont esté en nostre royaume, et que nous avons recouvré plusieurs de nos terres, païs et seigneuries, ... soit venu à nostre cognoissance que plusieurs de nos subgiez ont souffert, supporté et soubstenu, souffrent, supportent et soustiennent de jour en jour plusieurs grands griefs, oppressions et dommages à l'occasion de ce que, par la multiplication des causes estant en nostre cour de Parlement, les procès de nos dits subjects ne ont peu estre jugiez, ni expediez, et aussy parce que plusieurs de nos officiers, tant de nostre domaine que de nos aydes, ont fait, commis et perpétré plusieurs grans faultes, excès, exactions et autres abuz, à la grant charge et foule de nosdits subjects, et à la diminution de nos domaines, aides et autres droits qui de raison nous appartiennent... » Un président et six conseillers du Parlement, assistés d'un des généraux des aides et des avocats du roi, étaient délégués pour juger les appels avec pouvoir de corriger et punir les exactions et les abus. Leurs sentences seraient souveraines comme si elles émanaient du Parlement. Ils avaient pour ressort les bailliages et sénéchaussées de Tours, Bourges, Poitiers, Saintonge, Angoulême, Limoges, la Marche et Périgueux[1]. En 1456 et 1459, les *Grands Jours* se tinrent, pour la Guyenne, à Bordeaux où le Parlement spécial n'était pas encore installé.

Le modèle est dès lors établi de ces juridictions extraordinaires, qui permirent à la royauté de ne pas trop multiplier les Parlements provinciaux et de ne point se dessaisir de la suprême justice. A la fin du xve siècle, au xvie et au xviie siècle, les *Grands Jours* se tinrent, pour l'Auvergne et les provinces limitrophes, à *Clermont-Ferrand* (1481, 1582, 1665), à *Riom* (1546, 1550); pour l'Anjou, le Poitou, la Touraine, la Marche, à *Poitiers* (1519, 1531, 1541, 1567, 1579, 1634); pour le Bourbonnais, après la réunion de cette province, le Berry, le Nivernais, l'Orléanais, le Forez, le Beaujolais, le Lyonnais, le Mâconnais, à *Moulins* (1540); pour l'Anjou et la Touraine, à *Tours* (1533), à *Angers* (1533); pour la Champagne, à *Troyes* (1535, 1583). La mobilité de ces juridictions extraordinaires, le long intervalle de leurs sessions, le groupement varié des diverses régions empêchèrent dans le centre de la France l'autonomie judiciaire de se régulariser. Ces *Grands Jours*, dirigés par une délégation du Parlement, n'étaient en réalité que le Parlement lui-même rendu ambulatoire. Tout le centre, une partie du nord, de l'est et de l'ouest de la France, c'est-à-dire une région très vaste, demeura directement soumise au Parlement de Paris dont le ressort s'étendait sur plus de vingt provinces. Dans ces limites au moins était réalisée l'*Unité judiciaire*.

1. Grün. Notice citée, p. cc.

CHAPITRE XXXII

LE PARLEMENT ET LE ROI. L'ŒUVRE JUDICIAIRE DU PARLEMENT

I. — Juridictions exceptionnelles.

Ce n'était pas au loin que le Parlement rencontrait le plus de résistances, mais à ses portes, dans le Palais même. Il se heurtait à des juridictions exceptionnelles qui revendiquaient aussi la souveraineté. Il avait enfin à compter avec le roi qui entendait demeurer supérieur à son Parlement et le souverain de toutes cours souveraines.

Pour faire comprendre les difficultés perpétuelles au milieu desquelles le Parlement avait à maintenir son autorité suprême, il nous faudrait retracer l'organisation administrative de la France que nous avons réservée pour un autre volume. A mesure que la royauté s'appliquait à multiplier les moyens de remettre de l'ordre dans les domaines, dans les finances, dans les impôts et dans tous les services publics, elle créait des juridictions spéciales pour dégager les tribunaux ordinaires. Ces juridictions avaient naturellement leur tête à Paris : maîtres des *eaux et forêts* avec un *Grand-maître* jugeant à Paris, à la Table de marbre; *Grand-maître des ports et passages*; *grand-amiral de France* (créé en 1327) quoiqu'il n'y eût en réalité point de flotte; *juges des greniers à sel*, *maîtres des monnaies* qui formèrent la *Chambre des monnaies*; *généraux pour les finances* qui constituèrent la *Cour des Aides*; *trésoriers* pour le domaine de la couronne qui constituèrent la *Chambre du Trésor*; *juges des foires de Champagne; auditeurs des Juifs* connaissant des réclamations auxquelles donnaient lieu les ventes faites de leurs biens; le *tribunal du connétable et des maréchaux de France* jugeant tous les crimes commis par les gens de guerre et les discussions au sujet des rançons, du pillage. Si importantes qu'elles fussent, ces juridictions étaient trop particulières et limitées pour pouvoir lutter contre le Parlement qui entendait les soumettre à son suprême contrôle. Le Grand-maître des eaux et forêts eut beau obtenir en 1394 des lettres patentes lui conférant la souveraineté[1], le Parlement maintint avec succès et fit proclamer sous Louis XII son droit de recevoir les appels. Il resta juge d'appel des tribunaux des grands officiers, connétable et maréchaux, amiral, des juges des greniers à sel, des auditeurs des Juifs, des juges des foires de Champagne, du maître des ports et passages, des trésoriers. Ce serait entrer dans le détail de l'histoire administrative (et nous la réservons) que d'exposer tous les conflits qui s'engageaient avec ces juridictions[2]. Les plus graves, que nous ne pouvons non plus développer, s'élevaient entre le Parlement et les *Maîtres des Requêtes de l'Hôtel*, la *Chambre des Comptes* et la *Cour des Aides*, le *Grand Conseil*.

Les *Maîtres des requêtes de l'Hôtel*, trop peu nombreux pour être redoutables, avaient trop l'oreille des rois pour n'être pas tout au moins gênants. Sous le prétexte de juger toutes les affaires intéressant les personnages ou les moindres officiers de l'Hôtel du roi, ils en arrivaient à empiéter singulièrement sur la juridiction du Parlement[3]. Celui-ci sut se défendre, comme nous l'avons montré[4], contre les maîtres des Requêtes, les maintenir dans les limites de leur juridiction spéciale et soumettre leurs décisions à l'appel.

Ce serait entrer déjà dans les inextricables difficultés administratives que de retracer la lutte entre le Parlement et la *Chambre des Comptes*. Non que le Parlement voulût intervenir dans le con-

1. Voir, sur ces juridictions exceptionnelles, Glasson, *Hist. du Droit*, t. VI, p. 419.
2. Voir quelques renseignements et références. Aubert, *Hist. du Parl.*, édit. de 1894, t. I, p. 281, notes 2, 3 et 4.
3. *Ibid.*, édit. de 1887, p. 29 et 30.
4. Voir plus haut notre chap. IV, p. 76 et note 1.

tentieux des comptes et la répression des méfaits des comptables, mais il s'autorisait, même en ce cas, de ce que les condamnations prononcées par la Chambre des comptes entraînaient exécution sur la personne et sur les biens du débiteur pour revendiquer son droit de contrôle et de jugement souverain. Nous retracerons ailleurs ces conflits incessants qui aboutissaient généralement à la formation de commissions composées de membres de la Chambre des Comptes et du Parlement. Il y eut des appels au Parlement jusque sous le règne de Charles VII[1].

Ce fut une tout autre et plus persistante lutte que celle du Parlement contre le *Grand Conseil*. C'est en réalité une partie de son histoire politique. Les rois évoquent au *Grand Conseil* les causes dans lesquelles ils se défient de l'esprit d'indépendance du Parlement. Mais à notre époque, le *Grand Conseil* n'avait pas encore pris l'importance qu'il eut plus tard et qui en fit parfois un adversaire dangereux du Parlement. Aux XIIIe et XIVe siècles, le départ entre les diverses fractions des assemblées féodales qui devinrent des institutions spéciales, n'était pas assez net : on était trop voisin de l'ancienne confusion pour que les rivalités ne fussent elles-mêmes indéfinies et sourdes.

II. — Intervention du Roi dans la Justice. — Lettres d'État. Commissions extraordinaires.

Le Parlement avait tellement exalté et prôné, d'après les textes romains, l'autorité royale, qu'il se trouva impuissant à se défendre contre elle. Sans qu'on puisse trop s'en étonner, puisqu'après tout les rois étaient accessibles aux faiblesses humaines, ils se glorifiaient d'être la source de la justice et entendaient la dériver selon leurs caprices. Les Archives du Parlement sont remplies de *Lettres d'État* par lesquelles le roi ordonne qu'une cause, une poursuite ne commence ou ne se reprenne qu'à telle époque ou soit provisoirement suspendue. Les membres du Parlement enregistraient

1. Voir Glasson, ouvr. cité. — Aubert, édit., de 1894, t. I, p. 281-282. — Voir surtout l'important ouvrage de M. de Boislisle, *La Maison de Nicolaï*, et sa très savante Introduction qui est en réalité une Histoire de la Chambre des comptes.

eux-mêmes, sans sourciller, les expressions par lesquelles la chancellerie royale signifiait la volonté souveraine : « *aussi longtemps qu'il plaira à notre volonté; de certaine science et cause; en vertu de notre autorité royale; selon notre bon plaisir; par grâce et par bon plaisir; en vertu de notre supériorité; au mépris de notre majesté royale*[1] ». Imbus des maximes du Droit de Justinien, les maîtres et les seigneurs du Parlement considèrent les rois de France comme les continuateurs des empereurs. La religion leur a inspiré un véritable culte pour la royauté consacrée par l'Église. Comment auraient-ils pu résister à des injonctions s'appuyant sur le Droit impérial et sur le Droit divin?

Le roi jadis assistait aux jugements. Il ne paraît plus que rarement dans la Chambre des Plaids, mais quand il fait annoncer sa venue, on l'attend, on réserve les causes auxquelles il s'intéresse[2]. Souvent on lui porte des enquêtes : des conseillers vont conférer avec lui. Philippe le Bel empêche qu'un faussaire soit condamné à mort[3]. Charles IV le Bel écrit au Parlement en faveur de son ami le portier Bernard d'Aufay : il veut qu'un arrêt rendu contre lui durant son absence motivée, soit annulé[4]. Le même Charles IV écrit encore au Parlement au sujet d'un ancien prévôt de Compiègne, Girart Larde, détenu au Châtelet. Le Parlement répond qu'une enquête a été faite, que le Commissaire de la Cour a condamné Girart; que le dit Girart a été entendu en Parlement et que la sentence a été confirmée. Le roi ne doit donc plus le croire et ledit Bertrand ne saurait désormais être ouï par la Cour[5].

Les rois étaient si accessibles aux diverses influences qui agissaient auprès d'eux qu'ils se voient obligés de mettre en garde le

1. *Expressions monarchiques* employées dans les *Olim* : « Quamdiù nostræ placuerit voluntati — ex certa scientia et causa — regia auctoritate — prout nobis placuerit — de gracia et ex bene placito — tanquam superioris — tanquam in manu superioris — in contemptum nostræ regiæ majestatis, etc.... » (*Olim, passim.*)

2. Procès entre l'abbaye et le maire de Compiègne : un article est ajourné en attendant la venue du roi. « Per curiam nostram dictum fuit quod domini Regis adventus expectabitur ad declarationem dicti articuli faciendam.... » (*Ibid.*, II, p. 525-532, VI [1311].)

3. « Placuit domino Regi quod non condempnetur ad mortem.... » (*Ibid.*, II, p. 319, XXVI [1290].)

4. *Actes du Parl.*, 7523 [1323] (pièce en français).

5. *Ibid.*, 7323 [1323] (*id.*).

Parlement contre leurs propres lettres. Charles V, prince pourtant bien sensé, appliqué et ferme, mande aux Présidents du Parlement de ne plus surseoir à la prononciation des arrêts, quelques ordres qu'ils aient reçus de lui. Il leur annonce son intention de ne plus se mêler des affaires de peu d'importance[1]. On devine ce qui se passait lorsque les princes de la famille royale se jouaient du pauvre fou Charles VI! La Cour, maintes fois, déclare les lettres royales qui sont arrachées à cette volonté vacillante, *iniques*, *subreptices* et *tortionnaires*.

Dès cette époque, les rois ont recours à des *commissions extraordinaires*[2] lorsqu'ils veulent soustraire un accusé à la justice régulière et lui enlever les garanties de la libre défense. C'est ainsi que furent condamnés, en dehors du Parlement, Enguerrand de Marigny (1315), Montaigu, le grand-maître de l'hôtel du roi et le prévôt de Paris Pierre des Essarts, victimes des rancunes des princes durant les troubles du règne de Charles VI. Des commissaires furent chargés d'informer (1412) contre les Armagnacs, et Juvénal des Ursins ajoute que c'était même là une peine superflue puisqu'il suffisait pour faire tuer un homme de dire : voilà un Armagnac. Des commissions instruisirent et jugèrent nombre d'affaires concernant les Lombards, les exactions des officiers royaux, les usuriers, ou relatives aux monnaies, à la police de Paris. Nous aurons plus d'une occasion, dans l'exposé des événements politiques, de revenir sur ces commissions dont abusèrent les rois sous l'ancien régime.

III. — Exécutions sans Jugement.

Il est triste de le constater; à l'époque où le Parlement cherchait à faire prévaloir les formes sacrées de la justice, les rois Philippe de Valois et Jean le Bon se souciaient peu de les violer eux-mêmes. Ils faisaient tomber les têtes de puissants seigneurs sans ombre de jugement. Froissart, sans trop s'émouvoir, raconte qu'Olivier de Clisson, soupçonné de trahison, fut, en 1343, saisi sur l'ordre

1. Ordonnance du 22 juillet 1370 (*Ord.*, t. V, p. 323).
2. Voir Glasson, *Hist. du Droit*, t. VI, p. 435 et suiv.

de Philippe de Valois et « décollé à Paris où il eut grand'plainte ». Philippe, en même temps, fit décapiter les sires d'Avaugour, de Laval, de Malestroit et une dizaine d'autres chevaliers bretons qui étaient venus sans défiance, à la faveur des trêves, pour assister à un tournoi.

Les registres du Parlement attestent ici la véracité de l'historien. Le greffier mentionne, sans observation sinon sans regret, les exécutions faites « par jugement du roi » comme il a bien soin de le noter [1]. Des membres du Parlement, le sire d'Offemont, le sire de Til, Pierre de Cugnières, Jean du Chatelier, Jean Richer, Jean Hanière, Jean de Tavercy, etc., assistent à cette exécution pour lui donner un semblant de légalité. Mais le greffier rappelle toujours qu'elle se fait par l'ordre du roi et même a copié la lettre adressée au prévôt de Paris par Philippe VI et qui lui ordonne de faire justicier immédiatement les nobles amenés de Bretagne en spécifiant qu'ils seraient traînés du Châtelet jusqu'aux halles où ils auraient la tête coupée [2]. Lorsqu'il s'agit au contraire des procédures dirigées contre Godefroi d'Harcourt, sire de Saint-Sauveur-le-Vicomte, fugitif, le greffier reprend la mention « par arrêt du Parlement » et rappelle que l'arrêt a été prononcé après les quatre défauts habituels [3]. Il signale également d'autres arrêts de contumace contre des seigneurs compagnons de Godefroi d'Harcourt.

Le 3 avril 1344, trois chevaliers normands, le sire de Rochetison, Guillaume Bacon, Richard de Percy, complices de Godefroi, qui n'avaient pu s'échapper, furent encore, selon le registre, suppliciés « par un jugement du roi et de son conseil », traînés aux

1. Les registres du Parlement confirment le récit de Froissart (chap. CCII) : « L'an de grâce 1343, le samedy second jour d'août, messire Olivier, sire de Clisson, chevalier, prisonnier au Chastelled de Paris pour plusieurs trahisons et autres crimez perpetrez contre le Roy et la couronne de France et alliances qu'il avoit faictes au Roy d'Angleterre anemy du Roy et du Royaume de France, si comme ledict messire Olivier le cogneut et confessa, fut par *Jugement du roi donné à Orléans*, traîné du Chastelet de Paris aux Halles, aux Champeaux et la ot sur un eschafaut la teste coppée et puis d'illeuc fut le corps traîné au gibet de Paris et là pendu au plus haut estage et la teste fut envoyée à Nantes en Bretagne pour estre mise sur une lance sur la porte de Sauvecourt.... » (Collect. Lamoignon, *Reg. criminels*, t. CCCXXIV, p. 760, 761. — Arrêt contre la veuve de Clisson [après 4 défauts], *ibid.*, p. 765.)

2. *Ibid.*, p. 762 (29 novembre 1343).

3. *Ibid.*, p. 760 (19 juillet 1343).

halles, décapités « sur un échafaud près de la fontaine »; les corps furent pendus au gibet de Paris et leurs têtes, par ordonnance du roi, envoyées à Saint-Lô pour être exposées sur une pierre, au marché [1]. Le jugement avait été rendu à Saint-Christophe-en-Halate en la chambre du roi, en présence du dauphin le duc de Normandie, du comte de Blois, du sire de Mareuil, du seigneur de Matefelon, du seigneur de Hanghest, de Simon de Bucy, de Guillaume de Villers, de Robert de Charni, de Jean Hanière, de Jean Sure, de Hugues de Reuilly, d'Oudart des Tables, de Jacques le Muisy, de Robert de Loris, de maître Guillaume le Bescot, de maître Thomas Vavin, « qui tous furent d'accord au jugement ». On reconnaît là la plupart des membres du Parlement, mais ils n'osent protester contre les actes d'autorité absolus que le duc de Normandie, devenu le roi Jean, trouva tout naturel d'imiter.

Le 19 novembre 1350, Jean, roi depuis quelques mois, fait saisir Raoul de Nesles, connétable de France, l'un des hommes d'une des plus puissantes familles et qui revenait d'Angleterre pour chercher sa rançon. Le prévôt de Paris alla l'arrêter et, dans la cour même de son hôtel, le fit décapiter comme coupable de trahison. Le greffier criminel ne fait de cette exécution qu'une brève et sèche mention sans reproduire les détails et la liste des méfaits « qui dit-il, ne sont pas en escrit [2] ». La charge de connétable fut donnée à un favori, Charles de Lacerda, qui ne tarda pas, à cette époque de violences sans frein, à périr assassiné le 8 janvier 1354 par des chevaliers au service de Charles le Mauvais, le roi de Navarre : le bâtard de Mareuil, Philippe de Navarre, comte de Longueville, Godefroi d'Harcourt (le neveu de celui qui était réfugié en Angleterre), Louis d'Harcourt, le gouverneur de Caen, Friquet, et d'autres chevaliers normands.

Trop faible pour tirer vengeance du roi de Navarre, Jean lui pardonna solennellement (4 mars 1354) et promit de ne faire « aucune vilenie ou dommage » à ses complices. Serment prononcé des lèvres, mais non du cœur, toujours plein de ressen-

1. Collection Lamoignon, *Reg. crim.*, t. CCCXXIV, p. 766, 3 avril 1343 (1344). — Voir, pour Godefroi d'Harcourt, le beau livre de M. Léopold Delisle, *Hist. du château et des sires de Saint-Sauveur-le-Vicomte* (nouvelle édition 1887).
2. Collect. Lamoignon, t. CCCXXIV, p. 731 (19 nov. 1350).

timent et de haine. Deux ans plus tard, après avoir signé maintes et maintes lettres de rémission, Jean ourdit la plus odieuse machination. Son fils le dauphin, duc de Normandie, recevait et traitait dans un banquet, au château de Rouen, Charles de Navarre, les Harcourt et leurs amis (16 avril 1356). Jean accourut les surprendre avec cent lances : il entra dans le château, parut dans la salle du banquet, fit arrêter le roi de Navarre et ses compagnons. Il n'osa pas attenter à la vie de Charles son gendre, mais, « après dîner il se rendit avec sa suite dans un champ derrière le château appelé le Champ du Pardon », là il fit amener en des charrettes le comte d'Harcourt, le sire de Graville, messire Maubué, chevalier, et un varlet tranchant, Colinet Doublet, qui avait essayé de défendre son maître le roi de Navarre. « Il les fit tous quatre décoller en sa présence », les corps furent traînés au gibet de Rouen. Cè crime, commis pour venger un crime, rouvrit le royaume aux Anglais et commença une nouvelle période de la guerre de Cent Ans plus désastreuse encore que la première.

Nous n'avons à retenir ici que ces exemples d'exécutions sommaires qui démontrent combien, au milieu du XIVe siècle, s'était obscurcie la noble idée de la justice. On comprend, en présence de pareils actes de tyrannie, combien à un Parlement encore féodal, rempli de ces seigneurs et de ces maîtres qui assistaient sans broncher à ces supplices illégalement ordonnés, il était difficile de régulariser et surtout d'humaniser la procédure criminelle. Le XIVe et le début du XVe siècle ont été marqués par une sorte de réveil de la barbarie. Il semble que les seigneurs féodaux, au moment où leur pouvoir diminuait, aient voulu, pour ainsi dire, se faire illusion à eux-mêmes par l'audace de leurs crimes. Les deux premiers Valois qui incarnaient si bien leurs défauts et leurs passions, autorisaient par leur manque de foi et de scrupule, les pires forfaits qui devaient amener bientôt la guerre étrangère et presque la ruine de la France.

IV. — Résumé de l'œuvre judiciaire du Parlement.

Ce fut l'honneur du Parlement d'avoir, et toujours, à l'arbitraire opposé la justice, à l'absolutisme la liberté. Assemblée féodale représentant et résumant la société aristocratique et ecclésiastique du xe au xive siècle, composé primitivement de seigneurs, de prélats et de dignitaires d'Église, il s'ouvrit aux légistes, eux-mêmes chevaliers possesseurs de fiefs ou de bénéfices. Il resta une assemblée tout en devenant un tribunal. On disait indifféremment : le Parlement et la Cour de Parlement. Il tira de cette origine et de ce recrutement une autorité qui s'imposait à tous et avec laquelle comptaient les princes et les rois. Nous reviendrons ailleurs sur les causes qui empêchèrent cette assemblée féodale de se transformer en un Parlement semblable au Parlement d'Angleterre. Nous avons, en ce volume, fait, croyons-nous, ressortir, parmi ces causes, celle-ci que sa besogne non pas exclusive mais principale était la justice. C'est par la justice que le Parlement grandit; par elle qu'il exerça une action sociale prépondérante, par elle qu'il gagna une considération, une renommée où il puisa sa force. C'est elle, en même temps, qui fit sa faiblesse, car elle donna à toutes ses entreprises un caractère procédurier, et quand il voulut reprendre sa mission primitive, réveiller la liberté, on le renvoya à ses procès.

Le Parlement demeura longtemps périodique, nomade, comme les anciennes assemblées des barons. Saint Louis le fixa. Il donna à sa Cour, réunie aux grandes fêtes de l'année, une sorte de permanence. En la laissant, malgré ses voyages, toujours à Paris, il l'attacha à cette résidence : le palais du roi, abandonné sous Charles V, par les rois, devint le Palais de Justice.

La Cour de Parlement eut ses greffiers et ses registres, ses huissiers, sa conciergerie. Le travail, de plus en plus compliqué, nécessita des divisions qui ne rompirent point l'unité. Sous Philippe le Hardi, sous Philippe le Bel, surtout, s'organisèrent des Chambres diverses : les *Requêtes*, *Enquêtes*, *Grand'Chambre* et *Chambre Criminelle*.

Indépendante malgré l'intervention du roi dans les élections;

gagée sans que les subsides reçus portassent atteinte à sa dignité et et à son impartialité; féodale et royale; imbue du respect des privilèges et de l'autorité du prince, favorable à la fois et redoutable aux seigneurs; peuplée de prélats et de chanoines et ennemie de leurs prétentions; fermée et ouverte aux vilains qui y accédaient revêtus de dignités d'Église; composée de privilégiés juges de privilégiés; de suzerains et de vassaux obligés de contenir des vassaux et des suzerains, de guerriers chargés de contraindre des guerriers à la paix, la Cour de Parlement, vraiment originale et certainement unique en Europe, resta, malgré les diversités des temps et des mœurs, toujours fidèle à elle-même, gardienne de ses traditions, jalouse de ses droits primitifs et perpétua à travers les âges son caractère féodal, même quand elle eut, pour ainsi dire, ruiné la féodalité.

Auxiliaire zélée, quoique digne de la royauté, sous les derniers Capétiens, puis sous les Valois, la Cour de Parlement les soutint dans l'œuvre difficile de la constitution d'une société régulière. Elle fit, dans un pays livré, pendant des siècles, à la barbarie des guerres privées, prévaloir l'arbitrage des tribunaux.

Sous l'inspiration et sur l'ordre de saint Louis, elle substitua l'enquête au combat judiciaire, les témoignages à la violence, la justice à la force. Qu'à la distance de six cents ans où nous nous trouvons, tout cet appareil de procédure dont nous avons détaillé les complications, semble prêter aux moqueries et aux rires, il n'en est pas moins vrai qu'avec ces citations, ces contremands, ces délais, ces défauts, ces exceptions, ces appointements en faits contraires, ces jugements interlocutoires ou définitifs, les légistes du Parlement créaient un arsenal d'armes nouvelles que purent dédaigner d'abord les chevaliers fougueux et pillards, mais qui triomphèrent, à la longue, des lances et des épées. Que cette procédure ait conservé elle-même quelque chose de ce caractère belliqueux, il n'y a rien là d'étrange et nous devons surtout, héritiers de la vieille société française, reconnaître le mérite de ses efforts pour nous assurer les bienfaits d'une organisation régulière.

L'Église, ici, donna le modèle. Ce fut sa manière de procéder et de juger que les légistes laïques imitèrent. Le Parlement, semi-ecclésiastique, contribua beaucoup à assurer cette influence de la procédure canonique sur la procédure laïque. Les légistes, néanmoins, conservèrent l'ancienne procédure orale et déformèrent en partie les principes qu'ils voulaient appliquer. Aux lenteurs prudentes, méticuleuses des officialités, ils ajoutèrent d'autres lenteurs, ils embarrassèrent davantage la marche du procès civil : ils supprimèrent une des garanties essentielles de toute bonne justice en défendant la publication des témoignages. Contraints à la répression de désordres vraiment épouvantables, ils marquèrent le procès criminel d'un mystère odieux et de sévérités terribles. Les clercs, tout en maintenant leur législation pure de ces iniquités, s'en rendirent néanmoins complices puisqu'ils abandonnaient souvent leurs condamnés au bras séculier.

Le Parlement, et c'est là une des parties de son œuvre que l'on peut louer sans réserve, s'efforça de donner à la France une législation. Il ne pouvait, certes, dans un royaume morcelé, s'élever à la conception d'un code uniforme. Il était obligé de se mouvoir entre un millier de coutumes diverses, d'accorder le nord et le midi, l'est et l'ouest. Il ne s'en appliqua pas moins à reviser, à corriger les coutumes. Il forma, on peut le dire, la *Coutume de Paris* qui s'imposa peu à peu à toutes les autres. Il abolissait les usages mauvais; il effaçait les vestiges qu'avaient laissés les coutumes germaniques, ne laissant subsister que celles qui rehaussaient la dignité de l'homme, la condition de la femme, la liberté des enfants. Il introduisait, par sa jurisprudence, dans le Droit coutumier, les maximes du Droit canon et surtout du Droit romain. Entraînés par leur admiration pour les lois justiniennes, les légistes du Parlement assureront de plus en plus la prépondérance de ces lois qui devinrent ainsi une des sources principales du Droit français. Le Droit canon régissait et continuera de régir la famille, mais dans toutes les relations qui ne relèveront pas de l'Église, dans toutes celles qui concernaient la propriété, les contrats, c'est le Droit romain qui pénétrera le Droit coutumier et en fera le Droit français.

A ce travail silencieux, caché, sensible seulement pour les érudits, s'ajoute un effort plus visible et manifeste du Parlement pour discipliner toutes les juridictions. Ce n'étaient pas, tant s'en fallait, les juges qui manquaient au moyen âge. Il n'y en avait que trop. Morcelée comme le territoire, individualisée selon la condition des personnes, la Justice, partout présente, comme en témoignaient les quantités de fourches patibulaires qui se dressaient autour des villes et des châteaux, n'était le plus souvent qu'une source de conflits et de guerres, qu'une oppression qui aggravait les autres oppressions. Le Parlement et le roi, en cela d'accord, mettent de l'ordre dans ce chaos des juridictions seigneuriales, ecclésiastiques, municipales, rurales ; ils réforment les justices royales, qui d'abord ne valaient pas mieux que les autres et qui méritèrent ensuite de servir de modèles. Ils établirent surtout ce qui avait manqué le plus, la subordination. Ils donnèrent aux plaideurs la garantie des appels. Ces appels même, par suite des complications de la hiérarchie féodale, furent trop multipliés, mais lorsqu'on gravissait leur coûteuse échelle, on arrivait à la justice calme, savante, impartiale, des maîtres du Parlement.

Par cette action, les magistrats, intimement associés à la royauté, ne cessèrent, sans s'en rendre compte, de fortifier le pouvoir central. Ils imposaient aux juges de tous les pays la souveraineté de leurs arrêts, rendus au nom du roi, exécutés au nom du roi. Ils firent du roi le suprême justicier. Ils firent des tribunaux du roi non seulement les supérieurs des cours des seigneurs, mais les uniques tribunaux. Aux XIIIe et XIVe siècles, les *cas royaux* étaient encore limités : plus tard tous les cas seront royaux. Par l'unité judiciaire, les légistes du Parlement contribueront à préparer l'unité politique et sociale de la France.

V. — Le Prestige du Parlement.

Évoquons, comme nous l'avons déjà fait, les âges évanouis et rentrons dans ce Palais dont la silhouette si connue des Parisiens nous rend l'illusion plus facile. La Grand'Salle, à double nef, bourdonne dès les premières heures matinales, remplie de juges, d'avocats et de procureurs. Tout un monde s'y agite. Les oisifs même s'y attardent aux boutiques des marchands. Les huissiers appellent, à la porte de la Grand'Chambre, les parties assistées de leurs procureurs. Les plaideurs se pressent autour de l'estrade des *Maîtres des Requêtes* du Palais pour obtenir leurs lettres d'ajournement. Par intervalle, des maîtres viennent proclamer les *défauts* encourus, ou bien ils s'avancent jusqu'à la Table de Marbre ou aux fenêtres pour lancer quelque arrêt de contumace. Dans la Grand'-Chambre, des princes parfois, des seigneurs toujours, des prélats, un archevêque de Reims, ou de Sens, un évêque d'Amiens, de Laon ou de Soissons, écoutent des procureurs qui se perdent en d'infinies subtilités sur toutes les sortes d'exceptions insidieuses, ou d'articles classés par catégorie : ils font prêter les serments de calomnie, de vérité, donnent, avec les maîtres légistes, des appointements en faits contraires ou en droit, écoutent des plaidories démesurément longues, agrémentées de citations latines, délibèrent en conseil, s'accordent sur des jugements interlocutoires ou définitifs.

Les élections de juges et les inévitables rivalités qu'elles excitent, augmentent, à certains jours, l'animation de la Grand'Salle. Les chariots amènent dans la cour du Mai des sacs d'enquêtes qui viennent des provinces et qui exercent, durant de nombreuses séances, la patience des membres de la *Chambre des Enquêtes*. Sergents, huissiers d'armes se hâtent d'accomplir un mandat, se pressent, se querellent avec les plaideurs. Sur les bancs de pierre qui bordent la salle, les avocats donnent, malgré le bruit, audience à leurs clients et préparent leurs dossiers. Les notaires écrivent les requêtes, les lettres de procuration, les lettres d'ajournement, les appels. Les gens du Concierge arrêtent quelque voleur qui, dans cette foule, a fait main basse sur la bourse d'un plaideur trop préoccupé; ils l'emmènent à la Conciergerie. Le prévôt de Paris, les baillis des diverses provinces apparaissent suivant les jours désignés au rôle du Parlement. Des clercs de l'Université et des moines discutent; des rixes s'engagent. C'est un bruit plus assourdissant que celui de la rue.

A certains jours le silence se fait. Les seigneurs et maîtres du Parlement ont levé l'audience plus tôt que de coutume, ils s'en vont processionnellement aux obsèques d'un conseiller, ou d'un prélat, ou d'un président. Ou bien ils se rendent, en longues files, à Notre-Dame pour célébrer l'élection d'un pape, ou à Sainte-Geneviève, ou à Saint-Martin-des-Champs ou à Sainte-Catherine du Val des Écoliers pour implorer le retour à la santé du roi Charles VI ou la fin des troubles civils. Voici les pairs ecclésiastiques, avec leurs robes écarlates, ou blanches, ou violettes; les pairs laïques, les ducs, comtes avec leurs costumes de soie, leurs peliçons armoriés; les quatre présidents de la Grand'Chambre en robes fourrées et parées d'hermine; les conseillers clercs, en robes longues de couleur sombre; les conseillers lais, en robes longues aussi mais de couleurs variées et quelquefois éclatantes. Voici les présidents des Enquêtes, les conseillers clercs, les conseillers lais des Enquêtes, les six conseillers des Requêtes du Palais, les trois greffiers civil, criminel, des présentations, les huissiers, les sergents d'armes. Le peuple contemple avec une crainte quasi religieuse ce défilé majestueux d'une centaine de personnages qu'on révérait comme des óracles. C'était la justice en marche, la justice suprême, redoutée de toutes les autres justices.

D'autres fois le Palais présentait une animation inaccoutumée. Ces princes, ces seigneurs, ces prélats, ces maîtres savants étaient réunis en assemblée solennelle, comme il arriva le 7 janvier 1412, où le dauphin Louis de Guyenne âgé de quinze ans (qui devait mourir prématurément) vint tenir, à la place de son père Charles VI, une de ces assemblées solennelles qu'on appelait des lits de justice. Assis sous un dais, le dauphin était entouré du comte de Nevers, de Pierre de Navarre, de Louis, duc en Bavière, du comte de Vaudemont. Sur les bancs qui entouraient la salle étaient rangés, bien distincts, les clercs et les lais. Le greffier, Nicolas de Baye, accroupi aux pieds du dauphin sur un carreau, était bien mal à l'aise pour prendre ses notes. Le Premier Président, alors Henri de Marle, fit l'éloge du Parlement « fondé pour faire justice par cent personnes et semblable au Sénat romain ». Le duc de Guyenne exhorta les magistrats à rendre, malgré les troubles, une justice active pour l'utilité universelle du royaume, une justice « par laquelle tous biens se soutiennent et par le défaut de laquelle tout bien se diminue et se dégaste ». La Cour, de son côté, supplia le dauphin et les autres seigneurs de tenir la main à ce que « la justice fût faite et exercée, car peu de chose serait de faire arrêts ou jugements s'il n'y avait personne pour les protéger ». Le chancelier, au nom du dauphin et des princes, répondit en priant la Cour de faire justice : « ils l'avoueront et l'avouent, ils ôteront de tout leur pouvoir les empêchements ». Le dauphin voulut qu'on commençât les plaidoiries comme à l'ordinaire et on procéda, devant lui, à l'appel d'une cause[1].

Ce fut une bien autre solennité et une bien plus belle plaidoirie lorsqu'en 1416 l'empereur d'Allemagne, Sigismond[2], vint à Paris comme y était venu Charles IV de Luxembourg en 1378, et voulut, comme lui, visiter ce Parlement dont la renommée s'était répandue dans toute l'Europe. Quoiqu'on fût au lendemain du désastre d'Azincourt, en pleine guerre civile et étrangère, l'empereur Sigismond fut reçu avec une pompe toute royale. La Grand'Chambre avait été tendue de magnifiques tapisseries[3]. L'empereur prit séance au-dessus du Premier Président. Devant le Parlement tout entier on plaida une cause de la sénéchaussée de Beaucaire entre deux personnages dont l'un était issu de noble et ancienne lignée, l'autre de moindre naissance mais de grand mérite. Les avocats « se jouèrent de leur esprit ». L'un vantait l'origine de son client et exaltait la noblesse; l'autre prônait le savoir et la vertu qui rendaient seuls dignes de remplir un office. Mais les vieilles lois françaises ne permettaient pas qu'on pût, pour cet office, préférer un non-noble à un noble et l'avocat de ce dernier, qui n'avait d'ailleurs point d'autre argument, rebattait les oreilles de l'empereur du même éloge de la noblesse. Sigismond alors demanda qu'on lui apportât une épée. Puisqu'il ne manquait, dit-il, au plus savant et au plus vertueux que la dignité de la naissance, l'empereur lui conférait la chevalerie : il lui fit chausser les éperons dorés, lui remit l'épée, lui donna l'accolade à la grande admiration de l'assemblée. Alors le Premier Président, adressant la parole à l'avocat de la partie adverse, lui dit : « Passez outre, n'empêchez plus la Cour de ce point, car la raison que vous alléguez cesse maintenant ». Ainsi, grâce à Sigismond, gagna le nouveau chevalier sa cause.

1. Tuetey. *Journal de Nicolas de Baye*, t. II, p. 41-43.
2. Sigismond de Luxembourg, roi de Hongrie et de Bohême, empereur d'Allemagne (1411-1439).
3. C'est Étienne Pasquier qui nous a transmis ce récit. Il fixe cette audience au 1er mars 1415 (1416). — *Les Recherches de la France*, édit. in-f°. liv. VI, chap. XXXVIII, p. 662.

VI. — Le Parlement et la Justice.

L'empereur allemand avait fait, sans s'en douter, une critique spirituelle de la société du temps, fondée, aussi bien en Allemagne qu'en France, sur des privilèges. Le Parlement ne retint de cette solennelle audience que l'hommage non la leçon. Il continua de protéger les inégalités féodales. Il resta féodal dans sa jurisprudence comme dans sa composition. C'est là ce qui explique ses erreurs et ses contradictions. Il entrevoyait le bien et autorisait le mal. Il rêvait un idéal d'équité et consacrait l'injustice. De là son impuissance à améliorer les lois comme il l'aurait voulu, à distribuer les peines d'une façon égale. Quoique porté par les principes chrétiens dont il était animé, à s'élever dans les régions pures et sereines du Droit, il était sans cesse ramené à la terre à laquelle l'attachaient ses fiefs et ses bénéfices. Le Parlement souffrait du même mal que la société et par conséquent ne pouvait la guérir.

Est-ce à dire qu'il faille lui en tenir trop rigueur? Est-ce que les institutions ne subissent pas la tyrannie des mœurs? Est-ce que notre société moderne n'a pas, elle aussi, malgré tant de révolutions, ses imperfections, ses vices mêmes? Est-ce que notre organisation judiciaire, notre procédure, notre législation ne s'en ressentent point? Est-ce que la moralité s'est accrue en raison des admirables découvertes de nos savants, du confortable et du raffinement de notre luxe, du progrès de l'instruction publique? Avons-nous beau jeu à dédaigner un passé que nous connaissons mal d'abord, que nous apprécions ensuite sous le jour faux de préjugés et de passions trompeuses?

Ne demandons pas trop au Parlement de Paris. Malgré les bizarreries de sa composition, ses juges étaient les représentants les plus autorisés alors de la société. De puissants seigneurs, des prélats, des abbés ne dédaignaient pas et, par leur savoir, se trouvaient en état de concourir avec les légistes de métier à la besogne journalière des procès. Ils s'astreignaient à l'ennui de longues audiences. Ils descendaient dans le détail des intérêts privés, des successions, des tutelles, des discussions de murs mitoyens.

Ne nous étonnons donc pas de l'autorité que cette collaboration incessante des classes que nous appellerions dirigeantes, apportait au Parlement. Ces juges, en outre, étaient intimement convaincus que la justice n'est pas une institution purement humaine et conventionnelle, et qu'elle n'existe que si elle s'appuie sur des principes éternels, une sanction divine. Pour ces hommes pénétrés des dogmes chrétiens, la justice était l'harmonie mise par Dieu dans le monde moral aussi bien que dans le monde terrestre et dans les mondes célestes. En dehors de cette harmonie et de la sanction d'une autorité suprême et infinie, il n'y avait que trouble, arbitraire et force. Dans la mesure de leur intelligence, mais avec l'ardeur d'une foi que gênaient trop malheureusement des préoccupations féodales, les membres du Parlement de Paris ont, au XIIIe et au XIVe siècle, cherché à réaliser l'harmonie voulue en tirant la société de la barbarie. Guidés par les lumières du Droit canon et du Droit romain, ils l'ont initiée à la science du Juste et de l'Injuste. En un mot le Parlement a créé la Justice française et le Droit français. Grand bienfait qui ne fut pourtant, rappelons-le encore, que la moitié de son œuvre puisque le Parlement de Paris a aussi contrôlé et comme créé l'administration et le gouvernement de la France.

INDEX ALPHABÉTIQUE

B

C

D

E

H

U

TABLE DES CHAPITRES

LIVRE I

LES ORIGINES DU PARLEMENT

CHAPITRE I

LE PALAIS DE JUSTICE

CHAPITRE II

LA COUR DU ROI ET LES PARLEMENTS FÉODAUX

LIVRE II

L'ORGANISATION DU PARLEMENT

CHAPITRE III

CHAPITRE IV

LES ORDONNANCES CONSTITUTIVES DU PARLEMENT

CHAPITRE V

LES CHAMBRES DU PARLEMENT

REQUÊTES. — ENQUÊTES. — GRAND'CHAMBRE

LIVRE III

LES JUGES

CHAPITRE VI

LE CLERGÉ ET LA NOBLESSE AU PARLEMENT. LES LÉGISTES.

CHAPITRE VII

LA NOMINATION DES JUGES. — LES ÉLECTIONS

CHAPITRE VIII

LES GAGES. — LES COSTUMES DES JUGES

LIVRE IV

LES AUXILIAIRES DU PARLEMENT

CHAPITRE IX

LES PROCUREURS ET LES AVOCATS

CHAPITRE X

LES GREFFIERS. — LES REGISTRES DU PARLEMENT

CHAPITRE XI

LES HUISSIERS DU PARLEMENT
LE CONCIERGE ET LA CONCIERGERIE DU PALAIS

LIVRE V

LES CAUSES. — LA COMPÉTENCE DU PARLEMENT

CHAPITRE XII

LA COMPÉTENCE JUDICIAIRE DU PARLEMENT

CHAPITRE XIII

LA COMPÉTENCE ADMINISTRATIVE ET POLITIQUE DU PARLEMENT

LIVRE VI

L'ACTION DU PARLEMENT
L'ÉVOLUTION JUDICIAIRE AUX XIIIe ET XIVe SIÈCLES

CHAPITRE XIV

LES GUERRES PRIVÉES

CHAPITRE XV

LE DUEL JUDICIAIRE

CHAPITRE XVI

LA PROCÉDURE D'ENQUÊTE

CHAPITRE XVII

LE PROCÈS CIVIL

CHAPITRE XVIII

LE PROCÈS CRIMINEL

CHAPITRE XIX

L'APPEL

LIVRE VII

L'ORGANISATION DE LA JUSTICE

CHAPITRE XX

LA FRANCE JUDICIAIRE AUX XIIIe ET XIVe SIÈCLES

CHAPITRE XXI

LE PARLEMENT ET LES JUSTICES ECCLÉSIASTIQUES

CHAPITRE XXII

LE PARLEMENT ET LES JUSTICES SEIGNEURIALES

CHAPITRE XXIII

LE PARLEMENT ET LES JUSTICES ROYALES

LIVRE VIII

LE PARLEMENT ET LE DROIT FRANÇAIS

CHAPITRE XXIV

LA FRANCE COUTUMIÈRE

CHAPITRE XXV

LE PARLEMENT ET LES COUTUMES
LA COUTUME DE PARIS

LIVRE IX

LA JURISPRUDENCE ET L'ACTION SOCIALE DU PARLEMENT

CHAPITRE XXVI

LES PERSONNES

CHAPITRE XXVII

LES BIENS

CHAPITRE XXVIII

LA PÉNALITÉ

CHAPITRE XXIX

LA PROCÉDURE

CHAPITRE XXX

LA VIE JUDICIAIRE

LIVRE X

L'UNITÉ JUDICIAIRE

CHAPITRE XXXI

LES AUTONOMIES PROVINCIALES
ORIGINE DES PARLEMENTS PROVINCIAUX

CHAPITRE XXXII

LE PARLEMENT ET LE ROI
ŒUVRE JUDICIAIRE DU PARLEMENT

Coulommiers. — Imp. Paul BRODARD. — [illegible]-99.